अम्बर्तो इको

विश्वविख्यात इतालवी कथाकार, दार्शनिक और साहित्य-चिन्तक अम्बर्तो इको का जन्म 5 जनवरी, 1932 को हुआ था। उनकी चालीस से ज़्यादा पुस्तकें प्रकाशित हैं जिनमें *द नेम ऑफ़ द रोज़, फूकोज़ पेंडुलम, बॉडोलिनो, आयलैंड ऑफ़ द डे बिफ़ोर, द मिस्टीरियस फ़्लेम ऑफ़ क्वीन लोआना, द प्राग सिमेट्री* और *नम्बर ज़ीरो* उपन्यास शामिल हैं। सांकेतिकी, निर्वचन—विद्या, सौन्दर्यशास्त्र और सृजनात्मक लेखन आदि क्षेत्रों में किए गए अपने काम के लिए वे अन्तर्राष्ट्रीय स्तर पर प्रतिष्ठित हैं। उनकी कृतियों के विश्व कं अनेक भाषाओं में अनुवाद हुए हैं और उनके कृतित्व पर विशद विमर्श हुआ है। 1986 में उनके उपन्यास *द नेम ऑफ़ द रोज़* पर अंग्रेज़ी में ज्याँ जैक़ अनउ (Jean-Jacques Annaud) द्वारा निर्देशित फ़िल्म भी बनी है। 19 फरवरी, 2016 को उनका निधन हुआ।

मदन सोनी

मदन सोनी का जन्म सन् 1952 में हुआ। *कविता का व्योम और व्योम की कविता, विषयान्तर, कथापुरुष* और *उत्प्रेक्षा* आदि पुस्तकें प्रकाशित। अनेक पुस्तकों और पत्रिकाओं का सम्पादन जिनमें आधुनिक हिन्दी की प्रेम कविताओं का संचयन *प्रेम के रूपक, अशोक वाजपेयी की चुनी हुई रचनाएँ*, शमशेर की कविता पर केन्द्रित आलोचना पुस्तक *समझ भी पाता तुम्हें यदि मैं* और भारत भवन, भोपाल से प्रकाशित पत्रिका *पूर्वग्रह* प्रमुख रूप से शामिल हैं। शेक्सपीयर, ब्रेख्त, लोर्का, एडवर्ड बॉण्ड, मार्ग्युरिट ड्यूरास आदि के नाटकों, इन्ग्रिड हुल्मेन के उपन्यास *वॉइसेज़ फ्रॉम चेर्नोबिल* और एडवर्ड सईद की पुस्तक *रिप्रेजेंटेशंस ऑफ़ द इंटेक्चुअल* समेत अंग्रेज़ी से हिन्दी में अनेक अनुवाद। *देवीशंकर अवस्थी पुरस्कार, नन्ददुलारे वाजपेयी पुरस्कार*, मानव संसाधन विकास मंत्रालय की वरिष्ठ शोधवृत्ति और रज़ा फ़ाउंडेशन दिल्ली तथा उच्च अध्ययन संस्थान नान्त (फ्रांस) की फ़ेलोशिप प्राप्त।

ख़ाली नाम गुलाब का

अम्बर्तो इको

अंग्रेज़ी से अनुवाद

मदन सोनी

राजकमल पेपरबैक्स

इताल्वी लेखक अम्बर्तो इको के विश्वविख्यात
क्लासिक उपन्यास *'The Name of the Rose'* का हिन्दी अनुवाद

राजकमल पेपरबैक्स में
पहला संस्करण : 2015
दूसरा संस्करण : 2025

राजकमल पेपरबैक्स : उत्कृष्ट साहित्य के जनसुलभ संस्करण

राजकमल प्रकाशन प्रा.लि.
1-बी, नेताजी सुभाष मार्ग, दरियागंज
नई दिल्ली-110 002
द्वारा प्रकाशित

शाखाएँ : अशोक राजपथ, साइंस कॉलेज के सामने, पटना-800 006
पहली मंज़िल, दरबारी बिल्डिंग, महात्मा गांधी मार्ग, प्रयागराज-211 001
1, अनमोल सोराबजी सन्तुक लेन, धोबी तलाव, मरीन लाइंस, मुम्बई-400 002

वेबसाइट : www.rajkamalprakashan.com
ई-मेल : info@rajkamalprakashan.com

बी.के. ऑफसेट
नवीन शाहदरा, दिल्ली-110 032
द्वारा मुद्रित

मूल्य : ₹599

KHALI NAAM GULAB KA
by Umberto Eco
Translated by Madan Soni

ISBN : 978-81-267-2894-7

अनुवादक की ओर से

वे 1985 के आस-पास के दिन थे, जब श्री कृष्ण बलदेव वैद भोपाल में थे और निराला सृजन पीठ की उनकी बैठक के पुस्तकों के छोटे-से रैक से अम्बर्तो इको की यह पुस्तक झाँकती रहती थी। मैंने उसको छुआ और पलटा था लेकिन तब उसको पढ़ सकने की सामर्थ्य मुझमें नहीं थी। वह सामर्थ्य, हालाँकि, मैं तब भी नहीं जुटा पाया जब कुछ वर्ष बाद मैंने दिल्ली के विश्व पुस्तक मेले से इसका पेपरबैक संस्करण ख़रीदा था। वह महीनों मुझको ललचाती हुई मेरे शैल्फ़ की शोभा बढ़ाती रही। आख़िरकार 1990 की उतरती गर्मियों की एक सुबह, जैसे किसी दैवीय प्रेरणा से परिचालित होकर, मैंने इस पुस्तक को उठाया और कोई तीसेक बैठकों में इसको पढ़ गया।

मैं यहाँ उस अनुभव के विस्तार में नहीं जाऊँगा जो इसको पढ़ने के दौरान मुझे हुआ था, सिर्फ़ इतना भर कहूँगा कि मैं, जैसे, मन्त्रमुग्ध था। पुस्तकें और बौद्धिक प्रत्यय, पठन, ज्ञान और जिज्ञासा के संवेग, धार्मिक आस्था और श्रद्धा के उत्कट, हिंसक आवेग जैसी चीज़ें इस क़दर ऐन्द्रिय आकर्षण के साथ किसी उपन्यास की विषय-वस्तु बनाए जा सकते हैं, यह बात तब तक मेरी कल्पना के परे थी। एक ओर चौदहवीं सदी के ईसाई जगत के धर्मपरीक्षणों और धर्मयुद्धों की पृष्ठभूमि में घटित होती रहस्य और रोमांच से भरी रक्तरंजित घटनाएँ और दूसरी ओर, मानो, योरोपीय रेनोसाँ और एनलाइटनमेण्ट की अगुवाई करते, बेहद सघन किन्तु उतने ही प्रांजल और अन्तर्दृष्टिपूर्ण बौद्धिक विमर्श, एक-दूसरे से अन्तर्गुम्फित होकर, एक-दूसरे में रूपान्तरित होकर जिस महान त्रासद रूपक की रचना करते हैं, वह मेरे लिए चमत्कृत कर देनेवाला अनुभव था।

मैंने उपन्यास को पढ़ने के तुरन्त बाद अपने इस अनुभव को दर्ज़ करते हुए, लगभग एक बैठक में, एक निबन्ध लिख डाला ('पाठक, प्रतिपाठक और पुस्तक की मुक्ति' शीर्षक यह निबन्ध *पूर्वग्रह* के शतांक और मेरी आलोचना पुस्तक *विषयान्तर* में संकलित है)।

मैं चाहता था कि यह उपन्यास हिन्दी में अनूदित हो सकता, ताकि मैं इसको अपनी भाषा में पढ़ सकता—अधिक सहज ढंग से और हिन्दी के अपने ही जैसे दूसरे पाठकों के साथ-साथ। मैं इस अनुवाद की, जैसे, प्रतीक्षा करता रहा—एक ऐसी हताश और लम्बी प्रतीक्षा जो इन्हीं वजहों से लम्बे-लम्बे अन्तरालों तक आपके भीतर सोई रहती है। लेकिन वह बार-बार जागती भी है और हर बार आपको बेचैन करती है।

ऐसे ही एक क्षण में (अब से लगभग सात बरस पहले), जैसे अपनी नाउम्मीदी से ऊबकर, मैंने पुस्तक उठाई और इसका अनुवाद करने बैठ गया—या बेहतर होगा यदि कहूँ कि यह आँकने बैठ गया कि क्या मैं यह अनुवाद कर सकता हूँ। प्रस्तुत अनुवाद मेरे संकल्प का

नहीं बल्कि अन्त तक जारी रहे मेरे इसी आकलन का नतीजा है, जिसमें मैं, छोटे-बड़े कई अन्तरालों तथा विघ्नों के साथ, लगभग चार वर्ष तक मुब्तिला रहा हूँ (पिछले तीन सालों से यह पाण्डुलिपि की शक्ल में प्रकाशन का इन्तज़ार करता रहा है)।

अम्बर्तो इको की भूमिका के मुताबिक़ यह उपन्यास एक प्राचीन लैटिन पाण्डुलिपि के फ्रांसीसी तर्जुमे का उनके द्वारा किया गया इतालवी अनुवाद है। अपना यह 'अनुवाद' प्रस्तुत करते हुए अम्बर्तो इको इस 'अनुवाद' की भाषा-शैली को लेकर अपना असमंजस इन शब्दों में व्यक्त करते हैं : "पहला सवाल तो यही था कि कौन-सी शैली अपनाऊँ? उस वक़्त के इतालवी मानदंडों के अनुसरण का लालच तजना ज़रूरी था क्योंकि यह पूरी तरह से अनुचित होता : एड्सो (नैरेटर) न सिर्फ़ लैटिन में लिखता है, बल्कि पाठ जिस तरह आगे बढ़ता है उससे यह साफ़ है कि उसकी संस्कृति (या उस मठ की संस्कृति जिसका उस पर साफ़-साफ़ असर है) और भी पहले की है; साफ़ तौर पर यह उन अनेक सदियों की ज्ञान-परम्परा और शैलीबद्ध वाक्-चातुर्य का योगफल है जिसे परवर्ती मध्यकालीन लैटिन परम्परा से जोड़ा जा सकता है। एड्सो उस संन्यासी की तरह सोचता और लिखता है जो देसी बोली की क्रान्ति से बेअसर उस पुस्तकालय के पन्नों से बँधा हुआ है जिसके बारे में वह बात करता है, जो पुराने आचार्यों की पण्डिताऊ पाठ-परम्परा में दीक्षित है...."। दूसरे शब्दों में इस उपन्यास का कथानक चौदहवीं सदी के एक प्रख्यात विद्या-केन्द्र के जिस वृत्तान्त को समेटता है वह प्राचीन क्लासिक भाषा लैटिन का वृत्तान्त है : उपन्यास के नैरेटर और अन्य चरित्र न सिर्फ़ एक क्लासिक ज़ुबान में बात करते हैं, बल्कि जिन मसलों पर बात करते हैं वे भी ज़्यादातर वैसी ही शास्त्रीय प्रकृति के मसले हैं। प्रस्तुत अनुवाद की भाषा को यथाशक्य बोधगम्य बनाने की कोशिश तो की गई है लेकिन इस कोशिश में वृत्तान्त के वातावरण की उक्त क्लासिकी प्रकृति की अनदेखी न हो, इसका भी ध्यान रखने का प्रयत्न किया गया है।

उपन्यास के अन्त में दो परिशिष्ट मैंने अपनी ओर से जोड़े हैं। पहले परिशिष्ट में ग़ैर-अंग्रेज़ी (मुख्यतः लैटिन) के वे पद हैं जो उपन्यास के मूल इताल्वी संस्करण और उसके अंग्रेज़ी अनुवाद में जस के तस रखे गए हैं (इनको यथावत रखने का तर्क अम्बर्तो इको की भूमिका में देखा जा सकता है)। हिन्दी अनुवाद में इनको जस का तस बरकरार रखने के लिए इनको रोमन लिपि में रखना पड़ता जिससे उपन्यास को पढ़ने में अनावश्यक व्यवधान सम्भावित था। इसलिए मैंने इन पदों के हिन्दी अनुवाद '**' चिह्न के साथ यथास्थान दे दिए हैं। मेरे ये अनुवाद यूनिवर्सिटी ऑव मिशिगन प्रेस से प्रकाशित अडेल. जे. हाफ़्ट, जेने जी. व्हाइट तथा रॉबर्ट जे. व्हाइट की पुस्तक *द की टु "द नेम ऑव द रोज़"* में दिए गए इन पदों के अंग्रेज़ी अनुवादों पर आधारित हैं। मैं उक्त तीनों लेखकों के प्रति आभार व्यक्त करता हूँ।

दूसरे परिशिष्ट में उन ऐतिहासिक-मिथकीय व्यक्तियों, जगहों, वस्तुओं, सम्प्रदायों आदि के नामों और अवधारणाओं आदि पर संक्षिप्त टिप्पणियाँ दी गई हैं जिनका ज़िक्र उपन्यास में किया गया है। उपन्यास पढ़ने के लिए ये टिप्पणियाँ शायद अनिवार्य नहीं हैं (आख़िर मूल उपन्यास या उसके अंग्रेज़ी अनुवाद में वे नहीं ही हैं), लेकिन चूँकि स्वयं अपने पाठ के दौरान इस सब को लेकर मेरी जिज्ञासा बहुत प्रबल रही थी, मुझे लगा कि यह जानकारी इसमें रुचि रखनेवाले पाठक के पढ़ने के आनन्द को समृद्ध करेगी। ये टिप्पणियाँ मैंने विभिन्न

विश्वकोषों, विकीपीडिया, ओल्ड टेस्टामेण्ट, न्यू टेस्टामेण्ट आदि ग्रन्थों तथा इण्टरनेट पर उपलब्ध इनके संस्करणों से मदद लेते हुए लिखी हैं।

पुस्तक का नामकरण अशोक जी (श्री अशोक वाजपेयी) ने किया है–उपन्यास के उसी अन्तिम वाक्य के आधार पर, जो इसके मूल और अंग्रेज़ी संस्करणों के नामकरण का भी आधार रहा है। मैं अशोक जी का बहुत कृतज्ञ हूँ।

मैं राजकमल प्रकाशन के श्री अशोक महेश्वरी का बहुत आभारी हूँ जो कृपापूर्वक इस अनुवाद का प्रकाशन कर रहे हैं।

अन्त में मैं अपने उन तमाम मित्रों, विशेष रूप से सर्वश्री पुरुषोत्तम अग्रवाल, राजेश जोशी, जयशंकर, ध्रुव शुक्ल, उदयन वाजपेयी, तेजी ग्रोवर, रुस्तम सिंह, दीपेन्द्र बघेल, शम्पा शाह, अनिल शाही, आशुतोष भारद्वाज आदि के प्रति भी आभार व्यक्त करता हूँ जो लगातार इस अनुवाद के प्रकाशन की प्रतीक्षा करते रहे हैं, जिनमें से कई मित्रों ने इस अनुवाद को पूरा या आंशिक रूप से पढ़कर मुझे मेरे इस परिश्रम की सार्थकता का अहसास कराया और जिनमें से कुछ ने इसके प्रकाशन के सम्भव हो पाने में मेरी बहुत मदद की।

–मदन सोनी

अनुक्रम

वाक़ई, एक पाण्डुलिपि

भूमिका

16 अगस्त 1968 को मुझे किन्हीं पादरी वेलेत की लिखी एक पाण्डुलिपि मिली : *'पादरी वेलेत, डॉम एड्सो ऑव मेल्क' की पाण्डुलिपि, फ्रांसीसी में अनूदित और जे. मेबिलॉन के संस्करण पर आधारित* (दि प्रेस ऑव दि ऐबी ऑव दि सोर्स, पेरिस, 1842)** । बहुत थोड़ी-सी ऐतिहासिक सूचना लिए यह पुस्तक चौदहवीं सदी की एक ऐसी पाण्डुलिपि की प्रतिलिपि होने का दावा करती थी, जो खुद भी अठारहवीं सदी के एक ऐसे प्रकाण्ड पण्डित को मेल्क के मठ से मिली थी, जिसके प्रति हम बेनेडिक्ट सम्प्रदाय के इतिहास से ताल्लुक रखनेवाली व्यापक जानकारी के लिए बहुत ऋणी हैं। प्राग में अपने एक अजीज़ दोस्त के इन्तज़ार के दौरान मेरी (जो कि इस सिलसिले का तीसरा व्यक्ति था), इस खोजपूर्ण उपलब्धि ने मेरा भरपूर मनोरंजन किया। छह दिन बाद इस खुशनुमा शहर पर सोवियत सेनाओं ने हमला बोल दिया। मैं जैसे-तैसे, जोख़िम उठाते हुए, ऑस्ट्रिया की सीमा पर लिंज़ पहुँचा और वहाँ से मैंने वियेना की यात्रा की, जहाँ मैं अपनी प्रेमिका से मिला और फिर हम दोनों जहाज़ में बैठ कर डेन्यूब की तरफ़ रवाना हुए। ज़बरदस्त बौद्धिक उत्तेजना की हालत में मैंने सम्मोहित होकर मेल्क के एड्सो के इस भयावह क़िस्से को पढ़ा और मैंने खुद को इसमें इस क़दर डूब जाने दिया कि क़रीब एक झटके में इसका एक अनुवाद कर गया, जिसके लिए मैंने पपेटरी जोज़ेफ़ गिल्बर्ट की उन लम्बी नोटबुकों का इस्तेमाल किया, जिन पर लिखना बहुत सुखद अनुभव होता है, बशर्ते कि आप फ़ेल्ट-टिप पेन का इस्तेमाल कर रहे हों। और लिखने के दौरान ही हम मेल्क के पड़ोस में पहुँच गए, जहाँ सदियों के दौरान बार-बार किए गए जीर्णोद्धार के बाद, एक रमणीय गुरुकुल नदी की एक बाँक पर टिका हुआ आज भी खड़ा है। जैसा कि पाठकों का अनुमान होगा, मठ के पुस्तकालय में एड्सो की पाण्डुलिपि का कोई नामोनिशान मुझे नहीं मिला।

इसके पहले कि हम सेल्ज़बर्ग पहुँचते, मॉण्डसी के तट के एक छोटे-से होटल की एक दुखदायी रात को हमारी सहयात्रा में अचानक बाधा आई और जिस इनसान के साथ मैं यात्रा कर रहा था, वह पादरी वेलेत की उस पुस्तक के साथ चम्पत हो गया—किसी बुरी नीयत की वजह से नहीं, बल्कि उस रूखेपन और लापरवाही के चलते, जिसकी वजह से हमारा रिश्ता ख़त्म हो गया था। इस तरह मेरे हाथ में पाण्डुलिपि की कुछ नोटबुकें और दिल में एक भारी ख़ालीपन ही बाक़ी रह गए।

कुछ महीने बाद पेरिस में मैंने अपनी तलाश की तह में जाने का फ़ैसला किया। जो थोड़ी-सी सूचनाएँ उस फ्रांसीसी पुस्तक से मैंने हासिल की थीं, उनमें इसके स्रोत का विस्तृत और स्पष्ट सन्दर्भ भी शामिल था :

सन्त बेनेडिक्ट के संघ के पुरोहित और संन्यासी और सन्त मॉर की धर्मसभा से सम्बद्ध श्रद्धेय फ़ादर डॉम ज़्याँ मेबिलॉन के *जर्मन सफ़रनामा* से युक्त *अनेक प्राचीन कृतियों का* और कविताओं, पत्रों, दस्तावेज़ों, स्मृतिलेखों आदि हर क़िस्म की छोटी रचनाओं का *एक प्राचीन संकलन,* या *एक संग्रह;* इसमें *मेबिलॉन का जीवन* और उनके अत्यन्त श्रेष्ठ कार्दिनल बोना के लिए *यूखेरिस्ट की बिना ख़मीर की और ख़मीरयुक्त ब्रेड के बारे में चर्चा* नामक कुछ छोटी रचनाओं को भी शामिल किया गया है। इसी के साथ संलग्न है, स्पहानी धर्माध्यक्ष एल्डेफ़ोनॅस द्वारा इसी विषय पर लिखी गई एक छोटी रचना और *अज्ञात सन्तों की पूजा* पर थियोफ़िलॅस ऑव गॉल को लिखे गए रोमन यूसेबियॅस का ख़त। पेरिस, लेवेस्क़, सन्त माईकेल के पुल के पास, 1721 (सम्राट की अनुमति से)।**

एक प्राचीन संकलन तो मुझे सेण्ट जेनेविएव पुस्कालय में उसी वक़्त मिल गई, लेकिन यह देखकर मुझे बहुत ताज्जुब हुआ कि जो संस्करण मुझे मिला, वह दो ब्यौरों के मामले में एकदम अलग था : पहला तो प्रकाशक का नाम था, जो यहाँ पर "मोण्टेलॉण्ट, बैंक ऑव दि ऑगॅस्टीनियन फ़ादर्स (सन्त माईकेल पुल के पास)"** के रूप में दिया गया था और दूसरी तिथि थी, जो दो साल बाद की थी। मुझे यह बताने की ज़रूरत नहीं है कि इन चुने हुए संकलनों में एड्सो अथवा एड्सोन ऑव मेल्क की कोई पाण्डुलिपि शामिल नहीं थी; इसके विपरीत, जैसा कि इनमें दिलचस्पी रखनेवाला कोई भी व्यक्ति देख सकता है, यह संक्षिप्त या मँझोले आकार के मजमूनों का एक संग्रह है, जबकि वेलेत द्वारा जिस कहानी की प्रतिलिपि तैयार की गई थी, वह सैकड़ों पन्नों में फैली थी। इसी के साथ-साथ मैंने प्रिय और अविस्मरणीय इटीनी गिल्सॅन जैसे मध्ययुग के प्रसिद्ध जानकारों की सलाह भी ली, लेकिन यह साफ़ था कि ये एकमात्र *प्राचीन संकलन* वही थे, जिन्हें मैंने सेण्ट जेनेविएव में देखा था। पेसी के क़रीब ऐबी ऑव दि सोर्स की एक तुरत-फुरत यात्रा और अपने दोस्त डॉम अर्नें लेह्लेस्ट से हुई बातचीत के बाद मैं इस नतीजे पर भी पहुँचा कि मठ के प्रेसों (जिनका कि यूँ भी वुजूद नहीं था) से किसी पादरी वेलेत की कोई पुस्तक प्रकाशित नहीं हुई थी। विश्वसनीय सन्दर्भपरक सूचना मुहैया कराने के मामले में फ्रांसीसी शोधकर्मी यूँ तो कुख्यात रूप से लापरवाह होते हैं, लेकिन यह मामला तो मायूसी की तमाम सम्भव हदें पार कर गया था। मुझे लगने लगा कि मैं किसी जालसाज़ी का शिकार हुआ हूँ। वेलेत का ग्रन्थ भी मुझे अब तक वापस नहीं मिला था (या कम से कम मैं उस व्यक्ति के पास जाकर उसे वापस माँगने की हिम्मत नहीं कर सका था, जो उसको मेरे पास से ले गया था)। मेरे पास सिर्फ़ मेरे नोट्स बचे थे और अब मुझे उन्हीं को लेकर शक होना शुरू हो गया था।

भीषण शारीरिक थकान और प्रचण्ड प्रेरक उत्तेजना के बीच ऐसे जादुई क्षण आते हैं, जिनमें आपको उन लोगों के छायाभास दिखाई देने लगते हैं, जो अतीत में कभी हुआ करते थे ("इन विवरणों से गुज़रते हुए मेरी सोच अब इस मुकाम पर पहुँच चुकी है कि ये विवरण वाक़ई सही हैं या मैंने इनको सपने में देखा है")।** जैसा कि मैंने बाद में ब्युक़ोय के मठाधीश की खुश कर देनेवाली छोटी-सी पुस्तक को पढ़ते हुए जाना, वे पुस्तकें भी आपकी कल्पना में अवतरित होती हैं जो अभी तक लिखी नहीं गई हैं।

अगर कुछ नया घटित न हो गया होता तो मैं एड्सो ऑव मेल्क की कहानी के स्रोत

को लेकर आज भी अटकलें लगा रहा होता; लेकिन तभी, 1970 में, एक दिन जब मैं ब्यूनस आयर्स में कॉरिएण्टेस पर, एक प्राचीन ग्रन्थों के विक्रेता के शेल्फ़ों के बीच भटक रहा था, जो उस विशाल सड़क पर स्थित विख्यात पेशियो डेल टेंगो से ज़्यादा दूर नहीं है, मेरी निगाह मिलो टेमेस्वर की एक छोटी-सी पुस्तक के कैसेलियाई संस्करण, *शतरंज के खेल में आईनों का प्रयोग* पर पड़ी। यह उस मूल रचना का इतालवी अनुवाद था जो जॉर्जियन (त्बीसी, 1934) में थी और जिसे पा सकना अब नामुमकिन था; और तब मेरे अचरज का ठिकाना न रहा जब इसमें मैंने एड्सो की पाण्डुलिपि के ढेर सारे उद्धरण पढ़े, हालाँकि इनका स्रोत न तो वेलेत में था न मेबिलोन में; स्रोत थे फ़ादर किर्चर (लेकिन कौन-सी रचना?)। एक शोधकर्त्ता—जिसका नाम मैं नहीं लूँगा—ने बाद में मुझे आश्वस्त किया (और उसने याददाश्त के सहारे नामों की फ़ेहरिस्त को उद्धरित किया) कि महान जेजेवेट ने एड्सो ऑव मेल्क का कभी ज़िक्र नहीं किया। लेकिन टेमेस्वर के पन्ने मेरी नज़रों के सामने थे और जो वृत्तान्त उन्होंने दिए थे वे वही थे जो वेलेत की पाण्डुलिपि में थे (ख़ास तौर से भूलभुलैया की तस्वीर जिस तरह खींची गई थी उसे देखते हुए शक की कोई गुंजाइश नहीं रह गई थी)।

मैं इस नतीजे पर पहुँचा कि एड्सो के संस्मरण उसके द्वारा वर्णित घटनाओं के स्वभाव से ठीक-ठीक मेल खाते हैं : कई धुँधले रहस्यों में लिपटे हुए, जिनकी शुरुआत लेखक की पहचान से और अन्त मठ के स्थान से होता है, जिसके बारे में एड्सो ज़िदपूर्वक, वफ़ादारी के साथ ख़ामोश है। अनुमान के आधार पर हम इस जगह को पॉम्पोसा और कांक्यूस के बीच के किसी इलाक़े को मोटे तौर पर मान ले सकते हैं, इस तर्कसंगत सम्भावना के साथ कि यह समुदाय पिएडमाण्ट, लाइजूरिया और फ्रांस के बीच, एपेनाइन्स की पर्वत-श्रेणी के समानान्तर कहीं रहा होगा। जहाँ तक उस समय का सवाल है जिसमें घटनाएँ घटती हुई दिखाई गई हैं, ये नवम्बर 1327 के आख़िरी दिन हैं; दूसरी तरफ़ वह तिथि अनिश्चित है जिसमें लेखक ने इनको लिखा है। चूँकि उसने ख़ुद को 1327 में एक नवदीक्षित शिष्य के रूप में दिखाया है और उसका कहना है कि इन संस्मरणों के लिखने के वक़्त वह अपनी मौत के क़रीब है, हम मोटे तौर पर अनुमान लगा सकते हैं कि यह पाण्डुलिपि चौदहवीं सदी के आख़िरी या आख़िरी से पहले के दशक में लिखी गई होगी।

शान्त चित्त से विचार करने के बाद चौदहवीं सदी में एक जर्मन संन्यासी द्वारा लैटिन भाषा में लिखी गई कृति के सत्रहवीं सदी के एक लैटिन संस्करण के एक धुंधले, न्यू-गोथिक फ्रांसीसी तर्जुमे के अपने इस इतालवी अनुवाद को प्रकाशित करने की बहुत थोड़ी-सी वजहें मेरे पास हैं।

पहला सवाल तो यही है कि मैं कौन-सी शैली अपनाऊँ? उस वक़्त के इतालवी मानदंडों के अनुसरण का लालच तजना ज़रूरी था क्योंकि यह पूरी तरह से अनुचित होता : एड्सो न सिर्फ़ लैटिन में लिखता है, बल्कि पाठ जिस तरह आगे बढ़ता है उससे यह भी साफ़ है कि उसकी संस्कृति (या कि उस मठ की संस्कृति जिसका उस पर साफ़-साफ़ असर है) और भी पहले की है; साफ़ तौर पर यह उन अनेक सदियों की ज्ञान-परम्परा और शैलीबद्ध वाक्-चातुर्य का योगफल है जिसे परवर्ती मध्यकालीन लैटिन परम्परा से जोड़ा जा सकता है। एड्सो उस संन्यासी की तरह सोचता और लिखता है जो देसी बोली की क्रान्ति से बेअसर उस पुस्तकालय के पन्नों से बँधा हुआ है जिसके बारे में वह बात करता है, जो पुराने आचार्यों की पण्डिताऊ

पाठ-परम्परा में दीक्षित है; और जहाँ तक उसकी भाषा और विद्वत्तापूर्ण उद्धरणों का सवाल है, उसकी कहानी (चौदहवीं सदी के उन हवालों और घटनाओं के बावजूद जिन्हें एड्सो अपार उलझन के साथ और हमेशा अनुश्रुति से दर्ज़ करता है), बारहवीं या तेरहवीं सदी में लिखी गई हो सकती थी।

दूसरी ओर, इसमें भी कोई शक नहीं कि, एड्सो की लैटिन का अपनी खुद की नव्य-गोथिक फ्रांसीसी में अनुवाद करते हुए, वेलेत ने कुछ छूट ली थी और यह छूट केवल शैली तक सीमित नहीं है। मसलन, कहानी के किरदार कभी-कभी जड़ीबूटियों के गुण-धर्मों के बारे में बात करते हैं, जिसके लिए वे अल्बर्टस मेग्नॅस द्वारा लिखित बताई जानेवाली रहस्यों की उस पुस्तक का स्पष्ट हवाला देते हैं जो शताब्दियों के दौरान बेइन्तिहा संशोधनों से होकर गुज़रती रही है। यह निश्चित है कि एड्सो को इस कृति की जानकारी थी, लेकिन यह भी एक तथ्य है कि इसके जिन हिस्सों को वह उद्धरित करता है वे लगभग शब्दशः पैराकेल्सॅस के फ़ार्मूलों और यक़ीनन ट्युडोर युग के अल्बर्टस के एक संस्करण के ज़ाहिरा क्षेपकों को प्रतिध्वनित करते हैं।[1] लेकिन बाद में मैंने पाया कि जिन दिनों वेलेत एड्सो की पाण्डुलिपि की प्रतिलिपि तैयार कर रहा था (?), उन्हीं दिनों पेरिस में *अल्बर्ट दि ग्रेट* और *लिटिल अल्बर्ट*[2] का एक अठारहवीं सदी का संस्करण, जो अब बुरी तरह से भ्रष्ट हो चुका है, प्रचलन में था। बहरहाल, मैं इस बात को लेकर कैसे निश्चित हो सकता था कि एड्सो अथवा उन संन्यासियों, जिनकी बहसों को उसने दर्ज़ किया है, के नाम से ज्ञात पाठ की टीका-टिप्पणियों और विविध परिशिष्टों में भविष्य की विद्वत्ता को समृद्ध करते रहनेवाली व्याख्याएँ भी शामिल नहीं थीं?

अन्त में मेरे सामने यह सवाल था कि जिन अंशों का अनुवाद करना खुद मठाधीश वेलेत ने, शायद उस ज़माने के वातावरण का निर्वाह करने की दृष्टि से, उचित नहीं समझा था, क्या मैं भी उन हिस्सों को लैटिन में ही रहने दूँ? ऐसा करने की कोई ख़ास वजहें नहीं थीं, सिवा शायद अपने स्रोत के प्रति एक बेअवसर वफ़ादारी के। इनकी भरमार को तो मैंने ख़त्म कर दिया है, लेकिन कुछ को मैंने रहने दिया है। और मुझे डर है कि मैंने उन बुरे उपन्यासकारों की नक़ल की है जो किसी फ्रांसीसी चरित्र को आश्चर्यपूर्वक "ओह, हाँ" और "स्त्री, आह, स्त्री"** कहते हुए पेश करते हैं।

संक्षेप में, मेरे मन में बहुत से सुबहे हैं। मैं वाक़ई नहीं जानता कि मैंने एड्सो ऑव मेल्क की इस पाण्डुलिपि को, जैसे कि यह एक प्रामाणिक पाण्डुलिपि हो, पेश करने का साहस क्यों किया। मैं यही कहूँगा कि यह प्रेमवश किया गया कर्म है। या, आप चाहें तो यूँ भी समझ सकते हैं कि यह काम मैंने अपनी बहुत-सी, ज़िद्दी ख़ब्तों से छुटकारा पाने के उपाय के तौर पर किया है।

अपने पाठ को दर्ज करते हुए मैं सामयिकता की कोई परवाह नहीं करता। जिन सालों में मैंने मठाधीश वेलेत के ग्रन्थ की खोज की थी तब व्यापक तौर पर यह धारणा मौजूद

1. *संचित विचारों की पुस्तक या अल्बर्ट दि ग्रेट के रहस्यों की पुस्तक,* लन्दन (फ्लीट पुल के नाम से ज्ञात पुल के पास), 1485 **

2. *अल्बर्ट दि ग्रेट के सराहनीय रहस्य, लियॉन्स* (हाऊस ऑव बेगिॉस हेरिस, ब्रॅदर्स, एट दि साइन ऑव एग्रिप्पा), 1775; अल्बर्ट कनिष्ठ के नैसर्गिक और कॅबॉलिस्ट जादू के अद्भुत रहस्य *लियॉन्स* (हाउस ऑव बेगिॉस हेरिस, ब्रॅदर्स, एट दि साइन ऑव एग्रिप्पा), 1729.**

थी कि आपको अपने समय से प्रतिबद्ध होकर लेखन करना चाहिए ताकि दुनिया को बदला जा सके। आज, दस-ग्यारह साल बाद, लेखक (अपनी उच्चतम गरिमा को फिर से हासिल कर) लेखन के प्रति शुद्ध प्रेम के चलते भी ख़ुशी-ख़ुशी लिख सकता है। इसलिए आज मैं शुद्ध रूप से क़िस्सागोई के आनन्द की ख़ातिर एड्सो ऑव मेल्क की कहानी कहने के लिए खुद को आज़ाद अनुभव करता हूँ और (आज जबकि बुद्धि के जागरण ने उन तमाम दुष्टात्माओं को खदेड़ दिया है जिनको उसकी निद्रा ने कभी जन्म दिया था) इसको एक बेहद दूर के युग में स्थित पाकर, इसमें हमारे समय के लिए किसी भी तरह की प्रासंगिकता का शानदार अभाव पाकर, इसको हमारी उम्मीदों और निश्चयों के सन्दर्भ में हमेशा के लिए बाहरी पाकर, मैं तसल्ली और सुख का अनुभव करता हूँ।

क्योंकि यह पुस्तकों का क़िस्सा है, हमारी रोज़मर्रा परेशानियों का क़िस्सा नहीं है और इसको पढ़ते हुए हम महान नक़्क़ाल केम्पिस के साथ इन शब्दों को दोहरा सकते हैं : "मैंने हर चीज़ में शान्ति की तलाश की, लेकिन वह एक कोने में एक पुस्तक के साथ होने के क्षणों के अलावा मुझे कहीं नहीं मिली।**

5 जनवरी, 1980

नोट

एड्सो की पाण्डुलिपि सात दिनों में बँटी है और हर दिन उपासना की विभिन्न वेलाओं में बँटा है। अन्य पुरुष शैली में दिए गए उपशीर्षक शायद वेलेत ने जोड़े हैं। लेकिन इन्हें हटाना मैंने इसलिए ज़रूरी नहीं समझा है क्योंकि ये कथा-स्थिति का निर्धारण करने में पाठक की मदद करते हैं और इसलिए भी कि इस क़िस्म का प्रयोग उस ज़माने के ज़्यादातर देशी साहित्य के सन्दर्भ में अज्ञात भी नहीं है।

एड्सो द्वारा दिए गए समय के विधिसम्मत हवालों के कारण मैं कुछ उलझन में पड़ गया, क्योंकि स्थान और मौसम के मुताबिक़ इनके मानी बदल जाया करते थे; इसके अलावा, इस बात की पूरी सम्भावना है कि चौदहवीं सदी में विधान के भीतर सन्त बेनेडिक्ट द्वारा दिए गए निर्देशों का जस का तस पालन न होता रहा हो।

जो भी हो, पाठकों के मार्गदर्शन के तौर पर, नीचे अंकित समय-सारणीं विश्वसनीय है। अंशतः इसे पाठ के आधार पर तैयार किया गया है और आंशिक रूप से यह *बेनेडिक्टाइन समय*** नामक ग्रन्थ (पेरिस, ग्रासेट, 1925) में एडुआर्ड श्नीडर द्वारा दिए गए मठवासी जीवन के विवरणों के साथ की गई मूल विधान की तुलना पर आधारित है।

मध्यरात्रिवन्दना : (जिसे एड्सो कभी-कभी पुराने नाम "रात के पहरे की वन्दना"** से भी पुकारता है) रात 2:30 और 3:00 के बीच।

प्रत्यूष-वन्दना : (जिसे बहुत प्राचीन परम्परा में प्रातःकालीन वन्दना या मध्य-रात्रिवन्दना कहा जाता था) सुबह 5:00 और 6:00 के बीच (इस तरह कि भोर होने तक समाप्त हो जाए)।

प्रभाती : सुबह 7:30 के आस-पास, सूर्योदय के ठीक पहले।

पूर्वाह्निका : सुबह 9:00 के क़रीब।

मध्याह्निका : दोपहर (मठ में, जहाँ संन्यासीगण खेतों में काम नहीं करते थे, यह जाड़ों के मौसम में दोपहर के भोजन का समय भी हुआ करता था)।

उत्तराह्निका : अपराह्न 2:00 और 3:00 के बीच।

सन्ध्या-वन्दना : 4:30 के क़रीब, सूर्यास्त के समय (विधान के अनुसार रात का भोजन अँधेरा होने के पहले कर लिया जाना चाहिए)।

पूरिका : 6:00 के क़रीब (7:00 के पहले संन्यासीगण सोने चले जाते हैं)।

यह गणना इस तथ्य पर आधारित है कि उत्तरी इटली में, नवम्बर के अन्तिम दिनों में सूर्योदय 7:30 और सूर्यास्त 4:30 के आस-पास होता है।

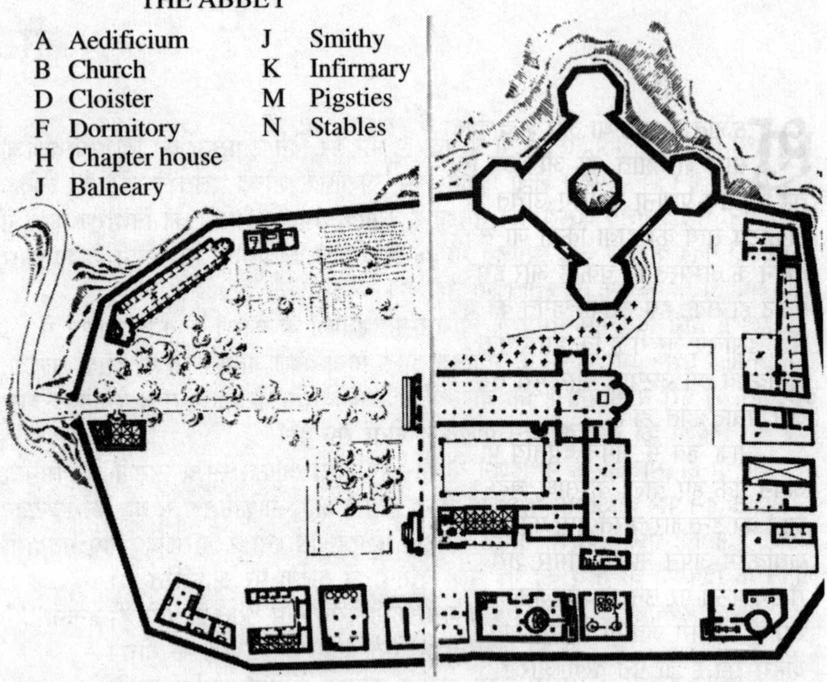
THE ABBEY
A Aedificium
B Church
D Cloister
F Dormitory
H Chapter house
J Balneary
J Smithy
K Infirmary
M Pigsties
N Stables

आमुख

शुरुआत में शब्द था और शब्द ईश्वर के साथ था और शब्द ही ईश्वर था। यह ईश्वर के साथ शुरुआत थी और हर निष्ठावान श्रद्धालु संन्यासी का यह कर्तव्य था कि वह हर रोज़ प्रार्थना के लिए उचित विनय के साथ इस शाश्वत घटना का गान करे जिसके अकाट्य सत्य का दावा किया जा सकता था। लेकिन आज हम डरते-डरते काँच के सहारे देखने के अभ्यस्त हो चुके हैं और इसके पहले कि सत्य सार्वजनिक तौर पर आँखों के सामने प्रकट हो सके, हम उसको जगत की भ्रान्ति के भीतर देखते हैं (आह, कितने अस्पष्ट टुकड़ों में), इसलिए ज़रूरी है कि हम उसके वास्तविक संकेतों को उस दशा में भी बोधगम्य बनाएँ जबकि वे हमें अस्पष्ट और पूरी तरह से अनिष्ट की ओर प्रवृत्त संकल्प के साथ एकमेक जैसे प्रतीत होते हों।

आज जब मैं अपने दयनीय पापी जीवन के आख़िरी पड़ाव पर आ पहुँचा हूँ, जब मैं अपने पके हुए बालों के साथ, बूढ़ा होकर, नीरव और उजाड़ दिव्यता के अँधेरे गर्त में खो जाने का इन्तज़ार करते हुए, फ़रिश्तों के विवेक से फूटते प्रकाश में शामिल हो रहा हूँ; आज जबकि मैं अपने नीरस, बीमार शरीर के साथ मेल्क के प्रिय मठ की इस कोठरी में बन्द हूँ, मैं इन पन्नों पर उन आश्चर्यजनक और भयानक घटनाओं की गवाही छोड़ने की तैयारी कर रहा हूँ जो मेरी जवानी में मेरी आँखों के सामने घटित हुई थीं, आज मैं उस सब कुछ को दोहरा रहा हूँ जो मैंने देखा और सुना था, उसमें किसी तरह का कोई मक़सद तलाशने की कोशिश किए बग़ैर, मानो संकेतों के इन संकेतों को उन लोगों के लिए छोड़ते हुए जो बाद में आएँगे (बशर्ते कि एण्टीक्राइस्ट ही पहले न आ जाए), ताकि उनसे इन संकेतों को बूझने की विनती की जा सके।

हे ईश्वर मुझ पर कृपा कर कि मैं उन घटनाओं का निष्कपट गवाह बन सकूँ जो उस मठ में, जिसका नाम न लेना ही आज उचित और धर्मसम्मत है, 1327 ई. के अन्तिम दिनों में घटित हुई थीं, जब सम्राट लुई पवित्र रोमन साम्राज्य के गौरव को फिर से स्थापित करने इटली आए थे।

इन घटनाओं को, जिनमें मैं ख़ुद शामिल था, बेहतर तरीक़े से समझा जा सके इसके लिए शायद यह ठीक होगा कि सदी के उन आख़िरी सालों में जो कुछ घटित हो रहा था, उसे उसके तत्कालीन अनुभव और आज की उसकी स्मृति की शक्ल में सामने लाऊँ, इससे जुड़ी उन दूसरी कहानियों के साथ जो मैंने बाद में सुनी थीं—बशर्ते कि मेरी याददाश्त उन ढेर सारी और उलझी हुई घटनाओं के धागों को आपस में जोड़ पाने में आज भी समर्थ हो।

उस सदी के शुरूआती वर्षों में पोप क्लेमेण्ट पंचम, रोम को स्थानीय जागीरदारों की महत्त्वाकांक्षाओं के लिए छोड़कर, पोप के धर्मसिंहासन को एविग्नॉन में ले आया था : और देखते ही देखते ईसाइयत का पवित्र शहर रोम उसके नेताओं के आपसी संघर्ष से छिन्न-भिन्न होकर एक अखाड़े में, या एक वेश्यालय में बदल चुका था; हालाँकि उसे गणराज्य कहा जाता था लेकिन वह ऐसा कुछ था नहीं और वह हथियारबन्द गुटों के आक्रमण से हिंसा और लूट का शिकार बना दिया गया था। पुरोहित वर्ग सेक्युलर न्यायव्यवस्था को धोखा देते हुए इन कुकर्मियों का नेतृत्त्व किया करता था और तलवारों से लैस होकर डकैती, अत्याचार और पापपूर्ण कृत्यों में मुब्तिला हुआ करता था। ऐसे में एक बार फिर और उचित ही, विश्व का सरताज** को उस इनसान का मंसूबा बनने से कैसे रोका जा सकता था जो पवित्र रोमन साम्राज्य के मुकुट को पहनना चाहता था और उस लौकिक सत्ता के गौरव को फिर से क़ायम करना चाहता था जो कभी सीज़र की मिल्कियत रही थी?

इस तरह 1314 में फ्रेंकफुर्त में पाँच जर्मन राजकुमारों ने लुई दि बावेरियन को हुकूमत का सर्वोच्च शासक चुन लिया। लेकिन ठीक उसी दिन, मेन नदी के दूसरी ओर, राइन के काउण्ट पेलेटाइन और कोलोन के प्रधान धर्माध्यक्ष ने फ्रेड्रिक ऑव ऑस्ट्रिया को भी उसी सर्वोच्च पद पर नियुक्त कर दिया। एक राजसिंहासन के दो सम्राट और दोनों के लिए एक पोप : एक ऐसी स्थिति जिसने सचमुच बहुत बड़ी अराजकता को भड़का दिया...।

दो साल बाद, एविग्नॉन में, बहत्तर साल के एक बूढ़े, केहॅर्स ऑव जाक़, को नया पोप नियुक्त कर दिया गया, जिसने, जैसा कि मैं कह चुका हूँ, जॉन की उपाधि धारण की और ईश्वर गवाह है कि धार्मिकों के बीच बहुत ही अप्रिय हो चुके इस नाम को बाद के किसी भी धर्मगुरु ने दुबारा नहीं अपनाया। यह एक फ्रांसीसी था जो फ्रांस (एक कलंकित भूमि जहाँ के लोग सिर्फ़ अपने समाज के हितों के पोषण में लगे होते हैं और जो सारी दुनिया को अपने आध्यात्मिक घर के रूप में देख पाने की क़ाबिलियत नहीं रखते) के राजा का भक्त हुआ करता था और इसने उन नाईट टैम्पलरों के ख़िलाफ़, जिन पर राजा ने (मैं समझता हूँ नाइंसाफ़ी करते हुए) बेहद शर्मनाक गुनाहों के लिए अभियोग लगाया हुआ था, फ़िलिप दि फ़ेयर का समर्थन किया था ताकि वह उस स्वधर्मच्युत पुरोहित के साथ मिलकर उनकी सम्पत्तियों को हड़प सके।

1322 में लुई दि बावेरियन ने अपने विरोधी फ्रेड्रिक को हरा दिया। जॉन को जितना ख़ौफ़ दो सम्राटों से था उससे ज़्यादा ख़ौफ़ इस एक सम्राट से था और इसलिए उसने इस विजेता को बरख़ास्त कर दिया, जिसने बदले में पोप पर विधर्मी होने का इल्ज़ाम लगाया। मुझे यह भी याद करना चाहिए कि किस तरह, ठीक उसी साल, पेरूज़िया में फ्रांसिस्कनों की सभा बुलाई गई थी और महामन्त्री, माइकल ऑव सेसेना ने स्पिरिचुअलों (जिनकी चर्चा मैं आगे करूँगा) की विनती को स्वीकार करते हुए, ईसा मसीह की निर्धनता को श्रद्धा के विषय और धर्मसिद्धान्त के रूप में घोषित किया था, इस तर्क के साथ कि अपने शिष्यों के साथ अगर उनके पास कुछ था भी तो वह उनके उपयोग के लिए** ही था। धर्मसंघ की शुचिता और शुद्धता की रक्षा के लिए किए गए इस महत्त्वपूर्ण प्रस्ताव से पोप बेहद कुपित हुआ, जिसने इसमें शायद एक ऐसे सिद्धान्त को देखा जिससे वे दावे ही मानों जोखिम में पड़ जानेवाले थे जो उसने चर्च के मुखिया की हैसियत से किए थे—साम्राज्य को धर्माध्यक्षों

को चुनने के हक़ से वंचित करते हुए और इसके विपरीत यह दावा करते हुए कि सम्राट को प्रतिष्ठित करने का हक़ पोप की धर्मपीठ के हाथों में है। इन या किन्हीं और वजहों से प्रेरित होकर 1323 में जॉन ने फ्रांसिस्कन प्रस्तावों की *चूँकि अनेक (ज्ञानियों) के बीच*** नामक अध्यादेश जारी करते हुए निन्दा की।

मेरा ख़याल है कि यही वह क्षण था जब लुई ने पोप के दुश्मन बन चुके फ्रांसिस्कनों को अपने सम्भावित सहयोगियों के रूप में देखा। ईसा मसीह की निर्धनता की वकालत करते हुए वे मार्सिलस ऑव पादुआ और जॉन ऑव जेण्डन जैसे शाही धर्मशास्त्रियों के विचारों की ही किसी न किसी रूप में ताईद कर रहे थे। और जिन घटनाओं का मैं वर्णन करने जा रहा हूँ उनके कुछ ही महीने पहले लुई ने पराजित फ्रेड्रिक के साथ एक समझौता किया, वह इटली आया और मिलान में उसका राज्याभिषेक कर दिया गया।

यह हालत थी जब मैं–मेल्क के मठ का एक नवदीक्षित बेनेडिक्ट–अपने पिता के द्वारा, मठ के शान्त वातावरण से दूर, लुई के उस कारवाँ में जूझने के लिए शामिल कर लिया गया जहाँ उसके नवाबों के बीच मेरी तुच्छतम हैसियत भी नहीं थी। उनका सोचना था कि मुझे साथ ले जाना इसलिए अक़्लमन्दी थी कि इस बहाने मैं इटली के चमत्कारों से वाक़िफ़ हो सकता था और सम्राट के राज्याभिषेक के वक़्त रोम में मौजूद रह सकता था। लेकिन तभी पीसा की घेराबन्दी ने उन्हें फ़ौजी मसलों में व्यस्त कर लिया। अपने लिए पूरी तरह से छुट्टा पाकर मैं, कुछ तो आलस्यवश और कुछ सीखने की इच्छा से, टस्केनी के नगरों में भटकता रहा। लेकिन मेरी यह असंयमी आज़ादी, मेरे अभिभावकों को, चिन्तनशील जीवन के लिए समर्पित एक किशोर के योग्य नहीं जान पड़ी। और उन्होंने मुझे मार्सीलियस की सलाह पर, जो मुझे बहुत स्नेह करते थे, बास्करविले के एक फ्रांसिस्कन पण्डित ब्रॅदर विलियम की देखरेख में सौंपने का फ़ैसला किया, जो एक ऐसे मिशन में मुब्तिला होने जा रहे थे जिसके लिए उन्हें बहुत-से प्रसिद्ध नगरों और प्राचीनतम मठों की यात्रा करनी थी। इस तरह मैं विलियम का एक साथ लिपिक और शिष्य दोनों बन गया और मुझे कभी भी इसका पछतावा नहीं हुआ क्योंकि उनके साथ रहते हुए मैं उन घटनाओं का गवाह बना जो आनेवाली पीढ़ियों को बताने लायक़ हैं, जैसा कि मैं इस समय कर रहा हूँ।

तब मैं नहीं जानता था कि ब्रॅदर विलियम किस चीज़ की तलाश कर रहे थे और सच कहूँ तो, आज भी नहीं जानता और मैं यह कहने की गुस्ताख़ी करूँगा कि ख़ुद वे भी नहीं जानते थे क्योंकि वे तो पूरी तरह से सच्चाई को जानने की आकांक्षा से और इस सन्देह–जिसकी शरण लेते हुए उन्हें मैं हर वक़्त देख सकता था–से परिचालित हुआ करते थे कि सच्चाई वह नहीं थी जो किसी दिए गए क्षण में उनके सामने प्रगट हो रही होती थी। और शायद उन वर्षों के दौरान अपने सेक्युलर कर्तव्यों के चलते उनका ध्यान अपने चहेते अध्ययन के विषयों हट गया था। जो मिशन विलियम को सौंपा गया था, अपनी यात्रा के दौरान मैं उससे अनजान बना रहा, या यूँ कहूँ कि उसके बारे में उन्होंने मुझसे कभी बात नहीं की थी। उन्हें क्या काम सौंपा गया है इसका कुछ अनुमान तो मुझे केवल उनकी उस बातचीत के टुकड़ों के कान में पड़ने से लगा जो वे उन मठों के पुरोहितों से किया करते थे जहाँ हमारा रुकना होता था। लेकिन इसे मैं पूरी तरह से तब तक नहीं समझ सका जब तक कि हम

अपनी उस मंज़िल पर नहीं पहुँच गए जिसकी चर्चा अब मैं करूँगा। हमारी मंज़िल थी तो उत्तर में लेकिन हमने सीधा रास्ता नहीं अपनाया था और हम कई मठों में पड़ाव डालते हुए चले थे। इस तरह यूँ हुआ कि हमारा आख़िरी लक्ष्य हालाँकि पूरब में था लेकिन हम पश्चिम की तरफ़ मुड़ गए, उस पहाड़ी रास्ते के क़रीब-क़रीब साथ चलते हुए जो पीसा से शुरू होकर सेण्टियागो को जानेवाले तीर्थयात्रियों के रास्ते की तरफ़ जाता है और एक ऐसे स्थान पर रुके जहाँ घटित हुई भयावह घटनाएँ मुझे आज उस जगह को ज़्यादा क़रीब से पहचानने से रोकती हैं, लेकिन जिसके मालिक साम्राज्य के स्वामिभक्त थे और जहाँ हमारे धर्मसंघ के मठाधीशों ने, एक स्वर से, विधर्मी, भ्रष्ट पोप का विरोध किया था। तमाम उतार-चढ़ावों के बीच हमारी यात्रा दो हफ़्ते जारी रही और इस दौरान मुझे अपने गुरुदेव को समझने का मौक़ा मिला (हालाँकि मैं आज भी यह मानता हूँ कि मैं उन्हें पर्याप्त रूप से कभी भी नहीं समझ सका)।

मैं इन पन्नों में व्यक्तियों के चित्रण में नहीं उलझूँगा–सिवा उस स्थिति के जब कि कोई हावभाव, या कोई मुद्रा ख़ामोश किन्तु अर्थपूर्ण भाषा के रूप में प्रगट नहीं होती–क्योंकि, जैसा कि बीथियस का कहना है, बाहरी शक्ल-सूरत से ज़्यादा क्षणिक कोई दूसरी चीज़ नहीं होती, जो कि खेत के फूलों की भाँति पतझर के आने पर मुरझाती और बदलती रहती है; और आज इस तरह की बातें कहने का क्या अर्थ है कि मठाधीश अब्बू एक सख़्त निगाह और पीले गालोंवाला व्यक्ति था, जबकि आज वह और उसके इर्द-गिर्द के लोग धूल हो चुके हैं और उनके शरीर मिट्टी की दारुण धूसरता को प्राप्त हो चुके मैं (सिर्फ़ उनकी आत्माएँ, ईश्वर करे, एक ऐसी रोशनी से रोशन हैं जिसको कभी बुझाया नहीं जा सकेगा)? लेकिन विलियम की तस्वीर मैं कम से कम एक बार ज़रूर खीचना चाहूँगा, क्योंकि उनका अनोखा चेहरा-मोहरा मुझे प्रभावित करता था और यह एक युवा व्यक्ति की ख़ासियत होती है कि वह एक बुज़ुर्ग और ज्ञानी आदमी के शब्दों के जादू तथा बुद्धि के पैनेपन से ही नहीं बल्कि उसके उस सतही शारीरिक रूप से भी सम्मोहित होता है जो कि बहुत क़ीमती साबित होता है, उस पिता की तरह जिसकी हरकतों को हम पढ़ते हैं और जिसके तेवरों का, जिसकी मुस्कराहट का, हम बारीक़ी से निरीक्षण करते हैं–शारीरिक प्रेम के इस रूप (शायद एकमात्र ऐसा रूप जो सच्चे अर्थों में पवित्र है) को मैला कर सकनेवाली लेशमात्र वासना के बग़ैर।

पुराने ज़माने के लोग ख़ूबसूरत और विशाल हुआ करते थे (अबके ज़माने के लोग बच्चे और बौने हैं), लेकिन यह एक बूढ़ी होती दुनिया के संकट को दर्शाने वाले बहुत-से तथ्यों में से एक तथ्य है। युवा लोग अब कुछ भी पढ़ना नहीं चाहते, विद्या अवनति की ओर अग्रसर है, सारी दुनिया अपने सिर के बल चलती है, अन्धे लोग अपने ही जैसे दूसरे अन्धों को रास्ता दिखाते हैं और उनके गड्ढे में गिरने का कारण बनते हैं, पक्षी उड़ना सीखने से पहले ही घोंसला छोड़ देते हैं, गधे वीणा बजाते हैं, बैल नाचते हैं। मेरी को चिन्तनशील जीवन से लगाव नहीं रहा, मार्था को सक्रिय जीवन से लगाव नहीं रहा, लीह वन्ध्या है, राशेल की निगाह सांसारिक है, केटो वेश्यालयों के चक्कर लगाता है, ल्युक्रेटियस स्त्री बन जाता है। हर चीज़ ग़लत राह पर है। प्रभु की कृपा है कि उन दिनों में मैंने अपने गुरुदेव से सीखने की आकांक्षा और निष्कपटता का बोध हासिल किया, जो कितने ही यातनादायी रास्ते के बावजूद साथ नहीं छोड़ते।

उन दिनों ब्रॅदर विलियम की शारीरिक उपस्थिति थी ही कुछ ऐसी कि निहायत ही लापरवाह व्यक्ति का ध्यान भी वह अपनी तरफ़ खींच लेती थी। उनकी ऊँचाई सामान्य से बढ़कर थी और वे इस क़दर दुबले थे कि और भी लम्बे लगते थे। उनकी आँखें तीखी और भेदने वाली थीं; उनकी पतली और कुछ-कुछ नुकीली नाक उनके चेहरे को एक चौकन्ने आदमी का भाव प्रदान करती थी, सिवा उन कुछ सुस्त क्षणों के जिनके बारे में मैं बात करूँगा। उनकी ठुड्डी भी दृढ़ संकल्पशक्ति का संकेत करती थी, हालाँकि चकत्तों से भरा उनका लम्बोतरा चेहरा—जैसे कि मैंने अक्सर हाइबर्निया और नॉर्थम्ब्रिया के बीच जन्में लोगों के बीच देखे थे—कभी-कभी हिचकिचाहट और उलझन का भाव भी व्यक्त कर सकता था। अन्ततः तो मैं साफ़ तौर से समझ गया था कि जो चीज़ मुझे आत्मविश्वास की कमी लगती थी वह दरअसल उत्सुकता-भर थी, लेकिन शुरुआत में मैं इस ख़ूबी के बारे में जरा भी नहीं जानता था, बल्कि इसे मैं एक लालची व्यक्तित्व के जोश के रूप में देखता था। इसकी बजाय मेरा यह मानना था कि एक दानिशमन्द इनसान को इस तरह के जोश में नहीं बहना चाहिए, बल्कि उसे सिर्फ़ उस सत्य से पोषण प्राप्त करना चाहिए जिसे (मेरा ख़याल था) हम शुरुआत में ही जान लेते हैं।

एक बच्चे के रूप में मैं सबसे पहले और सबसे गहरे, पीले-से बालों के उस झुरमुट से प्रभावित हुआ था जो उनके कानों से बाहर झाँकते रहते थे और उनकी घनी फीकी सुनहरी भौंहों पर फैले हुए थे। वे शायद पचास वसन्त देख चुके थे और इसलिए पहले ही बहुत बुज़ुर्ग थे, लेकिन उनकी कभी न थकनेवाली काया की हरकतों में जैसी फुर्ती थी वैसी कभी-कभी खुद मुझ में भी नहीं होती थी। जब उन पर काम का दौरा पड़ता था तो उनमें अथक ऊर्जा दिखाई देती थी। लेकिन, जैसे कि उनकी जीवन्त ऊर्जा में समुद्री झींगे जैसी कोई चीज़ थी कि वे समय-समय पर निठल्लेपन की ओर लौट जाया करते थे और मैं देखता था कि वे मेरी कोठरी में पड़ी चटाई पर, लगभग ख़ामोश, चेहरे की एक भी मांसपेशी में कोई ख़म पैदा किए बग़ैर, घंटों पड़े रहते थे। ऐसे मौक़ों पर उनकी आखों में एक ख़ालीपन का, अनुपस्थिति का, भाव उभर आता और, अगर उनका स्पष्ट आत्मसंयमी जीवन ही मुझे इस तरह के सोच से परे न ले जाता होता तो, मुझे शक होता कि उनके भीतर दिव्य दृश्यों को जगा सकनेवाली किसी जड़ी-बूटी की शक्ति मौजूद है। हालाँकि मैं इस बात से इंकार नहीं करूँगा कि यात्रा के दौरान वे कभी-कभी किसी चरागाह की मेंड़ पर, किसी जंगल के मुहाने पर, किसी जड़ी-बूटी (जो कि, मेरा ख़याल है, हर बार एक-सी होती थी) को तोड़ने के लिए रुक जाते थे : और फिर वे उसे बड़ी तल्लीनता से चबाते थे। यह जड़ी-बूटी वे अपने साथ भी रखते थे और बहुत ज़्यादा तनाव के क्षणों में (और मठ में ऐसे क्षण कई बार आए) उसे खाते थे। एक बार, जब मैंने उनसे पूछा कि वह क्या चीज़ है, तो उन्होंने हँसते हुए जवाब दिया कि एक ईसाई कभी-कभी नास्तिकों से भी सीख सकता है और जब मैंने उनकी इजाज़त से उसे चखना चाहा तो उन्होंने जवाब दिया कि जो जड़ी-बूटियाँ एक बूढ़े फ्रांसिस्कन के लिए अच्छी होती हैं वही एक युवा बेनेडिक्ट के लिए अच्छी नहीं होतीं।

जितने समय हम साथ रहे, हमें क़ायदे से ज़िन्दगी जीने का मौक़ा नहीं मिल सका : मठ में भी हम रात को जागते थे और दिन में थककर ढेर हो जाते थे, यहाँ तक कि उपासना-गृहों की गतिविधियों में भी हम नियमित शामिल नहीं हो पाते थे। हाँ, अपनी यात्रा के दौरान वे

शायद ही कभी पूरिका के बाद जागे होंगे और इस मामले में वे आदतन बहुत किफ़ायती थे। कभी-कभी तो मठ में भी वे पूरा-पूरा दिन बग़ीचे में भटकते हुए बिताते थे और पौधों को इस तरह जाँचते रहते थे मानो वे क्राइसोप्रेसेस या मरकत हों; और मैंने उन्हें ख़ज़ाने के तहख़ाने में मरकतों और क्राइसोप्रेसेस से जड़े हुए एक सन्दूक़ की तरफ़ इस तरह ताकते हुए देखा था मानो वह कोई धतूरे का झुरमुट हो। कभी वे पूरा का पूरा दिन पुस्तकालय के विशाल कक्ष में, पाण्डुलिपियों के पन्ने पलटते हुए, गुज़ार देते थे, मानो कुछ ढूँढ़ने के लिए नहीं बल्कि महज़ अपने आनन्द के लिए (वह भी ऐसे वक़्त में जबकि हमारे चारों तरफ़ उन संन्यासियों के शवों की संख्या बढ़ती चली जा रही थी जिनकी भयानक हत्याएँ हो रही थीं)। एक दिन मैंने उन्हें फूलों के बाग़ में बिना किसी ज़ाहिर उद्देश्य के चहलक़दमी करते हुए पाया, मानों उन्हें ईश्वर के लिए अपने काम का कोई हिसाब न देना हो। मेरे धर्म-संघ में समय को बिताने का बिल्कुल अलग तरीक़ा सिखाया गया था और यह बात मैंने उन्हें बताई। और उन्होंने जवाब दिया कि विश्व के सौन्दर्य का स्रोत केवल विविधता में एकता ही नहीं है, एकता में विविधता भी है। यह जवाब मुझे अधकचरे सामान्य ज्ञान से निर्दिष्ट प्रतीत हुआ था, लेकिन बाद के दिनों में मैंने यह सीखा कि उनके देश के लोग अक्सर चीज़ों को जिन तरीक़ों से परिभाषित करते हैं उनमें तर्क की बोध जगानेवाली भूमिका न के बराबर प्रतीत होती है।

हमारे मठ के प्रवास के दौरान उनके हाथ हमेशा पुस्तकों की धूल से, एकदम ताज़ा चित्रों की सुनहरी से, या उन पीले-से द्रव्यों, जिनको उन्होंने सेवेरिनॅस के औषधालय में छुआ होता था, रँगे रहते थे। लगता था जैसे वे अपने हाथों के अलावा किसी और चीज़ से नहीं सोच सकते थे, एक ऐसा गुण जिसे उन दिनों मैं किसी मैकेनिक के लिए ही ज़्यादा ठीक मानता था : लेकिन जब उनके हाथ ताज़ा-ताज़ा चित्रित की गई किसी प्राचीन पाण्डुलिपि को, या समय के हाथों छीजे हुए और बेख़मीर ब्रेड की भाँति भुरभुरे पन्नों को भी छूते थे तो मुझे उनकी छुअन में एक असाधारण कोमलता का आभास होता था, वैसी ही कोमलता जिसके साथ वे अपने यन्त्रों को बरतते थे। मैं दरअसल यह भी कहना चाहूँगा कि किस तरह यह अनूठा आदमी अपने साथ अपने थैले में ऐसे उपकरण लिए रहता था जिनको मैंने तब के पहले कभी देखा तक नहीं था और जिनको वह आश्चर्यजनक यन्त्र कहकर पुकारता था। वे कहते थे कि यन्त्र उस कला का ही एक अंजाम हैं जो कि कुदरत की नक़ल है और वे कुदरत की न सिर्फ़ छवियों को बल्कि क्रियाकलापों को भी पेश करते हैं। इसी रूप में उन्होंने मुझे घड़ी के, एस्ट्रोलेब के, चुम्बक के चमत्कारों के बारे में समझाया था। लेकिन शुरू-शुरू में मुझे यह एक जादू-टोना ही लगता था और किन्हीं साफ़ रातों के दौरान, जब वे (हाथ में एक विचित्र सा त्रिकोण लिए) तारों का मुआयना कर रहे होते थे, मैं सोने का बहाना करता रहता था। इटली के और ख़ुद अपने यहाँ के जिन फ्रांसिस्कनों को मैं जानता था वे साधारण लोग हुआ करते थे, अक्सर अपढ़ और विलियम की विद्वत्ता को लेकर अपने विस्मय को मैंने उनके सामने ज़ाहिर किया था। लेकिन उन्होंने मुस्कराते हुए मुझसे कहा था कि उनके द्वीप के फ्रांसिस्कन किसी और ही साँचे में ढले हुए थे : ''रॉजर बेकॅन, जिनको मैं अपना गुरु मानता हूँ, की यह सीख है कि एक दिन आएगा जब ईश्वरीय विधान यन्त्रों के उस विज्ञान को अपने में शामिल कर लेगा जो कि एक कुदरती और स्वस्थ जादू है। और एक दिन आएगा जब कुदरत के दोहन से समुद्री यात्रा के लिए ऐसे उपकरण रचे जा सकेंगे

जिनके सहारे नौकाएँ महज़ एक आदमी के नियन्त्रण में** यात्रा कर सकेंगी और उससे कहीं ज़्यादा तेज़ रफ़्तार से, जिससे कि वे पालों या चप्पुओं के द्वारा ठेली जाती हैं; और ऐसे ख़ुद-ब-ख़ुद चलनेवाले चौपहिया वाहन और इस क़िस्म के उड़नेवाले संयन्त्र होंगे कि उनके भीतर बैठा हुआ आदमी, एक पुर्जे को घुमाने मात्र से, उड़ते हुए पक्षी की भाँति** बनावटी पंखों को फड़फड़ा सकेगा। और निहायत ही छोटे से उपकरण भारी वज़न को उठा सकेंगे तथा ऐसे वाहन होंगे जिनके सहारे समुद्र-तल में यात्रा की जा सकेगी।''

जब मैंने उनसे पूछा कि ये मशीनें कहाँ हैं, तो उन्होंने मुझसे कहा कि ये प्राचीन काल में पहले ही बन चुकी थीं और इनमें से कुछ तो हमारे अपने समय में बनी हैं : ''सिवा उड़नेवाली मशीन के, जिसे मैंने न तो ख़ुद कभी देखा है और न ही मैं ऐसे किसी व्यक्ति को जानता हूँ जिसने उसे देखा हो, लेकिन मैं एक ऐसे ज्ञानी आदमी को जानता हूँ जिसने उसकी कल्पना की है। और बिना खम्भों या किसी दूसरे सहारे के नदियों पर पुल बनाए जा सकते हैं और ऐसी और भी मशीनें सम्भव हैं जिनके बारे में कभी सुना नहीं गया। लेकिन अगर उनका वुजूद नहीं है तो तुम्हें इसकी चिन्ता नहीं करना चाहिए क्योंकि इसका यह अर्थ नहीं है कि भविष्य में उनका वुजूद नहीं होगा। और मैं तुमसे कहता हूँ कि ईश्वर चाहता है कि वे हों और निश्चय ही वे उसके दिमाग़ में हैं, भले ही ओकेम का मेरा दोस्त इस बात से इनकार करता है कि विचार इस रूप में भी वुजूद में हो सकते हैं; और यह बात मैं इसलिए नहीं कह रहा हूँ कि हम दैवीय प्रकृति का निर्धारण कर सकते हैं, बल्कि सिर्फ़ इसलिए कि हम उसकी कोई सीमा निर्धारित नहीं कर सकते।'' और यह एकमात्र अन्तर्विरोधी स्थापना नहीं थी जिसे मैंने उनकी ज़ुबान से सुना था; लेकिन आज भी, जब मैं उन दिनों के मुक़ाबले बुज़ुर्ग और ज़्यादा समझदार हूँ, मैं पूरी तरह से इस बात को नहीं समझ सका हूँ कि वे किस तरह ओकेम के अपने दोस्त में इस क़दर आस्था रख सकते थे और उसी साँस में, जैसी कि उनकी आदत थी, बेकन के शब्दों पर हलफ़ उठा सकते थे। यह भी सही है कि उस अन्धकार से भरे समय में एक बुद्धिमान आदमी को ऐसी बातों पर विश्वास करना होता था जो आपस में अन्तर्विरोधी होती थीं।

ब्रॅदर विलियम के बारे में ये जो बातें मैंने कही हैं वे शायद निरर्थक हैं, मानो उनकी जो बिखरी-बिखरी सी छापें मेरे मन पर पड़ी थीं उनको ही मैंने एकदम शुरुआत से एकत्र कर पेश कर दिया हो। वे कौन थे और वे क्या कर रहे थे, इसे, मेरे प्रिय पाठक, आप उनके उन कृत्यों से ही जान सकेंगे जो उन्होंने हमारे उस मठ-प्रवास के दौरान किए थे। और मैं आपको किसी पूरी योजना का आश्वासन भी नहीं देता, इसकी बजाय मैं आपसे घटनाओं के (हाँ, उन घटनाओं के) एक वृत्तान्त का वादा ज़रूर करता हूँ जो अचरज से भर देनेवाली और भयावह हैं।

और इस तरह, दिनों के बीतने के साथ मैं अपने गुरुदेव को और-और समझता गया और जब हमारी यात्रा के कई घंटे उस लम्बी बातचीत में बीत गए, जिसका ज़िक्र मैं सही अवसर पर क्रमशः करूँगा, हम उस पहाड़ी के नीचे तक आ पहुँचे जिस पर मठ स्थित था। और अब समय आ गया है कि मेरी कहानी उस जगह पहुँचे, जैसा कि तब हम पहुँचे थे और अब जबकि मैं वह कहने के लिए तैयार हो रहा हूँ जो घटित हुआ था, मैं कामना करता हूँ कि मेरे हाथ काँपें नहीं।

पहला दिन

प्रभाती

जिसमें मठ के निचले भाग में पहुँचा जाता है और विलियम अपनी महान विद्वत्ता का परिचय देते हैं।

वह नवम्बर के आख़िरी दिनों की एक ख़ूबसूरत सुबह थी। रात में बर्फ़ गिरी थी, लेकिन बहुत थोड़ी-सी और धरती एक ठंडी चादर से ढँकी हुई थी जो तीन अंगुल से ज़्यादा मोटी नहीं थी। अँधेरे में, प्रत्यूष-वन्दना के तुरन्त बाद, घाटी के एक गाँव में हमें प्रार्थना सुनाई दी। जैसे ही सूरज की पहली किरण दिखाई दी, हमने पहाड़ की ओर रुख किया।

जैसे-जैसे हम पहाड़ को घेरते टेढ़े-मेढ़े खड़े रास्ते पर चढ़े, मुझे मठ के दर्शन हुए। मैं चकित था, उन दीवारों को देखकर नहीं जो उसको चारों तरफ़ से घेरे हुए थीं, जो वैसी ही थीं जैसी तमाम ईसाई जगत में दिखाई देती हैं, बल्कि उस चीज़ के आकार को देखकर जिसके बारे में मैंने बाद में जाना कि वह इडीफ़ीसियॅम था। यह एक अष्टभुजाकार इमारत थी जो दूर से देखने पर चतुर्भुजीय जान पड़ती थी (ईश्वर के नगर की दृढ़ता और अपराजेयता को व्यक्त करता एक आदर्श ढाँचा), जिसके दक्षिणी बाज़ू मठ के पठार पर स्थित थे, जबकि उत्तरी बाज़ू पहाड़ के खड़े हिस्से से उगे हुए प्रतीत होते थे, एक खड़ी ढलान, जिससे वे बँधे हुए थे। मैं यह भी कह सकता था कि नीचे से, एक ख़ास जगह से, देखने पर वह ऊँची चट्टान अपने फैलाव में आकाश को छूती प्रतीत होती थी, चट्टान के ही रंगों और उसको गढ़नेवाले द्रव्य के साथ, जो एक निश्चित बिन्दु पर पहुँचकर गढ़ी और बुर्ज़ में बदल गई थी (उन असाधारण मनुष्यों की रचना जो धरती और आकाश के साथ गहरी घनिष्ठता का रिश्ता रखते थे)। झरोखों की तीन पाँतें उसकी उठान की त्रिगुण लय की घोषणा करती थीं, नतीजतन जिस चीज़ को ज़मीन पर भौतिक रूप से वर्ग का आकार दिया गया था वह आकाश में आध्यात्मिक रूप से त्रिकोणीय थी। हम जैसे-जैसे नज़दीक पहुँचे, हमने पाया कि इस चतुष्कोणीय ढाँचे के हर कोण पर एक सप्तभुजीय मीनार थी, जिसके पाँच बाज़ू बाहर से दिखाई देते थे—इस प्रकार उस बृहत्तर अष्टभुज के आठ बाज़ुओं में से चार बाज़ू चार छोटे सप्तभुज रचते थे, जो बाहर से पंचभुजीय आकार के लगते थे। और इस तरह कोई भी व्यक्ति उसमें विभिन्न पवित्र संख्याओं के प्रशंसनीय सामंजस्य को देख सकता था, जिनमें से हर एक किसी गहरे आध्यात्मिक अभिप्राय को व्यक्त करती थी। आठ : हर चतुष्कोण की पूर्णता दर्शानेवाली संख्या; चार : *न्यू टेस्टामेण्ट* की पोथियों की संख्या; पाँच : सृष्टि के मण्डलों की संख्या; सात : पवित्र आत्मा के उपहारों की संख्या। अपने आयतन और अपने ढाँचे में इडीफ़ीसियॅम कासॅल उर्सिनो या कासॅल डेल मॉन्ते से मिलता-जुलता था, जिनके दर्शन मुझे

बाद में इतालवी प्रायद्वीप में होने थे, लेकिन इसकी पहुँच से परे होने की स्थिति इसको उनके मुक़ाबले कहीं ज़्यादा विस्मयकारी बनाती थी और उस यात्री के मन में आतंक जगा सकती थी, जो धीरे-धीरे इसके क़रीब पहुँचता था। और चूँकि वह जाड़ों की एक साफ़ सुबह थी, इसलिए यह सौभाग्य ही कहा जाएगा कि मुझे पहली बार में इस इमारत को उस हालत में नहीं देखना पड़ा जिस हालत में वह तूफ़ानी दिनों में दिखाई देती थी।

जो भी हो, मैं यह नहीं कहूँगा कि वह आनन्द का कोई भाव जगाती थी। मैंने भय और तीखी आशंका का अनुभव किया। ईश्वर जानता है कि ये मेरे कच्चे दिमाग़ से उपजे भ्रम नहीं थे और मैं उन निश्चित लक्षणों को एकदम ठीक-ठीक पढ़ पा रहा था जो उसी दिन पत्थर पर उकेर दिए गए थे जिस दिन उन महान लोगों ने इसके निर्माण का काम शुरू कर दिया था, उसके पहले ही जब संन्यासियों के मोहग्रस्त संकल्प ने ईश्वर की वाणी के संरक्षण की ख़ातिर इस प्रासाद की प्राणप्रतिष्ठा करने का दुस्साहस किया था।

जैसे ही हमारे छोटे-छोटे खच्चर पहाड़ के उस आख़िरी मोड़ तक पहुँच पाने में कामयाब हुए, जहाँ से मुख्य रास्ता, दो पगडण्डियों के साथ, तीन रास्तों में बँट जाता था, मेरे गुरुदेव कुछ देर के लिए रुके ताकि वे अपने आस-पास का मुआयना कर सकें : सड़क की बग़ल में, ख़ुद सड़क पर और सड़क के ऊपर, जहाँ थोड़े से फैलाव में, सदाबहार चीड़ के वृक्ष बर्फ़ से सफ़ेद एक कुदरती वितान रच रहे थे। "भव्य मठ", वे बोले। "सार्वजनिक अवसरों पर मठाधीश शानदार प्रदर्शन पसन्द करते हैं।"

चूँकि मैं उनकी ज़ुबान से निहायत ग़ैरमामूली घोषणाएँ सुनने का आदी हो चुका था इसलिए मैंने कोई सवाल नहीं किया। इसलिए भी कि थोड़ी सी सड़क और पार करने के बाद हमने कुछ आवाज़ें सुनीं और अगले मोड़ पर संन्यासियों और नौकरों का एक झुण्ड नमूदार हुआ। उनमें से एक हमें देखकर बड़े ही दोस्ताना भाव से हमारी ओर आया। "स्वागत है, श्रीमान", वह बोला, "और अगर मैं क़यास लगाऊँ कि आप कौन हैं तो ताज्जुब मत कीजिए, क्योंकि हमें आपके आगमन की सूचना दी जा चुकी है। मैं रेमिजियो ऑव वेराजाइन हूँ, मठ के भण्डार का इन्तज़ाम देखता हूँ। और, जैसा कि मेरा ख़याल है, अगर आप ब्रॅदर विलियम ऑव बास्करविले हैं, तो इसकी ख़बर मठाधीश को देनी होगी। तुम"–उसने अपने दल के एक सदस्य को हुक्म दिया – "ऊपर जाओ और उन्हें कहो कि हमारे अतिथि चहारदीवारियों के भीतर पहुँचनेवाले हैं।"

"शुक्रिया, भण्डारी बन्धु," मेरे गुरुदेव ने विनम्रतापूर्वक जवाब दिया, "और मैं आपके सौजन्य के लिए इसलिए भी ख़ास तौर से शुक्रगुज़ार हूँ कि मेरी अगवानी की ख़ातिर आपने अपनी तलाश के काम में रुकावट डाली है। लेकिन फ़िक्र मत करें। आपका घोड़ा इस तरफ़ आया था और उसने दाईं तरफ़वाला रास्ता पकड़ लिया था। वह ज़्यादा दूर नहीं जाएगा, क्योंकि लीद के ढेर तक पहुँचते ही उसे रुक जाना पड़ेगा। वह इतना अक़्लमन्द है कि वह उस खड़ी ढलान से नीचे छलाँग नहीं लगाएगा..."

"आपने उसे कब देख लिया?" भण्डारी ने पूछा।

"मैंने उसे क़तई नहीं देखा, बताओ एड्सो, देखा है क्या?" विस्मय के साथ मेरी ओर

मुड़कर देखते हुए विलियम ने कहा। "लेकिन अगर आप भूरे (ब्रूनेलॅस) को तलाश रहे हैं तो घोड़े को वहीं होना चाहिए जहाँ मैंने बताया है।"

भण्डारी हिचकिचाया। उसने विलियम की तरफ़ देखा, फिर सड़क की तरफ़ और अन्त में बोला, "भूरा? आप कैसे जानते हैं?"

"अरे भाई," विलियम बोले, "ज़ाहिर है कि आप भूरे को खोज रहे हैं, वही जो मठाधीश का सबसे चहेता घोड़ा है, पन्द्रह हाथ लम्बा, आपके अस्तबल का सबसे तेज़ दौड़नेवाला घोड़ा, जिसके काले बाल, भरी हुई पूँछ, छोटी गोल टापें, लेकिन निहायत ही सधी हुई चाल है; छोटा सिर, नुकीले कान, बड़ी आँखें हैं। जैसा कि मैंने बताया, वह दाईं तरफ़ गया है, लेकिन जो भी हो, आप जल्दी करें।"

भण्डारी क्षण-भर के लिए हिचकिचाया, फिर उसने अपने साथ के लोगों को इशारा किया और दाएँ रास्ते पर भागा, जबकि हमारे खच्चरों ने अपनी चढ़ाई फिर से शुरू की। मेरा कुतूहल जागा, मैं विलियम से सवाल पूछने को ही था, लेकिन उन्होंने मुझे इन्तज़ार करने का इशारा किया : दरअसल कुछ ही मिनटों बाद हमने हर्ष में डूबी हुई आवाज़ें सुनीं और सड़क के मोड़ तक पहुँचते न पहुँचते संन्यासी और उनके सेवक, घोड़े की लगाम को थामें नमूदार हुए। वे सब के सब हमारी ओर कुछ अचरज से ताकते हुए हमारी बग़ल से गुज़रे और हमारी अगवानी करते हुए मठ की ओर चल पड़े। मेरा ख़याल है कि विलियम ने भी अपनी सवारी की रफ़्तार धीमी कर ली थी ताकि जो हुआ था उसे बताने का वक़्त उन लोगों को मिल सके। मुझे इस बात का अहसास हो चुका था कि मेरे गुरुदेव, जो हर लिहाज़ से महानतम गुणों से सम्पन्न थे, अपनी विद्वत्ता को साबित करने के मौक़ों पर अहंकार की कमज़ोरी का शिकार हो जाते थे; और क्योंकि मैं एक चतुर खिलाड़ी होने की उनकी प्रतिभा के महत्त्व को स्वीकारना सीख चुका था, मैं यह समझ गया कि वे अपने गन्तव्य तक एक विद्याविशारद होने की अपनी ठोस ख्याति के साथ पहुँचना चाहते थे।

"अब मुझे बताइए"– आख़िरकार मैं अपने को नहीं रोक सका–"आपने कैसे जान लिया?"

"मेरे प्यारे एड्सो", मेरे गुरुदेव बोले, "अपनी पूरी यात्रा-भर मैं तुम्हें उन संकेतों को पहचानने की सीख देता आ रहा हूँ जिनकी मार्फ़त यह जगत एक महान पुस्तक की तरह हमसे बतियाता है। एलेनॅस डि इन्सुलिस* ने कहा था कि

संसार का प्रत्येक प्राणी
किसी तस्वीर और किसी पुस्तक की भाँति
*प्रगट होता है हमारे सामने एक आईने की भाँति।***

और यह कहते हुए वे प्रतीकों के उस अन्तहीन सिलसिले के बारे में सोच रहे थे जिनसे ईश्वर, अपने प्राणियों की मार्फ़त, हमसे शाश्वत जीवन के बारे में बात करता है। लेकिन यह विश्व उससे कहीं ज़्यादा बातूनी है जितना कि एलेनॅस सोचते थे और यह सिर्फ़ बुनियादी चीज़ों के बारे में बात नहीं करता (जो कि वह हमेशा धुँधले से ढंग से करता है), बल्कि हमारे क़रीब की चीज़ों के बारे में भी बात करता है और तब वह एकदम साफ़ तरीक़े से बोलता है। जो चीज़ तुम्हें समझ लेनी चाहिए थी उसको दोहराते हुए मुझे संकोच-सा होता है। चौराहे पर, ताज़ा-ताज़ा बर्फ़ पर, एक घोड़े के खुरों के निशान बिल्कुल साफ़ दिखाई दे

रहे थे, जो हमारे बाईं ओर के रास्ते की दिशा में गए थे। एकदम सफ़ाई के साथ अंकित वे निशान बताते थे कि खुर छोटे और गोल थे और चाल बिल्कुल सधी हुई–और इससे मैंने घोड़े के स्वभाव के बारे में नतीजा निकाल लिया और जान लिया कि वह किसी वहशी जानवर की तरह बेतहाशा नहीं भाग रहा था। जिस जगह चीड़ के पेड़ों ने एक कुदरती मचान बनाया हुआ है, वहाँ पाँच फुट की ऊँचाई पर कुछ टहनियाँ ताज़ा-ताज़ा टूटी थीं। ब्लैकबेरी की एक झाड़ी में, जहाँ से अपने दाईं ओर का रास्ता पकड़ने के लिए जानवर को अपनी सुन्दर पूँछ को फटकारते हुए मुड़ना पड़ा होगा, घोड़े के कुछ लम्बे, काले बाल काँटों में अब भी उलझे हुए थे।... अब तुम, आख़िरकार, यह तो नहीं कहोगे कि तुम्हें यह नहीं पता है कि वह रास्ता लीद के घूरे की तरफ़ जाता है, क्योंकि जैसे ही हम निचले मोड़ से गुज़रे थे हमने विशाल दक्षिणी मीनार के नीचे, उस खड़ी ढलान से कचरे को गिरते हुए देखा था, जो बर्फ़ को गन्दा कर रहा था; और चौराहे की स्थिति को देखते हुए कोई भी कह सकता है कि रास्ता उसी दिशा में जा सकता है।''

''हाँ'', मैंने कहा, ''लेकिन छोटे सिर, नुकीले कानों, बड़ी आँखों...के बारे में?''

''मैं पक्के तौर पर नहीं कह सकता कि उसके नाक-नक़्श वैसे हैं, लेकिन इसमें शक नहीं कि संन्यासियों का ऐसा ही मानना है। जैसा कि इसीडोर ऑव सेविले ने कहा है, घोड़े की ख़ूबसूरती के लिए 'हड्डियों को स्पष्ट रूपरेखा प्रदान करती चमड़ी से युक्त, तना हुआ**, छोटा सिर, छोटे और नुकीले कान, बड़ी आँखें, तनी हुई गर्दन, मोटी अयाल और पूँछ, गोल और ठोस खुर' होना ज़रूरी है। जिस घोड़े के गुज़रने का हवाला मैंने दिया था अगर वह अस्तबल का सबसे अच्छा घोड़ा न होता तो उसको अस्तबल के नौकर खोज रहे होते, लेकिन इसकी बजाय इस तलाश का काम खुद भण्डारी ने अपने ज़िम्मे लिया हुआ था। और, घोड़े का कुदरती रूप चाहे जैसा भी हो, अगर एक संन्यासी उसे उम्दा मानता है, तो वह उसको उसी रूप में देख सकता है जिस रूप में प्रमाणपुरुषों** ने उसका वर्णन किया है, ख़ास तौर से अगर''– और यहाँ वे मेरी ओर देखकर शरारत के भाव से मुस्कराए–''ख़ास तौर से अगर वर्णन करनेवाला एक पढ़ा-लिखा बेनेडिक्ट हो।''

''ठीक है,'' मैंने कहा, ''लेकिन ब्रुनेलॅस क्यों?''

''ईश्वर तुम्हारी बुद्धि को पैना करे, वत्स!'' मेरे गुरुदेव चिल्लाए। ''भला उसका और क्या नाम हो सकता था? आख़िर, ब्युरिडन जैसा महान आदमी भी, जो पेरिस का पुरोहित होनेवाला है, जब एक तर्कसंगत मिसाल के तौर पर घोड़े का इस्तेमाल करना चाहता है, तो वह उसे हमेशा ब्रुनेलॅस के नाम से पुकारता है।''

यह था मेरे गुरु का तरीक़ा। वे न सिर्फ़ यह जानते थे कि कुदरत की महान पुस्तक को कैसे बाँचा जाए, बल्कि यह भी जानते थे कि संन्यासी धर्मग्रन्थों को किस तरह बाँचते हैं और किस तरह उन्होंने उनके माध्यम से सोचा था। यह एक ऐसा वरदान था जो, जैसा कि हम आगे देखेंगे, उनके लिए आनेवाले दिनों में बहुत कारगर साबित हुआ। इसके अलावा, उस वक़्त उनकी कैफ़ियत मुझे इतनी स्वाभाविक-सी जान पड़ी थी कि उसे खुद ही न समझ पाने के नाते जो शर्म मुझमें पैदा हुई थी उससे मैं अपने उस गर्व के चलते ही उबर पाया जो उस कैफ़ियत में साझीदार होने के नाते मेरे मन में जागा था और मैं उस वक़्त अपनी अन्तर्दृष्टि के लिए खुद को लगभग बधाई दे रहा था। सच्चाई की ताक़त ही ऐसी होती है कि वह, शुभ की ही

तरह, अपनी प्रचारक आप होती है। और यह हमारे ईश्वर, ईसा मसीह की ही कृपा थी कि मेरे भीतर यह महान रहस्य उजागर हो सका।

लेकिन ओ मेरी कथा, तू अपनी यात्रा जारी रख, क्योंकि यह बुढ़ाता हुआ संन्यासी बहुत देर से हाशिये पर ही अटका हुआ है। बजाय इसके, तू यह बता कि किस तरह हम मठ के विशाल प्रवेशद्वार तक पहुँचे और किस तरह द्वार पर मठाधीश ने, अपने दोनों ओर पानी से भरे हुए सोने के कलश थामें दो शिष्यों के साथ, हमारी अगवानी की। जब हम लोग घोड़े से उतर गए, तो उन्होंने विलियम के हाथ धोये और फिर उन्हें गले से लगाते हुए, उनका मुख चूमते हुए, धार्मिक विधि से उनका स्वागत किया।

''शुक्रिया, एबो,'' विलियम ने कहा। ''मेरे लिए यह सुख की बात है कि मैं आपके इस भव्य मठ में क़दम रख रहा हूँ, जिसकी कीर्ति इन पहाड़ों के पार दूर-दूर तक फैली हुई है। मैं यहाँ हमारे प्रभु के नाम पर एक तीर्थयात्री की हैसियत से आया हूँ और आपने उसी तरह से मेरा स्वागत किया है। लेकिन मैं इस ज़मीन पर हमारे सम्राट के हुक्म से भी आया हूँ, जैसा कि मेरे इस ख़त से ज़ाहिर होगा जो मैं आपको सौंप रहा हूँ और इस स्वागत के लिए मैं उनकी तरफ़ से भी आपका शुक्रिया अदा करता हूँ।''

मठाधीश ने शाही मुहर लगे उस ख़त को स्वीकार किया और जवाब दिया कि विलियम के आगमन की ख़बर उन्हें पहले ही उनके अन्य बन्धुओं के ख़तों से मिल चुकी थी (कुछ गर्व के साथ मैंने खुद से कहा कि एक बेनेडिक्ट मठाधीश को हैरत में डालना मुश्किल है); फिर, उन्होंने भण्डारी से हमें हमारे ठौर पर लिवा जाने के लिए कहा, उधर साईस हमारे खच्चरों को अपने साथ ले गए। मठाधीश ने कहा कि वे हमारे जलपान आदि से निबट चुकने पर बाद में मिलेंगे और हमने उस विशाल प्रांगण में प्रवेश किया जहाँ पहाड़ की चोटी को एक हल्के से कटोरे जैसा रूप देते मैदान में चारों तरफ़ मठ की इमारतें फैली थीं।

मठ के नक़्शे के बारे में बात करने के और विस्तार से बात करने के, कई मौक़े आएँगे। प्रवेश द्वार (जो कि बाहरी परकोटे से भीतर आने के लिए एकमात्र प्रवेश था) के बाद मठ के गिरजाघर की ओर जाती हुई एक वृक्ष-वीथि थी। वीथि के बाईं तरफ़, स्नानागार और औषधालय तथा वनस्पति-संग्रहालय की दो इमारतों के चारों तरफ़, दीवारों के घुमाव के साथ-साथ, दूर-दूर तक सब्ज़ियों के बाग़ और, जैसा कि मैंने बाद में जाना, वानस्पतिक उद्यान फैले हुए थे। पीछे, गिरजाघर के बाईं तरफ़, इडीफ़ीसियम स्थित था जिसको यहाँ-वहाँ बिखरी हुई क़ब्रोंवाला एक अहाता गिरजाघर से अलगाता था। गिरजाघर के उत्तरी दरवाज़े के सामने उस इडीफ़ीसियम की दक्षिणी मीनार थी, जो आते हुए दर्शकों के समक्ष, सामने की तरफ़ से, अपनी पश्चिमी मीनार को पेश करता था; बाईं तरफ़, इमारत दीवारों से जुड़ती थी और अपनी मीनारों से उस खाई की ओर छलाँग लगाती प्रतीत होती थी, जिस पर, बगल़ से दिखाई देती उत्तरी मीनार उभरी हुई थी। गिरजाघर के दाईं तरफ़, उसकी ओट में, कुछ इमारतें थीं और कुछ और इमारतें क्लॉयस्टर के आस-पास थीं : शयनागार, मठाधीश का भवन, जिसके बारे में शक की गुंजाइश नहीं थी और तीर्थयात्रियों के लिए अतिथिगृह, जिसकी ओर हम बढ़ रहे थे। हम एक रमणीय पुष्पवाटिका से गुज़रकर वहाँ पहुँचे। दाईं तरफ़, एक विस्तृत लॉन के परे, दक्षिणी दीवारों के साथ-साथ और गिरजाघर के पीछे पूर्व की ओर जाता हुआ एक सिलसिला था, देहातियों के आवासों, अस्तबलों, चक्कियों, कोल्हुओं, अनाज के भण्डारों

और सुरागारों का, तथा नवदीक्षित संन्यासियों के रहने के लिए बनाए गए प्रतीत होते घरों का। मामूली से उतार-चढ़ाव को छोड़ दें तो यह समूचे भूभाग की समतल प्रकृति के चलते ही सम्भव हो सका था कि उस पवित्र स्थान के प्राचीन भवन-निर्माता स्थिति-निर्धारण के नियमों का पालन कर सके थे, उससे बेहतर ढंग से जितने की माँग हॉनॉरियस ऑगॅस्टोड्यूनिएसिस या गिल्यूम ड्यूराँ ने की होगी। दिन के उस वक़्त सूरज की स्थिति से मैंने लक्ष्य किया कि गिरजाघर का मुख्य द्वार ठीक पश्चिम की तरफ़ खुलता था, इस तरह क्वाइॲ और आल्टर का मुख पूर्व की तरफ़ था; और सुप्रभात का सूर्य, उगते हुए, शयनागार के संन्यासियों तथा अस्तबल के जानवरों को खुद ही जगा सकता था। मैंने कभी भी इससे ज़्यादा सुन्दर और सुविन्यस्त मठ दूसरा नहीं देखा, भले ही बाद के दिनों में मैंने सेण्ट गाल और क्लॅनी और फोण्टेनी तथा दूसरे अनेक मठ देखे, जो शायद इससे बड़े रहे होंगे लेकिन जो इतने सुन्दर अनुपात में नहीं थे। जो चीज़ इसे दूसरे मठों से अलग और उल्लेखनीय बनाती थी वह इसके इडीफ़ीसियम का असाधारण आकार था। मैं कोई वास्तुशिल्पी तो नहीं था, लेकिन यह बात मुझे उसको देखते ही महसूस हुई कि वह उस इमारत से कहीं ज़्यादा पुराना था जो उसे घेरे हुए थी। शायद उसे किसी दूसरे उद्‌देश्य से बनाया गया था और मठ का घेरा उसके इर्द-गिर्द बाद में तैयार किया गया, लेकिन कुछ इस तरह कि इस विशाल इमारत की स्थिति गिरजाघर के साथ और गिरजाघर की स्थिति इस इमारत के साथ संगति बिठा सकें। क्योंकि दूसरी तमाम कलाओं के बीच स्थापत्य की कला ही ऐसी है जो सबसे ज़्यादा निडरता के साथ ब्रह्माण्ड, जिसे प्राचीन लोग "kosmos", यानी अलंकृत, कहकर पुकारते थे, की व्यवस्था को अपने सामंजस्यपूर्ण विन्यास के माध्यम से दोहराने का यत्न करती है, क्योंकि वह उस विराट जन्तु की तरह है जिस पर ब्रह्माण्ड के तमाम अवयवों की पूर्णता और अनुपात जगमगाता है। और यह हमारे सृष्टा की कृपा है जिसने तमाम चीज़ों को उनकी संख्या, वज़न और माप से नवाज़ा है।

पूर्वाह्निका

जिसमें विलियम का मठाधीश के साथ एक शिक्षाप्रद वार्तालाप होता है।

भण्डारी एक हट्टा-कट्टा आदमी था, देखने में गँवारू लेकिन खुशमिजाज़, उसके बाल सफ़ेद थे लेकिन वह अभी भी मज़बूत था, ठिगना किन्तु फुर्तीला। वह हमें तीर्थयात्रियों के अतिथिगृह की हमारी कोठरियों में ले गया। या, ज़्यादा सही यह होगा कि वह हमें उस कोठरी में ले गया जो मेरे गुरुदेव के लिए तय थी तथा मुझे आश्वासन दिया कि अगले दिन तक वह मेरे लिए भी एक कोठरी का इन्तज़ाम कर देगा, क्योंकि, यूँ तो मैं एक नवदीक्षित ही था, लेकिन चूँकि उनका मेहमान था इसलिए मुझे इज़्ज़त के साथ रखा जाएगा। उस रात मैं कोठरी के एक लम्बे-चौड़े आले में सो सकता था, जिसमें उसने कुछ बढ़िया ताज़ा पुआल का इन्तज़ाम कर दिया था।

इसके बाद संन्यासी हमारे लिए वाइन, पनीर, जैतून, ब्रेड और उम्दा क़िस्म की किशमिशें लाए और हमें नाश्ते के लिए छोड़कर चले गए। हमने जीभर खाया-पिया। मेरे गुरुदेव बेनेडिक्टों की तरह मिताहारी नहीं थे और मौन धारण कर खाना उन्हें पसन्द नहीं था। इस मौक़े पर वे इतनी सुन्दर और ज्ञान की बातें किया करते थे कि लगता था मानो कोई संन्यासी किसी सन्त की जीवनी पढ़कर सुना रहा हो।

उस दिन मैं घोड़े के मसले पर कुछ और सवाल करने से अपने को नहीं रोक सका। "फिर भी," मैंने कहा, "जब आपने बर्फ़ पर निशानों को और शाखाओं के सबूतों को पढ़ा तब भी आप ब्रूनेलॅस को तो नहीं ही जानते थे। एक मानी में वे निशान तो सभी घोड़ों के बारे में, या बहुत-से बहुत उस नस्ल के तमाम घोड़ों के बारे में बताते थे। तब फिर हमें क्या यह नहीं कहना चाहिए कि कुदरत की किताब सिर्फ़ चीज़ों के सारतत्त्व के बारे में बात करती है, जैसा कि अनेक धर्मवेत्ताओं की सीख है?"

"ऐसा क़तई नहीं है, प्रिय एड्सो," मेरे गुरुदेव बोले। "ठीक है, अगर तुम यही सोचते हो तो मैं मान लेता हूँ कि उस क़िस्म के निशान 'घोड़े' की, सार्वभौम अवधारणा** को ही ज़ाहिर करते थे और जब भी कभी मैंने उन्हें देखा होता, वे इसको ही ज़ाहिर करते। लेकिन उस जगह और दिन के उस ख़ास वक़्त में वे निशान मुझे यह बताते थे कि तमाम सम्भावित घोड़ों में से एक घोड़ा वहाँ से गुज़रा था। इस तरह मैंने 'घोड़े' की अवधारणा के बोध और एक ख़ास घोड़े के ज्ञान के बीच ख़ुद को पाया। और किसी भी दशा में, सामान्य घोड़े के बारे में मेरी जो भी जानकारी थी वह मुझे उन खुरों के निशानों से ही हासिल हुई थी जो कि अपने में विशिष्ट थे। मैं शायद कह सकता हूँ कि उस पल मेरा ध्यान पैरों के उन निशानों की ख़ासियत और अपने उस अज्ञान के बीच कहीं था, जिसने एक सार्वभौम धारणा की एकदम पारदर्शी शक्ल ले ली थी। अगर तुम किसी चीज़ को एक दूरी से देखो और यह न समझ पाओ कि वह क्या चीज़ है, तो तुम उसे किसी ऐसी काया के रूप में परिभाषित करके सन्तुष्ट हो जाओगे जिसकी कि एक निश्चित लम्बाई-चैड़ाई-मोटाई है। जब तुम कुछ और क़रीब पहुँचोगे, तब तुम उसे किसी जानवर के रूप में परिभाषित करोगे, भले ही उस वक़्त तुम्हें यह पता न होगा कि वह कोई घोड़ा है, या कोई गधा है। और अन्त में, जब तुम अभी भी कुछ और क़रीब होगे, तुम यह कह सकने की हालत में होगे कि यह एक घोड़ा है, भले ही तुम अभी भी यह नहीं जानते कि वह भूरा है या काला** है। और सिर्फ़ जब तुम सही दूरी पर पहुँचोगे, तभी तुम देख पाओगे कि वह ब्रूनेलॅस है (बल्कि यह कि यह वही घोड़ा है, कोई दूसरा घोड़ा नहीं है, जिस भी रूप में तुम उसे पुकारना चाहो)। और वही पूर्ण ज्ञान होगा, यानी विशिष्ट की समझ। इसीलिए घंटे-भर पहले मैं सारे घोड़ों की सम्भावना कर सकता था, लेकिन अपनी बुद्धि की बरकत के कारण नहीं, बल्कि अपनी तर्कशीलता की कमी के कारण। और मेरी बुद्धि की भूख तभी जाकर शान्त हुई जब मैंने उस एक घोड़े को देख लिया जिसको संन्यासी लगाम पकड़कर लिए जा रहे थे। केवल तभी मैं सही तौर पर यह जान सका कि मेरी तर्कशीलता मुझे सच्चाई के क़रीब ले गई थी। और इसलिए धारणाएँ, जिनका इस्तेमाल मैं शुरू में तब तक न देखे गए घोड़े की कल्पना करने के लिए कर रहा था, शुद्ध संकेत थीं, वैसे ही जैसे कि बर्फ़ पर पड़े निशान 'घोड़े' की अवधारणा के संकेत थे; और संकेतों तथा

संकेतों के संकेतों का इस्तेमाल सिर्फ़ तभी किया जाता है जब हमारे पास चीज़ों का अभाव होता है।''

दूसरे मौकों पर भी मैंने उनको सार्वभौम धारणाओं को लेकर गहरे अविश्वास के साथ तथा विशिष्ट चीज़ों के बारे में गहरे सम्मान के साथ बोलते हुए सुना था; और बाद में भी मुझे लगता था कि उनकी इस प्रवृत्ति के पीछे उनका एक साथ ब्रिटॉन और फ्रांसिस्कन होना था। लेकिन उस दिन धार्मिक विवादों में उलझने की ताक़त उनमें नहीं बची थी, इसलिए मैं खुद को कम्बल में लपेटकर अपने लिए तय की गई जगह में गुड़ीमुड़ी होकर सो गया।

अन्दर आनेवाला कोई भी व्यक्ति मुझे एक पोटली समझने की भूल कर सकता था। और मठाधीश ने तो निश्चय ही यह भूल की ही, जब वह तीसरे पहर के क़रीब विलियम से मिलने आया। इसी का नतीजा था कि मैं, उसकी निगाह में आये बग़ैर, उनके बीच की पहली बातचीत सुन सका।

और इस तरह एबो प्रगट हुआ। उसने इस घुसपैठ के लिए क्षमा माँगी, एक बार फिर से स्वागत किया और बोला कि वह उनसे (विलियम) से एक बेहद गम्भीर मसले पर गोपनीय बात करना चाहता है।

बातचीत की शुरुआत उसने घोड़े के प्रसंग में विलियम की निपुणता के लिए उन्हें बधाई देते हुए की और पूछा कि जिस जानवर को उन्होंने कभी देखा तक नहीं था उसके बारे में इस क़दर आत्मविश्वास से भरी सूचना आखिर वे कैसे दे सके। विलियम ने उसे संक्षेप में और तटस्थ भाव से अपने द्वारा अपनाये गए रास्ते के बारे में समझाया और मठाधीश ने उनकी पैनी बुद्धि की जी-भर तारीफ़ की। उसने कहा कि जिस व्यक्ति की प्रज्ञा की उसने उसके आने के ठीक पहले इस क़दर ख्याति सुन रखी थी उससे उसने इससे कम की उम्मीद शायद ही की होती। उसने बताया कि उसको फ़ार्फा के मठाधीश का एक ख़त मिला था जिसमें न सिर्फ़ सम्राट की ओर से सौंपे गए विलियम के अभियान (जिसके बारे में वे आनेवाले दिनों में बात करेंगे) की बात कही गई थी बल्कि यह भी बताया गया था कि मेरे गुरुदेव ने इटली में किन्हीं मुक़दमों में धर्मपरीक्षक की भूमिका निभाई थी जिसमें उन्होंने अपनी असाधारण विनय और पैनेपन के लिए व्यापक ख्याति अर्जित की थी।

"मुझे यह जानकर बेहद खुशी हुई थी," मठाधीश ने अपनी बात जारी रखते हुए कहा, "कि बहुत-से मामलों में आपने आरोपी को बेकुसूर क़रार दिया था। मुझे, ख़ास तौर से इन अभागे दिनों में, मानवीय जीवन में शैतान की लगातार मौजूदगी को लेकर विश्वास हो चला है।"—और उसने अपने चारों ओर चोर निगाहों से देखा, मानो दुश्मन [शैतान] उन दीवारों के भीतर ही कहीं छुपा बैठा हो—"लेकिन मुझे इस बात का भी भरोसा है कि शैतान परोक्ष तरीक़े अपनाता है। और मैं जानता हूँ कि वह अपने शिकार को कुछ इस तरह से कुकर्म करने के लिए मजबूर करता है कि दोष किसी सदाचारी व्यक्ति के सिर पर आ पड़ता है और यह दुष्टात्मा उस समय जश्न मनाता है जब उसके पिशाच की जगह पर इस सदाचारी व्यक्ति को नर्क की आग में झोंका जाता है। धर्मपरीक्षक, अक्सर, अपने धार्मिक जोश के चलते आरोपी से किसी भी क़ीमत पर पाप क़बूल करवा लेते हैं, यह मानकर कि एक अच्छा

धर्म-परीक्षक वही होता है जो किसी बलि के बकरे को हासिल कर लेने के साथ ही मुक़दमें का पटाक्षेप करता है...।''

''एक धर्मपरीक्षक भी शैतान के द्वारा उकसाया गया हो सकता है,'' विलियम ने कहा।

''हो सकता है,'' बहुत चौकन्नेपन के साथ मठाधीश ने स्वीकार किया, ''क्योंकि सर्वशक्तिमान की योजनाएँ बुद्धि से परे हैं और मैं निश्चय ही यह नहीं चाहता कि आप सोचें कि मैं ऐसे इज़्ज़तदार लोगों पर ज़रा भी शक करूँगा। दरअसल आज ऐसे ही एक व्यक्ति के रूप में मुझे आप की ज़रूरत है। इस मठ में कुछ ऐसा वाक़िआ हुआ है जो आप जैसे पैने और बुद्धिमान व्यक्ति के ध्यान और सलाह की माँग करता है। एक ऐसा व्यक्ति जो उघाड़ने का मौक़ा पड़ने पर पैना और (ज़रूरी होने पर) ढँकने के मौक़ों पर अक़्लमन्द हो। अगर एक गड़रिया भूल करता है तो उसको दूसरे गड़रियों से दूर कर देना चाहिए, लेकिन लानत है हम पर अगर भेड़ें गड़रियों पर ही भरोसा करना बन्द कर दें।''

''मैं आपकी बात समझ रहा हूँ,'' विलियम ने कहा। मैं पहले भी लक्ष्य कर चुका था कि जब भी वे ख़ुद को इस क़दर तत्परता और शालीनता के साथ व्यक्त करते थे तो वे आमतौर से, निष्कपट रूप से, अपनी असहमति या उलझन को, छुपा रहे होते थे।

''इसी वजह से,'' मठाधीश ने अपनी बात जारी रखते हुए कहा, ''मैं मानता हूँ कि गड़रिये की भूल से ताल्लुक रखनेवाला कोई भी मामला आप जैसे आदमी को सौंपा जाना चाहिए, जो न सिर्फ़ अच्छे और बुरे के बीच फ़र्क़ कर सकता है, बल्कि जो यह विवेक भी कर सकता है कि क्या मुनासिब है और क्या नहीं है। मैं समझता हूँ आपने उस स्थिति में ही किसी को गुनहगार ठहराया है जब...''

''...जब आरोपी आपराधिक कृत्यों के लिए दोषी पाए गए–किसी को ज़हर देने, या मासूम युवाओं को भ्रष्ट करने, या उन दूसरी घृणित बातों के लिए जिन्हें मैं अपनी ज़ुबान पर लाने का दुस्साहस नहीं कर सकता...''

''...आपने तभी सज़ा सुनाई है जब,'' मठाधीश ने व्यवधान की कोई परवाह न करते हुए अपनी बात जारी रखी, ''शैतान की मौजूदगी तमाम निगाहों के सामने इस क़दर साफ़ थी कि इसके सिवा कुछ और करना केवल तभी सम्भव हो सकता था जब दयालुता ख़ुद ही अपराध से ज़्यादा कलंकपूर्ण बना दी गई होती।''

''जब मैं किसी व्यक्ति को दोषी पाता था,'' विलियम ने स्पष्ट किया, ''तो उसने वाक़ई इतने घोर अपराध किए होते थे कि मैं उसको अपने पूरे मन से राज्य के अख़्तियार में सौंप सकता था।''

मठाधीश पल-भर को घबरा-सा गया। ''आप आपराधिक कृत्यों का रिश्ता उनकी शैतानी वजहों से जोड़े बग़ैर उनकी चर्चा पर ज़ोर क्यों देते हैं?'' उसने सवाल किया।

''क्योंकि कारण और कार्य के बारे में तर्क बहुत मुश्किल चीज़ है और मैं मानता हूँ कि इसका फ़ैसला सिर्फ़ ईश्वर ही कर सकता है। हमें तो अभी एक झुलसे हुए दरख़्त जैसे ज़ाहिर से नतीजे और उसे आग में झोंकनेवाली बिजली के बीच के रिश्ते को समझने तक में कठिनाई होती है, इसलिए कारणों और परिणामों के अन्तहीन सिलसिले का पीछा करना मुझे उसी तरह मूर्खतापूर्ण लगता है जिस तरह स्वर्ग को छू लेने की उम्मीद में कोई मीनार खड़ी करने की कोशिश लगती है।

"मान लीजिए कि कोई आदमी ज़हर के कारण मर जाता है। यह एक दिया गया तथ्य है। किन्हीं अकाट्य संकेतों के चलते मेरे लिए यह कल्पना करना मुमकिन है कि ज़हर किसी दूसरे व्यक्ति ने दिया है। मेरा दिमाग़, अपनी सामर्थ्य-भर, एक निश्चित आत्मविश्वास के साथ, कारणों की इस तरह की सामान्य शृंखलाओं का अनुसरण कर सकता है। लेकिन इस शृंखला को मैं इस तरह की कल्पना से और पेचीदा कैसे बना सकता हूँ कि इस कुकृत्य के पीछे कोई और, मानवीय नहीं बल्कि शैतानी, ताक़त का हाथ है? मैं यह नहीं कहता कि ऐसा सम्भव नहीं है : शैतान भी, आपके घोड़े भूरे की तरह, साफ़ निशानों के मार्फ़त अपना रास्ता सूचित करता है। लेकिन मैं ये सबूत क्यों तलाशता फिरूँ? क्या मेरे लिए इतना जान लेना-भर काफ़ी नहीं है कि वह आदमी दोषी है और मेरा काम उसको राज्य के अख़्तियार में सौंप देना है? ईश्वर उसे क्षमा करे, लेकिन हर हाल में उसकी सज़ा तो मौत ही होगी।"

"लेकिन मैंने सुना है कि तीन साल पहले किलकेनी के एक मुक़दमे में, जिसमें कुछ लोगों पर घृणित अपराध करने का आरोप था, जब अपराधियों की पहचान कर ली गई तो आपने उसमें शैतान का हाथ होने से इनकार नहीं किया था।"

"न ही मैंने खुले आम, ढेर सारे शब्दों में, इसकी ताईद ही की थी। सच है, मैं इससे इंकार नहीं करता। आख़िर मैं शैतान के कुचक्रों पर फ़ैसला आयद करनेवाला होता कौन हूँ, ख़ास तौर से," उन्होंने आगे जोड़ा और लगा कि इस तर्क पर वे ज़ोर देना चाहते थे, "ख़ास तौर से तब जब तहक़ीक़ात का काम करनेवाले लोग, यानी धर्माध्यक्ष, नगर के दंडाधिकारी और समूची जनता, शायद खुद आरोपी भी, सचमुच शैतान की मौजूदगी को महसूस करना चाहते थे? वहाँ शैतान की मौजूदगी का शायद एकमात्र सबूत वह उतावली थी जिसके साथ हर व्यक्ति उस क्षण शैतान को सक्रिय देखना चाहता था...।"

"तब क्या आप मुझसे यह कह रहे हैं," मठाधीश चिन्तित स्वर में बोले, "कि बहुत-से परीक्षणों में शैतान सिर्फ़ दोषी व्यक्ति के भीतर ही सक्रिय नहीं होता, बल्कि शायद और सबसे महत्त्वपूर्ण न्यायाधीशों के भीतर भी सक्रिय होता है?"

"क्या मैं इस तरह की बात कह सकता हूँ?" विलियम ने पूछा और मैंने ध्यान दिया कि सवाल कुछ इस तरह से रखा गया था कि मठाधीश के लिए जवाब में हाँ कह पाना असम्भव था; इसलिए विलियम ने उनकी चुप्पी का फ़ायदा उठाते हुए बातचीत का रुख मोड़ दिया। "लेकिन ख़ैर ये सब तो दूर की बातें हैं। वह महान कर्म मैंने अब छोड़ दिया है और अगर मैं वह करता भी था तो इसलिए कि ईश्वर की ऐसी इच्छा थी...।"

मैंने महसूस किया कि मठाधीश इस बात से खुश हुआ कि वह उस चर्चा को ख़त्म कर अपनी समस्या पर वापस लौट सके। फिर उसने बहुत सावधानी के साथ चुने गए शब्दों में और लम्बी-चौड़ी कैफ़ियतों के सहारे उस ग़ैरमामूली घटना के बारे में बताना शुरू किया, जो कुछ दिनों पहले घटित हुई थी और जिसके नतीजे में संन्यासियों में गहरा शोक व्याप्त था। उसने कहा कि विलियम के साथ इस मसले पर वे इसलिए बात कर रहे थे कि, चूँकि विलियम की एक साथ मानवीय अन्तरात्मा में और शैतान के इरादों में गहरी पैठ थी, एबो को उम्मीद थी कि उसका यह मेहमान अपने क़ीमती वक़्त का कुछ हिस्सा इस दर्दनाक रहस्य पर रोशनी डालने में ख़र्च कर सकेगा। जो कुछ घटित हुआ था वह इस प्रकार था : एक युवा किन्तु नक़्क़ाशी के लिए उस्ताद के रूप में प्रसिद्धि हासिल कर चुका संन्यासी,

अडेल्मो ऑव ओटरेण्टो, जो पुस्तकालय की पाण्डुलिपियों को ख़ूबसूरत चित्रों से सजाने का काम कर रहा था, एक सुबह किसी गड़रिये को इडीफ़ीसियम के नीचे ढलान की तलहटी में पड़ा मिला था। चूँकि क्वाइअॅ के दूसरे संन्यासियों को वह पूरिका के दौरान तो दिखाई दिया था लेकिन मध्यरात्रिवन्दना में वह शामिल नहीं हुआ था, इसलिए वह शायद रात के सबसे अँधेरे समय में वहाँ गिरा था। भीषण बर्फ़बारी की उस रात में, जिसमें तलवार की धार की तरह तीखे बर्फ़ के टुकड़े, प्रचण्ड दक्षिणी हवा से बहकर, ओलों की तरह बरसे थे। उसकी लाश ढलान की तलहटी में पड़ी मिली थी, जो चट्टानों से क्षत-विक्षत होकर रास्ते में जाकर अटक गई थी, बर्फ़ से तर जो पिघलकर एक बार फिर बड़े-बड़े टुकड़ों में जम गई थी। निरीह, भंगुर, मर्त्य प्राणी, ईश्वर उस पर दया करे। जिस ऊबड़-खाबड़ तरीक़े से उसका शरीर गिरा था उसने उसे इस क़दर तहस-नहस कर दिया था कि यह तय कर पाना आसान नहीं रह गया था कि वह ठीक किस जगह से गिरा था : हालाँकि यह निश्चित था कि वह उन्हीं में से किसी एक खिड़की से गिरा था जो खाई के सामनेवाली तिमंज़िली मीनार की चार दीवारों में एक क़तार में खुलती थीं।

"उस बदनसीब लाश को आपने कहाँ पर दफ़नाया है?" विलियम ने पूछा।

"ज़ाहिर है, क़ब्रिस्तान में," मठाधीश ने जवाब दिया। "शायद आपने ध्यान दिया हो : यह गिरजाघर के उत्तरी हिस्से में, इडीफ़ीसियम और वनस्पति-उद्यान के बीच में है।"

"अच्छा," विलियम ने कहा, "और मैं समझता हूँ आपकी उलझन यह है कि अगर इस अभागे नौजवान ने, भगवान न करे, आत्महत्या की होती तो अगले दिन आपको उनमें से कोई खिड़की खुली मिलनी चाहिए थी, जबकि आपको वे सारी की सारी बन्द मिलीं और उनमें से किसी के नीचे पानी का भी कोई निशान नहीं मिला।"

जैसा कि मैंने कहा था, मठाधीश ज़बरदस्त तरीक़े से और अवसर के मुताबिक़ अपनी भावनाओं को क़ाबू में रखनेवाला व्यक्ति था, लेकिन इस बार वह इस क़दर चौंका कि वह उस मर्यादा को ही पूरी तरह खो बैठा जो, जैसा कि अरस्तू का कहना है, इस तरह के गम्भीर और उदारमना इनसान को शोभा देती है। "आपको किसने बताया?"

"आप ही ने बताया," विलियम बोले। "अगर खिड़की खुली रही होती तो आपने तुरन्त सोचा होता कि उसने वहीं से छलाँग लगाई होगी। जो चीज़ मैं बाहर से ही देखकर कह सकता हूँ वह यह है कि वे बड़ी खिड़कियाँ हैं जिन पर अपारदर्शी काँच चढ़े हुए हैं और इस अ।कार की इमारतों में खिड़कियाँ आमतौर से आदमी की ऊँचाई पर नहीं रखी जातीं। इसलिए अगर कोई खिड़की खुली रही होती तो यह नामुमकिन होता कि वह बदक़िस्मत इनसान उस पर झुका होता और उसने अपना सन्तुलन खो दिया होता; तब घटना की एकमात्र समझ में आनेवाली कैफ़ियत यही होती कि उसने आत्महत्या की होगी। उस हालत में आपने उसे पवित्र भूमि पर दफ़नाने की इजाज़त न दी होती। लेकिन क्योंकि आपने उसको ईसाई विधि से दफ़नाया है, इसका मतलब है कि खिड़कियाँ बन्द रही होंगी। और अगर वे बन्द थीं—क्योंकि ऐसा कोई मरा हुआ आदमी मेरे देखने में नहीं आया, जादू-टोनों के प्रयोगों में भी नहीं, जिसे ईश्वर ने या शैतान ने खाई से ऊपर चढ़कर अपने कुकर्म के सबूत मिटाने की छूट दे दी हो—तो ज़ाहिर है कि इस कल्पित आत्महत्या के पीछे, उलटे, या तो किसी आदमी का हाथ है या कोई शैतानी ताक़त है। और अब आप जानना चाहते

हैं कि आखिर वह कौन हो सकता है जिसने उसे, मैं यह तो नहीं कहूँगा कि खाई में धकेलने की, पर जिसने उसे खिड़की की चौखट तक चढ़ाने की हिम्मत दिखाई; और अब आप इस बात से व्यथित हैं कि मठ में कोई अशुभ शक्ति काम कर रही है, वह चाहे लौकिक हो या अलौकिक।"

"यही बात है..." मठाधीश ने कहा और यह साफ़ नहीं था कि ऐसा कहते हुए वह विलियम की बातों का समर्थन कर रहा था या उन तर्कों को स्वीकार कर रहा था जो विलियम ने इतने सुन्दर और युक्तिसंगत ढंग से रखे थे। "लेकिन यह आपने कैसे जाना कि किसी भी खिड़की के नीचे पानी नहीं था?"

"क्योंकि आप ने ही मुझे बताया था कि दक्षिणी हवाएँ चल रही थीं और इसलिए वे पानी को पूर्व की ओर खुलनेवाली खिड़कियों की तरफ़ नहीं खींच सकती थीं।"

"आपकी प्रतिभा के बारे में उन लोगों ने पर्याप्त जानकारी नहीं दी," मठाधीश ने कहा, "और आपने सही फ़र्माया, वहाँ पानी नहीं था और अब मैं यह जानता हूँ कि क्यों नहीं था। सब कुछ वैसा ही था जैसा आपका कहना है। और अब आप मेरी चिन्ता को समझ रहे हैं। यह अपने आप में ही एक चिन्ताजनक बात होती अगर मेरे एक संन्यासी ने आत्महत्या के घृणित पाप से अपनी आत्मा को कलंकित किया होता। लेकिन अब मेरे पास यह मानने का कारण है कि किसी दूसरे संन्यासी ने भी उतने ही भयानक पाप से खुद को कलंकित किया है। और अगर इतना ही होता..."

"पहली बात तो ये कि संन्यासी ही क्यों? मठ में और भी तो बहुत-से लोग हैं, साईस, गड़रिये, नौकर..."

"निश्चय ही इससे इन्कार नहीं किया जा सकता कि मठ छोटा भले है, लेकिन भरा-पूरा है," मठाधीश आत्मतुष्ट भाव से सहमत होता हुआ बोला। साठ संन्यासियों के लिए एक सौ पचास सेवक। लेकिन सारा कुछ इडीफ़ीसियम में घटित हुआ है। जैसा कि शायद आपको मालूम ही होगा, वहाँ सबसे निचली मंज़िल पर हालाँकि रसोई और भोजनालय हैं, लेकिन ऊपर की दो मंज़िलों पर स्क्रिप्टोरियम और पुस्तकालय हैं। शाम के भोजन के बाद इडीफ़ीसियम में ताला लग जाता है और यह सख़्त नियम है कि उसके बाद वहाँ कोई प्रवेश नहीं कर सकता।" उन्होंने विलियम के अगले सवाल का अनुमान लगाया और, हालाँकि उनकी अनिच्छा साफ़ जाहिर थी, आगे जोड़ा "ज़ाहिर है, इन कोई भी में संन्यासी भी शामिल हैं, लेकिन..."

"लेकिन?"

"मैं पूरी तरह से—आप समझ रहे हैं न, पूरी तरह से—इस सम्भावना से इनकार करता हूँ कि किसी सेवक ने रात के वक़्त वहाँ घुसने की गुस्ताख़ी की हो।" उसकी आँखों में एक क़िस्म की उद्धत, हालाँकि एक कौंध या एक तारे के टूट कर गिरने जितनी संक्षिप्त, मुस्कराहट दिखाई दी। "कह लीजिए कि उनको डराकर रखा गया है, समझ रहे हैं न आप...कभी-कभी मन्द-बुद्धि लोगों को दिए गए आदेशों का पालन कराने के लिए धमकी का इस्तेमाल करना होता है जिसमें यह इशारा होता है कि अगर उन्होंने आज्ञा नहीं मानी तो, किसी अलौकिक अनिवार्यता के चलते, उनके साथ कुछ भयानक घटित हो सकता है। लेकिन इसके उलट एक संन्यासी"

“मैं समझता हूँ।”

“इसके अलावा, एक संन्यासी किन्हीं दूसरी वजहों से भी किसी निषिद्ध स्थान में घुसने का जोखिम उठा सकता है। मेरा मतलब है ऐसी वजहें जो...वाजिब हों, नियम के विरुद्ध होने के बावजूद...”

विलियम ने मठाधीश की घबराहट को लक्ष्य किया और एक ऐसा सवाल पूछा जिसका मक़सद शायद विषय को बदलना था, लेकिन इस सवाल ने उसे और भी ज़्यादा घबरा दिया।

“हत्या की सम्भावना की बात करते हुए आपने कहा था कि ‘और अगर इतना ही होता।’ इससे आपका क्या आशय था?”

“क्या मैंने ऐसा कहा था? ख़ैर, बिना वजह के कोई भी हत्या नहीं करता, फिर वह वजह कितनी ही विकृत क्यों न हो। और मैं उन वजहों की विकृति के बारे में सोचकर काँप उठता हूँ जिन्होंने एक संन्यासी को अपने दूसरे संन्यासी बन्धु की हत्या के लिए प्रेरित किया होगा। बस इतनी ही बात है।”

“और कुछ नहीं?”

“इसके सिवा और कुछ नहीं है जो मैं आप से कह सकूँ।”

“क्या आप यह कहना चाहते हैं कि इसके सिवा कुछ और कह सकने का सामर्थ्य आप में नहीं है?”

“प्लीज़, विलियम भाई, विलियम भाई,” और “भाई” शब्द पर मठाधीश ने दोनों बार ज़ोर दिया।

विलियम बुरी तरह झेंप गए और बोले, “आप हमेशा-हमेशा के लिए एक पुरोहित होंगे।”**

“धन्यवाद,” मठाधीश ने कहा।

हे ईश्वर, कैसा भयानक था वह रहस्य जिस पर मेरे वे लापरवाह बुज़ुर्ग उस वक़्त बात कर रहे थे, एक बेचैनी से भरकर और दूसरा उत्सुकता से प्रेरित होकर। क्योंकि मैं, एक साधारण युवक, ईश्वर के पवित्र पुरोहितीय कर्म के रहस्यों के क़रीब जाने की कोशिश करता एक नवदीक्षित, भी समझ गया था कि कोई बात है जिसकी जानकारी मठाधीश को है लेकिन वह इसको उजागर न करने के वचन से बँधा हुआ है, क्योंकि यह जानकारी उसको किसी पाप-स्वीकार की मार्फ़त मिली है। उसने किसी की ज़ुबान से उन पापपूर्ण विवरणों को सुना है जिनका ताल्लुक अडेल्मो के दुःखदायी अन्त से हो सकता है। शायद इसीलिए वह ब्रॅदर विलियम से उस रहस्य से पर्दा उठाने की प्रार्थना कर रहा था जिसका अनुमान खुद उसे था, लेकिन जिसको वह किसी के भी सामने उजागर नहीं कर सकता था, जिसे अँधेरे में छुपाए रखना, एक मठाधीश होने के नाते, उसकी मज़बूरी थी, क्योंकि वह सदाशयता के लोकोत्तर नियमों से बँधा था और उसे उम्मीद थी कि मेरे गुरु अपनी सशक्त मेधा से उस पर रोशनी डाल सकेंगे।

“ठीक है,” तब विलियम बोले, “क्या मुझे संन्यासियों से पूछताछ करने की इजाज़त है?”

“आप कर सकते हैं।”

“क्या मैं मठ के भीतर आज़ादी से घूम सकता हूँ?”

"मैं आपको इसका हक़ देता हूँ।"

"क्या आप यह मिशन मुझे संन्यासियों की मौजूदगी में** सौंपेंगे?"

"इसी शाम से।"

"ख़ैर, इसके पहले कि संन्यासियों को पता चले कि आपने मुझे क्या काम सौंपा है, मैं अपना काम तो आज शुरू कर ही दूँगा। इसके अलावा, मेरी बहुत गहरी इच्छा–जो मेरी इस यात्रा की ख़ास वजह भी है–आपके पुस्तकालय का भ्रमण करने की थी, जिसकी तारीफ़ समूचे ईसाई जगत के मठों में की जाती है।"

मठाधीश उठ खड़ा हुआ, चेहरे पर भारी तनाव लिए, लगभग चल पड़ने को तैयार। "आप पूरे मठ में आज़ादी के साथ घूम सकते हैं, जैसा कि मैंने कहा है। लेकिन, हाँ, इडीफ़ीशियम की सबसे ऊपरी मंज़िल पर, पुस्तकालय में, आप न जाएँ।"

"क्यों नहीं?"

"मुझे शायद आपको पहले ही बता देना चाहिए था, लेकिन मैंने सोचा कि आप शायद जानते होंगे। देखिए ऐसा है कि हमारा पुस्तकालय दूसरे पुस्तकालयों जैसा नहीं है..."

"मुझे मालूम है कि इसमें किसी भी दूसरे ईसाई पुस्तकालय के मुक़ाबले में ज़्यादा पुस्तकें हैं। मुझे मालूम है कि आपकी पुस्तकों की अल्मारियों के सामने क्लनी या फ्लूरी की बोबियो या पॉम्पोसा की अल्मारियाँ उस बच्चे के कमरे जैसी दिखाई देती हैं जिसने अभी गिनती तक नहीं सीखी है। मैं जानता हूँ कि सौ या उससे भी ज़्यादा सालों पहले जो छह हज़ार प्राचीन पाण्डुलिपियाँ नोवालेसा का गौरव मानी जाती थीं, वे आपके यहाँ मौजूद पाण्डुलिपियों के मुक़ाबले में मुट्ठी-भर ठहरती हैं और उनमें से शायद कई पाण्डुलिपियाँ आज यहाँ हैं। मैं जानता हूँ कि आपका मठ एकमात्र ऐसी रोशनी है जिसको ईसाइयत बग़दाद के छत्तीस पुस्तकालयों के समक्ष, विज़ीर इब्न अल-अल्कामी की दस हज़ार प्राचीन पाण्डुलिपियों के समक्ष, रख सकती है, कि आपके यहाँ मौजूद बाइबलों की संख्या उन दो हज़ार चार सौ क़ुरानों के बराबर है जो कारियो का गौरव मानी जाती हैं और आपकी पुस्तक-मंजूषाओं की सच्चाई उन विधर्मियों की अहंकारपूर्ण किंवदन्ति के सामने एक जीता-जागता प्रमाण है, जिन्होंने वर्षों पहले दावा किया था (जो कि असत-शिरोमणि के साथ नज़दीकी रखनेवाले उन जैसों के लिए स्वाभाविक था) कि त्रिपोली का पुस्तकालय साठ लाख पुस्तकों से सम्पन्न था और वह अस्सी हज़ार व्याख्याकारों और दो सौ क़ातिबों से आबाद था।"

"ईश्वर की मेहरबानी है, आप सच कह रहे हैं।"

"मैं जानता हूँ कि आप लोगों के बीच रहनेवाले बहुत-से संन्यासी दुनिया-भर में फैले दूसरे मठों से आए हैं। कुछ हैं जो यहाँ थोड़े वक़्त के लिए आते हैं ताकि वे उन पाण्डुलिपियों की नक़लें तैयार कर अपने साथ ले जा सकें जो दुनिया में कहीं और नहीं पाई जातीं और बदले में वे अपने साथ ऐसी पाण्डुलिपियाँ लाना भी नहीं भूलते जो आपके यहाँ नहीं हैं, ताकि आप भी उनकी नक़लें तैयार कर अपने ख़ज़ाने में उनको शामिल कर सकें; कुछ दूसरे संन्यासी हैं जो यहाँ लम्बे अरसे तक टिक कर रहते हैं, कभी-कभी अपने मरने तक, क्योंकि केवल यही एक जगह है जहाँ उन्हें उनके शोध को समृद्ध कर सकने लायक़ कृतियाँ मिल सकती हैं। और इसीलिए आपके बीच जर्मन, डेसियाई, स्पहानी, फ्रांसीसी और ग्रीक मौजूद हैं। मुझे इस बात की जानकारी है कि सालों पहले सम्राट फ्रेड्रिक ने इज़िप्ट के सुल्तान को उपहार

के तौर पर भेंट करने के लिए आपसे मर्लिन की भविष्यवाणियों का, उनका अरबी अनुवाद करते हुए, एक संग्रह तैयार करने की गुज़ारिश की थी। और अन्ततः मुझे यह भी मालूम है कि यह एक ऐसा अभागा समय है जब म्यूबाख़ जैसे यशस्वी मठ में एक भी क़ातिब नहीं बचा है, कि सेण्ट गाल में ऐसे मुट्ठी-भर संन्यासी ही बचे रह गए हैं जिन्हें लिखना आता है, कि आज शहरों में ऐसे ग़ैरजानकारों के निगम और संघ खड़े हो रहे हैं, जो विश्वविद्यालयों के लिए काम करते हैं और एकमात्र आपका मठ ऐसा है जो लगातार अपना नवीनीकरण करता रहता है, या—मैं ये क्या कह रहा हूँ?— वह आपके धर्म-संघ के सर्वदा उच्चतर गौरव के अनुसार उन्नति करता रहता है...''

''पुस्तकों से वंचित एक मठ'', विचारमग्न होकर मठाधीश ने कहा, ''कुछ वैसा ही है जैसे समृद्धि से वंचित कोई नगर, सेनाओं से वंचित कोई क़िला, बर्तनों से वंचित कोई रसोई, भोजन से वंचित कोई मेज़, वनस्पतियों से वंचित कोई बग़ीचा, फूलों से वंचित कोई चारागाह, पत्तियों से वंचित कोई वृक्ष...** और कर्म तथा प्रार्थना के दोहरे प्रभाव के अधीन विकसित होता हुआ हमारा धर्मसंघ समूचे ज्ञात जगत के लिए प्रकाश-स्तम्भ था, ज्ञान का आगार, उस प्राचीन पाण्डित्य का रक्षक जिस पर लुप्त होने का ख़तरा मँडरा रहा था—आगजनी और लूटपाट में, भूचालों में, नए लेखन की जालसाज़ी में, बढ़ती हुई प्राचीन...। आह, जैसा कि आप अच्छी तरह जानते हैं, हम बहुत अँधेरे वक़्त में रह रहे हैं और मुझे आपसे यह कहते हुए शर्म आती है कि कई साल पहले कौंसिल ऑव् वियेनी को एक बार फिर यह बात दोहरानी पड़ी थी कि हर संन्यासी का कर्तव्य है कि वह पुरोहित हो...। हमारे कितने सारे मठ हैं, जो दो सौ साल पहले तक महिमा और पवित्रता से जगमगाते थे, आज काहिलों का ठौर बन कर रह गए हैं? संघ आज भी ताक़तवर है, लेकिन शहरों की बदबू हमारे पवित्र स्थलों में घुसपैठ कर रही है, पुरोहितगण आज वाणिज्य और गुटबन्दी की लड़ाइयों में मुब्तिला हैं; नीचे विशाल बस्तियों में, जहाँ पवित्रता की भावना के लिए कोई जगह नहीं है, वे न सिर्फ़ गवाँरू भाषा में बात करते हैं (ज़ाहिर है, साधारण लोगों की भाषा, इससे अलग की उनसे उम्मीद भी नहीं की जा सकती), बल्कि वे इस भाषा में लिखने भी लगे हैं, हालाँकि इनमें से कोई भी ग्रन्थ हमारी चहारदीवारी के भीतर प्रवेश नहीं कर पाएँगे—जैसा कि तय है, ये विधर्म को बढ़ावा देनेवाले ग्रन्थ साबित होंगे! मनुष्यता के पापों के कारण संसार रसातल के कगार पर लड़खड़ा रहा है, वैसे ही रसातल से व्याप्त जिसका भाव रसातल जगाता है। और कल, जैसा कि हॉनॉरियस कहेंगे, मनुष्य की काया हमारी काया के मुक़ाबले छोटी होगी, ठीक उसी तरह जिस तरह हमारी कायाएँ हमारे प्राचीनों के मुक़ाबले छोटी हैं। दुनिया बूढ़ी हो रही है।** अगर ईश्वर ने हमारे धर्म-संघ के लिए कोई मिशन सौंपा है तो वह यही है कि हम अपने पूर्वजों द्वारा सौंपी गई प्रज्ञा की अमूल्य निधि का संरक्षण, पुनर्कथन और बचाव करते हुए रसातल की ओर ज़ारी इस दौड़ के ख़िलाफ़ खड़े हों। विधाता का आदेश है कि जैसे-जैसे समय अपनी पूर्णता के क़रीब पहुँचेगा, वैसे-वैसे विश्व की हुकूमत को, जो सृष्टि की शुरुआत में पूरब में थी, धीरे-धीरे पश्चिम की ओर खिसकते जाना होगा, ताकि हमें यह चेतावनी दी जा सके कि दुनिया अपने अन्त के क़रीब पहुँच रही है, क्योंकि घटनाक्रम पहले ही ब्रह्माण्ड के सीमान्त तक पहुँच चुका है। लेकिन जब तक सहस्त्राब्दि अन्तिम रूप से घटित नहीं हो जाती, जब तक कि, थोड़े से वक़्त के

लिए ही सही, घृणित पशु एण्टीक्राइस्ट की जीत नहीं हो जाती, तब तक हमारी ज़िम्मेदारी है कि हम ईसाई जगत की बहुमूल्य निधि की रक्षा करें और ईश्वर की उस ख़ास वाणी की भी जिसका उच्चारण उसने पैग़म्बरों और ईसा के शिष्यों के लिए किया था, जिसे हमारे पूर्वजों ने एक भी शब्द बदले बिना दोहराया था, जिसकी व्याख्या का प्रयत्न विद्या-केन्द्रों द्वारा किया गया है, भले ही आज ये विद्या-केन्द्र खुद ही दर्प, ईर्ष्या और मूढ़ता के साँप का अड्डा बन गए हैं। इस सूर्यास्त के क्षण में हम अब भी, क्षितिज पर उठे हुए प्रकाश-स्तम्भ और आलोक की भूमिका निभा सकते हैं। और जब तक ये चहारदीवारियाँ सलामत हैं, हम इस दिव्य वाणी की रक्षा करते रहेंगे।''

''तथास्तु,'' विलियम ने श्रद्धापूर्ण स्वर में कहा। ''लेकिन इन बातों का इससे क्या लेना-देना है कि पुस्तकालय में नहीं जाया जा सकता?''

''देखिए विलियम भाई, ऐसा है,'' मठाधीश ने कहा, ''इस परिसर को समृद्ध करनेवाले अनन्त और पवित्र लक्ष्य को प्राप्त करने के लिए''—और उन्होंने, स्वयं मठ के गिरजाघर से भी ज़्यादा ऊँचे, उस विशाल इडीफ़ीसियम की दिशा में सिर नवाया, जिसे कोठरी की खिड़कियों से देखा जा सकता था—''श्रद्धालु पुरुष, कठोरतम नियमों का पालन करते हुए, वर्षों से एड़ी-चोटी का पसीना एक करते रहे हैं। पुस्तकालय का निर्माण एक ऐसी योजना की बुनियाद पर किया गया है जो सदियों से अज्ञात बनी रही है और जिसका पता लगाने के लिए कभी किसी संन्यासी को दावत नहीं दी गई है। इसके रहस्य की जानकारी केवल लाइब्रेरियन को होती है, जो उसे उसके पहलेवाले लाइब्रेरियन ने दी होती है और जो अपने जीवित रहते यह जानकारी अपने असिस्टेण्ट लाइब्रेरियन को देता है, ताकि उसकी आकस्मिक मौत समुदाय को इस ज्ञान से वंचित न कर सके। और यह रहस्य इन दोनों लोगों की ज़ुबान को बन्द रखता है। सिर्फ़ लाइब्रेरियन ही है जिसे इस जानकारी के साथ-साथ पुस्तकों की भूलभुलैया के भीतर आने-जाने का हक़ है, सिर्फ़ वही जानता है कि कौन-सी पुस्तकें कहाँ पर हैं और उनको कहाँ रखा जाना है, सिर्फ़ वही उनके रखरखाव के लिए ज़िम्मेदार है। दूसरे संन्यासी स्क्रिप्टोरियम में काम करते हैं और वे उन पुस्तकों की फ़ेहरिस्त हासिल कर सकते हैं जो पुस्तकालय में मौजूद हैं। लेकिन शीर्षकों की फ़ेहरिस्त अक्सर कम ही जानकारी दे पाती है; सिर्फ़ लाइब्रेरियन ही है जो किसी ग्रन्थ की जगह से, उसके पहुँच के परे होने के स्तर से, यह जानता है कि उस ग्रन्थ में कौन से रहस्य, कौन-से सत्य या कौन-से असत्य भरे हुए हैं। सिर्फ़ वही तय करता है कि किसी संन्यासी द्वारा माँगे जाने पर कोई ग्रन्थ किस तरह और कब देना है और देना भी है या नहीं; कभी-कभी यह फ़ैसला लेने के पहले वह मुझसे सलाह लेता है। क्योंकि सारे के सारे सत्य सारे के सारे कानों के लिए नहीं बने हैं और न ही सारे के सारे असत्य किसी पवित्र आत्मा द्वारा पहचाने जा सकते हैं; और संन्यासी भी, अन्ततः, किसी नियत कार्य को पूरा करने के लिए ही स्क्रिप्टोरियम में होते हैं, जिसके लिए उन्हें कुछ ख़ास ग्रन्थों को छोड़कर न तो दूसरे ग्रन्थों को पढ़ना ही ज़रूरी है और न ही उस हर मूर्खतापूर्ण जिज्ञासा के पीछे भागना ही ज़रूरी है जिसने हो सकता है कि उनके दिमाग़ को, चाहे उनकी अक़्ल की कमज़ोरी के कारण या अहंकार की वजह से या किसी शैतानी उकसावे की वजह से, आक्रान्त कर रखा हो।''

''यानी पुस्तकालय में ऐसी पुस्तकें भी हैं जिनमें असत्य भरा हुआ है...।''

''पिशाचों का अस्तित्व है, क्योंकि वे दैवीय विधान का हिस्सा हैं और इन्हीं पिशाचों की भयावह शक्लों में स्रष्टा की ताक़त उजागर होती है। और दैवीय विधान के नाते ही मायावी लोगों की लिखी पुस्तकों का, यहूदियों की रहस्यवादी व्याख्याओं का, विधर्मियों के झूठों का भी वुजूद है। जिन लोगों ने इस मठ की स्थापना की और इसे सदियों से क़ायम रखा है उनकी यह पक्की और पवित्र धारणा थी कि असत् से भरी पुस्तकों से भी, एक विवेकवान पाठक की आँखों को, दैवीय प्रज्ञा के एक फीके से प्रतिबिम्ब की झलक मिल सकती है। और इसीलिए यह पुस्तकालय ऐसे ग्रन्थों का भी पात्र है। लेकिन, आप समझ सकते हैं कि ठीक इसी वजह से इसमें जिस किसी के भी लिए प्रवेश नहीं दिया जा सकता। और इसके अलावा,'' मठाधीश ने, मानो अपने इस आख़िरी तर्क की कमज़ोरी के लिए माफ़ी माँगते हुए आगे जोड़ा, ''पुस्तक भी आख़िर एक नाज़ुक जीव है, वह समय के थपेड़ों को झेलती है, वह कुतरनेवाले जन्तुओं से, आग-हवा-पानी से, अनाड़ी हाथों से खौफ़ खाती है। अगर सैकड़ों-सैकड़ों सालों से हमने अपनी प्राचीन पाण्डुलिपियों को हर किसी के हाथों में जाने दिया होता तो इनमें से ज़्यादातर का आज वुजूद ही न रहा होता। इसलिए लाइब्रेरियन न केवल इनसानों से, बल्कि कुदरत से भी इनकी रक्षा करता है और गुमनामी की ताक़तों के ख़िलाफ़, सत्य के दुश्मनों के ख़िलाफ़ इस लड़ाई के लिए अपना जीवन न्यौछावर करता है।''

''और इसलिए सिवा इन दो लोगों के कोई और व्यक्ति इडीफ़ीसियम की ऊपरी मंज़िल पर प्रवेश नहीं करता...।''

मठाधीश मुस्कराया। '' किसी को करना नहीं चाहिए। कोई कर नहीं सकता। कोई चाहे तो भी इसमें कामयाब नहीं हो सकता। पुस्तकालय अपनी रक्षा खुद करता है, वह नाप-जोख से उतना ही बाहर है जितना वह सत्य है जिसको उसने पनाह दी हुई है, उतना ही छलपूर्ण है जितना छलपूर्ण वह असत् है जिसको उसने सुरक्षित रखा हुआ है। एक आध्यात्मिक भूलभुलैया होने के साथ-साथ वह एक सांसारिक भूलभुलैया भी है। हो सकता है कि आप उसके भीतर प्रवेश करें और वापस न लौट सकें। और यह कह चुकने के बाद मैं आपसे उम्मीद करता हूँ कि आप मठ के उसूलों का पालन करें।''

''लेकिन आपने इस सम्भावना को ख़ारिज नहीं किया है कि अडेल्मो पुस्तकालय की ही किसी खिड़की से नीचे गिरा है। और अगर मैं वह जगह नहीं देखता जहाँ से उसकी मौत की कहानी शुरू हुई हो सकती है, तो मैं उसकी मौत की जाँच कैसे कर सकता हूँ?''

''विलियम भाई,'' मठाधीश ने समझौते के से भाव से कहा, ''जो आदमी मेरे घोड़े ब्रूनेलॅस को देखे बग़ैर उसका वर्णन कर सकता है, जो आदमी अडेल्मो की मौत का वर्णन कर सकता है जबकि वह उसके बारे में दरअसल कुछ भी नहीं जानता, उसे उन जगहों की पड़ताल करने में भी कोई कठिनाई नहीं होगी जिन तक वह पहुँच नहीं सकता।''

विलियम ने सहमति जतायी। ''सख़्त होते हुए भी आप विवेकशील हैं। मैं वैसा ही करूँगा जैसा आप चाहते हैं।''

''अगर मुझमें वाक़ई विवेक है तो वह सिर्फ़ इसलिए होगा कि मैं जानता हूँ कि सख़्त किस तरह हुआ जाता है,'' मठाधीश ने जवाब दिया।

''एक आख़िरी बात और,'' विलियम ने पूछा। ''उबर्तिनो?''

“वह यहीं है। वह आपकी राह देख रहा है। वह आपको गिरजाघर में मिलेगा।”

“कब?”

“हमेशा,” मठाधीश ने कहा और मुस्कराया। “आपको यह मालूम होना चाहिए कि भले ही वह बहुत ज्ञानी है लेकिन पुस्तकालय में उसकी कोई रुचि नहीं है। वह उसको एक सांसारिक प्रलोभन के रूप देखता है...। वह अपना ज़्यादातर समय चर्च में ध्यान और प्रार्थना करते हुए बिताता है...।”

“क्या वह बूढ़ा हो गया है?” विलियम ने हिचकिचाते हुए पूछा।

“आपको उससे मिले कितना वक़्त हो चुका है?”

“कई साल।”

“वह थका हुआ है। इस दुनिया की चीज़ों के प्रति बहुत उदासीन। वह अड़सठ का है। लेकिन मेरा मानना है कि उसमें अपनी जवानी का जोश अब भी बरक़रार है।”

“मैं उसे अभी ढूँढ़ निकालता हूँ। शुक्रिया।”

मठाधीश ने उनसे पूछा कि क्या वे मध्याह्निका के बाद दोपहर के जलपान में संन्यासियों के समूह में शामिल होना चाहेंगे। विलियम ने कहा कि उन्होंने अभी-अभी पर्याप्त खा-पी लिया है और इसलिए वे इसकी बजाय तुरन्त ही उबर्तिनो से मिलने जाना चाहेंगे। मठाधीश चले गए।

वे कोठरी से निकल ही रहे थे कि आँगन से एक दिल को चीर देनेवाली चीख़ सुनाई दी, जैसे किसी पर मारक चोट की गई हो और इसके फौरन बाद एक और, उतनी ही भयावह, चीख़ फिर सुनाई दी। “क्या हुआ?” विलियम ने घबराकर पूछा। “कुछ नहीं,” मुस्कराते हुए मठाधीश ने जवाब दिया। “इन दिनों में सुअरों को काटा जाता है। सुअर पालनेवालों का धन्धा है। ये वह ख़ून नहीं है जिसकी आपको फ़िक्र करनी चाहिए।”

वह चला गया और एक चतुर आदमी के रूप में उसकी जो ख्याति थी उसे उसने नुक़सान पहुँचाया था। क्योंकि अगली सुबह...लेकिन आह मेरी वाचाल ज़ुबान, अपनी अधीरता को क़ाबू में कर। क्योंकि जिस दिन की बात मैं कर रहा हूँ, उस दिन और उसकी रात के भी पहले, बहुत कुछ ऐसा घटित हुआ था जिसका बयान करना बेहतर होगा।

मध्याह्निका

जब एड्सो गिरजाघर के दरवाज़े की तारीफ़ करता है
और विलियम उबर्तिनो ऑव् कासाले से दोबारा मिलता है।

यह गिरजाघर उन दूसरे गिरजाघरों जितना राजसी नहीं था जिनको मैंने बाद के दिनों में स्ट्रासबर्ग, चार्टेस, बेम्बर्ग और पेरिस में देखा था। इसकी बजाय वह उन गिरजाघरों से मिलता-जुलता था जिनको मैं इटली में देख चुका था : आकाश की ओर उड़ान भरने के लिए हल्के-से झुके हुए, हालाँकि ज़मीन पर मज़बूती से टिके, अपनी ऊँचाई के मुक़ाबले ज़्यादा

चौड़े; लेकिन यह गिरजाघर पहले तल पर एक दुर्ग की तरह खड़ा था, एक के बाद एक वर्गाकार प्राचीरों से घिरा हुआ था और इस मंज़िल के ऊपर किसी मीनार की मानिन्द एक और संरचना खड़ी हुई थी, ढलुआ छत से ढँकी और भारीभरकम खिड़कियों से छिदी हुई, अच्छा-ख़ासा एक ऊपरी गिरजाघर। एक मज़बूत मठीय गिरजाघर, जैसे हमारे पूर्वजों ने प्रोवेन्स और लैंग्वेडॉक में खड़े किए थे, जिनमें उस साहसिकता और उस अतिरंजित नक़्क़ाशी के दर्शन नहीं होते थे जो आधुनिक शैली की ख़ास ख़ूबी है और जो मेरा ख़याल है, इधर के सालों में ही ज़्यादा समृद्ध हुई है, जिसे हम आकाश के शिखर की ओर निर्भीक इशारा करते कलश के साथ-साथ क्वाइअॅ की सजावट में देखते हैं।

दो सीधे और सादे खम्भे उस प्रवेश-द्वार के दोनों ओर खड़े थे जो पहली निगाह में एक ही विशाल मेहराब की तरह खुलता प्रतीत होता था, लेकिन इन खम्भों से, दूसरी बहुत-सी मेहराबों से ढँके, दो इम्ब्रेश्ज़र शुरू होते थे जो निगाह को, किसी अगाध गर्त की मानिन्द, उस दरवाज़े की दिशा में ले जाते थे, जिसके माथे पर एक ढोल था और जो दोनों तरफ़ से दो स्तम्भ-शीर्षों तथा बीच में एक नक़्क़ाशीदार खम्भे के सहारे खड़ा था, जो प्रवेश-द्वार को धातु से मढ़े ओक की लकड़ी के दरवाज़ों से रक्षित दो हिस्सों में बाँटता था। यह दिन का वह वक़्त था जब सूरज की धुँधली किरणें क़रीब-क़रीब सीधी होकर छत पर दस्तकें दे रही थीं और दरवाज़े के माथे को अछूता छोड़ अग्रभाग पर तिरछी पड़ रही थीं; इसलिए दोनों खम्भों से होकर गुज़रने के बाद हमने ख़ुद को सहसा उन मेहराबों की लगभग बीहड़ छत के तले पाया जो तुलना में उन छोटे खम्भों के सिलसिले का हिस्सा थे जो इम्ब्रेश्ज़रों को आनुपातिक रूप से मज़बूती प्रदान करते थे। जब हमारी निगाहें आख़िरकार उस धुँधलके की आदी हो गईं तो उस उकेरे हुए पत्थर, जो किसी की भी निगाह और कल्पना की तत्काल पहुँच में था (क्योंकि बुत साधारण आदमी का साहित्य होते हैं), की ख़ामोश ज़ुबान ने मेरी आँखों को चौंधिया दिया और एक ऐसे दिवास्वप्न में डुबो दिया जिसका बयान कर पाना मेरी ज़ुबान के लिए आज भी मुश्किल है।

मैंने देखा कि आकाश में एक सिंहासन था और उस सिंहासन पर एक आकृति बैठी हुई थी। इस आकृति का चेहरा सख़्त और शान्त था, विशाल नेत्र उस लौकिक मनुष्यता को गुस्से से ताकते हुए जो अपने क़िस्से के अन्त पर पहुँच चुकी थी; चेहरे के चारों ओर और वक्ष पर भव्य केशराशि और दाढ़ी, एक-सी रफ़्तार से बहती किसी नदी की धाराओं की तरह सन्तुलित ढंग से दो हिस्सों में बँटी हुई। उसके सिर का मुकुट मीनाकारी और आभूषणों से सज्जित था, घुटनों पर सोने और चाँदी के धागों की कढ़ाई और लेसों से बुना बैंगनी रंग का शाही उत्तरीय चौड़ी-चौड़ी तहों में फैला था। घुटने के सहारे टिका बायाँ हाथ एक बन्द पुस्तक थामे हुए था और दायाँ हाथ आशीर्वाद या–शायद–चेतावनी की मुद्रा में उठा हुआ था। सलीब से युक्त और फूलों से सजे एक प्रभामण्डल की असाधारण दीप्ति से उसका चेहरा जगमगा रहा था, वहीं सिंहासन के चारों तरफ़ और उस पर *आरूढ़ प्रतिमा* के ऊपर मैंने एक मरकत इन्द्रधनुष को झिलमिलाते देखा। सिंहासन के सामने, *सिंहासनारूढ़ प्रतिमा* के पैरों तले, स्फटिक का एक समुद्र लहरा रहा था और *सिंहासनारूढ़ प्रतिमा* के चारों ओर, सिंहासन के बग़ल में और उसके ऊपर मैंने चार आश्चर्यजनक प्राणी देखे–मेरे लिए, जो उसको

भावविभोर होकर निहार रहा था, वे आश्चर्यजनक थे, लेकिन *सिंहासनारूढ़ प्रतिमा* के लिए, जिसकी स्तुति में वे बिना रुके कीर्तन कर रहे थे, वे विनयशील और दुलारे थे।

या, यूँ कहें कि, सभी को आश्चर्यजनक नहीं कहा जा सकता था, क्योंकि जो आदमी मेरी बाईं तरफ़ (और *सिंहासनारूढ़ प्रतिमा* की दाईं तरफ़) था वह मुझे सुन्दर लग रहा था, जो एक पुस्तक थामें हुए था। लेकिन दूसरी तरफ़ एक गिद्ध था जो मुझे भयावह लग रहा था, उसकी खुली हुई चोंच, कवच की तरह जमें हुए उसके मोटे पंख, मज़बूत पंजे, फैले हुए विशाल डैने। और *सिंहासनारूढ़ प्रतिमा* के पैरों के पास, पहले दो प्राणियों के नीचे, दो और प्राणी थे, एक वृषभ और एक सिंह, जिनमें से हरेक विशालकाय जानवर अपने पंजों या खुरों के बीच एक पुस्तक को जकड़े हुए था, शरीर सिंहासन के विपरीत किन्तु सिर सिंहासन की ओर मुड़ा हुआ, कन्धे और गर्दन, जैसे किसी हिंस्र आवेग में ऐंठे हुए, दोनों बाज़ू तने हुए, किसी मरते हुए प्राणी के से अंग, खुले हुए जबड़े, सर्प जैसी कुण्डलीदार और छटपटाती हुई पूछें, अपने आख़िरी सिरे पर, आग की लपटों में बदलती हुईं। दोनों विशालकाय पशुओं के पंख थे, दोनों के सिर प्रभामण्डल से अभिषिक्त थे; अपने भयानक रूप-रंग के बावजूद वे नर्क के नहीं बल्कि स्वर्ग के प्राणी थे और अगर वे डरावने लग रहे थे तो इसलिए कि वे उसकी आराधना में दहाड़ रहे थे *जो आनेवाला है* और जो जीवित और मृत का फैसला करेगा।

सिंहासन के चारों तरफ़, चारों प्राणियों की बग़ल में और *सिंहासनारूढ़ प्रतिमा* के पैरों के नीचे, मानो स्फटिक समुद्र के पारदर्शी जल के भीतर से दिखाई देता हुआ, मानो दृश्य के समूचे विस्तार को भरने के लिए, विशाल सिंहासन के हर ओर, सात-सात, फिर तीन-तीन और फिर दो-दो की बुनियाद पर खड़े, ढोल के त्रिकोणीय फ्रेम के मुताबिक़ सजाए गए, चौबीस छोटे सिंहासनों पर, सफ़ेद वस्त्र और स्वर्णमुकुट धारण किए चौबीस पुरातन पुरुष बैठे हुए थे। कुछ लोग अपने हाथों में वीणा लिये हुए थे, एक के हाथ में इत्रदान था और सिर्फ़ एक व्यक्ति था जो एक वाद्य छेड़ रहा था, बाक़ी सब आनन्द में मगन थे, अपने चेहरे उस *सिंहासनारूढ़ प्रतिमा* की ओर मोड़े हुए जिसका वे गुणगान कर रहे थे, उनके अंग भी उन प्राणियों की ही भाँति मरोड़ें खाये हुए थे, ताकि वे सब *सिंहासनारूढ़ प्रतिमा* को देख सकें, किसी वहशत में नहीं, बल्कि उल्लास से भरी नाच की मुद्राओं में—जैसे आर्क के समक्ष डेविड ने नाचा होगा—ताकि क़द को क़ाबू करते नियम के विरुद्ध उनकी पुतलियाँ जहाँ कहीं भी हों, वे उसी एक विकीरण-बिन्दु की दिशा की ओर उठी हों। आह, पार्थिवता के बोझ से आश्चर्यजनक रूप से मुक्त अंगों की उस जादुई वाणी में, नए तात्विक रूप से अनुप्राणित परित्याग और आवेग का, गढ़ी हुई किन्तु गरिमामय भंगिमाओं का, कैसा सामंजस्य था, मानो प्रचण्ड हवा, प्राणवायु, हर्षोन्माद और ध्वनि से चमत्कारपूर्ण ढंग से छवि में रूपान्तरित आराधना के आनन्दमय गीत पवित्र बैण्ड से टकरा रहे हों।

कायाएँ अपने प्रत्येक अंश में आध्यात्मिक ऊर्जा से भरी हुई, इल्हाम से प्रदीप्त, चेहरे विस्मय से अभिभूत, आँखें कौतूहल से चमकती हुईं, कपोल अनुराग की लालिमा से रँगे हुए, पलकें आनन्द से फैली हुईं : कोई एक किसी सुखद आतंक से विस्मित था, तो कोई दूसरा किसी आतंकदायी सुख से मर्माहत था, कोई किसी चमत्कार से रूपान्तरित, तो कोई परमआनन्द से नूतनता को प्राप्त, सब के सब अपने चेहरे के भावों, अपने वस्त्र-विन्यास, अपने अंगों की स्थिति और तनाव के साथ गान-रत, खुले होंठों पर चिरन्तन स्तुति का प्रसन्न भाव लिये

एक नया गीत गा रहे थे। और पुरातन पुरुषों के पैरों के नीचे और उनके तथा सिंहासन के तथा चौकोर समूह के एक सिरे से दूसरे सिरे तक फैली हुई, एक से आकार की टोलियों में विभाजित, कलाकार के कौशल के परिणामस्वरूप इस क़दर समानुपात में कि एक-दूसरे के बीच फ़र्क़ करना मुश्किल हो, अपनी विविधता में एक और अपने एकत्त्व में विविध, अपनी भिन्नता में अद्वितीय और अपने उपयुक्त समूहन में भिन्न, रंगों की आह्लादकारी रमणीयता के साथ विभिन्न हिस्सों के आश्चर्यजनक सामंजस्य में, अपनी असमानता के बावजूद अपने बीच स्वरों की संगति और साम्य के चमत्कार के साथ, वीणा के तारों की भाँति वहाँ एक मण्डली विन्यस्त थी, अनेकार्थक के प्रत्यावर्ती विलास में ही की गई एकार्थक प्रस्तुति के उपयुक्त तीव्र और आन्तरिक आवेग के सहारे सहमति और साझेदारी का बोध जारी था, प्रत्यावर्तन में सरलीकृत किए जाने और सरलीकृत प्रत्यावर्तन से परे उन जीवों की सज्जा और कोलाज, एक ही समय में स्वर्गिक और सांसारिक नियम (शान्ति, प्रेम, सदाचार, पथ्यापथ्य के नियम, शक्ति, व्यवस्था, उद्‌गम, आलोक, वैभव, जाति और रूपाकार के बन्धन और अटल रिश्ते) के सहारे किया जाता शृंगारिक संयोजन का वह कर्म, वस्तु के आनुपातिक अवयवों पर रूप की दीप्ति के सहारे पाया गया बहुल और समुज्ज्वल समत्त्व—सारे के सारे फूल और पत्तियाँ और लताएँ और झाड़ियाँ और मंजरी-गुच्छ परस्पर गुँथे हुए थे, यहाँ तक कि नीलपुष्प, सिस्टॅस, थाइम, लिली, प्रिविट, नरगिस, कचालू, अकान्थॅस, मैलो, गन्धरस और मक्का की गुलमेंहदी जैसी वे घासें भी जो धरती और स्वर्ग के उद्यानों की शोभा बढ़ाती हैं।

लेकिन जिस क्षण मेरा अन्तःकरण पार्थिव सौन्दर्य और भव्य अलौकिक संकेतों के उस मेल से उन्माद से भरा हुआ था और आनन्द के स्तोत्र में फूट पड़ने को था, उसी क्षण मेरी निगाह, पुरातन पुरुषों के पैरों पर खिले गुलाब के आकार की खिड़कियों की सन्तुलित लय के साथ चलती हुई, ढोल को सहारा देते बीच के खम्भे की एक-दूसरे से गुँथी हुई आकृतियों से जाकर टकराई। बे-लगाम सिंहों के वे तीन आड़े-तिरछे जोड़े, धनुषाकार, प्रत्येक अपने पिछले पंजों को ज़मीन पर जमाये हुए, अगले पंजे अपने साथी की पीठ पर रखे हुए, सर्पिल कुण्डली की तरह घुँघराली अयाल, उग्र गुर्राहट में कसा हुआ मुँह, स्तम्भ की काया पर किसी पेस्ट से चिपकाये हुए... — वे क्या थे और कौन-सा प्रतीकात्मक सन्देश वे दे रहे थे? मेरे उद्वेग को शान्त करने और शायद सिंह की हिंस्र प्रकृति को वश में करने और उसे किन्हीं उच्चतर अर्थ की ओर इशारा करते प्रतीक में बदल देने के लिए भी, खम्भे के दोनों तरफ़ दो मानव आकृतियाँ थीं, स्वयं खम्भे जैसी ही अस्वाभाविक रूप से लम्बी और उन दो दूसरी आकृतियों की जुड़वाँ जो उन सज्जित दासों के दोनों ओर से उनके सामने पड़ती थीं, जहाँ ओक के प्रत्येक दरवाज़े का अपना बाज़ू था। इस प्रकार ये चार बूढ़े पुरुषों की आकृतियाँ थीं, जिनके साज़ो-सामान से मैंने पहचाना कि वे पीटर और पॉल तथा जेरेमिआह और इसियाह थे, जिनके अंगों में भी उसी तरह बल पड़े हुए थे जैसे वे नृत्य की मुद्रा में हों, उठे हुए लम्बे हड़ियल हाथ, पंखों की तरह तिरछी फैली हुई अँगुलियाँ और पंखों की ही तरह थीं उनकी दाढ़ियाँ और केश, ऋषियों के केशों की भाँति घुँघराले, उनके बहुत लम्बे चोगों की तहें उनके पैरों के हिलाए जाने से लहरें और छल्ले रच रही थीं, सिंहों के विपरीत लेकिन उसी सामग्री से निर्मित। और जब मैंने अपनी सम्मोहित निगाह सन्तसुलभ अवयवों और नारकीय ताक़त की उस बहुस्वर-संगति से हटायी, तो मैंने दरवाज़े की बग़ल में, गूढ़ मेहराबों के नीचे, अकल्पनीय

रूप से भयावह कुछ और दृश्य देखे, जिनका उस जगह पर होने का औचित्य सिर्फ़ उनकी लाक्षणिक और दृष्टान्तपरक होने की शक्ति के नाते या उनके द्वारा व्यक्त नैतिक पाठ में ही था, जिनमें से कुछ इम्ब्रेइश्ज़रों पर अंकित थे, उन पतले खम्भों के बीच की जगह में जो इम्ब्रेइश्ज़रों को सहारा और सजावट प्रदान करते थे और कुछ प्रत्येक खम्भे के शीर्ष के पर्णसमूह पर, जहाँ से वे विविध मेहराबों की बीहड़ छत की दिशा में फैलते चले गए थे। मैंने एक कामुक स्त्री को देखा, नग्न और हड़ियल, घृणित मेंढकों के द्वारा कुतरी जाती हुई, सर्पों द्वारा चूसी जाती हुई, एक तुँदियल वनदेवता के साथ युगल रचती हुई, जिसके ग्रिफ़ॉन पैर तार जैसे बालों से ढँके हुए थे और जो अश्लील गले से खुद को ही कोसते हुए चीख़ रहा था; और मैंने एक कंजूस को देखा, अपनी भव्य शय्या पर मृत्यु की जड़ता में पथराया हुआ, उन दानवों के दल का असहाय शिकार, जिनमें से एक इस मरते हुए आदमी के मुँह से एक नवजात शिशु की शक्ल में उसकी आत्मा को खींच रहा है (जो अब कभी भी जन्म लेकर शाश्वत जीवन में नहीं लौट सकेगी); और मैंने एक अहंकारी पुरुष को देखा जिसके कन्धों पर सवार एक शैतान उसकी आँखों में अपने पंजे घुसेड़ रहा है, वहीं दो पेटू घृणित हाथापाई करते हुए एक-दूसरे को और दूसरे जन्तुओं को चीर-फाड़ रहे हैं, बकरे का सिर और शेर की छाल, तेंदुए का जबड़ा, सारे के सारे उन लपटों के जंगल में क़ैद थे जिनकी झुलसा देनेवाली साँस को मैं क़रीब-क़रीब महसूस कर पा रहा था। और उनके चारों ओर, उन्हीं में मिले हुए, उनके सिरों के ऊपर और उनके पैरों के नीचे और भी चेहरे तथा और भी अंग थे : एक-दूसरे के बाल खींचते हुए एक आदमी और एक औरत, किसी एक अभिशप्त की आँखें नोचते हुए दो विषैले सर्प, खींसे निकालता हुआ अपने कँटीले हाथों से एक सर्प के जबड़े को चीरता हुआ एक आदमी और शैतान के पशुगृह के सारे जानवर, वनदेवता, उभयलिंगी, छह अँगुलियों के हाथों वाले पशु, जलपरियाँ, हिप्पोसेन्चुरा, साँपों को बालों की तरह धारण करती औरतें [gorgons], स्त्री के सिर और पक्षी के डैनों तथा पंजोंवाली राक्षसियाँ [harpies], इनक्यूबी, ड्रैगोपॉड्स, बैल के सिरवाले दानव [minotaurs], वनबिलाव, पाई्स, काइमिअरा (अनेक पशुओं से निर्मित एक पशु), साइनोफेल जो अपने नथनों से आग उगलते थे, मगरमच्छ, पॉलीकॉडेट, बालोंवाले सर्प, सैलामैण्डर, सींगदार वाइपर, कछुए, साँप, दो सिरोंवाले जन्तु जिनके पिछवाड़े दाँतों से लैस थे, लकड़बग्घे, ऊदबिलाव, कौए, आरे जैसे सींगोंवाले हाइड्रोफ़ोरा, मेंढक, उकाब के पंख और सिंह के शरीरवाले ग्रिफिन, बन्दर, डॉग-हैड, ल्यूक्रोटा, मेण्टीकोरस, गिद्ध, पैराण्डर, कथियान्याल, ड्रैगॅन, हुदहुद, उल्लू, सर्पराज, हाइप्नालेस, प्रेस्टर, स्पेक्टाफिसी, बिच्छू, गिरगिट, व्हेल, स्किटेल, एम्फिसबेनी, इक्युलि, डिप्सास, हरे गिरगिट, पायलॅट फिश, ऑक्टोपी, मोर और हरे कछुए, सब के सब एक परिषद में एकत्र और उस सिंहासन के रक्षक और अभिषेक के रूप में तैनात होकर, जो उनके समक्ष था, अपनी पराजय में स्थित उसके गौरव का गान कर रहे थे। अधोलोक की यह समूची आबादी ढोल में *सिंहासनारूढ़ आकृति* के प्रगटन की दिशा में, उसके आश्वस्तिकारी और धमकी-भरे चेहरे की दिशा में, एक ड्योढ़ी, एक अँधेरे जंगल के रूप में, अपवर्जन के भयावह उजाड़ के रूप में बरताव करने को एकत्र हुई प्रतीत होती थी, सृष्टि के अन्त में पाप और पुण्य के बीच के अन्तिम महासमर में पराजित ये लोग *उसके* दर्शन के लिए उत्सुक थे जो अन्त में जीवित को मृत से अलगाने के लिए आएगा। और इस नज़ारे से (लगभग) जड़ होकर, निश्चय न कर पाते हुए कि इस क्षण किसी आत्मीय

जगह पर था या क़यामत की घाटी में, मैं दहल गया और अपने आँसुओं को रोक पाना मेरे लिए मुश्किल हो गया और मुझे लगा (या सचमुच ही ऐसा हुआ?) कि मैं उस आवाज़ को सुन रहा था और उन दृश्यों को देख रहा था जो एक नवदीक्षित के रूप में मेरी युवावस्था से, पवित्र ग्रन्थों के मेरे पहले पाठ से और मेल्क के गिरजाघर की ध्यान और प्रार्थना की मेरी रातों से जुड़े थे और अपनी क्षीण तथा शिथिल चेतना के सन्निपात में मुझे तूर्यनाद-सा प्रबल एक स्वर सुनाई दिया जिसका कहना था, "जो भी तुम देख रहे हो उसे एक पुस्तक में लिखो" (और यही मैं कर रहा हूँ) और मैंने सात सुनहरे शमादान देखे और इन शमादानों के बीच *उसको* देखा जो मानव-पुत्र जैसा था, उसके वक्ष पर सुनहरी पट्टी बँधी थी, उसका सिर और बाल निर्मल ऊन की भाँति सफ़ेद, उसके नेत्र जैसे आग की लपट, उसके पैर जैसे खरा पीतल, मानो उन्हें भट्टी में पकाया गया हो, उसकी आवाज़ जैसे किसी जलाशय का स्वर और उसके दाएँ हाथ में सात सितारे थे और उसके मुँह से एक दुधारी तलवार निकली हुई थी। और मैंने स्वर्ग की ओर खुला हुआ एक दरवाज़ा देखा और *वह* जो सिंहासनारूढ था मुझे एक जास्पर्स और सार्डोनिक्स जैसा प्रतीत हुआ और सिंहासन के क़रीब एक इन्द्रधनुष था और सिंहासन के भीतर से गड़गड़ाहट और बिजलियाँ निकल रही थीं। और *सिंहासनारूढ़ पुरुष* ने अपने हाथ में एक पैना हँसिया लिया और चिल्लाया : "अपना हँसिया घोंपो और काटो, क्योंकि तुम्हारे लिए कटाई का समय आ चुका है; क्योंकि पृथ्वी की फसल पक चुकी है"; और वह जो बादलों पर सवार था उसने अपना हँसिया पृथ्वी में घोंप दिया; और पृथ्वी कट गई ।

यही वह क्षण था जब मुझे यह अहसास हुआ कि यह नज़ारा दरअसल वही कह रहा था जो उस मठ में घटित हो रहा था, वही जो हमने मठाधीश की मितभाषी ज़ुबान से सुना था—और इस बात को पक्के तौर पर मानकर कि वह प्रवेश-द्वार जिन घटनाओं का बयान कर रहा था वे मेरे अनुभव का हिस्सा थीं, आनेवाले दिनों में मैंने कितनी ही बार उस प्रवेश-द्वार का मनन-चिन्तन किया था। और मैं जानता था कि उस जगह हम एक भीषण और दैवीय हत्याकाण्ड के साक्षी बनने के लिए ही गए थे।

मैं सिहर गया था, मानो मुझे जाड़ों की बर्फ़ीली बारिश ने सराबोर कर दिया हो। और तभी मैंने एक और आवाज़ सुनी, लेकिन इस बार वह मेरे पीछे से आई थी और वह एक अलग आवाज़ थी, क्योंकि वह मेरे उस नज़ारे के चौंधिया देनेवाले मर्म से नहीं बल्कि पृथ्वी से आ रही थी; और वाक़ई उसने उस नज़ारे को तहस-नहस कर दिया, क्योंकि मेरी ही तरह ध्यान में खोये हुए विलियम (जिनकी मौजूदगी के प्रति मैं सजग हो गया था) सहसा मुड़े, जैसे कि मैं भी मुड़ा।

जो जीव हमारे पीछे था वह प्रगट तौर पर तो एक संन्यासी ही था, हालाँकि अपने फटे हुए, मैले-कुचैले चोगे के कारण वह एक आवारा दिखाई दे रहा था और उसका चेहरा उन राक्षसों से मिलता-जुलता था, जिन्हें मैंने अभी-अभी खम्भों के माथे पर देखा था। शैतान से मेरी मुलाक़ात कभी नहीं हुई थी, जिस तरह मेरे अनेक बन्धुओं की हुई थी; लेकिन मेरा विश्वास था कि अगर वह, आदमी का भेष चुनने के बावजूद, किसी दैवीय आदेश के कारण अपने स्वभाव को पूरी तरह से छिपा पाने में नाकामयाब होकर मुझे कभी मिलता तो उसके

नाक-नक़्श बिल्कुल वैसे ही होते जैसे इस क्षण मेरे सामने खड़े इस आदमी के थे। उसके सिर पर बाल नहीं थे, तपश्चर्या के तौर पर मुड़ा लेने के कारण नहीं, बल्कि किसी लिसलिसे छाजन की पुरानी करतूत के नतीजे में; माथा इतना छोटा था कि अगर उसके सिर पर बाल होते तो वे उसकी भौंहों (जो मोटी और घनी थीं) से मिल जाते; आँखें गोल थीं, छोटी चंचल पुतलियोंवाली और यह कह पाना मेरे लिए मुश्किल था कि निगाह मासूम थी या द्वेषपूर्ण : शायद दोनों ही चीज़ें थीं, मन के भावों के मुताबिक़ बदलती हुई। उसकी नाक को नाक नहीं कहा जा सकता था, क्योंकि वह सिर्फ़ एक हड्डी थी जो आँखों के बीच से शुरू होती थी, लेकिन चेहरे पर उभरने के तुरन्त बाद ही वह सिकुड़कर दो अँधेरे छेदों में तब्दील हो गई थी, घने बालोंवाले चौड़े नथुनों में। मुँह, जो कि एक घाव के निशान के सहारे नाक से जुड़ा था, चौड़ा और भद्दा था, बायीं ओर के मुक़ाबले दाईं ओर फैला हुआ और सपाट ऊपरी होंठ तथा उभरे हुए और मांसल निचले होंठ के बीच बेढंगे, काले, कुत्ते की तरह नुकीले दाँत बाहर निकले हुए थे।

वह आदमी मुस्कराया (या कम से कम मुझे ऐसा लगा) और मानो चेतावनी की मुद्रा में अपनी एक अँगुली ऊपर उठाकर बोला :

''पश्चाताप करो! सावधान रहो उस ड्रैगॅन से जो भविष्य में तुम्हारी आत्मा को कुतरने आने वाला है! मौत हमारे सिर पर मँडरा रही है! प्रार्थना करो परम पिता से कि वह आकर हमको अमंगल से और हमारे पापों से मुक्त करे! हा, हा, तुमको यह काला जादू पसन्द है लॉर्ड यीशू! मेरे लिए भी आनन्द में दर्द और दर्द में आनन्द मिलता है...शैतान से ख़बरदार! जो हमेशा मेरी एड़ियों पर झपट्टा मारने के लिए किसी कोने में ताक लगाए बैठा है। लेकिन सल्वाटोर बेवक़ूफ़ नहीं है! मठ अच्छा है और यहाँ का डाइनिंग हॉल और प्रभु की प्रार्थना। बाक़ी सब गू के बराबर भी नहीं है। आमीन। नहीं?''**

जैसे-जैसे यह कहानी आगे बढ़ेगी, मुझे इस जन्तु के बारे में विस्तार से बात करनी होगी और उसकी वाणी को दर्ज़ करना होगा। मैं क़बूल करूँ कि यह कर पाना मेरे लिए बेहद मुश्किल रहा है क्योंकि वह कौन-सी भाषा बोलता था, यह कह सकना मेरे लिए आज भी नामुमकिन है, क्योंकि उन दिनों में भी वह हमेशा मेरी समझ के परे होती थी। वह लैटिन नहीं थी, जिसमें मठ के पढ़े-लिखे लोग अपने को व्यक्त किया करते थे, न वह उन इलाक़ों में बोली जानेवाली भद्दी ज़ुबान थी और न किसी और जगह ही मैंने उसे कभी सुना था। मुझे विश्वास है कि पहली बार के उसके शब्दों का (याददास्त के सहारे) जो विवरण मैंने अभी-अभी दिया है, उससे उसके बोलने के अन्दाज़ का हल्का-सा आभास मैंने दे दिया होगा। बाद में जब मैंने उसके साहसी जीवन और उन जगहों के बारे में जाना जिनमें वह रहा था, हालाँकि जिनमें से किसी भी जगह पर उसने अपनी जड़ें नहीं जमायी थीं, तब मुझे अहसास हुआ कि सल्वाटोर सारी भाषाएँ बोलता था और कोई भी भाषा नहीं बोलता था। या शायद उसने अपने लिए एक ऐसी भाषा ईज़ाद कर ली थी जिसमें उन भाषाओं की ताक़त का इस्तेमाल किया गया था जिनके सम्पर्क में वह रह चुका था—और एक समय मुझे लगा था कि उसकी भाषा आदम की वह भाषा नहीं थी जो उस भाग्यशाली मानव-जाति के द्वारा बोली जाती थी, जिसके सारे सदस्य सृष्टि के उद्गम से लेकर टॉवर ऑव बाबेल तक एक ही ज़ुबान से आपस में बँधे थे, या उस ज़ुबान से जो उनके विभाजन की दारुण त्रासदी के बाद उत्पन्न

हुई थी, बल्कि यह ठीक-ठीक ईश्वरीय दंड के तुरन्त बादवाले दिन की बैबलिश भाषा थी, आदिम सम्भ्रम की भाषा। न ही इस लिहाज़ से सल्वाटोर की वाणी को मैं भाषा ही कह सकता था, क्योंकि हर मानवीय भाषा के कुछ उसूल होते हैं और किसी तयशुदा उसूल के मुताबिक़ ही प्रत्येक पद अन्वय के आधार** पर किसी वस्तु का संकेत करता है, क्योंकि आदमी ऐसा नहीं कर सकता कि कुत्ते को एक बार कुत्ता कहे और फिर बिल्ली कहने लगे, या ऐसी आवाज़ें निकालने लगे जिन्हें समाज ने आपसी रज़ामन्दी से कोई अर्थ नहीं सौंपा है, यानी उस तरह की कोई स्थिति जिसमें कोई ''ब्लिटिरी'' जैसा कोई शब्द उच्चारित करे। और तब भी, जो भी हो, सल्वाटोर की बातों का अभिप्राय मेरी और मेरी ही तरह दूसरों की भी, समझ में आ जाता था। यह सबूत था इस बात का कि वह कोई एक नहीं बल्कि सारी भाषाएँ बोलता था, किसी को भी सही ढंग से न बोलते हुए और कभी एक भाषा से तो कभी दूसरी भाषा से शब्द लेते हुए। बाद में मैंने यह भी देखा कि वह किसी चीज़ का ज़िक्र पहले लैटिन में करेगा और फिर Provencal में और मैं समझ गया कि उसका ध्येय दूसरे वाक्यों के बिखरे हुए टुकड़ों** का इस्तेमाल करते हुए अपने खुद के वाक्य गढ़ना उतना नहीं था, जितना कि अतीत में सुने गए दूसरे वाक्यों के शब्दों का मौजूदा परिस्थिति और ज़रूरत के मुताबिक़ इस्तेमाल करना था, मानो किसी खाने की चीज़ के बारे में वह, मसलन, उन्हीं लोगों के शब्दों में बात कर सकता हो जिनके बीच उसने वह चीज़ कभी खाई थी और अपने आनन्द को वह उन्हीं वाक्यों में व्यक्त कर सकता हो जो उसने आनन्द में डूबे लोगों से उस दिन सुने थे जिस दिन उसने भी उसी तरह से आनन्द का अनुभव किया था। उसकी वाणी किसी क़दर उसके चेहरे जैसी ही थी, दूसरे लोगों के चेहरों के टुकड़ों से जोड़कर बनाया गया चेहरा, या अन्य पवित्र वस्तुओं के टूटे हुए टुकड़ों को जोड़कर गढ़े गए उन अस्थि-पात्रों जैसा जो मैंने देखे थे (बशर्ते कि मैं साधारण चीज़ों की महान चीज़ों के साथ तुलना कर सकूँ**, बशर्ते कि मैं शैतानी चीज़ों को दैवीय चीज़ों के साथ जोड़कर देख सकूँ)। उसके साथ पहली मुलाक़ात के उस क्षण में सल्वाटोर, अपने चेहरे और अपने बोलने के अन्दाज़ के कारण, मुझे बालों और खुरोंवाले संकर प्रजाति के उन जीवों से अलग प्रतीत नहीं हुआ जिनको मैंने अभी-अभी प्रवेश-द्वार के नीचे देखा था। इस बात का अहसास मुझे बाद में हुआ कि वह शायद एक साफ़ दिल का हँसमुख इनसान था। और भी बाद में... लेकिन हमें अपनी कहानी से आगे नहीं भागना चाहिए। ख़ास तौर से इसलिए कि उसके बोल चुकने के क्षण से ही मेरे गुरुदेव ने ज़बरदस्त उत्सुकता के साथ उससे सवाल किए थे।

''तुमने पश्चाताप की बात क्यों की?'' उन्होंने पूछा।

''श्रीमान महान ऐश्वर्यशाली बन्धु'', सल्वाटोर ने एक तरह से झुकते हुए जवाब दिया, ''यीशू आनेवाले हैं और आदमी को पश्चाताप करना ही होगा। नहीं?''**

विलियम ने उसे तीखी निगाहों से देखा। ''तुम क्या किसी माइनॉराईट के कॉन्वेण्ट से आ रहे हो?''

''मैं नहीं समझा।''**

''मैं पूछ रहा हूँ कि क्या तुम सेण्ट फ्रांसिस के भिक्षुओं के बीच रहकर आए हो, मैं पूछ रहा हूँ कि क्या तुम ईसा के तथाकथित पट्टशिष्यों को जानते हो।...''

सल्वाटोर पीला पड़ गया, बल्कि कहें, उसका दाग़ी और वहशी चेहरा सफ़ेद पड़

गया। वह क़रीब-क़रीब दोहरा होते हुए झुका, अधखुले होंठों से "मेरे पीछे आ"** बुदबुदाया, श्रद्धापूर्वक ईश्वर को याद किया और भाग खड़ा हुआ, बीच-बीच में हम लोगों की ओर मुड़-मुड़कर देखता हुआ।

"आप उससे क्या पूछ रहे थे?" मैंने विलियम से कहा।

क्षण-भर को वे कुछ सोचते से रहे। "कुछ ख़ास नहीं; मैं तुम्हें बाद में बताऊँगा। फ़िलहाल हमें भीतर चलना चाहिए। मैं उबर्तिनो को तलाशना चाहता हूँ।"

अभी छह घंटे ही बीते थे। सूरज की फीकी किरणें पश्चिम से और इसलिए सिर्फ़ कुछेक सँकरी खिड़कियों से, गिरजाघर में प्रवेश कर रही थीं। रोशनी की एक बारीक़ पट्टी उस मुख्य आल्टर को अभी भी छू रही थी जिसका अग्रभाग सुनहरी दीप्ति से दमकता प्रतीत हो रहा था। पार्श्व नेव अँधेरे में डूबे हुए थे। आल्टर के सामने अन्तिम चेपल के क़रीब, बाएँ नेव में एक पतला सा खम्भा था जिस पर, आधुनिक शैली में उकेरी गई, वर्जिन की एक पत्थर की प्रतिमा स्थापित थी, अनिर्वचनीय मुस्कान और उभरा हुआ उदर, छोटी-सी चोली से युक्त सुन्दर वस्त्र धारण किए हुए, बाँहों में शिशु को थामें हुए। वर्जिन के पैरों पर क्लूनियाक धर्म-संघ की पोशाक पहने एक आदमी लगभग साष्टांग प्रणति की मुद्रा में प्रार्थनारत था।

हम क़रीब पहुँचे। हमारे पैरों की आहट सुनकर उस आदमी ने अपना सिर ऊपर उठाया। वह एक बूढ़ा, गंजा आदमी था; चिकना चेहरा, हल्की नीली आँखें, दुबला लाल मुँह, गोरा रूप-रंग, हड़ीली खोपड़ी जिस पर चढ़ी हुई चमड़ी दूध में डुबाकर रखी गई ममी की चमड़ी की तरह लगती थी। उसके हाथ गोरे थे, अँगुलियाँ नुकीली। वह किसी अकाल मृत्यु का ग्रास बना ली गई कन्या की तरह लगता था। उसने पहले तो हमें परेशान-सी नज़रों से देखा, जैसे हमने उसके किसी आनन्द दायक सपने में ख़लल डाल दिया हो, लेकिन फिर उसका चेहरा ख़ुशी से चमक उठा।

"विलियम!" वह चिल्ला उठा। "मेरे प्यारे बन्धु!" वह कुछ कोशिश करके उठा और मेरे गुरुदेव की ओर बढ़ा, उन्हें गले से लगाया और उनका मुँह चूम लिया। "विलियम!" उसने दोहराया और उसकी आँखें डबडबा आईं। "कितना अरसा बीत गया! लेकिन मैंने तुम्हें फिर भी पहचान लिया! कितना लम्बा वक़्त, कितना कुछ घटित हो गया! ईश्वर ने कितने इम्तिहान ले लिए!" वह रोने लगा। विलियम ने भी भावुक होकर उसे गले से लगा लिया। हमारे बीच यह उबर्तिनो ऑव कासाले था।

उसके बारे में मैं पहले ही बहुत कुछ सुन चुका था, इटली आने के भी पहले और उससे भी ज़्यादा शाही दरबार के फ्रांसिस्कनों के साथ की अपनी बार-बार की मुलाक़ातों के दौरान। किसी ने मुझे बताया था कि उस ज़माने के महानतम कवि दान्ते अलीगिएरी ऑव फ्लोरेंस, जिनकी कुछ ही साल पहले मृत्यु हुई थी, ने एक कविता लिखी थी (जिसे मैं इसलिए नहीं पढ़ सका क्योंकि वह भदेस टॅस्कन ज़ुबान में लिखी गई थी) जिसके कई छन्द उबर्तिनो द्वारा लिखित *सूली पर चढ़े हुए जीवन का वृक्ष*** के अंशों के भावानुवाद मात्र थे। और यह इस प्रसिद्ध आदमी की क़ाबिलियत को साबित करनेवाली एकमात्र चीज़ नहीं थी। लेकिन मेरे पाठक इस मुलाक़ात के महत्त्व को बेहतर ढंग से समझ सकें इसके लिए मुझे उन तत्कालीन घटनाओं को एक नए सिलसिले में पेश करने का प्रयत्न करना होगा, जिनको समझने का

मौक़ा मुझे मध्य इटली के अपने छोटे से प्रवास में और अपनी यात्रा के दौरान मठाधीशों तथा संन्यासियों के साथ विलियम के अनेक वार्तालापों को सुनने से मिला था।

मैं यह बताने की कोशिश करूँगा कि उन मसलों को मैंने किस तरह से समझा था, भले ही मैं इस बारे में निश्चित नहीं हूँ कि उन्हें सही ढंग से समझा सकूँगा या नहीं। मेल्क के मेरे शिक्षक मुझसे अक्सर कहा करते थे कि उत्तर के किसी व्यक्ति के लिए इटली के धार्मिक और राजनीतिक उतार-चढ़ाव के बारे में कोई स्पष्ट राय क़ायम कर पाना बहुत मुश्किल है।

इस प्रायद्वीप ने, जहाँ पुरोहित वर्ग की ताक़त किसी भी दूसरे मुल्क के मुक़ाबले में कहीं ज़्यादा स्पष्ट थी और जहाँ पुरोहित वर्ग किसी भी दूसरे मुल्क की तुलना में अपनी ताक़त और वैभव का कहीं ज़्यादा दिखावा किया करता था, पिछली कम से कम दो शताब्दियों के दौरान, भ्रष्ट पुरोहितों के ख़िलाफ़, उन लोगों के आन्दोलनों को जन्म दिया था जो अपेक्षाकृत निर्धन जीवन के आदर्श की ओर झुके हुए थे और जो इन पुरोहितों से धार्मिक संस्कार कराने तक से इन्कार करते थे। ये लोग स्वाधीन समुदायों में एकत्र थे और एकसाथ सामन्त वर्ग, साम्राज्य तथा नगर-दंडाधिकारियों की घृणा के पात्र थे।

अन्ततः सेण्ट फ्रांसिस प्रगट हुए जिन्होंने निर्धनता के प्रति प्रेम की उस भावना का प्रचार किया जो चर्च के निर्देशों के विरोध में नहीं जाती थी और उनकी कोशिशों के बाद चर्च ने उन पुराने आन्दोलनों के कठोर व्यवहार के आह्वानों को स्वीकार कर लिया और उनमें छुपे हुए विघटनकारी तत्त्वों को हटाकर उनका शुद्धीकरण कर दिया। इसके नतीजे में विनम्रता और सद्‌भाव का कुछ समय ज़रूर रहा होगा, लेकिन जैसे ही फ्रांसिस्कन धर्म-संघ विकसित हुआ और उसने भद्र लोगों को अपनी तरफ़ खींचा, वैसे ही वह अत्यन्त शक्तिशाली होकर, सांसारिक मसलों से ज़्यादा से ज़्यादा जुड़ता गया और बहुत से फ्रांसिस्कन उसे उसकी शुरुआती शुद्धता की अवस्था में लौटाने का इसरार करने लगे। एक ऐसे धर्मसंघ के लिए यह बेहद मुश्किल मसला था जिसमें, उन दिनों में जब मैं मठ में हुआ करता था, कोई तीस हज़ार से ज़्यादा सदस्य पूरी दुनिया में फैले हुए थे। लेकिन हालत यही थी और सेण्ट फ्रांसिस के अनेक संन्यासी उस विधान के ख़िलाफ़ थे जिसे धर्म-संघ ने स्थापित किया था और उनका कहना था कि धर्म-संघ ने उन धार्मिक संस्थानों की भूमिका ओढ़ ली है जिनको सुधारने के लिए वह दुनिया में आया था। और, उनका कहना था कि यह सेण्ट फ्रांसिस के जीते जी ही घटित हो चुका था और उनकी वाणी और उद्‌देश्यों के साथ विश्वासघात हुआ था। उनमें से कई लोगों ने तभी एक पुस्तक खोज निकाली जो हमारे इस ईसाई संवत्सर की बारहवीं सदी की शुरुआत में जोएशिम नामक एक सिस्टर्सियाई संन्यासी द्वारा लिखी गई थी, जिसको भविष्य-दृष्टा की तरह देखा गया था। उसने दरअसल एक ऐसे नवयुग के आगमन को भाँप लिया था जिसमें ईसा के छद्‌म शिष्यों के कृत्यों द्वारा भ्रष्ट कर दी गई उनकी सच्ची भावना को एक बार फिर पृथ्वी पर हासिल किया जा सकेगा। और उसने आनेवाले समय की कुछ ख़ास घटनाओं का जिस तरह से ऐलान किया था उससे सभी को यह साफ़ तौर पर लगता था कि वह, अनजाने ही, फ्रांसिस्कन धर्मसंघ की बात कर रहा था। और इसलिए बहुत-से फ्रांसिस्कन बहुत ख़ुश थे, बल्कि, लगता था कि कुछ ज़्यादा ही ख़ुश थे, क्योंकि तभी, सदी के मध्य के आस-पास, सोर्बोन के धर्माचार्यों ने मठाधीश जोएशिम की शिक्षाओं की आलोचना की थी। ज़ाहिर था कि उन्होंने ऐसा इसलिए किया था क्योंकि फ्रांसिस्कन (और डॉमिनिकन)

पेरिस विश्वविद्यालय में बेहद ताक़तवर और बहुत बुद्धिमान होते जा रहे थे और सोर्बोन के वे धर्माचार्य उन्हें विधर्मियों की तरह निकाल बाहर करना चाहते थे। लेकिन यह योजना सौभाग्य से उस चर्च के दृष्टिकोण से कामयाब नहीं हो सकी, जिसने तब उन थॉमस एक्विनास और बोनावेन्चुरे ऑव बेग्नोरेजियो की कृतियों के प्रचार-प्रसार की छूट दे दी जिनको किसी भी दशा में धर्मविरुद्ध नहीं कहा जा सकता था। जिससे से यह भी साफ़ है कि पेरिस में भी एक वैचारिक भ्रम फैला हुआ था या कोई ऐसा व्यक्ति मौजूद था जो अपने निजी मक़सद के लिए वैचारिक भ्रम पैदा करना चाहता था। विधर्मिता ईसाइयों में जो बुराई पैदा करती है वह यही है : वैचारिक धुँधलका पैदा करना और तमाम लोगों को उनके अपने हित के लिए धर्म-परीक्षक बनने के लिए उकसाना। क्योंकि उस वक़्त मठ में मैंने जो कुछ देखा (और जिसका मैं वर्णन करूँगा) उसने मुझे यह सोचने पर मजबूर कर दिया कि धर्म-परीक्षक ही अक्सर विधर्मियों को पैदा करते हैं और सिर्फ़ इस मानी में नहीं कि वे विधर्मियों की कल्पना उस जगह पर कर लेते हैं जहाँ वे मौजूद ही नहीं होते, बल्कि इस मानी में भी कि धर्मपरीक्षक विधर्म की बुराई को कुछ इस क़दर ज़ोर के साथ कुचलते हैं कि बहुत-से लोग इन न्यायाधीशों के प्रति अपनी घृणा के चलते उस विधर्म में भागीदार बनने की ओर प्रेरित हो उठते हैं। वाक़ई यह शैतान का ही गढ़ा कुचक्र है। ईश्वर हमारी रक्षा करे।

लेकिन मैं जोएशिमियों की विधर्मिता (अगर ऐसी कोई चीज़ थी तो) की बात कर रहा था। और टॅस्केनी में जेरार्ड ऑव बोर्गो सेन डोनिनो जेरार्ड नामक एक फ्रांसिस्कन था जिसने जोएशिम की भविष्यवाणियों को दोहराया और माइनॉराइटों पर गहरा प्रभाव छोड़ा। इस प्रकार उनके बीच पुराने *विधान* के समर्थकों का एक समूह पैदा हो गया, जो उस बोनावेन्चॅर महान द्वारा पुनर्गठित किए गए धर्म-संघ के ख़िलाफ़ था जो इस धर्म-संघ का परमाधिकारी बन गया था। पिछली सदी के अन्तिम तीस सालों में लियों की परिषद ने फ्रांसिस्कन धर्म-संघ को उसके उन दुश्मनों के चंगुल से आज़ाद किया जो उसे ख़त्म कर देना चाहते थे और उसे उस सारी सम्पत्ति के मालिकाना हक़ की छूट दे दी जो उसके इस्तेमाल में आ रही थी (जैसा कि पुराने धर्मसंघों के बारे में क़ानून था)। लेकिन मार्शे के कुछ संन्यासियों ने बग़ावत कर दी, इसलिए कि उनका मानना था कि विधान की भावना के साथ सदा के लिए विश्वासघात किया गया है, क्योंकि फ्रांसिस्कनों को, निजी तौर पर या कॉन्वेण्ट के रूप में या कि एक धर्मसंघ के रूप में, अपने स्वामित्त्व में कुछ भी नहीं रखना चाहिए। इन विद्रोहियों को आजीवन कारावास में डाल दिया गया। मैं नहीं समझता कि वे कोई ईसाई धर्म-मत के ख़िलाफ़ जानेवाली चीज़ों का प्रचार कर रहे थे, लेकिन सवाल जब दुनियावी असबाब के स्वामित्त्व का हो तो न्यायपूर्ण तरीक़े से सोच पाना लोगों के लिए मुश्किल ही होता है। मुझे बताया गया था कि सालों बाद धर्म-संघ के नए परमाधिकारी गॉफ्रेदी ने एन्कोना में इन क़ैदियों को खोज निकाला था और इन्हें आज़ाद करते हुए कहा था : "ईश्वर की ही इच्छा रही होगी जो हम सब और समूचा धर्म-संघ इस तरह के पाप से कलंकित हुए।" यह इस बात का संकेत है कि विधर्मी जो कहते हैं वह सच नहीं है और आज भी चर्च में महापुरुषों का वास है।

इन्हीं आज़ाद क़ैदियों में से एक ऐंजेलॅस क्लारेनॅस था जिसकी मुलाक़ात प्रोवेंस से आए हुए संन्यासी पियरे ओलियु से हुई, जो जोएशिम की भविष्यवाणियों का प्रचार करता था और बाद में उसकी मुलाक़ात उबर्तिनो ऑव कासाले से हुई और इस तरह स्पिरिचुअलों के

आन्दोलन का जन्म हुआ। उन वर्षों में, एक अत्यन्त धर्मात्मा संन्यासी पोप के सिंहासन तक जा पहुँचा था, यह पीटर ऑव म्यूरोन था, जिसने सेलेस्टाइन पंचम के रूप में शासन किया था; और स्पिरिचुअलों ने उसका पूरी राहत के भाव से स्वागत किया। कहा जा चुका था कि "एक सन्त अवतरित होगा और वह ईसा की शिक्षाओं पर चलेगा, वह एक फ़रिश्ते का-सा जीवन जियेगा : तुम भ्रष्ट पुरोहितो, थर्राओगे।" शायद सेलेस्टाइन का जीवन कुछ ज़्यादा ही फ़रिश्ते जैसा था, या उसके इर्द-गिर्द जो धर्माधिकारी थे वे कुछ ज़्यादा ही भ्रष्ट थे, या फिर वे सम्राट और यूरोप के दूसरे राजाओं के साथ जारी अन्तहीन संघर्ष के तनाव को झेल नहीं सके। जो भी हो, तथ्य यह है कि सेलेस्टाइन ने अपना सिंहासन त्याग दिया और वह एकान्तवास में चला गया। लेकिन उसके शासन की एक साल से कम की छोटी-सी अवधि में स्पिरिचुअलों की उम्मीदें अच्छी तरह से पूरी हुई थीं। वे सेलेस्टाइन के पास गए, जिन्होंने उनके साथ मिलकर उस समुदाय की स्थापना की जिसे डॉम सेलिस्टाइन के ब्रॅदर्स और निर्धन वैरागी** समुदाय के नाम से जाना जाता है। दूसरी तरफ़, जहाँ पोप का काम रोम के सबसे ज़्यादा ताक़तवर कार्डिनलों के बीच मध्यस्थ की भूमिका निभाना था, वहीं कोलोना और ओरसीनी जैसे कुछ कार्डिनल थे जो गुपचुप तरीक़े से निर्धनता के नए आन्दोलन का समर्थन करते थे, जो कि विपुल सम्पन्नता और विलासिता में रहनेवाले लोगों के सन्दर्भ में सचमुच एक विचित्र-सा चुनाव था और मैं कभी भी नहीं समझ पाया कि वे महज़ अपने राजनीतिक उद्‌देश्यों की पूर्ति के लिए स्पिरिचुअलों का इस्तेमाल कर रहे थे या कि उन्हें सचमुच किसी क़दर यह लगता था कि स्पिरिचुअल विचारधारा का समर्थन करते हुए वे अपने सांसारिक जीवन का औचित्य साबित कर रहे हैं। अगर मैं इतालवी मामलों की अपनी थोड़ी-सी समझ के आधार पर कहूँ तो शायद दोनों ही बातें सही थीं। लेकिन उदाहरण के लिए, कार्डिनल ओरसीनी ने एक ऐसे वक़्त में उबर्तिनो को चैप्लेन नियुक्त किया था जब, स्पिरिचुअलों के बीच अत्यन्त सम्मानित हो चुकने के बाद, उस पर विधर्मी होने का आरोप लगाए जाने का ख़तरा मँडरा रहा था। और कार्डिनल ने ख़ुद ही एविग्नॉन में उबर्तिनो की हिफ़ाज़त की थी।

लेकिन, जैसा कि इस तरह के मामलों में होता है, एक तरफ़ ऐंजेलॅस और उबर्तिनो थे जिन्होंने धर्मसिद्धान्त के मुताबिक़ उपदेश किया, वहीं विशाल जनसमुदाय ने उनकी इन शिक्षाओं को स्वीकार कर, किसी भी तरह के नियन्त्रण से परे जाकर देश-भर में इन शिक्षाओं को फैलाया। इस तरह इटली *निर्धन जीवन* के अनुयायी इन फ्रेटिसेली या भिक्षुओं से आक्रान्त हो गया, जिनको बहुत-से लोग ख़तरनाक मानते थे। यह एक ऐसा बिन्दु था जहाँ स्पिरिचुअल गुरुओं, जो कि चर्च से ताल्लुक रखनेवाले प्रभुवर्ग के साथ सम्पर्क रखते थे, को उनके उन साधारण अनुयायियों से अलगाना मुश्किल हो गया, जो कि अब धर्म-संघ के बाहर भिक्षावृत्ति करते हुए, किसी भी क़िस्म की सम्पत्ति का अपरिग्रह करते हुए, अपने श्रम से आजीविका कमाते हुए अपना जीवन-यापन कर रहे थे। और यही वे सामान्य जन थे, फ्रांसीसी बेग़ार्डों के ही समान, जिनको आज फ्रेटीसेली कहा जाता है, जिन्होंने पियरे ओल्यू से प्रेरणा ग्रहण की थी।

सेलेस्टाइन पंचम का उत्तराधिकार बोनीफ़ेस अष्टम को मिला और इस पोप ने इस बात को ज़ाहिर करने में बड़ी मुस्तैदी दिखाई कि स्पिरिचुअलों तथा सामान्यतौर पर

फ्रेटीसेली के प्रति उसका झुकाव न के बराबर था : अन्त के कगार पर खड़ी सदी के आख़िरी वर्षों में उसने *पक्की एहतियात*** नामक एक आदेश-पत्र पर दस्तख़त किए, जिसमें उसने एक ही साँस में बिज़ोची नामक उन आवारा भिक्षुकों की, जो फ्रांसिस्कन धर्मसंघ की सुदूर सरहद पर भटकते रहते थे और स्वयं उन स्पिरिचुअलों की समान रूप से भर्त्सना की जो धर्म-संघ का जीवन तजकर एकान्तवास में चले गए थे। बोनीफ़ेस अष्टम की मृत्यु के बाद स्पिरिचुअलों ने अपने उत्तराधिकारियों से, जिनमें क्लेमेण्ट पंचम शामिल थे, शान्तिपूर्वक धर्म-संघ को छोड़ने की इजाज़त हासिल करने की कोशिश की। मेरा सोचना है कि वे इसमें कामयाब हो गए होते, लेकिन जॉन XXII के आगमन ने उनकी सारी उम्मीदों पर पानी फेर दिया। जब 1316 में वह चुना गया, तो उसने सिसली के सम्राट को एक खत लिखकर इन संन्यासियों को अपनी उस ज़मीन से निकाल बाहर करने को कहा, जहाँ बहुतों ने शरण ले रखी थी और जॉन ने ऐंजेलॅस क्लेरेनॅस तथा प्रॉवेन्स के स्पिरिचुअलों को जंज़ीरों में जकड़ दिया।

सब कुछ इतना आसानी से हो पाना सम्भव नहीं था और सभा में ऐसे बहुत-से लोग थे जिन्होंने प्रतिरोध दिया। तथ्य यह है कि उबर्तिनो और क्लेरेनॅस धर्म-संघ को छोड़ने की इजाज़त हासिल करने में कामयाब हुए और जहाँ बेनेडिक्टों ने उबर्तिनो को स्वीकार कर लिया वहीं क्लेरेनॅस को सेलेस्टीनियनों से स्वीकृति मिल गई। लेकिन जिन लोंगों ने आज़ाद जीवन को जारी रखा, जॉन उनके प्रति निर्दयी साबित हुआ और उसने धर्माधिकरण के माध्यम से उन्हें प्रताड़ित किया और कइयों को स्टेक पर जला दिया।

लेकिन उसको इस बात का अहसास था कि फ्रेटीसेली के खरपतवार को ख़त्म करने के लिए, जो चर्च की हुकूमत की बुनियाद के लिए ही ख़तरा बन गया था, उसे उस अवधारणा पर कुठाराघात करना ज़रूरी होगा जो इन लोगों की आस्था की बुनियाद थी। उनका दावा था कि ईसा और उनके पट्टशिष्य निजी या सामूहिक तौर पर किसी तरह की सम्पत्ति नहीं रखते थे और पोप ने इस धारणा की विधर्म कहकर निन्दा की थी। यह एक आश्चर्यजनक रुख था, क्योंकि इसकी कोई वजह समझ में नहीं आती कि कोई पोप ईसा के निर्धन होने की धारणा को धर्मद्रोही माने : लेकिन क्योंकि सिर्फ़ एक ही साल पहले पेरूज़िया में फ्रांसिस्कनों की एक सामान्य सभा ने इस धारणा का समर्थन किया था और इसलिए एक की आलोचना करते हुए पोप दूसरे की आलोचना भी कर रहा था। जैसा कि मैं पहले ही कह चुका हूँ, यह सभा सम्राट के ख़िलाफ़ उनकी लड़ाई में एक बहुत बड़ी मुसीबत थी; यह एक तथ्य था। सो इसके बाद बहुत-से फ्रेटीसेलियों को, जो साम्राज्य या पेरूजिया के बारे में कुछ नहीं जानते थे, आग में झोंक दिया गया।

मेरे मन में ये ख़याल उबर्तिनो की जनश्रुति बन चुकी शख़्सियत को देखते हुए पैदा हुए थे। मेरे गुरुदेव ने मेरा परिचय कराया और उस बुज़ुर्ग ने अपने गर्म, लगभग जलते हुए हाथ से मेरा गाल थपथपाया। उसके हाथ की छुअन मात्र से मुझे वे बहुत-सी बातें समझ में आ गईं जो मैंने इस सन्त पुरुष के बारे में सुनी थीं और जो मैंने उसकी *सलीब पर चढ़े हुए जीवन का वृक्ष* के पन्नों में पढ़ी थीं। मैंने उस रहस्यमय आग को समझ लिया जिसने उसे उसकी उस युवावस्था में ही निगल लिया था, जब, हालाँकि वह पेरिस में पढ़ रहा था,

उसने खुद को धर्मपरक चिन्तन से अलग कर लिया था और एक पश्चाताप से भरी हुई मेग्डालेन में रूपान्तरित हो चुके शख़्स के रूप में ख़ुद को देखना शुरू कर दिया था और फिर सन्त ऐन्जेला ऑव फोलिग्नो के साथ उनके गाढ़े रिश्ते को भी मैं समझ सका जिसने उसको रहस्यवादी जीवन की समृद्धि और सलीब की आराधना की तरफ़ मोड़ा था और यह भी कि क्यों एक दिन उसके वरिष्ठों ने उसके प्रवचनों में निहित जोश से डर कर उसे ला वरना के एकान्त आश्रम में भेज दिया था।

मैंने उस चेहरे को ग़ौर से पढ़ा, उसके उस नाक-नक़्श को जो उस स्त्री के नाक-नक़्श जितने ही लुभावने थे, जिसके साथ उसने भाईचारे की भावना के साथ गहरे आध्यात्मिक विचारों का आदान-प्रदान किया था। मैंने महसूस किया कि उसने उस वक़्त निश्चय ही कहीं ज़्यादा कठोर रुख़ अपनाया होगा जब, 1913 में, कौंसिल ऑव वियेनी ने, *मैंने स्वर्ग को तज दिया*** नामक अध्यादेश के साथ, स्पिरिचुअलों से दुश्मनी रखनेवाले फ्रांसिस्कन हुक्कामों को बरख़ास्त कर दिया था और स्पिरिचुअलों को हुक्म दिया था कि वे संघ के भीतर शान्तिपूर्वक रहें और अपरिग्रह के इस हिमायती ने इस कुटिल समझौते को नामंज़ूर करते हुए कठोर से कठोर नियमनिष्ठता के सिद्धान्त पर टिके एक अलग धर्म-संघ की स्थापना के लिए लड़ाई लड़ी थी। लेकिन यह महान योद्धा यह लड़ाई हार गया, क्योंकि उन दिनों जॉन XXII पियरे ओल्यू के अनुयायियों के ख़िलाफ़ (जिनमें स्वयं उबर्तिनो की गिनती की जाती थी) ज़िहाद की वकालत कर रहा था और उसने नार्बोन और बेज़ियर्स के संन्यासियों को दण्डित किया था। लेकिन उबर्तिनो ने पोप के ख़िलाफ़ अपने दोस्त की स्मृति का बचाव करने में कोई संकोच नहीं किया और, अपने सन्त-स्वभाव के सामने झुक जाने के नाते जॉन उसको दण्डित करने की गुस्ताख़ी नहीं कर सका (हालाँकि तब उसने औरों को दण्डित किया)। निश्चय ही उस मौक़े पर उसने उबर्तिनो के सामने बचाव करने का प्रस्ताव रखा था, जिसके तहत उसने उसको क्लूनियाक धर्म-संघ में शामिल होने की पहले तो सलाह दी और फिर हुक्म दिया। ज़ाहिरा तौर पर निहत्था और कमज़ोर उबर्तिनो निश्चय ही उतना ही दक्ष भी रहा होगा कि वह पोप की अदालतों में अपने लिए सरपरस्त और दोस्त जुटा सका और वह फ्लेण्डर्स के गेम्ब्लाक मठ में शामिल होने पर राज़ी भी हो गया था, लेकिन मैं पक्के तौर पर कह सकता हूँ कि वह वहाँ कभी गया तक नहीं था और वह फ्रांसिस्कनों के ध्येय की हिफ़ाज़त के लिए कार्डिनल ओर्सिनी के संगठन के सदस्य के रूप में एविग्नॉन में ही बना रहा।

यह अभी हाल ही के वर्षों की बात थी (और जो अफ़वाहें मैंने सुनी थीं वे धुँधली-सी ही थीं) जब दरबार में उसका सितारा फीका हो जाने के कारण उसको एविग्नॉन छोड़ देना पड़ा, पोप को इस ढीठ आदमी को विधर्मी के रूप में स्वीकार करने के लिए मजबूर होना पड़ा था जो सारी दुनिया में एक यायावर की तरह घूमा था।** इसके बाद से, जैसा कि कहा गया था, उसका कोई अता-पता नहीं चलता था। उस शाम विलियम और मठाधीश की बातचीत से मैंने जाना कि यह व्यक्ति इस मठ में छुपा हुआ था। और अब मैं उसे अपनी नज़रों के सामने देख रहा था।

''विलियम,'' वह कह रहा था, ''तुम जानते हो, वे लोग मेरी हत्या करनेवाले ही थे। मुझे रात के सुनसान में भागना पड़ा था।''

"तुम्हें कौन मारना चाहता था? जॉन?"

"नहीं। जॉन मेरे प्रति बहुत आकर्षित कभी नहीं रहा, लेकिन उसने मेरी इज़्ज़त करना कभी नहीं छोड़ा। आख़िर वही तो था जिसने दस बरस पहले मुझे बेनेडिक्टों में शामिल होने का हुक्म देकर और इस तरह मेरे दुश्मनों का मुँह बन्द कर, मुक़दमें से बचने का रास्ता सुझाया था। वे लोग लम्बे समय तक फुसफुसाते रहे कि वे इस बात को लेकर हैरान थे कि निर्धनता की हिमायत करनेवाला एक इनसान इस क़दर सम्पन्न धर्मसंघ का सदस्य बन कर कार्डिनल ओर्सिनी के दरबार में रहे। .... विलियम तुम जानते हो कि दुनियावी चीज़ों को लेकर मेरे मन में किस क़दर तिरस्कार का भाव है! लेकिन यह एविग्नॉन में बने रहने और अपने बन्धुओं का बचाव करने का एक तरीक़ा था। पोप ओर्सिनी से डरता है, उसने मुझे कभी भी ज़रा भी नुक़सान न पहुँचाया होता। अभी तीन ही बरस पहले उसने मुझे आरागाँ के राजा के पास अपना दूत बनाकर भेजा था।"

"तब कौन था जो तुम्हारा बुरा चाहता था?"

"सारे लोग। समूचा तन्त्र। उन्होंने दो बार मेरी हत्या करने की कोशिश की। उन्होंने मेरा मुँह बन्द करने की कोशिश की। तुम जानते हो कि पाँच बरस पहले क्या हुआ। नार्बोन के बेग़ार्डों को दो बरस पहले सज़ा दी जा चुकी थी और बेरेंगर तालोनी ने, जो कि हालाँकि ख़ुद एक न्यायाधीश था, पोप के समक्ष अपील की थी। वे बहुत मुश्किल घड़ियाँ थीं। जॉन स्पिरिचुअलों के ख़िलाफ़ पहले ही दो हुक्मनामे जारी कर चुका था और माइकेल ऑव सेसेना तक उम्मीद छोड़ चुका था–हाँ, वह कब आनेवाला है?"

"वह दो दिनों के भीतर यहाँ पहुँच जाएगा।"

"माइकेल... कितने दिन हो गए उसको देखे हुए। चूँकि अब वो आ चुका है, वो जानता है कि हम क्या चाहते थे, पेरूज़िया की सभा का पक्का विश्वास था कि हम सही थे। लेकिन फिर, 1318 में ही, उसने पोप के सामने हथियार डाल दिए और प्रोवेन्स के पाँच स्पिरिचुअल उनके क़ब्ज़े में सौंप दिए जो आत्मसमर्पण के ख़िलाफ़ संघर्ष कर रहे थे। जला दिए गए, विलियम... ओह यह भयावह है!" उसने अपना चेहरा अपने हाथों में छुपा लिया।

"लेकिन तालोनी की अपील के बाद ठीक-ठीक हुआ क्या था?" विलियम ने पूछा।

"जॉन को फिर से बहस शुरू करनी पड़ी, समझे? उसे यह करना ही पड़ा, क्योंकि सभा के भीतर भी ऐसे लोग मौजूद थे जो शक की गिरफ़्त में थे, यहाँ तक कि सभा के फ्रांसिस्कन भी–पाखण्डी, पुते हुए मकबरे, दान-दक्षिणा की ख़ातिर ख़ुद को बेचने के लिए तत्पर, लेकिन फिर भी वे सन्देह की गिरफ़्त में थे। इसी का नतीजा था कि जॉन ने मुझसे निर्धनता पर एक दस्तावेज़ तैयार करने को कहा। विलियम, इस आत्मप्रशंसा के लिए ईश्वर मुझे क्षमा करे, लेकिन वह बहुत ही सुन्दर रचना थी।..."

"मैंने उसे पढ़ा है। वह मुझे माइकेल ने दिखाया था।"

"ऐसे लोग थे जिनमें अनिश्चय था, हमारे अपने लोगों में भी ऐसे लोग शामिल थे, एक़्वीटेनी का प्रान्ताधिकारी, सेन विटाले का कार्डिनल, काफा का विशप..."

"बौड़म," विलियम ने कहा।

"ईश्वर उसे शान्ति दे। वह दो बरस पहले भगवान को प्यारा हो गया।"

"भगवान इतना दयालु नहीं था। वह एक झूठी ख़बर थी जो कॉन्स्टेण्टिनोपल से आई

थी। वह अभी भी हमारे बीच मौजूद है और मुझे बताया गया है कि उसे प्रतिनिधिमण्डल का एक सदस्य बनाया जाएगा। ईश्वर हमारी रक्षा करे!''

''लेकिन वह तो पेरूज़िया की सभा के पक्ष में है,'' उबर्तिनो ने कहा।

''बिल्कुल सही है। वह मनुष्यों की उस प्रजाति से ताल्लुक रखता है जो हमेशा अपने दुश्मन के सबसे बड़े हिमायती होते हैं।''

''सच कहूँ तो,'' उबर्तिनो ने कहा, ''उस वक़्त भी वह आन्दोलन के लिए कोई ख़ास मददगार नहीं था। और उस सब का कोई नतीजा नहीं निकला, लेकिन कम से कम उस विचार को विधर्मी घोषित नहीं किया गया था और यह बात महत्त्वपूर्ण थी। और इस प्रकार दूसरों ने मुझे कभी माफ़ नहीं किया। उन्होंने मुझे हर तरह से नुक़सान पहुँचाने की कोशिश की, उन्होंने कहा कि मैं साशेनहॉसेन में था, जब लुई ने जॉन को धर्मद्रोही घोषित किया था। और तब भी वे सब जानते थे कि उस जुलाई में मैं ओर्सिनी के साथ एविग्नॉन में था।... उन्होंने पाया कि सम्राट के ऐलान के कुछ हिस्से मेरे विचारों की झलक देते थे। क्या पागलपन है।''

''एकदम पागलपन भी नहीं है,'' विलियम ने कहा, ''ये विचार उसे मैंने दिए थे, जो मैंने तुम्हारी एविग्नॉन की घोषणा से और ओल्यू के पन्नों से लिए थे।''

''तुमने?'' आश्चर्य और खुशी से उछलते हुए उबर्तिनो ने कहा। ''लेकिन तब तो तुम मुझसे सहमत कहलाए!''

विलियम कुछ शर्माये से लगे। ''उस वक़्त सम्राट के लिए वे विचार ठीक थे।'' विलियम ने टालने के अन्दाज़ में कहा।

उबर्तिनो ने उन्हें शक की निगाह से देखा। ''हाँ, लेकिन तुम उनमें वाक़ई विश्वास नहीं करते, है न?''

''मुझे ये बताओ,'' विलियम ने कहा, ''मुझे ये बताओ कि तुमने उन कुत्तों से अपनी हिफ़ाज़त कैसे की।''

''आह, विलियम, वाक़ई कुत्ते। पागल कुत्ते। जानते हो, मुझे बोनाग्रेशिया से भी उलझना पड़ा था?''

''लेकिन बोनाग्रेशिया तो हमारी तरफ़ है!''

''अब है, जब मैंने उससे लम्बी बातचीत की। तब जाकर उसका शक दूर हुआ और उसने *संघों के संस्थापकों के लिए*** नामक फ़तवे का प्रतिवाद किया। और पोप ने उसे एक साल तक बन्दी बनाकर रखा।''

''मैंने सुना है कि आजकल वह पोप की सभा के मेरे एक दोस्त विलियम ऑव ओकेम का क़रीबी है।''

''मैं उसे थोड़ा-बहुत ही जानता हूँ। मैं उसे पसन्द नहीं करता। एक ठंडा आदमी, जिसका केवल दिमाग़ है, दिल नहीं।''

''लेकिन वह दिमाग़ ख़ूबसूरत तो है।''

''शायद और वही उसको नरक में ले जाएगा।''

''तब वहाँ मैं उससे एक बार फिर मिलूँगा और हम लोग तर्क-वितर्क करेंगे।''

''हिश्, विलियम,'' उबर्तिनो ने प्रगाढ़ स्नेह से मुस्कराते हुए कहा, ''तुम अपने दार्शनिकों से बेहतर हो। अगर सिर्फ़ तुम चाहते तो...''

"क्या?"

"जब हम लोग आख़िरी बार उम्ब्रिया में मिले थे–याद है?–जब मैं अभी-अभी उस चमत्कारी औरत... क्लेयर ऑव मोण्टेफाल्को...की मध्यस्थता की वजह से अपनी बीमारी से उबरा था," उस नाम को बुदबुदाते हुए उसका चेहरा चमक रहा था, "क्लेयर...। नारी स्वभाव, जो यूँ तो कुदरती तौर पर ही बहुत भ्रष्ट होता है, लेकिन वही जब पवित्र आचरण की वजह से उदात्त स्थिति हासिल कर लेता है, तो वह अनुग्रह का सबसे उत्तम साधन बन जा सकता है। विलियम," उसने सहसा मेरे गुरुदेव का हाथ पकड़ लिया," तुम जानते हो मेरा जीवन किस घोरतम ब्रह्मचर्य से प्रेरित रहा है, तुम जानते हो कि तपस्या की किसी भीषण–हाँ यही सही शब्द है–भीषण प्यास के साथ मैंने वासना के आवेगों का अपने भीतर दमन किया है और सलीब पर टँगे हुए ईसा के प्रेम की ख़ातिर खुद को पूरी तरह से पारदर्शी बनाए रखा है।...और फिर भी मेरे जीवन में तीन औरतें मेरे लिए तीन दिव्य सन्देशवाहक बनकर आईं। ऐन्जेला ऑव फोलिग्नो, मार्ग्रेट ऑव सीटा दि केस्टेलो (जिसने मेरी पुस्तक का अन्त तभी सार्वजनिक कर दिया था जब मैंने उसका एक तिहाई हिस्सा ही लिखा था) और आख़िर में क्लेयर ऑव मोण्टेफाल्को। यह स्वर्ग से मिला हुआ एक पुरस्कार था कि इसके पहले कि होली मदर चर्च कोई कार्रवाई करती, मुझे, हाँ, मुझे उसके चमत्कारों को परखने और जनसमूह के सामने उसके सन्तत्व को साबित करने का मौक़ा मिला। और विलियम तुम वहाँ मौजूद थे और तुम उस पुण्य उद्यम में मेरी मदद कर सकते थे और तुमने यह नहीं किया–"

"लेकिन वह पुण्य उद्यम जिसमें हिस्सा बँटाने के लिए तुमने मुझे न्यौता दिया था, वह बेण्टीवेंजा, जेकोमो और जियोवेन्नुसियो को फाँसी के तख़्ते पर पहुँचा रहा था," विलियम ने नर्म लहज़े में कहा।

"वे अपनी विकृतियों से उसकी स्मृति को गँदला कर रहे थे। और तुम एक धर्म-परीक्षक थे!"

"और ठीक यही वह वक़्त था जब मैंने आग्रह किया था कि उस पद से मुझे मुक्त कर दिया जाए। मुझे वह काम पसन्द नहीं था। न ही–मैं साफ़ कहूँ–मुझे तुम्हारा वह तरीक़ा ही ठीक लगा था जिससे तुमने बेण्टीवेंजा को उसकी ग़लतियों के प्रायश्चित के लिए फुसलाया था। तुम कुछ इस तरह का दिखावा कर रहे थे कि तुम उसके पन्थ में, अगर वह कोई पन्थ था तो, शामिल होने की इच्छा रखते थे; तुमने उससे उसके रहस्य चुराए और तुमने उसे गिरफ़्तार कराया।"

"लेकिन ईसा के दुश्मनों से निबटने का यही तो रास्ता है! वे विधर्मी थे, वे ईसा के छद्‌म शिष्य थे, उनसे फ्रा डोल्सिनो के सल्फ़र की बदबू आती थी!"

"वे क्लेयर्स के दोस्त थे।"

"नहीं, विलियम, क्लेयर की स्मृति को तुम्हें लेशमात्र भी नहीं धुँधलाना चाहिए।"

"लेकिन वे उससे रिश्ता रखते थे।"

"वे माईनॉराईट थे, वे ख़ुद को स्पिरिचुअल कहते थे और वे उस समुदाय के भिक्षु थे! लेकिन तुम जानते हो कि मुक़दमें से यह बात एकदम साफ़ हो गई थी कि बेण्टीवेंजा ऑव गुब्बियो ने ख़ुद को ईसा का एक पट्टशिष्य घोषित किया हुआ था और इसके बाद भी उसने और जियोवेन्नुसियो ऑव बेवाग्ना ने ननों को फुसलाया था, उनसे यह कहते हुए कि

नर्क का कोई वुजूद नहीं है, कि शारीरिक वासनाओं की तृप्ति में ईश्वर की कोई अवमानना नहीं है, कि एक नन के साथ सोने के बाद भी ईसा (हे ईश्वर मुझे क्षमा करना) के शरीर की प्राप्ति सम्भव है, कि ईश्वर की नज़र में वर्जिन एग्नीस की बजाय मेग्डालेन को ज़्यादा अनुग्रह प्राप्त हुआ था, कि जिसे साधारण जन शैतान के नाम से पुकारते हैं, वह कोई और नहीं बल्कि ईश्वर ही है, क्योंकि शैतान ज्ञान है और ईश्वर अपनी परिभाषा से ही ज्ञानरूप है! और यह महाभागा क्लेयर ही थी, जिसको इन बातों को सुनने के बाद वह दिव्य दर्शन हुआ था जिसमें स्वयं ईश्वर ने उससे कहा था कि वे लोग *स्वाधीनता की चेतना*** के भ्रष्ट अनुयायी थे!''

''वे उन माईनॉराईटों में शामिल थे जिनके दिमाग़ उसी दिव्यदर्शन से रोशन थे जिससे क्लेयर का दिमाग़ था और एक आह्लादकारी दिव्यदर्शन तथा एक पापपूर्ण उन्माद के बीच की दूरी अक्सर बहुत कम होती है,'' विलियम ने कहा।

उबर्तिनो ने अपने हाथ मले और एक बार फिर उसकी आँखें छलक आईं। ''ऐसा मत कहो, विलियम। तुम लोबान की महक़ से आँतों को जला देनेवाले आह्लादकारी प्रेम और सल्फ़र की बदबू मारते इन्द्रियों के विकार को एक-दूसरे से गड्डमड्ड कैसे कर सकते हो? बेण्टीवेंजा ने दूसरों को शरीर के नंगे अंगों को छूने के लिए उकसाया था; उसने ऐलान किया था कि यह इन्द्रियों के नियन्त्रण से छुटकारा पाने का एकमात्र उपाय था, एक नंगा आदमी एक नंगी औरत के साथ लेट जाता है,** 'वे एक साथ नंगे लेट जाते हैं, मर्द और औरत...'।''

''लेकिन उन्होंने एक-दूसरे के साथ संभोग नहीं किया** वहाँ कोई संसर्ग नहीं था।''

''झूठ! वे आनन्द की तलाश में थे और वह उन्हें मिला। अगर शारीरिक उत्तेजना मिलती थी और अगर उसकी तृप्ति के लिए मर्द और औरत साथ सोते थे और एक-दूसरे के अंगों को छूते थे और चूमते थे और नंगी कमर नंगी कमर से चिपकती थी, तो वे लोग इसे पाप नहीं मानते थे!''

मैं स्वीकार करूँ कि उबर्तिनो ने दूसरों के पापपूर्ण आचरण की जिस तरह निन्दा की थी उसने मुझमें किसी तरह के सदाचार के भाव नहीं जगाए। मेरे गुरुदेव ने निश्चय ही मेरी बेचैनी को महसूस किया होगा, इसीलिए उन्होंने इस सन्त पुरुष को बीच में टोक दिया।

''उबर्तिनो, तुम एक जोशीली भावनावाले व्यक्ति हो, वह जोश दोनों ही बातों में है–ईश्वर के प्रति प्रेम में भी और पाप के प्रति घृणा में भी। मेरे कहने का तात्पर्य यह है कि फ़रिश्तों के जोश में और लूसिफर के जोश में हल्का-सा ही फ़र्क़ होता है, क्योंकि वे हमेशा ही संकल्प-शक्ति की चरम उत्तेजना के क्षण में पैदा हुए होते हैं।''

''आह, फ़र्क़ है और यह बात मैं जानता हूँ!'' उबर्तिनो ने उत्प्रेरित होकर कहा। ''तुम्हारे कहने का मतलब यह है कि शुभ की आकांक्षा और अशुभ की आकांक्षा के बीच मामूली दूरी होती है, क्योंकि यह हमेशा ही इच्छाशक्ति को दिशा देने का मामला होता है। यह सच है। लेकिन यह फ़र्क़ उद्देश्य में निहित है और उद्देश्य को स्पष्ट तौर पर पहचाना जा सकता है। इस तरफ़ ईश्वर है और उस तरफ़ शैतान है।''

''और मुझे भय है, उबर्तिनो, कि यह मैं नहीं जानता कि इनमें भेद कैसे किया जाए। क्या यह तुम्हारी फोलिग्नो ऐंजेला ही नहीं थी जिसने उस दिन का वृत्तान्त सुनाया था जब

उसकी आत्मा प्रवाहित हुई थी और उसने ख़ुद को ईसामसीह की क़ब्र में पाया था? क्या यह उसी ने नहीं बताया था कि किस तरह उसने पहले उनकी छाती को चूमा था और पाया था कि वे आँखें बन्द किए हुए थे, फिर उसने उनके मुँह को चूमा था और उनके होंठों से एक अनिर्वचनीय मिठास उत्पन्न हुई थी और थोड़ी देर के अन्तराल के बाद उसने अपने गाल ईसामसीह के गालों से सटा लिए थे और ईसामसीह ने अपने हाथ उसके गाल पर रख दिए थे उसे अपने आलिंगन में कस लिया था और–जैसा कि उसने बताया था–उसका आनन्द अलौकिक हो गया था?...''

''ऐन्द्रिक आवेग से इसका क्या ताल्लुक है?'' उबर्तिनों ने पूछा। ''वह तो एक रहस्यात्मक अनुभव था और शरीर भी हमारे प्रभु का था।''

''शायद मैं ऑक्सफ़ोर्ड का अभ्यस्त हूँ,'' विलियम ने कहा, ''जहाँ रहस्यात्मक अनुभव भी एक अलग क़िस्म का...।''

''सब कुछ दिमाग़ी।'' उबर्तिनो मुस्कराया।

''या प्रत्यक्ष। प्रकाश के रूप में ईश्वर की अनुभूति, सूरज की किरणों में, दर्पण के बिम्बों में, किसी सुडौल पदार्थ पर रंगों के विकीरण में, भीगी पत्तियों पर दिन की रोशनी के परावर्तन में...। क्या यह प्रेम फ्रांसिस के उस प्रेम के क़रीब नहीं है, जब वे ईश्वर की सृष्टि में, उसके रचे हुए प्राणियों में, फूलों में, घास, पानी और हवा में ईश्वर की स्तुति करते हैं? मैं नहीं सोचता कि इस तरह का प्रेम कोई मोहपाश पैदा कर सकता है। जबकि मुझे उस तरह के प्रेम को लेकर सन्देह होता है जो ईश्वर के साथ संवाद को शारीरिक संसर्ग के दौरान महसूस होनेवाली कँपकपी में बदल देता है...।''

''धर्मद्रोही, विलियम! यह एक ही चीज़ नहीं है। सलीब पर चढ़ाए गए ईसा के प्रति हार्दिक प्रेम से उत्पन्न महान आह्लाद और मोण्टेफाल्को के छद्म पैग़म्बरों के अधम, भ्रष्ट आह्लाद के बीच एक विराट खाई है...।''

''वे छद्म अनुयायी नहीं थे, वे स्वाधीन चेतना के सहचर थे; यह बात तुमने ख़ुद ही कही है।''

''फ़र्क़ क्या है? तुमने उस मुक़दमें के बारे में सारी बातें नहीं सुनी हैं, ख़ुद मैं कुछ प्रायश्चितों को दर्ज़ करने का साहस नहीं कर सका, क्योंकि मैं, क्षण-भर के लिए ही सही, उस स्थान पर क्लेयर द्वारा तैयार किए गए पवित्र वातावरण पर शैतान की छाया नहीं पड़ने देना चाहता था। लेकिन विलियम, कुछ ख़ास बातें, कुछ ख़ास बातें मुझे पता चली थीं! रात में वे एक तहख़ाने में इकट्ठे हुए, उन्होंने एक नवजात बच्चे को उठाया, वे उसे एक-दूसरे की ओर तब तक उछालते रहे जब तक कि वह चोटें खा-खा कर, या जिस किसी भी कारण से मर नहीं गया...। और जिसने उसे आख़िरी बार ज़िन्दा पकड़ा था और उसके मरने पर उसे थामा था, वह उस पन्थ का नेता बन गया...। और बच्चे की लाश को टुकड़े-टुकड़े करके उसे आटे के साथ गूँथा गया ताकि उससे धर्मभ्रष्ट रोटियाँ पकायी जा सकें।!''

''उबर्तिनो,'' विलियम ने दृढ़तापूर्वक कहा, ''ये बातें सदियों पहले आर्मेनियाई बिशपों द्वारा पॉलीसियनों के पन्थ के बारे में कही गई थीं। और बोगोमिलों के बारे में।''

''उससे क्या फ़र्क़ पड़ता है? शैतान अड़ियल है, अपनी जालसाज़ियों में और अपने प्रलोभनों में वह एक पैटर्न का अनुसरण करता है, वह हज़ार बरस के अन्तराल से अपने

अनुष्ठानों को दोहराता है, वह हमेशा वही होता है, यही वजह है कि उसको दुश्मन के रूप में देखा जाता है! मैं सौगन्ध खाकर कहता हूँ : उन्होंने ईस्टर की रात में मोमबत्तियाँ जलाईं और कुँवारी स्त्रियों को तहख़ाने में ले गए। फिर उन्होंने मोमबत्तियों को बुझाया और उन कुँवारी स्त्रियों पर टूट पड़े, इस बात की परवाह किए बग़ैर कि उनके साथ उनका कोई ख़ून का रिश्ता भी हो सकता था। और अगर उनके इस संयोग से किसी बच्चे का जन्म हो जाता तो फिर वही नारकीय अनुष्ठान दोहराया जाता, वे सब मदिरा के एक छोटे से कलश, जिसे वे पीपा कहते थे, के चारों ओर इकट्ठे हो जाते थे और जब वे नशे में धुत्त हो जाते तो बच्चे के टुकड़े-टुकड़े कर देते थे और उसके ख़ून को चषक में भर लेते थे और वे ज़िन्दा बच्चों को आग में झोंक देते थे और वे बच्चे की अस्थियों और ख़ून को मिला लेते थे और पी जाते थे!''

''लेकिन माइकल सेलॅस ने ये बातें शैतानों की गतिविधियों के बारे में अपनी पुस्तक में सैकड़ों साल पहले लिखी थीं! तुम्हें ये बातें किसने बताईं?''

''लोगों ने बताया। बेण्टीवेंजा ने और दूसरों ने और उन लोगों ने जिन्होंने ये यातनाएँ भोगी हैं!''

''केवल एक ही चीज़ है जो प्राणियों को आनन्द के मुक़ाबले कहीं ज़्यादा उत्तेजित करती है और वह है पीड़ा। यातना से गुज़रते हुए आप उन वनस्पतियों के वशीभूत होने की-सी दशा में होते हैं जिनके सेवन से अजीबो-ग़रीब नज़ारे दिखाई देने लगते हैं। आपके द्वारा सुनी गई वह हर बात जो आप से कही गई होती है, वह हर चीज़ तो आपने पढ़ी होती है, आपके दिमाग़ में लौटती है, कुछ इस तरह मानो आपको स्वर्ग की ओर नहीं, बल्कि नर्क की ओर ले जाया जा रहा हो। यातना से गुज़रते हुए आप न सिर्फ़ वह कहते हैं जो धर्मपरीक्षक आपसे जानना चाहता है, बल्कि वे बातें भी कहते हैं जो आपको लगता है कि धर्मपरीक्षक को खुश करेंगी, क्योंकि आपके और उसके बीच एक समझौता (वाक़ई एक शैतानी समझौता) हो चुका होता है...। ये बातें मुझे मालूम हैं, उबर्तिनो; मेरा ताल्लुक उन लोगों के समूहों से भी रहा है जिनका विश्वास है कि वे दहकते हुए फौलाद के बल पर सच्चाई को पैदा कर सकते हैं। बहरहाल, मैं तुम्हें बता दूँ कि सत्य का तेज एक अलग ही आग से पैदा होता है। यह बिल्कुल सम्भव है कि बेण्टीवेंजा ने यातना के क्षणों में निहायत ही अनर्गल झूठ बोले हों, क्योंकि उन क्षणों में वह ख़ुद नहीं बोल रहा था, बल्कि उसकी वासना बोल रही थी, उसकी आत्मा में बैठे हुए शैतान।''

''वासना?''

''हाँ, पीड़ा की भी एक वासना होती है, जैसे कि श्रद्धा की वासना होती है, यहाँ तक कि विनय की भी एक वासना होती है। अगर विद्रोही फ़रिश्तों को अपने जोश को भक्ति और विनय से दूर हटाकर उनको अहंकार और विद्रोह की दिशा में मोड़ देने में कोई ख़ास मुश्किल नहीं होती तो एक इनसान से हम क्या उम्मीद कर सकते हैं? अब तुम समझे कि बात क्या है : यही वह विचार था जो मेरे धर्मपरीक्षणों के दौरान मेरे मन में पैदा हुआ था। और यही वजह थी कि मैंने वह काम तज दिया। मुझमें किसी दुष्ट व्यक्ति की कमज़ोरियों को जाँचने के साहस की कमी थी, क्योंकि मैंने यह अनुभव किया था कि वे पुण्यात्मा लोगों की कमज़ोरियों से अलग नहीं थीं।''

उबर्तिनो ने विलियम के आख़िरी शब्द कुछ इस तरह सुने मानो वे उसकी समझ में न आ रहे हों। स्नेहपूर्ण सहानुभूति से भर उठे बुज़ुर्ग के चेहरे के भाव से मैं समझ गया कि वह विलियम को दोषपूर्ण भावनाओं का शिकार मान रहा था, जिन्हें उसने इसलिए माफ़ कर दिया था कि वह मेरे गुरु को बेहद प्रेम करता था। उबर्तिनो ने उन्हें बीच में ही रोकते हुए बहुत ही कड़ुवे स्वर में कहा, ''कोई फ़र्क़ नहीं पड़ता। अगर तुम्हें ऐसा लगा था तो तुमने वह काम बन्द करके ठीक ही किया। प्रलोभनों से लड़ना ही चाहिए। फिर भी तुम्हारे समर्थन की कमी मुझे खली थी; अगर वह होता तो हमने उस मण्डली को तितर-बितर कर दिया होता। और इसके बदले, तुम जानते हो कि क्या हुआ, मुझ पर इल्ज़ाम लगाया गया कि मैं उनके प्रति कमज़ोर पड़ रहा हूँ और मुझ पर विधर्मी होने का शक किया गया। दुष्टता से लड़ने के मामले में तुम भी कमज़ोर पड़ गए। दुष्टता, विलियम! क्या इस बुराई का अन्त कभी नहीं होगा, इस मरीचिका का, इस दलदल का अन्त, जो हमें पवित्र उद्‌गम तक पहुँचने से रोकता है?'' वह विलियम के और भी क़रीब सरक आया, मानो उसको भय हो कि कोई उनकी बातें सुन लेगा।

''यहाँ भी, पूजा-अर्चना के लिए पवित्र की गई इन चहारदीवारियों के भीतर भी, तुम जानते हो क्या हो रहा है?''

''मुझे मालूम है। मठाधीश ने मुझे बताया है; बल्कि उन्होंने इस रहस्य पर रोशनी डालने के लिए मुझसे मदद का आग्रह भी किया है।''

''तब निरीक्षण करो, पड़ताल करो, एक बनबिलाव की आँख से दोनों तरफ़ देखो : वासना की ओर भी और अहंकार की ओर भी।...''

''वासना?''

''हाँ, वासना। वह युवक जो मरा है, उसमें कोई बात थी ... स्त्रैण और इसीलिए शैतानी। उसके पास एक दुःस्वप्न के साथ संसर्ग की चाहना करती किसी कुँवारी कन्या जैसी आँखें थीं। लेकिन मैंने 'अहंकार' की बात भी कही है, बुद्धि का अहंकार, इस मठ में, जो शब्द के अहंकार के प्रति, प्रज्ञा के भ्रम के प्रति समर्पित है।''

''अगर तुम्हें कोई जानकारी है, तो मेरी मदद करो।''

''मैं कुछ नहीं जानता। ऐसा कुछ भी नहीं है जो मैं *जानता* हूँ। लेकिन कुछ चीज़ें होती हैं जिनको हृदय महसूस कर लेता है। अपने हृदय को बोलने दो, चेहरों को शक की निगाह से देखो, ज़ुबानें क्या कहती हैं उसको मत सुनो।...लेकिन छोड़ो भी, हम इन दुखद चीज़ों के बारे में बातें करके अपने इस नौजवान दोस्त को क्यों डरा रहे हैं?'' उसने अपनी धुँधली नीली आँखों से मुझे देखते हुए अपनी लम्बी सफ़ेद अँगुलियों से मेरे गाल को छुआ और मैं सहज भाव से लगभग पीछे हट गया; मैंने ख़ुद को क़ाबू किया और ठीक ही किया, नहीं तो मैंने उसको ठेस पहुँचा दी होती, क्योंकि उसका ध्येय पवित्र था। ''बेहतर है कि तुम अपने बारे में बताओ,'' उसने एक बार फिर विलियम की ओर मुड़ते हुए कहा। ''उसके बाद तुम क्या करते रहे? तबसे–''

''अठारह साल गुज़र गए। मैं अपने देश वापस चला गया था। मैंने ऑक्सफ़ोर्ड में फिर से अपनी पढ़ाई शुरू की। मैंने प्रकृति का अध्ययन किया।''

''प्रकृति भली है क्योंकि वह ईश्वर की बेटी है।'' उबर्तिनो ने कहा।

"और ईश्वर निश्चय ही इसलिए भला है क्योंकि उसने प्रकृति को जन्म दिया।" विलियम ने मुस्कराते हुए कहा। "मैंने पढ़ाई की, कुछ बहुत ही प्रबुद्ध दोस्तों से मेरी मुलाक़ात हुई। इसके बाद मुझे मार्सिलियस को जानने का मौक़ा मिला, साम्राज्य के बारे में, समाज के बारे में, पृथ्वी के राज्यों के लिए एक नए नियम के बारे में उसके विचारों से मैं आकृष्ट हुआ और इस प्रकार अन्ततः मैं अपने उन बन्धुओं के समूह में शामिल हुआ जो सम्राट के सलाहकार हैं। लेकिन ये बातें तुम्हें पता हैं : मैंने तुम्हें लिखा था। मैं बोबियो में खुशी से भर उठा जब मुझे बताया गया कि तुम यहाँ हो। हम तो मान बैठे थे कि तुम खो चुके हो। लेकिन अब जबकि तुम हमारे साथ हो, कुछ ही दिनों बाद जब माइकल भी यहाँ होगा, तुम बहुत मददगार साबित होगे। बेरेंगर तोलोनी के साथ टकराव तीखा होगा। मुझे पूरा विश्वास है कि हमारा कुछ तो मनोरंजन होगा।"

उबर्तिनो ने क्षणिक मुस्कराहट के साथ उनकी ओर देखा। "मैं कभी नहीं समझ सकता कि तुम प्रबुद्ध लोग कब गम्भीरतापूर्वक बात कर रहे होते हो। इस क़दर गम्भीर मसले में मनोरंजन जैसी कोई चीज़ नहीं है। जो चीज़ दाँव पर है वह है धर्मसंघ का बचा रहना, जो कि तुम्हारा धर्मसंघ है और सच्चे दिल से कहूँ तो वह मेरा भी है। लेकिन मैं माइकल से विनती करूँगा कि वह एविग्नॉन न जाए। जॉन को उसकी ज़रूरत है, वह उसे तलाशता रहता है और बहुत आग्रहपूर्वक आमन्त्रित करता रहता है। उस बूढ़े फ्रांसीसी पर भरोसा मत करो! हे ईश्वर, किस तरह के लोगों के हाथों में तेरी चर्च जा पड़ी है!" उसने अपना सिर आल्टर की ओर मोड़ लिया। "वह एक वेश्या में रूपान्तरित होकर, भोग-विलास से कमज़ोर होकर, कामातुर नागिन की भाँति वासना में लिथड़ रही है! जैसे लकड़ी से बने सलीब के जीवन-वृक्ष** की ही तरह लकड़ी से निर्मित बेथलहेम के अस्तबल की नग्न शुद्धता से लेकर स्वर्ण और रत्नों के मद्यपानोत्सव तक! देखो, यहाँ देखो : तुमने प्रवेशद्वार को देखा है! बुतों के अहंकार से कोई निस्तार नहीं है! एण्टीक्राइस्ट के दिन अन्ततः अब बहुत क़रीब हैं और मुझे डर लग रहा है, विलियम!" उसने गर्दन मोड़ते हुए आँखें फाड़कर नेवों की ओर देखा, मानों एण्टीक्राइस्ट किसी भी क्षण नमूदार हो सकता हो और मुझे वाक़ई लगा कि मुझे उसकी झलक दिखाई देगी। "उसके लेफ्टिनेण्ट पहले से ही यहाँ हैं, उसी तरह भेजे गए जिस तरह ईसा ने अपने शिष्यों को संसार में भेजा था! वे ईश्वर के नगर को रौंद रहे हैं, छल-कपट, पाखण्ड और हिंसा से उसे लुभा रहे हैं। तब यही होगा कि ईश्वर को एक दिन अपने उन सेवकों, इलियाह और इनॉक, को भेजना होगा, जिनको उसने लौकिक स्वर्ग में जीवित रखा है ताकि वे एक दिन एण्टीक्राइस्ट को हतप्रभ कर सकें और वे टाट ओढ़े हुए उस भविष्यवाणी को साबित करेंगे और वे शब्द के माध्यम से तथा दृष्टान्त देकर तपश्चर्या का उपदेश करेंगे... ।"

"वे पहले ही आ चुके हैं, उबर्तिनो," अपने फ्रांसिस्कन स्वभाव का संकेत देते हुए विलियम ने कहा।

"लेकिन अभी उनकी जीत नहीं हुई है; यह वह क्षण है जब रोष से भरा हुआ एण्टीक्राइस्ट इनॉक और इलियाह के वध का और उनके मृत शरीरों के प्रदर्शन का आदेश देगा ताकि सब लोग उन्हें देख सकें और उनका अनुसरण करने से खौफ़ खाएँ। ठीक उसी तरह जिस तरह वे मेरी हत्या करना चाहते थे... ।"

मैं, जो आतंक में डूबा हुआ था, उस क्षण मुझे लगा कि उबर्तिनो एक क़िस्म के धार्मिक उन्माद की गिरफ़्त में था और मैं उसके तर्क से घबरा गया था। आज, समय की इस दूरी से, जबकि मैं यह जानता हूँ कि दो साल बाद एक जर्मन शहर में किसी अज्ञात हत्यारे के द्वारा उसकी रहस्यमय ढंग से हत्या कर दी गई थी, मैं तब के मुक़ाबले कहीं ज़्यादा भयभीत हूँ, क्योंकि स्पष्ट ही उस शाम उबर्तिनो भविष्यवाणी कर रहा था।

''मठाधीश जोएशिम ने सच कहा था। हम मानव इतिहास के छठवें युग में पहुँच गए हैं, जब दो एण्टीक्राइस्ट प्रगट होंगे, रहस्यमय एण्टीक्राइस्ट और वास्तविक एण्टीक्राइस्ट। इस समय, छठवें युग में, सलीब पर टँगे ईसा के पाँच घावों को ख़ुद अपनी देह पर झेलनेवाले फ्रांसिस के आविर्भाव के बाद, यही हो रहा है। बोनीफेस रहस्यमय एण्टीक्राइस्ट था और सेलेस्टाइन का पद त्यागना विधिसम्मत नहीं था। बोनीफेस उस पशु के समान है जो समुद्र से पैदा होता है और जिसके सात सिर घातक पापों को और दस सींग ईश्वरीय आदेशों के तिरस्कार को प्रतिबिम्बित करते हैं और जिन कार्डिनलों ने उसे घेर रखा था वे टिड्डियाँ थे, उसका शरीर अपोलियॅन है! लेकिन इस पशु का अंक, अगर तुम उसके नाम को ग्रीक अक्षरों में पढ़ो तो, *Benedicti* है!'' उसने मेरी ओर देखा कि मैं उसकी बात को समझा हूँ या नहीं और उसने मुझे सतर्क करते हुए अँगुली उठाई : ''बेनेडिक्ट XI वास्तविक एण्टीक्राइस्ट था, वह पशु जो पृथ्वी से उत्पन्न हुआ था! ईश्वर ने ही दुराचार और अधर्म के इस दैत्य को अपने गिरजाघर पर शासन करने की छूट दी थी ताकि उसके उत्तराधिकारी के सद्गुणों का प्रताप चारों ओर फैल जाए।''

''लेकिन, फ़ादर'', अपना साहस बटोरते हुए, क्षीण स्वर में मैंने जवाब दिया, ''उनके उत्तराधिकारी तो जॉन हैं!''

उबर्तिनो मानो किसी दुखदायी सपने को झटक देने के लिए अपना हाथ अपने माथे की ओर ले गया। उसे साँस लेने में कठिनाई हो रही थी; वह थका हुआ था। ''सच है, गणनाएँ ग़लत थीं, हमें अभी भी दिव्य पोप का इन्तज़ार है। ... लेकिन इस बीच फ्रांसिस और डॉमिनिक प्रगट हो चुके हैं।'' उसने आकाश की ओर अपनी निगाहें उठायीं और बोला, मानो प्रार्थना कर रहा हो (लेकिन मुझे पक्के तौर पर पता था कि वह जीवन-वृक्ष के बारे में अपनी पुस्तक के एक पृष्ठ को उद्धरित कर रहा था) : ''उनमें से पहला, दिव्यतम कोयले से पवित्रीकृत और स्वर्गीय आवेश से उद्दीप्त, समूची सृष्टि को आग में झोंक देने के लिए प्रगट हुआ। दूसरा, भविष्यवाणी के सच्चे शब्द से भरा हुआ, सृष्टि के अन्धकार से ऊपर चमक उठा...।** हाँ, यही आश्वासन थे : दिव्य पोप को आना ही होगा।''

''और ऐसा ही हो, उबर्तिनो,'' विलियम ने कहा। ''तब तक मानव सम्राट को पदच्युत होने से रोकने के लिए मैं यहाँ हूँ। तुम्हारे दिव्य पोप को भी फ्रा डोल्सिनो ने उपदेश किए थे।...''

''उस साँप का नाम दोबारा मत लेना!'' उबर्तिनो चिल्लाया और मैंने पहली बार उसके दर्द को गुस्से में बदलते देखा। ''उसने जोएशिम ऑव सेलाब्रिया की वाणी को दूषित किया है और उसको मृत्यु और गन्दगी के कारणों में बदला है! अगर एण्टीक्राइस्ट का कोई दूत है तो वही है! लेकिन तुम, विलियम, इसलिए इस तरह बोल रहे हो क्योंकि तुम एण्टीक्राइस्ट के आगमन पर विश्वास नहीं करते और ऑक्सफ़ोर्ड के तुम्हारे अध्यापकों ने तुम्हारे हृदय की भविष्यदर्शी क्षमताओं को सुखाकर तुम्हें तर्क-बुद्धि की पूजा करना सिखा दिया है!''

"तुम ग़लत कह रहे हो उबर्तिनो," विलियम ने बहुत संजीदगी के साथ जवाब दिया। "तुम जानते हो कि अपने अध्यापकों में जितना आदर मैं रॉजर बेकन का करता हूँ उतना किसी और का नहीं करता।..."

"जो उड़नेवाली मशीनों के बारे में प्रलाप किया करता था," उबर्तिनो कड़वाहट के साथ बुदबुदाया।

"जिसने स्पष्ट और ठंडे तरीक़े से एण्टीक्राइस्ट की बात की और जो दुनिया के भ्रष्ट होने तथा विद्या के पतन की सम्भावनाओं के प्रति सजग था। फिर भी, उसकी यह सीख थी कि उसके आगमन के ख़िलाफ़ तैयारी का एक ही तरीक़ा है : प्रकृति के रहस्यों का अध्ययन करो, मानव प्रजाति की बेहतरी के लिए ज्ञान का उपयोग करो। हम जड़ी-बूटियों के रोगनाशक गुणों और रत्नों के स्वभाव का अध्ययन करके, बल्कि जिन उड़नेवाली मशीनों के नाम से तुम्हें हँसी आती है उनकी योजना करके, एण्टीक्राइस्ट से लड़ने की तैयारी कर सकते हैं।"

"तुम्हारे बेकन का एण्टीक्राइस्ट बौद्धिक अहंकार के पोषण के लिए एक बहाना-भर था।"

"एक पवित्र बहाना।"

"कोई भी बहाना पवित्र नहीं हो सकता। विलियम, तुम जानते हो कि मैं तुम्हें प्यार करता हूँ। तुम जानते हो कि तुममें मेरा गहरा विश्वास है। अपनी बुद्धि का दमन करो, ईश्वर के ज़ख्मों पर रोना सीखो, अपनी पुस्तकों को फेंक दो।"

"मैं सिर्फ़ तुम्हारी पुस्तकों के प्रति खुद को समर्पित करूँगा।" विलियम मुस्कराए।

उबर्तिनो भी मुस्कराया और विलियम की ओर धमकी भरी उँगली उठाई। "बेवक़ूफ़ अंग्रेज़। अपने साथियों पर ज़्यादा मत हँस। जिनसे तू प्रेम नहीं कर सकता उनसे तुझे डरना चाहिए। और इस मठ में खुद को लेकर सतर्क रहना। मुझे यह जगह पसन्द नहीं है।"

"दरअसल मै इसे और भी बेहतर ढंग से जानना चाहता हूँ," विलियम ने विदा लेते हुए कहा। "चलो, एड्सो।"

"मैं तुम से कह रहा हूँ कि यह ठीक नहीं है और तुम जवाब दे रहे हो कि तुम इसे बेहतर ढंग से जानना चाहते हो। आह!" उबर्तिनो ने सिर हिलाते हुए कहा।

"वैसे," विलियम, जो पहले ही नेव की तरफ़ बढ़ चुके थे, बोले, "वो संन्यासी कौन है जो देखने में जानवर जैसा लगता है और जो *बावेल* की भाषा बोलता है?"

"सल्वाटोर?" उबर्तिनो, जो इस बीच घुटनों पर झुक चुका था, मुड़ा, "मैं समझता हूँ कि वह इस मठ के लिए मेरी भेंट है... भण्डारी के साथ-साथ। जब मैंने फ्रांसिस्कन चोले को त्याग दिया तब मैं कुछ समय के लिए कासाले की अपनी पुरानी कॉन्वेण्ट में लौटा और वहाँ पर मैंने दूसरे संन्यासियों को मुश्किल में पाया, क्योंकि मठवासियों का उन पर आरोप था कि वे मेरे पन्थ से ताल्लुक रखनेवाले स्पिरिचुअल थे। मैंने कोशिश करके उनके लिए इस बात की इजाज़त हासिल की कि उन्हें मेरे आदर्श का अनुकरण करने दिया जाए। और जब मैं यहाँ आया तो उनमें से दो लोगों, सल्वाटोर और रेमीजियो, को मैंने यहाँ पाया। सल्वाटोर... वह वाक़ई जानवर जैसा दिखता है। लेकिन वह दूसरों की मदद के लिए तत्पर रहता है।"

विलियम क्षण-भर को हिचकिचाए। "मैंने उसे "पश्चाताप करो" कहते सुना था।"

उबर्तिनो चुप था। उसने हाथ झटका, मानो किसी परेशान करनेवाले विचार को परे धकेलना चाह रहा हो। "नहीं, मुझे इस पर विश्वास नहीं है। तुम तो जानते हो कि धर्मसंघ के ये सहायक लोग किस तरह के होते हैं। गँवई लोग, जिन्होंने शायद किसी खानाबदोश उपदेशक को सुना होता है और जो नहीं जानते कि कि वे क्या कह रहे हैं। सल्वाटोर को लेकर मेरी शिकायतें कुछ दूसरी हैं : वह एक लालची पशु है और वासना से भरा हुआ है। लेकिन वह परम्परानिष्ठता के ज़रा भी, ज़रा भी ख़िलाफ़ नहीं है। नहीं, मठ की बीमारी कुछ और ही है : इसकी खोज उन लोगों के बीच जाकर करो जो बहुत ज़्यादा जानते हैं, उनके बीच नहीं जो कुछ नहीं जानते। एक शब्द पर सन्देह का दुर्ग मत खड़ा करो।"

"मैं ऐसा कभी नहीं करूँगा," विलियम ने जवाब दिया। "इसी चीज़ से बचने के लिए तो मैंने धर्मपरीक्षक का काम छोड़ा था। लेकिन शब्दों को भी सुनने में मेरी दिलचस्पी होती है और फिर मैं उनके बारे में सोचता हूँ।"

"तुम बहुत ज़्यादा सोचते हो। बच्चे," उसने मुझे सम्बोधित करते हुए कहा, "अपने गुरु से बुरे आदर्श बहुत ज़्यादा मत सीखना। जिस एकमात्र चीज़ का मनन किया जाना ज़रूरी है—और इसका अहसास मुझे अपने जीवन के अन्त पर हुआ है—वह चीज़ है मृत्यु। मृत्यु यायावर का विश्राम है—उसकी सारी तकलीफ़ों का अन्त**। अब मुझे प्रार्थना करने दो।"

उत्तराह्निका के आस-पास

जिसमें औषधिविद् सेवेरिनॅस के साथ विलियम का पाण्डित्यपूर्ण संवाद होता है।

हम एक बार फिर मध्यवर्ती नेव से होते हुए उसी दरवाज़े से बाहर आ गए जिससे अन्दर गए थे। मैं अभी भी उबर्तिनो के उन तमाम शब्दों को सुन सकता था जो मेरे दिमाग़ में गूँज रहे थे।

"यह आदमी...एकदम अलग है," मैंने साहस जुटाकर विलियम से कहा।

"वह कई अर्थों में महान आदमी है, या कि रहा है। लेकिन ठीक इसी वजह से वह बिल्कुल अलग भी है। केवल क्षुद्र लोग ही सामान्य प्रतीत होते हैं। उबर्तिनो उन विधर्मियों में से एक भी हो सकता था जिन्हें जलाए जाने में उसने मदद की, या कि पवित्र रोमन चर्च का एक कार्डिनल भी हो सकता था। वह दोनों ही विकृतियों के बहुत क़रीब रहा है। जब मैं उबर्तिनो से बात करता हूँ तो मुझे लगता है नर्क ही दूसरे पहलू से देखा गया स्वर्ग है।"

मुझे उनका अभिप्राय समझ में नहीं आया। "किस पहलू से?" मैंने पूछा।

"आह, सच कहते हो," विलियम ने समस्या को स्वीकार किया। "मसला यह जानने का है कि पहलू हैं या नहीं और यह कि कोई समग्र है या नहीं। लेकिन मेरी बात पर ध्यान मत दो। और दरवाज़े की ओर देखना बन्द करो," उन्होंने मुझे हल्की-सी चपत लगाते हुए कहा, क्योंकि मैं मुड़कर फिर उन्हीं शिल्पों की ओर देख रहा था जिनको मैंने प्रवेश करते हुए देखा था। "वे तुम्हें आज काफ़ी डरा चुके हैं। वे सब।"

मैं जैसे ही बाहर की ओर खुलनेवाले दरवाज़े की ओर मुड़ा, मैंने अपने सामने एक और संन्यासी को पाया। वह विलियम की उम्र का रहा होगा। उसने मुस्कराकर सौहार्द्रपूर्वक हमें नमस्कार किया। उसने बताया कि वह सेवेरिनॅस ऑव सांक्त वेण्डेल है और औषधियों का काम देखता है, स्नानागार, औषधालय तथा उद्यानों का प्रभारी है और अगर हम मठ के परिसर के रास्तों के बारे में बेहतर ढंग से जानना चाहें तो वह हमारी सेवा में हाज़िर है।

विलियम ने उसे धन्यवाद दिया और बोले कि वे जब मठ में प्रवेश कर रहे थे तभी उन्होंने यहाँ के उस अत्यन्त सुन्दर वनस्पति-उद्यान के बारे में टिप्पणी की थी, जिसे देखकर उन्हें लगा था कि वहाँ न केवल खाद्य वनस्पतियाँ उगायी जाती होंगी, बल्कि औषधि के काम में आनेवाली वनस्पतियाँ भी उगायी जाती होंगी; फ़िलहाल चूँकि बर्फ़ है इसलिए वे इतना ही कह सकते थे।

''यह उद्यान विधाता की सबसे बेहतर स्तुति तो गर्मी में या वसन्त में करता है जब इसमें क़िस्म-क़िस्म के पौधे आते हैं और सब के सब फूलों से लदे होते हैं,'' किंचित सफ़ाई-सी देते हुए सेवेरिनॅस ने कहा। ''लेकिन अभी भी, इन जाड़ों में भी, इस वैद्य की निगाहें सूखी डालियों के पार उन पौधों को देखती हैं जो आनेवाले हैं और वह कह सकता है कि यह उद्यान किसी भी औषधि-उद्यान के मुक़ाबले ज़्यादा समृद्ध और बहुरंगी है, उतना ही सुन्दर जितना कि ग्रन्थों में चित्रित है। इसके अलावा, जाड़ों में भी अच्छी औषधियाँ उगती हैं और मैं इनके अलावा दूसरी औषधियों को भी इकट्ठा कर अपनी प्रयोगशाला में गमलों में सुरक्षित करके रखता हूँ। और इस तरह मैं सोरेल की जड़ों से नज़ला का इलाज़ करता हूँ और अल्थिया की जड़ों के काढ़े से चर्म रोगों के लिए मरहम तैयार करता हूँ; बर एग्ज़िमा को भरता है; स्नेकरूट के कन्दमूलों को कूट-पीसकर मैं अतिसार का और कुछ स्त्री-रोगों का इलाज़ करता हूँ; कालीमिर्च बहुत बढ़िया पाचक औषधि है कोल्ट्सफूट कफ़ को शान्त करता है और हमारे पास पाचन के लिए बहुत अच्छी कुटकी भी है और मेरे पास ग्लाइसिरहिज़ा है और उत्तम क़िस्म का मिक्सचर तैयार करने के लिए जूनिपर है और एल्डर बार्क है जिससे मैं जिगर के लिए जोशाँदा बनाता हूँ, सोपवार्ट, जिसकी जड़ों को ठंडे पानी में गलाकर नज़ले का इलाज़ किया जाता है और वेलेरियन, जिसके गुणों को आप बखूबी जानते होंगे।''

''आपके पास तो क़िसिम-क़िसिम की जड़ी-बूटियाँ हैं और अलग-अलग आबोहवाओं के मुताबिक़। आप यह सब कैसे हासिल कर पाते हैं?''

''एक ओर तो इसके लिए मैं ईश्वर की कृपा का ऋणी हूँ, जिसने हमारे इस ऊँचे समतल को एक ऐसी पर्वत-श्रेणी के बीचोंबीच रखा है जिसके दक्षिण में समुद्र है जहाँ से उसे गर्म हवाएँ मिलती हैं और उत्तर में ऊँचा पहाड़ है जो हमें जंगली बालसन मुहैया कराता है। और दूसरी ओर इसका श्रेय मेरी कला को जाता है, जिसे मैंने, अपनी अयोग्यता के बावजूद, अपने गुरुओं की इच्छा पूरी करने के लिए सीखा है। कुछ पौधे तो ऐसे हैं कि अगर आप उनके आस-पास की ज़मीन पर, उनके पोषण पर और उनके विकास पर ध्यान दें तो वे विपरीत जलवायु में भी उग जाएँगे।''

''लेकिन आपके यहाँ ऐसी भी वनस्पतियाँ हैं जो केवल खाने के लिहाज़ से अच्छी हों?'' मैंने पूछा।

''ओह, मेरे भूखे अनाड़ी बच्चे, ऐसी कोई अच्छी खाद्य वनस्पतियाँ नहीं हैं जो शरीर का इलाज़ करने के लिहाज़ से भी उत्तम न हों, बशर्ते कि उन्हें सही मात्रा में लिया जाए। उनकी अति ही उन्हें बीमारी का कारण बनाती है। कद्दू को ही ले लो। अपने स्वभाव में यह ठंडा और नम होता है और प्यास को बुझाता है, लेकिन अगर तुम इसको सड़ने पर खा लो तो तुम्हें अतिसार हो जाएगा और तब तुम्हें अपनी आँतों को खारे पानी और सरसों से बाँधना पड़ेगा। और प्याज़? गर्म और नम, थोड़ी मात्रा में लेने पर मैथुन की क्षमता को बढ़ाती है (जाहिर है, उनकी जिन्होंने हमारे व्रत धारण नहीं किए हुए हैं), लेकिन ज़्यादा तादाद में लेने पर सिर में भारीपन पैदा करती है, जिसका मुक़ाबला दूध और सिरके से ही किया जा सकता है। इसीलिए,'' उसने रहस्यपूर्ण ढंग से कहा, ''युवा भिक्षुओं को इसे किफ़ायत से ही खाना चाहिए। इसकी बजाय लहसुन खाओ। गरम और सूखा, यह ज़हर के ख़िलाफ़ बहुत अच्छी चीज़ है। पर इसका इस्तेमाल ज़्यादा मात्रा में मत करो, क्योंकि यह ऐसी बहुत-सी तरंगें जगाता है जिनको दिमाग़ से निकाल बाहर करना चाहिए। इसके उलट सेमें है, जो दो अच्छे काम करती हैं कि वे पेशाब पैदा करती हैं और चर्बी को बढ़ाती हैं। लेकिन वे बुरे सपने उपजाती हैं। हालाँकि कुछ ख़ास दूसरी वनस्पतियों के मुक़ाबले में काफ़ी कम। कुछ तो ऐसी हैं जो सचमुच ही अशुभ कल्पनाओं को भड़काती हैं।''

''कौन-सी?'' मैंने पूछा।

''ओह, हमारा नवदीक्षित बहुत ज़्यादा जानना चाहता है। ये वे चीज़ें हैं जिनको एक वैद्य को ही जानना चाहिए; नहीं तो कोई भी लापरवाह व्यक्ति दिवास्वप्न बाँटने लगेगा : दूसरे शब्दों में, ऐसा कोई भी व्यक्ति जिसके पास वनस्पतियाँ होंगी।''

''लेकिन'' विलियम ने कहा, ''इस तरह के दिवास्वप्नों से अपने को बचाने के लिए आपको थोड़ी-सी बिच्छू-बूटी, या रॉयब्रा या ऑलिएरिबॅस ही तो चाहिए। मुझे उम्मीद है कि आपके पास इस तरह की अच्छी जड़ी-बूटियाँ होंगी।''

सेवेरिनॅस ने मेरे गुरुदेव को तिरछी निगाहों से देखा। ''आप जड़ी-बूटियों में दिलचस्पी रखते हैं?''

''थोड़ी-बहुत,'' विलियम ने विनम्रतापूर्वक कहा, ''क्योंकि मुझे संयोगवश उबुबचेस्यम डि बाल्डाख़ की *स्वास्थ्य की रंगभूमि*** को पलटने का मौक़ा मिला है...''

''अबुल असन अल-मुख़्तार इब्न-बोत्लान।''

''या इल्ल्युकासिम इलिमित्तार : जो भी आप कहना चाहें। पता नहीं उसकी प्रति यहाँ पर है या नहीं।''

''यहाँ पर उसकी सबसे ख़ूबसूरत प्रतियों में से एक मौजूद है। कई शानदार तस्वीरों के साथ।''

''खुदा का शुक्र है। और प्लेटियरिस की *जड़ी-बूटियों के लाभकारी गुणों के बारे में*** ?''

''वह भी है। और अरस्तू की *पौधों के बारे में*** और *वनस्पतियों के बारे में*** भी हैं, अल्फ्रेड ऑव सारेशेल के अनुवादों के साथ।''

''मैंने लोगों को ऐसा कहते हुए सुना है कि यह पुस्तक दरअसल अरस्तू ने नहीं लिखी है,'' विलियम ने टिप्पणी की, ''जैसे कि यह पता चला है कि वह *कारणों के बारे में*** का भी लेखक नहीं है।''

"जो भी हो पर वह एक महान पुस्तक है," सेवेरिनॅस ने कहा और मेरे गुरुदेव तुरन्त सहमत हुए, बिना यह पूछे कि वैद्य *डि वेजीटेलिबॅस* की बात कर रहा था या *डि कॉसिस* की। जहाँ तक मेरा सवाल था, मैं उनमें से एक के भी बारे में नहीं जानता था, लेकिन बातचीत से मैंने जाना कि दोनों ही महान पुस्तकें थीं।

"मुझे बहुत खुशी होगी," सेवेरिनॅस ने बातचीत को विराम देते हुए कहा, "अगर आपसे जड़ी-बूटियों के बारे में खुलकर कुछ बातें हो सकेंगी।"

"मुझे और भी ख़ुशी होगी," विलियम ने कहा, "पर ऐसा करते हुए हम क्या ख़ामोश रहने के उस विधान को भंग नहीं कर रहे होंगे जो मेरा ख़याल है कि आपके संघ में लागू है?"

"*विधान*," सेवेरिनॅस ने कहा, "विभिन्न सम्प्रदायों की ज़रूरतों के मुताबिक़ सदियों पहले अपनाया गया था। *विधान* ने पवित्र पाठ [पवित्र ग्रन्थों के एकान्त पाठ]** का निर्देश किया है लेकिन अध्ययन का नहीं किया है, लेकिन तब भी आप जानते हैं कि दैवीय और मानवीय प्रश्नों को लेकर हमारे संघ ने किस क़दर पड़ताल की है। इसी तरह, *विधान* में सामूहिक शयनागार का निर्देश किया गया है, पर कभी-कभी यह भी ठीक समझा जाता है कि संन्यासियों को, जैसा कि हमारे यहाँ होता है, रात के समय में भी ध्यान करने का अवसर मिलना चाहिए और इसलिए हर संन्यासी को उसकी अपनी एक कोठरी दी गई है। ख़ामोशी के सवाल पर *विधान* बहुत सख़्त है और यहाँ पर हमारे बीच न सिर्फ़ शारीरिक श्रम करनेवाले संन्यासियों को, बल्कि उन्हें भी जो कि लिखते या पढ़ते हैं, अपने बन्धुओं से बातचीत करने की इजाज़त नहीं है। लेकिन यह मठ सबसे पहले और सबसे ज़्यादा अध्येताओं का सम्प्रदाय है और अक्सर ही यह चीज़ संन्यासियों के लिए फ़ायदेमन्द होती है कि वे अपने एकत्रित ज्ञान-भण्डार को आपस में बाँटें। हमारे अध्ययन से ताल्लुक रखनेवाली सारी चर्चाएँ उचित और लाभप्रद समझी जाती हैं, बशर्ते कि वे भोजनालय में बैठकर या धार्मिक अनुष्ठानों के दौरान न की गई हों।"

"क्या आपको अडेल्मो ऑव ओटराण्टो के साथ बात करने का पर्याप्त अवसर मिलता था?" विलियम ने सहसा पूछा।

सेवेरिनॅस को आश्चर्य हुआ हो ऐसा नहीं लगा। "लगता है कि मठाधीश आपसे बात कर चुके हैं," उसने कहा। "नहीं। मेरी उससे ज़्यादा बात नहीं होती थी। वह अपना समय नक़्क़ाशी में बिताता था। मुझे उसकी बातें सुनने का मौक़ा गाहे-ब-गाहे मिला करता था जब वह अपने काम के बारे में दूसरे संन्यासियों से, वेनेण्टियस से या जॉर्ज ऑव बर्गोस से, बातें करता था। वैसे भी, मैं अपना दिन स्क्रिप्टोरियॅम में नहीं, बल्कि अपनी प्रयोगशाला में बिताता हूँ।" और उसने सिर हिलाकर औषधालय की तरफ़ इशारा किया।

"मैं समझा।" विलियम ने कहा। "तो आपको इसकी जानकारी नहीं है कि अडेल्मो को विचित्र दिवास्वप्न दिखाई देते थे।"

"विचित्र दिवास्वप्न?"

"कुछ वैसे जैसे कि, मसलन, आपकी जड़ी-बूटियाँ उपजाती हैं।"

"सेवेरिनॅस सख़्त हो उठा। "मैंने आपसे कहा था : इस तरह की ख़तरनाक जड़ी-बूटियों का रखरखाव करते हुए मैं बहुत सावधानी बरतता हूँ।"

"मेरे कहने का यह मतलब नहीं था," विलियम ने तुरन्त साफ़ किया। "मैं तो सामान्य तौर पर दिवास्वप्नों की बात कर रहा था।"

"मैं नहीं समझा।" सेवेरिनॅस ने ज़ोर देते हुए कहा।

"मैं यह सोच रहा था कि अगर कोई संन्यासी रात के वक़्त इडीफ़ीसियम में भटक रहा है, जहाँ पर, मठाधीश के मुताबिक़...अगर कोई व्यक्ति निषिद्ध समय में जाता है तो उसके साथ कुछ भी भयानक घटित हो सकता है–तो जैसा कि मैंने कहा, मैं यह सोच रहा था कि हो सकता है कि वह किन्हीं शैतानी दिवास्वप्नों से सम्मोहित होकर वहाँ गया हो।"

"मैंने आपसे कहा : मैं स्क्रिप्टोरियॅम में नहीं जाता, जब तक कि मुझे किसी पुस्तक की ज़रूरत न आन पड़े; सामान्य तौर पर मेरा अपना औषधि-शास्त्र-संग्रह है जिसको मैं अपने औषधालय में रखता हूँ। जैसा कि मैंने कहा, अडेल्मो जॉर्ज, वेनेण्टियस और...स्वाभाविक ही, बेरेंगर के बहुत क़रीब था।"

यहाँ तक कि मैंने भी हल्की-सी हिचकिचाहट सेवेरिनॅस की आवाज़ में लक्ष्य की। न ही वह मेरे गुरुदेव से भी छुप सकी। "बेरेंगर? और 'स्वाभाविक है' का क्या मतलब?"

"बेरेंगर ऑव अरुण्डेल, असिस्टेण्ट लाइब्रेरियन। वे एक ही उम्र के थे, दोनों ने एक साथ दीक्षा ली थी, इसलिए स्वाभाविक ही उनके पास आपस में बात करने के लिए काफ़ी कुछ था। मेरे कहने का तात्पर्य यह था।"

"ओह, तो आपका तात्पर्य यह था," विलियम ने उसके शब्दों को दोहराया। और मुझे आश्चर्य हुआ कि उन्होंने बात को आगे नहीं बढ़ाया। दरअसल उन्होंने तुरन्त ही विषय बदल दिया। "लेकिन यह शायद हमारे लिए इडीफ़ीसियम जाने का वक़्त है। क्या आप हमारा मार्गदर्शन करेंगे?"

"खुशी से," सेवेरिनॅस ने कहा, राहत के ऐसे भाव से जो एकदम साफ़ था। वह हमें उद्यान के बाजू से लगे रास्ते से ले गया और इडीफ़ीसियम के पश्चिमी मुहाने पर ले आया।

"उद्यान के सामनेवाला दरवाज़ा रसोई की ओर खुलता है," उसने कहा, "लेकिन रसोई भूतल के पश्चिमी भाग के आधे हिस्से में ही है; दूसरे आधे हिस्से में भोजनालय है। और दक्षिणी प्रवेश पर, जहाँ आप गिरजाघर के क्वाइअॅ के पीछे से पहुँचेंगे, दो और दरवाज़े हैं जो रसोई और भोजनालय की ओर ले जाते हैं। लेकिन हम यहीं से जा सकते हैं, क्योंकि रसोईघर पहुँचकर हम भोजनालय से होते हुए आगे जा सकते हैं।"

जैसे ही मैंने उस विशाल रसोई में प्रवेश किया, मैंने पाया कि इडीफ़ीसियम की समूची ऊँचाई ने एक अष्टभुज प्रांगण को घेर रखा था; मुझे बाद में समझ में आया कि यह एक क़िस्म का विशाल कुआँ था जिसमें उतरने का कोई रास्ता नहीं था और जिसकी हर मंज़िल पर वैसी ही बड़ी-बड़ी खिड़कियाँ थीं जैसी कि उसके बाहर की तरफ़ थीं। रसोई धुएँ से भरा हुआ एक विस्तृत प्रवेश-कक्ष था, जहाँ पर कई भृत्य शाम का भोजन तैयार करने में व्यस्त थे। उनमें से दो-एक बहुत बड़ी मेज़ पर शलज़म, हालिम, मूली, गाजर को काटकर तरकारियों, जौ, जई और राई की खिचड़ी बना रहे थे। पास में ही एक दूसरा रसोइया अभी-अभी वाइन और पानी के घोल में कुछ मछलियों को उबालकर फुर्सत हुआ था और अब उनको सेज, अजमोद, वनजवायन, लहसुन, कालीमिर्च और नमक के सालन में लपेट रहा था।

पश्चिमी बुर्ज के नीचे ब्रेड पकाने के लिए एक विशाल तन्दूर था; वह लाल लपटों के साथ धधक रहा था। दक्षिणी बुर्ज में एक विशाल अँगीठी थी, जिस पर बड़े-बड़े बर्तन उबल रहे थे और छड़ियाँ घूम रही थीं। गिरजाघर के पीछे पशुगृह की ओर खुलनेवाले दरवाज़े से उस वक़्त कसाई प्रवेश कर रहे थे, जिनके हाथों में सूअरों का गोश्त था। हम उसी दरवाज़े से बाहर निकले और हमने खुद को अहाते में, मैदान के सुदूर पूर्वी छोर पर, प्राचीर के सामने पाया, जहाँ पर बहुत-सी इमारतें थीं। सेवेरिनॅस ने मुझे समझाया कि उनमें पहली अनाज के गोदामों की शृंखला थी, फिर अस्तबल, उसके बाद गोशाला, फिर चूजों के दड़बे और फिर भेड़ों के लिए छायादार बाड़ा। सूअरबाड़े के बाहर, कसाई एक विशाल मर्तबान में ताज़ा-ताज़ा जिबह किए गए सूअरों के ख़ून को लगातार घुमा रहे थे, ताकि वह जमने न पाए। अगर उसे ठीक से घुमाया जाता रहा तो, ठंडी जलवायु के चलते, वह आनेवाले कुछ दिनों तक द्रव-रूप बना रहेगा और फिर वे उससे ब्लॅड-पुडिंग तैयार करेंगे।

हमने इडीफ़ीसियम में फिर से प्रवेश किया और पूर्वी बुर्ज की ओर जाते हुए जब भोजनालय से गुज़रे तो उस पर उड़ती हुई निगाहें डालीं। जिन दो बुर्जों के बीच भोजनालय फैला हुआ था, उनमें से उत्तरी बुर्ज में एक अँगीठी थी और दूसरी में एक घुमावदार ज़ीना था जो ऊपरी मंज़िल पर स्क्रिप्टोरियॅम तक जाता था। संन्यासी हर दिन इस ज़ीने से अपने काम पर जाते थे, या फिर वे दूसरे दो घुमावदार ज़ीनों का उपयोग करते थे, जो यहाँ अँगीठी के भीतर से और रसोई में तन्दूर के भीतर से ऊपर की ओर जाते थे, जो कम आरामदेह थे, हालाँकि पर्याप्त गर्म रहते थे।

विलियम ने पूछा कि क्या स्क्रिप्टोरियॅम में हमें कोई मिल सकेगा, क्योंकि वह इतवार का दिन था। सेवेरिनॅस मुस्कराया और बोला कि बेनेडिक्ट संन्यासियों के लिए कर्म प्रार्थना ही है। इतवार के दिन उपासनाएँ देर तक जारी रहती थीं, लेकिन फिर भी पुस्तकों से सम्बन्धित काम करनेवाले संन्यासी प्रायः अपने पाण्डित्यपूर्ण दृष्टिकोणों, मशविरों, धर्मग्रन्थ के बारे में विचारों आदि का फलप्रद आदान-प्रदान करते हुए कुछ समय ऊपर बिताते थे।

उत्तराह्निका के बाद

जिसमें स्क्रिप्टोरियॅम का भ्रमण होता है और कई अध्येताओं, प्रतिलिपिकारों और पुस्तकों को चिह्नित करनेवालों के साथ-साथ एण्टीक्राइस्ट के आगमन की सम्भावना देख रहे एक अन्धे बूढ़े से मुलाक़ात होती है।

हम जैसे ही ऊपर पहुँचे मैंने अपने गुरुदेव को उन खिड़कियों का निरीक्षण करते देखा जिनसे सीढ़ियों को रोशनी मिलती थी। मैं भी शायद उन्हीं की तरह चतुर होता जा रहा था, क्योंकि मैंने तुरन्त ही ध्यान दिया कि उनकी स्थिति कुछ ऐसी थी कि कोई भी व्यक्ति उन तक मुश्किल से ही पहुँच सकता था। दूसरी तरफ़, भोजनालय की खिड़कियाँ (भूतल की

एकमात्र खिड़कियाँ जो ढलान की ओर खुलती थीं) भी आसान पहुँच में प्रतीत नहीं होती थीं, क्योंकि उनके नीचे किसी भी क़िस्म का फ़र्नीचर नहीं था।

जब हम सीढ़ियों के ऊपर पहुँचे, हमने उत्तरी बुर्ज के रास्ते स्क्रिप्टोरियॅम में प्रवेश किया और वहाँ पहुँचकर मैं आश्चर्य के कारण अपनी चीख़ को रोक नहीं सका। यह मंज़िल नीचे की मंज़िल की तरह दो भागों में बँटी हुई नहीं थी और इसीलिए वह मेरी नज़रों के सामने अपनी समूची विपुलता में प्रगट हुई। मज़बूत खम्भों पर टिकी हुई उसकी छत, जो घुमावदार थी और बहुत ऊँची नहीं थी (गिरजाघर की छत की तुलना में नीची, पर मेरे जाने किसी भी सभा-गृह की छत के मुक़ाबले ऊँची), जिस जगह को घेरे हुए थी वह अत्यन्त ख़ूबसूरत ढंग से रोशन थी, क्योंकि प्रत्येक लम्बी दीवार में तीन-तीन विशाल खिड़कियाँ खुली हुईं थीं, जबकि प्रत्येक बुर्ज के पाँच बाहरी पार्श्वों में से हर एक में एक अपेक्षाकृत छोटी खिड़की थी और अन्त में, अष्टभुज कुएँ की ऊँचाई पर स्थित आठ गवाक्षों से तो रोशनी आ ही रही थी।

खिड़कियों की इस विपुलता का अर्थ था कि वह विशाल कक्ष जाड़ों के तीसरे पहर तक में निरन्तर फैलते प्रकाश से खिला रहता था। उनके फलक चर्च की खिड़कियों की तरह रँगे हुए नहीं थे और सीसे की चौखटों में जड़े हुए स्वच्छ वर्गाकार काँच रोशनी को, मानवीय कौशल के हस्तक्षेप के बग़ैर, उसके शुद्धतम रूप में आने की गुंजाइश देते थे और इस तरह उसके उस उद्‌देश्य को पूरा होने देते थे, जो यही था कि पढ़ने और लिखने का काम स्पष्ट ढंग से हो सके। मैंने दूसरे समयों और दूसरी जगहों पर बहुत-से स्क्रिप्टोरियॅम देखे हैं, लेकिन इस तरह का क़ोई भी नहीं देखा था जहाँ कमरे को जगमगा देनेवाली नैसर्गिक रोशनी के उफान में वह आध्यात्मिक तत्त्व दीप्त होता था जिसे प्रकाश मूर्त करता है, वह दीप्ति, जो उस समस्त सौन्दर्य और ज्ञान का स्रोत थी, जो उस कक्ष से रूपायित होते उसके परिमाण से अविभाज्य थीं। क्योंकि तीन चीज़ें हैं जो सौन्दर्य की रचना में योगदान करती हैं : सबसे पहली चीज़ है अखण्डता या पूर्णता और इसी वजह से हम तमाम अपूर्ण चीज़ों को कुरूप मानते हैं; फ़िर है ठीक अनुपात या सामंजस्य और अन्त में, प्रांजलता और प्रकाश और दरअसल हम 'उन्हीं चीज़ों को सुन्दर कहते हैं जिनके रंग सुस्पष्ट होते हैं। और चूँकि सौन्दर्यपूर्ण दृश्य में शान्ति निहित होती है और इसी तरह चूँकि शान्ति से, शिव से और सौन्दर्य से' हमारी भूख शान्त होती है, मैंने अपने को अपार सान्त्वना से भरा हुआ पाया और मैंने सोचा कि इस तरह की जगह में काम करना कितना सुखद अनुभव होता होगा।

दोपहर बाद की उन घड़ियों में वह जगह जिस रूप में मेरी निगाहों के सामने थी, उससे वह मुझे आमन्द से भर देनेवाली ज्ञान की कार्यशाला जैसी लगी। बाद के दिनों में मैंने सेण्ट गाल में बिल्कुल इसी तरह का समानुपाती एक स्क्रिप्टोरियॅम देखा था, इसी तरह पुस्तकालय से अलगाया हुआ (दूसरे मठों में संन्यासी उसी जगह बैठकर काम करते थे जहाँ पुस्तकें रखी होती थीं), लेकिन जो इतने सुन्दर ढंग से सज्जित नहीं था जैसा कि यह था। पुराग्रन्थों के विशेषज्ञ, ग्रन्थपाल, पाण्डुलिपियों पर आनुष्ठानिक निर्देश अंकित करनेवाले और शोधकर्त्ता अपनी-अपनी डेस्कों पर बैठे थे और हर खिड़की के नीचे एक डेस्क थी। और चूँकि खिड़कियाँ चालीस थीं (सच्चे अर्थों में एक पूर्ण संख्या, वर्गांक का दस से गुणा करके हासिल की गई संख्या, मानो टेन कॅमाण्डमेण्ट्स को चार मूल सद्‌गुणों से गुणित कर दिया गया हो), इसलिए

एक ही समय में चालीस संन्यासी काम कर सकते थे, हालाँकि उस वक़्त वहाँ शायद तीस ही संन्यासी थे। सेवेरिनॅस ने हमें समझाया कि स्क्रिप्टोरियॅम में काम कर रहे संन्यासियों को पूर्वाह्निका, मध्याह्निका और उत्तराह्निका से छूट मिली हुई थी ताकि उन्हें दिन की रोशनी में अपना काम न छोड़ना पड़े और वे सूर्यास्त पर, सन्ध्यावन्दना के लिए ही अपनी गतिविधियों को विराम देते थे।

यह सबसे उज्ज्वल स्थान पुराग्रन्थों के विशेषज्ञों, कुशल पुस्तक-सज्जाकारों, पाण्डुलिपियों पर आनुष्ठानिक निर्देशों को अंकित करनेवालों और प्रतिलिपिकारों के लिए आरक्षित था। हर डेस्क पर पुस्तक-सज्जा करने और प्रतिलिपियाँ तैयार करने के लिए ज़रूरी सामग्री उपलब्ध थी : दवात, पंख की डण्डी से बनी हुई बेहतरीन क़लमें, जिनको कुछ संन्यासी छोटे से चाकू से नुकीला कर रहे थे, चर्मपत्र को चिकना बनाने के लिए पॅमिस पत्थर, लकीरें (जिन पर लिखा जाता था) खींचने के लिए रूलर। हर क़ातिब के पास, या ढलुआँ डेस्क के ऊपर एक रहल थी, जिस पर प्रतिलिपि बनाने के लिए प्रस्तुत पाण्डुलिपि रखी थी और उस पर बीचों-बीच कटी हुई एक तख़्ती रखी थी जो उस पंक्ति को घेरती थी जिसकी उस वक़्त प्रतिलिपि तैयार की जा रही थी। और कुछ संन्यासियों के पास सुनहरे तथा विविध रंगों की स्याहियाँ थीं। कुछ संन्यासी सिर्फ़ पुस्तकें पढ़ रहे थे और वे अपनी टिप्पणियाँ अपनी निजी नोटबुकों या स्लेट पट्टी पर लिखते जा रहे थे।

मुझे हालाँकि उनके काम को देखने का मौक़ा नहीं मिला, क्योंकि लाइब्रेरियन हमारे पास आ गया। हम पहले से ही जानते थे कि वह मेलाची ऑव हिल्डेशेम था। उसका चेहरा स्वागत का भाव ओढ़ने की कोशिश कर रहा था, लेकिन मैं उस विलक्षण मुखाकृति को देखकर काँपे बिना नहीं रह सका। बड़े और नाज़ुक अंगोंवाला वह एक लम्बा और बेहद दुबला आदमी था। संघ के नियमों के मुताबिक़ काला लबादा पहने जब वह लम्बे-लम्बे डग भरता हुआ आया तो उसकी मौजूदगी में कोई बात थी जो परेशान करनेवाली थी। चूँकि वह बाहर से आया था इसलिए उसके सिर का हुड अभी भी तना हुआ था जो उसके चेहरे के पीलेपन पर छाया डाल रहा था और उसकी बड़ी-बड़ी उदास आँखों को दुःख का अचूक भाव प्रदान कर रहा था। उसके हुलिए को देखकर लगता था कि उसमें उन अनेक आवेगों के निशान मौजूद थे जिनको उसके संकल्प ने संयमित तो कर लिया था लेकिन लगता था कि उसने उस चेहरे को जड़ीभूत कर दिया था जो अब निर्जीव हो चुका था। उसके चेहरे की रेखाएँ उदासी और कठोरता से आक्रान्त थी और उसकी निगाहें इतनी तीखी थीं कि वे देखते ही उससे मुखातिब व्यक्ति के हृदय को भेदकर उसके गोपनीय विचारों को पढ़ सकती थीं, इसलिए उनकी प्रश्नवाचकता को सह पाना कठिन था और आप उनका दुबारा सामना करने से परहेज़ करते थे।

लाइब्रेरियन ने वहाँ काम कर रहे कई संन्यासियों से हमारा परिचय कराया। उनमें से हरेक के बारे में मेलाची ने हमें यह भी बताया कि वह क्या काम कर रहा था और मैं दिव्य वाणी के ज्ञान और अध्ययन के प्रति उनके समर्पण की सराहना किए बिना न रह सका। इस प्रकार मेरी मुलाक़ात ग्रीक और अरबी के अनुवादक वेनेण्टियस ऑव साल्वेमेक से हुई, जो उस अरस्तू के प्रति समर्पित था जो निश्चय ही मनुष्यों में सबसे अधिक ज्ञानी था। एक युवा स्कैण्डेनेवियाई संन्यासी से मैं मिला जो अलंकारशास्त्र का अध्ययन कर रहा था।

अयमारो ऑव अलेस्सेण्डरिया से भेंट हुई, जो अभी कुछ ही महीनों के लिए उधार ली गई कृतियों की प्रतिलिपियाँ लाइब्रेरी के लिए तैयार कर रहा था और फिर विभिन्न देशों से आए हुए पुस्तक-सज्जाकारों से मिला जिनमें पैट्रिक ऑव क्लोन्मेक्नॉइस, रेबानो ऑव टोलेडो और वाल्डो ऑव हेरेफोर्ड शामिल थे।

यह सूची निश्चय ही जारी रह सकती थी और एक सूची से ज़्यादा अद्भुत कोई दूसरी चीज़ नहीं है, वह विलक्षण विशद चित्रण का साधन होती है। लेकिन मुझे उस बातचीत के विषय पर आना होगा, जिससे संन्यासियों में फैली रहस्यमय बेचैनी के और उन कुछ चिन्ताओं के कई संकेत उभरे, जिनको व्यक्त तो नहीं किया गया था लेकिन तब भी जिनका दबाव हमारी सारी बातचीत पर महसूस किया जा सकता था।

मेरे गुरुदेव ने स्क्रिप्टोरियॅम की ख़ूबसूरती और अध्यवसाय की प्रशंसा के साथ मेलाची से बातचीत की शुरुआत करते हुए उससे वहाँ पर काम करने के लिए अपनाये जानेवाले तरीक़े के बारे में सवाल किया, क्योंकि, उनका कहना था—और यह बात उन्होंने ज़ोर देकर कही—कि उन्होंने इस पुस्तकालय की चर्चा दुनिया-भर में हर कहीं सुनी थी और वे वहाँ पर कई पुस्तकों की जाँच-परख करने की इच्छा रखते थे। मेलाची ने उन्हें वही बात कही जो मठाधीश पहले ही कह चुका था : जिस पुस्तक में संन्यासियों की दिलचस्पी होती है उसके लिए वे आग्रह करते हैं और अगर उनका आग्रह उचित तथा धर्मसम्मत होता है तो लाइब्रेरियन ऊपर जाकर लाइब्रेरी से वह पुस्तक ले आता है। विलियम ने पूछा कि वे ऊपर अल्मारियों में रखी पुस्तकों के नाम किस तरह जान सकते हैं, जिस पर मेलाची ने उन्हें अपने डेस्क से एक छोटी-सी सुनहरी जंज़ीर से बँधी भारी-भरकम पाण्डुलिपि दिखाई जो बेहद घनी लिखावट में तैयार की गई सूचियों से भरी हुई थी।

विलियम ने अपने लबादे के भीतर, जहाँ वह उनके सीने पर लहराता हुआ एक क़िस्म के थैले का-सा आकार बनाता था, हाथ डाला और वहाँ से उन्होंने वह चीज़ बाहर निकाली जिसे मैं अपनी इस यात्रा के दौरान उनके हाथों में और उनके चेहरे पर पहले ही देख चुका था। वह दो हिस्सों में फैला हुआ, एक मुड़ा हुआ तार था, जिसकी बनावट ऐसी थी कि वह आदमी की नाक पर (या कम से कम उनकी नाक पर जो ख़ासी उभरी हुई और टेढ़ी थी) सध सकता था, ठीक वैसे ही जैसे कि एक घुड़सवार अपने घोड़े पर टाँगें फैलाकर बैठा रहता है, या जिस तरह कोई पक्षी टहनी से लिपट जाता है। और उस मुड़े हुए तार के दोनों हिस्सों पर, आँखों के सामने, धातु के दो अण्डाकार वक्र थे, जिनमें गिलास जितने मोटे, बादाम जैसे आकार के काँच फँसे हुए थे। विलियम पढ़ते वक़्त ज़्यादातर इसे अपनी आँखों पर चढ़ा लेते थे और कहा करते थे कि इन्हें लगा लेने से उनकी नज़र उससे बेहतर हो जाती थी जितनी कि वह कुदरत ने उन्हें बख़्शी थी या जितनी वह उस उमर में, ख़ास तौर से दिन की रोशनी कम हो जाने पर, उन्हें देखने की इजाज़त देती थी। उनका इस्तेमाल वे पास से देखने के लिए ही करते थे, दूर से देखने के लिए नहीं, क्योंकि उसके लिए उनकी नज़रें काफी पैनी थीं। इन काँचों की मदद से वे धुँधली से धुँधली लिखावट-वाली ऐसी पाण्डुलिपियों को पढ़ लेते थे जिन्हें समझ पाने में मुझे तक कुछ कठिनाई होती थी। उन्होंने मुझे समझाया था कि जब आदमी अपनी अधेड़ावस्था को पार कर जाता है तो, भले ही उसकी नज़रें बहुत अच्छी रही हों, उसकी आँख में सख़्ती पैदा हो जाती है और उसकी पुतली अड़ियल हो जाती

है, नतीजतन पचास गर्मियाँ बिताने के बाद बहुत-से प्रबुद्ध लोग, जहाँ तक पढ़ने लिखने का सवाल है, मृतप्राय हो जाते हैं। यह उन लोगों के लिए घोर बदक़िस्मती की बात होती है जो अभी कई सालों तक अपनी प्रतिभा के सबसे अच्छे फल दे सकते थे। इसलिए ईश्वर का शुक्रगुज़ार होना चाहिए कि किसी ने उस उपकरण के बारे में सोचा और उसे गढ़ दिया। और यह बात उन्होंने अपने उस रॉजर बेकन के विचारों का समर्थन करते हुए कही थी जिसने कहा था कि ज्ञान का लक्ष्य मनुष्य को लम्बी उम्र प्रदान करना भी है।

दूसरे संन्यासियों ने विलियम की ओर बहुत उत्सुकता से देखा किन्तु वे उनसे सवाल पूछने की हिम्मत नहीं कर सके। और मैंने लक्ष्य किया कि पढ़ने और लिखने के कर्म के प्रति इस क़दर उत्साह और गर्व के साथ समर्पित इस जगह पर भी वह आश्चर्यजनक उपकरण तब तक पहुँचा नहीं था। मुझे एक ऐसे इनसान के साथ होने को लेकर गर्व महसूस हुआ जिसके पास एक ऐसी चीज़ थी जिसके सहारे वह इस दुनिया में अपनी प्रज्ञा के लिए विख्यात मनुष्यों को भी भौंचक कर सकता था।

उस उपकरण को अपनी आँखों पर पहन कर विलियम उन फ़ेहरिस्तों पर झुके जो उस भारीभरकम पाण्डुलिपि में दर्ज़ थीं। मैंने भी उनको देखा और उनमें हमने ऐसी पुस्तकों के शीर्षक देखे जिनके बारे में पहले कभी सुना भी नहीं था और उन दूसरी अति प्रसिद्ध पुस्तकों के शीर्षक भी जो उस पुस्तकालय में संग्रहीत थीं।

"रोजर ऑव हियरफोर्ड की *सोलोमन का पँचकोण, हिब्रू भाषा को बोलने और समझने की कला, धातुओं के गुण-धर्मों के बारे में***, अल-कुवारिज़्मी की *बीजगणित*** (रॉबर्टस ऐंज्लिकॅस के लैटिन अनुवाद में), सिलीकॅस इटालिकॅस की *कारथेजी युद्ध***, राबानॅस मॉरॅस की *फ्रांसीसियों के कृत्य, पवित्र सलीब के समारोह के बारे में*** और फ्लावियॅस क्लॉडियॅस जियोर्डानॅस की *सृष्टि और मनुष्य की आयु के बारे में***", मेरे गुरुदेव ने पढ़ा। "शानदार कृतियाँ। लेकिन इनको फ़ेहरिस्त में किस ढंग से रखा गया है?" उन्होंने किसी पाठ को उद्धरित किया जिसे मैं तो नहीं जानता था लेकिन जिससे मेलाची निश्चय ही वाक़िफ़ था," 'लाइब्रेरियन के पास सारी पुस्तकों की सूची होना चाहिए, विषयों और लेखकों के मुताबिक़ सिलसिलेवार तरीक़े से बनाई गई और सेल्फ़ों में उनको संख्यावाचक निर्देशों के साथ वर्गीकृत किया जाना चाहिए।' आप हर पुस्तक की अपनी जगह का पता कैसे करते हैं?"

मेलाची ने उन्हें हर शीर्षक के बगल में अंकित की गई टिप्पणियाँ दिखाईं। मैंने पढ़ा : "तीसरी पुस्तक, चौथा सेल्फ़, ग्रीक्स के प्रथम में पाँचवाँ केस"; "दूरारी पुरतक, पाँचवाँ सेल्फ़, अंग्रेज़ी के तीसरे में सातवाँ केस"** आदि। मैं समझ गया कि पहला अंक सेल्फ़ में पुस्तक की स्थिति को दर्शाता था, जबकि दूसरा अंक सेल्फ़ की स्थिति को और तीसरा अंक शीशे के केस की स्थिति को; और मैं यह भी समझ गया कि अन्य शब्द पुस्तकालय के कमरे या गलियारे का निर्देश करते थे और मैंने साहस जुटाकर इन अन्तिम निर्देशों के बारे में पूछ डाला। मेलाची ने सख़्त निगाहों से मेरी ओर देखा : "या तो शायद तुम्हें पता नहीं है या फिर तुम भूल गए हो कि सिर्फ़ लाइब्रेरियन को ही पुस्तकालय में जाने की इजाज़त है। इसलिए यह उचित और काफ़ी है कि सिर्फ़ लाइब्रेरियन ही इन चीज़ों का मतलब समझता है।"

"लेकिन इस सूची में पुस्तकें किस क्रम में दर्ज की गई हैं? विलियम ने पूछा। "मेरे

ख़याल से, विषय के मुताबिक़ तो नहीं की गई हैं।" उनका आशय यह नहीं था कि वे वर्णमाला के अक्षरों के उसी क्रम का अनुसरण करते हुए, लेखकों के नाम के अनुसार दर्ज की गई हो सकती थीं क्योंकि मेरी जानकारी में यह पद्धति हाल ही के वर्षों में अपनायी जाने लगी है और उस ज़माने में उसका उपयोग बिरले ही होता था।

"पुस्तकालय की स्थापना बहुत प्राचीन काल में हुई थी," मेलाची ने कहा "और पुस्तकों को उसी क्रम में दर्ज किया गया है जिस क्रम में वे प्राप्त की गई हैं, दान में मिली हैं, या हमारी चहारदीवारी के भीतर आई हैं।"

"तब तो उनको ढूँढ पाना बहुत मुश्किल होता होगा," विलियम ने कहा।

"इतना-भर काफ़ी है कि लाइब्रेरियन उनको सच्चे मन से जानता हो और उसे यह जानकारी हो कि उनमें से प्रत्येक पुस्तक यहाँ पर कब आई थी। जहाँ तक दूसरे संन्यासियों का सवाल है वे उसकी याददास्त पर भरोसा कर सकते हैं।" उसने कुछ इस तरह कहा मानो वह अपने बारे में नहीं बल्कि किसी और के बारे में बात कर रहा हो और तब मुझे समझ में आया कि वह दरअसल उस पद के बारे में बात कर रहा था जिस पर वह उस वक़्त अपनी अयोग्यता के बावजूद काम कर रहा था, लेकिन जिस पर वे सैकड़ों दूसरे लोग काम कर चुके थे, जो अब उस दुनिया में नहीं थे और जिनमें से हर एक अपनी जानकारी अपने उत्तराधिकारी को सौंपता गया था।

"समझ गया," विलियम ने कहा। "जैसे कि मैं अगर पेण्टागॅन ऑव सोलोमॅन के बारे में कुछ जानना चाहूँ, बिना यह जाने कि मैं क्या जानना चाहता हूँ, तो आप मुझे यह बता सकने की स्थिति में होंगे कि जो शीर्षक मैंने अभी-अभी पढ़ा है वह मौजूद है और ऊपर की मंज़िल पर वह किस जगह रखी है इसका पता आप लगा सकेंगे।"

"बशर्ते कि आप पेण्टागॅन ऑव सोलोमॅन के बारे में वाक़ई कुछ जानना चाहते होंगे तभी," मेलाची ने कहा। "लेकिन वह पुस्तक आपको देने के पहले मैं मठाधीश से परामर्श करना चाहूँगा।"

"मुझे बताया गया है कि आपके यहाँ के एक श्रेष्ठ नक़्क़ाश की हाल ही में मृत्यु हो गई है," विलियम बोले। "मठाधीश ने मुझे उसकी कला के बारे में काफ़ी कुछ बताया है। क्या मैं वे पाण्डुलिपियाँ देख सकता हूँ जिन पर वह चित्रण कर रहा था?"

"अपनी युवावस्था के कारण अडेल्मो ऑव ओट्रेण्टो," विलियम की ओर सन्देह से देखते हुए मेलाची ने कहा, "सिर्फ़ पार्श्व टीकाओं पर काम करता था। उसमें बहुत जीवन्त कल्पनाशीलता थी और वह जानी-मानी चीज़ों के सहारे अज्ञात और आश्चर्यजनक चीज़ों को रचने की सामर्थ्य रखता था, जैसे कि मसलन कोई व्यक्ति मानव शरीर से घोड़े की गर्दन को जोड़ दे। उसकी पुस्तकें वहाँ पर हैं। अभी तक उसकी डेस्क को किसी ने छुआ भी नहीं है।"

हम उस जगह गए जो अडेल्मो की काम करने की जगह हुआ करती थी, जहाँ पर स्तोत्रसंहिता [psalter] के शानदार चित्रित पन्ने अभी भी पड़े हुए थे। वे बेहतरीन वेलॅम [चर्मपत्र]—चर्मपत्रों का बादशाह—के फोलियो थे और आख़िरी पन्ना अभी भी डेस्क पर कसा हुआ था। वह पॅमिस पत्थर पर घिसा गया था और चाक से चिकना किया गया था, उसे रन्दे से समतल बनाया गया था और, हाशियों पर बारीक़ सुई से किए गए छोटे-छोटे छेदों

की मदद से उस पर वे सारी लकीरें खींची जा चुकी थीं जिनसे कलाकार के हाथ को मार्गदर्शन मिलना था। आधा हिस्सा पहले ही लिखावट से भरा जा चुका था और संन्यासी हाशियों पर चित्रांकन करना शुरू कर चुका था। इसके विपरीत दूसरे पन्नों पर काम किया जा चुका था और जैसे ही हमारी निगाह उन पर पड़ी मैं और विलियम दोनों ही अपने अचरज को रोक न सके। वह एक भजनसंहिता थी जिस पर अंकित दुनिया उस दुनिया का उलट रूप थी जिसका हमारी इन्द्रियों ने हमें आदी बना रखा है। मानों उस विमर्श, जो अपने स्वरूप में ही सत्य का विमर्श था, के हाशियों पर, उससे एकदम सटा जुड़ा हुआ, अबूझ पेचीदगी से भरे** विस्मयकारी संकेतों के सहारे रचा गया, एक असत् का विमर्श था, एक ऐसी औंधे मुँह लटकी हुई सृष्टि पर केन्द्रित विमर्श, जिसमें कुत्ते खरगोश के सामने दुम दबाकर भाग रहे हैं और हिरण शेर का शिकार कर रहे हैं। छोटे-छोटे पक्षियों के पंजोंवाले सिर, अपनी पीठ पर मनुष्यों के हाथ धारण किए पशु, झबरे सिर जिन पर पैर उगे हुए हैं, ज़ेबरा जैसी धारियोंवाले ड्रैगॅन, हज़ारों जटिल गाँठों में उलझी हुई सर्पिल गर्दनोंवाले चौपाए, हिरण के सींगोंवाले बन्दर, झिल्लीदार पंखों से युक्त मुर्गियों की शक्ल में जल' रियाँ, पीठ पर कूबड़ की तरह उभरे अन्य मानवीय शरीरों को धारण किए लूले आदमी, पेट पर दाँतों से भरे मुँह धारण करती आकृतियाँ, घोड़ों के सिरवाले मनुष्य और मनुष्यों के पैरों से युक्त घोड़े, परिन्दों के पंखों से युक्त मछलियाँ और मछलियों की पूँछ से युक्त परिन्दे, एक शरीर पर दो सिर या दो शरीरों पर एक सिरवाले दैत्य, मुर्गे की दुम और तितलियों के पंख धारण करती गायें, मछली की पीठ जैसे पपड़ीले सिरवाली औरतें, गिरगिट के थूथन से युक्त चिउरों से गुँथे हुए दो सिरोंवाले विलक्षण जीव, किन्नर, ड्रैगॅन, हाथी, पेड़ की शाखाओं पर फैले मेण्टीकोर, ग्रिफिन जिनकी पूँछें युद्ध के लिए तैयार धनुर्धरों की तरह तनी हुई हैं, अन्तहीन गर्दनोंवाले शैतानी जन्तु, एक-दूसरे से सम्बद्ध मानव प्राणियों और पशु बौनों की शृंखलाएँ, कभी-कभी उसी पन्ने पर ग्रामीण जीवन के उन दृश्यों को भी आप देख सकते थे जिनमें समूचा खेतिहर जीवन चित्रित था, एक ऐसी प्रभावशाली दीप्ति के साथ चित्रित कि सारी आकृतियाँ सजीव लगती थीं—हलवाहे, फल बीनते, फसल काटते लोग, कताई करती औरतें, लोमड़ियों के समीप बोआई करते लोग, बन्दरों द्वारा रक्षित बुर्जदार नगर की दीवारों पर चढ़े हुए तीर कमान से युक्त चितराले। कहीं पर *L* की शक्ल में मुड़ा हुआ एक आरम्भिक अक्षर अपने निचले हिस्से में एक ड्रैगॅन को उत्पन्न कर रहा था; तो कहीं पर बड़ा *V*, जो "verba"** की शुरुआत करता था, अपने तने से एक सहज टहनी के रूप में हज़ार कुण्डलियोंवाले सर्प को उत्पन्न कर रहा था, जो खुद अपनी पत्तियों और गुच्छों के रूप में दूसरे सर्पों को पैदा कर रहा था।

भजन संहिता के क़रीब, ज़ाहिरा तौर पर हाल ही में पूरी की गई, एक बेहद ख़ूबसूरत काल-पुस्तिका रखी हुई थी, इस क़दर छोटी कि हथेली में समा जाए। लिखावट बहुत छोटी थी; हाशिये पर किए गए चित्रण, जिनको पहली निगाह में देख पाना मुश्किल था, अपनी ख़ूबसूरती को प्रगट करने के लिए माँग करते थे कि उनको एकदम क़रीब से देखा जाए (और आप खुद से पूछे बिना नहीं रह सकते थे कि इतनी छोटी-सी जगह में इस क़दर सजीव प्रभाव पैदा करनेवाले इन चित्रणों के लिए कलाकार ने किन अतिमानवीय उपकरणों का सहारा लिया होगा)। पुस्तक के सारे हाशिये, शानदार तरीक़े से उकेरे गए अक्षरों के अन्तिम घुमावों से, एक-दूसरे को कुछ इस तरह पैदा करते सूक्ष्म रूपाकारों से भरे हुए थे, मानो एक-दूसरे

का सहज विस्तार हों : समुद्री जलपरियाँ, कुलाँचें भरते हुए हिरण, आग उगलते हुए दैत्य, आयतों की अपनी देह से घोंघों की तरह उभारते बिना बाँहोंवाले मानवीय धड़। एक जगह, तीन अलग-अलग पंक्तियों में दोहराए गए "पावन, पावन, पावन"** की त्रयी को मानो जारी रखने के लिए, आप मानवीय सिरोंवाली तीन उग्र आकृतियाँ देख सकते थे, जिनमें से दो, क्रमशः नीचे की ओर और ऊपर की ओर, चुम्बन के लिए झुकी हुईं थीं, एक ऐसा चुम्बन जिसे आप निर्लज्ज कहने में संकोच न करते, बशर्ते कि आपको यह विश्वास न दिलाया गया होता कि उस जगह वह चित्रण, अस्पष्ट किन्तु एक गहरे, आध्यात्मिक अर्थ को समेटे हुए था।

उन पन्नों को देखते हुए मेरा मन मौन सराहना और हँसी के बीच बँटा हुआ था, क्योंकि वे तस्वीरें सहज ही हँसी के भाव को उकसानेवाली थीं, जबकि वे पवित्र पृष्ठों पर टिप्पणियों के तौर पर रची गईं थीं। और ब्रॅदर विलियम ने मुस्कराते हुए उनका मुआयना किया और टिप्पणी की, "बाबेविन : मेरे द्वीप पर इनको इसी नाम से पुकारा जाता है।"

"बेब्यूइन्स : गॉल में लोग इनको इस नाम से पुकारते हैं," मेलाची ने कहा। "अडेल्मो ने अपनी कला आपके देश में सीखी थी, हालाँकि उसने फ्रांस में भी पढ़ाई की थी। बैबून, यानी : अफ्रीकी बन्दर। एक औंधी दुनिया के रूपाकार, जहाँ मकान एक मीनार की नोक पर खड़े हैं और पृथ्वी आकाश के ऊपर है।"

मुझे कुछ पंक्तियाँ याद हो आईं जिनको मैंने अपने देश की बोली में सुना था और मैं उनको दोहराए बिना न रह सका :

ख़ामोश रहो तमाम अचरजों के बारे में
धरती आकाश के ऊपर उठ गई है—
*इसको तुम्हें एक अचरज मानना चाहिए।***

और उसी पाठ से उद्धरित करते हुए मेलाची ने कविता को आगे बढ़ाया :

धरती ऊपर, आकाश नीचे,
इसको तमाम अचरजों से ऊपर
*अचरजों के अचरज की तरह देखो।***

"बहुत अच्छे, एड्सो," लाइब्रेरियन ने बोलना जारी रखा। "वास्तव में ये छवियाँ उस देश के बारे में बताती हैं जहाँ आप नीले हंस पर सवार होकर पहुँचते हैं, जहाँ बहती धारा से मछली पकड़नेवाले बाज़ पाए जाते हैं, जहाँ भालू आकाश में बाज़ों का पीछा करते हैं, फ़ाख़ते समुद्री झींगों के साथ उड़ते हैं और जहाँ एक मुर्गा तीन दानवों को जाल में फँसाकर उन्हें काट लेता है।"

और एक फीकी सी मुस्कराहट से उसके होंठ चमक उठे। इस पर दूसरे संन्यासी, जो अब तक कुछ संकोच से बातचीत को सुन रहे थे, खुलकर हँस पड़े, मानो वे लाइब्रेरियन की सहमति का इन्तज़ार कर रहे हों। जहाँ दूसरे संन्यासी हँस रहे थे वहीं वह त्यौरियाँ चढ़ाये बेचारे अडेल्मो के हुनर की तारीफ़ कर रहा था और एक के बाद एक चमत्कारपूर्ण आकृतियों की ओर इशारा कर रहा था। और ठीक इसी वक़्त जब सारे के सारे लोग हँस रहे थे, हमें अपने पीछे से एक गम्भीर और सख़्त स्वर सुनाई दिया।

"ऐसे शब्द मत बोलो जो व्यर्थ हैं या हँसने लायक़ हैं।"**

हम मुड़े। बोलनेवाला एक संन्यासी था, अपनी आयु के बोझ से झुका हुआ, एक बूढ़ा, बर्फ़ की तरह सफ़ेद, न सिर्फ़ उसकी चमड़ी बल्कि उसका चेहरा और आँख की पुतलियाँ भी। मैंने देखा कि वह अन्धा था। इसके बावजूद कि उसका शरीर उम्र के कारण मुरझा चुका था, उसकी आवाज़ में अब भी तेज था और उसके अंग मज़बूत थे। उसने हमारी ओर यूँ देखा मानो वह देख सकता हो और उसके बाद मैंने जब भी उसको चलते और बोलते देखा, मुझे हमेशा लगता था मानो उसमें अब भी देख सकने की क्षमता थी। लेकिन उसकी आवाज़ के लहजे से लगता था कि उसके पास सिर्फ़ भविष्यवाणी कर सकने की क्षमता थी।

"अपनी उम्र और अपनी प्रज्ञा से श्रद्धा जगानेवाले जिस आदमी को आप देख रहे हैं," मेलाची ने आगन्तुक की ओर इशारा करते हुए विलियम से कहा, "वह जॉर्ज ऑव बर्गोस है। अगर एलिनार्दो ऑव ग्रोटाफेराटा को छोड़ दें तो यह मठ का सबसे पुराना व्यक्ति है, ऐसा व्यक्ति जिसके समक्ष यहाँ बहुत-से संन्यासी अपने प्रायश्चित के गोपनीय क्षणों में अपने पापों के बोझ से छुटकारा पाते हैं।" फिर उस बूढ़े की ओर मुड़ते हुए उसने कहा, "जो आदमी आपके सामने खड़ा है वह ब्रॅदर विलियम ऑव बास्करविले है, हमारा मेहमान।"

"उम्मीद है कि मेरे शब्दों ने आपको गुस्सा नहीं दिलाया होगा," बुज़ुर्ग ने तीखे लहजे में कहा। "मैंने लोगों को हँसने लायक़ चीज़ों पर हँसते हुए सुना है और उनको हमारे विधान के एक नियम का स्मरण कराया है। और जैसा कि स्तोत्रकार [psalmist] ने कहा है, अगर एक संन्यासी को अच्छी वाणी बोलने से बचना ज़रूरी है क्योंकि उसने मौन व्रत ले रखा है, तो यह और भी बड़ा कारण है कि वह बुरी वाणी बोलने से बचे। और जैसे बुरी वाणी है वैसे ही बुरी छवियाँ हैं। और ये वे हैं जो सृष्टि के रूप के बारे में झूठ बोलती हैं और जगत को उससे उल्टा दिखाती हैं जैसा कि उसे होना चाहिए, जैसा कि वह हमेशा रहा है और जैसा कि वह समय के अन्त तक सदियों तक बना रहेगा। लेकिन तुम्हारा रिश्ता एक-दूसरे धर्मसंघ से है, जहाँ मुझे बताया गया है कि मनोरंजन को, यहाँ तक कि निहायत अनुचित क़िस्म के मनोरंजन को भी, आसक्ति के भाव से देखा जाता है।" वह उन्हीं बातों को दोहरा रहा था जो बेनेडिक्टों ने सेण्ट फ्रांसिस ऑव असीसी की सनकों के बारे में कही थीं और शायद उन बेतुकी ख़ब्तों के बारे में भी जो उन हर तरह के भिक्षुओं और स्पिरिचुअलों पर आरोपित की जाती हैं जो फ्रांसिस्कन धर्मसंघ की एकदम हाल की और उलझन में डालनेवाली उपशाखाओं के रूप में विकसित हुए थे। लेकिन विलियम ने उसके कटाक्ष को समझने का कोई संकेत नहीं दिया।

"हाशिये पर अंकित छवियाँ अक्सर मुस्कराहट को उकसाती हैं, लेकिन शिक्षाप्रद उद्‌देश्यों के लिए," उन्होंने जवाब दिया। "जिस तरह प्रवचनों के दौरान श्रद्धालुओं की कल्पना को छूने के लिए दृष्टान्तों** को शामिल करना ज़रूरी होता है जो गाहे-बगाहे ही ऐसे होते हैं कि उनमें हँसी-मज़ाक न हो, उसी तरह से छवियों की इस वाणी को भी इस क़िस्म के हल्के-फुल्केपन का सहारा लेना अनिवार्य होता है। हर सद्‌गुण के लिए और हर पाप के लिए पशुओं के जीवन से लिया गया दृष्टान्त मौजूद है और पशु मनुष्य की दुनिया के लिए उदाहरण पेश करते हैं।"

"ज़रूर," बूढ़े ने मखौल उड़ाने के भाव से, लेकिन चेहरे पर मुस्कुराहट लाए बिना कहा, "कोई भी छवि सद्‌गुण को उत्प्रेरित करने की दृष्टि से अच्छी है, बशर्ते कि सृष्टि की

महान रचना औंधे मुँह लटका दिए जाने पर हँसी का विषय बन सकती हो। और इसलिए गधे के द्वारा बजायी जाती वीणा, ज़मीन में हल चलाते हुए उल्लू, ख़ुद को हल में जोतते हुए बैल, उलटी बहती हुई नदियाँ, जलता हुआ समुद्र, आश्रमवासी बनता हुआ भेड़िया जैसी चीज़ों की मार्फ़त ईश्वरीय वाणी का चित्रण हँसी का विषय बन सकती हैं! खोजो बैलों के साथ रहनेवाले खरगोशों को, इजाज़त दो उल्लुओं को कि वे तुमको व्याकरण पढ़ाएँ, कुत्तों को पिस्सुओं का ख़ून चूसने दो, काने को गूँगे की निगरानी करने दो और गूँगे को रोटी माँगने दो, चींटी को बछड़ा जनने दो, भुने हुए चूज़े को उड़ने दो, छप्पर पर केक उगने दो, तोतों को काव्यशास्त्र पढ़ाने दो, मुर्गियों को मुर्गों का गर्भाधान करने दो, बैलगाड़ी को बैलों से आगे भागने दो, कुत्तों को बिस्तर पर सोने दो और सब को सिर के बल चलने दो! इस बेवक़ूफ़ी का क्या उद्देश्य है? दैवीय अनुभवों की शिक्षा के नाम पर एक ऐसी दुनिया जो उस दुनिया से उलट और उसके विपरीत है जैसा उसे ईश्वर ने रचा है!"

"लेकिन जैसी कि एरियोपेगाइट की सीख है," विलियम ने विनम्रतापूर्वक कहा, "ईश्वर का उल्लेख केवल विकृत चीज़ों की मार्फ़त ही किया जा सकता है। और ह्यू ऑव सेण्ट विक्टॅर हमें याद दिलाते हैं कि समानताएँ जितनी ही असमान होती जाती हैं, सत्य उतना ही भयावह और अशोभन रूपों के आवरण में हमारे सामने प्रगट होता है, कल्पना सांसारिक भोगों से उतनी ही न्यूनतम तृप्ति हासिल करने लगती है और इस प्रकार बुतों की क्षुद्रता के तले छुपे हुए रहस्यों को अनुभव करने में समर्थ होती जाती है...।"

"मैं इस तर्क-प्रणाली से वाक़िफ़ हूँ! और मैं शर्म के साथ स्वीकार करता हूँ कि जब क्लूनियाक मठाधीश सिस्टर्सियनों के साथ टक्कर ले रहे थे तब यही हमारे धर्मसंघ का मुख्य तर्क था। लेकिन सेण्ट बर्नार्ड का कहना सही था : जो इनसान ईश्वर की रची हुई चीज़ों को आईने में देखी गई चीज़ों की तरह और धुँधले ढंग से** प्रगट करने के लिए दैत्यों और प्रकृति के अनिष्ट रूपाकारों का चित्रण करता है, वह धीरे-धीरे अपनी ही रची हुई इन विकृतियों में रस और आनन्द लेने लगता है और नतीजे में वह सिवा उनके और किसी भी माध्यम से चीज़ों को नहीं देख पाता। तुमको, तुम जो अभी भी देख सकते हो, सिर्फ़ मठ के शिखरों की ओर देखने की ज़रूरत है।" और उसने अपने हाथ से खिड़की के बाहर, गिरजाघर की तरफ़ इशारा किया। "ध्यान में डूबे हुए संन्यासियों की नज़रों में उन बेतुकी भोंडी आकृतियों का, उन विकृत आकारों और सुघड़ विकृतियों का क्या अर्थ है? उन घिनौने बन्दरों का? उन शेरों का, उन किन्नरों का, पेट में मुँह धारण किए, एक पैरवाले, पाल जैसे कानोंवाले उन अर्ध-मानव प्राणियों का? उन चित्तीदार बाघों का, उन युद्धरत सैनिकों का, अपनी तुरही फूँकते उन शिकारियों का और उन एक सिरधारी अनेक शरीरों तथा अनेक सिरधारी एकल शरीरों का? सर्प-पुच्छवाले चौपायों और चौपायों के चेहरेवाली मछलियों और इधर एक ऐसा जानवर जो सामने से घोड़ा लगता है और पीछे से मेढ़ा लगता है, तो उधर एक सींगधारी घोड़ा वग़ैरा वग़ैरा; अब तो किसी संन्यासी के लिए बजाय पाण्डुलिपियाँ पढ़ने के रंगबिरंगी पुस्तकें पढ़ने में और ईश्वर की रची संहिता का मनन करने की बजाय मनुष्य की कृतियों की तारीफ़ करने में ज़्यादा आनन्द मिलने लगा है। शर्मनाक है! तुम्हारी आँखों में भरी हुई चाहना और तुम्हारी मुस्कराहटें!"

बूढ़े का दम फूल गया और वह रुक गया। और मैं मन ही मन उसकी उस तीक्ष्ण याददास्त की तारीफ़ किए बिना न रह सका जिसके कारण वह, शायद वर्षों से अन्धा होने के बावजूद, उन तस्वीरों को याद कर पा रहा था जिनके भ्रष्ट रूप की वह निन्दा कर रहा था। जिस भावावेग के साथ वह उनका वर्णन कर पा रहा था उसको देखकर मुझे शक हुआ कि जब उसने इन तस्वीरों को देखा होगा तो इनने उसे बहुत गहरे सम्मोहित किया होगा। लेकिन ऐसा अक्सर हुआ है कि मैंने पाप के सबसे ज़्यादा सम्मोहक चित्रण उन शुद्ध सदाचारियों के ही पन्नों पर देखे हैं जो ऐसे चित्रणों के सम्मोहन और प्रभावों की निन्दा करते हैं। यह इस बात का संकेत है कि ये लोग सच्चाई का साक्षी होने को लेकर इतने उतावले होते हैं कि वे, ईश्वर के प्रति अपने प्रेम के चलते, पाप को उन तमाम सम्मोहनों से विभूषित करने में कोई संकोच नहीं बरतते जिनमें वह सच्चाई ख़ुद को ढँके रहती है; इस तरह लेखक लोगों को बेहतर तरीक़े से उन युक्तियों से परिचित कराते हैं जिसके सहारे शैतान उनको वशीभूत करता है। और, सच कहूँ तो जॉर्ज के शब्दों ने मुझे मठ के उन बाघों और बन्दरों को देखने की प्रबल इच्छा से भर दिया जिनकी मैंने अब तक सराहना नहीं की थी। लेकिन जॉर्ज ने मेरे विचारों के प्रवाह को रोक दिया क्योंकि उसने, इस बार पहले के मुक़ाबले ज़्यादा शान्त स्वर में, फिर से बोलना शुरू कर दिया था।

''हमारे ईश्वर को सीधा-सच्चा रास्ता बताने के लिए इस क़िस्म के मूर्खतापूर्ण तरीक़े अपनाने की ज़रूरत नहीं पड़ी। उसके द्वारा दिए गए दृष्टान्तों में ऐसा कुछ भी नहीं है जो हास्य उपजाता हो, या भय जगाता हो। इसके विपरीत जिस अडेल्मो की मृत्यु का तुम शोक मना रहे हो, उसने अपने द्वारा चित्रित अपरूपों में इतना आनन्द लिया कि वह उन बुनियादी चीज़ों के ही प्रति अन्धा हो गया जिनको दर्शाना उन चित्रणों का उद्देश्य था। और उसने अपरूपों के तमाम, मैं कहता हूँ तमाम''–उसका स्वर रहस्यमय और अनिष्टसूचक हो उठा–''रास्ते अपनाये। जिनकी सज़ा ईश्वर ही जानता है।''

एक बोझिल ख़ामोशी छा गई। इसे वेनेण्टियस ऑव साल्वेमेक ने तोड़ने का साहस किया।

''श्रद्धेय जॉर्ज,'' उसने कहा, ''आपके सद्गुण आपको पक्षपाती बनाते हैं। अडेल्मो की मृत्यु के दो दिन पहले आप ठीक इसी स्क्रिप्टोरियॅम में हुई विद्वत्तापूर्ण बहस में मौजूद थे। अडेल्मो इस बात के प्रति सजग था कि उसकी कला, बेतुकी और अजीबोग़रीब छवियों में रस लेती हुई भी, ईश्वर की महिमा की ओर मुखातिब हो, वह स्वर्गिक चीज़ों के ज्ञान का साधन बने। ब्रदॅर विलियम ने अभी एरियोपेगाइट का ज़िक्र किया, जिसने विद्रूप के रास्ते शिक्षा की बात की थी। और अडेल्मो ने उस दिन एक और प्रमाण-पुरुष, डॉक्टर ऑव एक्विनो, को उद्धृत किया था, जब उसने कहा था कि दैवीय विषयों को निकृष्ट देहों के रूपाकारों में ज़्यादा सटीक तरीक़े से समझाया जा सकता है, बजाय उत्कृष्ट देहों के। अव्वल तो इसलिए क्योंकि मनुष्य का अन्तःकरण विभ्रम से ज़्यादा आसानी से मुक्त होता है; वास्तव में, यह ज़ाहिर बात है कि कुछ ख़ास गुणधर्मों को दैवीय चीज़ों से जोड़कर नहीं देखा जा सकता और अगर उनका चित्रण ऊँचे दर्ज़े की भौतिक चीज़ों के माध्यम से किया जाता है तो वे सन्दिग्ध हो जाते हैं। दूसरे, इसलिए कि ईश्वर का जो भी ज्ञान इस धरती पर हमारे लिए उपलब्ध है यह अपेक्षाकृत विनम्र चित्रण उस ज्ञान से ज़्यादा मेल खाता है : यहाँ वह [ईश्वर]

ख़ुद को उसमें ज़्यादा प्रगट करता है जो नहीं है, बनिस्बत उसके जो कि है और इसलिए ईश्वर से बहुत दूर की उन चीज़ों की समानताएँ हमें उसकी कहीं ज़्यादा सटीक धारणा तक ले जाती हैं, क्योंकि इस प्रकार हम जान पाते हैं कि हम जो कहते और सोचते हैं वह उस सबसे ऊपर है। और तीसरे इसलिए कि इस तरीक़े से ईश्वरीय चीज़ें अपात्र व्यक्तियों से ज़्यादा बेहतर ढंग से छुपी रह पाती हैं। दूसरे शब्दों में, उस दिन हम लोग इस मसले को समझने को लेकर बातचीत कर रहे थे कि किस तरह से सत्य को विवेकपूर्ण और पेचीदा दोनों ही तरह की विलक्षण अभिव्यक्तियों के माध्यम से सामने लाया जा सकता है। और मैंने उसे स्मरण कराया था कि महान चिन्तक अरस्तू की कृति में मैंने इस मसले पर बहुत स्पष्ट शब्द पढ़े हैं...।''

''मुझे याद नहीं,'' जॉर्ज ने कटु स्वर में बात काटते हुए कहा, ''मैं बहुत बूढ़ा हूँ। मुझे याद नहीं रहता। हो सकता है मैं बहुत सख़्त बना रहा होऊँ। काफ़ी देर हो गई है, मुझे चलना चाहिए।''

''आश्चर्य की बात है कि आपको याद नहीं,'' वेनेण्टियस ने ज़ोर देते हुए कहा, ''वह बहुत विद्वत्तापूर्ण और बेहतरीन बातचीत थी, जिसमें बेनो और बेरेंगर ने भी हिस्सा लिया था। सवाल, दरअसल, यह था कि रूपक और श्लेष और पहेलियाँ भी, जो कवियों द्वारा भी निरे आनन्द के लिए कल्पित की गई प्रतीत होती हैं, क्या हमें चीज़ों के बारे में नए और विस्मयकारी ढंग से सोचने की दिशा में नहीं ले जातीं और मैंने कहा था कि एक बुद्धिमान मनुष्य से इस सद्‌गुण की भी अपेक्षा की जाती है...और मेलाची भी वहाँ मौजूद था...।''

''अगर श्रद्धेय जॉर्ज को याद नहीं आ रहा है तो उनकी उम्र और उनके उस दिमाग़ की थकान की इज़्ज़त कीजिए...जो अन्यथा हमेशा इतना स्फूर्त रहता है,'' इस बातचीत को सुन रहे एक संन्यासी ने कहा। वाक्य एक उत्तेजित लहजे में बोला गया था—कम से कम अपनी शुरुआत में तो निश्चय ही, क्योंकि एकबारगी इस बात का अहसास हो जाने के बाद कि बूढ़े के प्रति सम्मान का आग्रह करते हुए वह दरअसल एक कमज़ोरी की तरफ़ ध्यान खींच रहा था, वक्ता ने अपने हस्तक्षेप की गति को इस क़दर धीमा कर दिया था कि उसका अन्त लगभग क्षमायाचना से भरी एक फुसफुसाहट में हुआ। यह असिस्टेण्ट लाइब्रेरियन बेरेंगर ऑव अरुण्डेल था जो बोला था। वह फीके-सफ़ेद चेहरेवाला एक युवक था और, उसे देखते हुए, उबर्तिनो द्वारा दिया गया अडेल्मो का वर्णन याद हो आया : उसकी आँखें किसी कामुक स्त्री की आँखों जैसी लगती थीं। चूँकि हर कोई उसकी तरफ़ देख रहा था, उसने शर्माते हुए दोनों हाथों की अँगुलियाँ इस तरह उलझा रखी थीं जैसे कोई अपने अन्दरूनी तनाव को दबाने की इच्छा से करता है।

वेनेण्टियस की प्रतिक्रिया असामान्य थी। उसने बेरेंगर की तरफ़ यूँ देखा कि उसकी आँखें झुक गईं। ''बहुत अच्छे, बन्धु,'' उसने कहा, ''अगर याददाश्त ईश्वर की देन है, तब भूलने की सामर्थ्य भी शुभ हो सकती है और उसका भी आदर किया जाना चाहिए। उस सामर्थ्य का मैं अपने उस वयोवृद्ध बन्धु में आदर करता हूँ जिससे मैं बात कर रहा था। लेकिन तुमसे तो मैं उन बातों की अधिक स्पष्ट स्मृति की उम्मीद करता हूँ जो तब घटित हुई थीं जब हम यहाँ पर तुम सबके प्रिय एक दोस्त के साथ थे...।''

मैं कह नहीं सकता था कि वेनेण्टियस ने अपने लहजे से "प्रिय" शब्द पर बल दिया था कि नहीं। तथ्य यह है कि मैंने वहाँ मौजूद लोगों में एक घबराहट-सी महसूस की। हर व्यक्ति अलग दिशा में देखने लगा और कोई भी बेरेंगर की तरफ़ नहीं देख रहा था जो बुरी तरह से झेंप गया था। मेलाची जल्दी से, अधिकारपूर्वक बोल उठा : "आइए ब्रॅदर विलियम," उसने कहा, "मैं आपको दूसरी दिलचस्प पुस्तकें दिखाता हूँ।"

समूह इधर-उधर बिखर गया। मैंने बेरेंगर को वेनेण्टियस की ओर विद्वेष से भरी निगाह से ताकते हुए देखा, जिसका जवाब वेनेण्टियस ने भी चुप और गुस्ताख़ निगाह से दिया। यह देखकर कि बुज़ुर्ग जॉर्ज जा रहा है, मैं श्रद्धा के अहसास से भर उठा और उसका हाथ चूमने के लिए झुका। बुज़ुर्ग ने चुम्बन प्राप्त किया, मेरे सिर पर अपना हाथ रखा और मेरा परिचय पूछा। जब मैंने उसे अपना नाम बताया तो उसका चेहरा चमक उठा। "तुम एक महान और सुन्दर नाम धारण करते हो," उसने कहा। "जानते हो एड्सो ऑव मोण्टियर-एन-डेर कौन था?" उसने पूछा। मैंने स्वीकार किया कि मैं नहीं जानता। तब जॉर्ज ने जोड़ा, "वह एक महान और आश्चर्यजनक पुस्तक, *एण्टीक्राइस्ट पर केन्द्रित पुस्तिका*** का लेखक था, जिसमें उसने ऐसी चीज़ों का अनुमान किया था जो भविष्य में घटित होनेवाली थीं; लेकिन उसकी तरफ़ पर्याप्त ध्यान नहीं दिया गया था।"

"वह पुस्तक इस सहस्राब्दि के पहले लिखी गई थी," विलियम ने कहा, "और वे घटनाएँ घटित नहीं हुईं... ।"

"उनके लिए जिनके पास देखने के लिए आँखें नहीं हैं," अन्धे आदमी ने कहा। "एण्टीक्राइस्ट के तरीक़े धीमे और सन्ताप से भरे हुए होते हैं। वह उस वक़्त आता है जब हम उसकी उम्मीद नहीं कर रहे होते हैं : इसलिए नहीं कि ईसा के शिष्य द्वारा सूचित की गई गणना ग़लत थी, बल्कि इसलिए कि हमने वह कला नहीं सीखी।" फिर उसका चेहरा हाल की ओर मुड़ा और वह चीख़ा, बहुत ऊँची आवाज़ में, इतनी कि उसकी चीख़ स्क्रिप्टोरियॅम की छत से टकराकर गूँज उठी : "वह आ रहा है! अपने आख़िरी दिनों को इन धब्बेदार खालों और ऐंठी हुई दुमोंवाले छोटे-छोटे दैत्यों पर हँसते हुए बरबाद मत करो! इन आख़िरी सात दिनों को इस तरह मत गवाँ दो!"

सन्ध्या वन्दना

जिसमें मठ के बाक़ी हिस्सों का भ्रमण किया जाता है, विलियम अडेल्मो की मृत्यु के बारे में कुछ नतीजों तक पहुँचते हैं, काँच तराशनेवाले बन्धु से पढ़ने के काँचों के बारे में और उन लोगों के छायाभासों के बारे में बातचीत होती है जो बहुत ज़्यादा पढ़ने की कोशिश करते हैं।

तभी सन्ध्या-वन्दन का घंटा बजा और संन्यासी अपनी डेस्कों से उठने की तैयारी करने लगे। मेलाची ने हमें भी स्पष्ट किया कि हमको भी जाना होगा। उसे अपने सहयोगी बेरेंगर

के साथ वहीं रुकना था ताकि वे चीज़ों को वापस करीने से रख सकें (ये उसी के शब्द थे) और पुस्तकालय को रात के लिए जमा सकें। विलियम ने पूछा कि क्या वह दरवाज़ा बन्द करेगा।

"ऐसे कोई दरवाज़े नहीं हैं जो रसोई और भोजनालय से स्क्रिप्टोरियॅम में जाने का रास्ता रोकते हों, या जो स्क्रिप्टोरियॅम से पुस्तकालय तक जाने में बाधक हों। मठाधीश के निषेध को किसी भी दरवाज़े से ज़्यादा सख़्त मानना चाहिए। और पूरिका के पहले तक संन्यासियों को रसोई और भोजनालय दोनों की ही ज़रूरत पड़ती है। और उसके बाद बाहरी व्यक्तियों या जानवरों, जिनके सन्दर्भ में पाबन्दी की बात की कोई तुक नहीं है, को इडीफ़ीसियम में जाने से रोकने के लिए मैं खुद रसोई और भोजनालय में खुलनेवाले बाहरी दरवाज़ों को बन्द कर देता हूँ और उस क्षण के बाद से इडिफ़ीसियम अलग-थलग हो जाता है।"

हम नीचे चले गए। जैसे ही संन्यासी क्वाइअॅ की तरफ़ बढ़े, मेरे गुरुदेव ने तय पाया कि यदि हम लोग उपासना में शामिल नहीं होंगे तो ईश्वर हमें क्षमा कर देगा (आनेवाले दिनों में ईश्वर को हमें अनेक बार क्षमा करना था) और उन्होंने सुझाव रखा कि मैं परिसर में उनके साथ थोड़ा-सा पैदल चलूँ ताकि हम लोग उस जगह से वाक़िफ़ हो सकें।

मौसम ख़राब हो रहा था। ठंडी हवाएँ चलने लगी थीं और आसमान धुँधला होता जा रहा था। वनस्पति उद्यानों के पीछे डूबते हुए सूरज को महसूस किया जा सकता था और जैसे-जैसे हम गिरजाघर के क्वाइअॅ के बाजू से होते हुए पूरब की दिशा में परिसर के पिछले भाग में पहुँच रहे थे, अँधियारा छाने लगा था। वहाँ, बाहरी दीवार के लगभग सामने, जहाँ वह इडिफ़ीसियम की पूर्वी बुर्ज से जुड़ी हुई थी, अस्तबल बने हुए थे; पासी लोग सूअरों के रक्त से भरे हुए मर्तबानों को ढँक रहे थे। हमने लक्ष्य किया कि अस्तबलों के पीछे की बाहरी दीवार निचली थी, कुछ इस तरह कि आप उसके ऊपर से झाँक सकते थे। दीवारों के खड़े उतार के परे, वह हिस्सा, जिसका ढलान देखकर चक्कर आ जाता था, गन्दगी से ढँका हुआ था जिसे बर्फ़ पूरी तरह से छुपा नहीं सकी थी। मैं समझ गया कि यह दीवार के ऊपर से फेंका गया पुरानी घास-फूस का अम्बार था जो वहाँ से शुरू होकर नीचे उस मोड़ तक फैला हुआ था जहाँ से वह रास्ता शुरू होता था जो भगोड़े भूरे ने पकड़ा था।

पास के अस्तबलों में साईस पशुओं को नाँद की ओर ले जा रहे थे। हमने वह रास्ता पकड़ा था जिसके साथ-साथ, दीवार की तरफ़, बहुत से अस्तबल स्थित थे; बाईं ओर, क्वाइअॅ के सामने संन्यासियों का शयनागार और शौचालय थे। इसके बाद, जहाँ पूर्वी दीवार उत्तर की तरफ़ मुड़ती थी, वहाँ पत्थर के घेरे के कोण पर, लोहारखाना था। आख़िरी लोहार अपने औज़ार रखकर और आग बुझाकर उपासना में जाने की तैयारी कर रहा था। विलियम उत्सुकतावश लोहारख़ाने के उस हिस्से की तरफ़ बढ़े जो बाक़ी कार्यशाला से लगभग कटा हुआ था और जहाँ एक संन्यासी अपना सामान समेट रहा था। उसकी मेज़ पर बहुरंगी काँच के टुकड़े एकत्र थे, छोटे आकार के, लेकिन बड़े शीशे दीवार से टिकाकर रखे हुए थे। उसके सामने एक अधूरा अस्थि-पात्र था जिसका रजत-ढाँचा ही अभी अस्तित्व में आया था, लेकिन ज़ाहिर था कि उस पर वह शीशे और पत्थर के कंकड़ रख रहा था, जिनको उसके उपकरणों ने रत्नों के आकार में बदल दिया था।

इस प्रकार हमारी मुलाक़ात, मठ के शीशा तराशनेवाले उस्ताद निकोलस ऑव मोरिमाण्डो से हुई। उसने हमें बताया कि लोहारख़ाने के पिछले हिस्से में वे काँच भी बनाते थे, जबकि इस सामनेवाले हिस्से में, जहाँ लोहार काम करते थे, खिड़कियाँ तैयार करने के लिए काँच को सीसे में मढ़ा जाता था। लेकिन, उसने बताया कि जिन शीशों से गिरजाघर और इडिफ़ीसियम की सज्जा की गई है उन्हें गढ़ने का महान काम दो सदियों पहले ही पूरा हो चुका था। अब उसने और दूसरे लोगों ने ख़ुद को छोटे-मोटे उद्यमों और जीर्णोद्धार के कामों तक सीमित कर रखा था।

"और बहुत कठिनाई के साथ," उसने जोड़ा, "क्योंकि आज उस पुराने ज़माने के रंगों को पा सकना नामुमकिन है, ख़ास तौर से उस विलक्षण नीले रंग को जिसे आप आज भी क्वाइअॅ पर देख सकते हैं, जो इस क़दर स्वच्छ है कि जब सूरज ऊपर होता है, तो वह स्वर्ग की रोशनी को नेव में उँडेलता रहता है। नेव के पश्चिम की तरफ़ का शीशा, जिसकी मरम्मत हुए अभी ज़्यादा समय नहीं हुआ है, उसी कोटि का नहीं है और इस फ़र्क़ को आप गर्मी के दिनों में पहचान सकते हैं। वह बेकार है," उसने बात जारी रखते हुए कहा। "प्राचीनों जैसी विद्या अब हमारे पास कहाँ रही, विशालकाय लोगों का वह ज़माना अब बीत चुका है!"

"हम बौने हैं," विलियम ने स्वीकार किया, "लेकिन ऐसे बौने जो उन विशालकाय लोगों के कन्धों पर खड़े हैं और भले ही हम छोटे हैं, पर कभी-कभी हम क्षितिज को उससे आगे भी देख पाते हैं जहाँ तक उनकी निगाहें जाती थीं।"

"बताइए क्या है ऐसा जो हम उनसे बेहतर कर सकते हों," निकोलॅस ने उत्तेजित स्वर में कहा। "अगर आप चर्च के तहख़ाने में जाएँ, जहाँ पर मठ का ख़ज़ाना रखा हुआ है, तो आप वहाँ ऐसे बारीक़ कौशल के साथ गढ़े गए अस्थिपात्र देखेंगे कि उनके मुक़ाबले में मेरा यह क्षुद्र-सा विद्रूप, जिसकी पैबन्दसाज़ी में मैं लगा हुआ हूँ, उनका मज़ाक़ जान पड़ेगी!"

"ऐसा कुछ लिखा हुआ नहीं है कि पुराने ज़माने के उस्ताद ऐसी सुन्दर चीज़ें बना पाने में सक्षम थे, जो सदियों तक टिकी रह सकीं इसलिए शीशे तराशनेवाले उस्तादों को खिड़कियाँ और स्वर्णकारों को अस्थिपात्र ही बनाते रहना चाहिए। अन्यथा यह धरती अस्थिपात्रों से अँट जाती क्योंकि एक ऐसे वक़्त में जब जिन सन्तों के अवशेष उनमें रखे जाते हैं वे इस क़दर दुर्लभ हो चुके हैं," विलियम ने चुटकी ली। "न ही खिड़कियाँ ही हमेशा कसी जाती रहेंगी। लेकिन मैंने विभिन्न देशों में शीशे की बनी ऐसी नई-नई चीज़ें देखी हैं जो एक ऐसी भावी दुनिया की तरफ़ इशारा करती हैं जिनमें शीशा सिर्फ़ धार्मिक कामों में ही नहीं आएगा बल्कि वह मनुष्य की कमज़ोरी को दूर करने के काम भी आएगा। मैं आपको हमारे अपने वक़्त की ही एक ऐसी रचना दिखानी चाहता हूँ, जिसके एक बेहद उपयोगी नमूने के अपने पास होने का गौरव ख़ुद मुझे प्राप्त है।" उन्होंने अपने चोगे में हाथ डाला और उसमें से वे लेंस निकाले जिन्होंने हमसे मुखातिब उस व्यक्ति को भौंचक कर दिया।

बहुत गहरी दिलचस्पी के साथ निकोलॅस ने विलियम द्वारा दिए गए उस दो फलकवाले उपकरण को अपने हाथों में लिया। "फ्रेमवाले आँख के काँच!"** वह चीख़ उठा। "मैंने इनके बारे में एक जॉर्डन बन्धु से सुना था जो मुझे पीसा में मिला था! उसने बताया था कि अभी बीस साल भी नहीं हुए थे जब इनका आविष्कार हुआ था। लेकिन मेरी बात उससे बीस से भी ज़्यादा साल पहले हुई थी।"

"मैं समझता हूँ ये और भी पहले ईज़ाद कर लिए गए थे," विलियम ने कहा, "लेकिन इनको बनाना बहुत मुश्किल है और ये शीशा तराशने में अत्यन्त दक्षता रखनेवाले व्यक्ति की माँग करते हैं। इनमें बहुत सारा वक़्त और मेहनत लगती है। दस बरस पहले पढ़ने की इन आँखों का** एक जोड़ा छह बोलोग्नियाई क्राउन में बेचा जाता था। मुझे इनका एक जोड़ा महान उस्ताद साल्विनॅस ऑव अर्माती ने दिया था, कोई दस बरस पहले और मैं इनको इतने सालों से बहुत ही सम्हाल के रखे रहा हूँ, मानो वे मेरे शरीर के हिस्से हों।"

"उम्मीद है कि आप मुझे इन्हें परखने का मौक़ा देंगे, मुझे इस तरह के कुछ और ऐनक बनाकर बहुत ख़ुशी होगी," निकोलॅस ने भावुक होकर कहा।

"ज़रूर," विलियम ने सहमति दी, "लेकिन ध्यान रहे कि शीशे की मोटाई उस आँख के हिसाब की होनी चाहिए जिसके लिए उसे बनाया जा रहा हो और आपको सम्बन्धित व्यक्ति पर ऐसे बहुत-से शीशों का तब तक परीक्षण करते रहना होगा जब तक कि एकदम सही मोटाई हासिल नहीं हो जाती।"

"क्या चमत्कार है!" निकोलॅस ने कहा। और फिर भी लोग जादू-टोने और शैतानी साजिशों की बात करते हैं...।"

"जादू की बात तो आप इस उपकरण के सिलसिले में भी निश्चय ही कर सकते हैं," विलियम ने क़बूल किया। "लेकिन जादू के भी दो रूप हैं। एक वह जादू है जो कि शैतान की करतूत है और जिसका उद्देश्य आदमी को ऐसे छलों के रास्ते अधःपतन की ओर ले जाना है जिनके बारे में बात करना धर्मसंगत नहीं है। लेकिन एक वह जादू भी है जो कि दैवीय है, जहाँ ईश्वर का ज्ञान मानवीय ज्ञान की मार्फ़त प्रगट होता है और वह कुदरत की सूरत को बदलने में मदद करता है और जिसका एक उद्देश्य ख़ुद आदमी के जीवन को लम्बा करना है। और यह पवित्र जादू है, जिसके प्रति ज्ञानियों को ख़ुद को जितना बन सके उतना समर्पित करना चाहिए, सिर्फ़ इसलिए नहीं कि नई-नई खोजें की जा सकें बल्कि इसलिए भी कि कुदरत के उन रहस्यों को एक बार फिर से जाना जा सके जिनको दैवीय प्रज्ञा ने कभी यहूदियों के लिए, ग्रीकों के लिए, अन्य प्राचीन जातियों के लिए उजागर किया था, यहाँ तक कि आज भी जो विधर्मियों के लिए उजागर हैं (और मैं प्रकाश-विज्ञान तथा दृष्टि-विज्ञान के बारे में आपको वे तमाम विस्मयकारी बातें नहीं बता सकता जो कि विधर्मियों की पुस्तकों में पढ़ी जा सकती हैं!)। और ईसाई प्रज्ञा को चाहिए कि वह इस समूची विद्या को पेगनों से और विधर्मियों से कुछ इस तरह छीनकर मानो वह अपात्र हाथों से** छीनी जा रही हो, उस पर फिर से अपना अधिकार कायम करे।

"लेकिन जिनके पास यह विद्या है वे उसे ईश्वर के बनाए तमाम दूसरे लोगों से क्यों नहीं बाँटते?"

"क्योंकि ईश्वर के बनाए सारे लोग इतने रहस्यों को स्वीकार करने के लिए तैयार नहीं हैं और ऐसा अक्सर हुआ है कि इस विद्या को धारण करनेवाले लोगों को शैतान के साथ साँठ-गाँठ रखनेवाले ओझाओं के रूप में ग़लत समझा गया है और अपने ज्ञान के भण्डार में दूसरों के साथ साझा करने की अपनी इच्छा के लिए उन्हें अपने जीवन से हाथ धोने पड़े हैं। ख़ुद मुझे, ऐसे मुक़दमों के दौरान जिनमें किसी व्यक्ति पर शैतान के साथ ताल्लुक रखने का सन्देह होता था, इस बात का ध्यान रखना पड़ता था कि मैं इन लेंसों का इस्तेमाल न

करूँ और मुझे उन जिज्ञासु सहयोगियों की शरण लेनी पड़ती थी जो मेरे लिए उस लिखावट को पढ़ दें जिसकी मुझे ज़रूरत होती थी। अगर ऐसा न करता तो, इस ज़माने में जबकि शैतान हर कहीं मौजूद है और हर कोई, एक तरह, से गन्धक को सूँघ सकता है, खुद मुझको ही मुल्ज़िम का दोस्त समझ लिया जा सकता था। और अन्ततः, जैसी कि महापुरुष रोजर बेकॅन ने चेतावनी दी है, विज्ञान के रहस्य हमेशा हर किसी के हाथों में नहीं जाने चाहिए, क्योंकि कुछ लोग उनका इस्तेमाल पापपूर्ण उद्देश्यों के लिए कर सकते हैं। ऐसा अक्सर होता है कि ज्ञानियों को कुछ ख़ास पुस्तकों को, जो कि जादू की नहीं बल्कि महज़ अच्छे विज्ञान की पुस्तकें हैं, दिखावे के लिए इस तरह बरतना पड़ता है जैसे वे जादू की पुस्तकें हों, सिर्फ़ इसलिए ताकि उन्हें विवेकहीन निगाहों से दूर रखा जा सके।''

''यानी, आपको इस बात का डर है कि साधारण लोग इन रहस्यों का पापपूर्ण उपयोग कर सकते हैं?'' निकोलॅस ने पूछा।

''जहाँ तक साधारण लोगों का ताल्लुक है, मेरी आशंका सिर्फ़ यह है कि वे उनसे भयभीत हो जा सकते हैं, क्योंकि वे उनको उन शैतानी कारनामों से भ्रमित कर सकते हैं जिनके बारे में उनके उपदेशक उन्हें बताते रहते हैं। जानते हैं, मुझे ऐसे बहुत ही हुनरमन्द वैद्यों को जानने का मौक़ा मिला है जिन्होंने ऐसी औषधियों का सत तैयार किया हुआ था कि वे किसी बीमारी को तुरन्त ठीक कर सकती थीं। लेकिन जब वे अपना मरहम या अपना आसव साधारण लोगों को देते थे तो उसके साथ वे कुछ इस तरह के पवित्र शब्दों या मन्त्रों का प्रयोग करते थे जो सुनने में प्रार्थना जैसे लगते थे : इसलिए नहीं कि इन प्रार्थनाओं में रोग को दूर करने की ताक़त थी, बल्कि इसलिए कि, यह मानकर कि ये प्रार्थनाएँ उन्हें रोगमुक्त कर देंगी, साधारण लोग उस आसव को निगल जाएँगे या उस मरहम का लेप कर लेंगे और इस तरह वे औषधियों की असरकारी ताक़त की तरफ़ ध्यान दिए बिना ही चंगे हो जाएँगे। इसी तरह, पवित्र सूत्रों के प्रति श्रद्धा की भावना भी औषधियों के लौकिक प्रभाव में बेहतर ढंग से कारगर हो सकेंगी। लेकिन अक्सर ज्ञान के ख़ज़ाने की रक्षा की ज़रूरत होती है, साधारण लोगों से नहीं बल्कि ज्ञानियों से। आज आश्चर्यजनक मशीनें बना ली गई हैं, जिनके बारे में मैं आपको किसी दिन बताऊँगा, जिनकी मदद से प्रकृति की गति का सच्चा अनुमान लगाया जा सकता है। लेकिन कितना दुर्भाग्यपूर्ण होगा अगर ये मशीनें ऐसे लोगों के हाथों में आ जाएँ जो इनका इस्तेमाल अपनी दुनियावी ताक़त को बढ़ाने और अपने परिग्रह की लालसा को तुष्ट करने के लिए करना चाहते हैं। मुझे बताया गया था कि कैथे में एक मनीषी ने एक ऐसे पाउडर का मिश्रण तैयार किया था जो आग के सम्पर्क में आने पर भीषण गड़गड़ाहट और ऐसी ज़बरदस्त लपटें पैदा कर सकता है, जो आसपास के कई गज में मौजूद हर चीज़ को तबाह कर सकती हैं। एक आश्चर्यजनक उपकरण, बशर्ते कि उसका इस्तेमाल नदी के तल को खिसकाने या खेती के लिए ज़मीन तैयार करते वक़्त चट्टानों को तोड़ने के लिए किया जाए। लेकिन अगर कोई उसका उपयोग अपने निजी शत्रु को नुक़सान पहुँचाने के लिए करने लगे तो?''

''शायद बेहतर हो कि वे ईश्वर के रचे लोगों के दुश्मन हों,'' निकोलॅस ने धर्मपरायण भाव से कहा।

''शायद,'' विलियम ने स्वीकार किया। ''लेकिन ईश्वर के रचे लोगों का दुश्मन आज है कौन? सम्राट लुई या पोप जॉन?''

"हे ईश्वर!" भयभीत होकर निकोलॅस ने कहा। "इस क़दर दर्दनाक सवाल का फ़ैसला मैं तो नहीं करना चाहूँगा!"

"देखा?" विलियम ने कहा। "कभी-कभी कुछ रहस्यों का रहस्यमय शब्दों से ढँका रहना ही बेहतर होता है। कुदरत के रहस्य बकरी या भेड़ की खाल पर लिखकर नहीं भेजे जाते। रहस्यों की पुस्तक में अरस्तू कहते हैं कि कुदरत और कला के बहुत ज़्यादा रहस्यों को सम्प्रेषित करने से एक दैवीय प्रतिज्ञा भंग होती है और अनिष्ट घटित हो सकते हैं। इसका मतलब यह नहीं है कि रहस्य उजागर नहीं किए जाने चाहिए, बल्कि यह है कि यह ज्ञानियों को तय करने देना चाहिए कि उनको कब और कैसे उजागर किया जाए।"

"यही वजह है कि इस तरह की जगहों पर यह बेहतर समझा गया है," निकोलॅस ने कहा, "कि सभी पुस्तकें हर व्यक्ति की पहुँच में न हों।"

"यह एक दूसरा मसला है," विलियम ने कहा। "अगर वाचालता का अतिरेक एक दोष हो सकता है तो चुप्पी का अतिरेक भी एक दोष हो सकता है। मेरे कहने का आशय यह नहीं था कि ज्ञान के स्रोत को छुपाना ज़रूरी है। इसके विपरीत, यह चीज़ मुझे बहुत बड़ा पाप प्रतीत होती है। मेरा आशय यह था कि चूँकि ये ऐसे रहस्य हैं जिनसे शुभ और अशुभ दोनों तरह के नतीजे हासिल किए जा सकते हैं, इसलिए एक ज्ञानी व्यक्ति को इसका हक़ है और यह उसका कर्तव्य है कि वह ऐसी दुरूह भाषा का इस्तेमाल करे जो सिर्फ़ उसके साथी लोग ही समझ सकें। ज्ञान-प्राप्ति की जीवन-चर्या कठिनाई से भरी होती है और शुभ और अशुभ के बीच विवेक करना कठिन होता है। और हमारे समय के ज्ञानी पुरुष प्रायः बौनों के कन्धों पर सवार बौने हैं।"

मेरे गुरुदेव के साथ इस सौहार्दपूर्ण बातचीत ने निकोलॅस के मन में निश्चय ही विश्वास का भाव जगाया होगा। क्योंकि उसने विलियम को आँख मारी (मानो वह कहना चाहता हो : तुम और मैं एक-दूसरे को समझते हैं क्योंकि हम लोगों की राय एक-दूसरे से मिलती है) और उसने इशारा किया : "लेकिन वहाँ"—उसने इडीफ़ीसियम की तरफ़ सिर मोड़ा—"वहाँ तो ज्ञान के रहस्यों को पूरी तरह से जादुई कृत्यों के पहरे में रखा जा रहा है...।"

"वाक़ई?" विलियम ने उदासीनता दर्शाते हुए कहा। "बन्द दरवाज़े, सख़्त निषेध, धमकियाँ, मेरा ख़याल है यही सब होगा।"

"अरे नहीं। इससे भी ज़्यादा...।"

"जैसे, क्या?"

"ख़ैर, मैं ठीक-ठीक नहीं जानता; मेरा सरोकार शीशे से है, पुस्तकों से नहीं। लेकिन मठ में अफ़वाहें हैं... अजीबोग़रीब अफ़वाहें..."

"किस क़िस्म की?"

"अजीबोग़रीब। मसलन, एक संन्यासी के बारे में जिसे लाइब्रेरियन ने कोई किताब देने से मना कर दिया और इसलिए जिसने रात के एकान्त में लाइब्रेरी में जाने का जोखिम उठाया और वहाँ पर उसे साँप और बिना सिर के आदमी और दो सिरोंवाले आदमी दिखाई दिए। जब वह उस भूलभुलैया से बाहर आया तो वह लगभग पागल हो चुका था...।"

"लेकिन आप जादू की बात क्यों कर रहे हैं, शैतानी प्रेत-बाधाएँ क्यों नहीं?"

"क्योंकि भले ही मैं एक तुच्छ शीशा तराशनेवाला हूँ, मैं इतना भी भोला नहीं हूँ। शैतान

(ईश्वर हमारी रक्षा करे!) सर्पों और दो सिरोंवाले आदमियों के सहारे किसी संन्यासी को नहीं बहकाता। इसकी बजाय वह कामोत्तेजक दृश्यों का सहारा लेता है, जैसा कि उसने रेगिस्तान में पादरियों को बहकाने के लिए किया था। फिर यह भी है कि अगर किन्हीं पुस्तकों को बरतना पाप है तो शैतान किसी संन्यासी को वह पाप करने से भला क्यों रोकेगा?''

''यह बात तो मुझे काफ़ी युक्तिसंगत लगती है,'' मेरे गुरुदेव ने स्वीकार किया। ''और अन्ततः, जब मैं अस्पताल की खिड़कियों की मरम्मत कर रहा था, तो अपना मन बहलाने के लिए मैंने सेवेरिनॅस की कुछ पुस्तकों को पलटा था। उनमें से एक, मेरा ख़याल है, अल्बर्टस मेग्नॅस की लिखी, रहस्यों की पुस्तक थी; उसके कुछ विलक्षण से चित्रों की वजह से मेरा ध्यान उसकी तरफ़ गया था और तब मैंने उसके कुछ पन्ने पढ़े, जिनमें किसी चिराग़ की बाती को चिकनाई लगाने की विधि बताई गई थी और कहा गया था कि इससे पैदा होनेवाला धुआँ अजीबोग़रीब नज़ारों को पैदा कर सकता है। आपने ध्यान दिया होगा, बल्कि यूँ कहें कि आप अभी इस ओर ध्यान दे ही नहीं सके होंगे, क्योंकि आपने अभी तक मठ में रात नहीं बिताई है, यह कि अँधेरे के दौरान इडीफ़ीसियम की ऊपरी मंज़िल को रोशन रखा जाता है। कुछ ख़ास जगहों पर खिड़कियों से फीकी-सी उजास दिखाई देती है। बहुत-से लोगों ने इसके बारे में अटकलें लगाई हैं और लोगों का कहना है कि यह कोई छलावा है, या फिर ये मृत लाइब्रेरियनों की आत्माएँ हैं जो अपनी दुनिया की सैर पर आती हैं। इन क़िस्सों पर यहाँ बहुत-से लोग विश्वास करते हैं। मुझे लगता है कि ये वहम पैदा करने के लिए तैयार किए गए चिराग़ हैं। जानते हैं, अगर आप किसी कुत्ते के कान से मैल निकालें और उससे चिराग़ की बाती को चिकनाकर उसे जलाएँ, तो उस चिराग़ के धुएँ को सूँघनेवाले को लगेगा कि उसका सिर कुत्ते का है और अगर वह किसी और व्यक्ति के साथ हुआ तो उस दूसरे को कुत्ते का सिर दिखाई देगा। और ऐसा ही एक दूसरा लेप है जिसके कारण चिराग़ के पास खड़ा व्यक्ति खुद को हाथियों जितना बड़ा महसूस करता है। और चमगादड़ की तथा दो मछलियों, जिनके नाम मुझे याद नहीं, की आँखों और भेड़िये के विष से आप एक ऐसी बाती तैयार कर सकते हैं जो जब जलेगी तो आपको वे जानवर दिखाई देंगे जिनकी चर्बी आपने ली है। और गिरगिट की पूँछ से आपको अपने आस-पास की हर चीज़ चाँदी की बनी लगेगी और काले साँप की चर्बी तथा कफ़न के एक छोटे से टुकड़े से आपको कमरा साँपों से भरा हुआ प्रतीत होगा। मुझे यह मालूम है। लाइब्रेरी के अन्दर कोई बहुत चालाक व्यक्ति मौजूद है...।''

''लेकिन क्या वे मृत लाइब्रेरियनों की आत्माएँ नहीं हो सकतीं जो ये जादुई करतब दिखाती हों?''

निकोलॅस परेशान और बेचैन बना रहा। ''मैंने यह नहीं सोचा था। हो सकता है। ईश्वर हमारी रक्षा करे। देर हो गई है। सन्ध्या-वन्दना पहले ही शुरू हो चुकी है। विदा।'' और वह गिरजाघर की तरफ़ चल पड़ा।

हमने दक्षिणी भाग की ओर अपनी पदयात्रा जारी रखी : हमारी दाईं तरफ़ तीर्थयात्रियों के लिए अस्पताल और बग़ीचों से युक्त सभागृह थे, बाईं तरफ़ जैतून पेरने के कोल्हू, चक्कियाँ, अन्नभण्डार, सुरागार और नवदीक्षितों के निवास थे। और हर कोई गिरजाघर की तरफ़ भागा जा रहा था।

''निकोलॅस ने जो कहा उसके बारे में आप क्या सोचते हैं?'' मैंने पूछा।

''पता नहीं। पुस्तकालय में कुछ तो है और मैं इस पर विश्वास नहीं करता कि वे मृत लाइब्रेरियनों की आत्माएँ हो सकती हैं...''

''क्यों नहीं?''

''क्योंकि, मेरा ख़याल है कि वे ऐसे नेक इनसान थे कि आज वे स्वर्ग के साम्राज्य में रहकर दैवीय मुखाकृति का ध्यान कर रहे होंगे, बशर्ते कि तुम्हें मेरा यह जवाब सन्तुष्ट कर सके। जहाँ तक चिराग़ों का सवाल है, हम देखेंगे कि क्या वे वहाँ पर हैं। और जहाँ तक लेपों का सवाल है, जिनकी बात हमारा शीशा तराशनेवाला कर रहा था, तो विचित्र दृश्यों को आसानी से उकसाया जा सकता है और सेवेरिनॅस उनके बारे में अच्छी तरह से जानता है, जैसा कि तुमने आज देखा है। जो चीज़ निश्चित है वह यह है कि मठ में किसी को भी रात के समय में पुस्तकालय में जाने की इजाज़त नहीं है और यह कि, इस मनाही के बावजूद, बहुत-से लोगों ने ऐसा करने की कोशिश की है।''

''और हमारे अपराध का इस सबसे क्या ताल्लुक है?''

''अपराध। मैं जितना ही इस बारे में सोचता हूँ उतना ही मुझे लगता है कि अडेल्मो ने अपनी हत्या खुद ही की है।''

''मतलब?''

''तुम्हें आज सुबह की याद है जब मैंने गन्दी घास के ढेर के बारे में बात की थी? जब हम पूर्वी मीनार के तले मोड़ पर चढ़ रहे थे, मैंने उन निशानों पर ग़ौर किया था जो उस जगह पर ज़मीन के खिसकने से बन गए हैं : बल्कि यूँ कहें कि वे मीनार के नीचे, क़रीब-क़रीब उस जगह जहाँ पर कचरा इकट्ठा होता है, ज़मीन का एक हिस्सा टूट कर फिसलने से छूट गए निशान थे। और इसीलिए इस शाम जब हमने ऊपर से नीचे देखा था तो हल्की-सी बर्फ़ हमें दिखाई दी थी जिसने घास को ढँक रखा था; जिस बर्फ़ से वह ढँकी थी वह एकदम हाल ही की, कल की, बर्फ़ थी, न कि वह बर्फ़ जो उसके पहले पिछले कुछ दिनों से पड़ती रही थी। जहाँ तक अडेल्मो की लाश का सवाल है, मठाधीश ने हमें बताया था कि वह चट्टानों से टकराने की वजह से क्षत-विक्षत हो चुकी थी और पूर्वी मीनार के नीचे, जहाँ इमारत एक खड़ी ढलान से जुड़ती है, वहाँ पर देवदार के वृक्ष उग रहे हैं। तब भी, चट्टानें सीढ़ियों का आकार लेती हुईं उस जगह के ठीक नीचे हैं जहाँ पर दीवार ख़त्म होती है और उसके बाद ही घास का ढेर शुरू होता है।''

''तो?''

''तो, जरा सोचो कि क्या यह मानना हमारे दिमाग़ के लिए कम—कैसे कहूँ—कम ख़र्चीला नहीं होगा कि अडेल्मो ने, जिस किसी भी वजह से, खुद को अपनी मर्ज़ी से मुँडेर से नीचे फेंक दिया, वह चट्टानों से टकराया और मृत या घायल, जिस किसी भी दशा में घास के ढेर में धँस गया। इसके बाद उस रात आई आँधी की वजह से हुआ भूस्खलन घास को और ज़मीन के एक हिस्से को और उस ग़रीब के शरीर को पूर्वी मीनार के नीचे खीच ले गया।''

''आप यह क्यों कह रहे हैं कि यह समाधान हमारे दिमाग़ के लिए कम ख़र्चीला है?''

''प्यारे एड्सो, जब तक बहुत ही ज़्यादा ज़रूरी न हो हमें कैफ़ियतों और वजहों को बढ़ाना नहीं चाहिए। अगर अडेल्मो पूर्वी मीनार के ऊपर से गिरा होता तो इसका मतलब

था कि उसको पुस्तकालय में गया होना चाहिए था, फिर किसी ने उस पर पहले प्रहार किया होता ताकि वह किसी तरह का प्रतिरोध बरतने की स्थिति में न रह जाए और फिर वह व्यक्ति अपने कन्धे पर उसके मृत शरीर को उठाकर किसी तरह खिड़की तक पहुँचा होता, उसने खिड़की को खोला होता और अभागे संन्यासी को नीचे फेंक दिया होता। लेकिन मेरी कल्पना के लिए हमें सिर्फ़ अडेल्मो की, उसके फ़ैसले की और थोड़ी-सी ज़मीन के अपनी जगह से खिसकने की ज़रूरत है। कम से कम कारणों का इस्तेमाल करते हुए हर बात साफ़ है।" "लेकिन उसने अपनी ही हत्या क्यों की होगी?" "लेकिन किसी ने भी उसकी हत्या क्यों की होगी? दोनों ही दशाओं में कारणों की खोज ज़रूरी है। और यह बात मुझे सन्देह से परे लगती है कि कारण रहे होंगे। इडीफ़ीसियम में एक ख़ामोशी का माहौल है; वे सब के सब किसी बात को पूरी तरह से छुपा रहे हैं। इस दौरान हम अडेल्मो और बेरेंगर के बीच कुछ विचित्र से रिश्ते के कुछ संकेत–जो कि निश्चय ही बिल्कुल धुँधले से ही हैं–जुटा चुके हैं। जिसका मतलब है कि हम असिस्टेण्ट लाइब्रेरियन पर निगाह रखेंगे।"अभी जब हम इस तरह बातचीत कर ही रहे थे कि सन्ध्या-वन्दन का अनुष्ठान समाप्त हो गया। भृत्य ब्यालू के लिए जाने से पहले अपने काम पर लौट रहे थे, संन्यासी भोजनालय की ओर जा रहे थे। आसमान अब अँधेरा था और बर्फ़वारी की शुरुआत हो रही थी। हल्की बर्फ़, मुलायम हल्के फाहों की शक्ल में, जो, मेरा ख़याल है, रात के ज़्यादातर समय तक जारी रही होगी, क्योंकि अगली सुबह सारी ज़मीन, कहना चाहिए, सफ़ेद कम्बल से ढँकी थी।

मैं भूखा था और मैंने राहत की साँस लेते हुए भोजन की मेज़ पर जाने के विचार का स्वागत किया।

पूरिका

जिसमें विलियम और एड्सो मठाधीश की खुशनुमा मेहमान नवाज़ी का और जॉर्ज के गुस्से से भरे वार्तालाप का आनन्द लेते हैं।

भोजनालय बड़ी-बड़ी मशालों से रोशन किया गया था। संन्यासी क़तारबद्ध मेज़ों पर बैठे हुए थे, जो मठाधीश की उस मेज़ से नीची थीं जिसको एक चौड़े मंच पर संन्यासियों की मेज़ों की क़तार पर लम्बे में जमाया गया था। सामने के हिस्से में एक प्रवचन-मंच था, जहाँ ब्यालू के दौरान पाठ करने जा रहा संन्यासी अपनी जगह ले चुका था। मठाधीश सेण्ट पेशोमियस के पुरातन विधान के मुताबिक़, हमारे हाथ पोंछने को एक सफ़ेद वस्त्र लिए छोटे से झरने के पास खड़ा हमारा इन्तज़ार कर रहा था।

मठाधीश ने विलियम को अपनी मेज़ पर आमन्त्रित किया और कहा कि, इसके बावजूद कि मैं एक बेनेडिक्ट नवदीक्षित हूँ, एक नया मेहमान होने के नाते इस शाम मुझे भी इस विशेष सुविधा का लाभ मिलेगा। उन्होंने पिता-तुल्य स्नेह के साथ मुझसे कहा कि आनेवाले दिनों में, मैं संन्यासियों के साथ बैठ सकूँगा, या, अगर मेरे गुरुदेव ने मुझे कोई काम सौंपा

होगा तो मैं भोजन के पहले या बाद में रसोई में भी रुक सकूँगा और रसोइये मेरे भोजन का इन्तज़ाम वहीं पर कर देंगे।

संन्यासी अब अपनी-अपनी मेज़ों के सामने खड़े थे, स्थिर, उनकी टोपियाँ उनके सिर पर झुकी हुईं थीं, उनके हाथ उनके स्कन्धावरणों के नीचे थे। मठाधीश ने अपनी मेज़ पर पहुँचकर "ईश्वर अनुग्रह करे"** का उच्चारण किया। प्रवचन-मंच से अग्रगायक ने "ग़रीब भोजन करेंगे"** का गायन किया। मठाधीश ने बेनेडिक्शन दिया और सब बैठ गए।

हमारे संस्थापक का विधान मिताहार का निर्देश करता है, लेकिन वह मठाधीश को यह तय करने का अधिकार देता है कि संन्यासियों को वाक़ई कितने भोजन की ज़रूरत है। हालाँकि आज हमारे मठों में भोजन की मेज़ पर बहुत ज़्यादा आसक्ति का भाव दिखाई देता है। मैं उन मठों के बारे में तो बात नहीं करूँगा जो बदक़िस्मती से पेटूपन के अड्डों में बदल चुके हैं; लेकिन तपश्चर्या और सदाचार के मानदंडों का पालन करनेवाले मठ भी लगभग हर समय कठोर बौद्धिक श्रम में लगे रहनेवाले संन्यासियों को क्षीण नहीं बल्कि पर्याप्त आहार उपलब्ध कराते हैं। दूसरी तरफ़, मठाधीश की मेज़ पर हमेशा विशेष कृपा बरती जाती है, ख़ास तौर से इसलिए कि वहाँ पर अक्सर ही सम्मानित अतिथि बैठते हैं और मठ अपनी ज़मीन, अपनी भुसौर की पैदावार तथा अपने रसोइयों की दक्षता पर गर्व करते हैं।

जैसा कि रिवाज़ है संन्यासियों का भोजन ख़ामोशी के साथ जारी रहा; उन्होंने जो भी संवाद किया वह अँगुलियों की सामान्य वर्णमाला के सहारे किया। वे सारे व्यंजन जो सबके लिए थे मठाधीश की मेज़ पर परोसे जाने के बाद नवदीक्षितों और युवा संन्यासियों के लिए सबसे पहले परोसे गए।

मठाधीश की मेज़ पर हमारे साथ मेलाची, भण्डारी और दो सबसे बुज़ुर्ग संन्यासी बैठे, जिनमें से एक वही श्रद्धास्पद नेत्रहीन जॉर्ज ऑव बर्गोस था जिससे मैं स्क्रिप्टोरियम में मिला था और दूसरा एलिनार्दो ऑव ग्रोटाफ़ेराटा था : प्राचीन, लगभग सौ वर्षीय, पंगु और देखने में दुर्बल और–जैसा कि मुझे लगा–मतिभ्रंश का शिकार। मठाधीश ने हमें बताया कि एक नवदीक्षित के रूप में मठ में आए होने के नाते एलिनार्डो वहाँ हमेशा से रह रहा था और उसे मठ की अस्सी साल की घटनाएँ याद थीं। मठाधीश ने ये बातें हमसे फुसफुसाते हुए शुरू में कही थीं, क्योंकि बाद में उन्होंने हमारे संघ की रीति का पालन करते हुए मौन रहकर पाठ को सुना। लेकिन, जैसा कि मैंने कहा, मठाधीश की मेज़ पर कुछ ख़ास चीज़ों की छूट थी और जब मठाधीश ने अपने यहाँ के जैतून के तेल का या वाइन का गुणगान किया तो हमने भी उन व्यंजनों की तारीफ़ की जो हमारे लिए परोसे गए थे। दरअसल, एक बार तो जब उन्होंने वाइन हमारे गिलास में डाली, तो उन्होंने विधान के उस अंश का स्मरण किया जहाँ पवित्र संस्थापक ने कहा था कि वाइन का सेवन निश्चय ही संन्यासियों के लिए उचित नहीं है, पर चूँकि हमारे वक़्त के संन्यासियों को इसे पूरी तरह से तज देने के लिए मनाया नहीं जा सकता, तो कम से कम उन्हें छककर तो नहीं ही पीना चाहिए, क्योंकि, जैसा कि इक्लेसियाट्स ने हमें आगाह किया है, वाइन स्वधर्म-त्याग तक के लिए उकसा सकती है। बेनेडिक्ट ने 'हमारे वक़्त की बात' अपने उस समय की तरफ़ इशारा करते हुए कही थी जो अब बहुत पीछे छूट चुका था : आप उस वक़्त की कल्पना कर सकते हैं जिसमें, आचरण में इतनी गिरावट आ चुकने के बाद, हम मठ में चुस्कियाँ ले रहे थे (और मैं अपने समय

के बारे में, जिसमें मैं लिख रहा हूँ, कुछ नहीं कहूँगा, सिवा इसके कि यहाँ, मेल्क में बियर के प्रति ज़बरदस्त आसक्ति है!) : संक्षेप में यह कि हमने बहुत ज़्यादा तो नहीं पी लेकिन लेकिन इतनी कम भी नहीं कि मज़ा न आया हो।

हमने ताजे काटे गए सूअर का सीख पर पकाया गया मांस खाया और मैंने महसूस किया कि दूसरे भोजनों को पकाने में वे लोग पशुओं की चर्बी का या तोरी के तेल का उपयोग नहीं करते थे, इसकी बजाय वे अच्छे क़िस्म के जैतून के तेल का इस्तेमाल करते थे, जो पहाड़ी की तलहटी में समुद्र की तरफ़ स्थित मठ की अपनी ज़मीन से आता था। मठाधीश ने हमें वह चिकिन (जो सिर्फ़ उनकी मेज़ के लिए ही रिज़र्व था) भी चखाया जिसे मैंने रसोई में पकाये जाते हुए देखा था। मैंने देखा कि उनके पास भी धातु का एक काँटा था, एक दुर्लभ वस्तु, जिसकी आकृति को देखकर मुझे अपने गुरुदेव की ऐनक की याद आई। कुलीन वंश का होने के नाते हमारा यजमान अपने हाथों को भोजन से गन्दा नहीं करना चाहता था, बल्कि उसने हमारे लिए भी अपना उपकरण पेश किया ताकि हम मांस के टुकड़े बड़ी प्लेट से उठाकर अपने कटोरे में डालने के लिए तो उसका इस्तेमाल कम से कम कर ही सकें। मैंने मना कर दिया, लेकिन मैंने देखा कि विलियम ने उसे सहर्ष ले लिया और महान भद्रपुरुषों के उस उपकरण का बहुत ही उदासीन भाव से इस्तेमाल किया, शायद मठाधीश के सामने यह दिखाने कि सभी फ्रांसिस्कन कम पढ़े-लिखे या हीन नहीं होते।

इस अत्यन्त स्वादिष्ट भोजन (जो मुझे कई दिनों की उस यात्रा के बाद मिल पाया था जिसके दौरान हमें जो मिला सो हम खा लेते थे) के प्रति अपने उत्साह के चलते मैं उस पाठ की तरफ़ ध्यान ही नहीं दे पाया था जो इस दौरान पूरे भक्ति-भाव से जारी था। उसकी तरफ़ मेरा ध्यान जॉर्ज की ओर से आई सम्मति की ज़ोरदार घुरघुराहट ने खीचा और मैंने महसूस किया कि हम पाठ की उस मंज़िल पर पहुँच चुके थे जिस पर हमेशा विधान का विशेष अध्याय पढ़ा जाता है। चूँकि मैंने जॉर्ज को उस शाम बात करते हुए सुना था, इसलिए मैं समझ सका कि वह क्यों इस क़दर सन्तुष्ट अनुभव कर रहा था। पाठकर्ता कह रहा था, ''हमें ईश्वर के दूत के दृष्टान्त का अनुसरण करना चाहिए जो कहता है : मैंने फ़ैसला कर लिया है, मैं अपने आचरण पर निगाह रखूँगा ताकि मैं अपनी वाणी से कोई पाप न करूँ, मैंने अपने मुँह को लगाम दी है, ख़ुद को विनम्र बनाते हुए मैं गूँगा हो गया हूँ, यहाँ तक कि मैंने सच्ची बातें बोलने से भी ख़ुद को रोक लिया है। और अगर इस अध्याय में ईश्वर का दूत हमें यह शिक्षा देता है कि इस पाप के दंड से बचने के लिए मौन के प्रति हमारे प्रेम को कभी-कभी हमें धर्मसंगत बातें कहने से भी रोकने का कारण बन सकना चाहिए, तो फिर वर्जित वार्तालाप से ख़ुद को दूर रखना किस क़दर ज़रूरी है!'' और फिर पाठ जारी रखते हुए उसने कहा : ''लेकिन गँवारपन, मूर्खता और मसखरी को तो हम, सर्वत्र, चिरस्थायी क़ैद जैसा अभिशाप मानते हैं और हम शिष्यों को इस तरह की वाणी बोलने के लिए मुँह भी नहीं खोलने देते।''

''और यह बात उन हाशियों पर भी लागू होती है जिनके बारे में हम आज बात कर रहे थे,'' जॉर्ज धीमे स्वर में टिप्पणीं करने से ख़ुद को नहीं रोक सका। ''जॉन क्राइसोस्टोम ने कहा है कि ईसा कभी हँसे नहीं थे।''

''उनके मानवीय स्वभाव में ऐसा कुछ भी नहीं था जिसने उन्हें ऐसा करने से रोका हो,''

विलियम ने टिप्पणी की, "क्योंकि, जैसी कि धर्मशास्त्री हमें शिक्षा देते हैं, हँसी मनुष्य के सन्दर्भ में स्वाभाविक चीज़ है।"

"मनुष्य का बच्चा हँस सकता था, लेकिन ऐसा कहीं नहीं लिखा है कि उसने ऐसा किया था," पेट्रॅस केण्टोर को उद्धृत करते हुए जॉर्ज ने तीखे अन्दाज़ में कहा।

"खाओ, वह पहले ही पक चुका है।"** विलियम बुदबुदाए। "खाओ, क्योंकि यह अच्छा बना है।"

"क्या?" जॉर्ज ने पूछा, क्योंकि उसे लगा विलियम किसी व्यंजन का ज़िक्र कर रहे हैं जो उसके लिए परोसा जा रहा है।

"ये वे शब्द हैं जो, एम्ब्रोस के मुताबिक़, सेण्ट लॉरेंस ने तवे पर लेटे हुए उस वक़्त कहे थे जब उन्होंने अपने जल्लादों को बुलाकर कहा था कि वे उनको उल्टा कर दें, जैसा कि प्रूडेण्टियॅस ने भी अपनी कविता *(बुक) ऑव क्राउन्स*** में याद किया है," विलियम ने सन्तसुलभ भाव से कहा। "इसलिए सेण्ट लॉरेंस जानते थे कि किस तरह हँसा जाता है और हास्यास्पद बातें कही जाती हैं, भले ही उनका मक़सद अपने दुश्मनों को बेइज़्ज़त करना था।"

"इससे यही साबित होता है कि हँसी मृत्यु के और देह की विकृति के बहुत क़रीब की कोई चीज़ है," जॉर्ज ने गुर्राते हुए जवाब दिया; और मुझे मानना पड़ेगा कि उसने एक अच्छे तर्कशास्त्री की तरह बात की।

तभी मठाधीश ने सद्भावपूर्वक हमसे चुप हो जाने का आग्रह किया। वैसे भी भोजन ख़त्म होने को था। मठाधीश उठ खड़ा हुआ और उसने संन्यासियों को विलियम का परिचय दिया। उसने उनकी बुद्धि की तारीफ़ की, उनकी ख्याति के बारे में विस्तार से बताया और उनको सूचना दी कि मेहमान से अडेल्मो की मृत्यु की तह्क़ीक़ात करने का आग्रह किया गया है; और मठाधीश ने संन्यासियों से भी आग्रह किया कि वे विलियम के हर सवाल का जवाब दें तथा समूचे मठ के अपने मातहतों को भी ऐसा करने को कहें।

ब्यालू के बाद संन्यासी पूरिका की उपासना के लिए क्वाइअॅ जाने के लिए तैयार हुए। उन्होंने एक बार फिर अपने-अपने चेहरों पर अपनी टोपियाँ झुका लीं और दरवाज़े पर क़तार बनाकर खड़े हो गए। फिर वे आगे बढ़े और क़ब्रिस्तान को पार करते हुए उत्तरी दरवाज़े से क्वाइअॅ में प्रविष्ट हुए।

हम मठाधीश के साथ हो लिए। "क्या यही वह वक़्त है जब इडीफ़ीसियम को बन्द कर दिया जाता है?" विलियम ने पूछा।

"जैसे ही भृत्यगण भोजनालय और रसोई की सफ़ाई का काम सम्पन्न कर लेंगे, उन्हें बाहर रोकते हुए लाइब्रेरियन खुद सारे दरवाज़े अन्दर से बन्द कर लेगा।"

"अन्दर से? और वह बाहर कैसे आता है?" मठाधीश ने क्षण-भर को आँखें गड़ाकर विलियम को देखा। "ज़ाहिर है, वह रसोई में नहीं सोता," उन्होंने रूखे भाव से कहा। और वे तेज़-तेज़ चलने लगे।

"बहुत अच्छे," विलियम ने फुसफुसाते हुए मुझसे कहा, "इसका मतलब है कि कोई दूसरा दरवाज़ा भी है, पर हमें उसे जानने की इजाज़त नहीं है।" मैं उनके तर्क पर गर्व करते हुए मुस्कराया और उन्होंने मुझे झिड़का "और हँसो मत। जैसा कि तुम देख चुके हो, इन दीवारों के भीतर हँसी की कोई अच्छी ख्याति नहीं है।"

हमने क्वाइअॅ में प्रवेश किया। दो पुरुष लम्बे, एक भारीभरकम ताँबे के तिपाये पर एक इकलौता चिराग़ जल रहा था। संन्यासी चुपचाप अपने-अपने आसनों पर बैठ गए।

फिर मठाधीश ने संकेत किया और अग्रगायक ने भजन आरम्भ किया "लेकिन तू, हे प्रभु, हम पर दया कर।"** मठाधीश ने जवाब दिया, "हमारी मदद उस प्रभु पर निर्भर है"** और फिर सबने समवेत स्वर में "जिसने आकाश और पृथ्वी को रचा है।"** के साथ गायन को आगे बढ़ाया। इसके बाद स्तोत्र का उच्चार शुरू हुआ : "जब मैं तुझे पुकारूँ ओ ईश्वर मेरे सदाचार की लाज रखना"; "हे प्रभु, मैं पूरे दिल से तेरा शुक्रिया अदा करूँगा"; "आओ प्रभु से दया की याचना करें, हम सब प्रभु के चाकर।" हम लोग आसनों पर नहीं बैठे थे, बल्कि मुख्य नेव में चले गए थे। वहाँ से, हमने अचानक एक बग़ल के चैपल से मेलाची को नमूदार होते देखा।

"उस जगह पर निगाह रखना," विलियम ने मुझसे कहा। "वहाँ से इडिफ़ीसियम में जाने का कोई रास्ता हो सकता है।"

"क़ब्रिस्तान के नीचे?"

"हाँ, क्यों नहीं? दरअसल, अब जब मैं इस बारे में सोच रहा हूँ तो मुझे लगता है कि अस्थि-संग्रहालय भी अवश्य होना चाहिए; आखिर उन्होंने अपने संन्यासियों को शताब्दियों से ज़मीन के इस ज़रा से टुकड़े में तो दफ़नाकर नहीं रखा होगा।"

"लेकिन क्या आप सचमुच रात के समय में पुस्तकालय में जाना चाहते हैं?" मैंने भयभीत होकर पूछा।

"कहाँ मेरे प्यारे एड्सो, वहाँ जहाँ पर मृत संन्यासी और सर्प और रहस्यमय रोशनियाँ हैं? नहीं, मेरे बच्चे। आज मैं इसके बारे सोच ज़रूर रहा था और उत्सुकता के चलते नहीं बल्कि इसलिए कि मैं इस सवाल पर सोच-विचार कर रहा था कि अडेल्मो कैसे मरा होगा। अब, जैसा कि मैंने तुमसे कहा था, मैं कहीं ज़्यादा तर्कसंगत कैफ़ियत की तरफ़ बढ़ रहा हूँ और, सारे पहलुओं पर विचार करते हुए, मैं इस जगह के रीति-रिवाज़ों की क़द्र करना चाहूँगा।"

"तब फिर आप जानना क्यों चाहते हैं?"

"क्योंकि ज्ञान की प्रक्रिया में सिर्फ़ इतना जानना शामिल नहीं है कि हमें क्या करना चाहिए या हम क्या कर सकते हैं, बल्कि यह जानना भी शामिल है कि हम क्या कर सकते थे और शायद नहीं करना चाहिए।"

दूसरा दिन

मध्यरात्रि वन्दना

जिसमें अलौकिक सुख के कुछ घंटे अत्यन्त रक्तरंजित घटनाओं से बाधित होते हैं।

जहाँ तक प्रतीक का सवाल है, कभी शैतान के तो कभी फिर से जी उठे ईसा के प्रतीक के रूप में, मुर्गे से ज़्यादा बुरा कोई दूसरा जीव नहीं है। हमारा संघ ऐसे कुछ मुर्गों को जानता

था जिन्होंने सूर्योदय पर कभी बाँग नहीं दी थी। दूसरी तरफ़, ख़ास तौर से ठंड में, मध्यरात्रि की उपासना उस वक़्त होती है जब रात अभी अपने पूरेपन में होती है और समूची प्रकृति सोई होती है, क्योंकि संन्यासी के लिए ज़रूरी है कि वह अँधेरा रहते हुए जागे और दिन का इन्तज़ार करते हुए तथा भक्ति की लौ से छायाओं के जगमगा उठने का इन्तज़ार करते हुए, अँधेरे में देर तक प्रार्थना करे। इसलिए, रिवाज़ ने अक़्लमन्दी बरतते हुए कुछ ऐसे रतजगा करनेवालों का इन्तज़ाम कर रखा था कि जब उनके दूसरे बन्धु सोने चले जाते थे तो वे, बजाय सोने जाने के, अपनी रात लयबद्ध तरीक़े से ठीक उतने स्तोत्र गाते हुए बिताते थे जितने से वे बिताए गए समय को माप सकें, ताकि, दूसरों के लिए मान्य सोने का समय बीतने पर, वे उन्हें जागने का संकेत दे सकें।

इसलिए उस रात हमारी नींद उन लोगों के कारण टूटी जो घंटे बजाते हुए शयनागार और तीर्थयात्रियों की धर्मशाला से होकर गुज़रे, उसके पहले एक संन्यासी कक्ष दर कक्ष "चलो, ईश्वर की आराधना करें"** चिल्लाता हुआ गुज़रा था जिसके जवाब में हर कक्ष से "ईश्वर का साधुवाद"** कहते हुए जवाब दिया गया था।

विलियम ने और मैंने बेनेडिक्टी दस्तूर का पालन किया : आधा घंटा से भी कम समय में हम नए दिन का स्वागत करने के लिए तैयार हो गए और फिर क्वाइअॅ पहुँचे, जहाँ संन्यासी फ़र्श पर साष्टांग प्रणति की मुद्रा में शुरुआती पन्द्रह स्तोत्रों का पाठ करते हुए, नवदीक्षित शिष्यों और उनका नेतृत्त्व करते उनके गुरुजनों के आने का इन्तज़ार कर रहे थे। फिर सभी अपने-अपने आसनों पर बैठ गए और गायक-वृन्द ने गायन शुरू किया, "हे प्रभु, मेरे होंठ और मेरा मुँह खोल, ताकि मैं तेरा गुणगान कर सकूँ** वह पुकार किसी बच्चे की विनती की तरह गिरजाघर की मेहराबदार छत तक उठती चली गई। दो संन्यासी प्रवचन-मंच पर चढ़ गए और चौरानवेवाँ स्तोत्र गाने लगे "चलो हम आनन्द मनाएँ", ** जिसके बाद दूसरे नियत स्तोत्र गाये गए। और मैंने आस्था की एक नई ऊष्मा का अनुभव किया।

संन्यासी अपने आसनों पर थे, अपने वस्त्रों और टोपों की वजह से आपस में अलगायी न जा सकनेवाली साठ आकृतियाँ, विशाल तिपाये पर जलती रोशनी से बमुश्किल रोशन साठ छायाएँ, सर्वशक्तिमान की प्रार्थना में समवेत साठ आवाज़ें। और, स्वर्गिक आह्लाद की दहलीज़, इस मर्मस्पर्शी स्वरसंगति को सुनते हुए, मैंने खुद से सवाल किया कि क्या वह मठ वाक़ई गुप्त रहस्यों से, उन्हें भेदने की वर्जित कोशिशों से, अशुभ आशंकाओं से भरी हुई जगह थी। क्योंकि, इसके उलट, वह जगह मुझे उस वक़्त सन्त पुरुषों का निवास, सद्‌गुणों का साधना-स्थल, ज्ञान का पात्र, विवेक की मंजूषा, प्रज्ञा का गढ़, विनय का राज्य, दृढ़ता का क़िला, पवित्रता का धूपदान जान पड़ी।

छह स्तोत्रों के बाद *पवित्र धर्मग्रन्थ* का पाठ आरम्भ हुआ। कुछ संन्यासी उनींदेपन के कारण ऊँघ रहे थे और रतजगा करनेवाले संन्यासियों में से एक उन संन्यासियों को जगाने के लिए घूम रहा था जो फिर से झपकी लेने लगे थे। अगर कोई संन्यासी नींद के वशीभूत पाया जाता था तो उसको प्रायश्चित के तौर पर चिराग़ लेकर संन्यासियों के बीच घूमना पड़ता था। छह अन्य स्तोत्रों का गायन जारी रहा। फिर मठाधीश ने मंगलकामना की, हैब्डोमेडरीने प्रार्थनाएँ कीं और सारे लोगों ने आल्टर की दिशा में उस ध्यान के भाव से सिर नवाया जिसकी मधुरता को ऐसा कोई भी व्यक्ति नहीं समझ सकता जिसने अलौकिक आवेग और सघन

आन्तरिक शान्ति के क्षणों को अनुभव नहीं किया। अन्त में, अपनी टोपियों को अपने सिरों पर झुकाए सारे लोग बैठ गए और विधिपूर्वक "हे ईश्वर तेरी (वन्दना करते हैं हम)"** का गायन करने लगे। मैंने भी ईश्वर की स्तुति की क्योंकि उसने मुझे सन्देहों से छुटकारा दिला दिया था और असहजता के उस अहसास से आज़ाद कर दिया था जिसने मठ में आने के पहले दिन मुझे अन्दर से भर दिया था। हम क्षणभंगुर जीव हैं, मैंने खुद से कहा; यहाँ तक कि इन ज्ञानी और श्रद्धालु संन्यासियों के बीच भी शैतान क्षुद्र ईर्ष्याएँ फैलाता है, अन्दरूनी विद्वेष भड़काता है, लेकिन जिस क्षण सारे लोग ईश्वर के नाम पर इकट्ठा होते हैं और ईसा उनके बीच अवतरित होते हैं वैसे ही ये सब चीज़ें वह धुआँ साबित होती हैं जो आस्था की प्रचण्ड आँधी में तितरबितर हो जाता है।

मध्यरात्रि-वन्दना और प्रत्यूष-वन्दना के बीच संन्यासी अपने कक्ष में नहीं लौटता, भले ही अभी रात का अँधेरा छँटा न हो। नवदीक्षित स्तोत्रों का अध्ययन करने अपने गुरुओं के पीछे-पीछे सभागृह में चले गए; कुछ संन्यासी गिरजाघर के साज़ोसामान की देखभाल के लिए गिरजाघर में ही रुक गए, लेकिन ज़्यादातर मौन ध्यान की मुद्रा में क्लॉइस्टर में ही चहलक़दमी करते रहे, जैसा कि विलियम ने और मैंने भी किया। भृत्य सोये थे और वे तब भी सोये हुए थे जब तक कि आकाश अभी अँधेरा था और हम प्रत्यूष-वन्दना के लिए क्वाइअॅ में वापस लौटे थे।

स्तोत्रों का गायन फिर से शुरू हुआ और विशेष रूप से सोमवार के लिए निर्धारित स्तोत्रों में से एक स्तोत्र ने एक बार फिर मुझे मेरी शुरुआती आशंकाओं में धकेल दिया : "पापी व्यक्ति का अतिचार मुझसे कहता है कि उसकी नज़रों में ईश्वर का कोई भय नहीं है। उसकी जुबान से निकले हुए शब्द दुराचार से भरे हैं।" यह चीज़ मुझे अपशकुन सी जान पड़ी कि विधान ने उस दिन विशेष के लिए एक इस क़दर भयानक चेतावनी लिख छोड़ी थी। रह-रहकर टीस मारती मेरी आशंकाएँ स्तुति-स्तोत्रों के बाद हुए *अॅपॉकॅलिप्स* के दस्तूरी पाठ के बाद भी जारी रहीं; मेरी नज़रों में एक बार फिर वे आकृतियाँ उभर आईं जो द्वार पर अंकित थीं, वे नक़्क़ाशियाँ जिन्होंने एक दिन पहले मेरे हृदय और आँखों को इस क़दर अभिभूत कर लिया था। लेकिन रेस्पॉन्सॅरी, हिम् और वर्सिकल के बाद जैसे ही गॉस्पेल का गायन शुरू हुआ, आल्टर के ठीक ऊपर, क्वाइअॅ की खिड़कियों के पार, मुझे एक धुँधली सी उजास के दर्शन हुए, जिसमें शीशे अपने उन विविध रंगों में चमक रहे थे जो अब तक अँधेरे में डूबे हुए थे। यह भोर का धुँधलका नहीं था जिसका उल्लास प्रभाती के समय प्रगट होनेवाला था, जब हम "ईश्वर जो कि सन्तों की विलक्षण विभूति है"** और "रोशनी का सितारा पहले ही उग चुका है"** गानेवाले थे। यह तो महज़ जाड़ों के सूर्योदय का पहला धुँधला सा ऐलान था, लेकिन वह काफ़ी था और नेवं के भीतर रात के अँधेरे की जगह लेता यह फीका-सा धुँधलका मेरे हृदय को हल्का करने के लिए काफ़ी था।

हमने दैवीय पुस्तक के शब्दों का गान किया और, जिस वक़्त हम समस्त मानव जातियों के प्रबोधन के लिए *शब्द* के प्रगटन के साक्षी हो रहे थे, उस वक़्त ऐसा महसूस हो रहा था मानो दिवाकर अपने समूचे तेज के साथ उस देवालय पर चढ़ाई कर रहे हों। वह रोशनी जो अभी भी अनुपस्थित थी, मुझे कैण्टिकल के शब्दों में झिलमिलाती प्रतीत हुई, एक अलौकिक रोशनी, जो मानो छत की मेहराबों के बीच फैली लिली की महक के भीतर झिलमिला रही

थी। "हे प्रभु, आनन्द के इस अनिर्वचनीय क्षण के लिए मैं तेरा शुक्रगुज़ार हूँ।" मैंने मन ही मन प्रार्थना की और अपने हृदय से कहा, "मूर्ख हृदय, तुझे किस बात का भय है?"

सहसा उत्तरी द्वार की दिशा से आती कुछ आवाज़ें सुनाई दीं। मैं समझ नहीं सका कि अपने काम की तैयारी में लगे भृत्यों ने पवित्र कार्यों में इस तरह बाधा क्यों डाली। तभी तीन पासियों ने प्रवेश किया, जिनके चेहरे आतंक में डूबे हुए थे; वे मठाधीश के पास गए और उनसे फुसफुसाकर कुछ बोले। मठाधीश ने उनको पहले तो इशारे से चुप रहने को कहा, मानो वह उपासना में व्यवधान नहीं पड़ने देना चाहते था; लेकिन इस बीच दूसरे भृत्य भी आ गए और चीख़-पुकारें तेज़ हो गईं। "एक आदमी! एक मृत आदमी!" कोई कह रहा था। और दूसरे चिल्ला रहे थे : "कोई संन्यासी है। तुमने चप्पलें देखीं?"

प्रार्थनाएँ थम गईं और मठाधीश भण्डारी को अपने पीछे आने का इशारा करते हुए तेजी से बाहर निकल गया। विलियम उसके पीछे गए, लेकिन अब दूसरे संन्यासी भी अपने आसन छोड़ रहे थे और बाहर जाने की हड़बड़ी में थे।

आसमान में अब रोशनी फैल चुकी थी और ज़मीन पर फैली हुई बर्फ़ अहाते को और भी रोशन कर रही थी। क्वाइअॅ के पीछे, बाड़ों के सामने जहाँ एक दिन पहले सूअरों के रक्त से भरा हुआ विशाल मर्तबान रखा हुआ था, इस वक़्त वहाँ, उस पात्र के किनारे पर, कोई अजीबोग़रीब चीज़ उभरी दिखाई दे रही थी, लगभग सलीबाकार, जैसे बिजूखा बनाने के लिए दो खूँटे ज़मीन में गाड़ दिए गए हों।

लेकिन वे इनसान के पैर थे, उस इनसान के पैर जो रक्त के उस पात्र में सिर के बल धँसा हुआ था। मठाधीश ने शव को (क्योंकि कोई भी जीवित इनसान उस वीभत्स स्थिति में नहीं रहा हो सकता था) उस भयानक द्रव से बाहर निकालने का हुक्म दिया। पासी हिचकिचाते हुए किनारे पहुँचे और, खुद को रक्त से लथपथ करते हुए, उन्होंने ख़ून में लिथड़ी उस दयनीय वस्तु को बाहर निकाला। जैसा कि मुझे बताया गया था, ख़ून को निकालने के तुरन्त बाद अच्छी तरह से बिलो दिया जाता था और फिर ठंडे वातावरण में खुला छोड़ दिया जाता था, इसलिए वह जम नहीं पाया था, लेकिन उसकी जिन परतों ने शव को ढँक लिया था वे अब जमना शुरू कर रही थीं; उसने लबादे को लथपथ कर दिया था, चेहरे को पहचान से परे बना दिया था। एक भृत्य बाल्टी में पानी लेकर आया और उसने उस अभागे शव के चेहरे पर थोड़ा-सा पानी उलीच दिया। एक और भृत्य कपड़े लेकर उसका चेहरा पोंछने के लिए उस पर झुका। और हमारी नज़रों के सामने वेनेण्टियस ऑव साल्वेमेक का सफ़ेद चेहरा उभर आया, उस ग्रीक अध्येता का चेहरा जिसके साथ हमने अभी तीसरे पहर अडेल्मो की पाण्डुलिपि के पास खड़े होकर बातचीत की थी।

मठाधीश क़रीब आया। "ब्रॅदर विलियम, जैसा कि आप देख रहे हैं, इस मठ के भीतर कुछ चल रहा है, कुछ ऐसा जो आपकी सारी की सारी अक़्लमन्दी की माँग करता है। लेकिन मैं आपसे विनती करता हूँ : जल्दी कीजिए!"

"क्या वह उपासना के दौरान क्वाइअॅ में मौजूद था?" विलियम ने शव की तरफ़ इशारा करते हुए पूछा।

"नहीं," मठाधीश ने कहा। "मैंने देखा था कि उसका आसन खाली था।"

"कोई और अनुपस्थित नहीं था?"

"ऐसा लगा तो नहीं था। इस तरह की किसी चीज़ को मैंने लक्ष्य ही नहीं किया था।"

अगला सवाल पूछने से पहले विलियम हिचकिचाए और फिर उन्होंने फुसफुसाते हुए, इस बात का ध्यान रखते हुए कि कोई दूसरा न सुन सके, पूछा : "क्या बेरेंगर अपने आसन पर था?"

मठाधीश ने उनकी तरफ़ अशान्त विस्मय से देखा, जैसे वह मेरे गुरुदेव को एक ऐसे सन्देह पर अटकते देखकर चकित था जिस पर वह खुद, कहीं ज़्यादा समझ में आनेवाले कारणों से, क्षण-भर के लिए अटका था। फिर वह तत्काल बोला, "वह मौजूद था। वह पहली ही क़तार में बैठता है, क़रीब-क़रीब मेरी दाईं तरफ़।"

"ज़ाहिर है," विलियम ने कहा, "इन सब बातों का कोई अर्थ नहीं है। मैं नहीं समझता कि क्वाइऑ में आया हुआ कोई भी व्यक्ति एप्स के पीछे से निकल गया होगा और इसलिए हो सकता है कि शव यहाँ पर कई घंटों से पड़ा हो, कम से कम तब से जबकि हर व्यक्ति सोने जा चुका था।"

"बेशक, मुख्य भृत्य पौ फटने पर ही उठते हैं और यही व.जह है कि उन लोगों ने इसको अभी देखा।"

विलियम शव पर झुके, मानो वे मृत शरीरों से बरतने के अभ्यस्त हों। उन्होंने पास पड़े हुए कपड़े को बाल्टी के पानी में डुबोया और वेनेण्टियस के चेहरे को और साफ़ किया। इस बीच दूसरे संन्यासियों की भीड़ इर्द-गिर्द जमा हो गई, वे डरे हुए थे और लगातार आपस में बातचीत कर रहे थे, जिस पर मठाधीश ने उन्हें चुप रहने को कहा। तभी, दूसरे संन्यासियों के साथ-साथ अपना रास्ता बनाता हुआ सेवेरिनॅस आगे आया, जो मठ में तन्दुरुस्ती से ताल्लुक रखनेवाले मसले देखता था और वह भी, मेरे गुरुदेव की बग़ल में, शव पर झुका। मैं भी उनकी बातचीत सुनने और अपने गुरुदेव की मदद करने, जिन्हें पानी में भीगे एक नए साफ़ कपड़े की ज़रूरत थी, अपने आतंक और जुगुप्सा को क़ाबू में करता हुआ उनके क़रीब पहुँच गया।

"क्या आपने कभी किसी डूबकर मरे हुए इनसान को देखा है?" विलियम ने पूछा।

"कई बार," सेवेरिनॅस ने कहा। "और अगर मैं आपके सवाल का मानी समझ रहा हूँ तो यह कहूँगा कि उनका चेहरा इस तरह का नहीं होता : नाक-नक़्श सूजे हुए हैं।"

"इसका मतलब है कि आदमी पहले ही मर चुका था और उसे बाद में किसी ने मर्तबान में फेंका है।"

"लेकिन उसने ऐसा क्यों किया होगा?"

"उसने उसकी हत्या क्यों की होगी? हम यहाँ एक पेचीदा दिमाग़ द्वारा किए गए कारनामे का सामना कर रहे हैं। लेकिन फ़िलहाल हमें यह देखना चाहिए कि क्या शरीर पर कोई घाव या खरोंचें भी हैं। मेरी सलाह है कि इसे स्नानागार में ले जाया जाए, कपड़े हटाकर नहलाया जाए और फिर जाँच की जाए। मैं भी वहाँ तुरन्त पहुँचता हूँ।"

और जब सेवेरिनॅस मठाधीश की इजाज़त हासिल कर पासियों की मदद से शव को ले जा रहा था, मेरे गुरुदेव ने आग्रह किया कि संन्यासियों को कहा जाए कि वे जिस रास्ते आये थे उसी रास्ते क्वाइऑ में लौट जाएँ और इसी तरह भृत्य भी अपनी-अपनी जगहों पर लौट जाएँ ताकि वह जगह निर्जन बनी रह सके। इस तरह हम उस पात्र के पास अकेले

रह गए, जिसमें से शव को निकालने की वीभत्स कार्रवाई के दौरान ख़ून छलका हुआ था। चारों ओर की बर्फ़ लाल थी और जहाँ-जहाँ पानी फेंका गया था वहाँ-वहाँ वह पिघलकर डबरों में बदल गई थी और जिस जगह शव को लिटाया गया था उस जगह एक बड़ा गहरा धब्बा बन गया था।

"अच्छा ख़ासा गड़बड़झाला," संन्यासियों और भृत्यों के पैरों के निशानों के पेचीदा नक़्शे की ओर इशारा करते हुए विलियम ने कहा। "प्यारे एड्सो, बर्फ़ एक ऐसा बेहतरीन चर्मपत्र है जिस पर लोगों के शरीर बहुत ही सरल लिखावट छोड़ जाते हैं। लेकिन यह चर्मपत्र बहुत बुरी तरह से खुरचा गया है और हम इसमें कुछ भी काम की चीज़ नहीं पढ़ सकेंगे। इस जगह से लेकर गिरजाघर तक संन्यासियों की अच्छी ख़ासी भागदौड़ हुई है, इस जगह से लेकर भुसौरे और अस्तबल तक भृत्य झुण्ड के झुण्ड आते-जाते रहे हैं। सिर्फ़ भुसौरे से लेकर इडीफ़ीसियम के बीच की ही जगह अछूती रही है। वहाँ चलकर देखते हैं कि कोई काम की चीज़ मिलती है या नहीं।"

"आपको किस चीज़ की उम्मीद है?" मैंने पूछा।

"अगर उसने खुद ही अपने को उस हंडे में नहीं जा फेंका है तो, वह पहले ही मर चुका था और कोई दूसरा व्यक्ति उसको वहाँ पर लेकर आया होगा, ऐसा मेरा ख़याल है। और जब कोई आदमी किसी दूसरे आदमी को ढोकर लाता है तो वह बर्फ़ पर पैरों के गहरे निशान छोड़ता है। इसलिए ध्यान दो और देखो कि क्या आस-पास तुम्हें ऐसे कोई निशान दिखाई देते हैं जो उन निशानों से अलग हों जो उन शोरगुल मचाते संन्यासियों ने छोड़े हैं जिन्होंने हमारे इस चर्मपत्र को बरबाद कर डाला है।"

और हमने तलाश की। और मैं तुरन्त ही यह कह दूँ कि यह मैं था जिसने, हे ईश्वर दंभ से मेरी रक्षा करना, उस हंडे और इडीफ़ीसियम के बीच कोई चीज़ खोज निकाली थी। वे इनसान के पैरों के निशान थे, ख़ासे गहरे, एक ऐसे क्षेत्र में जहाँ से अभी तक कोई गुज़रा नहीं था और जो, जैसी कि मेरे गुरुदेव ने तुरन्त टिप्पणी की, उन निशानों के मुक़ाबले धुँधले थे जो संन्यासियों और भृत्यों ने छोड़े थे, जो इस बात का संकेत थे कि इस बीच और बर्फ़ गिर चुकी थी और इस तरह वे कुछ समय पहले बने निशान थे। लेकिन जो चीज़ हमें सबसे ज़्यादा ध्यान देने लायक़ लगी वह यह थी उन पदचिह्नों के बीच लगातार एक ऐसा पुछल्ला भी बनता गया था जिसको देखकर लगता था मानो पैरों के निशान छोड़ने वाला व्यक्ति किसी चीज़ को घसीटता ले गया हो। संक्षेप में वह एक पथ था जो उस हंडे से शुरू होकर इडीफ़ीसियम की दक्षिणी और पूर्वी मीनारों के बीच के हिस्से से होता हुआ भोजनालय के दरवाज़े तक जाता था।

"भोजनालय, स्क्रिप्टोरियम, पुस्तकालय," विलियम ने कहा। "एक बार फिर वही पुस्तकालय। वेनेण्टियस की मौत इडीफ़ीसियम में हुई है और इसकी पूरी सम्भावना है कि वह पुस्तकालय में हुई हो।"

"पुस्तकालय में ही क्यों?"

"मैं अपने को हत्यारे की जगह पर रखकर देखने की कोशिश कर रहा हूँ। वेनेण्टियस अगर भोजनालय में, रसोई में, या स्क्रिप्टोरियम में मरा होता, मारा गया होता, तो उसे वहीं क्यों न छोड़ दिया जाता? लेकिन अगर वह पुस्तकालय में मरा है तो उसे कहीं और ले जाना

ज़रूरी था, दो वजहों से—सबसे पहले तो इसलिए कि पुस्तकालय में शव का पता ही न चल पाता (और शायद शव के पाए जाने में हत्यारे की विशेष रूप से दिलचस्पी थी) और दूसरे इसलिए कि हत्यारा शायद नहीं चाहता कि लोगों का ध्यान पुस्तकालय पर केन्द्रित हो।"

"और शव पाया जाए इसमें हत्यारे की दिलचस्पी क्योंकर होनी चाहिए?"

"मैं नहीं जानता। मैं तो सिर्फ़ कुछ अनुमान लगा सकता हूँ। हम कैसे जानते हैं कि हत्यारे ने वेनेण्टियस की हत्या इसलिए की कि वह उससे नफ़रत करता था? हो सकता है कि उसने, बजाय किसी और की हत्या के, उसकी हत्या इसलिए की हो कि वह कोई संकेत देना चाहता हो, कुछ और कहना चाहता हो।"

"संसार का हर जीव, किसी धर्मग्रन्थ और किसी पुस्तक जैसा...",** मैं बुदबुदाया। "लेकिन वह संकेत क्या हो सकता है?"

"यही तो मैं नहीं जानता। लेकिन हमें यह भी नहीं भूलना चाहिए कि ऐसे भी संकेत होते हैं जो संकेत की तरह प्रतीत होते हैं, जबकि उनका कोई अर्थ नहीं होता, जैसे कि बू-बा-बा..."

"लेकिन बू-बा-बा कहने के लिए एक इनसान की हत्या करना नृशंसता होगी," मैंने कहा।

"नृशंसता तो वह तब भी होगी," विलियम ने कहा, "जबकि 'मैं एक ईश्वर में विश्वास करता हूँ'...** कहने के लिए भी किसी इनसान की हत्या की जाए।"

तभी सेवेरिनॅस आ पहुँचा। शव को नहलाया जा चुका था और उसका सावधानी के साथ परीक्षण किया जा चुका था। सिर पर कोई घाव, कोई खरोंच नहीं।

"क्या आपकी प्रयोगशाला में ज़हर हैं?" जैसे ही हम अस्पताल की ओर रवाना हुए, विलियम ने पूछा।

"दूसरी चीज़ों के साथ-साथ। लेकिन यह इस पर निर्भर करता है कि ज़हर से आपका अभिप्राय क्या है। ऐसे पदार्थ हैं जिनको अगर कम मात्रा में लिया जाए तो वे तन्दुरुस्ती बढ़ानेवाले हैं, लेकिन उन्हीं को अगर ज़्यादा मात्रा में लिया जाए तो वे मौत का कारण बन जाते हैं। हर अच्छे औषधि-संग्राहक की तरह मैं भी उनको रखता हूँ और उनका इस्तेमाल मैं सावधानी के साथ करता हूँ। मसलन, मैं अपने बग़ीचे में वेलिरिॲन उगाता हूँ। अगर दिल की धड़कनें असामान्य हों तो दूसरी जड़ी-बूटियों के मिश्रण के साथ इसकी कुछ बूँदें देने से उसकी रफ़्तार सामान्य हो जाती है। उसी की बहुत ज़्यादा मात्रा उनींदेपन और मौत का कारण बन जाती है।"

"और आपने शव के शरीर पर किसी ख़ास ज़हर के निशान देखे हैं क्या?"

"किसी भी ज़हर के नहीं। लेकिन बहुत-से ज़हर ऐसे होते हैं जो कोई निशान नहीं छोड़ते।"

हम अस्पताल पहुँच गए। वेनेण्टियॅस के शव को नहलाकर स्नानागार से वहाँ पर ले आया गया था और अब वह सेवेरिनॅस की प्रयोगशाला की विशाल मेज़ पर पड़ा हुआ था; भभके तथा काँच और मिट्टी के बने बहुत-से उपकरणों को देखकर वह जगह मुझे किसी कीमियागर की दूकान जैसी लगी (हालाँकि इन चीज़ों की जानकारी मुझे परोक्ष रूप से ही थी)। दरवाज़े के क़रीब दीवार के सामने कुछ लम्बी अलमारियों में रंगबिरंगे द्रव्यों से भरी हुईं शीशियाँ, मर्तबान, सुराहियाँ और हंडियाँ रखी हुई थीं।

''जड़ी-बूटियों का अच्छा संग्रह है,'' विलियम ने कहा, ''सब आपके बग़ीचे की हैं?''

''नहीं,'' सेवेरिनॅस ने कहा, बहुत-से द्रव्य जो या तो दुर्लभ हैं या जिनको इस जलवायु में उगाना नामुमकिन है, वे मेरे लिए उन संन्यासियों द्वारा लाए गए हैं जो दुनिया के कोने-कोने से यहाँ आते रहे हैं। स्थानीय वनस्पतियों से आसानी से निकाले जा सकनेवाले द्रव्यों के साथ-साथ, मेरे पास ऐसी बहुत-सी चीज़ें हैं जिनको आसानी से नहीं पाया जा सकता। अब देखिए...जैसे कि अग़ालिंग़ो पेस्टो कैथे में पाई जाती है : मुझे यह एक अरब विद्वान से हासिल हुई। इंडियन एलो है, घाव को भरने में मदद करनेवाली विलक्षण जड़ी-बूटी है। लाइव एरिएण्ट है जो मुर्दे में जान डाल देती है, या यू कहें कि उनको जाग्रत कर देती है जिन्होंने अपना होश खो दिया होता है। संखिया : बहुत ही ख़तरनाक, एक सांघातक ज़हर अगर कोई इसे निगल ले। पत्थरचूर, बीमार फेंफड़ों के लिए उत्तम इलाज़। बेटॉनी, सिर के फ्रेक्चर के लिए। मस्तगी : फुफ्फुस के प्रवाह और नज़ले को शान्त करता है। मिर्ह...''

''मेज़ाई का उपहार?'' मैंने पूछा।

''वही। लेकिन अब यह बाल्सामोडेण्ड्रॉन मैरा नामक पौधे से निकाली जाती है और गर्भपात को रोकने के लिए इस्तेमाल की जाती है। और ये ममिया है, बहुत ही दुर्लभ द्रव्य, जिसे ममी बनाकर रखे गए शव को गलाकर पैदा किया जाता है; इसका उपयोग बहुत-सी लगभग चमत्कारी औषधियों को तैयार करने में किया जाता है। मेण्डागोरा ऑफिसिनालिस, नींद के लिए बहुत अच्छी होती है...''

''और शरीर की वासना को भड़काने के लिए,'' मेरे गुरुदेव ने टिप्पणीं की।

''ऐसा कहा जाता है, लेकिन यहाँ इसका इस्तेमाल इस मक़सद के लिए नहीं होता, जैसी कि आप ख़ुद ही कल्पना कर सकते हैं।'' सेवेरिनॅस मुस्कुराया। ''और इसे देखिए,'' उसने एक तुम्बिका को नीचे उतारते हुए कहा। ''तूतिया, आँखों के लिए चमत्कारी।''

''और ये क्या है?'' विलियम ने सेल्फ़ में रखे हुए एक पत्थर को छूते हुए प्रफुल्लित स्वर में पूछा।

''वो? वह मुझे कुछ अरसा पहले दिया गया था। ज़ाहिरा तौर पर इसमें आरोग्यकारी गुण हैं, लेकिन वे क्या हैं इसका पता मैं अभी नहीं लगा पाया हूँ। क्या आप इसके बारे में जानते हैं?''

''हाँ,'' विलियम ने कहा, लेकिन औषधि के रूप में नहीं।'' उन्होंने अपने लबादे से एक छोटा- सा चाकू निकाला और धीरे से उसे पत्थर की तरफ़ बढ़ाया। जैसे-जैसे निहायत ही नज़ाकत के साथ उनके हाथ में थमा चाकू आगे बढ़ा, पत्थर के क़रीब आया, मैंने चाकू के फलक को खड़ा होते हुए देखा, जैसे विलियम ने अपनी कलाई मोड़ दी हो, जबकि वह पूरी तरह से स्थिर थी। और चाकू का फलक, एक खनक के साथ पत्थर से टकरा गया।

''समझे तुम,'' विलियम ने मुझसे कहा, ''यह लोहे को खींचता है।''

''और इसका उपयोग क्या है?'' मैंने पूछा।

''इसके कई उपयोग हैं, जिनके बारे में मैं तुम्हें बताऊँगा। लेकिन फ़िलहाल, सेवेरिनॅस मैं आपसे यह जानना चाहूँगा कि क्या यहाँ पर कोई ऐसी चीज़ है जो किसी इनसान की हत्या कर सकती हो।''

सेवेरिनॅस कुछ क्षण—बल्कि मुझे कहना चाहिए, काफी देर तक—अपने स्पष्ट जवाब को

लेकर सोच में डूबा रहा : "बहुत-सी चीज़ें हैं। जैसा कि मैंने कहा, ज़हर और दवा के बीच की रेखा बहुत बारीक़ है; ग्रीक दोनों के लिए एक ही शब्द 'फ़ार्माकॉन' का इस्तेमाल करते थे।

"और क्या ऐसी कोई चीज़ है जो हाल ही में ले जाई गई हो?"

सेवेरिनॅस एक बार फिर सोच में डूब गया, फिर, मानो अपने शब्दों को तौलते हुए, बोला : "हाल ही में तो कुछ भी नहीं ले जाया गया है।"

"और अतीत में?"

"क्या पता? मुझे याद नहीं। मैं इस मठ में तीस सालों से हूँ और इस औषधालय में पच्चीस सालों से।"

"आदमी की याद्दाश्त के लिहाज़ से बहुत लम्बा वक़्त है," विलियम ने स्वीकार किया। फिर, सहसा, उन्होंने पूछा, "कल हम लोग ऐसी वनस्पतियों के बारे में बात कर रहे थे जिनके इस्तेमाल से नज़रों के सामने अजीबो-ग़रीब दृश्य उभरने लग सकते हैं। वे वनस्पतियाँ कौन-सी हैं?"

सेवेरिनॅस के व्यवहार और भाव-भंगिमा से इस विषय को टालने की उसकी गहरी इच्छा साफ़ ज़ाहिर थी। "देखिए मुझे सोचना पड़ेगा। मेरे पास यहाँ बहुत-से चमत्कारी द्रव्य हैं। पर बेहतर है कि इसकी बजाय हम वेनेण्टियस की मौत के बारे में बात करें। आपका इस बारे में क्या सोचना है?"

"मुझे सोचना पड़ेगा।" विलियम ने जवाब दिया।

प्रभाती

जिसमें बेनो ऑव उप्प्स्ला कुछ गुप्त सूचनाएँ देता है, कुछ दूसरी गुप्त सूचनाएँ बेरेंगर ऑव अरुण्डेल द्वारा दी जाती हैं और जिसमें एड्सो को पश्चाताप के सच्चे मानी समझ में आते हैं।

इस भयावह घटना ने समुदाय के जीवन का चैन हर लिया था। शव की बरामदगी से उपजी उलझन ने उपासना की प्रक्रिया को गड़बड़ा दिया। मठाधीश ने मुस्तैदी के साथ संन्यासियों को क्वाइअॅ वापस भेजते हुए उनसे अपने बन्धु की आत्मा की शान्ति के लिए प्रार्थना करने को कहा।

संन्यासियों के स्वर सन्ताप से टूटे हुए थे। विलियम ने और मैंने बैठने के लिए एक ऐसी जगह का चुनाव किया कि जब उपासना के दौरान संन्यासियों को अपनी टोपियाँ झुकाने की ज़रूरत न हो, तब हम उनके चेहरों को पढ़ सकें। तुरन्त ही हमारी निगाह बेरेंगर के चेहरे पर पड़ी। पीला, परेशान, पसीने से भीगा हुआ। उसी के आगे हमने मेलाची को लक्ष्य किया। उदास, गहरे सोच में डूबा, भावशून्य। मेलाची की बग़ल में उतना ही भावशून्य चेहरा नेत्रहीन जॉर्ज का था। दूसरी तरफ़, हमारा ध्यान बेनो ऑव उप्प्स्ला की कातर हरकतों की ओर भी गया, यह वही अलंकारशास्त्र का स्कॉलर था जिससे कल हम स्क्रिप्टोरियॅम में मिले थे; और

हमने मेलाची की ओर उठी उसकी चपल निगाहों को लक्ष्य किया। "बेनो घबराया हुआ है, बेरेंगर डरा हुआ है," विलियम ने कहा। "इनसे तुरन्त ही पूछताछ करनी होगी।"

"क्यों?" मैंने सरल भाव से पूछा।

"हमारा काम बहुत मुश्किल है," विलियम ने कहा। "एक जाँचकर्ता का मुश्किल काम, जिसको सबसे कमज़ोर व्यक्तियों पर और उनके सबसे कमज़ोर क्षणों में वार करना ज़रूरी होता है।"

सचमुच ही, जैसे ही उपासना सम्पन्न हुई, हमने बेनो को जा पकड़ा, जो लाइब्रेरी की तरफ़ जा रहा था। विलियम की पुकार सुनकर यह युवक चिड़चिड़ाया हुआ लगा और उसने बुदबुदाते हुए किसी काम का कमज़ोर-सा बहाना बनाया। लगता था कि वह स्क्रिप्टोरियम पहुँचने की हड़बड़ी में था। लेकिन मेरे गुरुदेव ने उसे याद दिलाया कि वे मठाधीश के आदेश पर एक जाँच के काम में लगे हुए हैं और बेनो को क्लॉइस्टॅ में ले गए। हम लोग दो खम्भों के बीच की दीवार पर बैठ गए। रह-रह कर इडीफ़ीसियम की ओर ताकता हुए बेनो विलियम के बोलने का इन्तज़ार करने लगा।

"तो," विलियम ने पूछा, "उस दिन जब तुम बेरेंगर, वेनेण्टियस, मेलाची और जॉर्ज के साथ अडेल्मो के चित्रांकनों पर चर्चा कर रहे थे तो क्या बातें हुई थीं....?"

"आप कल सुन ही चुके हैं। जॉर्ज का कहना था कि ऐसी पुस्तकों को, जिनमें सत्य भरा हुआ है, बेतुके चित्रों से सजाना धर्मसंगत नहीं है। और वेनेण्टियस का कहना था कि ख़ुद अरस्तू ने विनोद और शब्द-क्रीड़ा को सत्य के उद्‌घाटन के बेहतर साधनों के रूप में देखा है और इस तरह अगर हास्य सत्य का एक ज़रिया है तो फिर उसे इतना बुरा नहीं माना जा सकता। जॉर्ज ने कहा कि, जहाँ तक उसको स्मरण था, इन चीज़ों के बारे में अरस्तू ने अपनी *पोएटिक्स* में रूपक की चर्चा के दौरान बात की थी। और ये अपने आप में दो वजहों से चिन्ताजनक बातें थीं, पहली इसलिए कि, इतने लम्बे अरसे तक, शायद दैवीय इच्छा के ही कारण, ईसाई जगत के लिए अज्ञात बनी रही *पोएटिक्स* की पुस्तक, हम तक नास्तिक मूरों की मार्फ़त पहुँची थी...।"

"लेकिन उसका तो एक्विनो के देवदूत-तुल्य आचार्य के एक दोस्त के द्वारा लैटिन में अनुवाद किया गया था," विलियम ने कहा।

"यही बात तो मैंने उससे कही थी," बेनो ने तुरन्त उत्साहित होते हुए जवाब दिया। "ग्रीक मुझे ठीक से पढ़ना नहीं आती और उस महान पुस्तक को मैं, दरअसल, विलियम ऑव मोएरबेक के अनुवाद में ही पढ़ सका। हाँ, मैंने उससे यही कहा था। लेकिन जॉर्ज ने आगे कहा कि परेशानी की दूसरी वजह यह है कि उस पुस्तक में स्टेगिराइट कविता के बारे में बात करता है, जो कि शिक्षण का निम्नतम रूप** है और जो सिर्फ़ कल्पनाओं में ही वास करता है। और वेनेण्टियॅस ने कहा कि स्तोत्र [psalms] भी तो काव्य-रचनाएँ हैं और उनमें भी रूपकों का इस्तेमाल होता है; और जॉर्ज इस पर क्रुद्ध हो उठा क्योंकि उसका कहना था कि स्तोत्र दैवीय अन्तःप्रेरणा से जन्मी रचनाएँ हैं और रूपकों का प्रयोग वे सत्य को अभिव्यक्त करने के लिए करते हैं, जबकि पेगन कवियों की कृतियाँ रूपकों का उपयोग मिथ्या की अभिव्यक्ति और निरे आनन्द के लिए करती हैं, यह एक ऐसी टिप्पणी थी जिसने मुझे बहुत ज़्यादा आघात पहुँचाया था...।"

"क्यों?"

"क्योंकि मैं काव्यशास्त्र का विद्यार्थी हूँ और मैं बहुतेरे पेगन कवियों को पढ़ता हूँ और मैं जानता हूँ...या कहूँ कि विश्वास करता हूँ कि उनके शब्दों ने सहज ईसाई** के सत्यों को भी अभिव्यक्ति दी है...संक्षेप में, उस क्षण, अगर मैं ठीक से याद कर पा रहा हूँ तो, वेनेण्टियॅस ने दूसरी पुस्तकों का ज़िक्र किया और जॉर्ज बहुत ज़्यादा क्रुद्ध हो उठा।"

"कौन-सी पुस्तकों का?"

बेनो हिचकिचाया। "मुझे याद नहीं। इससे क्या फ़र्क़ पड़ता है कि किन पुस्तकों के बारे में बात हुई?"

"इससे बहुत फ़र्क़ पड़ता है, क्योंकि यहाँ पर हम इस बात को समझने की कोशिश कर रहे हैं कि जो लोग पुस्तकों के बीच, पुस्तकों के साथ, पुस्तकों से जीवन-यापन करते हैं, उनके बीच क्या घटित हुआ और इसलिए पुस्तकों के बारे में उनके कहे हुए शब्द भी मानी रखते हैं।"

"यह सही है," बेनो ने पहली बार मुस्कराते हुए कहा, उसका चेहरा लगभग प्रफुल्लित हो उठा। "हम पुस्तकों के लिए जीते हैं। विकृतियों और सड़न से भरी इस दुनिया में एक सुन्दर मक़सद। तब तो आप शायद समझ सकेंगे कि उस मौक़े पर क्या हुआ। वेनेण्टियॅस, जो ग्रीक भाषा को भलीभाँति समझता है... समझता था, उसने कहा कि अरस्तू ने *पोएटिक्स* की अपनी दूसरी पुस्तक विशेष रूप से हास्य के लिए समर्पित की थी और अगर एक इतने महान दार्शनिक ने हास्य पर एक समूची पुस्तक लिखी थी तो हास्य को महत्त्वपूर्ण होना चाहिए। जॉर्ज ने कहा कि बहुत-से धर्मगुरुओं ने समूची पुस्तकें पाप पर लिखीं हैं, जो कि एक महत्त्वपूर्ण चीज़ है, लेकिन जो तब भी अशुभ है; और वेनेण्टियॅस ने कहा कि जहाँ तक उसको जानकारी थी, हास्य को अरस्तू ने शुभ और सत्य का एक साधन मानकर बात की थी; और तब जॉर्ज ने अपमानजनक ढंग से उससे पूछा कि क्या उसने अरस्तू की वह पुस्तक पढ़ी है; और वेनेण्टियॅस ने कहा कि उसे तो शायद ही कोई पढ़ सका हो, क्योंकि वह कभी मिल ही नहीं सकी और शायद हमेशा-हमेशा के लिए खो चुकी है। और, दरअसल, विलियम ऑव मोएरबेक के पास वह पुस्तक कभी थी ही नहीं। और तब जॉर्ज ने कहा कि अगर वह पुस्तक कभी मिली ही नहीं तो इसलिए कि वह कभी लिखी ही नहीं गई थी, क्योंकि परमात्मा निरर्थक चीज़ों का महिमामंडन नहीं चाहता था। मैं हरेक की उत्तेजना को शान्त करना चाहता था, क्योंकि जॉर्ज जरा में क्रोधित हो जाता है और वेनेण्टियॅस उसको जानबूझकर उत्तेजित कर रहा था और इसलिए मैंने कहा कि *पोएटिक्स* के जिस हिस्से को हम जानते हैं, उसमें और *रेह्टॉरिक* में, विनोदपूर्ण पहेलियों पर बहुत-सी विवेक से भरी हुई टिप्पणियाँ पाई जा सकती हैं और वेनेण्टियॅस मुझसे सहमत हुआ। अब, पेसीफ़िकॅस ऑव तिवोली हमारे साथ था, जो पेगन कवियों को भली-भाँति जानता है और उसने कहा कि जहाँ तक विनोदपूर्ण पहेलियों का सवाल है, अफ़्रीकी कवियों का मुक़ाबला कोई नहीं कर सकता। उसने, बल्कि, सिम्फ़ोसियॅस की मछली की पहेली उद्धरित भी की :

पृथ्वी पर एक ऐसा मकान है जो
जो झंकृत होता है एक साफ़ आवाज़ में।
मकान अपने आप में गूँजता है, लेकिन
ख़ामोश मेहमान कोई आवाज़ नहीं करता।

तब भी, दोनों एक-दूसरे की सुने बग़ैर लगातार
*बोलते हैं, मेहमान और मकान एक साथ।***

"इस बिन्दु पर जॉर्ज ने कहा कि ईसा ने आग्रह किया है कि शैतान के यहाँ से आनेवाली किसी भी चीज़ के बारे में हमारी ज़ुबान दोटूक होनी चाहिए; और मछली का उल्लेख करने के लिए, अपने अभिप्राय को मिथ्या ध्वनियों में छुपाए बग़ैर, उसे 'मछली' कहना पर्याप्त है। और उसने यह भी जोड़ा कि अफ्रीकियों को आदर्श के रूप में बरतना उसको अक़्लमन्दी की बात नहीं लगती...। और फिर...।"

"फिर?"

"फिर ऐसा कुछ घटित हुआ जो मेरी समझ के परे था। बेरेंगर हँसने लगा। जॉर्ज ने उसे डाँटा और उसने कहा कि वह इसलिए हँस रहा था कि उसे लगा कि अगर कोई सावधानी से तलाश करे तो उसे अफ्रीकियों के यहाँ बिल्कुल अलग क़िस्म की पहेलियाँ मिल सकती हैं और वे उतनी आसान भी नहीं होंगी जितनी कि यह मछलीवाली पहेली थी। मेलाची, जो वहाँ मौजूद था, बहुत क्रुद्ध हो उठा, उसने बेरेंगर का सिर पकड़ा और उसे वापस अपने काम पर भेज दिया...। बेरेंगर उसका असिस्टेण्ट हैं, आप जानते ही होंगे...।"

"और उसके बाद?"

"उसके बाद, जॉर्ज ने ही वहाँ से जाकर बहस का अन्त किया। हम सब अपने काम पर चले गए, लेकिन जब मैं काम कर रहा था तो मैंने देखा कि पहले वेनेण्टियॅस और फिर अडेल्मो बेरेंगर के पास आए और उन्होंने उससे कुछ पूछा। दूर से ही मैंने देखा कि वह उनके सवालों को लेकर टाल-मटोल कर रहा था, लेकिन दिन के दौरान वे फिर उसके पास गए थे। और फिर उसी शाम मैंने बेरेंगर और अडेल्मो को भोजनालय में जाने से पहले क्लॉइस्टॅर में बातचीत करते हुए देखा था। इस तरह, मुझे इतनी ही कुल जानकारी है।"

"ध्यान देने की बात है कि हाल ही में जिन दो लोगों की मृत्यु रहस्यमय परिस्थितियों में हुई है उन दोनों ने ही बेरेंगर से किसी चीज़ को देने का अनुरोध किया था," विलियम ने कहा।

बेनो ने परेशान होते हुए जवाब दिया, "मैंने तो यह नहीं कहा! मैंने तो आपको वह बताया जो उस दिन घटित हुआ, क्योंकि आपने मुझसे पूछा था..." वह क्षण-भर सोचता रहा, फिर जल्दी से बोला, "लेकिन अगर आप मेरी राय जानना चाहते हैं तो मैं कहूँगा कि बेरेंगर ने उस दिन पुस्तकालय में मौजूद किसी चीज़ के बारे में उनसे बात की थी और इसलिए आपको वहाँ जाकर अपनी खोज-बीन करनी चाहिए।"

"तुम पुस्तकालय के बारे में क्यों सोच रहे हो? जब बेरेंगर अफ्रीकियों के यहाँ तलाश करने की बात कर रहा था तो उसका क्या अभिप्राय था? क्या वह यह कहना चाहता था कि अफ्रीकी कवियों को अधिक व्यापक रूप से पढ़ा जाना चाहिए?"

"शायद। लगता तो ऐसा ही था। लेकिन तब मेलाची को इतना गुस्सा क्योंकर आना चाहिए था? आख़िरकार, यह तय करनेवाला तो वही है कि अफ्रीकी कवियों की कोई पुस्तक पढ़ने को दी जाए या न दी जाए। लेकिन मैं एक चीज़ जानता हूँ : पुस्तकों के कैटलॉग को पलटते हुए किसी भी व्यक्ति को, उस विन्यास के बीच जिसे सिर्फ़ लाइब्रेरियन ही समझता है, एक शीर्षक अक्सर मिल जाएगा और वह है 'अफ्रीका,' और मुझे तो वह भी मिल चुका

है जिसका नाम था 'फ़िनिस अफ्रीका'**, अफ्रीका का अन्त। वह कौन-सी पुस्तक थी यह तो मुझे याद नहीं पर उसके शीर्षक ने मेरी जिज्ञासा जगायी थी, सो एक बार मैंने वह पुस्तक माँगी जो उस सूचना से ताल्लुक रखती थी; और मेलाची ने मुझसे कहा कि उस सूचना से ताल्लुक रखनेवाली पुस्तक खो चुकी है। ये वो चीज़ है जो मैं जानता हूँ। और इसीलिए मैंने कहा कि आप सही फ़रमा रहे हैं, बेरेंगर की गतिविधि पर निगाह रखिये और उस वक़्त चेक करिए जब वह लाइब्रेरी में जाए। कौन जाने।"

"कौन जाने," विलियम ने वार्तालाप को समाप्त करते हुए और उसे विदा करते हुए कहा। फिर उन्होंने मेरे साथ क्लॉइस्टर में चहलक़दमी शुरू करते हुए ध्यान दिलाया कि पहली बात तो यह है कि बेरेंगर एक बार फिर अपने बन्धुओं की खुसुरपुसुर का विषय बन चुका है; दूसरे, बेनो हमें पुस्तकालय में भेजने को लेकर व्यग्र लग रहा था। मैंने कहा कि शायद वह हमसे वहाँ पर उन चीज़ों की खोज कराना चाहता है जिनको वह खुद भी जानना चाहता है; और विलियम ने कहा कि बात शायद यही है, लेकिन यह भी सम्भव है कि पुस्तकालय की दिशा में भेजकर वह हमें किसी दूसरी जगह से परे रखना चाहता हो। कौनसी जगह? मैंने पूछा। और विलियम ने कहा कि वे नहीं जानते, वह जगह स्क्रिप्टोरियॅम भी हो सकती है, रसोई भी हो सकती है, या क्वाइअॅ, या शयनागार, या ओषधालय भी हो सकती है। मैंने कहा कि कल तो वे, विलियम, खुद ही पुस्तकालय को लेकर इतने आकर्षित थे और उनका जवाब था कि उन्हें उन चीज़ों से आकर्षित होना पसन्द है जो उन्होंने चुनी हों, न कि वे जिनके बारे में दूसरों ने सलाह दी हो। लेकिन पुस्तकालय पर निगाह बराबर रखी जानी चहिए, उन्होंने बात को जारी रखते हुए कहा और इस वक़्त यह विचार ग़लत न होगा कि किसी तरह से उसमें प्रवेश पाया जाय। परिस्थितियों ने इस वक़्त उनकी उत्सुकता को मंजूरी दे दी थी– विनम्रता और मठ के रिवाज़ों तथा नियमों के प्रति सम्मान की मर्यादाओं के भीतर रहते हुए।

हमने क्लॉइस्टर छोड़ दिया। भृत्य और नवदीक्षित संन्यासी मैस के बाद चर्च से लौट रहे थे। और जिस वक़्त हम चर्च के पश्चिमी हिस्से की बग़ल से गुज़र रहे थे, हमारी निगाह बेरेंगर पर पड़ी जो ट्रांसेप्ट से बाहर निकलकर क़ब्रिस्तान को पार करता हुआ इडीफ़ीसियम की तरफ़ जा रहा था। विलियम ने उसे आवाज़ लगाई, वह रुका और हम उसके बराबर पहुँच गए। इस वक़्त वह उससे कहीं ज़्यादा परेशान लग रहा था जितना वह तब था जब हमने उसको क्वाइअॅ में देखा था और ज़ाहिर है कि विलियम ने उसकी इस हालत का वैसे ही पूरा फ़ायदा उठाने का फैसला किया जैसा कि उन्होंने बेनो के साथ किया था।

"तो लगता है तुम आख़िरी व्यक्ति थे जिसने अडेल्मो को ज़िन्दा देखा," उन्होंने कहा।

वह लड़खड़ाया, मानो बेहोश होकर गिरने को हो। "मैं?" उसने बुझी-सी आवाज़ में पूछा। विलियम ने अपना सवाल यूँ ही पूछ लिया था, शायद इसलिए कि बेनो ने उनसे कहा था कि उसने उन दोनों को सन्ध्या-वन्दन के बाद क्लॉइस्टर में बातचीत करते हुए देखा था। लेकिन सवाल ने निश्चय ही मर्म पर वार किया होगा और स्पष्ट था कि बेरेंगर किसी दूसरी, वाक़ई आख़िरी मुलाक़ात के बारे में सोच रहा था, क्योंकि उसने अटकती-सी आवाज़ में बोलना शुरू किया।

"आप ऐसा कैसे कह सकते हैं? मैंने उसे बिस्तर पर जाने के पहले देखा था, जैसे कि हर किसी ने देखा था!"

तब विलियम ने तय किया कि उस पर बिना देर किए दबाव बनाना फ़ायदे की बात हो सकती है। "नहीं, तुम उससे फिर से मिले थे और तुम उससे कहीं ज़्यादा जानते हो जितना कि तुम क़बूल करना चाहते हो। लेकिन यहाँ दो मौतों का सवाल है और अब तुम चुप नहीं लगा सकते। तुम अच्छी तरह से जानते हो किसी का मुँह खुलवाने के कई तरीक़े हैं!"

विलियम मुझसे अक्सर कहा करते थे कि जब वे धर्मपरीक्षक भी हुआ करते थे तब भी वे हमेशा यातना देने से बचते थे; लेकिन बेरेंगर ने उन्हें ग़लत समझ लिया (या विलियम खुद ही चाहते थे कि उन्हें ग़लत समझ लिया जाए)। जो भी हो, युक्ति कारगर साबित हुई।

"हाँ, हाँ," धारासार आँसू बहाते हुए बेरेंगर ने कहा, "मैंने अडेल्मो को उस शाम देखा था, लेकिन मैंने उसे मरा हुआ देखा था!"

"कैसे?" विलियम ने पूछा। "पहाड़ी के नीचे!"

"नहीं, नहीं, उसे मैंने यहीं क़ब्रिस्तान में देखा था, वह क़ब्रों के बीच चल रहा था, प्रेतों के बीच एक प्रेत की तरह। मैं उससे मिला और तुरन्त ही मुझे अहसास हुआ कि मेरे सामने कोई जीवित इनसान नहीं था : उसका चेहरा एक मुर्दे का चेहरा था, उसकी आँखें शाश्वत दंड पर जमी हुई थीं। स्वाभाविक ही, अगली सुबह, जब मुझे उसकी मौत की ख़बर मिली, तभी जाकर मुझे अहसास हुआ कि मेरी मुलाक़ात उसके प्रेत से हुई थी, लेकिन उस क्षण में भी मुझे लग गया था कि मैं कोई विलक्षण दृश्य देख रहा था और मेरे सामने एक अभिशप्त आत्मा थी, एक प्रेतात्मा...। हे ईश्वर, जब वह मुझसे बोला तो उसकी आवाज़ कैसी बुझी हुई थी!"

"और उसने क्या कहा था?"

" 'मैं नर्क में जाने के लिए अभिशप्त हूँ!' यही थे वे शब्द जो उसने मुझसे कहे थे। 'मुझको यहाँ देखते हुए तुम नर्क से आए एक इनसान को देख रहे हो और नर्क ही में मुझको वापस जाना होगा।' उसने मुझसे कहा। और मैं उस पर चिल्लाया, 'अडेल्मो, क्या तुम वाक़ई नर्क से आए हो? वहाँ की पीड़ाएँ कैसी होती हैं?' और मैं काँप रहा था, क्योंकि मैं अभी-अभी पूरिका से लौटा था जहाँ पर मैंने प्रभु के कोप के बारे में लिखे गए भयावह पन्नों का पाठ सुना था। और उसने मुझसे कहा, 'नर्क की पीड़ाएँ उन पीड़ाओं के मुक़ाबले अन्तहीन रूप से बड़ी हैं जिनका बयान हमारी ज़ुबान कर सकती है। इसे देख रहे हो,' उसने कहा, 'वाक्छल के इस लबादे को जिसे मैंने आज तक पहन रखा है? यह मुझको जकड़ रहा है और मुझ पर इतना बोझ डाल रहा है जैसे मेरी पीठ पर पेरिस की सबसे ऊँची मीनार या दुनिया का सबसे भारी पहाड़ लदा हुआ हो, जिससे मैं अब कभी छुटकारा नहीं पा सकूँगा। और यह पीड़ा मुझे दैवीय न्याय के द्वारा दी गई है : मेरी अहम्मन्यता के लिए, अपनी देह को आनन्द का स्थल मानने के लिए और दूसरों से ज़्यादा जानने की इच्छा रखने के लिए और राक्षसी चीज़ों में आनन्द लेने के लिए जिनको मैंने अपनी कल्पना में सँजोकर रखा था और इसलिए जिन्होंने मेरी आत्मा के भीतर और भी राक्षसी चीज़ों को जन्म दिया–और अब मुझे उन्हीं के साथ अनन्तकाल तक रहना होगा। तुम इस लबादे का अस्तर देख रहे हो? यह कुछ इस तरह है मानो अंगारों और तीखी लपटों से बना हो और यही वह आग है जो मेरी देह को जला रही है और यह सज़ा मुझे उन कपटपूर्ण जिस्मानी वासनाओं के पापों के लिए दी गई है, जिनकी बुराइयों को जानते-बूझते हुए भी मैं जिनमें लिप्त रहा और अब यह आग लगातार

धधक रही है और मुझे जला रही है! मेरे ख़ूबसूरत उस्ताद, मुझे अपना हाथ दो,' फिर उसने कहा, 'ताकि तुम्हारे साथ मेरी यह भेंट एक उपयोगी सीख बन सके, उन बहुत सारी सीखों के बदले में जो तुमने मुझे दी हैं। मुझे अपना हाथ दो, मेरे ख़ूबसूरत उस्ताद!' और उसने अपने सुलगते हुए हाथ की अँगुली को हिलाया और उसके पसीने की एक छोटी-सी बूँद मेरे हाथ पर टपकी और मुझे लगा कि जैसे वह मेरी हथेली के आरपार निकल गई हो। बहुत दिनों तक मैं उस निशान को लिए रहा, सिर्फ़ दूसरों से उसे छुपाए रहा। फिर वह क़ब्रों के बीच ग़ायब हो गया और अगली सुबह मुझे पता चला कि उसकी वह देह जिसने मुझे इस क़दर भयभीत कर दिया था, तलहटी में मृत पड़ी हुई थी।''

बेरेंगर हाँफ रहा था, रो रहा था। विलियम ने उससे पूछा, ''और उसने तुम्हें अपना ख़ूबसूरत उस्ताद क्यों कहा? तुम लोग तो एक ही उम्र के थे। क्या तुमने उसे कुछ पढ़ाया था?''

अपनी टोपी को चेहरे पर खीचते हुए बेरेंगर ने इन्कार में सिर हिलाया और अपने घुटनों के बल गिरते हुए उसने विलियम के पैर पकड़ लिए। ''मैं नहीं जानता कि उसने मुझे ऐसा क्यों कहा। मैंने उसे कभी कुछ नहीं पढ़ाया!'' और वह फूट-फूटकर रोने लगा। ''मुझे डर लग रहा है, फ़ादर। मैं आपके सामने प्रायश्चित करना चाहता हूँ। मुझ पर दया कीजिए, एक शैतान मेरी आँतों को निगल रहा है!''

विलियम ने उसे परे करते हुए अपना हाथ उसकी ओर बढ़ाया ताकि वह उसका सहारा लेकर खड़ा हो सके। ''नहीं, बेरेंगर,'' उन्होंने कहा, ''अपने प्रायश्चित के लिए मुझसे मत कहो। अपना मुँह खोलकर मेरे मुँह पर ताला मत डाल दो। जो मैं तुमसे जानना चाहता हूँ, वह तुम मुझे दूसरे ढंग से बताओगे। और अगर तुम मुझे नहीं बताओगे, तो मैं ख़ुद ही पता लगा लूँगा। मुझसे दया की माँग भले करो, अगर तुम चाहो तो, लेकिन मुझे चुप रहने के लिए मत कहो। बहुत-से लोग हैं जो इस मठ में चुप लगाए बैठे हैं। बजाय इसके, तुम मुझे यह बताओ कि जब वह एक अँधेरी रात थी तो तुम उसका जर्द चेहरा कैसे देख सके, जब वह बारिश और ओलों और बर्फ़ से भरी हुई रात थी तो वह तुम्हारे हाथ को कैसे जला सका और तुम क़ब्रिस्तान में क्या कर रहे थे। चलो''—और उन्होंने उसे निर्दयतापूर्वक झकझोरा, ''कम से कम इतना तो मुझे बताओ!''

बेरेंगर का एक-एक अंग काँप रहा था। ''मुझे नहीं मालूम मैं क़ब्रिस्तान में क्या कर रहा था, मुझे याद नहीं है, मैं नहीं जानता मैंने उसका चेहरा कैसे देखा, शायद मेरे पास चिराग़ रहा हो, नहीं...उसके पास चिराग़ था, वह चिराग़ लिए हुए था, मैंने उसका चेहरा शायद चिराग़ की रोशनी में देखा था...।''

''जब बारिश और बर्फ़वारी हो रही थी तो वह चिराग़ कैसे लिए था?''

''यह पूरिका के बाद का वक़्त था, पूरिका के तुरन्त बाद का वक़्त, तब बर्फ़ शुरू नहीं हुई थी, बर्फ़ बाद में गिरनी शुरू हुई थी...। मुझे याद है कि पहले झोंके तब आए थे जब मैं शयनागार की तरफ़ भाग रहा था। मैं शयनागार की तरफ़ भागा जबकि वह प्रेत मुझसे उलटी दिशा की ओर चला गया था...। और इसके बाद क्या हुआ मैं कुछ नहीं जानता; अगर आपको मेरा प्रायश्चित मंज़ूर नहीं तो प्लीज़, इसके आगे मुझसे कुछ मत पूछिए।''

''बहुत अच्छे,'' विलियम ने कहा, ''अब जाओ, क्वाइअॅ में जाओ, चूँकि तुम इनसान से बात नहीं करोगे, जाकर प्रभु से बात करो, या जाओ और किसी संन्यासी को खोजो जो

तुम्हारे प्रायश्चित को सुन सके, क्योंकि अगर तुमने अब तक अपने पापों का प्रायश्चित नहीं किया है तो तुम नापाक तरीक़े से अनुष्ठानों में शामिल होते रहे हो। जाओ। हम फिर मिलेंगे।"

बेरेंगर भागा और ओझल हो गया। और विलियम ने अपनी हथेलियाँ मलीं, वैसे ही जैसे मैंने उन्हें उन बहुत-से मौक़ों पर करते हुए देखा था जब वे किसी चीज़ को लेकर बहुत ख़ुश होते थे।

"अच्छा रहा," वे बोले। बहुत-सी चीज़ें साफ़ हुईं।"

"साफ़, गुरुदेव?" मैंने पूछा। "साफ़ हुआ कि अब हमारे पास अडेल्मो का भूत भी है?"

"मेरे प्यारे एड्सो," विलियम बोले, "वह भूत मुझे बहुत ज़्यादा भुतहा नहीं लगता और वैसे भी वह [बेरेंगर] उस एक पन्ने की लिखी बातें दोहरा रहा था जिसको उपदेशकों के इस्तेमाल के लिए लिखी गई किसी पुस्तक में मैंने पढ़ रखा है। ये संन्यासी शायद कुछ ज़्यादा ही पढ़ते हैं और जब वे उत्तेजित होते हैं तो वे उन दृश्यों को जीना शुरू कर देते हैं जो उन्होंने किन्हीं पुस्तकों में पढ़े होते हैं। मैं नहीं जानता कि वे बातें अडेल्मो ने वाक़ई कही थीं या वे बेरेंगर को महज़ इसलिए सुनाई दीं क्योंकि वह उनको सुनना चाहता था। असल बात यह है कि यह कहानी मेरे बहुत-से सन्देहों की पुष्टि करती है। मसलन : अडेल्मो की मौत आत्महत्या से हुई और बेरेंगर की कहानी हमें बताती है कि मरने से पहले वह ज़बरदस्त बेचैनी की गिरफ़्त में था और अपने किसी कृत्य को लेकर उसको पश्चाताप हो रहा था। वह अपने पाप को लेकर बेचैन और भयभीत था क्योंकि किसी ने उसको डरा दिया था और शायद उसने उस नारकीय दृश्य की कहानी उससे कही थी जो उसने इस क़दर सन्निपात में डूबकर बेरेंगर को सुनाई थी। और वह क़ब्रिस्तान से होकर इसलिए जा रहा था क्योंकि वह क्वाइअॅ से आ रहा था, जहाँ पर उसने किसी ऐसे व्यक्ति को अपना हमराज़ बनाया था (या उसके सामने पाप-स्वीकार किया था) जिसने उसे आतंक और पश्चाताप से भर दिया था। और वह क़ब्रिस्तान से, जैसा कि बेरेंगर ने हमें बताया है, शयनागार की उलटी दिशा में जा रहा था। इडिफ़ीसियम की तरफ़, पर (हो सकता है कि) अस्तबल की बाहरी दीवार की तरफ़ भी, जहाँ से मेरा मानना है कि उसने ख़ुद को खाई में फेंक दिया। और उसने तूफ़ान के आने से पहले छलाँग लगाई, वह दीवार के नीचे मरा और यह बाद में हुआ कि भूस्खलन उसके शव को उत्तरी और पूर्वी मीनारों के बीच खीच ले गया।"

"पर तपती हुई पसीने की बूँद के बारे में आपका क्या कहना है?"

"यह उसी कहानी का हिस्सा है जो उसने सुनी और दोहरायी है, या जिसकी कल्पना बेरेंगर ने ख़ुद ही अपनी उत्तेजना और पश्चाताप की हालत में कर ली है। क्योंकि अडेल्मो के पश्चाताप का एक प्रतिरूप भी है, बेरेंगर का पश्चाताप : वह तुमने सुना है। और अगर अडेल्मो क्वाइअॅ से आ रहा था तो शायद उसके हाथों में मोमबत्ती रही हो और उसके दोस्त के हाथ पर टपकी बूँद मोम की ही बूँद रही हो। लेकिन बेरेंगर ने इसे बहुत गहरे जलाती बूँद की तरह महसूस किया तो इसलिए कि अडेल्मो ने उसे निश्चय ही अपना उस्ताद कहकर पुकारा था। इस तरह यह एक संकेत है कि अडेल्मो उसे किसी ऐसी शिक्षा के लिए उलाहना दे रहा था जो उसके लिए मौत की ओर ले जानेवाली हताशा का कारण बन गई थी। और बेरेंगर यह बात जानता है, वह दुखी है क्योंकि वह जानता है कि उसने अडेल्मो को कोई ऐसा कृत्य करने के लिए उकसाया

जो उसे नहीं करना चाहिए था और जो उसे मौत की ओर ले गया। और, मेरे भोले एड्सो, हमने अपने असिस्टेण्ट लाइब्रेरियन से जो कुछ भी सुना है, उसके बाद इसकी कल्पना करना मुश्किल नहीं है कि वह कृत्य क्या रहा होगा।''

''मेरा ख़याल है कि दोनों के बीच जो कुछ हुआ वह मैं समझ गया हूँ,'' अपनी अक़्लमन्दी पर खुद ही शरमाते हुए मैंने कहा, ''पर क्या हम सभी दयालु ईश्वर पर विश्वास नहीं करते? आपका कहना है कि अडेल्मो ने शायद पाप-स्वीकार किया; आखिर उसने अपने पहले पाप की सज़ा एक निश्चित तौर पर बड़े, या कम-से-कम उतने ही गम्भीर पाप में क्योंकर तलाशी होगी?''

''क्योंकि किसी ने उससे निराशा जगानेवाले शब्द कहे। जैसा कि मैंने कहा, किसी आधुनिक उपदेशक के लिखे एक पन्ने ने किसी व्यक्ति को उस पन्ने में लिखे शब्दों को दोहराने के लिए उकसाया होगा जिन्होंने अडेल्मो को भयभीत किया और जिनसे अडेल्मो ने बेरेंगर को डराया। पहले ऐसा कभी नहीं होता था जैसा कि इन पिछले कुछ सालों से होने लगा है कि उपदेशकगण जनसाधारण में धर्मभीरुता, आतंक और भक्तिभाव, तथा मानवीय और दैवीय नियमों के प्रति सम्मान जगाने के लिए पीड़ादायी शब्दों का, डरावनी धमकियों का इस्तेमाल करने लगे हैं। पहले कभी भी सार्वजनिक तौर पर प्रायश्चित करनेवाले आत्मपीड़कों की शोभायात्राओं में यीशू और वर्जिन की व्यथाओं से उत्प्रेरित धार्मिक वन्दनाएँ सुनाई नहीं देती थीं, जैसा कि आजकल होने लगा है, आज से पहले कभी भी साधारण लोगों की आस्था को मजबूत करने के लिए नारकीय यातनाओं के चित्रण का सहारा नहीं लिया जाता था।''

''शायद यह पश्चाताप के लिए ज़रूरी हो,'' मैंने कहा।

''एड्सो, पश्चाताप के इतने आह्वान मैंने पहले कभी नहीं सुने जितने आज सुनाई देते हैं, वे भी एक ऐसे वक़्त में जब एक सच्चे पश्चाताप का भाव जगा पाने में, न तो उपदेशकगण ही समर्थ रह गए हैं, न पुरोहित और न ही मेरे स्पिरिचुअल बन्धु ही...।''

''लेकिन तीसरा युग, देवदूत-तुल्य पोप, पेरूज़िया की सभा...।'' मैंने विस्मित होकर कहा।

''अतीत-मोह। पश्चाताप का महान युग बीत चुका है और यही वजह है कि धर्म-संघ की सामान्य सभा भी पश्चाताप की बात कर पाती है। एक सौ, दो सौ साल पहले नवीनीकरण की आँधी आई थी। तब एक ऐसा समय आया था जब इसके बारे में बात करनेवालों को जला दिया जाता था, चाहे वे सन्त हों या विधर्मी हों। आज इसके बारे में हर कोई बात करता है। एक ख़ास अर्थ में पोप भी इस पर विचार-विमर्श करते हैं। मानव-प्रजाति के नवीनीकरण के बारे में जब पोप की सभाएँ और दरबार बात करने लगें तो उन पर भरोसा मत करो।''

''लेकिन फ्रा डोल्सिनो,'' मैने साहस कर पूछा, उस नाम के बारे में कुछ और जानने की उत्सुकता से जिसको मैंने एक दिन पहले कई बार उच्चरित होते सुना था।

''वह मर गया है और उतने ही भयानक तरीक़े से मरा है जितने भयानक तरीक़े से वह जिया था, क्योंकि वह भी बहुत देर से आया था। और, बहरहाल, तुम उसके बारे में क्या जानते हो?''

''कुछ भी नहीं। इसीलिए तो मैं आपसे पूछ रहा हूँ...।''

''मैं उसके बारे में कभी भी बात न करना पसन्द करूँगा। मुझे कुछ तथाकथित ॲपॉसॅलों से बरतने का मौक़ा पड़ा था और मैंने उनको बहुत क़रीब से देखा था। वह एक दुखद कहानी

है। तुम परेशान हो जाओगे। जो भी हो, उसने मुझे परेशान किया था और परखने की मेरी नाक़ाबिलियत तुम्हें और भी परेशान कर देगी। यह एक ऐसे आदमी की कहानी है जिसने पागलपन से भरे काम किए क्योंकि उसने उन बातों को अमली शक्ल दी जिनके उपदेश बहुत-से सन्तों ने दिए थे। एक ख़ास बिन्दु पर पहुँचकर मैं यह समझ पाने में विफल रहा कि उसमें ग़लती किसकी थी, मैं उस सगोत्रता के भाव से स्तब्ध था जो उन दो परस्पर विरोधी खेमों के बीच व्याप्त थी, जिनमें से एक उन सन्तों का खेमा था जो पश्चाताप की शिक्षा देते थे और दूसरा पापियों का जो उस शिक्षा को, अक्सर दूसरों की क़ीमत पर, अमली जामा पहनाते थे...। लेकिन मैं किसी दूसरी चीज़ के बारे में बात कर रहा था। या शायद नहीं। मैं दरअसल इस चीज़ के बारे में बात कर रहा था : जब पश्चाताप का युग समाप्त हो गया, तो पश्चाताप करनेवालों के लिए पश्चाताप की ज़रूरत मौत की ज़रूरत बन गई। और उन लोगों ने, जिन्होंने मौत की क़ीमत मौत से चुकाते हुए, पश्चाताप करनेवालों की हत्या की थी, उन्होंने मौत को पैदा करनेवाले वास्तविक पश्चाताप को विफल करने के लिए आत्मा के पश्चाताप को कल्पना के पश्चाताप से विस्थापित कर दिया, यातना और रक्तपात के अलौकिक दृश्यों से, जिनको उन्होंने वास्तविक पश्चाताप के 'दर्पण' की संज्ञा दी। एक ऐसा दर्पण जो, जनसाधारण की और कभी-कभी पढ़े-लिखे लोगों तक की, कल्पना के सामने नर्क की यातनाओं को सजीव कर देता है। ताकि—जैसा कि कहा गया—कोई पाप न करे। वे भय के सहारे आत्मा को पाप से दूर रखने की उम्मीद करते हैं और बग़ावत को ख़ौफ़ से विस्थापित करने में भरोसा रखते हैं।"

"लेकिन तब क्या वे सचमुच पाप नहीं करते?" मैंने उद्विग्नता के साथ पूछा।

"यह इस पर निर्भर करता है, एड्सो, कि पाप से तुम्हारा अभिप्राय क्या है," मेरे गुरुदेव ने कहा। मैं इस देश के लोगों के प्रति अन्याय नहीं करना चाहूँगा जहाँ मैं पिछले कुछ सालों से रह रहा हूँ, लेकिन इतालवी लोगों की इस बात में मुझे सद्‌गुण की एक विचित्र-सी कमी प्रतीत होती है कि वे किसी मूर्ति के प्रति अपने आतंक के चलते पाप से परहेज़ करते हैं, भले ही वे उस मूर्ति को किसी सन्त का नाम क्यों न देते हों। वे लोग ईसा से ज़्यादा सन्त सेबेस्टियन या सन्त एन्थॅनी से डरते हैं। अगर तुम यहाँ किसी जगह को साफ़ रखना चाहते हो, अगर तुम चाहते हो कि वहाँ पर कोई पेशाब न करे जो कि इतालवी लोग उतनी ही आज़ादी के साथ करते हैं जितनी आज़ादी के साथ कुत्ते करते हैं, तो तुम उस जगह पर किसी लकड़ी की कूँची से सन्त एन्थॅनी की छवि उतार दो और यह चीज़ पेशाब करनेवाले को वहाँ से दूर हटा देगी। इसलिए इतालवी लोग, अपने उपदेशकों की वजह से, प्राचीन अन्धविश्वासों की ओर लौटने का ख़तरा मोल लेते हैं; और वे अब काया के पुनरुत्थान में विश्वास नहीं करते, बल्कि उन्हें केवल दैहिक क्षति और विपत्तियों से बहुत ज़्यादा डर लगता है और इसलिए वे ईसा से ज़्यादा सन्त एन्थॅनी से डरते हैं।"

"लेकिन बेरेंगर तो इतालवी नहीं है," मैंने ध्यान दिलाया।

"इससे कोई फ़र्क़ नहीं पड़ता। मैं उस माहौल की बात कर रहा हूँ जो चर्च और उपदेशकों ने इस प्रायद्वीप में फैला रखा है और जो यहाँ से हर जगह फैलता है। और वह सुशिक्षित संन्यासियों के इन जैसे सम्माननीय मठों तक भी आ पहुँचता है।"

"लेकिन कम से इन लोगों ने पाप न किया हो," मैंने आग्रह किया, क्योंकि मैं सिर्फ़ इतने पर भी सन्तोष करने को तैयार था।

"अगर यह मठ जगत का आईना (आदर्श)** है तो तुम्हें अपना जवाब मिल चुका होगा।"

"लेकिन क्या यह आदर्श है?" मैंने पूछा।

"जगत का आईना होने के लिए, यह ज़रूरी है कि इस दुनिया की कोई शक्ल हो," बात को समाप्त करते हुए विलियम ने कहा, जिनकी बातें मेरे किशोर दिमाग़ के लिए कुछ ज़्यादा फ़ल्सफ़ाना थीं।

पूर्वाह्निका

जिसमें ये मेहमान असभ्य लोगों के बीच झगड़ा होते देखते हैं, अयमारो ऑवअलेसेण्डरिया कुछ संकेत देता है और एड्सो सन्त-वृत्ति तथा शैतान के विष्टा पर चिन्तन करता है। बाद में विलियम और एडसो वापस स्क्रिप्टोरियम जाते हैं, विलियम को कुछ दिलचस्प चीज़ दिखाई देती है, वे हँसी के धर्मसंगत होने को लेकर तीसरी बार बातचीत करते हैं, लेकिन अन्त में जहाँ वे तलाशी लेना चाहते हैं वहाँ पहुँचने में असमर्थ रहते हैं।

स्क्रिप्टोरियम की सीढ़ियाँ चढ़ने से पहले हम नाश्ते के लिए रसोई में रुके, क्योंकि सुबह से हमने कुछ भी नहीं खाया था। मैंने एक कटोरा दूध पिया और तुरन्त ही मेरी जान में जान आई। विशाल दक्षिणी अँगीठी भट्टी की तरह धधक रही थी और दिन की ब्रेड तन्दूर में पकायी जा रही थी। दो चरवाहे हाल ही में मारी गई भेड़ के शरीर को रख रहे थे। रसोइयों के बीच मैंने सल्वाटोर को देखा, जो अपने लोमड़ी जैसे चेहरे के साथ मेरी ओर देखकर मुस्कराया। और मैंने देखा कि उसने एक मेज़ से रात के बचे हुए चिकिन का एक टुकड़ा उठाया और उसे चोरी-छुपे चरवाहों को दे दिया, जिन्होंने खुशी से हँसते हुए उस खाद्य को भेड़ की खाल से बनी अपनी जर्किन में छुपा लिया। पर मुख्य रसोइये ने इसे देख लिया और उसने सल्वाटोर को डाँट लगाई। "भण्डारी, भण्डारी," उसने कहा, "तुम्हें मठ की चीज़ों की रखवाली करनी चाहिए, न कि उन्हें इस तरह उड़ाना चाहिए!"

"वे ईश्वर के बच्चे हैं," सल्वाटोर ने कहा, "जीसस ने कहा है कि तुम उसके लिए वही करते हो जो इनमें से किसी बच्चे के लिए करते हो!"**

"गन्दे फ्रेटीसेलो, माईनॉराइट के पाद!" रसोइया उस पर चिल्लाया। "तुम अब अपने उन भिक्षुओं के बीच नहीं हो जो जुएँ पाले रहते हैं! जहाँ तक ईश्वर के बच्चों का सवाल है, उनको मठाधीश की दयालुता पर छोड़ दो!"

सल्वाटोर का चेहरा कठोर हो उठा और उसने गुस्से से मुँह फेर लिया : "मैं कोई माईनॉराइट भिक्षु नहीं हूँ! मैं सन्त बेनेडिक्ट का एक संन्यासी हूँ! तुम पर हगता हूँ, बोगोमिल के गूँ!"**

"बोगोमिल उस रंडी को कहो जिसे तुम अपने भ्रष्ट लिंग से रात में रगड़ते हो, सुअर कहीं के!" रसोइया चीखा।

सल्वाटोर ने चरवाहों को दरवाज़े से बाहर धकेला और हमारे एकदम क़रीब से गुज़रते

हुए उसने परेशान भाव से हमारी ओर देखा। ''बन्धु,'' उसने विलियम से कहा, ''आप उस संघ के समर्थक हैं जो मेरा नहीं है; इसे बताइए कि फ्रांसिस के बेटे विधर्मी नहीं हैं!''** फिर वह कान में फुसफुसाया, ''वो झूठा, हुँह!''** और उसने ज़मीन पर थूक दिया।

रसोइया पास आया और उसने उसको गुस्से में भरकर बाहर धकेल दिया। ''बन्धु,'' उसने आदरपूर्वक विलियम से कहा, ''मैं आपके संघ की या उससे सम्बन्धित सन्तों की बुराई नहीं कर रहा था। मैं तो उस नक़ली माईनॉराइट और नक़ली बेनेडिक्ट से बात कर रहा था जो न तो भला है न बुरा।''

''मैं जानता हूँ वह कहाँ से आया है,'' विलियम ने दोस्ताना लहज़े में कहा। ''लेकिन अब वह तुम्हारी ही तरह एक संन्यासी है और वह तुम्हारी ओर से बन्धुत्व के सम्मान का हक़दार है।''

''लेकिन वह हर कहीं अपनी नाक घुसेड़ता है क्योंकि उसे भण्डारी का संरक्षण मिला हुआ है और खुद को भण्डारी समझता है। वह मठ को इस तरह बरतता है जैसे वह उसकी बपौती हो, दिन और रात।''

''रात में कैसे?'' विलियम ने पूछा। रसोइये ने ऐसी मुद्रा बनाई मानो वह उन चीज़ों के बारे में बात न करना चाहता हो जो ठीक नहीं थीं। विलियम ने उससे और पूछताछ नहीं की और अपना दूध निबटाया।

मेरी जिज्ञासा बढ़ती चली जा रही थी। उबर्तिनो के साथ मुलाक़ात, सल्वाटोर और उसके भण्डारी के अतीत के बारे में खुसुरपुसुर, फ्रेटीसेली और धर्मद्रोही माईनॉराइटों का बार-बार आनेवाला ज़िक्र, फ्रा डोल्सिनो के बारे में बात करने को लेकर मेरे गुरु की अनिच्छा...। मेरे दिमाग़ में एक के बाद एक तस्वीरें लौटने लगीं। मसलन, अपनी यात्रा के दौरान हमने दो बार फ़्लैगलेण्टों के जुलूस को देखा था। एक बार स्थानीय लोग उन्हें इस तरह देख रहे थे जैसे वे सन्त हों; और दूसरी बार इस तरह की फुसफुसाहट सुनाई दी थी कि वे विधर्मी थे। और दोनों बार लोग वही थे। वे नगर की सड़कों पर दो-दो के समूह में चल रहे थे, सिर्फ़ उनके उपस्थ ढँके हुए थे, मानो वे किसी भी तरह की शर्म के अहसास से ऊपर उठ चुके थे। हरेक के हाथ में एक कोड़ा था जिससे वे ख़ून आने तक अपने कन्धों पर प्रहार कर रहे थे; और वे प्रचुर मात्रा में आँसू बहा रहे थे मानो उन्होंने खुद अपनी आँखों से मुक्तिदाता की यातना को देखा हो; वे एक मातमी गीत गाते हुए प्रभु से दया की और परमात्मा की माँ से सिफ़ारिश की भीख माँग रहे थे। सिर्फ़ दिन में ही नहीं बल्कि रात में भी जलती हुई मोमबत्तियाँ लिये कड़ाके की ठंड में वे एक गिरजाघर से दूसरे गिरजाघर तक आल्टर के समक्ष दीन भाव से साष्टांग प्रणाम करते हुए चलते जाते थे, उनके आगे-आगे अपने हाथों में मशालें और ध्वजाएँ लिए पुरोहित होते थे और उनमें साधारण पुरुष और स्त्रियाँ ही नहीं बल्कि कुलीन महिलाएँ और व्यापारी भी शामिल थे...। और फिर प्रायश्चित के महान कृत्य देखने को मिलते थे : जिन्होंने चोरी की होती थी, तो वे लूट का सामान वापस करते थे, दूसरे लोग अपने अपराधों को स्वीकार करते...।

लेकिन विलियम उनको उदासीन भाव से देखते रहे थे और मुझसे बोले थे कि उस प्रायश्चित में सच्चाई नहीं थी। थोड़ी देर पहले, इसी सुबह, इसके बारे में जितनी बात उन्होंने की थी, उस समय उन्होंने उससे ज़्यादा बताया था : प्रायश्चितपरक शुद्धीकरण का

महान युग समाप्त हो चुका था और अब ये भीड़ के धर्मानुराग को संघटित करने के लिए उपदेशकों द्वारा अपनाये जानेवाले तरीक़े थे, जिनका मुख्य उद्देश्य यह था कि लोग उस प्रायश्चित की आकांक्षा के शिकार न हों जो–इस मामले में–वाक़ई विधर्मपूर्ण और भयभीत करनेवाला था। लेकिन अगर वाक़ई कोई फ़र्क़ था तो मैं उसको समझने में असमर्थ था। मुझे लगता था कि फ़र्क़ एक या दूसरे के व्यवहारों में नहीं था, बल्कि चर्च के उस रवैये में था जिससे वह इस या उस व्यवहार को परखती थी।

मैंने उबर्तिनो के साथ हुई बातचीत को याद किया। इसमें कोई शक नहीं कि विलियम इस बात की तरफ़ इशारा कर रहे थे, वे उससे यह कहने की कोशिश कर रहे थे, कि उसकी रहस्यवादी (और परम्परागत) आस्था और विधर्मियों की विकृत आस्था के बीच बहुत मामूली-सा फ़र्क़ था। उबर्तिनो इस बात पर नाराज़ हुआ था, वैसे ही जैसे वह व्यक्ति होता जो उस फ़र्क़ को साफ़ समझता था। मेरा अपना ख़याल यह था कि वह अलग था ही इसलिए कि वह उस फ़र्क़ को समझ सकता था। विलियम ने धर्मपरीक्षक का काम इसलिए छोड़ दिया था कि वे अब इस फ़र्क़ को समझ नहीं पा रहे थे। इसी वजह से वे उस रहस्यमय फ्रा डोल्सिनो के बारे में मुझसे बात करने में असमर्थ थे। लेकिन तब, ज़ाहिर है (मैंने खुद से कहा), कि विलियम उस प्रभु की कृपा से वंचित हो चुके थे जो न सिर्फ़ यह सिखाता है कि फ़र्क़ को किस तरह देखना चाहिए, बल्कि उसको भेद कर सकने की क्षमता से नवाज़ता भी है। उबर्तिनो और क्लेयर ऑव मोण्टेफाल्को (जो हालाँकि पापकर्मियों से घिरी हुई थी) अब भी सन्त थे तो इसीलिए कि वे जानते थे कि भेद किस तरह किया जाए। यह और सिर्फ़ यही सन्तत्व है।

लेकिन विलियम क्यों नहीं जानते थे कि भेद किस तरह किया जाए? जहाँ तक प्रकृति के तथ्यों का सवाल था, उनकी बुद्धि इतनी पैनी थी कि वे चीज़ों के बीच की छोटी से छोटी असंगति या छोटी से छोटी समानता को भाँप लेने में समर्थ थे...।

मैं इन विचारों में डूबा था और विलियम अपना दूध ख़त्म करने में लगे थे, तभी हमने सुना कि कोई हमें नमस्कार कर रहा था। यह अयमारो ऑव अलेसेण्डरिया था, जिससे हम स्क्रिप्टोरियम में मिले थे और जिसने अपने चेहरे की भंगिमा के कारण मेरा ध्यान खींचा था, जो कि एक चिरस्थायी उपहास की भंगिमा थी, मानो वह तमाम मनुष्यों की मूर्खता के साथ कभी भी पटरी न बिठा पाया था लेकिन फिर भी इस ब्रह्माण्डीय त्रासदी को कोई ख़ास महत्त्व नहीं देता था। "तो, ब्रदर विलियम, अब तो आपको पागलों की इस माँद की आदत पड़ चुकी होगी?"

"मुझे तो यह सन्तभाव और ज्ञान के लिए सराहनीय लोगों की जगह लगती है," विलियम ने सतर्क भाव से कहा।

"कभी थी। जब मठाधीश मठाधीश की तरह और लाइब्रेरियन लाइब्रेरियन की तरह आचरण करते थे। अब तो आप वहाँ देख ही चुके हैं,"–और उसने ऊपर की मंज़िल की तरफ़ इशारा किया–"कि किस तरह एक अन्धी आँखोंवाला अधमरा जर्मन मरे हुए आदमी की आँखोंवाले उस अन्धे स्पहानी की बेसिरपैर की बातों को भक्तिभाव से सुन रहा है; आपको लगेगा कि हर सुबह एण्टीक्राइस्ट का आगमन होनेवाला है। वे अपने चर्मपत्रों को घिसते रहते हैं, लेकिन बहुत थोड़ी-सी नई पुस्तकें आ पाती हैं...। हम यहाँ ऊँचाई पर बैठे हैं और

नीचे नगर में लोग कर्म में लगे हुए हैं। एक वक़्त था जब हमारे मठ दुनिया पर हुकूमत करते थे। आज आप हालत देख रहे हैं : सम्राट हमारा इस्तेमाल करता है, अपने दोस्तों को यहाँ अपने दुश्मनों से मिलने को भेजता है (मैं आपके मिशन के बारे में कुछ-कुछ जानता हूँ, संन्यासी तो बस बातें ही बातें करते हैं, उनके पास करने को और कुछ नहीं है); लेकिन अगर वह इस देश के मसलों को नियन्त्रित करना चाहता है तो वह नगर में ही रहता है। हम यहाँ पर अनाज एकत्र करने और मुर्गियाँ पालने में व्यस्त हैं और नीचे लोग रेशम के टुकड़ों के बदले लिनेन के थानों का और लिनेन के थानों के बदले मसालों के बोरों का और उस सब के बदले अच्छी रकम का लेनदेन करते हैं। हम अपने ख़ज़ाने की रखवाली करते हैं और नीचे वे ख़ज़ानों का अम्बार लगाते हैं। और पुस्तकों का भी। ऐसी पुस्तकों का भी जो हमारी पुस्तकों के मुक़ाबले कहीं ज़्यादा ख़ूबसूरत हैं।''

''इससे तो इन्कार नहीं किया जा सकता कि दुनिया में बहुत कुछ नया हो रहा है। लेकिन आपको क्यों लगता है कि मठाधीश दोषी हैं?''

''क्योंकि उन्होंने पुस्तकालय को विदेशियों के हाथों में सौंप दिया है और मठ का संचालन इस तरह कर रहें हैं मानो वह पुस्तकालय की रक्षा के लिए खड़ा किया गया दुर्ग हो। इस इतालवी इलाक़े में बेनेडिक्ट मठ को एक ऐसी जगह हो सकना चाहिए जहाँ इटली की समस्याओं का निराकरण इटली के ही लोग कर सकें। इतालवी लोग आज क्या कर रहे हैं, आज जबकि इतालवियों के पास एक पोप तक नहीं बचा है, वे क्या कर रहे हैं? वे व्यापार और उत्पादन कर रहे हैं और वे फ्रांस के राजा से ज़्यादा सम्पन्न हैं। तब फिर हमें भी वही करना चाहिए; चूँकि हम ख़ूबसूरत पुस्तकों की रचना करना जानते हैं, हम विश्वविद्यालयों के लिए उनकी रचना करें और अपने को उन गतिविधियों से जोड़ें जो नीचे घाटी में चल रही हैं–मेरा मतलब सम्राट की गतिविधियों से नहीं है और ब्रॅदर विलियम, यह बात कहते हुए मेरे मन में आपके मिशन के प्रति पूरा इज़्ज़त है, मैं उन चीज़ों से जुड़ने की बात कर रहा हूँ जो बोलोग्नियाई या फ्लोरेण्टाइन कर रहे हैं। यहाँ से हम उन तीर्थयात्रियों और व्यापारियों पर नियन्त्रण रख सकते हैं जो इटली और प्रोवेन्स के बीच आवाजाही करते हैं। हमें अपने पुस्तकालय को देशी भाषाओं में लिखे जा रहे पाठों के लिए खोल देना चाहिए और जो लोग अब लैटिन में नहीं लिखते वे भी यहाँ आएँगे। लेकिन इसकी जगह हम लोग मुट्ठी-भर विदेशियों के हाथों नियन्त्रित हो रहे हैं जो पुस्तकालय के प्रबन्ध को जारी रखे हुए हैं मानो वे सदाचारी ओडो ऑव क्लॅनी अब भी यहाँ के मठाधीश हों...।''

''लेकिन आपके मठाधीश तो इतालवी हैं,'' विलियम ने कहा।

''यहाँ मठाधीश को पूछता कौन है,'' अपने उपहास के भाव को जारी रखते हुए अयमारो ने कहा। ''उनके दिमाग़ की जगह एक पुस्तकों का बक्सा है। कीड़ों का खाया हुआ। पोप को नीचा दिखाने के लिए उन्होंने फ्रेटीसेलियों को मठ पर कब्ज़ा जमा लेने की छूट दे रखी है...। बन्धु, मेरा मतलब विधर्मियों से है, उन लोगों से जिन्होंने आपके अत्यन्त पवित्र संघ को तज दिया है...और सम्राट को खुश करने के लिए वे उत्तर के तमाम बिहारों से संन्यासियों को आमन्त्रित करते हैं, जैसे कि यहाँ, हमारे अपने देश में, अच्छे प्रतिलिपियाँ तैयार करनेवाले और ग्रीक तथा अरबी जानने वाले लोग न हों, या कि फ्लोरेंस और पीसा में रईस और उदार

व्यापारियों की वे औलादें न हों जिनको यदि संघ के भीतर अपने पुरखों की इज़्जत और ताक़त के बढ़ने का आश्वासन हो तो वे ख़ुशी-ख़ुशी संघ में शामिल होने को तैयार न हो जाएँ। लेकिन यहाँ सेक्युलर मसलों में हिस्सेदारी को तभी मान्यता मिलती है जब जर्मनों को छूट दे दी जाती है कि वे...हे प्रभु, मेरी ज़ुबान जल जाए, क्योंकि मैं अनुचित बातें कहने जा रहा हूँ!''

''क्या मठ में अनुचित काम होते हैं?'' विलियम ने अपने प्याले में कुछ और दूध उड़ेलते हुए अनमने भाव से पूछा।

''संन्यासी एक इनसान भी होता है,'' अयमारो ने घोषणा की। फिर उसने जोड़ा, ''लेकिन यहाँ पर वे दूसरी जगह के मुक़ाबले कम इनसान होते हैं। और जो कुछ मैंने कहा : याद रखें कि वह मैंने नहीं कहा।''

''बहुत दिलचस्प,'' विलियम ने कहा। और ये आपके निजी विचार हैं, यहाँ और भी बहुत-से लोग हैं जो आप ही की तरह सोचते हैं?''

''बहुत, बहुत। बहुत-से लोग हैं जो आज अडेल्मो की मौत का शोक मना रहे हैं, लेकिन अगर कोई दूसरा व्यक्ति खाई में गिरा होता, कोई ऐसा व्यक्ति जो लाइब्रेरी के उससे ज़्यादा चक्कर लगाता होता जितने कि उसे लगाने चाहिए, तो वे इतने नाख़ुश न हुए होते।''

''क्या मतलब?''

''मैंने बहुत बोल लिया है। यहाँ हम लोग बहुत बोलते हैं, जैसा कि आपने ध्यान दिया ही होगा। यहाँ, एक तरफ़ तो हालत यह है कि अब कोई भी व्यक्ति ख़ामोशी की इज़्ज़त नहीं करता। दूसरी तरफ़, उसकी बहुत ज़्यादा इज़्ज़त की जाती है। यहाँ पर, बजाय बोलने या चुप रहने के हमें कर्म करना चाहिए। हमारे संघ के स्वर्णयुग में अगर कोई मठाधीश मठाधीश की तरह आचरण नहीं करता था तो ज़हरीली मदिरा का एक बढ़िया-सा जाम उसके उत्तराधिकारी का रास्ता साफ़ कर देता था। ब्रॅदर विलियम, ज़ाहिर है कि ये बातें मैंने आपसे मठाधीश के बारे में या कि दूसरे बन्धुओं के बारे में गॉसिप करने के मक़सद से नहीं की हैं। ईश्वर मेरी रक्षा करे, सौभाग्य से मेरी आदत घिनौने गॉसिप करने की नहीं है। लेकिन अगर मठाधीश ने आपसे मेरी या पेसीफ़िकॅस ऑव तिवोली, या पीटर ऑव सेण्ट अल्बानो जैसे किन्हीं दूसरे व्यक्तियों की जाँच करने को कहा है तो मैं इस बात से नाराज़ हूँ। पुस्तकालय के मामलों में हमारी कोई बात नहीं सुनी जाती। लेकिन हम चाहेंगे कि हमारी बात भी थोड़ी-बहुत सुनी जाए। इसलिए साँपों के इस जाल को सामने लाइए, आपने तो बहुत-से विधर्मियों को जलाया है।''

''मैंने कभी किसी को नहीं जलाया,'' विलियम ने तीखे अन्दाज़ में कहा।

''ये तो कहने का एक ढंग था,'' अयमारो ने भरपूर मुस्कराते हुए माफ़ी माँगने के भाव से कहा। ''आप अपने शिकार में कामयाब हों, ब्रॅदर विलियम, लेकिन रात के वक़्त सावधान रहें।''

''दिन के समय क्यों नहीं?''

''क्योंकि दिन के समय यहाँ पर शुभ जड़ी-बूटियाँ शरीर की देखभाल करती हैं, लेकिन रात में दिमाग़ अशुभ जड़ी-बूटियों से बीमार हो जाता है। ऐसा विश्वास मत करिए कि अडेल्मो किसी और के द्वारा खाई में धकेला गया या वेनेण्टियस को रक्त में धकेलने में किसी और

का हाथ है। यहाँ कोई व्यक्ति है जो नहीं चाहता कि संन्यासी इस बात का फ़ैसला ख़ुद करें कि वे कहाँ जाना चाहते हैं, क्या करना चाहते हैं और क्या पढ़ना चाहते हैं। और जिज्ञासुओं के दिमाग़ को विक्षिप्त कर देने के लिए नर्क की ताक़तों का, या नर्क के सहयोगी ओझाओं की ताक़तों का प्रयोग किया जाता है...।''

''क्या आप औषधिविद् फ़ादर की बात कर रहे हैं?''

''सेवेरिनॅस ऑव सेंक्ट वेण्डेल एक नेक इनसान है। हाँ, वह जर्मन भी है, जैसे कि मेलाची एक जर्मन है...।'' और गॉसिप के प्रति एक बार फिर अपनी अरुचि का इज़हार करते हुए अयमारो अपने काम पर चला गया।

''वह हमसे क्या कहना चाहता था?'' मैंने पूछा।

''सब कुछ और कुछ भी नहीं। मठ जगह ही ऐसी है जहाँ समुदाय पर अपना नियन्त्रण क़ायम करने की कोशिश में संन्यासी आपस में लड़ते रहते हैं। मेल्क में भी ऐसा ही है, लेकिन एक नवदीक्षित होने के कारण तुमने इसे महसूस नहीं किया है। लेकिन तुम्हारे देश में मठ का नियन्त्रण हासिल करने का मतलब एक ऐसी हैसियत प्राप्त करना है जिसमें आप सीधे सम्राट के सम्पर्क में होते हैं। दूसरी तरफ़, इस देश में स्थिति अलग है; सम्राट यहाँ से बहुत दूर है, यहाँ तक कि जब वह इतनी लम्बी यात्रा करके रोम भी आता है तब भी वह यहाँ से बहुत दूर होता है। कोई राजसभा नहीं है, यहाँ तक कि पोप की राजसभा भी अब नहीं है। अब तो नगर हैं, जैसा कि तुमने देखा ही होगा।''

''निश्चय ही और मैं उनसे बहुत प्रभावित भी हुआ। इटली के नगर हमारे यहाँ के नगरों के मुक़ाबले बिल्कुल अलग ही चीज़ हैं...। यहाँ पर वह एक रहने की जगह-भर नहीं है, फ़ैसले की जगह भी है, लोग हमेशा चौक में होते हैं, नगर का दंडाधिकारी सम्राट या पोप से ज़्यादा महत्त्व रखता है। ये नगर ऐसे हैं जैसे...बहुत-सी बादशाहतें हों...।''

''और बादशाह व्यापारी हैं। और पैसा उनका शस्त्र है। पैसे की भूमिका, इटली में, उससे अलग है जो वह तुम्हारे या हमारे देश में है। पैसे का संचरण तो हर कहीं होता है, लेकिन दूसरी जगहों पर ज़्यादातर जीवन अब भी वस्तुओं, चूज़ों या गेहूँ के पूरों, या दराँती, या चौपहिया गाड़ियों के विनिमय से शासित या परिचालित होता है और पैसा इन चीज़ों को हासिल करने के काम आता है। इसके विपरीत, इतालवी नगरों में तुमने ध्यान दिया होगा कि चीज़ें पैसा हासिल करने के काम आती हैं। और यहाँ तक कि पुरोहित, बिशॅप और धार्मिक संघों तक को पैसे को महत्त्व देना ज़रूरी होता है। स्वाभाविक ही, यही वजह है कि हुकूमत के ख़िलाफ़ बग़ावत निर्धनता के आह्वान का रूप ले लेती है। हुकूमत के ख़िलाफ़ बग़ावत करनेवाले वे लोग होते हैं जिनको सम्पत्ति के साथ किसी भी तरह के संयोग से वंचित रखा गया होता है और इसलिए निर्धनता का हर आह्वान ज़बरदस्त तनाव और बहस को उकसाता है और बिशॅप से लगाकर दंडाधिकारी तक समूचा नगर उस व्यक्ति को अपना निजी दुश्मन समझता है जो निर्धनता का बहुत ज़्यादा प्रचार करता है। जहाँ पर किसी ने शैतान की लीद की दुर्गन्ध पर प्रतिक्रिया जतायी होती है, धर्मपरीक्षक उस जगह पर शैतान की दुर्गन्ध को सूँघते हैं। और अब तुम यह भी समझ सकते हो कि अयमारो किस चीज़ के बारे में सोच रहा है। संघ के स्वर्णयुग में एक बेनेडिक्ट मठ वह जगह हुआ करती थी जहाँ से गड़रिये निष्ठावानों की रेवड़ को नियन्त्रित किया करते थे।

अयमारो उस परम्परा में वापसी चाहता है। सिर्फ़ इस रेवड़ का जीवन बदल गया है और मठ परम्परा में (उसके गौरव में, उसकी पुरानी शक्तियों में) वापस लौट सकता है, बशर्ते कि वह इस रेवड़ के नए तौर तरीक़ों को स्वीकार कर ले, जो अब ख़ुद बदल रही है। और चूँकि आज यह रेवड़ हथियारों से या अनुष्ठानों के वैभव से शासित न होकर सम्पत्ति से शासित है, अयमारो मठ के समूचे ढाँचे को और स्वयं पुस्तकालय को एक कार्यशाला में, धन कमाने की एक फैक्ट्री में तब्दील होते देखना चाहता है।''

''और इन अपराधों से, या अपराध से इसका क्या ताल्लुक है?''

''अभी तक तो मैं नहीं जानता। लेकिन अब मैं ऊपर की मंज़िल पर जाना चाहता हूँ। आओ।''

संन्यासी अपने-अपने कामों में लगे हुए थे। स्क्रिप्टोरियम में ख़ामोशी छायी हुई थी, लेकिन यह वह ख़ामोशी नहीं थी जो तमाम हृदयों द्वारा परिश्रम से अर्जित शान्ति से उत्पन्न होती है। बेरेंगर, जो हमसे थोड़ी ही देर पहले आया था, ने हमें परेशान भाव से देखा। दूसरे संन्यासियों ने भी अपनी-अपनी जगह से सिर उठाकर हमें देखा। वे जानते थे कि हम वहाँ वेनेण्टियस के बारे में कुछ पता लगाने के लिए आए थे और उनकी नज़रों की दिशा ने ही अन्दर, बीचवाले अष्टभुज की तरफ़ खुलनेवाली खिड़की के नीचे, एक खाली डेस्क की तरफ़ हमारा ध्यान खींचा।

हालाँकि वह एक बहुत ही ठंडा दिन था, स्क्रिप्टोरियॅम का तापमान अपेक्षाकृत बेहतर था। यह संयोग नहीं था कि वह रसोई के ऊपर स्थित था जहाँ से पर्याप्त गर्मी आती थी, ख़ास तौर से इसलिए कि नीचे के दो तन्दूरों का ईंधन पश्चिमी और दक्षिणी मीनारों की दो चक्राकार सीढ़ियों को सहारा देते खम्भों के भीतर से होकर गुज़रता था। जहाँ तक उस विशाल कक्ष के सामनेवाली उत्तरी मीनार का सवाल था, उसमें कोई सीढ़ियाँ तो नहीं थीं, लेकिन एक बड़ी अँगीठी थी जो जलती थी और भरपूर ऊष्मा फैलाती थी। इसके अलावा फ़र्श को पुआल से ढँका गया था, जो हमारे क़दमों को गरमी पहुँचाती थी। दूसरे शब्दों में, सबसे कम गर्म कोना पूर्वी मीनारवाला था और दरअसल मैंने लक्ष्य किया कि काम में लगे संन्यासियों की संख्या को देखते हुए हालाँकि वहाँ कुछ ही जगहें खाली छूटी हुई थीं, लेकिन सभी संन्यासी उस जगह की डेस्कों से दूर ही रहना पसन्द करते थे। जब मैंने बाद में महसूस किया कि एकमात्र पूर्वी मीनार की चक्राकार सीढ़ियाँ ही न सिर्फ़ नीचे भोजनालय को जाती थीं, बल्कि ऊपर पुस्तकालय को भी जाती थीं, तो मैंने ख़ुद से सवाल किया कि कक्ष के ताप को यूँ नियन्त्रित करने के पीछे क्या एक सोची-समझी युक्ति नहीं थी ताकि संन्यासी उस इलाक़े की खोजबीन करने के प्रति हतोत्साहित हों और लाइब्रेरियन पुस्तकालय में प्रवेश पर अपने नियन्त्रण को और भी आसान बना सके।

उस अभागे वेनेण्टियस के डेस्क की पीठ विशाल अँगीठी की तरफ़ थी और शायद लोगों की सब से ज़्यादा प्रिय जगह वही थी। उस समय तो मैंने अपनी ज़िन्दगी का बहुत थोड़ा-सा वक़्त स्क्रिप्टोरियॅम में बिताया था, लेकिन बाद में मैंने वहाँ पर काफ़ी समय गुज़ारा था और मैं जानता था कि एक कातिब के लिए, पाण्डुलिपियों पर आनुष्ठानिक निर्देश अंकित करनेवालों और शोधार्थियों के लिए लम्बी सर्दियों के दिनों में ठिठुरी हुई अँगुलियों से शलाका थामे अपनी डेस्क पर बैठना कितनी बड़ी यातना थी (जबकि सामान्य तापमान में भी छह घंटे तक लिखाई

करने के बाद अँगुलियाँ भयानक जकड़न से जाम हो जाती हैं और अँगूठा ऐसे दुखता है जैसे पैरों से कुचल दिया गया हो)। और इसी से पता चलता है कि क्यों हमें अक्सर पाण्डुलिपि के हाशियों पर कातिब द्वारा, उसकी तकलीफ़ों (और उसकी अधीरता) के सबूत के तौर पर छोड़ दिए गए इस तरह के शब्द लिखे मिलते हैं : ''ख़ुदा का शुक्र है कि जल्दी ही शाम होनेवाली है,'' या ''काश कि मुझे एक गिलास अच्छी वाइन मिल सकती,'' या फिर ''आज सर्दी है, रोशनी कम है, यह चर्म-पत्र रोमिल है, कुछ तो गड़बड़ है।'' जैसी कि पुरानी कहावत है, क़लम को थामती तो सिर्फ़ तीन अँगुलियाँ हैं, लेकिन काम सारा शरीर करता है। और दुखता है।

लेकिन मैं वेनेण्टियॅस की डेस्क के बारे में बता रहा था। वह आकार में कुछ छोटी थी, जैसे कि उस अष्टभुजाकार प्रांगण में रखी हुई दूसरी डेस्कें थीं, क्योंकि वे शोधार्थियों के इस्तेमाल के लिए थीं, जबकि बाहरी दीवार की खिड़कियों के नीचे रखी हुई अपेक्षाकृत बड़ी डेस्कें नक़्क़ाशी करनेवालों और नक़लें तैयार करनेवालों के लिए थीं। वेनेण्टियस रहल का इस्तेमाल भी करता था, क्योंकि वह शायद मठ के लिए उधार लाई गई पाण्डुलिपियों की मदद लेता था, जिनकी वह नक़लें भी तैयार करता था। डेस्क के नीचे कई सारी निचली दराज़ें भी थीं, जिनमें खुले हुए काग़ज़ों का ढेर लगा हुआ था और चूँकि वे सब लैटिन में थे, मैंने नतीजा निकाला कि वे उसके हाल ही के अनुवाद रहे होंगे। वे जल्दबाज़ी में लिखे गए थे और किसी पुस्तक के पन्नों की शक्ल नहीं ले सके थे, क्योंकि उन्हें अभी नक़लें तैयार करनेवाले को और नक़्क़ाश को सौंपा जाना बाक़ी था। इस वजह से उनको पढ़ना मुश्किल था। काग़ज़ों के बीच ग्रीक भाषा की कुछ पुस्तकें थीं। एक और पुस्तक रहल पर खुली रखी थी, जो वह कृति थी जिस पर वेनेण्टियॅस पिछले दिनों में अपने अनुवाद-कौशल को आज़मा रहा था। उस समय तक मैं ग्रीक बिल्कुल भी नहीं जानता था, लेकिन मेरे गुरुदेव ने शीर्षक को पढ़ा और बताया कि वह किसी लूसियन की कृति थी और एक ऐसे आदमी की कहानी थी जो गधे में बदल गया था। इस पर मुझे इसी से मिलती-जुलती एपुलियॅस की कथा याद हो आई, जिसको, आमतौर पर, नवदीक्षितों को न पढ़ने की सख़्त सलाह दी जाती थी।

''वेनेण्टियस यह अनुवाद क्यों कर रहा था?'' विलियम ने बेरेंगर से पूछा, जो हमारे साथ था।

''मठ से इस पुस्तक के अनुवाद का आग्रह मिलान के जागीरदार ने किया था और इसके बदले मठ के लिए यहाँ से पूरब तरफ़ के कुछ फ़ार्मों में वाइन पैदा करने का तरजीही हक़ मिल जाएगा।'' कहते हुए बेरेंगर ने हाथ से दूर एक दिशा की तरफ़ इशारा किया। लेकिन उसने तुरन्त ही जोड़ा, ''इसका यह मतलब नहीं कि मठ धन की ख़ातिर यजमानों के लिए काम करता है। लेकिन जागीरदार, जिन्होंने हमें यह कार्य सौंपा है, उसने बड़ी कठिनाई से इस बेशक़ीमती ग्रीक पाण्डुलिपि को डाजे ऑव वेनिस से हासिल किया है, जिन्होंने इसे बायज़ेण्टियन के सम्राट से प्राप्त किया था और वेनेण्टियस अपना काम पूरा कर लेने के बाद इसकी दो नक़लें तैयार करनेवाला था, एक मिलान के जागीरदार के लिए और एक हमारे पुस्तकालय के लिए।''

''इसका मतलब है कि पेगन कथाओं को अपने संग्रह में शामिल करने में पुस्तकालय अपनी हेठी नहीं समझता,'' विलियम ने कहा।

"पुस्तकालय सत् और असत् दोनों का गवाह है," हमारे पीछे से एक आवाज़ आई। यह जॉर्ज था। इस बूढ़े आदमी के इस तरह अचानक, अप्रत्याशित तरीक़े से प्रगट हो जाने को लेकर मैं एक बार फिर चकित हुआ (हालाँकि आनेवाले दिनों में मुझे अक्सर ही इस तरह चकित होना था), मानो हम उसे नहीं बल्कि वह हमें देख सकता हो। मैंने यह भी सोचा कि एक अन्धा आदमी स्क्रिप्टोरियॅम में आखिर क्या कर रहा था, लेकिन बाद में मुझे अहसास हुआ कि जॉर्ज मठ के चप्पे-चप्पे में व्याप्त था। और अक्सर ही वह स्क्रिप्टोरियॅम में भी मौजूद रहता था, अँगीठी की बग़ल में एक स्टूल पर बैठा हुआ और लगता था जैसे उसे कक्ष की एक-एक गतिविधि की जानकारी रहती थी। एक बार मैंने उसे अपनी जगह बैठे-बैठे ऊँची आवाज़ में सवाल करते हुए सुना, "ऊपर कौन जा रहा है?" और वह मेलाची की ओर मुड़ा, जो पुस्तकालय की ओर जा रहा था, जिसके पैरों की आहट पुआल से दबी हुई थी। संन्यासी उसे बहुत इज़्ज़त देते थे और अक्सर उसकी शरण में जाते थे, जब उनको किसी पुस्तक के कोई हिस्से समझ में नहीं आते थे तो वे उसे वे हिस्से पढ़कर सुनाते थे, उनकी व्याख्या के लिए उसकी सलाह लेते थे, या किसी जानवर या सन्त को चित्रित करने के लिए उसका मार्गदर्शन प्राप्त करते थे। और वह अपनी थकी हुई आँखों से इस तरह शून्य में निहारता, मानो वह उन पन्नों को अपनी स्मृति में साफ़-साफ़ देख रहा हो और जवाब देता कि छद्म पैगम्बरों की वेशभूषा बिशपों जैसी होती है और उनके मुँह से मेंढक निकलते हैं, या बताता कि पवित्र जेरुस्लम की दीवारों की सज्जा किन पत्थरों से होनी चाहिए, या कि प्रेस्टर जॉन के पास की ज़मीन के नक़्शों पर एरीमास्पी का चित्रण किया जाना चाहिए–जिसमें यह आग्रह निहित होता था कि उनकी विरूपता को बहुत ज़्यादा सम्मोहक न बनाया जाए, क्योंकि उनको प्रतीकों के रूप में चित्रित करना काफ़ी है, इतना-भर कि वे पहचान में आ सकें, पर इतना भी नहीं कि वे वांछनीय लगने लगें, या इतने विकर्षक कि आपको उन पर हँसी आए।

एक बार मैंने उसे एक टीकाकार को सलाह देते सुना कि टायकोनियॅस के पाठों में आनेवाले सूत्र-वाक्यों को किस तरह सन्त ऑगस्तीन के विचारों के अनुरूप व्याख्यायित किया जाना चाहिए ताकि डोनास्टि विधर्म से बचा जा सके। एक और मौक़े पर मैंने उसे सलाह देते सुना कि किस तरह भाष्य करते वक़्त विधर्मियों और साम्प्रदायिकों के बीच भेद किया जाना चाहिए। या एक और मौक़े पर, एक परेशान शोधकर्त्ता को उसने बताया कि उसे पुस्तकालय के कैटलॉग में कौन-सी पुस्तक तलाशनी चाहिए और वह उसे कैटलॉग के लगभग किस पन्ने पर मिलेगी, इस आश्वासन के साथ कि लाइब्रेरियन उसे वह पुस्तक अवश्य देगा क्योंकि वह ईश्वर की प्रेरणा से लिखी गई कृति थी। अन्त में, एक और मौक़े पर मैंने उसे कहते हुए सुना कि अमुक पुस्तक को खोजने की कोशिश नहीं करनी चाहिए क्योंकि, हालाँकि वह कैटलॉग में तो निश्चय ही दर्ज थी, लेकिन उसे पचास साल पहले चूहे बरबाद कर चुके थे और अब तक उसकी हालत ऐसी हो चुकी होगी कि कोई भी उसे छुएगा तो वह उसकी अँगुलियों में पाउडर बनकर बिखर जाएगी। दूसरे शब्दों में, वह पुस्तकालय की स्मृति और स्क्रिप्टोरियॅम की आत्मा था। जब कभी वह संन्यासियों को आपस में गप लगाते सुनता तो उन्हें चेतावनी देता था : "जल्दी करो और सत्य के लिए गवाही दो, क्योंकि समय क़रीब है!" वह एण्टीक्राइस्ट के आगमन का हवाला दे रहा होता था।

"पुस्तकालय सत् और असत् दोनों का गवाह है," जॉर्ज ने कहा।

"कोई शक नहीं कि एपुलियॅस और लूसियन की ख्याति जादूगर के रूप में ही थी," विलियम ने कहा। "लेकिन अपने गल्प की ओट में यह क़िस्सा एक नैतिक सन्देश भी समेटे हुए है, क्योंकि यह हमें सीख देता है कि हम अपनी ग़लतियों के लिए किस तरह सज़ा भुगतते हैं और, इसके अलावा, मेरा सोचना है कि गधे में तब्दील हो जानेवाले इस आदमी की कहानी उस आत्मा के कायान्तरण के बारे में बताती है जो पाप की शिकार हो जाती है।"

"हो सकता है।" जॉर्ज ने कहा।

"लेकिन अब मुझे समझ में आया कि, उस बातचीत के दौरान जिसके बारे में मुझे कल बताया गया था, वेनेण्टियॅस कॉमेडी की समस्याओं में इतनी रुचि क्यों ले रहा था; दरअसल, इस तरह की कथाओं को प्राचीनों की कॉमेडियों के साथ कौटुम्बिक रिश्ता रखनेवाली कथाओं के रूप में भी देखा जा सकता है। दोनों ही वास्तविक इनसानों की बात नहीं करतीं, जैसा कि त्रासदियाँ करती हैं; इसके विपरीत, जैसा कि इसाडोर का कहना है, वे गल्प हैं : 'कवियों ने उन्हें मौखिक परम्परा से आई कपोल-कल्पनाओं की संज्ञा दी है, क्योंकि वे तथ्य नहीं हैं, बल्कि सिर्फ़ गल्प हैं, ज़बान की रचनाएँ...।' **"

शुरू में तो मैं समझ ही नहीं सका कि विलियम ने यह बौद्धिक बहस क्यों छेड़ दी और वह भी एक ऐसे आदमी से जो इस तरह के विषयों को नापसन्द करता लगता था, लेकिन जॉर्ज के जवाब से मुझे समझ में आया कि मेरे गुरुदेव कितने चतुर थे।

"उस दिन हम कॉमेडियों पर नहीं, सिर्फ़ हास्य की धर्मसंगति पर बात कर रहे थे," जॉर्ज ने कठोरता के साथ कहा। मुझे अच्छी तरह याद था कि एक ही दिन पहले जब वेनेण्टियॅस ने उस बहस का ज़िक्र किया था तो जॉर्ज ने ज़ोर देकर कहा था कि उसे उस बहस की याद नहीं थी।

"अच्छा," विलियम ने लापरवाही के भाव से कहा, "मुझे लगा आप कवियों के झूठ की और चालाकी से भरी पहेलियों की बात कर रहे थे...।"

"हमने हँसी के बारे में बात की थी," जॉर्ज ने तीखे अन्दाज़ में कहा। "कॉमेडियों का लेखन दर्शकों को हँसाने के लिए पेगनों ने किया था और उन्होंने ग़लत किया था। हमारे प्रभु ने कॉमेडियाँ या क़िस्से कभी नहीं कहे, बल्कि उन्होंने स्पष्ट दृष्टान्त-कथाएँ कही हैं, जो लाक्षणिक ढंग से हमें स्वर्ग को हासिल की शिक्षा देती हैं और यही सही।"

"मैं समझ नहीं पा रहा हूँ," विलियम ने कहा, "कि आप इस सम्भावना के इतने ख़िलाफ़ क्यों हैं कि जीसॅस भी हँसा करते थे। मुझे तो लगता है कि हँसी, स्नान की ही तरह एक अच्छी औषधि है, जो शरीर के कफ-पित्त-वात-सम्बन्धी और दूसरे विकारों का, ख़ासकर विषाद का, उपचार करती है।

"स्नान एक अच्छी चीज़ है," जॉर्ज ने कहा, "और एक्विनास ने ख़ुद ही सलाह दी है कि इसका इस्तेमाल उस उदासी को दूर करने के लिए किया जा सकता है, जो कि तब एक बुरा मनोवेग होता है जबकि उसका ताल्लुक किसी ऐसी बुराई से न हो जिसको साहस के सहारे दूर किया जा सकता हो। स्नान कफ-पित्त-वात का सन्तुलन क़ायम करता है। हँसी देह को झकझोरती है, चेहरे की भंगिमाओं को विकृत करती है, इनसान को बन्दर जैसा बना देती है।"

"बन्दर हँसते नहीं हैं; हँसी मनुष्य की ख़ासियत है, वह उसकी बुद्धिपरकता का लक्षण है," विलियम ने कहा।

"वाणी भी मनुष्य की बुद्धिपरकता का लक्षण है और वाणी से आदमी ईश्वर की निन्दा भी कर सकता है। वह हर चीज़ जो मनुष्य के सन्दर्भ में विशिष्ट है ज़रूरी नहीं कि शुभ भी हो। जो हँसता है, वह जिस चीज़ पर हँसता है, उस पर विश्वास नहीं करता, लेकिन वह उससे नफ़रत भी नहीं करता। इसलिए बुराई पर हँसने का मतलब ख़ुद को उसके विरोध के लिए तैयार न करना है और अच्छाई पर हँसना उस ताक़त से इन्कार करना है जिसके बूते अच्छाई ख़ुद-ब-ख़ुद प्रकाशित होती है। इसीलिए *विधान* कहता है, 'विनयशीलता के दसवें हिस्से का होना भी हँसी के लिए तत्पर न होना है, जैसा कि लिखा है, एक मूर्ख ही है जो हँसी में अपनी आवाज़ को बुलन्द करता है।'**"

"क्विण्टीलियन का कहना है," मेरे गुरु ने हस्तक्षेप किया, "कि प्रशस्ति में, गरिमा की ख़ातिर, हँसी का दमन किया जाना चाहिए, लेकिन दूसरे बहुत-से मामलों में इसे प्रोत्साहित किया जाना चाहिए। प्लिनी दि यंगर ने लिखा है, 'कभी-कभी मैं हँसता हूँ, मैं मज़ाक़ करता हूँ, मैं खेलता हूँ, क्योंकि मैं एक इनसान हूँ।'"

"वे पेगन लोग थे," जॉर्ज ने जवाब दिया। "*विधान* इस क़िस्म के हल्केपन का कड़े शब्दों में निषेध करता है : 'लेकिन मसखरापन और ऐसे शब्द जो निरर्थक हैं और हास्य भड़काते हैं–इनका हम स्थायी प्रतिबन्ध के साथ हर अवसर पर तिरस्कार करते हैं और शिष्य के लिए इस तरह की बातचीत में मुँह खोलने की इजाज़त नहीं है।'**"

"लेकिन एक बारगी जब क्राइस्ट की वाणी [*बाइबल*] पृथ्वी पर फलने-फूलने लगी तब साइनेसियॅस ऑव साइरीन ने कहा था कि धर्म-विद्या त्रासद और कॉमिक को परस्पर मैत्री के भाव में एक-दूसरे से जोड़ सकती है और ईलियॅस स्पेटियानॅस में सम्राट हेड्रियन, जो कि उदात्त आचरणवाले, सहज बना देनेवाली ईसाई भावना से ओतप्रोत इनसान थे, के बारे में कहा गया था कि उनमें उल्लास के संवेगों को घोर दुःख के संवेगों से मिला देने की सामर्थ्य थी। और अन्त में ओसोनियॅस ने गाम्भीर्य और विनोद के मर्यादित उपयोग की सिफ़ारिश की थी।"

"हाँ, लेकिन पॉलिनॅस ऑव नोला और क्लेमेण्ट ऑव अलेक्ज़ेण्डरिया ने हमें इस तरह की बेवक़ूफ़ियों के ख़िलाफ़ चेतावनी दी थी और सल्पीसियॅस सेवेरॅस ने कहा था कि सन्त मार्टिन को कभी किसी ने रोष या उल्लास की गिरफ़्त में नहीं देखा था।"

"लेकिन उन्होंने इस सन्त के रूहानियत जगानेवाले कुछ आध्यात्मिक रूप से तीखे (हँसोड़)** जवाबों को भी याद किया था," विलियम ने कहा।

"वे हाज़िरजवाबी और विवेक से भरे हुए थे, न कि हास्यास्पद थे। सन्त इफ्रेम ने संन्यासियों के हास्य के ख़िलाफ़ एक उपदेश लिखा था और *भिक्षुओं की वेशभूषा और संवाद*** में अश्लीलता और विनोदवृत्ति से बचने के बारे में सख़्त चेतावनी दी गई है, मानो ये चीज़ें साँप का ज़हर हों!"

"लेकिन हिल्डेबर्टस ने कहा था, 'कुछ गम्भीर वार्तालाप के बाद आपको हँसी-मज़ाक की छूट देनी चाहिए; लेकिन तब भी इनका उपयुक्त आत्मसंयम से अनुशासित होना ज़रूरी है।'** और जॉन ऑव सेलिसबॅरी ने विवेकपूर्ण उल्लास का अनुमोदन किया था। और अन्त में इक्लेसिएस्टिस, जिसके उस अंश को आपने उद्धरित किया था जिसे आपका *विधान* प्रमाण मानता है, जहाँ पर कहा गया है कि हास्य मूर्ख का विशेष लक्षण है, वह भी मौन हास्य को, प्रशान्त चित्त से, बरतने की इजाज़त देता है।"

"चित्त तभी प्रशान्त होता है जब वह सत्य का चिन्तन करता है और इस चिन्तन से अर्जित शुभ में आनन्द लेता है और सत्य और शुभ हँसी के विषय नहीं हैं। इसीलिए क्राइस्ट हँसते नहीं थे। हास्य सन्देह को उकसाता है।"

"लेकिन कभी-कभी सन्देह करना उचित भी तो होता है।"

"मुझे तो इसका कोई कारण दिखाई नहीं देता। अगर आपको सन्देह होता है, तो आपको किसी प्रमाण-पुरुष की शरण में जाना चाहिए, किसी पादरी के या किसी धर्माचार्य के शब्दों की शरण में; तब सन्देह का कोई कारण नहीं रह जाता। मुझे लगता है आप विवादास्पद सिद्धान्तों में रस लेते हैं, पेरिस के तार्किकों की तरह। लेकिन सन्त बर्नार्ड अच्छी तरह जानते थे कि उस बधिया अबेलार्ड के ख़िलाफ़ किस तरह हस्तक्षेप करना चाहिए जो सारी समस्याओं को *धर्मग्रन्थ* के प्रबोधन से वंचित तर्कबुद्धि की भावशून्य, निर्जीव पड़ताल के लिए पेश करना चाहता था और यह-ऐसा-है और यह-ऐसा-नहीं-है की घोषणाएँ करता रहता था। निश्चय ही जो व्यक्ति ख़तरनाक विचारों को स्वीकार करता है वह उस अज्ञानी आदमी की मसखरी में भी रस ले सकता है जो उस एकमात्र जानने योग्य सत्य पर हँसता है जिसे पहले ही अन्तिम रूप से कहा जा चुका है। इस हँसी के साथ मूर्ख व्यक्ति अपने मन में कहता है, 'कोई ईश्वर नहीं है।'**"

"आदरणीय जॉर्ज, मैं इससे सहमत नहीं हूँ। ईश्वर हमसे उम्मीद करता है कि हम उन बहुत-सी धुँधली चीज़ों को लेकर अपनी तर्कबुद्धि का इस्तेमाल करें जिनके बारे में राय क़ायम करने के लिए धर्मग्रन्थ ने हमें खुला छोड़ दिया है। और जब कोई व्यक्ति आपसे किसी कथन को मानने का आग्रह करता है, तो आपको सबसे पहले यह जाँचना चाहिए कि वह आग्रह मानने लायक़ है या नहीं, क्योंकि हमारी तर्कबुद्धि की रचना ईश्वर ने की थी और जो कुछ भी हमारी तर्कबुद्धि को अच्छा लगता है केवल वही उस दैवीय तर्कबुद्धि को भी अच्छा लग सकता है, जिसके बारे में हम, उसी तरह से, सिर्फ़ उतना ही जानते हैं जितना हम सादृश्य और अक्सर निषेध के जरिये अपनी तर्कप्रणाली से उसका अनुमान कर पाते हैं। इस तरह, आप देखते हैं कि तर्कबुद्धि की अवमानना करनेवाले किसी अनर्गल कथन के छद्म दावे का उन्मूलन करने के लिए हँसी कभी-कभी एक कारगर औज़ार भी हो सकती है। और हँसी दुष्ट व्यक्तियों को हैरान करने और उनकी मूर्खता को सामने लाने का काम भी करती है। सन्त मॉरस के बारे में कहा जाता है कि पेगनों ने जब उनको उबलते पानी में डाला तो उन्होंने शिकायत की कि पानी बहुत ठंडा है; पेगन शासक ने इसकी जाँच करने मूर्खों की तरह अपना हाथ पानी में डाल दिया और ख़ुद को जला लिया। यह एक सुन्दर कृत्य था उस हुतात्मा सन्त का जिसने धर्म के दुश्मनों का मज़ाक बनाया।"

जॉर्ज ने मुँह बिचकाया। "उपदेशकों द्वारा दिए गए दृष्टान्तों में भी बहुत-से अन्धविश्वासी क़िस्से मौजूद हैं। उबलते पानी में डूबा हुआ एक सन्त ईसा के नाम पर अपनी पीड़ा को झेलता है और अपनी चीख़-पुकार को लगाम देता है, वह पेगनों के साथ बचकाने हथकण्डे नहीं अपनाता!"

"देखा?" विलियम ने कहा। "यह कहानी आपको तर्कबुद्धि की अवमानना करती जान पड़ रही है और आप इस पर हास्यास्पद होने का आरोप लगा रहे हैं! भले ही आप अपने होठों को काबू में रखे हुए हैं, लेकिन आप गुपचुप तरीक़े से किसी चीज़ पर हँस रहे हैं और

चाहते हैं कि मैं भी इसको गम्भीरता से न लूँ। आप हँसी पर हँस रहे हैं, लेकिन आप हँस तो रहे हैं।''

जॉर्ज ने चिढ़ने की मुद्रा बनाई। ''हँसी के बारे में मज़ाक़, आप मुझे व्यर्थ की बहस में घसीट रहे हैं। लेकिन आप जानते हैं कि ईसा हँसते नहीं थे।''

''मैं इस बारे में निश्चित नहीं हूँ। जब वे फ़ेरीसियों को पहला पत्थर फेंकने के लिए आमन्त्रित करते हैं, जब वे पूछते हैं कि भेंट में दिए जानेवाले सिक्के पर किसकी छवि अंकित है, जब वे शब्दों से खेलते हैं और कहते हैं कि 'तुम चट्टान हो'**, तो मुझे लगता है कि वे पापियों को तंग करने के लिए, अपने अनुयायियों का मनोबल ऊँचा रखने के लिए, विनोद कर रहे थे। वे उस वक़्त भी विनोदशील होकर बात करते हैं जब सेईफ़ास से कहते हैं, 'यह तुमने कहा है।'' और आप अच्छी तरह से जानते हैं कि क्लूनियाकों और सिस्टर्सियनों के बीच की झड़प के सबसे उग्र क्षणों में क्लूनियाकों ने सिस्टर्सियनों को हास्यास्पद दिखाने के लिए उन पर ट्राउजर न पहने होने का इल्ज़ाम लगाया था। और *मूर्खों का आईना*** में मूर्ख ब्रूनेलॅस के बारे में कहा गया है कि वह सोचता है कि क्या हो अगर रात के समय हवा संन्यासियों के कम्बल उड़ा ले जाए और उनको अपने उपस्थ दिखाई देने लगें...।''

आस-पास खड़े संन्यासी हँस पड़े और जॉर्ज ग़ुस्से से पागल हो उठा : ''आप मेरे इन बन्धुओं को मूर्खों की दावत में घसीट रहे हैं। मुझे मालूम है कि फ्रांसिस्कनों में इस क़िस्म की बेवकूफ़ियों का सहारा लेकर भीड़ को अपने पक्ष में कर लेने का रिवाज़ है, लेकिन इस तरह की चालों के बारे में मैं आपसे वही कहूँगा जो इस कविता में कहा गया है जो मैंने आप ही के एक उपदेशक की ज़ुबान से सुनी थी : तब उसकी गाँड ने एक भद्दी आवाज़ छोड़ी।**''

फटकार कुछ ज़्यादा ही कड़ी थी। विलियम निर्विकार बने हुए थे, लेकिन अब जॉर्ज उन पर अनाप-शनाप बकने का आरोप लगा रहा था। मैं सोच रहा था कि क्या बुज़ुर्ग संन्यासी का यह कठोर जवाब हमारे लिए स्क्रिप्टोरियॅम से चले जाने का न्यौता नहीं था। लेकिन मैंने देखा कि विलियम, जो क्षण-भर पहले इतने दुस्साहसी लग रहे थे, अब एकदम विनम्र पड़ गए थे।

''मैं आपसे मुआफ़ी चाहता हूँ, श्रद्धेय जॉर्ज,'' उन्होंने कहा, मेरी ज़ुबान ने मेरे विचारों को धोखा दे दिया था। मेरा इरादा आपके प्रति सम्मान में कमी लाना नहीं था। शायद जो कुछ आप कह रहे हैं, वह सही है और मैं ही ग़लती पर था।''

इस गहरी विनयशीलता के जवाब में जॉर्ज कुछ बुदबुदाया जो सन्तोष का इज़हार भी हो सकता था, क्षमा का भी; और अपने आसन पर लौट जाने के सिवा उसके पास और कोई चारा न रहा; जबकि इस बीच जो जो संन्यासी बातचीत के दौरान धीरे-धीरे एकत्र हो गए थे वे भी अपनी-अपनी जगहों पर लौट गए। विलियम एक बार फिर घुटनों के बल वेनेण्टियॅस की डेस्क पर झुक गए और काग़ज़ों की तलाशी लेने लगे। अपने विनम्र जवाब के चलते विलियम ने चैन के कुछ पल हासिल किए थे। और उन पलों में उन्होंने जो कुछ देखा उसने आनेवाली रात के दौरान उनकी जाँच-पड़ताल को प्रेरित किया।

लेकिन वे वाक़ई कुछ ही पल थे। अचानक ही वहाँ बेनो नमूदार हुआ–यह बहाना करते हुए कि वहाँ वह अपनी उस शलाका को वापस लेने आया था जो वह उस वक़्त वहाँ भूल

गया था, जब वह जॉर्ज के साथ चल रही बहस को सुनने आया था; और उसने फुसफुसाकर विलियम से तुरन्त ही कोई ज़रूरी बात करने उनको स्नानागार के पीछे मिलने का आग्रह किया। उसने विलियम से आग्रह किया कि वे पहले चले जाएँ और वह पीछे से थोड़ी देर बाद आकर उनसे मिलेगा।

विलियम कुछ क्षण अनिश्चित से बने रहे, फिर उन्होंने मेलाची को बुलाया, जो कैटलॉग के पास लाइब्रेरियन वाली अपनी डेस्क के पीछे से सारे घटनाक्रम को देखता रहा था। विलियम ने मठाधीश से प्राप्त आदेश के मद्देनज़र (और इस विशेषाधिकार पर उन्होंने ख़ासा ज़ोर दिया) मेलाची से आग्रह किया कि वह किसी व्यक्ति को वेनेण्टियॅस की डेस्क की निगरानी सौंपे, क्योंकि विलियम के लिए अपनी जाँच के सिलसिले में यह महत्त्वपूर्ण था कि उनके वापस आने तक कोई भी व्यक्ति उस डेस्क के पास न जाने पाए। यह बात उन्होंने ज़ोर से कही थी और इस तरह न सिर्फ़ मेलाची को संन्यासियों पर निगाह रखने के लिए वचनबद्ध कर लिया, बल्कि स्वयं संन्यासियों को भी मेलाची पर निगाह रखने के लिए आगाह कर दिया। लाइब्रेरियन के पास सहमति जताने के अलावा और कोई चारा न रहा और विलियम और मैं वहाँ से चल दिए।

जब हम उद्यान को पार करते हुए स्नानागार की तरफ़ बढ़ रहे थे, जो कि औषधालय की इमारत के बाद आता था, विलियम ने कहा, ''लगता है, बहुत-से लोगों को डर है कि वेनेण्टियॅस की डेस्क पर या उसके नीचे मुझे कोई चीज़ मिल सकती है।''

''वह क्या चीज़ हो सकती है?''

''मेरे ख़याल से यह वे लोग भी नहीं जानते जिन्हें यह डर है।''

''तो इसका मतलब बेनो के पास हमसे कहने के लिए कुछ नहीं है और वह हमें सिर्फ़ स्क्रिप्टोरियॅम से दूर ले जाना चाहता है?''

''हमें जल्द ही पता चल जाएगा,'' विलियम ने कहा। सचमुच ही थोड़ी देर बाद बेनो हमारे पास आ पहुँचा।

मध्याह्निका

जिसमें बेनो एक अजीबो-ग़रीब क़िस्सा सुनाता है जिससे मठ के जीवन के बारे में अशोभन बातों का पता चलता है।

बेनो ने हमें जो बातें बताईं वे काफ़ी उलझी हुई थीं। वाक़ई ऐसा लगा कि हमें वहाँ से नीचे घसीट लाने के पीछे उसका मक़सद हमें बहला-फुसलाकर स्क्रिप्टोरियॅम से दूर ले जाना था, लेकिन यह भी लगा कि कोई विश्वसनीय बहाना बना सकने में अक्षम होने के कारण वह हमें उस व्यापकतर सच्चाई के टुकड़ों-टुकड़ों की जानकारी दे रहा था जिसे वह जानता था।

उसने क़बूल किया कि सुबह के वक़्त वह चुप बना रहा था, लेकिन अब, ठंडे दिमाग़

से सोचने के बाद, उसे लगा कि विलियम को पूरी सच्चाई की जानकारी होनी चाहिए। हास्य के बारे में उस बहुचर्चित बातचीत के दौरान बेरेंगर ने "फ़िनिस अफ़्रीका" का हवाला दिया था। वह क्या चीज़ थी? पुस्तकालय रहस्यों से भरा हुआ है, ख़ास तौर से ऐसी पुस्तकों से जो संन्यासियों को कभी भी पढ़ने नहीं दी गई हैं। उसने कहा कि वह वक्तव्यों के युक्तिपरक परीक्षण की विलियम की बात से काफ़ी प्रभावित हुआ था। उसने माना कि एक संन्यासी-अध्येता को उस हर चीज़ के बारे में जानने का हक़ है जो पुस्तकालय में मौजूद है, वह सोइसनों की उस परिषद पर बरसा जिसने अबेलार्ड को गुनहगार ठहराया था और जब वह बोल रहा था तो हमने महसूस किया कि वह संन्यासी अभी भी जवान था, वह वक्तृता में आनन्द लेता था, आज़ादी की लालसा से अनुप्राणित था और उसे अपनी बौद्धिक जिज्ञासाओं पर मठ द्वारा थोपे गए अनुशासनपरक बन्धनों को मानने में बहुत मुश्किलों का सामना करना पड़ रहा था। मैंने हमेशा ही इस तरह की जिज्ञासाओं पर सन्देह करना सीखा था, पर मैं अच्छी तरह जानता था कि मेरे गुरुदेव को यह प्रवृत्ति बुरी नहीं लगती थी और मैंने देखा कि वे बेनो के प्रति सहानुभूति प्रकट कर रहे थे और उसके विश्वास को बढ़ावा दे रहे थे। संक्षेप में, बेनो ने हमसे कहा कि वह नहीं जानता था कि अडेल्मो, वेनेण्टियॅस और बेरेंगर के बीच किन रहस्यों को लेकर बातचीत हुई थी, लेकिन अगर इस दुखद क़िस्से के नतीजे में पुस्तकालय की संचालन-व्यवस्था पर कुछ और रोशनी पड़ सके तो उसे अफ़सोस नहीं होगा और उसने आशा व्यक्त की कि मेरे गुरुदेव जिस किसी तरह से इस जाँच की गुत्थी को तो सुलझा ही लेंगे, उनके पास मठाधीश से इस बौद्धिक अनुशासन को शिथिल करने का आग्रह करने के भी पर्याप्त कारण होंगे जिसने संन्यासियों को दबा रखा था—जिनमें से कुछ, जैसे कि वह खुद, उसने जोड़ा, बहुत दूर देशों के रहनेवाले थे, जो इस पुस्तकालय के विशाल गर्भ में छुपे चमत्कारों से अपने दिमाग़ को समृद्ध करने के निश्चित मक़सद से आए थे।

मैं समझता हूँ कि जाँच को लेकर जिस अपेक्षा की बात बेनो ने कही थी अपनी उस अपेक्षा में वह सच्चा था। लेकिन, शायद, जैसा कि विलियम को पूर्वानुमान था, वह इसी के साथ-साथ इस सम्भावना को भी बरक़रार रखना चाहता था कि वेनेण्टियॅस की डेस्क की पहली छानबीन का मौक़ा उसे मिल सके, क्योंकि वह जिज्ञासा के आवेग से भरा हुआ था और हमें उस डेस्क से दूर रखने के लिए वह बदले में सूचना देने को तैयार था। और यह थी वह सूचना।

जैसा कि अब बहुत-से संन्यासी जानते थे, बेरेंगर अडेल्मो के प्रति दीवानगी की हद तक जा पहुँचे प्रेमोन्माद में घुल रहा था, वैसा ही अनुराग जिसकी बुराइयों को ईश्वरीय कोप ने सोडोम और गोमोराह के सन्दर्भ में दण्डित किया था। इस बात को बेनो ने जिस तरह से कहा था उसके पीछे उसके मन में शायद मेरी नाज़ुक उम्र का लिहाज़ रहा होगा। लेकिन जिस किसी ने भी अपनी किशोरावस्था किसी मठ में बिताई है, भले ही उसने खुद को शुद्ध बनाए रखा हो, उसे अक्सर इस तरह के प्रेमोन्माद के चर्चे सुनने को मिलते हैं और कभी-कभी उसे अपने को उन लोगों के फन्दे से बचाना भी पड़ता है जो इस तरह के उन्माद के शिकार होते हैं। एक कम उम्र शिष्य के रूप में क्या मुझे मेल्क में एक बुज़ुर्ग संन्यासी से उस तरह के छन्द में लिखे गए वैसे खर्रे नहीं मिल चुके थे जैसे आमतौर से साधारण लोग स्त्री के

लिए समर्पित किया करते हैं? संन्यासियों के रूप में जो व्रत हम लेते हैं, वे हमें स्त्री-शरीर के नाबदान से तो दूर रखते हैं, लेकिन वे अक्सर हमें दूसरी बुराइयों के नज़दीक ले जाते हैं। और अन्ततः क्या मैं इस तथ्य से मुँह चुरा सकता हूँ कि आज, अपनी इस बूढ़ी उम्र में भी, जब कभी क्वाइअॅ में मेरी निगाहें किसी बिना दाढ़ी-मूँछ वाले नवदीक्षित शिष्य के कुमारी जैसे अछूते और ताज़ा चेहरे पर पड़ती है, तो यौवन का राक्षस मुझको झकझोर कर रख देता है?

ये बातें मैं इसलिए नहीं कह रहा हूँ कि मैं मठवासी जीवन के प्रति ख़ुद को समर्पित कर देने के अपने फ़ैसले पर सन्देह की छाया डालना चाहता हूँ, बल्कि उन बहुत से लोगों से हो जानेवाली उस चूक को उचित ठहराने के लिए कर रहा हूँ जिनके लिए यह पवित्र बोझ कुछ ज़्यादा ही भारी पड़ता है। शायद बेरेंगर के भयानक अपराध को उचित ठहराने के लिए भी। लेकिन, बेनो के मुताबिक़, यह संन्यासी अपनी इस बुराई को साफ़ तौर पर नीचता की हद तक ले गया था, जिसके लिए उसने दूसरों से वह सब बलात् छीनने का रास्ता अपनाया जो वे इसलिए नहीं दे सके होंगे क्योंकि सदाचार और मर्यादा ने उनको ऐसा करने से रोका होगा।

तो संन्यासी बहुत दिनों से बेरेंगर की अनुराग से भरी उन नज़रों को व्यंग्य-भाव से लक्ष्य कर रहे थे जिनसे वह अडेल्मो को निहारता था, जो, लगता है, बहुत सुकुमार था। जबकि हमेशा अपने काम में डूबा रहनेवाला और उसी से सारा आनन्द बटोरता प्रतीत होता अडेल्मो, बेरेंगर के इस आवेग की तरफ़ कोई ख़ास ध्यान नहीं देता था। लेकिन शायद—कौन जाने?—वह इस बात के प्रति बेख़बर था कि ख़ुद उसकी भावना भी, गुप्त रूप से, उसी घृणित आचरण की ओर झुकी हुई थी। सच्चाई यह है, बेनो ने कहा, कि उसने संयोग से अडेल्मो और बेरेंगर के बीच की वह बातचीत सुनी थी जिसमें बेरेंगर किसी ऐसे रहस्य का ज़िक्र करते हुए, जिसे उजागर करने का आग्रह अडेल्मो ने किया था, उससे एक ऐसे घृणित लेन-देन का प्रस्ताव कर रहा था, जिसकी कल्पना कोई मासूम से मासूम पाठक भी कर सकता है। और ऐसा लगता है कि बेनो ने अडेल्मो के होंठों से निकले सहमति के शब्द सुने थे, जो मानो राहत के भाव से बोले गए थे। जैसे, बेनो ने अटकल लगाते हुए कहा, जैसे अडेल्मो अपने दिल की गहराई से यही चाहता रहा हो और जैसे, बजाय सीधे-सीधे अपनी शारीरिक इच्छा को व्यक्त करने के, इस बहाने का मिल जाना ही उसकी सहमति के लिए पर्याप्त रहा हो। बेनो का तर्क था कि यह इस बात का संकेत था कि बेरेंगर के रहस्य का ताल्लुक निश्चित तौर पर ज्ञान के किसी रहस्य से रहा होगा, जिससे कि अडेल्मो इस भ्रम का सहारा ले सका कि उसने अपनी बौद्धिक आकांक्षा को पूरा करने की ख़ातिर ख़ुद को शारीरिक वासना के पाप में झोंक दिया। और, बेनो ने मुस्कराते हुए जोड़ा, कितनी ही बार ख़ुद वह अपनी उन बौद्धिक आकांक्षाओं से आलोड़ित हो चुका था जो इतनी आक्रामक थीं कि उनको सन्तुष्ट करने के लिए उसने, अपनी मर्ज़ी के ख़िलाफ़ जाकर भी, दूसरों की शारीरिक वासनाओं को पूरा करने पर सहमत दे दी होती।

"क्या ऐसे क्षण नहीं होंगे," उसने विलियम से पूछा, "जब आप भी, किसी ऐसी पुस्तक को हासिल करने के लिए जिसे आप वर्षों से खोजते रहे हैं, ऐसा ही कोई शर्मनाक कृत्य कर गुज़रें?"

"सदियों पहले बुद्धिमान और अत्यन्त सदाचारी सिल्वेस्टर II ने, जहाँ तक मेरा खयाल है स्टेटियॅस या फिर ल्युकाँ की लिखी हुई पाण्डुलिपि के बदले में बेशक़ीमती आर्मिलरी स्फियर भेंट कर दिया था," विलियम ने कहा। फिर उन्होंने बुद्धिमत्ता के साथ जोड़ा, "लेकिन वह एक आर्मिलरी स्फियर था, उनका सदाचार नहीं था।"

बेनो ने क़बूल किया कि अपने उत्साह में वह कुछ ज़्यादा ही आगे बढ़ गया था और उसने अपनी कहानी जारी रखी। अडेल्मो की मृत्यु से पिछली रात बेनो ने, उत्सुकतावश, इस जोड़े का पीछा किया और उसने उनको पूरिका के बाद साथ-साथ शयनागार में जाते हुए देखा। उसने उनकी कोठरियों के पास ही स्थित अपनी कोठरी के खुले दरवाज़े से, देर तक इन्तज़ार किया और जब संन्यासियों के सो जाने पर ख़ामोशी छा गई, तो उसने साफ़ तौर पर अडेल्मो को बेरेंगर की कोठरी में जाते हुए देखा। सो पाने में असमर्थ बेनो तब तक जागता रहा जब उसने एक बार फिर बेरेंगर की कोठरी के दरवाज़े को खुलता और उसमें से अडेल्मो को निकलकर लगभग भागते हुए देखा, इस तरह कि जैसे उसका साथी उसको रोकने की कोशिश कर रहा हो। बेरेंगर ने निचले तल्ले तक अडेल्मो का पीछा किया। चौकन्ना होकर बेनो भी उनके पीछे-पीछे गया और उसने निचले गलियारे के मुहाने पर बेरेंगर को एक कोने में ढेर होकर काँपते और जॉर्ज की कोठरी की ओर ताकते हुए देखा। बेनो का अनुमान था कि अडेल्मो अपने पाप-स्वीकार के लिए उस श्रद्धेय बन्धु के पैरों पर जा गिरा था। और बेरेंगर इसलिए काँप रहा था क्योंकि वह जानता था कि उसका रहस्य उजागर हो रहा था, भले ही धर्मानुसार मौन-बन्धन के नाते जॉर्ज इसे किसी और पर ज़ाहिर नहीं करता।

फिर अपना पीला चेहरा लिए हुए अडेल्मो बाहर आया, बेरेंगर को, जो उससे बात करने की कोशिश कर रहा था, एक ओर धकेलता हुआ शयानागार के बाहर भागा, गिरजाघर के एप्स के पीछे मुड़ा और उत्तरी दरवाज़े से (जो रात के समय खुला रहता है) होता हुआ क्वाइअॅ में चला गया। सम्भवतः वह प्रार्थना करना चाहता था। बेरेंगर ने उसका पीछा किया लेकिन वह गिरजाघर में नहीं गया; वह अपनी हथेलियाँ मलता हुआ क़ब्रों के बीच भटकता रहा।

बेनो सोच ही रहा था कि क्या करे, तभी उसने नज़दीक ही एक चौथे व्यक्ति को आते देखा। इस व्यक्ति ने भी उस युगल का पीछा किया था और निश्चित तौर पर बेनो की मौजूदगी से वह बेखबर था, जिसने ख़ुद को क़ब्रिस्तान के सिरे पर उगे ओक के एक दरख़्त की आड़ में छुपा रखा था। यह चौथा आदमी वेनेण्टियॅस था। उसे देखकर बेरेंगर क़ब्रों के बीच दुबक गया और वेनेण्टियॅस भी चर्च के अन्दर चला गया। इस क्षण, इस डर से कि कोई उसे देख ले सकता था, बेनो शयनागार में वापस चला गया। अगली सुबह अडेल्मो का शव उस खड़ी चट्टान के नीचे पाया गया। और इससे ज़्यादा बेनो कुछ नहीं जानता था।

दोपहर के भोजन का वक़्त हो रहा था। बेनो चला गया और मेरे गुरुदेव ने उससे और कुछ भी नहीं पूछा। कुछ देर हम वहीं स्नानागार के पीछे बने रहे, फिर उन अनूठे रहस्योद्घाटनों के बारे में सोचते हुए थोड़ी देर उद्यान में रुके।

"फ्रेंगुला," विलियम ने अचानक, एक पौधे को लक्ष्य करते हुए कहा, जिसे जाड़ों के उस दिन उन्होंने उसकी नंगी झाड़ी को देखकर पहचाना था। "इसकी छाल से हेमोरॉइड के लिए बहुत अच्छा आसव तैयार किया जाता है। और वो आर्कटियॅम लाप्पा है; इसकी ताज़ा जड़ों की अच्छी पुलटिस चमड़ी के एक्ज़िमा को सुखा देती है।"

"आप सेवेरिनॅस से कहीं ज़्यादा तेज़ हैं," मैंने उनसे कहा, "लेकिन अब मुझे यह बताइए कि जो कुछ हमने अभी सुना है, उसके बारे में आप क्या सोचते हैं!"

"डियर एड्सो, तुम्हें ख़ुद अपने दिमाग़ से सोचना सीखना चाहिए। बेनो ने हमें शायद सच बताया है। उसकी कहानी का तालमेल उन बातों से बैठता है जो आज अलस्सुबह बेरेंगर ने, अपने सारे विभ्रमों के बावजूद, हमसे कही थीं। बेरेंगर और अडेल्मो मिलकर कोई पापपूर्ण कर्म करते थे : इसका अनुमान हमने पहले ही कर लिया था। और बेरेंगर अडेल्मो के सामने उस रहस्य को उजागर करता है जो, उफ़, एक रहस्य ही बना रहता है। अडेल्मो अपनी शुचिता और कुदरत के उसूल के ख़िलाफ़ गुनाह करने के बाद किसी ऐसे व्यक्ति के सामने अपना दिल खोलकर रखना चाहता है जो उसे पापमुक्त कर सके और वह जॉर्ज के पास भागता है। जिसका स्वभाव सख़्त है, जैसा कि हम अनुभव से जानते हैं और निश्चित है कि वह उसको बहुत ज़्यादा दुःख पहुँचानेवाली तीखी फटकार लगाता है। शायद वह उसे क्षमादान देने से मना कर देता है, शायद वह किसी असम्भव क़िस्म के प्रायश्चित की माँग करता है : हम नहीं जानते, न ही जॉर्ज ही हमें कभी बताएगा। तथ्य यह है कि अडेल्मो चर्च की ओर भागता है और ख़ुद को वेदी के समक्ष साष्टांग गिरा देता है, लेकिन अपने पश्चाताप को शान्त नहीं कर पाता। इसी वक़्त वेनेण्टियॅस उसके पास पहुँचता है। वे आपस में क्या बातें करते हैं, यह हम नहीं जानते। हो सकता है अडेल्मो वेनेण्टियॅस को वह रहस्य बता देता है जो उसे उपहार में (या भुगतान के रूप में) प्राप्त हुआ है, जिसका अब उसके लिए कोई मूल्य नहीं रह जाता, क्योंकि अब उसके पास कहीं ज़्यादा भयावह और ज्वलन्त रहस्य है। वेनेण्टियॅस के साथ क्या होता है? हो सकता है कि जिस तरह की उत्सुकता ने आज हमारे दोस्त बेनो को जकड़ रखा था वह भी वैसी ही उत्सुकता के वशीभूत होता है, जो कुछ उसे मालूम होता है उससे वह सन्तुष्ट हो जाता है और अडेल्मो को उसके पश्चाताप की आग में जलता छोड़कर वह वहाँ से चला जाता है। अडेल्मो ख़ुद को परित्यक्त अनुभव करता है, अपनी जान लेने का निश्चय करता है, हताशा भाव से क़ब्रिस्तान में आता है और यहाँ पर बेरेंगर से उसकी मुठभेड़ होती है। वह उस पर बरसता है, अपनी ग़लती के लिए उसे ज़िम्मेदार ठहराता है, दुराचरण में उसको अपना गुरु बताता है। दरअसल, मुझे पूरा विश्वास है कि, सम्भ्रम के आवरण से पूरी तरह मुक्त, बेरेंगर की कहानी एकदम सटीक थी। अडेल्मो उसके सामने घोर निराशा से भर देनेवाले उन्हीं शब्दों को दोहराता है जो उसने जॉर्ज से सुने होंगे। और अब बेरेंगर हार कर एक दिशा में चला जाता है और अडेल्मो, ख़ुद को ख़त्म कर देने के लिए, दूसरी दिशा में चला जाता है। उसके बाद की घटनाएँ तो लगभग हमारे सामने ही घटती हैं। सभी का मानना है कि अडेल्मो की हत्या हुई थी, इसलिए वेनेण्टियॅस को लगता है कि पुस्तकालय के रहस्य का महत्त्व उससे कहीं ज़्यादा है जितना कि वह समझता है और अपने स्तर पर उस रहस्य की तलाश जारी रखता है। उस समय तक जारी रखता है जब तक कि उस रहस्य को खोज लेने के पहले या बाद में कोई व्यक्ति उसको रोक नहीं देता।"

"उसकी हत्या किसने की? बेरेंगर ने?"

"शायद। या मेलाची ने, जिसकी अनिवार्य ज़िम्मेदारी इडीफ़ीसियम की पहरेदारी करना है। या फिर किसी और ने। बेरेंगर इसलिए शक के दायरे में है, क्योंकि वह डरा हुआ है और उसे पता था कि तब तक वेनेण्टियॅस उसके रहस्य को जानता था। मेलाची शक के

घेरे में है : वह पुस्तकालय की अनुलंघनीयता का रक्षक है, वह पाता है कि किसी ने उसमें घुसपैठ की है और वह उसकी हत्या कर देता है। जॉर्ज हर किसी के बारे में सब कुछ जानता है, अडेल्मो का रहस्य उसे पता है, वह वेनेण्टियॅस द्वारा सम्भावित रूप से खोज निकाली गई चीज़ को सार्वजनिक नहीं होने देना चाहता...। बहुत-से तथ्य हैं जो उसकी तरफ़ इशारा करते हैं। लेकिन मुझे बताओ कि एक अन्धा आदमी किसी हट्टे-कट्टे इनसान को कैसे मार सकता है? और एक बूढ़ा आदमी, वह चाहे कितना ही ताक़तवर क्यों न हो, उसके शव को नाद तक ढोकर कैसे ले जा सकता है? लेकिन आख़िर ख़ुद बेनो भी हत्यारा क्यों नहीं हो सकता? सम्भव है किन्हीं ऐसी वजहों से वह हमसे झूठ बोला हो जिन्हें क़बूल न किया जा सकता हो। और हमें अपने शक को सिर्फ़ उन्हीं लोगों तक सीमित क्यों रखना चाहिए जो हँसी पर हुई उस बहस में शामिल थे? यह भी तो हो सकता है कि अपराध के पीछे कोई और ही कारण हों जिनका पुस्तकालय से कोई लेना-देना ही न हो। किसी भी दशा में हमारे लिए दो चीज़ें ज़रूरी हैं : रात के समय पुस्तकालय में प्रवेश की कोई युक्ति और एक चिराग़। चिराग़ का इन्तज़ाम तुम करो। दोपहर के भोजन के वक़्त रसोई में रुक जाओ और एक...।''

''चोरी?''

''उधारी, ईश्वर के महान गौरव की ख़ातिर।''

''अगर ऐसा है, तो मुझ पर भरोसा रखें।''

''शाबास। जहाँ तक इडीफ़ीसियम में घुसने का सवाल है, हम देख ही चुके हैं कि रात में मेलाची कहाँ से निकला था। आज मैं गिरजाघर का और ख़ास तौर से उस चैपल का भ्रमण करूँगा। एक घंटे में हम मेज़ पर होंगे। उसके बाद हमें मठाधीश से मिलना है। तुम्हें भी उस मुलाक़ात में शामिल होने की इजाज़त होगी, क्योंकि मैंने उनसे अपने साथ एक सेक्रेटरी लाने का आग्रह किया था जो हमारी बातचीत को दर्ज करेगा।

उत्तराह्निका

जिसमें मठाधीश अपने मठ के वैभव पर गर्व और विधर्मियों को लेकर भय व्यक्त करता है और एड्सो अन्ततः सोचता है कि क्या उसने संसार में आकर वाक़ई कोई ग़लती की है।

मठाधीश हमें गिरजाघर में आल्टर के समीप ही मिल गया। वह कुछ नवदीक्षित शिष्यों के काम को परख रहा था जो किसी गुप्त स्थान से बहुत-से पूजा-पात्र, चषक, थालियाँ और प्रसाद-पात्र, तथा एक क्रूसीफ़िक्स लेकर आए थे जिस पर मैंने सुबह के अनुष्ठान के दौरान गौर नहीं किया था। इन पवित्र वस्तुओं की चकाचौंध कर देनेवाली ख़ूबसूरती को देखकर मैं अपनी आश्चर्य-मिश्रित चीख़ को रोक न सका। दोपहर का वक़्त था और रोशनी क्वाइअॅ की, बल्कि उससे भी ज़्यादा मुहाने की खिड़कियों से फटी पड़ रही थी, किसी दिव्य

द्रव्य की धाराओं की तरह, गिरजाघर के बिभिन्न स्थलों पर एक-दूसरे को काटते प्रपात रचती और स्वयं आल्टर को सराबोर करती हुई।

पूजा-पात्र, चषक, हर वस्तु उस बेशक़ीमती धातु का बयान कर रही थी जिससे वह बनी थी : सोने के पीतवर्ण, हाथीदाँत की निर्मल शुभ्रता और हीरे की पारदर्शिता के बीच मैंने हर रंग और परिमाण के झिलमिलाते हुए रत्न देखे और मैंने उनमें राहुरत्न, पुखराज, माणिक्य, मरकत, क्राइसोलाइट, सुलेमानी और जैस्पर और गोमेद को पहचाना। और इसी के साथ-साथ मुझे अहसास हुआ कि किस तरह, उस सुबह, पहले तो प्रार्थना में विह्वल होने की वजह से और फिर आतंक के वशीभूत हो जाने की वजह से मैं बहुत-सी चीज़ों पर ध्यान ही नहीं दे सका था : आल्टर का अग्रभाग और उसे घेरते तीन अन्य हिस्से पूरी तरह से सोने के थे और अन्ततः, जिस किसी भी तरफ़ से मैं देखता, पूरा आल्टर ही सोने से निर्मित लगता था।

मेरे विस्मय पर मठाधीश मुस्कराया। ''यह समृद्धि जो आप देख रहे हैं,'' मुझे और मेरे गुरु को सम्बोधित करते हुए वह बोला, ''और जो आगे देखेंगे, वह सब शताब्दियों की भक्ति और समर्पण की विरासत है, इस मठ की शक्ति और पवित्रता का साक्ष्य। इस पृथ्वी के राजकुमारों और जागीरदारों ने, मुख्य धर्माध्यक्षों और धर्माध्यक्षों ने इस आल्टर तथा इससे जुड़ी वस्तुओं के लिए, अपनी महानता के प्रतीक, अपने अभिषेक की मुद्रिकाएँ, स्वर्ण और बहुमूल्य रत्न अर्पित किए हैं, ताकि वे ईश्वर और उसके इस पवित्र स्थल की महिमा में ढल सकें। भले ही आज यह मठ एक दूसरी, दुखद घटना की वजह से विपत्ति का सामना कर रहा है, हमें अपनी भंगुरता का स्मरण करते हुए परमात्मा की सामर्थ्य और सत्ता को नहीं भूलना चाहिए। पवित्र जन्मोत्सव आने वाला है और हम पूजा-पात्रों की पॉलिश का काम शुरू कर रहे हैं, ताकि मुक्तिदाता का जन्म उचित और अपेक्षित धूमधाम और वैभव के साथ मनाया जा सके। हर चीज़ को उसकी पूरी भव्यता में प्रकट होना चाहिए,'' तीख़ी निगाह से विलियम की ओर देखते हुए उसने जोड़ा और बाद में मुझे समझ में आया कि वह क्यों अपने कृत्य के औचित्य पर इतने गर्व के साथ ज़ोर दे रहा था, ''क्योंकि हम ईश्वरीय उदारता को छुपाने की बजाय, उसके उद्घोष को उपयोगी और ठीक मानते हैं।''

''निश्चय ही,'' विलियम ने नम्रतापूर्वक कहा, ''अगर अत्रभवान ऐसा सोचते हैं कि ईश्वर का महिमामंडन ज़रूरी है, तो गुणगान के इस क्षेत्र में आपके मठ ने महानतम उत्कर्ष हासिल किया है।''

''और ऐसा ही होना चाहिए,'' मठाधीश ने कहा। ''अगर ऐसा दस्तूर था कि सोलोमन के देवालय में, परमात्मा की इच्छा अथवा पैगम्बरों के हुक्म से, बकरों या बछड़ों या कलोर का रक्त एकत्र करने सोने से निर्मित कलश और शीशियाँ और छोटी-छोटी स्वर्ण ओखलियाँ दी जाती थीं, तो फिर यह तो एकदम उचित ही है कि ईसा के रक्त को धारण करने स्वर्ण और बहुमूल्य रत्नों से निर्मित कलशों का और संसार की सबसे मूल्यवान वस्तुओं का उपयोग अचूक श्रद्धा और सम्पूर्ण समर्पण के भाव से किया जाए! अगर हम चाहते हैं कि दूसरी सृष्टि में हमारा तत्त्व चेरुबीम और सेराफीम जैसा ही हो, तो इस अनिर्वचनीय बलि के लिए पेश की जा सकनेवाली यह सेवा तब भी अपर्याप्त है...।''

''आमीन,'' मैंने कहा।

"बहुत-से लोग इसका विरोध करते हैं, उनका मानना है कि इस पवित्र समारोह के लिए एक भक्ति-भाव, एक निश्छल हृदय, एक धर्मनिष्ठ संकल्प ही पर्याप्त है। ये चीज़ें तो बुनियादी हैं ही और इस बात की दोटूक तथा दृढ़ घोषणा करनेवाले हम पहले लोग हैं; पर हम यह भी मानते हैं कि श्रद्धा का अर्पण पूजा-पात्र की बाह्य साजसज्जा के माध्यम से भी किया जाना चाहिए, क्योंकि यह अत्यन्त उचित और उपयुक्त है कि हम अपने मुक्तिदाता की सेवा में हर स्तर पर, पूरी तरह से तत्पर हों। उसकी सेवा में जिसने हमें पूरी तरह से और बिना किसी शर्त के देने से इन्कार नहीं किया है।"

"आपके धर्मसंघ के महापुरुषों की हमेशा से यही धारणा रही है," विलियम ने सहमति जतायी, "और मुझे याद आता है कि परम आदरणीय मठाधीश शुगर ने गिरजों की सज्जा पर ख़ूबसूरत चीज़ें लिखी हैं।"

"सच है," मठाधीश ने कहा। "आप इस क्रूसीफ़िक्स को ही लें। यह अभी भी पूर्ण नहीं है...।" उसने असीमित अनुराग के भाव से उसे अपने हाथ में लिया और चेहरे पर उल्लास की चमक लिए उसको देखने लगा। "कुछ मोती अभी भी कम हैं, क्योंकि सही आकार के मुझे मिल नहीं सके। एक बार सन्त एण्ड्र्यू ने गोलगोथा के क्रॉस को सम्बोधित करते हुए कहा था कि वह ईसा के अंगों से उसी तरह अलंकृत किया गया था जिस तरह वह मोतियों से अलंकृत था। और उस महान आश्चर्य की इस विनम्र प्रतिकृति को मोतियों से ही अलंकृत किया जाना चाहिए। फिर भी मुझे यह उचित लगा कि दुनिया के इस सबसे ख़ूबसूरत हीरे को यहाँ, मुक्तिदाता के ठीक मस्तक पर सजाया जाए।" उसके श्रद्धालु हाथों ने, उसकी लम्बी शुभ्र अँगुलियों ने उस पवित्र काष्ठ के सबसे मूल्यवान हिस्सों को थपकी दी, बल्कि काष्ठ की बजाय उसे पवित्र हाथीदाँत कहना चाहिए, क्योंकि इस भव्य पदार्थ ने क्रॉस की भुजाओं को गढ़ने की भूमिका निभाई थी।

"परमात्मा के इस भवन की तमाम सुन्दरताओं से आह्लादित मुझको जब इन बहुरंगी रत्नों ने अभिमन्त्रित कर बाहरी सरोकारों से अलग कर दिया है और एक उचित चिन्तन-पद्धति ने, पार्थिव को अपार्थिव से बदलते हुए, सद्गुणों की विविधता पर मनन की ओर प्रवर्तित किया है, तब मुझे लगता है कि मैं मानो सृष्टि के एक ऐसे अनूठे प्रदेश में पहुँच गया हूँ जो न तो पूरी तरह से इहलोक के कीचड़ में क़ैद है और न ही पूरी तरह से स्वर्ग की शुचिता में आज़ाद है। और यह ईश्वर की ही कृपा है कि मुझे लगता है कि मैं रहस्यात्मक व्याख्या के सहारे इस अधम संसार से उस उदात्त जगत में आरोहण कर सकता हूँ...।"

बोलते हुए उसने अपना चेहरा नेव की ओर मोड़ लिया था। ऊपर से आती हुई एक किरण, भोर के सूरज की विशेष कृपा से, उसके मुखमण्डल को दीप्त कर रही थी और क्रॉस की मुद्रा में फैले उसके हाथ भक्ति के आवेश में तन गए थे। "हर प्राणी," उसने कहा, "वह दृश्य हो या अदृश्य, एक रोशनी है, जिसे रोशनियों के जनक ने अस्तित्व प्रदान किया है। यह हाथीदाँत, यह सुलेमानी और वे पत्थर भी जिन्होंने हमें घेर रखा है, सब एक रोशनी हैं, क्योंकि मैं अनुभव करता हूँ कि वे शुभ और सुन्दर हैं, कि वे अपने आनुपातिक नियम के अनुरूप हैं, कि वे अपने वंश और जाति में तमाम दूसरे वंशों और जातियों से भिन्न हैं, कि वे अपने ही आनुपातिक नियम के तहत अस्तित्ववान हैं, कि वे अपने क्रम में सही जगह पर हैं, कि वे अपने वज़न के मुताबिक़ अपनी विशिष्ट जगह तलाशते हैं। और जितना ही ये चीज़ें मेरे

सामने उजागर होती जाती हैं, उतना ही मैं पाता हूँ कि जिस भी पदार्थ को मैं गौर से देखता हूँ वह अपनी प्रकृति से ही मूल्यवान है और उतने ही बेहतर तरीक़े से दैवीय सृष्टि की सामर्थ्य स्पष्ट होती जाती है, क्योंकि अगर परिणाम की उदात्तता को समझने के लिए मुझे कारण की उदात्तता को समझने की कोशिश करनी है, तो जहाँ लीद या एक कीड़ा तक मुझे दैवीय कारणता के बारे में बता सकता है, वहाँ उसके बारे में मुझे स्वर्ण और हीरे जैसे आश्चर्यजनक परिणामों से बेहतर जानकारी और कौन-सी चीज़ दे सकती है! और फिर, जब मैं इन रत्नों में इस क़दर श्रेष्ठ चीज़ों को अनुभव करता हूँ, तो आत्मा आनन्द से विह्वल हो उठती है और यह दुनियावी आडम्बरों या वैभव के प्रेम से मिलनेवाला आनन्द नहीं है, बल्कि आदि कारण के प्रति, कारण-रहित कारण के प्रति, शुद्धतम प्रेम से मिलनेवाला आनन्द होता है।''

''सचमुच यह सुन्दरतम धर्मविद्या है,'' पूरी विनम्रता के साथ विलियम ने कहा और मुझे लगा कि उस वक़्त वे छलपूर्ण लाक्षणिकता का सहारा ले रहे थे, जिसे आलंकारिकों ने व्यंग्योक्ति की संज्ञा दी है, जिसकी शुरुआत हमेशा उसके संकेत और उसके औचित्य को प्रतिबिम्बित करते उच्चारण के साथ होती है—एक ऐसी चीज़ जो विलियम कभी नहीं करते थे। इसीलिए, आलंकारिक भाषा के प्रति अपने विशेष झुकाव के चलते, मठाधीश ने विलियम की बात को शाब्दिक अर्थ में लिया और, अपने रहस्यात्मक भावावेग की गिरफ़्त में बने रहते हुए आगे जोड़ा, ''सर्वशक्तिमान के सम्पर्क में बनाए रखनेवाला यह सबसे अव्यवहित मार्ग है : ईशदर्शन का उपादान।''

विलियम शिष्टाचारपूर्वक हल्का-सा खाँसे। ''अम्...म्...'' वे बोले। यह वे तब करते थे जब कोई नई बात शुरू करना चाहते थे। यह वे बहुत शालीनता के साथ कर पाते थे क्योंकि यह उनकी आदत में शुमार था—और मेरा मानना है कि यह उनके देश के लोगों की ही ख़ास आदत है—कि वे हर बात को एक लम्बी आरम्भिक कराह के साथ शुरू करते थे, जैसे एक पूर्ण विचार को सामने लाने की शुरुआत करने में उन्हें भारी मानसिक प्रयत्न करना पड़ता हो। जबकि, आज मुझे पक्के तौर पर लगता है कि अपनी घोषणा के पहले जितनी ही कराहें वे भरते थे, उतना ही वे अपनी उस स्थापना के युक्तिसंगत होने को लेकर निश्चित होते थे जिसे वे ज़ाहिर कर रहे होते थे।

''आह...ओह...'' विलियम जारी रहे। ''हमें उस बैठक और निर्धनता के बारे में बहस पर बात करनी चाहिए।''

''निर्धनता...'' मठाधीश ने कहा, जो अभी भी विचारों में डूबा हुआ था, मानो सृष्टि के उस रमणीय प्रदेश से नीचे उतरने में उसको बहुत कठिनाई हो रही हो जहाँ उसके रत्न उसे ले गए थे। ''अच्छा, हाँ, बैठक...''

और फिर उन लोगों ने उन मसलों पर गहन चर्चा आरम्भ की जिनके बारे में कुछ जानकारी तो मुझे पहले से ही थी और कुछ बातें मैं उनकी बातचीत सुनते हुए समझ सका। जैसा कि मैंने इस ईमानदार वृत्तान्त के बारे में शुरू में ही कहा था, इसका ताल्लुक उस दोहरे झगड़े से था जिसने, एक तरफ़, सम्राट को पोप के ख़िलाफ़ कर दिया था और, दूसरी तरफ़, पोप को उन फ्रांसिस्कनों के ख़िलाफ़ जिन्होंने, हालाँकि काफ़ी वर्षों बाद, ईसा की निर्धनता से सम्बन्धित स्पिरिचुअलों के मत का समर्थन किया था; इसका ताल्लुक उस गड्डमड्ड से था जो फ्रांसिस्कनों के सम्राट के पक्ष में हो जाने के कारण फैली थी, गठबन्धनों और विरोधों

का एक त्रिभुज जो अब, सन्त बेनेडिक्ट के संघ के मठाधीशों के हस्तक्षेप के कारण, जो आज भी मेरी समझ से परे है, एक चतुर्भुज में बदल चुका था।

मैं कभी भी इस बात को ठीक से नहीं समझ सका कि बेनेडिक्ट मठाधीशों ने आध्यात्मिक फ्रांसिस्कनों को शरण और संरक्षण देना क्यों शुरू कर दिया था– उसके कुछ समय पहले से ही जब ख़ुद उनका धर्मसंघ किसी हद तक इनकी धारणाओं में साझा करने लगा था। क्योंकि अगर स्पिरिचुअल तमाम दुनियावी चीज़ों के त्याग का उपदेश करते थे, तो मेरे धर्मसंघ के मठाधीशों द्वारा अपनाया गया रास्ता–जिसकी उल्लास से भरी पुष्टि का एक साक्ष्य मुझे उसी दिन मिल गया था–कम सदाचार का रास्ता नहीं था, भले ही वह एकदम विपरीत रास्ता था। लेकिन मैं समझता हूँ कि मठाधीशों का सोचना यह था कि पोप के लिए अतिशय अधिकार सौंपने का अर्थ धर्माध्यक्षों और नगरों के लिए अतिशय अधिकार सौंपना था, जबकि मेरे धर्मसंघ ने सेक्युलर पुरोहित-वर्ग और नागर वणिकों का विरोध करते हुए और ख़ुद को इहलोक और स्वर्गलोक के बीच सीधे मध्यस्थ की तथा शासकों के परामर्शदाता की भूमिका में रखते हुए, अपनी शक्तियों को शताब्दियों से अक्षुण्ण रखा था।

मैंने उस आदर्श-वाक्य को अक्सर दोहराए जाते सुना था जिसके अनुसार ईश्वर की सन्तानें गड़रियों (यानी पादरियों), कुत्तों (यानी योद्धाओं) और भेड़ों (यानी जनसमुदाय) में बँटी हुई हैं। लेकिन मैंने बाद के दिनों में यह पाया कि इस वाक्य को कई तरह से बदलकर बोला जा सकता है। बेनेडिक्ट अक्सर तीन वर्गों की नहीं बल्कि दो विशाल विभाजनों की बात करते थे, जिनमें से एक में दुनियावी मसलों का और दूसरे में स्वर्गिक मसलों का प्रबन्धन शामिल था। जहाँ तक दुनियावी मसलों का सवाल था, उनके यहाँ याजक-वर्ग, अयाजकीय शासक और जनसामान्य का ठोस विभाजन था, लेकिन यह त्रिपक्षीय विभाजन संन्यासियों के संघ** की उपस्थिति, यानी ईश्वर की सन्तानों और स्वर्ग के बीच सीधे सम्पर्क, के अधीन था और संन्यासियों का कोई भी सम्बन्ध उन गड़रियों से, उन अज्ञानी और भ्रष्ट पुरोहितों और धर्माध्यक्षों से नहीं था, जो अब नागर हितों के समक्ष निष्क्रिय पड़े थे, जहाँ जनसमुदाय (भेड़ें) अब भला और वफ़ादार कृषक-वर्ग नहीं था, बल्कि, व्यापारी और कारीगर था। बेनेडिक्ट संघ को जनसाधारण का शासन सेक्युलर पुरोहितों के हाथ में सौंपे जाने का कोई मलाल नहीं था, बशर्ते कि इस शासन के निर्णायक नियम संन्यासियों द्वारा तय किए गए हों, क्योंकि संन्यासी सांसारिक सत्ता के स्रोत, यानी साम्राज्य, के साथ सीधे सम्पर्क में थे, वैसे ही जैसे कि वे स्वर्गिक सत्ता के स्रोत के साथ थे। मैं समझता हूँ कि यही वजह थी कि बहुत-से बेनेडिक्ट मठाधीश, नगरों के शासन (धर्माध्यक्षों और व्यापारियों के गठबन्धन) के विरुद्ध साम्राज्य के गौरव को फिर से क़ायम करने के लिए, उन स्पिरिचुअल फ्रांसिस्कनों को संरक्षण देने पर सहमत हो गए जिनके विचारों में तो वे साझा नहीं करते थे लेकिन जिनकी मौजूदगी उनके लिए उपयोगी थी, क्योंकि वह साम्राज्य के लिए पोप की उद्धत शक्ति के ख़िलाफ़ न्यायपूर्ण तर्क प्रदान करती थी।

यही वे वजहें थीं, मैंने नतीजा निकाला, कि मठाधीश सम्राट के दूत, विलियम के साथ सहयोग करने और फ्रांसिस्कन संघ तथा पोप के सिंहासन के बीच मध्यस्थ की हैसियत से काम करने को तैयार हो रहा था। दरअसल, विवाद की उग्रता, जिसने चर्च की एकता को इस क़दर ख़तरे में डाल दिया था, के बावजूद माइकेल ऑव सेसेना, जिसको पोप जॉन कई

बार एविग्नॉन बुला चुका था, अन्ततः आमन्त्रण स्वीकार करने पर सहमत हो गया था, क्योंकि वह अपने संघ को धर्मगुरु के साथ हमेशा के लिए द्वन्द्व की स्थिति में नहीं डालना चाहता था। फ्रांसिस्कनों का परमाधिकारी होने के नाते वह तत्काल उनके दृष्टिकोणों को कामयाब होते तथा पोप की स्वीकृति हासिल करते देखना चाहता था, ख़ास तौर से इसलिए कि उसको इस बात का अनुमान था कि पोप की सहमति के बग़ैर वह लम्बे समय तक संघ का मुखिया नहीं रह पाएगा।

लेकिन बहुत-से लोगों ने उसको विश्वास दिला रखा था कि पोप फ्रांस में उसका इन्तज़ार उसको फँसाने, उस पर विधर्म का अभियोग लगाने और उस पर मुक़दमा चलाने के लिए कर रहा है। इसीलिए शाही प्रतिनिधिमण्डल और पोप के दूतों के बीच एक आरम्भिक बैठक की योजना तय हुई थी, ताकि उनके अपने-अपने दृष्टिकोणों को परखा जा सके और उस अगली मुलाक़ात के लिए समझौते पर पहुँचा जा सके जिसमें इतालवी आगन्तुकों की सुरक्षा की गारण्टी दी जानी थी। इस पहली बैठक के आयोजन के लिए विलियम ऑव वास्करविले को नियुक्त किया गया था। इसके बाद अगर उन्हें लगता कि उनकी यात्रा बिना किसी ख़तरे के सम्भव है, तो वे एविग्नॉन जाकर शाही धर्मशास्त्रियों के दृष्टिकोण को प्रस्तुत करनेवाले थे। यह क़तई आसान काम नहीं था, क्योंकि ऐसा समझा जाता था कि पोप, जो माइकल को इसलिए अकेला पाना चाहता था ताकि वह उसको ज़्यादा से ज़्यादा आसानी के साथ हुक्मबरदारी के लिए झुका सके, अपना एक मिशन इस निर्देश के साथ इटली के लिए रवाना करनेवाला था कि वह उसकी सभा में आने के लिए शाही दूतों की पूर्वनिश्चित यात्रा को विफल करने की यथासम्भव कोशिश करे। विलियम इस कर्तव्य को अब तक भरपूर कौशल के साथ निबाहते आ रहे थे। विभिन्न बेनेडिक्ट मठाधीशों के साथ विस्तृत परामर्श करने के बाद (हमारी यात्रा के दौरान आए बहुत-से पड़ावों के पीछे यही कारण था) उन्होंने इस मठ को चुना था, जहाँ हम इस वक़्त थे, ख़ासकर इसलिए कि यह मठाधीश साम्राज्य के प्रति समर्पित था और फिर भी, अपनी ज़बरदस्त कूटनीतिक दक्षता के चलते, पोप की सभा में नापसन्द नहीं किया जाता था। इस तरह यह मठ एक तटस्थ क्षेत्र था जहाँ दोनों पक्षों के लोग मिल सकते थे।

लेकिन पोप का प्रतिरोध अभी समाप्त नहीं हुआ था। वह जानता था कि जैसे ही उसका प्रतिनिधिमण्डल मठ की हद में पहुँचेगा, वह मठाधीश की न्याय-व्यवस्था के अधीन होगा और चूँकि उसके कुछ दूत सेक्युलर पुरोहित-वर्ग के थे, वह इस नियन्त्रण को, शाही षडयन्त्र के भय के नाम पर, स्वीकार करने को तैयार नहीं था। इसलिए उसने यह शर्त रखी थी कि उसके दूतों को फ्रांस के बादशाह के धनुर्धारियों के दल की सुरक्षा में सौंपा जाए और इस दल की कमान पोप के किसी विश्वासपात्र व्यक्ति के हाथों में हो। जब विलियम बोबियो में पोप के राजदूत के साथ चर्चा कर रहे थे तभी ये बातें मैंने अस्पष्ट से ढंग से सुनी थीं : यह मसला उस फार्मूले को परिभाषित करने का था जिसके मुताबिक़ इस दल की ज़िम्मेदारियों को तय किया जाना था—बल्कि इस बात को परिभाषित करने का मसला कि पोप के प्रतिनिधिमण्डल की सुरक्षा की गारण्टी का क्या मतलब था। इस सिलसिले में एविग्नानियों द्वारा पेश किए गए एक फार्मूले को आख़िरकार मंज़ूर कर लिया गया था क्योंकि वह युक्तिसंगत प्रतीत होता था : "ऐसे तमाम लोग जो किसी भी रूप में पोप के प्रतिनिधिमण्डल के सदस्यों

के जीवन को ख़तरे में डालने की कोशिश करते हैं, या हिंसा का सहारा लेकर उनके आचरण अथवा न्याय-बुद्धि को प्रभावित करने की कोशिश करते हैं,'' वे सशस्त्र सैनिकों और उनके अधिकारियों के न्यायाधीन होंगे। उस वक़्त यह समझौता शुद्ध रूप से औपचारिक पूर्वग्रहों से प्रेरित लगा था। लेकिन अब, मठ में हुई हाल ही की घटनाओं के बाद, मठाधीश परेशान था और उसने अपने संशय विलियम के सामने रखे। अगर पोप का प्रतिनिधिमण्डल इन अपराधों के लिए ज़िम्मेदार व्यक्ति के अज्ञात बने रहने के दौरान मठ में पहुँच जाता (और आनेवाले दिनों में मठाधीश की ये चिन्ताएँ और बढ़नेवाली थीं, क्योंकि अपराध की संख्या दो से बढ़कर तीन हो जानेवाली थी) तो वह यह मानने को विवश होता कि मठ की चहारदीवारी के भीतर कोई ऐसा व्यक्ति सक्रिय था जो हिंसा का सहारा लेकर पोप के दूतों की न्याय-बुद्धि और आचरण को प्रभावित कर सकता था।

जो अपराध हो चुके थे उनको छुपाने की कोशिश से भी कुछ हासिल होनेवाला नहीं था, क्योंकि अगर बाद में फिर कोई घटना होती तो पोप के दूत इसे अपने ख़िलाफ़ षडयन्त्र की तरह देख सकते थे। इसलिए केवल दो ही हल थे। या तो प्रतिनिधिमण्डल के आने के पहले विलियम हत्यारे को खोज निकालते (और इस बिन्दु पर मठाधीश ने विलियम को तीख़ी नज़रों से घूरा, मानो वह इस मसले को अब तक न निबटाने के लिए विलियम की मौन भर्त्सना कर रहा हो), या फिर पोप के दूत को इसके बारे में साफ़-साफ़ बता दिया जाता और उनसे सहयोग की अपेक्षा करते हुए वार्ता के दौरान मठ को कड़ी निगरानी में रखा जाता। दूसरा विकल्प मठाधीश को पसन्द नहीं आया, क्योंकि इसका मतलब अपनी सम्प्रभुता को आंशिक रूप से तज देना और अपने संन्यासियों को फ्रांसीसियों के नियन्त्रण में सौंप देना होता। लेकिन वह कोई जोख़िम नहीं उठा सकता था। परिस्थितियाँ जैसा मोड़ ले रही थीं, उससे विलियम और मठाधीश दोनों ही परेशान थे; फिर भी उनके पास कुछ विकल्प थे। इसलिए उन्होंने अन्तिम निर्णय को अगले दिन तक के लिए मुल्तवी करने का फ़ैसला किया। इस दौरान वे खुद को ईश्वर की दया और विलियम की दूरदर्शिता पर ही छोड़ सकते थे।

''जो भी मुझसे बन पड़ेगा मैं वह करूँगा, अत्रभवान्,'' विलियम ने कहा। ''लेकिन, फिर भी, मैं यह नहीं समझ पा रहा हूँ कि यह मसला बैठक के लिए कोई संकट कैसे पैदा कर सकता है। यह तो पोप के दूत को भी समझ में आ सकना चाहिए कि एक विक्षिप्त, या एक ख़ूनी, या शायद महज़ एक भटके हुए इनसान के कृत्य में और उन गम्भीर समस्याओं में फ़र्क़ है जिन पर ईमानदार लोग मिल-बैठकर बात करनेवाले हैं।''

''आप ऐसा सोचते हैं?'' मठाधीश ने विलियम को सख़्त नज़रों से देखते हुए पूछा। ''याद रखिये : एविग्नॉनी जानते हैं कि वे माइनॉराइटों से और इसलिए बेहद ख़तरनाक़ व्यक्तियों से, मिलने जा रहे हैं, ऐसे लोगों से जो फ्रेटीसेली और फ्रेटीसेली से भी ज़्यादा विक्षिप्त, उन ख़तरनाक़ व्यक्तियों के निकट हैं जिनके हाथ अपराधों से रँगे हुए हैं''–यहाँ मठाधीश ने अपनी आवाज़ धीमी कर ली–''ऐसे अपराध जिनके मुक़ाबले में यहाँ की घटनाएँ, अपनी भयावहता के बावजूद, दिन के कुहासे की तरह फीकी हैं।''

''नहीं, यह एक ही बात नहीं है!'' विलियम तीखे स्वर में चिल्लाए। ''आप पेरूज़िया के माइनॉराइटों को उसी स्तर पर नहीं रख सकते जिस पर कि आप विधर्मियों की उन मण्डलियों को रखते हैं जिन्होंने धर्म-सिद्धान्त [गॉस्पॅल] के सन्देश को ग़लत तरीक़े से समझकर सम्पन्नों

के ख़िलाफ़ अपनी लड़ाई को निजी क़िस्म की पारिवारिक खुन्नसों में या ख़ूंखार मूर्खताओं में बदल दिया है...।''

''बहुत दिन नहीं हुए और न ही यहाँ से बहुत दूर की बात है, जब ऐसी ही एक 'मण्डली' ने वर्सेली के धर्माध्यक्ष की जागीरों और नोवारा के बाहर की पहाड़ियों को तलवार और आग की भेंट चढ़ा दिया था,'' मठाधीश ने रूखे ढंग से कहा।

''आप फ्रा डोल्सिनो और *धर्मप्रचारकों* की बात कर रहे हैं...।''

''छद्म *धर्मप्रचारक,*'' मठाधीश ने उन्हें सुधारते हुए कहा और एक बार फिर फ्रा डोल्सिनो तथा छद्म *धर्मप्रचारकों* का ज़िक्र मेरे कानों में पड़ा और एक बार फिर, एक चौकन्ने, लगभग आतंक के संकेत से युक्त स्वर में।

''हाँ, छद्म *धर्मप्रचारक,*'' विलियम तुरन्त सहमत हुए। ''लेकिन माइनॉराटों के साथ उनका कोई रिश्ता नहीं था...।''

''...जिनके साथ उन्होंने जोसेम ऑव सेलाब्रिया के प्रति घोषित श्रद्धा-भाव में साझा किया था,'' मठाधीश ज़िद पर अड़ा रहा, ''और इसके बारे में आप अपने बन्धु उबर्तिनो से पूछ सकते हैं।''

''मैं अत्रभवान को बताना ज़रूरी समझता हूँ कि वह अब आपके धर्मसंघ का एक बन्धु है,'' विलियम ने मुस्कराते और ख़ास ढंग से झुकते हुए कहा, मानो ऐसे ख्यातनाम आदमी को अपने संघ में शामिल कर लेने की उपलब्धि के लिए वे मठाधीश को बधाई दे रहे हों।

''जानता हूँ, जानता हूँ।'' मठाधीश मुस्कराया। ''और आप जानते हैं कि जब स्पिरिचुअलों ने पोप के गुस्से को झेला तो हमारे धर्मसंघ ने किस क़दर भाईचारे की भावना के साथ उनका स्वागत किया। मैं सिर्फ़ उबर्तिनो की बात नहीं कर रहा, बहुत-से दूसरे और भी विनम्र बन्धुओं की भी बात कर रहा हूँ, जिनके बारे में बहुत कम जानकारी है और जिनके बारे में हमें शायद ज़्यादा जानने की कोशिश करनी चाहिए। क्योंकि ऐसा हुआ है कि हमने ऐसे भगोड़ों को क़बूल कर लिया जिन्होंने ख़ुद को माइनॉराइटों के लबादे में ढँक रखा था और बाद में मुझे मालूम हुआ कि उनके जीवन के उतार-चढ़ाव उन्हें, कुछ समय के लिए, डॉल्सीनियनों के बहुत क़रीब ले गए थे...''

''यहाँ भी?'' विलियम ने पूछा।

''यहाँ भी। मैं आपके सामने एक ऐसी सच्चाई उजागर कर रहा हूँ जिसके बारे में, सच कहूँ तो, मैं बहुत कम जानता हूँ और हर हाल में इतनी अपर्याप्त कि मैं कोई इल्ज़ाम नहीं लगा सकता। पर क्योंकि आप इस मठ के जीवन की जाँच-पड़ताल कर रहे हैं, इन चीज़ों को भी जान लेना आपके लिए सबसे अच्छा है। मैं आपको बाद में बताऊँगा कि जो बातें मेरे सुनने में आई थीं या जिनका मैंने अन्दाज़ा लगाया, उनके आधार पर मुझे सन्देह है–ध्यान रहे कि सिर्फ़ सन्देह है–कि हमारा भण्डारी, जिसे यहाँ आए हुए अभी दरअसल दो साल ही हुए हैं, माइनॉराइटों के निष्क्रमण के नतीजे में, अपने जीवन के बहुत ही अशुभ दौर से गुज़र चुका है।''

''भण्डारी? रेमेजियो ऑव वेराजाइन एक डोल्सीनियन? वह तो मुझे सबसे सौम्य प्राणी मालूम देता है और वैसे भी देखें तो *सिस्टर पॉवर्टी* में दिलचस्पी न लेनेवाला उस जैसा कोई दूसरा मुझे दिखाई नहीं देता...।'' विलियम ने कहा।

"मैं उसके ख़िलाफ़ कुछ भी कहने की स्थिति में नहीं हूँ और मैं उसकी अच्छी सेवाओं का लाभ उठाता हूँ, जिसके लिए सारा समुदाय भी उसका कृतज्ञ है। लेकिन इस बात का ज़िक्र मैंने इसलिए किया ताकि आप समझ सकें कि हमारे किसी संन्यासी और एक फ्रेटिसेलो के बीच रिश्ते को पा लेना कितना आसान है।"

"महामना, अगर मुझे इजाज़त दें तो मैं कहूँगा कि आप एक बार फिर ग़लती पर हैं," विलियम ने टोका। "हम लोग डोल्सियनों की बात कर रहे थे, फ्रेटीसेली की नहीं। और डोल्सियनों के बारे में काफ़ी कुछ कहा जा सकता है, बिना किसी के भी यह जाने कि किसकी चर्चा की जा रही है, क्योंकि उनकी कई क़िस्में हैं। तब भी, उन्हें ख़ूनी नहीं कहा जा सकता। बहुत-से बहुत उनकी भर्त्सना उन चीज़ों को अधकचरे ढंग से व्यवहार में लाने के लिए की जा सकती है जिनका उपदेश स्पिरिचुअलों ने महान आत्मसंयम के साथ, ईश्वर के प्रति सच्चे प्रेम से अनुप्राणित होकर किया था और यहाँ मैं इस बात से सहमत हूँ कि दोनों के बीच की सीमारेखा बहुत बारीक़ है...।"

"लेकिन फ्रेटीसेली विधर्मी हैं!" मठाधीश ने तीख़े ढंग से विलियम की बात को काटते हुए कहा। "वे ख़ुद को ईसा और धर्मप्रचारकों की निर्धनता तक सीमित नहीं रखते, यानी उस सिद्धान्त तक, जिसमें विश्वास के लिए हालाँकि मैं ख़ुद को तैयार नहीं कर सकता, पर जिसे उपयोगी तरीक़े से एविग्नॉन के अहंकार के ख़िलाफ़ रखा जा सकता है। फ्रेटिसेली इस सिद्धान्त से एक व्यावहारिक तर्क हासिल करते हैं : वे इसमें से विद्रोह करने, लूटने के हक़ का, आचरण की विकृति का निष्कर्ष निकाल लेते हैं।"

"लेकिन कौन-से फ्रेटिसेली?"

"आम तौर पर सभी। आप जानते हैं कि इन लोगों के हाथ वीभत्स अपराधों से रँगे हुए हैं, वे विवाह को नहीं मानते, वे नर्क के अस्तित्व से इन्कार करते हैं, वे लौण्डेबाज़ी करते हैं, बुल्गारियाई संघ और ड्रैगोविटसाई संघ की बोगोमिल विधर्मिता** को गले लगाते हैं...।"

"प्लीज़," विलियम ने कहा, "उन चीज़ों को गडमड मत करिए जो आपस में जुदा हैं! आप इस तरह से बात कर रहे हैं जैसे फ्रेटिसेली, पेटाराइन, वाल्डेन्सियाई, कैथारिसवादी और इनमें भी बोगोमिल, बुल्गारिया और ड्रागोविट्सा के विधर्मी सब एक ही चीज़ हैं!"

"वे हैं," मठाधीश ने तीख़े स्वर में कहा, "वे हैं क्योंकि वे विधर्मी हैं और वे हैं क्योंकि उन्होंने सभ्य दुनिया की व्यवस्था को, तहसनहस करके रख दिया है और साम्राज्य की उस व्यवस्था को भी जिसके पक्ष में आप मुझे लगते हैं। कोई एक सौ या उससे भी ज़्यादा बरस पहले ऑर्नोल्ड ऑव ब्रेसिया के अनुयायियों ने राजघराने के लोगों और कार्डिनलों के मकानों को फूँक दिया था और ये पेटाराइनों की लोम्बार्ड विधर्मिता के फल थे।"

"एबो," विलियम ने कहा, "आप, संसार की दुष्टता से बहुत दूर, इस भव्य और पवित्र मठ के एकान्त में रहते हैं। नगरों का जीवन उससे कहीं ज़्यादा उलझा हुआ है जितना कि आप समझते हैं और आप जानते हैं कि भूल और पाप के भी स्तर होते हैं। लॉट का पाप उसके उन नगरवासियों के मुक़ाबले कम था जिनके मन में ईश्वर के द्वारा भेजे गए देवदूतों तक के बारे में घृणित विचार पैदा हुए थे और पीटर का विश्वासघात जूडॅस के विश्वासघात के मुक़ाबले कुछ भी नहीं था : एक को, दरअसल, मुआफ़ कर दिया गया था, दूसरे को नहीं। आप पेटाराइनों और कैथारिसवादियों को एक ही नहीं मान सकते। पेटाराइन

आन्दोलनकारी थे जिनका मक़सद होली मदर चर्च के नियमों के भीतर बने रहते हुए आचरण में सुधार लाना था। वे हमेशा पुरोहितों के आचरण में सुधार की माँग करते थे।''

''इस दृढ़ आग्रह के साथ कि अपवित्र पुरोहितों से संस्कार ग्रहण नहीं किया जाना चाहिए... ।''

''और यहाँ पर वे ग़लती पर थे, लेकिन धर्म-सिद्धान्त की दृष्टि से यह उनकी एकमात्र भूल थी। उन्होंने ईश्वरीय विधान में उलट-फेर का प्रस्ताव कभी नहीं किया... ।''

''लेकिन रोम में, दो सौ साल से भी ज़्यादा पहले, पेटाराइन ने, ऑर्नोल्ड ऑव ब्रेसिया का प्रचार करते हुए देहातियों की भीड़ को राजपुरुषों और कार्डिनलों के मकानों को फूँकने को उकसाया था।''

''आर्नोल्ड ने नगर के दंडाधिकारियों को अपने आन्दोलन में खीचने की कोशिश की थी। उन्होंने उसका अनुसरण नहीं किया और उसे ग़रीबों और परित्यक्तों की भीड़ के बीच से समर्थन मिला। उसने एक भ्रष्टाचार-मुक्त नगर की जो अपीलें की थीं उनके जवाब में उन लोगों ने जिस हिंसा और आक्रोश का प्रदर्शन किया उसके लिए वह ज़िम्मेदार नहीं था।''

''नगर हमेशा भ्रष्ट होता है।''

''नगर वह जगह है जहाँ परमपिता की वे सन्तानें रहती हैं जिनके आप और हम गड़ेरिये हैं। वह बुराई की वह जगह है जहाँ सम्पन्न धर्माधिकारी ग़रीबों और भूखे लोगों को सद्गुणों का उपदेश देते हैं। पेटाराइन उपद्रव इसी हालात की उपज थे। वे दुखद हैं, लेकिन समझ के परे नहीं हैं। कैथारिस्ट बिल्कुल अलग हैं। वह चर्च के धर्म-मत के बाहर की एक पौर्वात्य विधर्मिता है। मैं नहीं जानता कि जिन गुनाहों के लिए उन्हें दोषी माना जाता है, वे गुनाह वे वाक़ई करते हैं या नहीं, या कि उन्होंने किए हैं या नहीं। मैं मानता हूँ कि वे विवाह का तिरस्कार करते हैं, वे नर्क के वुजूद से इन्कार करते हैं। मुझे लगता है कि बहुत-से ऐसे कृत्य जो उन्होंने नहीं किए हैं, उनके मत्थे केवल उन विचारों (जो निश्चय ही वीभत्स हैं) की वजह से मढ़ दिए जाते हैं जिनका उन्होंने समर्थन किया है।

''और आप मुझसे कह रहे हैं कि कैथारिसवादी पेटाराइनों से मिले हुए नहीं हैं और दोनों एक ही शैतानी सच्चाई के महज़ दो पहलू, बल्कि अनगिनत पहलू नहीं हैं?''

''मेरा कहना है कि अगर इनमें से बहुत-सी विधर्मिताएँ, इनके धर्म-मत-सम्बन्धी आग्रहों से स्वतन्त्र, साधारण लोगों के बीच सफल हो जाती हैं, तो इसलिए कि वे इन लोगों के मन में एक अलग क़िस्म के जीवन की सम्भावना जगाती हैं। मेरा कहना है कि अक्सर साधारण लोगों के झुण्ड ने कैथारिसवादियों की शिक्षाओं को पेटाराइनों की शिक्षाओं से और इन दोनों की संयुक्त शिक्षाओं को स्पिरिचुअलों की शिक्षाओं से भ्रमित किया है। एबो, साधारण लोगों का जीवन न तो उस ज्ञान से रोशन होता है और न ही उस नीर-क्षीर विवेक से जो हमें प्रज्ञावान बनाता है। ऊपर से वह बीमारी और ग़रीबी से सन्त्रस्त होता है, अज्ञान से उनकी वाणी बँधी होता है। विधर्मियों के किसी समूह में शामिल हो जाना उनमें से ज़्यादातर के लिए अक्सर अपनी हताशा को तीखा स्वर देने जैसा है। आप किसी कार्डिनल के घर को जला देते हैं तो इसलिए कि आप मानते हैं कि जिस नर्क का वह उपदेश करता है उसका वुजूद नहीं है। यह होता ही इसलिए है कि धरती पर एक नर्क मौजूद है जहाँ वह रेवड़ रहता है जिसके गड़ेरिये अब हम नहीं रह गए हैं। पर आप अच्छी तरह से जानते हैं कि वे बुल्गारियाई

चर्च और पुरोहित लिप्राण्डो के अनुयायियों के बीच वैसे ही फ़र्क़ नहीं करते जैसे कि शाही हुक्काम और उनके समर्थक स्पिरिचुअलों और विधर्मियों में फ़र्क़ नहीं करते। ऐसा सिर्फ़ गाहे-ब-गाहे नहीं होता रहा है कि शाही सेना अपने दुश्मनों से निबटने जनसाधारण में कैथारिसवादी प्रवृत्तियों को उकसाती रही है। मेरी राय में उन्होंने ग़लत काम किया। लेकिन जो चीज़ मैं अब देख रहा हूँ वह यह है कि इसी सेना ने अक्सर इन अशान्त और ख़तरनाक और 'साधारण' दुश्मनों से छुटकारा पाने को एक पक्ष की विधर्मिताओं को दूसरे पक्ष के मत्थे मढ़ा है और उन सब को चिता में झोंक दिया है। मैंने—मैं आपसे सौगन्ध खाकर कहता हूँ, एबो, कि ख़ुद मैंने—अपनी आँखों से सदाचारी, ग़रीबी और शुचिता का जीवन जीनेवाले, लेकिन धर्माध्यक्षों के शत्रु, ऐसे लोग देखे हैं, जिनको धर्माध्यक्षों ने शाही हुकूमत या स्वतन्त्र नगरों की सेवा में तैनात अदालतों के हाथों में सौंप दिया—उन पर यौनपरक घालमेल, लौण्डेबाज़ी और दूसरे ऐसे कुकर्मों के इल्ज़ाम लगाते हुए जिनके लिए दूसरे शायद दोषी रहे हों पर ये लोग क़तई दोषी नहीं थे। साधारण लोग तो कसाईख़ाने के पशु हैं, वे तब उपयोगी हो उठते हैं जब वे विरोधी शक्तियों को मुश्किल में डालने के काम में आते हैं और जब उनका कोई उपयोग नहीं रह जाता तो उनकी बलि दे दी जाती है।"

"इसलिए," मठाधीश ने स्पष्ट दुर्भावना के साथ कहा, "फ्रा डोल्सिनो और उसके पागल लोग और ग़ेरार्डो सेगारेली और वे पापी हत्यारे भ्रष्ट कैथारिस्ट थे या सदाचारी फ्रेटीसेली थे, लौण्डेबाज़ बोगोमिल थे या पेटाराइन सुधारवादी थे? आप, जो विधर्मियों के बारे में इस क़दर जानते हैं कि ख़ुद उन्हीं में से एक मालूम पड़ते हैं, क्या आप मुझे बताएँगे, विलियम, कि सच्चाई कहाँ पर है?"

"कभी-कभी, कहीं पर नहीं," विलियम ने उदास मन से कहा।

"देखा? आप ख़ुद एक विधर्मी और दूसरे विधर्मी के बीच फ़र्क़ नहीं कर सकते। मेरे पास कम-से-कम एक मापदंड है। मैं जानता हूँ कि विधर्मी वे हैं जो परमपिता की सन्तानों का पालन-पोषण करनेवाली व्यवस्था को ख़तरे में डालते हैं। और मैं शाही हुकूमत का समर्थन करता हूँ क्योंकि वह मेरे लिए इस व्यवस्था की गारण्टी देती है। मैं पोप का विरोध करता हूँ क्योंकि वह आध्यात्मिक सत्ता को नगरों के उन धर्माध्यक्षों के पक्ष में हस्तान्तरित कर रहा है जो व्यापारियों और निगमों से सम्बद्ध हैं और जो इस व्यवस्था को क़ायम रख पाने में सक्षम नहीं होंगे। हमने इसको शताब्दियों से क़ायम रखा है। और जहाँ तक विधर्मियों का सवाल है, उनके लिए भी मेरे पास एक कसौटी है और उस कसौटी का सार उस जवाब में है जो सिटॉक्स [Citeaux] के बिशॅप अर्नाल्ड अमालारिकॅस ने उन लोगों को दिया था जिन्होंने उनसे पूछा था कि बेज़ियर्स के नागरिकों के साथ क्या सुलूक किया जाए : उन सब को मार डालो, उनमें से जो ईश्वर का बन्दा है उसको ईश्वर ख़ुद पहचान लेगा।"

विलियम ने अपनी नज़रें झुका लीं और कुछ क्षण ख़ामोश रहे। फिर उन्होंने कहा, "बेज़ियर्स के नगर पर कब्ज़ा कर लिया गया था और हमारी सेनाओं को नर-नारी या उम्र की मान-मर्यादा का कोई लिहाज़ नहीं रह गया था और लगभग बीस हज़ार लोग तलवार के घाट उतार दिए गए थे। जब यह नरसंहार सम्पन्न हो गया, तो नगर को लूटा गया और जला दिया गया था।"

"धर्मयुद्ध भी आख़िर है तो युद्ध ही।"

''सिर्फ़ इसी कारण शायद धर्मयुद्ध नहीं होने चाहिए। लेकिन मैं क्या कह रहा हूँ? मैं भी तो यहाँ पर उस लुई के अधिकारों का समर्थन करने आया हूँ, जो ख़ुद भी तो इटली को तलवार के घाट उतार रहा है। मैं भी तो अपने को विचित्र गठबन्धनों के खेल में उलझा हुआ पा रहा हूँ। विचित्र गठबन्धन स्पिरिचुअलों और शाही हुकूमत के बीच का और विचित्र गठबन्धन शाही हुकूमत का उस मार्सीलियस के साथ जो जनता के प्रभुत्त्व की माँग करता है। और विचित्र गठबन्धन हम दोनों के बीच का जो अपने विचारों और परम्पराओं में इतने भिन्न हैं। लेकिन हमारी दो साझा ज़िम्मेदारियाँ हैं : बैठक की सफलता और हत्यारे की तलाश। हमें सुलहपूर्वक इन दोनों ज़िम्मेदारियों को पूरा करने में लग जाना चाहिए।''

मठाधीश ने अपना हाथ आगे बढ़ाया। मुझे सुलह का चुम्बन दें, ब्रॅदर विलियम। आप जैसे ज्ञानी आदमी के साथ मैं धर्मशास्त्र और नैतिकता के सवालों पर अन्तहीन बहस कर सकता हूँ। लेकिन विवाद के सुख में डूब जाना, जैसा कि पेरिस के उस्ताद लोग करते हैं, ठीक नहीं है। आपका कहना सही है : हमारे सामने एक महत्त्वपूर्ण ज़िम्मेदारी है और हमें सहमति के साथ आगे बढ़ना चाहिए। लेकिन मैंने ये बातें इसलिए कही हैं क्योंकि मैं मानता हूँ कि इनमें आपस में रिश्ता है। आप समझ रहे हैं न? जो अपराध यहाँ हुए हैं, उनके और आपके बन्धुओं की धारणाओं के बीच एक सम्भावित रिश्ता—या यूँ कहें कि ऐसा रिश्ता जो दूसरे लोग देख सकते हैं। इसी वजह से मैंने आपको सावधान किया है और इसी वजह से यह अनिवार्य है कि हम एविग्नानियों के पक्ष से उठ सकनेवाले हर तरह के सन्देह या इंगित का निराकरण करें।''

''क्या मुझे इसका यह मतलब भी नहीं निकालना चाहिए कि अत्रभवान ने मेरी जाँच-पड़ताल के लिए मुझे एक दिशा भी सुझायी है? क्या आप मानते हैं कि हाल की इन घटनाओं का स्रोत किसी संन्यासी के विधर्मपरक अतीत से ताल्लुक रखनेवाली किसी धुँधली-सी कहानी में पाया जा सकता है?''

मठाधीश कुछ क्षण ख़ामोश रहकर विलियम के चेहरे को देखते रहे, इस तरह कि उनके चेहरे पर कोई ऐसा भाव न आने पाए जिसे पढ़ा जा सके। फिर उन्होंने कहा : ''इस दुखद मामले में आप एक जाँचकर्त्ता हैं। शंकालु होना, यहाँ तक कि ग़लत सन्देह का जोखिम उठाना भी, आपका कर्तव्य है। मैं यहाँ का एकमात्र प्रमुख पादरी हूँ। और, मुझे कहना पड़ेगा कि अगर मुझे इस बात की जानकारी होती कि मेरे किसी संन्यासी का अतीत समुचित सन्देह जगानेवाला है, तो उस दूषित पौधे को उखाड़ फेंकने का इन्तज़ाम मैंने ख़ुद ही कर लिया होता। मैं उतना ही जानता हूँ जितना आप जानते हैं। जो मैं नहीं जानता उसे आपकी बुद्धि के द्वारा समुचित रोशनी में लाया जाना ज़रूरी है।'' उन्होंने सिर हिलाकर विदा ली और चर्च से चले गए।

''यह कहानी और भी जटिल होती जा रही है, डियर एड्सो,'' विलियम ने भौंहें चढ़ाते हुए कहा। ''हम एक पाण्डुलिपि की खोज करते हैं, कुछ अतिजिज्ञासु संन्यासियों की उग्र बातों में और कुछ दूसरे अतिवासना में लिप्त संन्यासियों की हरकतों में हमारी दिलचस्पी जागती है और अब, बिल्कुल अलग ही पैरों के निशान उभरते हैं, एक अलग ही पगडण्डी, जो हमें उत्तरोत्तर अपनी ओर खींचती है। भण्डारी, फिर...और इस भण्डारी के साथ-साथ सल्वाटोर नामक विचित्र प्राणी भी यहाँ आ पहुँचता है...। लेकिन अब हमें जाकर आराम करना चाहिए, क्योंकि हमारी रतजगा करने की योजना है।''

"तो अब भी आप रात में लाइब्रेरी में प्रवेश करने का इरादा रखते हैं? आप उस पहली पगडण्डी को छोड़नेवाले नहीं हैं?"

"बिल्कुल नहीं। वैसे भी, कौन कहता है कि ये दोनों पगडण्डियाँ एक-दूसरे से अलग हैं? और आख़िर भण्डारी का मामला मठाधीश का निरा सन्देह भी तो हो सकता है।"

उन्होंने अतिथियों की धर्मशाला की ओर देखा। दरवाज़े पर पहुँचने पर वे रुके और बोले, जैसे वे अपनी पिछली बातों का सिलसिला जारी रखते हुए बोल रहे हों।

"आख़िर जब मठाधीश ने मुझसे अडेल्मो की मौत की जाँच करने को कहा था तब उनका यही तो ख़याल था कि उनके युवा संन्यासियों के बीच कुछ ख़तरनाक़ चीज़ें चल रही हैं। लेकिन अब जबकि वेनेण्टियॅस की मौत ने दूसरे शक पैदा कर दिए हैं मठाधीश को शायद यह लग चुका है कि इस रहस्य की कुंजी पुस्तकालय में है और वे नहीं चाहते कि मैं अपनी जाँच-पड़ताल के लिए वहाँ जाऊँ। इसलिए इडीफ़ीसियम से मेरा ध्यान हटाने को वे भण्डारी की तरफ़ इशारा कर रहे हैं...।"

"लेकिन वे क्यों नहीं चाहेंगे–"

"ज़्यादा सवाल मत करो। मठाधीश ने मुझसे शुरू में ही कह दिया था कि मैं पुस्तकालय को हाथ न लगाऊँ। उनकी अपनी वजहें होंगी जिनको वे उचित समझते होंगे। ऐसा भी हो सकता है कि वे किसी ऐसे मामले में शामिल हों जिसे वे अडेल्मो की मौत से सम्बन्धित न मानते रहे हों, लेकिन अब उनको लग रहा हो कि चूँकि यह बदनामी चारों तरफ़ फैल रही है, इसलिए यह उनको भी छू सकती है। और इसलिए हो सकता है कि वे सच्चाई को सामने न आने देना चाहते हों, या उसे कम-से-कम मेरे माध्यम से सामने न आने देना चाहते हों...।"

"तब तो हम ईश्वर द्वारा तज दिए गए स्थान पर रह रहे हैं," मैंने हताश होकर कहा।

"क्या तुमने कभी कोई ऐसा स्थान देखा है जहाँ ईश्वर आत्मीयता का अनुभव कर सकता हो?" विलियम ने अपनी महान ऊँचाई से नीचे देखते हुए मुझसे पूछा।

फिर उन्होंने मुझे विश्राम करने भेज दिया। अपनी तृण-शय्या पर लेटा मैं सोच रहा था कि अच्छा होता कि मेरे पिता मुझे इस दुनिया में लाए ही न होते, यह दुनिया उससे कहीं ज़्यादा उलझी हुई है जितनी कि मैं सोचता था। मैं बहुत ज़्यादा सीख रहा था।

"बाघ के मुँह से मेरी रक्षा करो",** मैंने प्रार्थना की और सो गया।

सन्ध्या - वन्दना के बाद

जिसमें, इस अध्याय के संक्षिप्त होने बावजूद, बूढ़ा एलिनार्डो भूलभुलैया और उसमें प्रवेश के तरीक़े के बारे में दिलचस्प बातें बताता है।

मैं उस वक़्त जागा जब शाम के भोजन का घंटा लगभग बजने को था। मैं सुस्त और उनींदा महसूस कर रहा था, क्योंकि दिन में सोना शारीरिक वासना में लिप्त होने के पाप के

बराबर होता है : जितना ही आप इस वासना को तृप्त करते हैं, उतनी ही वह बढ़ती जाती है और आप एक साथ तृप्त और अतृप्त अनुभव करते हुए दुखी होते हैं। विलियम अपनी कोठरी में नहीं थे; ज़ाहिर था कि वे काफ़ी पहले जाग चुके थे। थोड़ी-सी खोज-बीन के बाद वे मुझे इडीफ़ीसियम से बाहर आते हुए मिल गए। उन्होंने बताया कि वे स्क्रिप्टोरियम में थे, जहाँ वे कैटलॉग के पन्ने पलटते रहे और वेनेण्टियॅस की डेस्क की तरफ़ जाते हुए तथा उसकी जाँच के दौरान संन्यासियों को काम करते हुए देखते रहे थे। लेकिन उन्हें हर संन्यासी किसी न किसी बहाने उन काग़ज़ों की छानबीन करने से रोकता प्रतीत हुआ था। पहले उनके पास मेलाची आया, उन्हें कुछ बहुमूल्य चित्रांकन दिखाने के बहाने। फिर बेनो उन्हें कुछ छिछोरे क़िस्म के बहानों से उलझाये रहा। और इसके बाद, जब वे अपने परीक्षण के सिलसिले में फिर से डेस्क पर झुके तो उनकी मदद का प्रस्ताव लेकर बेरेंगर उनके आस-पास मँडराने लगा।

आख़िरकार जब मेलाची ने पाया कि मेरे गुरुदेव वेनेण्टियॅस की चीज़ों की तलाशी को लेकर दृढ़निश्चय दिख रहे हैं, तो मेलाची ने उनसे दोटूक कह दिया कि मृतक के काग़ज़ों की तलाशी लेने के पहले उन्हें शायद मठाधीश की मंज़ूरी लेनी होगी; कि ख़ुद उसे, लाइब्रेरियन होने के बावजूद, सम्मान और अनुशासन के नाते, उन काग़ज़ों को उलटने-पलटने की मनाही थी; और यह कि वैसे भी, विलियम के ही अनुरोध के मुताबिक़, उस डेस्क के पास न तो अभी तक कोई फटका था और न ही किसी को भी तब तक इसकी इजाज़त थी जब तक कि इस बारे में मठाधीश के निर्देश प्राप्त नहीं हो जाते। विलियम को लगा कि मेलाची के साथ शक्ति-परीक्षण में उलझने का कोई अर्थ नहीं है, हालाँकि वेनेण्टियॅस के दस्तावेज़ों को लेकर व्याप्त इस खलबली और भय ने उन दस्तावेज़ों को क़रीब से जानने की विलियम की इच्छा को बढ़ा दिया था। लेकिन चूँकि वे रात के समय वहाँ वापस जाने के अपने निश्चय पर अडिग थे—हालाँकि कैसे, यह उन्हें अभी तक मालूम नहीं था—इसलिए उन्होंने कोई झमेला खड़ा न करना ही ठीक समझा। फिर भी उनके मन में बदला लेने के विचार आ रहे थे जो, अगर उनके पीछे सच्चाई को जानने की लालसा न होती तो, बहुत हठधर्मी और शायद निन्दनीय लगते।

भोजनालय में जाने के पहले, शाम की ठंडी हवा में नींद के कुहासे से छुटकारा पाने हम कुछ देर क्लॉइस्टर में टहलते रहे। कुछ संन्यासी वहाँ पर अब भी ध्यानमग्न होकर टहल रहे थे। क्लॉइस्टर की तरफ़ खुलनेवाले उद्यान में हमारी निगाह बूढ़े एलिनार्डो ऑव ग्रोटाफेराटा पर पड़ी, जो शरीर से अशक्त होने के कारण अब, गिरजाघर में प्रार्थना के अलावा अपना ज़्यादातर वक़्त पेड़ों के बीच बिताता था। लगता था उसे ठंड नहीं लग रही थी और वह द्वार-मण्डप के बाहरी हिस्से में बैठा था।

विलियम ने उसके पास जाकर नमस्कार किया और बूढ़ा इस बात से ख़ुश जान पड़ा कि ऐसा भी कोई था जिसके पास उससे बात करने का वक़्त था।

"काफ़ी शान्ति है आज," विलियम ने कहा।

"ईश्वर की कृपा है," बूढ़े ने जवाब दिया।

"स्वर्ग में शान्ति है, लेकिन धरती ख़ौफ़ज़दा है। क्या वेनेण्टियॅस से आपका अच्छा परिचय था?"

"कौन वेनेण्टियॅस?" बूढ़े ने कहा। फिर उसकी आँखें चमकीं। "अच्छा वो मृत लड़का। इस मठ में जानवर का फेरा है..."

"कौन-सा जानवर?"

"वह विकराल जानवर जो समुद्र से आता है...सात सिर और दस हाथ और जिसके सींगों पर दस मुकुट हैं और सिरों पर ईस-निन्दा के तीन नाम हैं। भालू के पैरों और शेर के मुँहवाला वह जानवर तेंदुए जैसा दिखाई देता है...मैंने उसको देखा है।"

"कहाँ देखा है आपने उसको? पुस्तकालय में?"

"पुस्तकालय? वहाँ क्यों? मैं तो सालों से स्क्रिप्टोरियम में नहीं गया और पुस्तकालय तो मैंने कभी देखा तक नहीं है। पुस्तकालय में कोई नहीं जाता। मैं उनको जानता था जो पुस्तकालय में गए थे...।"

"कौन? मेलाची? बेरेंगर?"

"अरे, नहीं..." बूढ़े ने धीरे से हँसते हुए कहा। "पहले। वह लाइब्रेरियन जो मेलाची के पहले आया था, बहुत साल पहले...।"

"कौन था वह?"

"मुझे याद नहीं; वह तो तभी मर गया था जब मेलाची जवान ही था। और वह जो मेलाची के गुरु के भी पहले आया था और नौजवान असिस्टेण्ट लाइब्रेरियन हुआ करता था, तब मैं जवान था...पर मैंने पुस्तकालय में कभी पाँव नहीं रखा। भूलभुलैया..."

"पुस्तकालय भूलभुलैया है?"

"भूलभुलैया इस जगत की रूपक-कथा है,"** बूढ़े ने पाठ किया, वह कहीं खो गया था। "प्रवेश करनेवाले के लिए विस्तीर्ण, लेकिन जो वापस लौटता है उसके लिए बहुत ही संकुल**, पुस्तकालय विराट भूलभुलैया है, संसार की भूलभुलैया का प्रतीक। आप घुसते हैं और नहीं जानते कि बाहर कैसे निकलें। आपको हर्क्यूलिस के स्तम्भों का अतिक्रमण नहीं करना चाहिए...।"

"यानी आप नहीं जानते कि जब इडीफ़ीसियम के दरवाज़े बन्द हो जाते हैं तो पुस्तकालय में प्रवेश कैसे किया जाता है?"

"हाँ, हाँ।" बूढ़ा हँसा। "बहुत-से लोग जानते हैं। आप अस्थि-गृह के रास्ते चले जाइए। मुरदाघर के रास्ते जाया तो जा सकता है, पर अस्थि-गृह के रास्ते कोई जाना नहीं चाहता। मृत संन्यासी निगरानी करते हैं।"

"ये निगरानी करनेवाले मृत संन्यासी वही तो नहीं हैं जो रात के समय हाथ में चिराग़ लेकर पुस्तकालय में चक्कर लगाते हैं?"

"चिराग़ लेकर?" बूढ़ा हैरान-सा लगा। "यह क़िस्सा मैंने कभी नहीं सुना। मृत संन्यासी मुरदाघर में ही रहते हैं, क़ब्रिस्तान से धीरे-धीरे अस्थियाँ गिरती रहती हैं और वहाँ पर इकट्ठी होती जाती हैं, ताकि वे उस रास्ते की पहरेदारी कर सकें। आपने चैपल की वह नेव नहीं देखी जो मुरदाघर में खुलती है?"

"बाएँ से तीसरीवाली, ट्रान्सेप्ट के बादवाली, नहीं?"

"तीसरी? शायद। ये वो वाली है जिसके पत्थर पर एक हज़ार कंकाल तराशे गए हैं। दाईं तरफ़ चौथी खोपड़ी : उसकी आँखों को दबाओ...और आप मुरदाघर में पहुँच गए। लेकिन वहाँ जाना मत; मैं कभी नहीं गया। मठाधीश नहीं चाहता।"

''और जानवर? जानवर को आपने कहाँ देखा था?''

''जानवर? अच्छा, एण्टीक्राइस्ट...वह आनेवाला है, सहस्राब्दि बीत चुकी है; हमें उसका इन्तज़ार है...''

''लेकिन सहस्राब्दि को बीते तो तीन सौ साल हो चुके हैं, तब तो वह नहीं आया...।''

''एण्टीक्राइस्ट हज़ार साल बीत जाने के बाद नहीं आता। हज़ार साल बीतने के बाद सत्पुरुषों का शासन शुरू होता है; तब सत्पुरुषों को दिग्भ्रमित करने एण्टीक्राइस्ट आता है और तब आख़िरी लड़ाई होगी...।''

''लेकिन सत्पुरुषों का शासन तो एक हज़ार साल तक चलने वाला है,'' विलियम ने कहा, ''या फिर वे ईसा की मृत्यु से लेकर पहली सहस्राब्दि तक शासन कर चुके हैं और इसलिए एण्टीक्राइस्ट को तभी आ चुकना चाहिए था; या फिर सत्पुरुषों का शासन अभी शुरू ही नहीं हुआ है और इसलिए एण्टीक्राइस्ट अभी बहुत दूर है।''

''सहस्राब्दि की गिनती ईसा की मृत्यु से नहीं बल्कि उसके तीन सदियों बाद कोण्टेस्टाइन के दान के साथ शुरू होती है। इस तरह अब जाकर एक हज़ार साल हुए हैं...।''

''मतलब सत्पुरुषों का शासन समाप्त होने को है?''

''मुझे नहीं मालूम...। मुझे इससे ज़्यादा कुछ नहीं मालूम। मैं थक गया हूँ। गिनती बहुत मुश्किल है। बीटॅस ऑव लिस्बाना ने की थी; जॉर्ज से पूछिए, वह जवान है, उसकी याददास्त अच्छी है... लेकिन समय आ चुका है। तुम्हें सात तुरहियाँ सुनाई नहीं देती?''

''सात तुरहियाँ क्यों?''

''तुमने सुना नहीं कि वह दूसरा लड़का, नक़्क़ाश, किस तरह मरा? पहले फ़रिश्ते ने पहली तुरही बजायी और ख़ून में लिथड़े हुए ओलों और आग की बारिश हुई। और दूसरे फ़रिश्ते ने दूसरी तुरही बजायी और समुद्र का तिहाई हिस्सा ख़ून में बदल गया... क्या दूसरा लड़का ख़ून के समुद्र में ही नहीं मरा? तीसरी तुरही से सावधान! समुद्री जन्तुओं का तिहाई हिस्सा फ़ना हो जाएगा। मठ के चारों तरफ़ की दुनिया से विधर्मिता की बदबू आ रही है; मुझे लोगों ने बताया है कि रोम के सिंहासन पर एक ऐसा भ्रष्ट पोप बैठा हुआ है जो अभिचार के लिए यजमानों का इस्तेमाल करता है और उनको अपनी सर्पमीनें खिलाता है...। और हमारे बीच के ही किसी व्यक्ति ने प्रतिबन्ध का उल्लंघन किया है और भूलभुलैया के बन्धनों को तोड़ा है...।''

''यह आपको किसने बताया?''

''मैंने सुना था। तमाम लोग कानाफूसी कर रहे थे कि मठ के भीतर पाप का प्रवेश हो गया है। क्या तुम्हारे पास कुछ मटर हैं?''

यह सवाल मुझसे किया गया था, जिसे सुनकर मैं हैरान हो गया। ''नहीं, मेरे पास मटर नहीं हैं,'' उलझन में पड़ते हुए मैंने कहा।

''अगली बार जब आओ तो मेरे लिए कुछ मटर लेकर आना। मैं उनको अपने मुँह में–अपने इस पोपले मुँह में–डाले रहता हूँ, जब तक कि वे मुलायम नहीं हो जाते। उनसे लार पैदा होती है, पानी, जीवन का स्रोत** क्या तुम मुझे कल कुछ मटर ला दोगे?''

"कल मैं आपके लिए मटर लेकर आऊँगा," मैंने उससे कहा। पर वह ऊँघना शुरू कर चुका था। हम उसे वहीं छोड़ भोजनालय के लिए रवाना हुए।

पूरिका

जिसमें इडीफ़ीसियम में प्रवेश होता है, एक रहस्यमय आगन्तुक मिलता है, अभिचार के संकेतों से भरा हुआ एक गुप्त सन्देश हाथ लगता है और एक पुस्तक हाथ लगती है, लेकिन तुरन्त ही ग़ायब हो जाती है, जिसकी तलाश आगामी कई अध्यायों तक जारी रहनेवाली है; और जिसमें विलियम के बेशक़ीमती लेंसों की चोरी से भी उतार-चढ़ाव के इस सिलसिले का अन्त नहीं होता है।

रात का भोजन नीरसता और ख़ामोशी के माहौल में बीता। वेनेण्टियॅस का शव मिले अभी कोई बारह घंटे ही बीते थे। सारे लोग मेज़ पर उसकी खाली पड़ी जगह से आँखें चुरा रहे थे। जब पूरिका का समय हुआ तो क्वाइॲ की तरफ़ जाता हुआ हुज़ूम ऐसा लग रहा था जैसे वह शवयात्रियों का जुलूस हो। हमने नेव में खड़े होकर और तीसरे चैपल पर निगाह रखते हुए प्रार्थना में भाग लिया। रोशनी कम थी और जब हमने मेलाची को अँधेरे से बाहर आकर अपने आसन की तरफ़ जाते देखा तो हमें यह कह पाना मुश्किल था कि वह ठीक किस जगह से प्रकट हुआ था। हम छायाओं के बीच से होते हुए पार्श्व-नेव में जाकर छिप गए, ताकि प्रार्थना के बाद हम दूसरों की नज़रों से ओझल वहाँ रुके रह सकें। मेरे स्केपुलर के नीचे वह चिराग़ छुपा हुआ था जिसको मैंने भोजन के समय रसोई से चुराया था। हमारी योजना इसे बाद में पीतल की उस विशाल समई से जलाने की थी जो सारी रात जलती रहती थी। मैंने एक नई बाती और भरपूर तेल का इन्तज़ाम कर लिया था। हमारे पास लम्बे समय तक के लिए रोशनी का इन्तज़ाम था।

जल्द ही शुरू होने जा रहे अपने साहसिक अभियान को लेकर मैं इतना उत्तेजित था कि पूरिका की उपासना की तरफ़ मेरा ध्यान ही नहीं गया और वह समाप्त हो गई। संन्यासी चेहरों पर टोपियाँ झुकाए धीरे-धीरे बाहर निकल गए, अपनी-अपनी कोठरियों में जाने को। समई की रोशनी से जगमगाते गिरजाघर में सुनसान छा गया। "अब," विलियम ने कहा, "काम से लगा जाए।"

हम तीसरे चैपल के पास पहुँचे। नेव का तल सचमुच ही किसी अस्थिगृह जैसा लग रहा था, प्रसंशनीय रिलीफ़ तकनीक से गढ़ी गईं अनेक जंघा-अस्थियों के ऊपर रखी खोपड़ियों का एक पूरा सिलसिला, जिनकी आँखों के खोखले कोटर किसी भी दर्शक को आतंक से भर देने को पर्याप्त थे। विलियम ने धीमी आवाज़ में उन शब्दों को दोहराया जो उन्होंने एलिनार्डो से सुने थे (दाईं तरफ़ से चौथी खोपड़ी, उसकी आँखों को दबाओ)। उन्होंने उस मांस-रहित चेहरे की आँखों की कोटरों में अपनी अँगुलियाँ घुसेड़ दीं और उसी क्षण हमें एक कर्कश-सी

चरमराहट सुनाई दी। किसी अदृश्य चूल पर घूमती हुई नेव अपनी जगह से हट गई और हमें एक अँधेरा सूराख़ दिखाई दिया। मैंने चिराग़ को ऊँचा कर वहाँ रोशनी की तो हमें कुछ सीली हुई सी सीढ़ियाँ नज़र आईं। सीढ़ियों से उतरने का फ़ैसला करने से पहले हमने इस पर सोच-विचार किया कि जाते हुए इस दरवाज़े को बन्द किया जाए या नहीं। बेहतर है कि न किया जाए, विलियम ने कहा; हम उसे बाद में खोल पाते कि नहीं, इसका हमें अन्दाजा नहीं था। और जहाँ तक इससे हमारे पकड़े जा सकने के जोख़िम का सवाल था, तो रात के उस समय में अगर वहाँ वैसी ही युक्ति का प्रयोग करनेवाला कोई आनेवाला भी था, तो इसका मतलब था कि उसे प्रवेश की इस युक्ति की जानकारी थी और तब बन्द दरवाज़ा उसे वैसे भी नहीं रोक सकता था।

हम लगभग एक दर्जन सीढ़ियाँ उतरकर एक गलियारे में पहुँचे जिसके दोनों तरफ़ कुछ आड़े आले बने हुए थे, वैसे ही जैसे बाद के दिनों में मैंने बहुत-सी क़ब्रों के तहख़ानों में देखे। लेकिन इस वक़्त मैं पहली बार किसी अस्थि-गृह में प्रवेश कर था, इसलिए बहुत डरा हुआ था। वहाँ पर सदियों से संन्यासियों की अस्थियाँ इकट्ठी की जाती रही थीं, जिनको ज़मीन से खोदकर, उनके शरीरिक ढाँचे में फिर से संयोजित किए वग़ैर, उन आलों में एक-दूसरे के ऊपर रख दिया गया था। कुछ आलों में छोटी अस्थियाँ थीं, दूसरे कुछ आलों में सिर्फ़ खोपड़ियाँ थीं, जिनको पिरामिड के आकार में जमाकर रखा गया था ताकि वे एक-दूसरे पर न लुड़कें; और वह वाक़ई एक ख़ौफ़नाक नज़ारा था, ख़ास तौर से चिराग़ की रोशनी में उभरती छायाओं की उस हलचल के कारण जो हमारे चलने से उनमें पैदा हो रही थी। एक आले में मैंने सिर्फ़ हाथ देखे, बहुत-से हाथ, जो अब मृत अँगुलियों के जाल में हमेशा के लिए गुँथे हुए थे। क्षण-भर के लिए मैंने अपने सिर के ऊपर किसी चीज़ की मौजूदगी को महसूस किया, चीं-चीं की तीखी आवाज़ और अँधेरे में तेज़ रफ़्तार भागती कोई चीज़ और मेरे गले से एक चीख़ निकलकर मृतकों के उस निवास में फैल गई।

"चूहे," मेरी आशंका दूर करने विलियम ने कहा।

"चूहे यहाँ क्या कर रहे हैं?"

"गुज़र रहे हैं, हमारी ही तरह : क्योंकि अस्थि-गृह से इडीफ़ीसियम में जाने का रास्ता है और वहाँ से रसोई में जाने का। और पुस्तकालय की स्वादिष्ट पुस्तकों के लिए भी तो। अब तुम समझ सकते हो कि मेलाची का चेहरा इतना मनहूस क्यों है। अपनी ड्यूटी की ख़ातिर उसे हर दिन यहाँ से दो बार गुज़रना पड़ता है, सुबह और शाम। वाक़ई उसके पास हँसने की कोई वजह नहीं है।

"लेकिन धर्म-ग्रन्थ में कहीं पर भी यह क्यों नहीं कहा गया है कि ईसा हँसते थे?" मैंने यूँ ही पूछ लिया। "क्या जॉर्ज का कहना सही है?"

"असंख्य अध्येताओं ने इस बारे में अटकलें लगाई हैं कि ईसा हँसते थे कि नहीं। मेरी इस सवाल में ज़्यादा दिलचस्पी नहीं है। मेरा मानना है कि वे कभी नहीं हँसे, क्योंकि परमेश्वर के पुत्र की हैसियत से सर्वज्ञ होने के नाते वे पहले से ही जानते थे कि हम ईसाइयों का आचरण कैसा होगा। लेकिन अब हम इस जगह पर आ पहुँचे हैं।

और, वाक़ई, ख़ुदा का शुक्र था कि गलियारा ख़त्म हो रहा था; नई सीढ़ियाँ शुरू हुईं। उनको चढ़ने के बाद हमें लोहे से मढ़े एक लकड़ी के दरवाज़े को धक्का देने भर की ज़रूरत

थी कि हमने ख़ुद को स्क्रिप्टोरियम को जाने वाली चक्करदार सीढ़ियों के ठीक नीचे पाया। हम जैसे ही ऊपर गए, हमें लगा कि हमने ऊपर से आती कोई आवाज़ सुनी है।

हम पल भर ख़ामोश रहे; फिर मैंने कहा, "यह असम्भव है। हमसे पहले कोई आया ही नहीं था...।"

"बशर्ते कि हम यह मानें कि इडीफ़ीसियम में जाने का यह इकलौता रास्ता है। सदियों पहले यह एक गढ़ हुआ करता था और इसमें प्रवेश के उससे ज़्यादा रास्ते होने चाहिए जितने कि हम जानते हैं। हम आहिस्ता-आहिस्ता ऊपर चढ़ेंगे। लेकिन विकल्प हमारे पास कम ही हैं। हम अगर चिराग़ बुझा देते हैं तो हमें यह पता करना मुश्किल हो जाएगा कि हम कहाँ जा रहे हैं; हम अगर इसे जला रखते हैं तो ऊपर जो भी कोई है उसे हम चौकन्ना कर देंगे। उम्मीद की एक ही सूरत रह जाती है कि ऊपर अगर सचमुच ही कोई है तो वह हमारी मौजूदगी से डरेगा।"

हम दक्षिणी मीनार से होकर स्क्रिप्टोरियम में पहुँच गए। वेनेण्टियॅस की डेस्क ठीक हमारे सामने थी। कक्ष इतना बड़ा था कि चलते हुए हमारे चिराग़ से एक वक़्त में कुछ ही गज की दीवार रोशन हो पा रही थी। हम उम्मीद कर रहे थे कि खिड़कियों से बाहर जाती रोशनी को देखने नीचे चौक में कोई नहीं होगा। डेस्क अपनी जगह पर व्यवस्थित रखी लग रही थी, लेकिन जब विलियम निचले शेल्फ़ में रखे पन्नों की जाँच करने नीचे झुके तो वे घबराकर चीख़ उठे।

"क्या कुछ ग़ायब है?" मैंने पूछा।

"आज मैंने यहाँ पर दो पुस्तकें देखी थीं, जिनमें से एक ग्रीक में थी। और वही पुस्तक ग़ायब है। कोई उसे उठा ले गया है और बहुत हड़बड़ी में ले गया है, क्योंकि पुस्तक का एक पन्ना यहाँ फ़र्श पर गिरा हुआ है।"

"लेकिन डेस्क तो निगरानी में थी...।"

"निश्चय ही। शायद उसे हाल ही में किसी ने हथियाया है। हो सकता है, वह व्यक्ति अब भी यहीं कहीं हो।" वे छायाओं की तरफ़ मुड़े और खम्भों के बीच उनकी आवाज़ गूँजी : "अगर तुम यहाँ पर हो, तो सावधान!" यह तरीक़ा मुझे अच्छा लगा : जैसा कि विलियम ने पहले कहा था, बेहतर है कि जो व्यक्ति हमें डरा रहा हो वह भी हमसे भयभीत हो। जो पन्ना डेस्क के नीचे मिला था, विलियम ने उसे नीचे रखा और उस पर अपना चेहरा झुकाया। उन्होंने मुझसे रोशनी और क़रीब लाने को कहा। मैं चिराग़ को और क़रीब ले गया और उस पन्ने को देखा, जिसका आधा हिस्सा कोरा था और दूसरा आधा कुछ बहुत छोटे-छोटे अक्षरों से ढँका हुआ था, जिनको मैं कुछ कठिनाई के साथ पहचान सका।

"यह ग्रीक है?" मैंने पूछा।

"हाँ, लेकिन मुझे ठीक से समझ में नहीं आ रही है।" उन्होंने अपने चोगे से लेंस निकाले और उनको अपनी नाक के दोनों ओर अच्छी तरह से फैलाकर रख लिया; इसके बाद उन्होंने फिर से अपना सिर झुकाया। "यह ग्रीक ही है, जो बहुत ख़ूबसूरत हस्तलिपि में, लेकिन फिर भी अस्तव्यस्त तरीक़े से लिखी गई है। अपने लेंसों के बावजूद इसको पढ़ने में मुझे मुश्किल पेश आ रही है। मुझे कुछ और रोशनी चाहिए। और क़रीब आओ...।"

उन्होंने उस चर्म-पत्र को उठाकर अपने चेहरे के क़रीब कर लिया था और मैं बजाय

उनके पीछे जाने और चिराग़ को उनके सिर के ऊपर ले जाने के, मूर्ख की तरह सीधे उनके सामने खड़ा था। उन्होंने मुझे बग़ल में आने को कहा और जैसे ही मैं बगल में गया मेरी ग़लती से पन्ने का पिछला हिस्सा चिराग़ की लौ से छू गया। विलियम ने मुझे परे धकेलते हुए कहा कि क्या तुम पाण्डुलिपि को जलाना चाहते हो । फिर वे चीख़ उठे। मैंने साफ़ देखा कि पन्ने के ऊपरी हिस्से में, पीले-भूरे रंग में कुछ धुँधले से संकेत उभर आए थे। विलियम ने मुझसे चिराग़ झपटा और उसे पन्ने के पीछे ले जाकर आगे-पीछे हिलाने लगे, उसकी लौ को चर्म-पत्र की सतह के इतने क़रीब रखते हुए कि उसने उसे जलाए बिना गर्म कर दिया। और जैसे-जैसे विलियम चिराग़ को आगे बढ़ाते गए और जैसे-जैसे लौ के ऊपरी सिरे से उठते हुआ धुआँ पन्ने के ऊपरी हिस्से को काला करता गया, वैसे-वैसे, धीरे-धीरे, मानो कोई अदृश्य हाथ ''मेन, टेकेल, पेरेस'' लिख रहा हो, मैंने पन्ने के सफ़ेद पृष्ठ पर एक के बाद एक निशान उभरते देखे; ये निशान किसी भी वर्णमाला से मेल नहीं खाते थे, सिवा किसी ओझा की वर्ण-माला के।

''गज़ब!'' विलियम ने कहा। ''मामला और भी दिलचस्प होता जा रहा है!'' उन्होंने चारों ओर देखा। ''लेकिन अगर हमारा रहस्यमय साथी यहाँ मौजूद है तो बेहतर है कि हम अपनी इस खोज को उसके सामने उजागर न करें...।'' उन्होंने अपने लेंस उतारे, उन्हें डेस्क पर रखा, फिर चर्म-पत्र को सावधानी से लपेट कर अपने चोगे के भीतर रख लिया। इस घटनाक्रम से, जो किसी चमत्कार से कम नहीं था, अभी भी चकित मैं कुछ और पूछनेवाला ही था कि तभी अचानक एक ज़ोरदार आवाज़ ने हमें चौंका दिया। आवाज़ पुस्तकालय में जानेवाली पूर्वी सीढ़ियों के पैताने से आई थी।

''वह रहा हमारा शिकार! पीछा करो!'' विलियम चिल्लाए और हम उस दिशा की तरफ़ झपटे, वे तेज़ी से और मैं धीमें, क्योंकि मेरे हाथ में चिराग़ था। मैंने किसी के लड़खड़ाने और गिरने की आवाज़ सुनी। मैं भागा और मैंने विलियम को सीढ़ियों के पैताने पाया जो एक भारीभरकम ग्रन्थ को देख रहे थे जिसकी ज़िल्द को धातु से मढ़कर मजबूत बनाया गया था। उसी क्षण हमने एक और आवाज़ सुनी जो उस दिशा से आई थी जहाँ से हम भागे थे। ''मैं भी बेवकूफ़ हूँ।'' विलियम चीखे। ''जल्दी भागो! वेनेण्टियॅस की डेस्क की तरफ़!''

मैं समझ गया। हमारे पीछे के अँधेरे हिस्से में छिपे किसी व्यक्ति ने हमें वहाँ से परे हटाने वह ग्रन्थ वहाँ फेंका था।

इस बार भी विलियम मुझसे तेज़ भागे और पहले डेस्क के पास पहुँच गए। उनके पीछे भागते हुए मैंने खम्भों के बीच एक छाया को पश्चिमी मीनार की सीढ़ियों की तरफ़ तेज़ी से भागते देखा।

युद्ध के से जोश से भरकर मैंने चिराग़ जल्दी से विलियम के हाथ में पकड़ाया और अन्धाधुन्ध उन सीढ़ियों की तरफ़ झपटा जिनसे वह भगोड़ा उतरा था। उस क्षण में मैं खुद को नर्क की समस्त सेनाओं से जूझते ईसा के सिपाही की तरह महसूस कर रहा था और उस अजनबी की गर्दन पकड़कर उसे अपने गुरुदेव के पैरों पर ला पटकने के जज़्बे से भरा हुआ था। मैं ताबड़तोड़ लगभग सारी की सारी सीढ़ियाँ उतर गया, अपने चोगे में उलझता, लड़खड़ाता हुआ (मैं क़सम खाकर कहता हूँ कि वह मेरी ज़िन्दगी का एकमात्र ऐसा क्षण था जब मैं, इस चोगे की वजह से, मठवासी जीवन को अपनाने के अपने फ़ैसले को लेकर

पछता रहा था!); लेकिन उसी क्षण—और वह एक क्षणिक सोच ही था—मैंने यह सोचकर ख़ुद को सान्त्वना दी कि मेरा प्रतिद्वन्द्वी भी मेरी ही तरह की बाधाओं से जूझ रहा होगा। और फिर अगर उसने पुस्तक चुराई थी, तो उसके हाथ में वज़न भी रहा होगा। मैंने तन्दूर के पीछे से रसोई में लगभग छलाँग लगाई और तारों की रोशनी में, जो उस विशाल प्रवेश-द्वार को धुँधले से ढंग से ही रोशन कर पा रही थी, मैंने उस छाया को भोजनालय के दरवाज़े से भागते और दरवाज़े को बन्द करते हुए देखा। मैं तेज़ी से दरवाज़े की तरफ़ भागा, कुछ सेकेण्ड उसे खोलने के लिए मशक़्क़त की, अन्दर गया, चारों तरफ़ देखा और पाया कि वहाँ कोई नहीं था। बाहर के दरवाज़े पर अभी भी साँकल चढ़ी हुई थी। मैं मुड़ा। छायाएँ और ख़ामोशी। मैंने गौर किया कि रसोई से एक रोशनी आगे की ओर बढ़ती आ रही थी, मैं एक दीवार से सट गया। दो कमरों के बीच के गलियारे की दहलीज़ पर, चिराग़ से रोशन एक आकृति उभरी। मेरे हलक़ से चीख़ निकल गई। वे विलियम थे।

"कोई नहीं है? मैं पहले से ही जानता था। वह दरवाज़े से बाहर नहीं गया? उसने अस्थि-गृह वाला रास्ता नहीं पकड़ा?"

"नहीं, वह इस रास्ते से गया था, पर कहाँ गया, मैं नहीं जानता!"

"मैंने तुमसे कहा था और भी रास्ते हैं, लेकिन उनका पता लगाना हमारे लिए किसी काम का नहीं है। हो सकता है इस समय हमारा आदमी दूर किसी जगह से बाहर निकल रहा हो। और उसके साथ मेरे लेंस भी।"

"आपके लेंस?"

"हाँ। हमारा दोस्त उस पन्ने को तो मेरे पास से नहीं ले सका, लेकिन भागते-भागते, अपनी ज़बरदस्त तत्काल-बुद्धि का इस्तेमाल करते हुए, वह डेस्क सं मेरे ऐनक ज़रूर झपट ले गया।"

"क्यों?"

"क्योंकि वह बेवक़ूफ़ नहीं है। उसने मुझे इन संकेतों के बारे में बोलते हुए सुना, वह समझ गया कि वे महत्त्वपूर्ण थे, उसने अनुमान लगाया कि अपने लेंसों के बग़ैर मैं उन संकेतों का अर्थ नहीं निकाल पाऊँगा और वह अच्छी तरह से जानता है कि मैं इन संकेतों को पढ़ने की ज़िम्मेदारी किसी और को नहीं सौंपूँगा। वाक़ई, अब यह कुछ ऐसा है जैसे वे संकेत मेरे पास हों ही नहीं।"

"लेकिन उसे आपके लेंसों के बारे में पता कैसे लगा होगा?"

"बुद्धि से काम लो। अलावा इसके कि इनके बारे में हमने कल शीशे तराशने वाले उस्ताद से बात की थी आज सुबह स्क्रिप्टोरियम में वेनेण्टियॅस के दस्तावेज़ों की तलाशी के दौरान इनको पहना था। इसलिए ऐसे बहुत-से लोग हैं जो यह समझ सकते होंगे कि वे चीज़ें मेरे लिए कितनी मूल्यवान हैं। दरअसल मैं कोई सामान्य पाण्डुलिपि तो पढ़ सकता हूँ लेकिन इसे नहीं पढ़ सकता।" और इस दौरान उन्होंने उस रहस्यमय चर्म-पत्र को फिर से खोलना शुरू कर दिया था। "ग्रीक वाला हिस्सा बहुत ख़ूबसूरत लिखावट में है और ऊपरी हिस्सा बहुत ही अस्पष्ट है...।"

उन्होंने मुझे वे रहस्यमय संकेत दिखाये जो चिराग़ की लौ की गरमी पाकर जैसे जादुई तरीक़े से उभर आए थे। "वेनेण्टियॅस किसी महत्त्वपूर्ण रहस्य को छिपाकर रखना चाहता

था और इसलिए उसने उन स्याहियों का इस्तेमाल किया जो लिखे जाने पर कोई निशान नहीं छोड़तीं लेकिन गरम करने पर फिर से उभर आती हैं। या फिर उसने नीबू के रस का इस्तेमाल किया होगा। लेकिन चूँकि मैं नहीं जानता कि उसने किस चीज़ का इस्तेमाल किया है और संकेत फिर से लुप्त हो सकते हैं इसलिए : जल्दी करो, तुम्हारी आँखें अच्छी हैं, तुम इन्हें जितना जस का तस कॉपी कर सकते हो, बल्कि बेहतर है कि थोड़ा बड़ा करते हुए, तुरन्त कॉपी करो।" और वही मैंने किया, बिना यह जाने कि मैं काहे की कॉपी कर रहा था। वह चार या पाँच पंक्तियों की शृंखला थी, जो सचमुच जादुई लिपि थी और जो पहेली उस वक़्त मेरी नज़रों के सामने थी, पाठक को उसकी एक झलक देने यहाँ पर मैं एकदम शुरू के कुछ संकेत दे रहा हूँ :

जब मैं कॉपी कर चुका, तो विलियम ने, बदक़िस्मती से बिना लेंसों के, मेरी पट्टी को अपनी नाक से कुछ दूर रखते हुए देखा। "बेशक यह गुप्त वर्णमाला है जिसका अर्थ निकालना ही होगा," उन्होंने कहा। "संकेत बुरे ढंग से उकेरे गए हैं और तुमने उनको और भी बुरे तरीक़े से कॉपी किया है, लेकिन यह निश्चय ही राशिचक्रीय वर्णमाला है। तुम समझ रहे हो? पहली ही लाइन में हमारे सामने"–उन्होंने पन्ने को एक बार फिर से दूर किया और उसे एकाग्र देखने की कोशिश करते हुए अपनी आँखों को संकुचित किया–"धनु, सूर्य, बुध, वृश्चिक....।"

"और इनका मतलब?"

"अगर वेनेण्टियॅस सीधा-सादा होता तो उसने उस राशिचक्रीय वर्णमाला का इस्तेमाल किया होता जो आमतौर से चलन में है : *A* बराबर सूर्य, *B* बराबर बृहस्पति...। इसे रूपान्तरित करने की कोशिश करो : RAIQASVL ...।" वे अचानक चुप हो गए। "नहीं, इसका कुछ भी अर्थ नहीं है और वेनेण्टियॅस सीधा-सादा नहीं था। उसने इस वर्णमाला को एक दूसरी ही सांकेतिक शब्दावली के मुताबिक़ नए ढंग से सूत्रबद्ध किया है। मुझे इसका पता लगाना होगा।"

"क्या यह सम्भव होगा?" मैंने श्रद्धामिश्रित विस्मय के साथ पूछा।

"हाँ अगर तुम्हें अरबों की विद्या की थोड़ी-सी जानकारी हो तो। कूटभाषा पर सबसे अच्छा लेखन विधर्मी अध्येताओं का है और ऑक्सफ़ोर्ड में इस तरह का कुछ लेखन मेरे पढ़ने में आया था। बेकॅन का कहना सही था कि पाण्डित्य की सिद्धि भाषाओं के ज्ञान के सहारे ही होती है। अबू बक्र अहमद बेन अली बेन बशिय्या अन-नबाती ने सदियों पहले एक पुस्तक लिखी थी जिसका नाम था, एक *प्राचीन लेखन की गुत्थियों को सुलझाने की श्रद्धालुओं की उन्मत्त आकांक्षा की पुस्तक* और उसने ऐसी रहस्यपूर्ण वर्णमालाओं को गढ़ने और उनका अर्थ करने को लेकर बहुत-सी विधियाँ बताई थीं, जो जादुई अनुष्ठानों के लिए तो उपयोगी थी हीं, सेनाओं के बीच या राजा और उसके दूतों के बीच पत्रव्यवहार के लिए भी उपयोगी थीं। मैंने और भी अरब पुस्तकें देखी हैं जिनमें बड़ी तादाद में निहायत ही चतुराईपूर्ण तरकीबों की फ़ेहरिस्त दी हुई है। मसलन आप एक अक्षर की जगह दूसरा अक्षर लिख सकते हैं, आप किसी शब्द को उलटे ढंग से लिख सकते हैं, आप अक्षरों को उलटे क्रम में रख सकते हैं,

सिर्फ़ हर दूसरे अक्षर का इस्तेमाल करते हुए और फिर नए सिरे से शुरू करते हुए, आप, जैसा कि यहाँ किया गया है, अक्षरों की जगह राशिचक्रीय संकेतों का इस्तेमाल कर सकते हैं, पर गुप्त अक्षरों को उनका संख्यात्मक मूल्य देते हुए और फिर उन संख्याओं को किसी दूसरी वर्णमाला के अनुसार अक्षरों में बदलते हुए...।''

''और वेनेण्टियॅस ने इनमें से किस तरीक़े को अपनाया हो सकता है?''

''हमें इन सभी तरीक़ों को जाँचना होगा और इनके अलावा दूसरे तरीक़ों को भी। लेकिन किसी भी गूढ़ सन्देश के अर्थ को ज्ञात करने का पहला नियम यह है कि उसके सम्भावित अर्थ का अन्दाज़ा लगाया जाए।''

''लेकिन तब तो उसके अर्थ को ज्ञात करने की ज़रूरत ही नहीं रह जाएगी!'' मैं हँसा।

''एकदम ठीक-ठीक नहीं। कुछ अन्दाज़ा तो सन्देश के सम्भावित शुरुआती शब्दों के आधार पर लगाया जा सकता है और फिर आप जाँच सकते हैं कि उन शब्दों के आधार पर आपने जिस मापदंड को अपनाया है वह मज़मून के बाक़ी हिस्से पर लागू होता है या नहीं। उदाहरण के लिए, यहाँ पर वेनेण्टियॅस ने निश्चित रूप से *फ़िनिस अफ़्रीका* को भेदने की कुंजी को लिपिबद्ध किया है। अब मैं अगर इस तरह सोचने की कोशिश करता हूँ कि सन्देश इसी चीज़ से ताल्लुक रखता है, तो सहसा एक लय से मेरा बोध जाग्रत होता है...। ज़रा पहले तीन शब्दों पर गौर करने की कोशिश करो, अक्षरों पर नहीं, संकेतों के नम्बर पर ध्यान दो IIIIIII IIIII IIIIIII...अब इनको हर एक के कम से कम दो संकेतों के अक्षरों में विभाजित करो और ज़ोर-ज़ोर से पढ़ो : ta-ta-ta, ta-ta, ta-ta-ta.... क्या तुम्हारे दिमाग़ में कोई बात आ रही है?''

''नहीं।''

''मेरे दिमाग़ में, हाँ। 'अफ़्रीका के अन्त का रहस्य'...** लेकिन अगर यह सही है, तो आख़िरी शब्द में वही पहला और छठा अक्षर होना चाहिए और वस्तुतः ऐसा ही है : पृथ्वी का प्रतीक वहाँ दो बार आया है। और पहले शब्द का पहला अक्षर, यानी *S*, भी वही होना चाहिए जो कि दूसरे शब्द का आख़िरी अक्षर है : और, वही हुआ है, कन्या का संकेत दोहराया गया है। सम्भवतः यह सही रास्ता है। लेकिन ये महज़ संयोग भी हो सकते हैं। संगति के किसी नियम का पता लगाना ज़रूरी है...।''

''पता लगाएँगे कहाँ?''

''अपने दिमाग़ों में। उसे ईज़ाद करो। और फिर देखो कि क्या वह सही है। पर एक परीक्षण से दूसरे परीक्षण तक के इस खेल में मेरा एक समूचा दिन लग सकता है। लेकिन इससे ज़्यादा नहीं क्योंकि–इसे याद रखो–ऐसा कोई गुप्त लेखन नहीं है जिसके अर्थ तक न पहुँचा जा सकता हो, बशर्ते कि थोड़े से धीरज से काम लिया जाए। लेकिन इस वक़्त यह समय की बरबादी होगी और हमें पुस्तकालय का भ्रमण करना है। ख़ास तौर से इसलिए भी कि बिना लैंसों के सन्देश का दूसरा हिस्सा मैं कभी पढ़ नहीं पाऊँगा और तुम मेरी मदद कर नहीं पाओगे क्योंकि ये संकेत तुम्हारी आँखों के लिए...''

''यह ग्रीक है और पठनीय नहीं है,''** मैंने शर्मिन्दा होते हुए उनके वाक्य को पूरा किया। ''मेरे लिए वह ग्रीक के समान है।''

''बिल्कुल और बेकॅन का कहना सही था। अध्ययन करो! लेकिन हमें दिल छोटा नहीं

करना चाहिए। इस चर्म-पत्र को और तुम्हारे नोट्स को हम एक तरफ़ रखेंगे और हम पुस्तकालय में जाएँगे। क्योंकि आज की रात नर्क की दस सेनाएँ भी हमको वहाँ जाने से नहीं रोक सकेंगी।''

मैंने अपने लिए दुआ माँगी। ''लेकिन वो आदमी कौन हो सकता है जो हमसे पहले यहाँ आ पहुँचा था? बेनो?''

''यह तो है कि बेनो यह जानने के लिए मरा जा रहा था कि वेनेण्टियॅस के दस्तावेज़ों में क्या था, लेकिन वह रात के वक़्त इडीफ़ीसियम में घुसने का साहस कर सकता है, यह मैं मानने को तैयार नहीं हूँ।''

''तब, बेरेंगर? या मेलाची?''

''बेरेंगर के बारे में मुझे ज़रूर लगता है कि वह इस तरह का साहस कर सकता है। और, अन्ततः, वह पुस्तकालय की जवाबदारी में बराबर का हिस्सेदार है। इसके किसी रहस्य के साथ विश्वासघात करने को लेकर वह पश्चाताप से घुल रहा है; उसे लगा हो कि वेनेण्टियॅस ने वह पुस्तक ली थी और वह पुस्तक को वापस उसकी जगह पर पहुँचाना चाहता हो। वह ऊपर जाने की स्थिति में नहीं था और अब वह उस ग्रन्थ को कहीं छिपाता फिर रहा है।''

''पर वह मेलाची भी तो हो सकता है, ठीक इन्हीं मंशाओं के नाते।''

''मैं कहूँगा नहीं। अगर मेलाची को वेनेण्टियॅस की डेस्क की तलाशी लेनी होती तो इसके लिए उसके पास तब पर्याप्त वक़्त था जब वह इडीफ़ीसियम को बन्द करने के लिए अकेला रह गया था। यह बात मैं अच्छी तरह से जानता था, लेकिन इस स्थिति को टालने का कोई उपाय नहीं था। अब हम जानते हैं कि उसने ऐसा नहीं किया। और अगर तुम ध्यान से सोचो, तो ऐसा मानने की हमारे पास कोई वजह नहीं है कि मेलाची को इस बात की जानकारी थी कि वेनेण्टियॅस पुस्तकालय में गया था और वहाँ से उसने कोई चीज़ हटायी थी। बेरेंगर और बेनो को इसकी जानकारी थी और तुम्हें और मुझे इसकी जानकारी है। हो सकता है कि अडेल्मो के पाप-स्वीकार के बाद जॉर्ज को इसकी जानकारी हो, लेकिन वह निश्चय ही वह आदमी नहीं हो सकता जो उन चक्राकार सीढ़ियों से पागलों की तरह भाग रहा था...।''

''तब या तो बेरेंगर या फिर बेनो...''

''और पेसीफ़िकॅस ऑव तिवोली या जिन संन्यासियों को आज हमने यहाँ देखा है उनमें से कोई भी संन्यासी क्यों नहीं? या शीशे तराशनेवाला निकोलॅस, जो मेरे ऐनकों के बारे में जानता है? या वह विचित्र चरित्र सल्वाटोर, जिसके बारे लोगों का कहना है कि वह, ईश्वर जाने किस प्रयोजन से, रात में भटकता है? हमें ध्यान रखना होगा कि हम सन्दिग्ध लोगों के घेरे को महज़ इसलिए छोटा न कर लें कि बेनो के रहस्योद्‌घाटन ने हमें एक निश्चित दिशा की तरफ़ मोड़ दिया है; हो सकता है कि बेनो हमें गुमराह करना चाहता हो।''

''लेकिन आपको उसकी बातों में ईमानदारी प्रतीत हुई थी।''

''निश्चय ही। लेकिन याद रखो कि जाँचकर्त्ता का पहला कर्तव्य ख़ास तौर से उन लोगों पर सन्देह करना है जो उसे ईमानदार प्रतीत होते हैं।''

''जाँचकर्त्ता होना ही घटिया काम है।''

''यही वजह है कि मैंने इस काम को छोड़ दिया था। और जैसा कि तुम्हारा कहना है,

मुझे इस काम को फिर से हाथ में लेने को बाध्य होना पड़ा है। लेकिन अब चलें : पुस्तकालय के लिए।"

रात

जिसमें अन्ततः भूलभुलैया को भेदा जाता है और इन घुसपैठियों को अजीबो-ग़रीब आभास होते हैं और, जैसा कि भूलभुलैयों के साथ अक्सर होता है, वे राह भटक जाते हैं।

हम वापस ऊपर, स्क्रिप्टोरियम में आ गए, इस बार पूर्वी सीढ़ियों से होकर, जो उस मंज़िल तक भी जाती थीं जहाँ जाने की मनाही थी। चिराग़ को अपने सामने ऊपर की ओर उठाये हुए मैंने एलिनार्डो के शब्दों के बारे में सोचा और मैं डरावनी घटनाओं की आशंका से भर उठा।

जब हम उस निषिद्ध जगह पर पहुँचे, तो मैंने आश्चर्यजनक रूप से अपने को सात दीवारों और बिना खिड़कियों वाले एक ऐसे कक्ष में पाया जिसमें एक रुँधी हुई सी या फ़फ़ूँदी सी गन्ध बसी हुई थी—जैसी कि उस पूरी मंज़िल पर ही बसी हुई थी। वहाँ डरावना कुछ भी नहीं था।

कक्ष में, जैसा कि मैंने कहा, सात दीवारें थीं, लेकिन उनमें से सिर्फ़ चार में ही द्वार थे, जो दीवार में दो छोटे-छोटे खम्भों के बीच राह निकालकर बनाए गए थे; द्वार ख़ासा चौड़ा था जिसके शीर्ष पर गोलाकार मेहराब थी। बन्द दीवारों के सामने विशाल अलमारियाँ थीं, जो सँभालकर रखी गई पुस्तकों से अँटी हुई थीं। हर अलमारी पर एक पट्टिका थी जिस पर एक संख्या अंकित थी और ऐसी ही संख्या हर शेल्फ़ पर थी; ज़ाहिर है कि ये वही नम्बर थे जो हमने कैटलॉग में देखे थे। कक्ष के बीच पुस्तकों ही से ढँकी हुई एक मेज़ थी। तमाम ग्रन्थों पर धूल की एक हल्की परत जमी थी, जो इस बात का संकेत थी कि पुस्तकें कुछ-कुछ अन्तराल देकर साफ़ की जाती थीं। न ही फ़र्श पर किसी तरह की कोई गन्दगी थी। एक मेहराब-द्वार के ऊपर, दीवार पर चित्रित एक बड़ी पट्टिका पर ये शब्द लिखे हुए थे : "ईसा मसीह का इल्हाम"** लिखावट के प्राचीन होने के बावजूद शब्द धुँधला गए हों ऐसा नहीं लगता था। बाद में, दूसरे कमरों में भी, हमने ध्यान दिया कि ये पट्टिकाएँ पत्थर पर उकेरी गई थीं, उनको अच्छा-ख़ासा गहरे तक काट कर और फिर उन कटावों में रंग भरकर, जैसा कि गिरजाघरों में भित्ति-चित्र बनाते समय चित्रकार करते हैं।

हम एक द्वार से होकर गुज़रे। हमने खुद को एक और कक्ष में पाया, जिसमें एक खिड़की थी, जिस पर शीशों की बजाय अलाबास्टर की पट्टियाँ लगी हुई थीं। इस कक्ष में भी दो अन्धी दीवारें और एक वैसा ही द्वार था जिससे होकर हम अभी-अभी अन्दर आए थे। यह द्वार एक-दूसरे कक्ष में खुलता था, जिसमें भी दो अन्ध दीवारें थीं, एक और दीवार थी जिसमें खिड़की थी और एक और द्वार था जो हमारी विपरीत दिशा में खुलता था। इन दोनों कक्षों

में उकेरी गई पट्टिकाएँ अपने आकार-प्रकार में उस पहली जैसी ही थीं जिसको हम देख आए थे, लेकिन उन पर उकेरे गए शब्द अलग थे। पहले कक्ष की पट्टिका कहती थी "अपने सिंहासनों पर बैठे थे चौबीस बुजुर्ग"** और दूसरे कक्ष की "उसका नाम था मृत्यु"**, जहाँ तक बाक़ी चीज़ों का सवाल था, सो इसके बावजूद कि ये दोनों कक्ष उस पहले कक्ष के मुक़ाबले छोटे थे जिससे होकर हमने पुस्तकालय में प्रवेश किया था (दरअसल वह सप्तभुजीय था, जबकि ये आयताकार थे), पर तीनों की साज-सज्जा एक सी थी।

हमने तीसरे कक्ष में प्रवेश किया। यह कक्ष पुस्तकों से खाली था और इसमें कोई पट्टिका नहीं थी। खिड़की के नीचे एक पत्थर का बना आल्टर था। तीन द्वार थे : एक जिससे हम अन्दर आए थे; दूसरा उस सप्तभुजीय कक्ष में खुलता था जिसमें हम पहले ही जा चुके थे और तीसरा, जो एक नए कक्ष में खुलता था, बाक़ी से भिन्न नहीं था सिवा अपनी उस पट्टिका के जो "सूर्य और पवन काले हो गए थे,"** कहती हुई सूर्य और वायुमण्डल की बढ़ती हुई कालिख की घोषणा करती थी। यहाँ से आप नए कक्ष में जाते थे, जिसकी पट्टिका खलबली और आग की आशंका जताती हुई "ओले और आग बरस रहे थे"** कहती थी। इस कक्ष में कोई दूसरा द्वार नहीं था : एक बार इसमें पहुँचने के बाद आप आगे कहीं नहीं जा सकते थे और आपको वापस मुड़ना पड़ता था।

"हमें इसके बारे में विचार करना चाहिए," विलियम ने कहा। "एक-एक झरोखेवाले पाँच चतुष्कोणीय या मोटे तौर पर चतुर्भुजीय कक्ष, जो उस बिना झरोखे वाले सप्तकोणीय कक्ष के चारों ओर स्थित हैं जो सीढ़ियों से जुड़ा है। मुझे लगता है कि यह मूलभूत बनावट है। हम पूर्वी मीनार में हैं। बाहर से हर मीनार के पाँच झरोखे और पाँच दीवारें दिखाई देते हैं। यह समझ में आनेवाली बात है। खाली कक्ष वह है जिसका रुख पूर्व की तरफ़ है, वही दिशा जो गिरजाघर के क्वाइअॅ की है; भोर की धूप आल्टर को रोशन करती है, जो मुझे उचित और धर्मसम्मत लगता है। एकमात्र चतुराई मुझे एलॅबास्टर की पट्टियों के इस्तेमाल में दिखाई देती है। दिन के समय तो वे अच्छी रोशनी आने देती हैं और रात में चन्द्रमा की किरणें भी उसको नहीं भेद सकतीं। अब हमें यह देखना चाहिए कि सप्तकोणीय कक्ष के दूसरे दो कक्ष कहाँ को जाते हैं।"

मेरे गुरुदेव ग़लती पर थे और पुस्तकालय को बनानेवाले उससे कहीं ज़्यादा चतुर थे जितना हम उनको समझते थे। क्या हुआ, यह तो मैं साफ़-साफ़ नहीं समझा सकता, लेकिन जैसे ही हम मीनार वाले कक्ष से बाहर निकले, कक्षों का क्रम और भी उलझ गया। कुछ कमरों में दो द्वार थे, बाक़ी कुछ में तीन। सभी में एक-एक खिड़की थी, यहाँ तक कि उन कमरों में भी जिनमें हम झरोखेदार कमरे से निकलकर यह सोचते हुए पहुँचे थे कि हम इडीफ़ीसियम के भीतरी हिस्से की तरफ़ बढ़ रहे हैं। सभी में बराबर एक ही तरह की अलमारियाँ और एक ही तरह की मेज़ें थीं; साफ़-सुथरे ढंग से जमायी गई पुस्तकें एक सी लगती थीं और निश्चय ही यह पहचानने में कि हम कहाँ थे, वे हमारी कोई मदद नहीं करती थीं। हमने द्वारों के ऊपर दीवारों पर उकेरी गई पट्टिकाओं के हिसाब से अपनी स्थिति को समझने की कोशिश की। हम एक कक्ष से होकर गुज़रे जिसमें लिखा था, "उस ज़माने में"** और कुछ देर भटकने के बाद हमें लगा कि हम उसी कक्ष में वापस आ पहुँचे थे। लेकिन हमने याद किया कि झरोखे के सामनेवाला द्वार जिस कमरे में खुलता था उसकी पट्टिकाओं पर

"मृतकों में प्रथम जन्मा"** लिखा हुआ था, जबकि इस समय हमारे सामने दूसरी ही इबारत थी जो कहती थी "ईसा मसीह का इल्हाम", जबकि यह वह सप्तकोणीय कक्ष नहीं था जहाँ से हम एकदम शुरू में चले थे। इस चीज़ ने हमें इस नतीज़े पर पहुँचाया कि कभी-कभी अलग-अलग कक्षों की पट्टिकाओं पर एक ही तरह के शब्द दोहराए गए थे। हमें "इल्हाम" की इबारत वाले एक के बाद एक दो कक्ष मिले और इसके तुरन्त बाद वाले कक्ष पर लिखा था, "आकाश से एक विशाल नक्षत्र गिरा"**।

पट्टिकाओं की इन इबारतों का स्रोत स्पष्ट था–वे जॉन के इल्हाम-ग्रन्थ के छन्दों से ली गई थीं–लेकिन यह बात बिल्कुल भी स्पष्ट नहीं थी कि उनको दीवारों पर चित्रित क्यों किया गया था या जो क्रम उनको दिया गया था उसके पीछे क्या तर्क था। हमारा सम्भ्रम और भी बढ़ गया जब हमने पाया कि ज़्यादा तो नहीं पर कुछ पट्टिकाओं में काले की बजाय लाल रंग भरा गया था।

एक ख़ास बिन्दु पर हमने खुद को उसी सप्तकोणीय कक्ष में दुबारा से पाया (जिसे आसानी से पहचाना जा सकता था क्योंकि सीढ़ियाँ वहीं से शुरू होती थीं) और हमने दाईं ओर, सीधे एक कक्ष से दूसरे कक्ष की तरफ़ बढ़ना जारी रखा। हमने तीन कक्ष पार किए और ख़ुद को एक खाली दीवार के सामने पाया। उसका एकमात्र द्वार एक नए कमरे में खुलता था जिसमें सिर्फ़ एक और द्वार था, जिसे हमने पार किया और फिर, चार और कक्षों से गुज़रने के बाद हमने ख़ुद को फिर से एक दीवार के सामने पाया। हम पिछले कक्ष में वापस लौटे, जिसमें दो निकास थे, जिनमें से उस निकास को चुनते हुए जिसे हमने पहले नहीं आज़माया था, हम एक नए कक्ष में पहुँचे और पाया कि हम फिर उसी शुरुआती सप्तकोणीय कक्ष में थे।

"क्या नाम था उस आखिरी कक्ष का, उसका जहाँ से हमने अपने क़दम वापस मोड़ना शुरू किए थे?" विलियम ने पूछा।

मैंने अपनी स्मृति पर ज़ोर दिया और मुझे एक सफ़ेद घोड़ा दिखाई दिया : "एक सफ़ेद घोड़ा"**

"ठीक है। हम इसको दोबारा से खोजते हैं।" और यह आसान था। उस जगह से, अगर हम वापस न होना चाहते जैसा कि हमने पहले किया था, तो हम सिर्फ़ "आपको ईश्वर की कृपा और शान्ति प्राप्त हो"** नामक कमरे से होकर जा सकते थे और, हमने सोचा कि वहाँ से दाहिनी तरफ़ हमें एक नया रास्ता मिल गया था जो हमें वापस ले जानेवाला नहीं था। दरअसल हम फिर से "उन दिनों में" और "मृतकों में प्रथम जन्मा" में आ पहुँचे थे (क्या ये कुछ ही क्षण पहलेवाले कक्ष थे?); फिर आख़िरकार हम एक ऐसे कमरे में पहुँचे जिसे देखकर हमें लगा कि हम उसमें पहले नहीं आए थे : "पृथ्वी का एक तिहाई हिस्सा भस्म हो चुका था"** लेकिन यह जान लेने के बावजूद कि एक तिहाई धरती जल चुकी थी, हम अब भी यह नहीं जानते थे कि पूर्वी मीनार के सन्दर्भ में हम कहाँ पर थे।

चिराग़ को आगे किए हुए मैंने अगले कक्षों में जाने का साहस किया। एक भयानक भीमकाय दैत्य, एक झूलता फड़फड़ाता सा आकार, किसी प्रेत की तरह मेरी ओर बढ़ा।

"शैतान!" मैं चिल्लाया और इतना तेज़ी से घूमकर विलियम की बाँहों में जा गिरा कि मेरे हाथ से चिराग़ गिरते-गिरते बचा। उन्होंने मेरे हाथ से चिराग़ लिया और मुझे एक ओर धकेलते हुए जिस दृढ़ता के साथ आगे बढ़े वह मुझे अलौकिक प्रतीत हुई। उन्हें भी कुछ

दिखाई दिया, क्योंकि वे कुछ बुदबुदाते हुए पीछे को हटे। फिर वे दोबारा आगे की ओर झुके और लैम्प को ऊँचा उठाया। वे ज़ोर से हँस पड़े।

''सचमुच विलक्षण। आईना है!''

''आईना?''

''हाँ, मेरे बहादुर सिपाही। अभी थोड़ी ही देर पहले तुम स्क्रिप्टोरियॅम में एक वास्तविक दुश्मन से इतने साहसपूर्वक जा भिड़े थे और अब तुम अपनी ही छाया से डर गए। वह एक आईना है जो तुम्हारी छवि को बड़ा करके और बिगाड़कर प्रतिबिम्बित करता है।''

उन्होंने मेरा हाथ थामा और मुझे द्वार के सामनेवाली दीवार के पास ले गए। एक लहरदार शीशे पर, इस वक़्त जबकि उस पर और भी क़रीब से रोशनी पड़ रही थी, मैंने भद्दे ढंग से विरूपित और हमारे आगे-पीछे होने के साथ-साथ आकार बदलते हमारे दो प्रतिबिम्ब देखे।

''तुम्हें प्रकाश-विज्ञान की कुछ पुस्तकें पढ़नी चाहिए,'' विलियम ने विनोद के भाव से कहा, ''जैसे कि इस पुस्तकालय की रचना करनेवाले ने निश्चय ही पढ़ी हैं। इनमें सबसे अच्छी पुस्तकें अरबों की हैं। अल्हज़ेन ने एक पुस्तक लिखी थी, *प्रकाश विज्ञान*** जिसमें उसने, सूक्ष्म ज्यामितिक उदाहरणों के माध्यम से अपनी बात को स्पष्ट करते हुए आईनों की क्षमता के बारे में बताया था, जिनमें से कुछ, अपनी सतह के गेज के मुताबिक़, छोटी से छोटी चीज़ को बड़ी से बड़ी बनाकर दिखा सकते हैं (लेंस और क्या हैं?), जबकि कुछ आईने प्रतिबिम्ब को उल्टा, या तिरछा बना सकते हैं, या एक चीज़ को दो करके और दो चीज़ों को चार करके दिखा सकते हैं। और कुछ, जैसे कि यही, ऐसे भी होते हैं जो किसी बौने को भीमकाय रूप में और किसी भीमकाय आकृति को बौने रूप में बदल देते हैं।''

''लॉर्ड जीज़स!'' मैंने विस्मय प्रकट करते हुए कहा। ''तब क्या यही वे नज़ारे हैं जो कुछ लोगों के मुताबिक़ उनको पुस्तकालय में दिखाई दिए हैं?''

''शायद। वाक़ई चालाकी से भरी सूझ है।'' उन्होंने आईने के ऊपर दीवार पर उत्कीर्ण पट्टिकाओं को पढ़ा : ''अपने सिंहासनों पर बैठे थे चौबीस बुज़ुर्ग''। यह अभिलेख हम पहले भी देख चुके हैं, पर वह बिना आईनेवाला कक्ष था। इसके अलावा इसमें कोई झरोखे भी नहीं हैं, जबकि यह सप्तकोणीय नहीं है। हम कहाँ हैं?'' हमने चारों ओर देखा और फिर एक अल्मारी के पास गए। ''एड्सो, बिना उन लैंसों** के मैं समझ नहीं सकता कि इनमें क्या लिखा है। तुम कुछ शीर्षक पढ़कर सुनाओ।''

मैंने यूँ ही एक पुस्तक उठाई। ''गुरुदेव, इस पर तो कुछ लिखा ही नहीं है!''

''क्या मतलब? मैं साफ़ देख सकता हूँ कि इस पर लिखा है। तुम्हारे पढ़ने में क्या आ रहा है?''

''मैं पढ़ ही नहीं रहा हूँ। ये वर्णमाला के अक्षर नहीं हैं और यह ग्रीक भी नहीं है। मैं उसको पहचान लेता। ये तो केंचुए, साँप, मक्खी, गुबरैले जैसे दिख रहे हैं...।''

''ओह, यह अरबी है। क्या ऐसी और भी पुस्तकें हैं?''

''हाँ, बहुत-सी हैं। पर यह एक लैटिन में है, ख़ुदा का शुक्र है। अल...अल-कुवारिज़्मी, *तालिकाएँ*।''**

''अल-कुवारिज़्मी की खगोलीय तालिकाएँ, एडेलार्ड ऑव बाथ के अनुवाद में! एक दुर्लभ कृति! जारी रखो।''

"इसा इब्न-अली, *आँखों के बारे में*** अलकिन्दी, *नक्षत्रों की किरणों के बारे में***..."

"अब मेज़ पर देखो।"

मैंने मेज़ पर पड़े हुए *पशुओं के बारे में*** नामक एक भारीभरकम ग्रन्थ को खोला। संयोग से मेरे सामने बहुत ही नज़ाकत के साथ सजाया गया पृष्ठ खुला था, जिस पर एक बहुत ही ख़ूबसूरत यूनिकॉर्न को चित्रित किया गया था।

"सुन्दर है," विलियम ने, जो उन चित्रणों को ठीक से देख पा रहे थे, टिप्पणीं की। "और वह?"

मैंने पढ़ा : "*क़िस्म-क़िस्म के दैत्यों पर केन्द्रित पुस्तक*** इस पर भी ख़ूबसूरत छवियाँ चित्रित हैं, लेकिन ये मुझे कुछ पुरानी लगती हैं।"

विलियम ने उस मज़मून पर अपना चेहरा झुकाया। "कम से कम पाँच सदियों पहले आयरिश संन्यासियों द्वारा की गई चित्रकारी। जबकि यूनिकॉर्न पुस्तक काफ़ी बाद की है; यह मुझे फ्रांसीसी रीति से की गई लगती है।" मैंने एक बार फिर अपने गुरुदेव के पाण्डित्य की मन ही मन सराहना की। हम अगले कक्ष में गए और उसके बाद चार और कक्ष पार किए, जो सारे के सारे झरोखों से युक्त थे और तन्त्र-मन्त्र की पुस्तकों के साथ-साथ अज्ञात भाषाओं के ग्रन्थों से भरे हुए थे। फिर हम एक दीवार के सामने आ पहुँचे, जिसने हमें वापस मुड़ने को मजबूर कर दिया, क्योंकि आख़िरी पाँच कक्ष एक-दूसरे में ही खुलते थे और उनसे निकलकर कहीं और जाना सम्भव नहीं था।

"दीवारों के कोणों को ध्यान में रखा जाए तो मैं कहूँगा कि हम किसी दूसरी मीनार के पंचभुज में हैं," विलियम ने कहा, "लेकिन इसमें कोई बीचवाला सप्तकोणीय कक्ष नहीं है। हो सकता है हम ग़लती पर हों।"

"लेकिन खिड़कियों के बारे में क्या कहेंगे?" मैंने पूछा। "इतनी सारी खिड़कियाँ कैसे हो सकती हैं? यह असम्भव है कि सारे के सारे कक्षों की खिड़कियाँ बाहर की तरफ़ खुली हुई हों।"

"तुम बीच की दीवार को भूल रहे हो। जो खिड़कियाँ हमने देखी हैं, उनमें से ज़्यादातर अष्टभुजाकार कुएँ की ओर खुलती हैं। अगर यह दिन का समय होता तो रोशनी का फ़र्क़ हमें बता पाता कि कौन-सी खिड़कियाँ बाहर की तरफ़ खुलनेवाली हैं और कौन-सी अन्दर की तरफ़ और शायद हमें यह भी स्पष्ट हो पाता कि सूर्य के सन्दर्भ में कोई कक्ष कहाँ पर स्थित है। लेकिन शाम के झुटपुटे के बाद कोई फ़र्क़ समझ में नहीं आता। चलो वापस चलते हैं।"

हम आईनेवाले कमरे में लौटे और तीसरे द्वार की तरफ़ बढ़े, जिसके बारे में हमारा ख़याल था कि हम इसके पहले उससे होकर नहीं गुज़रे थे। हमने अपने सामने एक क्रम में स्थित तीन या चार कक्ष देखे और आख़िरी वाले कक्ष की तरफ़ एक दीप्ति को लक्ष्य किया।

"वहाँ कोई है!" मैंने दबे हुए स्वर में चिल्लाकर कहा।

"अगर ऐसा है, तो वह हमारी रोशनी को पहले ही देख चुका होगा," विलियम ने कहा, हालाँकि उन्होंने अपने चिराग़ की रोशनी को अपने हाथ की ओट में कर लिया था। हम कुछ पल असमंजस में बने रहे। वह दीप्ति हल्के-हल्के टिमटिमाती रही, लेकिन तेज़ या मद्धिम हुए बग़ैर।

"वह शायद महज़ एक चिराग़ है," विलियम ने कहा, "जो यहाँ शायद संन्यासियों के लिए यह यक़ीन दिलाने को रखा गया है कि पुस्तकालय में मृत आत्माओं का वास है। लेकिन हमें पता लगाना चाहिए। तुम यहीं ठहरो और रोशनी को ढँककर रखो। मैं सावधानी से आगे बढ़ता हूँ।"

आईने के प्रसंग में अपना जो दयनीय रूप मैं प्रकट कर चुका था, उससे मैं अब भी शरमाया हुआ था और ख़ुद को विलियम की नज़रों में ऊँचा उठाना चाहता था। "नहीं, मैं जाऊँगा," मैंने कहा। "आप यहीं रुकिए। मैं सतर्कता के साथ बढ़ूँगा। मैं छोटा भी हूँ और हल्क़ा भी। जैसे ही मुझे निश्चय हो जाएगा कि वहाँ कोई जोख़िम नहीं है, मैं आपको बुला लूँगा।"

और मैंने यही किया। मैं दीवार से सटकर, बिल्ली की तरह (या भण्डार से पनीर चुराने को रसोई में उतरते हुए नवदीक्षित शिष्य की तरह, जिस काम में मैंने मेल्क में महारथ हासिल किया हुआ था) दबे पाँव चलता हुआ, तीन कमरों को पार कर आगे बढ़ा। मैं उस कक्ष की देहलीज़ पर पहुँचा, जहाँ से वह धुँधली सी रोशनी आ रही थी। दीवार के सहारे खिसककर मैं दरवाज़े की चौखट के दाएँ खम्भे की ओट में पहुँचा और वहाँ से मैंने कक्ष में झाँका। वहाँ कोई नहीं था। एक क़िस्म का चिराग़ मेज़ पर रखा था, जलता हुआ और वह धुआँ छोड़ रहा था तथा टिमटिमा रहा था। वह वैसा चिराग़ नहीं था जैसा हमारे पास था : वह एक खुले हुए धूपदान जैसा लगता था। मैंने साहस जुटाया और अन्दर चला गया। मेज़ पर, धूपदान की बग़ल में एक भड़कीले ढंग से रँगी गई पुस्तक खुली हुई थी। मैं पास में गया और देखा कि एक पन्ने पर चार अलग-अलग रंगों की धारियाँ चित्रित थीं : पीली, सिन्दूरी, फ़ीरोज़ी और ललछौंही भूरी। उनके बीच एक जानवर बैठा हुआ था, देखने में भयानक, दस सिरोंवाला एक ड्रैगॅन, जिसके पीछे आकाश के तारे घिसट रहे थे और वह उनको अपनी पूछ से झटकार कर धरती पर गिरा रहा था। और अकस्मात मैंने उस ड्रैगॅन को एक से अनेक में और उसकी खाल की परतों को काँच के झिलमिलाते टुकड़ों के जंगल में बदलते देखा जो उस पन्ने से उठ-उठ कर मेरे सिर के चारों ओर चक्कर लगाने लगे। मैंने अपने सिर को पीछे की ओर झटका और कमरे की छत को झुकते और नीचे अपनी ओर आते देखा, फिर मैंने कुछ सुना, जैसे हज़ारों साँप एक साथ फुँफकार रहे हों, लेकिन डराते हुए नहीं, बल्कि लगभग सम्मोहित करते हुए और एक स्त्री प्रकट हुई, रोशनी में नहाई हुई और उसने अपना मुँह मेरे मुँह पर रख दिया, मुझ पर अपनी साँसें छोड़ते हुए। मैंने हाथ फैलाकर उसको दूर झटक दिया और मुझे अपने हाथ सामने के केस की पुस्तकों को छूते हुए, या अजीब ढंग से लम्बे होते हुए महसूस हुए। मैं कहाँ था, धरती कहाँ थी, आकाश कहाँ था, इसका मेरा अहसास जाता रहा था। कमरे के बीचोंबीच मैंने बेरेंगर को बैठे देखा जो घृणित मुस्कान और लिसलिसाती कामुकता के साथ मुझे देख रहा था। मैंने अपने चेहरे को अपनी हथेलियों से ढँक लिया और अपनी हथेलियाँ मुझे किसी मेंढक के लिसलिसे और जालदार पंजों जैसी मालूम हुईं। मेरा ख़याल है, मैं चीख़ उठा था; मेरे मुँह में तेज़ाब का स्वाद भरा हुआ था; मैं एक अन्तहीन अँधेरे में जा गिरा था जो मेरे नीचे उत्तरोत्तर चौड़ा होता जा रहा था; इसके बाद क्या हुआ, मैं कुछ नहीं जानता था।

अपने सिर के भीतर कुछ चोटों की आवाज़ सुनकर मैं फिर से जागा और मुझे लगा

इस बीच सदियाँ बीत चुकी थीं। मुझे फ़र्श पर लिटा दिया गया था और विलियम मेरे गाल थपथपा रहे थे। मैं अब उस कमरे में नहीं था और मेरी नज़रों के सामने एक पट्टिका थी जिस पर लिखा हुआ था, "उनको पीड़ा से छुटकारा मिले।"**

"उठो, उठो, एड्सो," विलियम मुझसे फुसफुसाकर कह रहे थे। "कुछ भी नहीं है... ।"

"सब कुछ..." मैंने कहा, मैं अब भी सरसामी की हालत से उबर नहीं पाया था। "वहाँ... जानवर..."

"कोई जानवर-सानवर नहीं है। मैंने तुम्हें एक मेज़ के नीचे बड़बड़ाते हुए पाया था, जिस पर एक ख़ूबसूरत मोजारेबिक भाषा का इल्हाम का ग्रन्थ खुला हुआ था जिसके पन्ने पर सूरज को ओढ़े एक स्त्री** को ड्रैगॅन से जूझते हुए चित्रित किया गया था। लेकिन वहाँ फैली हुई गन्ध से मैं समझ गया कि कोई ख़तरनाक़ चीज़ तुम्हारी साँसों के रास्ते चली गई है और मैं तुम्हें तुरन्त ही वहाँ से खींच लाया। मेरा सिर भी दर्द कर रहा है।"

"पर मैंने क्या देखा था?"

"तुमने कुछ नहीं देखा। सच ये है कि कोई ऐसा पदार्थ वहाँ पर जल रहा था जिसमें दिवास्वप्न पैदा कर सकने की क्षमता है। मैंने उस गन्ध को पहचान भी लिया था : वह अरब में पाई जाने वाली एक चीज़ है, शायद वही जो ओल्ड मेन ऑव दि माउण्टेन ने अपने हत्यारों को, उनके अभियान पर भेजने से पहले साँस में खीच लेने को दी थी। और इस तरह हमने दिवास्वप्नों के रहस्य को तो सुलझा लिया। पुस्तकालय में घुसपैठ करने का दुराग्रह करनेवालों को यह विश्वास दिलाने कि पुस्तकालय शैतानी ताक़तों के पहरे में रहता है, कोई व्यक्ति रात के समय यहाँ पर ये सम्मोहनकारी जड़ी-बूटियाँ रख देता है। वैसे तुमने क्या अनुभव किया?" भ्रम की उस हालत में मैं अपने दिवास्वप्न को जितना बेहतर याद कर सकता था, मैंने उन्हें कह सुनाया और विलियम हँसे : "इसमें का आधा हिस्सा तो उसी दृश्य की ख़ुद तुम्हारे द्वारा की गई उपज है जिसको तुमने पुस्तक में देखा था और बाक़ी के आधे में तुमने अपनी इच्छाओं और भय को बोलने की छूट दी है। यही वह असर है जो कुछ ख़ास जड़ी-बूटियाँ पैदा करती हैं। कल हमें इसके बारे में सेवेरिनॅस से बात करनी होगी; मुझे लगता है कि वह उससे कहीं ज़्यादा जानता है जितने का विश्वास वह हमें दिलाना चाहता है। ये जड़ी-बूटियाँ हैं, सिर्फ़ जड़ी-बूटियाँ, जिनको उस तरह के किसी टोने-टोटके के सहारे तैयार करने की कोई ज़रूरत नहीं है जिनकी बात वह शीशा-तराश कर रहा था। जड़ी-बूटियाँ, आईने... वर्जित ज्ञान की यह जगह बहुत-सी और बेहद चालाक युक्तियों के पहरे में है। ज्ञान का उपयोग बजाय प्रबोधन के, दुराव-छिपाव के लिए किया जा रहा है। मुझे यह ठीक नहीं लगता। पुस्तकालय की इस पवित्रताधर्मी मोर्चाबन्दी के पीछे कोई विकृत दिमाग़ काम कर रहा है। लेकिन यह थका देनेवाली रात साबित हुई है; फ़िलहाल हमें यहाँ से जाना चाहिए। तुम परेशान हो चुके हो और तुम्हें पानी और ताज़ा हवा की ज़रूरत है। इन खिड़कियों को खोलने की कोशिश बेकार होगी : ये बहुत ऊँची हैं और शायद दसियों सालों से बन्द पड़ी हैं। वे ऐसा सोच भी कैसे सके कि अडेल्मो ने यहाँ से छलाँग लगाई होगी?"

जाना चाहिए, विलियम ने कहा था। मानो यह आसान काम हो। हम जानते थे कि पुस्तकालय में सिर्फ़ एक, पश्चिमी, मीनार से होकर ही जाया जा सकता था। लेकिन उस

क्षण हम कहाँ पर थे? हम अपना दिशा-ज्ञान, अपना अवस्थिति-बोध पूरी तरह से खो चुके थे। हम भटकते रहे, मन में यह भय लिए हुए कि हम उस जगह से शायद कभी बाहर न निकल पाएँगे; मुझे बार-बार उल्टियों के दौरे पड़ रहे थे और मैं अब भी लड़खड़ा रहा था; और विलियम मेरी हालत को लेकर परेशान थे और अपने ज्ञान की अपर्याप्तता को लेकर चिड़चिड़ा रहे थे; लेकिन इस भटकाव ने हमें, या कहना चाहिए उन्हें, अगले दिन के बारे में एक सूझ दी। यह मानकर कि अगर हम किसी तरह यहाँ से बाहर निकल सके, तो अगली बार वापस यहाँ आते समय हम अपने साथ कोयला या, कोई दूसरी ऐसी चीज़ लेकर आएँगे जिससे दीवारों पर निशान छोड़े जा सकते हों।

"भूलभुलैया से बाहर निकलने का रास्ता पाने का," विलियम ने याद करते हुए कहा, "एक ही तरीक़ा है। उस हर नए जंक्शन पर, जिसे पहले नहीं देखा गया है, जो भी रास्ता हम पकड़ें उस पर तीन निशान लगा दिए जाएँ। अगर जंक्शन के किन्हीं पिछले निशानों को देखकर तुम पाओ कि उस जंक्शन से तुम पहले गुज़र चुके हो, तो अब उसका जो रास्ता तुम पकड़ो उस पर सिर्फ़ एक निशान लगाओ। अगर तुम पाते हो कि सारे द्वारों पर पहले ही निशान लगाए जा चुके हैं, तो तुम अपने क़दम वापस मोड़ लो। लेकिन अगर एक या दो द्वार अभी भी बिना निशान के हों तो तुम उनमें से किसी एक को चुनते हुए उस पर दो निशान लगा दो। जिस द्वार पर सिर्फ़ एक ही निशान हो, उससे गुज़रते हुए तुम उस पर दो और निशान लगा दो, ताकि उस द्वार पर अब तीन निशान हो जाएँ। इस तरह, अगर तुमने किसी जंक्शन पर पहुँचकर तीन निशानोंवाला कोई भी रास्ता कभी नहीं पकड़ा है, तो इसका मतलब है कि तुम उस समय तक भूलभुलैया के सारे हिस्से घूम चुके होगे, जब तक कि उसका कोई भी रास्ता बिना निशान का नहीं रह जाता।"

"आप यह कैसे जानते हैं? क्या आप भूलभुलैयों के विशेषज्ञ हैं?"

"नहीं, मैं एक प्राचीन पाठ को दोहरा रहा हूँ जो मैंने कभी पढ़ा था।"

"और इस विधि को अपनाते हुए आप बाहर निकल जाएँगे?"

"जहाँ तक मैं समझता हूँ, कभी नहीं। पर फिर भी हम कोशिश करेंगे। और इसके अलावा, अगले एक या दो दिन में मेरे पास लैंस होंगे और पुस्तकों पर ध्यान देने का समय भी होगा। हो सकता है कि जहाँ पर पट्टिकाओं का क्रम हमें भ्रम में डाल रहा हो वहाँ पर पुस्तकों के रखरखाव का क्रम किसी विधि को पाने में हमारी मदद कर सके।"

"आपको अपने लैंस मिल जाएँगे? वे आपको कैसे मिलेंगे?"

"मैंने यह कहा है कि मुझे लैंस मिल जाएँगे। मैं नए बनवा लूँगा। मुझे विश्वास है कि शीशा-तराश इस तरह के मौक़े की तलाश में है, वह कुछ नया करना चाहता है। बस उसके पास घिसाई के सही औज़ार और शीशे के टुकड़े भर हों। जहाँ तक शीशे के टुकड़ों का सवाल है सो वे तो उसके कारख़ाने में ढेरों हैं।"

हम रास्ता तलाशते हुए भटक ही रहे थे कि अचानक एक कमरे के बीचोंबीच मैंने अपने गाल पर किसी अदृश्य हाथ की थपथपाहट महसूस की, साथ ही साथ एक कराह, जो न किसी इनसान की लगती थी न किसी जानवर की, इस कमरे से अगले कमरे तक गूँज उठी, मानो कोई प्रेत दोनों कमरों के बीच आ-जा रहा हो। मुझे पुस्तकालय के अचम्भों के लिए अब तक तैयार हो चुकना चाहिए था, लेकिन मैं एक बार फिर डर गया और झटके

से पीछे की ओर हटा। विलियम को भी मेरे जैसा ही महसूस हुआ होगा, क्योंकि चिराग़ को ऊँचा कर चारों तरफ़ देखते हुए वे अपने गाल पर हाथ फेर रहे थे। उन्होंने एक हाथ ऊपर उठाया, चिराग़ की लौ को जाँचा, फिर अपनी एक अँगुली को गीला किया और उसे अपने सामने फैलाया।

''साफ़ है,'' उन्होंने कहा और फिर सामने की दीवार पर, आदमी के बराबर की ऊँचाई पर, उन्होंने मुझे दो जगहें दिखाईं। वहाँ पर दो तंग दरारें खुली हुईं थीं और अगर आप उनके सामने अपना हाथ करते तो आप उन पर बाहर से आती ठंडी हवा को महसूस कर सकते थे। अपना कान उनकी ओर कर आप एक सरसराहट सुन सकते थे, जो बाहर बह रही हवा के कारण पैदा हो रही थी।

''पुस्तकालय में हवा के आने-जाने की कोई व्यवस्था, निश्चय ही, होनी ही थी,'' विलियम ने कहा। ''नहीं तो वातावरण दमघोंटू हो जाता, ख़ास तौर से गर्मियों में। इसके अलावा वे दरारें उचित मात्रा में नमी भी लाती होंगी ताकि चर्म-पत्र सूखकर अकड़ने न पाएँ। लेकिन निर्माताओं की चतुराई यहीं तक पहुँचकर ख़त्म नहीं हो जाती। इन दरारों को एक निश्चित कोण पर रखते हुए उन्होंने यह भी सुनिश्चित किया है कि तूफ़ानो रातों में सूराखों से आनेवाले झोंके ऐसे ही दूसरे झोंकों से टकरायेंगे और एक के बाद एक कमरों के भीतर चक्कर काटते हुए बहेंगे, जिससे वे आवाज़ें पैदा होंगी जो हमने सुनी हैं। वे भी, आईनों और जड़ी-बूटियों के साथ-साथ, यहाँ आने वाले उन दुस्साहसियों के भय को बढ़ाएँगी, जो इस जगह से ठीक से परिचित नहीं हैं, जैसा कि हमारे साथ हुआ है। और ख़ुद हमको भी तो क्षण-भर को लगा था कि हमारे चेहरों पर प्रेत साँस ले रहे थे। इसका अहसास हमें अभी इसलिए हुआ क्योंकि हवा के झोंके अभी-अभी आए। इस तरह यह रहस्य भी सुलझा। पर यह हम अब भी नहीं जानते कि बाहर कैसे निकलें!''

यूँ बातें करते हुए हम निरुद्देश्य भटकते रहे, कभी चकित होते हुए तो कभी उन पट्टिकाओं को पढ़ते हुए जो सारी की सारी एक-सी लगती थीं। हम एक नए सप्तकोणीय कक्ष में आए, हम पासवाले कमरों से होकर गुज़रे, हमें बाहर निकलने का कोई रास्ता नहीं मिला। हमने अपने क़दम वापस लिए और इस पर माथापच्ची किए बग़ैर कि हम कहाँ पर थे, लगभग एक घंटे तक चलते रहे। आख़िरकार एक समय आया जब विलियम ने स्वीकार किया कि हम हार चुके थे; हमारे पास एक ही विकल्प बचता था कि हम किसी कमरे में जाकर सो जाएँ और उम्मीद करें कि कल हम मेलाची के हाथ लगेंगे। जिस वक़्त हम अपने दुस्साहसिक कर्म के दुखद अन्त पर विलाप कर रहे थे, हमें अचानक वह कमरा दिखाई दिया जिससे सीढ़ियाँ नीचे जाती थीं। हमने श्रद्धापूर्वक आसमान की तरफ़ सिर उठाकर शुक्रिया अदा किया और प्रफुल्लित मन से सीढ़ियाँ उतर गए।

रसोई में पहुँचने के बाद हम अँगीठी की ओर लपके और अस्थि-गृह के गलियारे में आ गए और मैं क़सम खाकर कहता हूँ कि उस क्षण उन मांस-मज्जा-विहीन खोपड़ियों की भयानक खींसें मुझे अपने प्रिय दोस्तों की मुस्कराहटों जैसी मालूम हुईं। हम गिरजाघर में पहुँचे और उत्तरी द्वार से होकर बाहर आए और आख़िरकार सुखी मन से क़ब्र के पत्थरों पर आकर बैठ गए। रात की ख़ुशनुमा हवा अलौकिक मरहम जैसी महसूस हुई। हमारे चारों ओर सितारे झिलमिला रहे थे और पुस्तकालय के दिवास्वप्न मुझे कोसों दूर मालूम हुए।

"दुनिया कितनी ख़ूबसूरत है और भूलभुलैयाएँ कितनी बदसूरत हैं," मैंने राहत की साँस लेते हुए कहा।

"दुनिया कितनी ख़ूबसूरत होती अगर भूलभुलैयों में आने-जाने की कोई तरकीब मौजूद होती," मेरे गुरुदेव ने जवाब दिया।

हम चर्च के बाईं तरफ़ से आगे बढ़ते हुए, मुख्य द्वार के सामने से गुज़रे (मैंने इल्हाम के अग्रजों से बचने के लिए मुँह फेर लिया : "अपने सिंहासनों पर बैठे थे चौबीस बुज़ुर्ग"!) और धर्मशाला में पहुचने के लिए क्वाइअॅ को पार किया।

भवन के द्वार पर, हमारी तरफ़ सख़्त नज़रों से ताकता हुआ, मठाधीश खड़ा था। "मैं आपको रात भर से खोज रहा हूँ," उन्होंने विलियम से कहा। "न तो आप मुझे अपनी कोठरी में मिले, न आप मुझे गिरजाघर में मिले...।"

"हम एक सुराग़ का पीछा कर रहे थे..." विलियम ने अनिश्चित से ढंग से कहा, उनके चेहरे पर घबराहट साफ़ दिखाई दे रही थी। मठाधीश उन्हें देर तक देखता रहा, फिर धीमे और सख़्त स्वर में बोला, "मैंने आपको पूरिका के तुरन्त बाद तलाशा था। बेरेंगर क्वाइअॅ में नहीं था।"

"ये आप क्या कह रहे हैं?" विलियम ने प्रसन्न भाव से पूछा। दरअसल, अब उनके सामने यह स्पष्ट हो चुका था कि स्क्रिप्टोरियम में घात लगानेवाला व्यक्ति कौन था।

"वह पूरिका के समय क्वाइअॅ में नहीं था," मठाधीश ने दोहराया "और अपनी कोठरी में भी नहीं पहुँचा है। मध्यरात्रि-वन्दना की घण्टियाँ बजनेवाली हैं और अब हम देखते हैं कि वह वहाँ पहुँचता है कि नहीं। अन्यथा मुझे किसी नए अनिष्ट का ख़तरा दिखाई दे रहा है।"

मध्यरात्रि-वन्दना में बेरेंगर मौजूद नहीं था।

तीसरा दिन

प्रत्यूष - वन्दना से प्रभाती तक

जिसमें बेरेंगर, जो कि ग़ायब हो चुका है, की कोठरी में ख़ून के धब्बों से रँगा हुआ कपड़ा मिलता है; सिर्फ़ इतना ही।

इन शब्दों को दर्ज करते हुए मैं निढाल-सा अनुभव कर रहा हूँ, जैसा मैंने उस रात, बल्कि कहना चाहिए, उस सुबह अनुभव किया था। क्या कहा जाए? मध्यरात्रि-वन्दना के बाद आशंका से भरे हुए मठाधीश ने ज़्यादातर संन्यासियों को हर कहीं जाकर बेरेंगर की तलाश करने भेज दिया; पर कोई नतीजा नहीं निकला।

प्रत्यूष-वन्दना के आस-पास, बेरेंगर की कोठरी की तलाशी लेते हुए, एक संन्यासी को उसकी तृण-शैया के नीचे ख़ून के धब्बों से रँगा हुआ एक सफ़ेद वस्त्र मिला। उसने वह वस्त्र मठाधीश को दिखाया जिसने उसको देखकर भयानकतम अपशकुन का नतीजा निकाला। जॉर्ज वहाँ मौजूद था और जैसे ही उसे ख़बर दी गई, उसने कहा, "ख़ून?" मानो वह कोई

ऐसी चीज़ हो जिसकी उसे उम्मीद न रही हो। उसने एलिनार्डो को बताया, जिसने सिर हिलाते हुए कहा, "नहीं, नहीं, तीसरी तुरही के बजने पर मौत पानी के रास्ते आती है...।"

विलियम ने वस्त्र की जाँच की और फिर बोले, "अब सब कुछ साफ़ है।"

"बेरेंगर कहाँ है?" उसने उनसे पूछा।

"मैं नहीं जानता," उन्होंने जवाब दिया। अयमारो ने उनकी बात सुनी और वह आसमान की ओर नज़रें उठाकर पीटर ऑव सेण्ट अल्बानों का नाम लेते हुए बुदबुदाया, "ठेठ अंग्रेज़ी अन्दाज़।"

प्रभाती के क़रीब, जब सूरज काफ़ी ऊपर चढ़ चुका था, नौकरों को तलहटी में जाकर दीवार के चारों तरफ़ तलाशी करने भेजा गया। वे बिना किसी हासिल के पूर्वाह्निका तक वापस आ गए।

विलियम ने मुझसे कहा कि जो कुछ हमने किया उससे बेहतर हम और कुछ नहीं कर सकते थे। हमें घटनाओं की प्रतीक्षा करनी थी। और वे शीशा-तराश उस्ताद निकोलॅस से गम्भीर वार्तालाप में मुब्तिला होने कारख़ाने में चले गए।

मैं चर्च में, मध्य द्वार के क़रीब, जाकर बैठ गया, जहाँ प्रार्थना हो रही थी। और इस तरह मैं श्रद्धा से भरा हुआ सो गया और लम्बे समय तक सोता रहा, क्योंकि नौजवानों को नींद की ज़्यादा ज़रूरत महसूस होती है, उन बूढ़ों के मुक़ाबले जो पहले ही बहुत सो चुके होते हैं और हमेशा-हमेशा के लिए सोने की तैयारी कर रहे होते हैं।

पूर्वाह्निका

जिसमें एड्सो स्क्रिप्टोरियम में अपने धर्मसंघ के अतीत और पुस्तकों की नियति पर चिन्तन करता है।

जब मैं गिरजाघर से बाहर आया तो मेरी थकान तो कुछ कम हो गई थी लेकिन मेरा दिमाग़ अस्तव्यस्त था : शरीर को राहत देनेवाला विश्राम रात के वक़्त ही मिलता है। मैं स्क्रिप्टोरियम में गया और मेलाची की इजाज़त हासिल करने के बाद, कैटलॉग के पन्ने पलटने लगा। पर अपनी निगाहों के सामने से गुज़रते पन्नों को देखते हुए भी मेरा ध्यान दरअसल संन्यासियों पर था।

वे जिस तरह शान्त, जिस तरह उद्वेग-रहित थे, उसे देखकर मुझे आश्चर्य हुआ। जिस एकाग्रता के साथ वे अपने काम में जुटे हुए थे उसे देखकर लगता था कि वे यह भूल चुके थे कि उनके एक बन्धु को चारों तरफ़ बेचैनी के साथ खोजा जा रहा था और दो अन्य बन्धु भयानक ढंग से उनके बीच से जा चुके थे। मैंने खुद से कहा कि हमारे धर्मसंघ की महानता इसी बात में है : सदियों-सदियों से इनकी तरह के लोग बर्बरों के गिरोहों को घुसपैठ करते, उनके मठों को लूटते, बादशाहतों को आग में झोंकते देखते आ रहे हैं और तब भी वे चर्म-पत्रों और स्याहियों को अपने दिल में बसाये रहे, उन्होंने पढ़ना जारी रखा और वे अपने होंठों

से लगातार उन शब्दों का उच्चारण करते रहे जो उन्हें सदियों से सौंपे जाते रहे हैं और जिनको वे आनेवाली सदियों में दूसरों को सौंपते रहेंगे। सहस्राब्दि अपने मुकाम की तरफ़ बढ़ती रही और वे पढ़ते रहे और प्रतिलिपियाँ तैयार करते रहे; फिर वे अब भी वैसा ही क्यों न करें?

कल ही की बात है, बेनो ने कहा था कि किसी दुर्लभ पुस्तक को हासिल करने की ख़ातिर वह पाप तक करने से नहीं हिचकिचाएगा। वह झूठ नहीं कह रहा था, न ही मज़ाक़ कर रहा था। ठीक है कि एक संन्यासी को पुस्तकों के प्रति अपने प्रेम में विनयशील होना चाहिए, उनके प्रति कल्याण की भावना रखनी चाहिए और अपनी जिज्ञासा को महिमामण्डित नहीं करना चाहिए; लेकिन साधारण इनसानों के जीवन में जो जगह परस्त्री या परपुरुष को हासिल करने के प्रलोभन की होती है और जो जगह सेक्युलर पुरोहितों के जीवन में धन-दौलत के लालच की होती है, वही जगह संन्यासियों के जीवन में ज्ञान के प्रलोभन की होती है।

मैं कैटलॉग के पन्ने पलटता रहा और मेरी नज़रों के सामने रहस्यमय शीर्षक नाचते रहे : क्विण्टॅस सेरेनॅस की *चिकित्साएँ, फ़िनॉमेना,* ईसप की *जीवों की प्रकृति पर केन्द्रित पुस्तक, सृष्टिवर्णन : एस्थीकॅस पेरोनिमॅस की पुस्तक, समुद्रपार के तीर्थस्थल : तीन पुस्तकें* जो बिशॅप आर्कल्फ ने अदमनान की लिपिकीय सहभागिता में लिखीं थीं, क्विण्टॅस जूलियस हिलेरियॅस की सृष्टि के उद्गम पर केन्द्रित लघु पुस्तिका, सालिनॅस की पोलीहिस्टॉर : विश्व का भूगोल और उसके आश्चर्य, अल्माजेस्ट...।** जो अपराध हो रहे थे अगर उनका कोई सम्बन्ध पुस्तकालय से था तो मुझे इसमें आश्चर्य की बात नहीं लगती। लेखन-कर्म के प्रति समर्पित इन लोगों के लिए पुस्तकालय एक ही साथ अलौकिक येरूस्लम भी था और किसी अज्ञात देश और प्रेत-लोक के बीच की सीमारेखा पर स्थित भूमिगत संसार भी था। वे पुस्तकालय के, उसके आश्वासनों और प्रतिबन्धों के, वशीभूत थे। वे उसके साथ, उसके लिए, ज़िन्दा थे और शायद उसके ख़िलाफ़ भी, किसी दिन उसके सारे के सारे रहस्यों को भेद लेने की उम्मीद पाले हुए। अगर वे अपनी बौद्धिक जिज्ञासा की तुष्टि की ख़ातिर मरने का जोख़िम उठा सकते थे, या द्वेषपूर्ण पहरे में बन्द उनके अपने रहस्य को हड़पने की कोशिश करते किसी व्यक्ति की हत्या कर सकते थे, तो इसमें ग़लत क्या था?

ये प्रलोभन हैं, इसमें कोई शक नहीं; बौद्धिक अहंकार। वह क़ातिब-संन्यासी बिल्कुल अलग था जिसकी कल्पना हमारे पवित्र संस्थापक ने की थी, जो बिना समझे नक़लें तैयार करते जाने में माहिर था, जो ईश्वर की मर्ज़ी के आगे नतमस्तक था, लिखना जिसके लिए प्रार्थना करने के बराबर था और जब तक वह लिख रहा होता था वह दरअसल प्रार्थना कर रहा होता था। अब ऐसा क्यों नहीं था? ओह, यह हमारे धर्म-संघ का, निश्चय ही, इकलौता अधोपतन नहीं था! वह बहुत शक्तिशाली हो उठा था, उसके मठाधीश बादशाहों के साथ होड़ करने लगे थे : इसी एबो को लें, तो क्या यह भी एक ऐसे बादशाह का उदाहरण पेश नहीं करता था जो, एक बादशाह की तरह पेश आते हुए, बादशाहों के बीच के विवादों का निपटारा कर रहा था? जिस ज्ञान का संग्रह मठों ने कर लिया था अब उसका इस्तेमाल चीज़ों के लेन-देन के लिए किया जाने लगा था, वह अहंकार का विषय बन चुका था, शेख़ी बघारने और प्रतिष्ठा का दिखावा करने के काम आने लगा था; जिस तरह से सूरमा अपने ज़िरह-बख़्तरों और पताकाओं का प्रदर्शन करते थे, हमारे मठाधीश अपनी नक़्क़ाशीदार पाण्डुलिपियों का प्रदर्शन करते थे। और वह भी एक ऐसे वक़्त में (क्या पागलपन था!), जब हमारे मठ विद्या

के क्षेत्र में अपना नेतृत्व खो चुके थे : पुस्तकों की नक़लें तैयार करने और नई पुस्तकें रचने का काम, शायद हम से कहीं ज़्यादा और बेहतर ढंग से, कैथेड्रल स्कूलों, नगरीय कार्पोरेशनों, विश्वविद्यायलों में हो रहा था और यह बहुत-से अनर्थों का कारण भी रहा हो सकता था।

जिस मठ में मैं ठहरा हुआ था वह ज्ञान के उत्पादन और पुनरुत्पादन के क्षेत्र में अपनी श्रेष्ठता की शेख़ी नहीं बघारता था। पर शायद इसी वजह से संन्यासी अब नक़लें तैयार करने के पुनीत कर्म भर से सन्तुष्ट नहीं थे; नवाचार की लालसा से प्रेरित वे प्रकृति के नए अनुपूरकों की रचना भी करना चाहते थे। और जैसा कि उस क्षण में मैंने धुँधले से ढंग से महसूस किया था (और आज वर्षों के अनुभव के बाद अच्छी तरह से जानता हूँ), उन्हें इस बात का अहसास नहीं था कि ऐसा करते हुए वे अपनी उत्कृष्टता के विनाश को मंज़ूरी दे रहे थे। क्योंकि अगर यह नया ज्ञान, जिसे वे उत्पन्न करना चाहते थे, उन चहारदीवारियों के बाहर विचरण करने लगता, तो उनके पास ऐसा कुछ भी नहीं बचता जो उस पुण्यभूमि को कैथेड्रल स्कूल या नागर विश्वविद्यालय से अलग पहचान दे सकता। दूसरी तरफ़, अलग-थलग बने रहते हुए वह अपनी प्रतिष्ठा और ताक़त को सुरक्षित रखे हुए था, वह विवादों से और उस बौद्धिक दर्प से भ्रष्ट होने से बचा हुआ था, जो हर रहस्य और हर महानता को हाँ और नहीं** की जाँच-पड़ताल का विषय बना देता है। मैंने अपने आप से कहा, पुस्तकालय को जिस रहस्य और ख़ामोशी ने घेर रखा है, उसकी अपनी वजहें हैं : यह विद्या का परिरक्षित भण्डार है, लेकिन इस विद्या को वह तभी तक बेदाग़ रख सकता है जब तक कि वह इसे किसी की भी, यहाँ तक कि ख़ुद संन्यासियों की भी, पहुँच से बाहर बनाए रखे। विद्या सिक्के की तरह नहीं है जो बद से बदतर सौदों के बावजूद अक्षत बना रहता है; इसकी बजाय वह उन ख़ूबसूरत पोशाकों की तरह होती है जो लगातार इस्तेमाल और नुमाइश से घिस-पिट जाती हैं। पुस्तक क्या वाक़ई ऐसी ही नहीं होती? अगर वह बहुत-से हाथों से होकर गुज़रती है, तो उसके पन्ने जर्जर हो जाते हैं, उसकी स्याही और सुनहरी फीकी पड़ जाती है। मैंने पेसीफ़िकॅस ऑव तिवोली को एक प्राचीन ग्रन्थ को पलटते देखा था जिसके पन्ने नमी की वजह से आपस में चिपक गए थे। उसने पुस्तक के पन्नों को पलटने के लिए अँगूठे और तर्जनी को अपनी जीभ से छुआकर गीला किया था और उसके थूक के हर स्पर्श के साथ पुस्तक के पन्ने अपनी जीवनी-शक्ति खोते जा रहे थे; उनको खोलने का मतलब उनको चिपकाना था, उनको हवा और धूल की सख़्त कार्रवाई के हवाले कर देना था, जो चर्मपत्र की बारीक़ सलवटों को धीरे-धीरे ख़त्म कर देनेवाली थी और पन्ने के जिस कोने को थूक ने मुलायम, किन्तु कमज़ोर कर दिया था वहाँ पर फफूँद लग जानेवाली थी। जिस तरह एक योद्धा के स्वभाव की अतिरिक्त मिठास उसे कमज़ोर और नाक़ाबिल बना देती है, उसी तरह पुस्तक के प्रति क़ब्ज़े की भावना और कुतूहल से भरा प्रेम उसको उन बीमारियों से वेध्य बना देता है जिनके हाथों पुस्तक की हत्या अवश्यम्भावी है।

तब किया क्या जाए? पढ़ना बन्द कर दिया जाए और उनको सिर्फ़ सँभाल कर रखा जाए? क्या मेरी आशंकाएँ सही थीं? मेरे गुरुदेव इस बारे में क्या कहते?

पास ही में मैंने निर्देशांकन करनेवाले मेग्नॅस ऑव आयेना को देखा, जो अपने चर्मपत्र को झावाँ पत्थर से घिसने के बाद खड़िया से घिसकर नर्म कर रहा था, जिसके बाद वह जल्द ही उसकी सतह को रूलर के सहारे चिकनाने वाला था। उसीके बग़ल में एक दूसरा,

रेबानो ऑव टोलेडो, चर्मपत्र के हाशियों के छोटे-छोटे छेदों को डेस्क के दोनों तरफ़ फँसाकर कस चुकने के बाद, धातु की क़लम से उस पर बारीक़ आड़ी लकीरें खींच रहा था। जल्द ही वे दोनों पन्ने रंगों और आकारों से भर जानेवाले थे और वह समूचा फलक एक तरह के अस्थिपात्र में बदल जानेवाला था, जिस पर जड़े जानेवाले रत्नों से जगमगाता वह लेखन का भक्तिमय पाठ बननेवाला था। मैंने ख़ुद से कहा, ये दोनों बन्धु पृथ्वी पर अपने स्वर्ग के क्षणों को जी रहे हैं। वे नई पुस्तकों की रचना कर रहे थे, वैसी ही जिनका कालकलवित हो जाना तय था...। इसलिए पुस्तकालय को किसी दुनियावी ताक़त से कोई ख़तरा नहीं हो सकता था, वह एक जीवित चीज़ थी...। लेकिन अगर वह जीवित चीज़ थी, तो फिर उसे ज्ञान के जोख़िम के प्रति खुला हुआ क्यों नहीं होना चाहिए था? क्या बेनो यही चाहता था? और क्या वेनेण्टियॅस भी यही चाहता रहा होगा?

अपने विचारों से डरा हुआ मैं कुछ भी ठीक से नहीं समझ पा रहा था। वे विचार शायद एक नवदीक्षित शिष्य के योग्य नहीं थे, जिससे उम्मीद की जाती है कि वह आनेवाले तमाम वर्षों में समूची धर्मभीरुता और विनय के साथ धार्मिक नियम का पालन करे—जो कि मैं बाद के दिनों में करता रहा था, बिना ख़ुद से कोई सवाल किए, जबकि मेरे चारों तरफ़ की दुनिया रक्तपात और वहशत की आँधी में गहरे और गहरे धँसती चली जा रही थी।

यह हमारे नाश्ते का वक़्त था। मैं रसोई में गया, जहाँ मैं अब तक रसोइयों का दोस्त बन चुका था और उन्होंने मुझे बढ़िया नाश्ता प्रदान किया।

मध्याह्निका

जिसमें एड्सो सल्वाटोर का विश्वास जीतता है, जिसका थोड़े से शब्दों में सार-संक्षेप सम्भव नहीं है, लेकिन जो उसको दीर्घ और उद्विग्न चिन्तन-मनन के लिए प्रेरित करता है।

जब मैं नाश्ता कर रहा था, तो मैंने एक कोने में सल्वाटोर को देखा जो, ज़ाहिर था कि रसाइये से सुलह क़ायम कर चुका था, क्योंकि वह मटन की कचौरी खाने में मगन था। एक कण भी ज़मीन पर गिराये बिना, वह कुछ इस तरह खाये जा रहा था जैसे ज़िन्दगी में इसके पहले उसने कभी न खाया हो और लगता था कि इस असाधारण घटना के लिए वह परमात्मा का शुक्रिया अदा कर रहा था।

उसने मेरी तरफ़ कनखियों से इशारा किया और अपनी ऊटपटाँग सी भाषा में बोला कि वह उन पिछले तमाम वर्षों का भोजन कर रहा था जिनमें उसे उपवास करना पड़ा था। मैंने उससे पूछा कि क्यों। उसने मुझे अपने उस गाँव में बिताए गए बेहद दर्दनाक बचपन के बारे में बताया जहाँ की आबोहवा ख़राब थी, अक्सर बारिश होती रहती थी, जहाँ दूषित हवा के कारण खेत सड़ते रहते थे। उसने बताया, या जैसा कि मैं समझ सका, कि वहाँ मौसम दर मौसम बाढ़ें आती रहती थीं, खेतों में हल नहीं चलाए जा सकते थे और आपको सूप

भर बीजों से सेक्स्टरी उपजाना होती थी और फिर सेक्स्टरी भी न कुछ में सिमट कर रह जाती थी। यहाँ तक कि जागीरदारों के चेहरे भी ग़रीबों के चेहरों जैसे सफ़ेद दिखाई देते थे, हालाँकि, सल्वाटोर ने टिप्पणी की, कुलीन वर्ग के लोगों के मुक़ाबले ग़रीब ज़्यादा तादाद में मरते थे, शायद (वह मुस्कराया) इसलिए कि उनकी तादाद ही ज़्यादा थी...। एक सेक्स्टरी की क़ीमत पन्द्रह पेंस थी, एक सूप की क़ीमत साठ पेंस थी और उपदेशकों ने दुनिया के ख़ात्मे का ऐलान कर दिया था, लेकिन सल्वाटोर के माँ-बाप और दादा-दादी का कहना था कि पहले के ज़माने का क़िस्सा भी ऐसा ही था, इसलिए वे इस नतीजे पर पहुँचे हुए थे कि दुनिया के ख़ात्में की नौबत हमेशा बनी रहती है। और जब लोगों ने, जिसको जहाँ पर हाथ लगीं, सारे के सारे पक्षियों की लाशें और दूषित जानवरों को खा-पीकर ख़त्म कर दिया, तो गाँव में अफ़वाह फैल गई कि कोई आदमी मृतकों की क़ब्रें खोदने की तैयारी में था। सल्वाटोर ने किसी अभिनेता के से नाटकीय कौशल के साथ बताया कि वे "बेहद दुष्ट इनसान"** किस तरह का आचरण करते थे, वे दुष्ट लोग जो किसी को दफ़नाये जाने के अगले ही रोज़ क़ब्रिस्तान की ज़मीन को अपनी अँगुलियों से खोदा करते थे। "उम्!" उसने कहा और मटन की कचौरी को कुतरा, लेकिन मैं उसके चेहरे पर मुर्दे को खा रहे हताश इनसान की विकृत भंगिमा को पहचान सकता था। और फिर, इनसे भी गया-गुज़रा कोई आदमी, जैसे कि उसके लिए उस पवित्र ज़मीन को खोद लेना भर काफ़ी न हो, लुटेरे की तरह जंगल में घात लगाकर दुबक जाता और यात्रियों पर सहसा हमला कर देता। "थ्वाक!" और "न्युम!" चाकू को अपनी गर्दन पर रखते हुए सल्वाटोर ने कहा। और निकृष्टतम से भी निकृष्टतम लड़के उनके पास जाते, उनको अण्डा या सेब भेंट करते और फिर उनको खा जाते, हालाँकि, जैसा कि सल्वाटोर ने संजीदगी के साथ मुझे बताया, वे उनको खाने के पहले पका लेते थे। उसने एक आदमी के बारे में बताया जो थोड़े से पैसों की ख़ातिर पका हुआ गोश्त बेचने गाँव में आया था और इस महान सौभाग्य पर किसी का ध्यान नहीं गया, लेकिन तभी पुरोहित ने कहा कि वह इनसान का गोश्त था और भीड़ उस आदमी पर टूट पड़ी और लोगों ने उस आदमी के टुकड़े-टुकड़े कर दिए। लेकिन उसी रात गाँव के एक आदमी ने जाकर हत्या के शिकार इस आदमी की क़ब्र को खोदा और इस नरभक्षी के गोश्त को खा गया, जिस पर, जब गाँव के लोगों को इसका पता चला, तो उन्होंने इसको भी मार डाला।

लेकिन सल्वाटोर ने मुझे सिर्फ़ यही क़िस्सा नहीं सुनाया था। अपनी टूटी-फूटी ज़ुबान में, जिसने फ्रांस और इटली की प्रान्तीय बोलियों की मेरी थोड़ी-सी जानकारी को ताज़ा कर दिया था, उसने मुझे अपने गाँव से भागने और दुनिया भर में भटकने का क़िस्सा भी सुनाया था। और उसके उस क़िस्से में मैंने ऐसे बहुत सारे लोगों को पहचाना जिन्हें मैं पहले से जानता था या जो मुझे अपनी यात्रा के दौरान मिलते रहे थे और आज मैं उनमें से और भी बहुत-से लोगों को जानता हूँ जिनसे बाद के दिनों में मेरी मुलाक़ात हुई, नतीजतन इतने समय के बाद मैं उसके मत्थे उन दुस्साहसिक कृत्यों और अपराधों तक को मढ़ सकता हूँ जिनका ताल्लुक उसके पहले और उसके बाद के दूसरे लोगों से था और जो अब, मेरे थके हुए दिमाग़ में, उस इकलौती छवि में सिमटकर रह गए हैं। दरअसल यह कल्पना की शक्ति है जो सोने की और पर्वत की स्मृतियों को आपस में जोड़कर सोने के पर्वत की कल्पना को जन्म दे देती है।

अपने सफर के दौरान मैंने विलियम को अक्सर ''साधारण'' शब्द का इस्तेमाल करते सुना था, जो एक ऐसा शब्द था जिसे उनके कुछ बन्धु सिर्फ़ जनसाधारण के अर्थ में ही नहीं बल्कि इसी के साथ-साथ अपढ़ होने के अर्थ में भी बरतते थे। यह प्रयोग मुझे हमेशा जातिपरक लगता था, क्योंकि इतालवी नगरों में मैं ऐसे व्यापारियों और कारीगरों से मिल चुका था जो पुरोहित वर्ग के न होते हुए भी अपढ़ नहीं कहे जा सकते थे, भले ही उनका ज्ञान देशी बोली के इस्तेमाल की मार्फ़त प्रगट होता था। और, यूँ भी, उन दिनों प्रायद्वीप पर हुकूमत कर रहे कुछ तानाशाह धर्मशास्त्र, चिकित्साशास्त्र और तर्कशास्त्र के मामले में अज्ञानी थे, उनको लैटिन नहीं आती थी, लेकिन तब भी वे जनसाधारण की या पिछड़े हुओं की कोटि में नहीं आते थे। इसलिए मेरा मानना था कि मेरे गुरुदेव भी जब 'साधारण' के बारे में बात करते थे, तो वे भी साधारण अवधारणा का ही इस्तेमाल कर रहे होते थे। पर सल्वाटोर की साधारणता में कोई शक की गुंजाइश नहीं थी। वह एक ऐसे ग्रामीण इलाक़े से आया था जो सदियों तक भुखमरी और सामन्ती हुक्मरानों का शिकार रहा था। वह साधारण था लेकिन मूर्ख नहीं था। मैं इस नतीजे पर पहुँचा था कि जब वह अपने परिवार को छोड़कर भागा था, तो वह एक ऐसी अलग क़िस्म की दुनिया की लालसा से प्रेरित था जिसके बारे में उसका ख़याल था कि वह विलासिता और आनन्द से भरी-पूरी दुनिया होगी, ऐसी दुनिया जिसमें घी-दूध की नदियाँ बहती होंगी।

इसी उम्मीद से प्रेरित होकर सल्वाटोर ने, अपनी जन्मभूमि मोण्टफेराट से लेकर लिगूरिया तक और फिर फ्रांस के बादशाह के देश के प्रोवेन्स तक, तमाम मुल्कों का सफ़र तय किया था, मानो इस दुनिया को आँसुओं की वह घाटी मानने से इन्कार करते हुए जहाँ (जैसा कि मुझे सिखाया गया था) अन्याय को भी परमात्मा ने अपने विधान का इसलिए एक हिस्सा बनाया हुआ है ताकि दुनिया का सन्तुलन क़ायम रह सके, उस दुनिया का जिसकी बनावट हमसे छल करती रहती है।

सल्वाटोर भीख माँगता, छोटी-मोटी चोरियाँ करता, बीमार होने का ढोंग करता, कभी कुछ समय के लिए किसी सामन्त की चाकरी करता हुआ, तो कभी फिर जंगलों और राजमार्गों का रास्ता पकड़ता हुआ दुनिया भर में भटकता रहा था। जो कहानी उसने मुझे सुनाई उससे मैंने उसकी कल्पना उन ख़ानाबदोशों की मण्डलियों में शामिल किसी व्यक्ति के रूप में की थी जिनको मैंने बाद के सालों में अपने योरोप-भ्रमण के दौरान अक्सर देखा था : नकली संन्यासी, नीम-हकीम, ठग, उठाईगीर, आवारागर्द और चिरकुटिये, कोढ़ी और लँगड़े, बाज़ीगर, भाड़े के अशक्त सिपाही, निस्तेज नास्तिकों के चंगुल से छूटकर भागे ख़ानाबदोश यहूदी, सिरफिरे, देशनिकाले का हुक्म पाए हुए भगोड़े, सज़ा के तौर पर अपना एक कान कटा चुके अपराधी, लौंडेबाज़ और उनके साथ-साथ घूमन्तू कारीगर, बुनकर, ठठेरे, कुर्सिया. की मरम्मत करनेवाले, चाकुओं की धार बनानेवाले, राजगीर और हर दरजे के बदमाश, जालसाज़, दुर्जन, पत्तों की हेराफेरी करनेवाले, चार सौ बीस, भडुए, पापात्मा, विश्वासघाती, धूर्त्त, गुण्डे, धर्म बेचने और गबन करनेवाले सन्त तथा पुरोहित, दूसरों की मासूमियत पर पलनेवाले, हुक्मनामों और पोप की मुहर की नक़लें तैयार करनेवाले, दंडमोचन की फेरियाँ लगाने वाले, लकवे का बहाना कर चर्च के दरवाज़े पर पड़े रहनेवाले, कॉन्वेण्टों से भागे हुए आवारागर्द, तबर्रुक बेचने वाले, क्षमादान करनेवाले, भविष्यवक्ता और ज्योतिषी, ओझा, हकीम, छद्म भिक्षुक, हर क़िस्म के

व्यभिचारी, छल-बल का सहारा लेकर ननों और कुमारियों को भ्रष्ट करनेवाले, जलोदर, मिरगी, गठिया और व्रण और विक्षिप्तता का स्वाँग भरनेवाले। उनमें ऐसे लोग भी शामिल थे जो किसी असाध्य घाव का बहाना करते हुए अपने शरीर पर पलस्तर लपेटे रहते थे, कुछ भीषण यक्ष्मा का बहाना करते हुए अपने मुँह में खून के रंग की कोई चीज़ भरे रहते थे, कुछ ऐसे धूर्त्त थे जो अपने किसी पैर के कमज़ोर होने का ढोंग करते हुए बैसाखियों पर चलते थे और खुजली, गिल्टी, सूजन आदि का बहाना करते हुए पट्टियाँ बाँधे, ज़ाफ़रान का घोल लगाते, हाथों में लोहे के कड़े पहने, सिर पर पट्टियाँ लपेटे, बदबू मारते हुए गिरजाघरों में घुस आते और बीच में गिर पड़ते, उनकी आँखें निकल आतीं, मुँह से फेन छूटने लगता, ब्लेकबेरी के रस और सिन्दूर से गढ़ा गया खून उनकी नाक से बहने लगता, ताकि वे उन धर्मभीरु लोगों से भोजन या पैसा ऐंठ सकें जो भीख देने को लेकर पादरियों के उपदेशों को याद करते : अपने भोजन को भूखों के साथ बाँटो, बेघरों को अपने घर ले जाओ, हम ईसा से मिलते हैं, हम ईसा को आश्रय देते हैं, हम ईसा का तन ढँकते हैं, क्योंकि जिस तरह पानी आग को साफ़ कर देता है, वैसे ही परोपकार हमारे पापों को धो देता है।

जिन घटनाओं का बयान मैं यहाँ पर कर रहा हूँ उनके घटने के बहुत समय बाद, डेन्यूब के रास्ते भर मैंने इनमें से बहुत-से और फिर भी कम, धूर्त्तों को देखा था जिनका, उनकी अपनी फौज में अपना नाम और रुतबा था, शैतानों की तरह।

यह उस दलदल की तरह था जो हमारी दुनिया की राहों पर बहता था और इन्हीं में घुले-मिले थे धर्म-प्रचारक, नए शिकारों की तलाश करते विधर्मी और मत-भेद रखने वाले आन्दोलनकारी। ये पोप जॉन थे–निर्धनता के पक्ष में प्रचार कर सकने और उसे अमल में ला सकने वाले साधारण लोगों की गतिविधियों से हमेशा भयभीत रहनेवाले पोप जॉन–जिन्होंने भीख माँग कर जीवनयापन करनेवाले प्रचारकों की घोर निन्दा की थी, क्योंकि, जैसा कि उनका कहना था, इन्होंने प्रचार करते और पैसा ऐंठते लोगों की तस्वीरों से रँगे हुए बैनरों को लहरा-लहराकर जिज्ञासुओं को अपनी तरफ़ खींच लिया था। क्या इस धर्मविक्रेता और भ्रष्ट पोप का संन्यासियों को बहिष्कृतों और लुटेरों की मण्डली की बराबरी पर रखकर देखना उचित था? उन दिनों, इतालवी प्रायद्वीप की कुछ यात्रा कर चुकने के नाते, इस बारे में मेरी कोई दोटूक राय नहीं रह गई थी : मैंने आल्टोपास्कियो के संन्यासियों के बारे में सुन रखा था जो जब प्रचार करते थे तो धर्म से निकाल देने की धमकियाँ देते थे और विलासितापूर्ण जीवन के वादे किया करते थे, जो लूटपाट और भ्रातृहत्या, नरहत्या तथा झूठी गवाहियों जैसे अपराधों के लिए ज़िम्मेदार व्यक्तियों से पैसे लेकर उनको पापमुक्त घोषित कर देते थे; जिन्होंने लोगों को यह झूठा विश्वास दिला रखा था कि उनके आश्रम में हर रोज़ सौ प्रार्थनाएँ आयोजित होती हैं, जिसके लिए वे चन्दा इकट्ठा करते थे और उनका कहना था कि वे अपनी आमदनी से दो ग़रीब कुमारियों के लिए दहेज का इन्तज़ाम करते हैं। और मैंने ब्रॅदर पाओलो ज़ोपो के क़िस्से सुने थे जो रिएती के जंगल में एकान्तवासी बनकर रहता था और जिसने अपने बारे में अफ़वाह फैला रखी थी कि उस पर सीधे पवित्रात्मा ने यह ज्ञान ज़ाहिर किया है कि शारीरिक संसर्ग कोई पापपूर्ण कर्म नहीं है–इसलिए वह उन स्त्रियों को, जिनको वह सिस्टर कहकर पुकारता था, बहका-फुसलाकर धर्मभ्रष्ट करता था, उनको ईश्वर के समक्ष प्रस्तुत करने के पहले और उनसे वह चुम्बन प्राप्त करने के पहले जिसे वह शान्ति का चुम्बन कहता

था, वह उनको क्रॉस के आकार में ज़मीन पर घुटने टेकने को और उनके नंगे जिस्मों पर कशाघात झेलने को मज़बूर करता था। लेकिन क्या यह सच था? और इन प्रबुद्ध कहे जानेवाले एकान्त-आश्रम-वासियों तथा निर्धनता का जीवन जीनेवाले उन भिक्षुओं के बीच क्या रिश्ता था जो सचमुच ही प्रायश्चित करते हुए प्रायद्वीप के रास्तों पर भटका करते थे, जो उन पुरोहितों और धर्माध्यक्षों द्वारा नापसन्द किए जाते थे जिनकी चोरियों और दुष्टताओं की वे भर्त्सना करते थे?

जिन चीज़ों को मैंने अपने अनुभव से जाना था उनके साथ सल्वाटोर का क़िस्सा इस तरह गड्डमड्ड हो गया था कि उससे ये फ़र्क़ साफ़ तौर पर नहीं उभरते थे : हर चीज़ हर दूसरी चीज़ जैसी लगती थी। कभी-कभी वह मुझे टूराइन के उन अपाहिज़ भिखारियों जैसा प्रतीत होता था जो, जैसा कि कहा जाता था, सन्त मार्टिन के चमत्कारी शव के क़रीब आने पर भाग खड़े होते थे, क्योंकि उन्हें भय लगता था कि सन्त उन्हें चंगा कर देंगे और इस प्रकार उन्हें उनकी आय के साधन से महरूम कर देंगे, और इसके पहले कि वे सीमा पर पहुँच पाते, सन्त उन्हें निर्दयतापूर्वक बचा लेते और उन्हें उनके अंगों के उपयोग के लायक़ बनाकर उन्हें सज़ा प्रदान करते थे। लेकिन कभी-कभी भिक्षु का दारुण चेहरा एक मधुर आभा से दमक उठता, जब वह मुझे बताता कि किस तरह उन मण्डलियों के बीच रहते हुए उसने एक बहिष्कृत व्यक्ति की अपनी हैसियत में फ्रांसिस्कन उपदेशकों की वाणी को सुना था और उसमें यह समझ पैदा हुई थी कि मुफ़लिसी और आवारागर्दी की जो ज़िन्दगी वह जी रहा था उसे एक घिनौनी ज़रूरत की तरह देखने की बजाय समर्पण के आह्लादकारी कर्म के रूप में देखना चाहिए और वह पश्चातापियों के उन पन्थों और दलों के साथ हो लिया जिनके नामों का ठीक-ठीक उच्चारण करना उसके वश की बात नहीं थी और जिनके धर्म-मतों को वह बेहद अविश्वसनीय शब्दावली में परिभाषित करता था। मैंने नतीजा निकाला कि उसका साबका पेटाराइनों और वाल्डेन्सियनों से और शायद कैथारिस्टों, आर्नोल्डिस्टों और उमीलियाती से पड़ा होगा और यह कि दुनिया का भ्रमण करते हुए वह एक दल से दूसरे दल में आता-जाता रहा था, जिसके चलते वह धीरे-धीरे अपनी घूमन्तू अवस्था को एक मिशन की तरह लेने लगा था और जो कुछ भी वह अब तक अपने पेट की ख़ातिर करता आया था उसे ईश्वर के लिए किए जा रहे कर्म की तरह देखने लगा था।

लेकिन कैसे और कब से? जहाँ तक मैं कह सकता था, लगभग तीस बरस पहले वह तुस्केनी में माइनॉराइटों की एक कॉन्वेण्ट में शामिल हुआ था और वहीं पर उसने बिना कोई आदेश प्राप्त किए सन्त फ्रांसिस का चोगा धारण कर लिया था। मेरा ख़याल है वहीं पर उसने वह टूटी-फूटी लैटिन सीखी थी जिसे वह उन तमाम जगहों की बोलियों के साथ गड्डमड्ड कर बोलता था जहाँ वह एक मुफ़लिस, घुमक्कड़, बेघर की हालत में रहा था और जिन बोलियों को उसने, मेरे इलाक़े के भाड़े के सैनिकों से लगाकर दल्मातिया के बोगोमिलों तक, अपने तमाम ख़ानाबदोश साथियों की ज़ुबान से सुना था। कॉन्वेण्ट में उसने अपना जीवन तपश्चर्या के लिए अर्पित कर दिया था, ऐसा उसका कहना था (उसकी आँखें चमक रही थीं जब उसने मेरे समक्ष *पश्चाताप करो* को उद्धरित किया और एक बार फिर मुझे वह शब्द सुनने को मिला जिसने विलियम की उत्सुकता को जगा दिया था), लेकिन साफ़ था कि जिन संन्यासियों के साथ वह रह रहा था वे भी उलझे हुए विचारों के थे, क्योंकि पड़ोसी चर्च, जिस पर चोरियों

और दूसरी दुष्टताओं के आरोप थे, के धर्ममत से गुस्साये उन लोगों ने एक दिन उसके घर पर हमला बोल दिया और उसको सीढ़ियों से नीचे धकेल दिया और गुनहगार मारा गया; फिर उन्होंने उसके घर को लूट लिया। जिसपर बिशॅप ने अपने सशस्त्र सैनिकों को भेज दिया, संन्यासी तितर-बितर हो गए और सल्वाटोर बिना किसी विधान अथवा अनुशासन के, फ्रेटीसेली, या भिक्षुक माइनॉराइटों के किसी दल के साथ उत्तरी इटली में दूर-दूर तक भटकता रहा।

वहाँ से उसने टाउलाउज़ इलाक़े में जाकर शरण ली और उसे एक अजीबोग़रीब तजुरबा हुआ, क्योंकि ज़िहादियों के भीषण कारनामों के क़िस्से ने उसको भड़का दिया। समुद्र को पार कर मज़हब के दुश्मनों के ख़िलाफ़ लड़ने एक दिन बड़ी तादाद में गड़रिये और साधारण लोग एक जगह पर इकट्ठा हुए। वे पास्टूरिऑक्स, यानी गड़रियों के नाम से जाने गए। दरअसल, वे अपने बदनसीब मुल्क को छोड़कर भागना चाहते थे। दो नेता थे जिन्होंने उनके दिमाग़ों को झूठे सिद्धान्तों से भर दिया था : एक पुरोहित जो अपने चाल-चलन की वजह से बरख़ास्त कर दिया गया था और दूसरा, सन्त बेनेडिक्ट के संघ को त्याग चुका एक संन्यासी। इन दोनों ने मिलकर मासूम लोगों को इस क़दर दीवाना बना दिया कि वे सब के सब, यहाँ तक कि सोलह बरस के बच्चे तक, झुण्ड के झुण्ड इनके पीछे चल पड़े, अपने माँ-बाप की मर्ज़ी के ख़िलाफ़, अपने खेत-खलिहान छोड़कर, बिना पैसे के, एक थैला और छड़ी मात्र लेकर, इन नेताओं के पीछे हो लिए और इन सबने मिलकर एक विशाल हुजूम का रूप ले लिया। इस क्षण वे न तो तर्क सुनने को तैयार थे न सही-ग़लत को, उनका ध्यान सिर्फ़ ताक़त और अपने मन की तरंग पर ही था। एकत्र और अन्ततः आज़ाद और जिन नए मुल्कों का आश्वासन उन्हें मिला हुआ था उनकी फीकी-सी उम्मीदें लिए हुए, उनकी हालत नशे में ग़ाफ़िल लोगों जैसी थी। हर चीज़ को हथियाते हुए वे गाँवों और नगरों में घुस पड़ते और अगर उनके किसी साथी को गिरफ़्तार कर लिया जाता, तो क़ैदख़ाने पर हमला करके उसे छुड़ा लेते। और जहाँ कहीं भी उनको जितने भी यहूदी मिले, उन्होंने उनको मार डाला और उनका सामान छीन लिया।

"यहूदियों को क्यों?" मैंने सल्वाटोर से पूछा। उसने जवाब दिया, "क्यों नहीं?" उसने मुझे समझाया कि तमाम ज़िन्दगी भर उसे उपदेशकों ने यही बताया था कि यहूदी ईसाइयत के दुश्मन हैं और उन्होंने ईसाई ग़रीबों को वंचित रखकर ज़ायदादें इकट्ठी की थीं। लेकिन, मैंने उससे पूछा कि क्या यह भी सही नहीं है कि नवाबों और धर्माध्यक्षों ने भी मज़हबी टैक्स की मार्फ़त ज़ायदादें इकट्ठी की हैं और इसलिए गड़रिये अपने असली दुश्मनों के ख़िलाफ़ नहीं लड़ रहे हैं। उसने जवाब दिया कि जब आपके असली दुश्मन बहुत ज़्यादा ताक़तवर हों, तो आपको उनके मुक़ाबले कमज़ोर दुश्मनों को चुनना होता है। मैंने सोचा कि साधारणों को इस नाम से पुकारे जाने की वजह यही थी। सिर्फ़ ताक़वर ही इस बात को साफ़ तौर पर जानते हैं कि उनके असली दुश्मन कौन हैं। सामन्त नहीं चाहते थे कि गड़रिये उनकी ज़ायदादों को जोख़िम में डालते और यह उनके लिए बहुत बड़े सौभाग्य की बात थी कि गड़रियों के नेताओं ने यह धारणा फैला रखी थी कि सबसे ज़्यादा ज़ायदाद पर मालिकाना हक़ यहूदियों का था। मैंने उससे पूछा कि यहूदियों पर हमले करने का विचार भीड़ के दिमाग़ में किसने डाला। सल्वाटोर याद नहीं कर सका। मेरा मानना है कि जब भी कभी इस तरह की भीड़ इकट्ठी होती है जिसे कोई आश्वासन देकर फुसलाया गया होता है और जो तुरन्त

ही कुछ चाहती है, तो कभी भी यह पता नहीं चल पाता कि उनके बीच बोलनेवाला कौन है। मुझे याद आया कि उनके नेता कॉन्वेण्टों और कैथेड्रल स्कूलों में पढ़े थे और वे प्रभु वर्ग की ज़ुबान में बात करते थे, भले ही फिर वे उसका तर्जुमा गड़रियों को समझ में आ सकनेवाली शब्दावली में क्यों न कर देते हों। गड़रिये नहीं जानते थे कि पोप कहाँ पर थे, पर उन्हें यह पता था कि यहूदी कहाँ थे। बहरहाल, उन्होंने फ्रांस के सम्राट की एक ऊँची और विशाल बुर्ज को घेर लिया जिसमें दहशत में डूबे हुए यहूदियों ने पनाह ले रखी थी। और यहूदियों ने बुर्ज की दीवारों के नीचे जाकर, लकड़ियाँ और पत्थर फेंकते हुए, साहस और निर्दयतापूर्वक अपना बचाव किया। लेकिन गड़रियों ने बुर्ज के दरवाज़े में आग लगा दी और इस तरह भीतर फँसे हुए यहूदियों को धुएँ और शोलों की यातनाओं के हवाले कर दिया। और अपने हमलावरों को परास्त कर पाने में असमर्थ यहूदियों ने इन बेसुन्नतों के हाथों मारे जाने की बजाय ख़ुद को ख़त्म कर लेना बेहतर समझते हुए अपने सबसे हिम्मती एक साथी से सबकी गर्दनें उड़ा देने को कहा। उसने मंज़ूर किया और उनमें से लगभग पाँच सौ लोगों को मार डाला। फिर वह यहूदियों के बच्चों को लेकर बुर्ज से बाहर निकला और गड़रियों से आग्रह किया कि वे उसका बपतिस्मा कर दें। लेकिन गड़रियों ने उससे कहा : तुमने अपने साथियों का नरसंहार किया है और अब तुम मौत से भागना चाहते हो? और उन्होंने उसके टुकड़े-टुकड़े कर दिए; लेकिन उन्होंने बच्चों को छोड़ दिया, जिनका उन्होंने बपतिस्मा कर दिया। इसके बाद वे रास्ते भर अनेक रक्तरंजित लूटपाटें करते हुए कार्कासोने की तरफ़ बढ़े। तब फ्रांस के राजा ने उन्हें चेतावनी दी कि उन लोगों ने अति कर दी है और हुक्म दिया कि जिस किसी भी नगर से वे गुज़रें उन्हें रोका जाए और घोषणा की कि उनसे यहूदियों की भी इस तरह रक्षा की जाए जैसे कि वे राजा के आदमी हों...।

राजा इस मौक़े पर यहूदियों का लिहाज़ क्यों करने लगा? शायद इसलिए कि उसे इस बात का अहसास होने लगा था कि गड़रिये समूचे राज्य में तबाही फैला सकते थे और वह चिन्तित था क्योंकि उनकी तादाद तेज़ी से बढ़ रही थी। इससे भी ज़्यादा, उसके मन में यहूदियों के प्रति इसलिए भी नरमी का रुख़ पैदा हो गया था, क्योंकि एक तो यहूदी साम्राज्य के व्यापार के लिए उपयोगी थे और दूसरे इसलिए कि अब गड़रियों को नष्ट करना ज़रूरी हो गया था और तमाम अच्छे ईसाइयों के लिए उनके गुनाहों पर रोने की एक अच्छी वजह का होना ज़रूरी था। लेकिन बहुत-से ईसाइयों ने राजा का हुक्म नहीं माना, क्योंकि उनको उन यहूदियों का बचाव करना ग़लत लगा जो कि हमेशा से ईसाई आस्था के दुश्मन रहे थे। और बहुत-से नगरों में जिन सीधे-सादे लोगों को यहूदियों के लिए सूद देना पड़ता था, वे उनको उनकी दौलत के लिए गड़रियों द्वारा दण्डित किए जाने से ख़ुश थे। तब राजा ने मौत की सज़ा की धमकी के साथ हुक्म दिया कि गड़रियों को किसी भी तरह की मदद न दी जाए। उसने अच्छी ख़ासी सेना इकट्ठी की और उन पर हमला बोल दिया और उनमें से बहुत-से गड़रिये मारे गए, जबकि कुछ ने भाग कर और जंगलों में शरण लेकर अपनी जानें बचायीं..., लेकिन वहाँ वे विपदाओं के शिकार होकर मर गए। जल्द ही उन सबका वुजूद ख़त्म हो गया। राजा के जनरल ने उनको पकड़ा और एक बार में इकट्ठे बीस या तीस को ऊँचे-ऊँचे दरख़्तों पर लटका दिया, ताकि उनकी लाशें हमेशा के लिए एक नज़ीर बन जाएँ और कोई भी दोबारा राज्य की शान्ति भंग करने की गुस्ताख़ी न करे।

जो बात असामान्य थी वह यह थी कि सल्वाटोर मुझे यह क़िस्सा इस तरह सुना रहा था जैसे वह किसी नेक काम के बारे में बता रहा हो। और दरअसल वह अपनी इस धारणा पर अडिग बना रहा कि तथाकथित गड़रियों के इस गिरोह का ध्येय ईसा की क़ब्र को फ़तह करना और उसको नास्तिकों के चंगुल से छुड़ाना था और मेरे लिए उसको यह विश्वास दिला पाना असम्भव था कि यह ख़ूबसूरत फ़तह पीटर दि हर्मिट और सेण्ट बर्नार्ड के ज़माने में और फ्रांस के सेण्ट लुई के शासन-काल में पहले ही हासिल की जा चुकी थी। ख़ैर, सल्वाटोर नास्तिकों के सम्पर्क में नहीं आया, क्योंकि उसको हड़बड़ी में फ्रांसीसी क्षेत्र को छोड़ना पड़ा। उसने मुझे बताया कि वह नोवारा इलाक़े में गया था, लेकिन इस दौरान क्या हुआ इसको लेकर वह बहुत अस्पष्ट था। और अन्त में वह कासाले पहुँचा, जहाँ माइनॉराइटों के कॉन्वेण्ट में उसे स्वीकार कर लिया गया (और मेरा ख़याल है कि यहीं पर वह रेमीजियो से मिला था)। यह ठीक वह वक़्त था जब पोप के अत्याचार से त्रस्त बहुत-से माइनॉराइट, अग्निदंड से बचने के लिए चोले बदल रहे थे और दूसरे धर्मसंघों के मठों में शरण ले रहे थे। जैसा कि, सचमुच ही, उबर्तिनो ने हमें बताया था। जो बहुत-से शारीरिक उद्यम उसने अपनी निरुद्देश्य ख़ानाबदोशी के दौरान कपटपूर्ण उद्देश्यों के लिए किए थे उनसे और जो उसने ईसा के प्रेम की ख़ातिर भटकते हुए पावन उद्देश्यों के लिए किए थे, उन सबसे अपने लम्बे परिचय के कारण सल्वाटोर तुरन्त ही भण्डार-रक्षक के द्वारा निजी सहायक के तौर पर रख लिया गया था। और यही वजह थी कि वह कई सालों से यहाँ पर बना हुआ था, जहाँ संघ के तामझाम में उसकी जितनी कम दिलचस्पी थी, उससे कहीं ज़्यादा दिलचस्पी तहख़ाने और भण्डार की देखरेख में थी, जहाँ पर वह बिना चोरी किए खा-पी सकता था और बिना अग्निदंड भुगते ईश्वर की आराधना कर सकता था।

मैंने उसकी ओर उत्सुकता से देखा, उसके तजुर्बों के अनूठेपन की वजह से नहीं, बल्कि इसलिए कि उसके साथ जो कुछ घटित हुआ था वह मुझे उन बहुत-सी घटनाओं और आन्दोलनों का निचोड़ लग रहा था जिन्होंने उस ज़माने की इटली को आकर्षक और समझ से परे बना दिया था।

उन क़िस्सों से क्या चीज़ निकल कर आती थी? एक ऐसे आदमी की तस्वीर जिसने जोख़िम से भरा हुआ जीवन जिया, यहाँ तक कि जो, बिना अपने गुनाह के अहसास के, अपने साथी की हत्या तक कर सकता था। लेकिन उस वक़्त हालाँकि मुझे ईश्वरीय नियम के ख़िलाफ़ किया गया एक गुनाह किसी दूसरे गुनाह जैसा ही लगता था, लेकिन मैंने उन कुछ चीज़ों को समझने की शुरुआत कर दी थी जिनकी चर्चाएँ मुझे सुनने को मिल रही थीं और मैंने जाना कि एक लगभग आनन्द के उन्माद में डूबी हुई भीड़ जब, शैतान के नियमों को ईश्वर के नियम समझ कर, नरसंहार करती है, तो यह एक बात है, लेकिन जब कोई व्यक्ति नफ़ा-नुक़्सान को दिमाग़ में रखकर, ख़ामोशी के साथ, ठंडे तरीक़े से कोई अपराध करता है, तो यह बिल्कुल दूसरी बात होती है। और मुझे ऐसा नहीं लगा था कि सल्वाटोर ने ऐसे किसी अपराध से अपनी आत्मा को कलंकित किया होगा।

दूसरी तरफ़, मैं मठाधीश के इशारे को लेकर कुछ पता लगाना चाहता था और फ्रा डोल्सिनो का विचार मेरे दिमाग़ में छाया हुआ था जिसके बारे में मैं लगभग कुछ भी नहीं जानता था, भले ही पिछले कुछ दिनों में जो बहुत-सी चर्चाएँ मैं सुनता रहा था उनपर उसका भूत लगातार मँडराता लगता था।

सो मैंने सल्वाटोर से सीधा सवाल पूछा : "अपनी यात्रा के दौरान क्या कभी आपकी मुलाक़ात फ्रा डोल्सिनो से हुई थी?"

उसकी प्रतिक्रिया बहुत विचित्र थी। उसने अपनी आँखें फैलाई, मानो उनको उससे ज़्यादा खोलना सम्भव था जितनी कि वे थी, फिर उसने खुद पर बार-बार क्रॉस का निशान बनाया और एक ऐसी भाषा में कुछ शब्द बुदबुदाए जो इस बार वाक़ई मेरी समझ के परे थे। लेकिन मुझे लगा कि वे इन्कार के शब्द थे। इसके पहले तक तक वह मेरी तरफ़ दोस्ताना विश्वास के भाव से देखता रहा था। उस क्षण में उसने मुझे क़रीब-क़रीब गुस्से से देखा। फिर, कोई बहाना खोज कर वह चल दिया।

अब मुझे अपने आप को रोक पाना मुश्किल था। आख़िर कौन था यह संन्यासी कि जो भी उसका नाम सुनता था वह आतंक से भर उठता था? मैंने तय पाया कि उसे जानने की अपनी इच्छा की गिरफ़्त में बने रहना अब मेरे लिए मुश्किल होगा। मेरे दिमाग़ में एक ख़याल आया। उबर्तिनो! इस नाम का उच्चारण खुद उसने किया था, उस पहली शाम जब उसके साथ हमारी मुलाक़ात हुई थी; वह संन्यासियों, भिक्षुओं और इन पिछले कुछ सालों के दौरान उभरी दूसरी प्रजातियों के प्रगट और रहस्यमय उतार-चढ़ावों के बारे में सब कुछ जानता था। इस वक़्त वह मुझे कहाँ मिल सकता था? निश्चय ही चर्च में, प्रार्थना में डूबा हुआ। और क्योंकि मैं आज़ादी का आनन्द ले रहा था, मैं वहाँ चला गया।

मुझे वह नहीं मिला; बल्कि वह शाम तक भी मुझे नहीं मिला। और इसलिए मेरी उत्सुकता मेरे साथ बनी रही, क्योंकि दूसरी घटनाएँ घटित हो रही थीं, जिनके बारे में मुझे बताना चाहिए।

उत्तराह्निका

जिसमें विलियम एड्सो से विधर्म की विशाल नदी के बारे में, चर्च के भीतर जनसाधारण की भूमिका के बारे में, वैश्विक नियमों को जान सकने की सम्भावना को लेकर अपने सन्देहों के बारे में बात करता है और जिसमें वह, लगभग अवान्तर ढंग से, बताता है कि किस तरह उसने वेनेण्टियॅस द्वारा छोड़े गए संकेतों को बूझा।

मैंने विलियम को कारख़ाने में पाया, जहाँ वे निकोलॅस के साथ काम कर रहे थे और दोनों ही अपने काम में बुरी तरह मुब्तिला थे। उन्होंने काउण्टर पर काँच के कई गोल टुकड़े फैला रखे थे, जो शायद खिड़की के पल्लों के रूप में इस्तेमाल किए जाने के लिए थे; उन्होंने इनमें से कुछ की मोटाई को औज़ारों की मदद से ज़रूरत के मुताबिक़ कम कर लिया था। विलियम उनको अपनी आँख के सामने ले जाकर उनकी जाँच कर रहे थे। और निकोलॅस कारीगरों को उन फ्रेमों के बारे में हिदायतें दे रहा था जिनमें सही लेंस फिट किए जाने थे।

विलियम गुस्से से भुनभुना रहे थे, क्योंकि अभी तक जो लेंस उनको सबसे ज़्यादा सन्तोषजनक लगे थे वे पन्ने के रंग के थे और जैसा कि उनका कहना था, वे नहीं चाहते

थे कि चर्मपत्र उनको घास के मैदान की तरह दिखाई दें। निकोलॅस निरीक्षण करने कारीगरों के पास चला गया। जितनी देर विलियम अलग-अलग काँचों को आज़माते रहे, उतनी देर मैं उनको सल्वाटोर के साथ हुई अपनी बातचीत के बारे में बताता रहा।

''इस आदमी ने तरह-तरह के तजुर्बे हासिल किए हैं,'' उन्होंने कहा। ''हो सकता है कि वह वाक़ई डोल्सीनियाइयों के साथ रहा हो। यह मठ सचमुच एक छोटा-मोटा ब्रह्माण्ड है और जब पोप जॉन के दूत और ब्रॅदर माइकेल यहाँ आ जाएँगे, तो रही सही कसर भी पूरी हो जाएगी।''

''गुरुदेव,'' मैंने कहा, ''मैं कुछ भी नहीं समझा।''

''काहे के बारे में, एड्सो?''

''सबसे पहले तो विधर्मियों के अलग-अलग समूहों के बीच फ़र्क़ के बारे में। लेकिन इसके बारे में मैं आपसे बाद में पूछूँगा। फ़िलहाल तो मैं फ़र्क़ की समस्या को लेकर ही बहुत परेशान हूँ। जब आप उबर्तिनो से बात कर रहे थे, तो मुझे ऐसा लगा था कि आप उनके सामने यह साबित करने की कोशिश कर रहे थे कि चाहे सन्त हों, चाहे विधर्मी हों, वे सब बराबर हैं। लेकिन फिर, मठाधीश से बात करते हुए आप उनको एक विधर्मी और दूसरे विधर्मी के बीच और विधर्मी तथा परम्परावादी के बीच के फ़र्क़ को भरसक समझाने की कोशिश कर रहे थे। दूसरे शब्दों में, उबर्तिनो से आपकी शिकायत यह थी कि वे उन लोगों के बीच फ़र्क़ कर रहे थे जो बुनियादी तौर पर एक ही हैं और मठाधीश से आपकी शिकायत थी कि वे उन लोगों को एक मानकर चल रहे थे जो बुनियादी तौर पर अलग हैं।''

विलियम ने लेंसों को थोड़ी देर के लिए मेज़ पर रख दिया। ''मेरे प्यारे एड्सो,'' वे बोले, ''अब हम कुछ फ़र्क़ करने की कोशिश करते हैं और यह फ़र्क़ करने के लिए हम स्कूल ऑव पेरिस की शब्दावली का इस्तेमाल करेंगे। इस तरह : वे कहते हैं कि तमाम मनुष्य सारभूत रूप में एक जैसे होते हैं, ठीक है?''

''बिल्कुल,'' मैंने अपने ज्ञान पर गर्व करते हुए कहा, ''मनुष्य जीव हैं, लेकिन बुद्धिसम्पन्न जीव और हँस सकने की क्षमता मनुष्य का गुण है।''

''बहुत बढ़िया। लेकिन थॉमस, बोनावेंचर से अलग है, थॉमस मोटा है, जबकि बोनावेंचर दुबला है और यह फ़र्क़ इस रूप में भी हो सकता है कि उग बुरा है, जबकि फ्रांसिस अच्छा है और अल्डेमर शान्त चित्त है, जबकि एगीलल्फ चिड़चिड़ा है। मैं ग़लत तो नहीं कह रहा हूँ?''

''नहीं, बेशक ऐसा ही है।''

''तब इसका मतलब है कि जहाँ तक विभिन्न मनुष्यों के सारभूत रूप का सवाल है, उनमें परस्पर समानता है और जहाँ तक उनके गैरतात्त्विक गुणों का सवाल है, या जहाँ तक उनके ऊपरी रूपाकार का सवाल है, उनमें फ़र्क़ है।''

''बिल्कुल, इसमें शक की गुंजाइश नहीं।''

''जब मैं उबर्तिनो से कहता हूँ कि स्वयं मानव स्वभाव, अपने कार्यव्यापार की जटिल प्रक्रिया में, अच्छाई के प्रति प्रेम और बुराई के प्रति प्रेम दोनों पर नियन्त्रण रखता है, तो मैं उबर्तिनो को मानव-स्वभाव की समानता को लेकर क़ायल करने की कोशिश कर रहा हूँ। लेकिन जब मैं मठाधीश से कहता हूँ कि एक कैथारिस्ट और एक वाल्डेन्सियन के बीच

फ़रक़ है, तो मैं उनके गैरतात्त्विक गुणों की विविधता पर ज़ोर दे रहा हूँ। और मैं इस पर ज़ोर इसलिए देता हूँ क्योंकि अगर किसी वाल्डेन्सियाई पर किसी कैथारिस्ट के गैरतात्त्विक गुणों को आरोपित कर दिया जाए तो उसको अग्निदंड भोगना पड़ सकता है और इसी तरह इसका उल्टा भी सही होगा। और जब आप किसी इनसान को जलाते हैं तो आप उसके विशिष्ट तत्त्व को आग के हवाले कर देते हैं और उस चीज़ को विशुद्ध सिफ़र के स्तर पर घटा देते हैं जो अस्तित्व-प्रक्रिया का एक ठोस परिणाम था और इसलिए जो अपने आप में एक शुभ वस्तु थी, कम से कम उस ईश्वर की निगाहों में जो उसको वुजूद में लाया था। क्या यह तुमको भिन्नताओं पर ज़ोर देने के लिए पर्याप्त कारण लगता है?''

''मुश्किल यह है,'' मैंने कहा, ''कि मैं वाल्डेन्सियाइयों, कैथारिस्टों, लियान्स के निर्धनों, उमीलियाती, बेग़ार्डों, जोएशिमाइटों, पेटाराइनों, अपोस्टलों, निर्धन लोम्बार्डों, आर्नोल्डवादियों, विलियमवादियों, फ्री स्पिरिट के अनुयायियों और लूसीफ़राइनों के बीच फ़र्क़ कर पाने की स्थिति में नहीं रह गया हूँ। मैं क्या करूँ?''

''आह, बेचारा एड्सो,'' विलियम ने हँसते हुए और मेरे सिर पर प्यार से एक चपत लगाते हुए कहा, ''तुम वाक़ई ग़लत नहीं हो! देखो, यह कुछ ऐसा है मानो पिछली दो सदियों से, बल्कि उससे भी पहले से, हमारी यह दुनिया एक साथ असहिष्णुता, उम्मीद और हताशा के आघात झेलती रही हो...। नहीं, यह तुलना ठीक नहीं है। एक नदी की कल्पना करो, एक विशाल और भव्य नदी की, जो मीलों-मील उन मज़बूत तटों के बीच से होकर बहती आ रही है, जहाँ की ज़मीन ठोस है। एक क्षण आता है जब यह नदी थक जाती है, क्योंकि उसके बहाव ने बहुत लम्बी दूरी और बहुत लम्बा वक़्त तय किया है, क्योंकि अब वह उस समुद्र के क़रीब पहुँचने को है, जो तमाम नदियों को अपने में निगल लेता है और अपनी थकान के इस क्षण में वह भूल जाती है कि वह क्या है और अपनी पहचान खो देती है। वह ख़ुद ही अपना डेल्टा बन जाती है। हो सकता है कि उसकी एक बड़ी शाखा अपनी जगह बनी रहे, लेकिन बहुत-सी शाखाएँ उसमें से फूटकर हर दिशा में बह निकलती हैं और कुछ एक साथ, एक-दूसरे में होकर बहने लगती हैं और तुम यह कह पाने की स्थिति में नहीं रह जाते कि कौन-सी शाखा किससे पैदा हुई है और कभी-कभी तो तुम यह तक नहीं कह सकते कि उसका कौन-सा हिस्सा अभी भी नदी है और कौन-सा हिस्सा समुद्र बन चुका है...।''

''अगर मैं आपके दृष्टान्त को ठीक से समझ पाया हूँ, तो यह नदी ईश्वर का नगर, या न्याय का राज्य है, जो अब सहस्राब्दि की तरफ़ बढ़ रहा है और इस अनिश्चय की हालत में यह सुरक्षित नहीं रह गया है, झूठे और सच्चे पैग़म्बर पैदा हो गए हैं और हर चीज़ बहती हुई उस विशाल मैदान में पहुँच रही है जहाँ अर्मागेडॉन (महान निर्णायक युद्ध) घटित होनेवाला है...।''

''यह ठीक-ठीक वह बात नहीं है जो मेरे दिमाग़ में थी। मैं तुम्हें यह समझाने की कोशिश कर रहा था कि किस तरह से चर्च का ढाँचा, जो सदियों से समूचे समाज का, ईश्वर की सन्तानों का, ढाँचा भी रहा है, बेहद समृद्ध और विशाल रूप ले चुका है और वह अपने साथ उन तमाम देशों के कूड़े-कचरे को समेटे हुए है जिनसे होकर वह गुज़रा है और इसने अपनी शुद्धता खो दी है। तुम चाहो तो कह सकते हो कि डेल्टा की शाखाएँ जल्द से जल्द समुद्र तक पहुँचने की, यानी अपनी शुद्धता के क्षण को हासिल करने की, नदी की अनेकशः कोशिशें

हैं। मेरे दृष्टान्त का मक़सद तुम्हें सिर्फ़ यह बताना था कि किस तरह विधर्म की शाखाओं और पुनर्नवीकरण के आन्दोलनों की अनेकता और उनका एक-दूसरे में घुला-मिला होना, इस नदी के अखण्ड न रह जाने का लक्षण है। तुम चाहो तो मेरे इस कमज़ोर दृष्टान्त में उस व्यक्ति की छवि भी शामिल कर सकते हो जो अपने पशु-बल से इस नदी के तटों को फिर से बाँधने की कोशिश में लगा हुआ है, लेकिन ऐसा कर पाने में असमर्थ है। और इस डेल्टा की कुछ शाखाएँ कीचड़ से रुँधी हुई हैं, तो कुछ को कृत्रिम रास्तों से वापस नदी की तरफ़ मोड़ दिया गया है और कुछ ऐसी भी हैं जिनको बहने की छूट दे दी गई है, क्योंकि हर चीज़ को क़ाबू में रख पाना असम्भव है और अगर नदी चाहती है कि उसका एक पहचाना जा सकने योग्य सिलसिला हो, तो उसके लिए यह ज़रूरी है कि वह अपने जल के एक हिस्से को खोकर भी अपने सिलसिले को क़ायम रखे।''

''मुझे और भी कम समझ में आ रहा है।''

''मुझे भी। मुझे दृष्टान्तों के सहारे बात करना आता नहीं है। नदी के इस क़िस्से को भूल जाओ। इसकी बजाय यह समझने की कोशिश करो कि जिन आन्दोलनों का ज़िक्र तुम कर रहे थे, उनमें से बहुत-से कम से कम दो सौ साल पहले पैदा हुए थे और वे पहले ही दम तोड़ चुके हैं, तब भी कुछ आन्दोलन हैं जो हाल ही के हैं...।''

''लेकिन जब भी विधर्मियों की चर्चा होती है तो सभी का ज़िक्र एक साथ किया जाता है।''

''सही है और यह उन रास्तों में से एक है जिनसे विधर्म फैलता है और उन रास्तों में से भी एक है जिनसे वह नष्ट होता है।''

''मैं फिर नहीं समझा।''

''हे भगवान, कितना मुश्किल है। ठीक है। कल्पना करो कि तुम लोगों के आचरण को सुधारने के अभियान पर हो और तुम निर्धनता का जीवन-यापन करने पर्वत के शिखर पर कुछ साथियों को इकट्ठा करते हो। और कुछ समय बाद तुम पाते हो कि तुम्हारे पास बहुत-से लोग चले आ रहे हैं, यहाँ तक कि दूर देशों से भी और वे तुमको एक पैग़म्बर, या ईसा का एक नया शिष्य समझते हैं और तुम्हारा अनुसरण करते हैं। क्या वे तुम्हारे लिए या जो तुम कहते हो उसके लिए वहाँ आए हैं?''

''मैं नहीं जानता। मेरा ख़याल है वे इसी के लिए आए हैं। दूसरी वजह क्योंकर हो सकती है?''

''क्योंकि अपने पादरियों से उन्होंने दूसरे सुधारकों के और कमोबेश आदर्श समुदायों के क़िस्से सुन रखे हैं और उनका विश्वास है कि यह वही है और वह यही है।''

''और इसलिए हर आन्दोलन दूसरे आन्दोलनों का वंशज होता है?''

''बिल्कुल, क्योंकि सुधारकों के पीछे चलनेवालों में से ज़्यादातर साधारण लोग होते हैं, जिनमें धर्ममत की बारीक़ समझ नहीं होती। मसलन कैथारिस्टों और वाल्डेन्सियनों में अक्सर घालमेल कर दिया जाता है। लेकिन दोनों में बहुत बड़ा फ़र्क़ है। वाल्डेन्सियनों ने चर्च के भीतर नैतिक सुधारों की बात कही, कैथारिस्टों ने एक अलग चर्च की, ईश्वर और नैतिकता को लेकर एक अलग दृष्टिकोण की बात कही। कैथारिस्टों का विचार था कि दुनिया शुभ और अशुभ की परस्पर विरोधी ताक़तों के बीच बँटी हुई है और उन्होंने एक ऐसा चर्च खड़ा किया था जिसमें आदर्श आस्थावानों को साधारण आस्थावानों से अलगाया जाता था और

उनके अपने अलग संस्कार और अनुष्ठान हुआ करते थे; उन्होंने, क़रीब-क़रीब हमारी होली मॅदर चर्च जैसा ही, पुरोहितों का एक बेहद सख़्त तन्त्र खड़ा किया था और वे शक्ति के किसी भी सम्भव ढाँचे को नष्ट करने के बारे में क्षण-भर को भी नहीं सोच सकते थे। इसी से तुम समझ सकते हो कि शासक वर्ग के लोग, भूमिपति और सामन्त भी क्योंकर कैथारिस्टों के साथ हो लिए थे। न ही उन्होंने दुनिया को सुधारने के बारे में सोचा, क्योंकि उनके हिसाब से शुभ और अशुभ के बीच का झगड़ा कभी ख़त्म होनेवाला नहीं था। इसके उलट, वाल्डेन्सियन (और उनके साथ-साथ आर्नोल्डवादी, या निर्धन लोम्बाडी) निर्धनता के आदर्श पर आधारित एक बिल्कुल अलग दुनिया रचना चाहते थे और इसी कारण उन्होंने बहिष्कृतों का स्वागत किया और अपने हाथों से श्रम करते हुए वे समुदाय के बीच रहे।''

''पर तब उनको उसी अशुभ खरपतवार का हिस्सा मानकर बात क्यों की जाती है?''

''मैंने तुमसे कहा था : जो चीज़ उनको जीवन देती है वही उनकी मौत की वजह भी बन जाती है। आन्दोलन खड़े होते हैं, उन साधारण लोगों को इकट्ठा करते हुए जो दूसरे आन्दोलनों द्वारा भड़काये गए होते हैं और जो मानते हैं कि क्रान्ति और उम्मीद का आवेग सभी आन्दोलनों में समान रूप से मौजूद होता है और फिर वे उन धर्मपरीक्षकों के हाथों मार दिए जाते हैं, जो एक की ग़लतियों को दूसरे के मत्थे मढ़ देते हैं और अगर एक आन्दोलन के कट्टरपन्थी कोई अपराध करते हैं, तो इस अपराध को हर आन्दोलन के हर कट्टरपन्थी के मत्थे मढ़ दिया जाता है। तर्कसंगत तरीक़े से बात करें तो धर्मपरीक्षक ग़लत ठहरते हैं, क्योंकि वे परस्पर विरोधी धर्ममतों को गड्डमड्ड कर लेते हैं; पर दूसरे लोगों के कुतर्क से वे सही ठहरते हैं, क्योंकि जब कोई, मसलन, आर्नोल्डवादियों का आन्दोलन किसी नगर में उठ खड़ा होता है, तो उसे उन लोगों से बढ़ावा मिलने लगता है जो कहीं और या कैथारिस्ट अथवा वाल्डेन्सियन रह चुके होते हैं। फ्रा डोल्सिनो के शिष्यों ने पुरोहितों और सामन्तों के शारीरिक विनाश की शिक्षा दी और अनेक हिंसक वारदातें कीं; वाल्डेन्सियन हिंसा के ख़िलाफ़ हैं और इसी तरह फ्रेटीसेली भी। लेकिन मेरा पक्का विश्वास है कि फ्रा डोल्सिनो के ज़माने में उसके दल में बहुत-से ऐसे लोग थे जो इसके पहले फ्रेटीसेली या वाल्डेन्सियनों की शिक्षाओं का अनुसरण करते रहे थे। एड्सो, साधारण लोग अपनी निजी विधर्मिता को चुनने की स्थिति में नहीं होते; वे अपने देश में प्रचार कर रहे उस आदमी से चिपक जाते हैं, जो उनके गाँव से होकर गुज़रता है या जो उनके चौक में ठहरता है। उनके दुश्मन इसी चीज़ का फ़ायदा उठाते हैं। उपदेश की एक अच्छी तकनीक यह है कि जनता की निगाहों के सामने एक इकलौती विधर्मिता को पेश किया जाए, जो शायद यौन आनन्द और शारीरिक मिलन को त्यागने का इशारा भी लगे हाथ कर सकती हो : यह चीज़ विधर्मियों को उन शैतानी अन्तर्विरोधों के एक घालमेल के रूप में प्रगट करती है जो कॉमन सेंस पर चोट करती है।''

''मतलब इनके बीच कोई रिश्ता नहीं है और यह शैतान की करामात है कि एक साधारण इनसान, जो कि शायद जोएशिमाइट या स्पिरिचुअल होना चाहता है, अपने को कैथारिस्टों के हाथों में सौंप देता है और जो कैथारिस्ट होना चाहता है वह अपने को जोएशेमाइट या स्पिरिचुअलों के हाथों में सौंप देता है?''

''नहीं, ठीक ऐसा नहीं है। चलो एड्सो, हम एक बार फिर शुरू से शुरू करते हैं। लेकिन मैं तुम्हें बता दूँ कि मैं तुमको एक ऐसी चीज़ समझाने की कोशिश कर रहा हूँ जिसकी सच्चाई

को जानने को लेकर मैं ख़ुद निश्चित नहीं हूँ। मैं समझता हूँ कि ग़लती यह मानने में है कि विधर्म पहले आता है और बाद में वे साधारण लोग आते हैं जो उसके साथ हो जाते हैं (और उसकी ख़ातिर ख़ुद को नर्क में झोंक देते हैं)। दरअसल, पहले साधारण होने की परिस्थितियाँ पैदा होती हैं, विधर्मिता उसके बाद आती है।''

''मतलब?''

''आप ईश्वर की सन्तानों के बारे में दोटूक धारणा रखते हैं। एक विशाल रेवड़ है–जिसमें अच्छी और बुरी सब तरह की भेड़ें शामिल हैं–जिसे गड़रियों, पुरोहितों, दिव्य वाणी के व्याख्याकारों आदि के मार्गदर्शन में, मस्तिफों (कुत्तों)–सैनिकों या दुनियावी ताक़तों–सम्राट और अधिपतियों के द्वारा क़ाबू में रखा जाता है। तस्वीर एकदम साफ़ है।''

''लेकिन झूठी। गड़रिये कुत्तों से लड़ते हैं, क्योंकि दोनों ही एक-दूसरे के अधिकारों को लेकर लार टपकाते हैं।''

''सच है और ठीक यही चीज़ रेवड़ की प्रकृति को अनिश्चित बनाती है। कुत्ते और गड़रिये आपस में एक-दूसरे को चीथ खाने में इतने मुब्तिला रहते हैं, कि वे रेवड़ की देखभाल करने की हालत में ही नहीं रह जाते। रेवड़ का एक हिस्सा झुण्ड से बाहर छूट जाता है।''

''बाहर से आपका क्या आशय है?''

''हाशिये पर। किसानों को ही लो : वही हैं जो वाक़ई किसान नहीं हैं, क्योंकि उनके पास या तो ज़मीन ही नहीं होती, या जो ज़मीन उनके पास होती है वह उनका भरण-पोषण करने लायक़ नहीं होती। और नागरिक : वही हैं जो वाक़ई नागरिक नहीं होते, उनका ताल्लुक किसी संस्था या कॉर्पोरेशन से नहीं होता; वे छोटे लोग हैं, जो किसी के भी शिकार बन जा सकते हैं। तुमने कभी देहातों में कोढ़ियों के झुण्ड देखे हैं?''

''हाँ, एक बार मैंने इकट्ठे सौ देखे थे। वे अपनी वैसाखियों पर लड़खड़ाते हुए चल रहे थे, कुरूप, गलता हुआ मांस और नीचे से ऊपर तक सफ़ेद, उनके पपोटे सूजे हुए थे और आँखों से ख़ून रिस रहा था। वे बोल या चिल्ला नहीं रहे थे; वे चूहों की तरह चिचिया रहे थे।''

''ईसाइयों के लिए वे अन्य हैं, वे जो रेवड़ के हाशिये पर छूट जाते हैं। रेवड़ उनसे नफ़रत करती है, वे रेवड़ से नफ़रत करते हैं, जो उनकी तरह के सारे कोढ़ियों के मर जाने की कामना करती है।''

''हाँ, मुझे राजा मार्क के बारे में एक कहानी याद आती है, जिसे सुन्दरी आइसोल्डा को सज़ा देनी थी और वह उसको चिता पर चढ़ाने जा रहा था कि तभी कोढ़ी आए और राजा से बोले कि अग्निदंड तो एक कमतर सज़ा है, इससे भी बदतर सज़ाएँ हैं। और उन्होंने उसके सामने गुहार लगाई : आइसोल्डा को हमें दें ताकि वह हमारी बिरादरी का हिस्सा बन सके, हमारी बीमारी हमारी इच्छाओं को भड़काती है, उसे अपने कोढ़ियों को सौंप दो। हमारे घावों से चिपके हुए इन लत्तों की तरफ़ देखो। यह औरत, जिसने तुम्हारी दुनिया में रहते हुए गिलहरी के फर और रत्नों के अस्तर वाले ऊनी कपड़ों का आनन्द भोगा है, जब यह कोढ़ियों के आँगन में आएगी, जब उसे हमारी झोपड़ियों में घुसना और हमारे साथ सोना पड़ेगा, तब उसे अपने पाप का सही पता चलेगा और तब उसे झड़बेरी की इस शानदार चिता में न जल पाने का पश्चाताप होगा!''

"मैं देखता हूँ कि तुमने कुछ अनूठी चीज़ें पढ़ रखी हैं जो सेण्ट बेनेडिक्ट के सम्प्रदाय के नवदीक्षित शिष्य को शोभा नहीं देतीं," विलियम ने कहा। मैं शरमाया, क्योंकि मैं जानता था कि एक नवदीक्षित के लिए रोमांस नहीं पढ़ना चाहिए, लेकिन ऐसी चीज़ें मेल्क के मठ में हम युवाओं के बीच इस हाथ से उस हाथ घूमती ही रहती थीं और हम लोग रात के समय मोमबत्ती की रोशनी में उनको पढ़ा करते थे। "लेकिन वो कोई बात नहीं है," विलियम ने बात को जारी रखते हुए कहा, "जो मैं कहना चाहता था वह तुम समझ गए हो। बहिष्कृत कोढ़ी चाहते हैं कि हर चीज़ उनकी बरबादी के स्तर पर आ जाए। और जितना ही आप उनको बाहर करते जाएँगे, उतना ही ज़्यादा वे बुरे बनते जाएँगे और जितना ही आप उनको उन प्रेतों की सभा के रूप में चित्रित करेंगे जो आपकी तबाही चाहते हैं, उतना ही वे बहिष्कृत होते जाएँगे। सन्त फ्रांसिस ने इस बात को समझ लिया था और उनका फ़ैसला उनके बीच जाकर रहने का था। ईश्वर की सन्तानों में तब तक कोई बदलाव सम्भव नहीं है जब तक कि बहिष्कृतों को उनकी काया वापस नहीं मिल जाती।"

"लेकिन आप दूसरे बहिष्कृतों की बात कर रहे थे; विधर्मी आन्दोलन कोढ़ियों के द्वारा तो नहीं खड़े किए जाते।"

"रेवड़ एक ही केन्द्रवाले कई वृत्तों की शृंखला की तरह होती है, जिसमें रेवड़ के व्यापकतम वर्ग से लेकर उसके एकदम क़रीब का वातावरण तक शामिल होता है। कोढ़ी बहिष्कार की प्रवृत्ति का एक संकेत हैं। सन्त फ्रांसिस इस बात को समझते थे। वे कोढ़ियों की सिर्फ़ मदद ही नहीं करना चाहते थे; अगर वे इतना ही चाहते होते, तो उनका कर्म परोपकार के एक तुच्छ और नपुंसक कर्म में सिमटकर रह गया होता। वे कुछ और कहना चाहते थे। तुमने परिन्दों को दिए गए उनके उपदेशों के बारे में सुना है?"

"अरे, हाँ, वह सुन्दर कहानी मैंने सुनी है और इस सन्त के प्रति मेरे मन में बहुत श्रद्धा जगी थी जिसने ईश्वर के बनाए उन नाज़ुक जीवों की संगत में आनन्द लिया था," मैंने श्रद्धापूर्वक कहा।

"हाँ, लेकिन तुम्हें जो सुनाया गया है वह ग़लत है, या यूँ कहें कि ये वो कहानी है जिसे आज धर्मसंघ ने बदल लिया है। जब फ्रांसिस ने नगर के लोगों और उसके दंडाधिकारियों से बात की और पाया कि वे लोग उनकी बात नहीं समझ रहे हैं, तो वे क़ब्रिस्तान में गए और वहाँ उन्होंने कौओं और मैग्पाइयों को, बाज़ों को, मुर्दों से अपना पेट भरने वाले पक्षियों को उपदेश देना शुरू कर दिया।"

"भयानक!" मैंने कहा। "यानी वे अच्छे परिन्दे नहीं थे!"

"वे शिकारी परिन्दे थे, कोढ़ियों की तरह बहिष्कृत परिन्दे। फ्रांसिस के मन में निश्चय ही इल्हाम का वह छन्द रहा होगा जिसमें कहा गया है : 'मैंने धूप में खड़े हुए एक फ़रिश्ते को देखा; और वह आसमान में उड़ते हुए तमाम परिन्दों को सुनाते हुए ज़ोर की आवाज़ में चीख़ा, आओ और महान प्रभु के आख़िरी भोज में शामिल होने को इकट्ठा हो जाओ; कि तुम राजाओं का मांस खा सकते हो और अधिपतियों का मांस और पराक्रमी मनुष्यों का मांस और घोड़ों का मांस और उनका जो उन पर सवारी करते हैं और सारे इनसानों का मांस, उनका जो आज़ाद हैं और उनका भी जो बँधुआ हैं, उनका जो तुच्छ हैं और उनका भी जो महान हैं!"

"मतलब फ्रांसिस बहिष्कृतों को बग़ावत के लिए भड़काना चाहते थे?"

"नहीं, ऐसा तो अगर कोई चाहते थे तो वे फ्रा डोल्सिनो और उसके अनुयायी थे। फ्रांसिस तो बग़ावत के लिए तैयार बहिष्कृतों से आह्वान करना चाहते थे कि वे ईश्वर की सन्तानों की दुनिया का हिस्सा बनें। अगर रेवड़ फिर से एकत्र होती, तो बहिष्कृत भी फिर से मिलते। फ्रांसिस कामयाब नहीं हुए और यह बात मैं बहुत दुःख के साथ कह रहा हूँ। बहिष्कृतों का उद्धार करने के लिए उनको चर्च के दायरे में काम करना ज़रूरी था और चर्च के दायरे में काम करने उनको अपने विधान से मान्यता प्राप्त करना ज़रूरी था, जिससे एक धर्मसंघ निकलता और अपने प्रगट होने के साथ ही यह धर्मसंघ फिर से एक वृत्त को आकार देता, जिसके हाशिये पर बहिष्कृत बने रहते। तो, क्या अब तुम्हारी समझ में यह बात आ रही है कि क्यों उन फ्रेटीसेली और जोएशिमाइटों के दल अब भी मौजूद हैं जो अपने इर्द-गिर्द बहिष्कृतों को इकट्ठा करते रहते हैं?"

"लेकिन हम फ्रांसिस के बारे में बात नहीं कर रहे थे; हम इस बारे में बात कर रहे थे कि साधारण और बहिष्कृत लोग किस तरह विधर्मिता को जन्म देते हैं।"

"हाँ। हम उन लोगों के बारे में बात कर रहे थे, जो भेड़ों के झुण्ड से बाहर कर दिए जाते हैं। सदियों से, जहाँ पोप और सम्राट सत्ता की अपनी लड़ाई में एक-दूसरे को नेस्तनाबूत करने में लगे रहे, वहीं ये बाहर कर दिए गए लोग सीमान्त पर जीवन जीते रहे; कोढ़ियों की ही तरह, जिनमें वास्तविक कोढ़ी तो दरअसल ईश्वर का महज़ एक दृष्टान्त हैं जिसका उद्देश्य हमें इस अद्भुत नीतिकथा को समझाना है, ताकि 'कोढ़ी' शब्द का उच्चारण करते हुए हम 'बहिष्कृत, निर्धन, साधारण, परित्यक्त, देहातों से उन्मूलित, नगरों में अपमानित' लोगों को समझ सकें। लेकिन हम नहीं समझे; कोढ़ का भूत आज भी हमारे सिर पर इसलिए सवार है, क्योंकि हमने इस संकेत की प्रकृति को पहचाना नहीं है। रेवड़ से बाहर कर दिए गए वे सारे के सारे लोग उस प्रत्येक प्रवचन को सुनने को, या रचने को तैयार थे, जो ईसा की वाणी की याद दिलाता हुआ कुत्तों और गड़रियों के आचरण की भर्त्सना कर सकता था और एक दिन उनको सज़ा दिलाने का वादा कर सकता था। ताक़तवर लोगों को इसका अहसास हमेशा से था। बहिष्कृतों के पुनरुद्धार के लिए ताक़तवर लोगों के विशेषाधिकारों में कटौती करनी पड़ती, इसलिए उन परित्यक्तों को, जो अपने परित्याग के प्रति जागरूक हो गए थे, विधर्मियों के रूप में कलंकित किया जाना ज़रूरी था, चाहे उनके धर्ममत जो भी हों। विधर्मिता की भ्रान्ति इसी में है। हर कोई विधर्मी है, हर कोई शास्त्रसम्मत है। कोई आन्दोलन किस तरह की धर्मनिष्ठा का दावा करता है, यह बात मानी नहीं रखती : जो बात मानी रखती है वह यह है कि वह किस तरह की उम्मीद जगाता है। तमाम विधर्मिताएँ एक वास्तविकता का, एक अपवर्जन का बैनर हैं। विधर्मिता को खुरचो और तुमको वहाँ पर कोढ़ी मिलेगा। विधर्मिता के ख़िलाफ़ हर लड़ाई का सिर्फ़ एक ही मक़सद है : कोढ़ी को वैसा ही रहने दो जैसा वह है। जहाँ तक कोढ़ियों का सवाल है, तुम उनसे क्या उम्मीद कर सकते हो? कि वे त्रित्ववादी धर्मसिद्धान्त के भीतर या यूखारिस्ट की परिभाषा के भीतर इस बात की पहचान करें कि उसमें कितना सही है और कितना ग़लत है? नहीं, एड्सो, ये सब हम ज्ञानियों की दुनिया के खेल हैं। साधारण लोगों की समस्याएँ दूसरी हैं। और याद रखो कि इन समस्याओं को वे ग़लत ढंग से ही हल करते हैं। यही वजह है कि वे विधर्मी हो जाते हैं।"

"पर तब कुछ लोग उनका समर्थन क्यों करते हैं?"

"क्योंकि इससे उनके हित सधते हैं, वे हित जिनका आस्था से बिरले ही लेना देना होता है और ज़्यादातर उनका सरोकार सत्ता पर काबिज़ होने से होता है।"

"क्या तभी रोम का चर्च अपने सारे विरोधियों पर विधर्मी होने का आरोप लगाता है?"

"यही वजह है और यही वजह है कि वह किसी भी ऐसी विधर्मिता को शास्त्रनिष्ठ मानती है जिसके बारे में उसे लगता है कि वह उसको वापस अपने नियन्त्रण में ले सकती है या जिसे स्वीकार करना इसलिए उसकी मजबूरी हो जाती है क्योंकि वह विधर्मिता बेहद मजबूत हो चुकी होती है। लेकिन कोई स्पष्ट नियम नहीं है : यह निर्भर करता है व्यक्तियों पर, परिस्थितियों पर। यह बात सेक्युलर अधिपतियों के बारे में भी सही बैठती है। कभी-कभी नगर का दंडाधिकारी विधर्मियों को प्रोत्साहित करता है कि वे गॉस्पेल का देसी बोली में अनुवाद करें : देसी बोली अब नगरों की भाषा बन चुकी है, लैटिन रोम और मठों की। और कभी-कभी दंडाधिकारी वाल्डेन्सियनों का समर्थन करने लगता है, क्योंकि उनकी घोषणा है कि मर्द और औरतें, दीन और शक्तिशाली, सभी शिक्षा और उपदेश देने का काम कर सकते हैं और एक कामगार जो कि एक शिष्य है वह दस दिन बाद किसी ऐसे व्यक्ति को तलाशने लगता है जिसका कि वह गुरु बन सके...।"

"और इस तरह वे उस भेद को मिटा देते हैं जो पुरोहितों को अद्वितीयता प्रदान करता है! लेकिन, फिर, ऐसा क्यों होता है कि वही नगर दंडाधिकारी विधर्मियों से घृणा करने लगते हैं और उन्हें जला डालने में चर्च का हाथ बटाते हैं?"

"क्योंकि उनको अहसास हो जाता है कि विधर्मियों की बढ़ोत्तरी उस अयाजक वर्ग के विशेषाधिकारों को भी जोख़िम में डाल सकती है जो देसी बोली बोलता है। 1179 की लेटेरन कौंसिल में (तुम देख सकते हो कि ये सवाल पिछले डेढ़ सौ सालों से बने हुए हैं) वाल्टर मैप ने उन दुष्परिणामों के ख़िलाफ़ आगाह किया था जो वाल्डेन्सियन नाम के इन मूर्ख और अपढ़ लोगों पर भरोसा करने के कारण हो सकते थे। अगर मैं ठीक याद कर पा रहा हूँ तो, उसका कहना था कि उनका कोई निश्चित घर नहीं होता, वे नंगे पाँव और खाली हाथ यहाँ से वहाँ भटकते हैं, हर चीज़ को सार्वजनिक सम्पत्ति की तरह बरतते हुए, नंगे रह कर ईसा का अनुसरण करते हुए; वे इस ख़ास विनम्र तरीक़े से अपनी शुरुआत इसलिए करते हैं क्योंकि वे बहिष्कृत होते हैं, लेकिन अगर तुमने उनको बहुत ज़्यादा गुंजाइश दी तो वे तमाम दूसरे लोगों को निकाल बाहर कर देते हैं। यही वजह है कि नगरों ने भिक्षुक संघों का और ख़ास तौर से हम फ्रांसिस्कनों का पक्ष लिया : हमने तपश्चर्या की ज़रूरतों और नागर जीवन के बीच, चर्च और अपने व्यवसाय की चिन्ता में डूबे नागरिकों के बीच एक सामंजस्यपूर्ण सन्तुलन विकसित किया...।"

"क्या ईश्वर-प्रेम और व्यवसाय-प्रेम के बीच सामंजस्य हासिल किया जा सका?"

"नहीं, आध्यात्मिक नवीनीकरण के आन्दोलनों को अवरुद्ध कर दिया गया था; उनको पोप द्वारा मान्यताप्राप्त एक संघ की सीमाओं के भीतर बाँध दिया गया था। लेकिन जो चीज़ उनके तले चल रही थी उसको नहीं बाँधा गया था। वह प्रवाहित हुई, एक तरफ़ उन कशाघातियों के आन्दोलनों में जिनसे किसी के लिए ख़तरा नहीं था, या फ्रा डोल्सिनो के हथियारबन्द

दलों में, या फिर मोन्टेफाल्को के संन्यासियों के उन जादू-टोनेवाले अनुष्ठानों में जिनकी बात उबर्तिनो कर रहा था...।''

''लेकिन सही कौन था, सही कौन है, ग़लत कौन था?'' मैंने सम्भ्रमित होते हुए पूछा।

''अपनी-अपनी तरह से वे सब सही थे और सब ग़लती पर थे।''

''और आप,'' मैं लगभग विद्रोह के अतिरेक से चीख़ पड़ा, ''आप अपनी राय क्यों नहीं बताते, आप क्यों नहीं कहते कि सच्चाई कहाँ पर है?''

विलियम कुछ पल ख़ामोश रहे, उस लेंस को अपने हाथ में थामें हुए जिस पर वे रोशनी के असर को देखने की कोशिश कर रहे थे। फिर उन्होंने उसे टेबिल के क़रीब ले जाते हुए, उसके पार से एक औज़ार को दिखाया। ''देखो'', वे बोले। ''क्या दिखता है?''

''औज़ार, थोड़ा बड़ा दिख रहा है।''

''ये बात : बहुत-से बहुत हम यही कर सकते हैं कि ज़्यादा से ज़्यादा क़रीब से देखें।''

''लेकिन औज़ार तो हमेशा वही रहेगा!''

''वेनेण्टियस की पाण्डुलिपि भी वही रहेगी जब मैं, इस लेंस की मदद से, उसको पढ़ सकूँगा। लेकिन पाण्डुलिपि को पढ़ चुकने के बाद हो सकता है मैं सच्चाई के एक अंश को ज़्यादा बेहतर तरीक़े से जान सकूँ। और शायद हम मठ की ज़िन्दगी को बेहतर बना सकें।''

''लेकिन इतना काफ़ी नहीं है!''

''एड्सो, मैं उससे कहीं ज़्यादा कह रहा हूँ जितना कहता हुआ मैं लग रहा हूँ। यह पहला मौक़ा नहीं है जब मैं तुमसे रोजर बेकॅन की चर्चा कर रहा हूँ। वह शायद अब तक का सबसे अक़्लमन्द आदमी न रहा हो, लेकिन ज्ञान के प्रति उसका प्रेम जो उम्मीद जगाता है, उससे मैं हमेशा आकर्षित होता रहा हूँ। वह जनसाधारण की ताक़त, ज़रूरतों और उपलब्धियों में भरोसा रखता था। वह एक अच्छा फ्रांसिस्कन न होता अगर उसकी यह सोच न होती कि निर्धन, बहिष्कृत, बौड़म और निरक्षर लोग अक्सर हमारे प्रभु की वाणी में बोलते हैं। साधारण लोगों के पास हमारे उन धर्माचार्यों के मुक़ाबले कहीं ज़्यादा ज्ञान होता है जो अक्सर व्यापक, सामान्य नियमों की अपनी खोज में भटक जाते हैं। साधारण लोगों में विशिष्ट होने का एक बोध होता है, लेकिन यह बोध अपने आप में पर्याप्त नहीं है। साधारण लोगों की अपनी ख़ुद की सच्चाई पर पकड़ तो होती है, जो कि शायद चर्च के आचार्यों के मुक़ाबले ज़्यादा बड़ी सच्चाई होती है, लेकिन उस सच्चाई को वे विचारहीन कृत्यों में बरबाद कर देते हैं। तब क्या किया जाए? ज्ञान को साधारण लोगों के हाथों में सौंप दिया जाए? बहुत आसान है, या बहुत मुश्किल। फ्रांसिस्कन गुरुओं ने इस समस्या पर विचार किया था। महान बोनावेंचर का कहना था कि ज्ञानी पुरुषों को साधारण लोगों के कृत्यों में निहित सच्चाई के सहारे अपनी अवधारणाओं की स्पष्टता को बढ़ाना चाहिए...।''

''जैसे कि पेरूजिया की सभा और उबर्तिनो की ज्ञान से भरी हुई स्मृतियाँ, जिन्होंने साधारण लोगों के निर्धनता के आह्वान को धर्मशास्त्रीय फ़ैसलों में बदल दिया,'' मैंने कहा।

''हाँ, लेकिन जैसा कि तुमने देखा, यह बहुत देर में हो पाता है और जब तक होता है, तब तक साधारण लोगों की सच्चाई ताक़तवर लोगों की सच्चाई में बदल चुकी होती है, जो निर्धन जीवन के आदर्श को मानने वाले एक भिक्षु की बजाय सम्राट लुई के लिए ज़्यादा उपयोगी होती है। क्या तरीक़ा है कि हम साधारण लोगों के अनुभव के क़रीब बने रहें, उनकी

व्यावहारिक ख़ूबी को, उनकी दुनिया को बदल डालने और बेहतर बनाने की दिशा में काम करने की क्षमता को, क़ायम रख सकें? बेकॅन की समस्या यह थी। 'क्योंकि निरे अज्ञान से जो चीज़ पैदा होती है उसका संयोग से ही कोई असर होता है, अन्यथा नहीं,''** उन्होंने कहा था : साधारण लोगों का अनुभव बीहड़ और बेक़ाबू नतीजों से भरा होता है। 'लेकिन प्रज्ञा के कर्म एक निश्चित नियम के द्वारा परिरक्षित होते हैं और अवश्यम्भावी लक्ष्य की दिशा में कारगर तरीक़े से निर्दिष्ट होते हैं।'** यानी, व्यावहारिक चीज़ों से बरतने के लिए भी, चाहे वह खेती हो, यान्त्रिकी हो, या नगर का शासन हो, एक क़िस्म का धर्मशास्त्र ज़रूरी होता है। उनका सोचना था कि नए भौतिक-विज्ञान को ज्ञानियों का महान नया उद्यम बन सकना चाहिए : ताकि वह, प्राकृतिक विधियों के अलग तरह के ज्ञान के माध्यम से, जनसाधारण की बुनियादी ज़रूरतों में समन्वय बिठा सके–ऐसी ज़रूरतें जो अपने में ढेरों अपेक्षाएँ भी लिए होती हैं, जिनमें विकृतियाँ होती हैं पर जो अपनी तरह से सच्ची और खरी होती हैं। नया विज्ञान, नया प्राकृतिक जादू। बेकॅन के मुताबिक़, इस उद्यम का मार्गदर्शन चर्च को करना चाहिए था, लेकिन मेरा मानना है कि वे इसलिए ऐसा कह रहे थे क्योंकि उनके ज़माने में पुरोहितों के समुदाय में और ज्ञानियों के समुदाय में कोई भेद नहीं था। आज स्थिति वैसी नहीं रह गई है : आज ज्ञानी लोग मठों और धर्मपीठों के बाहर, यहाँ तक कि विश्वविद्यालयों के भी बाहर पैदा होते हैं। इसलिए, चूँकि मैं और मेरे दोस्त आज ऐसा मानते हैं कि यह चर्च का नहीं बल्कि जनसमुदाय का काम है कि वह इनसानी मसलों के संचालन के लिए क़ानून बनाए, इसलिए मेरा ख़याल है कि आने वाले समय में विद्वत समुदाय को इस नए और मानवीय धर्मशास्त्र को सामने लाना होगा जो कि एक भौतिक दर्शन और सकारात्मक तिलिस्म है।''

''एक शानदार उद्यम,'' मैंने कहा, ''लेकिन क्या यह सम्भव है?''

''बेकॅन ऐसा सोचते थे।''

''और आप?''

''मैं भी ऐसा ही सोचता हूँ। लेकिन इसमें विश्वास करने के लिए हमारा इस बारे में सुनिश्चित होना ज़रूरी है कि साधारण लोग अपने उस विशिष्टता-बोध में सही होते हैं, जो सिर्फ़ कल्याणकारी क़िस्म का होता है। लेकिन, अगर विशिष्टता-बोध ही एकमात्र कल्याणकारी चीज़ है, तो विज्ञान उन सार्वभौम नियमों को गढ़ने में किस तरह सफल हो सकेगा, जिनके माध्यम से और जिनकी व्याख्या करते हुए, यह कल्याणकारी जादू व्यावहारिक रूप ले सकेगा?''

''हाँ,'' मैंने कहा, ''किस तरह सफल हो सकेगा?''

''मैं नहीं जानता। ऑक्सफ़ोर्ड में इसको लेकर मेरे दोस्त विलियम ऑव ओकेम से, जो अब एविग्नॉन में है, मेरी बहस हो चुकी है। उसने मेरे दिमाग़ में सन्देह के बीज बो दिए हैं। क्योंकि अगर सिर्फ़ विशिष्टता-बोध ही उचित है, तो फिर इस धारणा को साबित करना कठिन होगा कि एक तरह के कारण उसी तरह के परिणामों को उत्पन्न करते हैं। कोई एक चीज़ किसी एक जगह पर ठंडी या गर्म, मीठी या कड़वी, गीली या सूखी हो सकती है और ज़रूरी नहीं कि किसी दूसरी जगह पर भी वह वैसी ही हो। अगर मैं नई सच्चाइयों की एक अनन्तता रचे बग़ैर अपनी अँगुली भी नहीं हिला सकता, तो फिर मैं उस सार्वभौम अनुबन्ध को कैसे हासिल कर पाऊँगा जो तमाम चीज़ों को सिलसिला प्रदान करता है? क्योंकि इस

हरकत के साथ ही मेरी अँगुली और तमाम दूसरी चीज़ों के बीच की जगह के सारे रिश्ते बदल जाते हैं। ये रिश्ते वे विधियाँ हैं जिनसे मेरा दिमाग़ परस्पर जुदा सच्चाइयों के बीच के रिश्तों का बोध करता है, लेकिन क्या गारण्टी है कि यह सार्वभौम और स्थिर ही हो?"

"लेकिन आप जानते हैं कि शीशे की एक निश्चित मोटाई नज़र की एक निश्चित क्षमता से सीधा ताल्लुक रखती है और आप यह बात जानते हैं इसीलिए आप इस वक़्त वैसे ही लेंस बना सकते हैं जैसे आपने खो दिए हैं : नहीं तो आप कैसे बना पाते?"

"बहुत कुशाग्रतापूर्ण जवाब दिया है तुमने, एड्सो। सच तो ये है कि मैंने इसी अवधारणा के मुताबिक़ काम किया है : समान मोटाई नज़र की समान क्षमता से अनिवार्यतः सीधा ताल्लुक रखती है। मैंने ऐसा इसलिए माना है क्योंकि दूसरे मौक़ों पर मेरी ऐसी ही समझ बनी है। इस बात से इन्कार नहीं किया जा सकता कि जड़ी-बूटियों की रोगनिवारक सामर्थ्य की परख रखनेवाला कोई भी व्यक्ति जानता है कि किसी ख़ास प्रजाति की विभिन्न जड़ी-बूटियाँ रोगी पर उसी प्रकृति का एक जैसा असर करती हैं और इसी कारण जाँच करनेवाला यह सूत्र गढ़ता है कि एक निश्चित क़िस्म की हर जड़ी-बूटी ज्वरग्रस्त व्यक्ति की मदद करती है, या फलाँ क़िस्म का हर लैंस आँख की देखने की क्षमता को उसी मात्रा में बढ़ा देता है। बेकॅन जिस विज्ञान की बात करता है वह निस्सन्देह इन्हीं धारणाओं पर टिकी हुई है। तुम समझ सकते हो, एड्सो, मुझे इस पर विश्वास करना चाहिए कि मेरी धारणा कारगर होगी, क्योंकि इसे मैंने अनुभव से जाना है; लेकिन इस पर विश्वास करने के लिए मुझे सार्वभौम नियमों को मानकर चलना भी ज़रूरी है। तब भी मैं उनकी बात नहीं कर सकता, क्योंकि इस धारणा-मात्र में कि सार्वभौम नियम और एक बनी-बनाई व्यवस्था अस्तित्व में है, यह बात शामिल होगी कि ईश्वर इनका बन्दी है, जबकि ईश्वर एक ऐसी सत्ता है जो परम स्वतन्त्र है, कुछ इस तरह कि अगर वह चाहता, तो अपनी इच्छा-मात्र से इस दुनिया को बिल्कुल अलग शक्ल दे सकता था।"

"और इसलिए, अगर मैं आपकी बात को ठीक से समझ पा रहा हूँ तो, आप कर्म करते हैं और आप जानते हैं आप कर्म क्यों करते हैं, लेकिन आप यह नहीं जानते कि आप जो करते हैं उनको जानते हैं तो क्यों जानते हैं।"

मुझे यह बात गर्व के साथ कहना चाहिए कि विलियमे ने मेरी तरफ़ सराहना के भाव से देखा।

"शायद ऐसा ही है। जो भी हो, इससे तुम्हें इतना तो पता चलता ही है कि अपनी सच्चाई को लेकर मैं इतना अनिश्चित क्यों महसूस करता हूँ, तब भी जबकि मैं उस पर विश्वास करता हूँ।"

"आप उबर्तिनो से भी ज़्यादा रहस्यमय हैं!" मैंने द्वेषपूर्ण लहज़े में कहा।

"शायद। पर जैसा कि तुम जानते हो, मैं प्रकृति की चीज़ों पर प्रयोग करता हूँ। और जिस जाँच के काम में हम लगे हुए हैं, उसमें मेरी दिलचस्पी यह जानने में नहीं है कि कौन अच्छा है और कौन दुष्ट है, इसकी बजाय मेरी दिलचस्पी यह जानने में है कि पिछली रात स्क्रिप्टोरियम में कौन था, चश्मा कौन ले गया, बर्फ़ पर एक शरीर को घसीटते हुए शरीर के निशान किसने छोड़े और बेरेंगर कहाँ है। ये तथ्य हैं। बाद में मैं इनको आपस में जोड़ने की कोशिश करूँगा–अगर यह सम्भव हो सका तो, क्योंकि यह कहना मुश्किल है कि किस

कारण से कौन-सा परिणाम निकलता है। किसी फ़रिश्ते की दखलन्दाज़ी सब कुछ को बदल डालने के लिए पर्याप्त होगी, इसीलिए तो इसमें आश्चर्य की बात नहीं है कि किसी एक चीज़ को किसी दूसरी चीज़ का कारण साबित नहीं किया सकता। तब भी आपको हर समय कोशिश करते रहना ज़रूरी है, जैसा कि मैं कर रहा हूँ।''

''आपका जीवन मुश्किलों से भरा है,'' मैंने कहा।

''लेकिन मैंने ब्रुनेलॅस को तो खोज निकाला था,'' विलियम दो दिन पहले के घोड़ेवाले प्रसंग को याद करते हुए ज़ोर से बोले।

''इसका मतलब है कि इस दुनिया में एक तारतम्य है!'' मैं विजय के भाव से चीख़ा।

''इसका मतलब है कि मेरे इस बेचारे भेजे में थोड़ा-सा तारतम्य है,'' विलियम ने जवाब दिया।

इसी समय निकोलॅस लगभग तैयारशुदा फ्रेम लेकर वापस आ गया, जिसे वह फ़तह के भाव से थामें हुए था।

''और जब यह फ्रेम मेरी इस बेचारी नाक पर होगा,'' विलियम बोले, ''तब शायद मेरे इस बेचारे भेजे में और भी तारतम्य पैदा हो जाए।''

एक नवदीक्षित शिष्य सन्देश लेकर आया कि मठाधीश विलियम से मिलना चाहते हैं और वे बग़ीचे में उनका इन्तज़ार कर रहे हैं। जैसे ही हमने चलना शुरू किया, विलियम ने अपना माथा ठोका, जैसे उन्हें उसी क्षण कोई भूली हुई बात याद आ गई हो।

''वैसे,'' वे बोले, ''मैंने वेनेण्टियॅस के गूढ़ संकेतों को खोल लिया है।''

''सारे? कब?''

''जब तुम सोये हुए थे। जहाँ तक तुम्हारा पहला सवाल है, उसका जवाब इस पर निर्भर करता है कि 'सारे' से तुम्हारा क्या अभिप्राय है। मैंने उन संकेतों को खोला है जो चिराग़ की लौ के कारण उभर आए थे, जिनको तुमने कॉपी किया था। ग्रीक में लिखी गई टीपों को मेरे नए लैंसों के आने तक इन्तज़ार करना होगा।''

''अच्छा? क्या उनमें *अफ्रीका का अन्त* का भेद छुपा हुआ था?''

''हाँ और उसकी कुंजी बहुत आसान थी। वेनेण्टियॅस के पास बारह संकेत राशिचक्र के थे और आठ अन्य संकेत थे : पाँच ग्रहों, दो नक्षत्रों और पृथ्वी के लिए। कुल मिलाकर बीस संकेत। उनके साथ लैटिन वर्णमाला का रिश्ता समझने के लिए इतना पर्याप्त है, क्योंकि तुम 'unum' और 'velut+'** के दो आद्यअक्षरों की ध्वनि को व्यक्त करने के लिए उन्हीं अक्षरों का इस्तेमाल कर सकते हो। अक्षरों का क्रम हमें पता ही है। तब संकेतों का क्रम क्या हो सकता है? मैंने राशिचक्रीय चरण को सुदूर छोर पर रखते हुए आकाश के बारे में सोचा। इस तरह : पृथ्वी, चन्द्रमा, बुध, शुक्र, सूर्य, आदि और इसके बाद, राशिचक्र के संकेतों को उनके पारम्परिक क्रम में, जैसा कि इसीडोर ऑव सेविले उनका वर्गीकरण करता है, मेष और महाविषुव से शुरू करके मीन पर ख़त्म करते हुए। अब, अगर तुम इस कुंजी का इस्तेमाल करो, तो वेनेण्टियॅस के सन्देश का एक अर्थ समझ में आने लगता है।''

उन्होंने मुझे वह चर्मपत्र दिखाया जिस पर उन्होंने बड़े-बड़े लैटिन अक्षरों में उस सन्देश को उतारा था : ''अफ्रीका के अन्त के रहस्य के लिए प्रतिकृति के ऊपर चार के पहले और सातवें पर हाथ रखो।''**

"समझ में आया?" उन्होंने पूछा।

"प्रतिकृति के ऊपर हाथ चार के पहले और सातवें पर काम करता है...।" मैंने सिर हिलाते हुए दोहराया। "ये तो बिल्कुल ही अस्पष्ट है!"

"जानता हूँ। सबसे पहले तो हमें यह जानना होगा कि 'प्रतिकृति' से वेनेण्टियॅस का क्या मतलब है। बिम्ब, प्रेत, आकृति? और फिर, यह 'चार' क्या हो सकता है, जिसका एक 'पहला' और एक 'सातवाँ' है? और उनके साथ क्या किया जाना है? उन्हें हिलाना है, धक्का देना है, खीचना है?"

"मतलब हम कुछ भी नहीं जानते और हम वहीं हैं जहाँ से हमने शुरुआत की थी," मैंने कातर मन से कहा।

विलियम रुके और उन्होंने मेरी तरफ़ ऐसे भाव से देखा जिसे पूरी तरह से सद्भावपूर्ण नहीं कहा जा सकता था। "मेरे बच्चे," वे बोले, "तुम्हारे सामने एक ऐसा नाचीज़ फ्रांसिस्कन है जो अपने अल्प ज्ञान और थोड़े से हुनर से, जिसके लिए वह ईश्वर की असीम शक्ति का ऋणी है, कुछ ही घंटों में एक ऐसे रहस्यमय कूट को खोलने में सफल हुआ है जिसे गढ़नेवाला निश्चित था कि वह कूट सिवा उसके हर किसी के लिए मुहरबन्द साबित होगा... और तुम तुच्छ अपढ़ दुष्ट यह कहने की हिम्मत कर रहे हो कि हम वहीं हैं जहाँ से हमने शुरुआत की थी?"

मैंने बहुत ही अनाड़ीपन के साथ मुआफ़ी माँगी। मैंने अपने गुरुदेव के अभिमान को चोट पहुँचाई थी, जबकि मैं जानता था कि वे अपने नतीजों की क्षिप्रता और सटीकता पर कितना गर्व करते थे। विलियम ने सच्चे अर्थों में प्रशंसनीय काम किया था और इसमें उनका कोई दोष नहीं था कि धूर्त्त वेनेण्टियॅस ने न सिर्फ़ अपनी खोज को गूढ़ राशिचक्रीय वर्णमाला के पीछे छुपाया हुआ था, बल्कि इससे भी आगे बढ़कर एक ऐसी पहेली रच डाली थी जिसे हल कर पाना असम्भव था।

"कोई बात नहीं, कोई बात नहीं, मुआफ़ी माँगने की ज़रूरत नहीं है," विलियम ने मुझे रोका। "आख़िर तुम्हारा कहना भी सही है। हमें अब भी बहुत कम जानकारी है। चलो।"

सन्ध्या - वन्दना

जिसमें मठाधीश एक बार फिर मेहमानों से बात करता है और विलियम को भूलभुलैया की पहेली सुलझाने के लिए कुछ आश्चर्यजनक युक्तियाँ सूझती हैं और वह बहुत तर्कसंगत तरीक़े से कामयाब होता है। फिर विलियम और एड्सो पनीर मिश्रित लपसी खाते हैं।

मठाधीश चेहरे पर सख़्ती और चिन्ता का भाव लिए हमारा इन्तज़ार कर रहा था। उसके हाथ में एक काग़ज़ था।

"मुझे अभी-अभी कान्क्यू के मठाधीश का ख़त मिला है," उसने कहा। "उसने उस आदमी के नाम का खुलासा किया है जिसको जॉन ने फ्रांसीसी सैनिकों की कमान और प्रतिनिधिमण्डल की सुरक्षा की ज़िम्मेदारी सौंपी है। वह कोई फौज का आदमी नहीं है, वह कोई दरबार का आदमी नहीं है और फिर भी वह प्रतिनिधिमण्डल का एक सदस्य भी होगा।"

"अलग-अलग विशेषताओं का एक अनूठा घालमेल," विलियम ने चिन्तित भाव से कहा। "कौन है ये?"

"बर्नार्ड गुई, या बर्नार्डो गुईडोनी, जो भी आप कहना चाहें।"

विलियम ने अपनी भाषा में कुछ कहा जो मेरी समझ में नहीं आया, न ही वह मठाधीश की समझ में आया और यह शायद हम दोनों के लिए ही ठीक था, क्योंकि जिस शब्द का उच्चारण विलियम ने किया था उसमें एक अश्लील सिसकारी की ध्वनि थी।

"मुझे यह बात ठीक नहीं लगती," उन्होंने तुरन्त ही कहा। "बर्नार्ड टाउलाउस इलाक़े में विधर्मियों का अनिष्ट था और उसने वाल्डेन्सियनों, बेग़ार्डों, फ्रेटीसेली और डोल्सीनियनों पर अत्याचार करने और उनका ख़ात्मा कर देने को कमर कसे हुए लोगों के लिए *विधर्मिता के दुराचार के धर्मपरीक्षण के परिचालन पर केन्द्रित एक गुटका*** का लेखन किया है।"

"मैं जानता हूँ। मैं इस पुस्तक से भलीभाँति परिचित हूँ; ख़ासी पाण्डित्यपूर्ण पुस्तक है।"

"ख़ासी पाण्डित्यपूर्ण," विलियम ने क़बूल किया। "वह जॉन के लिए समर्पित है, जिसने हाल ही के वर्षों में उसके लिए फ्लेण्डर्स में और यहाँ उत्तरी इटली में बहुत-से मिशन सौंपे हैं। यहाँ तक कि जब उसकी नियुक्ति गेलीशिया के धर्माध्यक्ष के रूप में कर दी गई थी, तब भी वह अपने हलक़े में कभी दिखाई नहीं दिया, बल्कि धर्मपरीक्षक के रूप में अपनी गतिविधियों में लगा रहा। मैं सोचता था कि अब वह रिटायर होकर लोडेवेव के धर्माध्यक्ष का काम देख रहा होगा, लेकिन लगता है कि जॉन उसको, ठीक यहाँ उत्तरी इटली में, नौकरी पर वापस बुला रहा है। लेकिन तमाम लोगों को छोड़कर बर्नार्ड ही क्यों और वह भी सैनिकों की कमान के साथ...?"

"इसका एक जवाब है," मठाधीश ने कहा "और उससे मेरी उन तमाम आशंकाओं की पुष्टि होती है जो मैंने कल आपके सामने रखी थीं। आप अच्छी तरह से जानते हैं—भले ही आप इसे मेरे सामने स्वीकार न करें—कि ईसा मसीह और चर्च की निर्धनता को लेकर जिन दृष्टिकोणों का समर्थन पेरूजिया की सभा में किया गया है, उनके पक्ष में भले ही ढेरों धर्मशास्त्रीय तर्क उपलब्ध हैं, लेकिन ये वही दृष्टिकोण हैं जिनका समर्थन बहुत-से विधर्मी आन्दोलन निश्चय ही बेअक़्ली और अप्रमाणिक तरीक़े से करते हैं। इस बात को दर्शाने में कोई ख़ास मुश्किल नहीं है कि सम्राट द्वारा समर्थित माइकल ऑव सेसेना के दृष्टिकोण ठीक वही हैं जो कि उबर्तिनो और ऐंजेलॅस क्लेरेनॅस के हैं। और इस हद तक दोनों प्रतिनिधिमण्डल एक-दूसरे से मैत्री रखते हैं। लेकिन गुई कुछ ज़्यादा कर सकता है और वह दक्ष है : वह इस बात पर ज़ोर देने की कोशिश करेगा कि पेरूजिया के सिद्धान्त वही हैं जो कि फ्रेटीसेली के हैं, या जो ईसा के छद्म शिष्यों के हैं।"

"यह तो पहले से ही मालूम था। मेरा मतलब है, हम जानते थे कि घटनाक्रम यही मोड़ लेगा, बर्नार्ड की मौजूदगी के बिना भी। ज़्यादा से ज़्यादा यही होगा कि बर्नार्ड पोप की सभा

के दूसरे बेवक़ूफ़ लोगों के मुक़ाबले ज़्यादा कारगर तरीक़े से पेश आएगा और उसके साथ होनेवाली बहस हर हालत में बहुत मुश्किल होगी।''

''हाँ,'' मठाधीश ने कहा, ''लेकिन यहाँ पर हम फिर उस सवाल के सामने हैं जो कल उठाया गया था। अगर कल तक हम उस गुनहगार को नहीं ढूँढ निकालते जो दो, या शायद तीन, गुनाहों के लिए ज़िम्मेदार है, तो मुझे मजबूर होकर बर्नार्ड को मठ के मामलों पर नियन्त्रण की छूट देनी पड़ेगी। जिस तरह की शक्ति से लैस होकर बर्नार्ड यहाँ आनेवाला है उसके चलते (और हमें यह भी नहीं भूलना चाहिए कि हमारे बीच हुए आपसी समझौते के चलते भी) मैं उस आदमी से यह बात नहीं छुपा सकता कि मठ में कुछ ऐसी घटनाएँ हुई हैं और अब भी हो रही हैं, जो समझ से परे हैं। अन्यथा, जैसे ही उसको पता चलेगा, या (भगवान न करे) जैसे ही कोई नई रहस्यपूर्ण घटना होगी, उसको यह शोर मचाने का पूरा हक़ मिल जाएगा कि उसके साथ विश्वासघात किया गया है...।''

''सच बात है,'' विलियम चिन्तित स्वर में बुदबुदाए। ''पर कुछ किया भी तो नहीं जा सकता। शायद यह अच्छा ही हो : अगर बर्नार्ड का दिमाग़ हत्यारे को लेकर व्यस्त रहेगा तो बहस में हिस्सा लेने का वक़्त भी उसके पास कम होगा।''

''बर्नार्ड का हत्यारे का पता लगाने में मुब्तिला होना मेरी प्रभुसत्ता में काँटे की तरह होगा; यह याद रखो। इस अँधेरे मामले ने पहली बार इन चहारदीवारियों के भीतर मुझे अपनी शक्ति का एक अंश समर्पित करने को मजबूर किया है और इस मठ में ही नहीं बल्कि स्वयं क्लूनियक संघ के इतिहास में भी यह एक नई घटना है। मैं इसे टालने के लिए कुछ भी करने को तैयार हूँ। बेरेंगर कहाँ है? उसे क्या हुआ है? आप क्या कर रहे हैं?''

''मैं महज़ एक संन्यासी हूँ जिसने बहुत समय पहले धर्माधिकरण के लिए कुछ कारगर तहक़ीक़ातें की थीं। आप जानते हैं कि सच्चाई का पता दो दिन में नहीं लगाया जा सकता। और आख़िर आपने मुझे कौन-से अधिकार दिए हैं? क्या मैं पुस्तकालय में जा सकता हूँ? क्या मैं आपकी शक्तियों का सहारा लेते हुए तमाम मनचाहे सवाल पूछ सकता हूँ?''

''इन अपराधों और पुस्तकालय के बीच मुझे तो कोई रिश्ता दिखाई नहीं देता,'' मठाधीश ने गुस्साते हुए कहा।

''अडेल्मो नक़्क़ाश था, वेनेण्टियॅस एक अनुवादक था, बेरेंगर असिस्टेण्ट लाइब्रेरियन था...'' विलियम ने धीरज के साथ अपनी बात को स्पष्ट करते हुए कहा।

''इस अर्थ में तो साठ के साठ संन्यासियों का कोई न कोई रिश्ता पुस्तकालय से निकल आएगा, जैसे कि उनका रिश्ता गिरजाघर से है। फिर गिरजाघर की छानबीन क्यों नहीं करते? ब्रदॅर विलियम, आप मेरे आग्रह पर और मेरे द्वारा तय की गई हदों के भीतर जाँच कर रहे हैं। जहाँ तक इन हदों से बाहर की चीज़ों का सवाल है, इन चहारदीवारियों के भीतर, ईश्वर के बाद और उसकी मेहरबानी से, यहाँ का एकमात्र स्वामी मैं हूँ। और यह बात बर्नार्ड के सन्दर्भ में भी उसी तरह से लागू होगी। यूँ भी,'' उन्होंने स्वर को कुछ नम्र करते हुए आगे जोड़ा, ''ज़रूरी नहीं कि बर्नार्ड यहाँ पर बैठक के लिए ही आ रहा हो। काक्यू के मठाधीश ने मुझे लिखा है कि पोप ने बर्नार्ड डेल पोगेटो से आग्रह किया है कि वह बोलोग्ना से आकर पोप के प्रतिनिधिमण्डल की कमान सँभाले। हो सकता है बर्नार्ड यहाँ पर कार्डिनल से मिलने आ रहा हो।''

''जो कि और भी व्यापक परिप्रेक्ष्य में देखें तो, एक और भी बुरी चीज़ होगी। बर्नार्ड मध्य इटली में विधर्मियों के लिए एक बहुत बड़ी मुसीबत है। विधर्मियों के ख़िलाफ़ लड़ रहे इन दो योद्धाओं की आपसी तकरार देश में और अन्ततः समूचे फ्रांसिस्कन आन्दोलन के ख़िलाफ़ बड़े पैमाने पर आक्रामकता का शंखनाद कर सकती है...।''

''और इसके बारे में हम पूरी मुस्तैदी के साथ सम्राट को ख़बर करेंगे,'' मठाधीश ने कहा, ''लेकिन इस मामले में तुरन्त उतना ख़तरा नहीं है। हम सतर्क रहेंगे। विदा।''

मठाधीश के चले जाने के बाद विलियम थोड़ी देर चुप रहे। फिर वे मुझसे बोले, ''सबसे पहले तो, एड्सो, हमें ख़ुद को जल्दबाज़ी का शिकार नहीं होने देना है। जब कई छोटे-छोटे, अलग-अलग तजुर्बों को एकसाथ रखकर देखना ज़रूरी हो, तो समस्याएँ जल्दबाज़ी में नहीं सुलझायी जा सकतीं। मैं वापस लेबोरेटॅरी जा रहा हूँ, क्योंकि अपने लैंसों के बिना मैं पाण्डुलिपि को तो नहीं ही पढ़ पा रहा हूँ, आज रात पुस्तकालय में जाने का भी कोई अर्थ मेरे लिए नहीं रह जाएगा।''

तभी निकोलॅस ऑव मोरीमोण्डो भागता हुआ हमारे पास आया, बहुत बुरी ख़बर लेकर। जब वह उस सबसे अच्छे लैंस को घिस रहा था, जिस पर विलियम की सारी उम्मीद टिकी हुई थी, तभी वह टूट गया था। और दूसरा, जो शायद उसकी जगह काम आ सकता था, फ्रेम में कसते वक़्त चटख गया था। निकोलस ने बहुत दुखी मन से आसमान की तरफ़ इशारा किया। सन्ध्या-वन्दना का वक़्त हो चुका था और अँधेरा घिर रहा था। उस दिन अब और काम कर पाना सम्भव नहीं था। एक और दिन बरबाद हो गया, विलियम ने खिन्न होकर कहा, वे बड़ी मुश्किल से शीशा-तराश उस्ताद का गला दबा देने की अपनी इच्छा को रोक पा रहे थे, हालाँकि निकोलस पहले ही बहुत आहत महसूस कर रहा था।

हम उसको उसके इस अहसास के भरोसे छोड़ बेरेंगर के बारे में जानने चल पड़े। ज़ाहिर है, किसी को भी उसका पता नहीं चल सका था।

हमें लगा कि हम एक ऐसे छोर पर पहुँच चुके हैं जहाँ से आगे जाना सम्भव नहीं है। अपनी अगली कार्रवाई को लेकर अनिश्चित हम कुछ देर यूँ ही क्लॉइस्टॅर में टहलते रहे। लेकिन जल्द ही मैंने पाया कि विलियम विचारों में खोये हुए इस तरह शून्य में ताक रहे थे, मानों उन्हें कुछ भी दिखाई न देता हो। थोड़ी देर पहले उन्होंने अपने चोगे से उन जड़ी-बूटियों का एक टुकड़ा निकाला था जिनको मैंने उन्हें हफ़्तों पहले तोड़कर रखते हुए देखा था और इस वक़्त वे उसे यूँ चबा रहे थे जैसे उन्हें उससे अन्दर ही अन्दर कोई उत्तेजना मिल रही हो। दरअसल वे खोये हुए लग रहे थे, लेकिन उनकी आँखें रह-रह कर यूँ चमक उठतीं मानो उनके दिमाग़ के खोखल में कोई विचार कौंध उठता हो और वे एक बार फिर अपनी अनूठी और सक्रिय तन्द्रा में डूब जाते। सहसा वे बोले, ''बिल्कुल, यह सम्भव है...।''

''क्या,'' मैंने पूछा।

''मैं उस तरकीब के बारे में सोच रहा था जिससे हम भूलभुलैया के भीतर यह जान सकें कि हम कहाँ पर हैं। यह तरीक़ा आसान तो नहीं है लेकिन कारगर ज़रूर होगा...। आख़िर, इतना तो हमें पता ही है कि निकलने का रास्ता उत्तरी मीनार में है। अब, कल्पना करो कि हमारे पास एक ऐसी मशीन हो जो हमें यह बता सके कि उत्तर दिशा कहाँ है। क्या होगा?''

"ज़ाहिर है, हमें सिर्फ़ अपनी दाईं तरफ़ मुड़ना होगा और हम पूरब की तरफ़ जा रहे होंगे। या फिर उलटी दिशा में जाना ही काफ़ी होगा और हमें पता होगा कि हम दक्षिणी मीनार की तरफ़ जा रहे हैं। लेकिन, मान भी लें कि इस तरह की जादुई चीज़ का कोई वुजूद है भी, तब भी भूलभुलैया आख़िर भूलभुलैया है और इसलिए जैसे ही हम पूरब की तरफ़ जाएँगे, हम एक दीवार के सामने होंगे जो हमें आगे बढ़ने से रोक देगी और हम एक बार फिर रास्ता भटक जाएँगे...।" मैंने कहा।

"हाँ, लेकिन जिस मशीन की बात मैं कर रहा हूँ वह, भले ही हमने अपना रास्ता बदल लिया हो, हमेशा उत्तर की तरफ़ इशारा करेगी और हर बिन्दु पर हमें बताएगी कि हमें किस तरफ़ मुड़ना है।"

"ये तो चमत्कार हो जाएगा। लेकिन हमें यह मशीन हासिल करनी होगी और इस मशीन के लिए ज़रूरी होगा कि वह रात के वक़्त और चहारदीवारियों के भीतर भी, सूरज और सितारों की शक्ल देखे बग़ैर, उत्तर दिशा को पहचान सके...। और मैं समझता हूँ, इस क़िस्म की मशीन आपके बेकॅन के पास भी नहीं होगी।" मैं हँसा।

"लेकिन तुम ग़लती पर हो," विलियम बोले, "क्योंकि इस क़िस्म की मशीन बन चुकी है और कुछ समुद्री नाविक उसका इस्तेमाल भी कर चुके हैं। उसके लिए सितारों की या सूरज की ज़रूरत नहीं होती, क्योंकि वह उस चमत्कारी पत्थर की शक्ति का इस्तेमाल करते हुए काम करती है, जैसा पत्थर हम सेवेरिनॅस के चिकित्सालय में देख चुके हैं, वही पत्थर जो लोहे को अपनी तरफ़ खीचता है। और इसका अध्ययन बेकॅन ने तथा एक पिकार्ड उस्ताद पियरे ऑव मेरीकोर्ट ने किया था, जिन्होंने इसके कई इस्तेमाल बताए हैं।"

"लेकिन क्या हम उसे बना सकते हैं?"

"वह बनी-बनाई समझो, उसमें कोई मुश्किल नहीं होगी। इस पत्थर का इस्तेमाल कई तरह के चमत्कार पैदा करने में किया जा सकता है, जिनमें वह मशीन भी शामिल है जो बिना किसी बाहरी ताक़त के इस्तेमाल के लगातार चलती रहती है, लेकिन इसकी सबसे आसान खोज का वर्णन बेलेक अल-क़बायकी नामक एक अरब ने किया था। पानी से भरी एक पतीली लो और एक कॉर्क में लोहे की सुई को खोंसकर कॉर्क को उसमें तैरा दो। फिर इस चुम्बकीय पत्थर को पानी की सतह से ऊपर तब तक चलाते जाओ जब तक कि सुई उस पत्थर के गुण-धर्म अपना नहीं लेती। ऐसा होते ही वह सुई उत्तर दिशा की तरफ़ घूम जाएगी–जैसे कि अगर यह पत्थर खुद एक धुरी पर चारों तरफ़ घूम सकता तो वह भी ऐसा ही करता–और तुम अगर उसे पतीली समेत इधर-उधर सरकाओगे, तो भी वह हमेशा उत्तरी दिशा की तरफ़ मुड़ेगी। ज़ाहिर है कि अगर तुम उत्तर दिशा को अपने दिमाग़ में रखकर पतीली के ऊपरी सिरे पर निशान लगाकर पूरब, दक्षिण और पश्चिम दिशाओं की स्थिति निश्चित कर दो, तो तुम्हें हर समय यह जानकारी रहेगी कि पुस्तकालय की पूर्वी मीनार तक पहुँचने के लिए तुम्हें किस राह मुड़ना चाहिए।"

"क्या चमत्कार है!" मैंने विस्मित होते हुए कहा। "लेकिन इसकी क्या वजह है कि सुई हमेशा उत्तर की तरफ़ ही इशारा करती है? पत्थर लोहे को खीचता है, यह तो मैं समझ गया और मेरा अन्दाजा है कि लोहे की भारी तादाद इस पत्थर को खीचेगी। पर तब...तब इसका मतलब हुआ कि ध्रुव तारे की दिशा में, भूमण्डल के एकदम सीमान्त पर, लोहे की विशाल खदानें होनी चाहिए!"

''दरअसल किसी ने इस ओर इशारा किया भी है। लेकिन यह ध्यान रखना ज़रूरी है कि सुई ठीक भोर के तारे की दिशा की तरफ़ ही इशारा नहीं करती, बल्कि उस तरफ़ इशारा करती है जहाँ पर ध्रुवीय रेखाएँ एक-दूसरे को काटती हैं। जो इस बात का संकेत है कि, जैसा कि कहा गया है, 'यह पत्थर अपने भीतर आसमान के प्रतिरूप को समोये हुए है'** और इस बात का भी कि चुम्बक के ध्रुव अपना झुकाव आकाश के ध्रुवों से प्राप्त करते हैं, पृथ्वी के ध्रुवों से नहीं। जो कि एक दूरी से प्रेरित उस गति का एक अच्छा दृष्टान्त है जिसके पीछे कोई सीधा-सीधा भौतिक कारक नहीं है : एक समस्या जिसका मेरे दोस्त जॉन ऑव जेण्डुन अध्ययन कर रहे हैं, जबकि सम्राट ने उनसे यह नहीं कहा है कि वे एविग्नॉन को पृथ्वी की आँतों में डुबा दें...।''

''तब फिर हमें चलना चाहिए और सेवेरिनॅस का पत्थर और एक पतीली और कुछ पानी और कार्क का इन्तज़ाम करना चाहिए....'' मैंने उत्तेजित होते हुए कहा।

''थोड़ा रुको,'' विलियम ने कहा। ''मैं नहीं जानता क्यों, लेकिन ऐसी कोई मशीन मेरे देखने में अब तक नहीं आई है, जो पण्डितों के वर्णन के मुताबिक़ भले ही कितनी ही आदर्श क्यों न हो, लेकिन जो यान्त्रिक तौर पर भी उतनी ही कारगर हो। जबकि एक किसान का बिलहुक, जिसका वर्णन कभी किसी फ़िलसॅफ़ी ने नहीं किया, हमेशा वैसे ही काम करता है जैसे कि उसे करना चाहिए...। मुझे भय है कि एक हाथ में चिराग़ और दूसरे हाथ में पानी से भरी हुई पतीली लेकर भूलभुलैया में भटकना... लेकिन ठहरो! एक और तरकीब है। यह मशीन तो तब भी उत्तर की तरफ़ इशारा करेगी जबकि हम भूलभुलैया के बाहर होंगे, है कि नहीं?''

''हाँ, लेकिन तब वह हमारे किसी काम की नहीं होगी, क्योंकि तब तो दिशा-ज्ञान के लिए हमारे पास सूरज और तारे होंगे ही...'' मैंने कहा।

''जानता हूँ, जानता हूँ। लेकिन जब मशीन अन्दर और बाहर दोनों जगह काम कर सकती है, तो फिर हमारे दिमाग़ों को क्यों नहीं ऐसा कर सकना चाहिए?''

''हमारे दिमाग़ों को? बिल्कुल, वे भी बाहर काम करते हैं और वाक़ई, बाहर से हम इडीफ़ीसियम के ढाँचे को भलीभाँति समझते भी हैं! मुश्किल तो अन्दर पेश आती है जहाँ हमारा दिशा-ज्ञान जाता रहता है!''

''बिल्कुल। लेकिन फ़िलहाल मशीन को भूल जाओ। मशीन के बारे में सोचते हुए मेरा ध्यान कुदरत के उसूलों और चिन्तन के उसूलों की तरफ़ जाता है। मुद्दे की बात यह है : हमें बाहर से ही इडीफ़ीसियम की भीतरी बनावट का खाका खीचने का तरीक़ा खोजना होगा...।''

''लेकिन कैसे?''

''इसके लिए हम गणितीय विज्ञानों का इस्तेमाल करेंगे। जैसा कि एवेरोस का कहना है, जिन चीज़ों को पूरी तरह से जान लिया गया है वे सिर्फ़ गणितीय विज्ञानों के अन्तर्गत ज्ञात चीज़ों के साथ ही तादात्म्य रखती हैं।''

''यानी आप सार्वभौम धारणाओं को स्वीकार करते हैं।''

''गणितीय धारणाएँ हमारी बुद्धि द्वारा कुछ इस तरह गढ़े गए प्रत्यय हैं कि वे हमेशा सत्य की तरह बरताव करते हैं, या तो इसलिए कि वे कुदरती होते हैं या फिर इसलिए कि गणित का ईज़ाद दूसरे विज्ञानों के पहले हुआ था। और पुस्तकालय का निर्माण एक ऐसे

इनसानी दिमाग़ के द्वारा किया गया था जो गणित के तरीक़े से सोचता था, क्योंकि गणित के बग़ैर आप भूलभुलैया का निर्माण नहीं कर सकते। और इसलिए हमें अपनी गणितीय प्रस्थापनाओं को पुस्तकालय के निर्माता की प्रस्थापनाओं के साथ तुलना करके देखना ज़रूरी है और इस तुलना से विज्ञान को उत्पन्न किया जा सकता है, क्योंकि यह एक शब्दावली पर टिकी शब्दावली का विज्ञान है। और, जो भी हो, मुझे मैटाफ़िज़िक्स की चर्चा में घसीटना बन्द करो। आज तुम्हारे ऊपर कौन-सा शैतान सवार हो गया है? बजाय इसके, चूँकि तुम्हारी आँखें बेहतर हैं, तुम एक चर्मपत्र या एक तख़्ती, या कोई ऐसी चीज़ जिस पर निशान अंकित किए जा सकें और एक क़लम का इन्तज़ाम करो...। बहुत अच्छे, तुम्हारे पास है? भला हो तुम्हारा, एड्सो। चलो, जब तक थोड़ी रोशनी है, हम इडीफ़ीसियम का एक चक्कर लगाते हैं।''

इस तरह हमने इडीफ़ीसियम के इर्द-गिर्द एक लम्बा चक्कर लगाया। यानी हमने पूर्वी, दक्षिणी और पश्चिमी मीनारों का, उनको एक-दूसरे से जोड़नेवाली दीवारों समेत, एक दूरी से निरीक्षण किया। बाक़ी हिस्सा ढलान के ऊपर था, हालाँकि इमारत के सामंजस्य को देखते हुए कहा जा सकता था कि वह हिस्सा भी उन दूसरे हिस्सों से अलग नहीं रहा होगा जिनको हम देख रहे थे।

और जैसा कि विलियम ने मुझे अपनी तख्ती पर नोट्स लिखवाते हुए लक्ष्य किया, हमने पाया कि हर दीवार में दो झरोखे और हर मीनार में पाँच झरोखे थे।

''अब, सोचो,'' मेरे गुरुदेव ने कहा। ''जितने भी कमरे हमने देखे थे, उनमें से हर एक में एक झरोखा था...।''

''अलावा उन कमरों के जो सात दीवारों वाले हैं,'' मैंने कहा।

''और, निश्चय ही, ये वे कमरे हैं जो हर मीनार के बीचोंबीच हैं।''

''और उन कमरों के अलावा हैं जिनको हमने बिना झरोखों के पाया था, लेकिन जो सप्तभुजीय नहीं थे।''

''उनको छोड़ो। सबसे पहले हमें नियम का पता लगाना चाहिए, फिर हम अपवादों को समझने की कोशिश करेंगे। इस तरह : हमें बाहर की ओर हर मीनार के पाँच कमरे और हर सीधी दीवार के दो कमरे मिलेंगे जिनमें से हर कमरे में एक-एक झरोखा होगा। लेकिन हम अगर झरोखेवाले किसी कमरे से इडीफ़ीसियम के भीतरी हिस्से की तरफ़ बढ़ते हैं, तो हमें झरोखेवाला एक और कमरा मिलता है। यह इस बात का संकेत है कि भीतरी झरोखे भी हैं। अब, स्क्रिप्टोरियम से दिखाई देनेवाले अन्दरूनी कुएँ की बनावट कैसी है?''

''अष्टभुजीय,'' मैंने कहा।

''बहुत ख़ूब। और स्क्रिप्टोरियम में, इस अष्टभुज के हर तरफ़ दो झरोखे हैं। क्या इसका यह मतलब हुआ कि इस अष्टभुज के हर तरफ़ दो अन्दरूनी कमरे हैं? क्या मैं ठीक कह रहा हूँ?''

''हाँ, लेकिन बिना झरोखेवाले कमरों का क्या?''

''वे कुल मिलाकर आठ हैं। दरअसल हर मीनार के अन्दरूनी, सप्तभुजीय कमरे की पाँच दीवारें ऐसी हैं जिनमें से प्रत्येक दीवार मीनार के पाँच में से एक कमरे में खुलती है। बाक़ी बची दो दीवारें काहे से घिरी हैं? बाहरी दीवारों के समानान्तर बने कमरों से तो नहीं

ही, क्योंकि तब उनमें झरोखे होते और न ही, इसी तर्क से, वे अष्टभुज के समानान्तर बने कमरों से घिरी हो सकती हैं, इसलिए भी कि उस सूरत में वे ज़्यादा बड़े कमरे होते। तुम एक ऐसा नक़्शा बनाने की कोशिश करो जिससे यह दर्शाया जा सके कि ऊपर से देखने पर पुस्तकालय कैसा दिखाई देगा। ध्यान रहे कि हर मीनार में दो ऐसे कमरों का होना ज़रूरी है जो सप्तभुजीय कक्ष से घिरे हों और जो दो ऐसे कक्षों में खुलते हों जो अन्दरूनी अष्टभुजीय कुएँ से घिरे हों।''

मैंने अपने गुरुदेव के सुझाये मुताबिक़ नक़्शा बनाने की कोशिश की और मैं विजय के उल्लास से उछल पड़ा। ''पर अब तो हमको हर चीज़ मालूम हो चुकी है! मैं हिसाब लगाता हूँ।...पुस्तकालय में कुल छप्पन कमरे हैं, उनमें से चार सप्तभुजीय और बावन क़रीब-क़रीब वर्गाकार हैं और इनमें से आठ कमरे ऐसे हैं जिनमें झरोखे नहीं हैं, जबकि अट्ठाइस कमरे बाहर की तरफ़ और सोलह भीतर की तरफ़ खुलते हैं!''

''और चार मीनारें हैं जिनमें से प्रत्येक में पाँच कमरे चार-चार दीवारों वाले तथा एक कमरा सात दीवारोंवाला...। पुस्तकालय का निर्माण खगोलीय संगति के अनुरूप किया गया है जिसके विविध और दिलचस्प मतलब निकाले जा सकते हैं...।''

''एक शानदार खोज,'' मैंने कहा, ''लेकिन उसके भीतर अपनी स्थिति का पता लगाना इतना मुश्किल क्यों है?''

''क्योंकि इसकी जो चीज़ किसी गणितीय नियम से मेल नहीं खाती वह है इसके प्रवेश द्वारों का क्रम। कुछ कक्ष आपको कई दूसरे कक्षों में जाने की गुंजाइश देते हैं, तो कुछ सिर्फ़ एक ही कक्ष में और आपको खुद से पूछना ज़रूरी है कि क्या ऐसे भी कक्ष नहीं हैं जो आपको कहीं भी जाने की गुंजाइश नहीं देते। अगर तुम इस पहलू को ध्यान में रखो, साथ ही रोशनी के या किसी भी ऐसे सुराग़ के अभाव को जो सूरज की स्थिति का पता दे सकता हो (और इसमें तुम दिवास्वप्नों और आईनों की मौजूदगी को भी शामिल कर लो), तो तुम समझ सकते हो कि यह भूलभुलैया इसमें से होकर गुज़रनेवाले किसी भी व्यक्ति को किस क़दर भ्रम में डाल सकती है, ख़ास तौर से तब जब कि वह व्यक्ति पहले ही एक अपराध के अहसास से ग्रस्त हो। यह भी याद रखो कि पिछली रात जब हम अपना रास्ता नहीं खोज पा रहे थे तो हम किस क़दर निराश थे। अधिकतम सुघड़ विन्यास से हासिल किया गया अधिकतम भ्रम : यह एक उदात्त गणना प्रतीत होती है। पुस्तकालय के निर्माता महान उस्ताद थे।''

''तब हम अपना दिशा-ज्ञान कैसे हासिल करेंगे?''

''हम जहाँ पहुँच चुके हैं, वहाँ यह मुश्किल नहीं है। जो नक़्शा तुमने खीचा है, जिसे मोटे तौर पर पुस्तकालय के नक़्शे के मुताबिक़ होना चाहिए, उसके अनुसार जैसे ही हम पहले सप्तभुजीय कक्ष में दाखिल होंगे वैसे ही हम तुरन्त ही किसी अन्धे कक्ष की तरफ़ बढ़ रहे होंगे। इसके बाद, हर बार दाएँ मुड़ते हुए, दो या तीन कक्षों के बाद हम एक मीनार में होंगे, जो कि सिर्फ़ उत्तरी मीनार ही होगी, जब तक कि हम बायीं तरफ़ एक-दूसरे अन्धे कक्ष में नहीं आ जाते जो सप्तभुजीय कक्ष को घेरे होगा और जो पश्चिमी मीनार में हमारे पहुँचने तक हमको दाईं तरफ़ वैसे ही एक रास्ते को पाने की गुंजाइश देगा जिसका ब्यौरा मैंने अभी-अभी दिया है।''

''हाँ, बशर्ते कि तमाम कक्ष दूसरे कक्षों में खुलते हों...''

"बिल्कुल। और इसी वजह से हमें तुम्हारे नक़्शे की ज़रूरत होगी, जिस पर हम खाली दीवारों को चित्रित कर सकें, जिससे हमें पता चल सकेगा कि हम किस रास्ते का चक्कर लगा रहे हैं। लेकिन यह मुश्किल नहीं होगा।"

"लेकिन क्या हम इस बारे में निश्चित हैं कि यह तरीक़ा कारगर होगा?"

"यह कारगर होगा," विलियम ने जवाब दिया। "लेकिन दुर्भाग्य से हमें अभी भी हर चीज़ की जानकारी नहीं है। हमने यह तो समझ लिया है कि खो जाने से कैसे बचना है। अब हमें यह जानना ज़रूरी है कि कमरों के बीच पुस्तकों के बँटवारे के पीछे कोई निश्चित नियम है या नहीं। और इल्हाम-ग्रन्थ की छन्द-पंक्तियों से हमें बहुत कम जानकारी मिलती है, लगभग नहीं के बराबर, क्योंकि उनमें से कई पंक्तियाँ विभिन्न कक्षों में ज्यों की त्यों दोहरायी गई हैं।"

"जबकि धर्मदूत की पुस्तक से उनको छप्पन से ज़्यादा पंक्तियाँ मिल सकती थीं!"

"बेशक। इसलिए सिर्फ़ कुछ ही पंक्तियाँ ठीक हैं। विचित्र बात है। मानो उनको पचास से भी कम मिलीं : तीस या बीस...ओह, मर्लिन की दाढ़ी की क़सम!"

"किसकी?"

"छोड़ो। वो मेरे देश का एक जादूगर है...उन्होंने उतनी ही पंक्तियों का इस्तेमाल किया है जितने कि वर्णमाला के अक्षर हैं! हाँ, ये बात! पंक्तियों का मज़मून मानी नहीं रखता, ये शुरुआती अक्षर हैं जो मानी रखते हैं। हर कक्ष वर्णमाला के किसी एक अक्षर से चिह्नित है और वे सारे अक्षर मिलकर किसी मज़मून को गढ़ते हैं जिसका पता हमें लगाना होगा!"

"क्रॉस या मछली की शक्ल में चित्रित कविता की तरह!"

"कमोबेश और शायद जिस ज़माने में पुस्तकालय का निर्माण हुआ था, उस तरह की कविता काफ़ी चलन में रही हो।"

"लेकिन यह मज़मून शुरू कहाँ से होता है?"

"वह शुरू होता है प्रवेश मीनार के सप्तभुजीय कक्ष की उस पट्टिका के साथ जो दूसरी पट्टिकाओं के मुकाबले बड़ी है...या फिर...हाँ, लाल रंग से लिखे गए वाक्यों के साथ!"

"लेकिन वे तो बहुतेरे हैं!"

"और इसका मतलब है कि मज़मून या शब्द बहुत-से होंगे। अब तुम अपने नक़्शे की एक बेहतर और बड़ी कॉपी तैयार करो; जब हम पुस्तकालय में घूम रहे होंगे तो जिन भी कक्षों से होकर हम गुज़रते हैं, उनके दरवाज़ों और दीवारों की स्थिति को, वहाँ पर अंकित की गई पंक्तियों के प्रथम अक्षरों को तुम्हें अपनी क़लम से नक़्शे पर चिह्नित करते जाना होगा। और एक अच्छे नक़्क़ाश की तरह तुम्हें लाल अक्षरों को अपेक्षाकृत बड़े आकार में उकेरना होगा।"

"पर यह कैसे सम्भव है," मैंने सराहना के भाव से पूछा, "कि पुस्तकालय को बाहर से देखते हुए तो आपने उसकी गुत्थी को सुलझा लिया, जबकि आप जब उसके भीतर थे तो उसे सुलझा नहीं पाए?"

"ईश्वर का इस दुनिया की पहचान करने का ढंग यही है, क्योंकि उसने इसकी रचना के पहले, मानो बाहर से, अपने दिमाग़ में इसकी कल्पना की थी और हम लोग इसके विधान को इसलिए नहीं समझ पाते क्योंकि हमें यह दुनिया पहले से बनी-बनाई मिली है और हम इसके भीतर रहते हैं।"

"मतलब, हम चीज़ों को बाहर से देखकर उनके बारे में जान सकते हैं!"

"उन चीज़ों को जो कारीगरी की उपज हैं, क्योंकि उनको गढ़ने के लिए कारीगर ने जो रास्ता अपनाया है हम अपने दिमाग़ में उस रास्ते का अनुसरण कर सकते हैं। क़ुदरत की बनाई चीज़ों को नहीं, क्योंकि वे हमारे दिमाग़ की उपज नहीं हैं।"

"पर पुस्तकालय के लिए तो यह पर्याप्त है, नहीं?"

"हाँ," विलियम ने कहा। "लेकिन सिर्फ़ पुस्तकालय के लिए। चलो अब आराम करते है। उम्मीद है, कल सुबह तक मुझे मेरे लेंस मिल जाएँगे, जब तक वे नहीं मिल जाते मैं कुछ भी करने की हालत में नहीं हूँ। हम सो भी सकते हैं और सुबह जल्दी उठ सकते हैं। मैं ध्यान करने की कोशिश करूँगा।"

"और रात का भोजन?"

"अरे हाँ, रात का खाना। उसका वक़्त तो अब गुज़र चुका है। संन्यासी इस वक़्त पूरिका में होंगे। पर रसोई शायद अब भी खुली हो। जाकर देखो शायद कुछ मिल जाए।"

"चुरा लाऊँ?"

"माँग लेना। सल्वाटोर से माँग लेना, वो तो अब तुम्हारा दोस्त है।"

"लेकिन वो भी तो आख़िर चुराएगा ही!"

"तुम क्या अपने बन्धु के रखवाले हो?" विलियम ने केन के शब्दों का इस्तेमाल करते हुए पूछा। लेकिन मैंने पाया कि वे मज़ाक़ कर रहे थे और उनके कहने का मतलब था कि ईश्वर महान और कृपालु है। और इसलिए मैं सल्वाटोर को तलाशने निकल पड़ा और वह मुझे घोड़ों के थानों के क़रीब मिल गया।

"अच्छा जानवर है," मैंने बातचीत शुरू करने की गरज से ब्रूनेलॅस की तरफ़ इशारा करते हुए कहा। इसकी सवारी करने का मन होता है।"

"यह मुनासिब नहीं है। यह एबो का है।** लेकिन सख़्त सवारी के लिए तुम्हें ख़ूबसूरत घोड़े की ज़रूरत नहीं है...।" उसने एक तगड़े किन्तु भद्दे घोड़े की तरफ़ इशारा किया। "वह भी ठीक रहेगा...। वहाँ देखिए, तीसरे नम्बर का घोड़ा।"**

वह एक तीसरे घोड़े की तरफ़ मेरा ध्यान दिलाना चाहता था। मैं उसकी बेढंगी लैटिन पर हँसा। "और उसके साथ तुम क्या करोगे?" मैंने उससे पूछा।

और उसने मुझे एक विचित्र बात बताई। उसने कहा कि किसी भी घोड़े को, यहाँ तक कि सबसे बूढ़े और कमज़ोर जानवर को भी ब्रूनेलॅस जितना फुर्तीला बनाया जा सकता है। तुम्हें सिर्फ़ उसकी जई में अच्छी तरह से कुचली गई सेटिरियॉन नामक जड़ी-बूटी मिलाने की और फिर उसकी रानों को हिरण की चर्बी से चिकनाने की ज़रूरत भर है। फिर तुम घोड़े पर सवार हो जाओ और उसे एड़ देने के पहले उसका मुँह पूरब की तरफ़ मोड़ो और उसके कान में तीन बार ये शब्द फुसफुसाओ : "निकाण्डर, मेल्चिओर और मेर्चिज़ार्ड।" और घोड़ा सरपट भागेगा और एक घंटे में उतनी दूरी पार कर जाएगा जितनी कि ब्रूनेलॅस आठ घंटे में करेगा। और तुम अगर उसकी गर्दन में किसी ऐसे भेड़िये के दाँत लटका दो जिसे खुद उसी घोड़े ने रौंदा और मारा हो, तो तुम्हारे जानवर को अपनी मेहनत का एहसास तक नहीं होगा।

मैंने उससे पूछा कि क्या उसने इस तरकीब को कभी आज़माकर देखा है। वह चौकन्ना होकर मेरे एकदम क़रीब आ गया और अपनी बदबूदार साँस के साथ मेरे कान में फुसफुसाते

हुए मुझसे बोला, कि यह बहुत मुश्किल काम है क्योंकि सेटेरियॉन की खेती अब धर्माध्यक्षों और उनके सामन्त दोस्तों द्वारा की जाने लगी है, जो उसका इस्तेमाल अपनी ताक़त को बढ़ाने के लिए करते हैं। तभी मैंने इस बातचीत को विराम दिया और उससे कहा कि आज शाम मेरे गुरुदेव अपनी कोठरी में कुछ पुस्तकें पढ़ना चाहते हैं और उनकी इच्छा वहीं पर भोजन करने की है।

"मैं इन्तज़ाम कर दूँगा," उसने कहा, "मैं चीज़ इन बेटर का इन्तज़ाम कर दूँगा।"

"ये कैसे बनता है?"

"यूँ, चुटकियों में। इसके पहले कि चीज़ बहुत पुराना हो, तुम उसको लो, बिना ज़्यादा नमक के और उसको चौकोर या जैसे भी तुमको ठीक लगे, काट लो। और फिर तुम उसको अंगारों पर गरम करने के लिए थोड़ा-सा मक्खन या सुअर की चर्बी डालो। और उसमें चीज़ के दो टुकड़े डालो और जब वह नरम हो जाए, तो शक्कर और दालचीनी दो बार डालनी होगी। और तुरन्त टेबिल पर ले जाओ, क्योंकि उसको गरम-गरम खाना होता है।"**

"अच्छा, तो ये है चीज़ इन बेटर," मैंने कहा। और वह मुझसे इन्तज़ार करने को कहकर किचिन की तरफ़ ग़ायब हो गया। आधा घंटे बाद वह कपड़े से ढँका एक व्यंजन लेकर प्रकट हुआ। उसकी महक अच्छी थी।

"ये रहा," उसने कहा और तेल से भरा एक बड़ा भारी चिराग़ भी उसने मुझे थमा दिया।

"यह किसलिए?" मैंने पूछा।

"मैं नहीं जानता,"** उसने रहस्यमय अन्दाज में कहा। "हो सकता है** तुम्हारा गुरु आज रात** अँधेरी जगह में जाना चाहता हो।"

सल्वाटोर उससे ज़्यादा जानता था, जितने का मुझे शक था। मैंने और पूछताछ नहीं की, खाना लेकर विलियम के पास चला गया। हमने खाया और मैं अपनी कोठरी में चला आया। या मैंने कम से कम ऐसा ज़ाहिर किया। मैं फिर से उबर्तिनो से मिलना चाहता था, इसलिए मैं चोरी छुपे गिरजाघर में लौट गया।

पूरिका के बाद

जिसमें उबर्तिनो एड्सो को फ्रा डोल्सिनो का क़िस्सा सुनाता है, जिसके बाद एड्सो दूसरे क़िस्से याद करता है या उनको ख़ुद ही, अकेले, पुस्तकालय में जाकर पढ़ता है और तब उसकी मुलाक़ात एक कुमारी से होती है—ख़ूबसूरत और मानो युद्ध के लिए तैनात सेना की तरह ख़तरनाक़ एक कुमारी से।

उबर्तिनो वर्जिन की प्रतिमा के सामने बैठा था। मैं चुपचाप जाकर उसकी बगल में बैठ गया और (मैं स्वीकार करूँ कि) कुछ देर तक प्रार्थना करने का बहाना करता रहा। फिर मैंने उससे बात करने का साहस जुटाया।

"परम पवित्र पिता," मैंने कहा, "क्या मैं आपसे प्रबोध और मार्गदर्शन की याचना कर सकता हूँ?"

उबर्तिनो ने मेरा हाथ थामते हुए मेरी तरफ़ देखा, वह उठा और मुझे बेंच की तरफ़ ले गया, जहाँ हम दोनों बैठ गए। उसने मुझे अपने सीने से भींच लिया, मैं उसकी साँसों को अपने चेहरे पर महसूस कर सकता था।

"मेरे प्यारे बच्चे," उसने कहा, "अगर यह तुच्छ पापी तेरी आत्मा के लिए कुछ भी कर पाने में समर्थ है तो वह ख़ुशी-ख़ुशी करने को तैयार है। तुझे क्या चीज़ सता रही है? लालसाएँ?" उसने ख़ुद ही क़रीब-क़रीब लालायित होते हुए पूछा। "शरीर की लालसाएँ?"

"नहीं," मैंने शर्माते हुए जवाब दिया, "अगर यह लालसा जैसी कोई चीज़ है तो वह मेरे इस दिमाग़ की लालसा है जो बहुत ज़्यादा जानना चाहता है..."

"और यह बुरा है। प्रभु सब कुछ जानता है, हमें सिर्फ़ उसके ज्ञान की आराधना करनी चाहिए।"

"लेकिन हमारे लिए पुण्य को पाप से अलगाना और इनसान के जज़्बातों को समझना भी तो ज़रूरी है। मैं एक नवदीक्षित हूँ, लेकिन कल के दिन मैं एक संन्यासी और पुरोहित बनूँगा और मेरे लिए यह जानना कि पाप का घर कहाँ है और वह कैसा दीखता है इसलिए ज़रूरी है ताकि कल मैं उसको पहचान सकूँ और दूसरों को उसकी पहचान करा सकूँ।"

"यह सच है, मेरे बच्चे। कहो, तुम क्या जानना चाहते हो?"

"विधर्म की खरपतवार के बारे में, फ़ादर," मैंने दृढ़तापूर्वक कहा। और फिर, उसी साँस में, "मैंने उस दुष्ट आदमी का क़िस्सा सुना है जिसने दूसरों को गुमराह किया था : फ्रा डोल्सिनो।"

उबर्तिनो ख़ामोश रहा, फिर वह बोला, "अच्छा, उस दिन तुमने ब्रदर विलियम और मेरी बातचीत के दौरान उसका ज़िक्र सुना था। लेकिन वह एक बुरा क़िस्सा है और उसके बारे में बात करते हुए मुझे दुःख होता है, क्योंकि उससे हमको यह सीख मिलती है (हाँ, इस लिहाज़ से उसे जान लेना तुम्हारे लिए ठीक है, ताकि तुम उससे एक काम की सीख ले सको)—क्योंकि, मैं कह रहा था, उससे हमें यह सीख मिलती है कि किस तरह तपश्चर्या की चाहना और संसार के शुद्धीकरण की आकांक्षा रक्तपात और क़त्लेआम का कारण बन सकते हैं।" उसने मेरे कन्धे पर अपनी पकड़ को ढीला करते हुए किन्तु अपना हाथ फिर भी मेरी गर्दन पर रखे हुए, पहलू बदला, मानो वह अपने ज्ञान या शायद अपनी भावनाओं की तीव्रता मुझ तक पहुँचाना चाहता हो।

"इस क़िस्से की शुरुआत फ्रा डोल्सिनो से पहले होती है," उसने कहा, "साठ से भी ज़्यादा बरस पहले, जब मैं एक बच्चा था। इसकी शुरुआत परमा में होती है। वहाँ पर ग़ेरार्डो सेगारेली नामक एक व्यक्ति ने तमाम लोगों से तपश्चर्या का जीवन जीने की गुहार लगाते हुए उपदेश करना शुरू किया और इसके लिए वह 'पश्चाताप!" पुकारता हुआ सड़कों पर घूमा करता था, जो कि 'पश्चाताप करो, क्योंकि आसमानी सल्तनत क़रीब है'** कहने का अपढ़ लोगों का ढंग था। उसने अपने शिष्यों को धर्मप्रचारकों की तरह आचरण करने का हुक्म दिया और उसने अपने सम्प्रदाय को धर्मप्रचारकों का संघ नाम देने का निश्चय किया और उसके लोगों को भीख पर जीवन गुज़ारते हुए दुनिया के बीच ग़रीब भिखारियों की तरह रहना होता था...।"

"फ्रेटीसेली की तरह," मैंने कहा। "क्या यही हुक्म हमारे अपने प्रभु का और ख़ुद हमारे अपने फ्रांसिस का भी नहीं था?"

"हाँ," उबर्तिनो ने ठंडी साँस भरते हुए, आवाज़ में हल्की-सी हिचकिचाहट के साथ मंज़ूर किया। "लेकिन गेरार्डो शायद अति कर रहा था। उस पर और उसके अनुयायियों पर पुरोहितों की सत्ता तथा प्रार्थना और पाप स्वीकार के अनुष्ठानों को नकारने और निकम्मे आवारागर्द होने के आरोप थे।"

"लेकिन स्पिरिचुअल फ्रांसिस्कनों पर भी तो यही आरोप थे। और क्या आज माइनॉराइट भी यही नहीं कह रहे हैं कि पोप की सत्ता को मान्यता नहीं दी जानी चाहिए?"

"हाँ, लेकिन वे पुरोहितों की सत्ता को मान्यता देने के ख़िलाफ़ नहीं हैं। हम माइनॉराइट ख़ुद ही पुरोहित हैं। बच्चे, इन चीज़ों में फ़र्क़ करना मुश्किल काम है। पुण्य को पाप से अलगानेवाली रेखा इतनी बारीक़ है...। गेरार्डो ने किसी हद तक ग़लती की थी और वह विधर्मिता का गुनहगार बन गया था...। वह माइनॉराइट के संघ में शामिल होना चाहता था, लेकिन हमारे बन्धु उसको कुबूल करने पर राज़ी नहीं थे। उसने हमारे बन्धुओं के गिरजों में अपने दिन गुज़ारे थे और वहाँ पर उसने पैरों में सैण्डिल पहने हुए तथा अपने कन्धों पर लबादा ओढ़े हुए धर्मप्रचारकों की तस्वीरें देखी थीं और इसलिए उसने अपने बाल और दाढ़ी बढ़ा ली, पैरों में सैण्डिल पहनी और माइनॅर भिक्षुओं की रस्सी धारण कर ली, क्योंकि नया धर्मसंघ स्थापित करना चाहनेवाला कोई भी व्यक्ति सौभाग्यशाली फ्रांसिस्र के संघ से कुछ न कुछ लेता है।"

"तब तो वह इंसाफ़ और सच्चाई के रास्ते पर था...।"

"लेकिन कहीं न कहीं उसने ग़लती की थी...। लम्बे बाल और सफ़ेद कुर्ते पर सफ़ेद लबादा धारण किए, उसने साधारण लोगों के बीच सन्त की ख्याति अर्जित कर ली थी। उसने अपना छोटा-सा घर बेचा और पैसे प्राप्त कर वह उस चट्टान पर खड़ा हो गया जिस पर खड़े होकर पुराने ज़माने में दंडाधिकारी लम्बे-चौड़े भाषण दिया करते थे और उसने सोने के सिक्कों की थैली हाथ में थाम ली, लेकिन उसने उन सिक्कों को न तो छितराया और न ही उनको ग़रीबों में बाँटा, इसकी बजाय, पास में जुआ खेल रहे कुछ बदमाशों को तलब किया और पैसों को उनके बीच उछाल दिया और कहा, 'जो लूट सके सो लूट ले,' और उन बदमाशों ने पैसे लिए और वे उनको जुए में उड़ाने के लिए चल दिए, इस तरह उन लोंगों ने जीवित ईश्वर के साथ धर्मद्रोह किया और वह जिसने उसको वे पैसे दिए थे उसने यह सब सुना और उसको शर्म नहीं आई।"

"लेकिन फ्रांसिस ने भी तो ख़ुद को हर चीज़ से खाली कर लिया था और आज विलियम से मैंने सुना था कि वे कौओं और बाज़ों को उपदेश देने गए थे, साथ ही साथ कोढ़ियों को भी—यानी समाज की उस तलछट को जिसे ख़ुद को धर्मात्मा कहनेवालों ने बहिष्कृत कर दिया था...।"

"हाँ, लेकिन गेरार्डो किसी तरह ग़लती पर था; फ्रांसिस ने अपने को कभी भी पवित्र चर्च के साथ संघर्ष की स्थिति में नहीं रखा था और ईसाई धर्म निर्धनों के लिए देने को कहता है, बदमाशों के लिए नहीं। गेरार्डो ने दिया और बदले में कुछ नहीं पाया क्योंकि उसने बुरे लोगों को दिया और उसकी शुरुआत बुरी थी, मध्य बुरा था और अन्त बुरा था, क्योंकि उसकी मण्डली दसवें पोप ग्रेगॅरी द्वारा अनुचित बतायी गई थी।"

"हो सकता है," मैंने कहा, "कि वह उस पोप के मुक़ाबले कम खुले दिमाग़ का रहा हो जिसने फ्रांसिस की हुकूमत को मान्यता दी थी...।"

"यह सही है, लेकिन ग़ेरार्डो किसी तरह ग़लती पर था, जबकि, इसके विपरीत, फ्रांसिस जानते थे कि वे क्या कर रहे थे। और अन्ततः, बेटे, सुअरों और गायों को पालनेवाले अचानक छद्म प्रचारक बन बैठे ये लोग, सुखपूर्ण जीवन जीना चाहते थे और उन लोगों की तरह भीख के लिए पसीना बहाये बिना जिनको माइनॅर भिक्षुओं ने इस क़दर परिश्रम करके और निर्धनता के इस क़दर उदात्त दृष्टान्तों के सहारे शिक्षित किया था! लेकिन मुद्दा ये नहीं है," उसने जल्दी से जोड़ा। "मुद्दे की बात यह है कि उन धर्मप्रचारकों जैसा होने के लिए, जो तब तक यहूदी ही रहे थे, ग़ेरार्डो सेगारेली ने ख़ुद का ख़तना कर लिया, जो कि जेलेटियनों के प्रति कहे गए पॉल के वचनों के विपरीत जानेवाली बात थी–और तुम्हें मालूम होगा कि अनेक सन्त पुरुषों का दावा है कि भावी एण्टीक्राइस्ट ख़तनायाफ़्ता प्रजाति से आएगा...। लेकिन ग़ेरार्डो ने इससे भी बुरा काम किया : उसने साधारण लोगों को इकट्ठा कर उनसे यह कहना ज़ारी रखा कि 'मेरे साथ अंगूर के बाग़ में आओ,' और जो उसे नहीं जानते थे वे, यह मानकर कि यह उसका बाग़ है, उसके साथ किसी दूसरे के बग़ीचे में चले गए और उन्होंने दूसरे के अंगूर खाये...।"

"निश्चय ही माइनॉराईट निजी सम्पत्ति की हिमायत नहीं करते," मैंने गुस्ताख़ ढंग से कहा।

उबर्तिनो ने गुस्से से मेरी तरफ़ देखा। "माइनॉराइट निर्धनता का आग्रह करते हैं, लेकिन उन्होंने दूसरों से कभी निर्धन होने को नहीं कहा। तुम भले ईसाइयों की सम्पत्ति पर बिना सज़ा भोगे हमला नहीं कर सकते; भले ईसाई तुमको डकैत कहेंगे। और यही ग़ेरार्डो के साथ हुआ। उसके बारे में लोगों का कहना था कि अपनी इच्छा-शक्ति और आत्मसंयम की परीक्षा लेने वह स्त्रियों के साथ सम्भोग किए बिना सोया था; लेकिन जब उसके शिष्यों ने उसकी नक़ल करने की कोशिश की तो नतीजे बिल्कुल अलग निकले...। हे भगवान, ये बातें बच्चों के जानने की नहीं हैं : औरत में शैतान का वास होता है...। और फिर पन्थ की कमान को लेकर उन्होंने आपस में झगड़ना शुरू कर दिया और बहुत अशुभ घटनाएँ घटने लगीं। और तब भी बहुत-से लोग ग़ेरार्डो के पास आए, सिर्फ़ किसान ही नहीं, बल्कि नगर के लोग और संघों के सदस्य भी और ग़ेरार्डो ने उनको नंगा होने पर मजबूर किया, ताकि वे नग्न ईसा का अनुकरण कर सकें और उसने उनको दुनिया भर में उपदेश करने भेज दिया, जबकि अपने लिए उसने मज़बूत कपड़े की, सफ़ेद, बिना बाहोंवाली ट्यूनिक तैयार कराई और इस पोशाक में वह संन्यासी से ज़्यादा जोकर दिखाई देता था! वे खुले में रहते थे, पर कभी-कभी वे चर्च में एकत्र भक्तों को परेशान करने और उनके उपदेशकों को खदेड़ने प्रवचन-मंच पर चढ़ जाते और एक बार तो उन्होंने रेवाना में सन्त'ओर्सो के चर्च में धर्माध्यक्ष के सिंहासन पर एक बच्चे को बिठाल दिया था। और उन्होंने ख़ुद को जोएशिम ऑव फ्लोरिस के धर्मसिद्धान्त का उत्तराधिकारी घोषित कर दिया...।"

"लेकिन यही तो फ्रांसिस्कन करते हैं," मैंने कहा, "और जेरार्ड ऑव बोर्गो सेन डोनिनो भी और ख़ुद आप!" मैं ज़ोर से बोला।

"शान्त, बच्चे। जोएशिम ऑव फ्लोरिस एक महान पैग़म्बर थे और वे पहले व्यक्ति थे जिन्होंने यह समझ लिया था कि फ्रांसिस चर्च का पुनरुद्धार करेंगे। लेकिन इन छद्म प्रचारकों ने अपनी मूर्खताओं को जायज़ ठहराने के लिए उनके धर्ममत का इस्तेमाल किया। सेगारेली

अपने साथ एक औरत प्रचारक को रखे हुए था, ट्रिपिया या रिपिया नाम की कोई औरत, जो भविष्यवाणी की प्रतिभा से सम्पन्न होने का दावा करती थी। एक औरत, समझे?''

''लेकिन, फ़ादर,'' मैंने खण्डन करने की कोशिश की, ''उस दिन शाम को आप ख़ुद ही क्लेयर ऑव मोण्टेफाल्को और ऐंजेला ऑव फोलिग्नो के सन्त जैसा होने की बात कर रहे थे...।''

''वे सन्त थे! वे चर्च की सत्ता को मान्यता देनेवाले विनयशील लोग थे; उन्होंने कभी भविष्यवक्ता होने का दावा नहीं किया था! लेकिन इन छद्म प्रचारकों ने इसरार किया कि औरतें नगर-दर-नगर प्रचार करने जा सकती हैं, जैसा कि और दूसरे विधर्मियों का भी कहना था। और वे विवाहितों तथा अविवाहितों में कोई फ़र्क़ नहीं करते थे, न ही वे किसी व्रत को आजीवन निर्वाह के लायक़ मानते थे। मैं तुमको ये बेहद तकलीफ़देह क़िस्से सुनाकर, जिनकी बारीक़ियों को तुम ठीक से समझ नहीं सकते, थकाना नहीं चाहता, इसलिए संक्षेप में इतना जान लो कि धर्माध्यक्ष ओबिज़ो ऑव पारमा ने आख़िरकार गे़रार्डो को सलाखों के पीछे डाल देने का फ़ैसला किया। लेकिन इस नुक़्ते पर एक विचित्र घटना घटित हुई जिससे तुम्हें पता चलेगा कि मनुष्य का स्वभाव कितना कमज़ोर होता है और विधर्म की खरपतवार कितनी घातक होती है। क्योंकि अन्त में बिशॅप ने उसको आज़ाद कर अपनी ख़ुद की मेज़ पर उसका स्वागत किया और उसके मज़ाक़ों पर हँसे और उसे अपने मसखरे की हैसियत से रख लिया।''

''लेकिन क्यों?''

''मैं नहीं जानता—या, यूँ कहूँ कि मुझे डर है कि मैं जानता हूँ। धर्माध्यक्ष एक शाही आदमी था और नगर के व्यापारियों तथा कारीगरों को पसन्द नहीं करता था। निर्धनता का जाप करते हुए इन लोगों के ख़िलाफ़ गे़रार्डो के प्रचार से उसे शायद कोई आपत्ति नहीं थी, या शायद उसे इस बात की परवाह नहीं थी भिक्षा से शुरुआत करके गे़रार्डो डकैती पर उतर आया था। लेकिन अन्त में पोप ने हस्तक्षेप किया और धर्माध्यक्ष फिर से सख़्त हो उठा और गे़रार्डो का अन्त एक पश्चातापरहित विधर्मी के रूप में चिता पर हुआ। यह इस सदी की शुरुआत थी।''

''और इन बातों का फ्रा डोल्सिनो से क्या ताल्लुक है?''

''वे जुड़ी हुई हैं और इससे तुम समझ सकते हो कि किस तरह विधर्म विधर्मियों के नष्ट हो जाने के बाद भी बचा रहता है। यह डोल्सिनो एक पुरोहित की जारज सन्तान था, जो इटली के इस हिस्से में, उत्तर में थोड़ा आगे की तरफ़, नोवारा धर्मप्रान्त में रहता था। यह एक तेज़ दिमाग़ का नौजवान था और साहित्य में शिक्षित था, लेकिन जिस पुरोहित ने उसको अपने घर में रखा हुआ था उसने उसी के घर में चोरी की और पूरब की तरफ़, टेरेण्ट के नगर में भाग गया। और वहाँ जाकर उसने गे़रार्डो की शिक्षा के प्रचार का काम सम्हाला, लेकिन और भी ज़्यादा विधर्मपूर्ण तरीक़े से, जहाँ उसने यह घोषणा की कि वह ईश्वर का एकमात्र शिष्य है और प्रेम में हर चीज़ सबकी होनी चाहिए और यह कि बिना सोच-विचार किए तमाम औरतों के साथ सोना धर्मसंगत है, जिसके मुताबिक़ कोई भी व्यक्ति परस्त्रीगमन का दोषी नहीं ठहराया जा सकता, चाहे वह एक साथ अपनी बीवी और अपनी बेटी के साथ ही क्यों न सोता हो...।''

"क्या उसने सचमुच इन बातों का प्रचार किया था, या उस पर इन बातों के प्रचार का आरोप लगाया गया था? मैंने सुना है कि इन्हीं गुनाहों के इल्ज़ाम मोण्टेफाल्को के उन संन्यासियों की तरह स्पिरिचुअलों पर भी लगाए गए थे...।"

"इसके बारे में बहुत हो चुका,"** उबर्तिनो ने मुझे तीखे ढंग से टोका। "वे संन्यासी नहीं रह गए थे। वे विधर्मी थे। और खुद फ्रा डोल्सिनो द्वारा कलंकित। और इसके अलावा, सुनो मैं क्या कह रहा हूँ : फ्रा डोल्सिनो को एक बदचलन इनसान कहने के लिए इतना जान लेना-भर काफ़ी है कि आगे चलकर उसने क्या किया। वह छद्म धर्मप्रचारकों की शिक्षाओं के सम्पर्क में कैसे आया, यह मैं खुद भी नहीं जानता। हो सकता है एक युवक के रूप में वह पारमा से गुज़रा हो और वहाँ उसने गेरार्डो को सुना हो। इतना पता है कि सेगारेली की मृत्यु के बाद वह बोलोग्ना के इलाक़े में इन विधर्मियों के सम्पर्क में रहा था। और यह पक्के तौर पर ज्ञात है कि उसने अपना प्रचार टेरेण्ट में शुरू किया था। वहाँ उसने शाही खानदान की एक बेहद ख़ूबसूरत कुमारी, मार्गेरेट, को पथभ्रष्ट किया, या उसने इसको पथभ्रष्ट किया, जिस तरह हेलोइस ने अबेलार्ड को पथभ्रष्ट किया था, क्योंकि--कभी मत भूलो कि–शैतान औरत की मार्फ़त ही मर्द के दिल को भेदता है! इस पर, टेरेण्ट के धर्माध्यक्ष ने उसको धर्मप्रान्त से बाहर भगा दिया, लेकिन डोल्सिनो तब तक एक हज़ार से ज़्यादा अनुयायियों को इकट्ठा कर चुका था और उसने एक लम्बा मार्च शुरू किया, जो उसे उस इलाक़े में ले गया जहाँ वह पैदा हुआ था। रास्ते में उसके शब्दों के बहकावे में आकर और भी लोग उसके साथ जुड़ते गए और जिन पहाड़ों से होकर वह गुज़रा वहाँ रहनेवाले बहुत-से वाल्डेन्सियाई विधर्मी भी शायद उसके साथ हो लिए, या हो सकता है कि वह खुद ही उत्तर के इन प्रदेशों में रह रहे वाल्डेन्सियाइयों के साथ हो जाना चाहता रहा हो। जब डोल्सिनो नोवारा के इलाक़े में पहुँच गया, तो वहाँ पर उसने अपनी बग़ावत के लिए एक अनुकूल माहौल पाया, क्योंकि गेट्टिनारा नगर के आवाम ने वर्सेली के धर्माध्यक्ष के प्रतिनिधियों के रूप में वहाँ हुकूमत कर रहे नुमाइन्दों को बेदख़ल कर दिया था और इन लोगों ने डोल्सिनो के निर्वासितों का अपने उपयुक्त सहयोगियों के रूप में स्वागत किया।"

"धर्माध्यक्ष के नुमाइन्दों ने क्या किया था?"

"मैं नहीं जानता और यह मेरा क्षेत्र भी नहीं है। पर जैसा कि तुम देखते हो, बहुतेरे मामलों में विधर्मिता अधिपतियों के ख़िलाफ़ बग़ावत से जुड़ी होती है और यही वजह है कि विधर्मी अपनी शुरुआत मेडोना की निर्धनता के उपदेशों से करता है और फिर सत्ता, युद्ध और हिंसा के तमाम प्रलोभनों का शिकार हो जाता है। वर्सेली के नगर में कुछ परिवारों के बीच संघर्ष था और छद्म धर्मप्रचारकों ने इसका फ़ायदा उठाया और इन परिवारों ने छद्म धर्मप्रचारकों द्वारा पैदा की गई अराजकता से अपना स्वार्थ साधा। सामन्तों ने नागरिकों को लूटने के लिए भाड़े के सैनिकों का इस्तेमाल किया और नागरिक अपनी रक्षा के लिए नोवारा के धर्माध्यक्ष की शरण में गए।"

"कितनी उलझी हुई कहानी है। लेकिन डोल्सिनो किसकी तरफ़ था?"

"मैं नहीं जानता; वह अपने आप में एक गुट था; वह इन सारे विवादों में शामिल हुआ और इनको उसने निजी स्वामित्व के ख़िलाफ़ संघर्ष के एक अवसर के रूप में देखा। डोल्सिनो और उसके अनुयायियों, जिनकी संख्या बढ़कर अब तीन हज़ार हो चुकी थी, ने नोवारा के

क़रीब बाल्ड माउण्टेन नामक एक पहाड़ी पर डेरा डाला और वहाँ पर उन्होंने झोपड़पट्टियाँ और दीवारें खड़ी कीं और डोल्सिनो ने बेहद शर्मनाक स्वच्छन्द यौनाचार की ज़िन्दगी जी रहे मर्दों और औरतों की इस समूची भीड़ का शासन सभाला। वहाँ से वह अपने वफ़ादारों को ख़त भेजता था जिनमें वह अपने विधर्मितापूर्ण सिद्धान्तों को प्रतिपादित करता था। उसने कहा और लिखा कि निर्धनता उनका आदर्श है और वे किसी बाहरी हुक्मबरदारी से वचनबद्ध नहीं हैं और उसे, यानी डोल्सिनो को भविष्यवाणी की मुहर तोड़ने और *ओल्ड* तथा *न्यू टेस्टामेण्ट* की रचनाओं को समझने के लिए ईश्वर के द्वारा भेजा गया है। और उसने सेक्युलर पादरियों–धर्मप्रचारकों और माइनॉराइटों–को शैतान के पुरोहितों की संज्ञा दी और उनका हुक्म मानने के कर्तव्य से हर किसी को मुक्त कर दिया। और उसने ईश्वर की सन्तानों के जीवन के चार युगों की शिनाख़्त की : पहला था *ओल्ड टेस्टामेण्ट* का युग, जिसमें ईसा के आगमन से पहले के धर्माध्यक्ष और पैग़म्बर आते थे, जब विवाह को अच्छा माना जाता था क्योंकि ईश्वर की सन्तानों की बढ़ोत्तरी ज़रूरी थी। दूसरा था ईसा और उनके पट्टशिष्यों का युग और यह सन्तभावना तथा ब्रह्मचर्य का युग था। फिर आया ती रा युग, जब लोगों को शासित करने के लिए पहली बार पोपों को सांसारिक धन-दौलत को स्वीकार करना पड़ा; लेकिन जब मनुष्यता ईश्वर-प्रेम की राह से भटकने लगी, तो *बेनेडिक्ट* आए और उन्होंने तमाम तरह के लौकिक परिग्रहों का विरोध किया। जब बेनेडिक्ट संन्यासी भी जायदादें इकट्ठी करने लगे, तब सन्त फ्रांसिस और सन्त डोमिनिक के संन्यासी आए, जो सांसारिक ताक़तों तथा धन-दौलत के ख़िलाफ़ अपने उपदेशों में बेनेडिक्टों से कहीं ज़्यादा सख़्त थे। लेकिन अन्त में आज, जब एक बार फिर बहुत-से धर्माधिकारियों का जीवन उन तमाम सदुपदेशों के विपरीत जा रहा है, हम तीसरे युग के अन्त पर आ पहुँचे हैं और अब ईसा के पट्टशिष्यों के उपदेशों का अनुसरण करना ज़रूरी हो गया है।"

"तब तो, फ़ादर, डोल्सिनो उन्हीं बातों का प्रचार कर रहा था, जिनका प्रचार फ्रांसिस्कनों ने किया था और फ्रांसिस्कनों में भी ख़ास तौर से स्पिरिचुअलों ने और खुद आपने भी!"

"हाँ, हाँ, लेकिन उसने उनसे एक छलपूर्ण तर्क हासिल किया! उसने कहा कि भ्रष्ट आचरण के इस तीसरे युग का ख़ात्मा करने के लिए तमाम पुरोहितों, संन्यासियों और भिक्षुओं को एक क्रूर मौत मरना होगा; उसने कहा कि चर्च के तमाम धर्माधिकारियों, तमाम पुरोहितों, ननों, धर्म से जुड़े मर्दों और औरतों का, धर्मप्रचारक संघों और माइनॉराटों से ताल्लुक रखने वाले तमाम लोगों का, आश्रमवासियों का, यहाँ तक कि मालिक पोप का भी विनाश ज़रूरी है और यह काम उसके, यानी डोल्सिनो के, द्वारा चुने गए सम्राट, के हाथों होगा और यह सम्राट बनना था फ्रेड्रिक ऑव सिसली को।"

"लेकिन क्या इसी फ्रेड्रिक ने सिसली में उन स्पिरिचुअलों का कृपापूर्वक स्वागत नहीं किया था जिनको उम्बरिया से निकाल दिया गया था और क्या ये माइनॉराइट नहीं हैं जो सम्राट, जो कि अब लुई हैं, से पोप और कार्डिनलों की लौकिक ताक़तों को नष्ट करने का आग्रह करते हैं?"

"यह विधर्म की, या पागलपन की, ख़ासियत है कि वह सबसे ज़्यादा सच्चे विचारों को रूपान्तरित कर उनको ईश्वर और इनसान के विपरीत पड़नेवाले परिणामों की तरफ़ मोड़ देता है। माइनॉराइटों ने सम्राट से कभी नहीं कहा कि वे दूसरे पुरोहतों की हत्या कर दें।"

वह ग़लती पर था, यह मैं आज जानता हूँ। क्योंकि, कुछ ही महीनों बाद, जब बावेरियन ने रोम में अपनी व्यवस्था क़ायम की, तो मार्सीलियस और दूसरे माइनॉराइटों ने पोप के वफ़ादार धार्मिकों के साथ ठीक वही किया था जो डोल्सिनो ने करने को कहा था। इससे मेरा मतलब यह नहीं है कि डोल्सनो सही था; अगर इसका कोई मतलब है तो यह कि मार्सिलियस भी उतना ही ग़लत था। लेकिन विलियम से हुई दोपहर की बातचीत के बाद मेरे मन में यह बात आ रही थी कि क्या डोल्सिनो का अनुसरण करनेवाले साधारण लोगों के लिए स्पिरिचुअलों द्वारा किए गए वादों और डोल्सिनों द्वारा किए गए इन वादों के क्रियान्वयन के बीच फ़र्क़ करना सम्भव था। क्या वह उन चीज़ों को ही तो व्यवहार में लाने का दोषी नहीं था जिनका उपदेश, विशुद्ध रहस्यवादी तरीक़े से, सम्भवतः परम्परावादियों ने किया था? या फिर यही मुद्दा था जिस पर दोनों के बीच फ़र्क़ था? क्या सन्त-भावना इस बात में निहित थी कि जिन चीज़ों का वादा ईश्वर द्वारा भेजे गए सन्तों ने किया था, उन चीज़ों को हम लौकिक तरीक़े अपनाकर हासिल करने की बजाय ईश्वर की प्रतीक्षा करें कि वे चीज़ें ख़ुद वह हमें प्रदान करे? आज मैं जानता हूँ कि बात ऐसी ही है और यह कि डोल्सिनो क्यों ग़लती पर था : संसार के विधान को बदला नहीं जाना चाहिए, चाहे हम कितने ही उत्साहपूर्वक इस बदलाव की उम्मीद क्यों न करते हों। लेकिन उस शाम मैं एक-दूसरे को काटते विचारों की गिरफ़्त में था।

"आख़िरकार," उबर्तिनो मुझसे कह रहे थे, "अहंकार में विधर्म का दाग़ तुम हमेशा पाओगे। 1303 के, एक और ख़त में, डोल्सिनो ने ख़ुद को धर्मप्रचारक दल का सर्वोच्च मुखिया नियुक्त कर लिया और धोखेबाज़ मार्गेरेट को—एक औरत को—तथा लाँजिनॅस ऑव बर्गामो, फ्रेड्रिक ऑव नोवारा, अल्बर्ट कारेण्टिनॅस और वाल्डेरिक ऑव ब्रेसिया को अपने लेफ़्टिनेण्टों के रूप में मनोनीत कर लिया। और उसने आनेवाले पोपों की तारीफ़ के पुल बाँधना शुरू कर दिए, जिनमें से दो—पहला और आख़िरी—अच्छे थे और दो—दूसरा और तीसरा—दुष्ट थे। पहला है सेलेस्टाइन और दूसरा है बोनीफ़ेस अष्टम जिसके बारे में नबीयों का कहना है 'ओ खड़ी चट्टानों की सन्ध में रहनेवालो, तुम्हारे अहंकार ने तुम्हें कलंकित कर दिया है'। तीसरे पोप का नाम नहीं लिया गया है, लेकिन माना जाता है कि जेरेमिया ने उसके बारे में कहा है, 'एक शेर के जैसा'। और—दुष्टता देखो!—डोल्सिनो ने इस शेर की पहचान फ्रेड्रिक ऑव सिसली में की। चौथा पोप डोल्सिनो के लिए अभी अज्ञात था और वह पवित्र पोप बननेवाला था, वह दिव्य पोप जिसका ज़िक्र मठाधीश जोएशिम ने किया था। उसको ईश्वर के द्वारा चुना जाना था और तब डोल्सिनो और उसके तमाम आदमी (जिनकी तादाद इस समय तक चार हज़ार हो चुकी थी) मिलकर परमात्मा का अनुग्रह प्राप्त करते और यह चीज़ चर्च को संसार का अन्त होने तक के लिए नया जीवन प्रदान करती। लेकिन उसके आगमन के तीन वर्ष पहले, सारे पापों का घड़ा भरना ज़रूरी था। और डोल्सिनो ने सर्वत्र युद्ध छेड़ते हुए यही करने की कोशिश की। और यहाँ हम देखते हैं कि शैतान किस तरह अपने क़रीबियों का मज़ाक़ बनाता है, क्योंकि चौथा पोप वस्तुतः क्लेमेण्ट पंचम था, जिसने डोल्सिनों के ख़िलाफ़ जेहाद का ऐलान कर दिया। और यह ठीक था, क्योंकि इस वक़्त डोल्सिनो अपने सन्देशों में ऐसे सिद्धान्तों की वकालत कर रहा था, जिनकी पटरी चर्च की परम्परानिष्ठता के साथ नहीं बिठायी जा सकती थी। उसने रोमन चर्च को वेश्या घोषित किया, कहा कि पुरोहितों की आज्ञा मानना बन्धनकारी नहीं है, कि समूची

आध्यात्मिक सत्ता अब धर्मप्रचारक सम्प्रदाय (Apostle sect) के हाथों में है, कि अब सिर्फ़ धर्मप्रचारक ही नई चर्च के प्रतिनिधि हैं, धर्मप्रचारक विवाहों को रद्द कर सकते हैं, इस सम्प्रदाय का सदस्य बने बिना किसी की भी ख़ैर नहीं होगी, कोई भी पोप पापों से छुटकारा नहीं दिला सकता, धार्मिक शुल्क न दिया जाए, व्रत लिए बिना जिया गया जीवन व्रत लेकर जिये गए जीवन के मुक़ाबले ज़्यादा परिपूर्ण होता है और एक पवित्रीकृत चर्च प्रार्थना के लिए बेकार है, वह एक घुड़साल से ज़्यादा मानी नहीं रखती और ईसा की उपासना जंगल और चर्च दोनों जगह की जा सकती है।"

"क्या उसने वाक़ई ये बातें कही थीं?"

"हाँ, हाँ, यह एकदम सही है। उसने ये बातें लिखी थीं। लेकिन दुर्भाग्य की बात यह है कि उसने इससे भी ज़्यादा बुरा किया। जब वह बाल्ड पहाड़ी पर बस गया, तो उसने घाटी में ग्रामीणों को घेर कर उनसे खाने-पीने की चीज़ें लूटना शुरू कर दिया–संक्षेप में कहें तो, आस-पास के नगरों के ख़िलाफ़ साफ़ तौर पर लड़ाई छेड़ दी।"

"क्या सारे लोग उसके ख़िलाफ़ थे?"

"हम नहीं जानते। शायद उसको कुछ लोगों का समर्थन मिला हुआ था; मैंने तुमसे कहा था कि उसने ख़ुद को स्थानीय मतभेदों की उलझनों में फँसा लिया था। इस बीच सर्दी शुरू हो चुकी थी, 1305 की सर्दी, जो कि हाल के दशकों की सबसे भीषण सर्दी थी और चारों तरफ़ ज़बरदस्त अकाल पड़ा हुआ था। डोल्सिनो ने अपने अनुयायियों को तीसरा सन्देश भेजा और बहुत-से लोग उससे आकर मिले भी, लेकिन उस पहाड़ी पर जीवन असह्य हो उठा था और उनकी भूख उस पराकाष्ठा पर पहुँच चुकी थी कि उनको घोड़ों और दूसरे जानवरों का मांस तथा उबली हुई घास खानी पड़ी। और बहुत-से लोग मर गए।"

"पर इस वक़्त वे किसके ख़िलाफ़ लड़ रहे थे?"

"वर्सेली के धर्माध्यक्ष ने क्लेमेण्ट पंचम से अपील की थी और विधर्मियों के ख़िलाफ़ जेहाद का ऐलान किया जा चुका था। इस जेहाद में शामिल होनेवालों को भरपूर भोगविलास की सुविधा थी और सेवॉय के लुई, लोम्बार्डी के धर्मपरीक्षक और मिलान के मुख्य धर्माध्यक्ष तत्परता के साथ इसमें शामिल हुए। बहुतों ने वर्सेली और नोवारा के लोगों, यहाँ तक कि सेवॉय, प्रोवेन्स और फ्रांस के लोगों की मदद के लिए भाले थाम लिए थे; और वर्सेली का धर्माध्यक्ष इनका सर्वोच्च कमाण्डर था। दोनों सेनाओं के हरावल दस्तों के बीच लगातार झड़पें जारी थीं, लेकिन डोल्सिनो की क़िलेबन्दी को भेद पाना नामुमकिन था और दुष्ट को किसी तरह मदद मिलती रही।"

"किन लोगों से?"

"मैं समझता हूँ, दूसरे दुष्टों से, जिन्हें इस अराजकता को भड़काने से ख़ुशी मिल रही थी। लेकिन, 1305 के आख़िर के क़रीब इस धर्मद्रोही को बाल्ड पहाड़ी छोड़ने पर मजबूर होना पड़ा और वह अपने पीछे घायलों और बीमारों को छोड़कर ट्रिवेटो के इलाक़े में चला गया जहाँ उसने एक पहाड़ी पर डेरा डाला जो उस समय ज़ुबेलो पर्वत के नाम से जानी जाती थी और जिसे बाद में रुबेलो या रेबेलो के नाम से जाना गया, क्योंकि वह चर्च से विद्रोह करनेवालों का गढ़ बन बन चुका था। जो भी हो, मैं तुमको वह सब नहीं बता सकता जो हुआ। भयानक नरसंहार हुए, लेकिन आख़िर में बाग़ियों को आत्मसमर्पण के लिए मजबूर

होना पड़ा, डोल्सिनो और उसके आदमी पकड़े गए और यह ठीक ही था कि उनका अन्त चिता में हुआ।''

''उस ख़ूबसूरत मार्गेरेट का भी?''

उबर्तिनो ने मेरी तरफ़ देखा। ''तो तुम्हें याद रहा कि वह ख़ूबसूरत थी? वह ख़ूबसूरत *थी*, ऐसा लोगों का कहना है और बहुत-से स्थानीय सामन्तों ने उसको अग्निदंड से बचाने के लिए उसको अपनी दुल्हन बनाने की कोशिश की थी। लेकिन वह इसके लिए तैयार नहीं हुई; वह अपने पश्चातापहीन प्रेमी के साथ बिना किसी पश्चाताप के मर गई। और इससे तुमको सीख लेनी चाहिए : बेबिलॉन की वेश्या से सावधान रहो, चाहे वह कितने ही भव्य प्राणी का रूप धर कर क्यों न प्रगट हो।''

''लेकिन फ़ादर, मुझे एक बात बताइए : मैंने सुना है कि कॉन्वेण्ट का भण्डारी और शायद सल्वाटोर भी, डोल्सिनो से मिल चुके हैं और किसी हद तक उसके साथ थे...।''

''ख़ामोश! बिना सोची-विचारी बातें ज़ुबान पर मत लाओ। भण्डारी मुझे माइनॉराटों की कॉन्वेण्ट में मिला था। मैं नहीं जानता कि रेमेजियो इसके पहले कहाँ था। मैं तो इतना-भर जानता हूँ कि कम से कम जहाँ तक परम्परानिष्ठता का सवाल है, वह सदा से एक नेक संन्यासी रहा है। जहाँ तक बाक़ी चीज़ों का सवाल है सो, आह, शरीर की कमज़ोरियाँ होती हैं...।''

''आपका मतलब?''

''ये ऐसी बातें हैं जो तुमको नहीं जानना चाहिए।'' उन्होंने मुझे एकबार फिर अपने क़रीब खीचकर बाहों में भर लिया और वर्जिन की मूर्ति की तरफ़ इशारा किया। ''निष्पाप प्रेम से तुम्हारा परिचय होना ज़रूरी है। वह है जिसमें नारी तत्त्व अपने उदात्त रूप में मौजूद है। यही वजह है कि तुम उसे उसी तरह ख़ूबसूरत कह सकते हो, जिस तरह साँग ऑव साँग्स में प्रेयसी को कहा गया है। यहाँ तक कि,'' बात करते हुए उनका चेहरा आन्तरिक आह्लाद से उसी तरह उत्तेजित हो रहा था जैसे एक दिन पहले अपने पात्रों के रत्नों और स्वर्ण के बारे में बात करते हुए मठाधीश का हो रहा था, ''यहाँ तक कि देह का लावण्य भी उनमें स्वर्ग के सौन्दर्य का एक चिह्न है और यही वजह है कि मूर्तिकार ने उन्हें तमाम स्त्रियोचित शोभाओं के साथ चित्रित किया है।'' उन्होंने तिर्यक लेस की चोली के भीतर उभरे और कसे हुए वर्जिन के छरहरे वक्ष की तरफ़ इशारा किया जिसे शिशु के छोटे-छोटे हाथ सहला रहे थे। ''देख रहो हो तुम? जैसा कि आचार्यों का कहना है कि वे स्तन भी सुन्दर होते हैं जो हल्के-से बाहर की तरफ़ निकले होते हैं, सिर्फ़ मामूली से उठे हुए और जो बेशर्मी के साथ फैले हुए नहीं होते, संयमित लेकिन अवनत नहीं...। इस सुन्दरतम दृश्य के सामने तुम कैसा महसूस करते हो?''

मैं बुरी तरह शरमा गया, मानो मेरे भीतर कोई अन्दरूनी शोला भभक उठा हो। उबर्तिनो निश्चय ही इसे समझ गए थे, या उन्होंने शायद मेरे कपोलों पर फैलती लालिमा को देख लिया था, क्योंकि उन्होंने तुरन्त ही कहा, ''लेकिन तुम्हारे लिए यह सीखना ज़रूरी है कि अलौकिक प्रेम की आग को इन्द्रियों की वहशत से अलग करके कैसे देखा जाए। ऐसा कर पाना सन्तों-महात्माओं तक के लिए मुश्किल होता है।''

''लेकिन इस मंगलकारी प्रेम की पहचान कैसे हो सकती है?'' मैंने डरते-डरते पूछा।

''प्रेम क्या होता है? प्रेम को मैं जितना शक की निगाह से देखता हूँ उतना इस दुनिया

की किसी भी दूसरी चीज़ को नहीं देखता, न इनसान को, न शैतान को, न ही किसी वस्तु को, क्योंकि आत्मा को भेदने की जितनी सामर्थ्य प्रेम में होती है, उतनी किसी और चीज़ में नहीं होती। प्रेम से ज़्यादा हृदय को भर देने और बाँधनेवाली कोई दूसरी वस्तु इस संसार में नहीं है। इसीलिए, अगर इसको वश में करने के हथियार तुम्हारे पास नहीं हैं, तो तुम्हारी आत्मा प्रेम के रास्ते एक अतल गर्त में गिरती है। और मेरा विश्वास है कि अगर मार्गेरेट ने उसको न बहकाया होता तो डोल्सिनो ने खुद को नर्क में न धकेला होता और अगर बाल्ड पहाड़ी का स्वच्छन्द और असंयमित जीवन न होता तो शायद ही कोई व्यक्ति उसकी बग़ावत से आकर्षित हुआ होता। ध्यान रहे कि ये बातें मैं तुमसे सिर्फ़ अपवित्र प्रेम के बारे में ही नहीं कह रहा हूँ, जिसे निश्चय ही शैतान की करामात मानकर हर किसी को उससे बचना चाहिए; यह मैं, गहरे भय के साथ, उस पवित्र प्रेम के बारे में भी कह रहा हूँ जो ईश्वर और इनसान के बीच और इनसान और उसके पड़ोसी के बीच होता है। अक्सर ऐसा होता है कि दो या तीन लोग, मर्द या औरतें, एक-दूसरे को सच्चे दिल से प्यार करते हैं और एक-दूसरे के प्रति अपने मन में विशेष अनुराग रखते हैं और हमेशा एक-दूसरे के क़रीब रहना चाहते हैं और एक पक्ष जो चाहता है, उसी की आकांक्षा दूसरा पक्ष करता है। और मैं स्वीकार करूँ कि इस क़िस्म की चीज़ मैंने ऐंजेला और क्लेयर जैसी अत्यन्त सदाचारी स्त्रियों में भी अनुभव की है। हाँ, वह भी निन्दनीय है, भले ही वह आध्यात्मिक हो और ईश्वर के नाम पर प्रगट किया गया हो...। क्योंकि प्रेम को भले ही आत्मा के द्वारा अनुभव किया गया हो, किन्तु अगर उसमें आने वाले ख़तरों के प्रति सावधानी नहीं बरती जाती है, अगर उसको गर्मजोशी के साथ अनुभव किया गया होता है, तो उसका अन्त विकृति में होता है, या वह विकृति की तरफ़ बढ़ता है। आह, प्रेम की कई ख़ासियतें हैं : पहले आत्मा कमज़ोर होती है, फिर वह बीमार होने लगती है...लेकिन तभी वह दैवीय प्रेम का सच्चा ताप अनुभव करती है और चिल्लाने और कराहने लगती है और उसकी दशा भट्टी में फेंके गए उस पत्थर जैसी हो जाती है जो पिघल कर चूना बन जाता है, जहाँ लपटें उसे चाटती हैं और वह चटकता है...।''

''और यह पवित्र प्रेम है?''

उबर्तिनो ने मेरे सिर को सहलाया और जब मैंने उनकी ओर देखा, तो उनकी आँखें आँसुओं से भीगी हुई थीं। ''हाँ, अन्ततः, यह पवित्र प्रेम ही है।'' उन्होंने मेरे कन्धे से अपना हाथ हटा लिया। ''लेकिन कितना मुश्किल है,'' उन्होंने आगे जोड़ा, ''इसको दूसरे प्रेम से अलग कर पाना कितना मुश्किल है। और कभी-कभी जब शैतान तुम्हारी आत्मा को बहकाता है तो तुम फाँसी पर लटके हुए उस आदमी की तरह महसूस करते हो, जो पीछे की तरफ़ बँधे अपने हाथों और आँखों पर बँधी हुई पट्टी के साथ तख़्ते से लटका हुआ भी ज़िन्दा बना रहता है, असहाय, बेसहारा, निरुपाय, शून्य में झूलता हुआ...।''

उनका चेहरा न सिर्फ़ आँसुओं से बल्कि हल्के से पसीने से भी भीगा हुआ था। ''अब जाओ,'' उन्होंने मुझसे जल्दी से कहा। ''तुम जो जानना चाहते थे वह मैंने तुम्हें बता दिया है। इस तरफ़ फ़रिश्तों की क्वाइअॅ है; उस तरफ़, नर्क का फैलता हुआ जबड़ा है। जाओ, तुम पर ईश्वर की कृपा हो।'' उन्होंने एक बार फिर वर्जिन के सामने खुद को साष्टांग छोड़ दिया और मुझे उनकी धीमी सिसकियाँ सुनाई दीं। वे प्रार्थना कर रहे थे।

मैं चर्च से गया नहीं। उबर्तिनो के साथ हुई बातचीत ने मेरे तन-मन के भीतर एक विचित्र-सी आग और एक अकथनीय बेचैनी जगा दी थी। शायद यही वजह रही होगी कि मैं नाफ़र्मानी के अहसास से भर उठा और मैंने अकेले ही पुस्तकालय में जाने का फ़ैसला किया। मैं ख़ुद नहीं जानता था कि मुझे किस चीज़ की तलाश थी। मैं अपने ही दम पर एक अज्ञात जगह की खोज करना चाहता था; मैं इस विचार से सम्मोहित था कि मैं बिना अपने गुरुदेव की मदद के उस जगह के साथ पहचान क़ायम कर सकता हूँ। मैं उसी तरह से सीढ़ियाँ चढ़ गया जिस तरह डोल्सिनो रुबेलो पर्वत पर चढ़ा था।

मेरे पास लैम्प था (मैं इसे क्यों लेकर आया था–क्या यह गुप्त योजना पहले से ही मेरे मन में थी?) और मैं लगभग आँखें मूँदकर अस्थिगृह में घुस गया। पलक झपकते ही मैं स्क्रिप्टोरियम में था।

मैं समझता हूँ कि वह शाम भाग्य के ही अधीन थी, क्योंकि जब मैं डेस्कों के बीच भटक रहा था, तो मेरी निगाह उस डेस्क पर गई जिस पर एक पाण्डुलिपि खुली पड़ी थी, जिसे कोई संन्यासी कॉपी कर रहा होगा : *विधर्मशिरोमणि फ्रा डोल्सिनो का इतिहास*।** मेरा ख़याल है कि वह डेस्क पीटर ऑव सान्त' अल्बानो की थी, जिसके बारे में मुझे बताया गया था कि वह विधर्मिता का विशालकाय इतिहास लिख रहा था (बाद में मठ में जो कुछ हुआ, उसके चलते, स्वाभाविक ही, उसने उसका लेखन तज दिया था–लेकिन बेहतर है कि हम अपने क़िस्से से आगे न बढ़ें)। इसलिए वहाँ उस पाठ का और उसके साथ उसके क़रीबी विषयों से ताल्लुक रखनेवाले, पेटाराइनों तथा फ्लेग्लेण्टों से ताल्लुक रखनेवाले, दूसरे पाठों का होना स्वाभाविक ही था। लेकिन मैंने इस परिस्थिति को एक अलौकिक संकेत की तरह लिया–यह अलौकिक संकेत दैवीय था या शैतानी, यह मैं आज भी नहीं कह सकता–और मैं उसको पढ़ने के लिए उस लिखत पर उत्सुकता के साथ झुक गया। वह बहुत लम्बा मज़मून नहीं था और वहाँ पर मुझे वे बातें भी पता चलीं जो उबर्तिनो ने मुझको नहीं बताई थीं, ज़ाहिर है इसलिए कि वे एक ऐसे इनसान के द्वारा बयान की गई थीं जिसने सब कुछ देखा था और जिसकी कल्पना अब भी उससे उत्तेजित थी।

मुझे पता चला कि किस तरह मार्च 1307 में, पवित्र शनिवार को, डोल्सिनो, मार्गेरेट, लॉन्जिनॅस अन्ततः पकड़े गए, बिएला नगर में ले जाए गए और उस धर्माध्यक्ष के हवाले कर दिए गए, जो पोप के फ़ैसले का इन्तज़ार कर रहा था। पोप ने इस ख़बर को सुनते ही, फ्रांस के सम्राट फिलिप को इसकी सूचना देते हुए लिखा : "हमें एक बेहद सुखद, आनन्द और जीत के उल्लास से भर देनेवाली ख़बर मिली है, क्योंकि अनेक ख़तरनाक, लम्बी कोशिशों, नरसंहारों और बारम्बार की लड़ाइयों के बाद वह घातक राक्षस, बेलियल का बच्चा, घोर विधर्मी डोल्सिनो अपने अनुयायियों के साथ आख़िरकार हमारे क़ैदख़ानों में बन्द कर लिया गया है, उसे हमारे आदरणीय बन्धु, वर्सेली के धर्माध्यक्ष की कृपा से प्रभु के पवित्र रात्रिभोज के दिन धर पकड़ा गया था; और उसके संसर्ग में आकर भ्रष्ट हुए वे बहुत-से लोग जो उसके साथ थे, उसी दिन मारे गए थे।" पोप इन क़ैदियों के प्रति निर्मम था और उसने धर्माध्यक्ष के लिए आदेश दिया कि इन्हें मौत के घाट उतार दिया जाए। इस पर, उसी साल जुलाई में, महीने के पहले दिन, इन विधर्मियों को हुकूमत के हाथों में सौंप दिया गया। नगर के घंटों की हर्षध्वनि के साथ इन विधर्मियों को जल्लादों से घिरी और नागरिक सेना की अगुवाई

करती एक गाड़ी में भरकर पूरे नगर में घुमाया गया था और हर तरफ़ लोगों ने लाल-दहकती सँड़सियों से इन मुज़रिमों का मांस नोचा था। डोल्सिनो के पहले मार्गरेट को जलाया गया था, जिसके चेहरे पर शिकन भी नहीं आई, जैसे कि जब सँड़सियों से उसके अंगों को नोचा गया तो उसने उफ़ भी नहीं की। फिर गाड़ी अपने रास्ते चलती रही और जल्लादों ने अपनी सलाख़ों को दहकते अंगारों से भरी हण्डियों में डाल दिया। डोल्सिनो को दूसरी यातनाएँ दी गईं और वह ख़ामोश बना रहा, हालाँकि जब उन्होंने उसकी नाक काटी तो वह थोड़ा-सा सिहरा था और जब उन्होंने उसके लिंग को उखाड़ा तो उसने कराह जैसी एक लम्बी सिसकी ली थी। उसने जो आख़िरी शब्द कहे वे गुस्ताख़ी से भरे हुए थे, क्योंकि उसने चेतावनी दी थी कि वह तीसरे दिन जी उठेगा। इसके बाद उसको जला दिया गया और उसकी राख को हवा में छितरा दिया गया।

मैंने काँपते हाथों से पाण्डुलिपि को बन्द कर दिया। डोल्सिनो ने भयंकर जुर्म किए थे, ऐसा मुझे बताया गया था, लेकिन उसको जिस तरह जलाकर मारा गया था वह भी भयंकर था। और अग्निदंड पर उसका व्यवहार... कैसा था? उसमें शहादत का दृढ़निश्चय था या अभिशप्त व्यक्ति की अहम्मन्यता थी? जब मैं लड़खड़ाते हुए पुस्तकालय की सीढ़ियाँ चढ़ रहा था, तब मुझे अहसास हुआ कि मैं इतना विचलित क्यों था। मुझे सहसा उस दृश्य की याद हो आई थी जिसे देखे हुए अभी बहुत समय नहीं गुज़रा था; यह मेरे टुस्केनी आने के कुछ ही समय बाद का वाक़िआ था। बल्कि मुझे आश्चर्य था कि मैं उसके बाद से उसे भूल कैसे गया था, मानो मेरी बेचैन आत्मा ने एक ऐसी स्मृति को पोंछ डालना चाहा था जो मेरे मन पर एक दुःस्वप्न की तरह छायी हुई थी। या, यूँ कहना चाहिए कि मैं उसको भूला नहीं था, क्योंकि हर बार जब भी मैं फ्रेटीसेली की चर्चा सुनता था, तो उस घटना के नज़ारे मेरी आँखों में ताज़ा हो आता थे, लेकिन मैं तुरन्त ही उनको कुछ इस तरह से अपने अन्तर्मन के कोटरों में दफ़्ना देता था मानो उस आतंक का साक्षी होना एक पाप हो।

फ्रेटीसेली की चर्चा पहली बार मैंने फ्लोरेंस में तब सुनी थी जब मैंने उनमें से एक को अग्निदंड पर जलाए जाते हुए देखा था। यह पीसा में ब्रॅदर विलियम से मेरी मुलाक़ात के कुछ ही पहले की बात थी। उनको नगर में आने में देर हो रही थी और मेरे पिता ने मुझे छुट्टी दे दी थी कि इस बीच मैं फ्लोरेंस घूम आऊँ, जिसके गिरजों की बेहद ख़ूबसूरती की मैंने बहुत तारीफ़ सुन रखी थी। पहले मैं टुस्केनी में भटकता रहा ताकि मैं देसी इतालवी ज़ुबान को बेहतर तरीक़े से सीख सकूँ और बाद में मैं हफ़्ते भर फ्लोरेंस में रहा, क्योंकि मैंने इस नगर की काफ़ी चर्चा सुनी हुई थी और मैं उसके बारे में जानना चाहता था।

और यही वक़्त था जब मैं अभी वहाँ पर पहुँचा ही पहुँचा था कि मुझको उस बहुत बड़े मुक़दमें की जानकारी मिली जिसने समूचे नगर को हिलाकर रख दिया था। एक विधर्मी फ्रेटीसेलो, जिसने धर्म के ख़िलाफ़ अपराध किए थे और जिसको धर्माध्यक्ष तथा दूसरे पुरोहितों के सामने पेश किया गया था, इस वक़्त एक कठोर परीक्षा के दौर से गुज़र रहा था। और जिन लोगों ने मुझे यह जानकारी दी थी, उनके पीछे-पीछे मैं उस जगह गया था जहाँ यह मुक़दमा चल रहा था, क्योंकि मैंने लोगों को कहते सुना था कि माइकेल नामक यह भिक्षु वाक़ई एक धर्मात्मा व्यक्ति था जिसने सन्त फ्रांसिस के शब्दों को दोहराते हुए तपश्चर्या और निर्धनता का उपदेश किया था और उसको उन कुछ औरतों की दुर्भावना का

शिकार होने की वजह से जजों के सामने पेश होना पड़ा था जिन्होंने उसको अपने पाप-स्वीकार [कन्फ़ेशॅन] के बहाने बुलाया था और फिर उस पर विधर्मितापूर्ण बातों का आरोप लगाया था; और वह धर्माध्यक्ष के आदमियों के द्वारा सचमुच ही उन्हीं औरतों के घर में पकड़ा गया था, जो एक ऐसी बात थी जिससे मुझे आश्चर्य हुआ था, क्योंकि चर्च का पुरोहित कभी भी संस्कारों के निष्पादन के लिए इस तरह की अनुचित जगहों पर नहीं जाता; लेकिन यह बात कि वे इस मर्यादा का ध्यान नहीं रखते थे, आमतौर से लोगों को फ्रेटीसेली की एक कमज़ोरी प्रतीत होती थी और शायद इस आम धारणा में कुछ सच्चाई भी थी जिसके तहत उनको न सिर्फ़ विधर्मी माना जाता था बल्कि उनके आचरण को भी सन्दिग्ध माना जाता था (जैसा कि कैथारिस्टों के बारे में भी हमेशा कहा जाता था कि वे बुल्गार और लौण्डेबाज़ थे)।

मैं सेन सल्वाटोर के चर्च में गया जहाँ पर धर्मपरीक्षण की कार्रवाई चल रही थी, लेकिन बाहर इतनी ज़्यादा भीड़ थी कि मैं अन्दर नहीं जा पाया। फिर भी कुछ लोग खिड़कियों की सलाख़ों तक चढ़ गए थे और वहाँ पर लटके-लटके अन्दर की कार्रवाइयों को देख-सुन पा रहे थे और नीचे खड़े लोगों को बताते जा रहे थे। धर्मपरीक्षक ब्रॅदर माइकेल को उसका वह इक़बालिया बयान पढ़कर सुना रहे थे जो उसने एक दिन पहले दिया था, जिसमें उसने कहा था कि ईसा मसीह और उनके अनुयायियों ने अपने पास "ऐसा कुछ भी नहीं रखा हुआ था जिसको उनकी निजी या साझा सम्पत्ति कहा जा सके," लेकिन माइकेल ने विरोध जताया कि नोटॅरि ने अपनी तरफ़ से बहुत-से निष्कर्ष जोड़ दिए हैं और वह चिल्लाया (यह मैंने बाहर से सुना था) कि "क़यामत के दिन तुम लोगों को अपनी सफ़ाई देनी होगी!" लेकिन धर्मपरीक्षकों ने इक़बालिया बयान को वैसा का वैसा पढ़ दिया जैसा उन्होंने उसको तैयार किया था और अन्त में उससे पूछा कि क्या वह विनम्रतापूर्वक चर्च और नगर के तमाम लोगों की राय के मुताबिक़ चलने को तैयार है। और मैंने माइकेल को ज़ोरदार आवाज़ में चिल्लाते हुए सुना कि वह अपने विश्वास के मुताबिक़ चलना चाहता है, यानी वह "ईसा को निर्धन और सूली पर चढ़ा हुआ देखना चाहता है और पोप जॉन XXII एक विधर्मी है क्योंकि वह इससे उलटी बात कहता है।" इस पर एक लम्बी बहस हुई, जिसमें धर्मपरीक्षकों ने, जिनमें बहुत-से फ्रांसिस्कन शामिल थे, उसको यह समझाने की कोशिश की कि वह जो कह रहा है वैसा धर्मग्रन्थ का मानना नहीं है और उसने उन पर आरोप लगाया कि वे अपने संघ के विधान को ही नकार रहे हैं और वे यह कहते हुए उस पर बरस पड़े कि क्या वह सोचता है कि धर्मग्रन्थ को वह उन लोगों से बेहतर जानता है जो कि विशेषज्ञ हैं। और भिक्षु माइकेल ने, जो सचमुच ही बहुत ज़िद्दी था, उनका प्रतिवाद करने की कोशिश की, इस हद तक कि उन्होंने उसको इस तरह के आग्रहों से उत्तेजित करना शुरू कर दिया कि "तो हम चाहते हैं कि तुम ईसा को एक सम्पत्तिधारी और पोप जॉन को एक कैथॅलिक तथा धर्मात्मा इनसान मानो।" और माइकेल ने हिम्मत हारे बग़ैर कहा कि "नहीं, वह एक विधर्मी है।" और वे बोले कि उन्होंने अपनी दुष्टता पर इस क़दर अड़ा रहनेवाला ऐसा कोई दूसरा इनसान नहीं देखा। लेकिन बाहर भीड़ के बीच मैंने सुना कि कई लोग उसकी तुलना फ़ेरीसियों का सामना करते ईसा के साथ कर रहे थे और मुझे अहसास हुआ था कि जनसमुदाय में ऐसे बहुत-से लोग थे जो भिक्षु माइकेल की पवित्रता पर विश्वास करते थे।

अन्त में धर्माध्यक्ष के आदमी उसको बेड़ियाँ डालकर क़ैदख़ाने में ले गए। और उस शाम मुझे बताया गया कि संन्यासी के बहुत-से दोस्त, उसका अपमान करने और उसे डिगाने के लिए उसके पास गए थे, लेकिन जवाब में वह अपनी सच्चाई पर दृढ़ बना रहा। और उसने उनमें से हरेक के सामने यही बात दोहरायी कि ईसा निर्धन थे और सेण्ट फ्रांसिस तथा सेण्ट डोमिनिक का भी यही कहना था और यह कि अगर अपने सच्चे विचारों की हिमायत की ख़ातिर उसको फाँसी की सज़ा भी दी जाती है, तो यह और भी अच्छा है, क्योंकि तब जल्दी ही उसको इल्हाम-ग्रन्थ के चौबीस बुज़ुर्गों को और ईसा मसीह को और सेण्ट फ्रांसिस को और यशस्वी शहीदों को देखने का मौक़ा मिल सकेगा, जिसका वर्णन धर्मग्रन्थों में किया गया है। और मुझे बताया गया कि उसने कहा था कि "अगर हम कुछ पुण्यात्मा मठाधीशों के धर्ममतों को इस क़दर भक्ति-भाव के साथ पढ़ते हैं, तो हमारी भक्ति-भावना और आनन्द कितना बढ़ जाता होगा जब हम ऐसे महात्माओं के बीच जाने की इच्छा करने लगते हैं?" और इस तरह के शब्द सुनने के बाद धर्मपरीक्षक अपना मुँह लटकाकर वापस लौट गए, गुस्से से चीख़ते हुए (और मैंने उनको चीख़ते हुए सुना था) कि "उस पर शैतान सवार है!"

अगले दिन हमें मालूम पड़ा कि सज़ा-ए-मौत का ऐलान कर दिया गया है; मैं धर्माध्यक्ष के महल में गया, जहाँ मैंने वह चर्मपत्र देखा था और उसका एक अंश अपनी तख़्ती पर उतारा था।

उसकी शुरुआत इस तरह होती थी : "ईश्वर के नाम पर, आमीन। यह देह की भर्त्सना है और दैहिक भर्त्सना का दंडादेश है : उपस्थापित, आरोपित और, इस फ़रमान में, संक्षेप में घोषित और सार्वजनिक किया गया दंडादेश...,"** वग़ैरह, वग़ैरह और उसमें कथित माइकेल के पापों और जुर्मों का सख़्त विवरण दिया गया था; इनमें से एक मुझे सबसे घृणित प्रतीत हुआ था, बावजूद इसके कि (मुक़दमें की कार्रवाई को देखते हुए) मैं नहीं जानता कि उसने वाक़ई इसकी पुष्टि की थी या नहीं, लेकिन, संक्षेप में, उसमें कहा गया था कि इस पूर्वोल्लिखित माइनॉराइट ने दावा किया था कि सन्त थॉमस एक्विनास न तो वाक़ई सन्त थे और न ही उनको शाश्वत मुक्ति प्राप्त हुई थी, इसके विपरीत, वे नर्क के लिए अभिशप्त थे और नर्क भोग रहे थे! और चूँकि अपराधी अपना रवैया बदलने को तैयार नहीं था, इसलिए सज़ा मुकर्रर करते हुए फ़ैसले का अन्त इन शब्दों के साथ हुआ था :

> *इस वजह से, यह फरमान जारी किया जाता है कि विधर्मी, फूट डालनेवाले जॉन को (जिसको ब्रॅदर माइकेल के नाम से पुकारा जाता है) न्याय के आम स्थल पर ले जाया जाए और उस स्थल-विशेष पर दहकती आग और तमतमाती लपटों में जलने और निःशेष होने दिया जाए, ताकि वह पूरी तरह से ख़त्म हो सके और उसकी आत्मा उसकी देह से अलग हो सके।***

और जब फ़ैसला सार्वजनिक हो गया, तो चर्च के और भी लोग क़ैदख़ाने में आए और उन्होंने माइकेल को सम्भावित नतीज़ों की चेतावनी दी और मैंने उनको कहते हुए सुना कि "ब्रॅदर माइकेल, किरीट और चोगे तैयार किए जा चुके हैं और उन पर शैतानों के साथ फ्रेटीसेली चित्रित कर दिए गए हैं।" जिसका मक़सद उसको डराना और अन्ततः उसको अपने रास्ते से डिगने के लिए मजबूर करना था। लेकिन ब्रॅदर माइकेल अपने घुटनों के बल झुका और बोला, "मुझे विश्वास है कि चिता के पास हमारे पिता फ्रांसिस होंगे और मुझे यह भी विश्वास

है कि वहाँ पर ईसा और उनके शिष्य, तथा यशस्वी शहीद बार्थोलोम्यू और एन्थॅनी भी होंगे।'' जो कि धर्मपरीक्षकों के प्रस्ताव को अन्तिम बार ठुकराने का एक ढंग था।

अगली सुबह मैं भी धर्माध्यक्ष के महल के सामने के उस पुल पर मौजूद था, जहाँ पर धर्मपरीक्षक इकट्ठा हुए थे; ब्रॅदर माइकेल को, जो कि अब भी बेड़ियों में जकड़ा हुआ था, उनके सामने पेश किया गया। उसका एक वफ़ादार अनुयायी उसका आशीर्वाद प्राप्त करने उसके सामने झुका और सशस्त्र सैनिक तुरन्त ही इस अनुयायी को पकड़कर क़ैदख़ान में ले गए। इसके बाद फिर से धर्मपरीक्षकों ने अपराधी को सज़ा पढ़कर सुनाई और एक बार फिर उससे पूछा कि क्या वह पश्चाताप करना चाहता है। सज़ा की इबारत में जब-जब भी उसको विधर्मी कहा गया था, हर बार माइकेल का जवाब होता, ''मैं कोई विधर्मी नहीं हूँ; हाँ, पापी हूँ, लेकिन कैथॅलिक हूँ,'' और जब मज़मून में ''परम श्रद्धेय धर्मात्मा पोप जॉन XII'' का ज़िक्र आया, तो माइकेल ने जवाब दिया, ''नहीं, विधर्मी।'' इसके बाद धर्माध्यक्ष ने माइकेल को हुक्म दिया कि वह आकर उनके सामने घुटने टेके और माइकेल ने कहा कि विधर्मियों के सामने किसी को भी झुकने की ज़रूरत नहीं है। उन्होंने ज़बरदस्ती उसके घुटने मोड़ दिए और वह बुदबुदाया, ''ईश्वर मुझे मुआफ़ करेगा।'' और जब उसको उसके सारे पुरोहिती परिधानों से सज्जित कर दिया गया, तो एक अनुष्ठान शुरू हुआ और उसका एक-एक परिधान उतार लिया गया, जब तक कि उसके शरीर पर वह छोटा-सा वस्त्र शेष नहीं रह गया जिसे फ्लोरेण्टियन लोग 'सिओप्पा' कहकर पुकारते हैं। और जैसा कि किसी पुरोहित के वस्त्र-हरण के बाद दस्तूर है, उन्होंने गर्म सलाख़ों से उसकी हथेलियाँ दाग दीं और उसका सिर मूड़ दिया। इसके बाद उसे कप्तान और उसके आदमियों के हाथों में सौंप दिया गया, जिन्होंने उसके साथ बहुत कठोर व्यवहार किया और उसको बेड़ियाँ डाल दीं ताकि उसे वापस क़ैदख़ाने ले जा सकें, जैसा कि कप्तान ने भीड़ को सम्बोधित करते हुए कहा था, ''हम प्रभु की राह मरेंगे।''** वह ज़िन्दा जलाया जानेवाला था, जिसकी ख़बर मुझे अगले ही दिन मिल गई थी। और इस दिन वे उससे यह पूछने भी गए थे कि क्या वह अपने पाप कुबूल कर कम्यूनियन स्वीकार करना चाहता है। और उसने यह कहकर इन्कार कर दिया कि पाप में डूबे हुए व्यक्ति से परमप्रसाद (सेक्रामेण्ट) प्राप्त करना पाप है। इस जगह पर, मुझे लगता है, वह ग़लत था और उसने साबित कर दिया था कि वह पेटाराइनों की विधर्मिता से भ्रष्ट हो चुका था।

आख़िरकार मृत्युदंड का दिन आ पहुँचा और एक गॉनफ़ेलोनियर उसके पास आया, जिसका व्यवहार दोस्ताना लगता था, क्योंकि उसने माइकेल से पूछा कि वह किस तरह का इनसान है और जिस चीज़ को सारा समाज मानता है, उसको न मानने की और होली मॅदर चर्च के मत को स्वीकार न करने की ज़िद पर क्यों अड़ा हुआ है। लेकिन माइकेल ने बहुत रूखे ढंग से जवाब दिया, ''मैं निर्धन और सूली पर चढ़े हुए ईसा में विश्वास करता हूँ।'' और गॉनफ़ेलोनियर लाचार भाव से वहाँ से चला गया। इसके बाद अपने आदमियों के साथ कैप्टिन आया और माइकेल को प्रांगण में ले गया, जहाँ पर धर्माध्यक्ष के प्रतिनिधि ने एक बार फिर स्वीकारोक्ति को पढ़ा और उसको सज़ा सुनाई। माइकेल ने एक बार फिर अपने ऊपर थोपे गए झूठे विचारों का विरोध करते हुए हस्तक्षेप किया; ये इतने बारीक़ मसले थे कि मैं न तो उनको अब याद कर सकता हूँ और न ही उस वक़्त उनको ठीक से समझ

सका था। लेकिन ये निश्चय ही वे बातें थीं जिन्होंने माइकेल की मौत और फ्रेटीसेली के उत्पीड़न को तय किया था। मुझे समझ नहीं आया था कि चर्च के पुरोहित और राज्यसत्ता इतने हिंसक रूप से उन लोगों के ख़िलाफ़ क्यों थे जो निर्धनता का जीवन जीना चाहते थे और जो मानते थे कि ईसा सांसारिक वस्तुओं का परिग्रह नहीं करते थे। क्योंकि, मैंने अपने आप से कहा, अगर डरने की ही बात थी तो उन्हें उन लोगों से डरना चाहिए था जो समृद्धि का जीवन जीते थे और दूसरों का धन हड़प लेते थे और जो चर्च को पाप की तरफ़ ले गए थे तथा जिन्होंने उसके भीतर धर्म को बेचने का धन्धा शुरू किया था। और यह बात मैंने अपने पास खड़े हुए एक आदमी से कही थी, क्योंकि मेरे लिए चुप रह पाना मुश्किल हो रहा था। वह आदमी मेरा मज़ाक़ उड़ाने के अन्दाज़ में हँसा और बोला कि निर्धनता का आचरण करनेवाला संन्यासी साधारण लोगों के सामने एक बुरा उदाहरण पेश करता है, क्योंकि तब वे उन संन्यासियों को स्वीकार नहीं कर पाते जो इस तरह का आचरण नहीं करते। और, उसने कहा, निर्धनता की शिक्षा लोगों के दिमाग़ में ग़लत धारणाएँ पैदा करती है, वे निर्धनता को अभिमान की वस्तु मानने लगते हैं और यह अभिमान बहुत-से अभिमानपूर्ण कृत्यों का ओर ले जाता है। और, अन्ततः, उसने कहा कि मुझे यह मालूम होना चाहिए कि, कुछ तर्कों के मुताबिक़, जो उसके लिए भी स्पष्ट नहीं थे, संन्यासियों के प्रति निर्धनता का उपदेश आपको सम्राट का पक्षधर बना देता है और यह बात पोप के लिए पसन्द नहीं है। बावजूद इसके कि ये तर्क एक लगभग अपढ़ आदमी के द्वारा दिए गए थे, ये सारे तर्क मुझे काफी ठीक जान पड़े थे, सिवा इसके कि उस वक़्त यह बात मुझे अपनी समझ से परे लग रही थी कि सम्राट को खुश करने, या धार्मिक संघों के बीच एक विवाद को सुलझाने की खातिर ब्रंदर माइकेल इतनी भयानक मौत मरने के लिए क्यों तैयार था। और वाक़ई वहाँ पर मौजूद कुछ लोग कह भी रहे थे कि "वह कोई सन्त नहीं है, उसको तो नागरिकों के बीच फूट डालने के लिए लुई की ओर से भेजा गया है और फ्रेटीसेली टुस्केन हैं लेकिन उनके पीछे सम्राट के एजेण्ट काम करते हैं।" और दूसरे लोगों का कहना था कि "वह एक पागल है, उस पर शैतान सवार है, वह घमण्ड से फूला हुआ है और वह अपने पापपूर्ण अहंकार की ख़ातिर शहादत का जश्न मना रहा है; इन संन्यासियों को सन्तों की कुछ ज़्यादा ही जीवनियाँ पढ़ा दी गई होती हैं, बेहतर होता कि इनके एक-एक बीवी होती!" और कुछ दूसरे लोग भी थे जिनका कहना था कि "नहीं सारे ईसाइयों को उसके जैसा ही होना चाहिए, जो अपनी आस्था की दो टूक घोषणा करने को तैयार हों, जैसा कि पैगन ज़माने में होता था।" इन अलग-अलग स्वरों को सुनते हुए और खुद अपनी सोच से अनजान, मैंने सीधे इस अभिशप्त आदमी के चेहरे की ओर देखा, जो बीच-बीच में मेरे आगे खड़ी भीड़ में छुप जाता था। और तब मैंने पाया कि मेरे सामने एक ऐसे इनसान का चेहरा था जिस पर किसी ऐसी चीज़ की तरफ़ देखने का भाव था जिसका ताल्लुक इस दुनिया से नहीं था, बिल्कुल वैसा ही भाव जिसे मैंने कभी-कभी समाधि में डूबे सन्तों की मूर्तियों के चेहरे पर देखा था। और मैं यह समझ गया कि वह विक्षिप्त या पैग़म्बर जो भी हो, पर वह इसलिए जानबूझकर मरना चाहता था क्योंकि उसे विश्वास था कि मरकर वह अपने जिस किसी भी दुश्मन को पराजित कर देगा। और मैं यह भी समझ गया था कि उसकी यह नज़ीर दूसरों को भी मौत की तरफ़ ले जाएगी। और मैं इस क़िस्म की दृढ़ता को लेकर सिर्फ़ इसलिए चकित हूँ कि मैं आज भी नहीं जानता

कि यह सत्य के प्रति अहंकार से भरा हुआ प्रेम है जो इस तरह के लोगों को मरने को बाध्य कर देता है, या फिर यह मृत्यु की अहंकारी आकांक्षा है जो उनको अपने किसी भी सत्य का दावा करने को बाध्य कर देती है। और मैं सराहना तथा आतंक में डूबा हुआ हूँ।

लेकिन हम मृत्युदंड की तरफ़ वापस चलते हैं, क्योंकि इस वक़्त सारे लोग उस जगह की तरफ़ बढ़ रहे थे जहाँ माइकेल को मारा जाना था।

कैप्टिन और उसके आदमी उसे द्वार से बाहर ले आए थे; उसके शरीर पर छोटा-सा स्कर्ट था जिसके कुछ बटन खुले हुए थे और जब वह लम्बे डग भरता, सिर झुकाए, अपनी प्रार्थना बुदबुदाता हुआ आगे बढ़ा, तो एक शहीद जैसा लगता था। और भीड़ अविश्वसनीय रूप से भारी थी तथा बहुत-से लोग चिल्ला रहे थे, "जान मत दो!" और उसका जवाब होता, "मैं ईसा की ख़ातिर मरना चाहता हूँ।" "लेकिन तुम ईसा की ख़ातिर नहीं मर रहे हो," उन्होंने उससे कहा; और उसने कहा, "नहीं, सच्चाई की ख़ातिर।" जब वे प्रोकॉउन्सिल्'स कॉर्नर नामक जगह प़र पहुँचे, तो एक आदमी ने उससे उन सब के लिए ईश्वर से प्रार्थना करने की गुहार लगाई और उसने भीड़ को आशीर्वाद दिया।

बेपिस्ट की चर्च के पास उन्होंने चिल्लाते हुए उससे कहा, "अपने जीवन को बचाओ!" और उसने जवाब दिया, "अपने जीवन को पाप से बचाओ!"; पुराना बाज़ार में उन्होंने चिल्लाते हुए उससे कहा, "जियो, जियो!" और उसने जवाब दिया, "अपने को नर्क से बचाओ!"; नया बाज़ार में वे चिल्लाए, "पश्चाताप, पश्चाताप," और उसने जवाब दिया, "अपनी सूदख़ोरी के लिए पश्चाताप करो।" और सान्ता क्रोस पहुँचने पर उसने अपने धर्मसंघ के संन्यासियों को देखा और उसने उनको धिक्कारा कि उन्होंने सन्त फ्रांसिस के विधान का पालन नहीं किया। और उनमें से कुछ संन्यासियों ने तो अपने कन्धे झटक दिए, लेकिन कुछ ने शर्म के मारे अपनी टोपियों से अपने चेहरों को ढँक लिया।

और न्याय द्वार की तरफ़ बढ़ते हुए बहुत-से लोगों ने उससे कहा, "कह दो कि तुम ग़लती पर थे! ग़लती पर थे! मरने की ज़िद मत करो," और उसने कहा, "ईसा हमारी ख़ातिर मरे थे।" और उन्होंने कहा, "लेकिन तुम ईसा नहीं हो, तुमको हमारी ख़ातिर नहीं मरना चाहिए!" और उसने कहा, "लेकिन मैं उसकी ख़ातिर मरना चाहता हूँ।" न्याय-क्षेत्र में एक व्यक्ति ने उससे कहा कि उसे वैसा ही करना चाहिए जैसा किसी एक संन्यासी ने अनुरोध करते हुए किया था; लेकिन माइकेल ने जवाब दिया कि वह अनुरोध नहीं करेगा और मैंने देखा कि भीड़ में बहुत-से लोग उससे सहमत थे और उन्होंने माइकेल से अडिग बने रहने का इसरार किया : इसलिए मैं और दूसरे लोग समझ गए कि वे उसके अनुयायी थे और हम उनके पास से हट गए।

आख़िरकार हम नगर के बाहर आ गए और हमारे सामने चिता प्रकट हुई, जिसे वे 'झोपड़ी' के नाम से पुकारते थे, क्योंकि लकड़ियों को एक झोपड़ी के आकार में जमाया गया था और लोगों को क़रीब आने से रोकने के लिए उसके चारों तरफ़ हथियारबन्द घुड़सवारों का एक घेरा बना दिया गया था। और वहाँ पर उन्होंने ब्रॅदर माइकेल को खूँटे से बाँध दिया। और एक बार फिर मैंने किसी को चिल्लाते हुए सुना, "लेकिन तुम किस चीज़ के लिए जान देने पर तुले हुए हो?" और उसने जवाब दिया, "उस सत्य के लिए जो मेरे भीतर वास करता है और जिसका आग्रह मैं सिर्फ़ मरकर ही कर सकता हूँ।" उन्होंने लकड़ियों में आग लगा

दी। और ब्रॅदर माइकेल ने, जिसने "मैं विश्वास करता हूँ"** का गान किया था, बाद में "हे ईश्वर तेरी (वन्दना करते मैं हम)" का गान किया। उसने उसके शायद आठ छन्द ही गाये होंगे, फिर वह इस तरह झुका मानो उसको छींक आ रही हो और ज़मीन पर गिर गया, क्योंकि उसके बन्धन जल गए थे। वह मर चुका था : पूरी तरह जलने से पहले ही शरीर मर चुका था, उस भीषण ताप से जिससे हृदय फट जाता है और उस धुएँ से जो छाती को रूँध देता है।

इसके बाद एक मशाल की तरह समूची झोपड़ी जल उठी और आस-पास ज़बरदस्त लाली छा गई और अगर उसका ताल्लुक माइकेल की अकिंचन झुलसी हुई देह से न होता, जिसकी झलक चमकते हुए अंगारों के बीच अब भी दिखाई दे जाती थी, तो मैं कहता कि मैं जलती झाड़ी के सामने खड़ा था। और मैं उस दृश्य के इतने क़रीब था (पुस्तकालय की सीढ़ियाँ चढ़ते हुए मैंने उसे याद किया) कि तन्मय आह्लाद के बारे में कुछ शब्द खुद-ब-खुद मेरी ज़ुबान पर आ गए; वे शब्द मैंने सन्त हिल्डेगार्ड की पुस्तकों में पढ़े थे : "लपट के भीतर एक भव्य पारदर्शिता, असाधारण तेज और एक निश्छल ताप समाहित होता है, लेकिन वह ऐसी भव्य पारदर्शिता है कि वह प्रदीप्त कर सकती है, ऐसा निश्छल ताप है जो जला सकता है।"

मुझे प्रेम के बारे में उबर्तिनो के कुछ शब्द याद हो आए। चिता पर जलते हुए माइकेल की छवि में मुझे चिता पर जलते हुए डोल्सिनो की छवि दिखाई दी और चिता पर जलते हुए डोल्सिनो की छवि में चिता पर जलती हुई ख़ूबसूरत मार्गेरेट की छवि दिखाई दी। मुझे एक बार फिर उसी बेचैनी का अहसास हुआ जिसने मुझे गिरजाघर में जकड़ लिया था।

मैंने उसे अपने दिमाग़ से झटकने की कोशिश की और सीधा भूलभुलैया की ओर बढ़ा।

यह पहला मौक़ा था जब मैं उसमें अकेले प्रवेश कर रहा था; चिराग़ की रोशनी के कारण फ़र्श पर पड़ती लम्बी छायाओं ने मुझे उतना ही डरा दिया जितना पिछली रात के आभासों ने डरा दिया था। हर बार जब भी मैं डर से चौंकता, मैं पाता कि मैं एक और आईने के सामने हूँ, क्योंकि यह आईनों की फ़ितरत है कि भले ही आपको मालूम हो कि वे आईने हैं, वे आपको डरा देते हैं।

दूसरी तरफ़, मैंने कोई कोशिश नहीं की यह जानने की कि मैं किस जगह पर था, या उस कमरे से बचने की जो उन खुशबुओं से भरा था जो दिवास्वप्न पैदा करती थीं। मैं जैसे किसी बुखार की सी हालत में बढ़ता चला गया, बिना यह जाने कि मैं कहाँ जाना चाहता था। दरअसल, मैंने जहाँ से शुरुआत की थी वहाँ से बहुत दूर नहीं गया था, क्योंकि कुछ ही देर बाद मैंने अपने को फिर से उसी सप्तभुजीय कक्ष में पाया जिससे मैंने प्रवेश किया था। यहाँ, एक मेज़ पर, कुछ पुस्तकें रखी हुई थीं, जो मैंने शायद पिछली रात नहीं देखी थीं। मैंने अनुमान लगाया कि शायद ये वे पुस्तकें होंगी जिनको मेलाची स्क्रिप्टोरियम से वापस लाया होगा और जो अभी अपने सेल्फ़ों में नहीं रखी गई थीं। मैं समझ नहीं सका कि खुशबूवाले कक्ष से मैं कितनी दूर था, क्योंकि मैं चकराहट महसूस कर रहा था, जो या तो किसी गन्ध का असर रहा होगा जो उस जगह तक बहकर आ रही थी, या उन बातों का जो कुछ क्षण पहले तक मैं सोचता रहा था। मैंने एक नक़्क़ाशीदार ग्रन्थ को खोला, जिसकी शैली को देखकर मुझे लगा कि वह अल्टिमा थुले के मठों से आई होगी।

एक पन्ने पर, जिस पर ॲपॉसॅल मार्क का गॉस्पॅल शुरू होता था, मैं एक शेर की तस्वीर को देखकर दंग रह गया। मैंने कभी सचमुच के शेर को नहीं देखा था, तब भी मैं निश्चित था कि वह शेर की ही तस्वीर थी और कलाकार ने, जिसने शायद विकराल जन्तुओं की भूमि हिबेर्निया के शेरों से प्रेरणा ली थी, इस शेर के नाकनक़्श को हूबहू उकेरा था और मैं मान गया कि, जैसा कि *फ़िज़ियोलॉगॅस* का भी कहना है, यह जानवर अपने में एक साथ दुनिया की सबसे भयावह और सबसे शाही चीज़ों के लक्षणों का पुंज होता है। इसलिए इस चित्र में मुझे एक साथ शैतान की छवि का और ईसा की छवि का संकेत दिखाई दिया, न ही मैं यह जानता था कि मुझे इसको किस सांकेतिक कुंजी की मदद से पढ़ना चाहिए और मैं नीचे से ऊपर तक काँप रहा था, डर की वजह से भी और उस हवा के कारण भी जो दीवारों की दरारों से आ रही थी।

जिस शेर को मैंने देखा उसका दाँतों से भरा हुआ मुँह था और किसी सर्प की मानिन्द ख़ूबसूरत तरीक़े से बक्तरबन्द सिर था; विशाल शरीर तीखे, ख़ूख़ार पंजों पर सधा हुआ था और उसका रोमचर्म पूरब से लाए गए उस क़ालीन की तरह था जिसको मैंने बाद के दिनों में देखा था, लाल और मरकत रंग की धारियों से युक्त, जिन पर प्लेग की भाँति पीली, भयावह और मजबूत हड्डियों का ढाँचा उकेरा गया था। पूँछ भी पीली थी, जो पुट्ठों से लेकर सिर तक मुड़ी हुई, अन्त में काले और सफ़ेद बालों के गुच्छे पर ख़त्म होती थी।

अभी इस शेर को देखकर मैं पूरी तरह से विस्मित ही था (और इस बीच मैं कई बार गर्दन मोड़कर अपने चारों तरफ़ देख चुका था मानो मुझको वैसे ही किसी जानवर के प्रकट हो जाने का अन्देशा हो) जब मैंने दूसरे पन्नों पर निगाह डालने का फ़ैसला किया और तभी मेरी नज़र, मैथ्यू के गॉस्पेल के पहले पन्ने पर, एक आदमी की तस्वीर पर पड़ी। कहना मुश्किल है कि क्यों, पर इस तस्वीर ने मुझे शेर की तस्वीर से ज़्यादा डरा दिया था : चेहरा आदमी का था, लेकिन वह आदमी पैरों तक एक क़िस्म के सख़्त आसंग से ढँका हुआ था और इस आसंग, या कवच पर लाल-पीले रंग के सस्ते रत्न जड़े हुए थे। मानिकों और पुखराजों के दुर्ग से एक पहेली की तरह झाँकता उसका सिर, उस रहस्यमय हत्यारे के सिर की तरह जान पड़ता था (आतंक ने मुझको किस कदर ईसनिन्दक बना डाला था!) जिसके पैरों के अदृश्य निशानों का हम पीछा कर रहे थे। और तब मुझे अहसास हुआ कि क्यों मैं उस जानवर और इस कवचधारी इनसान को भूलभुलैया के साथ इतने क़रीब से जोड़कर देख रहा था : उस पुस्तक की तमाम दूसरी तस्वीरों की ही तरह ये दोनों तस्वीरें भी आपस में गुँथी हुई भूलभुलैयों के एक ऐसे सिलसिले के भीतर से प्रकट हो रही थीं, जिसकी सुलेमानी और मरकत की रेखाएँ, क्राइसेप्रेज के तन्तु और वैदूर्य के फीते मिलकर उन कक्षों और गलियारों के उलझाव की ओर इशारा करते लगते थे जहाँ मैं था। उस पन्ने के चमकीले रास्तों पर मेरी आखें वैसे ही खो गईं, जैसे मेरे पैर पुस्तकालय के कमरों के अशान्त सिलसिले में खोते जा रहे थे और अपने ही भटकाव को उन चर्मपत्रों पर चित्रित देखकर मैं आशंका से भर उठा और मुझे विश्वास हो गया कि वहाँ रखी हुई हर पुस्तक रहस्यमय अट्टहास लगाती हुई मेरी ही मौजूदा दास्तान कह रही है। "यह कहानी तुम्हारे बारे में है,"** मैंने ख़ुद से कहा और मैं सोचने लगा कि क्या ये पन्ने उन आनेवाली घटनाओं की कहानी नहीं समेटे हुए हैं जो मेरे साथ घटित होनेवाली हैं।

मैंने एक दूसरी पुस्तक खोली और यह मुझे हिस्पानी स्कूल की प्रतीत हुई। रंग आक्रामक थे, लाल रंग ख़ून या आग की मानिन्द दिखाई देते थे। यह ईसा के ऑपॉसलों का इल्हाम-ग्रन्थ था और, जैसा कि एक रात पहले हो चुका था, एक बार फिर संयोग से मेरे सामने "सूरज को ओढ़े एक स्त्री" वाला पन्ना खुला था। लेकिन यह वही पुस्तक नहीं थी; नक़्क़ाशी अलग थी। यहाँ कलाकार ने स्त्री के रूप को पूरे विस्तार में चित्रित किया था। मैंने उसके चेहरे की, उसके सीने की, उसकी गोल जाँघों की तुलना वर्जिन की उस मूर्ति के साथ की जिसे मैंने उबर्तिनो के साथ देखा था। दिशा अलग थी, लेकिन यह स्त्री भी मुझे बहुत ख़ूबसूरत प्रतीत हुई। मैंने सोचा कि मुझे इन बातों पर ध्यान नहीं देना चाहिए और मैं कई और पन्ने पलट गया। मुझे एक और स्त्री दिखाई दी, लेकिन इस बार वह बेबिलॉन की वेश्या थी। उसके रूप का उतना असर मुझ पर नहीं हुआ जितना इस ख़याल का कि यह भी उस दूसरी स्त्री की ही तरह एक स्त्री थी, लेकिन यहाँ तो उसमें हर क़िस्म की बुराइयाँ भरी हुई थीं, जबकि दूसरी स्त्री हर क़िस्म की अच्छाइयों का आगार थी। लेकिन रूप दोनों ही मामलों में स्त्रियोचित थे और एक ख़ास बिन्दु पर मेरे लिए यह समझ पाना मुश्किल था कि वह क्या चीज़ थी जो दोनों को अलगाती थी। एक बार फिर मैंने एक अन्दरूनी अशान्ति महसूस की; चर्च में देखी गई वर्जिन की छवि ख़ूबसूरत मार्गेरेट की छवि पर छा गई। "मेरा पतन हो गया है!" मैंने ख़ुद से कहा। या, "मैं पागल हो गया हूँ।" और मैंने पुस्तकालय से चले जाने का फ़ैसला किया।

क़िस्मत से मैं सीढ़ियों के क़रीब ही था। ठोकर खाकर गिरने और चिराग़ के बुझने की परवाह किए बग़ैर मैं तेजी से भागा। एक बार फिर मैं स्क्रिप्टोरियम की मेहराबदार छतों के नीचे था। लेकिन मैं वहाँ भी नहीं रुका और मैंने भोजनालय की ओर जाने वाली सीढ़ियों पर ख़ुद को फेंक दिया।

यहाँ पहुँचकर मैं हाँफ़ता हुआ ठहर गया। खिड़कियों से छनकर आती चन्द्रमा की रोशनी में काफ़ी चमक थी और उस चिराग़ की कोई ख़ास ज़रूरत मुझको नहीं रह गई थी, जो कोठरियों और पुस्तकालय के गलियारों के लिए अपरिहार्य होता। फिर भी मैंने उसको जलने दिया, मानो उससे मुझे राहत मिलने की उम्मीद थी। लेकिन मेरी साँस अब भी फूली हुई थी और अपने तनाव को शान्त करने के लिए मैंने थोड़ा-सा पानी पीने का निश्चय किया। चूँकि रसोई पास में ही थी, मैंने भोजनालय को पार किया और धीरे से उस एक दरवाज़े को खोला जो इडीफ़ीसियॅम के निचले तल के दूसरे आधे हिस्से में खुलता था।

और इस मुकाम पर मेरा डर, बजाय कम होने के और बढ़ गया। क्योंकि मुझे तुरन्त ही अहसास हुआ कि रसोई में तन्दूर के क़रीब कोई और शख़्स मौजूद था—या कम से यह अहसास तो मुझको हुआ ही कि उस कोने में एक रोशनी चमक रही थी। डर के मारे मैंने अपना चिराग़ बुझा दिया। मैं तो डरा हुआ था ही, मैंने डर को फैला भी दिया और सचमुच ही दूसरे व्यक्ति (या व्यक्तियों) ने भी तुरन्त ही अपनी भी रोशनी बुझा दी। लेकिन इससे कोई ख़ास फ़र्क़ नहीं पड़ा, क्योंकि चन्द्रमा की रोशनी से रसोई में इतना उजाला तो था ही कि मैं अपने सामने फ़र्श पर एक या एक से ज़्यादा उलझी हुई छायाएँ देख पा रहा था।

मैं जहाँ था वहीं जड़ हो गया, न पीछे हटने का साहस हुआ, न आगे बढ़ने का। मुझे एक हकलाता हुआ स्वर सुनाई दिया था और मुझे लगा कि मैंने किसी स्त्री की धीमी आवाज़ सुनी थी। तभी उस बेचेहरा समूह में से, जिसे तन्दूर के क़रीब धुँधले से ढंग से पहचाना जा सकता था, एक काली, नाटी आकृति निकलकर अधखुले बाहरी दरवाज़े की तरफ़ भागी और दरवाज़े को अपने पीछे बन्द करती गई।

मैं भोजनालय और रसोई के बीच की दहलीज़ पर बना रहा, उसी तरह जैसे कि तन्दूर के क़रीब कोई धुँधली सी चीज़ अपनी जगह पर बनी हुई थी। एक धुँधली और–किस तरह कहा जाए?–कराहती हुई सी कोई चीज़। छायाओं की दिशा से वाक़ई एक कराह आ रही थी, धीमी-धीमी रोने की-सी आवाज़, भय में डूबी हुई लयबद्ध सिसकियाँ।

एक डरे हुए इनसान को दूसरे इनसान के डर से ज़्यादा साहस देनेवाली कोई दूसरी चीज़ नहीं होती, लेकिन जिस चीज़ ने मुझे उस छाया की ओर धकेला वह भय नहीं था। बल्कि, मैं कहूँगा, मैं एक नशे के प्रभाव में खिंचा चला गया था, जो उससे अलग नशा नहीं था जिसने मुझे उस वक़्त जकड़ लिया था जब मैं पुस्तकालय में आभासों की गिरफ़्त में आ गया था। रसोई में उस धुएँ से मिलती-जुलती कोई चीज़ थी जो पिछली रात मुझ पर भारी पड़ चुका था। वह ठीक वही पदार्थ शायद न रहा हो, पर मेरी अतिउत्तेजित इन्द्रियों पर उसका असर बिल्कुल वैसा ही था। मैंने ट्रेजेन्थ, फिटकरी और टार्टर की तीखी गन्ध महसूस की, जिसका इस्तेमाल रसोइये वाइन को सुगन्धित बनाने के लिए करते हैं। या शायद, जैसा कि मुझे बाद में पता चला, उन दिनों वे लोग बियर तैयार कर रहे थे (जिसे प्रायद्वीप के उत्तरी हिस्से में कुछ सम्मान के साथ देखा जाता था) और उसे झरबेरी, स्वेम्प मॅःटॅल और जंगली रोज़मेरी से मेरे अपने देश की पद्धति से तैयार किया जाता था। मेरे नथुनों से ज़्यादा मेरे दिमाग़ को नशे से भर देनेवाले सारे मसाले।

और जहाँ एक ओर मेरी तर्कबुद्धि मुझसे "मेरे पीछे आ" चीखने और उस कराहती हुई वस्तु से दूर भाग जाने को कह रही थी जो कि निश्चित रूप से शैतान द्वारा मेरे पास भेजी गई पिशाचिनी थी, वहीं मेरी नैसर्गिक भूख** के भीतर बैठी कोई चीज़ मुझको आगे बढ़ने के लिए कह रही थी, मानो मैं किसी चमत्कार में भाग लेना चाहता था।

और इस तरह मैं उस छाया की तरफ़ बढ़ता गया, जब तक कि ऊँचे झरोखों से छनकर आती चन्द्रमा की रोशनी में मैंने यह नहीं पहचान लिया कि वह एक स्त्री थी, काँपती हुई, उसके एक हाथ में कोई पैकेट था जिसको वह अपने सीने से चिपकाये हुए थी और रोती हुई, तन्दूर की दिशा में पीछे को हटती जा रही थी।

हे ईश्वर, हे महाभागा वर्जिन, हे स्वर्ग के निवासी सारे सन्त पुरुषो, मेरी मदद करो ताकि मैं वह कह सकूँ जो उसके बाद घटित हुआ। मेरा शील, मेरे पद की गरिमा (शान्ति और एकाग्र ध्यान के लिए स्वर्ग तुल्य, मेल्क के इस रमणीय मठ के एक बुज़ुर्ग संन्यासी के रूप में मेरे पद की गरिमा) मुझको बेहद गम्भीर सावधानियाँ बरतने की सलाह देती हैं। अच्छा तो यह होता कि मैं महज़ इतना-भर कहकर चुप हो जाता कि कुछ अशुभ घटित हुआ और जो हुआ उसको कहने से बच जाता और इस तरह न अपने पाठक को दुखी करता और न ही ख़ुद को।

लेकिन मैं उन सुदूर घटनाओं को, उस समूचे सच को बयान करने का निश्चय करके बैठा हूँ और सच अविभाज्य होता है, वह अपनी ही पारदर्शिता में भासित होता है और वह

खुद को हमारे हितों या शर्म से कमतर बना दिए जाने की छूट नहीं देता। समस्या, दरअसल, जो हुआ उसको जिस तरह मैं आज देखता और याद करता हूँ उस रूप में कहने की नहीं है (भले ही मुझे आज वह सब जस का तस याद है, न ही मैं यह जानता हूँ कि यह उन घटनाओं के बाद का पश्चाताप है जिसने इन स्थितियों और विचारों को मेरी याददाश्त में हमेशा के लिए अंकित कर दिया है, या फिर यह उस पश्चाताप की अल्पता है जो मेरी शर्म से जुड़े उस एक-एक विवरण को मेरे उत्पीड़ित दिमाग़ में फिर से ज़िन्दा करते हुए आज भी मुझको सताती रहती है), समस्या उसको उस रूप में कहने की है जिस रूप में मैंने उसको तब देखा और अनुभव किया था। और यह काम मैं एक क़िस्सागो की वफ़ादारी के साथ कर सकता हूँ, क्योंकि अगर मैं अपनी आँखें मूँद लूँ तो मैं न सिर्फ़ उस समय के अपने किए को दोहरा सकता हूँ बल्कि उन क्षणों में मैंने जो सोचा था उसको भी कुछ इस तरह से दोहरा सकता हूँ जैसे मैं उस वक़्त लिखे गए चर्मपत्र की कॉपी कर रहा होऊँ। इसलिए, सन्त माइकेल आर्केंजिल मेरी रक्षा करें, मुझको इसी राह पर आगे बढ़ना चाहिए, क्योंकि आनेवाले वक़्त के पाठकों की नैतिक शिक्षा और अपने पाप को लताड़ने के लिए मैं आज यह बताना ज़रूरी समझता हूँ कि किस तरह एक युवा इनसान शैतान की चालों में फँस सकता है, कि ये चालें ज्ञात और सबके सामने रहें, ताकि भविष्य में अगर किसी का सामना उनसे हो तो वह इनको नाकाम कर सके।

तो, वह एक स्त्री थी। बल्कि, एक लड़की। चूँकि इस प्रजाति के प्राणियों से तब तक (और भगवान का शुक्र है कि तब के बाद से भी) मेरा बहुत कम परिचय रहा था, इसलिए मैं कह नहीं सकता कि उसकी उम्र कितनी रही होगी। मैं इतना जानता हूँ कि वह युवा थी, लगभग किशोरी, शायद उसने अपने जीवन के सोलह या अठारह वसन्त पार किए होंगे, या शायद बीस; और मैं उस मानवीय वास्तविकता के असर की पूरी तरह से चपेट में था जो उसके रूपाकार से प्रकट हो रही थी। वह कोई दिवास्वप्न नहीं था और वैसे भी मुझे बहुत अच्छा** लगा था। शायद इसलिए भी वह किसी चिड़िया की तरह काँप रही थी और रो रही थी और मुझसे डरी हुई थी।

यह सोचकर कि यह एक अच्छे ईसाई का कर्तव्य है कि वह मुश्किल में पड़े अपने पड़ोसी की मदद करे, मैं भरपूर शालीनता के साथ उसके पास गया और अच्छी लैटिन का इस्तेमाल करते हुए उससे बोला कि उसे डरने की ज़रूरत नहीं, क्योंकि मैं उसका दोस्त हूँ, किसी भी हालत में उसका दुश्मन नहीं हूँ, वह दुश्मन तो निश्चय ही नहीं हूँ जिससे शायद उसको डर है।

मेरा ख़याल है कि यह मेरी निगाह की विनम्रता ही रही होगी कि वह प्राणी शान्त हुआ और मेरे क़रीब आ गया। मैंने महसूस किया कि उसे मेरी लैटिन समझ में नहीं आ रही थी इसलिए सहज ही मैंने उसको अपनी जर्मन बोली में सम्बोधित किया और इससे वह बहुत ज़्यादा डर गई—मेरी बोली की उन कर्कश ध्वनियों की वजह से, जो उस इलाक़े के लोगों के लिए बेगानी थीं, या फिर उन ध्वनियों के साथ जुड़े मेरे देश के सैनिकों के किसी दूसरे अनुभव की याद आ जाने की वजह से, कहना मुश्किल है। तब, यह सोचकर कि अंगों और चेहरे की भाषा शब्दों की भाषा के मुक़ाबले सभी को आसानी से समझ में आती है, मैं मुस्कराया और वह आश्वस्त हुई। वह भी मुझे देखकर मुस्कराई और कुछ शब्द उसने कहे।

मैं उसकी बोली को बहुत मामूली तौर पर जानता था; जो थोड़ी-सी बोली मैंने पीसा में सीखी थी यह उससे अलग थी, लेकिन उसके लहजे से मैं समझ गया था कि वह मुझसे कुछ मीठे बोल बोल रही थी और मुझको वह कुछ-कुछ इस तरह की बात कहती लगी कि "तुम युवा हो, तुम सुन्दर हो...।" एक नवदीक्षित के लिए जिसने अपना सारा बचपन किसी मठ में बिताया हो अपनी सुन्दरता के बारे में इस तरह की घोषणा एक दुर्लभ चीज़ है; सच तो यह है कि हमको बराबर यह सीख दी जाती है कि शारीरिक सुन्दरता क्षणभंगुर होती है और उसको एक अपवित्र चीज़ मानना चाहिए। लेकिन दुश्मन [शैतान] की चालों का कोई अन्त नहीं है और मैं क़ुबूल करता हूँ कि, झूठ ही सही, मेरी चारुता की ओर किए गए इस इशारे की मिठास मेरे कानों में उतर गई और उसने मुझको अदम्य आवेग से भर दिया। विशेष रूप से इसलिए कि ये शब्द लड़की ने अपना हाथ बढ़ाकर अँगुली की पोरों से मेरे गाल को छूते हुए कहे थे, वह गाल जिस पर अभी ज़रा भी दाढ़ी नहीं आई थी। मैंने एक तरह की उत्तेजना तो अनुभव की, लेकिन उस पल अपने मन में पाप का कोई संकेत महसूस कर पाने में मैं असमर्थ था। ऐसी होती है शैतान की ताक़त जब वह हमें परेशान करने पर आमादा होता है और हमारी अन्तरात्मा से ईश्वरीय अनुग्रह के निशान मिटा देना चाहता है।

मैंने क्या महसूस किया? मैंने क्या देखा? मुझे सिर्फ़ इतना याद है कि उन शुरुआती क्षणों के जज़्बातों को मैं कोई शब्द नहीं दे सका था, क्योंकि मेरी ज़ुबान और मेरा दिमाग़ इस क़िस्म के अहसासों को नाम देना सीखे नहीं थे। चुप्पी की यह स्थिति तब तक रही जब तक कि मुझे वे अन्दरूनी शब्द याद आना शुरू नहीं हो गए जो मैंने किसी दूसरे समय और दूसरी जगहों पर सुने थे, जो निश्चय ही दूसरे उद्देश्यों से बोले गए थे, लेकिन जो उस पल के मेरे आनन्द के साथ आश्चर्यजनक ढंग से दोस्ताना लग रहे थे, जैसे वे अनन्य रूप से सिर्फ़ उसी आनन्द को व्यक्त करने के लिए जन्मे हों। मेरी स्मृति की कन्दराओं में दबे हुए वे शब्द मेरे होंठों की (गूँगी) सतह पर उभरने लगे और मैं भूल गया कि वे पवित्र ग्रन्थ या सन्तों की पुस्तकों में नितान्त अलग और कहीं ज़्यादा दीप्तिमान वास्तविकता को व्यक्त करने के लिए इस्तेमाल किए गए शब्द थे। लेकिन जिस आह्लाद के बारे में सन्तों ने कहा था उसके और जिसे मेरी आलोड़ित अन्तरात्मा उस क्षण अनुभव कर रही थी उसके बीच क्या वाक़ई कोई भेद था? उस क्षण भेद का चौकन्ना बोध मेरे भीतर तिरोहित हो गया था। और, मेरा ख़याल है, तादात्म्य की अगाध गर्तों में छुपे हुए हर्षोन्माद का यही निशान है।

सहसा वह लड़की मुझे साँवली किन्तु उस चारु कन्या जैसी प्रतीत हुई जिसकी बात साँग ऑव साँग्स में की गई है। उसने मोटे से कपड़े की एक फटी-पुरानी हल्की-सी पोशाक पहन रखी थी जो उसके वक्ष पर ख़ासे निर्लज्ज तरीक़े से खुली हुई थी और उसके गले में, मेरा ख़याल है, निहायत ही साधारण क़िस्म के, रंगीन पत्थरों का हार था। लेकिन उसका सिर जिस गर्दन पर गर्व से उठा हुआ था वह हाथीदाँत की मीनार की मानिन्द सफ़ेद थी, उसकी आँखें हेश्बॉन की झीलों की तरह निर्मल थीं, लेबनॉन की मीनार जैसी उसकी नासिका थी, जामुन जैसे उसके केश थे। हाँ, उसकी लटें मुझे बकरियों के झुण्ड जैसी जान पड़ीं, उसके दाँत नहाकर लौटती भेड़ों के झुण्ड जैसे थे, उन भेड़ों के जैसे जो कुछ इस तरह जोड़ा बनाकर चलती हैं कि एक-दूसरे से आगे न निकलने पायें। और मैं बुदबुदाए बग़ैर नहीं रह सका कि "ओ मेरी प्रिया, तू सुन्दर है; ओ मेरी प्रिया, तू सुन्दर है। तेरे बाल मानो माउण्ट

जिलिआड की बकरियों का झुण्ड हैं; तेरे होंठ मानो स्कारलेट का महीन धागा हैं, तेरे माथे के पार्श्व दाड़िम की तरह हैं, तेरी ग्रीवा जैसे डेविड की वह लाट है जिस पर ...हज़ार फरीयाँ झूल रही।" और आतंकित तथा सम्मोहित मैंने अपने आप से पूछा, कौन है यह जो मेरे सामने उषा की तरह प्रकट हो गई है, चन्द्रमा-सी सुन्दर, सूर्य-सी देदीप्यमान, ब्रह्मचारिणी के शान्त आभिजात्य-सी भयावह** ।

फिर उसने उस काली पोटली को जिसको वह अब तक अपनी छाती से चिपकाये हुए थी एक कोने में फेंका और मेरे और भी क़रीब आ गई; और उसने हाथ बढ़ाकर मेरे चेहरे को सहलाया और उन शब्दों को दोहराया जिनको मैं पहले ही सुन चुका था। और जिस क्षण मेरी हालत यह थी कि मैं समझ नहीं पा रहा था कि उससे दूर भागूँ या उसके और क़रीब चला जाऊँ, जिस क्षण मेरा सिर इस तरह झनझना रहा था जैसे जोशुआ की तुरहियाँ जेरिको की दीवारों को ढहाने को हों, वह एक रीझी हुई बकरी की तरह दबी-सी कराह छोड़ती हुई, आनन्द से भरकर मुस्कराई और उसने उन डोरियों को खोला जिन्होंने उसकी पोशाक को उसके वक्ष पर बाँध रखा था, पोशाक को ट्यूनिक की तरह अपने शरीर से फिसलाया और मेरे सामने यूँ खड़ी हो गई जैसे कभी ईडन के बग़ीचे में ईव आदम के सामने प्रगट हुई होगी। "ख़ूबसूरत हैं वे स्तन जो हल्के-से उभरे होते हैं, सिर्फ़ मामूली से फूले हुए"** मैंने उबर्तिनो से सुने शब्दों को बुदबुदाते हुए दोहराया, क्योंकि उसके स्तन मुझको लिली के बीच चरते हुए जुड़वा मृगशावकों जैसे जान पड़े, उसकी नाभि उस प्याले की तरह थी जिसमें किसी भी शराब की कमी नहीं थी, उसका उदर लिली के फूलों के साथ जमाये गए गेहूँ के ढेर जैसा था।

"ओ अक्षत यौवनाओं के चमकते हुए सितारे", मैंने उसको पुकारा, "ओ बन्द द्वार, मेरी बगियों की निर्झरणी, लेपों की रखवाली करनेवाली शीशी, सौरभ के प्रकोष्ठ!"** अनजाने ही मैंने अपने को उसकी देह से सटा हुआ पाया, उसकी गरमाहट और उबटन की उस तीखी गन्ध को महसूस करते हुए जिसे मैंने पहले कभी नहीं जाना था। मुझे ये शब्द याद हो आए, "पुत्रो, जब विक्षिप्त प्रेम आता है, तो इनसान लाचार हो जाता है।" और मैं समझ गया कि, मैं जो महसूस कर रहा था वह दुश्मन [शैतान] का छलावा हो या स्वर्ग का उपहार, लेकिन जिस आवेग ने मुझे हिलाकर रख दिया था उसके सामने मैं पूरी तरह से निहत्था था और मैं पुकार उठा, "ओ मैं गया," और "मैं अपनी कमज़ोरी की वजह जानता हूँ और मैं उसे बरकाना नहीं चाहता!"** इसलिए भी कि उसके होंठों से एक गुलाबी महक आ रही थी और सेण्डिल पहने उसके पाँव ख़ूबसूरत लग रहे थे और उसके पैर स्तम्भों की तरह थे और जंघाओं के जोड़ मणियों की तरह थे, मानो वह किसी धूर्त कारीगर की रचना हो। ओ प्रिया, ओ आह्लाद की पुत्री, एक बादशाह तेरी अलकों में बन्दी हो गया है, मैं अपने आप से फुसफुसाया और उसकी बाँहों में समा गया और हम दोनों रसोई के नंगे फ़र्श पर ढेर हो गए और, यह चाहे मेरी पहल रही हो या उसका बहकावा, मैंने अपने आप को नवदीक्षित संन्यासी के अपने चोगे से आज़ाद पाया और हमारे भीतर से अपनी देहों तथा सब कुछ अच्छा था** की शर्म का अहसास जाता रहा।

और मेरे होंठों को अपने मुँह में भरते हुए उसने मुझे चूमा और उसके चुम्बन मदिरा से ज़्यादा सुस्वादु थे और देह के लेपों से उठती गन्ध मधुर थी, मोतियों के बीच चमकती

उसकी ग्रीवा और कर्णफूलों के बीच चमकते उसके कपोल सुन्दर थे, तू बहुत ख़ूबसूरत है, ओ मेरी प्रिया, तू बहुत ख़ूबसूरत है; तेरी आँखें फ़ाख़्ताओं जैसी हैं (मैंने कहा), मुझे तेरा चेहरा देखने दे, मुझे तेरी आवाज़ सुनने दे, क्योंकि तेरी आवाज़ मधुर है और तेरे चेहरे में मोहनी है, तूने मेरा मन हर लिया है, ओ मेरी बहन, तूने अपनी एक निगाह से, अपनी ग्रीवा की एक लड़ी से मेरे दिल को बाँध लिया है, तेरे होंठों से मधु झर रही है, तेरी जीभ में शहद और दूध भरा है, तेरी साँसों में सेबों की ख़ुशबू है, तेरे स्तन अंगूर के गुच्छे से, तेरा तालू मादक शराब से भरा है जो मेरे चुम्बन में उतर कर मेरे होंठों और दाँतों में बहती है...। एक झरना रुँध गया है, जटामांसी और केसरिया, केलामॅस और दारु-सिता, गन्धरस और मुसब्बर, मैंने अपनी मधु के साथ अपने मधुकोश को खा लिया है, मैंने अपनी वाइन को अपने दूध के साथ पी लिया है। कौन थी वह, कौन थी वह जो उषा की तरह उदित हुई थी, चाँद-सी गोरी, सूरज-सी उज्ज्वल, पताकाओं से युक्त सेना-सी भयानक?

हे प्रभु, जब आत्मा हाथ से निकल गई हो, तो जो सामने दिखाई दे (क्या वह सच नहीं है?) उसी को प्यार करने में एक मात्र भलाई है, जो है उसी को स्वीकारने में सबसे बड़ा सुख है; सुखमय जीवन का आनन्द उसके स्रोत पर ही होता है (क्या ऐसा कहा नहीं गया है?), तुझको उस सच्ची ज़िन्दगी का रस मिलता है जिसे हम इस नश्वर ज़िन्दगी के बाद हमेशा-हमेशा के लिए फ़रिश्तों के बीच जीनेवाले हैं....। जिस क्षण वह लड़की मुझ पर अवर्णनीय माधुर्य लुटा रही थी, तो यही वे बातें थीं जो मैं सोच रहा था और मुझे लगा कि भविष्यवाणियाँ आख़िरकार सही साबित हो रही हैं, कि जैसे आगे और पीछे से मेरा समूचा शरीर एक आँख हो और मैं सहसा अपने चारों ओर की चीज़ों को देख सकता था। और तब मेरी समझ में आया कि इसी, प्रेम से ही, एक साथ एकत्व और सुकुमारता की रचना होती है, जैसे कि शुभ और चुम्बन और तृप्ति की, जैसा कि मैंने पहले ही सुन रखा था, लेकिन तब इन बातों को सुनते हुए मैं सोचता था कि ये किसी और चीज़ के बारे में थीं। और जब मेरा आनन्द चरम पर पहुँचने को ही था, मैंने सिर्फ़ एक क्षण के लिए याद किया कि मैं शायद, रात के समय में उस दोपहर के शैतान के वशीभूत होने के अनुभव से गुज़र रहा था, जो अन्ततः अपनी असल, शैतानी फ़ितरत में ख़ुद को उस आत्मा के भीतर प्रकट करने को अभिशप्त था जो आह्लाद से भरकर पूछती है "कौन है तू?," जो जानता है कि किस तरह आत्मा पर कब्ज़ा किया जाता है और देह को छला जाता है। लेकिन तुरन्त ही मुझको इस बात का विश्वास हो गया कि मेरा यह नैतिक संकोच ही दरअसल शैतान की करामात था, क्योंकि मैं जो अनुभव कर रहा था, जिसकी मधुरता प्रतिपल बढ़ती ही चली जा रही थी, उससे उचित, शुभ और पवित्र और कुछ हो ही नहीं सकता था। जिस तरह पानी की एक बूँद ढेर सी शराब में गिरने पर उसमें पूरी तरह से बिला जाती है और शराब के रंग और स्वाद में बदल जाती है, जिस तरह दहकता हुआ लोहा अपने मूल रूप को खोकर पिघली हुई आग जैसा बन जाता है, जिस तरह हवा सूरज की रोशनी से आप्लावित हो जाने पर कुछ इस क़दर सम्पूर्ण रूप से दीप्त और पारदर्शी हो जाती है कि प्रकाशित लगने की बजाय स्वयं प्रकाशरूप लगने लगती है, वैसे ही मैंने अपने को उस नाज़ुक द्रवण में तिराहित होते महसूस किया और मुझमें स्तोत्र के ये शब्द-भर बुदबुदा पाने की ताक़त शेष रह गई : "बिहोल्ड, माइ बॉसॅम इज़ लाइक न्यू वाइन, सील्ड, व्हिच बर्स्ट्स न्यू वेसल्स" और सहसा मुझको एक चमकीली रोशनी और उसके

भीतर एक केसरिया रंग की आकृति दिखाई दी जो सुलग कर एक ख़ुशनुमा और चमकीली लपट में बदल गई और वह भव्य रोशनी समूची चमकीली आग के आर-पार व्याप्त हो गई और वह चमकीली आग उस सुनहरी आकृति के आरपार और वह भव्य रोशनी तथा वह चमकीली आग समूचे रूपाकार के आरपार फैल गई।

जैसे ही अर्धमूर्च्छित-सा मैं उस देह पर गिरा, जिसके साथ ख़ुद मैंने ही अपने को जोड़ा था, वैसे ही अपनी चेतना की आखिरी कौंध में मुझे यह बोध हुआ कि उस लपट में एक भव्य पारदर्शिता, एक असामान्य ओज, एक निश्छल ताप समाहित था, लेकिन कुछ इस तरह कि वह भव्य पारदर्शिता प्रदीप्त कर सकती थी, वह सच्चा उत्ताप जला सकता था। और तब मुझे उस गर्त का और उससे भी ज़्यादा गहरे गर्तों का बोध हुआ जिनको वह एक इन्द्रजाल की तरह प्रगट कर रही थी।

अब जबकि (या तो जिस पाप का मैं वर्णन कर रहा हूँ उसके आतंक की वजह से या जिस घटना को मैं याद कर रहा हूँ उसके अपराध-बोध से भरे नॉस्टेल्ज़िया की वजह से) काँपते हाथ से मैं इन पंक्तियों को लिख रहा हूँ, तो मुझे इस बात का अहसास है कि उस क्षण के पापपूर्ण हर्षोन्माद का बयान करते हुए मैंने उन्हीं शब्दों का इस्तेमाल किया है जिनका इस्तेमाल, कुछ ही पन्नों पहले, मैंने उस आग का वर्णन करने को किया था जिसने फ्रेटीसेलो माइकेल की शहीद काया को जलाया था। न ही यह भी कोई निरा संयोग है कि मेरी आत्मा के वशीभूत मेरे इस हाथ ने दो सर्वथा विषम अनुभवों को एक समान भाषा में लिखा है, शायद इसलिए कि उन अनुभवों से गुज़रते वक़्त भी और इस वक़्त भी जबकि मैंने इस चर्मपत्र पर उनको पुनर्जीवित करने का प्रयत्न किया है, मैंने उनको एक ही तरह से अनुभव किया है। निश्चय ही कोई ऐसी रहस्यमय प्रज्ञा होती है जिसके सहारे अपने आप में विषम संघटनाओं को एक जैसे नामों से पुकारा जा सकता है, वैसे ही जैसे कि दैवीय वस्तुओं को सांसारिक पदावली से अभिहित किया जा सकता है और द्विअर्थक प्रतीकों के सहारे ईश्वर को शेर या तेंदुआ कहा जा सकता है; और मृत्यु को तलवार कहा जा सकता है; आनन्द को लपट; लपट को मृत्यु; मृत्यु को गर्त; गर्त को नरक; नरक को प्रलाप; प्रलाप को आवेग।

आख़िर ऐसा क्यों है कि शहीद माइकेल की मृत्यु में निहित जिस हर्षोन्माद ने मुझे प्रभावित किया था, एक नौजवान के रूप में, उसका चित्रण मैंने उन शब्दों में क्यों किया जिनका इस्तेमाल सन्तों ने (दिव्य) जीवन के हर्षोन्माद के लिए किया था और तब भी मैं अपने को ठीक उन्हीं शब्दों में सांसारिक सुखभोग के उस (निन्दनीय और क्षणभंगुर) हर्षोन्माद का चित्रण करने से क्यों नहीं रोक सका, जो उसके तुरन्त बाद मेरे भीतर मृत्यु और विनाश की अनुभूतियों के रूप में अनायास जागा था? अब मैं एक साथ आनन्द और उल्लास से भरे उन दोनों अनुभवों पर दोनों तरह से विचार करने की कोशिश करूँगा, यानी जिस तरह मैंनें उन्हें कुछ महीने बीत जाने के बाद महसूस किया था और उस तरह से भी जैसा उस रात मठ में मैं एक अनुभव को पूरे होशोहवास में याद और दूसरे को, कुछ घंटों बाद, अपनी इन्द्रियों में महसूस कर रहा था और, इसके अलावा, जिस तरह से इस वक़्त मैंने उनको काग़ज़ पर उतारते हुए आज़ाद किया है, उस पर और तीनों ही दृष्टान्तों में मैंने जिस तरह से उनको अलौकिक स्वप्न के भीतर पूरी तरह से ध्वस्त पवित्र आत्मा के उस भिन्न तज़ुर्बे से जुड़े शब्दों में ख़ुद अपने मन में दोहराया था, उस तरीक़े पर भी। क्या मैंने ईस-निन्दा की है

(तब? अब?)? माइकेल की मृत्यु की आकांक्षा में, उसको निगलती हुई लपटों के नज़ारे के समक्ष महसूस किए गए मेरे भावावेग में, उस लड़की को भोगने की मेरी आकांक्षा में, जिस अन्दरूनी शर्म के साथ मैंने उसका लाक्षणिक ढंग से तर्जुमा किया उसमें और आनन्द से भरी आत्मसंहार की उस आकांक्षा में जिसने सन्त माइकेल को खुद अपने ही प्रेम के वशीभूत होकर मर जाने को उत्प्रेरित किया ताकि वह लम्बा और शाश्वत जीवन जी सके–इन सबमें क्या चीज़ समान थी? क्या इस क़दर अनेकार्थक चीज़ों को इतने एकार्थक तरीक़े से कहा जा सकता है? और, लगता है जैसे यही वह सीख है जो महानतम धर्माचार्य सन्त थॉमस हमारे लिए छोड़ गए हैं : कोई रूपक जितना ही स्पष्ट रूप से लाक्षणिक बना रहता है, जितना ही वह शाब्दिक सादृश्य न होकर एक असमान सादृश्य होता है, उतना ही वह अपने सत्य को उजागर करता है। लेकिन अगर शोलों और गर्तों से प्रेम ईश्वर से प्रेम के रूपक हैं, तो क्या वे मृत्यु और पाप से प्रेम के रूपक भी हो सकते हैं? हाँ, वैसे ही जैसे कि शेर और सर्प ईसा और शैतान दोनों के अर्थों में इस्तेमाल होते हैं। सच्चाई यह है कि सही व्याख्या सिर्फ़ आचार्यों के प्रमाण के आधार पर ही की जा सकती है और जो मसला मुझे इतना सता रहा है, उसमें मेरे पास ऐसा कोई महापुरुष नहीं है जिसका मेरा आज्ञाकारी दिमाग़ सहारा ले सकता और इसलिए मैं संशय से सुलग रहा हूँ (और एक बार फिर मेरे मन में सत् की रिक्ति और असत् की परिपूर्णता को निरूपित करती उस आग की छवि जागती है जो मेरे सर्वनाश पर उतारू है!)। हे प्रभु, मेरी अन्तरात्मा में यह क्या हो रहा है कि मैं यादों के बवण्डर में खुद को ढीला छोड़ता हूँ और अलग-अलग वक़्तों को आपस में भिड़ा देता हूँ, जैसे मैं सितारों के क्रम और उनकी खगोलीय गति के साथ छल करने में लगा हूँ? तय है कि मैं अपनी पापी और बीमार बुद्धि की हदें पार कर रहा हूँ। ख़ैर, जो ज़िम्मेदारी मैंने खुद को विनम्रतापूर्वक सौंप रखी है, उस पर लौटता हूँ। मैं उस दिन की और उस सम्पूर्ण ऐन्द्रिक सम्भ्रम की बात कर रहा था जिसमें मैं पूरी तरह से ग़र्क़ हो गया था। उन मौक़ों पर मुझे किन चीज़ों की याद आई यह बता चुकने के बाद मैंने अपनी लाचार क़लम को, इस वफ़ादार और सत्यनिष्ठ क़िस्सागो को, रोक दिया था। मैं नहीं जानता कि कितनी देर तक मैं उस लड़की की बग़ल में पड़ा रहा। इस दौरान उसका हाथ पसीने से नम मेरी देह को लगातार हल्क़े-हल्क़े सहलाता रहा था। मैं एक अन्दरूनी विजयोल्लास का अनुभव कर रहा था, जो शान्ति नहीं थी, बल्कि उस आग की आख़िरी शिथिल कौंध की तरह थी जो शोलों के ख़ामोश हो चुकने के बाद भी अंगारों के तले पूरी तरह शान्त होने में समय लेती है। मैं किसी भी ऐसे इनसान को धन्य मानने से संकोच नहीं करूँगा जिसे इस जीवन में (मैं जैसे सपने में बुदबुदाया), चाहे बिरले ही सही (और, मैंने, दरअसल, इसे एक ही बार अनुभव किया है) और बेहद तेजी के साथ, क्षण-भर के लिए भी इस तरह के अनुभव से गुज़रने का मौक़ा मिला हो। मानो आपका वजूद ही न रह गया हो, आपको अपनी पहचान का अहसास ही न रह जाए, या रह भी जाए तो न के बराबर, समाप्तप्राय : अगर कोई नश्वर प्राणी (मैंने खुद से कहा) पल-भर के लिए और बेहद तेजी से वह आनन्द उठा सके जो मैंने उठाया है, तो वह इस भ्रष्ट दुनिया को खा जानेवाली निगाहों से देखेगा, रोज़मर्रा ज़िन्दगी का अभिशाप उसकी शान्ति छीन लेगा, वह मौत की काया के वजन को महसूस करेगा....। क्या मुझको यही नहीं सिखाया गया था? अपनी पूरी याददाश्त खोकर खुद को परम आनन्द में डुबो देने

का मेरी समूची अन्तरात्मा का न्यौता निश्चित तौर पर (अब समझ आया) शाश्वत सूर्य की दीप्ति ही थी; और इससे पैदा होनेवाला आनन्द इनसान को खोलता है, विस्तार देता है, उसकी वृद्धि करता है और जो दरार इनसान के भीतर पैदा हो जाती है वह अब आसानी से नहीं भरती, क्योंकि यह इश्क की शम्शीर का दिया ज़ख़्म होता है और न ही इससे ज़्यादा प्यारी और भयानक कोई दूसरी चीज़ इस धरती पर होती है। लेकिन यही सूर्य न्याय है : वह ज़ख़्मी इनसान को अपनी किरणों से छलनी कर देता है और सारे ज़ख़्म फैल जाते हैं, इनसान खुलता है और विस्तार पाता है, उसकी शिराएँ तक खुल जाती हैं, उसका दिमाग़ बाहर से मिलनेवाले आदेशों को मानने की सामर्थ्य खो देता है और पूरी तरह से आकांक्षाओं से परिचालित होने लगता है, अन्तरात्मा अपने स्पर्श-विषय के गर्त में पड़ी हुई, अपने द्वारा जी गई और जी जा रही वास्तविकता के हाथों अपनी ही आकांक्षा और अपने ही सत्य को पराजित होता देखकर छटपटाती है। और आप अपने ही पागलपन को हक्का-बक्का होकर देखते रह जाते हैं।

और इन्हीं अनिर्वचनीय आन्तरिक आह्लाद की अनुभूनियों की पकड़ में मेरी झपकी लग गई।

मैंने कुछ देर बाद अपनी आँखें खोलीं। चाँदनी, शायद बादलों की वजह से, काफ़ी धुँधली हो गई थी। मैंने अपनी बग़ल में हाथ बढ़ाया और पाया कि वहाँ अब लड़की की देह नहीं थी। मैंने सिर घुमाया; वह जा चुकी थी।

जिस चीज़ ने मेरी वासना को उन्मुक्त कर दिया था और मेरी प्यास को बुझा दिया था, सहसा उसकी ग़ैरमौजूदगी ने मुझको अपनी वासना के खोखलेपन का और अपनी प्यास की विकृति का अहसास करा दिया। सम्भोग के बाद हर जानवर उदास होता है।** मैं सजग हो उठा था कि मैंने पाप किया है। आज, सालों-साल बीत जाने के बाद, जहाँ मैं अपनी भूल पर अब भी सन्ताप में भरकर विलाप करता हूँ, वहीं मैं इस बात को भूल नहीं पाता कि किस तरह उस रात मैंने अपार सुख का अनुभव किया था। और मैं परमपिता के सामने अपराधी साबित होऊँगा, अगर मैं यह स्वीकार न करूँ कि उन दो पापियों के बीच जो कुछ हुआ उसमें कुछ ऐसा भी था जो अपने आप में, सहज रूप से, शुभ और सुन्दर था। लेकिन यह शायद मेरा बुढ़ापा है, जो मुझे निन्दनीय तरीक़े से यह अहसास कराता रहता है कि मेरा समूचा यौवन कितना ख़ूबसूरत और अच्छा था। वह भी ऐसे वक़्त में जबकि मुझे अपने ख़यालों को उस मौत की तरफ़ मोड़ना चाहिए जो मेरे क़रीब बढ़ती आ रही है। तब, एक युवक के रूप में, मैं अपनी मौत के बारे में नहीं सोचता था, लेकिन तब भी, अपने पाप के लिए मैं पूरी उत्कटता और ईमानदारी के साथ रोया था।

मैं खड़ा हो गया, काँपता हुआ, इसलिए भी कि मैं लम्बे समय तक रसोई के ठंडे पत्थरों पर पड़ा रहा था और मेरा शरीर ठिठुर गया था। लगभग बुखार की सी दशा में मैंने कपड़े पहने। तभी मेरी नज़र एक कोने में पड़ी उस पोटली पर पड़ी जिसे वह लड़की भागने की हड़बड़ी में छोड़ गई थी। मैं उसको जाँचने के लिए झुका : वह एक बण्डल था, लिपटा हुआ कपड़ा जो रसोई से लाया गया लगता था। मैंने उसको खोला और पहली बार में मैं समझ ही नहीं पाया कि उसमें क्या था, एक तो इसलिए कि रोशनी बेहद कम थी और दूसरे इसलिए कि उसके अन्दर रखी हुई चीज़ बेडौल थी। फिर मुझे समझ में आया। खून के थक्कों और

मज्जा तथा सफ़ेद मांस के टुकड़ों के बीच, मरा हुआ किन्तु मृत आन्तराग के श्लेषीय जीवन से धड़कता हुआ, एक बहुत बड़ा दिल मेरी आखों के सामने था।

मेरी आँखों के सामने एक काला परदा तन गया, मुँह में तेजाब की मानिन्द थूक भर गया, एक चीख़ के साथ मैं यूँ गिरा जैसे मृत शरीर गिरता है।

रात्रि

जिसमें परेशान एड्सो विलियम के सामने अपना पाप-स्वीकार करता है और सृष्टि की रचना में स्त्री की भूमिका पर चिन्तन करता है, लेकिन तभी उसको एक आदमी का शव मिलता है।

जब मुझे होश आया तो मैंने पाया कि कोई मेरे चेहरे को धो रहा था। ये ब्रॅदर विलियम थे, हाथ में चिराग़ थामें हुए, जिन्होंने मेरे सिर के नीचे कोई चीज़ रख दी थी।

"क्या हुआ एड्सो?" उन्होंने पूछा। "क्या तुम रसोई से सड़ा हुआ मांस चुराने के लिए रात के वक़्त भटक रहे थे?"

संक्षेप में यह कि विलियम जागे, पता नहीं किस वजह से उन्होंने मुझको तलाशा और, मेरे न मिलने पर, उनको शक हुआ कि मैं कहीं अपना अक्खड़पन दिखाने पुस्तकालय में तो नहीं गया हूँ। रसोई की तरफ़ से इडीफ़ीसियम के क़रीब पहुँचते हुए उन्होंने किसी छाया को दरवाज़े से निकलकर वनस्पति उद्यान की तरफ़ जाते हुए देखा (यह लड़की थी, जो शायद किसी के आने की आहट सुनकर भागी थी)। उन्होंने उसको पहचानने और उसका पीछा करने की कोशिश की, लेकिन वह (जो कि उनके लिए एक छाया ही थी) अहाते की बाहरी दीवार की तरफ़ जाकर ग़ायब हो गई। तब विलियम–आस-पास के वातावरण की छानबीन करने के बाद–रसोई में घुसे और वहाँ पर उन्होंने मुझको बेहोशी की दशा में पड़ा हुआ पाया।

जब भयभीत मन से मैं उस बण्डल का ज़िक्र करते हुए, जिसमें दिल रखा हुआ था, एक और अपराध के बारे में बोल उठा, तो वे हँसने लगे : "एड्सो, इतना बड़ा दिल किस इनसान का हो सकता है? ये किसी गाय, या बैल का दिल है; दरअसल उन लोगों ने आज किसी जानवर को काटा भी था। पर मुझे ये बताओ कि यह तुम्हारे हाथों में कैसे आया?"

इस बिन्दु पर, पश्चाताप से भरा हुआ और गहरे आतंक से अब भी स्तब्ध, मैं फूट-फूटकर रो पड़ा और उनसे मेरे पाप-स्वीकार के संस्कार का आग्रह करने लगा। जो कि उन्होंने किया और मैंने कुछ भी छुपाए बग़ैर उनसे सब कुछ कह डाला।

ब्रॅदर विलियम ने मुझको गम्भीरतापूर्वक, लेकिन अनुग्रह के भाव के साथ सुना। जब मेरी बात ख़त्म हो गई, तो उनका चेहरा किंचित सख़्त हो उठा और वे बोले : "एड्सो, इतना तो निश्चित है कि तुमने उस धार्मिक नियम के ख़िलाफ़ पाप किया है जो तुम्हें यौनाचार न करने का हुक्म देता है और तुम्हारा आचरण एक नवदीक्षित शिष्य के कर्तव्यों के सन्दर्भ

में भी पापपूर्ण कहा जाएगा। पर एक तथ्य तुम्हारे बचाव में है कि तुमने अपने को उन परिस्थितियों में पाया जिनमें पड़कर किसी निर्जन स्थान में एक पादरी भी अपने को नर्क में झोंक देगा। और स्त्री किस तरह से प्रलोभन का स्रोत होती है, इस बारे में धर्मग्रन्थों में पहले ही काफ़ी कुछ कहा जा चुका है। स्त्री के बारे में इक्लेसियास्टेस का कहना है कि उसका सम्पर्क आग की लपटों जैसा होता है और कहावतें कहती हैं कि वह आदमी की अनमोल आत्मा को अपने कब्ज़े में ले लेती है और मजबूत से मजबूत आदमी भी उसके हाथों में पड़कर बरबाद हो जाते हैं। और इक्लेसियास्टेस आगे चलकर यह भी कहता है : 'और मैंने पाया है कि मौत से भी ज़्यादा कटु होती है औरत, जिसका दिल फन्दों और जालों की तरह होता है और जिसके हाथ पट्टियों की मानिन्द होते हैं।' और दूसरों ने कहा है कि वह शैतान का घर है। इसे स्वीकार करने के बाद भी, प्रिय एड्सो, मैं अपने को इस बात पर सहमत नहीं कर सकता कि ईश्वर ने एक इस क़दर घृणित हस्ती को सृष्टि में लाने का फ़ैसला करते हुए उसको कुछ ख़ूबियाँ भी प्रदान न की होंगी। और मैं इस बात पर विचार किए बिना भी नहीं रह सकता कि *उसने* उसको अनेक विशेषाधिकार और गौरव करने योग्य अभिप्राय बख़्शे हैं, जिनमें से तीन तो निश्चय ही बहुत महत्त्वपूर्ण हैं। वस्तुतः, मर्द की रचना *उसने* इस अधम संसार में की और वह भी कीचड़ से; औरत को *उसने* बाद में, स्वर्ग में और उत्कृष्ट मानवीय सामग्री का इस्तेमाल करते हुए रचा। और उसको *उसने* आदम के पैरों या उसकी अतड़ियों से नहीं, बल्कि पसली से गढ़ा था। दूसरे, परमात्मा इतना सर्वशक्तिमान है कि अगर *वह* चाहता तो सीधे किसी चमत्कारपूर्ण तरीक़े से अवतार ले सकता था, लेकिन *उसने* औरत की कोख में रहने का चुनाव किया, जो इस बात का संकेत है कि वह अन्ततः उतनी घृणित नहीं थी जितनी कि समझी जाती है। और जब *वह पुनरुत्थान* के बाद प्रगट हुआ, तो एक औरत के समक्ष ही प्रगट हुआ। और अन्त में, जब स्वर्गिक गौरव का क्षण आएगा तब कोई मर्द उस राज्य का राजा नहीं होगा, बल्कि एक ऐसी औरत वहाँ की रानी बनेगी जिसने कभी कोई पाप नहीं किया होगा। तब, जबकि खुद प्रभु ने ही स्वयं ईव का और उसकी बेटियों का इतना पक्ष लिया है, अगर हम भी उस नारी की मनोहरता और श्रेठता के प्रति अपने को आकर्षित पाते हैं, तो क्या यह असामान्य बात है? मेरे कहने का मतलब यह है, एड्सो, कि तुम्हें, निश्चय ही, दोबारा कभी भी ऐसा नहीं करना चाहिए, लेकिन तुमसे यह हो गया तो यह कोई राक्षसी कृत्य भी नहीं है। और जहाँ तक एक संन्यासी का सवाल है, उसको अपने जीवन में कम से कम एक बार शारीरिक आवेग का अनुभत होना ही चाहिए, ताकि भविष्य में वह जिन गुनहगारों को परामर्श और सान्त्वना देने वाला है उनके प्रति नम्र और सहानुभूतिशील हो सके...यह ठीक है, एड्सो, कि यह ऐसी चीज़ नहीं है जिसके घटित होने के पहले उसकी आकांक्षा की जाए, लेकिन एक बार घटित हो जाने के बाद वह बहुत ज़्यादा आत्मभर्त्सना का विषय बनाने लायक़ चीज़ भी नहीं है। इसलिए हम इसको ईश्वर की मर्ज़ी पर छोड़ें और इसके बारे में अब और बात न करें। दरअसल, एक ऐसी चीज़ के बारे में बात करने की बजाय, जिसे सम्भव हो तो भूल जाना ही बेहतर है''—और इस बिन्दु पर मुझे उनकी आवाज़ मानो किसी निजी संवेग में खो गई-सी प्रतीत हुई—''हमें अपने आप से यह पूछना चाहिए कि आज रात जो कुछ भी घटित हुआ उसका क्या अर्थ है। वह लड़की कौन थी और वह किससे मिलने आई थी?''

“ये मैं नहीं जानता और उस आदमी को मैंने नहीं देखा जो उसके साथ था,” मैंने कहा।

“ठीक है, लेकिन ऐसे बहुत-से और ख़ास क़िस्म के सुराग़ हैं जिनके सहारे हम पता लगा सकते हैं। सबसे पहली बात यह कि वह आदमी बूढ़ा और बदसूरत था, ऐसा आदमी जिसके साथ कोई लड़की अपनी मर्ज़ी से जाना पसन्द नहीं करती, ख़ास तौर से तब जबकि वह लड़की ख़ूबसूरत हो, जैसा कि तुम्हारा कहना है, हालाँकि, माई डियर भेड़िये के बच्चे, मुझे लगता है कि तुमको कैसा भी भोजन स्वादिष्ट ही लगना था।”

“बूढ़ा और बदसूरत क्यों?”

“क्योंकि लड़की उसके साथ प्रेम रचाने के लिए नहीं, बल्कि जूठन प्राप्त करने के लिए गई थी। निश्चित तौर पर वह कोई गाँव की लड़की है और यह सम्भवतः पहली बार नहीं है जब वह अपने पेट की भूख की ख़ातिर किसी लम्पट संन्यासी के लिए अपना शरीर उपलब्ध कराती रही है और बदले में अपने और अपने परिवार का पेट भरने के लिए कुछ पाती रहती है।”

“मतलब वेश्या!” मैंने भयभीत होते हुए पूछा।

“एक ग़रीब किसान की लड़की, एडसो। जिसे शायद अपने छोटे-छोटे भाइयों का पेट भरना पड़ता है। जो, अगर उसके वश में होता तो, अपना शरीर धन की ख़ातिर किसी लम्पट को बेचने की बजाय अपने को किसी प्रेमी के हाथों में सौंपती। जैसा कि उसने पिछली रात किया। तुम्हीं न मुझसे कह रहे थे कि उसने तुमको एक ख़ूबसूरत नौजवान के रूप में पाया और उसने तुमको मुफ़्त में और प्रेमवश वह चीज़ दी जो उसने दूसरों के लिए मांस के टुकड़ों की ख़ातिर दी होती। और यह मुफ़्त का दान करके उसने इतना अच्छा और इतना उल्लसित महसूस किया कि वह बदले में बिना कुछ लिए भाग गई। इसीलिए मुझको लगता है कि वह दूसरा व्यक्ति जिसके साथ उसने तुम्हारी तुलना की न तो नौजवान था न ही ख़ूबसूरत।”

मैं स्वीकार करूँ कि अपने गहरे पश्चाताप के बावजूद इस कैफ़ियत ने मुझको आनन्ददायी गर्व से भर दिया; लेकिन मैंने ख़ामोश रह कर अपने गुरुदेव को बोलने दिया।

“निश्चय ही इस बदसूरत आदमी को अपनी हैसियत से जुड़े किसी मतलब से नीचे गाँव में जाने का और किसानों से व्यवहार करने का अवसर मिलता होगा। उसे लोगों को मठ में लाने और वापस ले जाने के तरीक़ों की जानकारी होगी और उसको रसोई में उस सड़े-गले मांस की मौजूदगी की भी जानकारी रही होगी (कल शायद कोई कहेगा कि रसोई का दरवाज़ा खुला रह गया था और कोई कुत्ता आकर उस जूठन को खा गया है)। और, अन्त में, उस आदमी में एक ख़ास क़िस्म की किफ़ायत की तमीज़ रही होगी और वह चाहता होगा कि रसोई को क़ीमती खाद्य सामग्री से वंचित नहीं होने देना चाहिए, अन्यथा उसने उस लड़की को बेहतर क़िस्म का मांस दिया होता। और इस तरह तुम्हारे सामने उस अजनबी की तस्वीर एकदम साफ़ होकर उभरती है और ये तमाम लक्षण, या संयोग जिस पदार्थ से मेल खाते हैं, उसको अपने भण्डारी रेमेजियो ऑव वेराजाइन की संज्ञा देने में मुझको ज़रा भी संकोच नहीं होगा। या, अगर मैं ग़लती पर हूँ तो, उसको हमारा रहस्यमय सल्वाटोर होना चाहिए–जो चूँकि इन्हीं लोगों के बीच से आया है इसलिए वह स्थानीय लोगों के साथ आसानी से घुलमिल सकता है और जो जानता है कि किसी लड़की को उस कृत्य के लिए कैसे पटाया जाए जिसे करने के लिए उसने उसको मज़बूर किया होता, अगर तुम समय रहते वहाँ न पहुँच गए होते।”

"यह सब निश्चय ही सही है," मैंने सहमत होते हुए कहा, "लेकिन इसे जानने का अब क्या फ़ायदा है?"

"कुछ भी नहीं। या बहुत कुछ," विलियम ने कहा। "जिन अपराधों को लेकर हम चिन्तित हैं उनके साथ इस क़िस्से का सम्बन्ध हो भी सकता है और नहीं भी हो सकता है। दूसरी तरफ़, अगर भण्डारी एक डोल्सीनियन था, तो यह बात उससे स्पष्ट होती है और इसका उलट भी सही है। और, अन्ततः, अब हमको यह पता है कि इस मठ में रात के समय बहुत-सी, अजीबोग़रीब घटनाएँ होती हैं। और कौन कह सकता है कि अँधेरे में इस क़दर सहजता के साथ विचरनेवाले हमारे भण्डारी और सल्वाटोर को उससे ज़्यादा चीज़ों की जानकारी नहीं है जितनी कि वे हमें बताते हैं?"

"लेकिन क्या वे हमको उन चीज़ों के बारे में बताएँगे?"

"नहीं बताएँगे, अगर हम उनके पापों की तरफ़ ध्यान दिए बग़ैर उनके प्रति दयालुता बरतते रहेंगे। लेकिन अगर हमको सचमुच कुछ जानना है, तो हमें उनका मुँह खुलवाने का कोई तरीक़ा अपनाना होगा। दूसरे शब्दों में, अगर ज़रूरत पड़ी तो भण्डारी और सल्वाटोर हमारे हैं और इस छल के लिए ईश्वर मुझे मुआफ़ करेगा, क्योंकि वह बहुत-सी दूसरी चीज़ों के लिए मुआफ़ करता है," उन्होंने शरारती ढंग से मेरी तरफ़ देखते हुए कहा; मुझमें उनकी इन धारणाओं के औचित्य पर टिप्पणी करने का दुस्साहस नहीं था।

"और अब हमको सोने के लिए चलना चाहिए, क्योंकि घंटे-भर में मध्यरात्रि-वन्दना का वक़्त हो जाएगा। लेकिन, मेरे बेचारे एड्सो, मैं देख रहा हूँ कि तुम अपने पाप की वजह से अब भी डरे और घबराए हुए हो...। आत्मा की शान्ति के लिए गिरजाघर से बेहतर कोई मन्त्र नहीं है। मैंने तो तुमको बरी कर दिया है, लेकिन क्या पता। जाओ और प्रभु का अनुमोदन हासिल करो।" और ऐसा कहते हुए उन्होंने मेरे सिर पर तेज़ी से एक चपत जड़ दी, जो पितृवत और पुरुषोचित स्नेह का इज़हार भी हो सकता था, आत्मतुष्ट पश्चाताप भी हो सकता था। या, (जैसा कि मैंने उस वक़्त निन्दनीय तरीक़े से सोचा था) वह शायद एक क़िस्म की सद्भावपूर्ण ईर्ष्या थी, क्योंकि वे आख़िरकार एक मर्द थे जो नए और जीवन्त तजुर्बों के लिए हमेशा लालायित रहते थे।

हमने अपना सामान्य रास्ता पकड़ा और चर्च की तरफ़ रुख़ किया। मैं आँखें बन्द किए तेजी से चल रहा था, क्योंकि वे तमाम अस्थियाँ, ज़ाहिर है, मुझे उस रात की याद दिला रही थीं, कि मैं किस तरह ख़ाक हो गया था और मेरी देह का दर्प किस क़दर मूर्खतापूर्ण साबित हुआ था।

जब हम नेव में पहुँचे तो हमने आल्टर के सामने एक धुँधली-सी आकृति देखी। मेरा ख़याल था कि वह एक बार फिर उबर्तिनो था, लेकिन वह एलिनार्डो था, जो हमको तत्काल पहचान नहीं पाया था। उसने कहा कि उसको नींद नहीं आ रही थी इसलिए उसने उस नौजवान के लिए प्रार्थना करते हुए रात बिताने का निश्चय किया था जो ग़ायब हो गया था (वह उसका नाम भी याद नहीं कर पा रहा था)। अगर वह मर चुका था तो उसकी प्रार्थना उसकी आत्मा के लिए थी और अगर वह कहीं पर बीमार पड़ा था तो वह प्रार्थना उसकी काया के लिए थी।

"बहुत-से मृतक," उसने कहा, "बहुत-से मृतक ... लेकिन यह तो धर्मप्रचारक की पुस्तक में लिखा ही हुआ था। पहले तूर्यनाद के साथ ओले बरसे, दूसरे के साथ समुद्र का एक-तिहाई

हिस्सा रक्त में बदल गया; और एक शव ओलों में मिला, दूसरा रक्त में...। तीसरा तूर्यनाद चेतावनी देता है कि एक जलता हुआ सितारा नदियों और सोतों के तिहाई हिस्से पर गिरेगा। इसलिए मैं आप से कहता हूँ, हमारा तीसरा बन्धु ग़ायब हो चुका है। और चौथे का डर बना हुआ है, क्योंकि सूरज का तिहाई हिस्सा तितर-बितर हो जाएगा और चन्द्रमा का और सितारों का भी, इस तरह हर तरफ़ क़रीब-क़रीब पूरी तरह अँधेरा छा जाएगा...।''

ट्रांसेप्ट से बाहर आते हुए विलियम ने खुद से पूछा कि क्या इस बुड्ढे के शब्दों में सच्चाई का कुछ अंश नहीं था।

''लेकिन,'' मैंने उनका ध्यान खींचते हुए कहा, ''इसका मतलब तो यह मान लेना होगा कि किसी एक शैतानी दिमाग़ ने इल्हाम-ग्रन्थ को एक गाइड की तरह बरतते हुए तीनों मौतों का सिलसिला रचा है, बशर्ते कि हम बेरेंगर को भी मृत मान लें तो। जबकि, बात इसके उलट है, क्योंकि हम जानते हैं कि अडेल्मो अपनी इच्छा से मरा है...।''

''सच है,'' विलियम ने कहा, ''लेकिन वही शैतानी दिमाग़ दूसरी दो मौतों को सांकेतिक क्रम देने के लिए अडेल्मो की मौत से प्रेरित भी हुआ हो सकता है। और अगर ऐसा है तो बेरेंगर को किसी नदी या झरने में मिलना चाहिए। और मठ में कोई नदियाँ या झरने हैं नहीं, कम से कम ऐसे तो नहीं ही हैं जिनमें कोई डूब सके या डुबाया जा सके...।''

''यहाँ तो सिर्फ़ कुण्ड हैं,'' लगभग संयोग से मेरे मुँह से निकला।

''एड्सो!'' विलियम ने कहा। ''यह चीज़ सम्भव है, समझ रहे हो न? स्नानागार!''

''लेकिन वहाँ पर लोग उसको ढूँढ़ चुके होंगे...।''

''मैंने सुबह वहाँ पर नौकरों को देखा था, जब वे खोज-बीन कर रहे थे; उन्होंने स्नानागार का दरवाज़ा खोला था और अन्दर एक निगाह डालकर लौट गए थे, बिना ख़ास जाँच-पड़ताल किए। उनको यह उम्मीद ही नहीं रही होगी कि वहाँ पर कोई चीज़ ऐहतियातन छुपाकर रखी गई हो सकती है : वे तो एक लाश को खोज रहे थे जो कहीं पर नाटकीय ढंग से पड़ी मिलनी चाहिए थी, जैसे कि वेनेण्टियस की लाश मिली थी एक नाँद में पड़ी हुई...। चलो, हम एक निगाह डाल लेते हैं। वैसे भी अभी भी अँधेरा है और हमारा चिराग़ खुशी-खुशी जलते रहने को तैयार लगता है।''

हमने वही किया और बिना किसी मुश्किल के अस्पताल की बग़ल में बने हुए स्नानागार के दरवाज़े को खोला।

मोटे परदों से एक-दूसरे से अलगायी हुई कुछ नालियाँ थीं, जिनकी संख्या अब मुझे याद नहीं है। संन्यासी इनका इस्तेमाल विधान की स्थापना के दिनों से ही प्रक्षालन के लिए करते आ रहे थे और सेवेरिनॅस इनका उपयोग चिकित्सकीय वजहों से करता था, क्योंकि शरीर और दिमाग़ को चंगा रखने के लिए स्नान से बेहतर कोई दूसरी चीज़ नहीं होती। एक कोने में अँगीठी बनी हुई थी, जो पानी को आसानी से गरम करने के काम आती थी। अँगीठी ताज़ा राख से भरी हुई थी, और उसके सामने एक बहुत बड़ा हण्डा औंधा पड़ा था। दूसरे कोने में एक कुण्ड था जिससे पानी भरा जा सकता था।

हमने अगली नालियों में झाँककर देखा, जो ख़ाली थीं। सिर्फ़ आख़िरी, जो कि एक पर्दे के पीछे छुपी हुई थी, भरी हुई थी और उसके सामने एक लबादा ढेर बना पड़ा था। पहली निगाह में, हमारे चिराग़ की लौ में, उसमें भरे हुए द्रव की सतह शान्त प्रतीत हुई; लेकिन

जैसे ही उस पर रोशनी पड़ी, हमें उसके तल में एक निर्जीव, नग्न मानव-शरीर दिखाई दिया। हमने उसको हल्के से बाहर खीचा : बेरेंगर। और, विलियम ने कहा, इसका चेहरा सचमुच ही एक डूबकर मरे इनसान का चेहरा था। समूचा चेहरा फूला हुआ था। कमर के नीचे के कोमल अंग के अश्लील दृश्य को छोड़ दिया जाता तो वह सफ़ेद और थुलथुला, बालों से रहित शरीर किसी औरत का शरीर प्रतीत होता था। मैं शरमाया और फिर सिहर उठा। जब विलियम ने लाश को अशीषा तो मैंने सलीब का निशान बनाया।

चौथा दिन

प्रत्यूष वन्दना

जिसमें विलियम और सेवेरिनॅस बेरेंगर के शव का परीक्षण करते हैं और पाते हैं कि उसकी जीभ काली है जो कि एक डूबकर मरे हुए आदमी के सन्दर्भ में एक असामान्य बात है। इसके बाद वे ज़हर की सबसे ज़्यादा तकलीफ़देह क़िस्मों के बारे में और एक पुरानी चोरी के बारे में बात करते हैं।

मैं इस विवरण में नहीं जाऊँगा कि हमने किस तरह मठाधीश को ख़बर दी, किस तरह समूचा मठ तयशुदा वक़्त के पहले ही जाग गया, किस तरह आतंक में डूबी चीख़ें-पुकारें गूँज उठीं, किस तरह हर चेहरा डर और शोक में डूबा दिखाई देता था, किस तरह परिसर के तमाम लोगों के बीच वह ख़बर फैली और किस तरह भृत्यगण अपने को अशीष रहे थे और शैतान की नज़र के ख़िलाफ़ गुरों का उच्चारण कर रहे थे। मुझे यह भी नहीं मालूम कि उस सुबह की पहली उपासना नियमानुसार सम्पन्न हुई या नहीं और उसमें किन लोगों ने भाग लिया। मैं विलियम और सेवेरिनॅस के पीछे-पीछे हो लिया, जिन्होंने बेरेंगर की लाश को लपेटकर उसे अस्पताल में ले जाकर एक मेज़ पर लिटाकर रखने का हुक्म दिया था।

जब मठाधीश और दूसरे संन्यासी चले गए, तो औषधिविद और मेरे गुरुदेव ने, चिकित्सकों की-सी तटस्थता के साथ, शव का विस्तार से परीक्षण किया।

"वह डूबने से मरा है," सेवेरिनॅस ने कहा, "इसमें कोई शक नहीं। चेहरा फूला हुआ है, पेट तना हुआ...।"

"लेकिन वह किसी दूसरे के हाथों नहीं डुबाया गया है," विलियम ने टिप्पणी की, "क्योंकि उस सूरत में उसने हत्यारे की ज़ोर-ज़बरदस्ती के ख़िलाफ़ हाथ-पैर मारे होते, जबकि सब कुछ बिल्कुल साफ़-सुथरा है, मानो बेरेंगर ने पानी गरम किया, टब को भरा और अपनी मर्जी से उसमें लेट गया।"

"मुझे इसमें कोई अचरज नहीं है," सेवेरिनॅस ने कहा, "बेरेंगर मिर्गी का मरीज़ था और ख़ुद मैं उससे कहा करता था कि गरम स्नान लेने से शरीर और मन की उत्तेजना को शान्ति मिलती है। उसने कई बार मुझसे स्नानागार की आग जलाने की इजाज़त माँगी थी। सो हो सकता है, उसने पिछली रात भी यही किया हो...।"

"पिछली से पिछली रात," विलियम ने कहा, "क्योंकि उसका शरीर—जैसा कि आप देख रहे हैं—कम से कम एक दिन-भर पानी में रहा है...।"

विलियम ने उसको उस रात की कुछ घटनाओं की जानकारी दी। उन्होंने उसको यह नहीं बताया कि हम चोरी-छुपे स्क्रिप्टोरियम में गए थे, लेकिन, बहुत सारी घटनाओं को गुप्त रखते हुए, उन्होंने उससे कहा कि हमने एक रहस्यमय व्यक्ति का पीछा किया था, जो हमसे एक पुस्तक ले भागा था। सेवेरिनॅस को इस बात का अहसास था कि विलियम उसे सच्चाई का एक अंश ही बता रहे थे, लेकिन उसने आगे कोई पूछताछ नहीं की। उसने टिप्पणी की कि अगर बेरेंगर ही वह रहस्यमय व्यक्ति था, तो हो सकता है कि उसकी घबराहट ही उसको ताज़गी से भरे स्नान से शान्ति हासिल करने की ओर ले गई हो। उसने कहा कि बेरेंगर बहुत नाजुक मिजाज़ आदमी था और कभी-कभी ज़रा से गुस्से या आवेश से उसकी आँखें निकल आती थीं और वह मुँह से फेन छोड़ता हुआ ज़मीन पर गिर जाता था।

"जो भी हो," विलियम बोले, "यहाँ आने के पहले वह कहीं गया था, क्योंकि स्नानागार में मुझे वह पुस्तक कहीं दिखाई नहीं दी जो उसने चुराई थी। इसलिए वह कहीं और तो गया ही था और बाद में, हम मान लेते हैं कि, अपने आवेश को शान्त करने और शायद हमारी खोजबीन से बच निकलने, वह स्नानागार में घुस गया और उसने ख़ुद को पानी में डुबा लिया। सेवेरिनॅस, क्या आपको लगता है कि उसकी बीमारी ऐसी थी कि वह अपना होश खोकर ख़ुद को डूब जाने दे सकता था?"

"यह सम्भव है," सेवेरिनॅस ने अनिश्चित भाव से कहा। कुछ क्षणों से वह मुर्दे के हाथों का परीक्षण कर रहा था। "एक विचित्र चीज़ दिखाई देती है..." उसने कहा।

"क्या?"

"उस दिन जब ख़ून के धो दिए जाने के बाद मैं वेनेण्टियॅस के हाथ देख रहा था, तो मैंने एक ऐसी चीज़ पर गौर किया था जिसको उस वक़्त मैंने कोई ख़ास तवज्जो नहीं दी थी। वेनेण्टियॅस के दाएँ हाथ की दो अँगुलियों के सिरे काले थे, जैसे उनको किसी काले पदार्थ से रँग दिया गया हो। ठीक वैसे ही जैसे कि इस वक़्त—आप देख रहे हैं न?—बेरेंगर की दो अँगुलियों के सिरे दिखाई दे रहे हैं। दरअसल, तीसरी अँगुली पर भी निशान है। उस समय मुझे लगा था कि वेनेण्टियॅस स्क्रिप्टोरियॅम में किसी काली स्याही का इस्तेमाल करता रहा होगा...।"

"दिलचस्प," विलियम ने बेरेंगर की अँगुलियों को क़रीब से देखकर विचारमग्न होते हुए कहा। पौ फट रही थी, अन्दर की रोशनी अभी भी धुँधली थी और मेरे गुरुदेव को ज़ाहिर है कि अपने लैंसों की कमी खल रही थी। "दिलचस्प," उन्होंने दोहराया। "लेकिन बाएँ हाथ पर भी तो कुछ धुँधले से निशान हैं, कम से कम अँगूठे और तर्जनी पर।"

"अगर यह दायाँ हाथ होता तो ये वे अँगुलियाँ होती जिनसे आप कोई छोटी, या लम्बी और पतली चीज़ पकड़ते हैं...।"

"क़लम जैसी चीज़। या कोई खाने की चीज़। या कोई कीड़ा। या साँप। या प्रसाद का कोई पात्र। या सलाई। बहुत सारी चीज़ें हैं। लेकिन अगर दूसरे हाथ पर भी निशान हैं, तो वह चीज़ चषक भी हो सकती है; दायाँ हाथ उसको मज़बूती से पकड़ता है और बायाँ हाथ, बिना किसी ताक़त के उसकी मदद करता है...।"

सेवेरिनॅस मृतक की अँगुलियों को हल्के-हल्के रगड़ रहा था, लेकिन उन पर लगा हुआ काला रंग छूटा नहीं। मैंने गौर किया कि उसने दस्ताने पहन लिए थे, जिनका इस्तेमाल वह शायद तब करता होगा जब उसको किसी ज़हरीले पदार्थ से बरतना पड़ता होगा। उसने सूँघा, पर कोई संवेदन नहीं जागा। "मैं आपको कई ऐसे वनस्पतीय द्रव्यों का (और खनिजीय द्रव्यों का भी) नाम बता सकता हूँ जो इस क़िस्म के निशान छोड़ जाते हैं। इनमें कुछ प्राणघातक भी हैं, कुछ नहीं हैं। नक़्क़ाशों की अँगुलियों पर कभी-कभी स्वर्ण-धूलि देखी जाती है...।"

"अडेल्मो नक़्क़ाश था," विलियम ने कहा। "उसकी लाश जिस तरह से तहस-नहस हो चुकी थी, मेरा ख़याल है कि उसके चलते आपने उसकी अँगुलियों की जाँच करने के बारे में सोचा ही नहीं होगा। लेकिन सम्भव है कि इन दूसरे लोगों ने अडेल्मो की किसी चीज़ को छुआ हो।"

"मैं वाक़ई नहीं जानता," सेवेरिनॅस ने कहा। "दो मृत इनसान, दोनों की अँगुलियों में कालिख़। आप इससे क्या नतीज़ा निकालते हैं?"

"मैं कोई नतीज़ा नहीं निकालता : दो असामान्यों से कभी भी कोई नतीजा नहीं निकलता।** दोनों मामलों से किसी एक ही नियम की पुष्टि होना ज़रूरी है। उदाहरण के लिए : कोई एक पदार्थ है जो उन लोगों की अँगुलियों को काला कर देता है जो उसको छूते हैं...।"

मैंने विजय के भाव से तर्क को पूरा करते हुए कहा : "...वेनेण्टियॅस और बेरेंगर की अँगुलियाँ काली हैं, इसलिए उन्होंने इस पदार्थ को छुआ है!"

"अच्छा है, एड्सो," विलियम ने कहा, "खेद का विषय यह है कि तुम्हारा तर्क ठोस नहीं है, क्योंकि या तो एक बार या दो बार हेतु का सामान्य होना ज़रूरी है,** और तुम्हारे इस तर्क में हेतु कभी भी सामान्य पद के रूप में नहीं आता। यह इस बात की तरफ़ एक इशारा है कि हमने मुख्य प्रतिज्ञा का ही चुनाव ठीक से नहीं किया है। मुझे यह नहीं कहना चाहिए था कि वे सारे लोग जो एक ख़ास क़िस्म के पदार्थ को छूते हैं उनकी अँगुलियाँ काली हो जाती हैं, क्योंकि ऐसे भी लोग हो सकते हैं जिनकी अँगुलियाँ काली हों पर जिन्होंने उस पदार्थ न छुआ हो। मुझे यह कहना चाहिए था कि वे तमाम लोग और सिर्फ़ वे ही तमाम लोग जिनकी अँगुलियाँ काली होती हैं, उन्होंने किसी निश्चित पदार्थ को छुआ होता है। वेनेण्टियॅस और बेरेंगर, इत्यादि। तब हमको पहले तर्क की एक बढ़िया तीसरी विधि, एक तृतीय तर्क-विधि**, मिल पाती।"

"तब हमारे पास एक जवाब है," मैंने खुश होकर कहा।

"ओह, एड्सो, तुम तर्क में बहुत ज़्यादा विश्वास करते हो! हमारे सामने, एक बार फिर, सिर्फ़ एक ही सवाल है। वह है : हमने इस अनुमान का जोख़िम उठाया है कि वेनेण्टियॅस और बेरेंगर ने किसी एक ही चीज़ को छुआ है, जो कि निश्चय ही एक तर्कसम्मत अनुमान है। पर जब हमने उस पदार्थ की कल्पना की जो तमाम दूसरे पदार्थों में इकलौता ऐसा पदार्थ है जो इस क़िस्म का नतीजा देता है (जिसे अब भी साबित होना है), तो हम अभी भी नहीं जानते कि वह पदार्थ क्या है, या उन्होंने उसको कहाँ पर पाया, या उन्होंने उसको क्यों छुआ। और, ध्यान रहे, हमको यह भी नहीं मालूम कि क्या उनके द्वारा छुआ गया यही पदार्थ उनकी

मौत का कारण बना है। कल्पना करो कि कोई पागल आदमी है जो उन तमाम लोगों की हत्या कर देना चाहता है जो स्वर्ण-धूलि को छूते हैं। तब क्या हम यह कहेंगे कि यह स्वर्ण-धूलि है जो हत्या करती है?"

मैं परेशान था। मैं हमेशा से यह मानता आया था कि तर्क एक शाश्वत अस्त्र था और अब मुझको अहसास हो रहा था कि किस तरह इसकी प्रामाणिकता इसको लागू करने के तरीक़े पर निर्भर करती थी। इसके अलावा, चूँकि मैं अपने गुरुदेव के साथ रहा था, मैं इस बात के प्रति जागरूक हो चुका था और आनेवाले दिनों में और भी जागरूक होनेवाला था, कि तर्क ख़ास तौर से तब उपयोगी होता है जब आप उसमें प्रवेश करें और फिर उसको छोड़ दें।

सेवेरिनॅस, जो कि निश्चय ही कोई तार्किक नहीं था, इस बीच अपने निजी अनुभव के आधार पर सोच-विचार कर रहा था। "ज़हर की दुनिया उतनी ही विविधताओं से भरी हुई है जितने विविध प्रकृति के रहस्य हैं," उसने कहा। उसने उन बहुत-से मर्तबानों और शीशियों की तरफ़ इशारा किया, जिनकी हम पहले सराहना कर चुके थे, जो दीवारों के साथ लगे सेल्फ़ों में बहुत-से ग्रन्थों के साथ-साथ करीने से सजाकर रखे गए थे। "जैसा कि मैंने आपसे पहले भी कहा था, इनमें कई ऐसी तैयारशुदा और उचित मात्रा में आज़मायी गई जड़ी-बूटियाँ हैं, जिनका उपयोग प्राणघातक पेय और लेप के रूप में किया जा सकता है। वहाँ देखिए, धतूरा, बेलाडोना, हेमलॉक : ये बूटियाँ उनींदापन, उत्तेजना, या दोनों चीज़ें पैदा कर सकती हैं; अगर इनको वांछित सावधानी के साथ लिया जाए तो ये ज़बरदस्त ओषधियाँ हैं, लेकिन अति मात्रा में लेने पर ये मौत का कारण बन जाती हैं।"

"लेकिन इनमें से कोई भी पदार्थ अँगुलियों पर निशान तो नहीं छोड़ता होगा?"

"मैं समझता हूँ, कोई भी नहीं। फिर ऐसे भी कुछ पदार्थ हैं जो तभी ख़तरनाक होते हैं जब उनको शरीर के अन्दर ले लिया जाता है, जबकि कुछ ऐसे हैं जो चमड़ी पर असर करते हैं। अगर कोई व्यक्ति हेलीबोर को उखाड़ने के लिए पकड़ता है तो इससे उसको उल्टियाँ होने लग सकती हैं। जब डिटेनी और फ्राक्सिनेला में फूल आते हैं तो इन पौधों को छूनेवाले मालियों को कुछ इस तरह नशा हो जाता है जैसे उन्होंने वाइन पी रखी हो। ब्लेक हेलीबोर को छूने मात्र से दस्त होने लगते हैं। कुछ पौधे दिल में स्पन्दन जगाते हैं, तो कुछ दिमाग़ में और कुछ ऐसे भी होते हैं जो आपकी आवाज़ ही हर लेते हैं। लेकिन वाइपर के ज़हर को अगर चमड़ी पर लगाया जाए और उसको रक्त में न घुसने दिया जाए, तो उससे हल्की सी जलन भर होती है...। और एक बार तो एक ऐसा मिश्रण मेरे देखने में आया था कि अगर उसको कुत्ते की जाँघों के भीतर की तरफ़, उसकी जननेन्द्रिय के पास मल दिया जाए, तो उसके अंग धीरे-धीरे सख़्त होने लगते हैं और वह भयानक क़िस्म की ऐंठनों का शिकार होकर कुछ ही समय में दम तोड़ देता है...।"

"आप ज़हर के बारे में काफ़ी कुछ जानते हैं," विलियम ने सराहना के से स्वर में कहा।

सेवेरिनॅस कुछ देर तक सख़्त निगाहों से उनकी आँखों में घूरता रहा। "मैं वही जानता हूँ जो एक चिकित्सक को, एक ओषधिकार को, इनसान की तन्दुरुस्ती से ताल्लुक रखनेवाले विज्ञान के एक विद्यार्थी को जानना चाहिए।"

विलियम कुछ देर विचारों में डूबे रहे। फिर उन्होंने सेवेरिनॅस से मुर्दे का मुँह खोलकर

उसकी ज़ुबान का निरीक्षण करने का आग्रह किया। सेवेरिनॅस उत्सुक हो उठा, उसने एक पतला-सा स्पेतुला, उसकी चिकित्सा-कला के इस्तेमाल में आनेवाला एक औज़ार, उठाया और विलियम की आज्ञा का पालन किया। उसके मुँह से आश्चर्य में डूबी चीख़ निकल पड़ी : ''ज़ुबान काली है!''

''इसका मतलब हुआ,'' विलियम बुदबुदाए, ''उसने किसी चीज़ को अपनी अँगुलियों से पकड़ा और उसको खा लिया...। इससे उन ज़हरों की सम्भावना ख़त्म हो जाती है जिनका ज़िक्र आप अभी कर रहे थे, जो चमड़ी को भेदकर प्राण ले लेते हैं। लेकिन इससे हमें अपने नतीजे पर पहुँचने में कोई आसानी होती नहीं दीखती। क्योंकि अब हमें उसके मामले में और वेनेण्टियॅस के मामले में यह मानकर चलना होगा कि यह काम उन्होंने स्वेच्छा से किया। उन्होंने, जानबूझकर, कोई चीज़ ली और उसको अपने मुँह में रख लिया...।''

''खाने की कोई चीज़? पीने की चीज़?''

''शायद। या शायद—क्यों नहीं—कोई वाद्य, जैसे कि कोई बाँसुरी...''

''वाहियात बात,'' सेवेरिनॅस ने कहा।

''बेशक यह वाहियात बात है। लेकिन हम किसी भी अटकल को खारिज़ नहीं कर सकते, वह चाहे कितनी ही दूर की कौड़ी क्यों न लगती हो। फ़िलहाल हम ज़हरीले पदार्थों पर वापस लौटते हैं। अगर आप ही की तरह ज़हरों के बारे में जाननेवाला कोई व्यक्ति यहाँ घुसा हो और उसने इनमें से किन्हीं जड़ी-बूटियों का दुरुपयोग किया हो, तो क्या आपको लगता है कि वह इनसे अँगुलियों और जीभ पर इस तरह के निशान छोड़ने वाले किसी प्राणघातक लेप को तैयार करने में समर्थ हो सकता है? कोई ऐसा लेप जिसे खाने या पीने की किसी चीज़ में मिलाया जा सकता हो, जिसे चम्मच या ऐसी ही मुँह में रखी जानेवाली किसी चीज़ में चुपड़ा जा सकता हो?''

''हाँ,'' सेवेरिनॅस ने स्वीकार किया, ''लेकिन कौन? और इसके अलावा, अगर हम इस अनुमान को स्वीकार भी कर लें, तो उसने हमारे दो-दो निरीह बन्धुओं को ज़हर कैसे दिया हो सकता है?''

साफ़ तौर पर कहूँ तो मैं खुद इसकी कल्पना नहीं कर सकता था कि वेनेण्टियॅस या बेरेंगर ने किसी ऐसे व्यक्ति को अपने सम्पर्क में आने दिया होगा जिसने उसको एक रहस्यमय पदार्थ थमाया और फिर उसके कहने पर वह उस पदार्थ को खाने या पीने के लिए तैयार हो गया होगा। लेकिन विलियम इस असम्भावना से विचलित नहीं लगे। ''इस बारे में हम बाद में सोचेंगे,'' उन्होंने कहा, ''क्योंकि फ़िलहाल मैं चाहूँगा कि आप किसी ऐसी घटना को याद करने की कोशिश करें जिसकी याद आपको शायद पहले न आई हो। मसलन कोई ऐसा व्यक्ति जिसने आपसे, मसलन, जड़ी-बूटियों के बारे में सवाल पूछे हों; कोई ऐसा व्यक्ति जिसकी चिकित्सालय में आसानी से पहुँच हो...।''

''एक सेकेण्ड रुकिए,'' सेवेरिनॅस ने कहा। ''बहुत समय पहले, सालों पुरानी बात है, मैंने एक सेल्फ़ में एक बेहद ज़बरदस्त द्रव्य रख छोड़ा था, जो मुझको एक ऐसे बन्धु ने दिया था जिसने दूर देशों की यात्रा की थी। वह मुझको यह नहीं बता सका था कि वह किस चीज़ से बना था, इतना भर निश्चित था कि वह जड़ी-बूटियों से बना था, लेकिन किन जड़ी-बूटियों से, इसकी जानकारी उसको नहीं थी। देखने में वह लिसलिसा और पीला सा

था; लेकिन उसने मुझे सलाह दी थी कि मैं उसको छूने की कोशिश न करूँ, क्योंकि अगर वह किसी तरह मेरे होठों के सम्पर्क-भर में आ गया तो वह ज़रा से समय में मुझको मार डालेगा। उस ब्रॅदर ने मुझसे कहा था कि अगर ज़रा सी भी मात्रा में उसको ज़ुबान पर रख लिया जाए तो आधा घंटे के भीतर ज़बरदस्त थकान महसूस होगी, फिर धीमे-धीमे तमाम अंग लक़वे का शिकार हो जाएँगे और अन्ततः आदमी मर जाएगा। वह उसको अपने साथ नहीं लिए फिरना चाहता था और इसलिए उसने वह मुझको भेंट कर दिया था। मैं उसको लम्बे अरसे तक हिफ़ाज़त से रखे रहा, क्योंकि मेरा इरादा किसी तरह से उसकी जाँच करने का था। फिर एक दिन यहाँ भयानक तूफ़ान आया। मेरे एक सहयोगी, जो कि एक नवदीक्षित भिक्षु था, ने चिकित्सालय का दरवाज़ा खुला छोड़ दिया था और इसलिए उस तूफ़ान ने इस कमरे में, जहाँ पर हम इस वक़्त खड़े हैं, तबाही मचा दी थी। बोतलें टूट गई, उनमें भरे हुए द्रव्य फ़र्श पर फैल गए, जड़ी-बूटियाँ और पाउडर यहाँ-वहाँ बिखर गए। अपनी चीज़ों को व्यवस्थित करने में मुझको पूरा दिन लग गया था और मैंने सिर्फ़ टूटी हुई शीशियों और बेकार हो चुकी जड़ी-बूटियों को बुहार कर बाहर फेकने में ही दूसरे की मदद ली थी। अन्त में मैंने पाया कि वह शीशी, जिसका ज़िक्र मैं आपसे अभी कर रहा था, अपनी जगह से ग़ायब थी। पहले तो मुझे चिन्ता हुई, पर बाद में मैंने मान लिया कि वह शीशी टूट गई होगी और दूसरे कचरे के साथ झड़ गई होगी। मैंने चिकित्सालय के फ़र्श को सावधानी से धुलवाया और सेल्फ़ों को...।''

''और आपने उस शीशी को आँधी आने के कुछ घंटे पहले देखा था?''

''हाँ... बल्कि, अब जब मैं उसके बारे में सोचता हूँ तो कहना होगा कि नहीं। वह बहुत-से मर्तबानों के पीछे सावधानी से छुपाकर रखी गई थी और मैं उसको रोज़-रोज़ नहीं देखता था...।''

''इसलिए, जहाँ तक आपकी जानकारी है, यह भी हो सकता है कि आपको पता ही न चला हो और वह आँधी आने के बहुत पहले ही चुरा ली गई हो?''

''अब जब मैं उसके बारे में सोच रहा हूँ तो निश्चय ही ऐसा भी हुआ हो सकता है।''

''और हो सकता है कि आपके उस नवदीक्षित शिष्य ने ही उसको चुराया हो और फिर दरवाज़े को खुला छोड़ने तथा आपकी चीज़ों को अस्तव्यस्त करने के लिए जानबूझकर आँधी के मौक़े का फ़ायदा उठाया हो?

सेवेरिनॅस काफ़ी उत्तेजित दिखाई दे रहा था। ''हाँ, निश्चय ही। न सिर्फ़ ये, बल्कि जैसा कि मुझे अब याद आ रहा है, यह देखकर मुझे ख़ासा आश्चर्य हुआ था कि हालाँकि आँधी बहुत तेज़ थी लेकिन उसने मेरी बहुत-सी चीज़ों को तहसनहस करके रख दिया था। यह क़तई सम्भव है कि किसी व्यक्ति ने कमरे में तबाही मचाने के लिए आँधी का फ़ायदा उठाया हो और उससे कहीं ज़्यादा नुक़सान पहुँचाया हो जितना कि हवा से पहुँच सकता था!''

''वह नवदीक्षित शिष्य कौन था?''

''उसका नाम था ऑगॅस्टीन। लेकिन वह पिछले साल मर गया। वह दूसरे संन्यासियों के साथ गिरजाघर के मुहाने की मूर्तियों को साफ़ कर रहा था, तभी वह मचान से नीचे गिर गया था। दरसल, अब जब मैं उस घटना के बारे में सोचता हूँ, तो मुझको याद आता है कि वह बार-बार क़सम खा रहा था कि उसने आँधी से पहले दरवाज़े को खुला नहीं छोड़ा था। ये तो

मैं था जिसने आवेश में आकर उस दुर्घटना के लिए उसको ज़िम्मेदार ठहराया था। हो सकता है वह सचमुच निर्दोष रहा हो।''

''और इसका मतलब है कि आपके उस नवदीक्षित चेले से शायद कहीं ज़्यादा चतुर कोई तीसरा व्यक्ति भी है, जो आपके उस दुर्लभ ज़हर के बारे में जानता था। आपने उसके बारे में किनको बताया था?''

''ये वाक़ई मुझको याद नहीं। ज़ाहिर है, मठाधीश को बताया ही था, क्योंकि इस क़दर ख़तरनाक चीज़ को रखने से पहले उनकी इजाज़त लेना ज़रूरी था। और कुछ दूसरे लोगों को भी, शायद पुस्तकालय में, क्योंकि मुझे किसी ऐसे वनस्पति-कोष की तलाश थी जहाँ से मुझे कुछ जानकारी मिल सकती।''

''लेकिन आप तो कह रहे थे कि ऐसी पुस्तकें जो आपके काम के सिलसिले में बहुत ज़्यादा उपयोगी हैं उनको आप यहीं पर रखते हैं?''

''हाँ और उनमें से बहुत-सी वे हैं,'' उसने कमरे के कोने की तरफ़ इशारा करते हुए कहा, जहाँ कुछ सेल्फ़ों में दर्जनों ग्रन्थ रखे हुए थे। ''लेकिन उस वक़्त मुझको कुछ ख़ास पुस्तकों की तलाश थी जिनको मैं यहाँ नहीं रख सकता था, जिनको मुझको दिखाने को लेकर मेलाची काफी अनिच्छुक था। दरअसल इसके लिए मुझे मठाधीश का अनुमोदन प्राप्त करना पड़ा था।'' उसकी आवाज़ डूब गई और वह इस बात को लेकर लगभग शर्मिन्दा सा था कि वह मुझे अपनी बात सुनने दे रहा था। ''दरअसल, उन्होंने पुस्तकालय के गुप्त हिस्से में जादू-टोने, अभिचार और शैतानी क़िस्म के वशीकरण पेयों के नुस्ख़ों से सम्बन्धित पुस्तकें रख रखी हैं। मुझको ज़रूरत के मुताबिक़ इनमें से कुछ पुस्तकें पलटनें की छूट मिली हुई थी और मुझे उम्मीद थी कि इनमें मुझे इस ज़हर और उसके काम के बारे में कुछ कैफ़ियत मिल सकेगी। लेकिन मैं नाकाम रहा।''

''तो आपने मेलाची से इसके बारे में बात की थी।''

''ज़ाहिर है, उससे तो की ही थी और शायद बेरेंगर से भी की थी, जो उसका सहयोगी हुआ करता था। लेकिन आप नतीज़ा निकालने की हड़बड़ी न करें : मुझे ठीक से याद नहीं है, जब हम बात कर रहे थे तब शायद और भी संन्यासी वहाँ पर मौजूद रहे हों, स्क्रिप्टोरियम में कभी-कभी बहुत भीड़-भाड़ भी होती ही है...।''

''मैं किसी पर शक नहीं कर रहा हूँ। मैं सिर्फ़ यह समझने की कोशिश कर रहा हूँ कि क्या हुआ हो सकता है। जो भी हो, आपका कहना है कि यह कुछ साल पहले की घटना है और यह बात कुछ विचित्र-सी लगती है कि कोई उस ज़हर को चुराए और इतने लम्बे समय तक उसका इस्तेमाल न करे। इससे तो एक ऐसे विषैले दिमाग़ का संकेत मिलता है जो एक लम्बे समय तक अँधेरे में किसी हत्यारी योजना पर काम करता रहा है।''

सेवेरिनॅस ने अपना शुक्र मनाया। उसके चेहरे पर आतंक का भाव था। ''ईश्वर हमें क्षमा करे!'' उसने कहा।

इसके बाद कुछ कहने को नहीं रह गया था। हमने एक बार फिर बेरेंगर के उस शव को ढँक दिया, जिसे दफ़नाये जाने को तैयार किया जाना था।

प्रभाती

जिसमें विलियम पहले सल्वाटोर को और फिर भण्डारी को उनके अतीत को उजागर करने के लिए उकसाता है, सेवेरिनॅस को चुराए गए लेंस मिलते हैं, निकोलस नए लैंस लेकर आता है और विलियम, अब छह आँखों के साथ, वेनेण्टियॅस की पाण्डुलिपि को पढ़ने के लिए जाता है।

हम बाहर निकल रहे थे तभी मेलाची ने प्रवेश किया। हमें वहाँ पर पाकर वह काफ़ी परेशान लगा और वापस जाने लगा। अन्दर से सेवेरिनॅस ने उसको देखा और बोला, "क्या तुम मुझे खोज रहे थे? क्या–" वह हमारी ओर देखकर सहसा चुप हो गया। मेलाची ने उसकी तरफ़ हल्के से इशारा किया, मानो यह कहने के लिए कि "हम बाद में बात करेंगे...।" जब वह अन्दर आ रहा था तो हम बाहर निकल रहे थे और इसलिए हम तीनों दरवाज़े पर थे।

मेलाची ने कुछ-कुछ ग़ैरज़रूरी से ढंग से बोलते हुए कहा, "मैं वैद्यराज बन्धु को खोज रहा था...। मेरे...मेरे सिर में दर्द है।"

"पुस्तकालय की बन्द हवा की वजह से होगा," विलियम लिहाज़ भरी सहानुभूति के स्वर में उससे बोले। "आपको कुछ सूँघ लेना चाहिए।"

मेलाची के होंठ जैसे फिरसे कुछ कहने के लिए फड़के, लेकिन फिर उसने इरादा त्याग दिया और जैसे ही हम बाहर की तरफ़ बढ़े, उसने सिर झुकाया और अन्दर चला गया।

"यह सेवेरिनॅस से क्यों मिल रहा है?" मैंने पूछा।

"एड्सो," मेरे गुरुदेव धीरज खोते हुए बोले। "अपने भेजे का इस्तेमाल करना और सोचना सीखो।" फिर उन्होंने विषय बदला : "हमें इस वक़्त कुछ लोगों से पूछताछ करनी होगी।" फिर उन्होंने ज़मीन पर निगाहें गड़ाते हुए जोड़ा, "कम से कम, जब तक वे ज़िन्दा हैं। और हाँ, अब से हमको अपने खाने-पीने की चीज़ों को लेकर सावधानी बरतना ज़रूरी है। हमेशा अपना खाना उस प्लेट से लो जिसमें सबके लिए रखा गया हो और अपना पेय उस सुराही से लो जिससे दूसरे लोग अपने प्याले भर रहे हों। बेरेंगर के बाद हम ही हैं जिनको सबसे ज़्यादा बातों की जानकारी है। सिवाय, ज़ाहिर है, हत्यारे के।"

"लेकिन इस वक़्त आप किससे पूछताछ करना चाहते हैं?"

"एड्सो," विलियम बोले, "तुमने ध्यान दिया होगा कि यहाँ पर ज़्यादातर दिलचस्प चीज़ें रात में ही घटित होती हैं। रात के वक़्त लोग मरते हैं, रात के वक़्त वे स्क्रिप्टोरियम का चक्कर लगाते हैं, रात के वक़्त मठ में औरतें लाई जाती हैं...। दिन का मठ अलग है और रात का मठ अलग है और यह रात का मठ है जो, दुखद रूप से, ज़्यादा दिलचस्प प्रतीत होता है। इसलिए, वह हर आदमी हमारी दिलचस्पी का विषय है जो रात के समय भटकता है, मसलन, वह आदमी भी जिसे तुमने पिछली रात उस लड़की के साथ देखा था। हो सकता है कि ज़हर देने के मामलों के साथ इस लड़कीवाले झमेले का कोई ताल्लुक न हो और यह भी हो सकता है कि हो। जो भी हो, पिछली रात के इस आदमी को लेकर मेरे अपने कुछ अनुमान हैं और मेरा पक्का विश्वास है कि यही वह आदमी होगा जिसको इस पवित्र स्थान

की निशाचरी ज़िन्दगी की दूसरी गतिविधियों की जानकारी होगी। और, यह लो, शैतान का नाम लिया और वह हाज़िर, वह यहीं आ रहा है।''

उन्होंने सल्वाटोर तरफ़ इशारा किया जिसने ख़ुद भी हमें देख लिया था। मैंने गौर किया कि उसके क़दमों में हल्की-सी हिचकिचाहट थी, जैसे कि वह हमसे बचकर वापस मुड़ना चाहता था। लेकिन यह क्षण-भर के लिए ही था। स्पष्ट ही उसको अहसास हो चुका था कि वह इस मुलाक़ात को टाल नहीं सकता था और इसलिए वह हमारी तरफ़ चला आया। उसने एक भरपूर मुस्कराहट और ख़ासी जोशीली ''बेनेडिसाइट'' के साथ हमारा अभिवादन किया। मेरे गुरुदेव ने उसको अभिवादन पूरा करने का मौक़ा दिए बग़ैर ही उससे तीखे अन्दाज़ में बोलना शुरू कर दिया।

''तुम जानते हो कि कल यहाँ पर धर्माधिकरण आनेवाला है?'' उन्होंने उससे पूछा।

सल्वाटोर यह ख़बर पाकर ख़ुश नहीं लगा। बुझे से स्वर में उसने पूछा, ''और मैं?''

''और यह तुम्हारी अक़्लमन्दी होगी कि तुम मेरे सामने, जो कि तुम्हारा एक दोस्त और एक माइनॅर भिक्षु है, जो कि तुम भी कभी हुआ करते थे, सारी सच्चाई बयान कर दो, बजाय कल उन लोगों के सामने बयान करने के जिनको तुम अच्छी तरह से जानते हो।''

हमला इतना अचानक था कि लगा कि सल्वाटोर ज़रा भी प्रतिरोध बरतने की स्थिति में नहीं रह गया था। वह हारे हुए मन से विलियम की ओर ताकने लगा, जैसे वह कहना चाहता हो कि उससे जो कुछ भी पूछा जाएगा वह सब कुछ बताने को तैयार होगा।

''पिछली रात रसोई में एक औरत थी। उसके साथ कौन था?''

''ओह, जो मादा ख़ुद को माल की तरह बेचती है वह अच्छी नहीं हो सकती, न ही इज़्ज़त हासिल कर सकती है।''**

''मैं यह नहीं जानना चाहता कि वह लड़की पाक-साफ़ है कि नहीं। मैं यह जानना चाहता हूँ कि उसके साथ कौन था!''

''हे भगवान**, ये पापी मादाएँ बहुत चालाक होती हैं! वे रात-दिन इसी बारे में सोचती रहती हैं कि किसी मर्द को कैसे फाँसा जाए....।''**

विलियम ने उसके सीने को जकड़ लिया। ''कौन था उसके साथ, तुम या भण्डारी?''

''सल्वाटोर समझ गया कि वह अब और झूठ नहीं बोल सकता था। उसने एक विचित्र क़िस्सा सुनाना शुरू कर दिया, जिससे, बड़ी मशक्कत के बाद, हम यह समझ सके कि भण्डारी को ख़ुश करने वह उसके लिए गाँव से लड़कियों का इन्तज़ाम कर उन्हें रात के वक़्त एक ऐसे रास्ते से अन्दर लाता था, जिसके बारे में वह हमें बताने को तैयार नहीं था। लेकिन उसने क़सम खाई कि यह सब उसने निहायत ही भलमनसाहत में किया था और यह कहते हुए वह अपने इस हास्यास्पद पछतावे को नहीं छुपा सका कि इतना कुछ करने के बावजूद वह ख़ुद न तो आनन्द लूटने का कोई तरीक़ा निकाल सका और न ही यह सुनिश्चित कर सका कि लड़की, भण्डारी को सन्तुष्ट करने के बाद, उसके लिए भी कुछ देती। ये सारी बातें उसने गन्दी, लिसलिसी मुस्कान और आँखों से भद्दे इशारे करते हुए कहीं, जिसमें मानो यह इशारा छुपा हुआ था कि ये सारी बातें वह हाड़-मांस से बने ऐसे लोगों से कर रहा था जो इस तरह की चीज़ों के अभ्यस्त थे। वह मुझे कनखियों से देखता रहा, मैं भी उससे, चाहते हुए भी, नज़रें नहीं मिला सका, क्योंकि मैं महसूस कर

रहा था कि मैं एक साझा भेद में उसके साथ बँधा हुआ था और एक पाप-कर्म में उसका सहयोगी था।

इस बिन्दु पर विलियम ने सब कुछ दाँव पर लगा देने का इरादा बनाया। उन्होंने सल्वाटोर से सहसा पूछा, ‘‘क्या तुम डोल्सिनो के साथ के पहले या बाद में रेमीजियो को जानते थे?’’

सल्वाटोर ने उनके पैरों पर अपने घुटने टेक दिए, वह सिसकियाँ भरते हुए उनसे उसको बरबाद न करने की, उसे धर्माधिकरण से बचाने की भीख माँगने लगा। विलियम ने सच्चे मन से क़सम खाकर उसको आश्वस्त किया कि वे जो कुछ भी उससे जानेंगे, वह किसी को भी नहीं बताएँगे और सल्वाटोर ने बिना किसी हिचकिचाहट के भण्डारी को हमारे हाथों में सौंप दिया। दोनों की मुलाक़ात बाल्ड माउण्टेन पर हुई थी, दोनों डोल्सिनो की मण्डली में शामिल थे; सल्वाटोर और भण्डारी दोनों ही एक साथ भागे थे और कासाले की कॉन्वेण्ट में भर्ती हुए और, एक ही साथ, दोनों क्लूनियाकों में शामिल हुए थे। अपनी मुआफ़ी की दलीलें देते हुए वह जिस तरह हकला रहा था, उससे ज़ाहिर था कि उसके पास जानने लायक़ कुछ बचा नहीं था। विलियम ने फ़ैसला किया कि रेमेजियो को अचानक धर पकड़ने में फ़ायदा होगा, सो उन्होंने सल्वाटोर को छोड़ दिया, जो पनाह लेने गिरजाघर में भाग गया।

भण्डारी मठ के दूसरी तरफ़, कोठार के सामने, तराई के कुछ किसानों से सौदेबाज़ी में मशगूल था। उसने आशंकित भाव से हमारी ओर देखा और बहुत ही व्यस्त होने का दिखावा करने लगा, लेकिन विलियम ने बात करने के लिए उस पर ज़ोर डाला।

‘‘मेरा ख़याल है, तुम जो काम देखते हो, उसमें ज़ाहिर है कि तुम्हें उस वक़्त भी मठ के भीतर आना जाना पड़ता होगा जब दूसरे लोग सोये होते हैं,’’ विलियम ने कहा।

‘‘निर्भर करता है,’’ रेमेजियो ने जवाब दिया। ‘‘कभी-कभी छोटे-मोटे मसले होते हैं और मुझको कुछ घंटों की नींद क़ुर्बान करनी पड़ती है।’’

‘‘क्या इस तरह की स्थितियों में ऐसा कुछ नहीं हुआ जिससे तुम्हें लगा हो कि कोई और भी है जो तुम्हारी रज़ामन्दी के बग़ैर रसोई और पुस्तकालय के बीच आ-जा रहा है?’’

‘‘अगर मैंने ऐसा कुछ देखा होता, तो मठाधीश को बताया होता।’’

‘‘ज़ाहिर है,’’ विलियम ने सहमत होते हुए कहा और सहसा विषय बदल दिया : ‘‘नीचे जो गाँव है, वह बहुत सम्पन्न नहीं है, है न?’’

‘‘हाँ भी और नहीं भी,’’ रेमेजियो ने जवाब दिया। मठ पर निर्भर, वज़ीफ़ा पानेवाले कुछ पादरी वहाँ रहते हैं और अच्छे वर्षों में वे हमारी दौलत में साझा करते हैं। मसलन, सेण्ट जॉन डे पर उनको बारह बक्सा माल्ट, एक घोड़ा, सात गाय-बैल, एक साँड़, चार कलोरें, पाँच बछड़े, बीस भेड़ें, पन्द्रह सुअर, पचास चूज़े और शहद के सत्रह छत्ते मिले थे। इसके अलावा बीस धुआँ किए हुए सुअर, सुअर की चर्बी की सत्ताइस ट्यूबें, आधा माप शहद, तीन माप साबुन, मछली का एक जाल...’’

‘‘समझ गया, समझ गया,’’ विलियम ने उसको टोका। ‘‘लेकिन तुम्हें मानना होगा कि गाँव की हालत का पता इससे तब भी नहीं चलता, कि इसके बाशिन्दों में कितने ऐसे हैं जिनको वज़ीफ़ा मिलता है और जिनको नहीं मिलता उनके पास अपनी फ़सल उगाने के लिए कितनी ज़मीन है...’’

''ओह, जहाँ तक इसका सवाल है,'' रेमेजियो ने कहा, ''एक सामान्य परिवार के पास पाँच पट्टी ज़मीन तो है ही।''

''एक पट्टी कितनी होती है?''

''ज़ाहिर है, चार वर्ग ट्राबुची।''

''वर्ग ट्राबुची? ये कितने हुए?''

''एक वर्ग ट्राबुको छत्तीस वर्ग फुट के बराबर होता है। या, आप चाहें तो यूँ कहलें कि आठ सौ सीधे ट्राबुची मिलकर एक पाइडमोण्ट मील के बराबर होते हैं। और हिसाब लगाइये कि एक परिवार–उत्तरी इलाक़े की ज़मीनों पर–कम से कम आधा सेक तेल के लायक जैतून उगा सकता है।''

''आधा सेक?''

''हाँ, एक सेक पाँच एमाइन के बराबर होता है और एक एमाइन में पाँच कटोरे होते हैं।''

''अच्छा,'' मेरे गुरुदेव हताश भाव से बोले। ''हर इलाक़े के अपने माप होते हैं। मसलन क्या आप वाइन को टेंकार्ड से नापते हैं?''

''या रॅबियों से। छह रॅबी एक ब्रेण्टा के बराबर होती हैं और आठ ब्रेण्टा एक केग के बराबर होते हैं। आप चाहें तो यूँ भी कह सकते हैं कि एक रॅबियों में दो टेंकार्ड के छह पिण्ट्स होते हैं।''

''मेरा ख़याल है, मैं ठीक-ठीक समझ गया हूँ,'' विलियम ने आत्मसमर्पण करते हुए कहा।

''आप कुछ और जानना चाहते हैं?'' रेमेजिया ने ऐसे स्वर में पूछा जो मुझे उद्धत जान पड़ा।

''हाँ, मैं आपसे पूछ रहा था कि तराई में लोगों का जीवन कैसा है क्योंकि मैं आज लाइब्रेरी में स्त्रियों को दिए गए हम्बर्ट ऑव रोमन्स के प्रवचनों पर विचार कर रहा था और ख़ास तौर से 'गाँव की ग़रीब औरतों के लिए'** नामक उस अध्याय के प्रवचनों पर जिसमें वे कहते हैं कि ये लोग दूसरों के मुक़ाबले, अपनी ग़रीबी की वजह से, दैहिक पापों के प्रलोभनों के कहीं ज़्यादा शिकार होते हैं और उनकी यह बात बहुत बुद्धिमत्तापूर्ण है कि जब यह पाप वे किसी सामान्य जन के साथ मिलकर करते हैं, तो यह एक सांघातक पाप होता है लेकिन इस पाप की सांघातकता उस वक़्त कई गुना बढ़ जाती है जब वह किसी पुरोहित के साथ मिलकर किया जाता है और सबसे घोर पाप वह तब होता है जब वह किसी संन्यासी, जो इस संसार के लिए मृत के समान होता है, के साथ मिलकर किया जाता है। इस बात को आप मुझसे बेहतर समझते होंगे कि मठ जैसे पवित्र स्थलों पर भी यौवन के शैतान के प्रलोभनों की कभी कोई कमी नहीं होती। मेरी यह जानने की उत्सुकता थी कि गाँव के लोगों के साथ अपने सम्पर्क के दौरान आपके सुनने में क्या ऐसी कोई बात कभी आई कि कुछ संन्यासियों ने, खुदा ख़ैर करे, कुँवारी लड़कियों को व्यभिचार के लिए उकसाया हो।''

मेरे गुरुदेव ने ये शब्द हालाँकि चलताऊ से स्वर में कहे थे, फिर भी मेरे पाठक अनुमान लगा सकते हैं कि इनको सुनकर बेचारा भण्डारी किस क़दर परेशान हो गया होगा। मैं यह तो नहीं कह सकता कि वह पीला पड़ गया, लेकिन यह ज़रूर कहूँगा कि मैं उसके पीले पड़ जाने की इस क़दर उम्मीद कर रहा था कि मुझको वह सफ़ेद पड़ गया जान पड़ा।

"आप मुझसे उन चीज़ों के बारे में पूछ रहे हैं जिनके बारे में अगर मैं जानता होता तो मैंने पहले ही मठाधीश को उनकी सूचना दी होती," उसने नम्रतापूर्वक कहा। "बहरहाल, जैसा कि मैं सोचता हूँ, इस सूचना से अगर आपकी जाँच-पड़ताल का भला होता है, तो भविष्य में इस सिलसिले में मुझको जो जानकारी मिलेगी, उसको लेकर मैं चुप नहीं रहूँगा। दरअसल, आपके पहले सवाल से मुझको अभी-अभी एक चीज़ याद आ रही है...जिस रात बेचारे अडेल्मो की मौत हुई थी, मैं अहाते का चक्कर लगा रहा था.... मुर्गियों का मसला था... कुछ ऐसी अफ़वाहें मेरे सुनने में आई थीं कि कोई लोहार रात के वक़्त दड़बों से मुर्गियों को चुराता था...। हाँ, उस रात मैंने संयोग से बेरेंगर को शयनागार की तरफ़ वापस जाते देखा था–कितनी दूर से देखा था, यह मैं निश्चित तौर पर नहीं कह सकता, पर वह क्वाइअॅ की बग़ल से जा रहा था, जैसे वह इडीफ़ीसियम से आ रहा हो...। मुझे ताज्जुब नहीं हुआ; बेरेंगर को लेकर संन्यासियों में कुछ समय से खुसुर-पुसुर जारी थी। शायद आपने सुना होगा..."

"नहीं। मुझे बताओ।"

"आँ.... इसे मैं किस तरह से कहूँ? बेरेंगर पर शक था कि उसके भीतर ऐसी वासनाएँ पैदा हो गई थीं जो...एक संन्यासी के लिए उचित नहीं हैं...।"

"क्या आप यह कहना चाहते हैं कि उसके गाँव की लड़कियों के साथ ताल्लुकात थे, जैसा कि मैंने आपसे पूछा था?"

भण्डारी ने शरमाते हुए गला साफ़ किया और उसके चेहरे पर अश्लील-सी मुस्कुराहट तैर गई। "अरे नहीं, ऐसी वासनाएँ जिनको और भी कमतर रूप से उचित कहा जाएगा..."

"यानी अगर कोई संन्यासी किसी ग्रामीण कन्या के साथ शारीरिक सुख-भोग में लिप्त है, तो उसकी इन वासनाओं को किसी तरह उचित कहा जा सकता है?"

"मैंने ये नहीं कहा, लेकिन आप इससे सहमत होंगे कि जिस तरह से सदाचरण का एक सोपानक्रम होता है, वैसा ही भ्रष्ट आचरण का भी होता ही है...। देह का लालच कुदरती भी हो सकता है और कुदरत के ख़िलाफ़ भी हो सकता है।"

"आपका कहना है कि बेरेंगर किसी समलैंगिक साथी के प्रति देह की वासना से प्रेरित था?"

"मैं कह रहा हूँ कि इस तरह की चर्चाएँ अन्दर ही अन्दर थीं...। ये सूचनाएँ मैं आपको अपनी ईमानदारी और सदेच्छा के सबूत के तौर पर दे रहा हूँ...।"

"और इसके लिए मैं आपका शुक्रगुज़ार हूँ। और मैं आपसे सहमत हूँ कि लौण्डेबाज़ी दूसरी काम-वासनाओं के मुक़ाबले एक बदतर चीज़ है, जिसके बारे में जाँच-पड़ताल करने में, साफ़ तौर पर कहूँ तो, मेरी कोई रुचि नहीं है...।"

"भले ही यह साबित हो कि इस तरह की घटनाएँ घटित हुई हैं, ये बहुत ही खेदजनक, घिनौनी घटनाएँ हैं।" भण्डारी ने फ़लसफ़ाना लहज़े में कहा।

"हाँ, रेमेजियो। हम सब घिनौने पापी हैं। क्योंकि मैं अपनी खुद की आँख में एक विशाल शहतीर की मौजूदगी से आशंकित होता हूँ, इसलिए मैं किसी साथी की आँख में धूल का कण देखना पसन्द नहीं करता। लेकिन अगर आप भविष्य में मुझे किन्हीं शहतीरों के बारे में बता सकें तो मैं आपका शुक्रगुज़ार होऊँगा। फिर हम जंगल के भारीभरकम, मज़बूत तनों

के बारे में बात करेंगे और धूल के कणों को हवा में तैरने की छूट देंगे। कितना बताया था आपने, एक स्क्वायर ट्राबुको कितना होता है?"

"छत्तीस वर्ग फुट। लेकिन आपको अपना वक़्त बरबाद नहीं करना चाहिए। जब भी आपको कुछ जानने की ज़रूरत पड़े, मुझे याद कीजिए। मुझे अपना वफ़ादार साथी समझें।"

"मैं आपको वही मानता हूँ," विलियम ने गर्मजोशी के साथ कहा, "उबर्तिनो ने मुझको बताया था कि एक समय आप मेरे ही धर्मसंघ के सदस्य हुआ करते थे। मैं अपने एक भूतपूर्व बन्धु से कभी बेवफ़ाई नहीं कर सकता, ख़ास तौर से इन दिनों में जबकि हम सब पोप द्वारा भेजे जा रहे एक ऐसे प्रतिनिधिमण्डल का इन्तज़ार कर रहे हैं जिसकी अगुआई एक लब्धप्रतिष्ठ धर्मपरीक्षक कर रहा है, जो कि अनेक डोल्सीनियनों को ज़िन्दा जलवा देने के लिए ख्यात है। आपने बताया था कि एक स्क्वेयर ट्राबुको छत्तीस वर्ग फुट के बराबर होता है?"

भण्डारी भी बेवकूफ़ नहीं था। उसने पाया कि बिल्ली और चूहे का यह खेल ज़ारी रखने का कोई फ़ायदा नहीं था, ख़ास तौर से इसलिए कि उसको अहसास हो चुका था कि इस खेल में वह चूहे की जगह पर था।

"ब्रॅदर विलियम," वह बोला, देखता हूँ कि जितना मैं समझता था, आप उससे कहीं ज़्यादा जानते हैं। आप मेरी मदद कीजिए, मैं आपकी करूँगा। सच है, मैं हाड़-मांस का बना एक साधारण इनसान हूँ और देह के प्रलोभनों के सामने मैं हथियार डाल देता हूँ। सल्वाटोर ने मुझे बताया था कि आपने या आपके शिष्य ने कल रात उनको रसोई में धर पकड़ा था। विलियम, आप दुनिया घूमे हैं; आप जानते हैं कि अविग्नॉन के कार्डिनल भी सदाचार के उदाहरण नहीं होते। मैं जानता हूँ कि आप मुझसे इन घिनौने पापों के लिए पूछताछ नहीं कर रहे हैं। लेकिन मुझको इस बात का भी अहसास है कि आपको मेरे अतीत के बारे में कुछ बातें मालूम हो चुकी हैं। दूसरे बहुत-से माइनॉराइटों की तरह मैंने भी एक अलग क़िस्म का जीवन जिया है। वर्षों पहले मैं निर्धनता के आदर्शों में विश्वास किया करता था और एक यायावर ज़िन्दगी की ख़ातिर मैंने अपने समुदाय को तज दिया था। मैं डोल्सिनो की शिक्षाओं में विश्वास रखता था, जैसा कि मेरे जैसे बहुत-से दूसरे लोग रखते थे। मैं कोई पढ़ा-लिखा आदमी नहीं हूँ; मेरी दीक्षा हुई है लेकिन मैस कहने में भी मुझको कठिनाई होती है। मैं धर्मशास्त्र के विषय में बहुत थोड़ा जानता हूँ। और शायद यह भी है कि मैं विचारों से प्रेरित नहीं होता। एक दफ़ा मैंने महन्तों के ख़िलाफ़ बग़ावत करने की कोशिश की थी; आज मैं उनकी सेवा में हूँ और यहाँ के महन्त की ख़ातिर मैं अपने जैसे दूसरे लोगों पर हुक्म चलाता हूँ। विश्वासघात या फिर बग़ावत : हम साधारण इनसानों के पास बहुत कम विकल्प होते हैं।"

"साधारण लोग चीज़ों को कभी-कभी पण्डितों के मुक़ाबले बेहतर ढंग से समझते हैं," विलियम ने कहा।

"हो सकता है," भण्डारी ने कन्धे झटकते हुए कहा। "लेकिन मैं तो यह भी नहीं जानता कि जो कुछ मैंने किया वह क्यों किया। सल्वाटोर के मामले में तो बात समझ में आती है : उसके माँ-बाप दास थे, उसका बचपन तकलीफ़ों और बीमारियों से भरा था...। डोल्सिनो बग़ावत का, सामन्तों के विनाश का प्रतीक था। लेकिन मेरे लिए यह एक बिल्कुल ही अलग चीज़ है : मैं एक शहरी परिवार से था, मैं कोई भूख से बचने के लिए नहीं भागता फिर रहा था। वह–मैं नहीं जानता कि इस बात को कैसे कहा जाए–वह एक मूर्खों का जश्न था,

एक भव्य जलसा... । डोल्सिनो के साथ उस पहाड़ पर, उन घटनाओं के बहुत पहले जब हम लड़ाई में मारे गए अपने ही साथियों का मांस खाने पर मज़बूर हो गए थे, जब घोर मुश्किलों में पड़कर इतने ज़्यादा लोग मर गए थे कि हम सबको खा नहीं सके और इसलिए उनको परिन्दों और जंगली जानवरों के खाने के लिए रेबेलो के ढलान पर फेंक दिया गया था—इन तमाम घटनाओं के पहले...या शायद इन घटनाओं दौरान भी, डोल्सिनो के साथ उस पहाड़ी पर...शायद मैं कह सकता हूँ कि मुक्ति का...एक माहौल था। मुक्ति क्या होती है, यह मैं उसके पहले तक नहीं जानता था; उपदेशकों का कहना था कि 'सत्य तुमको मुक्त कर देगा।' हमने अपने को मुक्त महसूस किया था, हम सोचते थे कि वह सत्य था। हमारा सोचना था कि जो कुछ भी हम कर रहे थे वह उचित था...।''

''और इसी दौरान आपने पूरी आज़ादी लेते हुए औरतों के साथ संसर्ग करना शुरू कर दिया?'' मैं पूछ बैठा और मैं आज भी नहीं जानता कि मैंने ऐसा क्यों किया लेकिन पिछली रात से ही जो कुछ मैंने स्क्रिप्टोरियम में देखा था और जो घटनाएँ मेरे साथ घटी थीं, उस सब के साथ-साथ उबर्तिनो के शब्दों ने मुझको परेशान कर रखा था। विलियम ने कौतूहल से मेरी तरफ़ देखा; उनको मुझसे शायद इस क़दर गुस्ताख़ और बेबाक होने की उम्मीद नहीं थी। भण्डारी ने मेरी तरफ़ ऐसे देखा जैसे मैं कोई अजीबो-ग़रीब जन्तु होऊँ।

''रेबेलो पर,'' उसने कहा, ''ऐसे लोग थे जिन्होंने अपना बचपन दस या उससे भी ज़्यादा की संख्या में एक ज़रा-सी कोठरी में इकट्ठे सोते हुए बिताया था—बहन और भाई, पिता और बेटियाँ। आप क्या सोचते हैं, उनके लिए इस नए हालात के क्या मानी रहे होंगे? जो काम वे पहले मज़बूरी में करते रहे थे, वही अब उनका चुनाव था। और फिर रात के वक़्त, जब आपको पूरे समय दुश्मनों की फौजों के आ धमकने का अँदेशा हो और आप ज़मीन पर अपने पड़ोसी से कसकर चिपके हों, ताकि आपको सर्दी न लगे...विधर्मी : आप दयालु संन्यासी, जो महल से निकलकर किसी मठ में आए होते हैं, आप लोग सोचते हैं कि विधर्म कोई शैतान के द्वारा उकसाया गया विचार होता है। लेकिन वह जीवन की एक शैली है और वह एक नया अनुभव है...था... । वहाँ पर कोई मालिक नहीं थे; और जहाँ तक ईश्वर का सवाल है, हमें बताया गया था कि वह हमारे साथ था। मैं यह नहीं कह रहा हूँ, विलियम, कि हम सही थे और, सच तो ये है कि यहाँ पर मेरे साथ आपकी मुलाक़ात हो ही इसलिए सकी है कि मैंने बहुत पहले उनका साथ छोड़ दिया था। लेकिन ईसा की निर्धनता और स्वामित्त्व तथा अधिकारों को लेकर जो विद्धत्तापूर्ण बहस चलती रही है वह मेरी समझ में वाक़ई कभी नहीं आ सकी... । मैंने आपसे कहा था न कि वह एक भव्य जलसा था और जलसे में सब कुछ उलटा होता है। आप जैसे-जैसे बूढ़े होते जाते हैं, वैसे-वैसे अक़्लमन्द होने की बजाय लालची होते जाते हैं। मुझको ही लीजिए, मैं एक पेटू हूँ... आप एक विधर्मी को मौत की सज़ा दे सकते हैं लेकिन क्या एक पेटू को भी आप यही सज़ा देंगे?''

''बस करो, रेमेजियो,'' विलियम ने कहा। मैं आपसे तब की घटनाओं को लेकर नहीं, बल्कि उन घटनाओं को लेकर पूछताछ कर रहा था जो हाल ही में घटित हुई हैं। मुझसे खुलकर बात करो और निश्चित समझो कि मैं ऐसा कुछ भी नहीं करूँगा जिससे आपका विनाश हो। आपके बारे में कोई फ़ैसला न तो मैं कर सकता हूँ और न ही करना चाहूँगा। लेकिन मठ की घटनाओं के बारे में आप जो भी जानते हैं, वह आपको मेरे लिए बताना ही होगा। आपका

दिन-रात इस क़दर आना-जाना रहता है कि यह नामुमकिन है कि आपको इन चीज़ों की जानकारी न हो। वेनेण्टियस की हत्या किसने की?''

''मैं नहीं जानता, मैं ईश्वर की सौगन्ध खाकर कहता हूँ। मैं इतना-भर जानता हूँ कि वह कब और किस जगह पर मरा था।''

''कब? किस जगह?''

''मैं आपको बताता हूँ। उस रात, पूरिका के कोई घंटे भर बाद, मैं रसोई में गया था...।''

''आप किस तरह से गए थे और किस वजह से?''

''वनस्पति-उद्यान वाले दरवाज़े से। मेरे पास एक चाभी है जो मैंने बहुत पहले लोहार से बनवायी थी। अकेला रसोई का ही दरवाज़ा है जो अन्दर से बन्द नहीं किया जाता। मैं क्यों गया था...यह महत्त्वपूर्ण नहीं है; आप ख़ुद ही कह चुके हैं कि मेरी जिस्मानी कमज़ोरियों के लिए आप मुझको कोसेंगे नहीं...।'' वह शरमाते हुए मुस्कराया। ''लेकिन मैं भी नहीं चाहूँगा कि आप ऐसा सोचें कि मैं रात-दिन व्यभिचार में लगा रहता हूँ...। उस रात मैं उस लड़की के लिए खाने का इन्तिज़ाम कर रहा था जिसको सल्वाटोर रसोई में लेकर आनेवाला था...।''

''किस रास्ते से लानेवाला था?''

''ओह, मुख्य द्वार के अलावा भी घुसने के रास्ते हैं बाहरी दीवारों में। मठाधीश उनके बारे में जानते हैं; मुझको भी उनकी जानकारी है...। लेकिन उस शाम वह लड़की अन्दर नहीं आई थी; अन्दर जाने पर मैंने जो कुछ देखा, जिसके बारे में मैं आपको बतानेवाला हूँ, उसकी वजह से लड़की को मैंने वापस भेज दिया था। यही वजह है कि मैंने लड़की को पिछली रात फिर से लाने की कोशिश की थी। अगर आप थोड़ी देर से आए होते तो आप वहाँ पर सल्वाटोर की जगह मुझको देखते; यह सल्वाटोर ही था जिसने मुझको आगाह किया था कि इडीफ़ीसियम के भीतर कोई लोग हैं। इसलिए मैं अपनी कोठरी में वापस चला गया था...।''

''चलिए, हम इतवार और सोमवार की दरम्यानी रात पर वापस लौटते हैं।''

''हाँ। मैं रसोई में गया और मैंने वेनेण्टियस को फ़र्श पर मरा हुआ पाया।''

''रसोई में?''

''हाँ, हौज़ के पास। वह शायद उसी वक़्त स्क्रिप्टोरियम से नीचे आया था।''

''हाथापाई का कोई निशान नहीं था?''

''कोई निशान नहीं। हालाँकि लाश के क़रीब एक टूटा हुआ प्याला पड़ा था और फ़र्श पर पानी के कुछ निशान थे।''

''आप कैसे जानते हैं कि वह पानी था?''

''मैं नहीं जानता। मुझे लगा कि वह पानी था। और क्या हो सकता था?''

जैसा कि विलियम ने बाद में ध्यान दिलाया था, उस प्याले के वहाँ पर होने के दो अलग-अलग अर्थ हो सकते थे। या तो किसी ने वेनेण्टियस के लिए ठीक वहीं पर, रसोई में, पीने के लिए कोई ज़हरीला पदार्थ दिया था, या फिर वह अभागा नौजवान पहले ही ज़हर पी चुका था (लेकिन कहाँ? और कब?) और फिर वह नीचे आया ताकि कुछ पानी जैसी कोई चीज़ पीकर अपनी उस जलन को, ऐंठन को, दर्द को शान्त कर सकता जिसने उसकी आँतों या ज़ुबान को झुलसाना शुरू कर दिया था (निश्चय ही उसकी ज़ुबान भी बेरेंगर की ज़ुबान की ही तरह काली रही होगी)।

जो भी हो, फ़िलहाल हम कुछ ख़ास नहीं जान सके। शव पर नज़र पड़ने के बाद डरे हुए रेमेजियो ने ख़ुद से पूछा कि उसको क्या करना चाहिए और पाया कि वह कुछ भी कर सकने की हालत में नहीं था। अगर वह मदद हासिल करने की कोशिश करता, तो अव्वल तो उसको यह क़ुबूल करना पड़ता कि वह रात के वक़्त इडीफ़ीसियम में घूम रहा था और दूसरे, इससे उसके इस विदा ले चुके बन्धु का भी कोई भला होनेवाला नहीं था। इसलिए उसने तय किया कि हालात को उनके अपने भरोसे छोड़ दिया जाए, सुबह तक किसी अन्य के द्वारा शव के बरामद होने का इन्तज़ार किया जाए। वह तेज़ी से सल्वाटोर को रोकने के लिए भागा जो लड़की को लेकर मठ में आनेवाला था, उसके बाद वह और उसका हमराज़ दोनों सोने के लिए चले गए, बशर्ते कि मध्यरात्रि-वन्दना के समय तक के उनके बेचैनी से भरे रतजगे को सोने की संज्ञा दी जा सके। और जब मध्य-रात्रि वन्दना के दौरान पासी लोग ख़बर लेकर मठाधीश के पास आए, तो रेमेजियो लाश के नाँद के क़रीब मिले होने की बात सुनकर भौचक्का रह गया, क्योंकि स्वाभाविक ही उसे विश्वास था कि शव को वहीं मिलना चाहिए था जहाँ पर वह उसको छोड़कर आया था। मुर्दे को रसोई से कौन उड़ा ले गया हो सकता था? इस सवाल का रेमेजियो के पास कोई जवाब नहीं था।

''सिर्फ़ मेलाची ही एकमात्र व्यक्ति है जिसको इडीफ़ीसियम में आज़ादी के साथ घूमने-फिरने की इजाज़त है,'' विलियम ने कहा।

इस पर भण्डार-रक्षक ने तीखी प्रतिक्रिया की : ''नहीं, मेलाची नहीं। यानी मैं नहीं मानता... बहरहाल, मेलाची के ख़िलाफ़ आपसे मैंने एक भी शब्द नहीं कहा....।''

''मेलाची के जो भी एहसान आपके ऊपर हों, उनकी परवाह मत करो। क्या वह तुम्हारे बारे में कुछ जानता है?''

''हाँ।'' भण्डारी ने झेंपते हुए कहा। ''और उसने मुझसे हमेशा एक विवेकशील इनसान की तरह बरताव किया है। अगर मैं आपकी जगह पर होता, तो मैं बेनो पर ज़रूर निगाह रखता। बेरेंगर और वेनेण्टियस के साथ उसके विचित्र से ताल्लुकात रहे थे...। लेकिन मैं क़सम खाकर कहता हूँ, मैंने इसके अलावा और कुछ भी नहीं देखा। अगर मुझको कुछ पता चला, तो मैं आपको ज़रूर बताऊँगा।''

''फ़िलहाल इतना काफ़ी है। अगर ज़रूरत पड़ी, तो मैं आपको फिर से ढूँढ निकालूँगा।'' भण्डारी ने, ज़ाहिर है, चैन की साँस ली और अपने काम में लगते हुए उन किसानों को तीखी फटकार लगाई जिन्होंने इस बीच अनाज के कुछ बोरे इधर से उधर रख दिए थे।

तभी सेवेरिनॅस आ गया। उसके हाथ में विलियम के लैंस थे—वही जो दो रात पहले चोरी हुए थे। ''ये मुझको बेरेंगर के चोगे में मिले थे,'' उसने कहा। ''इनको मैंने उस दिन पुस्तकालय में आपकी नाक पर देखा था। आपके ही हैं न?''

''ख़ुदा का शुक्र है,'' विलियम खुशी से चीख़ उठे। ''दो समस्याएँ तो हमने सुलझा लीं! मुझको मेरे लैंस मिल गए और अब मैं पक्के तौर पर यह जान चुका हूँ कि उस रात स्क्रिप्टोरियम में जिस आदमी ने हम पर डाका डाला था वह बेरेंगर था!''

हमारी बात अभी पूरी भी नहीं हुई थी कि तभी निकोलस ऑव मोरीमोण्डो, विलियम से कहीं ज़्यादा विजयोल्लास के साथ, भागता हुआ हमारे पास आया। उसके हाथ में फ्रेम में कसे हुए तैयार शुदा लैंसों का एक जोड़ा था। ''विलियम,'' वह चीख़ा, ''यह सब मैंने

ख़ुद से किया है। मैंने इनको अच्छी तरह से तैयार कर दिया है! मुझे भरोसा है कि ये कारगर साबित होंगे'' तभी उसने देखा कि विलियम की नाक पर दूसरे लैंस चढ़े हुए हैं और वह भौंचक रह गया। विलियम उसको शर्मिन्दा नहीं करना चाहते थे : उन्होंने पुराने लैंस उतार लिए, नए लैंसों को नाक पर रखकर देखा। ''ये उनसे बेहतर हैं,'' उन्होंने कहा। ''इसलिए मैं पुराने लैंसों को ज़रूरत के वक़्त के लिए रखूँगा और तुम्हारेवाले लैंस हमेशा इस्तेमाल करूँगा।'' फिर वे मेरी ओर मुड़े। ''एड्सो, अब मैं अपनी कोठरी में जाकर उन काग़ज़ों को पढ़ूँगा जिनके बारे में तुमको पता ही है। आख़िरकार! तुम कहीं पर मेरा इन्तज़ार करो। और शुक्रिया, आप सबका शुक्रिया, मेरे बन्धुओ।''

पूर्वाह्निका का घंटा बज रहा था और मैं दूसरे लोगों के साथ, भजनों, स्तोत्रों, अनुवाक्यों और 'प्रभु'** का पाठ करने क्वाइअॅर में चला गया। अन्य लोग मृत बेरेंगर की आत्मा की शान्ति के लिए प्रार्थना कर रहे थे। मैं ईश्वर का शुक्रिया अदा कर रहा था जिसने हमारे लिए लैंस के एक नहीं बल्कि दो-दो जोड़े हासिल करने की गुंजाइश बख़्श दी थी।

महान शान्ति के उस वातावरण में, उन तमाम बदशक्ल चीज़ों को भूलकर जिनको मैंने देखा और सुना था, मैंने एक झपकी ली जो उपासना के बीत जाने पर ही टूटी। मुझे अहसास हुआ कि मैं उस रात सोया नहीं था और मैंने अपनी ढेर सी ताक़त जिस तरह से ख़र्च कर दी थी उसे याद करके भी मुझको दुःख हुआ। और तभी, खुली हवा में आते हुए, मैंने पाया कि मेरे दिमाग़ पर अभी भी उस लड़की की स्मृति छायी हुई थी।

अपना ध्यान उस पर से हटाने के लिए मैं तेजी के साथ लम्बे-लम्बे डग भरने लगा। मैंने हल्का-सा चक्कर महसूस किया। मैंने अपनी ठिठुरती हुई हथेलियों को ज़ोर-ज़ोर से रगड़ा। ज़मीन पर ज़ोर-ज़ोर से अपने पैर पटके। मैं अभी भी उनींदा था, फिर भी मैं ख़ुद को जागा हुआ और जीवनी शक्ति से भरापूरा महसूस कर रहा था। मैं समझ नहीं पा रहा था कि मेरे साथ क्या हो रहा था।

पूर्वाह्निका

जिसमें एडसो प्रेम के सन्ताप से तड़पता है, फिर विलियम वेनेण्टियॅस का मज़मून लेकर आता है, जिसकी गूढ़ लिपि का अर्थ खुल जाने के बावजूद, अनखुला बना रहता है।

सच कहूँ तो, उस लड़की के साथ हुई मेरी पापपूर्ण मुलाक़ात के बाद जो दूसरी भयावह घटनाएँ हुई थीं उनने इस मुलाक़ात की स्मृति को मेरे दिमाग़ से लगभग पोंछ दिया था और ब्रॅदर विलियम के सामने एकबारगी अपना पाप कुबूल कर लेने के बाद, मेरी अन्तरात्मा उस पश्चाताप के बोझ से मुक्त हो गई थी जिसे मैंने गुनाह से भरी अपनी उस भूल के बाद जागने पर महसूस किया था, इसलिए यह कुछ ऐसा था मानो मैंने अपने शब्दों के साथ वह बोझ भी उस संन्यासी को सौंप दिया था जिसको उन शब्दों ने स्वर दिया था। आख़िर

पाप-स्वीकार में निहित धार्मिक शुद्धीकरण का और क्या मक़सद हो सकता है, सिवा इसके कि हम पाप और उससे जुड़े पश्चाताप का सारा बोझ अपने प्रभु की छाती पर डालकर वह क्षमा हासिल कर सकें जो हमारी आत्मा को नए सिरे से हवा की तरह हल्क़ा कर दे, इस तरह कि हम पाप की यन्त्रणा भोगती अपनी काया को भूल जाएँ। इनसानों और जानवरों के जोश से भरी हुई, जाड़ों की उस सुबह की ठंडी, धुँधली धूप में, चलते हुए मैंने अब अपने तजुर्बों को दूसरी तरह से याद करना शुरू किया। मानो जो कुछ भी घटित हुआ था, उस सब के भीतर मेरे पश्चाताप और अनुतापजनित शुद्धीकरण के दौरान बोले गए सान्त्वना के शब्दों का कोई निशान बाक़ी नहीं रह गया था, सिर्फ़ जिस्मों और इनसानी अवयवों के दृश्य ही बाक़ी रह गए थे। मेरे ज्वरग्रस्त दिमाग़ में सहसा पानी में फूला हुआ बेरेंगर का प्रेत प्रगट हुआ और मैं जुगुप्सा और करुणा से भरकर काँप उठा। फिर जैसे उस प्रेतबाधा को परे हटाने के लिए मेरा दिमाग़ उन दूसरे दृश्यों की तरफ़ मुड़ गया जिनकी याद अभी एकदम ताज़ा थी और मैं लड़ाई के लिए तैनात फौज जैसी बला की ख़ूबसूरत और भयावह उस लड़की की मूरत को अपनी निगाहों के सामने (रूहानी निगाहों के सामने लेकिन कुछ इस तरह मानो वह वह मेरी जिस्मानी निगाहों के सामने उभर रही हो) प्रगट होने से नहीं रोक सका।

मैं (एक ऐसे मज़मून का लेखक जो अभी तक लिखा नहीं गया है लेकिन जो दशकों से मेरे दिमाग़ में गूँजता रहा है) एक वफ़ादार क़िस्सागो होने की क़सम ले चुका हूँ, महज़ सच्चाई के प्रति अपने प्रेम की वजह से, या अपने भावी पाठकों को सीख देने की ख़्वाहिश से नहीं (भले ही वह ख़्वाहिश कितनी ही वाजिब क्यों न हो), बल्कि अपनी स्मृति को मुक्त करने की ज़रूरत के नाते भी जो उन दृश्यों से सूख और थक चुकी है जो उसको सारी ज़िन्दगी सताते रहे हैं। इसलिए मुझे सब कुछ कहना होगा, शालीनता बरतते हुए लेकिन बिना किसी शर्म के। और मुझे इसी वक़्त और बिना किसी लाग-लपेट के, वह सब बताना ही होगा जो मैं उस क्षण सोच रहा था और जिसे मैं ख़ुद से क़रीब-क़रीब छुपाने की कोशिश कर रहा था, जब मैं उन जगहों से गुज़रते हुए कभी भागने लगता था ताकि अपने जिस्म की हरकत का रिश्ता अपने दिल की आकस्मिक धड़कन से जोड़ सकूँ और कभी वहाँ तैनात दासों के काम की मन ही मन सराहना करते हुए ठहर जाता था और इस तरह, जैसे कोई इनसान अपने डर या दुःख को भुलाने के लिए शराब पीता है, वैसे ही अपने फेंफड़ों में सर्द हवा को भरते हुए, ख़ुद को भुलावा दे रहा था कि इस तरह की बातों से मेरा ध्यान बँट रहा था।

पर कोई फ़ायदा न था। मैंने लड़की के बारे में सोचा। मेरा जिस्म उस गहरे आह्लाद को, उस पापमय और क्षणिक आह्लाद (एक अधम चीज़) को भुला चुका था जो मुझे उस लड़की के संसर्ग से हासिल हुआ था; लेकिन मेरी अन्तरात्मा उसकी सूरत को नहीं भुला सकी थी और यह महसूस नहीं कर सकी थी कि वह एक विकृत स्मृति थी : बजाय इसके वह कुछ इस अहसास के साथ धड़क रही थी मानो उस सूरत में सृष्टि का समूचा आनन्द रोशन हो उठा हो।

अस्पष्ट से ढंग से और अपनी महसूस की गई सच्चाई से ख़ुद ही इन्कार करते हुए, मैंने महसूस किया कि यह दयनीय, घिनौनी, गुस्ताख़ लड़की, अपनी तमाम दूसरी बहनों की तरह कमज़ोर ईव की यह बेटी जिसने बार-बार अपने जिस्म का व्यापार किया था, सब कुछ

के बावजूद बेहद शानदार और अद्भुत थी, भले ही वह (कौन जाने किस क़दर ज़िद्दीपन के साथ लगातार) ख़ुद को दूसरे व्यभिचारियों के लिए बेचती रही थी। मेरा दिमाग़ उसको पाप के एक निमित्त की तरह देखता था, तो मेरी नाज़ुक भूख उसको हर तरह की नेमतों से भरे पात्र की तरह देखती थी। कहना मुश्किल है कि मैंने क्या महसूस किया था। मैं लिखने की कोशिश कर सकता था कि पाप के फन्दों में जकड़ा हुआ होने के बावजूद मैं उस वक़्त भी, निन्दनीय रूप से, हर पल एक बार फिर से उसके प्रगट होने की कामना कर रहा था और मैंने गुपचुप तरीक़े से मज़दूरों के बीच जाकर देखने की कोशिश की थी कि काश मेरा मन मोह लेनेवाली उस सूरत का मुझको कहीं पर दीदार हो जाता। लेकिन तब मैं सच नहीं लिख रहा होऊँगा, या यूँ कहूँ कि ऐसा लिखते हुए मैं सच्चाई के ज़ोर और दोटूकपन को कमज़ोर करने के लिए उस पर एक नक़ाब डाल रहा होऊँगा। क्योंकि सच्चाई यह है कि मैंने लड़की को 'देखा' था, मैंने उसको एक नंगे दरख़्त की उन शाखाओं में देखा था जो एक थकी हुई चिड़िया के उन पर आ बैठने से धीरे से हिल उठी थीं; मैंने उसको भुसौर से बाहर आती बछिया की आँखों में देखा था और मैंने उसकी आवाज़ उस भेड़ की मिमियाहट में सुनी थी जो मेरा रास्ता काटती हुई गुज़र गई थी। समूची सृष्टि ही मुझसे मानो उसीके बारे में बतियाती थी और मैं उससे फिर से मिलना चाहता था, यह सच है, लेकिन इसी के साथ-साथ मैं उससे भविष्य में कभी भी न मिलने, उसके साथ फिर कभी हमबिस्तर न होने के लिए भी तैयार था, बशर्ते कि जिस सुख ने मुझको उस रात सराबोर कर दिया था उसका स्वाद मैं चखता रह सकता और हमेशा हमेशा के लिए उससे दूर होने के बाद भी मैं उसको अपने क़रीब रख सकता। आज मैं इस बात को समझने की कोशिश कर रहा हूँ कि वह कुछ ऐसा था कि मानो–जिस तरह यह सारी की सारी कायनात निश्चय ही ख़ुदा की अँगुली से लिखी गई उस किताब की तरह है जिसकी हर चीज़ हमको रचनेवाले की असीम अनुकम्पा की सूचना देती है, जिसमें हर प्राणी ज़िन्दगी और मौत की तफ़्सील और आईना है, जिसमें एक विनम्र गुलाब का फूल भी हमारी दुनियावी तरक्की की कैफ़ियत बन जाता है–दूसरे शब्दों में, हर चीज़ मुझसे सिर्फ़ उसी चेहरे के बारे में बतिया रही थी जिसको मैं रसोई के महक-भरे अँधेरे में ठीक से देख तक नहीं सका था। मैं इन ख़यालों में भटकता रहा क्योंकि मैंने ख़ुद से कहा (बल्कि, कहा नहीं : क्योंकि उस क्षण में मैंने अपने विचारों को वह शक्ल ही नहीं दी थी कि उनको शब्दों में बाँधा जा सकता), कि अगर यह तय है कि सारा जगत मुझसे रचयिता की सामर्थ्य, अनुकम्पा और प्रज्ञा के बारे में बात करता है और अगर उस सुबह सारा संसार मुझसे उस लड़की के ही बारे में बात कर रहा था, जो कि (चाहे वह पापिन ही क्यों न रही हो) अन्ततः सृष्टि की विशाल पुस्तक का एक अध्याय, ब्रह्माण्ड द्वारा उच्चरित एक स्तोत्र थी, तो फिर–मैंने ख़ुद से कहा (मैं अब भी कहता हूँ), कि जो कुछ भी हुआ उसे सिर्फ़ उस महान ईश्वरीय विधान का ही हिस्सा होना चाहिए जिस पर यह, सुरसंगति और सामंजस्य के चमत्कार से युक्त वीणा की तरह विन्यस्त, अखिल विश्व टिका हुआ है। मानो नशे की-सी हालत में मैं उस हर चीज़ में, जिसे मैं देख रहा था, उसकी मौजूदगी के सुख को महसूस करता और, उन चीज़ों में उसकी कामना करता हुआ उन्हें देखकर तृप्त होता था।

और तब भी मैंने एक क़िस्म का दुःख महसूस किया, क्योंकि साथ ही साथ मैं एक अनुपस्थिति की तक्लीफ़ भी भोग रहा था, हालाँकि मैं एक उपस्थिति की अनेक छायाओं

के साथ सुखी था। इस अन्तर्विरोध के रहस्य की व्याख्या कर पाना मेरे लिए मुश्किल है, जो इस बात का एक इशारा है कि मनुष्य की अन्तरात्मा नाज़ुक होती है और वह कभी भी सीधे उस ईश्वरीय तर्कणा की बराबरी नहीं कर पाती जिसने इस दुनिया को एक न्याय-वाक्य की तरह गढ़ा है; बजाय इसके वह इस न्याय-वाक्य के अलग-थलग और उखड़े हुए सूत्रों को ही पकड़ पाती है और इसी में उस सुगमता का स्रोत है जिसके साथ हम शैतान के छलावे का शिकार बन जाते हैं। क्या उस सुबह जो कुछ हुआ वह शैतान का छलावा था, जिसने मुझको इस क़दर विचलित कर दिया था? आज मैं सोचता हूँ कि ऐसा ही था, क्योंकि मैं एक नवदीक्षित था, लेकिन मैं समझता हूँ कि मुझको हिलाकर रख देनेवाला वह मानवीय अहसास अपने आप में बुरा नहीं था, बुरा वह मेरी हालत के सन्दर्भ में था। क्योंकि अपने आप में वह एक ऐसा अहसास था जो मर्द को औरत की तरफ़ खींचता है ताकि, जैसा कि एपॉसॅल ऑव जेण्टाइल्स चाहता है, वह उसके साथ संसर्ग कर सके, ताकि दोनों के जिस्म एक हो जाएँ, ताकि वे दोनों मिलकर नए इनसानों को जन्म दे सकें और जवानी से लेकर बुढ़ापे तक के लिए एक-दूसरे का सहारा बन सकें। एपॉसॅल ने यह बात उनके लिए कही है जो अपनी वासना का इलाज़ चाहते हैं और जो उसकी आग में जल नहीं जाना चाहते, लेकिन उन्होंने यह भी याद दिलाया है कि ब्रह्मचर्य का व्रत कहीं ज़्यादा बेहतर है, वह व्रत जिसके प्रति मैंने ख़ुद को समर्पित किया हुआ था, एक संन्यासी होने के नाते। और इसलिए उस सुबह जिस चीज़ की वजह से मैं दुखी हो रहा था वह मेरे लिए तो एक बुरी चीज़ थी लेकिन औरों के लिए वह शायद भली थी, भली चीज़ों में भी सबसे मीठी चीज़; इस तरह आज मैं समझ सकता हूँ कि मेरी दुर्गति की वजह मेरे विचारों का भ्रष्ट होना नहीं था, जो कि अपने में उचित और प्रीतिकर थे, मेरी दुर्गति की वजह मेरे विचारों और मेरे द्वारा लिए गए व्रतों के बीच फैली खाई का भ्रष्ट होना था। और इसलिए मैं एक ऐसी चीज़ से आनन्द लेने का पाप कर रहा था जो एक परिस्थिति में अच्छी थी और दूसरी परिस्थिति में बुरी थी; और मेरी ग़लती इस बात में थी कि मैं एक तरफ़ कुदरती भूख और दूसरी तरफ़ विवेकशील अन्तःकरण के आदेशों के बीच तालमेल बिठाने की कोशिश कर रहा था। आज मैं जानता हूँ कि मैं दो चीज़ों के बीच के टकराव को झेल रहा था—एक, बुद्धि की अनुचित भूख, जिसमें इच्छा का प्रभुत्त्व प्रगट हुआ होगा और दूसरी, मानवीय संवेगों से परिचालित होनेवाली इन्द्रियों की अनुचित भूख। दरअसल, जैसा कि एक्विनास का कहना है, ऐन्द्रिय भूख के कृत्यों को वासनाओं की संज्ञा दी ही इसलिए गई है क्योंकि इनमें एक शारीरिक परिवर्तन शामिल होता है। और, जैसा कि हुआ था, मेरी भूख के कृत्य में समूचे जिस्म की थरथराहट साथ दे रही थी, उसमें चीख़-पुकार और तड़प से भरा एक जिस्मानी ज्वर साथ दे रहा था। धर्माचार्य का कहना है कि वासनाएँ अपने आप में बुरी नहीं होतीं, लेकिन तभी जब कि वे विवेकशील अन्तःकरण से परिचालित इच्छाशक्ति के अनुशासन में हों। लेकिन मेरा विवेकशील अन्तःकरण उस सुबह थकान से सुन्न पड़ा हुआ था, जो अच्छाई और बुराई को फ़तह के परिप्रेक्ष्य में देखती मेरी उग्र भूख को तो क़ाबू में रखे हुए था, लेकिन अच्छाई और बुराई को ज्ञात सत्ताओं के परिप्रेक्ष्य में देखती मेरी जिस्मानी भूख पर उसका कोई क़ाबू न था। उस वक़्त के अपने ग़ैरज़िम्मेदाराना उतावलेपन को वाजिब ठहराने के लिए इस वक़्त मैं यह कहूँगा कि मैं निस्सन्देह प्रेम, जो कि आवेग है और सृष्टि का नियम है, की गिरफ़्त में था, क्योंकि शरीरों की ज़रूरत

दरअसल नैसर्गिक प्रेम ही है। और इसी आवेग के द्वारा मैं कुदरती तौर पर बहकाया गया था और मैं समझ रहा था कि धर्माचार्यों ने क्यों कहा था कि प्रेम विवेक से ज़्यादा विवेकशील होता है,** कि हम चीज़ों को ज्ञान की बजाय प्रेम के सहारे बेहतर ढंग से समझ पाते हैं। दरअसल, लड़की को मैं बीती रात के मुक़ाबले उस वक़्त ज़्यादा बेहतर तरीक़े से देख रहा था और मैं उसके अन्तर और बाहर** को समझ रहा था क्योंकि मैं उसमें ख़ुद को और ख़ुद में उसको देख रहा था। आज मैं जानना चाहता हूँ कि उस वक़्त जिस चीज़ को मैंने अनुभव किया था वह मैत्रीपरक प्रेम था, जिसमें प्रेमीजन एक-दूसरे की भलाई की चाहना करते हैं, या फिर वह काम-वासना से भरा प्रेम था, जिसमें आप अपना ही भला चाहते हैं और अभाव सिर्फ़ उसी चीज़ की चाहना करता है जो उसकी पूर्ति करती हो। आज मुझे लगता है कि रात का वह प्रेम काम-वासना से भरा हुआ था, क्योंकि मैं उस लड़की से एक ऐसी चीज़ की चाहना कर रहा था जो मुझे कभी नसीब नहीं हुई थी; जबकि सुबह मैं लड़की से कुछ भी नहीं चाह रहा था, मैं सिर्फ़ उसकी भलाई चाह रहा था और कामना कर रहा था कि ईश्वर उस क्रूर विवशता से उसकी रक्षा करे जिसने ज़रा से अन्न की ख़ातिर उसको उसका जिस्म बेचने के लिए मज़बूर कर दिया था, मैं उसके सुख की कामना कर रहा था; मैं अब उससे और कुछ भी नहीं चाहता था, सिर्फ़ उसके बारे में सोचना चाहता था और भेड़ों, गायों, वृक्षों और उस शान्त रोशनी में उसको देखना चाहता था जिसने मठ की भूमि को सुख से सराबोर कर रखा था।

आज मैं जानता हूँ कि अच्छाई ही प्रेम का कारण होती है और जो अच्छा होता है वह ज्ञान के द्वारा परिभाषित होता है और आप सिर्फ़ उसी चीज़ को प्रेम कर पाते हैं जिसके अच्छा होने के बारे में आप जान चुके होते हैं, जबकि, सचमुच, मैंने जाना यही था कि लड़की भूख की प्रचण्डता के सन्दर्भ में तो शुभ थी, लेकिन उसकी आकांक्षा करना पाप था। लेकिन मैं इतनी सारी और इस क़दर परस्पर विरोधी भावनाओं की गिरफ़्त में था, तो इसलिए कि प्रेम के जिस अनुभव से मैं गुज़रा था वह उस परम सात्त्विक प्रेम जैसा ही था जिसका वर्णन धर्माचार्यों ने किया है : उसने मेरे भीतर उस आह्लाद को जगाया था जिसमें प्रेमी और प्रेमपात्र समान वस्तु की आकांक्षा करते हैं (और उस वक़्त किसी रहस्यमय बोध के सहारे मैं जानता था कि उस लड़की की भी, जहाँ कहीं भी वह थी, वही आकांक्षा थी जो मेरी थी) और मुझे उससे ईर्ष्या हुई, लेकिन उस क़िस्म की पापमय ईर्ष्या नहीं जिसकी भर्त्सना कॉरिन्थियन्स में पॉल ने की है, बल्कि वैसी ईर्ष्या जिसकी बात *दि डिवाइन नेम्स* में डायनीसियॅस करते हैं जिसके अन्तर्गत ईश्वर को भी अपने उस महान प्रेम के कारण ईर्ष्यालु कहा गया है जो वह समूची सृष्टि के लिए महसूस करता है (और उस लड़की को मैं प्रेम करता ही इसलिए था कि उसका अस्तित्व था और मैं ईर्ष्यालु नहीं बल्कि ख़ुश था कि उसका अस्तित्व था)। मैं उस रूप में ईर्ष्यालु था जिसमें, धर्माचार्य के मुताबिक़, ईर्ष्या प्रेमपात्र के प्रति एक राग-भावना** होती है, मित्रों के बीच की ईर्ष्या, जो हमें हमारे प्रेमपात्र को नुक़्सान पहुँचानेवाली तमाम चीज़ों के ख़िलाफ़ सक्रिय होने को प्रेरित करती है (और उस वक़्त मेरा एक ही सपना था–लड़की को उस आदमी के चंगुल से आज़ाद करना जो उसके शरीर का व्यापार कर रहा था और उसको अपनी घृणित वासनाओं से गन्दा कर रहा था)।

आज मैं जानता हूँ कि, जैसा कि धर्माचार्य का कहना है, जब प्रेम की अति हो जाती

है, तो वह प्रेमी को नुक़सान पहुँचा सकता है। और मेरा प्रेम अति से भरा था। मैंने सिर्फ़ उस चीज़ की कैफ़ियत देने की कोशिश की है जिसे मैंने उस वक़्त महसूस किया था, मेरी ज़रा भी मंशा अपने उस अहसास को वाजिब ठहराना नहीं है। मैं तो सिर्फ़ अपनी जवानी के पापपूर्ण आवेगों की चर्चा कर रहा हूँ। वे बुरे थे, लेकिन सच्चाई मुझे यह कहने को मजबूर करती है कि उस वक़्त वे मुझे बहुत अच्छे लगते थे। और इससे किसी भी उस व्यक्ति को सीख लेनी चाहिए जो मेरी तरह प्रलोभनों का शिकार हो सकता है। आज जबकि मैं बूढ़ा हो चुका हूँ, प्रलोभनों से पार पाने के हज़ारों तरीक़े जानता हूँ। और मैं सोचता हूँ कि मुझे किस क़दर गर्व महसूस होना चाहिए, क्योंकि मैं यौवन के शैतान के बहकावों से आज़ाद हूँ; लेकिन दूसरे प्रलोभनों से आज़ाद नहीं हूँ, इसलिए मैं अपने आप से पूछता हूँ कि जो मैं इस वक़्त कर रहा हूँ, वह भी क्या ख़ुद को स्मृति के दुनियावी आवेग के समक्ष पापपूर्ण तरीक़े से समर्पित कर देना नहीं है, काल के प्रवाह और मौत से बच निकलने की मूर्खतापूर्ण कोशिश।

तब, मैंने जैसे किसी चमत्कारपूर्ण सहजवृत्ति के सहारे अपने आपको बचा लिया था। वह लड़की मेरे चारों ओर फैली प्रकृति और इनसानों द्वारा रची गई चीज़ों में मेरे सामने थी। भला हो मेरी आत्मा की सुखद अन्तर्दृष्टि का कि मैंने तब ठंडे दिमाग़ से उन चीज़ों के बारे में सोचते हुए ख़ुद को भुला देने की कोशिश की थी। मैं ढोर-डंगरों को अस्तबल के बाहर ले जाते ग्वालों, सुअरों का खाना ले जाते पासियों, भेड़ों को इकट्ठा करने के लिए कुत्तों पर चिल्लाते गड़रियों, गेहूँ और बाजरा लेकर चक्की पर जाते और वहाँ से उत्तम आहार के बोरे लेकर आते किसानों को देखता रहा। मैंने अपने आपको कुदरत के ध्यान में झोंक दिया ताकि अपने ख़यालों को भुला सकूँ और सिर्फ़ जीवधारियों को उनके प्रकट रूप में देख सकूँ और उनके नज़ारे में ख़ुद को, ख़ुशी-ख़ुशी, भुला दूँ।

कितना ख़ूबसूरत नज़ारा था उस कुदरत का जो अभी भी इनसान की उस बुद्धि से अछूती थी जो अक्सर भ्रष्ट ही होती है!

मैंने मेमने को देखा, जिसके लिए यह नाम मानो उसकी मासूमियत और नेकी को पहचानते हुए ही दिया गया था। दरअसल "मेमना"** नामक संज्ञा का उत्स ही इस तथ्य में है कि यह जीव "पहचानता है"**; वह अपनी माँ को पहचानता है और उसकी आवाज़ को झुण्ड के बीच पहचान लेता है, वहीं उसकी माँ भी एक ही तरह से मिमियाते हुए एक ही तरह के बहुत-से मेमनों के बीच हमेशा सिर्फ़ अपने बच्चे को पहचान लेती है और उसी को दूध पिलाती है। मैंने भेड़ को देखा, जिसको "भेड़"** कहा जाता है जो "बलि से"** से आया हुआ शब्द है, क्योंकि प्राचीन काल से वह बलि देने के काम आती रही है; भेड़, जो आदतन जाड़ों के शुरू होते ही लालचीपन के साथ घास की तलाश में लग जाती है और इसके पहले कि चारागाहों को पाला मार जाए और वे सूख जाएँ, वह ख़ुद को ठूँस-ठूँस कर भर लेती है। और भेड़ों के झुण्ड कुत्तों की निगरानी में थे जिनको, उनके भौंकने के कारण, "भौंकना"** नामक क्रिया से बने शब्द "कुत्तों"** के नाम से पुकारा जाता है। जानवरों में सबसे उत्तम यह जानवर, कुत्ता, अवबोध की अपनी ज़बरदस्त कुदरती देन के चलते, अपने मालिक को पहचानता है और जंगली जानवरों के शिकार के लिए, भेड़ियों से भेड़ों के झुण्ड की रक्षा के लिए प्रशिक्षित किया जाता है; वह अपने मालिक के घर और उसके बच्चों की रक्षा करता

है और कभी-कभी रक्षक की अपनी भूमिका निभाते हुए मारा भी जाता है। राजा गारामाण्ट, जिसको उसके दुश्मन क़ैद करके ले गए थे, उसको दो सौ कुत्ते दुश्मन की फौजों के बीच से रास्ता बनाते हुए उसकी मातृभूमि में वापस लेकर आए थे; जेसॅन सिसियस का कुत्ता अपने मालिक की मौत के बाद तब तक खाना न खाने की ज़िद पर अड़ा रहा जब तक कि उसने भूख के मारे दम नहीं तोड़ दिया; और राजा लिसीमेचॅस का कुत्ता अपने मालिक के साथ मरने के लिए उसकी चिता पर कूद गया था। कुत्ते में यह क्षमता होती है कि वह घावों को अपनी जीभ से चाटकर भर दे सकता है और उसके पिल्लों की जीभ आँतों के घावों को ठीक कर सकती है। वह एक ही भोजन को, उलटी करने के बाद, दुबारा से खा लेने का कुदरती तौर पर अभ्यस्त होता है। उसका संयम अन्तःकरण के परिष्कार का प्रतीक है, जैसे कि उसकी जीभ की करामाती क्षमता पाप स्वीकार और पश्चाताप के रास्ते पाप-मुक्त होने का प्रतीक है। लेकिन कुत्ते का अपनी उलटी पर वापस लौटना इस बात का भी संकेत है कि पाप-स्वीकार के बाद हम वापस फिर से उन्हीं पापों पर लौट जाते हैं और यह नैतिक सीख उस सुबह, जब मैं कुदरत के चमत्कारों को सराह रहा था, मेरे लिए अपने हृदय को चेतावनी देने के लिहाज़ से बहुत उपयोगी थी।

इस बीच मेरे क़दम मुझको गोशाला की तरफ़ ले जा रहे थे, जहाँ से चरवाहे ढेर सारे गाय-बैलों को हाँकते हुए बाहर ला रहे थे। उनको देखते ही मुझे लगा मानो वे मैत्री और भलाई के प्रतीक थे और हैं, क्योंकि हर बैल काम के दौरान हल के दूसरे सिरे पर अपने साथी की तलाश करता है; और अगर संयोग से उसका साथी ग़ैरहाज़िर हुआ, तो बैल स्नेह से रँभाते हुए उसको पुकारता है। बैल बारिश होने पर आज्ञाकारी ढंग से खुद ब खुद भुसौर में चले जाते हैं और जब वे अपनी नाँद में चर रहे होते हैं, तो बराबर अपनी गर्दनें बाहर निकालकर देखते रहते हैं कि मौसम ठीक हुआ कि नहीं, क्योंकि वे अपने काम पर वापस लौटने के लिए उत्सुक होते हैं। उसी वक़्त बैलों के साथ बछड़े भी बाहर निकले, जिनके नाम, "बछड़े"** की व्युत्पत्ति "ताज़गी"** या "अक्षत"** से हुई है, क्योंकि उस उम्र में वे तरोताज़ा, युवा और शुद्ध होते हैं और, मैंने ख़ुद से कहा, मैंने ग़लत किया था और अब भी ग़लत था, जो मैंने इन बछड़ों की ख़ूबसूरत चेष्टाओं में उस लड़की की छवि को देखा जो पाक-साफ़ नहीं थी। मैंने एक बार फिर, दुनिया के साथ और अपने साथ अमन क़ायम कर, उस सुबह के मस्ती से भरे परिश्रम को लक्ष्य करते हुए, इन चीज़ों के बारे में सोचा। और अब मैंने लड़की के बारे में सोचना बन्द कर दिया था, या, यूँ कहूँ कि उसके प्रति जिस गरमाहट को मैंने महसूस किया था, उस गरमाहट को मैंने यत्नपूर्वक एक अन्दरूनी सुख और गहरी शान्ति में बदल लिया था। मैंने खुद से कहा कि यह संसार शुभ और प्रशंसनीय है। कि ईश्वर की शुभेच्छा को भयानकतम पशुओं के माध्यम से भी उजागर किया गया है, जैसा कि होनोरियॅस ऑगस्टोड्यूनिएन्सिस हमें समझाते हैं। यह सही है कि कई इतने विशालकाय साँप होते हैं जो समूचे हिरणों को निगल जाते हैं और जो महासमुद्रों को तैर कर पार जाते हैं, बीस्टिया सेनोक्रोका नाम का जन्तु है जिसका शरीर गधे का होता है, सींग साकिन के, छाती और पेट शेर का, घोड़े के खुर जिनका कटाव बैल के खुरों जैसा होता है, मुँह से शुरू होकर कानों तक फैला हुआ शिगाफ़, एक क़रीब-क़रीब इनसानी आवाज़ और दाँतों की जगह एक इकलौती, ठोस हड्डी। और एक मेण्टीकोर है, इनसानी चेहरा, तिहरे दाँत, शेर की काया,

बिच्छू की दुम, रक्ताभ आँखें और साँप की फूत्कार जैसी आवाज़वाला, इनसानी गोश्त का लालची। और दैत्य हैं जिनके पैरों में आठ अँगुलियाँ होती हैं, भेड़िये का थूथन, आँकड़ेदार पंजे, भेड़ का ऊन और कुत्ते की पीठ होती है, जो बुढ़ापे में बजाय सफ़ेद होने के काले पड़ जाते हैं और जो हमसे कई बरस ज़्यादा जीते हैं। और कुछ ऐसे जन्तु हैं जिनकी आँखें उनके कन्धों पर होती हैं और नथनों की बजाय छाती में दो छेद होते हैं, क्योंकि उनका सिर नहीं होता और कुछ दूसरे जन्तु हैं जो गंगा नदी के किनारे रहते हैं और जो एक ख़ास सेब की गन्ध पर ज़िन्दा रहते हैं और जब वे उससे दूर जाते हैं तो मर जाते हैं। लेकिन ये तमाम वीभत्स जानवर भी अपनी तरह से दुनिया के सिरजनहार और उसकी प्रज्ञा का स्तुतिगान करते हैं, जैसे कि कुत्ता और बैल, भेड़ और मेमना और बनबिलाव करते हैं। तब मैंने, विन्सेण्ट बेलोवासेन्सिस के शब्दों को दोहराते हुए, ख़ुद से कहा कि इस संसार का साधारणतम सौन्दर्य भी कितना भव्य है और किस क़दर सुखदायी है बुद्धि की आँखों के लिए न सिर्फ़ उन चीज़ों के रूपाकारों, संख्याओं और क्रम विन्यास के बारे में सोचना, जिनको अखिल विश्व के हित में इतनी सुरुचि के साथ प्रतिष्ठित किया गया है, बल्कि समयों के उस चक्र के बारे में भी जो, हर जन्मनेवाली चीज़ की मृत्यु की छाप लिए, आरोहों और अवरोहों के क्रम में निरन्तर ध्वस्त होते चलते हैं। मैं स्वीकर करूँ कि मैं पापी, जिसकी आत्मा महज़ थाड़ी देर के लिए ही सही अब भी देह की बन्दी है, उस वक़्त मैं सिरजनहार और इस जगत के विधान के प्रति आध्यात्मिक माधुर्य से अभिभूत होकर नतमस्तक हो गया और मैंने आनन्द मिश्रित श्रद्धा के साथ सृष्टि की महानता और स्थिरता की जी भरकर सराहना की।

मैं इसी भली मनःस्थिति में था जब सहसा मेरी भेंट मेरे गुरुदेव से हुई। मुझे अन्दाज़ा भी नहीं हुआ कि कब मेरे पैरों ने मुझे मठ का लगभग एक पूरा चक्कर लगवा दिया था और अब मैं वापस उसी जगह पर था जहाँ से हम दो घंटे पहले अलग हुए थे। मेरे सामने विलियम थे और जो कुछ उन्होंने मुझसे कहा उसने मुझको मेरे विचारों से झटककर मेरे दिमाग़ को एक बार फिर मठ के अँधेरे रहस्यों की तरफ़ मोड़ दिया।

विलियम काफ़ी ख़ुश दिखाई दे रहे थे। उनके हाथ में वेनेण्टियॅस का चर्मपत्र था जिसकी गूढ़ लिपि को उन्होंने अन्ततः पढ़ लिया था। हम कच्चे कानों से दूर हटकर उनकी कोठरी में गए और जो भी उन्होंने पढ़ा था उसका तर्जुमा कर उन्होंने मुझको सुनाया। राशिचक्रीय वर्णमाला में लिखे गए वाक्य ("अफ़्रीका के अन्त के रहस्य के लिए प्रतिकृति के ऊपर चार के पहले और सातवें पर हाथ रखो।") के बाद का ग्रीक मज़मून जो कहता था, वह इस प्रकार था :

> भयानक ज़हर जो शुद्धीकरण करता है...
> शत्रु के विनाश के लिए सबसे अच्छा हथियार...
> नीच और घृणित, दीन-हीन लोगों का इस्तेमाल करो...। उन्हें मरना नहीं चाहिए...। कुलीन और ताक़तवर लोगों के घरों में नहीं बल्कि किसानों के गाँवों से, तजे हुए भोजन और प्रसाद के पीछे...। गोलमटोल शरीर, विरूपित चेहरे। वे कुमारियों के साथ बलात्कार करते हैं और वेश्याओं के साथ सोते हैं, बिना

अशुभ, बिना भय के।
एक अलग सच्चाई, सच्चाई की एक अलग छवि....
श्रद्धेय मूर्तियाँ।
निर्लज्ज पत्थर मैदान में लुढ़कता है...। नज़रों के सामने।
छल अनिवार्य है और छल से हैरत में डालना, जिन बातों पर विश्वास किया जाता है उनके ख़िलाफ़ बोलना, कहना कुछ और अर्थ कुछ दूसरा होना।
उनके लिए झींगुर ज़मीन से गीत गाएँगे।

बस इतना ही। मेरी राय में बहुत कम, लगभग न कुछ के बराबर। वे शब्द किसी पागल आदमी के प्रलाप जैसे थे और यही बात मैंने विलियम से कह दी।

''शायद। और मेरे तर्जुमे की वजह से यह आदमी और भी ज़्यादा पागल लगता है। ग्रीक का मेरा ज्ञान बहुत ही कम है। तब भी, हम अगर मान भी लें कि वेनेण्टियॅस पागल था या कि उस किताब का लेखक पागल था, तब भी इससे यह पता नहीं चलता कि इतने सारे लोगों ने, जो कि सबके सब पागल नहीं हैं, पहले तो इस पुस्तक को छुपाने के लिए और फिर उसको ढूँढ निकालने के लिए इतनी मशक़्क़त क्यों की होगी...।''

''लेकिन जो बातें यहाँ लिखी हुई हैं वे क्या उस रहस्यमय पुस्तक से ही ली गई हैं?''

''इसमें शक की कोई गुंजाइश नहीं है कि ये बातें वेनेण्टियॅस की लिखी हुई हैं। तुम खुद ही देख सकते हो : यह कोई प्राचीन चर्मपत्र नहीं है। ये निश्चय ही वे नोट्स होने चाहिए जो उसने पुस्तक को पढ़ने के दौरान लिए होंगे; अन्यथा वेनेण्टियॅस ने इनको ग्रीक में न लिखा होता। निश्चय ही उसने *फ़िनिस अफ़्रीका* से चुराई गई पुस्तक में मिले कुछ वाक्यों को, उनको संक्षिप्त करते हुए, कॉपी किया है। वह उसको स्क्रिप्टोरियम में लाया और पढ़ना शुरू किया और जो बातें उसको काम की लगीं उनको नोट करता गया। तभी कोई घटना हुई। या तो वह अचानक बीमार हो गया, या फिर उसने किसी के आने की आहट सुनी। इसलिए उसने पुस्तक को, नोट्स के साथ अपनी डेस्क के नीचे छुपा दिया, जिसके पीछे हो सकता है उसके मन में उसको अगली शाम फिर से निकालने की योजना रही हो। जो भी हो, यह पन्ना हमारे पास वह एकमात्र सम्भावित बिन्दु है जहाँ से हम उस रहस्यमय पुस्तक के मूल रूप को फिर से गढ़ने की शुरुआत कर सकते हैं और उस पुस्तक का मूल रूप ही एकमात्र वह चीज़ है जिसके सहारे हम हत्यारे के रूप का अनुमान लगा सकेंगे। क्योंकि हर ऐसे अपराध में जो किसी चीज़ को हासिल करने के लिए किया गया होता है, उस चीज़ के मूल रूप के सहारे ही हम हत्यारे की प्रकृति के बारे में अनुमान लगाते हैं, भले ही वह अनुमान कितना ही धुँधला क्यों न हो। अगर कोई व्यक्ति मुट्ठी-भर सोने की ख़ातिर हत्या करता है, तो निश्चित है कि वह एक लालची इनसान है; अगर वह किसी पुस्तक की ख़ातिर हत्या करता है, तो तय है कि वह उस पुस्तक के रहस्यों को अपने तक सीमित रखना चाहता होगा। इसलिए हमें यह पता लगाना अनिवार्य है कि उस पुस्तक में, जो हमारे पास नहीं है, क्या लिखा हुआ है।

''और क्या इन थोड़ी-सी पंक्तियों के सहारे आप समझ पाएँगे कि वह कौन-सी पुस्तक है?''

"प्यारे एड्सो, इन शब्दों को पढ़ते ही लगता है कि ये किसी पवित्र पाठ से लिए गए हैं, जिनका अर्थ अक्षरों के परे होता है। आज सुबह, भण्डारी से बातचीत के बाद, इन शब्दों को पढ़ते हुए मेरा ध्यान इस तथ्य पर जाए बग़ैर नहीं रह सका कि यहाँ पर भी साधारण लोगों और किसानों को ज्ञानियों के सत्य से अलग एक सत्य को धारण करनेवालों के रूप में देखने के संकेत हैं। भण्डारी ने इशारा किया था कि कोई विचित्र सी सहअपराधिता है जो उसको मेलाची के साथ बाँधे हुए है। क्या मेलाची ने रेमेजियो द्वारा सौंपे गए किसी विधर्मपूर्ण मज़मून को छुपा रखा है? तब हो सकता है कि वेनेण्टियॅस ने किन्हीं ऐसे रहस्यमय निर्देशों को पढ़ और व्याख्यायित कर लिया हो जिनका ताल्लुक किन्हीं ऐसे उजड्ड और निचले तबके के लोगों के समुदाय से हो जो हर चीज़ और हर व्यक्ति के ख़िलाफ़ विद्रोह से भरे हुए हैं। लेकिन..."

"लेकिन?"

"लेकिन दो तथ्य हैं जो मेरे इस अनुमान के ख़िलाफ़ जाते हैं। पहला यह कि वेनेण्टियॅस को देखकर लगता नहीं था कि उसकी दिलचस्पी इस क़िस्म के सवालों में थी : वह ग्रीक मज़मूनों का अनुवादक था, न कि विधर्म का प्रचारक। दूसरा तथ्य यह कि मूर्तियों और पत्थर और झींगुरोंवाले वाक्यों को इस अनुमान के सहारे नहीं समझा जा सकता...।"

"हो सकता है कि वे कोई पहेलियाँ हों जिनका कोई दूसरा अर्थ हो", मैंने साहस करते हुए कहा। "या फिर आपका कोई दूसरा अनुमान है?"

"है, लेकिन वह अभी धुँधला-सा ही है। इस पन्ने को पढ़ते हुए मुझे ऐसा लगा था जैसे ये शब्द मेरे पढ़े हुए हैं और कुछ मिलते जुलते शब्द, जो मैंने कहीं अन्यत्र देखे हैं, मुझे याद आते हैं। दरअसल, मुझे लगता है कि यह पन्ना किसी ऐसी चीज़ के बारे में बोलता है जिसके बारे में इन पिछले दिनों में कभी चर्चा हुई है...। लेकिन क्या बात हुई है, यह मुझे याद नहीं। मुझे इस बारे में सोचना होगा। शायद मुझे दूसरी पुस्तकें पढ़नी होंगी।"

"क्यों? एक पुस्तक क्या कहती है यह जानने के लिए आपको दूसरी पुस्तक पढ़ना ज़रूरी है?

"कभी-कभी ऐसा हो सकता है। अक्सर पुस्तकें दूसरी पुस्तकों के बारे में बात करती हैं। अक्सर एक पुस्तक जो अपने आप में हानिकारक नहीं है किसी ख़तरनाक पुस्तक के रूप में फल-फूल उठनेवाले बीज की तरह हो सकती है, या इससे उलटा भी हो सकता है : वह किसी कड़वे तने का मीठा फल हो सकती है। क्या अल्बर्ट को पढ़ते हुए मेरे लिए यह जानना सम्भव नहीं था कि थॉमस ने क्या कहा हो सकता है? याकि थॉमस को पढ़ते हुए अवेरोइस के कहे हुए को?"

"सच है", मैंने चकित होते हुए कहा। इसके पहले तक मैं सोचता था कि हर पुस्तक जिन किन्हीं भी मानवीय या दैवीय चीज़ों के बारे में बात करती है वे पुस्तक के बाहर होती हैं। अब मुझे अहसास हुआ कि पुस्तकें अक्सर ही पुस्तकों के बारे में बात करती हैं : मानो वे आपस में बतियाती हैं। इस विचार की रोशनी में वह पुस्तकालय मुझे और भी विक्षोभकारी लगने लगा। लगा जैसे वह जगह एक सुदीर्घ, सदियों पुरानी फुसफुसाहट को, एक चर्मपत्र और दूसरे चर्मपत्र के बीच के किसी अतीन्द्रिय संवाद को अपने में समोये हुए, एक जीवित वस्तु हो, ऐसी शक्तियों का निवास जो इनसानी दिमाग़ के नियन्त्रण से बाहर हैं, अनेक दिमाग़ों

से निकले हुए रहस्यों का एक ख़ज़ाना, इन रहस्यों के जन्मदाताओं या इनके वाहकों की मृत्यु के बाद भी जीवित।

"लेकिन", मैंने कहा, "अगर आप न छुपाई गई पुस्तकों के सहारे छुपाई गई पुस्तकों तक पहुँच ही सकते हैं तब फिर पुस्तकों को छुपाने का फ़ायदा क्या है?"

"शताब्दियों के अन्तराल में तो इसका कोई फ़ायदा नहीं है। कुछ सालों या कुछ दिनों के लिए ही इसका कुछ फ़ायदा होता है। तुम देख ही रहे हो कि हम किस क़दर सम्भ्रमित हैं।"

"तब क्या एक पुस्तकालय सत्य का विस्तार करने का साधन होने की बजाय उसके प्रगटन में बाधा डालने का साधन है?" मैंने भौंचक होते हुए पूछा।

"हमेशा नहीं और अनिवार्यतः नहीं। पर इस मामले में वह ऐसा है।"

मध्याह्निका

जिसमें एड्सो ट्रॅफ़लों की तलाश में निकलता है और माइनॉराइटों को आते हुए देखता है, वे विलियम के साथ देर तक सलाह मशविरा करते हैं और जॉन XXII के बारे में बहुत ही दुखद बातें पता चलती हैं।

इस सोच-विचार के बाद मेरे गुरुदेव ने और आगे न बढ़ने का फ़ैसला किया। मैं पहले ही बता चुका हूँ कि कभी-कभी उनके जीवन में सम्पूर्ण निष्क्रियता के क्षण आ जाया करते थे, मानो नक्षत्रों का अनवरत चक्र थम गया हो और उसके तथा उनके साथ वे भी थम गए हों। और उस सुबह ऐसा ही हुआ। वे शून्य में ताकते हुए अपनी खाट पर चित लेट गए, दोनों हाथ छाती पर मुड़े हुए, बीच-बीच में होंठ हिलते हुए, मानो कोई प्रार्थना कर रहे हों, लेकिन बेतरतीब और श्रद्धारहित ढंग से।

मैंने सोचा कि वे ध्यान में डूबे हुए हैं और इसलिए मैंने निश्चय किया कि उनके ध्यान को भंग न किया जाए। मैं प्रांगण में लौट आया और पाया कि धूप फीकी पड़ चुकी थी। वह ख़ूबसूरत और उजली सुबह (आधा दिन बीतते न बीतते) नम और धुँधली हो चली थी। उत्तर दिशा से भारी बादल उठकर पहाड़ की चोटी को हल्की धुन्ध में ढँकते हुए उस पर छाते जा रहे थे। लगता था कोहरा फैल रहा था और शायद ज़मीन से भी कोहरा उठ रहा था, लेकिन उस ऊँचाई पर नीचे से उठनेवाले कुहासों और ऊपर से नीचे आनेवाले कुहासों के बीच फ़र्क़ करना मुश्किल था। जो इमारतें तुलनात्मक रूप से दूर थीं उनके आयतन को पहचान पाना कठिन होता जा रहा था।

मैंने सेवेरिनॅस को अक्खड़पन के साथ पासियों और उनके कुछ जानवरों को इकट्ठा करते हुए देखा। उसने मुझे बताया कि वह ट्रॅफ़लों की तलाश में पहाड़ी ढलानों से उतरता हुआ घाटी में जा रहा है। मैं झाड़ियों में पैदा होनेवाले उन उत्तम कोटि के फलों से वाक़िफ़ नहीं था, जो उस प्रायद्वीप में पाए जाते थे और जो बेनेडिक्ट इलाक़े की ख़ासियत प्रतीत होते थे, चाहे वे नोर्सिया के हों—काले रंग के—या इन इलाक़ों के हों—सफ़ेद और अपेक्षाकृत

ज़्यादा ख़ुशबूदार। सेवेरिनॅस ने मुझे बताया कि ट्रॅफ़ॅल क्या होता है और जब उसको तरह-तरह से पकाया जाता है तो वह कितना स्वादिष्ट लगता है। और उसने मुझे बताया कि उसको हासिल करना बहुत मुश्किल होता है, क्योंकि वह ज़मीन में छुपा होता है, मशरूम से भी ज़्यादा गुप्त और उनकी गन्ध के सहारे उनको खोद निकालने में एकमात्र सक्षम जानवर सुअर होता है। लेकिन उसके मिल जाने पर वे ख़ुद ही उसको खा जाना चाहते हैं, इसलिए उनको वहाँ से खदेड़ना ज़रूरी होता है, ताकि आप ख़ुद अन्दर जाकर ट्रॅफ़ॅल को खोद सकें। बाद में मुझे पता चला कि बहुत-से भूमिपति इस शिकार में शामिल होने से परहेज़ किए बिना, इस तरह सुअरों का पीछा करते हैं जैसे वे बेहतरीन शिकारी हों और फिर हाथों में कुदालें लिए उनके नौकर उनका पीछा करते हैं। बल्कि, मुझे याद आता है कि मेरे देश के एक भूमिपति ने, जिसको मेरे इटली से वाक़िफ़ होने की जानकारी थी और जिसने इटली में कुछ भूमिपतियों को सुअरों के साथ चरागाहों में देखा था, मुझसे इसकी वजह जाननी चाही थी; और मुझको यह याद कर हँसी आ गई थी कि दरअसल वे वहाँ पर ट्रॅफ़ॅलों की तलाश में गए हुए थे। लेकिन जब मैंने उससे कहा कि ये भूमिपति ज़मीन के अन्दर पाए जानेवाले ट्रॅफ़ॅलों को पाने की उम्मीद में वहाँ गए होंगे, तो उसको लगा जैसे मैंने उनके 'दि ट्यूफ़ेल', यानी डेविल की तलाश में गए होने की बात कही है और उसने मेरी तरफ़ आश्चर्य से देखते हुए अपने लिए ईश्वर से दुआ माँगी। बाद में ग़लतफ़हमी दूर हुई और हम इस पर मिलकर हँस पड़े। मनुष्य की भाषा का जादू ही कुछ ऐसा है कि अक्सर समान ध्वनियाँ अलग-अलग लोगों के मुताबिक़ अलग-अलग अर्थ देती हैं।

सेवेरिनॅस की तैयारियों से उत्सुक होकर मैंने उसका पीछा करने का फ़ैसला किया, इसलिए भी कि मुझे लगा कि वह इस शिकार की तरफ़ इसलिए मुड़ा था ताकि वह उन घटनाओं को भुला सके जो हर किसी के दिमाग़ पर बोझ बनी हुई थीं; और मुझे लगा कि उसकी चिन्ताओं को भूलने में उसकी मदद करके मैं शायद ख़ुद भी अपनी चिन्ताओं को, अगर भुला नहीं तो कम से कम, क़ाबू में रख सकूँगा। और क्योंकि मैं निश्चय कर चुका हूँ कि मैं पूरी तरह से सिर्फ़ सच ही लिखूँगा, मैं इस बात से इन्कार नहीं करूँगा कि मेरे मन में कहीं न कहीं यह दबा-छुपा लालच भी था कि नीचे तराई में मुझे शायद उस इनसान की झलक मिल सकेगी जिसका मैं ज़िक्र नहीं करूँगा। लेकिन मैंने अपने तईं और लगभग ऊँची आवाज़ में घोषणा की कि, चूँकि उस दिन दो प्रतिनिधिमण्डलों के आने की सम्भावना थी, नीचे जाकर मैं शायद उनमें से किसी एक को आते हुए देखने का अवसर जुटा सकूँ।

हम जैसे-जैसे पहाड़ी के घुमावों से नीचे उतरते गए वैसे-वैसे वातावरण साफ़ होता गया। यह नहीं कि धूप वापस लौट आई थी, क्योंकि आसमान के ऊपरी हिस्से में घने बादल छाये हुए थे, लेकिन चीज़ें साफ़ दिखाई दे रही थीं, बावजूद इसके कि कोहरा हमारे सिर पर बना हुआ था। बल्कि कुछ दूर निकल आने के बाद जब मैंने पीछे मुड़कर पहाड़ी की चोटी की तरफ़ निगाह डाली तो पाया वहाँ कुछ भी देख पाना असम्भव था। ऊपर की तरफ़ आधे रास्ते तक ही निगाह जाती थी और आप पाते थे कि पहाड़ की चोटी, ऊपरी मैदान, इडीफ़ीसियॅम—हर चीज़ बादलों में बिला चुकी थी।

हमारे आगमनवाली सुबह, जब हम पहाड़ियों से होकर गुज़र रहे थे, कई ऐसे मोड़ थे जहाँ से दस मील या शायद उससे भी कम दूरी पर मौजूद समुद्र को देखा जा सकता था।

हमारी यात्रा आश्चर्यों से भरी हुई थी, क्योंकि कभी हम अपने आप को सहसा पहाड़ी के एक क़िस्म के छज्जे पर पाते, जो सीधा ख़ूबसूरत खाड़ियों में झाँकता था, तो थोड़ी ही देर में हम किसी गहरी खाई में होते, जहाँ पहाड़ों के बीच से पहाड़ निकलते दिखाई देते और जहाँ एक पहाड़ दूसरे के आड़े आकर सुदूर समुद्र तट के नज़ारे को ओझल कर देता, जहाँ सूरज की किरणें गहरी घाटियों में बमुश्किल ही पहुँच पाती थीं। ऐसा नज़ारा मैंने पहले कभी नहीं देखा था जैसा मुझे इटली के उस इलाक़े में देखने को मिला था, जहाँ समुद्र और पर्वतों के, समुद्र-तटों और उनका पीछा करते पर्वतीय भू-दृश्यों के, इतने क़रीबी और आकस्मिक विस्तार दिखाई दिए हों और जहाँ दर्रों के बीच सनसनाती हवा में एक के बाद एक समुद्र के मरहमी समीर और बर्फ़ीले पहाड़ी झोंकों को एक-दूसरे से टकराते हुए महसूस किया जा सकता हो।

वह सुबह, हालाँकि, पूरी तरह से धूसर थी, लगभग दूधिया सफ़ेद और वहाँ भी जहाँ दर्रे सुदूर समुद्री तटों की तरफ़ खुलते थे, क्षितिज का कहीं अता-पता नहीं था। लेकिन मेरे धैर्यवान पाठक, मैं केवल उसी हद तक इन चीज़ों को याद कर रहा हूँ जिस हद तक वे हमारे इस क़िस्से से ताल्लुक रखती हैं। इसलिए मैं ''दि ट्यूफेल'' की हमारी खोज के दौरान आए उतारों-चढ़ावों का वर्णन नहीं करूँगा। इसकी बजाय मैं माइनॅर भिक्षुओं के उस प्रतिनिधिमण्डल की बात करूँगा जिसे सबसे पहले देखनेवाला मैं था। मैं विलियम को इसकी ख़बर देने तुरन्त मठ की ओर भागा।

मेरे गुरुदेव ने नए मेहमानों के प्रवेश और मठाधीश द्वारा उनका परम्परागत तरीक़े से स्वागत किए जाने तक इन्तज़ार किया। इसके बाद वे उनसे मिलने गए और फिर भाइचारे के भाव से गले मिलने तथा अभिवादनों का सिलसिला चला।

दोपहर के भोजन का वक़्त बीत चुका था, लेकिन मेहमानों के लिए मेज़ लगी हुई थी और मठाधीश इरादतन हमें उनके बीच छोड़कर चले गए; वे भोजन करते हुए विलियम के साथ, जिन्हें विधान की मर्यादाओं से छूट मिली हुई थी, अकेले में अपने विचारों का आदान-प्रदान करने के लिए स्वतन्त्र थे। ईश्वर मुझे मेरी इस अप्रिय मुस्कराहट के लिए क्षमा करे, लेकिन आख़िरकार वह एक युद्ध परिषद जैसी ही तो थी, जिसकी बैठक दुश्मन की फ़ौज, यानी एविग्नॉन के प्रतिनिधि-मण्डल, के आने के पहले जल्दी से जल्दी होना ज़रूरी थी।

कहने की ज़रूरत नहीं कि ये नए मेहमान उबर्तिनो से भी बड़ी तत्परता के साथ मिले थे, जिसका सभी ने आश्चर्य, प्रसन्नता और आदर के साथ स्वागत किया था। ये भावनाएँ उसकी लम्बी ग़ैरमौजूदगी और उसके ग़ायब हो जाने से जुड़ी आशंकाओं भर से उत्प्रेरित नहीं थीं, बल्कि इनके पीछे इस साहसी योद्धा के गुण भी थे जिसने कई दशकों तक वही लड़ाई लड़ी थी जो ये लोग लड़ रहे थे।

इस दल में शामिल भिक्षुओं के बारे में मैं बाद में बात करूँगा, जब मैं अगले दिन की बैठक के बारे में बताऊँगा। वैसे भी शुरू में मैंने उनसे बहुत कम बात की थी, क्योंकि मैं उस तीन-सदस्यीय वार्ता में व्यस्त हो गया था जो विलियम, उबर्तिनो और माइकेल ऑव सेसेना के बीच तत्काल ही शुरू हो गई थी।

माइकेल सच्चे अर्थों में एक विलक्षण व्यक्ति रहा होगा : अपने फ्रांसिस्कन आवेग में बेहद उत्कट (कभी-कभी उसमें उबर्तिनो के रहस्यवादी भावावेग के क्षणों में उभरनेवाली

भंगिमाओं को, लहज़ों को देखा जा सकता था); अपने सांसारिक व्यवहार में बहुत ही मानवीय और तबीअतदार, अच्छी मण्डली में रस लेनेवाला और दोस्तों के बीच ख़ुश रहनेवाला एक रोमाग्ना निवासी इनसान। इस क़दर कुशाग्रबुद्धि और कुटिल कि ताक़तवर लोगों के बीच के रिश्तों की समस्याओं के उठ खड़े होने पर वह अचानक ही एक लोमड़ी की तरह चतुर और चालाक और किसी भेदी की तरह दुर्भेद्य हो जा सकता था; ज़ोरदार अट्टहास लगा सकने में, उत्तेजना से आगबबूला हो सकने में, मानीखेज़ तरीक़े से ख़ामोश हो जा सकने में सक्षम और अगर कहीं और खोया हुआ हो और सामनेवाले से छुपाना चाहता हो कि वह उसके सवाल का जवाब नहीं देना चाहता तो वह किसी बहरे की तरह उसके सामने से अपनी निगाहों को मोड़ ले सकता था।

पीछे के पन्नों में मैं उसके बारे में पहले ही थोड़ा-बहुत कह चुका हूँ और ये वे बातें थीं जो मैंने उन लोगों से सुनी थीं जिनसे ख़ुद भी वे कही गई थीं। दूसरी तरफ़, आज मैं उसके उन अन्तर्विरोधी रवैयों और राजनीतिक दाँव-पेंचों के आकस्मिक बदलावों को बेहतर ढंग से समझता था जिन्होंने हाल के वर्षों में ख़ुद उसके दोस्तों और अनुयायियों को चक्कर में डाल रखा था। माइनॅर भिक्षुओं के संघ का महामन्त्री होने के नाते वह सेण्ट फ्रांसिस का सैद्धान्तिक तौर पर उत्तराधिकारी और वास्तविक रूप में उनके भाष्यकारों का उत्तराधिकारी था : उसके सामने बोनावेंचर ऑव बेंगोरेजियो जैसे पूर्ववर्ती के सन्तत्व और प्रज्ञा का मुक़ाबला करने की चुनौती थी; उसके लिए एक ही साथ हुकूमत के प्रति और एक इस क़दर ताक़तवर तथा व्यापक संघ के प्रति सम्मान का भाव सुनिश्चित करना ज़रूरी था; उसके लिए उन अदालतों और नगर-दंडाधिकारियों पर निगाह रखना ज़रूरी था जिनसे संघ, भले ही धर्मदान के रूप में, उपहार और वसीयतें प्राप्त किया करता था, जो कि उसकी सुख-समृद्धि का स्रोत था; और इसी के साथ-साथ उसके लिए यह भी सुनिश्चित करना ज़रूरी था कि आत्मनिग्रह की माँग ज़्यादा उत्कट स्पिरिचुअलों को संघ को तज देने और इस तरह उस गौरवशाली समुदाय को, जिसका वह प्रधान था, विधर्मियों की मण्डलियों के समूह में बिखरने की ओर न ले जाए। उसके लिए पोप को, सम्राट को, निर्धन जीवन के पक्षधर भिक्षुओं को और उन सेण्ट फ्रांसिस को तो ख़ुश रखना ज़रूरी था ही जो निश्चय ही स्वर्ग से उस पर निगाह रखे हुए थे, इसी के साथ-साथ उस ईसाई जाति को भी ख़ुश रखना ज़रूरी था, जो पृथ्वी से उस पर निगाह रखे हुए थी। जब जॉन ने सारे के सारे स्पिरिचुअलों को विधर्मी ठहराते हुए उनके ख़िलाफ़ दंडाज्ञा जारी की थी तो माईकेल ने बिना किसी हिचकिचाहट के प्रोवेन्स के पाँच सबसे बेलगाम भिक्षुओं को अग्निदंड के लिए धर्माध्यक्ष के हाथों में सौंप दिया था। लेकिन इस बात का अहसास हो जाने पर (और उबर्तिनो का इसमें कुछ साझा रहा हो सकता था) कि संघ में बहुत-से लोग ईसाई सरलता के अनुयायियों से सहानुभूति रखते थे, माइकेल कुछ इस तरह पेश आया कि, चार बरस बाद, पेरूजिया की सभा ने जलाए गए लोगों की ज़ोरदार माँग शुरू कर दी, जिसके पीछे स्वाभाविक ही संघ की रीतियों और नियमों के साथ एक ऐसे प्रयोजन का, जो विधर्मपूर्ण भी हो सकता था, तालमेल बिठाने और संघ तथा पोप की आकांक्षाओं के बीच सामंजस्य क़ायम करने की कोशिश थी। लेकिन जहाँ माइकेल पोप को यक़ीन दिलाने में व्यस्त था, जिसकी सहमति के बिना वह आगे बढ़ने में असमर्थ रहा होता, वहीं वह सम्राट और राजकीय धर्मशास्त्रियों का अनुग्रह हासिल करने की इच्छा भी रखता था। उससे मेरी मुलाक़ात होने के दो बरस पहले तक वह लियों की सामान्य

सभा में अपने संन्यासियों को पोप के व्यक्तित्व के बारे में मर्यादा और सम्मान के साथ बात करने का आदेश देता रहा था (और यह उसके कुछ ही महीने बाद की बात थी जब पोप ने माइनॉराइटों की तरफ़ इशारा करते हुए "उनके भौंकने की, उनकी ग़लतियों की, उनके पागलपन की" शिकायत की थी)। लेकिन इस वक़्त वह ऐसे लोगों के साथ दोस्ताना ढंग से बैठा हुआ था जो पोप के बारे में असम्मान से भी नीचे स्तर पर जाकर बात कर रहे थे।

बाक़ी का क़िस्सा मैं पहले ही बयान कर चुका हूँ। जॉन चाहता था कि वह एविग्नॉन में हो। वह ख़ुद जाना भी चाहता था और नहीं जाना भी चाहता था और अगले दिन की बैठक में ऐसी ही एक यात्रा के स्वरूप और गारण्टियों के बारे में फ़ैसला होना था जो न तो आत्मसमर्पण प्रतीत हो और न ही अवज्ञा। मैं नहीं समझता कि माइकेल जॉन से कभी व्यक्तिशः मिला था, कम से कम उसके पोप बनने के बाद तो नहीं ही। जो भी हो, उसने उसको अर्से से नहीं देखा था और माइकेल के दोस्तों ने गिरजे के याजकीय पद के क्रय-विक्रय के इस अपराधी की छवि को जितना सम्भव हो सकता था उतने काले रूप में पेश करने की उतावली दिखाई थी।

"एक चीज़ जो आपको समझ लेनी चाहिए," विलियम ने उससे कहा, "वह ये है कि उसकी सौगन्धों पर कभी भरोसा मत करना, जिन पर वह, उनके अभिप्राय को तोड़ते-मरोड़ते हुए भी, हमेशा क़ायम रहता है।"

"हर कोई जानता है," उबर्तिनो ने कहा, "कि उसके चुनाव के वक़्त क्या हुआ था...।"

"मैं उसको चुनाव नहीं बल्कि एक बलात् आरोपण कहूँगा!" मेज़ से एक आदमी ने ज़ोर के स्वर में कहा, जिसको बाद में मैंने लोगों द्वारा उग ऑव् न्यूकैसॅल के नाम से पुकारे जाते सुना था, जिसका लहज़ा मेरे उस्ताद के लहज़े से मिलता-जुलता था। "जहाँ तक इस बात का सवाल है, क्लेमेण्ट पंचम की मौत का मामला कभी बहुत साफ़ नहीं हुआ। उसने बोनीफ़ेस अष्टम पर मृत्यूपरान्त मुक़दमा चलाने का जो वादा किया था और फिर उसके पूर्ववर्ती की नामंज़ूरी को टालने के लिए की गई उसकी भरसक कोशिशों के लिए नरेश ने उसको कभी मुआफ़ नहीं किया। कोई नहीं जानता कि कार्पेण्ट्रास में हुई क्लेमेण्ट की मौत की असल वजह क्या थी। सच्चाई यह है कि जिस वक़्त कार्डिनल कॉन्क्लेव के लिए कार्पेण्ट्रास में जुटे थे तब तक नए पोप का चेहरा साफ़ नहीं हुआ था, क्योंकि तर्क (वाजिब तौर पर) अविग्नॉन और रोम के बीच चुनाव के सवाल पर आकर टिक गया था। मुझे ठीक-ठीक जानकारी नहीं है कि उस वक़्त मृत पोप के भतीजे द्वारा धमकाये गए कार्डिनलों के साथ क्या घटना हुई थी– मुझे बताया गया था कि वह क़त्लेआम की घटना थी– उनके अनुचरों को मौत के घाट उतार दिया गया था, महल को आग लगा दी गई थी, कार्डिनलों ने नरेश से अपील की, जिस पर उसने कहा कि वह कभी नहीं चाहता था कि पोप रोम को छोड़कर जाता और उसने उसको धीरज से काम लेने तथा सही चुनाव करने का आग्रह किया...। तभी फ़िलिप दि फेयर की मृत्यु हो गई, जो कैसे हुई, उसके बारे में, एक बार फिर, ईश्वर ही जानता है।"

"या फिर शैतान जानता है," उबर्तिनो ने सीने पर सलीब का निशान बनाते हुए कहा, जिसका बाक़ी सब लोगों ने अनुकरण किया।

"या फिर शैतान जानता है," उग ने व्यंग्यपूर्वक सहमति जतायी। "ख़ैर, इसके बाद एक दूसरा नरेश उत्तराधिकार सम्हालता है, अठारह माह जीवित रहता है और मर जाता है।

उसका नवजात वारिस भी कुछ ही दिनों के अन्तराल में मर जाता है और उसका प्रतिनिधि, नरेश का भाई, गद्दी सम्हाल लेता है...।''

''और यह व्यक्ति है फिलिप पंचम। यह वही व्यक्ति है, जो अभी जब पोईटियर्स का सामन्त हुआ करता था, तो उसने उन कार्डिनलों पर रोक लगा दी थी जो कार्पेण्ट्रास से भाग रहे थे,'' माइकेल ने कहा।

''हाँ,'' उग ने अपनी बात को जारी रखते हुए कहा। ''उसने उनको फिर से, डोमिनीशियाई कान्वेण्ट में ले जाकर, कॉन्क्लेव में बिठाया और क़सम खाई कि वह उनकी सुरक्षा का खयाल रखेगा और उनको क़ैद में नहीं डालेगा। लेकिन जैसे ही वे अपने आपको उसकी सत्ता के अधीन करते हैं, वह उनको न सिर्फ़ क़ैदखाने में डाल देता है (जैसा कि, आख़िरकार, दस्तूर है), बल्कि जब तक वे एक निर्णय तक नहीं पहुँच जाते तब तक प्रतिदिन उनके भोजन की मात्रा कम करता जाता है। और उनमें से हरेक राजगद्दी पर उसके दावे के समर्थन का वादा करता है। उसके गद्दी सम्हालने तक दो बरस बाद कार्डिनल अपने क़ैदी होने को लेकर इतने थक चुके होते हैं और कुपोषित रहकर अपना शेष जीवन वहाँ पर बिताने को लेकर इतने भयभीत होते हैं, कि वे भुक्खड़ हर बात पर राज़ी हो जाते हैं और पीटर के उस राजसिंहासन पर उस बौने को बिठा देते हैं, जो कि अब तक सत्तर से ऊपर का हो चुका है...।''

''बौना, हाँ, वाक़ई,'' उबर्तिनो ने हँसते हुए कहा। ''और देखने में कुछ-कुछ तपेदिक का शिकार, लेकिन हमारी कल्पना से कुछ ज़्यादा ही सख़्त और तेज़!''

''मोची का बच्चा,'' प्रतिनिधिमण्डल का एक सदस्य गुर्राया।

''ईसा भी एक बढ़ई के बेटे थे,'' उबर्तिनो ने उसको फटकारा। ''मुद्दा यह नहीं है। वह पढ़ा-लिखा आदमी है, उसने मोण्टपेलियर में क़ानून की और पेरिस में चिकित्सा-शास्त्र की पढ़ाई की है और उसने अवसर को अनुकूल पाकर दोस्तियाँ क़ायम करने के ऐसे तरीक़े अपनाये जो बिशपों के आसनों और धर्माध्यक्ष के पद को उसके पक्ष में कर देने में एकदम कारगर साबित हुए और नेपल्स में रॉबर्ट दि वाईस के सलाहकार के रूप में उसने अपनी विदग्धता से कईयों को चमत्कृत किया था। जब वह अविग्नॉन का बिशप था, तो उसने फ़िलिप दि फेयर को एकदम सटीक (सटीक, यानी, उस घिनौने दुस्साहस के सन्दर्भ में) सलाह दी थी कि टेम्पलरों को किस तरह ध्वस्त किया जाना चाहिए। और अपने चुनाव के बाद उसने उन कार्डिनलों के षडयन्त्र को नाकामयाब कर दिया था जो उसकी हत्या करना चाहते थे...। लेकिन यह सब वह नहीं है जो मैं कहना चाहता था : मैं तो यह कह रहा था कि वह किस तरह झूठी सौगन्ध खाने के आरोप से बचे रहते हुए विश्वासघात करने में माहिर है। वह चुन लिया जाए इसके लिए उसने कार्डिनल ओर्सिनी को वचन दिया कि वह पोप का पद रोम के लिए वापस कर देगा और जब वह चुन लिया गया, तो उसने पवित्रीकृत रोटी की सौगन्ध खाकर कहा कि अगर उसने अपना वचन नहीं निभाया तो वह कभी भी घोड़े या खच्चर की सवारी नहीं करेगा। ख़ैर, आप जानते हैं कि उस धूर्त ने क्या किया? लियों में (उस नरेश की मर्ज़ी के ख़िलाफ़, जो राजतिलक का यह समारोह अविग्नॉन में चाहता था) ख़ुद को सिंहासनारूढ़ करने के बाद उसने लियों से अविग्नॉन तक की यात्रा नाव से की!''

सारे संन्यासी हँस पड़े। पोप निश्चय ही एक कूट शपथ खानेवाला इनसान था, लेकिन इससे भी इन्कार नहीं किया जा सकता कि उसमें एक ख़ास क़िस्म का बुद्धिकौशल भी था।

"वह निर्लज्ज है," विलियम ने टिप्पणी की। "उग ने नहीं कहा था कि जॉन ने अपनी कपटपूर्ण भावना को छुपाने की ज़रा भी कोशिश नहीं की? तुमने नहीं बताया था, उबर्तिनो, कि उसने अविग्नॉन पहुँचनेवाले दिन ओर्सिनी से क्या कहा था?

"निश्चय ही," उबर्तिनो ने कहा, "उसने उससे कहा था कि फ्रांस का आसमान इतना ख़ूबसूरत है कि कोई कारण नहीं कि वह खण्डहरों से भरे रोम जैसे नगर में क़दम रखे। और चूँकि, पीटर की ही भाँति, पोप के पास बन्धन लगाने और उनको शिथिल करने का अधिकार था, इस वक़्त वह अपने इसी अधिकार का प्रयोग कर रहा था : और इसलिए उसने फ़ैसला किया कि वह वहीं पर रहेगा जहाँ पर वह था, जहाँ पर होना उसको अच्छा लगता था। और जब ओर्सिनी ने उसको याद कराया कि वेटिकन की पहाड़ी पर रहना उसका कर्तव्य है, तो उसने उसको सख़्त ढंग से अनुशासन की याद दिलाई और इस बहस को ख़त्म कर दिया। लेकिन उस वचन का क़िस्सा मैंने अभी ख़त्म नहीं किया है। नाव से उतरने के बाद, जैसा कि दस्तूर था, जॉन को सफ़ेद घोड़े पर सवार होना था और कार्डिनलों को काले घोड़ों पर उसके पीछे चलना था। ऐसा करने की बजाय वह धर्माध्यक्ष के महल तक पैदल चलकर गया। बाद में भी उसने कभी घोड़े की सवारी की हो, ऐसा मेरे सुनने में नहीं आया। और माईकेल, इस आदमी से तुम उम्मीद कर रहे हो कि वह तुमको जो वचन देगा उस पर क़ायम रहेगा?

माईकेल देर तक ख़ामोश रहा। फिर वह बोला, "मैं अविग्नॉन में बने रहने की पोप की इच्छा को समझ सकता हूँ और मैं इस पर विवाद नहीं करूँगा। लेकिन निर्धनता की हमारी आकांक्षा और इस सिलसिले में ईसा के आदर्श की हमारी व्याख्या को लेकर वह विवाद नहीं कर सकता।"

"ज़्यादा चतुर मत बनो, माईकेल," विलियम बोल पड़े, "तुम्हारी, हमारी, आकांक्षाएँ, उसकी आकांक्षाओं को पापपूर्ण रूप दे देती हैं। तुमको यह बात समझनी चाहिए कि सदियों तक कोई इतना लालची इनसान कभी पोप के सिंहासन तक नहीं पहुँचा था। हमारी सदी के अलीग़िऐरी जैसे कवियों ने जिन दुष्चरित्र पोपों का वर्णन करते हुए उनकी तुलना बेबिलॉन की उस वेश्या से की है जिसकी हमारा उबर्तिनो तीखी निन्दा किया करता था, वे पोप भी जॉन के मुक़ाबले में सीधे-सादे मेमने ठहरते हैं। वह एक चोट्टा वाचाल है, यहूदी सूदखोर है; अवैध लेन-देन अविग्नॉन में फ्लोरेंस की तुलना में कहीं ज़्यादा होता है! मुझे उस घृणित सौदे की जानकारी है जो कार्पेण्ट्रास के जनसंहार (जिसके दौरान, संगोग से, कार्डिनलों के आभूषण छीन लिए गए थे) के नायक, क्लेमेण्ट के भतीजे, बट्रेण्ड ऑव गोथ, के साथ किया गया था। उसने अपने चाचा के उस ख़ज़ाने पर हाथ मारा था, जो कोई छोटी-मोटी चीज़ नहीं थी और जॉन ने उनमें से किसी भी चीज़ को नज़रअन्दाज़ नहीं किया था जो बट्रेण्ड ने चुराई थीं : *जब श्रद्धेय पुरुष*** नामक रचना में जॉन ने सूची पेश की है, सिक्कों, सोने और चाँदी के बर्तनों, पुस्तकों, ग़ालीचों, रत्नों, आभूषणों... की। जॉन ने हालाँकि इस बात से अनजान होने का बहाना किया कि बर्ट्रेण्ड ने कार्पेण्ट्रास की लूटमार के दौरान पन्द्रह लाख से ज़्यादा स्वर्णमुद्राओं पर हाथ साफ़ किया था; उसने उन अन्य तीस हज़ार मुद्राओं के बारे में पूछताछ की जिनके बारे में बर्ट्रेण्ड ने स्वीकार किया था कि वे मुद्राएँ उसने एक 'पुण्य कार्य' के लिए अपने चाचा से हासिल की थीं। इस पर सहमति हुई कि बर्ट्रेण्ड उसमें से आधा हिस्सा धर्मयुद्ध की ख़ातिर अपने पास रखेगा और बाक़ी का आधा हिस्सा पोप के सिंहासन के लिए दान

कर देगा। इसके बाद बट्रेण्ड ने कोई धर्मयुद्ध नहीं किया, कम से कम अब तक तो नहीं ही किया और पोप को एक भी मुद्रा देखने को नहीं मिली...।''

''इसका मतलब, वह उतना चालाक तो नहीं है,'' माईकेल ने टिप्पणी की।

''वह एकमात्र अवसर था जब वह पैसे के मामले में किसी की चतुराई का शिकार हुआ था,'' उबर्तिनो ने कहा। ''तुम्हें अच्छी तरह से समझ लेना चाहिए कि तुम किस तरह के व्यापारी से निबटने वाले हो। दूसरी हर परिस्थिति में उसने पैसे इकट्ठा करने के मामले में पैशाचिक दक्षता का परिचय दिया है। वह एक मीडास है : वह जिस किसी भी चीज़ को हाथ लगाता है वह सोने की हो जाती है और उड़कर अविग्नॉन की तिजोरियों में पहुँच जाती है। मैं जब भी कभी उसके अपार्टमेण्ट्स में गया हूँ मैंने वहाँ पर हमेशा साहूकारों, सर्राफों और सोने से लदी हुई मेज़ों, तथा स्वर्णमुद्राओं को गिन-गिनकर एक-दूसरे पर जमाते पुरोहितों को देखा है...। और तुम वह महल देखोगे जो उसने अपने लिए बनाया है, जो उस ऐश्वर्य से सुसज्जित है जो किसी ज़माने में सिर्फ़ बाइज़ेण्टियम के शहंशाह या तार्तारों के महान खान की विशेषता माना जाता था। और अब तुम समझ सकते हो कि उसने निर्धनता के आदर्श के ख़िलाफ़ वे सारे फ़तवे क्यों जारी किए हैं। लेकिन क्या तुम जानते हो कि उसने हमारे सम्प्रदाय के प्रति घृणा से भरे हुए डोमिनीशियाइयों को ईसा की एक ऐसी मूर्ति तराशने के लिए उत्प्रेरित किया था जिसमें वे शाही मुकुट, बैंगनी और सुनहरी पोशाक और शानदार जूतियाँ धारण किए हुए हैं? अविग्नॉन में लोग ऐसी सलीबों का प्रदर्शन करते हैं जिनमें ईसा के सिर्फ़ एक हाथ में कील ठुँकी होती है, जबकि उनका दूसरा हाथ उनके कमरबन्द से लटकते बटुए को छू रहा होता है, जिसका मक़सद यह दर्शाना है कि वे धार्मिक लक्ष्यों के लिए धन के उपयोग की मंज़ूरी देते हैं...।''

''आह, कितना शर्मनाक है!'' माईकेल चिल्लाए। ''लेकिन यह तो साफ़-साफ़ धर्म-द्रोह है!''

''उसने,'' विलियम ने बातचीत को जारी रखते हुए कहा, ''पोप के शिरोवेष्टन में एक तीसरा मुकुट शामिल किया है, है न, उबर्तिनो?''

''बिल्कुल। इस सहस्राब्दी की शुरुआत में पोप हिल्डेब्राण्ड ने, 'ईश्वर के हाथ से दिया गया राजकीय मुकुट'** के मुद्रा-लेख से युक्त, एक मुकुट धारण किया था; उसके बाद कुख्यात बोनीफ़ेस ने उसमें, 'पीटर के हाथ से दिया गया साम्राज्य का ताज'** लिखवाकर, दूसरे का इज़ाफ़ा किया; और जॉन ने प्रतीक को महज़ पूरा कर दिया है : तीन मुकुट–आध्यात्मिक सत्ता, लौकिक सत्ता और चर्च की सत्ता। फ़ारस के बादशाहों को शोभा देनेवाला प्रतीक, एक पेगन प्रतीक...।''

एक संन्यासी था जो अब तक, मठाधीश द्वारा भेजे गए सुस्वादु व्यंजनों का पूरी तन्मयता और श्रद्धा के साथ भोग करते हुए, ख़ामोश रहा आया था। वह जब-तब पोप पर व्यंग्यपूर्वक हँसता हुआ, या दूसरे संन्यासियों के गुस्से से भरे उद्गारों पर हल्के स्वर में सहमति का इज़हार करता हुआ, अन्यमनस्क निगाहों से तमाम वार्तालापों को सुनता रहा था। अन्यथा वह अपनी दाढ़ी पर बह आए शोरबों और अपने पोपले किन्तु भुक्खड़ मुँह में फँसे मांस के टुकड़ों को साफ़ करने में मग्न रहा था और इस दौरान उसने अपने एक पड़ोसी से किसी व्यंजन की तारीफ़ में कुछ कहने के लिए सिर्फ़ एक बार अपना मुँह खोला

था। बाद में मुझे पता चला कि वह मास्टर जेरोम था, काफ़ा का वह बिशॉप, जिसके बारे में कुछ दिनों पहले तक उबर्तिनो का ख़याल था कि वह मर चुका है। (मुझे यहाँ यह बतलाना ज़रूरी लगता है कि दो बरस पहले उसकी मौत की ख़बर समूचे ईसाई जगत में लम्बे अरसे तक फैलती रही थी, क्योंकि बाद में यह ख़बर मेरे कानों में भी पड़ी थी। वास्तव में उसकी मृत्यु हमारी इस बैठक के कुछ महीनों बाद हुई थी और मुझे अब भी लगता है कि उसकी मौत उस भीषण क्रोध की वजह से हुई थी जिससे वह अगले दिन की बैठक में भर उठा था; मैं लगभग विश्वास के साथ कह सकता हूँ कि अपनी काया से वह जितना नाजुक और स्वभाव से जिस क़दर चिड़चिड़ा था, उसके चलते वह तुरन्त ही फट पड़ा था।)।

इस नुक़्ते पर उसने, अपने भरे हुए मुँह से बोलते हुए, बातचीत में हस्तक्षेप किया : "और फिर, आप जानते हैं, उस गँवार ने प्रायश्चित (हासिल करने) के लिए धार्मिक कर** से सम्बन्धित अध्यादेश जारी किया जिसमें वह धार्मिक लोगों के पापों का दोहन करता है ताकि और ज़्यादा धन निचोड़ सके। अगर कोई पुरोहित किसी नन के साथ, अपने कुटुम्ब के किसी सम्बन्धी के साथ, यहाँ तक कि किसी साधारण औरत के साथ भी, काम-वासना में लिप्त होने का पाप करता है (क्योंकि यह भी होता ही है!), तो उसको सढ़सठ स्वर्ण-मुद्राएँ और बारह पैनियों का भुगतान करने पर क्षमा प्राप्त हो सकती है। और अगर वह पशुमैथुन में लिप्त होने का पाप करता है, तो यह राशि दो सौ स्वर्ण-मुद्राओं से ज़्यादा होगी, लेकिन अगर उसने यह पाप सिर्फ़ युवाओं और जानवरों के साथ किया है और मादाओं के साथ नहीं किया है, तो दंड की यह राशि घटकर एक सौ हो जाती है। और अगर कोई नन अपनी देह, एक ही वक़्त में या अलग-अलग वक़्तों में, कॉन्वेण्ट के भीतर या बाहर, कई मर्दों को सौंप देती है और अगर वह मठ की स्वामिनी बनना चाहती है, तो उसको एक सौ इकत्तीस स्वर्ण-मुद्राओं और पन्द्रह पैनियों का भुगतान करना होगा...।"

"बस भी करो, मास्टर जेरोम," उबर्तिनो ने विरोध जताते हुए कहा, "तुम जानते हो कि मैं पोप को कितना कम पसन्द करता हूँ, लेकिन इस मुद्दे पर तो मुझे उसका बचाव करना ही होगा! यह एक मिथ्यापवाद है जिसका अविग्नॉन में प्रचार किया गया है। मैंने यह अध्यादेश कभी नहीं देखा!"

"वह मौजूद है," जेरोम ने जोरदार ढंग से घोषणा की।

उबर्तिनो ने इन्कार में सिर हिलाया और बाक़ी लोग ख़ामोश हो गए। मैं समझ गया कि वे लोग उस मास्टर जेरोम की बातों पर ज़्यादा ध्यान न देने के अभ्यस्त थे, जिसको एक दिन विलियम ने मूर्ख कहकर पुकारा था। विलियम ने वार्तालाप को पटरी पर लाने की कोशिश की : "ख़ैर, सही या ग़लत जैसी भी हो, लेकिन यह अफ़वाह उस अविग्नॉन के नैतिक वातावरण की ओर तो इशारा करती ही है, जहाँ पर शोषित और शोषक दोनों ही जानते हैं कि वे ईसा के पुरोहित के दरबार की बजाय एक बाज़ार में रह रहे हैं। जब जॉन सिंहासन पर सवार हुआ तो ख़ज़ाने में सत्तर हज़ार स्वर्ण-मुद्राओं के होने की चर्चा होती थी और आज ऐसे लोग हैं जिनका मानना है कि उसने एक करोड़ से ज़्यादा मुद्राएँ इकट्ठी कर ली हैं।"

"यह सच है," उबर्तिनो ने कहा। "आह, माईकेल, माईकेल, तुम्हें जरा भी अन्दाजा नहीं है उन शर्मनाक चीज़ों का जो मुझे अविग्नॉन में देखनी पड़ी थीं!"

"हम ईमानदारी से काम लेने की कोशिश करें," माईकेल ने कहा। "हम जानते हैं कि हमारे अपने लोगों ने भी अतियाँ की हैं। मुझे उन फ्रांसिस्कनों के बारे में बताया गया है जिन्होंने डोमिनीशियाई कॉन्वेण्टों पर हथियारों से हमले किए थे और अपने प्रतिपक्षियों पर निर्धनता का आदर्श थोपने के लिए उनके यहाँ डाके डाले थे...। इसी वजह से मैंने प्रोवेंस की घटनाओं के समय जॉन का विरोध करने का साहस नहीं किया...। मैं उसके साथ एक समझौता करना चाहता हूँ : मैं उसके अहं को चोट नहीं पहुँचाऊँगा, मैं उससे सिर्फ़ इतना आग्रह करूँगा कि वह भी हमारी विनयशीलता को चोट न पहुँचाये। मैं उससे पैसे की बात नहीं करूँगा, मैं उससे सिर्फ़ इतना आग्रह करूँगा कि वह धर्मग्रन्थ की विवेकपूर्ण व्याख्या पर सहमत हो। और यही कोशिश हमें कल दूतों के साथ करनी चाहिए। अन्ततः वे धर्मशास्त्र के मर्मज्ञ तो हैं ही और ज़रूरी नहीं कि वे सब के सब जॉन की तरह लोभी हों। जब कोई विवेकवान व्यक्ति धर्मशास्त्र की एक व्याख्या को निश्चित कर देगा तो फिर उसके लिए यह सम्भव नहीं रह जाएगा कि वो–"

"वो?" उबर्तिनो ने उसको टोका। "क्यों, क्या तुमको अब तक उसकी धर्मशास्त्र विषयक मूर्खताओं की जानकारी नहीं है! वह वाक़ई हर चीज़ को अपने हाथों से पक्की कर देना चाहता है, धरती पर भी और स्वर्ग में भी। धरती पर की उसकी करतूतों को हम देख ही चुके हैं। जहाँ तक स्वर्ग का सवाल है...खैर, इस बारे में उसने अपनी धारणाओं को–कम से कम सार्वजनिक तौर पर–अभी तक ज़ाहिर नहीं किया है कि मैं उनके बारे में तुम्हें बता सकूँ, पर यह मुझे अच्छी तरह से पता है कि उसने अपने सहयोगियों को इस बारे में गुपचुप तरीक़े से बताया हुआ है। वह कुछ ऐसी प्रस्थापनाओं की योजना बना रहा है जो कुटिल नहीं तो विक्षिप्त तो हैं ही, ऐसी जो हमारे धर्ममत के बुनियादी मन्तव्य को ही बदल देंगी और हमारे धर्मप्रचार को पूरी तरह से शक्तिहीन बना देंगी!"

"वे क्या प्रस्थापनाएँ हैं?" कई लोगों ने पूछा।

"बेरेंगर से पूछो; वह जानता है, उसी ने मुझे बताया था।" इस बीच उबर्तिनो उस बेरेंगर टेलोनी की तरफ़ मुड़ चुका था, जो बीते बरसों में स्वयं पोप के दरबार में उसका एक अत्यन्त अटल प्रतिपक्षी बनकर रह चुका था। अविग्नॉन से आए होने के नाते, वह दो दिन पहले ही अन्य फ्रांसिस्कनों के समूह में शामिल हुआ था और उनके साथ इस मठ में आया था।

"यह एक धुन्ध से भरी और लगभग अविश्वसनीय कहानी है," बेरेंगर ने कहा। "ऐसा प्रतीत होता है कि जॉन यह घोषणा करने की योजना बना रहा है कि सत्पुरुषों को स्वर्गदर्शन का लाभ फ़ैसले के दिन के बाद ही मिल सकेगा। पिछले कुछ दिनों से वह *इल्हाम-ग्रन्थ* के छठे अध्याय के नौवें स्तोत्र का अध्ययन करता रहा है, जहाँ पर पाँचवीं मुहर के खुलने की चर्चा की गई है, जहाँ आल्टर के नीचे से वे लोग प्रगट होते हैं जिनको दिव्य वाणी का साक्ष्य देने के लिए शहीद कर दिया गया था और जो न्याय की गुहार लगाते हैं। उनमें से हर एक को एक सफ़ेद पोशाक दी जाती है और उनसे कुछ देर धीरज बरतने को कहा जाता है...। जॉन का तर्क है कि यह इस बात का संकेत है कि जब तक आख़िरी फ़ैसला नहीं हो जाता तब तक वे लोग ईश्वर को उसके वास्तविक स्वरूप में नहीं देख सकेंगे।"

"किससे कहीं हैं उसने ये बातें?" माईकेल ने भयभीत स्वर में पूछा।

"कहीं तो अब तक थोड़े से आत्मीय मित्रों से ही हैं, लेकिन बात फैल चुकी है; लोगों का कहना है कि वह एक खुला घोषणा-पत्र तैयार करने में जुटा है, तुरन्त नहीं, शायद कुछ सालों के भीतर। वह अपने धर्मशास्त्रियों से मशविरा कर रहा है...।"

"हः हः!" जेरोम ने खाते-खाते खिल्ली उड़ायी।

"और, इससे भी ज़्यादा, ऐसा प्रतीत होता है कि वह इससे भी आगे जाकर यह दावा करने का इरादा रखता है कि उस दिन के पहले तक नर्क के दरवाज़े भी नहीं खुलेंगे...शैतानों तक के लिए भी!"

"लॉर्ड जीसस, हमारी मदद कर!" जेरोम चिल्लाया। "और तब हम पापियों से क्या कहेंगे, अगर हम उनको मरने के तत्काल बाद के नर्क का नाम लेकर डराएँगे नहीं तो?"

"हम एक पागल इनसान के हाथों में पड़ चुके हैं," उबर्तिनो ने कहा। "लेकिन मेरी समझ में यह नहीं आता कि वह ये दावे क्यों करना चाहता है...।"

"इस तरह से तो अनुग्रह का पूरा का पूरा सिद्धान्त ही धरा रह जाएगा," जेरोम ने गुहार लगाई, "यहाँ तक कि इसके बाद तो वह ख़ुद भी कोई सिद्धान्त बेच नहीं पाएगा। आख़िर क्योंकर कोई पुरोहित जिसने पशु-मैथुन का पाप किया है वह इतने दूर की सज़ा से बचने के लिए इतनी सारी स्वर्ण-मुद्राएँ भुगतेगा?"

"सज़ा इतनी दूर भी नहीं है," उबर्तिनो ने दृढ़तापूर्वक कहा। "वह घड़ी निकट ही है!"

"यह तो आप जानते हैं, प्रिय बन्धु, लेकिन साधारण जन इस बात को नहीं समझते। स्थितियाँ ऐसी ही हैं!" जेरोम चिल्लाया, जो लगता था कि अब भोजन का आनन्द लेना बन्द कर चुका था। "क्या ही शैतानियत से भरा विचार है; ये बातें निश्चय ही उन प्रचारक भिक्षुओं ने उसके दिमाग़ में भरी होंगी... आह!" और उसने अपना सिर हिलाया।

"लेकिन क्यों?" माईकेल ऑव सेसेना फिर अपने सवाल पर लौट आया।

"मैं नहीं मानता कि इसके पीछे कोई तर्क है," विलियम ने कहा। यह एक परीक्षा है जिसमें वह ख़ुद को झोंक रहा है, एक अहंकारपूर्ण कृत्य। वह सच्चे अर्थों में स्वर्ग और पृथ्वी के फ़ैसले करनेवाला व्यक्ति होना चाहता है। मुझे इस खुसुर-पुसुर की जानकारी है–विलियम ऑव ओक्काम ने मुझे ख़त में ये बातें लिखी थीं। देखना यह होगा कि अन्त में जीत किसकी होती है–पोप की होती है या फिर धर्मवेत्ताओं की, समूचे चर्च की आवाज़ की, पुरोहितों की, बिशपों की...।"

"ओह, जहाँ तक धर्मसिद्धान्त का सवाल है, वह धर्मशास्त्रियों तक को अपनी मर्ज़ी के आगे झुका ले सकता है," माईकेल ने उदास स्वर में कहा।

"ज़रूरी नहीं है," विलियम ने जवाब दिया। "हम एक ऐसे वक़्त में रह रहे हैं जिसमें दैवीय विषयों का ज्ञान रखनेवाले पण्डितों को पोप को एक विधर्मी क़रार देने में कोई भय नहीं है। ये पण्डित लोग अपनी तरह से ईसाई समुदाय की आवाज़ हैं। और पोप में भी हिम्मत नहीं है कि वह इस वक़्त इन लोगों के खिलाफ़ खड़ा हो सके।"

"बदतर, यह तो और भी बदतर है," माईकेल भयभीत स्वर में बुदबुदाया। "एक तरफ़ विक्षिप्त पोप और दूसरी तरफ़ वे पुरोहित, जो, सम्राट के धर्मशास्त्रियों के शब्दों में ही क्यों न सही, जल्द ही धर्मग्रन्थ की स्वतन्त्र व्याख्या का दावा करने लगेंगे...।"

"क्यों? क्या तुम्हारे अपने लोगों ने पेरूजिया में इससे अलग कुछ किया था?" विलियम ने पूछा।

माईकेल ने कुछ इस तरह प्रतिक्रिया की मानो उसको डंक लग गया हो। "इसीलिए तो मैं पोप से मिलना चाहता हूँ। अगर उसके साथ सहमति नहीं बनती, तो हम कुछ नहीं कर सकते।"

"देखेंगे, देखेंगे क्या होता है," रहस्यमय अन्दाज़ में विलियम ने कहा।

मेरे गुरुदेव वाक़ई बहुत ही तेज़ थे। उन्होंने किस तरह भाँप लिया होगा कि माईकेल ख़ुद आगे चलकर साम्राज्य के धर्मशास्त्रियों का समर्थन करने का फ़ैसला करेगा और पोप के तिरस्कार में लोगों का साथ देने का निर्णय लेगा? विलियम ने कैसे भाँप लिया होगा कि, चार साल के भीतर, जब जॉन पहली दफ़ा अपने अविश्वसनीय धर्म-सिद्धान्त की उद्घोषणा करने को होगा, तो समूची ईसाइयत बग़ावत कर उठेगी? अगर पोप का मनोरथ इस तरह स्थगित हो जाता, तो मृतक कैसे जीवितों का बीचबचाव कर सके होते? और सन्त-पूजा की परम्परा का क्या हश्र हुआ होता? ये स्वयं माइनॉराईट ही तो थे जो पोप की भर्त्सना के लिए शत्रुता की शुरुआत करनेवाले थे और, अपने तर्कों में दृढ़ और कठोर, विलियम ऑव ओकेम कमान सम्हालनेवाले थे। यह संघर्ष तीन वर्षों तक जारी रहनेवाला था, उस वक़्त तक जब तक कि अपनी मृत्यु के क़रीब पहुँच चुके जॉन ने आंशिक संशोधन नहीं कर दिए थे। वर्षों बाद मैंने उसका वर्णन सुना था, उस समय का वर्णन जब वह दिसम्बर 1334 की आचार्य-परिषद के सामने पेश हुआ था, पहले की अपनी काया की तुलना में और भी दुर्बल, आयु से क्षीण, मरने की कगार पर पहुँचा हुआ पचासी साल का बूढ़ा, जिसका चेहरा पीला पड़ चुका था और जो यह बयान देनेवाला था (धूर्त इनसान, शब्दों का इस क़दर मँजा हुआ खिलाड़ी जो न सिर्फ़ अपनी शपथ तोड़ने में बल्कि अपनी ही हठधर्मिता से इन्कार करने में भी माहिर था) : "हम स्वीकार करते हैं और विश्वास करते हैं कि आत्माएँ देह से बिछुड़कर और पूरी तरह से शुद्ध होकर स्वर्ग में निवास कर रही हैं, देवदूतों के साथ और ईसा मसीह के साथ आनन्दधाम में हैं और यह कि वे ईश्वर का उसके वास्तविक दैवीय स्वरूप में स्पष्ट और प्रत्यक्ष साक्षात्कार करती हैं... ।" और फिर, थोड़ा-सा रुककर—यह बात कभी भी नहीं समझी जा सकी कि यह रुकावट साँस की कठिनाई की वजह से थी या इसके पीछे आख़िरी वाक्यांश की विरोधपरकता पर बल देने की उसकी आकांक्षा थी—"उस सीमा तक जहाँ तक कि इन बिछुड़ी हुई आत्माओं की अवस्था और परिस्थिति उनको इसकी गुंजाइश देती है।" अगली सुबह, इतवार के दिन, उसने एक लम्बी आराम-कुर्सी पर अपने को लिटाया, कार्दिनलों से मुलाक़ात की, जिन्होंने उसको चूमा और वह मर गया।

लेकिन मैं एक बार फिर से विषयान्तर करता हूँ, जो बातें मुझे बतानी चाहिए उनसे अलग कुछ बातें कहता हूँ। यूँ भी, अन्ततः उस मेज़ पर हुई बाक़ी बातचीत उन घटनाओं की समझ में कोई ख़ास इज़ाफ़ा नहीं करतीं जिनका मैं बयान करने बैठा हूँ। अगले दिन जो रुख़ अख़्तियार किया जाना था उस पर माइनॉराईट सहमत हुए। उन्होंने एक एक कर अपने प्रतिपक्षियों के बारे में राय क़ायम की। उन्होंने विलियम द्वारा दी गई बर्नार्ड गुई के आगमन की सूचना पर चिन्ता जताते हुए टिप्पणियाँ कीं। और उससे भी ज़्यादा इस बात पर कि कार्दिनल बर्ट्रेण्ड पोगेटो अविग्नॉन से आ रहे इस प्रतिनिधिमण्डल की

अध्यक्षता करनेवाला है। दो धर्मपरीक्षक ज़रूरत से ज़्यादा थे : वे इस बात का संकेत थे कि उन्होंने विधर्मिता के तर्क को माइनॉराईटों के ख़िलाफ़ इस्तेमाल करने की योजना बना रखी थी।

''यह तो और भी बुरा है,'' विलियम ने कहा। ''हम उनको विधर्मियों की तरह बरतेंगे।''

''नहीं, नहीं,'' माईकेल ने कहा, ''हमें सावधानी बरतनी होगी; हमें किसी भी सम्भावित समझौते को जोखिम में नहीं डालना चाहिए।''

''हालाँकि यह बैठक हो सके इसके लिए मैंने भी कोशिश की थी और तुम इस बात जानते हो, माईकेल,'' विलियम बोले, ''लेकिन जहाँ तक मैं समझ पाता हूँ, मुझको नहीं लगता कि अविग्नॉनी यहाँ पर कोई सकारात्मक परिणाम हासिल करने के उद्देश्य से आ रहे हैं। जॉन तुमको अविग्नॉन में अकेला चाहता है और बिना किसी गारण्टी के। लेकिन बैठक का एक फल तो निकलेगा ही : यह कि तुम इस बात को समझ लो। यह और भी बुरा होता अगर तुम इस तजुर्बे से गुज़रे बग़ैर वहाँ चले गए होते।''

''और तुम एक ऐसी चीज़ के लिए महीनों जी तोड़ मेहनत करते रहे जिसको तुम ख़ुद ही निरर्थक मानते थे,'' माईकेल ने तीखे लहज़े में कहा।

''मुझसे करने को कहा गया था, सम्राट के द्वारा और तुम्हारे द्वारा,'' विलियम ने कहा। ''और अन्ततः अपने शत्रु को बेहतर रूप में पहचान लेना कभी भी निरर्थक नहीं होता।''

तभी लोगों ने आकर हमें ख़बर दी कि दूसरा प्रतिनिधिमण्डल चहारदीवारी के अन्दर प्रवेश कर रहा था। माइनॉराईट उठे और पोप के आदमियों से मिलने चल पड़े।

उत्तराह्निका

जिसमें बर्नार्ड गुई और अविग्नॉन के अन्य लोगों के साथ कार्दिनल डेल पोगेटो का आगमन होता है और उनमें से हर एक कुछ अलग ही चीज़ें करता है।

लोग जो पहले से ही कुछ अरसे से एक-दूसरे को जानते थे, लोग जिन्होंने एक-दूसरे को जाने बग़ैर एक-दूसरे के बारे में सुन रखा था, उन सारे लोगों ने प्रकट विनम्रता के साथ एक-दूसरे से सौजन्य-भेंट की। कार्दिनल बर्ट्रेण्ड डेल पोगेटो सत्ता के अभ्यस्त व्यक्ति की भाँति मठाधीश के पक्ष के लोगों की तरफ़ कुछ यूँ बढ़ा, मानो वह ख़ुद ही वस्तुतः दूसरा पोप हो और उसने हर एक पर, ख़ास तौर से माइनॉराईटों पर, अगले दिन की बैठक में शानदार सहमति का अनुमान जताती और जॉन XXII की ओर से शान्ति और कल्याण (फ्रांसिस्कनों के प्रिय इस पद का प्रयोग उसने जानबूझकर किया था) का सन्देश धारण करती एक हार्दिक मुस्कान बिखेरी।

''बहुत ख़ूब,'' उसने मुझसे कहा, जब विलियम ने कृपापूर्वक मेरा परिचय देते हुए उसको बताया कि मैं उनका लिपिक और शिष्य हूँ। फिर उसने मुझसे पूछा कि क्या मैं बोलोग्ना से परिचित हूँ और उसने उसकी ख़ूबसूरती का, उसके स्वादिष्ट भोजन और भव्य विश्वविद्यालय

का बखान करते हुए मुझे उस शहर में आने का न्यौता दिया और कहा कि मैं सीधा अपने उन जर्मन लोगों के बीच न लौट जाऊँ जिन्होंने पोप को इस क़दर मुसीबत में डाल रखा था। फिर, किसी और की तरफ़ मुस्कान बिखेरते हुए, उसने मेरे चुम्बन के लिए अपनी अँगूठी मेरे आगे कर दी।

इसी के साथ मेरा ध्यान उस व्यक्ति की तरफ़ गया जिसकी हाल ही में मैंने बहुत चर्चा सुन रखी थी : बर्नार्ड गुई, जैसा कि फ्रांसीसी उसको पुकारते थे, या बर्नार्डो गुइडोनी या बर्नार्डो गुइडो जैसा उसको अन्यत्र पुकारा जाता था।

वह सत्तर के आस-पास का, छरहरा और सीधा, एक डोमिनीशियाई था। मेरा ध्यान उसकी उन धूसर निगाहों पर गया जो भावशून्य बनी रहकर ताकती रह सकती थीं; बाद के दिनों में मुझे उनमें एक ऐसी द्वैधपूर्ण चमक को देखने के अवसर मिलनेवाले थे, जो एक साथ विचारों और भावों को छुपाने और उनको जानबूझकर ज़ाहिर करने की धूर्तता से भरी होती थी।

सामान्य सौजन्य भेंट के दौरान वह दूसरे लोगों की तरह स्नेह या सौहार्द्र से भरा हुआ नहीं था, बल्कि पूरे वक़्त सिर्फ़ सौम्य बना रहा। जब उसने उबर्तिनो को देखा, जिसको वह पहले से ही जानता था, तो वह बहुत ही आदर से भरा हुआ तो था, लेकिन उसने उसकी ओर जिस तरह से देखा उससे मैं बेचैनी से भर उठा था। जब उसने माईकेल ऑव सेसेना का अभिवादन किया, तो उसके चेहरे पर एक अबूझ मुस्कराहट थी और वह बिना गर्मजोशी के बुदबुदा रहा था, "वहाँ पर कुछ समय से आपका इन्तज़ार होता रहा है," एक ऐसा वाक्य जिसमें मैं समझ नहीं सका कि उत्सुकता की ओर इशारा था या व्यंग्य की छाया थी, कोई निर्देश था या फिर हितचिन्तन का संकेत। वह विलियम से मिला और जब उसको ज्ञात हुआ कि वे कौन थे, तो उसने उनकी तरफ़ सौम्य विद्वेष के भाव से देखा : इसलिए नहीं कि उसके चेहरे ने उसकी अन्दरूनी भावनाओं को उजागर कर दिया था, इतना तो मैं निश्चित तौर पर जानता था (तब भी जबकि मैं इस बात को लेकर निश्चित नहीं था कि उसमें कोई भावनाएँ थीं भी या नहीं), बल्कि इसलिए कि वह विलियम को निश्चित तौर पर यह अहसास कराना चाहता था कि वह उनके प्रति विद्वेष रखता था। विलियम ने उसके विद्वेष का जवाब कुछ ज़्यादा ही सौहार्द्रपूर्ण मुस्कराहट के साथ दिया, यह कहते हुए कि "मैं कुछ समय से उस इनसान से मिलने की राह देखता रहा हूँ जिसकी ख्याति मेरे लिए एक सबक़ रही है और उन बहुत सारे फ़ैसलों के लिए एक सीख रही है जिन्होंने मेरे जीवन को प्रेरित किया है।" किसी भी ऐसे व्यक्ति के लिए ये निश्चय ही तारीफ़ से भरे हुए, किसी हद तक खुशामद से भरे हुए शब्द थे जो नहीं जानता था, जैसा कि बर्नार्ड भली-भाँति जानता था, कि विलियम के जीवन का एक सबसे अहम फ़ैसला धर्मपरीक्षक के पद को त्याग देने का रहा था। मैंने नतीजा निकाला कि यदि विलियम खुशमिजाज़ ढंग से बर्नार्ड से किसी शाही बन्दीगृह में मिले होते, तो निश्चय ही बर्नार्ड विलियम को आकस्मिक और तत्काल मृत्यु का शिकार होते देखकर खुश होता; और क्योंकि उन दिनों में बर्नार्ड के अधीन अस्त्र-बल हुआ करता था, मैं अपने नेक उस्ताद के जीवन को लेकर भयभीत हो उठा।

बर्नार्ड को निश्चय ही मठ में हुए अपराधों की सूचना मठाधीश से मिल चुकी होगी। दरअसल, उसने विलियम के शब्दों में घुले हुए ज़हर की तरफ़ ध्यान न देने का बहाना करते

हुए उनसे कहा, "लगता है कि मठाधीश के अनुरोध को ध्यान में रखते हुए और उस अभियान को पूरा करने के लिए भी जो मुझको उस समझौते की शर्तों के तहत सौंपा गया है जिसने हम सबको यहाँ पर इकट्ठा किया है, मुझे अब उन दुःखद घटनाओं की तरफ़ ध्यान देना होगा जिनमें एकदम साफ़ तौर पर शैतान के दुराचार की बदबू आ रही है। मैं इसका ज़िक्र आपसे इसलिए कर रहा हूँ क्योंकि पुराने दिनों में, जब आप मेरे ज़्यादा क़रीब रहे होंगे, तो उस मैदान में जिसमें अच्छाई की सेनाएँ बुराई की सेनाओं के ख़िलाफ़ तैनात हैं, आप भी उसी मोर्चे से लड़ाई लड़ा करते थे, जिस तरह मैं—और मेरे जैसे दूसरे लोग—लड़ा करते थे।"

"सच है," विलियम ने शान्त स्वर में कहा, "लेकिन बाद में मैं दूसरे खेमे में चला गया।"

बर्नार्ड इस चोट को चतुराई से झेल गया। "क्या आप इन आपराधिक कृत्यों के बारे में मुझे कोई उपयोगी जानकारी दे सकते हैं?"

"दुर्भाग्य कि नहीं दे सकता," विलियम ने शालीनता से जवाब दिया। "मेरे पास आपराधिक कृत्यों के बारे में आप जैसा तजुर्बा नहीं है।"

इसके बाद कौन कहाँ गया इसकी ख़बर मैं नहीं रख सका। माईकेल और उबर्तिनो के साथ एक और वार्तालाप के बाद विलियम स्क्रिप्टोरियम में चले गए। उन्होंने मेलाची से कुछ पुस्तकों को देखने की इजाज़त माँगी, लेकिन मैं उनके नाम नहीं सुन सका। मेलाची ने उन्हें अजीब-सी नज़रों से देखा लेकिन इजाज़त देने से मना नहीं कर पाया। आश्चर्य की बात थी कि उनको पुस्तकालय में तलाशने की ज़रूरत नहीं पड़ी। वे, सारी की सारी, पहले से ही वेनेण्टियॅस की डेस्क पर मौजूद थीं। मेरे उस्ताद उनको पढ़ने में डूब गए और मैंने उनको व्यवधान न डालना उचित समझा।

मैं नीचे रसोई में चला गया। वहाँ पर मैंने बर्नार्ड गुई को देखा। वह शायद मठ के विन्यास को समझना चाहता था और हर कहीं के चक्कर लगा रहा था। मैंने उसको रसोइयों और दूसरे नौकरों से पूछताछ करते सुना, जिनसे वह किसी हद तक स्थानीय बोली में बात कर रहा था (बाद में मुझे याद आया कि वह उत्तरी इटली में धर्मपरीक्षक रह चुका था)। वह शस्त्र-संचय और मठ की कार्यव्यवस्था के बारे में जानकारी लेता लग रहा था। लेकिन निहायत ही अहिंस्र क़िस्म के सवाल पूछते हुए भी वह अपने साथी को पैनी निगाहों से देखता, फिर उससे अचानक ही कोई दूसरा सवाल पूछने लगता और इस बिन्दु पर उसका शिकार पीला पड़ जाता और हकलाने लगता। मैंने नतीजा निकाला कि वह किसी अपने ही ख़ास ढंग से एक धर्मपरीक्षा में जुटा हुआ था और एक ऐसे अचूक अस्त्र को काम में ले रहा था जिसे हर धर्मपरीक्षक अपनी कार्रवाई के दौरान अपने पास रखता है और उसका प्रयोग करता है : दूसरों के भय का अस्त्र। क्योंकि अक्सर देखा गया है कि जब किसी व्यक्ति से पूछ-ताछ की जाती है तो वह किसी चीज़ के सन्देह के घेरे में आ जाने के डर से धर्मपरीक्षक से कोई ऐसी बात कह देता है जिससे कोई दूसरा व्यक्ति सन्देह के घेरे में आ जाए।

उस दोपहर के बाद के पूरे वक़्त में यहाँ-वहाँ आते-जाते मैंने बर्नार्ड को हर कहीं यही तरीक़ा अपनाते देखा, चाहे वह मिलों में हो, या क्लॉइस्टॅर में। लेकिन संन्यासियों को उसने लगभग नहीं छेड़ा : हमेशा ग़ैरपुरोहित बन्धुओं और ग्रामीणों को। यह विलियम की अब तक की रणनीति के उलट रणनीति थी।

सान्ध्यकालीन उपासना

जिसमें एलिनार्दो मूल्यवान सूचना देता प्रतीत होता है और विलियम असन्दिग्ध भूलों की एक समूची श्रृंखला के सहारे सम्भावित सत्य तक पहुँचने की अपनी पद्धति का खुलासा करते हैं।

बाद में विलियम प्रसन्न मन से स्क्रिप्टोरियम से नीचे उतरे। ब्यालू के समय की प्रतीक्षा के दौरान क्लॉइस्टर में हमारी मुलाक़ात एलिनार्दो से हुई। उसके अनुरोध को ध्यान में रखते हुए मैंने रसोई से थोड़े से मटर के दानों का इन्तज़ाम कर लिया था और वे मैंने उसको दिए। उसने उनको अपने पोपले और लार टपकाते मुँह में भरते हुए मेरा शुक्रिया अदा किया। ''तुमने देखा, बच्चे?'' उसने कहा। ''दूसरा मुर्दा भी वहीं पड़ा मिला है, जहाँ पर मिलने की घोषणा पुस्तक में की गई थी...। अब चौथी तुरही का इन्तज़ार करो!''

मैंने उससे पूछा कि उसको क्यों लगता है कि अपराधों के सिलसिले की कुंजी *इल्हाम-ग्रन्थ* में छुपी हुई है। उसने मेरी ओर विस्मय से देखा : ''जॉन की पोथी में तो हर चीज़ की कुंजी है!'' और फिर उसने कड़ुआहट से भरा मुँह बनाते हुए आगे जोड़ा, ''मैं जानता था, मैं अरसे से यह बात कहता रहा हूँ।... जानते हो, मैं ही था जिसने....*इल्हाम* की ज़्यादा से ज़्यादा टीकाएँ इकट्ठा करने की सलाह मठाधीश को दी थी... तब हमारे पास एक ही टीका हुआ करती थी। मुझे लाइब्रेरियन होना था...। लेकिन उस दूसरे ने कुछ ऐसा इन्तज़ाम किया कि उसको सिलॉस भेज दिया गया, जहाँ पर उसको बेहतरीन पाण्डुलिपियाँ मिलीं और वह शानदार लूट का माल लेकर वापस आया...। आह, उसे मालूम था कि कहाँ पर तलाश करनी चाहिए; उसको विधर्मियों की ज़ुबान भी आती थी...। और इसलिए पुस्तकालय उसकी देख-रेख में चला गया, मेरी में नहीं। लेकिन परमात्मा ने उसको सज़ा दी और उसको वक़्त से पहले ही अँधेरे के लोक में पहुँचा दिया। हा हा...'' वह कलुषित ढंग से हँस पड़ा, वह बूढ़ा जो इसके पहले तक, अपनी वृद्धावस्था की प्रशान्ति में खोया हुआ, मुझे एक बच्चे की तरह मासूम दिखाई देता था।

''वह कौन संन्यासी था जिसकी आप बात कर रहे हैं?'' विलियम ने पूछा।

वह हक्का-बक्का होकर हमें देखने लगा। ''मैं किसकी बात कर रहा था? मैं याद नहीं कर सकता...यह बहुत पुरानी बात है। लेकिन ख़ैर, ईश्वर सज़ा देता है, ईश्वर विफल कर देता है, यहाँ तक कि ईश्वर स्मृति को भी धुँधला देता है। अहंकार से भरे बहुत-से कृत्य इस पुस्तकालय में किए गए। ख़ास तौर से इसके विदेशियों के हाथ में आ जाने के बाद। ईश्वर लेकिन तब भी सज़ा देता है...।''

हम इससे ज़्यादा कुछ उससे हासिल नहीं कर सके और उसको उसके शान्त और कटुता से भरे सन्निपात में छोड़कर चले गए। विलियम ने उस वार्तालाप में अपनी गहरी दिलचस्पी की घोषणा की : ''एलिनार्दो सुनने लायक़ इनसान है; वह जब भी बोलता है, कोई न कोई दिलचस्प बात कहता है।''

''इस बार उसने ऐसा क्या कहा है?''

"एड्सो," विलियम बोले, "रहस्य को सुलझाना मूल सिद्धान्त के आधार पर तथ्यों का पता लगाने जैसा काम नहीं है। न ही वह किसी सामान्य नियम तक पहुँचने के लिए ढेर सारे ख़ास तथ्य इकट्ठे कर लेने जैसी कोई चीज़ है। बजाय इसके, उसका अर्थ है एक या दो या तीन ऐसे ख़ास तथ्यों को सामने रखना जिनमें ऊपरी तौर पर कोई समानता नहीं है और फिर यह कल्पना करने की कोशिश करना कि क्या वे तथ्य किसी सामान्य नियम के ऐसे अनेक दृष्टान्तों को पेश करने में सक्षम हैं जिनकी तुम्हें अब तक जानकारी नहीं थी और जिनको शायद कभी उच्चरित भी नहीं किया गया है। निश्चय ही, अगर तुम्हें मालूम हो, जैसा कि दार्शनिक का कहना है, कि मर्द, घोड़ा और खच्चर तीनों में पित्त नहीं होता है और वे लम्बे समय तक जीवित रहते हैं, तो तुम यह सिद्धान्त गढ़ने का जोख़िम उठा सकते हो कि जिन प्राणियों में पित्त नहीं होता वे लम्बे समय तक जीवित रहते हैं। लेकिन अब जरा उन जानवरों पर ग़ौर करो जिनके सींग होते हैं। क्यों होते हैं उनके सींग? अचानक तुम पाते हो कि सींग धारण करनेवाले सारे जानवरों के ऊपरी जबड़े में दाँत नहीं होते। यह एक अच्छी खोज होगी, बशर्ते कि तुम्हें इस बात का भी अहसास नहीं होता कि, आह, ऊपरी जबड़े में दाँतों से रहित ऐसे भी जानवर पाए जाते हैं जिनके सींग नहीं होते : जैसे कि ऊँट को ही ले लो। और अन्ततः तुमको समझ आता है कि ऊपरी जबड़े में दाँतों से रहित सारे जानवरों के चार पेट होते हैं। ख़ैर, ऐसे में तुम मानकर चल सकते हो कि जो प्राणी ठीक से चबा नहीं पाते उनको अपना भोजन ठीक तरह से पचाने के लिए चार पेटों की ज़रूरत होती है। लेकिन सींगों का क्या हुआ? तब तुम सींगों के पीछे किसी भौतिक कारक के होने की कल्पना करने की कोशिश करते हो—जैसे कि यही कि दाँतों के न होने की वजह से जानवरों में अस्थिपरक पदार्थ की मात्रा इस क़दर बढ़ जाती होगी कि उसको किसी दूसरी जगह से प्रगट होना ज़रूरी हो जाता होगा। लेकिन यह कैफ़ियत क्या पर्याप्त है? नहीं, क्योंकि ऊँट के ऊपरी दाँत नहीं होते, उसके चार पेट होते हैं, सींग नहीं होते। और फिर तुमको एक अन्तिम कारक की भी कल्पना करनी चाहिए। अस्थिपरक पदार्थ सींगों के रूप में केवल उन्हीं जानवरों में प्रगट होता है जिनके पास अपने बचाव का कोई दूसरा साधन नहीं होता। लेकिन ऊँट की खाल बहुत सख़्त होती है और इसलिए उसको सींगों की ज़रूरत नहीं होती। इस तरह नियम यह बन सकता..."

"लेकिन सींगों का किसी भी चीज़ से क्या लेना-देना है?" मैंने धीरज खोते हुए पूछा।

"मैंने उनसे कभी भी सरोकार नहीं रखा, लेकिन लिंकॉन के बिशॅप ने, अरस्तू की एक धारणा का अनुशीलन करते हुए उनमें गहरी दिलचस्पी ली थी। सच कहूँ तो मैं नहीं जानता कि जो नतीजे उसने निकाले हैं वे सही हैं या नहीं, न ही मैंने कभी इसका परीक्षण किया है कि ऊँट के दाँत कहाँ होते हैं या कि उसके कितने पेट होते हैं। मैं तो तुमसे यह कहने की कोशिश कर रहा था कि नैसर्गिक तथ्यों में व्याख्यापरक नियमों की खोज दोषपूर्ण तरीक़े से ही आगे बढ़ती है। किन्हीं अव्याख्येय तथ्यों के होने पर तुम्हें एक साथ ऐसे कई सामान्य नियमों की कल्पना करने की कोशिश करनी चाहिए जिनका तुम्हारे तथ्यों के साथ सम्बन्ध तुम्हारी नज़र में बनता नहीं दीखता। तब सहसा, किसी नतीजे के आकस्मिक सम्बन्ध-सूत्र, किसी विशिष्ट परिस्थिति और किसी एक नियम के भीतर से, तुम तर्क की एक ऐसी रेखा को उभरता हुआ देखोगे जो तुम्हें दूसरे तर्कों के मुक़ाबले कहीं

ज़्यादा क़ायल करनेवाली प्रतीत होगी। तुम अपने अनुमान गढ़ने के लिए उसको तमाम मिलते-जुलते प्रकरणों पर लागू करने की कोशिश करते हो और पाते हो कि तुम्हारा अन्दाजा सही था। लेकिन अन्त तक पहुँचने से पहले तुम कभी नहीं जान पाओगे कि तुम्हें अपनी तर्कणा में किन विधेयों को शामिल करना चाहिए और किनको छोड़ देना चाहिए। और यही वह चीज़ है जो मैं इस वक़्त कर रहा हूँ। मैंने बहुत-से परस्पर असम्बद्ध तत्त्वों को सिलसिलेवार ढंग से जमाया और एक अनुमान गढ़ने का जोख़िम उठाया। मुझे बहुत-से अनुमान गढ़ने पड़े और उनमें से कई ऐसे हैं जिनको तुम्हें बताते हुए भी मुझे शर्म आएगी। अब तुम ब्रुनेलॅस घोड़े का मामला ही ले लो, जब मैंने निशान देखे तो मैंने कई परस्पर पूरक और अन्तर्विरोधी अनुमान गढ़े : हो सकता है वह कोई भगोड़ा घोड़ा रहा हो, हो सकता है कि उस शानदार घोड़े पर सवार होकर मठाधीश ढलान उतरे हों, हो सकता है कि एक घोड़े, ब्रुनेलॅस, ने बर्फ़ पर खुरों के निशान छोड़े हों और उसके एक दिन पहले दूसरे घोड़े, गेहुँए (फेवेलॅस), ने झाड़ी में अयाल के निशान छोड़े हों और डगालें किन्हीं इनसानों ने तोड़ी हों। मेरा कौन-सा अनुमान सही था यह मैं तब तक नहीं जानता था जब तक कि मैंने भण्डारी और नौकरों को बेचैनी के साथ तलाश में लगे हुए नहीं देख लिया। तब जाकर मुझे समझ में आया कि ब्रुनेलॅसवाला अनुमान एकमात्र सही अनुमान था और मैंने संन्यासियों से बात करते हुए उस अनुमान को सही साबित करने की कोशिश की। मेरी जीत हुई, लेकिन मेरी हार भी हो सकती थी। इस जीत की वजह से दूसरे लोगों ने मुझे ज्ञानी मान लिया लेकिन उनको उन कई सारे दृष्टान्तों की जानकारी नहीं थी जिनमें मैं हार जाने की वजह से बेवक़ूफ़ साबित होता और उनको यह नहीं मालूम था कि इस जीत के कुछ ही पल पहले तक मैं ख़ुद नहीं जानता था कि मैं हार नहीं जाऊँगा। अब, जहाँ तक मठ की घटनाओं का ताल्लुक है, मेरे पास बहुत-से अनुमान हैं, लेकिन ऐसा कोई स्पष्ट तथ्य नहीं है जिसकी बिना पर मैं कह सकूँ कि उनमें से कौन-सा अनुमान सबसे सही है। इसलिए, बजाय इसके कि बाद में बेवक़ूफ़ दिखाई दूँ, मैं इस वक़्त चतुर दिखने से बाज आना चाहता हूँ। अब मुझे और ज़्यादा सोचने पर मजबूर मत करो, कम से कम कल तक के लिए।''

तब जाकर मुझे अपने गुरुदेव की तर्क-पद्धति समझ में आई और वह मुझे उस दार्शनिक की पद्धति से सर्वथा निराली प्रतीत हुई जो मूल सिद्धान्त के आधार पर तर्क करता है, कुछ इस तरह कि उसकी मेधा लगभग दैवीय मेधा का रूप अख़्तियार कर लेती है। मेरी समझ में आया कि विलियम के पास जब कोई एक जवाब नहीं होता था, तो वे अपने ही सामने अनेक जवाब रखा करते थे, एक-दूसरे से बहुत अलग। मैं परेशान बना रहा।

''लेकिन तब...'' मैंने टिप्पणी करने का साहस किया, ''आप अब भी समाधान से बहुत दूर हैं...।''

''मैं उसके बहुत क़रीब हूँ,'' विलियम ने कहा, ''लेकिन वह समाधान कौन-सा है, यह मैं नहीं जानता।''

''इसलिए आपके पास अपने सवालों का कोई एक जवाब नहीं है?''

''एड्सो, अगर ऐसा ही होता, तो मैं पैरिस में धर्मशास्त्र पढ़ा रहा होता।''

''क्या पैरिस में लोगों के पास हमेशा सही जवाब होता है?''

"कभी नहीं," विलियम ने कहा, "लेकिन वे अपनी ग़लतियों के बारे में भलीभाँति जानते हैं।"

"और आप," मैंने बालकोचित धृष्टता दिखाते हुए कहा, "ग़लतियाँ कभी नहीं करते?"

"अक्सर करता हूँ," उन्होंने जवाब दिया। "लेकिन महज़ एक ग़लती को धारण करने की बजाय मैं कई सारी ग़लतियों की कल्पना करता हूँ, इसलिए किसी भी ग़लती का गुलाम बनकर नहीं रह जाता।"

मुझे ऐसा लगता था कि विलियम की उस सत्य में जरा भी दिलचस्पी नहीं थी, जो वस्तु और बुद्धि के बीच समन्वय से ज़्यादा कुछ नहीं है। इसके विपरीत, उनको इस कल्पना में मज़ा आता था कि कितनी सम्भावनाएँ हो सकती हैं।

मैं स्वीकार करूँ कि उस पल मैंने अपने गुरु से सारी उम्मीदें त्याग दी थीं और ख़ुद को यह सोचते हुए पाया था कि "भला हुआ कि धर्मपरीक्षक आ गया है।" मैं सत्य की उस लालसा के पक्ष में था जो बर्नार्ड गुई ने जगायी थी।

और इस निन्दनीय मनःस्थिति में, उससे कहीं ज़्यादा विदीर्ण होकर जितना कि पवित्र गुरुवार के दिन जूडास था, मैं रात के अपने भोजन के लिए विलियम के साथ भोजनालय में चला गया।

रात्रिकालीन उपासना

जिसमें सल्वाटोर एक मोहिनी-विद्या के बारे में बताता है।

प्रतिनिधिमण्डल के लिए पेश किया गया रात्रि-भोज बहुत ही भव्य था। मठाधीश को निश्चय ही दोनों ही चीज़ों की ख़ासी जानकारी रही होगी : मानवीय कमज़ोरियों की भी और पोप के दरबार के दस्तूरों की भी (और मुझे कहना होगा कि उनसे ब्रॅदर माइकेल के माइनॉराईट भी नाखुश नहीं थे)। रसोइये ने हमें बताया था कि मोन्ते कैसिनो की फ़ेहरिस्त के मुताबिक़ ताज़ा कटे हुए सुअरों के ख़ून का पुडिंग पकाया जानेवाला था। लेकिन वेनेण्टियॅस के घृणित अन्त ने उनको सुअरों का सारा का सारा ख़ून फेंक देने को मजबूर कर दिया था। मेरा मानना है कि उन दिनों हर कोई ईश्वर के बनाए प्राणियों का वध करने से घृणा करता था। फिर भी, हमारे लिए परोसे गए व्यंजनों में कबूतरों का सालन था, जिसे उन इलाक़ों की वाइन में तर किया गया था और भुना हुआ खरगोश था, सेण्ट क्लारा की कचौरियाँ थीं, वहाँ की पहाड़ियों पर पाए जानेवाले लोटन के मांस से युक्त चावल था—यानी उपवास के दिनों का ब्लाँमाँज़—और ब'रिज की पेस्ट्रियाँ, भरवाँ जैतून, तला हुआ पनीर, काली मिर्च की चटनी के साथ मटन, सफेद लम्बी सेमें और उत्तम क़िस्म की मिठाइयाँ, सेण्ट बर्नार्ड का केक, सेण्ट निकोलॅस की गुझिया, सेण्ट लूसी के मालपुए और तरह-तरह की वाईन और जड़ी-बूटियों से निर्मित शराबें जिन्होंने हर किसी के मन को तरंग से भर

दिया, यहाँ तक कि बर्नार्ड गुई को भी, जो सामान्य तौर पर बहुत ही सख़्त मिजाज़ हुआ करता था : बरबीना की सुरा, अखरोट की वाइन, गठिया मिटानेवाली वाइन और जेंशन की वाइन। लगता था जैसे वह पेटुओं की महफ़िल हो, सिवा इसके कि हर चुस्की और निबाले के साथ-साथ भक्तिपरक पाठ जारी था।

अन्त में सब लोग प्रसन्न मन से उठ खड़े हुए, जिनमें से कुछ ने तबीयत के कुछ ढीली होने की वजह बताकर रात्रिकालीन उपासना में शामिल न हो पाने के लिए मुआफ़ी माँग ली। लेकिन मठाधीश ने इसका बुरा नहीं माना। जिन सुविधाओं और कर्तव्यों का वरण हम आपने संघ में दीक्षा लेने पर करते हैं वे सब पर लागू हों यह ज़रूरी नहीं है।

जब सारे संन्यासी चले गए, तो मेरी उत्सुकता ने मुझे रसोई में अटकाये रखा, जहाँ लोग रात के लिए दरवाज़ों को बन्द करने की तैयारियाँ कर रहे थे। मैंने सल्वाटोर को देखा जो बग़ल में एक पोटली दबाए बाग़ की तरफ़ खिसक रहा था। मेरी उत्सुकता और बढ़ गई, मैंने उसका पीछा किया और उसको पुकारा। उसने मुझसे बचने की कोशिश की, लेकिन जब मैंने उससे जवाब-तलबी की तो उसने बताया कि उस पोटली में (जो कुछ इस तरह हिल रही थी जैसे उसमें कोई ज़िन्दा चीज़ रखी हुई हो) वह सर्पराज (बेसीलिस्क) लेकर जा रहा था।

''बेसीलिस्क से सावधान! सर्पों का राजा, ज़हर से इस क़दर भरा हुआ कि वह बाहर तक चमकता है! मेरे कहने का मतलब है कि उसका ज़हर, यहाँ तक कि उसकी गन्ध भी बाहर आती है और तुमको मार डालती है! तुमको ज़हर से भर देती है... और इसकी पीठ पर काले धब्बे होते हैं और मुर्गे की मानिन्द उसका सिर होता है और वह आधा ज़मीन से ऊपर उठा रहता है और आधा ज़मीन पर होता है जैसा कि दूसरे साँप के साथ होता है। और वह विस्रा को मार डालता है...''

''विस्रा?''

''ओह! बहुत छोटा-सा जन्तु, चूहे से थोड़ा-सा ही बड़ा और उसको छछूँदर भी कहा जाता है। और इसलिए सर्प और मेंढक जैसा जन्तु और जब वे उसको काटते हैं तो विस्रा सोया की तरफ़ या सो-थिसल की तरफ़ भागता है और उसको चबाता है और फिर वापस लड़ने के लिए लौटता है। और लोगों का कहना है कि वह आँखों से जनन करता है, लेकिन ज़्यादातर का मानना है कि उनका कहना ग़लत है।''**

मैंने उससे पूछा कि वह सर्पराज का क्या करेगा और उसने कहा कि यह उसका अपना मामला है। अब तक मैं उत्सुकता से पूरी तरह भर चुका था, सो मैंने कहा कि इन दिनों में जो मौतें हुई हैं, उनके चलते कोई भी बात गुप्त नहीं रखी जा सकती और इसलिए मैं विलियम को यह बात बता दूँगा। इस पर सल्वाटोर ने व्यग्र होकर मुझसे ख़ामोश रहने को कहा, पोटली खोली और उसमें रखी एक काली बिल्ली मुझे दिखाई। उसने अश्लील ढंग से हँसते हुए मुझे क़रीब खींचा और कहा कि वह नहीं चाहता कि भण्डारी, जो ताक़तवर है, या मैं जो जवान और ख़ूबसूरत हूँ, उस ग्रामीण लड़की के इश्क़ का मज़ा लेना जारी रखें, जबकि वह, जो एक कुरूप और दयनीय अभागा है, इस सुख से वंचित रहे। लेकिन उसको एक ऐसी मोहिनी विद्या आती है जो हर औरत को इश्क़ में डुबा सकती है। इसके लिए आपको एक काली बिल्ली को मारकर उसकी आँखें निकालनी होती हैं और फिर उनमें से

एक-एक आँख को एक काली मुर्गी के दो अण्डों में रखना होता है (और उसने मुझे दो अण्डे दिखाये जिनके बारे में उसने क़सम खाकर कहा कि वे वैसी ही मुर्गियों के हैं जिनके होने चाहिए)। इसके बाद आपको उन अण्डों को घोड़ों की लीद के ढेर में सड़ने के लिए छोड़ देना होता है (और वह ढेर उसने वनस्पति-उद्यान के एक ऐसे कोने में जमा कर रखा था जहाँ पर कोई नहीं जाता) और तब उनमें से प्रत्येक अण्डे के भीतर से एक छोटा-सा शैतान पैदा होगा और फिर वह तुम्हारी चाकरी में होगा, जो तुम्हें इस दुनिया के सारे सुखभोग मुहैया करायेगा। लेकिन, आह, उसने कहा, यह मोहिनी शक्ति काम करे इसके लिए उस औरत को, जिसका प्यार तुम पाना चाहते हो, लीद में दफ़नाये जाने के पहले इन अण्डों पर थूकना होगा और यही समस्या उसे खाये जा रही थी, क्योंकि इसके लिए ज़रूरी था कि वह औरत इसी रात उसके पास मौजूद होती और वह अपना ध्येय औरत की जानकारी में लाए बिना उससे यह अनुष्ठान पूरा करा॰लेता।

सहसा मुझे एक उत्तेजना ने जकड़ लिया, जो मेरे चेहरे, या अँतड़ियों, या मेरी समूची देह में फैल गई और एक कातर स्वर में मैंने पूछा कि क्या वह आज रात उसी लड़की को इन चहारदीवारियों के भीतर लेकर आनेवाला था। वह मेरा मज़ाक़ उड़ाते हुए हँसा और बोला कि तुमको वाक़ई भीषण वासना ने जकड़ रखा है (मैंनें कहा नहीं, वह तो मैं महज़ उत्सुकतावश पूछ रहा था) और फिर उसने कहा कि गाँव में ढेर सारी औरतें हैं और वह किसी दूसरी औरत को लाएगा, जो उससे भी ज़्यादा ख़ूबसूरत होगी जिसे मैं पसन्द करता था। मेरा ख़याल था कि वह मुझे दूर हटाने के लिए झूठ बोल रहा था। और वैसे भी मैं कर भी क्या सकता था? क्या रात-भर उसका पीछा करता, जबकि वहाँ विलियम एक-दूसरे ही मक़सद से मेरा इन्तज़ार कर रहे थे? और एक बार फिर उससे (अगर वह वही होती तो) मिलता जिसकी तरफ़ मेरी भूख मुझे खींचती थी, लेकिन मेरी बुद्धि मुझे परे धकेलती थी—और जिससे मुझे फिर कभी नहीं मिलना चाहिए था, भले ही मैं उससे मिलते रहने की लालसा से भरा हुआ था? निश्चय ही नहीं। इसलिए मैंने खुद को विश्वास दिलाया कि, जहाँ तक औरत का सवाल था, सल्वाटोर सही कह रहा था। या शायद उसकी हर बात झूठ थी और जिस मोहिनी विद्या की बात वह कर रहा था वह उसके बचकाने, अन्धविश्वासी दिमाग़ की उपज थी और वह वैसा कुछ करनेवाला नहीं था।

मैं उस पर झुंझलाया, उससे रूखे ढंग से पेश आया, बोला कि बेहतर होगा कि उस रात वह सीधा अपने बिस्तर पर जाए, क्योंकि धनुर्धारी मठ की निगरानी पर हैं। उसने कहा कि वह मठ को धनुर्धारियों के मुक़ाबले बेहतर तरीक़े से जानता है और जिस तरह का कोहरा छाया हुआ है, उसमें कोई किसी को नहीं देख सकेगा। वाक़ई, वह बोला, मैं अब भागनेवाला हूँ और इसके बाद, अगर दो फुट दूर पर भी मैं तुम्हारी चहेती लड़की के साथ मौज कर रहा होऊँगा तो भी तुम मुझको देख नहीं पाओगे। उसके शब्द कुछ और थे, लेकिन उनका आशय यही था। मैं रुष्ट होकर चला आया, क्योंकि मेरे जैसे एक अभिजात और नवदीक्षित के लिए इस तरह के नीच लोगों के साथ उलझना शोभा नहीं देता था।

मैं जाकर विलियम से मिला और हमने वह किया जो करने योग्य था। यानी, हमने नेव में रहकर रात्रिकालीन उपासना में शामिल होने की तैयारी की ताकि जब प्रार्थना समाप्त हो तो हम भूलभुलैया की अँतड़ियों में अपनी दूसरी (मेरी तीसरी) यात्रा पर निकल सकें।

रात्रिकालीन उपासना के बाद

जिसमें वे एक बार फिर भूलभुलैया में जाते हैं, फ़िनिस अफ़्रीका के दरवाज़े तक पहुँचते हैं, लेकिन उसमें प्रवेश नहीं कर पाते क्योंकि वे नहीं जानते कि चार का पहला और सातवाँ क्या है और, आख़िरकार एड्सो अपने प्रेम-रोग का पुनर्स्मरण करता है, हालाँकि इस बार यह पुनर्स्मरण बहुत ही विद्वत्तापूर्ण होता है।

पुस्तकालय की यात्रा के लिए हमें कई घंटे मेहनत करनी पड़ी। जिस जाँच-पड़ताल का लक्ष्य हमने अपने सामने रखा था उसका शब्दों में बयान करना तो बहुत सरल है, लेकिन चिराग़ की रोशनी में संकेत वाक्यों को पढ़ते हुए, नक़्शे पर गलियारों और ख़ाली दीवारों पर निशान लगाते हुए, प्रथम अक्षरों को दर्ज करते हुए और दरवाज़ों तथा रुकावटों के खेल के बीच से अलग-अलग रास्तों का पीछा करते हुए आगे बढ़ने की पूरी कार्रवाई ख़ासी लम्बी थी। और थका देनेवाली।

बहुत ही तीखी ठंड थी। उस रात हवा नहीं चल रही थी और हमें वे धीमी सीटियाँ सुनाई नहीं पड़ रही थीं जिन्होंने पहली शाम हमें परेशान कर रखा था, लेकिन छेदों के रास्ते प्रवेश करती बर्फ़ीली हवा तीर की तरह चुभ रही थी। हमने ऊनी दस्ताने पहन रखे थे ताकि हम अपने हाथों को ठिठुरने से बचाये रखते हुए ग्रन्थों को छू सकते। लेकिन वे उस तरह के दस्ताने थे जिनका इस्तेमाल ठंड के दिनों में लिखने के दौरान किया जाता था, जिनके अँगुलियों के ऊपरी सिरे खुले हुए थे और हमें जब-तब अपने हाथ चिराग़ की लौ के सामने करने पड़ रहे थे या ठंड के मारे लगभग अकड़े हुए से यहाँ से वहाँ उचकते हुए उनको अपने सीने पर दबाना पड़ता या आपस में रगड़ना पड़ता था।

इसी वजह से हमने अपना काम सिलसिलेवार तरीक़े से नहीं किया। हम अल्मारियों में पुस्तकें पलटने के लिए रुक गए और अब जबकि विलियम—अपनी नाक पर रखे चश्में के साथ—ठहरकर पुस्तकों को पढ़ सकते थे, वे अपने हाथ में आने वाले हर शीर्षक के साथ खुशी से चहक पड़ते थे, क्योंकि या तो वे उस पुस्तक से पहले से ही वाक़िफ़ होते, या इसलिए कि उनको अरसे से उसकी तलाश थी, या फिर इसलिए कि उन्होंने उसका नाम कभी नहीं सुना होता था और इस वजह से वे उत्तेजित और पुलकित हो उठते थे। संक्षेप में यह कि उनके लिए हर पुस्तक एक ऐसे पौराणिक जीव की तरह थी जिससे वे किसी अजनबी दुनिया में मिल रहे थे। और एक पाण्डुलिपि के पन्ने पलटते हुए वे किसी दूसरी पुस्तक की तलाश का आदेश देते चल रहे थे।

"देखना उस अलमारी में क्या है!"

और मैं ग्रन्थों को बाँचता और यहाँ से वहाँ करता हुआ कहता, "बेडे की *अंग्रेज़ जाति का इतिहास***... और बेडे की ही *मन्दिर की इमारत, मण्डप (यहूदियों का प्राचीन उपासना-मन्दिर), डायोनीसियॅस के वृत्त के युग और गणना और ऐतिहासिक अभिलेख, वर्णविचार, मात्राविचार, सन्त कुथबर्ट का जीवन, छन्द की कला....*"**

"ज़ाहिर है श्रद्धेय की सारी कृतियाँ...और इनको देखो! *आलंकारिक आकर्षण, आलंकारिक*

*तर्कों का विभाजन,*** और यहाँ पर कई वैयाकरण मौजूद हैं, प्रिस्कियन, होनोरेटॅस, डोनाटॅस, विक्टोरिनॅस, मेट्रोरियॅस, यूटिचेस, सर्वियॅस, फ़ोकास, एस्पर... अजीब बात है, शुरू में मुझे लगा था कि यहाँ पर ऐंग्लिया के लेखक हैं...। चलो नीचे देखते हैं....।''

''*आयरिश... कहावत।*** वह क्या है?''

''एक हिबर्नियाई कविता। सुनो :

यह फेनिल समुद्र धरती के तटों को घेरता है
अपनी प्रवहमान लहरों से कुचलता है भूमि की सीमाओं को
पानी की दीवारों के साथ घुसता है पूरे वेग से चट्टानी गह्वरों में
अपने गूँजते शिखर से गहराइयों को मथता है
तारों की पाँत पर बिखेरता है
*गरजते विस्फोटों से रह-रहकर काँपता रेतीला पानी***

अर्थ तो मेरी समझ में नहीं आया, लेकिन विलियम ने जिस तरह अपने मुँह में शब्दों को घुमाते हुए उसको पढ़ा था उससे लगता था जैसे आप लहरों और समुद्री फूत्कार की ध्वनियाँ सुन रहे हों।

''और यह? अल्धेम ऑव मेम्सबरी। इस पन्ने को सुनो : 'फ़र्स्ट, ऑव ऑल दि पोयम्स, (लेट अस सिंग) टु ऑउअॅर प्रोक्रिएटॅर, बाइ पॉवरफुली पाइअॅस एण्ड प्रिइएमिनॅण्टली पॅटॅर्नल प्रिविलेज, अ पैनिजिरिक् एण्ड पोयम्स प्रमल्गेटेड प्रॅमिस्क्यूअॅसली अण्डर दि पोलस्टार।'** ... सारे शब्द एक ही अक्षर से शुरू होते हैं!''

''मेरे द्वीपों के सारे लोग कुछ-कुछ पागल हैं,'' विलियम ने गर्व के भाव से कहा। ''चलो दूसरी अल्मारी देखते हैं।''

''वर्जिल।''

''वो यहाँ क्या कर रहा है? वर्जिल का क्या? कृषि-काव्य?**''

''नहीं सारसंग्रह**। इसके बारे में मैंने कभी नहीं सुना था।''

''लेकिन यह वर्जिल ऑव टाउलाउस है, अलंकारशास्त्री, हमारे प्रभु के जन्म की छह सदियों बाद जन्मा था यह। माना जाता था कि वह एक महान सिद्ध पुरुष था...।''

''यहाँ कहा गया है कि कलाएँ हैं पोइमा, रेटहॉरिया, ग्रामा, लेपोरिया, डाइलेक्टा, ज्योमेट्रिया...। लेकिन यह किस भाषा में लिख रहा था?''

''लैटिन। हालाँकि उसकी अपनी खोजी हुई लैटिन, जिसको वह कहीं ज़्यादा सुन्दर मानता था। इसको पढ़ो; उसका कहना है कि ज्योतिष-शास्त्र में राशियों का अध्ययन किया जाता है, जिनमें मॉन, मेन, तोन्ते, पाइरॉन, डामेथ, पर्फेलिया, इेल्जालिक, मार्गालेथ, ल्यूटामिरॉन, टेमिनॉन और रेफ़ाल्यूट शामिल हैं।''

''क्या वह पागल था?''

''पता नहीं : वह मेरे द्वीपों का बाशिन्दा नहीं था। और इसको सुनो; उसका कहना है कि आग को बारह नामों से पुकारा जा सकता है : *इग्निस* (अग्नि), *कॉक़्यूहेबिन* (क्योंकि उसमें कच्ची चीज़ों को पकाने की क्षमता है), ताप से व्युत्पन्न *आर्डो* (तेज गर्मी, ताप), *केलाक्स,* लपटों की चटचटाहट से व्युत्पन्न *फ्रेगॉन,* लालामी से व्युत्पन्न *रयूसिन, फ्यूमेटॉन* (धुएँदार), ज्वलन से व्युत्पन्न *उस्ट्राक्स, विटीयॅस* क्योंकि वह लगभग मृत हिस्सों को ख़ुद-ब-ख़ुद फिर

से जिला लेती है, *सिलूलियॅस* क्योंकि वह चकमक से उछलकर बाहर आ जाती है, वह क्रिया जिससे चकमक की व्युत्पत्ति को भी एकदक सटीक नहीं कहा जा सकता, सिवा इसके कि उससे चिंगारी उछलकर बाहर आ जाती है। और *एनियॉन* जिसकी व्युत्पत्ति *एनियास* नामक उस देवता से हुई है जो उसमें वास करता है या जिसके माध्यम से उसकी भभक तत्त्वों तक पहुँचती है।**

"लेकिन इस तरह तो कोई नहीं बोलता!"

"सौभाग्य से। लेकिन ये वे ज़माने थे जब एक पाप से भरी दुनिया को भूलने के लिए वैयाकरण मुश्किल सवालों से उलझने में आनन्द लिया करते थे। मुझे बताया गया था कि उस युग में गैबण्डॅस और टेरेण्टियॅस नामक आलंकारिकों ने 'मैं' के सम्बोधन को लेकर पन्द्रह दिनों और पन्द्रह रातों तक बहस की थी और अन्त में दोनों ने एक-दूसरे पर हथियारों से हमला कर दिया था।"

"लेकिन यह भी...सुनिए...।" मैंने एक ऐसी पुस्तक थाम रखी थी जिसमें अद्‌भुत ढंग से चित्रित वनस्पतियों की भूलभुलैया में से बन्दर और सर्प झाँक रहे थे। "इन शब्दों को सुनिए : गीत, संग्रह, समूहन, निर्माण, सृजन, घोषपूर्ण, शुभ्र, आनन्दित, नीले-भूरे केशों से युक्त**...।"

"मेरे द्वीप," विलियम ने एक बार फिर स्नेह दर्शाते हुए कहा। "सुदूर हिबेर्निया के उन संन्यासियों के प्रति इतना रूखापन मत दिखाओ। अगर आज इस मठ का वुजूद है और हम अब भी पवित्र रोमन साम्राज्य के बारे में बात करते हैं, तो, शायद, इसके लिए हम उन्हीं लोगों के ऋणी हैं। उस समय बाक़ी का सारा योरोप खण्डहरों के ढेर में सिकुड़कर रह गया था; एक दिन ऐसा हुआ कि गॉल के कुछ ख़ास पादरियों द्वारा दी गई सारी की सारी धर्म-दीक्षाओं को अवैध क़रार दे दिया गया, इसलिए कि उन्होंने 'पिता और पुत्री के नाम पर'** दीक्षाएँ दी थीं–और इसलिए नहीं कि वे एक नई विधर्मिता की राह पर चल रहे थे और ईसा मसीह को एक स्त्री के रूप में देखते थे, बल्कि इसलिए कि उनको अब लैटिन नहीं आती थी।"

"सल्वाटोर की तरह?"

"क़रीब-क़रीब। वाइकिंग रोम को पराजित करने के लिए सुदूर उत्तर से नदियों के समानान्तर चलते हुए आ गए। पेगन मन्दिर खण्डहरों में बदल रहे थे और ईसाई पूजाघरों का अभी कोई अस्तित्व नहीं था। तब अपने मठों में रहनेवाले ये हिबेर्निया के संन्यासी ही थे, जिन्होंने लिखा और पढ़ा, पढ़ा और लिखा और चित्रांकन किया और फिर वे पशुओं की खाल से बनी छोटी-छोटी नावों में कूदे और इन प्रदेशों की ओर आए और उनको कुछ इस तरह ईसाई धर्म की शिक्षा दी मानों तुम लोग काफ़िर रहे हो, समझे? तुम बोबियो गए हो, जिसकी स्थापना इन्हीं में से एक सन्त कोलम्बा ने की थी। और इसलिए चिन्ता मत करो अगर उन लोगों ने जब यह देखा हो कि योरोप में पुरानी लैटिन जाननेवाला कोई नहीं बचा है, तो उन्होंने एक नई लैटिन ईज़ाद कर ली हो। वे महान लोग थे। सेण्ट ब्रेण्डन ब्लेस्ट के टापुओं पर पहुँचे और रसातल के तटों के समानान्तर जलयात्रा करते हुए उस जगह आए, जहाँ पर उन्होंने जूडास को एक चट्टान से बँधे देखा और एक दिन वे एक द्वीप पर पहुँचे और वहाँ के तट पर गए और उनको वहाँ पर एक समुद्री दैत्य मिला। ज़ाहिर है वे सब पागल थे," उन्होंने सन्तुष्ट भाव से दोहराया।

''ये छवियाँ...मुझे अपनी आँखों पर विश्वास नहीं होता! ढेरों रंग!'' मैंने उन सब को गटकते हुए कहा।

''ये एक ऐसे देश से हैं जहाँ बहुत-से रंग नहीं होते, बस थोड़ा-सा नीला और ज़्यादातर हरा। लेकिन हमको यहाँ खड़े-खड़े हाइबेर्नियाई संन्यासियों पर बात करने में समय बर्बाद नहीं करना चाहिए। जो मैं जानना चाहता हूँ वह यह है कि वे यहाँ पर ऐंग्लियाईयों और दूसरे देशों के वैयाकरणों के साथ क्यों हैं। तुम ज़रा अपने चार्ट पर तो निगाह डालो; उसके मुताबिक़ हमें इस वक़्त कहाँ पर होना चाहिए?''

''पश्चिमी मीनार के कक्षों में। मैंने सूची को भी कॉपी किया हुआ है। इस हिसाब से देखें तो अन्धे कक्ष से निकलकर हम सप्तभुजीय कक्ष में पहुँचते हैं और वहाँ पर मीनार के इकलौते कक्ष तक जाने के लिए सिर्फ़ एक रास्ता है; लाल रंगवाला अक्षर है *H*. इसके बाद हम एक कमरे से दूसरे कमरे में जाते हुए मीनार में गोल-गोल घूमते जाते हैं और वापस अन्धे कक्ष में जा पहुँचते हैं। अक्षरों का क्रम बताता है...आप ठीक कह रहे हैं! HIBERNI** !''

''HIBERNI, बशर्ते कि हम अन्धे कक्ष से सप्तभुजीय कक्ष में वापस लौटें, जिस पर, दूसरे कक्षों की ही तरह Apocalypsis का *A* अक्षर अंकित है। इसीलिए यहाँ पर सुदूर उत्तर** के लेखकों की कृतियाँ हैं और वैयाकरणों और काव्यशास्त्रियों की भी, क्योंकि जिस आदमी ने पुस्तकालय को जमाया है, उसने सोचा होगा कि वैयाकरणों को हिबर्नियाई वैयाकरणों के साथ में ही होना चाहिए, भले ही वे टॉउलॉउस से क्यों न आए हों। यह एक मापदंड है। समझे? हम कुछ-कुछ समझने की शुरुआत कर रहे हैं।''

''लेकिन पूर्वी मीनार के कक्षों में, जहाँ से हम आए हैं, हमने FONS** पढ़ा था...। उसका क्या मतलब है?''

''तुम अपने नक़्शे को ध्यान से पढ़ो। आगे आनेवाले कक्षों तक पहुँचने के क्रम में, उन कक्षों के लिए दिए गए अक्षरों को पढ़ते जाओ।''

"FONS ADAEU..."

''नहीं, Fons Adae; *U* दूसरे नम्बर का पूर्वी अन्ध कक्ष है, वो मुझे याद है; शायद वह किसी दूसरे क्रम में फिट होता है। और Fons Adae, यानी, धरती का स्वर्ग, में हमको क्या मिला था (याद करो कि वहाँ उगते सूर्य का सामना करते आल्टारवाला कमरा है)?''

''वहाँ पर बहुत-सी बाइबलें थीं और बाइबलों पर टीकाएँ थीं, सिर्फ़ पवित्र ग्रन्थ से ताल्लुक़ रखनेवाली पुस्तकें।''

''और इस तरह तुम देखते हो कि उस धरती के स्वर्ग, जिसके बारे में सभी का मानना है कि वह सुदूर पूर्व में है, की मैत्री में ईश्वर की वाणी को रखा गया है। और यहाँ, पश्चिम के लिए : HIBERNI।''

''यानी पुस्तकालय की योजना विश्व के नक़्शे की नक़ल है?''

''शायद। और पुस्तकों को या तो उन देशों के मुताबिक़ रखा गया है जिन देशों में वे लिखी गई हैं, या उन जगहों के मुताबिक़ जहाँ पर उनके लेखक जन्मे हैं, या जहाँ पर उनका जन्म होना चाहिए था। लाइब्रेरियन मन ही मन यह मानते थे कि वैयाकरण वर्जिल का जन्म ग़लती से टॉउलॉउस में हो गया था; उनका जन्म पश्चिमी द्वीपों में कहीं पर होना चाहिए था। उन्होंने प्रकृति की इस भूल को सुधार दिया है।''

हम फिर आगे चल पड़े। रास्ते में हमें भव्य इल्हाम-ग्रन्थों से भरे कई कक्ष मिले और इनमें से एक वह कक्ष भी था जिसमें मुझे वह दिवास्वप्न दिखाई दिया था। दरअसल, दूर वह रोशनी हमें फिर से दिखी। विलियम ने नाक बन्द की और राख पर थूकते हुए उसको बुझाने के लिए दौड़ पड़े। जोख़िम से बचने के लिए हम तेजी से उस कमरे से गुज़र गए, लेकिन मैंने याद किया कि वहाँ पर मुझे सूर्य को ओढ़े एक स्त्री और ड्रैगॅन से युक्त ख़ूबसूरत, बहुरंगी इल्हाम-ग्रन्थ दिखाई दिया था। जिस कक्ष में हमने आख़िरी बार प्रवेश किया था, जिसका लाल रंग से अंकित पहला अक्षर *Y* था, उससे शुरू करते हुए हमने कक्षों के क्रम को एक बार फिर से जमाया। उलटे क्रम से पढ़ने पर YSPANIA** शब्द हमारे हाथ लगा, लेकिन इसका आख़िरी *A* वह भी था जिससे HIBERNIA शब्द समाप्त होता था। यह, विलियम ने कहा, इस बात का संकेत था कि कुछ कक्ष ऐसे भी थे जिनमें मिश्रित प्रकृति की कृतियाँ रखी गई थीं।

जो भी हो, YSPANIA नाम से चिह्नित वह इलाक़ा हमें इल्हाम-ग्रन्थ की बहुत-सी पाण्डुलिपियों से आबाद लगा, जो सब की सब भव्य ढंग से निर्मित थीं, जिनकी सज्जा को पहचानते हुए विलियम ने बताया कि वह हिस्पानी कला थी। हमने लक्ष्य किया कि उस पुस्तकालय में ईसाई जगत में सुरक्षित बच रही ऑपॉसॅल की पुस्तक का सम्भवतः सबसे बड़ा संग्रह और उसके पाठ की अनन्त टीकाएँ मौजूद थीं। इल्हाम-ग्रन्थ पर बीटॅस ऑव लिबाना की टीकाओं के लिए समर्पित ढेरों ग्रन्थ वहाँ पर थे। पाठ तो कमोबेश वही था, लेकिन चित्रों में भरपूर और विलक्षण विविधता थी और विलियम ने उनमें से कुछ को पहचान लिया जिनको वे अस्तूरियास के क्षेत्र के महानतम चित्रकारों में गिनते थे : मेगियॅस, फेकण्डॅस और अन्य।

इन और ऐसी ही दूसरी चीज़ों को लक्ष्य करते हुए हम दक्षिणी मीनार में जा पहुँचे, जहाँ तक हम एक रात पहले भी आ चुके थे। Yspania का *S* कक्ष—बिना खिड़कीवाला—*E* कक्ष में खुलता था और जब हमने मीनार के एक के बाद एक पाँच कमरे पार कर लिए, तो हम आख़िरी कक्ष में पहुँचे जिसमें कोई दूसरा रास्ता नहीं खुलता था और जिस पर लाल रंग का *I* अक्षर अंकित था। एक बार फिर पीछे की तरफ़ पढ़ते हुए हमें LEONES** मिला।

"LEONES : दक्षिण। अपने नक्शे के हिसाब से हम अफ्रीका में हैं, यहाँ हैं शेर।** और इससे पता चलता है कि हमको विधर्मी लेखकों के इतने सारे पाठ क्यों मिले।"

"और भी हैं," अलमारियों की छानबीन करते हुए मैंने कहा। एविसेना का *क़ानून* और यह सुन्दर लिखावटवाली पाण्डुलिपि, पता नहीं यह क्या है..."

"इसकी सजावट को देखकर तो लगता है कि यह *कुरान* है, लेकिन दुर्भाग्य से मुझे अरबी नहीं आती।"

"*कुरान,* विधर्मियों की बाइबल, कुमार्ग पर ले जानेवाली पुस्तक..."

"हमसे अलग प्रज्ञा को धारण करनेवाली पुस्तक। लेकिन तुम जानते होगे कि उन्होंने इसको यहाँ पर क्यों रखा है, जहाँ पर नरव्याघ्र, दैत्य रखे गए हैं। यही वजह है कि हमें दैत्याकार पशुओंवाली वह पुस्तक दिखी, जहाँ पर तुमको वह यूनीकॉर्न भी मिला था। LEONES नाम के इस इलाक़े में वे पुस्तकें रखी गई हैं जिनको पुस्तकालय के रचयिता असत् पुस्तकें मानते थे। वहाँ क्या है?"

"वे लैटिन में हैं, लेकिन हैं अरबी। अय्यूब अल-रुहावी, कुत्ते के काटने से होनेवाली

जल-भीति पर केन्द्रित प्रबन्ध। और यह रत्नों पर केन्द्रित पुस्तक है। और यह है अल्हाज़ेन की पुस्तक *प्रकाश विज्ञान....*।''

''देखा, उन्होंने दैत्यों और असत् के बीच उस विज्ञान से सम्बन्धित कृतियों को भी रखा है, जिससे ईसाइयत को अभी काफ़ी कुछ सीखना है। यह था उस ज़माने में उनके सोचने का तरीक़ा जब पुस्तकालय की स्थापना हुई थी...।''

''लेकिन उन्होंने असत् पुस्तकों के बीच यूनीकॉर्न को क्यों रखा होगा?'' मैंने पूछा।

''ज़ाहिर है पुस्तकालय के संस्थापकों के मन में विचित्र धारणाएँ थीं। निश्चित रूप से उनका यह विश्वास रहा होगा कि सुदूर देशों में रहनेवाले विचित्र जन्तुओं और पशुओं के बारे में बात करनेवाली इस पुस्तक को विधर्मियों द्वारा फैलाए गए असत् की सूची का ही हिस्सा होना चाहिए...।''

''लेकिन क्या यूनीकॉर्न असत् है? वह तो सबसे प्यारा जानवर है और एक महान प्रतीक है। वह ईसा की ओर संकेत करता है और ब्रह्मचर्य की ओर; उसको सिर्फ़ तभी पकड़ा जा सकता है जब किसी कुमारी कन्या को जंगल में बिठा दिया जाए, इस तरह वह जानवर विशुद्धतम गन्ध को सूँघता हुआ वहाँ जाएगा और अपना सिर उसकी गोद में रख देगा और इस तरह खुद को शिकारियों के जाल के लिए सौंप देगा।''

''ऐसी मान्यता है, एड्सो। लेकिन बहुतों का मानना है कि यह सिर्फ़ एक कपोल-कल्पना है जो पेगनों द्वारा गढ़ी गई है।''

''कितनी निराशाजनक बात है,'' मैंने कहा। ''कभी जंगल से गुज़रते हुए अगर वह मुझे मिल जाता तो मुझे कितना अच्छा लगता। नहीं तो जंगल से गुज़रने में क्या मज़ा है?''

''यह पक्का नहीं है कि उस जानवर का वुजूद नहीं है। हो सकता है पुस्तकों में उसको जिस तरह चित्रित किया गया है वह उससे अलग हो। एक वेनीशियाई यात्री सुदूर देश की यात्रा पर गया था, उस स्वर्ग का निर्झर** के काफ़ी क़रीब तक जिसका ज़िक्र नक़्शों में किया गया है और वहाँ पर उसने यूनीकॉर्न को देखा था। लेकिन उसने पाया कि वे भोंडे और भद्दे थे और बहुत ही बदसूरत और काले। मेरा मानना है कि उसने वास्तविक जानवर को देखा था जिसके माथे पर एक सींग था। वह शायद वही जानवर था जिसका पहले पहल ज़िक्र प्राचीन गुरुओं ने श्रद्धापूर्वक किया था। वे पूरी तरह से ग़लत नहीं थे, उन्होंने परमात्मा से उन चीज़ों को देखने का अवसर हासिल किया होगा जो चीज़ें हमने नहीं देखीं हैं। फिर ग्रन्थ दर ग्रन्थ गुज़रता हुआ यह वर्णन क्रमशः कल्पनाशील प्रयोगों के माध्यम से रूपान्तरित हो गया और यूनीकॉर्न एक कल्पित जानवर में बदल गया, एक श्वेत और शालीन जानवर। इसलिए अगर तुमको सुनाई दे कि जंगल में यूनीकॉर्न है, तो तुम किसी कन्या को लेकर वहाँ मत चले जाना : हो सकता है कि वह जानवर इस पुस्तक में दिए गए विवरण की बजाय उस वेनीशियाई के वर्णन से ज़्यादा मिलता-जुलता हो।''

''लेकिन क्या प्राचीन गुरुओं ने यूनीकॉर्न की असल फ़ितरत के बारे में ईश्वर से इल्हाम हासिल किया था?''

''इल्हाम नहीं : तजुरबा। वे भाग्यशाली थे कि उनकी पैदाइश उन इलाक़ों में हुई थी जहाँ यूनीकॉर्न रहा करते थे, या उन ज़मानों में जब यूनीकॉर्न हमारे इलाक़ों में रहा करते थे।''

"लेकिन तब हम उस प्राचीन प्रज्ञा पर कैसे भरोसा कर सकते हैं, जिसके निशानों की खोज आप हमेशा करते रहते हैं, अगर वह प्रज्ञा उन झूठी पुस्तकों की मार्फ़त हम तक पहुँची है जिन्होंने इस क़दर छूट लेकर उसकी व्याख्या की है?"

"पुस्तकें विश्वास करने के लिए नहीं बनी हैं, बल्कि इसलिए बनी हैं कि हम उनकी पड़ताल करें। जब हम किसी पुस्तक को अपने सामने रखते हैं, तो हमें ख़ुद से यह नहीं पूछना चाहिए कि वह क्या कहती है बल्कि यह पूछना चाहिए कि उसका क्या अर्थ है, बोध का वह रूप जो पवित्र ग्रन्थों के व्याख्याकारों के मन में हमेशा स्पष्ट रहा है। ये पुस्तकें जिस रूप में यूनीकॉर्न की बात करती हैं, वह एक नैतिक सत्य को, या रूपकात्मक, या सादृश्यमूलक सत्य को धारण किए हुए है, लेकिन वह सत्य उसी तरह एक सत्य है जिस तरह यह कि शुचिता एक सद्गुण है। लेकिन जहाँ तक उसके उस शाब्दिक अर्थ का ताल्लुक है जो उपर्युक्त तीनों अर्थों को थामें हुए है, हमें यह देखना होगा कि वह कौन-सा मूल अनुभव रहा होगा जिसने इस शाब्दिक अर्थ को उत्पन्न किया। शाब्दिक वस्तु पर बहस निश्चय ही की जानी चाहिए, तब भी की जानी चाहिए जबकि उसका उच्चतर अर्थ सन्तोषजनक हो। किसी पुस्तक में यह लिखा हुआ है कि हीरे को सिर्फ़ बकरे के ख़ून से काटा जा सकता है। मेरे महान उस्ताद रोजर बेकॅन का कहना था कि यह सही नहीं है, महज़ इसलिए कि उन्होंने कोशिश की थी और वे सफल नहीं हुए थे। लेकिन अगर हीरे और बकरे के ख़ून का रिश्ता कोई उदात्त अर्थ लिए होता तो वह अपनी जगह क़ायम रहता।"

"यानी असत् बोलते हुए शब्द से उच्चतर अर्थ व्यक्त किया जा सकता है," मैंने कहा। "फिर भी, यह सोचते हुए मुझे बहुत दुःख होता है कि यूनीकॉर्न का अस्तित्व नहीं है, या कभी नहीं था, या कि किसी दिन वह अस्तित्व में नहीं आ सकता।"

"ईश्वरीय सामर्थ्य को सीमाओं में बाँधना धर्मसम्मत नहीं है और अगर परमात्मा ने ऐसी इच्छा की होती, तो यूनीकॉर्न का अस्तित्व भी सम्भव हो सकता था। लेकिन इतने से ही सन्तोष करो कि उनका अस्तित्व इन पुस्तकों में है, जो अगर वास्तविक अस्तित्व की बात नहीं करतीं, तो सम्भाव्य अस्तित्व की बात तो करती ही हैं।"

"तब क्या हमें पुस्तकों को उनमें कोई आस्था रखे बग़ैर ही पढ़ते रहना चाहिए, उस आस्था के बग़ैर जो कि एक आध्यात्मिक सद्गुण है?"

"दो आध्यात्मिक सद्गुण और भी हैं। यह उम्मीद कि सम्भव है। और उदारता, उनके प्रति जिनका यह सद्विश्वास था कि सम्भव था।"

"लेकिन ऐसा यूनीकॉर्न किस काम का जिसमें आपकी बुद्धि का कोई विश्वास नहीं है?"

"वह मेरे लिए उसी तरह उपयोगी है जिस तरह से बर्फ़ पर वेनेण्टियॅस की वे छापें उपयोगी हैं जो उसको सुअरों की नाद तक घसीटकर ले जाने के कारण बनी थीं। पुस्तकों में वर्णित यूनीकॉर्न एक छाप की तरह है। अगर छाप का अस्तित्व है, तो ऐसी कोई चीज़ भी ज़रूर रही होगी।"

"लेकिन छाप से भिन्न, आपका कहना है।"

"बेशक। छाप की आकृति हमेशा वैसी ही नहीं होती जैसी उस वस्तु की होती है जिसके दबाव से वह छाप बनी होती है और ज़रूरी नहीं कि वह हमेशा उस वस्तु के दबाव से ही

बनी हो। कभी-कभी वह किसी वस्तु द्वारा हमारे मन पर छोड़े गए प्रभाव की प्रतिलिपि भी होती है : वह एक धारणा की छाप होती है। धारणा चीज़ों का संकेत है और आकृति धारणा का संकेत है, संकेत का संकेत। लेकिन आकृति के सहारे मैं, अगर वस्तु को फिर से न भी गढ़ सकूँ, तो भी दूसरों के दिमाग़ में बनी उस वस्तु की धारणा को तो गढ़ ही लेता हूँ।''

''और इतना आपके लिए काफ़ी है?''

''नहीं, क्योंकि सच्चे ज्ञान को सिर्फ़ उन धारणाओं से ही सन्तोष नहीं कर लेना चाहिए, जो कि दरअसल संकेत मात्र हैं, बल्कि चीज़ों को उनकी विशिष्टता में पहचानना चाहिए। और इसलिए मैं एक छाप की इस छाप से पीछे की ओर चलता हुआ उस विशिष्ट यूनीकॉर्न तक पहुँचना चाहूँगा जो इस समूचे सिलसिले की शुरुआत में मौजूद है। जैसे कि मैं वेनेण्टियॅस के हत्यारे द्वारा छोड़े गए धुँधले संकेतों (ऐसे संकेत जो कई लोगों की ओर इशारा कर सकते हैं) से पीछे की ओर चलता हुआ उस एकमात्र व्यक्ति, यानी स्वयं हत्यारे तक पहुँचना चाहूँगा। लेकिन एक थोड़े से वक़्त में और दूसरे संकेतों की मदद लिए बिना, ऐसा कर पाना हमेशा सम्भव नहीं होता।''

''तब तो मैं हमेशा किसी ऐसी ही चीज़ के बारे में बात कर सकता हूँ जो किसी अन्य चीज़ की ओर इशारा करती है और वह अन्य किसी अगली अन्य चीज़ की ओर...। लेकिन ऐसी कोई चीज़ जो अन्तिम हो, जो असल हो—क्या उसका कभी कोई अस्तित्व नहीं होता?''

''शायद होता है : वह विशिष्ट यूनीकॉर्न है। और चिन्ता मत करो : अभी-कभी उससे तुम्हारी भिड़न्त हो जाएगी, भले ही वह काला और बदशक्ल क्यों न हो।''

''यूनीकॉर्न, शेर, अरब लेखक और सामान्य तौर पर बर्बर,'' मैंने कहा, ''इसमें कोई शक नहीं कि यही वह *अफ़्रीका* है जिसकी बात संन्यासियों ने की थी।''

''बेशक यह वही है। और अगर यही है, तो हमें वे अफ़्रीकी कवि भी मिलने चाहिए जिनका ज़िक्र पेसिफ़िकॅस ऑव तिवोली ने किया था।''

और, वाक़ई, जब हम वापस चलते हुए एक बार फिर से L कक्ष में पहुँचे तो हमें एक अल्मारी में फ्लोरो, फ्रोण्टो, एपूलियॅस, मार्तियानॅस कैपेला और फुल्जेण्टियॅस की पुस्तकों का संग्रह मिल गया।

''तो ये है वो जगह जहाँ बेरेंगर का कहना था कि एक ख़ास रहस्य की कैफ़ियत यहाँ होनी चाहिए,'' मैंने कहा।

''क़रीब-क़रीब। उसने 'आफ्रीका का अन्त' शब्दों का इस्तेमाल किया था और यही वे शब्द थे जिन्होंने मेलाची को इस क़दर गुस्से से भर दिया था। *फ़िनिस* यही आख़िरी कक्ष हो सकता है, बशर्ते कि...'' वे चीख़ पड़े, ''क्लोन्मेक्नॉइस के सात गिरजों के पास! तुमने एक बात पर ध्यान नहीं दिया?''

''क्या?''

''हम वापस S कक्ष में चलते हैं, जहाँ से हमने शुरुआत की थी!''

हम वापस पहले अन्ध कक्ष में गए, जिस पर ''अपने सिंहासनों पर बैठे थे चौबीस बुज़ुर्ग'' पंक्ति लिखी हुई थी। उसमें चार दरवाज़े खुलते थे। एक Y कक्ष में ले जाता था, जिसमें भीतरी अष्टभुज पर एक खिड़की थी। दूसरा P कक्ष में ले जाता था, जो बाहरी मुहार के साथ-साथ YSPANIA के क्रम तक गया था। मीनार की तरफ़ वाला दरवाज़ा E कक्ष में

ले जाता था, जिससे होकर हम अभी-अभी आए थे। इसके बाद एक खाली दीवार थी और अन्त में एक और दरवाज़ा जो *U* अक्षरवाले एक-दूसरे अन्ध कक्ष में ले जाता था। S कक्ष वही कमरा था जिसमें आईना था–क़िस्मत से मेरे एकदम दाईं ओर की दीवार पर, अन्यथा मैं एक बार फिर भय से जकड़ गया होता।

अपने नक़्शे को सावधानी से देखते हुए मैंने इस कक्ष की विशिष्टता को महसूस किया। अन्य तीनों मीनारों के दूसरे तीनों अन्ध कक्षों की तरह इस कक्ष को भी बीचों बीच स्थित सप्तभुजीय कक्ष में खुलना चाहिए था। अगर ऐसा नहीं था, तो सप्तभुजीय कक्ष का प्रवेश-द्वार साथवाले अन्ध कक्ष, *U*, में होना चाहिए था। लेकिन इस कक्ष, जो अपने एक दरवाज़े से अष्टभुज पर स्थित खिड़की वाले T कक्ष में ले जाता था और अपने दूसरे दरवाज़े से S कक्ष से जुड़ा हुआ था, की अन्य तीनों दीवारें अल्मारियों से अँटी हुई थीं। चारों तरफ़ देखते हुए हमने उस बात की पुष्टि की जो हमारे नक़्शे से साफ़ ज़ाहिर होती थी : तार्किक रूप से और सख़्ती के साथ बरती गई समरूपता के लिहाज़ से इस मीनार का अपना एक सप्तभुजीय कक्ष होना ज़रूरी था, लेकिन वह नहीं था।

"कोई नहीं," मैंने कहा, "ऐसा कोई कक्ष नहीं है।"

"नहीं, ऐसा नहीं है। अगर कोई सप्तभुजीय कक्ष न होता, तो दूसरे कक्ष बड़े आकार के होते, जबकि ये सब के सब कमोबेश वैसे ही हैं जैसे दूसरे सिरों के कक्ष हैं। वह कक्ष निश्चित रूप से मौजूद है, लेकिन उस तक पहुँचा नहीं जा सकता।"

"क्या उसको दीवार से चुन दिया गया है?"

"हो सकता है। और वहीं पर *आफ़्रीका का अन्त* है, वहीं पर वह जगह है जिसके इर्द-गिर्द वे संन्यासी, जो अब मर चुके हैं, अपनी उत्सुकता के चलते मँडरा रहे थे। उसको चुन दिया गया है, लेकिन इसका मतलब यह नहीं है कि उसमें जाने का कोई रास्ता नहीं है। निश्चय ही रास्ता है और वेनेण्टियॅस को वह या तो मिल गया था, या उसको उसका विवरण उस अडेल्मो से मिल गया था जिसने यह विवरण बेरेंगर से हासिल किया था। हमें उसके नोट्स एक बार फिर पढ़ने चाहिए।"

उन्होंने अपने चोगे से वेनेण्टियॅस के काग़ज़ निकाले और उनको दोबारा पढ़ा : "प्रतिकृति [idol] के ऊपर हाथ चार के पहले और सातवें पर काम करता है...।" उन्होंने अपने चारों ओर देखा। "हाँ, ठीक तो है! आईने में उभरती छवि 'idolum' ही तो हुई! वेनेण्टियॅस ग्रीक में सोच रहा था और उस ज़ुबान में, हमारी अपनी ज़ुबान से भी कहीं ज़्यादा, 'eidolon' का मतलब छवि भी है और प्रेत भी और आईना हमारी अपनी विरूपित छवि को प्रतिबिम्बित करता है; हमने उस रात प्रेत के अर्थ में इसको ग़लत समझ लिया था! लेकिन तब चार 'supra idolum' क्या हो सकते हैं? प्रतिबिम्बित करने वाली सतह के ऊपर कोई चीज़? उस सूरत में हमें किसी ऐसे ख़ास कोण पर स्थित होना चाहिए ताकि हम आईने में प्रतिबिम्बित होती किसी ऐसी चीज़ को देख सकें जो वेनेण्टियॅस के विवरण से मेल खाती हो...।"

हमने हर ओर से कोशिश की, लेकिन कोई नतीजा नहीं निकला। हमारी छवियों के अलावा आईना बाक़ी कक्ष की धुँधली-सी रूपरेखाएँ-भर प्रतिबिम्बित कर रहा था जिसको चिराग़ से फीकी सी रोशनी मिल रही थी।

"**तब,**" विलियम ने विचार करते हुए कहा, " 'supra idolum' से उसका मतलब उस

आईने के परे हो सकता है...जो हमको अगले कक्ष में जाने की इजाज़त देगा, क्योंकि यह आईना निश्चय ही एक दरवाज़ा है...।''

सामान्य इनसान के मुक़ाबले लम्बा वह आईना ओक के मज़बूत फ्रेम में दीवार पर जड़ा हुआ था। हमने उसको हर तरह से छुआ, हमने उसमें अपनी उँगलियाँ गड़ाने की, फ्रेम और दीवार के बीच अपने नाख़ून घुसाने की कोशिशें कीं लेकिन आईना अपनी जगह पर इस क़दर क़ायम था जैसे वह दीवार का हिस्सा हो, जैसे वह पत्थरों के बीच एक पत्थर हो।

''और अगर परे नहीं, तो 'supra idolum' यह हो सकता है,'' विलियम बुदबुदाए और इसी के साथ-साथ अपने पंजों पर खड़े होकर अपना हाथ फ्रेम के ऊपरी किनारे पर फिराया। धूल के सिवा और कुछ उनके हाथ नहीं लगा।

''ख़ैर, वैसे भी,'' विलियम ने उदास मन से सोचते हुए कहा, ''अगर इसके परे कोई कक्ष हो भी, तब भी वह पुस्तक तो अब वहाँ नहीं ही है जिसकी तलाश हमें है और जिसको दूसरे लोग तलाशते रहे हैं, क्योंकि वह तो पहले ही ले जायी जा चुकी थी, पहले वेनेण्टियॅस के द्वारा और फिर बेरेंगर द्वारा, भगवान जाने कहाँ।''

''लेकिन बेरेंगर तो शायद उसको यहाँ वापस ले आया था।''

''नहीं, उस शाम हम पुस्तकालय में थे और हर चीज़ से यही संकेत मिलता है कि उसकी मृत्यु चोरी के बहुत ज़्यादा समय गुज़रने के बाद नहीं हुई, वह उसी रात हुई थी, स्नानागार में। नहीं तो हमने उसको अगली सुबह देखा होता। कोई बात नहीं... फ़िलहाल हमने यह पता लगा लिया कि *फ़िनिस आफ़्रीका* कहाँ पर है और अब हमारे पास पुस्तकालय के नक़्शे को मुकम्मल शक्ल देने के लिए लगभग तमाम ज़रूरी सूचनाएँ हैं। तुम्हें मानना होगा कि भूलभुलैया के कई रहस्य अब सुलझ चुके हैं।''

हम नक़्शे पर अपनी खोजों को दर्ज़ करते हुए दूसरे कक्षों से गुज़रे। हमें ऐसे भी कई कक्ष मिले जो पूरी तरह से गणित और ज्योतिष पर एकाग्र लेखन के लिए समर्पित थे, कई ऐसे कक्ष जिनमें सीरियाई लिखावटवाली कृतियाँ थीं जिसे हममें से कोई नहीं समझता था और कई ऐसे कक्ष भी जिनमें रखी कृतियाँ और भी कम पहचान में आनेवाली लिखावट में थीं, जो शायद भारत से लाए गए पाठ थे। हम IUDAEA** और AEGYPTUS** नाम की दो परस्पर-व्याप्त शृंखलाओं के बीच से होकर गुज़रे। पाठकों को अपनी गूढ़ व्याख्याओं की ऊब से बचाते हुए, संक्षेप में यह कि जब बाद में हमने अपने नक़्शे को अन्तिम रूप से पूरा कर लिया, तो हमें इसमें कोई शक नहीं रह गया कि पुस्तकालय को पृथ्वी की छवि (थल और जल का पिण्ड)** की अनुरूपता में आकल्पित और विन्यस्त किया गया था। उत्तर में हमें ANGLLIA** और GERMANI** मिले जो पश्चिमी दीवार के साथ-साथ उस GALLIA** से जुड़े हुए थे, जो एकदम पश्चिम में जाकर HIBERNIA में और दक्षिणी दीवार की ओर जाते हुए ROMA** (लैटिन गौरव-ग्रन्थों का स्वर्ग!) और YSPANIA में बदल जाता था। फिर दक्षिण में जाने पर LEONES और AEGYPTUS थे, जो पूर्व में जाकर IUDAEA और FONS ADAE हो गए थे। पूर्व और उत्तर के बीच, दीवार के साथ-साथ, ग्रीस का संकेत करने के लिए ACAIA** था, जो विलियम के शब्दों में एक अच्छा अंगांगि अलंकार था और अन्त में, उन चारों कक्षों में पेगन परम्पराओं के कवियों और दार्शनिकों का विशाल भण्डार मौजूद था।

शब्दों के क्रम में कोई सिलसिला नहीं था। कभी वह एक दिशा में आगे बढ़ता था, तो कभी पीछे की तरफ़ जाता था और कभी गोल-गोल घूमता था; अक्सर, जैसा कि मैं पहले कह चुका हूँ, एक ही तरह के अक्षर दो अलग-अलग शब्दों को गढ़ने का काम करते थे (और ऐसे मामलों में कक्ष की एक अल्मारी किसी एक विषय के लिए तो दूसरी अल्मारी किसी दूसरे विषय के लिए समर्पित थी)। लेकिन ज़ाहिर है कि इस जमावट के भीतर किसी मानक नियम को खोजने का कोई तुक नहीं था। यह साफ़ तौर पर याददाश्त पर टिकी एक युक्ति थी जो लाइब्रेरियन को कोई पुस्तक ढूँढने की गुंजाइश देती थी। यह कहना कि कोई पुस्तक ''Acaiae का चौथा कक्ष''** में उपलब्ध थी, का मतलब था कि वह *A* अक्षर से शुरू होनेवाले कक्ष से चौथे कक्ष में थी और लाइब्रेरियन को अन्दाज़ा होता होगा कि उस कक्ष तक पहुँचने के लिए, घुमावदार या सीधे, किस रास्ते से जाना चाहिए, क्योंकि ACAIA वर्गाकार ढंग से जमाये गए चार कक्षों में बँटा हुआ था। इस तरह हमने खाली दीवारों के खेल को जल्द ही समझ लिया। मसलन, अगर आप पूर्व में हैं, तो ACAIA पहुँचने के लिए आपको कोई भी ऐसा कक्ष उपलब्ध नहीं था जो अगले कक्ष में ले जाता हो : भूलभुलैया इस जगह पर आकर ख़त्म हो जाती थी और उत्तरी मीनार तक पहुँचने के लिए आपको दूसरी तीन मीनारों से होकर गुज़रना ज़रूरी था। लेकिन लाइब्रेरियन स्वाभाविक ही FONS से प्रवेश करते थे, इस बात को भलीभाँति जानते हुए कि, मसलन, ANGLIA में पहुँचने के लिए उनको AEGYPTUS, YSPANIA और GERMANI से होकर जाना होगा।

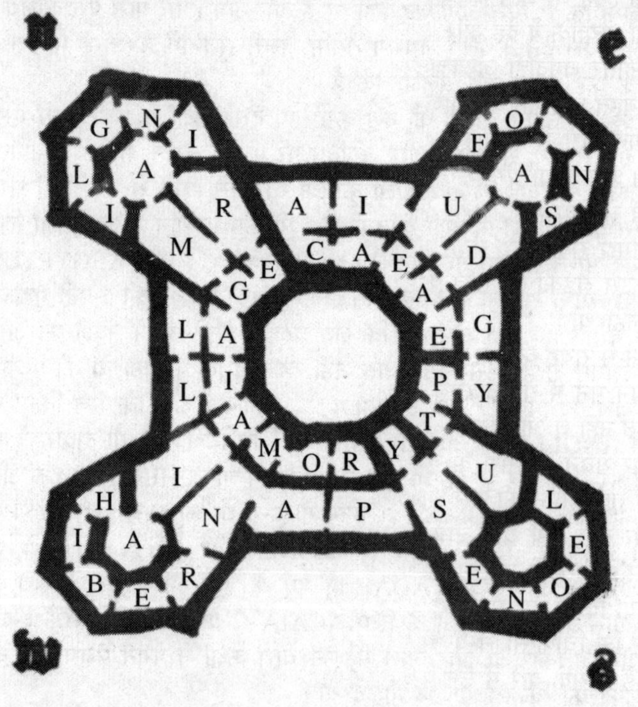

इन और ऐसी दूसरी दिलचस्प खोजों के साथ पुस्तकालय का हमारा कामयाब तलाशी अभियान समाप्त हुआ। लेकिन यह कहने से पहले कि हम सन्तुष्ट होकर पुस्तकालय से जाने के लिए (और उन दूसरी घटनाओं से उलझने के लिए जिनका बयान मैं जल्द ही करूँगा) तैयार हुए, मुझे अपने पाठकों के सामने एक स्वीकारोक्ति करना ज़रूरी है। मैंने कहा कि हमारा तलाशी अभियान, मूलतः, उस रहस्यमय जगह की कुंजी तलाशने के लिए था लेकिन इसी के साथ-साथ, हम जब विषय और तरतीब के हिसाब से कक्षों पर निशान दर्ज़ करते हुए उनमें भटक रहे थे, हम तरह-तरह की पुस्तकों के पन्ने भी पलटते जा रहे थे, मानो हम किसी रहस्यमय महाद्वीप या अज्ञात भूभाग** की तलाश कर रहे हों। सामान्यतः यह दूसरावाला तलाशी अभियान हमारे साझा तालमेल के साथ आगे बढ़ता गया था : विलियम और मैं समान पुस्तकों को पलट रहे थे, मैं उनका ध्यान किसी अनूठी पुस्तक की ओर खींचता और वे मुझे बहुत-सी ऐसी चीज़ें समझाते चलते जो मेरी समझ से परे होतीं।

लेकिन एक ख़ास मुकाम पर और ठीक उस वक़्त जब हम LEONES के नाम से ज्ञात दक्षिणी मीनार के कक्षों का चक्कर लगा रहे थे, मेरे गुरुदेव को एक कक्ष में आकर रुक जाना पड़ा जो विचित्र क़िस्म के नेत्र-सम्बन्धी रेखांकनों से युक्त अरबी भाषा की कृतियों से भरा हुआ था; और उस शाम चूँकि हमारे पास एक नहीं बल्कि दो चिराग़ मौजूद थे, अपने कौतूहल में मैं अगले कक्ष में चला गया, इस अहसास से भरा हुआ कि पुस्तकालय की योजना में निहित प्रज्ञा और दूरदर्शिता ने पुस्तकालय की एक दीवार के बराबर से ऐसी पुस्तकों को जमा कर रखा हुआ था जो निश्चय ही जिस किसी भी इनसान को पढ़ने के लिए नहीं सौंपी जा सकती थीं, क्योंकि वे देह और आत्मा के रोगों पर तरह-तरह से रोशनी डालती थीं और उनमें से ज़्यादातर धर्मद्रोही अध्येताओं द्वारा लिखी गई थीं। और मेरी निगाहें एक पुस्तक पर पड़ीं, जो बहुत बड़ी नहीं थी लेकिन जो (खुशक़िस्मती से!) अपने विषय से एकदम अलग क़िस्म के मिनिएचरों से सजी हुई थी : पुष्प, लताएँ, पशुओं के जोड़े, कोई चिकित्सकीय जड़ी-बूटियाँ। शीर्षक था *प्रेम का दर्पण***, लेखक मैक्सिमॅस ऑव बोलोग्ना और उसमें कई दूसरी कृतियों से लिए गए उद्धरण शामिल थे, जो सबके सब प्रेम-रोग के बारे में थे। जैसा कि पाठक समझ सकता है, सुबह से सुन्न पड़े मेरे दिमाग़ की आग को भड़काने के लिए और उसको उस लड़की की छवि के सहारे उत्तेजित करने के लिए ज़्यादा किसी और चीज़ की ज़रूरत नहीं थी।

पूरा दिन मैं सुबह के अपने विचारों को दिमाग़ से झटकने की कोशिश करता रहा था, बार-बार अपने मन में यह दोहराते हुए कि वे एक संयमित, सन्तुलित नवदीक्षित संन्यासी के लिए उचित नहीं थे और इसके अलावा, चूँकि दिन की घटनाएँ मेरा ध्यान हटाने के लिहाज़ से भरपूर और सघन थीं, मेरी वासनाएँ कुछ इस तरह शिथिल बनी रही थीं, कि मैंने सोचा कि मैंने अब तक अपने को उस चीज़ से मुक्त कर लिया था जो कि एक अस्थायी बेचैनी के सिवा और कुछ नहीं था। लेकिन स्थिति इससे उलट यह थी कि मुझे उस पुस्तक को देखने-भर की ज़रूरत थी और मैं यह कहने को विवश था कि "कहानी तुम्हारे बारे में है"** और मैंने पाया कि मैं प्रेम से उससे कहीं ज़्यादा पीड़ित था जितना कि मैं सोचता था। बाद में मैंने जाना कि चिकित्सा सम्बन्धी पुस्तकों को पढ़ते हुए आपको उस पीड़ा का अहसास होने लगता है जिसके बारे में उन पुस्तकों में बात की गई होती है। और हुआ भी यही कि

उन पन्नों को पढ़ने मात्र से, जिन पर मैं हड़बड़ी में ही नज़र डाल पा रहा था क्योंकि मुझे डर था कि विलियम किसी भी वक़्त उस कक्ष में आ धमकेंगे और मुझसे पूछ बैठेंगे कि मैं इतने मनोयोग से किस चीज़ की जाँच में लगा हूँ, मुझको यह भरोसा हो गया कि मैं ठीक उसी रोग से पीड़ित था, जिसके लक्षण इतने शानदार तरीक़े से बताए गए थे कि, एक तरफ़ तो मैं यह जानकर व्यथित था कि मैं बीमार था (और वह भी इतने सारे ग्रन्थकारों के अचूक प्रमाणों के आधार पर) और दूसरी तरफ़ मेरी अपनी दशा के इस क़दर सजीव चित्रण से अपने आपको विश्वास दिलाते हुए ख़ुश हो रहा था कि भले ही मैं बीमार था, लेकिन मेरी बीमारी, एक तरह से, इस मानी में सामान्य थी कि दूसरे बेशुमार लोगों ने भी मेरी ही तरह इसको भोगा था और अगर सम्भव होता तो वहाँ उद्धृत लेखकों ने अपने वर्णन के लिए मुझे व्यक्तिगत रूप से अपने मॉडल की तरह बरता होता।

इस प्रकार मैं इब्न-हज़्म के उन पन्नों से बहुत प्रभावित था, जो प्रेम को एक ऐसी विद्रोही बीमारी की तरह परिभाषित करता है जिसका इलाज़ ख़ुद उस बीमारी में ही छुपा है, क्योंकि बीमार इनसान नीरोग नहीं होना चाहता और जो भी इस रोग का शिकार होता है उसका ठीक होने का मन नहीं करता (और परमात्मा जानता है कि यह बात एकदम सही थी!)। मुझे समझ आया कि क्या वजह थी कि उस सुबह मैं जो कुछ भी देखता था उससे इस क़दर परेशान हो उठता था : लगता है कि प्रेम आँखों के रास्ते दाख़िल होता है, जैसा कि बासेल ऑव एसिरा का भी कहना है और–यह उसका अचूक लक्षण है कि–जो इनसान जो इस बीमारी का शिकार होता है वह अतिरेकपूर्ण ढंग से हर्ष का प्रदर्शन करता है, जबकि उसी क्षण में वह अपने आप में सिमट जाने की इच्छा करता है और एकान्त की तलाश करता है (जैसा कि उस सुबह मैंने किया था), वहीं दूसरी तरफ़ वह एक ऐसी ज़बरदस्त बेचैनी और त्रास में डूबा रहता है जो उसको बेज़ुबान बनाकर रख देते हैं...। मैं यह पढ़कर काँप गया कि जब किसी सच्चे प्रेमी को उसकी प्रिय वस्तु से दूर कर दिया जाता है, तो वह एक ऐसी विनाशकारी अवस्था में जा गिरता है जिसके चरम पर वह बिस्तर से जा लगता है और इनसान अपना होशो-हवास खो बैठता है और प्रलाप करने लगता है (ज़ाहिर है, मैं अभी उस अवस्था तक नहीं पहुँचा था, क्योंकि पुस्तकालय की छानबीन करते हुए मैं काफ़ी चौकन्ना रहा था)। लेकिन मैंने आशंकित मन से पढ़ा कि अगर यह बीमारी बदतर हालत में पहुँच जाती है, तो मौत का सबब भी बन सकती है और मैंने ख़ुद से सवाल किया कि उस लड़की के ख़याल से मुझे जो आनन्द मिला था वह, आत्मा की सेहत की बात तो दूर, क्या ख़ुद जिस्म की इस सबसे बड़ी कुर्बानी के लायक़ भी था।

आगे, सेण्ट हिल्डेगार्ड के कुछ शब्दों को पढ़ते हुए मैंने यह भी जाना कि उस पूरे दिन-भर मैंने जिस अवसाद को महसूस किया था, जिसका श्रेय मैंने उस लड़की की ग़ैरमौजूदगी से पैदा हुए दर्द के मीठे अहसास को दिया हुआ था, वह ख़तरनाक तरीक़े से उस अहसास के क़रीब था जिसे जन्नत की समरस और मुकम्मल अवस्था से भटका हुआ कोई इनसान महसूस करता है और यह "स्याह और कड़ुआ"** अवसाद सर्प की फुफकार और शैतान के असर से पैदा होता है। यह ऐसा नज़रिया था जिसमें नास्तिक भी बराबर की अक़्लमन्दी के साथ साझा करते थे, क्योंकि मेरी नज़र उस अबू-बक्र मोहम्मद इब्न ज़कारिया अर-रज़ी के नाम से दी गई पंक्तियों पर पड़ी, जो एक *बोधगम्य पुस्तक*** में प्रेम के अवसाद को उस ख़ास

क़िस्म के उन्माद-रोग के रूप में देखता है, जिसका शिकार भेड़िये की तरह बरताव करने पर मजबूर हो जाता है। उसके वर्णन ने तो मेरा गला ही जकड़ लिया : सबसे पहले तो आशिक़ अपनी बाहरी शक्ल-सूरत से बदल गए लगते हैं, उनकी नज़रें कमज़ोर हो जाती हैं, आँखें धँस जाती हैं और उनकी नमी ख़त्म हो जाती है, उनकी जीभ धीरे-धीरे सूखती जाती है और उस पर फुंसियाँ उभर आती हैं, सारा शरीर सूख जाता है और वे बेतहाशा प्यास के मारे तड़पते रहते हैं; इस हालत में पहुँच जाने पर वे सिर झुकाए अपना दिन गुज़ारते हैं और उनके चेहरे पर और पिण्डली पर कुत्ते के काटे जैसे निशान उभर आते हैं और अन्त में बीमारी का शिकार इनसान रात के वक़्त भेड़ियों की तरह क़ब्रिस्तान में भटकने लगता है।

आख़िर में, उस वक़्त मुझे अपनी हालत की संजीदगी को लेकर कोई शक नहीं रह गया जब मैंने मशहूर लेखक एविसेना के उद्धरण पढ़े, जो इश्क़ को एक अवसादग्रस्त दिमाग़ के ऐसे अथक ध्यान के रूप में परिभाषित करता है, जो अपने से उलट यौन के इनसान के शक्ल-सूरत, हाव-भाव और बरताव का बार-बार ख़याल करने के नतीजे में पैदा होता है (एविसेना ने कितनी शिद्दत और वफ़ादारी के साथ मेरी हालत का बयान किया था!) : वह बीमारी की शक्ल में पैदा नहीं होता, बल्कि उस वक़्त एक बीमारी में बदल जाता है, जब अतृप्त रह जाने के कारण वह एक ऐसा ख़याल बन जाता है जिसका ख़ब्त दिमाग़ पर छा जाता है (पर मैं इतनी ख़ब्त क्यों महसूस कर रहा था, मैं जो, परमात्मा मुझे क्षमा करे, अच्छी-ख़ासी तृप्ति हासिल कर चुका था? या फिर पिछली रात जो कुछ हुआ था वह प्रेम की तृप्ति नहीं थी? लेकिन तब फिर यह बीमारी शान्त कैसे होती है?), इस तरह एक ऐसी हालत तैयार होती है जिसमें पलकें बेतहाशा काँपती हैं, साँसें रुक-रुक कर चलने लगती हैं; मरीज़ कभी हँसने लगता है, कभी रोने लगता है और नाड़ी धड़कने लगती है (और वाक़ई यही हुआ कि ये पंक्तियाँ पढ़ते हुए मेरी नाड़ी धड़कने लगी और मेरी साँस रुक गई!)। यह पता लगाने के लिए कि कोई इनसान इश्क़ में पड़ गया है, एविसेना ने एक अचूक तरीक़ा अपनाने का मशविरा दिया था, जो गेलेन ने पहले से ही सुझा रखा था : मुसीबत में पड़े इनसान की कलाई थामो और विपरीत यौन के कई सारे लोगों के नाम तब तक बोलते जाओ जब तक कि आपको यह पता न चल जाए कि वह कौन-सा नाम है जिसे सुनते ही नाड़ी की रफ़्तार बढ़ गई है। मैं डर गया कि मेरे गुरुदेव अचानक आ धमकेंगे, मेरी बाँह थामेंगे और मेरी रगों की धड़कन को महसूस कर मेरे उस राज़ को जान लेंगे, जिससे मैं शर्म के मारे गड़ जाऊँगा....। आह, जो इलाज़ एविसेना ने सुझाया था वह यह था कि दोनों प्रेमियों की शादी करके उनको आपस में मिला दिया जाए, जिससे बीमारी ठीक हो जाएगी। वाक़ई, चालाक ही सही पर, वह था तो एक विधर्मी ही, क्योंकि उसने बेनेडिक्ट संघ में नवदीक्षित एक संन्यासी की हालत पर विचार नहीं किया, जो इस तरह कभी भी चंगा न हो पाने के लिए अभिशप्त था–बल्कि जो अपनी पसन्द से या अपने रिश्तेदारों की अक़्लमन्दी से भरे फ़ैसले से कभी भी बीमार न होने की दीक्षा ले चुका था। क़िस्मत से एविसेना ने, क्लूनियाक संघ के बारे में न सोचते हुए भी, उन प्रेमियों की हालत पर विचार किया था जिनका ब्याह नहीं कराया जा सकता था और उनके लिए उसने बुनियादी इलाज़ के तौर पर गर्म स्नान की सलाह दी थी। (तो क्या बेरेंगर मृत अडेल्मो के प्रति अपने प्रेम-रोग से निज़ात पाने की कोशिश कर रहा था? लेकिन क्या कोई इनसान अपने ही यौन के दूसरे इनसान के प्रति

इश्क़ का रोगी हो सकता है, या फिर वह एक हैवानियत से भरी हवस मात्र थी? और क्या वह रात जो मैंने गुज़ारी थी उस तरह हैवानियत और हवस से भरी हुई नहीं थी? नहीं, निश्चय ही नहीं, मैंने एक झटके के साथ खुद से कहा, वह बहुत ही मधुर थी–और तुरन्त ही यह भी जोड़ा : नहीं, एड्सो, तुम ग़लत सोचते हो, वह शैतान का फ़रेब था, वह हैवानियत की इन्तिहा थी और अगर तुमने एक जानवर की तरह बरताव करने का गुनाह किया था तो उसको क़बूल न करके तुम उससे भी बड़ा गुनाह कर रहे हो!) लेकिन तभी मैंने पढ़ा, फिर से उसी एविसेना के पाठ में, कि बीमारी के दूसरे इलाज़ भी थे : मसलन, बूढ़ी और निपुण औरतों की मदद लेना जो माशूक़ की बुराई करें–और लगता है कि इस काम में बूढ़ी औरतें मर्दों के मुक़ाबले कहीं ज़्यादा माहिर होती हैं। यह शायद मेरी मुश्किल का एक हल था, लेकिन उस मठ में बूढ़ी औरतों को (या कि दरअसल जवान औरतों को भी) पा सकना नामुमकिन था और इसलिए मुझे किसी संन्यासी से कहना पड़ता कि वह मुझसे उस लड़की की बुराई करे, लेकिन किस संन्यासी से? और अलावा इसके, क्या एक संन्यासी औरतों के मामले में वैसा जानकार हो सकता था जैसी कि एक बातूनी बुढ़िया हो सकती थी? आख़िरी समाधान जो सारासेन ने सुझाया था, वह वाक़ई बहुत ही अश्लील था, क्योंकि उसके मुताबिक़ दुःख में डूबे आशिक़ को बहुत-सी गुलाम लड़कियों के साथ सोना ज़रूरी था–एक ऐसा इलाज़ जो एक संन्यासी से ज़रा भी मेल नहीं खाता था। और इस तरह, आख़िर में मैंने ख़ुद से सवाल किया कि एक संन्यासी इश्क़ से कैसे निज़ात पा सकता है? क्या उसके लिए वाक़ई बचने का कोई रास्ता नहीं है? क्या मुझे सेवेरिनॅस और उसकी जड़ी-बूटियों का सहारा लेना चाहिए? मेरी नज़र एक हिस्से पर पड़ी, जो आर्नोल्ड ऑव विलानोवा का लिखा हुआ था। मैंने विलियम को बहुत इज़्ज़त के साथ इस लेखक का नाम लेते सुना था। उसका कहना था कि इश्क़ की बीमारी कफ़, पित्त और वात की तादाद बढ़ जाने की वजह से पैदा होती है, जब इनसान का जिस्म ख़ुद को नमी और हरारत की ज़्यादती की हालत में पाता है, क्योंकि ख़ून (जो प्रजननकारी बीजों को उत्पन्न करता है) बेसाख़्ता बढ़कर भारी तादाद में बीजों को, एक तरह के यौन की अवस्था (यौन का असमंजस)** को, तथा मर्द और औरत में मिलन की तेज़ इच्छा को पैदा कर देता है। दिमाग़ की बीच की गुफा के ऊपरी हिस्से में एक क़यास लगानेवाली ताक़त मौजूद होती है (वह क्या है? मैंने सोचा) जिसका मक़सद इन्द्रियों द्वारा महसूस किए गए बेजान अभिप्रायों को महसूस करना होता है और जब इन्द्रियों द्वारा महसूस की गई चीज़ के लिए ख़्वाहिश बहुत सख़्त हो उठती है, तो यह क़यास लगानेवाली ताक़त गड़बड़ा जाती है और वह माशूक़ के ख़याल से अपनी ख़ुराक हासिल करने लगती है; तब समूची रूह और जिस्म तपने लगते हैं, चूँकि उदासी और आनन्द एक-दूसरे की जगह लेने लगते हैं, क्योंकि ताप (जो कि नाउम्मीदी के दौरान जिस्म के सबसे अन्दरूनी हिस्सों में उतर आता है और त्वचा को ठंडा कर देता है) आनन्द के क्षणों में सतह पर उठकर चेहरे को जलाने लगता है। आर्नोल्ड इसके लिए जो इलाज़ सुझाता है, वह यह है कि माशूक़ तक पहुँचने का विश्वास और उम्मीद खो देना चाहिए, ताकि उसका ख़याल दिमाग़ से दूर चला जाए।

वाह, तब तो मैं ठीक ही हो चुका हूँ, या ठीक होने की कगार पर हूँ, मैंने ख़ुद से कहा, क्योंकि मेरे ख़याल जिस पर टिके हुए हैं उसको देख पाने की कोई ख़ास उम्मीद मुझे नहीं

है और अगर उसको देख भी लूँ, तो उसको हासिल करने की तो कोई उम्मीद नहीं ही है और अगर मैं उसको हासिल भी कर लेता हूँ, तो उस पर अपना हक़ जमा लेने की कोई उम्मीद नहीं है और अगर उस पर अपना हक़ हासिल कर लूँ, तो अपने संन्यासी होने की स्थिति और ख़ानदानी पेशे के चलते मुझ पर थोप दिए गए फर्ज़ों के चलते उसको अपने पास रखने की उम्मीद मैं नहीं कर सकता...। मैं बच गया, मैंने ख़ुद से कहा और ठीक जिस वक़्त विलियम ने कक्ष में प्रवेश किया, मैंने पुस्तक को बन्द किया ख़ुद को समेट लिया।

रात

जिसमें सल्वाटोर ख़ुद को बदक़िस्मती से बर्नाड गुई के हाथ लग जाने देता है, एड्सो की माशूक़ा एक डायन के रूप में गिरफ़्तार होती है और सारे लोग बहुत दुखी तथा पहले से भी ज़्यादा चिन्ता में डूबे हुए सोने के लिए जाते हैं।

हम लोग वापस भोजनालय में आ रहे थे कि हमें कुछ तेज़ आवाज़ें सुनाई दीं और रसोई की दिशा से फीकी-सी रोशनियाँ आती दिखाई दीं। विलियम ने तुरन्त ही चिराग़ बुझा दिया। दीवार से सटकर चलते हुए हम रसोई के दरवाज़े की ओर बढ़े; हम समझ गए कि आवाज़ें बाहर से आई थीं, लेकिन दरवाज़ा खुला हुआ था। फिर आवाज़ें और रोशनियाँ दूर को चली गईं और किसी ने धड़ से दरवाज़ा बन्द कर दिया। माहौल में एक अफरातफरी फैली हुई थी, जो किसी अनहोनी की तरफ़ इशारा कर रही थी। हम तेजी से अस्थिगृह के रास्ते वापस लौटे, गिरजाघर में पहुँचे जो अब तक सुनसान हो चुका था, दक्षिणी दरवाज़े से बाहर गए और गलियारे में झिलमिलाती हुई मशालों पर हमारी नज़र पड़ी।

हम क़रीब गए और हड़बड़ी की वजह से हम निश्चय ही उन दूसरे लोगों की ही तरह तेजी से बाहर की तरफ़ भागे होंगे जो पहले ही उस जगह पहुँच चुके थे और जो शयनागार या धर्मशाला से निकलकर आए थे। हमने देखा कि धनुर्धारियों ने सल्वाटोर को सख़्ती से पकड़ रखा था, जो अपनी आँखों की ही तरह सफ़ेद पड़ चुका था और एक लड़की को भी जो रो रही थी। मेरा दिल बैठ गया : यह वो थी, वह लड़की जो मेरे मन में समाई हुई थी। उसने देखते ही मुझे पहचान लिया और मेरी तरफ़ मायूस, प्रार्थना-भरी निगाहों से देखा। मेरे मन में आया कि मैं फौरन भागकर उसको छुड़ा लूँ, लेकिन विलियम ने निन्दा के निहायत ही रूखे शब्द बुदबुदाते हुए मुझे रोक दिया। इस बीच संन्यासी और अतिथि हर तरफ़ से भागे आ रहे थे।

मठाधीश आया और बर्नार्ड गुई भी, जिनको धनुर्धारियों के कप्तान ने संक्षेप में रिपोर्ट दी। वाकया कुछ इस तरह था। धर्मपरीक्षक के हुक्म पर उन्होंने रात में समूचे परिसर में गश्त लगाई थी, ख़ास तौर से मुख्य द्वार से चर्च की तरफ़ जानेवाले रास्ते पर, उद्यानों पर और इडीफ़ीसियम के मुहाने पर उन्होंने विशेष निगरानी रखी थी। (क्यों? मैंने सोचा। तब मुझे समझ में आया : ज़ाहिर है इसलिए कि बर्नार्ड ने नौकरों से या फिर रसोइयों से रात

के समय में बाहरी दीवारों और रसोई के बीच चलनेवाली आवाजाही के बारे में अफ़वाहें सुनी थीं, शायद बिना यह जाने कि इसके लिए कौन ज़िम्मेदार था; और बेवक़ूफ़ सल्वाटोर ने अपने इरादों के बारे में जिस तरह मुझे बताया था, वैसे ही उसने रसोई में या कोठार में किसी दुष्ट को पहले ही ये बातें कही हुई थीं, जिसने उस शाम की पूछताछ से घबराकर यह अफ़वाह रोटी के टुकड़े की तरह बर्नार्ड के सामने फेंक दी थी।) धनुर्धारियों ने पूरी चौकसी के साथ अँधेरे और कोहरे से गुज़रते हुए अन्ततः सल्वाटोर को उस लड़की के साथ उस वक़्त धर दबोचा था! जब वह रसोई का दरवाज़ा खोल रहा था।

"इस पवित्र स्थल पर औरत! और वह भी एक संन्यासी के साथ!" बर्नार्ड ने मठाधीश को सम्बोधित करते हुए सख़्त लहज़े में कहा। "महाप्रभु," उसने आगे कहा, "बात अगर शुचिता के व्रत को भंग करने तक सीमित होती, तो इस आदमी को सज़ा देना आपके दायरे में होता। लेकिन चूँकि हम पक्के तौर पर यह कहने की हालत में नहीं हैं कि इन दो दुष्टों के इस दुराचार का अतिथियों के कुशलक्षेम से कोई सम्बन्ध नहीं है, इसलिए हमें सबसे पहले इस रहस्य पर रोशनी डालना ज़रूरी है। तो, पहले तुझ लम्पट से निबटा जाय!" और उसने सल्वाटोर से वह पोटली छीन ली जिसे वह ग़रीब अपने सीने से चिपकाये छुपाने की कोशिश कर रहा था। "क्या है ये?"

मैं पहले से जानता था : एक चाकू: एक काली बिल्ली, जो पोटली के खुलते ही म्याऊँ-म्याऊँ चीखती हुई भागी और दो अण्डे, जो अब टूट चुके थे और लिसलिसे हो गए थे और जो किसी भी दूसरे इनसान के लिए ख़ून, या पीले पित्त, या ऐसी ही किसी घिनौनी चीज़ की तरह दिखाई देते। सल्वाटोर बिल्ली को मारकर उसकी आँखें निकालने रसोई में घुसने ही वाला था; कौन जाने उसने लड़की को अपने पीछे आने को फुसलाने के लिए क्या लालच दिया था। मुझे जल्द ही पता चल गया कि वे क्या लालच थे। धनुर्धारियों ने व्यंग्यपूर्ण हँसी और अश्लील शब्दों के साथ लड़की की तलाशी ली थी और उन्हें उसके पास एक छोटा-सा पालतू मुर्गा मिला था, जिसके पंख अभी भी नोचे नहीं गए थे। इसे दुर्भाग्य ही कहा जाएगा कि रात के समय जब सारी बिल्लियाँ भूरी नज़र आती हैं, मुर्गा, बिल्ली की तरह काला दिखाई दे रहा था। हालाँकि, मैं सोच रहा था कि कितने ज़रा से में उस बेचारी भूखी को फुसला लिया गया था, जिसने पिछली रात अपना बेशक़ीमती बैल का कलेजा तज दिया था (और मेरे प्रेम की खातिर तज दिया था!) ...।

"अहा!" बर्नार्ड बहुत ही आतुर स्वर में चीखा। "काली बिल्ली और मुर्गा...तो ये बात है, इस क़िस्म के साज़ो-सामान से मैं वाक़िफ़ हूँ... ।" उसने उपस्थित लोगों के बीच विलियम को लक्ष्य किया। "क्या आप भी इन चीज़ों को नहीं पहचानते, ब्रदर विलियम? क्या आप तीन बरस पहले किल्केनी में धर्मपरीक्षक नहीं थे, जहाँ पर उस लड़की ने उस एक शैतान के साथ सम्भोग किया था जो उसके पास एक काली बिल्ली की शक्ल में प्रगट हुआ था?"

मुझे ऐसा लगा कि मेरे उस्ताद कायरता की वजह से चुप बने रहे। मैंने उनकी बाँह खींची, उन्हें झकझोरा, हताश मन से उनके कानों में फुसफुसाया, "बताइए उन्हें, बताइए उन्हें कि ये खाने के लिए था..."

उन्होंने खुद को मेरी पकड़ से आज़ाद किया और विनम्र स्वर में बर्नार्ड से बोले : "मैं नहीं समझता कि आपको अपने नतीजे पर पहुँचने के लिए मेरे पुराने अनुभवों की ज़रूरत है," उन्होंने कहा।

"अरे नहीं, नहीं, कहीं ज़्यादा प्रामाणिक सबूत मौजूद हैं।" बर्नार्ड मुस्कराया। "स्टीफेन ऑव बॅर्बान ईश्वर के सात उपहारों के बारे में लिखी गई अपनी कृति में बताते हैं कि किस तरह सेण्ट डॉमिनिक ने, फेंजेऑक्स में विधर्मियों के ख़िलाफ़ उपदेश देने के बाद कुछ औरतों के बारे में ऐलान किया था कि उनकी उस स्वामी से मुलाक़ात होगी जिसके लिए वे उस समय तक अपनी सेवाएँ देती रही थीं। और अचानक उनके बीच एक डरावनी काली बिल्ली नमूदार हुई, भारी-भरकम कुत्ते के आकार की, जिसकी बड़ी-बड़ी चमकीली आँखें थीं, नाभी तक लटकती हुई सुर्ख जीभ थी, छोटी-सी पूछ थी, हवा में कुछ इस तरह तनी हुई कि जानवर जिस किसी भी तरफ़ मुड़े उसका घिनौना पिछवाड़ा साफ़ दिखाई देता, किसी भी दूसरे जानवर के मुक़ाबले बेहद गन्दा पिछवाड़ा, जो कि उस गुदा के एकदम मुनासिब ही था जिसे शैतान के अनेक भक्त, ख़ास तौर से नाइट्स टेम्पलर, अपनी मुलाक़ातों के दौरान चूमने के आदी रहे हैं। और घंटे-भर तक औरतों के बीच चक्कर लगाने के बाद वह बिल्ली अपनी बदबूदार गन्दगी वहीं छोड़कर घंटे की रस्सी पर उछली और उसके ऊपर चढ़ गई। और क्या बिल्ली ही वह जानवर नहीं है जिसे उन कैथारिस्टों का प्यार मिलता रहा है, जो एलानॅस डि इन्सूलिस के मुताबिक़ इसलिए बिल्ली** के नाम से पुकारे जाते हैं क्योंकि वे इस जानवर को लूसिफ़र का अवतार मानकर उसके पिछवाड़े को चूमते हैं? और क्या इस घिनौनी प्रथा का समर्थन क़ानून** में विलियम ऑव ला वर्ना द्वारा भी नहीं किया गया है? और क्या अल्बर्टस मैग्नस ने नहीं कहा है कि बिल्लियाँ शैतान की सम्भावना से भरपूर होती हैं? और क्या मेरे श्रद्धेय ब्रदर जाक़ फोर्नियर इस घटना को याद नहीं करते हैं कि धर्मपरीक्षक ज्योफ्री ऑव कार्कासोने की मृत्युशैया पर दो बिल्लियाँ प्रगट हुई थीं, जो उन अवशेषों का मज़ाक उड़ाने आए शैतानों के सिवा और कोई नहीं थीं?"

दहशत से भरी हुई एक फुसफुसाहट संन्यासियों के बीच फैल गई, जिनमें से कइयों ने पवित्र सलीब का निशान बनाया।

"माई लॉर्ड एबो, माई लॉर्ड एबो," बर्नार्ड इस बीच, चेहरे पर पुण्यात्मापन का भाव लिए हुए, कहे जा रहा था, "शायद महामना को यह जानकारी नहीं है कि पापी लोग इन चीज़ों का किस तरह का इस्तेमाल किया करते हैं! लेकिन, ईश्वर मेरी मदद करे, मैं अच्छी तरह से जानता हूँ। मैंने बहुत-से दुराचारियों को, उन्हीं की बनक के दूसरे दुराचारियों के साथ, देखा है, जो काली बिल्लियों का इस्तेमाल उन चमत्कारों के लिए करते हैं, जिनसे वे कभी भी इन्कार नहीं कर सकते थे : कुछ ख़ास क़िस्म के जानवरों पर सवारी करना और, कामुक इन्क्यूबी में बदल चुके अपने ग़ुलामों को घसीटते हुए, रात के अँधेरे में विशाल दूरियों को पार करना...और शैतान, मुर्गे की शक्ल में, या किसी दूसरे काले जानवर की शक्ल में, उनको दर्शन देता है, या कम-से कम उनका ऐसा पक्का विश्वास है और वे उसके साथ सोते हैं—कैसे, यह मुझसे मत पूछिए। और मुझे अच्छी तरह से मालूम है कि बहुत दिन नहीं हुए जब एविग्नॉन में ही ख़ुद हमारे लॉर्ड पोप के खाने को ज़हरीला कर उनकी जान लेने की मंशा से इसी क़िस्म की प्रेतविद्या की मदद से मन्त्रौषधियाँ और लेप तैयार किए गए थे। पोप अपने को बचा सके और उस ज़हर को पहचान सके तो सिर्फ़ इसलिए कि वे साँप की जीभों की शक्ल में ढले ऐसे रत्नों से जड़े अद्‌भुत आभूषण पहने हुए थे जो ईश्वरीय शक्ति के सहारे भोजन में मौजूद ज़हर को उजागर करने की सामर्थ्य रखते थे। ईश्वर की

कृपा ही कहनी चाहिए कि फ्रांस के राजा ने उन्हें इस तरह की ग्यारह बेशक़ीमती जीभें दी थीं और सिर्फ़ इसी के बल पर हमारे लॉर्ड पोप मौत को धोखा दे सके थे! ये सच है कि धर्माध्यक्ष के दुश्मनों ने इससे भी आगे बढ़ने की कोशिश की थी और हर किसी को पता है कि वह धर्मद्रोही बर्नार्ड डेलिसिअॅक्स, जिसे दस साल पहले गिरफ़्तार किया गया था, किस बात के लिए बदनाम था : उसके घर में काला जादू की पुस्तकें पाई गई थीं, जिनके सबसे घिनौने पन्नों पर नोट्स लिए गए थे, जिनमें दुश्मनों को नुक़्सान पहुँचाने के लिए मोम की आकृतियाँ तैयार करने की विधियों की हिदायतें दी हुई थीं। और आप इस पर विश्वास करेंगे? उसके घर में ऐसे चित्र पाए गए थे जिनमें, वाक़ई क़ाबिले तारीफ़ सफ़ाई के साथ पोप की छवियाँ उकेरी गई थीं, जिनमें उनके शरीर के नाज़ुक अंगों को लाल रंग के छोटे-छोटे दायरों से घेरा गया था। और हर कोई जानता है कि जब इस तरह का बुत, जिसे एक डोरी से लटकाया गया हो और उसे आईने के सामने रखा गया हो और फिर नाज़ुक अंगों में पिन चुभाए गए हों और... ओह, लेकिन मैं क्यों इन नीच, घिनौने कर्मकाण्डों की चर्चा को ले बैठा हूँ? पोप ने ख़ुद ही, अभी पिछले ही बरस, *उसके प्रतिबिम्बों पर*** नामक अपने फ़तवे में इनकी चर्चा की थी और इनका वर्णन किया था और इनकी निन्दा की थी! और मुझे वाक़ई उम्मीद है कि आपके इस भरे-पूरे पुस्तकालय में इसकी एक प्रति ज़रूर होगी, जहाँ इस पर उचित तरीक़े से विचार किया जा सकता है...।"

"हमारे पास है, हमारे पास है," घोर दुःख से भरे स्वर में मठाधीश ने जल्दी से ताईद की।

"बहुत अच्छे," बर्नार्ड ने बात ख़त्म करते हुए कहा। "अब यह मामला मेरे सामने एकदम साफ़ है। "प्रलोभन का शिकार एक भिक्षु एक डायन और कोई कर्मकाण्ड, जो सौभाग्य से पूरा नहीं हो सका। मक़सद क्या था? ये वो चीज़ है जिसका हम पता लगाएँगे और इसका पता लगाने के लिए मैं कुछ घंटे की नींद तजने को तैयार हूँ। क्या महामना मेरे लिए कोई ऐसी जगह मुहैया करा सकते हैं जहाँ पर इस आदमी को क़ैद किया जा सके?"

"हमारी कार्यशाला में कुछ कोठरियाँ हैं," मठाधीश ने कहा, "जो सौभाग्य से बहुत कम इस्तेमाल में आतीं हैं और वर्षों से खाली पड़ी हैं...।"

"सौभाग्य से कहें या दुर्भाग्य से," बर्नार्ड ने टिप्पणी की। और उसने धनुर्धारियों को हुक्म दिया कि वे किसी को बुलाएँ जो उन्हें रास्ता दिखाये और दोनों क़ैदियों को अलग-अलग कोठरियों में ले जाए; और उन्हें कहा गया कि वे संन्यासी को दीवार में स्थित किन्हीं रिंग्स में कसकर बाँधें, ताकि बर्नार्ड जल्द ही वहाँ पहुँचकर उससे पूछताछ करते हुए उसके चेहरे में झाँक सके। जहाँ तक लड़की का सवाल था, उसने आगे कहा, यह बात साफ़ थी कि वह कौन थी और उस रात उससे पूछताछ करने का कोई मतलब नहीं था। इससे पहले कि उसको एक डायन के रूप में जलाया जाता दूसरे मुक़दमें को उसका इन्तज़ार कर रहे थे। वैसे भी अगर वह डायन थी, तो वह आसानी से अपना मुँह खोलनेवाली नहीं थी। लेकिन हो सकता है कि संन्यासी अब भी पश्चाताप करना चाहे, शायद (और उसने थरथराते हुए सल्वाटोर पर निगाहें गड़ाते हुए कहा, मानो उसे यह जताने के लिए कि उसको यह आखिरी मौक़ा दिया जा रहा था), सच बोलना चाहे और, बर्नार्ड ने जोड़ा, अपने साथी अपराधियों को धिक्कारना चाहे।

दोनों को खींच कर ले जाया गया, एक ख़ामोश और टूटा हुआ था, लगभग बुखार में डूबा हुआ-सा और दूसरी रोती और पैर फटकारती और किसी कसाईखाने को ले जाए जाते जानवर की तरह चीख़ती हुई। लेकिन वह अपनी गँवई ज़ुबान में क्या कह रही थी, इसे न तो बर्नार्ड समझ सका, न धनुर्धारी और न ही खुद मैं समझ सका। अपनी सारी चीख़-चिल्लाहट के बावजूद, वह जैसे गूँगी थी। कुछ शब्द होते हैं जो ताक़त देते हैं, कुछ होते हैं जो हमें और भी ज़्यादा कंगाल बना देते हैं और यह बादवाली कोटि उन साधारण लोगों के गँवारू शब्दों से ताल्लुक रखती है, जिन्हें प्रभु ने ज्ञान और ताक़त की सर्वव्यापी ज़ुबान में खुद को प्रगट करने का वरदान नहीं दिया है।

एक बार फिर मेरे मन में उसका पीछा करने का लोभ जागा; एक बार फिर विलियम की सख़्त निगाह ने मुझे रोका। "शान्त, बेवकूफ़," उन्होंने कहा। "लड़की ख़त्म हो चुकी है; वह जला हुआ जिस्म है।"

जिस वक़्त मैं एक-दूसरे को काटते विचारों की भीड़ के बीच लड़की की ओर ताकते हुए, आतंक से भरा हुआ, उस दृश्य को देख रहा था, तभी मैंनें अपने कन्धे पर किसी की छुअन को महसूस किया। मैं नहीं जानता कि क्यों, पर मुड़कर देखने के पहले ही मैं पहचान गया कि वह छुअन उबर्तिनो की थी।

"तुम जादूगरनी की ओर देख रहे हो, है न?" उसने मुझसे पूछा। और मैं जानता था कि क्योंकि उसे मेरी कहानी तो पता हो नहीं सकती थी और इसलिए यह बात वह सिर्फ़ इसलिए कह रहा था क्योंकि उसने इनसानी जज़्बातों को भेदने की अपनी जबरदस्त सामर्थ्य से मेरी निगाहों को पकड़ लिया था।

"नहीं," मैंने सफ़ाई पेश की, "मैं उसकी तरफ़ नहीं देख रहा हूँ...या शायद उसी की तरफ़ देख रहा हूँ, लेकिन वह जादूगरनी नहीं है... हम नहीं जानते : हो सकता है वह बेक़ुसूर हो...।"

"और तुम उसकी तरफ़ देखते हो क्योंकि वह ख़ूबसूरत है। वह ख़ूबसूरत है, है न?" उसने मेरा हाथ दबाते हुए ख़ासी गर्मजोशी के साथ पूछा। "अगर तुम उसकी तरफ़ इसलिए देखते हो क्योंकि वह ख़ूबसूरत है और तुम उसकी वजह से परेशान हो (लेकिन मैं जानता हूँ कि तुम परेशान हो, क्योंकि जिस गुनाह का शक उस पर किया जा रहा है वह गुनाह तुम्हारे लिए उसको और भी आकर्षक बना रहा है), अगर तुम उसकी तरफ़ देखते हो और अपने भीतर चाहना महसूस करते हो, तो यह अकेली चीज़ ही उसको एक जादूगरनी साबित करने के लिए काफ़ी है। सावधान, मेरे बच्चे...। जिस्म की ख़ूबसूरती चमड़ी से आगे नहीं जाती। अगर इनसान देख पाते कि चमड़ी के नीचे क्या है, जैसा कि बीओशिया के वनबिलाव की चमड़ी के नीचे दीखता है, तो वे औरत को देखते ही काँप उठते। वह सारा का सारा लावण्य लिसलिसे पदार्थ, रक्त और वात और पित्त और कफ़ की रचना है। अगर तुम ध्यान दो कि नाक में और गले में और पेट में क्या चीज़ छुपी हुई है, तो तुम्हें वहाँ मल के सिवा और कुछ नहीं मिलेगा। और अगर तुम कफ़ और मल को अपनी अँगुली से छूने मात्र की कल्पना से घिन से भर उठते हो, तो फिर जिस बोरे में वह मल भरा हुआ है उसे गले लगाने की इच्छा भी तुम कैसे कर सकते हो?"

मेरा मन उबकाई से भर उठा। मैं अब और नहीं सुनना चाहता था। मेरे गुरुदेव, जिन्होंने

ख़ुद भी ये बातें सुनी थीं, मेरे बचाव के लिए आगे आए। वे झटके से उबर्तिनो की ओर बढ़े, उसका हाथ पकड़ा और मेरे हाथ को उससे छुड़ाया।

''वही होगा, उबर्तिनो,'' उन्होंने कहा। ''वह लड़की जल्द ही यातनाओं से गुज़रेगी और फिर चिता को सौंप दी जाएगी। वह ठीक उसी चीज़ में बदल जाएगी जो तुम कह रहे हो, लिसलिसे पदार्थ, रक्त, वात, पित्त और कफ़ में। लेकिन ये हमारे जैसे लोग होंगे जिन्होंने उसकी चमड़ी के नीचे से वह सब खोद निकाला होगा जिसे प्रभु ने उस चमड़ी से सुरक्षित और सजाकर रखना चाहा था। और जहाँ तक इन मूल तत्त्वों का सवाल है, तुम्हारी स्थिति उस लड़की से बेहतर नहीं है। लड़के को अकेला छोड़ दो।''

उबर्तिनो परेशान था। ''शायद मुझ से पाप हुआ है,'' वह बुदबुदाया। ''बेशक मैंने पाप किया है। एक पापी और कर भी क्या सकता है?''

अब हर कोई इस घटना पर टिप्पणी करता हुआ वापस अन्दर जा रहा था। विलियम कुछ देर रुके रहे, माइकेल और दूसरे माइनोराइटों के साथ जो उनसे उनकी राय जानना चाह रहे थे।

''अब बर्नार्ड के पास एक तर्क मौजूद है, भले ही वह थोड़ा-सा अनिश्चित क्यों न हो। इस मठ में कुछ पैशाचिक सक्रिय हैं जो वैसी ही कार्रवाइयों में मुब्तिला हैं जैसी अविग्नॉन में पोप के ख़िलाफ़ की गई थीं। यह, निश्चय ही, सबूत नहीं है और सबसे पहली बात यह है कि इसका इस्तेमाल कल की बैठक में बाधा डालने के लिए नहीं किया जा सकता। आज की रात वह उस अभागे से कुछ और सुराग़ उगलवाने की कोशिश करेगा, जिसका इस्तेमाल वह, मुझे पक्का विश्वास है, तुरन्त कल की बैठक में नहीं करेगा। वह उसे सँभालकर रखेगा : तह बाद में काम आएगा, जब अगर वार्तालाप के दौर उसको नाखुश करनेवाली कोई दिशा अख़्तियार करते हैं तो उनको आगे बढ़ने से रोकने में।''

''क्या वह संन्यासी को कुछ ऐसा कहने के लिए मजबूर कर सकता है जिसका इस्तेमाल हमारे ख़िलाफ़ किया जा सकता हो?'' माइकेल ऑव सेसेना ने पूछा।

विलियम दुविधा में थे। ''उम्मीद करना चाहिए कि नहीं करेगा,'' उन्होंने कहा। मुझे लगा कि अगर सल्वाटोर बर्नार्ड को वह सब कुछ बता देता है, जो उसने हमें बताया था, अपने अतीत के बारे में और भण्डारी के अतीत के बारे में और अगर वह उबर्तिनो के साथ अपने रिश्तों को लेकर कोई इशारा करता है, भले ही वे रिश्ते कितने ही अस्थायी क्यों न रहे हो, तो बेहद मुश्किल में डालनेवाली स्थिति बन सकती है।

''जो भी हो, हम इन्तज़ार करते हैं और देखते हैं कि क्या होता है,'' विलियम ने शान्त स्वर में कहा। ''वैसे भी, माइकेल, हर चीज़ पहले से ही तय थी। लेकिन तुम कोशिश करना चाहते हो।''

''मैं चाहता हूँ,'' माइकेल ने कहा, ''और प्रभु मेरी मदद करेंगे। सेण्ट फ्रांसिस हमारे सहाय हों।''

''आमीन,'' सभी ने जवाब दिया।

''लेकिन ज़रूरी नहीं कि ऐसा ही हो,'' विलियम की तिरस्कार भरी टिप्पणी थी। ''यह भी तो हो सकता है कि सेण्ट फ्रांसिस कहीं और बैठे प्रभु से नज़रें मिलाए बग़ैर फैसले के दिन का इन्तज़ार कर रहे हों।''

"इस विधर्मी जॉन का बुरा हो!" जब सब अपने बिस्तरों की ओर जा रहे थे, तो मैंने मास्टर जेरोम को बुदबुदाते हुए सुना। "अगर वह हमें सेण्ट की मदद से ही महरूम कर देता है, तो अभागे पापियों का होगा क्या?"

पाँचवाँ दिन

प्रभाती

जिसमें यीसू की निर्धनता को लेकर आपस में बहस होती है।

पाँचवें दिन की उस सुबह, जब विलियम ने मुझे झकझोरते हुए ख़बरदार किया कि जल्द ही दोनों प्रतिनिधिमण्डलों की बैठक होनेवाली है, मैं जागा, तो मेरा मन रात के उस नज़ारे के बाद की हज़ारों दुश्चिन्ताओं से भरा हुआ था। मैंने को ़री के झरोखे से बाहर झाँका, तो कुछ भी दिखाई नहीं दिया। पिछले दिन का कोहरा अब एक दूधिया कम्बल में बदल चुका था जिसने ऊपरी मैदान को पूरी तरह से ढँक लिया था।

जब मैं बाहर निकला, तो मैंने मठ को एक ऐसी शक्ल में पाया जैसी पहले कभी नहीं देखी थी। बड़ी इमारतों में से कुछेक—जैसे कि गिरजाघर, इडीफीसियम, सभागार—तो थोड़ी दूरी से भी पहचाने जा सकते थे, भले ही धुँधले और छायाओं के बीच छायाओं की तरह ही सही, लेकिन बाक़ी इमारतें कुछ क़दम की दूरी से ही देखी जा सकती थीं। लगता था जैसे चीज़ों और जानवरों के आकार अचानक शून्य में से प्रकट हो उठे हों; धुँधलके से उभरते हुए लोग पहले किन्हीं भूतों की तरह धूसर और फिर धीरे-धीरे रूप लेते हुए दीखते थे जिन्हें तब भी आसानी से नहीं पहचाना जा सकता था।

उत्तरी जलवायु में जन्मा होने के नाते मैं इस वातावरण से अपरिचित नहीं था, बल्कि अगर कोई और वक़्त होता तो इसने मुझे अपनी जन्मभूमि के मैदानों और महल की सुखद याद दिलाई होती। लेकिन उस सुबह वातावरण की यह दशा मुझे दर्दनाक ढंग से अपनी आत्मा की दशा की समगोत्र जान पड़ी और जैसे-जैसे मैं धीमी रफ़्तार से सभागार की तरफ़ बढ़ता गया मेरी वह उदासी, जिसके साथ मैं जागा था और भी बढ़ती गई।

इमारत से कुछ क़दमों की दूरी से मैंने बर्नार्ड गुई को देखा जो एक-दूसरे व्यक्ति से विदा ले रहा था, जिसको मैं उस वक़्त पहचान नहीं सका। बाद में, जैसे ही वह मेरे क़रीब से गुज़रा, मुझे समझ आया कि वह मेलाची था। वह एक ऐसे इनसान की तरह अपने चारों ओर देखते हुए चल रहा था जो कोई अपराध कर रहा हो और चाहता हो कि कोई उसे देख न ले।

उसने मुझे पहचाना नहीं और सीधा चला गया। उत्सुकतावश मैंने बर्नार्ड का पीछा किया और देखा कि वह कुछ काग़ज़ों को देख रहा था, जो उसको शायद मेलाची ने दिए थे। सभागार के दरवाज़े पर उसने पास ही खड़े हुए धनुर्धारियों के कप्तान को इशारे से तलब किया और कुछ शब्द बुदबुदाए। फिर वह अन्दर चला गया। मैंने उसका पीछा करना जारी रखा।

यह पहली बार था जब मैंने उस जगह क़दम रखे थे। बाहर से वह अपने आकार में सादगी लिए हुए, सन्तुलित डिज़ाइन में बना दिखाई देता था; मैं समझ गया था कि वह एक प्राचीन मठीय गिरजाघर, जिसके कुछ हिस्से शायद आग में जल कर नष्ट हो गए थे, के खण्डहरों पर हाल ही में खड़ी की गई इमारत थी।

बाहर से प्रवेश करते हुए, नोकदार मेहराब से युक्त और बिना साज-सज्जा वाले एक सिंहद्वार के नीचे से होकर गुज़रना पड़ता था, जिसके शीर्ष पर गुलाब के आकार की एक खिड़की थी। लेकिन अन्दर पहुँचकर आप अपने को एक पुराने नार्थेक्स के निशानों पर खड़े किए गए दालान में पाते थे। सामने एक और दरवाज़ा था, इसका मेहराब पुरानी शैली का था, जिसके बीचोंबीच अद्‌भुत तरीक़े से एक अर्धचन्द्राकार टिम्पेनॅम उकेरा हुआ था। निश्चय ही वह नष्ट हो चुके गिरजाघर का प्रवेश-द्वार रहा होगा।

टिम्पेनॅम के शिल्प समान रूप से ख़ूबसूरत थे लेकिन वे उस तरह परेशान करनेवाले नहीं थे जैसे कि वे उस चर्च के थे जो उसके मुक़ाबले नया था। यहाँ एक बार फिर टिम्पेनॅम पर एक सिंहासनारूढ़ ईसा मसीह की मूर्ति छायी हुई थी; लेकिन उनके दोनों ओर, विभिन्न मुद्राओं में और अपने हाथों में विभिन्न वस्तुएँ थामें हुए, वे बारह शिष्य थे, जिन्हें उनकी ओर से आगे जाकर तमाम प्रजातियों को उपदेश देने का अभियान सौंपा गया था। ईसा के सिर के ऊपर, बारह हिस्सों में बँटी एक मेहराब में और ईसा के पैरों के तले, आकृतियों की एक अनवरत कतार में, ईश्वरीय उपदेश प्राप्त करने जा रहे सांसारिक प्राणी चित्रित थे। उनकी वेशभूषा से मैं पहचान सकता था कि उनमें से कौन यहूदी थे, कौन कैपाडोसियाई थे, कौन अरब थे, कौन इंडियन थे, कौन फ्राइजियाई थे, कौन बाइजेण्टिाइन थे, कौन अर्मेनियाई थे, कौन स्काइथियाई थे और कौन रोमन थे। लेकिन उनके साथ-साथ, बारह पैनलोंवाली उस मेहराब के ऊपर एक और मेहराब को गढ़ते तीस गोलाकार फ्रेमों में अज्ञात दुनियाओं के निवासी चित्रित थे, जिनके बारे में केवल *फ़िज़ियोलॉगॅस* और यात्रियों की धुँधली सी रिपोर्टों से ही थोड़ी-बहुत जानकारी मिलती थी। उनमें से ज़्यादातर तो मेरे लिए अनजान थे, कुछ को मैं पहचानता था। मसलन, हरेक हाथ में छह अँगुलियों वाले ब्रूट्स (पशु); पेड़ों की छाल और वसा के बीच विकसित कृमियों से पैदा होनेवाले फ़ॉन (पशु-देवता); परतदार पूछ वाली समुद्री अप्सराएँ, भटके हुए समुद्री यात्रियों को जो अपने संगीत से सम्मोहित कर लेती हैं; सूरज की आग से बचने के लिए ज़मीन के भीतर गुफाएँ खोदते हुए निचाट काले शरीर वाले इथिओप; नाभि तक मनुष्य और उसके नीचे गधे के शरीर वाले एस-सेण्टोॲर; ढाल के आकार की एक आँखवाले साइक्लॉप; लड़की का सिर और वक्ष, भेड़िये का पेट और डॉल्फिन की पूछवाली स्किला; दलदल और इपिग्मेराइड्स नदी पर रहनेवाले इण्डिया के झबरे इनसान; साइनॉसेफाली (कुत्ते के सिरवाले), जो बिना भौंके एक भी शब्द नहीं बोल सकते; स्किओपोड, जो अपने एक पैर पर तेजी से दौड़ते हैं और जब धूप से बचना चाहते हैं तो अपने विशाल पैर को छाते की तरह अपने ऊपर तान लेते हैं; ग्रीस के एस्टोमेट, जो बिना मुँह के होते हैं लेकिन जो अपने नथुनों से साँस लेते हैं और सिर्फ़ हवा पर जीवित रहते हैं; अर्मेनिया की दाढ़ीवाली स्त्रियाँ; बौने; ब्लेम्याइ, जो सिर विहीन पैदा होते हैं और जिनका मुँह उनके पेट में तथा आँखें कन्धों पर होती हैं; एड़ियों तक लटकते बाल, रीढ़ के आखिरी सिरे पर गाय जैसी पूछ और ऊँट के खुरोंवाली बारह फुट लम्बी, लाल सागर की दानवीय स्त्रियाँ और

वे जिनके पैरों के तलवे उलटे होते हैं, जिसके नतीजे में जब कोई उनके पैरों के निशानों का पीछा करता है तो वह हमेशा उस जगह पहुँचता है जहाँ से वे आए होते हैं, न कि वहाँ जहाँ वे जा रहे होते हैं और तीन सिरों वाले इनसान और वे जिनकी आँखें चिरागों की तरह चमती हैं और सिरसी द्वीप के दैत्य जिनके शरीर मनुष्यों जैसे होते हैं लेकिन सिर विविध प्रकार के जानवरों के होते हैं...

ये और ऐसे ही दूसरे अजूबे प्रवेश-द्वार पर खुदे हुए थे। लेकिन उनमें से किसी को भी देखकर बेचैनी महसूस नहीं होती थी क्योंकि वे इस दुनिया की बुराइयों या नरक की यातनाओं की तरफ़ इशारा नहीं करते थे, बल्कि इस बात की गवाही देते थे कि ईश्वरीय वाणी समूची ज्ञात सृष्टि तक पहुँच चुकी थी और अज्ञात की तरफ़ बढ़ रही थी; इस प्रकार प्रवेश-द्वार एक आनन्द देनेवाला वादा था, सामंजस्य का, ईसा की वाणी से हासिल किए गए एकत्व का, ईसाई बिरादरी की गौरवशाली सर्वव्यापकता का।

अच्छा शगुन, मैंने ख़ुद से कहा, क्योंकि इस देहलीज़ के उस पार होने जा रही यह बैठक शायद उन लोगों के आपसी विवादों को ख़त्म करने में कामयाब हो सके, जो ईसाई धर्ममत की परस्पर विरोधी व्याख्याओं का अनुसरण करने के नाते एक-दूसरे के दुश्मन बन चुके हैं। और मैंने ख़ुद को धिक्कारा कि मैं कैसा मूढ़ पापी था कि जिस वक़्त ईसाई इतिहास की इस क़दर महत्त्वपूर्ण घटनाएँ घट रही थीं, उस वक़्त मैं अपनी निजी समस्याओं का रोना रो रहा था। मैंने अपने दुखों की तुच्छता की तुलना शान्ति और धैर्य के उस महान वादे के साथ की जिसकी ताईद उस द्वार की मेहराब के पत्थर में की गई थी। मैंने ईश्वर से अपनी कमज़ोरी के लिए क्षमा माँगी और मन की एक नई शान्ति के साथ देहलीज़ को पार किया।

प्रवेश करते ही मैंने दोनों प्रतिनिधिमण्डलों के पूरे सदस्यों को देखा, जो अर्द्धगोलाकार क्रम में जमायी गई बेंचों पर एक-दूसरे के आमने-सामने बैठे हुए थे। दोनों हिस्से उस एक मेज़ से बँटे हुए थे जिस पर मठाधीश और कार्दिनल बर्ट्रेण्ड बैठे थे।

विलियम ने, जिनके पास मैं नोट्स लेने के मक़सद से पहुँचा था, मुझे माईनोराइटों के साथ बिठा दिया, जहाँ पर माइकेल अपने अनुयायिओं और एविग्नॉन के दरबार के दूसरे फ्रांसिस्कनों के साथ बैठे हुए थे, क्योंकि बैठक का मक़सद इतालवियों और फ्रांसीसियों के बीच के द्वन्द्व को ज़ाहिर करना नहीं था, बल्कि मक़सद फ्रांसिस्कन विधान के उन तमाम समर्थकों और आलोचकों के बीच बहस को शक्ल देने का था जो एक अडिग कैथॅलिक वफ़ादारी के साथ पोप के दरबार से जुड़े थे।

माइकेल ऑव सेसेना के साथ ब्रॅदर आर्नोल्ड ऑव एक्विटेन, ब्रॅदर उग ऑव न्यूकैसल और ब्रॅदर विलियम ऑव आल्नविक थे, जिन्होंने पेरूजिया की सभा में हिस्सा लिया था और बिशॅप ऑव काफ़ा और बेरेंगर टेलोनी, बोनाग्रेशिया ऑव बर्गामो तथा अविग्नॉन के दरबार के अन्य माईनोराइट मौजूद थे। दूसरी तरफ़ थे अविग्नॉन के स्नातक लॉरेंस डेकोइन, बिशॅप ऑव पादुआ और पेरिस में धर्मशास्त्र के आचार्य ज़्याँ डि'एनुआ। बर्नाड गुई की बगल में, ख़ामोश और ध्यानमग्न मुद्रा में बैठा था डोमीनीशियाई ज़्याँ डि बॉने, जिसे इटली में जिओवान्नी डाल्बेना के नाम से जाना जाता था। विलियम ने मुझे बताया था कि वर्षों पहले वह नार्बोने में धर्मपरीक्षक रह चुका था, जहाँ पर उसने कई बेग़ार्डों पर मुकदमा चलाया था; लेकिन जब उसने ईसा की निर्धनता सम्बन्धी एक स्थापना में विधर्मिता लक्ष्य की, तो बेरेंगर तोलोनी,

जो उस नगर के कॉन्वेण्ट में रीडर था, उसके ख़िलाफ़ उठ खड़ा हुआ और पोप के सामने हाज़िर हुआ। उस समय तक जॉन इस सवाल को लेकर दुविधा में था, इसलिए उसने दोनों व्यक्तियों को अपने दरबार में तलब किया, जहाँ उनके बीच बहस हुई लेकिन उसका कोई नतीजा नहीं निकल सका। इस तरह कुछ अरसे बाद फ्रांसिस्कनों ने पेरूजिया की सभा में अपना रुख तय किया, जिसके बारे में मैं बता चुका हूँ। अन्त में, अविग्नॉनियों के पक्ष में बिशॅप ऑव अल्बोरिया समेत और भी कई लोग मौजूद थे।

सत्र की शुरुआत मठाधीश के उद्‌गार से हुई, जिन्होंने इस मौक़े का फ़ायदा उठाते हुए हाल में हुई घटनाओं पर रोशनी डाली। उन्होंने याद किया कि किस तरह 1322 ईसवी में पेरूजिया में, माइकेल ऑव सेसेना के नेतृत्व में जुटी माइनोर भिक्षुओं की सामान्य सभा ने गम्भीर और तर्कसंगत विमर्श करते हुए इस बात को स्थापित किया था कि ईसा ने और, उनकी शिक्षाओं पर चलते हुए, उनके शिष्यों ने, एक मिसाल क़ायम करने के मक़सद से, धन या सम्पत्ति के रूप कोई भी चीज़ अपने पास नहीं रखी थी और यह सच्चाई अब कैथॅलिक धर्म-विश्वास और पन्थ का मसला बन चुकी थी, जिसे अनेक धर्मग्रन्थों के प्रमाण से सिद्ध किया जा चुका था। जिस वजह से तमाम वस्तुओं के स्वामित्व का परित्याग एक सराहनीय और पवित्र कर्म माना जाता था और योद्धा चर्च के शुरुआती पादरियों ने इस पवित्र विधान का पालन किया था। 1312 में वियेना की परिषद ने भी इस सच्चाई का समर्थन किया था और स्वयं पोप जॉन ने, 1317 में, माइनोर भिक्षुओं की स्थिति से सम्बन्धित विधान, जो "कुछ लोगों का (अन्धापन) माँग करता है"** के साथ शुरू होता है, में उस परिषद के विमर्श का उल्लेख करते हुए उसको श्रद्धापूर्ण तरीके से रचे गए, स्पष्ट, युक्तिसंगत और परिपक्व विमर्श की संज्ञा दी थी। यही वजह थी कि पेरूजिया की सभा ने, यह मानकर कि मिशनरी धर्ममण्डल ने जिस चीज़ को एक युक्तिसंगत धर्मपन्थ के रूप में मान्यता दी हो, उसे हमेशा स्वीकृत माना जाना चाहिए और उससे किसी भी तरह से भटकना नहीं चाहिए, उस परिषद के फैसले का बिना किसी टीका-टिप्पणी के और विलियम ऑव इंग्लैण्ड, ब्रॅदर हेनरी ऑव जर्मनी, ब्रॅदर आर्नोल्ड ऑव एक्विटेन जैसे पवित्र धर्मशास्त्र के पण्डितों और प्रधानों, उपाध्यायों के हस्ताक्षरों के साथ उसका अनुमोदन किया था; स्नातक, ब्रॅदर विलियम ब्लॉक; महामन्त्री और चार प्रान्तीय मन्त्री; ब्रॅदर थॉमस ऑव बोलोग्ना; सेण्ट फ्रांसिस प्रान्त के ब्रॅदर पीटर; कैस्टेलो के ब्रॅदर फ़र्दिनान्द; और टुरेन के ब्रॅदर सिमोन। फिर भी, मठाधीश ने आगे कहा, अगले वर्ष पोप ने *नियमों के संस्थापक के लिए*** नामक अध्यादेश जारी किया, जिसे बर्गामो के ब्रॅदर बोनाग्रेशिया ने अपने संघ के हितों के विपरीत मानकर उसके ख़िलाफ़ अपील की। तब पोप ने उस अध्यादेश को अविग्नॉन की उस चर्च के दरवाज़े से नीचे उतार लिया जिस पर उसे चस्पाँ किया गया था और उसमें कई जगहों पर संशोधन किए। लेकिन उन्होंने उसे और भी सख़्त बना दिया, जो कि इस तथ्य से ज़ाहिर था कि इसके एक तत्काल नतीजे के तौर पर ब्रॅदर बोनाग्रेशिया को गिरफ़्तार कर साल भर तक क़ैद में डालकर रखा गया। न ही धर्माध्यक्ष की कठोरता को लेकर ही किसी शक की गुंजाइश हो सकती थी, क्योंकि उसी साल उन्होंने वह *चूँकि कुछ (विद्वानों) के बीच*** नामक फ़तवा जारी किया जिससे आज हर कोई वाकिफ़ है, जिसमें पेरूजिया की सभा की थीसिस की पक्की तौर पर कठोर निन्दा की गई।

इस नुक़्ते पर कार्डिनल बर्ट्रेण्ड ने विनम्रता के साथ मठाधीश को टोकते हुए कहा कि हमें यह याद करना चाहिए कि किस तरह 1324 में लुई दि बावेरियन ने मामलों को उलझाते हुए और धर्माध्यक्ष को ग़ुस्सा दिलाते हुए साशेनहॉसेन की घोषणा के माध्यम से हस्तक्षेप किया था, जब उसने ख़ुद को लॉर्ड पोप के ख़िलाफ़ खड़ा करते हुए, उन्हें *शान्ति का दुश्मन*** कहकर पुकारते हुए और यह कहते हुए कि वे विद्वेष और विरोध भड़काने पर तुले हुए हैं और अन्त में उनको एक विधर्मी, बल्कि विधर्मियों के सरदार की संज्ञा देते हुए, उसने उस घोषणा में बेवजह ही पेरूजिया की थीसिस की पुष्टि की थी (और यह बात भी समझ के परे थी, बर्ट्रेण्ड ने होंठों पर हल्की-सी मुस्कराहट लाते हुए कहा, कि सम्राट क्योंकर इस क़दर जोश के साथ उस निर्धना की वकालत कर रहा था जिसका पालन वह ख़ुद ज़रा भी नहीं करता था)।

''बात ऐसी नहीं है,'' मठाधीश ने हिम्मत दिखाते हुए बीच-बचाव की कोशिश की।

''जी हाँ, सार रूप में ऐसा ही है,'' बर्ट्रेण्ड ने तीखे स्वर में कहा। और फिर बोला कि दरअसल यह सम्राट की बेमौक़ा दखलन्दाज़ी थी जिसकी वजह से लॉर्ड पोप को *क्योंकि कुछ लोगों के दिमाग़*** नामक अध्यादेश जारी करने पर मजबूर होना पड़ा और नतीजतन उन्हें माइकेल ऑव सेसेना को अपने सामने हाज़िर होने का कठोर आदेश देना पड़ा। माइकेल ने उनसे मुआफ़ी चाहते हुए उन्हें ख़त लिखे, जिनमें उन्होंने अपने बीमार होने की बात कही थी–जिसको लेकर किसी को शुबहा नहीं था–और उन्होंने अपनी जगह पर पेरूजिया से ब्रॅदर जॉन फ़िडान्ज़ा और ब्रॅदर उमील कस्टोडियो को भेजा था। लेकिन हुआ ये, कार्डिनल ने अपनी बात जारी रखते हुए कहा, कि गुएल्फ़्स ऑव पेरूजिया ने पोप को सूचित किया कि ब्रॅदर माइकेल न केवल बीमार नहीं हैं बल्कि लुई ऑव बावेरिया के साथ उनकी बातचीत चल रही है। जो भी हो, जो बीत चुका सो बीत चुका था और अब ब्रॅदर माईकेल स्वस्थ और तन्दुरुस्त दीख रहे हैं और इसलिए उनसे उम्मीद की जा रही है कि वे अविग्नॉन में हाज़िर हों। बहरहाल, बेहतर यही है, कार्डिनल ने स्वीकार किया, कि हम पहले से ही यह अनुमान लगाएँ, जैसा कि दोनों पक्षों के समझदार लोग इस वक़्त कर रहे हैं, कि माईकेल अन्ततः पोप से क्या कहनेवाले हैं, क्योंकि सभी यह चाहते हैं कि मामले को और बिगाड़ने की बजाय इसे भाईचारे की भावना के साथ सुलझा लिया जाए, क्योंकि एक स्नेही पिता और एक समर्पित पुत्र के बीच इस तरह के विवाद के जारी रहने का कोई कारण नहीं है और जिसे अब तक उन सेक्युलर लोगों की दख़लन्दाज़ी ने ही जिलाकर रखा हुआ है, जिनका परम पावन मॅदर चर्च से कोई लेना-देना नहीं है, फिर वे चाहे सम्राट हों, या वायसराय हों।

तभी मठाधीश बोल उठा, कि भले ही वह एक पुरोहित है और एक ऐसे संघ का मठाधीश है, जिसके प्रति चर्च बहुत एहसानमन्द है (इस पर बैठक के दोनों तरफ़ आदर और मतभेद की फुसफुसाहटें सुनाई दीं), फिर भी वह नहीं सोचता कि सम्राट को इस तरह के मसलों से अलग-थलग बने रहना उचित होगा और इसकी कई वजहें हैं जिन पर ब्रॅदर विलियम ऑव बास्करविले समय आने पर रोशनी डालेंगे। लेकिन, मठाधीश ने बात को जारी रखते हुए कहा, कि तब भी उचित यही है कि सबसे पहले बहस पोप के दूतों और सेण्ट फ्रांसिस के उन पुत्रों के बीच हो, जिन्होंने इस बैठक में अपनी भागीदारी मात्र से अपने आप को पोप के सबसे ज़्यादा समर्पित पुत्रों के रूप में पेश किया है। और फिर उन्होंने कहा कि ब्रॅदर माइकेल

या उनके द्वारा नामज़द कोई व्यक्ति बताए कि वे अविग्नॉन में किस तरह का दृष्टिकोण रखना चाहते हैं।

माईकेल ने कहा : मुझे यह देखकर बेहद खुशी है, कि आज सुबह हमारे बीच उबर्तिनो ऑव कैसाले मौजूद हैं, जिनसे खुद पोप ने 1322 में निर्धनता के मसले पर एक विस्तृत रिपोर्ट तैयार करने को कहा था। और, जैसा कि हम सब जानते हैं, उबर्तिनो में ही, वह सफ़ाई, विद्वत्ता और सच्ची धार्मिक श्रद्धा है जिसके साथ वे उन विचारों के ख़ास बिन्दुओं को सबसे बेहतर तरीक़े से हमारे सामने रख सकते हैं, जो आज फ्रांसिस्कन पन्थ के अटल विचार हैं।

उबर्तिनो खड़ा हुआ और जैसे ही उसने बोलना शुरू किया वैसे ही मुझे समझ आ गया कि क्यों वह, उपदेशक और राजसभासद, दोनों ही भूमिकाओं में, लोगों के मन में इतनी उत्सुकता पैदा करता था। अपनी आवेशपूर्ण भाव-भंगिमाओं, कायल कर लेनेवाली आवाज़, मनमोहक मुस्कान और अपने स्पष्ट और अटल तर्कों से वह पूरे समय अपने श्रोताओं को कस कर बाँधे रखता था। उसने उन युक्तियों पर एक बेहद विद्वत्तापूर्ण विमर्श की शुरुआत की जो पेरूजियाई स्थापना की पुष्टि करती थीं। उसने कहा कि सबसे पहले तो इस बात को समझ लेना ज़रूरी है कि ईसा और उनके शिष्य एक दोहरी परिस्थिति में रह रहे थे, क्योंकि वे *न्यू टेस्टामेण्ट* की चर्च के धर्माध्यक्ष थे और इस नाते, जहाँ तक प्रबन्ध और वितरण के अधिकार का सवाल है, वे अपने पास धन रखते थे जिसे वे ग़रीबों को और चर्च के पादरियों में बाँटते थे, जैसा कि एक्ट्स ऑव दि एपॉसल्स में लिखा हुआ है और इस बात को लेकर कोई विवाद नहीं है। लेकिन दूसरी तरफ़, ईसा और उनके शिष्यों को स्वतन्त्र व्यक्तियों के रूप में, हर धार्मिक सिद्धि की बुनियाद के रूप में और संसार की पूर्ण उपेक्षा करनेवालों के रूप में देखा जाना ज़रूरी है। और इस दृष्टि से स्वामित्व के दो रूप प्रगट होते हैं , जिनमें से एक व्यावहारिक और सांसारिक है, जिसे साम्राज्य के क़ानून "हमारी भलाइयों में"** कहकर परिभाषित करते हैं, क्योंकि हम उन चीज़ों को अपना कहते हैं जिनके बचाव में हमारे पास तर्क होते हैं और वे अगर हमसे छीन ली जाती हैं, तो हमारे पास उन पर दावा करने का हक़ होता है। इस तरह अपनी सम्पत्ति का उसे हड़पने वाले के ख़िलाफ़ व्यावहारिक और सांसारिक अर्थ में बचाव करना और साम्राज्य के न्यायाधीश के समक्ष इसके लिए अपील करना एक बात है (जिससे यह बात निकलती है कि ईसा का इस अर्थ में चीज़ों का परिग्रह एक विधर्मपूर्ण कृत्य है, क्योंकि, जैसा कि पाँचवें अध्याय में मैथ्यू कहते हैं, अगर कोई व्यक्ति तुम्हारे ऊपर मुक़दमा चलाता है और तुम्हारा कोट छीन लेता है, तो उसे तुम्हारा अँगरखा भी ले लेने दो और अध्याय छह में ल्यूक भी इससे अलग बात नहीं कहते, जहाँ ईसा अपने सारे हक़ों और स्वामित्व को तज देते हैं और अपने शिष्यों को भी ऐसा ही करने को कहते हैं और आगे मैथ्यू के ही अध्याय उन्नीस पर ध्यान दें, जिसमें पीटर प्रभु से कहते हैं कि उनका अनुसरण करने के लिए उन्होंने सब कुछ छोड़ दिया हैं); लेकिन दूसरी दृष्टि से देखें तो सामान्य बन्धुओं के समाज की मदद के लिए दुनियावी चीज़ों को तब भी अपने पास रखा जा सकता है और इस दृष्टि से ईसा और उनके शिष्य कुछ चीज़ें अपने स्वामित्व में कुदरती हक़ के तौर पर रखते थे, जिसे कुछ लोग इउस पोली,** अर्थात स्वर्ग का क़ानून, कहकर पुकारते थे, जिसका उद्‌देश्य उस कुदरत को थामे रखना है, जो मनुष्य की दख़लन्दाज़ी के न होने पर सम्यक बुद्धि के साथ दोस्ताना रिश्ते में होती है, जबकि बाज़ार का क़ानून**

वह शक्ति है जो मानवीय संविदा से उत्पन्न होती है। जहाँ तक स्वामित्व का प्रश्न है, चीज़ों के पहले-पहल हुए विभाजन के पहले तक वे उन चीज़ों की तरह थीं जो आज किसी के भी कब्ज़े में नहीं हैं और जो उसी व्यक्ति के लिए दी जाती हैं जो उनके लिए उद्योग करता है; एक ख़ास मानी में चीज़ें सभी मनुष्यों के लिए समान रूप से उपलब्ध थीं, जबकि यह मूल पाप के बाद की स्थिति थी कि हमारे पुरखों ने चीज़ों के स्वामित्व का बँटवारा शुरू किया और इस प्रकार उस सांसारिक प्रभुत्व की शुरुआत हुई जिससे हम सब वाक़िफ़ हैं। लेकिन ईसा और उनके शिष्य पहले अर्थ में चीज़ों को अपने पास रखते थे। और इसलिए उनके पास वस्त्र और रोटी और मछलियाँ हुआ करती थीं और जैसा कि 1 तिमोथी में पॉल कहते हैं : जो भोजन और वस्त्र हमारे पास हैं उनसे हमें सन्तुष्ट रहना चाहिए। इसी तर्क से ईसा और उनके शिष्य इन चीज़ों को अपने स्वामित्व में नहीं रखते थे बल्कि उनका उपयोग करते थे और इसलिए उनकी सम्पूर्ण निर्धनता पर कोई आँच नहीं आती थी। इस तथ्य को पोप निकोलस II के फ़तवे, *वह गया जो रक्षा करता है,*** में पहले से ही मान्यता प्राप्त है।

लेकिन प्रतिपक्ष से ज़्याँ डि'एनेउ उठ खड़ा हुआ और बोला कि उबर्तिनो का दृष्टिकोण उसको सम्यक तर्क और धर्मग्रन्थ की सम्यक व्याख्या दोनों ही के उलट जान पड़ता है। यह कि रोटी और भोजन जैसी चीज़ों के साथ, जो अपने उपयोग के साथ ही नष्ट हो जाती हैं, उपयोग के सामान्य अधिकार पर विचार नहीं किया जा सकता, न ही दरअसल उपयोग की प्रतिष्ठा की जा सकती है, इससे केवल दुरुपयोग की ही प्रतिष्ठा की जा सकती है; जैसा कि एक्ट 2 और 3 से निष्कर्ष निकलता है, पुरातन चर्च में उपासक जिस तरह के स्वामित्व के आधार पर चीज़ों को अपने पास रखते थे, वह स्वामित्व का वैसा ही रूप था जैसा वह उनके धर्मपरिवर्तन के पहले हुआ करता था; ईश्वर का धरती पर अवतरण हो चुकने के बाद जुडाइ में उनके शिष्यों के स्वामित्व में खेत हुआ करते थे; बिना सम्पत्ति के जीवन बिताने का व्रत इनसान की ज़िन्दा बने रहने की ज़रूरतों तक फैला हुआ नहीं है और जब पीटर ने कहा था कि उन्होंने सब कुछ को तज दिया है, तो इसका मतलब यह नहीं था कि उन्होंने सम्पत्ति का परित्याग कर दिया था; आदम के पास धन और वस्तुओं दोनों का स्वामित्व था; नौकर अपने मालिक से जो पैसा प्राप्त करता है, उस पैसे का वह उपयोग या दुरुपयोग भर नहीं करता; *वह गया जो रक्षा करता है* के जिन शब्दों का माइनोराइट हमेशा हवाला देते रहते हैं और जिससे यह पता चलता है कि माइनोर भिक्षु अपने मतलब की चीज़ों का, उन पर नियन्त्रण रखे बग़ैर, उपयोग भर करते हैं, उन शब्दों में निश्चय ही उन चीज़ों की तरफ़ इशारा होना चाहिए जो इस्तेमाल के साथ ही ख़त्म हो जाती हैं और दरअसल अगर *वह गया* में नाशवान वस्तुएँ शामिल होतीं, तो वह असम्भव को प्रमाणित कर रहा होता; वस्तुतः उपयोग को वैधानिक नियन्त्रण से अलग करके देखा ही नहीं जा सकता; हर मानवाधिकार, जिसके आधार पर भौतिक वस्तुओं का स्वामित्व प्राप्त किया जाता है, राजाओं के क़ानूनों में शामिल है; एक नश्वर प्राणी के रूप में ईसा, गर्भ में आने के क्षण से ही, तमाम सांसारिक वस्तुओं के मालिक थे और एक ईश्वर के रूप में उन्होंने परमपिता से सारी वस्तुओं पर सार्वभौम नियन्त्रण हासिल किया था; वे वस्त्रों, अनाज, कर के रूप में प्राप्त होनेवाले धन और श्रद्धालुओं से प्राप्त होनेवाले चढ़ावे के मालिक थे और अगर वे निर्धन थे, तो इसलिए नहीं कि उनके पास सम्पत्ति नहीं थी, बल्कि इसलिए कि वे उससे मुनाफ़ा नहीं कमाते थे; क्योंकि सूद इकट्ठा

करने से अलग वस्तुओं का महज़ वैधानिक नियन्त्रण इन वस्तुओं को अपने अधिकार में रखने वाले को रईस नहीं बना देता और अन्त में, अगर *वह गया* में इससे अलग बात भी कही गई हो, तो भी रोमन धर्माध्यक्ष धर्म और आचार से जुड़ी हर चीज़ के सन्दर्भ में अपने से पहले के धर्माध्यक्ष के फ़ैसलों को वापस ले सकते हैं और ज़रूरत पड़ने पर उनसे उल्टा मत भी पेश कर सकते हैं।

ये वो क्षण था जब काफ़ा का बिशप ब्रदॅर जेरोम आवेश से भरकर उठ खड़ा हुआ और इसके बावजूद कि उनका लहज़ा दोस्ताना था, उसकी दाढ़ी गुस्से से काँप रही थी। उसने जिस दलील के साथ अपनी बात शुरू की वह मुझे ख़ासी दिशाहीन जान पड़ी। "जो बात मैं होली फ़ादर के बारे में कहने जा रहा हूँ उसमें और वह बात कहने के नाते खुद में, सुधार के लिए मैं उनके समक्ष हाज़िर होने को तैयार हूँ, क्योंकि मैं सचमुच मानता हूँ कि जॉन ईसा के सच्चे पुरोहित हैं और इस बात को स्वीकार करने के लिए मैं साराकेन्स के द्वारा बन्दी बनाया गया था। और सबसे पहले मैं उस घटना का ज़िक्र करूँगा जिसे एक महान विद्वान ने दर्ज़ किया है और जो भिक्षुओं के बीच इस बात को लेकर छिड़े विवाद के दौरान घटित हुई थी कि मेल्शिज़ेडेक का पिता कौन था। जब मठाधीश कोपेस से यह सवाल पूछा गया तो उन्होंने अपना सिर झटका और घोषणा की : तेरा बुरा हो, कोपेस, क्योंकि तू सिर्फ़ उन चीज़ों के पीछे भागता है जिनके पीछे भागने का आदेश तुझे ईश्वर नहीं देता और उन चीजों को नज़रन्दाज करता है जिनके पीछे भागने का आदेश वह देता है। इस तरह, जैसा कि मेरे उदाहरण से आसानी से समझा जा सकता है, यह बात एकदम साफ़ है कि ईसा और पवित्र मरियम और शिष्यगणों के पास निजी तौर पर या सामूहिक तौर पर कुछ भी नहीं था, कि इस बात की पहचान भले ही उतनी साफ़ न हो कि ईसा एक साथ इनसान और ईश्वर दोनों थे, लेकिन तब भी यह बात मुझे एकदम साफ़ समझ में आती है कि उनके ईश्वर रूप से इन्कार करनेवाला कोई भी व्यक्ति उनके मानवीय रूप से इन्कार किए बग़ैर नहीं रह सकता!"

उसने अपनी बात गर्व के साथ कही थी और मैंनें विलियम को आसमान की तरफ़ अपनी निगाहें उठाते हुए देखा। मुझे शक है कि जेरोम की दलील उनको निहायत ही दोषपूर्ण लगी थी और मुझे नहीं लगता कि वे ग़लत थे, लेकिन मुझे लगा कि जेरोम से कहीं ज़्यादा दोषपूर्ण ज़्याँ डि बॉने की गुस्से से भरी और उलटी दलीलें थीं, जिसने कहा कि जो व्यक्ति ईसा की निर्धनता को लेकर कोई दावा करता है वह दरअसल उस चीज़ का दावा करता है जिसे आँख से देखा (या नहीं देखा) गया है, जबकि उनकी मनुष्यता और दिव्यता को एक साथ परिभाषित करने पर आस्था आड़े आती है, जिससे कि इन दोनों स्थापनाओं की आपस में तुलना नहीं की जा सकती।

जवाब में जेरोम अपने प्रतिद्वन्द्वी के मुक़ाबले कहीं ज़्यादा उग्र था : "अरे, नहीं, डियर ब्रदर" वह बोला, "मैं समझता हूँ कि सच्चाई इसके एकदम उलट है, क्योंकि सारे के सारे धर्मग्रन्थ घोषणा करते हैं कि ईसा एक इनसान थे और खाते-पीते थे और जैसा कि उनके एकदम स्पष्ट चमत्कारों से ज़ाहिर होता है, वे ईश्वर भी थे और ये एकदम ज़ाहिर सी बातें हैं!"

"चमत्कार तो जादूगर और ज्योतिषी भी कर लेते हैं," बॉने ने आत्मतुष्ट लहज़े में कहा।

"सच है," जेरोम ने जवाब दिया, "लेकिन जादू के सहारे। क्या आप ईसा के चमत्कारों

की तुलना जादू से करेंगे?" सारी सभा में रोषपूर्ण बुदबुदाहट फैल गई कि वे ऐसी बात सोच भी नहीं सकते। "और अन्त में," जेरोम ने, जो अब अपनी जीत को एकदम क़रीब महसूस कर रहा था, अपनी बात जारी रखते हुए कहा, "क्या तत्रभवान् कार्डिनल डेल पोगेटो ईसा की निर्धनता में विश्वास को विधर्म मानेंगे, तब जबकि यह स्थापना फ्रांसिस्कन जैसे उस पन्थ की धर्म-व्यवस्था का आधार है, जिसके पुत्र धर्म-प्रचार करने और अपना ख़ून बहाने मोरक्को से लेकर हिन्दुस्तान तक हर इलाक़े में गए हैं?"

"पीटर ऑव स्पेन की पवित्र आत्मा हमारी रक्षा करे।" विलियम बुदबुदाए।

"मेरे बेहद प्यारे बन्धु," बॉने एक क़दम आगे बढ़ाते हुए ज़ोर से बोला, "आपकी मर्ज़ी है कि आप अपने संन्यासियों के ख़ून की बात करें, लेकिन यह मत भूलें कि यही इज़्ज़त दूसरे पन्थों के धर्मात्माओं को भी दी गई है..."

"कार्डिनल महाशय के प्रति अपना पूरा आदर व्यक्त करते हुए मैं कहना चाहूँगा कि," जेरोम चिल्लाया, "कभी भी किसी डोमिनीशियाई ने विधर्मियों के बीच जाकर अपनी जान नहीं दी है, जबकि अकेले मेरे अपने वक़्त में नौ माईनोराइट शहीद हुए हैं!"

इस पर डोमिनीशियाई बिशॉप अल्बोरे अपना लाल चेहरा लिए उठ खड़ा हुआ। "मैं साबित कर सकता हूँ कि जब तारतेरी में एक भी माईनोराइट नहीं गया था तब पवित्र पोप ने वहाँ पर तीन डोमिनीशियाइयों को भेजा था!"

"अच्छा?" जेरोम ने मज़ाक उड़ाने के भाव से हँसते हुए कहा। "बहरहाल, मुझे मालूम है कि माईनोराइट अस्सी सालों तक तारतेरी में रहे और सारे देश में उनके क़रीब चालीस गिरजाघर हैं, जबकि डोमिनीशियाइयों के महज़ पाँच गिरजाघर हैं, तट से लगे हुए और शायद कुल मिलाकर पन्द्रह संन्यासी हैं। और इसी से सारी बात साफ़ हो जाती है!"

"इससे कोई बात साफ़ नहीं होती," बिशॅप ऑव अल्बोरे चिल्लाया, "क्योंकि कुतिया के पिल्लों की तरह पैदा होने वाले ये माईनोराइट, हर चीज़ पर अपना दावा करते हैं, शहादत की डींगे हाँकते हैं, लेकिन इनके पास शानदार गिरजाघर और ठाठदार पोशाकें होती हैं और ये दूसरे धर्मावलम्बियों की तरह ख़रीद-फ़रोख़्त करते हैं!"

"नहीं महाशय, नहीं," जेरोम ने हस्तक्षेप किया, "यह ख़रीद-फ़रोख़्त वे खुद नहीं करते बल्कि शिष्यों के दायरे में आनेवाले खजांचियों की मार्फ़त करते हैं और इन खजांचियों के पास सम्पत्ति होती है, जबकि माईनोराइट सिर्फ़ उसका इस्तेमाल करते हैं!"

"अच्छा, ऐसा है?" बिशॅप ने व्यंग्य किया। "तो बताओ तुमने खजांची की मदद लिए बिना कितनी बार बेचा? मुझे कुछ ज़मीनों का क़िस्सा मालूम है–"

"अगर मैंने ऐसा किया, तो मैं ग़लत था," जेरोम ने तेजी से बात काटते हुए कहा, "अगर वह काम मैंने संघ की मार्फ़त नहीं किया तो यह मेरी अपनी कमज़ोरी रही हो सकती है!"

"आदरणीय बन्धुओं," मठाधीश ने तब टोकते करते हुए कहा, "हमारे सामने सवाल यह नहीं है कि माईनोराइट निर्धन हैं या नहीं, हमारे सामने सवाल यह है कि हमारे प्रभु निर्धन थे या नहीं...।"

"तब ठीक है"–इस बिन्दु पर जेरोम ने एक बार फिर अपनी आवाज़ ऊँची की– "इस सवाल पर मेरे पास एक ऐसा तर्क हैं जो तलवार की धार की तरह पैना है।"

"हे सेण्ट फ्रांसिस, अपने बच्चों की रक्षा करना," विलियम ने निराश स्वर में कहा।

"तर्क यह है कि," जेरोम ने अपनी बात जारी रखी, "पूरबवासी और ग्रीक, जो हमारे धर्माध्यक्षों के सिद्धान्तों से हमारी तुलना में कहीं ज़्यादा परिचित हैं, ईसा की निर्धनता को लेकर पूरी तरह से सहमत हैं। और अगर ये विधर्मी और विच्छेदकारी तक इस दोटूक सच्चाई में विश्वास करते हैं, तो इससे इन्कार करके क्या हम उनसे भी ज़्यादा विधर्मी और विच्छेदकारी बनना चाहते हैं? अगर ये पूरबवासी हम में से किन्हीं लोगों को इस सच्चाई के ख़िलाफ़ उपदेश करते सुन लें, तो वे उन पर पत्थर फेकेंगे!"

"क्या बात कर रहे हैं आप?" बिशॅप अल्बोरे ने व्यंग्य कसा। "तब फिर वे उन डोमिनीशियाइयों पर पत्थर क्यों नहीं फेंकते, जो दरअसल इसी बात के ख़िलाफ़ उपदेश करते हैं?"

"डोमिनीशियाई? क्यों, वे तो वहाँ कभी किसी को दिखाई नहीं दिए!"

अल्बोरे का चेहरा नीला पड़ गया, जब उनका ध्यान इस तथ्य की ओर गया कि जेरोम नामक यह संन्यासी शायद पन्द्रह साल ग्रीस में रहा था, जबकि वह खुद वहाँ पर बचपन से रहता आया था। जेरोम ने जवाब दिया कि डोमिनीशियाई अल्बोरे ग्रीस में रहे हो सकते हैं, लेकिन वहाँ उन्होंने धर्माध्यक्षों के राजमहलों में विलासिता का जीवन जिया है, जबकि मैं, जो कि एक फ्रांसिस्कन हूँ, वहाँ पर पन्द्रह नहीं बल्कि बीस साल तक रहा हूँ और मैंने कान्स्टेण्टिनोपल में सम्राट के सामने उपदेश किए हैं। इस पर जब अल्बोरे को कोई तर्क नहीं सूझा, तो वह अपने को माईनोराइटों से अलगानेवाली खाली जगह को पार करते हुए, ऊँची आवाज़ में ऐसे शब्द बोलते हुए आगे बढ़ा जिन्हें मैं दोहराने का दुस्साहस नहीं करूँगा, लेकिन जिनमें इस बिशॅप ऑव काफ़ा की दाढ़ी उखाड़ फेंकने का उनका पक्का इरादा ज़ाहिर होता था, जिनमें उसकी मर्दानगी पर सवाल उठाया गया था और उसकी दाढ़ी को एक स्थान विशेष पर फेंक कर, उसे मुँह-तोड़ जवाब देते हुए सज़ा देने की बात कही गई थी।

दूसरे माईनोराइटों ने तेजी से आगे बढ़कर उसका रास्ता रोका और अपने बन्धु की रक्षा की; अविग्नॉन से आए प्रतिनिधियों ने इस मौक़े का फायदा उठाते हुए डोमिनीशियाइयों का हाथ बटाने का फ़ैसला किया और (हे प्रभु, अपने इन सर्वश्रेष्ठ पुत्रों पर दया करना!) चारों तरफ़ चीख़पुकार मच गई, जिसे मठाधीश और कार्डिनल ने शान्त करने की कोशिश की। नतीजतन जो हंगामा हुआ उसमें माईनोराइटों और डामिनीशियाइयों ने एक-दूसरे पर ऐसे भयानक लांछन लगाए, मानों वे जिहादी मुसलमानों से लड़ रहे हों। इस कलह के दौरान सिर्फ़ दो लोग थे जो अपने आसन पर अडिग बैठे रहे : एक तरफ़ विलियम और दूसरी तरफ़ बर्नार्ड गुई। विलियम उदास लगते थे और बर्नार्ड खुश, बशर्ते कि उस धुँधली सी मुस्कराहट को खुशी की संज्ञा दी जा सके जो उस धर्मपरीक्षक के होठों पर बल खा रही थी।

"क्या ईसा की निर्धनता को साबित करने या झुठलाने के लिए इनसे बेहतर कोई तर्क नहीं हो सकते?" जिस वक़्त अल्बोरे बिशॅप ऑव काफ़ा की दाढ़ी खींच रहे थे, मैंने अपने गुरुदेव से पूछा।

"क्यों नहीं, मेरे प्यारे एड्सो, तुम दोनों ही नज़रियों का समर्थन कर सकते हो," विलियम ने कहा "और तुम धर्मग्रन्थों के आधार पर कभी भी यह साबित नहीं कर सकोगे कि ईसा जो चोगा पहनते थे, उसे वे अपनी सम्पत्ति मानते थे या नहीं और जिसे फट जाने पर उन्होंने

शायद उतार कर फेंक दिया होगा। और, तुम चाहो तो यह भी कह सकते हो कि सम्पत्ति के बारे में थॉमस का मत हम माईनोराइटों के मुक़ाबले में कहीं ज़्यादा साहसपूर्ण था। हमारा कहना है : हम किसी भी चीज़ पर मालिकाना हक़ नहीं रखते और हर उपयोगी वस्तु अपने पास रखते हैं। वे कहते हैं : अगर किसी के पास वह वस्तु नहीं है जो तुम्हारे स्वामित्व में है और तुम उसको नेकदिली के चलते नहीं बल्कि अहसान के तौर पर उस वस्तु का उपयोग करने देते हो, तो तुम्हें अपने आप को भी मालिक मानना चाहिए। लेकिन सवाल यह नहीं है कि ईसा निर्धन थे या नहीं : सवाल यह है कि चर्च को निर्धन होना चाहिए या नहीं। और 'निर्धन' अर्थ किसी महल का स्वामी होना या न होना नहीं है, बल्कि, उसका अर्थ सांसारिक मामलों को लेकर क़ानून बनाने के हक़ को अपने पास रखना या न रखना है।"

"तभी," मैंने कहा, "निर्धनता को लेकर माईनोराइटों की राय के बारे में सम्राट की इतनी दिलचस्पी है।"

"बिल्कुल। माईनोराइट पोप के ख़िलाफ़ सम्राट का खेल खेल रहे हैं। लेकिन मार्सीलियस और मैं इसे एक दुतरफ़ा खेल मानते हैं और हम चाहेंगे कि सम्राट हमारे नज़रिये का समर्थन करें और मानवीय व्यवस्था की हमारी अवधारणा के काम आएँ।"

"और जब आपसे बोलने को कहा जाएगा, तो आप यह बात कहेंगे?"

"अगर मैं यह बात कहता हूँ, तो मैं अपने उस मिशन को पूरा कर रहा होऊँगा, जिसका मक़सद सम्राट के धर्मशास्त्रियों की धारणाओं को स्पष्ट करना था। लेकिन अगर मैं यह बात कहता हूँ, तो मेरा मिशन विफल होगा, क्योंकि तब मैं अविग्नॉन में एक और बैठक के लिए रास्ता तैयार कर रहा होऊँगा और मुझे नहीं लगता कि जॉन इस बात के लिए राज़ी होगा कि मैं वहाँ जाकर ये बातें कहूँ।"

"और इस तरह–?"

"और इस तरह मैं दो विरोधी ताक़तों के बीच फँसा हुआ हूँ, उस गधे की तरह जो नहीं जानता कि उसे घास के दो ढेरों में से किसे चरना है। अभी सही वक़्त नहीं आया है। मार्सीलियस तुरन्त ही एक ऐसा परिवर्तन चाहता है जो कि असम्भव है; लेकिन लुई की स्थिति भी अपने से पहले वाले के मुक़ाबले बेहतर नहीं है, भले ही वह फ़िलहाल जॉन जैसे नीच आदमी के ख़िलाफ़ इकलौती दीवार की तरह खड़ा हुआ है। शायद मुझे बोलना ही पड़ेगा, बशर्ते कि ये लोग पहले ही एक-दूसरे की जान न ले लें। जो भी हो, तुम, एड्सो, इस सब को लिखते जाओ : आज जो कुछ हो रहा है, उसका कुछ तो निशान बचा रहे।"

"इधर हम बात कर रहे थे–और मैं वाक़ई नहीं जानता कि हम लोग एक-दूसरे की बातें कैसे सुन पा रहे थे–और उधर विवाद अपने चरम पर पहुँच चुका था। बर्नार्ड गुई के इशारे पर दोनों पक्षों को एक-दूसरे से अलग करने के लिए धनुर्धारियों ने हस्तक्षेप किया। लेकिन किसी क़िले की दीवारों के दोनों तरफ़ घेरनेवालों और घिरे हुओं की तरह वे एक-दूसरे पर अपमानों और खण्डनों की बौछार कर रहे थे, जिन्हें मैं यहाँ बेतरतीब ढंग से दर्ज कर रहा हूँ, क्योंकि मेरे लिए यह बता पाना मुश्किल है कि कौन-सी बात किसने कही थी और इसलिए भी कि वे उस तरह से किसी सिलसिले में कही गई बातें नहीं थीं, जैसा कि मेरे देश में होनेवाले विवादों में होता है, बल्कि वे भूमध्यसागरीय देशों की शैली में कही गई बातें थीं, किसी विक्षुब्ध समुद्र की लहरों की तरह, एक-दूसरे को ढँकती हुई।

''गॉस्पेल में कहा गया है कि ईसा के पास एक बटुआ था!''

''चुप! तुम लोग तो उस बटुए को सलीब तक पर उकेर देते हो! तब फिर इस सच्चाई के बारे में तुम क्या कहोगे कि जब हमारे प्रभु यरुस्लम में गए थे, तो वे हर रात बेथेनी में वापस जाया करते थे?''

''अगर हमारे प्रभु ने बेथेनी जाकर वहाँ पर सोने का फ़ैसला किया था, तो उनके इस फ़ैसले पर सवाल उठानेवाले तुम कौन होते हो?''

''नहीं, अरे गधे, हमारे प्रभु इसलिए बेथेनी में वापस आ जाया करते थे क्योंकि यरुस्लम की सरायों का किराया देने के लिए उनके पास पैसा नहीं था!''

''बोनाग्रेशिया, गधे तो तुम हो! हमारे प्रभु यरुस्लम में खाते क्या थे?''

''तो तुम क्या यह कहना चाहते हो कि जो घोड़ा ज़िन्दा रहने के लिए अपने मालिक से भूसा हासिल करता है, वह उस भूसे का मालिक होता है?''

''देखा? तुम ईसा की तुलना एक घोड़े से कर रहे हो...।''

''नहीं, ये तो तुम हो, गोबर के ढेर, जो ईसा की तुलना अपने दरबार के उस मठाधीश से करते हो जो धार्मिक ओहदों की ख़रीद-फ़रोख़्त का धन्धा करता है!''

''वाक़ई? तो ज़रा ये बताओ कि तुम्हारी जागीर को बचाने के लिए पोप के दरबार को कितने मुक़दमें लड़ने पड़े?''

''हमारी नहीं, चर्च की जागीर! हम उसका इस्तेमाल करते थे!''

''इस्तेमाल करते थे भोग-विलास के लिए, सोने की मूर्तियों से मढ़े गिरजाघर खड़े करने के लिए! अरे पाखण्डियों, मक्कारों, दुराचार के नाबदानों! तुम अच्छी तरह जानते हो कि निर्धनता नहीं बल्कि पुण्यदान ही एक आदर्श जीवन का सार है!''

''यही है जो तुम्हारे पेटू थॉमस ने कहा है!''

''अपनी ज़ुबान को लगाम दे, गँवार! जिन्हें तू पेटू थॉमस कह रहा है, वे पवित्र रोमन चर्च के एक सन्त हैं!''

''सन्त, मेरी जूती! फ्रांसिस्कनों को नीचा दिखाने के लिए उसे जॉन ने सन्त बनाया था! तुम्हारा पोप सन्तों को जन्म नहीं दे सकता, क्योंकि वो एक पाखण्ड शिरोमणि है!''

''हम ये पहले भी सुन चुके हैं! ये वही शब्द हैं जो साशेनहोसेन में उस बावेरियाई कठपुतले ने बोले थे और जो तुम्हारे उस उबर्तिनो ने दोहराए थे!''

''अपनी ज़ुबान पर काबू रख, सूअर, बेबिलॉन की रंडी और दुनिया भर की वेश्याओं के बच्चे! तू जानता है कि उस बरस उबर्तिनो सम्राट के साथ नहीं था : वह उस वक़्त अविग्नॉन में था, कार्डिनल ओरिसीनी की सेवा में और पोप उसको दूत के रूप में अरागोन भेजा करते थे!''

''जानता हूँ, जानता हूँ, उसने कार्डिनल की मेज़ पर निर्धनता की शपथ ली थी, भले ही आज वो इस प्रायद्वीप के सबसे धनी मठ में रह रहा है! क्यों उबर्तिनो, अगर तुम वहाँ नहीं थे तो लुई को तुम्हारा लिखा हुआ पढ़ने के लिए किसने प्रेरित किया था?''

''अगर लुई ने मेरा लिखा हुआ पढ़ा, तो इसमें मेरी ग़लती है? तुम्हारा लिखा हुआ तो वह नहीं ही पढ़ सकता था, अपढ़ कहीं के!''

''मैं? अपढ़? और तुम्हारा वो फ्रांसिस पढ़ा-लिखा था, वो जो परिन्दों* से बतियाता था?''

"धर्मद्रोही!"

"धर्मद्रोही तो तू है; तू जानता है कि केग कर्मकाण्ड क्या होता है!"

"मैंने ऐसी कोई चीज़ देखी तक नहीं है और तू ये बात जानता है!"

" हाँ, तूने देखी है, तूने और तेरे उन थोड़े से भिक्षुओं ने, जब तू क्लेयर ऑव मोण्टेफाल्को के बिस्तर में घुसा था!"

"ईश्वर तुझ पर कहर बरसाये! उस वक़्त मैं धर्मपरीक्षक था और क्लेयर अपने सन्त होने का प्रमाण देती हुई मर चुकी थी"

"क्लेयर अपने सन्त-भाव की गन्ध छोड़ रही थी, लेकिन उस वक़्त तुम ननों की स्तुति करने में लगे हुए किसी और ही चीज़ को सूँघ रहे थे!"

"बकते जाओ, बकते जाओ, ईश्वर का कोप तुम पर ज़रूर होगा, वैसे ही जैसे वह तुम्हारे उस गुरु पर होगा जिसने उस ऑस्ट्रॉगॉथ एकहार्ट और उस अंग्रेज़ तान्त्रिक, जिसे तुम ब्रानुसर्टोन कहते हो, का स्वागत किया था!"

"श्रद्धेय बन्धुओ, श्रद्धेय बन्धुओ!" कार्डिनल बर्ट्रेण्ड और मठाधीश चिल्लाए।

पूर्वाह्निका

जिसमें सेवेरिनॅस विलियम से एक अज्ञात पुस्तक की चर्चा करता है और विलियम प्रतिनिधियों से लौकिक शासन की एक अज्ञात अवधारणा की चर्चा करता है।

कलह अभी भी अपने पूरे ज़ोर पर थी जब दरवाज़े पर पहरा दे रहा एक नवदीक्षित संन्यासी उस हंगामे को पार करता हुआ इस तरह अन्दर आया जैसे कोई ओलों का हमला झेल रहे खेत से गुज़र रहा हो। वह सीधे विलियम के पास गया और उनके कान में फुसफुसाकर बोला कि सेवेरिनॅस उनसे तुरन्त कुछ ज़रूरी बात करना चाहता है। हम वहाँ से निकलकर गिरजे के नॉर्थेक्स में गए, जो उन जिज्ञासु संन्यासियों से भरा हुआ था जो, उस शोर-शराबे और चीख़-पुकार के बीच, अन्दर चल रही कार्रवाई के बारे में जानने की कोशिश कर रहे थे। पहली ही कतार में हमारी मुलाक़ात अयमारो ऑव अलेस्सेण्डरिया से हुई जिसने हमेशा की तरह संसार की मूर्खता पर दुःख जताते, सरपरस्ती से भरे अपने व्यंग्य के साथ हमारा स्वागत किया। "इस बात से इन्कार नहीं किया जा सकता कि जब से इन भिक्षुक संघों का उदय हुआ है ईसाइयत और भी ज़्यादा धर्मपरायण हो गई है," उसने कहा।

विलियम ने एक ख़ास तरह के रूखेपन के साथ उसे एक ओर हटाया और सेवेरिनॅस की तरफ़ बढ़े जो एक कोने में खड़ा हमारा इन्तज़ार कर रहा था। वह दुखी था और हमसे अकेले में बात करना चाहता था, लेकिन उस हंगामे के बीच कोई शान्त जगह तलाश पाना मुश्किल था। हमने बाहर जाने का सोचा, लेकिन माइकेल ऑव सेसेना सभा-भवन के दरवाज़े से झाँकते हुए विलियम को वापस आने का इशारा कर रहे थे,

क्योंकि उनका कहना था कि झगड़ा शान्त हो रहा था और भाषणों का रुका हुआ सिलसिला शुरू होने को था।

घास के दो ढेरों में से किसी एक का चुनाव करने को विवश विलियम ने सेवेरिनॅस से बोलने को कहा और इस वैद्य ने भरसक कोशिश की कि कोई दूसरा उसकी बात न सुन सके।

"बेरेंगर स्नानागार में जाने के पहले निश्चय ही चिकित्सालय में आया था," उसने कहा।

"तुम कैसे जानते हो?" हमें बातचीत करते देख कुछ संन्यासी हमारी ओर बढ़े। सेवेरिनॅस ने चारों ओर देखते हुए अपने स्वर को और भी धीमा कर लिया।

"आपने कहा था कि उस आदमी...के पास कोई चीज़ थी...। मुझे अपनी प्रयोगशाला में कुछ मिला है...दूसरी पुस्तकों के बीच...एक ऐसी पुस्तक जो मेरी नहीं है, एक अजीब पुस्तक...।"

"वही रही होगी," विलियम ने खुश होकर कहा। "उसे तुरन्त लेकर आओ।"

"मैं ला नहीं सकता," सेवेरिनॅस ने कहा। "क्यों, यह मैं बाद में समझाऊँगा। मैंने कोई... मुझे पूरा भरोसा है कि मैंने कोई दिलचस्प चीज़ ढूँढ निकाली है...। आप चलिए, मुझे आपको वह पुस्तक दिखानी है...सावधानी से...।" वह सहसा चुप हो गया। हमने पाया कि जॉर्ज, जैसा कि उसका दस्तूर था, जैसे किसी जादुई करामात से हमारी बगल में नमूदार हो गया था। उसके हाथ आगे की तरफ़ फैले हुए थे, जैसे उस जगह का अभ्यस्त न होने के कारण वह अपनी राह को महसूस करने की कोशिश कर रहा हो। कोई सामान्य व्यक्ति होता, तो वह सेवेरिनॅस की फुसफुसाहटों को न समझ पाया होता, लेकिन हमें कुछ ही दिन पहले यह बात पता चली थी कि तमाम अन्धे इनसानों की ही तरह जॉर्ज के कान विशेष रूप से पैने थे।

फिर भी ऐसा लगता था कि बूढ़े ने कुछ भी नहीं सुना था। वह दरअसल हमारे क़रीब से होता हुआ हमसे आगे निकल गया, उसने एक संन्यासी को छुआ और उससे कुछ पूछा। संन्यासी ने धीरे से उसकी बाँह थामी और उसे बाहर की तरफ़ ले गया। तभी माईकेल फिर से प्रगट हुआ, विलियम को बुलाने के लिए और मेरे गुरुदेव ने फैसला किया। "प्लीज़," उन्होंने सेवेरिनॅस से कहा, "तुम उलटे पाँव वहीं वापस चले जाओ जहाँ से आए हो। खुद को दरवाज़े के भीतर बन्द कर लो और मेरा इन्तज़ार करो। तुम"–उन्होंने मुझसे कहा–"जॉर्ज का पीछा करो। अगर उसने कुछ सुना भी था, तो भी मुझे नहीं लगता कि वह चिकित्सालय तक जाने की ज़हमत उठाएगा। जो भी हो, तुम मुझे बताओगे कि वह कहाँ जाता है।"

जैसे ही उन्होंने हॉल में वापस जाने का रुख किया, उन्होंने (जैसे कि मैंने भी) नोट किया कि अयमारो धक्का-मुक्की करती भीड़ के बीच अपना रास्ता खोजने की कोशिश कर रहा था ताकि वह जॉर्ज के पीछे जा सके। यहाँ पर विलियम एक मूर्खता कर बैठे, क्योंकि उन्होंने ड्योढ़ी के एक सिरे से दूसरे सिरे तक गूँजती ऊँची आवाज़ में सेवेरिनॅस को सम्बोधित किया, जो अब तक बाहरी द्वार तक पहुँच चुके था, "वे काग़ज़ सुरक्षित रहने चाहिए...। उस जगह वापस नहीं जाना चाहिए... जहाँ से वे आए थे!" इधर जैसे ही मैं जॉर्ज के पीछे जाने की तैयारी कर रहा था, मैंने बाहरी दरवाज़े के पल्ले पर भण्डारी को झुका हुआ देखा; उसने विलियम की चेतावनी सुन ली थी और वह चेहरे पर तनाव लिए एक तरफ़ मेरे गुरु और दूसरी तरफ़ वैद्य को देख रहा था। उसने सेवेरिनॅस को बाहर जाते देखा और उसके पीछे

चल पड़ा। मैं द्वार पर था और डर रहा था कि कहीं जॉर्ज मेरी निगाहों से ओझल न हो जाए, क्योंकि कोहरा उसको निगलने-निगलने को था, लेकिन दूसरे दोनो लोग भी जो विपरीत दिशा की तरफ़ बढ़ रहे थे, धुन्ध में ग़ायब होने को थे। मैंने बहुत तेजी से हिसाब लगाया कि मुझे क्या करना चाहिए। मुझे अन्धे का पीछा करने को कहा गया था, लेकिन ऐसा इसलिए किया गया था क्योंकि इस बात का डर था कि वह औषधालय की ओर जा सकता था। बजाय इसके उसका गाइड उसे दूसरी ही दिशा में ले जा रहा था : वह क्लॉइस्टॅर को पार कर रहा था और गिरजाघर या इडीफ़ीसियम की तरफ़ बढ़ रहा था। इसके विपरीत भण्डारी पक्के तौर पर वैद्य का पीछा कर रहा था और विलियम प्रयोगशाला में किसी घटना की आशंका को लेकर चिन्तित थे। इसलिए मैंने इन दोनो का पीछा करना शुरू किया। मेरे मन में दूसरी बातों के साथ-साथ यह सवाल भी चक्कर काट रहा था कि अगर अयमारो किसी बिल्कुल अज्ञात वजह से ही बाहर नहीं निकला था, तो वह कहाँ गया हो सकता है।

एक ख़ासी दूरी बनाए रखते हुए भी, भण्डारी को मैंने अपनी निगाह से ओझल नहीं होने दिया, जिसकी चाल अब धीमी हो चली थी क्योंकि उसे लग गया था कि मैं उसका पीछा कर रहा था। वह इस बात को लेकर निश्चित नहीं हो सकता था कि मैं उसके पीछे था, वैसे ही जैसे कि मैं इस बात को लेकर निश्चित नहीं हो सकता था कि मैं जिसके पीछे था वह वही था; लेकिन जिस तरह मुझे उसको लेकर कोई शक नहीं था, उसे भी मुझको लेकर कोई शक नहीं था।

उसको मुझ पर निगाह रखने के लिए मजबूर करते हुए मैंने उसे सेवेरिनॅस के बहुत क़रीब पहुँचने से रोक रखा था। और इसीलिए जब औषधालय का दरवाज़ा धुन्ध में प्रगट हुआ तो मैंने पाया कि वह बन्द था। ख़ुदा का शुक्र था कि सेवेरिनॅस अन्दर जा चुका था। भण्डारी मुझे देखने के लिए एक बार फिर मुड़ा, जबकि मैं उस बाग़ के किसी दरख़्त की मानिन्द बिना हिले-डुले खड़ा रहा; तब उसने शायद कोई फ़ैसला किया और वह रसोई की तरफ़ चला गया। मुझे लगा कि मैंने अपना मिशन पूरा कर लिया है, इसलिए मैंने वापस जाकर रिपोर्ट देने का फैसला किया। शायद मैंने ग़लती की थी : अगर मैं पहरे पर बना रहा होता, तो बहुत-सी दुर्भाग्यपूर्ण घटनाओं को टाला जा सकता था; यह बात मैं तब नहीं जानता था।

मैं वापस सभागृह में चला गया। मुझे लगा कि उस भेदिए से कोई बड़ा ख़तरा नहीं था। मैं विलियम के पास गया और उन्हें संक्षेप में अपनी रिपोर्ट दी। उन्होंने सिर हिलाकर सहमति जतायी और फिर मुझे ख़ामोश रहने का इशारा किया। दोनों पक्ष के प्रतिनिधि एक-दूसरे को चूमकर सुलह का इज़हार कर रहे थे। बिशॅप ऑव अल्बोरिया ने माइनोराइटों के धर्ममत की तारीफ़ की। जेरोम ने प्रचारकों की नेकदिली की सराहना की, सभी ने अन्दरूनी संघर्षों के क्षरण से मुक्त चर्च की कामना की। कोई एक समूह की ताक़त की तारीफ़ कर रहा था, तो कोई दूसरे समूह के संयम की; सभी ने मिलकर सदाचार की सौगन्ध ली और नीति पर चलने का मशविरा दिया। मैंने कभी भी एकसाथ इतने सारे लोगों को कार्डिनल की और धर्मशास्त्रीय गुणों की सिद्धि को लेकर चिन्तित होते नहीं देखा।

लेकिन अब बर्ट्रेण्ड डेल पोगेटो विलियम को साम्राज्य से सम्बन्धित धर्मशास्त्रियों के सिद्धान्तों की व्याख्या करने के लिए आमन्त्रित कर रहा था। विलियम खड़े हुए, बेमन से :

उन्हें लगने लगा था कि बैठक किसी फ़ायदे की नहीं थी और वैसे भी उन्हें जाने की जल्दी थी, क्योंकि उनके लिए वह रहस्यमय पुस्तक कहीं ज़्यादा ज़रूरी थी, बजाय उस बैठक के नतीजे के। लेकिन साफ़ था कि वे अपने ज़िम्मेदारी से बच नहीं सकते थे।

ख़ैर, उन्होंने बोलना शुरू किया–सामान्य से कुछ ज़्यादा ही ''शायद'' और ''कदाचित'' जैसे शब्दों के साथ, जैसे कि वे यह साफ़ कर देना चाहते थे कि जो कुछ भी वे कहने जा रहे थे उसके बारे में वे पूरी तरह से अनिश्चित थे। उन्होंने यह स्वीकार करते हुए बात शुरू की कि उनके पहले जो लोग बोल चुके थे उनके दृष्टिकोण को उन्होंने भलीभाँति समझ लिया था और जहाँ तक उस चीज़ का सवाल था जिसे दूसरे लोग साम्राज्य के धर्मशास्त्रियों के ''सिद्धान्त'' की संज्ञा दे रहे थे, वे उन बिखरे हुए विचारों से ज़्यादा कुछ भी नहीं हैं जो स्थापित धर्मसंहिता होने का दावा नहीं करते।

आगे उन्होंने कहा कि अगर हम ईश्वर की उस असीम उदारता पर ध्यान दें जो उसने अपनी सन्तानों की प्रजाति को रचते हुए प्रकट की है, जो उसने बिना किसी भेदभाव के उन्हें अपना स्नेह देते हुए प्रकट की है, जैसा कि हम *जेनेसिस* के उन पन्नों को याद करते हुए देख सकते हैं जिनमें पादरियों और राजाओं का कहीं कोई ज़िक्र नहीं है, अगर हम इस तथ्य पर ध्यान दें कि प्रभु ने आदम और उसके वंशजों को दैवीय नियमों का पालन करने की शर्त पर इस धरती की वस्तुओं का नियन्त्रण सौंपा था, तो हम यह नतीजा निकाल सकते हैं कि प्रभु भी इस विचार के ख़िलाफ़ नहीं थे कि लोगों को सांसारिक मामलों की व्यवस्थाएँ सुनिश्चित करने का तथा क़ानून का सबसे पहला और प्रभावी कारक होने का अधिकार है। बेहतर होगा, उन्होंने कहा, कि ''लोगों'' शब्द को हम तमाम नागरिकों के अर्थ में लें, लेकिन चूँकि नागरिकों में बच्चों को भी शामिल किया जाना ज़रूरी है, जैसे कि उनमें बेवक़ूफ़ों, दुष्कर्मियों और औरतों को भी शामिल किया जाना ज़रूरी है, अतः हम शायद तर्कसंगत तरीक़े से ''लोगों'' को परिभाषित करते हुए उनमें बेहतर नागरिकों को शामिल मान सकते हैं, हालाँकि उस वक़्त स्वयं उन्होंने इस पर विचार करना ज़रूरी नहीं समझा कि उस हिस्से में कौन शामिल था।

उन्होंने अपना गला साफ़ किया, अपने श्रोताओं से मुआफ़ी माँगते हुए कहा कि माहौल में वाक़ई बहुत नमीं है और यह सुझाव दिया कि लोग अपनी आकांक्षाओं को व्यक्त कर सकें इसका तरीक़ा यह हो सकता था कि एक चुनी हुई सामान्य सभा होती। उन्होंने कहा उनकी निगाह में यह बात तर्कसंगत है कि क़ानून की व्याख्या करने, उसे बदलने या स्थगित करने का अधिकार इस तरह की सभा के हाथ में हो, क्योंकि क़ानून अगर किसी एक व्यक्ति के द्वारा बनाया जाता है, तो वह व्यक्ति अपने अज्ञान अथवा दुर्भावना से नुकसान पहुँचा सकता है और साथ ही विलियम ने यह भी जोड़ा कि वहाँ उपस्थित लोगों को हाल ही की ऐसी कई नज़ीरों की याद दिलाना ग़ैरज़रूरी था। मैंने नोट किया कि श्रोता, जो उनके पिछले शब्दों को सुनकर परेशान हो उठे थे, वे इन बाद वाले शब्दों से सहमति ही जता सके, क्योंकि ज़ाहिर था कि उनमें से हरेक किसी अलग व्यक्ति के बारे में सोच रहा था और जिस व्यक्ति के बारे में सोच रहा था उसे बहुत बुरा मान रहा था।

ख़ैर, विलियम ने अपनी बात जारी रखते हुए कहा, अगर एक आदमी ग़लत तरीक़े से क़ानून बना सकता है, तो इस काम में ज़्यादा लोगों की हिस्सेदारी क्या बेहतर नहीं होगी?

उन्होंने इस बात को रेखांकित किया कि स्वाभाविक ही वे सांसारिक क़ानूनों की बात कर रहे थे, उन क़ानूनों की जिनका ताल्लुक नागरिक मसलों के प्रबन्धन से था। ईश्वर ने आदम से शुभ और अशुभ के वृक्ष का फल खाने से मना किया था और वह एक दैवीय क़ानून था; लेकिन बाद में उन्होंने आदम को चीज़ों को नाम देने के लिए अधिकार दिया, बल्कि, उनको प्रोत्साहित किया था और इस दृष्टि से उन्होंने अपने अधीन इस सांसारिक को पूरी आज़ादी से रहने की छूट दी थी। हालाँकि हमारे वक़्त के कुछ लोगों का कहना है कि नाम चीज़ों का नतीजा हैं,** लेकिन क़ायदे से देखा जाए तो दरअसल जेनेसिस की पोथी इस बिन्दु पर एकदम स्पष्ट है : ईश्वर आदम के पास सारे प्राणियों को लेकर गया कि देखें वह इन प्राणियों को किस नाम से पुकारता है और आदम ने प्रत्येक जीवित प्राणी को जिस किसी भी नाम से पुकारा वही उस प्राणी का नाम पड़ गया। और हालाँकि इस पहले इनसान ने बहुत चतुराई के साथ अपनी आदमी भाषा में हर वस्तु और हर प्राणी को उसके स्वभाव के मुताबिक़ नाम दिया था, फिर भी उस नाम की कल्पना करते हुए, जो उसकी दृष्टि में उस स्वभाव के सबसे माकूल बैठता था, वह अपने सबसे बड़े अधिकार का प्रयोग कर रहा था। क्योंकि, दरअसल, अब यह बात सभी की जानकारी में है कि इनसान अवधारणाओं का नामकरण करते हुए उन पर अलग-अलग नाम आरोपित करता है, जबकि ये अवधारणाएँ, वस्तुओं के ये संकेत, सभी के लिए एक से होते हैं। “nomen” (नाम) शब्द “nomos” यानी ‘‘विधि’’ से बनता ही इसलिए है, क्योंकि नाम इनसानों द्वारा सहमतिपूर्वक**, दूसरे शब्दों में, एक मुक्त और सामूहिक सहमति के साथ दिए गए हैं।

श्रोता इस विद्वत्तापूर्ण बखान का विरोध करने का साहस नहीं कर सके।

इस तरह, विलियम ने निष्कर्ष निकालते हुए कहा कि यह बात स्पष्ट है कि सांसारिक मामलों के और इसलिए नगरों तथा राज्यों के मामलों के विधान का ईश्वरीय वाणी की निगरानी और प्रबन्धन से कोई लेना-देना नहीं है; यह कार्य पुरोहितों की धर्मसत्ता का अहस्तान्तरणीय विशेषाधिकार है। विलियम ने कहा, दुखी तो असल में वे विधर्मी हैं, जिनके पास ऐसी कोई सत्ता नहीं है जो उनके लिए ईश्वरीय वाणी की व्याख्या कर सकती हो (और इस बात पर सभी ने विधर्मियों के लिए दुःख प्रगट किया)। लेकिन क्या इससे आप यह कहने के हक़दार हो जाते हैं कि विधर्मियों में क़ानून बनाने और सरकारों, राजाओं, सम्राटों, या सुल्तानों, ख़लीफ़ाओं, या जो भी आप उन्हें कहना पसन्द करें, के माध्यम से अपने कार्यों को संचालित करने की प्रवृत्ति नहीं होती? और क्या इस बात से इन्कार किया जा सकता है कि कई रोमन सम्राटों–जैसे कि ट्रैजन–ने अपनी लौकिक सत्ता का विवेकपूर्ण तरीक़े से प्रयोग किया था? और पेगनों को तथा विधर्मियों को राजनीतिक समुदायों का विधान करने और उनमें रहने की यह कुदरती सामर्थ्य किसने दी? क्या उनके असत् देवताओं ने, जिनका वुजूद निश्चित तौर पर नहीं है (या जिनके वुजूद के होने के बारे में निश्चित तौर पर नहीं कहा जा सकता– जिस किसी भी तरह से आप उनके वुजूद से इन्कार करना चाहें)? निश्चय ही नहीं। यह सिर्फ़ गॉड ऑव होस्ट्स ने, गॉड ऑव इज़राइल ने, हमारे प्रभु ईसा मसीह के पिता ने ही दी हो सकती है। ...यह इसी ईश्वरीय उदारता का अद्भुत प्रमाण है जिसने उन लोगों तक को राजनीतिक मसलों पर फ़ैसले लेने की सामर्थ्य प्रदान की जो रोमन पोप की सत्ता से इन्कार करते हैं और जो ईसाई समाज के पवित्र, आकर्षक और भीषण रहस्यों में आस्था नहीं रखते! लेकिन

इससे बेहतर प्रमाण इस तथ्य का और क्या हो सकता है कि लौकिक विधान और सेक्युलर न्याय-क्षेत्र का चर्च और ईसामसीह की आचारसंहिता से कोई लेना-देना नहीं है और ये ईश्वर द्वारा तमाम ईसाई धर्मपरक अनुमोदन से परे, यहाँ तक कि हमारे पवित्र धर्म की स्थापना के भी पहले निश्चित कर दिए गए थे?

उन्होंने एक बार फिर से गला साफ़ किया, लेकिन इस बार ऐसा करनेवाले वे अकेले नहीं थे। वहाँ मौजूद लोगों में से कई अपनी बेंचों पर कुलबुला रहे थे और अपने गले साफ़ कर रहे थे। मैंने कार्डिनल को अपने होंठों पर जीभ फिराते हुए और विलियम से मुद्दे पर आने का एक उतावली से भरा किन्तु विनम्र इशारा करते हुए देखा। और विलियम अब अपने अकाट्य तर्कों के उन निष्कर्षों तक पहुँचने की कोशिश कर रहे थे जो हर किसी को, यहाँ तक कि उन्हें भी जो इन निष्कर्षों में साझा नहीं करते थे, किंचित अप्रिय प्रतीत हो रहे थे। विलियम ने कहा कि उन्हें अपने तर्क स्वयं ईसा के उदाहरण से पुष्ट होते लगते हैं, जो इस दुनिया में शासन करने के लिए नहीं आए थे, बल्कि—कम से कम जहाँ तक सीज़र के क़ानूनों का ताल्लुक था—उन परिस्थितियों के अधीन रहने के लिए आए थे जिनके बीच इस दुनिया में उन्होंने अपने को पाया था। वे नहीं चाहते थे कि उनके शिष्यों के पास शासन और अधिकार क्षेत्र हों और इसलिए यह बात अक़्लमन्दी की समझी गई कि शिष्यों के उत्तराधिकारियों को हर तरह की सांसारिक या बलप्रयोग करनेवाली सत्ता से आज़ाद रखा जाये। अगर पोप को, बिशपों को और पादरियों को राजा की सांसारिक और बलप्रयोग करने वाली सत्ता के अधीन न रखा गया होता, तो यह राजा के प्रभुत्व के लिए एक चुनौती होती और इससे उस व्यवस्था के लिए चुनौती मिलती जो, जैसा कि पहले बताया जा चुका है, ईश्वर के आदेश से स्थापित की गई थी। इस बात से इन्कार नहीं किया जा सकता कि कुछ नाज़ुक मसलों पर विचार करना अति आवश्यक है—विलियम ने कहा—जैसे कि विधर्मियों के मसले हैं, जिनकी विधर्मिता का फ़ैसला सिर्फ़ सत्य की संरक्षक चर्च ही कर सकती है, हालाँकि जिन पर कार्रवाई सिर्फ़ लौकिक न्यायालय ही कर सकता है। अगर चर्च किसी विधर्मी की शिनाख़्त करती है, तो उसका कर्तव्य है कि वह उसकी ओर राजा का ध्यान खींचे, जिसे अपने नागरिकों के हालात के बारे में उचित तरीक़े से सूचित किया जाना ज़रूरी है। लेकिन राजा को एक विधर्मी के साथ क्या करना चाहिए? क्या उसे उसको उस ईश्वरीय सत्य के नाम पर दण्डित करना चाहिए जिसका कि रखवाला वह नहीं है? अगर विधर्मी का कृत्य समाज को नुक़सान पहुँचानेवाला है, यानी अगर विधर्मी अपनी विधर्मिता का ऐलान करते हुए उन लोगों की हत्या करता है या उनके जीवन में बाधा डालता है जो उसके कृत्य में सहभागी नहीं होते, तो राजा विधर्मी को सज़ा दे सकता है और उसे देना चाहिए। लेकिन इस बिन्दु पर राजा की शक्ति ख़त्म हो जाती है, क्योंकि इस धरती पर किसी को भी यातना के सहारे हमारे धर्मग्रन्थ के अनुभवों को मानने के लिए मजबूर नहीं किया जा सकता : अन्यथा उस स्वतन्त्र इच्छाशक्ति का क्या होगा जिसके प्रयोग के आधार पर हम में से हर एक को अगले संसार में जाँचा जाएगा? चर्च विधर्मी को चेतावनी दे सकती है और उसे देनी चाहिए कि वह धर्मावलम्बी समाज का परित्याग कर रहा है, लेकिन वह इस धरती पर उस पर कोई फ़ैसला नहीं सुना सकती और न ही उसको उसकी मर्ज़ी के ख़िलाफ़ चलने पर मजबूर कर सकती है। अगर ईसा भी ऐसा चाहते होते कि उनके पुरोहित बल प्रयोग कर सकने का अधिकार

हासिल करें, तो उन्होंने इसके लिए ख़ास उसूल तय किए होते, जैसा कि प्राचीन विधान के भीतर मूसा द्वारा किया गया था। उन्होंने ऐसा नहीं किया; जिससे ज़ाहिर है कि उनकी ऐसी मंशा नहीं थी। या क्या हम यह कहना चाहते हैं कि उनकी यह मंशा तो थी लेकिन तीन वर्षों के धर्मप्रचार के दौरान उनके पास यह बात कहने का वक़्त या सामर्थ्य नहीं थी? लेकिन यह उचित ही था कि उन्होंने ऐसी इच्छा नहीं की, क्योंकि अगर यह इच्छा उन्होंने की होती, तो पोप अपनी मर्ज़ी राजा पर थोपने लगते और ईसाइयत मुक्ति का धर्मसिद्धान्त न रह जाकर असहनीय गुलामी का सिद्धान्त बनकर रह गया होता।

चेहरे पर हर्ष का भाव लिए हुए विलियम ने कहा कि यह सब परम धर्माधिकारी की शक्तियों को सीमित करना नहीं है, बल्कि यह उनके मिशन का उत्कर्ष है : क्योंकि ईश्वर के दासों का यह दास इस पृथ्वी पर सेवा करने के लिए है न कि सेवा करवाने के लिए। और, अन्ततः, यह बात अपने में कम से कम अजीब तो कही ही जाएगी कि रोमन साम्राज्य तो पोप के अधिकार क्षेत्र में हो लेकिन पृथ्वी के दूसरे राज्य न हों। जैसा कि हर कोई जानता है, पोप दैवीय मसलों पर जो भी बातें कहते हैं, वे फ्रांस के राजा के अधीन रहनेवाली प्रजा के लिए उतनी ही सही हैं जितनी कि वे इंग्लैण्ड के राजा के अधीन रहनेवाली प्रजा के लिए हैं, लेकिन ये बातें उन विधर्मियों के महान सरदारों या सुल्तानों के अधीन रहनेवाली प्रजाओं के लिए भी उतनी ही सही होनी चाहिए, जो विधर्मी कहे ही इसलिए जाते हैं क्योंकि वे इस सुन्दर सच्चाई में आस्था नहीं रखते। और इसलिए पोप अगर ऐसा मानते कि–पोप के रूप में–उनका भौतिक अधिकार क्षेत्र सिर्फ़ साम्राज्य के मामलों तक ही सीमित है, तो उससे इस सन्देह की ताईद होती कि भौतिक अधिकार क्षेत्र को आध्यात्मिक अधिकार क्षेत्र के समकक्ष मानने की तार्किक परिणति के तौर पर न सिर्फ़ साराकेन या तार्तार बल्कि फ्रांसीसी और अंग्रेज़ भी उनके आध्यात्मिक अधिकार क्षेत्र में न रह जाते–जो कि एक आपराधिक धर्मद्रोह होता। और, मेरे गुरुदेव ने निष्कर्ष निकालते हुए कहा कि यही वजह है कि उन्हें यह कहना सही लगता है कि रोमनों के सम्राट के रूप में चुने गए जिस किसी व्यक्ति को मान्य करने अथवा निलम्बित करने के अधिकार का प्रयोग करते हुए एविग्नॉन की चर्च समूची मनुष्यता का अहित करती है। साम्राज्य पर पोप के अधिकार दूसरे राज्यों पर उनके अधिकारों से ज़्यादा नहीं हैं और क्योंकि न तो फ्रांस के राजा को और न ही सुल्तान को पोप का समर्थन हासिल करना ज़रूरी हैं, इसलिए कोई वजह नहीं दीखती कि जर्मनों और इताल्वियों के सम्राट उसका समर्थन हासिल करें। इस किस्म की अधीनता दैवीय अधिकार का मसला नहीं है, क्योंकि धर्मग्रन्थ इसके बारे में कुछ नहीं कहता। न ही इसे धर्मसमाज के अधिकारों के अन्तर्गत मंज़ूरी दी गई है, जिसके कारणों को मैं पहले ही स्पष्ट कर चुका हूँ। जहाँ तक निर्धनता को लेकर मतभेद का सवाल है, विलियम ने आगे कहा, मेरी अपनी विनम्र राय, जो कि मेरे और मार्सीलियस ऑव पादुआ तथा जॉन ऑव जेनडुन जैसे लोगों के विचारविमर्श से निकले सुझावों के रूप में सामने आई है, इन नतीजों की ओर ले जाती है : अगर फ्रांसिस्कन निर्धन बने रहना चाहते हैं, तो पोप इस सदिच्छा का विरोध न तो कर सकते हैं और न ही उन्हें करना चाहिए। निश्चय ही, अगर ईसा मसीह की निर्धनता की परिकल्पना सही साबित हो जाती है, तो इससे माईनोराइटों का ही भला नहीं होगा बल्कि इस विचार को भी बल मिलेगा कि ईसा ने किसी सांसारिक अधिकार-क्षेत्र की चाहना नहीं की थी। लेकिन इस सुबह मैंने

बेहद अक़्लमन्द लोगों को यह इसरार करते हुए सुना है कि इस बात को साबित नहीं किया जा सकता कि ईसा निर्धन थे। जबकि मुझे इससे उलट बात ज़्यादा सही लगती है। चूँकि किसी भी व्यक्ति का यह दावा नहीं है, न ही कोई भी यह दावा कर सकता है कि जीसस ने अपने लिए या अपने शिष्यों के लिए किसी तरह की सांसारिक अधिकार-सीमा की चाहना की थी, सांसारिक प्रलोभनों के प्रति जीसस के इस विराग को हम, बिना कोई पाप किए, अपने आप में इस विश्वास के लिए पर्याप्त सुबूत के तौर पर ले सकते हैं कि, इसके एकदम उलट, उन्होंने निर्धनता का चुनाव किया था।

विलियम इस क़दर नम्र स्वर में बोले थे, इस क़दर हिचकिचाहट के साथ उन्होंने अपने दृढ़ विश्वासों को रखा था, कि वहाँ मौजूद लोगों में से किसी में भी खड़े होकर उनका खण्डन करने की कुव्वत नहीं थी। इसका यह मतलब नहीं है कि उन्होंने जो भी कहा था उससे हर कोई सहमत था। एविग्नॉनी छटपटा रहे थे, नाक-भौं सिकोड़ रहे थे और आपस में टीका-टिप्पणियाँ कर रहे थे, यहाँ तक कि लगता था कि मठाधीश पर भी उन शब्दों का उलटा असर हुआ था, मानो वह सोच रहा हो कि उसके संघ और साम्राज्य के बीच के जिस रिश्ते की चाह उसको थी वह यह रिश्ता नहीं था। और जहाँ तक माइनोराइटों का ताल्लुक था, माइकेल ऑव सेसेना परेशान था, जेरोम चकराया हुआ था, उबर्तिनो चिन्ता में डूबा था।

यह ख़ामोशी तोड़ी कार्डिनल डेल पोगेटो ने, जिसकी मुस्कराहट और शिथिलता अब भी बरक़रार थी, जब उसने विलियम से विनम्रतापूर्वक पूछा कि क्या वे एविग्नॉन जाकर यही बातें पोप से कहने के लिए तैयार होंगे। विलियम ने कार्डिनल की राय माँगी, जिन्होंने कहा कि वैसे तो पोप ने अपने जीवन में बहुत सी विवादास्पद धारणाओं को सुना है और वे अपने सारे पुत्रों के प्रति अत्यन्त प्रेम रखनेवाले पिता हैं, ये तर्क उन्हें निश्चित तौर पर बहुत दुखी करेंगे।

बर्नार्ड गुई, जिसने अब तक अपना मुँह नहीं खोला था, सहसा बोल उठा : ''ब्रॅदर विलियम, जो अपने विचारों को रखने के मामले में इस क़दर दक्ष और वाक्पटु हैं, अगर इन विचारों को धर्माध्यक्ष के सामने उनके निर्णय के लिए रखते हैं, तो मुझे बहुत ख़ुशी होगी.....।''

''आपने मुझे क़ायल कर दिया, मी लॉर्ड बर्नार्ड,'' विलियम ने कहा, ''मैं नहीं आऊँगा।'' फिर कार्डिनल की तरफ़ मुख़ातिब होते हुए, माफ़ी माँगने के स्वर में बोले : ''सच तो ये है कि मेरे अन्तर्मन को बेचैन करती यह ऊहापोह ही मुझको इस मौसम में इतनी लम्बी यात्रा पर जाने से रोकती है...।''

''तब फिर इतने विस्तार से बोलने की ज़रूरत ही क्या थी?'' कार्डिनल ने पूछा।

''सच की गवाही की ख़ातिर,'' विलियम ने विनम्रतापूर्वक कहा। ''सच्चाई हमको मुक्त करेगी।''

''आह, नहीं!'' इस नुक्ते पर ज़्याँ डि बाउने फट पड़ा। ''यहाँ हम उस सच्चाई के बारे में बात नहीं कर रहे हैं जो हमें मुक्त करती है, बल्कि उस इन्तिहाई आज़ादी की बात कर रहे हैं जो ख़ुद को सच्चाई के रूप में स्थापित करना चाहती है!''

''यह भी हो सकता है,'' विलियम ने मीठे स्वर में स्वीकार किया।

मेरी अन्तःप्रेरणा ने मुझे आगाह किया कि भावनाओं और ज़ुबानों का एक और अन्धड़, जो पहलेवाले से कहीं ज़्यादा प्रचण्ड होता, फट पड़ने को था। लेकिन कुछ हुआ नहीं।

डि बाउने अभी बोल ही रहा था कि धनुर्धारियों का कप्तान आया और उसने बर्नार्ड के कान में फुसफुसाकर कुछ कहा। बर्नार्ड सहसा उठ खड़ा हुआ और उसने बोलने के लिए अपना हाथ उठाया।

"ब्रॅदर्स," वह बोला, "हो सकता है कि यह उपयोगी चर्चा जारी रह सके, लेकिन फ़िलहाल एक बेहद संजीदा घटना के चलते हमें, मठाधीश की इजाज़त से इस वार्ता को रोकना होगा। वहाँ पर कुछ हुआ है...।" उसने बाहर की तरफ़ उड़ता सा इशारा किया और फिर तेज़ कदमों से हॉल को पार करते हुआ बाहर निकल गया। बहुत-से और लोग उनके पीछे गए, जिनमें सबसे पहले विलियम थे और उनके साथ मैं था।

मेरे गुरुदेव ने मेरी तरफ़ देखा ओर कहा, "मुझे डर है कि सेवेरिनॅस के साथ कोई हादसा हुआ है।"

मध्याह्न

जिसमें सेवेरिनॅस मृत पाया जाता है लेकिन जो पुस्तक उसे मिली थी वह फिर नहीं मिलती।

हमने बहुत दुखी मन से तेज़-तेज़ चलते हुए मैदान को पार किया। धनुधारियों का कप्तान हमें औषधालय की ओर ले गया और हम जैसे ही वहाँ पहुँचे, हमें वहाँ गाढ़े धूसरपन के बीच छायाओं की अफ़रातफ़री दिखाई दी : संन्यासी और भृत्य यहाँ-वहाँ भाग रहे थे, धनुर्धारी दरवाज़े पर खड़े अन्दर जाने की कोशिश कर रहे लोगों को रोक रहे थे।

"ये गार्ड मेरे द्वारा भेजे गए थे, एक ऐसे आदमी को तलाशने जो बहुत सारे रहस्यों पर रोशनी डाल सकता था," बर्नार्ड ने कहा।

"वैद्य बन्धु?" भौंचक मठाधीश ने पूछा।

"नहीं। आप अभी देखेंगे," बर्नार्ड ने अन्दर जाने की कोशिश करते हुए कहा।

हम सेवेरिनॅस की प्रयोगशाला में दाखिल हुए और यहाँ पहुँचने पर एक बेहद दारुण दृश्य ने हमारा स्वागत किया। अभागा वैद्य, जिसका सिर चकनाचूर हो चुका था, एक शव के रूप में खून के डबरे में पड़ा हुआ था। सारे के सारे सेल्फ़, जैसे किसी आँधी में ध्वस्त हो गए लगते थे : मर्तबान, बोतलें, पुस्तकें, दस्तावेज़ चारों तरफ़ तहस-नहस बिखरे पड़े थे। शव की बग़ल में इनसान के सिर से क़रीब-क़रीब दोगुना बड़ा धातु का एक सुघड़ छल्लेदार गोला, अपने ऊपरी सिरे पर सुनहरे क्रॉस से मढ़ा हुआ, एक सुसज्जित तिपाये पर रखा हुआ था। दूसरे मौक़ों पर मैंने उसको सामने वाले दरवाज़े की बाईं तरफ़ वाली मेज़ पर रखा देखा था।

कमरे के दूसरे सिरे पर दो धनुर्धारी भण्डारी को कसकर पकड़े हुए थे, हालाँकि वह अपने को छुड़ाने की कोशिश कर रहा था और जब उसने मठाधीश को आते देखा तो चिल्ला-चिल्ला कर अपनी बेगुनाही का ऐलान करने लगा। "माई लॉर्ड!" वह चिल्ला उठा। "जो कुछ सामने दीख रहा है वह मेरे ख़िलाफ़ जाता है! सेवेरिनॅस मेरे अन्दर आने के पहले ही मर चुका था और इन लोगों ने मुझे इस हत्याकाण्ड की तरफ़ अवाक् ताकते हुए देखा!"

धनुर्धारियों का कप्तान बर्नार्ड के क़रीब गया और उनकी इजाज़त से उसने सबके सामने अपनी रिपोर्ट पेश की। धनुर्धारियों को भण्डारी की तलाश कर उसे गिरफ़्तार करने का हुक्म दिया गया था और दो घंटे से भी ज़्यादा समय से वे समूचे मठ में उसकी तलाश कर रहे थे। मेरा ख़याल था कि यही वह हुक्म था जो बर्नार्ड ने हॉल में जाने के पहले दिया था और सिपाहियों ने, जो बाहरी होने की वजह से इस जगह से नावाक़िफ़ थे, शायद अपनी तलाश ग़लत जगहों पर की थी, बिना यह सोचे कि भण्डारी अपनी नियति से अनजान दूसरे लोगों के साथ नॉर्थेक्स में था कोहरे ने भी उनकी तलाश को कुछ ज़्यादा मुश्किल बना दिया था। जो भी हो, कप्तान के शब्दों से यह बात सामने आई कि रेमीजियो, मुझसे छुटकारा पाने के बाद, रसोई की तरफ़ गया था, जहाँ उसे किसी ने देख लिया और धनुर्धारियों को सूचित कर दिया, जो इडीफ़ीसियम पहुँचे, जहाँ से पल-भर पहले ही रेमीजियो फिर निकल गया। रसोई में जॉर्ज था, जिसने बताया कि उसने पल-भर पहले ही भण्डारी से बात की थी। तब धनुर्धारियों ने बग़ीचों की तरफ़ के इलाक़ों में छानबीन की और वहाँ पर उन्हें धुन्ध के भीतर से किसी भूत की तरह नमूदार होता हुआ बूढ़ा एलिनार्डो मिला, जिसे देखकर लगता था जैसे वह खो गया हो। यह एलिनार्डो था जिसने बताया कि उसने भण्डारी को थोड़ी देर पहले ही औषधालय की तरफ़ जाते देखा था। धनुर्धारी वहाँ गए और उन्होंने दरवाज़े को खुला पाया। अन्दर पहुँचते ही उन्होंने पाया कि सेवेरिनॅस बेजान पड़ा था और भण्डारी पागलों की तरह सेल्फों की तलाशी लेते हुए हर चीज़ को फ़र्श पर पटके जा रहा था, मानो उसे किसी ख़ास चीज़ की तलाश हो। बहुत आसानी से समझा जा सकता था कि क्या हुआ था, कप्तान ने अपनी बात को समेटते हुए कहा। रेमीजियो अन्दर गया, उसने वैद्य पर हमला कर उसकी जान ली और फिर वह उस चीज़ की तलाश में जुटा हुआ था जिसकी ख़ातिर उसने यह हत्या की थी।

एक धनुर्धारी ने छल्लेदार गोले को फ़र्श से उठाया और उसे बर्नार्ड के हाथ में दिया। पीतल और चाँदी के चक्रों से निर्मित यह ख़ूबसूरत शिल्प, जो तिपाये के दंड पर काँसे के छल्लों से मज़बूती से कसा हुआ था, मृतक के सिर पर पूरी ताक़त से मारा गया था और उसके असर से बहुत-से नाज़ुक चक्र या तो टुकड़े-टुकड़े हो गए थे या एक तरफ़ मुड़ गए थे। ये वो हिस्सा था जो सेवेरिनॅस के सिर पर मारा गया था, जैसा कि उस पर मौजूद ख़ून के निशानों यहाँ तक कि बालों के गुच्छों और भेजे की अन्दरूनी मज्जा के टुकड़ों से ज़ाहिर हो रहा था।

विलियम सेवेरिनॅस की मौत की पुष्टि करने के लिए उस पर झुके। सिर से बहकर आए ख़ून की धारों से ढँकी उस बेचारे की आँखें पथरा गई थीं और मेरे मन में ख़याल आया कि क्या हत्या के शिकार हुए इनसान की पथरायी हुई पुतलियों में, उसके द्वारा देखे गए आखिरी दृश्य की निशानी के तौर पर, हत्यारे की शक्ल देखी जा सकती थी, जैसा कि कहा जाता है। मैंने देखा कि विलियम ने यह जाँचने के लिए कि उसकी अँगुलियों पर काले धब्बे तो नहीं थे, मृतक के हाथों की जाँच करनी चाही, बावजूद इसके कि मौत की वजह इस बार ज़ाहिर तौर पर बिल्कुल अलग थी : लेकिन सेवेरिनॅस ने हाथों में वही दस्ताने पहन रखे थे जिन्हें मैंने उसे ख़तरनाक जड़ी-बूटियों, छिपकलियों, अनजान कीड़ों-मकोड़ों आदि से बरतते वक़्त पहने हुए कभी-कभी देखा था।

इस बीच, बर्नार्ड गुई भण्डारी से मुख़ातिब था : ''रेमीजियो ऑव वाराजाइन–यही है तुम्हारा नाम, है न? मैंने कुछ दूसरे आरोपों के आधार पर और कुछ दूसरे सन्देहों की ताईद के लिए अपने आदमियों को तुम्हारे पीछे छोड़ा हुआ था। अब मैं देखता हूँ कि मैंने ठीक ही क़दम उठाया था, हालाँकि मुझे अफ़सोस है कि मैंने धीमी रफ़्तार से काम लिया। माई लॉर्ड,'' उसने मठाधीश से कहा, ''इस आख़िरी गुनाह के लिए वाक़ई मैं ही ज़िम्मेदार हूँ, क्योंकि कल रात को गिरफ़्तार किए गए उस दूसरे नीच से जो बातें पता चली थीं उन्हें जान लेने के बाद आज सुबह से ही मुझे यह बात समझ आ गई थी कि मुझे इस आदमी को हिरासत में ले लेना चाहिए था। लेकिन जैसा कि आपने ख़ुद ही देखा, पूरी सुबह भर मैं दूसरी ज़िम्मेदारियों में व्यस्त रहा और मेरे लोगों से जितना बन पड़ा उतना उन्होंने किया....।''

वह ऊँची आवाज़ में बोला था ताकि वहाँ मौजूद सारे लोग उसको सुन सकें (और उस समय तक कमरा भर चुका था, हर कोने में लोगों की भीड़ जमा थी, जो बिखरी और नष्ट हो चुकी चीज़ों को देख रहे थे, शव की तरफ़ इशारे कर रहे थे और धीमी आवाज़ में इस अपराध के बारे में अपनी राय दे रहे थे) और बोलते हुए उसने कनखियों से मेलाची को देखा जो दहशतज़दा निगाहों से उस दृश्य को देख रहा था। भण्डारी ने भी, जो घसीट कर ले जाया जानेवाला था, उसकी ओर देखा। उसने अपने को धनुर्धारी की गिरफ़्त से झुड़ाया और झटके से अपने बन्धु पर झपटा और जब तक धनुर्धारी उसको फिर से पकड़ते उसने उसका चोगा पकड़कर हताश भाव से जल्दी-जल्दी उससे कुछ कहा, क्योंकि उसका चेहरा दूसरे लोगों के चेहरे के क़रीब था। लेकिन जैसे ही उसको घसीट कर ले जाया जाने लगा, वह फिर से मेलाची की ओर मुड़ा और उससे चिल्लाते हुए बोला, ''तुम भी क़सम खाओ और मैं भी क़सम खाता हूँ!''

मेलाची से कोई जवाब देते नहीं बना, जैसे वह एकदम माकूल लफ़्ज़ों की तलाश कर रहा हो। फिर, जब भण्डारी को दरवाज़े के बाहर खींचा जा रहा था, उसने कहा, ''मैं ऐसा कुछ भी नहीं करूँगा जिससे तुम्हें नुक़्सान पहुँचे।''

विलियम और मैंने एक-दूसरे की तरफ़ देखा, हम लोग समझने की कोशिश कर रहे थे कि इस दृश्य के क्या मानी हो सकते थे। बर्नार्ड ने भी इस पर ध्यान दिया था, लेकिन ऐसा नहीं लगा कि वह इससे परेशान हुआ; बजाय इसके, वह मेलाची की तरफ़ देखकर मुस्कराया, जैसे वह उसकी बात का समर्थन कर रहा हो और उसके साथ कोई सौदा पक्का कर रहा हो। फिर उसने ऐलान किया कि भोजन के तुरन्त बाद इस जाँच पड़ताल का सार्वजनिक खुलासा करने के लिए सभागार में पहली अदालत बैठेगी। इसके बाद, जाते-जाते उसने हुक्म दिया कि भण्डारी को लोहारख़ाने में ले जाया जाए, लेकिन उसे सल्वाटोर से बात न करने दी जाए।

तभी हमने सुना कि बेनो हमारे पीछे से हमें बुला रहा था। ''मैं आपके तुरन्त बाद यहाँ आया था,'' उसने फुसफुसाते हुए कहा, ''उस वक़्त तक कमरा आधा खाली था और मेलाची यहाँ पर नहीं था।''

''वह बाद में आया होगा,'' विलियम ने कहा।

''नहीं,'' बेनो ने ज़िदपूर्वक कहा, ''मैं दरवाज़े के क़रीब था, मैंने लोगों को अन्दर आते देखा था। मैं आपसे कहता हूँ, मेलाची पहले से ही अन्दर था... उसके पहले।''

"किसके पहले?"

"भण्डारी के प्रवेश करने के पहले से। मैं क़सम खाकर तो नहीं कह सकता, लेकिन मुझे पक्का यक़ीन है कि वह उस परदे के पीछे से आया था, जब हममे से कई लोग अन्दर आ चुके थे।" और उसने सिर हिलाते हुए उस बड़े से परदे की तरफ़ इशारा किया जिसकी ओट में वह बिस्तर पड़ा हुआ था जिस पर सेवेरिनॅस उन लोगों को आराम करने लिटाया करता था जिन्हें कोई औषधियाँ दी गई होती थीं।

"क्या तुम यह इशारा कर रहे हो कि उसने सेवेरिनॅस की हत्या की और जब भण्डारी अन्दर आया तो वह वहाँ छिप गया?" विलियम ने पूछा।

"या फिर यह भी हुआ हो सकता है कि परदे के पीछे से उसने सारे वाक़िये को देखा हो। नहीं तो भण्डारी उससे यह मिन्नत क्यों करता कि वह उसे कोई नुक़्सान न पहुँचाये और बदले में उससे यह वादा क्यों करता कि वह भी उसे कोई नुक़्सान नहीं पहुँचाएगा?"

"हो सकता है," विलियम ने कहा। "जो भी हो, इतना तय है कि यहाँ पर कोई पुस्तक थी और उसे अभी भी यहीं होना चाहिए, क्योंकि भण्डारी और मेलाची दोनों ही यहाँ से खाली हाथ गए हैं।" विलियम मेरे द्वारा दी गई रिपोर्ट से जानते थे कि बेनो जानता था और इस वक़्त उन्हें मदद की ज़रूरत थी। वे मठाधीश के पास गए जो दुखी मन से सेवेरिनॅस के शव को देख रहा था; विलियम ने उससे आग्रह किया कि वह सभी को वहाँ से चले जाने को कहे, क्योंकि वे उस जगह को क़रीब से जाँचना चाहते थे। मठाधीश ने सहमति दी और वहाँ से चल पड़ा, हालाँकि जाते-जाते उसने विलियम को सवालिया निगाहों से देखा, मानो वह उन्हें हमेशा ही बहुत देर से पहुँचने को लेकर उलाहना दे रहा हो। मेलाची वहीं बने रहना चाहता था जिसके लिए उसने तरह-तरह के गोलमोल से तर्क दिए; विलियम ने उसे ध्यान दिलाया कि वह पुस्तकालय नहीं था और वह वहाँ पर कोई हक़ नहीं जता सकता था। विलियम विनम्र किन्तु अडिग थे और वे उससे उस समय का बदला ले रहे थे जब मेलाची ने उन्हें वेनेण्टियॅस की डेस्क की जाँच नहीं करनेदी थी।

जब हम सिर्फ़ तीन लोग बच रहे, तब विलियम ने एक मेज़ से मलबे और काग़ज़ों को हटाया और मुझसे सेवेरिनॅस के संग्रह की पुस्तकों को एक-एक कर देने को कहा। भूलभुलैया के विशाल संग्रह के मुक़ाबले यह एक छोटा-सा संग्रह था, तब भी उसमें विभिन्न आकारों के दर्जनों ग्रन्थ थे, जो इससे पहले तक सेल्फ़ों में क़रीने से रखे हुए थे और अब उन दूसरी चीज़ों के बीच फ़र्श पर बिखरे हुए थे जिन्हें भण्डारी के वहशी हाथों ने तहस-नहस कर दिया था, यहाँ तक कि कुछेक पुस्तकों को फाड़ दिया गया था, मानो उसे किसी पुस्तक की नहीं बल्कि किसी ऐसी चीज़ की तलाश थी जिसे पुस्तक के बीच रखा जा सकता हो। कुछ को बेरहमी से उनकी ज़िल्दों से उखाड़कर अलग कर दिया गया था। उनको समेटना, जल्दी से उनके विषय का निश्चय करना और फिर मेज़ पर उनको जमाना आसान काम नहीं था और हर काम तेजी से करना था, क्योंकि मठाधीश ने हमें थोड़ा-सा ही समय दिया था : संन्यासियों को आकर सेवेरिनॅस की टूटी-फूटी लाश को सँवारकर उसे दफ़नाने के लिए तैयार करना था। हमें भी वहाँ से हटकर मेज़ों के नीचे, सेल्फ़ों के पीछे, अलमारियों के भीतर तलाशी करनी थी ताकि हम पक्का कर सकते कि पहली बार की जाँच में हमसे कोई चूक तो नहीं हो गई थी। विलियम बेनो को मेरी मदद करने देने के लिए तैयार नहीं थे और उसको उन्होंने

दरवाज़े पर पहरा देने भर की छूट दी थी। मठाधीश के हुक्म के बावजूद बहुत-से लोग अन्दर आना चाह रहे थे : भृत्य जो इस ख़बर से भयभीत थे, संन्यासी जो अपने इस बन्धु के लिए शोक प्रकट करना चाहते थे, नवदीक्षित शिष्य जो शव को नहलाने और ढँकने के लिए स्वच्छ कपड़े और पानी से भरी चिलमचियाँ लिए खड़े थे...।

इसलिए हमें तेजी से काम निबटाना था। मैं पुस्तकें उठाता और विलियम को देता जाता, वे उनकी जाँच करते और उनको मेज़ पर रखते जाते। फिर हमने पाया कि यह एक लम्बा काम था और इसलिए हम दोनों ने ही उसे साथ-साथ करना शुरू कर दिया : मैं पुस्तक उठाता, अगर वह बेतरतीब होती तो उसे तरतीब देता, उसके शीर्षक को पढ़ता और फिर रख देता। कई बार सिर्फ़ बिखरे हुए पन्ने ही हाथ लग रहे थे।

"पौधों के बारे में तीन पुस्तकें।** उफ़्, ये वो नहीं है," पुस्तक को मेज़ पर पटकते हुए विलियम ने कहा।

"*जड़ी-बूटियों का ख़ज़ाना*** , मैंने कहा और विलियम तपाक से बोले, "छोड़ो उसको, हम एक ग्रीक पुस्तक को तलाश रहे हैं।

"ये?" मैंने उनको एक कृति दिखाते हुए कहा जिसके पन्ने ऐसे अक्षरों से भरे हुए थे जो समझ से परे थे। और विलियम ने कहा, "नहीं, वो अरबी है, बेवक़ूफ़! बेकॅन का कहना सही था : स्कॉलर्स का पहला कर्तव्य है कि वे भाषाएँ सीखें!"

"लेकिन अरबी तो आपको भी नहीं आती!" मैंने चिढ़ते हुए जवाब दिया, जिसके जवाब में विलियम ने कहा कि "मैं कम से कम इतना तो समझ लेता हूँ कि वह अरबी है!" और मैं झेंप गया, क्योंकि बेनो मेरे पीछे से खी-खी कर रहा था।

वहाँ बहुत-सी पुस्तकें थीं और उनसे भी ज़्यादा थे नोट्स, आकाश मण्डल की तस्वीरों से सजी लिपटी हुई पट्टिकाएँ और अजीबोग़रीब वनस्पतियों की फ़ेहरिस्तें जो बिखरे हुए पन्नों पर, शायद उस मृतक के द्वारा तैयार की गई थीं! हमने प्रयोगशाला के हर कोने की छानबीन करते हुए काफ़ी देर तक काम किया। विलियम ने तो, बेहद निर्लिप्त भाव से, शव तक को सरका कर देख डाला कि कहीं उसके नीचे तो कुछ नहीं था और उसके चोगे के भीतर भी तलाशी ली। कुछ भी हाथ नहीं लगा।

"ये तो करना ही होगा," उन्होंने कहा। "सेवेरिनॅस ने यहाँ ख़ुद को एक पुस्तक के साथ बन्द किया हुआ था। भण्डार-रक्षक के पास वह थी नहीं.....।"

"क्या ऐसा हो सकता है कि उसने अपने चोगे के नीचे उसको छुपा रखा हो?" मैंने पूछा।

"नहीं, जो पुस्तक उस सुबह मैंने वेनेण्टियॅस की डेस्क के नीचे देखी थी, वह बड़ी थी और हमारा ध्यान उस पर ज़रूर गया होता।"

"उसकी ज़िल्द कैसी थी?" मैंने पूछा।

"पता नहीं। वह खुली पड़ी थी और मैंने उसको कुछ सेकेण्ड के लिए ही देखा था, सिर्फ़ उतनी देर कि मैं इतना देख पाया था कि वह ग्रीक पुस्तक थी, लेकिन इसके अलावा मुझे कुछ भी याद नहीं है। ख़ैर हम अपना काम जारी रखते हैं; न तो उसको भण्डारी ले गया है और, मुझे पूरा विश्वास है कि मेलाची भी उसको नहीं ले गया है।"

"निश्चय ही नहीं," बेनो ने ताईद की। "जब भण्डारी ने उसके सीने को जकड़ा हुआ था, तो साफ़ जाहिर था कि उसके पोशाक के नीचे कुछ भी नहीं था।"

"अच्छा है। या, शायद, बुरा है। अगर पुस्तक इस कमरे में नहीं है, तो ज़ाहिर है कि मेलाची और भण्डार-रक्षक के पहले कोई और व्यक्ति इस कमरे में आया था।"

"यानी, कोई तीसरा है जिसने सेवेरिनॅस की हत्या की है?"

"बहुत-से लोग हैं," विलियम ने कहा।

"लेकिन बहरहाल, पुस्तक यहाँ थी इसकी जानकारी किसको रही हो सकती है?"

"मसलन, जॉर्ज, अगर उसके कान में हमारी बात पड़ गई हो।"

"हाँ," मैंने कहा, लेकिन जॉर्ज सेवेरिनॅस जैसे मजबूत आदमी को और वह भी इस क़दर हिंसक तरीक़े से, नहीं मार सकता था।"

"नहीं, निश्चय ही नहीं। फिर तुमने तो उसको इडीफ़ीसियॅम की तरफ़ जाते हुए देखा था और धनुर्धारियों को भी वह भण्डारी के मिलने के थोड़ी ही देर पहले रसोई में मिला था। इसलिए उसके पास इतना वक़्त न रहा होगा कि वह यहाँ आकर वापस रसोई में जा पाता।"

"मुझे अपना दिमाग़ लगाने दीजिए," मैंने अपने गुरुदेव से स्पर्धा करते हुए कहा। "एलिनार्डो आसपास चक्कर लगा रहा था, लेकिन वह भी कैसे हो सकता है, क्योंकि उसको तो खड़े तक होने में मुश्किल पेश आती है, फिर उसने सेवेरिनॅस को दबोच लिया हो, यह नहीं हो सकता। भण्डार-रक्षक यहाँ था, लेकिन उसके रसोई से जाने और धनुर्धारियों के यहाँ पहुँचने के बीच का वक़्फ़ा इतना कम था कि मुझे लगता है कि उसके लिए पहले सेवेरिनॅस से दरवाज़ा खुलवाना, फिर उस पर हमला करना और उसको मार गिराना और फिर यह तबाही मचाना मुश्किल काम था। मेलाची इन सबके पहले आया हो सकता है : जॉर्ज नॉर्थेक्स में हमारी बातचीत सुनता है, वह स्क्रिप्टोरियम में जाता है और मेलाची से कहता है कि लाइब्रेरी की एक पुस्तक सेवेरिनॅस की प्रयोगशाला में है, मेलाची यहाँ पर आता है, सेवेरिनॅस से दरवाज़ा खोलने का विनती करता है और उसकी हत्या कर देता है, क्यों करता है, यह ईश्वर जाने। लेकिन अगर वह पुस्तक की तलाश में आया था, तो उसने उसको बग़ैर इस लूट-खसोट के ही पहचान लिया होता, क्योंकि वह लाइब्रेरियन है! तब फिर कौन बचता है?"

"बेनो," विलियम ने कहा।

बेनो ने ज़ोरदार इन्कार में सिर हिलाया। "नहीं, ब्रॅदर विलियम, आप जानते हैं कि मैं जिज्ञासा का मारा हुआ हुआ था। लेकिन मैं अगर यहाँ आया होता और पुस्तक को ले जा सका होता, तो मैं इस वक़्त यहाँ पर आपका साथ न दे रहा होता; मैं अपने ख़ज़ाने की जाँच कहीं और बैठकर कर रहा होता...।"

"एक लगभग यक़ीन दिलानेवाला तर्क," विलियम ने मुस्कराते हुए कहा। हालाँकि यह तो तुम्हें भी नहीं मालूम कि वह पुस्तक दिखती कैसी है। हो सकता है तुमने हत्या की हो और अब तुम यहाँ रह कर पुस्तक को पहचानने की कोशिश कर रहे होओ।"

"बेनो बुरी तरह से झेंप गया। "मैं कोई हत्यारा नहीं हूँ!" उसने विरोध किया।

"हत्यारा तो कोई भी नहीं होता, जब तक कि वह पहली हत्या नहीं कर लेता। विलियम ने फ़लसफ़ाना अन्दाज़ में कहा। "ख़ैर पुस्तक ग़ायब है और यह इस बात को साबित करने के लिए काफ़ी है कि तुमने उसको यहाँ पर नहीं छोड़ा है।"

इसके बाद वे लाश पर अपना ध्यान एकाग्र करने के लिए मुड़े। उस क्षण में उनका

ध्यान सिर्फ़ अपने दोस्त की मृत्यु पर केन्द्रित प्रतीत होता था। "बेचारा सेवेरिनॅस," उन्होंने कहा, "मैंने तुम और तुम्हारे ज़हरों तक पर शक किया था। और तुम्हारा अनुमान था कि ज़हर के साथ कोई चाल चली जा सकती थी; नहीं तो तुमने ये दस्ताने न पहने होते। तुम ज़मीनी ख़तरे को लेकर आशंकित थे और तुम पर यह आसमान से आकर टूटा...।" उन्होंने एक बार फिर से गोले को उठाया और उसको ध्यान से देखा। "समझ नहीं आता कि उन्होंने इसी औज़ार का इस्तेमाल क्यों किया....।"

"ये उनकी पहुँच में था।"

"शायद। लेकिन दूसरी चीज़ें भी तो थीं, बर्तन, बाग़वानी के औज़ार...। ये धातु-शिल्प और खगोल-विज्ञान का लाजवाब नमूना है। ये भी बर्बाद हो गया और....हे ईश्वर!" वे चीख़ उठे।

"ये क्या है?"

"और सूरज का तीसरा हिस्सा डूब गया और चाँद का तीसरा हिस्सा और सितारों को तीसरा हिस्सा...." उन्होंने याददास्त के सहारे दोहराया।

"ईसा के शिष्य जॉन के इस मज़मून से मैं अच्छी तरह से वाक़िफ़ था। "चौथी तुरही," मैं सहसा चीख उठा।

"बिल्कुल। पहली ओला, दूसरी रक्त, तीसरी पानी और अब नक्षत्र... अगर यह बात है, तो हर चीज़ को एक बार फिर से जाँचना होगा; हत्यारे ने योंही, अचानक हमला नहीं किया, वह एक योजना के मुताबिक काम कर रहा था...। लेकिन क्या एक इस क़दर शैतान दिमाग़ की कल्पना की जा सकती है कि वह तभी हत्याएँ करता है जब ऐसा करते हुए वह इल्हाम की पोथी के वचनों का पालन कर पाता हो?"

"पाँचवीं तुरही के साथ क्या होगा?" मैंने दहशत से भरकर पूछा। मैंने याद करने की कोशिश की : "और मैंने एक नक्षत्र को आकाश से पृथ्वी पर गिरते हुए देखा और उसके लिए नरक के गर्त की कुंजी दी गई थी...। क्या अब कोई कुएँ में डूबकर मरने वाला है?"

"पाँचवी तुरही और भी कई चीज़ों का वादा करती है," विलियम ने कहा। "उस गर्त से एक विशाल अग्निकुण्ड का धुआँ उठेगा, फिर मानव जाति को यातना देने के लिए उसमें से बिच्छुओं जैसे डंक लिए टिड्डियाँ निकलेंगी। और उन टिड्डियों की बनावट घोड़ों से मिलती-जुलती होगी, जिनके सिरों पर सोने के मुकुट और बाघों के दाँत होंगे...। पोथी के शब्दों को सच कर दिखाने के लिए हमारे आदमी के हाथ में बहुत-से तरीक़े हो सकते हैं...। लेकिन हमें ख़यालों के पीछे नहीं भागना चाहिए। इसकी बजाय हमें वह बात याद करने की कोशिश करनी चाहिए कि सेवेरिनॅस ने हमसे उस वक़्त क्या कहा था जब उसने हमें पुस्तक के मिलने की ख़बर दी थी...।"

"आपने उससे कहा था कि वह पुस्तक आपको लाकर दे और उसने कहा था कि वह नहीं ला सकता...।"

"वही उसने किया और उसके बाद हमारी बातचीत में बाधा पड़ गई थी। वह ला क्यों नहीं सकता था? पुस्तक को तो लाया सकता है। और फिर उसने दस्ताने क्यों पहन रखे थे? क्या पुस्तक की ज़िल्द में ज़हर से ताल्लुक रखनेवाली कोई चीज़ है जिसने बेरेंगर और वेनेण्टियस की जान ली थी? एक रहस्मय जाल, कोई ज़हरीला..."

"साँप!" मैंने कहा।

"व्हेल क्यों नहीं? नहीं, हम फिर से ख़यालों में भटकने लगे हैं। जैसा कि हमने देखा है, ज़हर का मुँह में जाना ज़रूरी था। अलावा इसके, सेवेरिनॅस ने दरअसल यह नहीं कहा था कि वह पुस्तक को ला नहीं सकता था। उसने यह कहा था कि वह उसे इस जगह पर दिखाना बेहतर समझता था। और फिर उसने दस्ताने पहन रखे थे...। इस तरह हमें यह पता चलता है कि पुस्तक को दस्ताने पहनकर बरतना ज़रूरी था। और बेनो, अगर वह पुस्तक तुम्हारे हाथ लगती है, जैसी कि तुम्हें उम्मीद है, तो तुम्हें भी इसका ध्यान रखना होगा। और चूँकि तुम इतने मददगार साबित हो रहे हो, तुम्हें आगे भी मेरी मदद करनी चाहिए। तुम एक बार फिर से स्क्रिप्टोरियम में जाओ और मेलाची पर निगाह रखो। उसे अपनी आँखों से ओझल मत होने देना।"

"मैं ऐसा ही करूँगा!" बेनो ने कहा और वह बाहर चला गया। हमें लगा कि अपने मिशन पर जाते हुए वह खुश था।

दूसरे भिक्षुओं को रोक पाना अब हमारे वश में नहीं रहा और कमरे में बुरी तरह से लोग भर गए। भोजन का समय बीत चुका था और बर्नार्ड शायद सभागार में अपनी अदालत जमा रहा था।

"अब यहाँ पर करने के लिए और कुछ बचा नहीं है," विलियम ने कहा।

"औषधालय के साथ ही मैंने अपने कमज़ोर से अनुमान को तज दिया था और जब हम वनस्पति उद्यान को पार कर रहे थे, मैंने विलियम से पूछा कि क्या उन्होंने बेनो पर वाक़ई विश्वास कर लिया था। "कतई नहीं," विलियम ने कहा, "लेकिन हमने उससे ऐसा कुछ भी नहीं कहा जो वह पहले ही से नहीं जानता था और हमने उसके मन में पुस्तक का डर भी भर दिया है। और, आखिर में, उसको मेलाची की निगरानी पर बिठालकर हम मेलाची को भी उसकी निगरानी पर बिठाल रहे हैं और ज़ाहिर है कि मेलाची खुद ही उस पुस्तक की तलाश में है।"

"तब फिर भण्डारी क्या चाहता था?"

"हमें जल्द ही पता चलेगा। निश्चय ही वह कुछ चाहता था और जल्दी चाहता था, ताकि वह उस ख़तरे को टाल सकता जिसने उसको डरा रखा था। इस चीज़ की जानकारी निश्चय ही मेलाची को होगी : नहीं तो उसके सामने रेमेजियो की विनती की कोई वजह नहीं रह जाती...।"

"ख़ैर, पुस्तक नदारद हो चुकी है....।"

"यह सबसे अविश्वसनीय चीज़ हुई है," सभागार पहुँचते हुए विलियम ने कहा। "अगर वह वहाँ पर थी, जैसा कि सेवेरिनॅस ने हमें बताया था कि वह थी, तो या तो उसे कोई ले गया है, या फिर वह अब भी वहीं पर है।"

"और चूँकि वह वहाँ नहीं है, कोई उसको ले गया है," मैंने नतीजा निकाला।

"तर्क को एक अपेक्षाकृत कमज़ोर आधार पर भी तो आगे बढ़ाया जा सकता है। चूँकि हर चीज़ इस बात की ताईद करती है कि उसे कोई भी नहीं ले जा सका है..."

"इसलिए उसको अब भी वहीं पर होना चाहिए। लेकिन वह वहाँ नहीं है।"

"ज़रा रुको। हमारा कहना है कि वह वहाँ नहीं है क्योंकि वह हमें वहाँ पर नहीं मिली।

लेकिन यह भी तो हो सकता है कि हमें वह वहाँ इसलिए न मिली हो क्योंकि हमने उसको उस जगह पर ढूँढ़ा ही न हो जहाँ पर वह हो।"

"लेकिन हमने तो उसे हर कहीं ढूँढ़ा था!"

"हमने ढूँढा था, लेकिन देखा नहीं। या देखा तो, मगर पहचाना नहीं।...एड्सो, सेवेरिनॅस ने उस पुस्तक का वर्णन हमारे सामने किस रूप में किया था? उसने किन शब्दों का इस्तेमाल किया था?"

"उन्होंने कहा था कि उन्हें एक पुस्तक मिली है, जो उनकी अपनी पुस्तकों में से नहीं है, वह ग्रीक भाषा में...।"

"नहीं! अब मुझे याद आया। उसने कहा था कि एक *अजीब* पुस्तक। सेवेरिनॅस एक स्कॉलर था और एक स्कॉलर के लिए ग्रीक भाषा की कोई पुस्तक अजीब नहीं है; वह अध्येता ग्रीक भाषा न भी जानता हो, तब भी वह अक्षरों को तो पहचान ही लेगा। और कोई अध्येता अरबी भाषा की पुस्तक को भी अजीब नहीं कहेगा, भले ही वह अरबी न जानता हो...।" वे सहसा चुप हो गए। "और अरबी भाषा की पुस्तक सेवेरिनॅस की प्रयोगशाला में क्या कर रही थी?"

"लेकिन अरबी भाषा की पुस्तक को उन्होंने अजीब क्योंकर कहा होता?"

"यही तो समस्या है। अगर उसने उसको अजीब कहा था, तो इसलिए कहा था क्योंकि उसमें कोई अनोखापन था, कम से कम उसके लिए वह अनोखी थी, क्योंकि वह एक औषधि-विशेषज्ञ था, कोई लाइब्रेरियन नहीं था...। और पुस्तकालयों में यह हो सकता है कि ऐसे विविध और अनोखे पाठों की कई प्राचीन पाण्डुलिपियों को एक ही ज़िल्द में बाँध दिया जाय, जिनमें कोई ग्रीक हो, कोई सीरियाई हो..."

"....और कोई अरबी हो!" मैं चीखा, इस नई रोशनी ने मुझे चौंधिया दिया था।

विलियम ने मुझे नॉर्थेक्स से बाहर धकेला और औषधालय की तरफ़ दौड़ा ले गए। "अरे जर्मन जानवर, अरे शलजम! अरे मूढ़! तूने सिर्फ़ पहले पन्नों को देखा और बाक़ी बिना देखे छोड़ दिए!"

"लेकिन, गुरुदेव," मैंने हाँफते हुए कहा, "लेकिन पन्नों को तो आपने देखा था जो मैंने आपके सामने पेश किए थे और आपने कहा था कि ये अरबी में हैं ग्रीक में नहीं हैं!"

"सही है, एड्सो, सही है : जानवर मैं हूँ। अब जल्दी करो! भागो!"

हम वापस प्रयोगशाला में गए, लेकिन अन्दर जाने में हमें दिक़्क़त पेश आई, क्योंकि नवदीक्षित शिष्य शव को बाहर ला रहे थे। कौतूहल से भरे दूसरे आगन्तुक कमरे में चक्कर लगा रहे थे। विलियम तेजी से मेज़ तक पहुँचे और ज़िल्दों को पलटने लगे, उस सांघातक ग्रन्थ की तलाश में वे कभी एक के बाद दूसरे ग्रन्थ को वहाँ मौजूद लोगों के सामने ज़मीन पर पटकते, तो कभी उनको दोबारा-तिबारा खोलकर देखते। दुर्भाग्य, अरबी पाण्डुलिपि अब वहाँ पर नहीं थी। मैं उसको उसके पुराने, नाज़ुक और जर्जर ज़िल्द की वजह से याद कर पा रहा था जो धातु के पतले फीतों से बँधी हुई थी।

"कौन आया था यहाँ मेरे जाने के बाद?" विलियम ने एक संन्यासी से पूछा। संन्यासी ने कन्धे उचका दिए : ज़ाहिर था कि वहाँ हर कोई आया था और कोई भी नहीं आया था।

हमने सम्भावनाओं पर विचार करने की कोशिश की। मेलाची? हो सकता था; वह जानता था कि उसे किस चीज़ की ज़रूरत थी, सम्भव था उसने हमारी जासूसी की हो, हमें खाली

हाथ जाते देखा हो और आत्मविश्वास से भरा हुआ वापस आया हो। बेनो? मैंने याद किया कि जब विलियम और मैं उस अरबी पाठ को लेकर मज़ाक कर रहे थे, वह हँसा था। उस वक़्त मुझे लगा था कि वह मेरे अज्ञान पर हँसा था, लेकिन शायद वह विलियम की चतुराई पर हँस रहा था : वह उन विभिन्न छद्म भेषों के बारे में अच्छी तरह से जानता था जिनको पहनकर एक प्राचीन पाण्डुलिपि प्रगट हो सकती थी और शायद उसने वह बात सोची हो जो हम तुरन्त नहीं सोच सके थे किन्तु जिसे हमको सोच सकना चाहिए था–यानी यह कि सेवेरिनॅस अरबी नहीं जानता था और इसलिए अपनी पुस्तकों के बीच एक ऐसी पुस्तक को रखना जिसे वह पढ़ नहीं सकता था, अपने आप में एक विचित्र-सी बात थी। या फिर कोई तीसरा ही व्यक्ति था?

विलियम बहुत गहरे अपमानित महसूस कर रहे थे। मैंने उन्हें सान्त्वना देने की कोशिश की; मैंने उनसे कहा कि पिछले तीन दिनों से वे ग्रीक भाषा के एक पाठ की तलाश कर रहे थे और इसलिए अगर उन्होंने जाँच करते समय ग्रीक भाषा से इतर तमाम पुस्तकों को ख़ारिज़ कर दिया, तो यह स्वाभाविक सी बात थी। और उन्होंने जवाब दिया कि निश्चय ही इनसान से ग़लतियाँ होती हैं, लेकिन कुछ इनसान दूसरों के मुक़ाबले ज़्यादा ग़लतियाँ करते हैं और ऐसे इनसानों को मूर्ख कहा जाता है और वे उनमें से ही एक थे और उन्होंने कहा कि ऐसे व्यक्ति का पेरिस और ऑक्सफ़ोर्ड में पढ़ा होना क्या मानी रखता है अगर वह व्यक्ति यह तक नहीं सोच सकता कि पाण्डुलिपियाँ इकट्ठी एक ज़िल्द में भी बँधी हो सकती हैं, एक ऐसा तथ्य जिससे उन जैसे बेवक़ूफ़ के अलावा नौसिखिये तक वाक़िफ़ होते हैं और यह कि हम जैसे जोकरों की जोड़ी को तो मेलों-ठेलों में खासी कामयाबी मिल सकती थी और वहीं जाकर हमें अपनी क़िस्मत आज़माना चाहिए थी, बजाय रहस्यों को सुलझाने की कोशिश करने के, ख़ास तौर से तब जबकि हमारा सामना ऐसे लोगों से था जो हम से कहीं ज़्यादा चालाक थे।

"लेकिन रोने-धोने से कोई फ़ायदा नहीं है," उन्होंने अपनी बात को ख़त्म करते हुए कहा। "अगर मेलाची उसको ले गया है, तो वह उसको पुस्तकालय में वापस रख चुका है। और वह हमको तभी मिल सकेगी जब हमें यह पता हो कि फ़िनिस आफ्रीका में प्रवेश करने का क्या तरीक़ा है। अगर उसे बेनो ले गया है, तो निश्चय ही वह यह मानकर चला होगा कि आगे-पीछे मेरे मन में फिर से वही शक पैदा होगा जो एक बार हो चुका था और मैं फिर से प्रयोगशाला में वापस लौटूँगा, नहीं तो उसने इतनी जल्दबाज़ी से काम न लिया होता। और इसलिए तय है कि वह कहीं पर छुपा होगा और जिस एक जगह पर वह निश्चित तौर पर नहीं छुपा होगा, जहाँ पर हम उसे तुरन्त खोजना चाहेंगे, वह जगह होगी उसकी कोठरी। इसलिए हम सभागार में चलते हैं और देखते हैं कि पूछताछ के दौरान भण्डारी कोई काम की बात कहता है कि नहीं। क्योंकि, सब कुछ के बावजूद मेरे मन में बर्नार्ड की योजना स्पष्ट नहीं है; वह सेवेरिनॅस की मौत के पहले से अपने आदमी की तलाश में था और वह भी बिल्कुल अलग कारणों से।"

हम वापस सभागार में पहुँचे। बेहतर होता कि हम बेनो की कोठरी में गए होते, क्योंकि, जैसा कि हमें बाद में पता चलना था, हमारे युवा दोस्त के मन में विलियम के बारे में इतनी ऊँची धारणा नहीं थी और उसने यह नहीं सोचा था कि विलियम इतनी जल्दी प्रयोगशाला

में वापस जा सकते थे; इसलिए उस ओर से निश्चिन्त होकर वह पुस्तक को छुपाने के लिए सीधा अपनी कोठरी में गया था।

लेकिन इसके बारे में मैं बाद में बताऊँगा। इस बीच ऐसी नाटकीय और चिन्ताजनक घटनाएँ घटी थीं कि किसी के लिए भी उस रहस्यमय पुस्तक के बारे में भूल जाना मुमकिन था। और हालाँकि हम उसे नहीं भूले थे, लेकिन हमें कुछ दूसरे ज़रूरी कामों में व्यस्त हो जाना पड़ा था, जिनका ताल्लुक विलियम के उस मिशन से था जिसे, सब कुछ के बावजूद, पूरा करने की उनसे अपेक्षा थी।

अपराह्नकालीन उपासना

जिसमें इंसाफ़ की पैमाइश होती है और यह मुश्किल में डालनेवाली धारणा बनती है कि हर कोई ग़लत है।

सभागार में अखरोट की विशाल मेज़ के बीचों-बीच बर्नार्ड गुई ने अपना आसन सँभाला। उसकी बग़ल में एक डोमिनीशियाई नोटरी की भूमिका में था और उसके दोनों तरफ़ पोप के प्रतिनिधिमण्डल के दो धर्माध्यक्ष न्यायाधीशों की भूमिका निभा रहे थे। भण्डारी, दो धनुर्धारियों के बीच, मेज़ के सामने खड़ा था।

मठाधीश विलियम की ओर मुड़ा और फुसफुसाते हुए बोला : "मैं नहीं जानता कि यह तरीक़ा वैधानिक भी है कि नहीं। 1215 की लेटेरन कौंसिल ने अपने सैंतीसवें धर्मदिश में फ़र्मान जारी किया था कि किसी व्यक्ति को ऐसे न्यायाधीशों के सामने पेश होने के लिए तलब नहीं किया जा सकता जिनका आसन उसके निवास से दो दिनों से ज़्यादा की दूरी पर स्थित हो। यहाँ स्थिति शायद कुछ अलग है; यहाँ न्यायाधीश हैं जो लम्बी दूरी से आए हैं, लेकिन...."

"धर्मपरीक्षक सारे सामान्य दायरों से आज़ाद होता है," विलियम ने कहा "और उसके लिए उस विधि की मर्यादाओं का पालन करना ज़रूरी नहीं होता जो चलन में होती है। उसे एक ख़ास विशेषाधिकार प्राप्त होता है और वह वकीलों तक की बात सुनने के लिए मजबूर नहीं होता।"

मैंने भण्डारी की ओर देखा। रेमीजियो की दशा बहुत बुरी थी। वह किसी सहमे हुए जानवर-सा यहाँ-वहाँ देख रहा था, मानो वह किसी ऐसे सार्वजनिक पूजा-स्थल की गतिविधियों को देख रहा हो जिनसे उसे भय लगता हो। अब मैं जानता था कि वह दो वजहों से डरा हुआ था, जो दोनों ही भयानक थीं : पहली यह कि वह ज़ाहिर तौर पर एक संगीन जुर्म के लिए पकड़ा गया था और दूसरी यह कि एक दिन पहले जब बर्नार्ड ने अफ़वाहों और आक्षेपों को इकट्ठा करते हुए अपनी जाँच शुरू की थी, तो रेमेजियो इस बात को लेकर पहले से ही डरा हुआ था कि उसके अतीत पर रोशनी पड़ सकती थी और उसका खटका तब और बढ़ गया था जब उसने उन लोगों के हाथों सल्वाटोर को गिरफ़्तार होते देख लिया था।

अगर अभागा रेमीजियो अपने भय की गिरफ़्त में था, तो बर्नार्ड गुई अपने शिकार के भय को आतंक में बदलना जानता था। बह बोला नहीं : जब सारे लोग उससे उम्मीद कर रहे थे कि वह पूछताछ शुरू करता, वह अपने सामने रखे काग़ज़ों को सिलसिलेवार ढंग से जमाने का बहाना करते हुए उनपर अपने हाथ धरे खोया हुआ सा बैठा रहा। उसकी नज़र वाक़ई आरोपी पर जमी हुई थी और वह ऐसी नज़र थी जिसमें धूर्ततापूर्ण कृपा का भाव (जैसे कहना चाहता हो कि डरो मत, तुम अपने भाई-बन्धुओं की सभा में हो जो तुम्हारा सिर्फ़ भला ही चाह सकती है) उदासीन व्यंग्य के भाव (जैसे कहना चाहता हो कि लेकिन जो भी हो, यहाँ पर मैं तुम्हारा न्यायाधीश हूँ और तुम मेरी ताक़त के अधीन हो) से मिला हुआ था। वे सारी बातें जो भण्डारी पहले से ही जानता था, लेकिन जिनको जज की चुप्पी और देरी के चलते वह कुछ इस तरह और भी गहरे महसूस कर रहा था कि जितना ही ज़्यादा वह अपमानित होता गया, उतनी ही उसकी घबराहट बजाय उसे ढीला करने के अवसाद में बदलती गई और वह पिघले हुए मोम की माफ़िक पूरी तरह से जज के सुपुर्द होता गया।

आख़िरकार बर्नार्ड ने चुप्पी तोड़ी। उसने कुछ दस्तूरी फार्मूले दोहराए, जजों से कहा कि वे उन दो एक-से जघन्य गुनाहों के लिए प्रतिवादी की जाँच-पड़ताल शुरू करेंगे, जिनमें से एक के बारे में सभी जानते थे लेकिन जो दूसरे के मुकाबले कहीं ज़्यादा खेदजनक था, क्योंकि प्रतिवादी को जिस वक़्त हत्या के कृत्य में रँगे हाथों पकड़ा गया था उस वक़्त उसकी तलाश धर्मद्रोह के गुनाह के लिए की जा रही थी।

बात कही जा चुकी थी। भण्डारी ने अपना चेहरा हाथों से ढँक लिया–हाथ जिन्हें वह बमुश्किल हिला पा रहा था क्योंकि वे ज़ंजीरों से बँधे हुए थे। बर्नार्ड ने सवाल पूछना शुरू किया।

"तू कौन है?" उसने पूछा।

"रेमीजियो ऑव वेराजाइन। मेरा जन्म बावन बरस पहले हुआ था और बचपन में ही मैंने वेराजाइन में माइनोराइटों की कॉन्वेण्ट में दाखिला ले लिया था।

"फिर तू सन्त बेनेडिक्ट के संघ में कैसे पाया गया?"

"वर्षो पहले, जब पोप ने पवित्र रोमन (चर्च)"** नामक फ़तवा ज़ारी किया था, मैं क्योंकि फ्रेटीसेली के धर्मद्रोह की छूत लगने को लेकर डरा हुआ था... हालाँकि मैंने कभी भी उनके विचारों में साझा नहीं किया था... मैंने सोचा कि मेरी पापी आत्मा के लिए एक ऐसे माहौल से भाग जाना ही बेहतर था जो बहकावों से भरा हुआ था और दरख़्वास्त पेश की और इस मठ के संन्यासियों में मुझे शामिल कर लिया गया, जहाँ आठ बरस से भी ज़्यादा समय से मैंने भण्डारी के रूप में अपनी सेवाएँ दी हैं।"

"तो तू धर्मद्रोह के प्रलोभनों से भागा था," बर्नार्ड ने मज़ाक उड़ाया, "या फिर, तू उन लोगों की तह्क़ीक़ात से भागा था जिन्होंने धर्मद्रोह का पता लगाकर उसे जड़ से उखाड़ फेंकने का निश्चय कर लिया था और इन भले क्यूनियाक संन्यासियों को लगा कि वे तेरी और तुझ जैसों की अगवानी करते हुए पुण्य का काम कर रहे थे। लेकिन आत्मा के भीतर से विधर्मिता की कालिख को पोंछने के लिए अपनी आदत को बदल लेना भर काफ़ी नहीं होता और इसलिए अब हम यह जानना चाहते हैं कि तेरी क्रूर आत्मा के कोटरों में क्या कुछ छुपा हुआ है और इस तीर्थ-स्थान पर आने के पहले तूने क्या-क्या किया है।"

"मेरी आत्मा निर्दोष है और मैं नहीं जानता कि विधर्मिता की कालिख जैसी बात कहते हुए आप क्या कहना चाहते हैं," भण्डारी ने चौकन्ना होते हुए कहा।

"देखा आपने?" बर्नार्ड दूसरे न्यायाधीशों से मुख़ातिब होते हुए चीख़ा। "ये सब के सब एक जैसे होते हैं! जब इनमें से कोई गिरफ़्तार होता है, तो वह कुछ इस तरह से फ़ैसले का सामना करता है जैसे उसका मन स्थिर और पश्चाताप से मुक्त हो। और उन्हें इस बात की ख़बर नहीं होती कि यही उनकी अपराध-भावना का सबसे ज़्यादा स्पष्ट संकेत होता है, क्योंकि एक नेक इनसान जब इम्तिहान से गुज़रता है, तो वह बेचैन होता है! इससे पूछिए कि क्या ये जानता है कि मैंने इसे गिरफ़्तार करने का हुक्म क्यों दिया था। क्या तू जानता है रेमीजियो?"

"माई लार्ड," भण्डारी ने जवाब दिया, "मुझे आपकी ज़ुबान से यह जानकर खुशी होगी।"

मैं चकित था, क्योंकि मुझे लगा कि भण्डारी दस्तूरी सवालों का उतने ही दस्तूरी शब्दों में जवाब दे रहा था, मानो तहक़ीक़ात के उसूलों और उसके गड्ढों को वह अच्छी तरह से समझता हो और इस क़िस्म की होनी का सामना करने की तैयारी वह लम्बे समय से करता रहा हो।

"ये," बर्नार्ड चीखा, "एक क्रूर धर्मद्रोही हमेशा ऐसा ही जवाब देता है! वे लोमड़ियों की तरह अपनी पूँछें छुपाए रहते हैं और इन्हें पकड़ पाना बहुत मुश्किल होता है, क्योंकि इनके विश्वास इन्हें झूठ बोलने का हक़ देते हैं ताकि वे मुनासिब सज़ा से बच कर निकल सकें। ये उलझावों से भरे जवाब दोहराते हुए उस धर्मपरीक्षक को फाँसने की कोशिश करते हैं, जिसे इस तरह के घृणित लोगों को पहले से ही बर्दाश्त करना पड़ रहा होता है। तो, रेमीजियो, तेरा कहना है कि तथाकथित फ्रेटीसेली या निर्धन जीवन में विश्वास रखने वाले भिक्षुओं से, या बेगहार्डों से तेरा कभी कोई ताल्लुक नहीं रहा?"

"जिन दिनों निर्धनता के बारे में लम्बी बहस चल रही थी, उस दौरान मैंने माइनोराइटों के भाग्य के फेर को ज़रूर महसूस किया था, लेकिन बेगहार्डों के पन्थ का सदस्य मैं कभी भी नहीं रहा!"

"देखा?" बर्नार्ड ने कहा। "वह बेगहार्ड होने तक से इन्कार कर रहा है, क्योंकि बावजूद इसके कि बेगहार्ड फ्रेटीसेली की विधर्मिता में साझा करते हैं, वे फ्रेटीसेली को फ्रांसिस्कन संघ की एक शाखा मानते हैं और अपने आपको उनके मुक़ाबले कहीं ज़्यादा खालिस और बेदाग़ मानते हैं। लेकिन एक समूह का ज़्यादातर रवैया दूसरे समूहों के रवैये जैसा ही है। रेमीजियो, क्या तू इस बात से इन्कार कर सकता है कि तुझे चर्च में दूसरे लोगों की तरह हाथ बाँधकर घुटनों पर झुके होने की बजाय, दीवार से अपना चेहरा सटाये हुए, या अपने सिर पर टोपा पहनकर साष्टांग प्रणाम करते हुए देखा गया है?"

"सन्त बेनेडिक्ट के संघ में भी संन्यासी उचित अवसरों पर साष्टांग प्रणाम करते हैं...।"

"मैं तुझसे यह नहीं पूछ रहा हूँ कि तूने उचित अवसर पर क्या किया, मैं यह पूछ रहा हूँ कि तूने अनुचित अवसरों पर क्या किया है! इसलिए इस बात से इन्कार मत कर कि तू बेगहार्डों की ख़ास क़िस्म के रंगढंग अपनाता रहा है! लेकिन तेरा कहना है कि तू बेगहार्ड नहीं है।... फिर तू ही बता : तू किस चीज़ में विश्वास रखता है?"

''माई लॉर्ड, मैं उस हर चीज़ में विश्वास रखता हूँ जिसमें एक नेक ईसाई को रखना चाहिए...।''

''धर्मसंगत जवाब! और एक नेक ईसाई किस चीज़ में विश्वास रखता है?''

''उस चीज़ में जिसकी शिक्षा पवित्र चर्च देती है।''

''और कौन-सी पवित्र चर्च? वह जिसे ख़ुद को बेदाग़ माननेवाले उपासक, ईसा के छद्म शिष्य, विधर्मी फ्रेटीसेली, पवित्र चर्च कहते हैं, या वह चर्च जिसकी तुलना वे बेबिलॉन की वेश्या से करते हैं और जिसमें हम सब भक्तिपूर्वक विश्वास करते हैं?''

''माई लॉर्ड,'' भण्डार-रक्षक ने हैरानी प्रगट करते हुए कहा, ''आप बताइए कि आप सच्ची चर्च किसे मानते हैं...?''

''मैं मानता हूँ कि वह रोमन चर्च है, एकमात्र, पवित्र और धर्मसम्मत, पोप और उनके बिशपों द्वारा शासित।''

''मैं भी उसी में विश्वास करता हूँ,'' भण्डारी ने कहा।

''क़ाबिले तारीफ़ चालाकी!'' धर्मपरीक्षक चीख़ा। निहायत ही क़ाबिले तारीफ़ वक्तृता** ! आप सबने सुना ये क्या कहता है : ये कहना चाहता है कि इसका विश्वास है कि मैं इस चर्च में विश्वास करता हूँ और ये जिस चीज़ में विश्वास करता है उसे बताने की ज़रूरत को टालना चाहता है! लेकिन इन लकड़बग्गा चालों को हम खूब समझते हैं! हम मुद्दे पर आते हैं। क्या तू विश्वास करता है कि धार्मिक संस्कारों (सेक्रामेण्ट्स) की स्थापना हमारे प्रभु ने की थी, कि सच्चे पश्चाताप के लिए तुझे ईश्वर के दासों के समक्ष पाप-स्वीकार करना ज़रूरी है, कि रोमन चर्च में इस धरती की उन चीज़ों को मुक्त करने और बाँधने की शक्ति निहित है जिन्हें स्वर्ग में मुक्त किया जाएगा और बाँधा जाएगा?''

''क्या मुझे इन बातों में विश्वास नहीं करना चाहिए?''

''मैंने यह नहीं पूछा कि तुझे किस चीज़ पर विश्वास करना चाहिए, मैंने यह पूछा है कि तू किस चीज़ में विश्वास करता है!''

''मैं उस हर चीज़ में विश्वास करता हूँ जिनमें आप और दूसरे नेक आचार्य विश्वास करने का हुक्म देते हैं,'' सहमे हुए भण्डारी ने कहा।

''आह, लेकिन जिन नेक आचार्यों की बात तू कर रहा है, क्या ये वही नहीं हैं जो तेरे पन्थ को हुक्म देते हैं? नेक आचार्यों से तेरा मन्तव्य क्या यही है? क्या यही वे भ्रष्ट झूठे लोग हैं जिनके क़दमों पर चलते हुए तू अपनी धार्मिक आस्था को ज़ाहिर करता है? तू दरअसल ये कहना चाहता है कि अगर मैं उस चीज़ में विश्वास करता हूँ जिसमें वे विश्वास करते हैं, तभी तू मुझ में विश्वास करेगा; नहीं तो तू सिर्फ़ उन्हीं लोगों में विश्वास करेगा!''

''मैंने यह नहीं कहा, माई लॉर्ड,'' भण्डारी हकलाया। ''आप मुझसे ऐसा कहलवाना चाह रहे हैं। अगर आप मुझे सच्चाई की शिक्षा देते हैं, तो मैं आप में विश्वास करूँगा।''

''ओह, क्या बेशर्मी है!'' बर्नार्ड मेज़ पर हाथ पटकते हुए चिल्लाया। ''तू अपनी याददाश्त के सहारे भयानक अश्लील तरीक़े से उन फार्मूलों को दोहरा रहा है जो तेरे पन्थ में सिखाये जाते हैं। तू कहता है कि अगर मैं उन बातों का प्रचार करूँ जिन्हें तेरा पन्थ शुभ मानता है, तो तू मुझ में विश्वास करेगा। ईसा के छद्म अनुयायी हमेशा से ऐसे ही जवाब देते आए हैं और तुझे शायद अहसास नहीं है कि तू भी आज वही जवाब दे रहा है, क्योंकि

तेरी ज़ुबान से एक बार फिर वही शब्द बाहर आ रहे हैं जो तुझे किसी समय धर्मपरीक्षकों को धोखा देने के लिए सिखाये गए थे। और इसलिए तू अपने शब्दों से खुद को ही आरोप के घेरे में ला रहा है और अगर मुझको धर्मपरीक्षण का इतना लम्बा तजुरबा न होता तो ही मैं तेरे जाल में फँस सकता था...। लेकिन, गिरे हुए इनसान, चल, हम असल सवाल पर लौटते हैं! क्या तूने गेरार्डो सेगारेली ऑव पार्मा के बारे में कभी सुना है?"

"मैंने लोगों को उसकी चर्चा करते सुना है," भण्डारी ने कहा; उसका चेहरा पीला पड़ गया था, बशर्ते कि उस नष्ट हो चुके चेहरे के पीलेपन के बारे में अब भी बात की जा सके तो।

"क्या तूने फ्रा डोल्सिनो ऑव नोवारा के बारे में कभी सुना है?"

"मैंने लोगों को उसकी चर्चा करते सुना है।"

"क्या तू उससे व्यक्तिगत तौर पर कभी मिला है और उससे बातचीत की है?"

भण्डारी कुछ पल ख़ामोश रहा, जैसे वह तौल रहा हो कि उसे सच बोलने की दिशा में किस हद तक जाना मुनासिब होगा। फिर उसने अपना मन बनाया और बुझी हुई सी आवाज़ में बोला, "मैं उससे मिला हूँ और उससे बात भी की है।"

"ज़ोर से बोल!" बर्नार्ड चीखा। " ताकि तेरी ज़ुबान से आख़िरकार फ़िसल कर निकला सच्चाई का एक शब्द सुना जा सके! तूने उससे कब बात की थी?"

"माई लॉर्ड," भण्डारी ने कहा, "मैं नोवारा के क़रीब एक कॉन्वेण्ट में संन्यासी था जब डोल्सिनो के लोग उस इलाक़े में इकट्ठे हुए थे और वे मेरे कॉन्वेण्ट से आगे भी गए थे और शुरू में तो किसी को साफ़ तौर पर यह भी जानकारी नहीं थी कि वे कौन थे...।"

"तू झूठ बोलता है! वेराजाइन का एक फ्रांसिस्कन नोवारा इलाक़े के किसी कॉन्वेण्ट में कैसे हो सकता था? तू कॉन्वेण्ट में नहीं था, तू पहले से ही फ्रेटीसेली की उस मण्डली का एक सदस्य था जो उन इलाकों में घूम रहे थे और भीख माँग कर अपना जीवन चला रहे थे और उसके बाद तू डोल्सियनों के साथ हो गया!"

"आप इस तरह का दावा कैसे कर सकते हैं, सर?" भण्डारी ने सिहरते हुए कहा।

"मैं तुझे बताऊँगा कि कैसे, सचमुच मुझे दावा करना चाहिए," बर्नार्ड ने कहा और उसने सल्वाटोर को अन्दर लाने का आदेश दिया।

इस दुरात्मा की दशा देखकर मेरा मन दया से भर उठा, जिसने निश्चय ही पिछली रात अपनी एक ऐसी तहक़ीक़ात के अधीन गुज़ारी थी, जो इस क़िस्म की सार्वजनिक तहक़ीक़ात नहीं थी और जो इसके मुक़ाबले कहीं ज़्यादा सख़्त थी। सल्वाटोर का चेहरा वैसे भी डरावना हुआ करता था, जैसा कि मैं आपको बता चुका हूँ, लेकिन उस सुबह वह और दिनों के मुक़ाबले कुछ ज़्यादा ही जानवर लग रहा था। और हालाँकि उस पर किसी हिंसा का निशान नहीं था, लेकिन ज़ंजीरों से जकड़े हुए उसके शरीर की हरकत, उसके ढीले-ढाले अंग, चल पाने में भी उसका क़रीब-क़रीब लाचार होना, धनुर्धारियों द्वारा उसको रस्सी से बँधे किसी बन्दर की तरह घसीटकर लाया जाना, ये तमाम चीज़ें साफ़-साफ़ बयान कर रही थीं कि उसकी भीषण तहक़ीक़ात किस तरह चली थी।

"बर्नार्ड ने उसको यातना दी है..." मैंने फुसफुसाते हुए विलियम से कहा।

"क़तई नहीं," विलियम ने जवाब दिया। "एक धर्मपरीक्षक कभी भी यातना नहीं देता। प्रतिवादी के शरीर को हमेशा सेक्युलर लोगों की कस्टडी में सौंपा जाता है।"

"लेकिन बात तो एक ही हुई!" मैंने कहा।

"बिल्कुल नहीं। उस धर्मपरीक्षक के लिए यह एक ही बात नहीं है, जिसके हाथ हमेशा साफ़ बने रहते हैं, या उस अभियुक्त के लिए, जो धर्मपरीक्षक के आने पर उसमें सहसा एक सम्बल देखने लगता है, अपनी यातनाओं से एक राहत और उसके समक्ष अपना दिल खोल कर रख देता है।"

मैंने अपने गुरुदेव की ओर देखा। "आप मज़ाक़ कर रहे हैं," मैंने चकराते हुए कहा।

"क्या ये चीज़ें मज़ाक़ के क़ाबिल लगती हैं?" विलियम ने जवाब दिया।

बर्नार्ड अब सल्वाटोर से सवाल कर रहा था और मेरी क़लम उस इनसान के टूटे हुए शब्दों को दर्ज़ करने में असमर्थ है—काश कि यह सम्भव हो पाता, जवाब देते हुए उसके शब्द दूसरे मौकों के मुक़ाबले कहीं ज़्यादा आपस में गुँथे हुए थे, ख़ुद ब ख़ुद बाहर आते और किसी बन्दर के हलक़ से फूटते हुए से, जिन्हें सारे लोग बमुश्किल ही समझ पा रहे थे। कोई भी झूठ बोलने में असमर्थ सल्वाटोर पूरी तरह से बर्नार्ड के क़ाबू में था, जो उससे कुछ इस तरह सवाल पूछ रहा था कि वह हाँ या नहीं में ही जवाब दे सकता था। और सल्वाटोर ने जो भी कहा, मेरे पाठक उसकी कल्पना आसानी से कर सकते हैं। उसने उसी कहानी का एक हिस्सा सुनाया, या उसकी ताईद की, जो उसने उस रात सुनाई थी—वही कहानी जिसके टुकड़ों को जोड़कर मैं पहले ही आपके सामने रख चुका हूँ : फ्रेटीसेलो, गड़रिये और छद्म अनुयायी के रूप में उसकी भटकन और यह कि फ्रा डोल्सिनो के समय में वह किस तरह डोल्सीनियनों के बीच रेमेजियो से मिला और मोण्टे रेबेलो की लड़ाई के वक़्त उसके साथ भागा और बहुत-से उतार-चढ़ावों के बाद उसने कासाले के कॉन्वेण्ट में शरण ली। फिर उसने यह भी बताया कि अपनी पराजय और गिरफ़्तारी के नज़दीक आ जाने पर विधर्मियों के नेता डोल्सिनो ने रेमेजियो को कुछ ख़त सौंपे थे जो उसको कहाँ या किसके लिए देने थे इसकी जानकारी उसे नहीं थी। और रेमेजियो उन ख़तों को बताए गए ठिकाने या व्यक्ति तक पहुँचाने का साहस किए बग़ैर हमेशा अपने पास रखे रहा और इस मठ में पहुँचने पर वह उन ख़तों को अपने पास रखे रहने से डर भी रहा था लेकिन उनको नष्ट भी नहीं करना चाहता था, इसलिए उसने वे ख़त लाइब्रेरियन के, जी हाँ, मेलाची के, सुपुर्द कर दिए, जिससे आग्रह किया गया था कि वह उनको इडीफ़ीसियम की किसी खोह में छुपा कर रख दे।

जब सल्वाटोर यह सब कह रहा था, तो भण्डारी उसकी ओर नफ़रत से देख रहा था और एक वक़्त आया जब वह अपने को चीख़ने से नहीं रोक सका, "साँप, लम्पट वानर, मैं तेरा फ़ादर और बन्धु था, मैंने तुझे पनाह दी और तू मुझे इसका यह सिला दे रहा है!"

सल्वाटोर ने, अपनी रक्षा चाहते हुए, अपने रक्षक की ओर देखा और बड़ी मुश्किल से जवाब देते हुए बोला, "लॉर्ड रेमेजियो, जब तक सम्भव था, मैं आपका आदमी था। और आप मेरे लिए बहुत प्रिय** थे। लेकिन आप चीफ़ कॉन्स्टेबिल के परिवार को जानते हैं। जिस इनसान के पास घोड़ा नहीं होता वह पैदल ही चलता है...।"**

"सिरफिरे इनसान!" रेमेजियो उस पर फिर से चिल्लाया। "क्या तू अपने को बचा ले जाने की उम्मीद कर रहा है? तू भी एक विधर्मी की मौत मरेगा, जानता है तू? बता कि तूने जो कुछ भी कहा है, वह तुझसे यातनाएँ देकर कहलवाया गया है; बोल कि यह सब तेरी मनगढ़न्त कहानी है!"

"मैं क्या जानूँ, प्रभु कि ये सारी विधर्मिताएँ क्या कहलाती हैं...। पेटारीनी, गज़ेसी, लियानिस्ते, आर्नाल्डिस्टे स्पेरोनिस्टे, सिर्कोन्सीसी...मैं पढ़ा-लिखा नहीं हूँ। मैंने जो भी पाप किए हैं उनके पीछे कोई बुरी मंशा नहीं थी और बर्नार्ड महाशय, यह सब जानते हैं और मुझे उम्मीद है कि वे होली फ़ादर, सन और होली घोस्ट के नाम पर मुझ पर रहम करेंगे..."

"हम तुझ पर उतना ही रहम करेंगे जितने की गुंजाइश हमारी धर्मसभा हमें देती है," धर्मपरीक्षक ने कहा, "और जिस भलमनसाहत के साथ तूने अपनी आत्मा को हमारे सामने खोलकर रखा है, उसका हम पितृवत उदारता के साथ ख़याल रखेंगे। अब तू जा, जा अपनी कोठरी में और ध्यान कर और प्रभु की दया पर भरोसा रख। अब हमें एक निहायत अलग महत्ता रखनेवाले सवाल पर बहस करना ज़रूरी है। अच्छा, तो, रेमेजियो तेरे पास डोल्सिनो के ख़त थे और वे ख़त तूने अपने उस बन्धु संन्यासी को दिए थे जो पुस्तकालय की ज़िम्मेदारी सम्हालता है...।"

"यह सच नहीं है, सच नहीं है!" भण्डारी चीख़ा, मानो उसकी यह गुहार अब भी कारगर हो सकती थी। और, उचित ही था कि बर्नार्ड ने उसको टोका : "लेकिन इसके सही या ग़लत होने की ताईद तुझे नहीं करनी है : इसकी ताईद तो मेलाची ऑव हिल्डेस्हेम करेगा।"

उसने मेलाची को बुला रखा था, लेकिन वहाँ मौजूद लोगों में मेलाची था नहीं। मैं जानता था कि वह या तो स्क्रिप्टोरियम में था या औषधालय के आस-पास कहीं था, बेनो और पुस्तक की तलाश में। वे उसको लिवाने के लिए गए और जब वह नमूदार हुआ, परेशान और लोगों से निगाहें चुराता हुआ, तो विलियम परेशान होते हुए बुदबुदाए, "और अब बेनो आज़ाद होकर जो चाहे कर सकता है।" लेकिन वे ग़लत थे, क्योंकि मैंने देखा कि बेनो का चेहरा तह्क़ीक़ात का जायज़ा लेने के लिए सभागार के दरवाज़े के इर्द-गिर्द भीड़ लगाए खड़े संन्यासियों के कन्धों के पीछे से झाँक रहा था। मैंने विलियम का ध्यान उसकी ओर खींचा। हम सोचते थे कि उस घटनाचक्र को जानने की बेनो की उत्सुकता पुस्तक के बारे में जानने की उसकी उत्सुकता के मुक़ाबले कहीं ज़्यादा तगड़ी थी। बाद में हमने जाना कि तब तक वह अपना ओछा सौदा तय कर चुका था।

मेलाची न्यायाधीशों के सामने हाज़िर हुआ। उसने अपनी नज़रें भण्डारी की नज़रों से एक भी बार नहीं मिलने दीं।

"मेलाची," बर्नार्ड ने कहा, "सल्वाटोर के रात के इक़्बालिया बयान के बाद आज सुबह मैंने तुमसे पूछा था कि क्या तुमने यहाँ मौजूद प्रतिवादी से कोई ख़त प्राप्त किए थे...।"

"मेलाची!" भण्डारी चिल्लाया। "तुमने क़सम खाई थी कि तुम ऐसा कुछ भी नहीं करोगे जिससे मुझे कोई नुक़्सान पहुँचे!"

मेलाची प्रतिवादी की तरफ़ थोड़ा-सा मुड़ा, जिसकी तरफ़ अब तक उसकी पीठ थी और धीमी सी आवाज़ में बोला, इतनी धीमी कि मैं बमुश्किल ही सुन सका, "मैंने झूठी क़सम नहीं खाई थी। अगर मैंने तुम्हें नुक़्सान पहुँचाने जैसा कुछ किया हो सकता था, तो वह पहले ही किया जा चुका था। वे ख़त, तुम्हारे द्वारा सेवेरिनॅस की हत्या किए जाने के पहले, आज सुबह ही बर्नार्ड को सौंप दिए गए थे...।"

"लेकिन तुम जानते हो, तुम निश्चित तौर पर जानते हो, कि मैंने सेवेरिनॅस की हत्या नहीं की है। तुम जानते हो क्योंकि तुम मुझसे पहले वहाँ मौजूद थे!"

"मैं?" मेलाची ने पूछा। "मैं तो वहाँ तब पहुँचा था जब लोग तुम्हें पकड़ चुके थे।"

"जो भी हो," बर्नार्ड ने बात काटी, "तू यह बता रेमेजियो कि सेवेरिनॅस की प्रयोगशाला में तू किस चीज़ की तलाश कर रहा था?"

भण्डारी चकराई हुई नज़रों के साथ पहले विलियम की ओर मुड़ा, फिर उसने मेलाची को देखा और फिर बर्नार्ड की ओर देखने लगा। "लेकिन आज सुबह मैंने...मैंने यहाँ मौजूद ब्रॅदर विलियम को सेवेरिनॅस से किन्हीं ख़ास दस्तावेज़ों पर निगरानी रखने के लिए कहते हुए सुना था...और कल रात से ही, जब से सल्वाटोर पकड़ा गया था, मैं उन ख़तों को लेकर डरा हुआ था–"

"यानी तू उन ख़तों के बारे में कुछ जानता है!" बर्नार्ड विजय के स्वर में चीख़ा। अब भण्डारी फँस चुका था। वह दो लाचारियों के बीच फँसा हुआ था : एक तरफ़ ख़ुद को विधर्मिता के आरोप से बरी करवाना और दूसरी तरफ़ अपने सिर पर मँडराते हत्या के आरोप का खण्डन करना। निश्चय ही उसने इस दूसरे इल्ज़ाम का मुक़ाबला करने का फ़ैसला किया होगा–किसी दैवी प्रेरणा से, क्योंकि अब तक वह किसी नियम का पालन न करते हुए और बिना किसी मशविरे के व्यवहार कर रहा था। "ख़तों के बारे में मैं बाद में बात करूँगा। ...मैं इस बात की कैफ़ियत दूँगा....मैं बताऊँगा कि वे किस तरह से मेरे पास आए थे। ...लेकिन मुझे यह बताने की इजाज़त दें कि आज सुबह क्या हुआ था। जब मैंने सल्वाटोर को लॉर्ड बर्नार्ड के हाथ में पड़ते देखा, तो मुझे लगा कि उन खतों के बारे में बात हो सकती है; वर्षों से उन ख़तों की याद मेरे मन को सता रही है...। फिर जब मैंने विलियम और सेवेरिनॅस को किन्हीं दस्तावेज़ों के बारे में बात करते सुना तो...मैं बता नहीं सकता. ...डर के मारे मैंने सोचा कि मेलाची ने उन ख़तों से छुटकारा पाने के लिए उन्हें सेवेरिनॅस को सौंप दिया है...। दरवाज़ा खुला हुआ था और सेवेरिनॅस पहले ही मर चुका था, सो मैं उसकी चीज़ों के बीच उन ख़तों को तलाशने लगा...मुझे सिर्फ़ इस बात का डर था...।"

विलियम मेरे कानों में फुसफुसाए, "बेचारा मूरख, एक ख़तरे से डर कर वह दूसरे में सिर के बल जा गिरा...।"

"चलो मान लेते हैं कि तू क़रीब-क़रीब–मैंने कहा, क़रीब-क़रीब–सच बोल रहा है," बर्नार्ड ने उसकी बात काटते हुए कहा। "तूने सोचा कि सेवेरिनॅस के पास ख़त हैं और तूने उसकी प्रयोगशाला में उनकी तलाश की। लेकिन तुझे यह क्यों लगा कि वे उसके पास थे? कहीं ऐसा तो नहीं कि तुझे लगा हो कि वे ख़त कुछ समय से कई हाथों से होकर गुज़र रहे थे? कहीं ऐसा तो नहीं कि विधर्मियों की निशानियों को इकट्ठा करना इस मठ का रिवाज़ हो?"

मैंने मठाधाधीश को बेचैन होते हुए देखा। विधर्मियों की निशानियाँ एकत्र करने के आरोप से ज़्यादा बड़ा विश्वासघात और दूसरा नहीं हो सकता था और हत्याओं को विधर्मिता से, तथा हर किसी चीज़ को मठ के जीवन से जोड़कर देखते हुए बर्नार्ड बेहद धूर्तता से काम ले रहा था। मैं यह सब सोच ही रहा था कि भण्डारी की बात ने मेरा ध्यान खीचा, जो चिल्ला-चिल्ला कर कह रहा था कि दूसरे जुर्मो से उसका कोई ताल्लुक नहीं है। बर्नार्ड ने दया दिखाते हुए उसे शान्त किया : उसने कहा कि बातचीत का मसला, फ़िलहाल, यह नहीं है, रेमेजियो से उसकी विधर्मिता के ज़ुर्म के लिए पूछताछ की जा रही है और यह

ठीक नहीं होगा कि (और यह कहते हुए बर्नार्ड का स्वर सख़्त हो उठा) सेवेरिनॅस की बात कर या मेलाची पर शक करने की कोशिश कर रेमेजियो के विधर्मितापूर्ण अतीत से ध्यान हटाया जाए। इसलिए उचित होगा कि ख़तों पर वापस आया जाए।

"मेलाची ऑव हिल्डेशीम," गवाह से मुख़ातिब होते हुए उसने कहा। "तुम यहाँ प्रतिवादी की भूमिका में नहीं हो। आज सुबह तुमने कोई भी बात छुपाने की कोशिश किए बग़ैर मेरे सवालों और गुज़ारिशों के जवाब दिए थे। अब तुम वे सारी बातें दोहराओगे जो सुबह तुमने मुझसे कही थीं और इसमें किसी से भी डरने की ज़रूरत नहीं है।"

"मैंने जो कुछ भी सुबह कहा था, उसको दोहराता हूँ," मेलाची ने कहा। "रेमेजियो जब यहाँ आया, तो उसके कुछ ही दिनों बाद उसने रसोई का काम सम्हालना शुरू कर दिया और इसके बाद हम अपनी ज़िम्मेदारियों के चलते अक्सर मिलते रहे–लाइब्रेरियन होने के नाते रात के वक़्त पूरे इडीफ़ीसियम को और इसलिए रसोई को भी बन्द करने की मेरी ज़िम्मेदारी बनती है। मैं इस बात से इन्कार करने की कोई वजह नहीं देखता कि हम क़रीबी दोस्त बन गए, न ही इस आदमी पर शक करने की कोई वजह मेरे पास थी। उसने मुझसे कहा कि उसके पास, किसी व्यक्ति द्वारा अपनी पाप स्वीकार के दौरान सौंपे गए, गोपनीय क़िस्म के कुछ दस्तावेज़ हैं, जिनको किन्हीं अपवित्र हाथों में नहीं पड़ना चाहिए और जिनको अपने पास रखने का साहस भी उसमें नहीं है। चूँकि इस मठ की तमाम दूसरे लोगों के लिए निषिद्ध एकमात्र जगह की देखरेख मेरे ज़िम्मे है, इसने मुझसे इसरार किया कि मैं उन दस्तावेज़ों को दूसरे लोगों की निगाह से बचाकर अपने पास रखूँ और मैं इसके लिए राज़ी हो गया, बिना इस बात का सन्देह किए कि ये दस्तावेज़ धर्मद्रोही प्रकृति के हो सकते हैं, न ही उनको रखते हुए मैंने उनको पढ़ा ...मैंने उनको पुस्तकालय के सबसे ज़्यादा अभेद्य गुप्त कक्ष में रखा और उसके बाद मैं आज सुबह उस समय तक इस क़िस्से को भूला रहा, जब लार्ड धर्मपरीक्षक ने मुझसे उन दस्तावेज़ों का ज़िक्र किया और तब मैंने वे दस्तावेज़ लाकर उनको सौंप दिए...।"

मठाधीश गुस्से से तिलमिलाता उठ खड़ा हुआ। "तुमने भण्डारी के साथ किए गए इस समझौते की इत्तला मुझको क्यों नहीं दी? यह पुस्तकालय संन्यासियों का सामान रखने के लिए तो नहीं बना है!" इस तरह मठाधीश ने यह बात साफ़ कर दी कि इस मामले का मठ से कोई ताल्लुक नहीं था।

"माई लॉर्ड," मेलाची ने जवाब दिया, "मुझे यह एक मामूली-सी बात लगी थी। इस पाप के पीछे मेरे मन में कोई बुरी भावना नहीं थी।"

"बिल्कुल, बिल्कुल," बर्नार्ड ने सौहार्द्रपूर्ण स्वर में कहा, "हम सब मानते हैं कि लाइब्रेरियन ने यह काम सद्भावना के साथ किया था और जिस साफ़गोई के साथ वह इस अदालत से सहयोग कर रहा है वह इसका प्रमाण है। मैं पूरे भाईचारे की भावना के साथ महामना से निवेदन करता हूँ कि वे अतीत की इस धृष्टता के लिए उसको सज़ा न दें। हमें मेलाची पर पूरा विश्वास है। और अब हम चाहते हैं वह क़सम खाकर इस बात की ताईद करे कि अब जो दस्तावेज़ मैं उसको दिखानेवाला हूँ वे वही दस्तावेज़ हैं जो उसने आज सुबह मुझे दिए थे और जो रेमेजियो ऑव वेराजाइन ने वर्षों पहले इस मठ में आने के बाद उसके लिए रखने को दिए थे।" उसने मेज़ पर रखे हुए काग़ज़ों में से दो काग़ज़ उठाकर दिखाये। मेलाची ने

उनकी ओर देखा और दृढ़ स्वर में बोला, "मैं परम पिता परमात्मा की, पवित्रतम वर्जिन की और तमाम सन्तों की सौगन्ध खाकर कहता हूँ कि ये वही दस्तावेज़ हैं जो थे।"

"मेरे लिए इतना काफी है," बर्नार्ड ने कहा। "अब तुम जा सकते हो, मेलाची ऑव हिल्डेशीम।"

मेलाची अभी सिर झुकाए दरवाज़े तक ही पहुँचा था कि हॉल के पिछले हिस्से में ठँसे हुए कुतूहली लोगों की भीड़ में से एक स्वर सुनाई दिया : "तुमने उसके ख़त छुपाए और उसने तुम्हें रसोई में नवदीक्षित चेलों की गाँडें मुहइया करायीं!" हँसी की एक लहर फैल गई और मेलाची लोगों को दाएँ-बाएँ धकियाता हुआ तेजी से बाहर निकल गया। मैं दावे से कह सकता था कि वह अयमारो की आवाज़ थी, लेकिन शब्द बहुत ऊँचे स्वर में बोले गए थे। शर्म से लाल-नीले होते मठाधीश ने चीख़ते हुए चुप रहने को कहा और कड़ी सज़ा की धमकी देते हुए संन्यासियों को हॉल खाली करने का हुक्म दिया। बर्नार्ड के चेहरे पर मक्कारी से भरी मुस्कराहट उभरी; हॉल के एक ओर कार्डिनल बर्ट्रेण्ड ज्याँ डि एनॉ की ओर झुका और उसके कान में फुसफुसाकर कुछ बोला। जवाब में ज्याँ डि एनॉ ने अपने मुँह को हाथ से ढँककर कुछ इस तरह सिर झुकाया जैसे वह खाँस रहा हो। विलियम ने मुझसे कहा, "भण्डारी ने काम-वासना में लिप्त होने का पाप सिर्फ़ अपनी ख़ातिर नहीं किया है; उसने एक भँडुए की भी भूमिका निभाई है। लेकिन बर्नार्ड को इसकी कोई पर्वाह नहीं है, सिवा इसके कि यह मठाधीश को मुश्किल में डालनेवाली बात है, सम्राट का यह दलाल...।"

उनको अपनी बात बीच में ही रोक देनी पड़ी, क्योंकि बर्नार्ड सीधे उनको सम्बोधित कर रहा था। "मैं आपसे भी जानना चाहूँगा, ब्रॅदर विलियम, कि आज सुबह आप सेवेरिनॅस से किन दस्तावेज़ों की चर्चा कर रहे थे, जिसे सुनकर भण्डारी को ग़लतफ़हमी हुई।"

विलियम ने निगाह घुमाई। "मेरी बात से उसको ग़लतफ़हमी हुई, इसमें कोई शक नहीं। हम जलसंत्रास (कैनाइन हाइड्रोफ़ोबिया) पर अय्यूब अल-रुहावी के ग्रन्थ की एक कॉपी का ज़िक्र कर रहे थे; इस विद्वत्तापूर्ण ग्रन्थ की ख्याति आपने निश्चय ही सुनी होगी और वह आपके लिए अक्सर बहुत उपयोगी साबित हुआ होगा। अय्यूब कहते हैं कि हाइड्रोफ़ोबिया को पच्चीस स्पष्ट लक्षणों से पहचाना जा सकता है...।"

डोमिनीकनों के, यानी डोमिनी केन्स के, यानी ईश्वर के कुत्तों** के, संघ से ताल्लुक रखनेवाले बर्नार्ड ने एक नया बखेड़ा शुरू करना उचित नहीं समझा। "मतलब ये कि ये बातें हमारे मौजूदा केस से बाहर की थीं।" उसने जल्दी से कहा। और मुक़दमा जारी रहा।

"बेहतर है कि हम तुम पर वापस लौटें, ब्रॅदर रेमेजियो, माईनोराइट, क्योंकि तुम किसी हाइड्रोफ़ोबिक कुत्ते से ज़्यादा ख़तरनाक हो। अगर ब्रॅदर विलियम ने पिछले कुछ दिनों में कुत्तों की बजाय विधर्मियों के लार चुआने पर ज़्यादा ध्यान दिया है, तो इसकी वजह भी शायद यही है कि उन्होंने भी यह जान लिया होगा कि इस मठ में कैसा नाग पल रहा है। हम इन ख़तों पर वापस लौटते हैं। अब, हम यह बात पक्के तौर पर जान चुके हैं कि ये तुम्हारे पास थे और यह कि तुमने इनको छुपाने का कुछ इस तरह इन्तज़ाम किया था मानो वे कोई बेहद ज़हरीली चीज़ हों और यह कि तुमने वाक़ई हत्या की"–इसके पहले कि रेमेजियो इन्कार करता, उसने हाथ के इशारे से उसे रोकते हुए कहा–"और इस हत्या के बारे में हम बाद में बात करेंगे...फ़िलहाल मैं कह रहा कि तुमने हत्या की ताकि वे ख़त मेरे

हाथ कभी न लगने पाते। तो तुम क़बूल करते हो कि ये वही दस्तावेज़ हैं जो तुम्हारे पास हुआ करते थे?''

भण्डारी ने कोई जवाब नहीं दिया, लेकिन उसकी चुप्पी काफी कुछ कह रही थी। इसलिए बर्नार्ड ने ज़ोर डाला : ''और ये काग़ज़ात क्या हैं? ये विधर्मी डोल्सिनो के हाथों अपनी गिरफ़्तारी के कुछ दिन पहले लिखे गए दो पन्ने हैं। ये उसने अपने उस चेले के हाथों में सौंपे थे जिससे उसको उम्मीद थी कि वह इनको उसके पन्थ के उन दूसरे लोगों तक पहुँचायेगा जो अब भी इटली में फैले हुए थे। मैं इनमें लिखी बातों को आपको पढ़कर सुना सकता हूँ कि किस तरह डोल्सिनो अपने सिर पर मँडराते अन्त से घबराकर शैतान के पास–उसके शब्दों में अपने बन्धुओं के पास–उम्मीद का एक पैग़ाम भेजता है! वह उनको दिलासा देता है और हालाँकि जो तिथियाँ उसने यहाँ पर दी हैं वे उसके पिछले खतों से मेल नहीं खातीं, जिनमें उसने वर्ष 1305 में सम्राट फ्रेड्रिक के हाथों सारे पादरियों के सम्पूर्ण खात्में का आश्वासन दिया था, तब भी, वह घोषणा करता करता है कि यह विनाश अब बहुत दूर नहीं है। एक बार फिर यह विधर्मी झूठ बोल रहा था, क्योंकि उस दिन के बाद से बीस या उससे भी ज़्यादा साल बीत चुके हैं और उसका कोई भी पापपूर्ण अनुमान सही नहीं निकला है। लेकिन हम यहाँ इन भविष्यवाणियों की हास्यास्पद गुस्ताख़ियों की चर्चा करने नहीं बैठे हैं, इसकी बजाय हम इस पर बात कर रहे हैं कि ये रेमेजियो की मार्फ़त भेजे गए थे। विधर्मी और पश्चातापहीन संन्यासी, क्या तू अब भी इन्कार कर सकता है कि तूने छद्म अनुयायियों के पन्थ के साथ सौदेबाज़ी और सहवास किया है?''

इस बिन्दु पर भण्डारी इन्कार करने की हालत में नहीं रह गया था। ''माई लॉर्ड,'' उसने कहा, ''मेरी जवानी ख़ौफ़नाक भूलों से भरी रही है। मैं निर्धनता की राह पर चलनेवाले भिक्षुओं से पहले से ही सम्मोहित था, इसलिए जब मैंने डोल्सिनो के उपदेश सुने, तो मैंने उसके शब्दों पर विश्वास कर लिया और उसके दल में शामिल हो गया। हाँ, यह सही है, मैं ब्रेसिया और बर्गामों के इलाक़ों में उसके साथ था, मैं कोमो में और वाल्सेसिया में उसके साथ था, मैंने उनके साथ बाल्ड माउण्टेन पर और रस्सा वेली में और अन्त में मॉण्टे रेबेलो पर शरण ली थी। लेकिन मैंने कभी भी किसी भी पापपूर्ण कृत्य में भाग नहीं लिया और जब उन लोगों ने लूटपाट तथा हिंसा शुरू कर दी थी, तब भी मैंने अपने भीतर उस विनय की भावना को बनाकर रखा जो कि फ्रांसिस के पुत्रों की ख़ासियत रही है और मोण्टे रेबेलो पर ही मैंने डोल्सिनो को कहा था कि अब मैं उसकी लड़ाई में साथ नहीं दे सकूँगा और उसने मुझको चले जाने की इजाज़त दे दी थी, क्योंकि उसका कहना था कि वह कायरों को साथ लेकर नहीं चलना चाहता और उसने मुझसे कहा कि मैं सिर्फ़ इतना करूँ कि वे ख़त बोलोग्ना तक पहुँचा दूँ...।''

''किसके पास?'' कार्डिनल बर्नार्ड ने पूछा।

''उसके किन्हीं अनुयायियों तक, जिनके नाम मुझे उम्मीद है कि याद आ जाएँगे और जैसे ही याद आ जाएँगे मैं आपको बता दूँगा, माई लॉर्ड,'' रेमेजियो ने फुर्ती से क़बूल किया। और उसने किन्हीं लोगों के नाम लिए जिनसे लगा कि कार्डिनल बर्ट्रेण्ड वाक़िफ़ था, क्योंकि वह बर्नार्ड के साथ सहमति में सिर हिलाते हुए, सन्तुष्ट भाव से मुस्कुराया।

''बहुत अच्छे,'' बर्नार्ड ने कहा और उसने वे नाम नोट कर लिए। फिर उसने रेमेजियो से पूछा, ''और तुम अपने साथियों को हमारे हाथों में क्यों सौंप रहे हो?''

"वे मेरे साथी नहीं हैं, माई लॉर्ड और यह इसका सबूत है कि मैंने वे ख़त उन तक कभी नहीं पहुँचाये। दरअसल, मैंने तो इससे भी ज़्यादा कुछ किया और आज जब इस बात को भुलाने की कोशिश करते हुए मुझे इतने बरस बीत चुके हैं, मैं ये कहूँगा : बिशॅप ऑव वर्सेली की उस फौज के हाथों में पड़े बग़ैर, जो मैदान में हमारा इन्तज़ार कर रही थी, उस जगह को छोड़ने की ख़ातिर मैंने उसके कुछ आदमियों के साथ किसी तरह से सम्पर्क क़ायम किया और उनसे अभय-दान पाने के बदले में मैंने उनको उस जगह के बारे में बताया था जो डोल्सिनो की क़िलेबन्दी पर हमला करने के लिहाज़ से सबसे ठीक हो सकती थी, इस तरह चर्च की फौजों की कामयाबी के पीछे किसी हद तक मेरा सहयोग रहा था...।"

"बहुत दिलचस्प। इससे पता चलता है कि तुम न सिर्फ़ एक विधर्मी रहे हो, बल्कि कायर और नमकहराम भी रहे हो। लेकिन इससे तुम्हारी स्थिति पर कोई फ़र्क़ नहीं पड़ता। जिस तरह आज तुमने अपने को बचाने की ख़ातिर उस मेलाची को कटघरे में खड़ा करने की कोशिश की जिसने तुम पर अहसान किया था, उसी तरह से तब तुमने अपने को बचाने की ख़ातिर अपने पापी साथियों को क़ानूनी ताक़तों के हवाले कर दिया था। लेकिन तुमने उनकी मण्डली के साथ ही धोखा किया है, उनकी सीखों के साथ कभी नहीं और तुमने उन ख़तों को पवित्र निशानियों की तरह सही सलामत रखा, इस उम्मीद में कि एक दिन आएगा जब तुम हिम्मत जुटा सकोगे और बिना कोई जोखिम उठाये उनको उनके ठिकाने तक पहुँचाने का मौक़ा पा सकोगे, ताकि तुम एक बार फिर उन छद्‌म अनुयायियों की कृपा प्राप्त कर सको।"

"नहीं, माई लॉर्ड, नहीं," भण्डारी ने कहा, वह पसीने से तर था और उसके हाथ काँप रहे थे। "नहीं, मैं क़सम खाकर कहता हूँ कि..."

"क़सम!" बर्नार्ड ने कहा। "ये तेरी मक्कारी का एक और सबूत है! तू क़सम खाना चाहता है क्योंकि तू जानता है कि मैं जानता हूँ कि वाल्डेन्सियाई विधर्मी क़सम नहीं खाते, इसकी बजाय वे दोगलेपन की किसी भी हद तक जाने को, यहाँ तक कि मरने तक को, तैयार होते हैं! और जब उन पर ख़ौफ़ छा जाता है, तो वे क़समें खाने का बहाना करते हैं और झूठी क़समें बुदबुदाते हैं! लेकिन, दुराचारी धूर्त्त, मैं अच्छी तरह से जानता हूँ कि तू उस पुअर ऑव लियॉन्स के पन्थ से ताल्लुक नहीं रखता है और तू मुझे यह भरोसा दिलाने की कोशिश कर रहा है कि जो तू नहीं है वह तू नहीं है ताकि मैं यह न कह सकूँ कि तू क्या है! तू क़सम खाने को तैयार है, है न? तू इस उम्मीद से क़सम खा रहा है कि तुझे बरी कर दिया जाएगा, लेकिन मैं तुझसे यह कहूँगा कि एक क़सम मेरे लिए काफ़ी नहीं है! मुझे एक, दो, तीन, एक सौ, जितनी मैं चाहूँ उतनी क़समों की ज़रूरत होगी! मैं अच्छी तरह से जानता हूँ कि तुम छद्‌म अनुयायी उन लोगों को मुआफ़ कर देते हो जो अपने पन्थ के साथ धोखा करने की बजाय झूठी क़समें खाते हैं! और इसलिए तेरी हर क़सम तेरे गुनाह का एक और सबूत होगा।"

"तब मैं क्या करूँ?" भण्डारी अपने घुटनों पर गिरते हुए चीखा।

"अपने को किसी बेग़ार्ड की तरह दंडवत् मत कर! तुझे कुछ भी नहीं करना है। इस वक़्त तो सिर्फ़ मैं जानता हूँ कि क्या करना चाहिए," बर्नार्ड ने भयानक तरीके से मुस्कराते हुए कहा। "तुझे तो सिर्फ़ अपने गुनाह क़बूल करना है। और अगर तू क़बूल करता है, तो तुझको धिक्कारा जाएगा और सज़ा सुनाई जाएगी और अगर तू क़बूल नहीं करता, तो भी

तुझको धिक्कारा जाएगा और सज़ा सुनाई जाएगी, क्योंकि तब तुझे झूठा गवाह होने की वजह से दण्डित किया जाएगा! इसलिए और नहीं तो कम से कम इसलिए ही क़बूल कर जिससे हमारी अन्तरात्मा को और विनयशीलता तथा करुणा के हमारे बोध को क्लेश पहुँचानेवाली यह दर्दनाक तह्क़ीक़ात जल्दी ख़त्म हो सके!"

"लेकिन मैं क़बूल क्या करूँ?"

"गुनाहों के दो सिलसिले : यह कि तू डोल्सिनो के सम्प्रदाय में शामिल था, कि तूने उसके धर्मद्रोही विश्वासों में और उसके कृत्यों में और बिशॅपों तथा धर्माध्यक्षों की गरिमा को ठेस पहुँचानेवाले उसके अपराधों में हिस्सा लिया, कि तू उन मिथ्याओं और भ्रान्तियों में अब भी मुब्तिला है इसके बावजूद कि वह पाखण्ड-शिरोमणि मर चुका है और उसका सम्प्रदाय पूरी तरह से उन्मूलित और नष्ट भले ही नहीं हुआ है लेकिन बिखर चुका है। और यह कि उस घिनौने सम्प्रदाय में रहकर सीखी साजिशों से अपनी आत्मा की गहराइयों में कलंकित हो चुका तू इस मठ के भीतर ईश्वर और इनसान के ख़िलाफ़ विकृतियाँ फैलाने का अपराधी है—इसकी वजहें हालाँकि अब भी मेरी पकड़ के बाहर हैं लेकिन, एक बारगी इस बात को रोशनी में ले आने के बाद (जैसा कि हम कर रहे हैं) कि जो लोग लॉर्ड पोप और उनकी धर्माज्ञाओं के ख़िलाफ़ निर्धनता की शिक्षा देते थे और देते हैं उनकी विधर्मिता सिर्फ़ आपराधिक कृत्यों की तरफ़ ही ले जा सकती है, उन वजहों का पूरी तरह से साफ़ होना भी ज़रूरी नहीं है। यही वो चीज़ है जो श्रद्धालुओं को सीखनी चाहिए और मेरे लिए इतना काफी होगा। क़बूल कर।"

साफ़ था कि बर्नार्ड क्या चाहता था। इस बात में ज़रा भी दिलचस्पी दिखाये बग़ैर कि दूसरे संन्यासियों की हत्याएँ किसने कीं, वह सिर्फ़ यह दिखाना चाहता था कि रेमेजियो सम्राट के धर्मशास्त्रियों द्वारा स्थापित आदर्शों में किसी न किसी रूप में साझा करता था। और जैसे ही एक बार वह उन आदर्शों, जो कि पेरूजिया की धर्मसभा के भी आदर्श थे, तथा फ्रेटीसेली और डोल्सीनियाइयों के आदर्शों के बीच सम्बन्ध बिठा लेता और जैसे ही वह यह बात साबित कर देता कि उस मठ का एक व्यक्ति उन सारे के सारे धर्मद्रोहों में शामिल था और कई अपराधों के लिए ज़िम्मेदार था, वैसे ही वह अपने विपक्षियों पर मारक वार करने में सफल हो जाता। मैंने विलियम की ओर देखा और महसूस किया कि इसके बावजूद कि उन्हें इस सब का पूर्वाभास था, वे सब कुछ समझ चुकने के बाद भी कुछ नहीं कर सकते थे। मैंने मठाधीश को देखा और पाया कि उसका चेहरा घोर दुःख से भरा हुआ था; उसे भी, बहुत देर बाद, यह बात समझ में आ रही थी कि वह भी एक जाल में फँसा लिया गया था और यह कि एक मध्यस्थ होने की उसकी हैसियत टूटकर बिखर रही थी, क्योंकि अब वह एक ऐसे स्थान के प्रमुख के रूप में उभरने जा रहा था जिसको उस सदी के सारे पापों ने अपनी एकत्र होने की जगह के रूप में चुन लिया था। जहाँ तक भण्डारी का सवाल था, अब तक उसके दिमाग़ से यह बात जाती रही थी कि वह किस गुनाह के लिए अब भी अपने बेक़सूर होने की गुहार लगा सकता था। लेकिन शायद उस क्षण में वह किसी भी क़िस्म का क़यास लगा पाने की में हालत में नहीं था; जो चीख़ उसके हलक़ से उसके अनजाने फूट पड़ी थी, वह उसकी आत्मा की चीख़ थी और उस चीख़ के साथ वह अपने भीतर वर्षों से जमा और छुपे हुए सन्ताप को भी राह दे रहा था। या, यूँ कहें कि अनिश्चितताओं, जोश और मोहभंगों,

कायरता और धोखे से भरे जीवन के बाद, अपनी बर्बादी की अटल नियति के सामने, उसने अपनी जवानी के दिनों की धार्मिक आस्था की घोषणा करने का फ़ैसला कर लिया था, बिना यह सवाल उठाये कि वह आस्था सही थी या ग़लत थी, किन्तु मानो ख़ुद के ही सामने यह साबित करने के लिए कि कोई तो ऐसी आस्था थी जिसके प्रति वह ख़ुद को सौंप दे सकता था।

"हाँ, यह सच है," वह चिल्लाया, "मैं डोल्सिनो के साथ था, मैंने उसके गुनाहों में, उसकी मनमानियों में, हिस्सा लिया था; शायद मुझ पर दीवानगी सवार थी, मैंने अपने प्रभु ईसा मसीह से प्रेम करने के अर्थ को आज़ादी की चाहना और धर्माचार्यों के प्रति नफ़रत से भ्रमित कर लिया था, लेकिन, मैं सौगन्ध खाकर कहता हूँ, मठ में जो भी घटनाएँ हुई मैं उनमें मेरा कोई क़ुसूर नहीं है!"

"फिलहाल हमें कुछ तो कामयाबी मिली," बर्नार्ड ने कहा, "क्योंकि तूने डोल्सीनियाइयों की, डायन मार्ग्रेट की और उसके साथियों की विधर्मिता में शामिल होने की बात क़बूल की है। क्या तू क़बूल करता है कि तू ट्रिवेरो में भी इन लोगों के साथ था, जब उन्होंने दस बरस के एक मासूम बच्चे समेत कई श्रद्धालु ईसाइयों को फाँसी पर लटकाया था? और जब उन्होंने दूसरे कई मर्दों को उनकी बीवियों और माँ-बाप की नज़रों के सामने फाँसी पर लटका दिया था, क्योंकि उन्होंने उन कुत्तों की ख़ब्त के सामने झुकने से इन्कार कर दिया था? क्योंकि, तब तक, अपने आवेश और अहंकार से अन्धे होकर, तुम लोग यह सोचने लग गए थे कि किसी भी उस इनसान की ख़ैर नहीं होगी जो तुम्हारे पन्थ में शामिल नहीं हो जाता? बोल!"

"हाँ, इन बातों पर मेरा विश्वास था और मैंने यह किया था!"

"और तू उस वक़्त मौजूद था जब उन्होंने धर्माचार्यों के कुछ अनुयायियों को पकड़ लिया था और उनमें से कुछ को क़ैद में भूखा रखकर मार दिया था और जब उन्होंने एक गर्भवती औरत के हाथ काटकर उसे अपने उस बच्चे को जन्म देने लिए असहाय छोड़ दिया था जो जन्म लेने के साथ ही, बपतिस्मा संस्कार किए बिना ही, मर गया था? और तू उस वक़्त भी उनके साथ था जब उन्होंने मोसो, ट्रिवेरो, कोसिला और क्लेशिया के गाँवों को और क्रेपाकोरियो के इलाक़ों को, तथा मोर्टीलियानो और क्वारिनो के बहुत सारे मकानों को आग के हवाले कर उनको उजाड़ दिया था और जब उन्होंने ट्रिवेरो के गिरजाघर की पवित्र तस्वीरों को कलंकित कर, उसके आल्टार पर के समाधि-पत्थरों को उखाड़कर, वर्जिन की मूर्ति का एक हाथ तोड़कर, चषकों और सुराहियों और पुस्तकों को लूटकर, घण्टियों को तहस-नहस कर, मण्डली के सारे बर्तनों और पुरोहितों की सारी चीज़ों को ज़ब्त कर गिरजाघर को जला दिया था?"

"हाँ, हाँ, मैं वहाँ पर था और हममें से कोई नहीं जानता था कि तब तक हम क्या कर रहे थे, हम संकेत देना चाहते थे कि सज़ा का क्षण आनेवाला है, हम स्वर्ग और पवित्र पोप के द्वारा भेजे गए सम्राट का हरावल दस्ता थे, हमें फ़िलाडेल्फ़िया के देवदूत के अवतरण के उस क्षण को जल्दी से लाना था, जब हम सब को पवित्र आत्मा का अनुग्रह प्राप्त होना था और चर्च का नया अवतार होना था और जब तमाम पतितों के विनाश के बाद सिर्फ पूर्णता का शासन स्थापित होना था!"

भण्डारी एक साथ आक्रान्त और उत्तेजित प्रतीत होता था, ख़ामोशी और छल का बाँध

जैसे टूट चुका था, उसका अतीत सिर्फ़ शब्दों में ही नहीं बल्कि साक्षात वापस लौट रहा था और वह एक बार फिर उन भावनाओं को महसूस कर रहा था जिन्होंने किसी समय में उसको उल्लास से भर दिया था।

"तो," बर्नार्ड ने फिर से बात शुरू करते हुए कहा, "तू क़बूल करता है कि तूने ग़ेरार्डो सेगारेली को एक मसीहा के रूप में पूजा था, कि तूने रोमन चर्च की सारी शक्तियों से इन्कार किया था और घोषणा की थी कि पोप या कोई भी दूसरी हस्ती तुझे उससे अलग किसी जीवन का दिशा-निर्देश नहीं दे सकती थी जो जीवन तेरे अपने लोग जीते थे, कि किसी को भी हक़ नहीं था कि वे तुम्हें धर्मबहिष्कृत कर सकते, कि सेण्ट सिल्वेस्टर के बाद से, पीटर ऑव मोरोने को छोड़कर, चर्च के सारे धर्माध्यक्ष बहकाने और फुसलाने वाले रहे हैं, कि जनसाधारण को ऐसे पुरोहितों के लिए टिथ देने की ज़रूरत नहीं है जो पहले अपॉसॅलों की भाँति परम सम्पूर्णता की शर्तों को पूरा नहीं करते, कि इसलिए टिथ का भुगतान सिर्फ़ तुम्हारे पन्थ के लिए किया जाना चाहिए, जो कि ईसा के एकमात्र अनुयायी और फ़क़ीर हैं, कि ईश्वर की प्रार्थना चाहे एक अस्तबल में की जाए या एक पवित्र गिरजाघर में, दोनों में कोई फ़र्क़ नहीं है; तू यह भी क़बूल करता है कि तूने 'पश्चाताप करो' की पुकार लगाते हुए गाँवों-गाँवों जाकर लोगों को बहकाया था, कि तूने भीड़ को इकट्ठा करने के लिए मक्कारी के साथ 'होली क्वीन'** का गान किया था और तूने संसार के सामने अपने आप को एक आदर्श जीवन जीनेवाले तपस्वी के रूप में पेश किया और फिर ख़ुद को हर क़िस्म की मनमानी और लालसाओं में लिप्त हो जाने दिया क्योंकि तुम विवाह संस्कार में या किसी भी दूसरे संस्कार में विश्वास नहीं करते और, ख़ुद को हर किसी के मुक़ाबले पवित्र मानते हुए, तुम लोग अपने शरीरों के लिए और दूसरों के शरीरों के लिए हर क़िस्म की गन्दगी और कुकर्म की छूट देते हो? बोल!"

"हाँ, हाँ, मैं उस सच्चे धर्म को स्वीकार करता हूँ जिसमें तब मैं अपनी समूची अन्तरात्मा के साथ आस्था रखता था, मैं स्वीकार करता हूँ कि हमने अपरिग्रह के संकेत के तौर पर अपने वस्त्र उतार फेंके थे, कि हमने अपना सारा असबाब त्याग दिया था जबकि तुम जैसे कुत्तों की प्रजाति के लोग कभी किसी चीज़ का त्याग नहीं करोगे और उसके बाद से हमने कभी भी किसी से धन नहीं लिया या उसे अपने पास नहीं रखा और हमने भिक्षा पर अपना जीवनयापन किया तथा अगले दिन के लिए कुछ भी नहीं बचाया और जब लोग हमारा स्वागत करते थे और हमारे लिए मेज़ सजाते थे, तो हम खाते थे और बचा हुआ भोजन मेज़ पर छोड़कर चल पड़ते थे...।"

"और तुम सच्चे ईसाइयों की सम्पत्ति को जलाते और लूटते थे!"

"और हमने जलाया और लूटा क्योंकि हमने निर्धनता को एक सार्वभौमिक नियम घोषित किया था और हमको दूसरों की अवैध सम्पत्ति को कब्ज़े में लेने का हक़ था और हम उस लालच के तन्त्र के मर्म पर चोट करना चाहते थे जो पादरियों के एक हलक़े से दूसरे हलक़े तक फैला हुआ था, लेकिन हमने धन इकट्ठा करने के लिए कभी लूटपाट नहीं की, या लूट की ख़ातिर कभी हत्या नहीं की; हमने सज़ा देने के लिए, अपवित्र को लहू में डुबोकर पवित्र बनाने के लिए, हत्याएँ की थीं। हम लोग शायद न्याय के प्रति एक अहंकार से भरी आकांक्षा से प्रेरित थे : इनसान ईश्वर के प्रति अहंकार से भरे प्रेम के नाते, अतिशय निर्दोषता के नाते,

भी पाप कर सकता है। हम लोग प्रभु के द्वारा भेजे गए और अन्तिम दिनों के गौरव की ओर बढ़ते हुए सच्चे आध्यात्मिकों का समुदाय थे; हमने तुम्हारे विनाश के सिलसिले को तेज़ करते हुए स्वर्ग में प्रतिफल मिलने की कामना की थी। हम ईसा के इकलौते अनुयायी थे, बाक़ी सबने उनके साथ धोखा किया था और गेरार्डो सेगारेली एक ईश्वरीय वंशज था, आस्था की मिट्टी में अंकुरित होता ईश्वर का बिरवा** ; हमारा विधान सीधे ईश्वर से आया था। हमें मासूमों को भी इसलिए मारना ज़रूरी था क्योंकि हम तुम सब को जितना जल्दी हो सके ख़त्म करना चाहते थे। हम एक बेहतर दुनिया चाहते थे, एक ऐसी दुनिया जिसमें शान्ति और मधुरता और सब का सुख हो, हम उस जंग का अन्त चाहते थे जिसे तुम्हारी लोलुपता ने खड़ा किया था, क्योंकि हमने न्याय और सुख की स्थापना की ख़ातिर जब भी थोड़ा सा खून बहाया, तुमने हमको धिक्कारा था...। तथ्य ये है ...तथ्य ये है कि बहुत ज़्यादा वक़्त नहीं लगा था, यह तेजी लाने में और स्टालेवो में उस दिन वह केर्नास्को के पानी को लाल रंग में बदलने के लिए काफ़ी था, उसमें खुद हमारा ख़ून भी शामिल था, हमने खुद को भी नहीं बख्शा था, एक साथ, हमारा खून और तुम्हारा खून, ज़्यादातर तुम्हारा, उसी क्षण, डोल्सिनो की भविष्यवाणी का समय एकदम क़रीब था, हमें घटनाक्रम को तेज़ भर करना था...।''

उसका पूरा शरीर काँप रहा था; उसने अपने चोगे से अपनी हथेलियों को रगड़ा मानो वह उनके उस खून को साफ़ कर रहा हो जिसे वह याद कर रहा था। ''पेटू फिर से पापमुक्त हो गया है,'' विलियम ने मुझसे कहा।

''लेकिन क्या इसे पापमुक्ति कहेंगे?'' भयभीत होते हुए मैंने पूछा।

''दूसरे रूप भी होंगे,'' विलियम ने कहा, ''लेकिन उसका रूप जो भी हो, वह मुझको हमेशा डराता है।''

''वह क्या चीज़ है पापमुक्ति में जो आपको सबसे ज़्यादा डराती है?'' मैंने पूछा।

''जल्दबाज़ी,'' विलियम ने जवाब दिया।

''बस, बस,'' बर्नार्ड अब कह रहा था। ''हमने तुझसे क़बूल करने को कहा था, हत्याकाण्ड को तलब करने को नहीं कहा था। बहुत अच्छे, तू विधर्मी सिर्फ़ था ही नहीं : अब भी है। तू हत्यारा सिर्फ़ था ही नहीं : तूने एक बार फिर से हत्या की है । चल, अब बता कि तूने इस मठ में अपने बन्धुओं की हत्या किस तरह की और क्यों की।''

भण्डारी ने काँपना बन्द कर, कुछ इस तरह अपने चारों ओर देखा मानो वह किसी सपने से बाहर आ रहा हो। ''नहीं,'' उसने कहा, ''मठ के अपराधों से मेरा कोई ताल्लुक नहीं है। मैं वह सब कुछ क़बूल कर चुका हूँ जो मैंने किया है : मुझसे वह क़बूल करने के लिए मत कहिये जो मैंने नहीं किया है...।

''लेकिन बचा ही क्या है जो तूने नहीं किया हो सकता है? क्या तू अब ये कहना चाहता है कि तू मासूम है? ओ मेमने, ओ विनम्रता के आदर्श! सुना आपने इसको : एक समय इसने अपने हाथ ख़ून से रँगे हुए थे और अब ये कह रहा है कि ये मासूम है! शायद हम ग़लती पर थे, रेमेजियो ऑव वेराजाइन तो सदाचार की प्रतिमा है, चर्च का वफ़ादार पुत्र है, ईसा के दुश्मनों का एक दुश्मन है, उसने तो सदा उस विधान का आदर किया है जिसे चर्च की सत्ता ने गाँवों और नगरों पर, व्यापारियों के समुदाय पर, दस्तकारों की दूकानों पर, चर्च के ख़ज़ानों पर, बड़ी मेहनत से आरोपित किया है। वह मासूम है, उसने कुछ नहीं किया।

आओ, मेरी बाँहों में आओ, ब्रदर रेमेजियो, ताकि मैं तुझे उन झूठे आरोपों के लिए दिलासा दे सकूँ जो पापी इनसानों ने तुम पर लगाए हैं!" और इस पर जब रेमेजियो ने परेशान नज़रों से उसकी ओर देखा, मानो उसको सहसा विश्वास हो आया हो कि उसे अन्तिम रूप से छुटकारा मिल गया है, तभी बर्नार्ड ने अपनी असलियत पर लौटते हुए धनुर्धारियों के कप्तान को हुक्म दिया :

"मुझे उन तरीक़ों का सहारा लेने में घिन आती है जिन्हें जब कभी भी असैनिक न्यायालयों द्वारा अपनाया गया है चर्च ने हमेशा उसकी आलोचना की है। लेकिन क़ानून अपनी जगह पर है और मेरे अपने जज़्बात तक उसके अधीन और उससे संचालित हैं। मठाधीश से कोई ऐसी जगह मुहैया कराने को कहो जहाँ पर यातना के उपकरण स्थापित किए जा सकें। लेकिन तुरन्त कार्रवाई न की जाए। तीन दिन तक इसको हथकड़ियों और बेड़ियों में जकड़ कर कोठरी में रखा जाए। फिर उसको वे उपकरण दिखाये जाएँ। सिर्फ़ दिखाये जाएँ। और तब, चौथे दिन कार्रवाई शुरू की जाए। न्याय जल्दबाज़ी से प्रेरित नहीं होता जैसा कि छद्म अनुयायी मानते हैं और ईश्वर का न्याय तो शताब्दियों बाद तक हो सकता है। वह धीमी रफ़्तार से और रफ़्ता-रफ़्ता आगे बढ़ता है। और, सबसे महत्त्वपूर्ण, उस बात को याद रखो जो बार-बार दोहरायी गई है : कोशिश करो कि हाथ-पैर टूटने और मौत की नौबत न आने पाए। यह तरीक़ा मुज़रिम को जो लाभ पहुँचाता उनमें से एक यह भी है कि मौत का अहसास और उम्मीद तो बने रहते हैं, लेकिन वह तब तक नहीं आती जब तक कि उसका पाप-स्वीकार पूर्ण, स्वैच्छिक और उसका शुद्धीकरण करनेवाला नहीं हो जाता।"

धनुर्धारी भण्डारी को उठाने के लिए झुके, लेकिन उसने अपने पैर सख़्ती से ज़मीन पर गड़ाते हुए उनका विरोध किया, जिसमें यह इशारा था कि वह बोलना चाहता था। जब उसको छोड़ दिया गया, तो बोला, लेकिन उसके शब्द उसके गले से बमुश्किल बाहर आ पा रहे थे और उसकी ज़ुबान किसी पियक्कड़ की तरह लड़खड़ा रही थी और उसमें कुछ अश्लीलता भी थी। धीरे-धीरे जाकर ही वह अपने में उस वहशी ऊर्जा को वापस ला सका जो कुछ क्षण पहले उसकी स्वाकारोक्ति में झलक रही थी।

"नहीं, माई लॉर्ड। नहीं, यातना मत दें। मैं एक कायर इनसान हूँ। मैंने उस वक़्त धोखा दिया, पिछले ग्यारह सालों से इस मठ में मैं अपनी पिछली धार्मिक आस्था को नकारते हुए अंगूर उगानेवालों से और किसानों से कर उगाहता रहा हूँ, अस्तबलों और सुअरबाड़ों की निगरानी करता रहा हूँ ताकि वे फलफूल सकें और मठाधीश को समृद्ध करें; मैंने एण्टीक्राइस्ट की इस जागीर के इन्तज़ामात में बेहिचक सहयोग किया है। और मैं अच्छी हालत में था, मैं बग़ावत के अपने दिनों को भूल चुका था, मैंने जीभ के और दूसरी इन्द्रियों के भी सुख में ख़ुद को डुबाया। मैं एक कायर हूँ। आज मैंने बोलोग्ना के अपने पुराने बन्धुओं को बेच डाला, तब मैंने डोल्सिनो को बेचा था। और एक कायर की तरह, धर्मयुद्ध में शामिल व्यक्ति का छद्मवेष धारण किए हुए, मैं उस दिन डोल्सिनो और मागरिट को गिरफ़्तार होते देखता रहा जब उनको पवित्र शनिवार के दिन बुगेलो के गढ़ में ले जाया गया था। मैं तीन महीने तक वर्सेली के इर्द-गिर्द भटकता रहा जब तक कि सज़ाए-मौत के सन्देश के साथ पोप क्लीमेण्ट का ख़त वहाँ नहीं पहुँच गया। और मैंने डोल्सिनो की आँखों के सामने मागरिट को टुकड़े-टुकड़े किए जाते हुए देखा और वह चीख़ती रही, उस बेचारी की अँतड़ियाँ बाहर निकली हुई थी,

जिसे एक रात मैंने भी छुआ था...। और जिस वक़्त उसकी क्षत-विक्षत काया जल रही थी, वे लोग डोल्सिनो पर टूट पड़े और उन लोगों ने दहकती हुई सँड़सियों से उसकी नाक और अण्डकोष उखाड़ दिए और यह बात सच नहीं थी जो उन लोगों ने बाद में कही थी कि उसकी ज़ुबान से उफ़् भी नहीं निकली थी। डोल्सिनो ऊँचा-पूरा और मज़बूत काठी का था, उसकी शैतान सरीखी विशाल दाढ़ी थी और लाल रंग के बाल थे जिसके घूँघर उसके कन्धों पर लटकते थे, जब वह अपना बड़ा सा कलगीदार टोप पहनकर, अपने चोगे में कसी हुई तलवार के साथ हमारी अगुवाई करता था, तो वह ख़ूबसूरत और ताक़तवर लगता था। डोल्सिनो मर्दों के मन में भय और औरतों में आनन्द की सीत्कारें जगाता था...। लेकिन जब उन लोगों ने उसको यातनाएँ दीं, तो वह भी दर्द से भरकर, एक औरत की तरह, एक बछड़े की तरह, चीख़ा था, जब वे उसको एक कोने से दूसरे कोने तक घसीट रहे थे, तो उसके सारे घावों से खून रिस रहा था और वे उसे लगातार हल्के-हल्के ज़ख़्मी करते रहे, ताकि लोगों को दिखाया जा सके कि शैतान का एक दूत कितनी देर तक ज़िन्दा रह सकता है और मरना चाहता था, वह उनसे कह रहा था कि वे उसको ख़त्म कर दें, लेकिन वह बहुत देर बाद, मर सका, जब वह चिता तक पहुँच चुका था और ख़ून से लथपथ एक मांस का पिण्ड मात्र रह गया था। मैं उसके पीछे-पीछे गया था और मैंने उस मुक़दमें से बच निकलने के लिए ख़ुद को बधाई दी थी, मुझे अपनी चतुराई पर गर्व था और वह धूर्त्त सल्वाटोर मेरे साथ था और उसने मुझसे कहा : हम कितने समझदार निकले कि हमने अक़्ल से काम लिया, यातना से ज़्यादा बुरा और क्या हो सकता है! उस दिन मैं हज़ार मज़हबों को हलफ़ उठाकर त्याग सकता था। और वर्षों तक, कई वर्षों तक, मैं ख़ुद से कहता रहा कि मैं कितना नीच था और अपने नीच होने को लेकर कितना सुखी था और फिर भी मैं हमेशा उम्मीद करता रहा कि मैं ख़ुद के सामने एक दिन यह साबित कर सकूँगा कि मैं वैसा कायर नहीं था। आज आपने मुझे यह ताक़त दी है, लॉर्ड बर्नार्ड; मेरे लिए आपने वही भूमिका निभाई है जो कायर से कायर शहीदों के लिए पेगन सम्राटों ने निभाई थी। आपने मुझको उस बात को क़बूल करने की हिम्मत दी है जिसमें मैं आत्मा से विश्वास करता हूँ, जबकि मेरी देह उससे दूर भागती है। लेकिन मुझसे बहुत ज़्यादा हिम्मत की माँग मत कीजिए, यह नश्वर कंकाल जितना बर्दाश्त कर सकता है उससे ज़्यादा हिम्मत की माँग मत कीजिए। नहीं, यातना मत दीजिए। आप जो कुछ भी चाहते हैं, मैं वह सब बताऊँगा। मौत के खूँटे से एक बार में बँध जाना बेहतर है : जलने के पहले ही आपका दम घुट जाता है और आप मर जाते हैं। डोल्सिनो की तरह यातना नहीं। नहीं। आप एक मुर्दा चाहते हैं और उसे पाने के लिए आप मुझसे दूसरे मुर्दों की ज़िम्मेदारी क़बूल कराना चाहते हैं। ख़ैर, मैं जल्दी ही मुर्दे में बदल जानेवाला हूँ। और इसलिए मैं आपको वह सब देने को तैयार हूँ जो आप मुझसे चाहते हैं। मैंने अडेल्मो ऑव ऑट्रेण्टो की हत्या की, क्योंकि मैं उसकी जवानी से नफ़रत करता था और मैं उससे नफ़रत करता था क्योंकि वह मुझको बूढ़ा, मोटा, थुलथुल और मूर्ख दैत्य कहकर मुझ पर फब्तियाँ कसता था। मैंने वेनेण्टियस ऑव साल्ववेमेक की हत्या की, क्योंकि वह बहुत बड़ा पण्डित था और ऐसी पुस्तकें पढ़ता था जिनको मैं नहीं पढ़ सकता था। मैंने बेरेंगर ऑव अरुण्डेल की हत्या की, क्योंकि मैं उसके पुस्तकालय से ईर्ष्या करता था, मैं, जिसने उन पादरियों के लिए चन्दा इकट्ठा करके धर्मशास्त्र सीखा था जो बहुत मोटे थे। मैंने सेवेरिनॅस ऑव सेंक्ट की

हत्या की... क्यों की? क्योंकि वह जड़ी-बूटियाँ इकट्ठी करता था, मैं, जो मोण्टे रेबेलो पर था, जहाँ पर हम जड़ी-बूटियाँ और घास खाते थे, बिना यह पूछे कि उनके गुण-धर्म क्या थे। सच तो यह है कि मैं और लोगों की हत्याएँ भी कर सकता था और उनमें मठाधीश भी शामिल हैं : चाहे वे पोप के साथ हों या सम्राट के, उनको मैं अपने दुश्मनों में शुमार करता हूँ और मैंने हमेशा ही उनसे नफ़रत की है, भले ही उन्होंने मेरा भरण-पोषण किया क्योंकि मैंने भी उनका-पोषण किया है। इतना काफी है आपके लिए? आह, नहीं, आप यह भी जानना चाहते मैं कि मैंने उनको *कैसे* मारा...। हाँ, उनकी हत्याएँ मैंने ....देखता हूँ कैसे कीं...पैशाचिक ताक़तों को बुलाकर, जिसमें मैंने उन हज़ारों सेनाओं की मदद ली जिनको मैंने सल्वाटोर द्वारा सिखाये गए फ़न की मदद से वश में कर रखा है। किसी की हत्या करने के लिए उस पर वार करना ज़रूरी नहीं है : अगर आपने शैतान को वश में कर लिया है, तो यह काम आपके लिए शैतान कर देता है।''

उसने हँसते हुए, शरारती नज़र से दर्शकों की ओर देखा। लेकिन अब तक यह हँसी एक विक्षिप्त इनसान की हँसी में बदल चुकी थी, भले ही, जैसा कि बाद में विलियम ने मुझको बताया था, यह विक्षिप्त इनसान इतना चतुर निकला कि अपने साथ किए गए विश्वासघात का बदला लेने वह सल्वाटोर को अपने साथ घसीट ले गया।

''और शैतान को तुमने वश में कैसे किया?'' बर्नार्ड ने उसकी इस सरसामी को एक सचमुच के इक़्बाले-जुर्म की तरह लेते हुए, उससे पूछा।

''यह तो तुम ख़ुद ही जानते हो : यह कैसे हो सकता है कि जिनके सिरों पर शैतान सवार रहा है उनके साथ इतने सालों से कारोबार करते हुए तुमने उनका बाना धारण न किया हो! यह तुम ख़ुद जानते हो, ईसा के शिष्यों के हत्यारे! तुम एक काली बिल्ली लेते हो—है न?—काली बिल्ली, जिसके बाल तक सफ़ेद नहीं होते (ये तुम जानते हो) और तुम उसके चारों पंजे बाँधते हो और तुम आधी रात को उसको चौराहे पर ले जाते हो और ऊँची आवाज़ में चिल्लाते हो : ओ महान लूसिफ़र, नर्क के शहंशाह, मैं तुझे पुकारता हूँ और, जिस तरह मैंने इस बिल्ली को क़ैद कर रखा है, उसी तरह मैं अपने दुश्मन का शरीर तेरे सामने पेश करता हूँ और अगर तू मेरे दुश्मन को मार देगा, तो अगले दिन, ठीक आधी रात के समय, ठीक इसी जगह, मैं तेरे लिए इस बिल्ली की बलि दूँगा और फिर तू वह करेगा जो मैं, सेण्ट सिप्रियान की गुप्त पुस्तक की जादुई शक्तियों का इस्तेमाल करते हुए, तुझसे करने को कहूँगा—नर्क की विशाल फौजों के उन कप्तानों एड्रामालेच, एलॉस्टरन और अज़ाज़ेल के नाम पर जिनकी, उनके सारे बन्धुओं समेत, मैं आज प्रार्थना करता हूँ...।'' उसके होंठ थरथराये, उसकी आँखें कोटरों से बाहर आती प्रतीत हुईं और उसने प्रार्थना करना शुरू कर दिया—बल्कि कहें, वह प्रार्थना करता लग रहा था, लेकिन असल में वह नारकीय फौजों के सारे मुखियाओं के सामने अपनी मिन्नतों को पेश कर रहा था : ''एबिगोर, मेरी ख़ातिर पाप कर... एमॉन, मुझ पर दया कर... सेमिएल, मुझे नेकी से आज़ाद कर... बेलिअल, दया कर... फ़ोकालॅर, मेरे दुराचरण का साथ दे... हेबोरिम, आओ हम ईश्वर को कोसें....ज़ेबॉस, मेरी गाँड खोल... लियोनार्द, मुझ पर अपना वीर्य छिड़क और मैं कलंकित हो जाऊँगा...''**

''बन्द करो, बन्द करो!'' सभागार में बैठा हर व्यक्ति क्रॉस का निशान बनाता हुआ चिल्ला उठा। ''हे प्रभु, हम सब पर दया करना!''

भण्डारी अब ख़ामोश था। जब उसने इन सारे शैतानों के नाम ले लिए, तो वह औंधे मुँह गिर गया, उसके ऐंठे हुए मुँह और भिंचे हुए दाँतों के बीच से सफ़ेद-सा फेनिल थूक बह रहा था। उसके हाथ, जो हालाँकि ज़ंजीरों में जकड़े हुए थे, झटके के साथ बार-बार खुल और बन्द हो रहे थे, उसके पैर रह रह कर हवा में झटके खा जाते थे। मुझको दहशत की गिरफ़्त में काँपते देख विलियम ने मेरे सिर पर अपना हाथ रख दिया और लगभग मेरी गरदन को थपथपाया, जिसने मुझे मेरी शान्ति वापस लौटायी। "देखा?" वे मुझसे बोले। "यातना या यातना के अँदेसे के वश होने पर इनसान न सिर्फ़ वह कहता है जो उसने किया होता है बल्कि वह भी कहता है जो वह, अनजाने ही सही, करना चाहता। इस वक़्त रेमेजियो अपनी समूची अन्तरात्मा से मौत चाहता है।"

भण्डारी की देह अब भी झटके खा रही थी जब धनुर्धारी उसको बाहर ले गए। बर्नार्ड ने अपने काग़ज़ समेटे। फिर उसने वहाँ मौजूद लोगों को सख़्त निगाह से देखा, जो स्थिर किन्तु गहरी व्यथा से भरे हुए थे।

"तहक़ीक़ात ख़त्म हुई। आरोपी को, जो अपने इक़्बाले-जुर्म से गुनहगार ठहरता है, अविग्नॉन ले जाया जाएगा, जहाँ पर, सच्चाई और इंसाफ़ के प्रति सावधानी बरतते हुए, आखिरी मुक़दमा होगा और इस औपचारिक मुक़दमे के बाद ही उसको जलाकर मारा जाएगा। एबो, अब यह आपका आदमी नहीं है, न ही अब इससे मेरा ही कोई वास्ता है—मैं, जो कि सच्चाई का एक मामूली-सा औज़ार मात्र हूँ। पूरा इंसाफ़ तो कहीं और होगा; गड़रियों ने अपना फ़र्ज़ पूरा किया, अब यह कुत्तों का काम है कि वे अपवित्र भेड़ को झुण्ड से अलग करें और आग में डालकर उसका शुद्धीकरण करें। वह दुर्भाग्यपूर्ण क़िस्सा अब ख़त्म हुआ, जो इस इनसान के इस क़दर ख़ौफ़नाक गुनाहों का गवाह बना। अब यह मठ शान्ति का जीवन जी सकता है। लेकिन इस दुनिया को"—यहाँ आकर उसने अपनी आवाज़ ऊँची की प्रतिनिधियों के समूह को सम्बोधित करते हुए बोला—"इस दुनिया को अब भी शान्ति नहीं मिली है। यह दुनिया उस विधर्मिता के कारण चूर-चूर हो रही है, जो राजमहलों के सभागारों तक में अपने लिए जगह हासिल कर लेती है! बन्धुओं याद करो : एक शैतानी बन्धन** ने डोल्सिनो के भ्रष्ट पन्थानुयायियों को पेरूजिया की सभा के सम्मानित आचार्यों से जोड़ रखा है। हमें भूलना नहीं चाहिए : जिस नराधम को हमने अभी-अभी इंसाफ़ के हाथों में सौंपा है, उसके प्रलाप ईश्वर की नज़रों में उन आचार्यों के प्रलापों से अलग नहीं हैं जो बावेरिया के धर्मबहिष्कृत जर्मनों की मेज़ पर बैठ कर दावत उड़ाते हैं। विधर्मियों के दुराचार का स्रोत बहुतेरी शिक्षाओं में मौजूद है, यहाँ तक कि उनमें से कई को इज़्ज़त मिली हुई है और इन दुराचारियों के लिए अब तक कोई सज़ा नहीं दी गई है। सख़्त दिल और विनम्र सलीब उन लोगों की नियति है जिन्हें, मुझ जैसे पापात्मा की ही तरह, ईश्वर ने विधर्मिता के नाग को पहचानने का हुक्म दिया है, वह नाग चाहे कहीं भी छुपा हो। लेकिन इस पवित्र कर्म को करते हुए हमें सीख मिलती है कि विधर्मी सिर्फ़ वही लोग नहीं हैं जो खुलेआम विधर्म की राह पर चलते हैं। विधर्मिता के समर्थकों को पाँच निशानों से पहचाना जा सकता है। पहला, वे लोग जो विधर्मियों से उनकी क़ैद में गुप्त तरीक़े से जाकर मिलते हैं; दूसरा, वे जो उनके पकड़े जाने पर दुःख मनाते हैं और जो उनके क़रीबी दोस्त रहे होते हैं (यह, दरअसल असम्भव सी बात है कि जिस इनसान ने किसी विधर्मी के साथ ज़्यादातर वक़्त बिताया हो, वह उसकी

कारगुज़ारियों से अनजान रहा आया हो); तीसरा, वे लोग जो किसी विधर्मी का गुनाह साबित हो जाने पर भी यह दावा करते हैं कि उसको सज़ा देते हुए नाइंसाफ़ी की गई है; चौथा, वे हैं जो विधर्मियों को तकलीफ़ पहुँचाने और उनके ख़िलाफ़ सफलतापूर्वक शिक्षा देनेवाले को शक की निगाह से देखते हैं और उसकी बुराई करते हैं और इसे उनकी आँखों से, नाक से और उन भावभंगिमाओं से पकड़ा जा सकता है जिन्हें वे छुपाने की कोशिश करते हैं और जो उन लोगों के लिए उनकी नफ़रत को दर्शाती हैं जिनके प्रति वे कड़ुवाहट महसूस करते हैं और उन लोगों के लिए उनके लगाव को दर्शाती हैं जिनका दुर्भाग्य उनको इस क़दर व्यथित कर रहा होता है; अन्त में, पाँचवाँ संकेत, यह तथ्य है कि वे जलाए गए विधर्मियों की झुलसी हुई अस्थियाँ इकट्ठी करते हैं और उनको श्रद्धा की वस्तु बना लेते हैं...। लेकिन मैं एक छठें संकेत को भी बहुत क़ीमती मानता हूँ और मैं उन पुस्तकों (जो परम्परानिष्ठता पर सीधे-सीधे हमला न भी करती हों) के लेखकों को विधर्मियों के सच्चे दोस्तों के रूप में देखता हूँ, जिनमें विधर्मियों को वे बहाने हासिल हुए हैं जिनके आधार पर वे अपने कुमार्ग को तर्कसंगत बनाते हैं। बोलते हुए वह उबर्तिनो की ओर देख रहा था। समूचा फ्रांसीसी प्रतिनिधिमण्डल ठीक-ठीक समझ रहा था कि बर्नार्ड का क्या आशय था। बैठक अब तक विफल हो चुकी थी और सुबह की चर्चा को फिर से दोहराने की हिम्मत किसी में नहीं थी, क्योंकि हर कोई जानता था कि इस वक़्त हर शब्द इन ताज़ा और विनाशकारी घटनाओं की रोशनी में परखा जाएगा। अगर बर्नार्ड को पोप के द्वारा इन दो समूहों के बीच की सुलह को रोकने के लिए भेजा गया था, तो वह इसमें कामयाब हो चुका था।

सान्ध्यकालीन उपासना

जिसमें उबर्तिनो भाग खड़ा होता है, बेनो नियमों का पालन करना शुरू कर देता है और विलियम उस दिन सामने आई विविध क़िस्म की वासनाओं पर थोड़ा-सा विमर्श करता है।

संन्यासी जब धीरे-धीरे सभागार से बाहर आ रहे थे, तभी माइकेल विलियम के पास आया, और फिर उबर्तिनो भी उनके साथ हो लिया। हम सब क्लॉइस्टॅर में जाकर बातचीत करने के इरादे से एक साथ, खुले में आ गए। क्लॉइस्टॅर धुन्ध से ढँका हुआ था, जो छँटने का नाम नहीं ले रही थी। बल्कि वह छायाओं की वजह से और भी घनी हो गई थी।

"जो कुछ भी हुआ है, उस पर किसी भी तरह की टिप्पणीं करना मैं क़तई ज़रूरी नहीं समझता," विलियम ने कहा। "बर्नार्ड ने हमें हरा दिया है। मुझसे ये मत पूछिए कि वह कमअक़्ल डोल्सिनो वाक़ई उन सारे गुनाहों का ज़िम्मेदार हैं या नहीं। जहाँ तक मैं कह सकता हूँ, वह नहीं है, क़तई नहीं। सच तो ये है कि हम वापस वहीं आ गए हैं जहाँ से हमने शुरुआत की थी। माईकेल, जॉन आपको अविग्नॉन में अकेला चाहता है और इस बैठक ने आपको वह गारण्टी नहीं दी है जिसकी हम उम्मीद कर रहे थे। इसके विपरीत, इससे आपको यह अन्दाज़ा ज़रूर लग गया होगा कि आपका हर शब्द वहाँ पर किस तरह तोड़-मरोड़ कर पेश

किया जा सकता है। इससे, मुझे लगता है, हम एक ही नतीजे पर पहुँचते हैं कि आपको वहाँ पर नहीं जाना चाहिए।''

माईकेल ने इन्कार में सिर हिलाया। ''बजाय इसके, मैं जाऊँगा। मैं फूट नहीं चाहता। आपने, विलियम, आज बहुत साफ़-साफ़ बात की और आपने वही कहा जो आप कहना चाहते थे। ख़ैर, ये वो चीज़ नहीं है जो मैं चाहता हूँ और मुझे इस बात का अहसास है कि राजसी धर्मशास्त्रियों द्वारा पेरूजिया की सभा का इस्तेमाल हमारी मंशा से परे जाकर किया गया है। मैं फ्रांसिस्कन संघ के लिए, निर्धनता के उसके आदर्श के साथ, पोप की रज़ामन्दी चाहता हूँ। और पोप को यह बात समझनी चाहिए कि जब तक संघ निर्धनता के आदर्श की ताईद नहीं करता, तब तक उसके लिए विधर्मिता की उपशाखाओं पर फिर से क़ाबू पाना सम्भव नहीं होगा। मैं अविग्नॉन जाऊँगा और अगर ज़रूरी हुआ तो मैं जॉन के सामने समर्पण भी करूँगा। मैं निर्धनता के सिद्धान्त के सिवा किसी भी चीज़ पर समझौता करने के लिए तैयार हूँ।''

उबर्तिनो बोल उठा। ''जानते हो कि तुम अपनी जान को जोखिम में डाल रहे हो?''

''यही सही,'' माइकेल ने जवाब दिया। ''यह इससे तो बेहतर ही है कि मैं अपनी आत्मा को जोख़िम में डालूँ।''

उसने वाक़ई अपनी जान को जोख़िम में डाला था और अगर जॉन सही था (जैसा कि मुझे अब भी विश्वास नहीं होता), तो माइकेल ने अपनी आत्मा को गवाँ दिया था। जैसा कि अब तक हर व्यक्ति को पता है, जिन घटनाओं को मैं बयान कर रहा हूँ उनके एक हफ़्ते बाद ही माइकेल पोप से मिलने गया था। वह चार महीनों तक उसके ख़िलाफ़ डटा रहा, जब आख़िरकार अगले बरस अप्रैल में जॉन ने पुरोहितों की एक सभा बुलाई जिसमें उसने माईकेल को पागल, विधर्मिता को भड़कानेवाला एक दुस्साहसी, अड़ियल, निरंकुश व्यक्ति तथा चर्च की आस्तीन का साँप बताया। और, चीज़ों को देखने का जॉन जो ढंग था, उसे देखते हुए कोई यह कह सकता था कि जॉन अपनी जगह पर सही था, क्योंकि उन चार महीनों के दौरान माईकेल मेरे गुरुदेव के दोस्त, ओकेम निवासी एक अन्य विलियम, का दोस्त बन चुका था और उनके विचारों में साझा करना शुरू कर चुका था—ऐसे विचार जो कहीं ज़्यादा अतिवादी थे, लेकिन जो उन विचारों से बहुत अलग नहीं थे जिनमें मेरे गुरुदेव मार्सिलॅस के साथ साझा करते थे और जो उस सुबह उन्होंने सबके सामने रखे थे। अविग्नॉन में इन मतभेद रखनेवालों के जीवन संकट में पड़ गए और मई के अन्त तक माईकेल, विलियम ऑव ओकेम, बोनाग्रेशिया ऑव बर्गामो, फ्रांसिस ऑव एस्कोली और हेनरी डि टेल्हेम वहाँ से भाग खड़े हुए। पोप के लोगों ने नाइस और फिर ट्यूलोन, मार्सेलिस और आइग्यूस-मॉर्टेस तक उनका पीछा किया, जहाँ कार्डिनल पियरे डि अर्राब्ले ने उनको घेरा और उन्हें वापस लौटने के लिए राजी करने की कोशिश की लेकिन उनके प्रतिरोध, धर्माध्यक्ष के प्रति उनकी नफ़रत और उनके भय के समक्ष कार्डिनल को हथियार डाल देने पड़े। जून में वे पीसा पहुँचे, जहाँ सम्राट की फौजों ने विजयी भाव से उनका स्वागत किया और आनेवाले महीनों में माईकेल को जॉन की सार्वजनिक आलोचना करनी पड़ी। तब तक बहुत देर हो चुकी थी। सम्राट का भाग्य छीज रहा था; जॉन अविग्नॉन में माईनोराइटों को एक नया वरिष्ठ जनरल देने की योजना बना रहा था और इसमें उसको अन्ततः कामयाबी मिली। बेहतर होता कि उस

दिन माइकेल ने पोप के पास न जाने का फैसला किया होता : तब शायद वह, अपने शत्रु के शासन में इतने सारे महीने बर्बाद किए बग़ैर और इस तरह खुद अपनी स्थिति को कमज़ोर बनाए बग़ैर, माईनोराइटों के प्रतिरोध को ज़्यादा एकाग्र ढंग से आगे ले जा पाता...। लेकिन ईश्वर को शायद यही मंज़ूर था—न ही मैं यह भी जानता हूँ कि उन सब में सही कौन था। वर्षों का समय बीत जाने के बाद जोश तक ठंडा पड़ जाता है और उसी के साथ वह रोशनी भी बुझ जाती है जिसे किसी समय सच्चाई की रोशनी के रूप में देखा गया था। आज हममें से कौन यह कहने की स्थिति में है कि हेक्टर और एकिलस, या अग्मेम्नॉन और प्रियाम में से कौन सही था, जबकि वह स्त्री खाक में मिल चुकी है जिसकी ख़ूबसूरती को लेकर इन लोगों ने युद्ध किया था?

लेकिन मैं उदासी से भरे विषयान्तरों में भटक रहा हूँ। इसकी बजाय मुझे उस दुखद बातचीत के अन्त के बारे में बात करनी चाहिए। माईकेल अपना मन बना चुका था और उसे विरत होने के लिए मनाने का कोई उपाय नहीं था। लेकिन एक दूसरी समस्या उठ खड़ी हुई थी और विलियम ने बिना किसी लाग-लपेट के उसकी घोषणा कर दी थी : उबर्तिनो भी अब सुरक्षित नहीं था। बर्नार्ड ने जिन शब्दों में उसको सम्बोधित किया था, उसके प्रति जिस तरह की नफ़रत पोप के मन में थी, यह तथ्य कि जहाँ माईकेल अब भी एक ऐसी ताक़त की नुमाइन्दगी करता था जिसके साथ बातचीत की गुंजाइश थी, वहीं उबर्तिनो इस मुकाम पर अपने आप में एक पक्ष था....

"जॉन माईकेल को अदालत में और उबर्तिनो को नर्क में देखना चाहता है। अगर मैंने बर्नार्ड को ठीक-ठीक समझा है, तो कल का दिन बीतने के पहले, धुन्ध की मदद से, उबर्तिनो मारा जा चुका होगा। और अगर कोई पूछता है कि यह किसने किया, तो यह मठ बहुत आसानी से एक और गुनाह को अपने में समो लेगा और लोग कहेंगे कि यह रेमेजियो और उसकी काली बिल्लियों द्वारा बुलाए गए शैतानों का, या किसी ऐसे बचे हुए डोल्सीनियाई का किया हुआ काम है जो अब भी इन दीवारों के भीतर कहीं छुपा हुआ है...।"

उबर्तिनो चिन्तित हो उठा। "फिर–?" उसने पूछा।

"फिर क्या," विलियम ने कहा, "जाओ और मठाधीश से बात करो। उनसे आग्रह करो कि वे तुम्हें कोई सवारी, खाने-पीने का कुछ सामान और आल्प्स से परे किसी दूर के मठ के नाम एक ख़त मुहैया कराएँ। और इस धुन्ध और अँधेरे का फ़ायदा उठाते हुए यहाँ से निकल जाओ।"

"लेकिन क्या धनुर्धारी अब भी द्वार पर पहरा नहीं दे रहे होंगे?"

"मठ से निकलने के और भी रास्ते हैं और मठाधीश को उनकी जानकारी है। इतना-भर हो कि एक चाकर किसी घोड़े के साथ एक निचले मोड़ पर तुम्हारा इन्तज़ार कर रहा हो; और दीवारों में बने किसी रास्ते से चुपके से निकलने के बाद, तुम्हें एक जंगली हिस्से को पार करना होगा। इसके पहले कि बर्नार्ड अपनी फतह के उन्माद से बाहर आए, तुम्हें फुर्ती से काम लेना चाहिए। मुझे किसी दूसरे काम पर ध्यान देना ज़रूरी है। मेरे दो मिशन थे : एक तो विफल हो ही गया है, कम से कम दूसरा तो सफल होना ही चाहिए। मैं एक पुस्तक तक और एक आदमी तक पहुँचना चाहता हूँ। अगर सब कुछ ठीक से चलता रहा, तो, इसके पहले कि मैं तुम्हें दुबारा खोजूँ, तुम यहाँ से निकल चुके होगे। सो, अलविदा।" उन्होंने अपनी

बाँहें फैला दीं। उबर्तिनो ने विचलित मन से उनको गले से लगा लिया : "अलविदा, विलियम। तुम एक पागल और उद्धत अंग्रेज हो, लेकिन तुम्हारा दिल बहुत बड़ा है। क्या हम फिर मिलेंगे?"

"हम फिर मिलेंगे," विलियम ने उसे भरोसा दिलाया। "ईश्वर ने चाहा तो।"

ईश्वर, हालाँकि, यह नहीं चाहता था। जैसा कि मैं पहले ही कह चुका हूँ, दो साल बाद उबर्तिनो की मृत्यु हो गई, वह रहस्यमय ढंग से मारा गया। एक मुश्किल और साहसिक जीवन, इस तेजस्वी और उत्साह से भरे बूढ़े आदमी का जीवन। वह शायद कोई सन्त नहीं था, लेकिन मैं भरोसे के साथ कह सकता हूँ कि ईश्वर ने उसकी वज्र-समान दृढ़ता के लिए सन्तत्व से नवाज़ा था। बूढ़े होते जाने के साथ-साथ मैं जितना ही ख़ुद को ईश्वर की मर्ज़ी पर छोड़ता जा रहा हूँ, जानने की इच्छा करनेवाली बुद्धि और कर्म की इच्छा करनेवाले संकल्प का मूल्य मेरे मन में उतना ही कम होता जा रहा है; और उस आस्था को ही मैं मुक्ति के एकमात्र मन्त्र की तरह पहचानने लगा हूँ, जो ढेर सारे सवाल पूछे बिना धीरज के साथ प्रतीक्षा कर सकती है। और उबर्तिनो के मन में निश्चय ही सलीब पर टँगे हुए प्रभु के रक्त और पीड़ा के प्रति गहरी आस्था थी।

ये बातें मैं शायद तब भी सोच रहा था और वह बूढ़ा रहस्यवादी इस बात को समझ गया था, या उसको अन्दाज़ा लग गया था कि एक दिन मैं इनके बारे में सोचूँगा। उसने एक मधुर मुस्कान के साथ मुझे देखा और गले से लगा लिया, बग़ैर उस गर्मजोशी के जिसके साथ वह पिछले दिनों कभी-कभी कस लिया करता था। उसने मुझे वैसे ही गले लगाया जैसे एक बाबा अपने पोते को लगाता है और मैं भी उसी भावना से उसके गले लगा। इसके बाद वह मठाधीश की तलाश में माईकेल के साथ चला गया।

"और अब?" मैंने विलियम से पूछा?

"और अब, फिर अपने अपराधों की ओर रुख करते हैं।"

"गुरुदेव," मैंने कहा, "आज बहुत-सी घटनाएँ हुई हैं, ईसाइयत के लिए बेहद संजीदा घटनाएँ और हमारा अभियान विफल हो चुका है। और फिर भी आप पोप और सम्राट के बीच के झगड़े को सुलझाने की बजाय इस रहस्य को सुलझाने में दिलचस्पी लेते लग रहे हैं।"

"एड्सो, पागल और बच्चे हमेशा सच बोलते हैं। हो सकता है कि सम्राट के सलाहकार के रूप में मेरा दोस्त मार्सिलॅस मुझसे बेहतर हो, लेकिन एक धर्मपरीक्षक के रूप में मैं उससे बेहतर हूँ। ईश्वर मुझे मुआफ़ करे, लेकिन इस मामले में मैं बर्नार्ड गुई से भी बेहतर हूँ। क्योंकि बर्नार्ड की दिलचस्पी गुनहगार का पता लगाने में नहीं है, बल्कि आरोपी को ज़िन्दा जलाने में है। जबकि मुझको, इसके विपरीत, एक गूढ़, पेचीदा गाँठ को खोलने में सबसे ज़्यादा आनन्द मिलता हे। और इसकी एक वजह यह भी होनी चाहिए कि जहाँ एक दार्शनिक के रूप में मैं इस संसार के किसी सिलसिले में होने को लेकर सन्देह करता हूँ, वहीं मुझको यह जानकर सान्त्वना मिलती है कि सांसारिक क्रिया-कलापों के छोटे-छोटे दायरों में, न सही सिलसिला, लेकिन कम से कम आपसी रिश्तों की एक शृंखला अवश्य ही मौजूद होती है। अन्ततः, शायद एक वजह और भी है : इस किस्से में जॉन और लुई के बीच की लड़ाई से कहीं ज़्यादा बड़ी और महत्त्वपूर्ण चीज़ें दाँव पर लगी हो सकती हैं...।"

"लेकिन यह तो चोरी और साधारण स्तर के संन्यासियों के बीच की हिंसा-प्रतिहिंसा का किस्सा है!" मैं संशय से भरकर चीख़ा।

"एक वर्जित पुस्तक की ख़ातिर, एड्सो। एक वर्जित पुस्तक!" विलियम ने जवाब दिया।

अब तक संन्यासी रात के खाने के लिए चल पड़े थे। हमारा खाना आधा हो चुका था जब माइकेल ऑव सेसेना हमारी बगल में आकर बैठा और उसने हमें बताया कि उबर्तिनो जा चुका था। विलियम चैन की साँस ली।

भोजन ख़त्म करने के बाद हमने मठाधीश से बचते हुए, जो बर्नार्ड के साथ बातचीत कर रहा था, बेनो को देखा, जो आधी मुस्कराहट के साथ हमें सलाम करते हुए दरवाज़े की तरफ़ बढ़ने की कोशिश कर रहा था। हमने उसे धर पकड़ा और रसोई के एक कोने में हमारे पीछे आने को मजबूर किया।

"बेनो," विलियम ने कहा, "पुस्तक कहाँ है?"

"कौन-सी पुस्तक?"

"देखो बेनो, हममें से कोई भी व्यक्ति बेवक़ूफ़ नहीं है। मैं उस पुस्तक की बात कर रहा हूँ जिसे हम आज सेवेरिनॅस की प्रयोगशाला में तलाश रह थे और जिसे मैं नहीं पहचानता। लेकिन तुम उसे अच्छी तरह से पहचानते हो और उसे हासिल करने तुम वापस वहाँ गए थे...।"

"आपको क्यों लग रहा है कि वह मैंने ली है?"

"मुझे लगता है कि तुमने ली है और ख़ुद तुम्हारा भी यही सोचना है। कहाँ है वह?"

"मैं नहीं कह सकता।"

"बेनो, अगर तुम मुझे नहीं बताओगे, तो मैं मठाधीश से बात करूँगा।"

"मैं मठाधीश के हुक्म पर नहीं बता सकता," बेनो ने भलमनसाहत का दिखावा करते हुए कहा। "आज, हमारी मुलाक़ात के बाद, एक ऐसी बात हुई है, जिसके बारे में आपको जानना ज़रूरी है। बेरेंगर के मरने पर कोई असिस्टेण्ट लाइब्रेरियन नहीं रह गया था। आज दोपहर बाद मेलाची ने मुझसे इस पद पर काम करने की पेशकश की थी। अभी आधा घंटा पहले मठाधीश ने इस पर अपनी सहमति दी है और कल सुबह, उम्मीद है, मैं पुस्तकालय की गोपनीयताओं में दीक्षित कर दिया जाऊँगा। यह सही है कि आज सुबह वह पुस्तक मैं ले गया था और मैंने, यहाँ तक कि उसकी तरफ़ देखे बग़ैर, उसको अपनी कोठरी में कथरी के भीतर छुपा दिया था, क्योंकि मुझे मालूम था कि मेलाची मुझ पर निगाह रखे हुए था। अन्ततः मेलाची ने मुझसे यह पेशकश की जिसके बारे में मैंने आपको बताया है। और तब मैंने वह किया जो कि असिस्टेण्ट लाइब्रेरियन को करना चाहिए : मैंने पुस्तक उसको सौंप दी।"

मैं बोले बग़ैर नहीं रह सका और वह भी सख़्त स्वर में।

"लेकिन, बेनो, कल और उसके भी एक दिन पहले तो आपने कहा था...आपने कहा था कि आप जानने के लिए बेताब हो रहे हैं, आप नहीं चाहते थे कि पुस्तकालय इस भेद को और छुपा कर रखे, आपने कहा था कि एक स्कॉलर को उसकी जानकारी होनी ही चाहिए...।"

बेनो ख़ामोश बना रहा, झेंपता हुआ; लेकिन विलियम ने मुझे रोक दिया : "एड्सो, कुछ घंटे पहले बेनो दूसरे पाले में चला गया है। अब वह उन रहस्यों का रखवाला बन गया है जिन्हें वह जानना चाहता था और यह रखवाली करते हुए उसके पास उनको जानने का पूरा वक़्त पड़ा होगा।"

"लेकिन दूसरे लोग?" मैंने पूछा। "बेनो तमाम दूसरे स्कॉलर्स की भी तो दुहाई दे रहे थे!"

"पहले," विलियम ने कहा। और बेनो को वहीं दुविधा में पड़ा छोड़कर वे मुझको वहाँ से दूर ले गए।

"बेनो," विलियम मुझसे बोले, "एक भीषण लिप्सा का शिकार है, जो बेरेंगरवाली या भण्डारीवाली लिप्सा नहीं है। बहुत-से स्कॉलर्स की ही तरह उसमें भी ज्ञान की लिप्सा है। ज्ञान के लिए ज्ञान। इस ज्ञान के एक अंश से वंचित रखे जाने के कारण वह उसको कब्ज़े में करना चाहता था। अब वह उसके पास है। मेलाची अपने आदमी को पहचानता था : उसने पुस्तक को हथियाने और बेनो के होंठ सिलने के लिए सबसे बढ़िया तरीक़ों का इस्तेमाल किया। तुम मुझसे पूछोगे कि ज्ञान के एक ऐसे ख़ज़ाने को नियन्त्रित करने से कौन-सा भला होनेवाला है अगर आप उसको दूसरे लोगों के इस्तेमाल में न आने देने पर राज़ी हो गए हैं। लेकिन ठीक यही वजह है कि जिससे मैंने लिप्सा की बात की है। रोजर बेकन की ज्ञान की प्यास लिप्सा नहीं थी : वे ईश्वर के बन्दों को सुखी बनाने के लिए अपने ज्ञान का इस्तेमाल करना चाहते थे और इसलिए उन्होंने ज्ञान के लिए ज्ञान की खोज नहीं की थी। बेनो की खोज के पीछे उसकी महज़ एक अतृप्त जिज्ञासा है, महज़ एक बौद्धिक अहंकार, एक संन्यासी का अपनी जाँघों की भूख का रूप बदलने और बुझाने का एक और तरीक़ा, या उस तरह का जोश जो किसी दूसरे इनसान को धर्म अथवा विधर्मिता का योद्धा बना देता है। सिर्फ़ शरीर ही की लिप्सा नहीं होती। बर्नार्ड गुई लिप्सा से भरा हुआ है; उसकी लिप्सा न्याय के प्रति है, एक विकृत लिप्सा जो सत्ता की लिप्सा से एकाकार हो जाती है। हमारा पवित्र और अब रोमन न रह गया पोप दौलत की लिप्सा से भरा हुआ है। और भण्डारी में अपनी जवानी में ख़ुद को साबित कर दिखाने और बदल डालने और पश्चाताप करने की लिप्सा थी और फिर मौत की लिप्सा। और बेनो की लिप्सा पुस्तकों के प्रति है। तमाम लिप्साओं की तरह, जिनमें उस ओनान की लिप्सा भी शामिल है, जिसने अपना वीर्य ज़मीन पर गिरा दिया था, यह भी एक बाँझ लिप्सा है और प्रेम से, यहाँ तक कि दैहिक प्रेम से भी, इसका कोई लेना-देना नहीं है...।"

"मैं जानता हूँ," मैं बुदबुदाया, बावजूद इसके कि यह मेरे साथ भी घट चुका था। विलियम ने ऐसे बरताव किया जैसे उन्होंने मेरी बात सुनी ही न हो। अपनी बात को जारी रखते हुए उन्होंने कहा, "सच्चा प्रेम अपने प्रिय की भलाई चाहता है।"

"क्या ऐसा भी हो सकता है कि बेनो अपनी पुस्तकों का भलाई चाहता हो (और अब तो वे उसकी भी हैं) और उनको लालची हाथों से दूर रखने में उनकी यह भलाई देखता हो?" मैंने पूछा।

"पुस्तक की भलाई उसके पढ़े जाने में है। एक पुस्तक उन संकेतों से बनी होती है जो उन दूसरे संकेतों के बारे में बात करते हैं, जो अपनी बारी आने पर चीज़ों के बारे में बात करते हैं। उनको पढ़ सकनेवाली आँख के बिना एक पुस्तक ऐसे संकेतों को धारण किए होती है जो किन्हीं भी अवधारणाओं को उत्पन्न नहीं कर सकते; इसलिए वह गूँगी होती है। इस पुस्तकालय का जन्म शायद उन पुस्तकों की रक्षा करने के लिए हुआ था जिनको उसने अपने भीतर जगह दी हुई है, लेकिन अब वह उनको दफ़्न करने के काम आ रहा

है। यही वजह है कि अब वह दुराचार का दलदल बन कर रह गया है। भण्डारी कहता है कि उसने विश्वासघात किया। वही बेनो ने किया है। उसने विश्वासघात किया है। ओह, कैसा गन्दा दिन रहा ये, मेरे अच्छे एड्सो! ख़ून और विनाश से भरा हुआ। मैं इस दिन से आजिज़ आ चुका हूँ। हमको भी अब उपासना के लिए चलना चाहिए और फिर सोने के लिए।

रसोई से निकलते हुए हमें अयमारो मिल गया। उसने हमसे पूछा कि क्या यह अफ़वाह सही है कि मेलाची ने बेनो के सामने उसके सहायक के रूप में काम करने की पेशकश की है। इसकी ताईद करने के सिवा हमारे पास कोई दूसरा चारा नहीं था।

''हमारे मेलाची ने आज बहुत-से नेक काम किए हैं,'' तिरस्कार और आत्मतोष से भरे उपहास के अपने चिरपरिचित अन्दाज में अयमारो ने कहा। ''अगर न्याय नाम की कोई चीज़ होती, तो आज रात शैतान ख़ुद आकर उसको ले गया होता।''

दिन की आख़िरी उपासना

जिसमें ईसाद्रोही (एण्टीक्राइस्ट) के आगमन के बारे में एक प्रवचन सुनाई देता है और एड्सो को व्यक्तिवाचक नामों की ताक़त का पता लगता है।

भण्डारी की पूछताछ के दौरान की सान्ध्यकालीन उपसाना बहुत ही गड़बड़ी के माहौल में सम्पन्न हुई थी, जहाँ नवदीक्षित चेले बार-बार अपने गुरु की आँख बचाकर झरोखों और छेदों से सभागार की हलचलों का जायज़ा लेने भाग जा रहे थे। अब इस वक़्त समूचा समुदाय सेवेरिनॅस की नेक आत्मा के लिए प्रार्थना करने को एकत्र था। हर कोई मठाधीश के बोलने की उम्मीद कर रहा था और जानने के लिए उत्सुक था कि वह क्या कहता है। लेकिन इसकी बजाय, सन्त ग्रेगॅरी के दस्तूरी नीतिवचनों के बाद, मठाधीश व्याख्यान-मंच पर गया तो ज़रूर, लेकिन सिर्फ़ इतना कहने के लिए कि आज शाम वह ख़ामोश रहेगा। उसने कहा कि मठ पर इस क़दर विपत्ति का पहाड़ टूट पड़ा है कि धर्म-पिता तक के लिए भर्त्सना और सीख के स्वर में बोलने की गुंजाइश नहीं रह गई है। बिना किसी अपवाद के, हममें से हर किसी को अपने अन्तःकरण को परखना ज़रूरी है। लेकिन क्योंकि किसी न किसी का बोलना ज़रूरी था, उसने प्रस्ताव किया कि सीख उनके बीच के उस सबसे बुज़ुर्ग बन्धु की ओर से आनी चाहिए जो अब मुत्यु के क़रीब है और जो उन सांसारिक लालसाओं में सबसे कम लिप्त रहा है जिन्होंने बहुत-से पापों को जन्म दिया है। यूँ तो उम्र के लिहाज से एलिनार्दो ऑव ग्रोटेफेराटा को बोलना चाहिए था, लेकिन अपने इस श्रद्धेय बन्धु के स्वास्थ्य की नाज़ुक हालत से हम सब वाक़िफ़ थे। समय की अटल गति ने जो क्रम स्थापित कर दिया था उसमें, एलिनार्दो के तुरन्त बाद आता था जॉर्ज। और मठाधीश ने अब उसे आमन्त्रित किया।

उस ओर की बेंचों से जहाँ आमतौर से अयमारो तथा दूसरे इतालवी बैठा करते थे, हमें कुछ खुसुर-पुसुर सुनाई दी। मुझको सन्देह था कि मठाधीश ने इस मसले पर एलिनार्दो से

चर्चा किए बिना ही प्रवचन की ज़िम्मेदारी जॉर्ज को सौंप दी थी। मेरे गुरुदेव ने मेरे कान में फुसफुसाकर इस ओर इशारा किया कि मठाधीश का न बोलने का फ़ैसला अक़्लमन्दी का था, क्योंकि उसने जो कुछ भी बोला होता उसे बर्नार्ड और वहाँ मौजूद अविग्नानियों द्वारा जाँचा-परखा जाता। दूसरी तरफ़, बूढ़ा जॉर्ज अपने को अपनी सामान्य रहस्यवादी भविष्यवाणियों तक सीमित रखनेवाला था जिन्हें अविग्नानी बहुत ज़्यादा अहमियत देनेवाले नहीं थे। "लेकिन मैं दूँगा," विलियम ने कहा, "क्योंकि मुझे नहीं लगता जॉर्ज बोलने के लिए अगर राज़ी हुआ है, या शायद उससे बोलने के लिए कहा गया है तो इसके पीछे कोई ख़ास इरादा नहीं है।"

जॉर्ज किसी की मदद से व्याख्यान-मंच पर पहुँचा। उसका चेहरा उस तिपाई पर जलती मशाल से जगमगा रहा था जो इकलौती नेव को रौशन किए हुए थी। उसकी लौ की उजास उसकी उन आँखों को ढँकते अँधेरे को उभार रही थी, जो दो काले छेदों जैसी दिखाई देती थीं।

"मेरे बेहद प्यारे बन्धुओं," उसने बोलना शुरू किया, "और हमारे बहुत ही प्रिय तमाम अतिथियो। अगर इस बूढ़े को सुनने में तुम्हारी दिलचस्पी है तो सुनो...जिन चार मौतों ने इस मठ को शोक में डुबा दिया है–और कहने की आवश्यकता नहीं कि उन छुपे हुए और अभी-अभी के पापों ने भी, जो हमारे वक़्त के नीचतम पाप कहे जाएँगे–उनको, जैसा कि तुम जानते हो, उस कुदरत की बेरहमी के मत्थे नहीं मढ़ा जा सकता, जो अपनी अटल गति में, पालने से लेकर क़ब्र तक की हमारी सांसारिक आयु को तय करती है। बावजूद इसके कि तुम गहरे विषाद से भरे हुए हो, निःसन्देह तुम सब यह सोचते हो कि इन दुःखद घटनाओं ने तुम्हारी आत्मा को अपनी लपेट में नहीं ले लिया है, क्योंकि एक को छोड़कर तुम सब बेकुसूर हो और जब इस कुसूरवार को सज़ा मिल चुकी होगी, जिस दौरान तुम, बेशक, उन लोगों के लिए शोक मनाते रहोगे जो जा चुके हैं, तो फिर ईश्वर की अदालत के सामने तुम्हें ख़ुद को किसी इल्ज़ाम से बरी करने की ज़रूरत नहीं रह जाएगी। यही तुम्हारा सोचना है। पागलों!" वह भयानक स्वर में चीखा। "पागल और गुस्ताख़ बेवक़ूफ़, हाँ, तुम यही हो! जिसने हत्या की है वह तो ईश्वर के सामने अपने गुनाह की ज़िम्मेदारी क़बूल करेगा ही, लेकिन सिर्फ़ इसलिए कि वह ईश्वर के हुक्म का जरिया बनने को राज़ी हुआ था। यह वैसा ही है जैसा कि मुक्ति का चमत्कार घटित हो सके इसके लिए किसी न किसी का ईसा के साथ विश्वासघात करना हालाँकि ज़रूरी था, तब भी जिसने उनके साथ विश्वासघात किया प्रभु ने उसको नरक की सज़ा दी थी और उसकी भर्त्सना की थी। इस प्रकार इन दिनों में निश्चय ही किसी न किसी ने मौत और तबाही पैदा कर पाप तो किया है, लेकिन मैं तुम से कहता हूँ कि यह तबाही ईश्वर ने अगर चाही न भी हो तब भी उसने कम से कम इसकी इजाज़त तो दी ही है ताकि हमारा घमण्ड टूट सके!"

वह ख़ामोश हो गया और उस धर्मसभा की तरफ़ अपनी सूनी निगाह को इस तरह मोड़ा मानो उसकी आँखें उस सभा की भावनाओं को वैसे ही पढ़ सकती हों, जैसे कि वह वाक़ई अपने कानों से वहाँ छायी ख़ामोशी और ख़ौफ़ का स्वाद ले रहा था।

"इस समुदाय में," बात को जारी रखते हुए उसने कहा, "पिछले कुछ समय से अहंकार का सर्प कुण्डली मारे बैठा हुआ है। लेकिन किस चीज़ का अहंकार? सत्ता का अहंकार, वह भी एक ऐसे मठ में जो संसार से अलग-थलग पड़ा हुआ है? नहीं, निश्चय ही नहीं। धन का अहंकार? बन्धुओं, उसके भी पहले से जब इस ज्ञात संसार ने हमारे पहले पुरखे के ज़माने

से ही निर्धनता और स्वामित्त्व को लेकर चली आ रही लम्बी बहसों को दोहराना शुरू किया, हमने किसी भी चीज़ का परिग्रह नहीं किया, तब भी जबकि हमारे पास सब कुछ था, क्योंकि हमारा एकमात्र सच्चा धन नियम, प्रार्थना और पुण्य कर्म रहा है। लेकिन हमारा पुण्य कर्म, हमारे संघ का पुण्य कर्म और विशेष रूप से इस मठ का पुण्य कर्म, आंशिक रूप में–बल्कि कहें, सारभूत रूप में–अध्ययन करना है और ज्ञान का संरक्षण करना। मैं कहता हूँ, संरक्षण, तलाश नहीं, क्योंकि ज्ञान का लक्षण, एक दैवीय वस्तु के रूप में उसका लक्षण, यह है कि वह अपने आप में सम्पूर्ण है और अपनी शुरुआत से ही उस ईश्वरीय वाणी की परिपूर्णता के भीतर सुपरिभाषित है जो ख़ुद को ख़ुद के सामने प्रगट करती है। मैं कहता हूँ, संरक्षण और तलाश नहीं, क्योंकि एक मानवीय वस्तु के रूप में ज्ञान का लक्षण यह है कि वह, पैग़म्बरों के धर्मप्रचार से लेकर चर्च के पुरोहितों की व्याख्याओं तक, शताब्दियों के अन्तराल में, परिभाषित और पूर्ण हुआ है। ज्ञान के इतिहास में कोई विकास नहीं होता, युगों के बदलने के साथ कोई परिवर्तन नहीं होता, ज़्यादा से ज़्यादा एक निरन्तर और ऊँचा उठता हुआ दोहराव-भर होता है। मनुष्य का इतिहास एक ऐसी गति से आगे बढ़ता है जिसको पकड़ा नहीं जा सकता–सृष्टि की रचना से लेकर, मुक्ति के रास्ते, उस विजयी ईसा की वापसी की दिशा में बढ़ता हुआ, जो जीवित और मृत का फ़ैसला करने एक दिन बादल पर सवार होकर प्रगट होगा; लेकिन मानवीय और दैवीय ज्ञान का मार्ग यह नहीं है : एक अपराजेय दुर्ग की तरह अटल, वह हमें अपने भीतर तभी घुसने देता है जब हम, इस मार्ग पर चलने, इसका पूर्वानुमान करने, विनयशील और सजग होकर उसकी आवाज़ को सुनते हैं, पर वह इस मार्ग से अछूता होता है। मैं वह हूँ जो है, यह कहना था यहूदियों के ईश्वर का। मैं मार्ग हूँ, सत्य हूँ और जीवन हूँ, यह कहना था हमारे प्रभु का। इस तरह आप पाते हैं : ज्ञान इन दो सच्चाइयों पर एक विस्मय से भरी टिप्पणीं के सिवा कुछ भी नहीं है। जो कुछ भी कहा जा चुका है, वह सब पैग़म्बरों द्वारा, इंजीलप्रचारकों द्वारा, पुरोहितों और आचार्यों द्वारा इन्हीं दो कथनों को और भी स्पष्ट करने के लिए कहा गया है। और जब कभी इन सच्चाइयों के बारे में कोई इससे मिलती-जुलती टिप्पणीं अज्ञानी पेगनों द्वारा भी की गई और उनके शब्द भी ईसाई परम्परा में शामिल कर लिए गए। लेकिन इसके परे आगे कहने के लिए कुछ भी शेष नहीं है। केवल मनन करना, महिमा-मंडन करना, संरक्षण करना ही बाक़ी है। अपने मशहूर पुस्तकालय से सजे हमारे मठ का काम यही था और होना चाहिए–और कुछ नहीं। कहते हैं कि पूरब के किसी ख़लीफ़ा ने एक मशहूर और गौरवशाली नगर के पुस्तकालय को आग लगा दी और जब हज़ारों की तादाद में उसके ग्रन्थ जल रहे थे, तो उसने कहा कि उन ग्रन्थों का नष्ट होना सहज और अटल था : या तो वे उन बातों को दोहराते थे जो *कुरान* ने पहले से ही कही हुई थीं और इसलिए उनका कोई प्रयोजन नहीं था, या फिर वे विधर्मियों के उस पवित्र ग्रन्थ का प्रतिवाद करती थीं और इसलिए वे नुक़्सान पहुँचानेवाली थीं। चर्च के आचार्यों का और उनके साथ-साथ हमारा भी, तर्क यह नहीं रहा है। पवित्र ग्रन्थ की टीका और कैफ़ियत का समावेश करनेवाली हर चीज़ का संरक्षण ज़रूरी है, क्योंकि वह दैवीय लेखन की महिमा को बढ़ाती है; जो चीज़ उसका खण्डन करती है, उसको नष्ट नहीं किया जाना चाहिए, क्योंकि उसको सुरक्षित रखने से ही समय आने पर उसका खण्डन उन लोगों द्वारा किया जा सकता है जो ऐसा करने की क़ाबिलियत रखते हैं और जिनको प्रभु द्वारा नियत तरीक़ों और समयों

पर यह ज़िम्मेदारी सौंपी जाती है। सदियों से यही हमारे संघ की ज़िम्मेदारी रही है और यही दायित्व है आज हमारे मठ का, जिसे उस सत्य पर गर्व है जिसकी वह उद्घोषणा करता है, जो इस सत्य के प्रति विद्वेष रखनेवाले शब्दों का विनम्रता और दूरदर्शिता के साथ संरक्षण करता है, हमें इनसे अपने आपको गँदला बना लेने की छूट दिए बग़ैर। बन्धुओं, अब बताइए कि अहंकार का वह कौन-सा पाप है जो एक अध्येता संन्यासी को बहका सकता है? वह है किसी ऐसी जानकारी को संरक्षित करने की बजाय उसको ढूँढ निकालने को अपना कर्तव्य मानना, जिसे मनुष्यता पर ज़ाहिर किए जाने का अनुग्रह अब तक नहीं किया गया है। यह कुछ ऐसा है मानो आख़िरी शब्द उस आख़िरी देवदूत की ज़ुबान से पहले ही प्रतिध्वनित नहीं हो चुका है, जो धर्मग्रन्थ के आख़िरी अध्याय में बोलता है : 'क्योंकि मैं उस हर व्यक्ति के लिए इस पुस्तक की भविष्यवाणी के शब्दों को प्रमाणित करता हूँ जो इनको सुनता है। अगर कोई भी व्यक्ति इनमें कुछ भी जोड़ेगा, तो ईश्वर उस पर वे क़हर बरसाएगा जिनका उल्लेख इस पुस्तक में किया गया है : और अगर कोई व्यक्ति भविष्यवाणी की इस पुस्तक के शब्दों को इसमें से हटायेगा, तो ईश्वर जीवन की पुस्तक से और पवित्र नगर से, उसको निकाल बाहर करेगा, तथा इस पुस्तक में लिखी हुई इबारतों से उसके ज़िक्र को हटा देगा।' ...मेरे अभागे बन्धुओं, क्या तुमको नहीं लगता कि ये शब्द उन घटनाओं की तरफ़ ही इशारा करते हैं जो इन चहारदीवारियों के भीतर हाल ही में घटित हुई हैं, कि इन चहारदीवारियों के भीतर जो कुछ घटित हुआ है, वह बिल्कुल वैसे ही उलटफेरों को दर्शाता है जो हमारी इस सदी को मथ रहे हैं जिसमें हम रहते हैं, हम जो दृढ़निश्चय के साथ अपनी वाणी और कर्म में, नगरों और महलों में, गौरवशाली विश्वविद्यालयों और प्रधान गिरजाघरों में सत्य की वाणी के नए परिशिष्टों को खोज निकालने के लिए बेचैन हैं और इस कोशिश में उस सत्य के अर्थ को तोड़-मरोड़ रहे हैं जो अपनी तमाम बारीकियों में पहले से ही समृद्ध है और जो किसी मूर्खतापूर्ण विस्तार की नहीं बल्कि सिर्फ़ एक निडर बचाव की अपेक्षा करता है? यही वह अहंकार है जो इन चहारदीवारियों के भीतर घात लगाकर बैठा रहा है और अब भी बैठा है : और मैं उस व्यक्ति से कहना चाहता हूँ जो उन पुस्तकों की सील तोड़ने का श्रम करता रहा है और कर रहा है जो उसके देखने योग्य नहीं हैं, कि यही वह अहंकार है जिसके लिए प्रभु सज़ा देना चाहते थे और, अगर यह अहंकार अपने पर क़ाबू नहीं करता और अपने को विनम्र नहीं बनाता, तो वे यह सज़ा देना जारी रखेंगे, क्योंकि हम इतने भंगुर हैं कि प्रभु के लिए अपने प्रतिशोध के तरीक़े तलाशने में कोई मुश्किल न तो कभी रही है और न होगी।"

"सुना तुमने, एड्सो?" विलियम ने फुसफुसाते हुए मुझसे कहा। "बुड्ढा उससे कहीं ज़्यादा जानता है जितना वह कह रहा है। इस मामले में उसका हाथ हो या न हो, वह जानता ज़रूर है और वह चेतावनी दे रहा है कि, अगर कुछ ख़ास संन्यासियों ने पुस्तकालय में घुसपैठ जारी रखी, तो मठ की शान्ति वापस नहीं लौट सकेगी।"

एक लम्बी ख़ामोशी के बाद जॉर्ज ने फिर से बोलना शुरू कर दिया।

"लेकिन इस अहंकार का असल प्रतिरूप आखिर है कौन, कौन है वह जिसका उदाहरण और दूत, साथी और झण्डाबरदार यह अहंकार बना हुआ है? असल में वह कौन व्यक्ति है जो इन चहारदीवारियों के भीतर सक्रिय था और शायद अब भी है, हमको यह चेतावनी देने के लिए कि वक़्त आ चुका है–और हमको सान्त्वना देने के लिए, क्योंकि अगर वक़्त

आ चुका है, तो दुःख असहनीय तो होंगे, लेकिन अन्तहीन नहीं होंगे, क्योंकि सृष्टि का चक्र पूरा होने को है? आह, तुम सब अच्छी तरह समझ चुके हो और उसका नाम लेने से डरते हो, क्योंकि वह तुम्हारा भी नाम है और तुम उससे डरते हो, लेकिन तुम भले ही डरो मुझे कोई डर नहीं है और मैं ऊँचे स्वर में वह नाम लूँगा ताकि भय के मारे तुम्हारी अँतड़ियाँ ऐंठ सकें और तुम्हारे दाँत किटकिटाने लगें और तुम्हारी जुबान कट जाए और तुम्हारे ख़ून में दौड़ती सिहरन काला परदा बनकर तुम्हारी आँखें पर छा जाए...वह है घिनौना पशु, उसका नाम है एण्टीक्राइस्ट!"

वह देर तक ख़ामोश रहा। लगा जैसे सारे के सारे श्रोता जड़ हो गए हों। समूचे चर्च में सिर्फ़ एक चीज़ थी जिसमें गति थी और वह थी तिपाई से उठती लौ, लेकिन उससे बनती छायाएँ भी जैसे जम गई थीं। इकलौती आवाज़, हल्की-सी, जॉर्ज के हाँफ़ने की थी, जो अपनी भौहों का पसीना पोंछ रहा था। फिर जॉर्ज ने बोलना शुरू किया।

"तुम मुझसे शायद कहना यह चाहोगे : नहीं, वह अभी नहीं आया है; कहाँ हैं उसके आने के संकेत? बेवक़ूफ़ है वो जो यह कहता है! वे संकेत, वे चेतावनी से भरी मुसीबतें, हमारी नज़रों के सामने हैं, रोज़-रोज़, इस संसार की रंगशाला में भी और इस मठ में भी जो इस रंगशाला की एक छोटी-सी परछाईं है...। कहते हैं कि जब वह क्षण क़रीब आएगा, तो पश्चिम में एक विदेशी राजा का उदय होगा, जो असीमित छल-प्रपंचों का नायक, नास्तिक, मनुष्यों का हत्यारा, मक्कार, स्वर्ण-पिपासु, चालबाज़ियों में माहिर, दुराचारी, श्रद्धालुओं का दुश्मन होगा और अपने वक़्त में वह चाँदी की इज्ज़त नहीं करेगा बल्कि सोने को महत्त्व देगा! मैं अच्छी तरह से जानता हूँ कि तुम जो मुझको सुन रहे हो, इस वक़्त उतावले होकर यह अनुमान लगा रहे हो कि जिसकी बात मैं कर रहा हूँ उसके लक्षण पोप से मिलते हैं या सम्राट से मिलते हैं या फ्रांस के राजा से मिलते हैं या किसी और से मिलते हैं, ताकि तुम कह सको कि : वह मेरा दुश्मन है और मैं सही रास्ते पर हूँ! लेकिन मैं इतना उदार नहीं हूँ; मैं तुम्हारे सामने किसी एक व्यक्ति का नाम नहीं लूँगा। एण्टीक्राइस्ट जब प्रगट होता है, तो वह सब में और सब के लिए प्रगट होता है और हर व्यक्ति उसका एक अंश होता है। वह उन लुटेरों के दल में होगा जो नगरों और गाँवों को लूटते हैं, वह आकाश के उन अदृष्ट संकेतों में होगा जहाँ इन्द्रधनुष सींगों और लपटों की शक्ल में प्रगट होंगे और कराहें सुनाई देंगी तथा समुद्र उबल रहे होंगे। कहते हैं कि इनसान और जानवर दैत्यों को जन्म देने लगेंगे, लेकिन इसका अर्थ यह है कि हृदय घृणा और वैमनस्य से भरे होंगे। काग़ज़ों पर बनी जिन पशुओं की तस्वीरों का तुम आनन्द लेते हो, उनकी झलक पाने के लिए अपने आस-पास मत देखो! कहते हैं कि नई-नई ब्याही गई युवा बीवियाँ ऐसे बच्चों को जन्म देंगी जो पहले से ही बोलने में दक्ष होंगे, जो सन्देश लाएँगे कि वक़्त आ चुका है और आग्रह करेंगे कि उनको मार दिया जाए। लेकिन ऐसे बच्चों को नीचे के गाँवों में जाकर तलाश करने की ज़रूरत नहीं है, ऐसे कुछ ज़्यादा ही अक़्लमन्द बच्चे इन चहारदीवारियों के भीतर पहले ही मारे जा चुके हैं! और भविष्यवाणी में कहे गए उन बच्चों की ही तरह, वे भी बुज़ुर्गों जैसे दिखाई देते थे और उस भविष्यवाणी में वे बच्चे चौपाये थे और प्रेत थे और भ्रूण थे जिनको अपनी माँओं के गर्भों में जादुई मन्त्रों का उच्चार करते हुए भविष्यवाणी करनी थी। और यह सब कुछ लिखा हुआ है, जानते हो? यह लिखा हुआ है कि पदाधिकारियों के बीच, समुदायों

के बीच, चर्चों के बीच कलह पैदा होगी; कि दुराचारी गड़रिये भ्रष्ट, उद्धत, लोभी, आनन्दभोगी, सम्पत्ति-प्रेमी, सारहीन व्याख्यानों में आनन्द लेनेवाले, शेखी बघारनेवाले, दम्भी, तृष्णालु, उद्धत, कामुक, अर्थहीन कीर्ति की तलाश में रहनेवाले, धर्मग्रन्थ के दुश्मन, सँकरे दरवाज़े को तजने के लिए तैयार, सच्ची वाणी से घृणा करनेवाले हो उठेंगे; और वे धर्मनिष्ठता के हर मार्ग से घृणा करेंगे, वे अपने पापों के लिए पछताएँगे नहीं और इसलिए तमाम लोगों के बीच अनास्था, भ्रातृ-घृणा, दुराचार, हृदय की कठोरता, ईर्ष्या, उदासीनता, डकैती, शराबखोरी, असंयम, कामुकता, शारीरिक सुख, व्यभिचार और तमाम दूसरी बुराइयाँ फैलाएँगे। परदुःखकातरता समाप्त हो जाएगी और विनय, शान्तिप्रियता, निर्धनता, करुणा, आँसुओं की सौगात...। जरा सोचो, क्या तुम खुद, यहाँ मौजूद तुम सब, इस मठ के संन्यासी और बाहर की दुनिया से आए महान अतिथिगण, क्या तुम खुद नहीं जानते?''

उसके चुप होने से पैदा हुए अन्तराल में एक सरसराहट सुनाई दी। यह कार्डिनल बर्नार्ड की हलचल से पैदा स्वर था। आख़िर, मैंने सोचा, जॉर्ज किसी महान उपदेशक की तरह बर्ताव कर रहा था और अपने बन्धुओं पर चोट करते हुए वह अतिथियों को भी नहीं बख़्श रहा था। मैं कोई भी क़ीमत चुकाने को तैयार हो सकता था अगर मुझे पता चल सकता कि उस क्षण में बर्नार्ड के दिमाग़ में, या उन गावदी अविग्नानियों के दिमाग़ों में क्या चल रहा था।

''और इस मुकाम पर, ठीक इस मुकाम पर,'' जॉर्ज गरजा, ''एण्टीक्राइस्ट अपने धर्मद्रोही छाया-रूप में प्रगट होगा, हमारे प्रभु की छाया के रूप में, जो कि वह होना चाहता है। उस समय में (जो कि यही समय है) सारी बादशाहतें ख़त्म हो जाएँगी, चारों तरफ़ भुखमरी और ग़रीबी फैल जाएगी, कमज़ोर फसलें और असहनीय सर्दियाँ होंगी। और उस समय की (जो कि यही समय है) सन्ततियों को उनकी ज़रूरत की चीज़ों का इन्तज़ाम करनेवाला और उनके भण्डारों में भोजन का इन्तज़ाम करनेवाला कोई नहीं रह जाएगा और वे बाज़ारों में खरीदने-बेचने के दौरान सताये जाएँगे। तब, वही लोग सौभाग्यशाली होंगे जो यह सब देखने के लिए जीवित नहीं रह जाएँगे, या फिर वे जो इन हालातों में जीवित रह पाने की क़ाबिलियत रखते होंगे! तब विनाश का पुत्र आएगा, वह दुश्मन जो समूची पृथ्वी को ठगने तथा न्याय को पराजित करने अनेक सद्गुणों का प्रदर्शन करते हुए डींगें हाँकता है और अपने को फुलाता है। सीरिया का पतन होगा और उसकी सन्तानें शोक करेंगी। सिलिसिया अपना सिर तब तक ऊँचा रखेगी जब तक कि वह प्रगट नहीं होगा जिसे उस पर फैसला देने को बुलाया गया होगा। बेबिलॉन की बेटी कड़ुआहट का प्याला पीने अपने वैभव के सिंहासन से उठेगी। केपाडोसिया, लीसिया और लाइकाओनिया सिर झुकाएँगीं, क्योंकि उनके अन्याय से दूषित होकर समूची प्रजाएँ नष्ट हो चुकी होंगी। राज्यों पर कब्ज़ा करने बर्बरों के शिविर और युद्ध के रथ हर दिशा से प्रगट होंगे। अर्मेनिया में, पोण्टॅस में और बिथीनिया में युवाओं के सिर कटेंगे, बालिकाओं को क़ैद किया जाएगा, बेटे और बेटियाँ परस्पर व्यभिचार में मुब्तिला होंगे। अपने तेज का दर्प करनेवाली पिसीडिया को धूल चटा दी जाएगी, फ़ीनीशिया के भीतर से तलवार गुज़रेगी, जूडिया शोक से ग्रस्त होगी और अपनी अशुचिता के परिणामस्वरूप नर्क में जाने की तैयारी करेगी। चारों तरफ़ जुगुप्सा और वीरानी छा जाएगी, एण्टीक्राइस्ट पश्चिम को पराजित कर देगा और व्यापार के मार्गों को नष्ट कर देगा; वह अपने हाथों में तलवार और प्रचण्ड अग्नि

लिए होगा, जबरदस्त उग्र लपटें उठेंगीं : ईशनिन्दा उसकी ताक़त होगी, मक्कारी उसका हाथ होगा, उसके दाएँ हाथ में ध्वंस होगा, बाएँ हाथ में अन्धकार होगा। ये वे लक्षण हैं जो उसकी सूचना देंगे : उसका सिर धधकती हुई आग होगा, उसकी दाईं आँख खूनी होगी, उसकी बाईं आँख विडाल की तरह हरी और दो पुतलियों से युक्त होगी और उसकी भौंहें सफ़ेद होंगी, उसका निचला होंठ सूजा होगा, उसका टखना कमज़ोर होगा, उसके पैर बड़े होंगे, उसका अँगूठा कुचला हुआ और लम्बा होगा!"

"यह तो ख़ुद इसी की तस्वीर मालूम होती है," विलियम अन्दर ही अन्दर हँसते हुए फुसफुसाये। यह बहुत ही दुष्टता से भरी हुई टिप्पणीं थी, लेकिन इसके लिए मैं उनका शुक्रगुज़ार था, क्योंकि जॉर्ज की बातें सुनकर मेरे रोंगटे खड़े होने को थे। मुझे अपनी हँसी को रोक पाना मुश्किल हो गया, मेरे गाल फूल गए और मेरे भिंचे हुए होंठों से फिफ्फ की एक आवाज़ फूट पड़ी। उस बुड्ढे के शब्दों ने जो ख़ामोशी पैदा कर दी थी उसके भीतर यह आवाज़ साफ़ सुनी जा सकती थी, लेकिन क़िस्मत से हर किसी को लगा कि शायद कोई खाँस, या सिसक या कँपकँपा रहा था; और वे सब ठीक ही सोच रहे थे।

"ये वो क्षण है," जॉर्ज अब कह रहा था, "जब हर स्तर पर अराजकता फैली होगी, बेटे अपने पिताओं पर हाथ उठाएँगे, बीवियाँ अपने पतियों के ख़िलाफ़ षडयन्त्र रचेंगी, पति बीवियों को अदालतों में तलब करेंगे, स्वामी अपने सेवकों के प्रति अमानवीय होंगे और सेवक अपने स्वामियों की अवज्ञा करेंगे, बुजुर्गों के प्रति सम्मान न रह जाएगा, जवान लोग शासन करना चाहेंगे, कर्म हर किसी को एक व्यर्थ की उबाऊ गतिविधि लगेगी, हर कहीं स्वैराचार का, दुराचार का, मनचाहे आचरण की आज़ादी का गुणगान होगा। और उसके बाद हर तरफ़ से बलात्कार, परस्त्रीगमन, झूठी गवाही, अप्राकृतिक कुकर्म की लहरें उठेंगी और बीमारी और भविष्यकथन और जादू-टोना और उड़ते हुए शरीर आकाश में प्रगट होंगे और नेक ईसाइयों के बीच से नकली पैगम्बर, ईसा के नकली अनुयायी, कलंकी, ठग, मायावी, बलात्कारी, सूदखोर, झूठी गवाहियाँ देनेवाले और सच को झूठ साबित करनेवाले, उठ खड़े होंगे; गड़रिये भेड़ियों में बदल जाएँगे, पुरोहित झूठ बोलेंगे, संन्यासी सांसारिक चीज़ों की लालसा करेंगे, ग़रीब लोग अपने मालिकों की सहायता के लिए तत्पर नहीं होंगे, ताक़तवर निर्दय होंगे, न्याय अन्याय की गवाही देगा। सारे नगर भूकम्प से थर्रा उठेंगे, हर भूभाग में महामारी फैल जाएगी, आँधियाँ धरती को उखाड़ के रख देंगी, खेत दूषित हो जाएँगे, समुद्र से काले द्रवों का रिसाव होगा, चन्द्रमा पर नई और अजीबोग़रीब घटनाएँ होंगी, नक्षत्र अपनी दिशाएँ तज देंगे, दूसरे (अज्ञात) नक्षत्र आकाश में लीकें बनाएँगे, गर्मियों में बर्फ़ गिरेगी और सर्दियों में भीषण गर्मी होगी। और अन्त के क्षण आ चुके होंगे और समय का अन्त...। पहले दिन तीसरी घड़ी में आकाशमण्डल में एक ज़ोरदार स्वर उभरेगा, उत्तर दिशा से बैंगनी रंग का एक बादल उठेगा, उसके बाद बिजली कड़केगी और धरती पर खून की बारिश होगी। दूसरे दिन धरती अपने तल से उखड़ जाएगी और आकाशद्वारों से विशाल अग्नि का धुआँ निकलेगा। तीसरे दिन चारों दिशाओं से धरती के गर्तों की चरमराहट सुनाई देगी। आकाशमण्डल के कंगूरे खुल जाएँगे, हवा में धुएँ के स्तम्भ खड़े हो जाएँगे और दसवीं घड़ी बीतने तक गन्धक की बदबू फैली रहेगी। चौथे दिन, एकदम सुबह-सुबह, रसातल पिघलेगा और उसमें विस्फोट होंगे और इमारतें धराशायी हो जाएँगी। पाँचवें दिन की छठवीं घड़ी में प्रकाश की शक्तियाँ और सूर्य

के पहिये नष्ट हो जाएँगे और धरती पर शाम होने तक अँधेरा छाया रहेगा और चाँद-सितारे अपना कार्यव्यापार बन्द कर देंगे। छठवें दिन चौथी घड़ी में आकाशमण्डल पूरब से पश्चिम तक फट जाएगा और इस दरार से देवदूत स्वर्ग से पृथ्वी पर झाँक सकेंगे तथा पृथ्वी के जीव नीचे झाँकते इन देवदूतों को देख सकेंगे। फिर सारे इनसान न्याय के देवदूतों की निगाह से बचने के लिए पर्वतों में छिप जाएँगे। और सातवें दिन ईसा अपने पिता की रोशनी में प्रगट होंगे। और तब सत्पुरुषों का फैसला होगा और देहों तथा आत्माओं के शाश्वत स्वर्ग में उनका आरोहण होगा। लेकिन मेरे अहम्मन्य बन्धुओ, आज शाम का हमारे चिन्तन का विषय यह नहीं है! ये पापी लोग नहीं होंगे जो आठवें दिन की भोर देखेंगे, जब आसमानों के बीच से मधुर और वात्सल्य से भरा एक स्वर पूरब से उभरेगा और वह देवदूत दिखाई देगा जो तमाम दूसरे पवित्र देवदूतों को आदेश देता है और फिर उसके साथ सारे देवदूत एक साथ, बादलों के रथ पर सवार होकर, आनन्द से भरे हुए, हवा में गतिशील, उन भाग्यवानों की मुक्ति के लिए आगे बढ़ेंगे जिन्होंने आस्था का मार्ग अपनाया और वे सब मिलकर खुशियाँ मनाएँगे क्योंकि इस सृष्टि का विनाश पूरा हो चुका होगा! लेकिन यह सब इसलिए नहीं कि हम आज की शाम गर्व से भरकर खुशियाँ मनाने लगें! इसकी बजाय हम उन शब्दों का माध्यम बनेंगे जिनका उच्चारण प्रभु उन लोगों को अपने से दूर हटाने के लिए करेंगे जिन्होंने मुक्ति प्राप्त नहीं की है : हे अभिशप्त लोगो, मुझ से दूर, उस शाश्वत अग्नि में जाओ जो शैतान और उसके पुरोहितों द्वारा तुम्हारे लिए तैयार करके रखी गई है! यह नियति तुमने ख़ुद अर्जित की है और अब जाकर उसका आनन्द लो! मुझसे परे हटो और शाश्वत अन्धकार में उतरते हुए उस अदम्य अग्नि में समा जाओ! तुमको मैंने बनाया और तुम दूसरे के अनुयायी बन गए! तुम दूसरे मालिक के गुलाम बन गए, अब जाओ और उस अन्धकार में उसी के साथ रहो, उसी के साथ, उस सर्प के साथ जो हर वक़्त दाँत किटकिटाता हुआ सदा व्याकुल बना रहता है! मैंने ये कान तुमको धर्मग्रन्थ का श्रवण करने को दिए थे और तुमने इनका उपयोग पेगनों के शब्द सुनने में किया! मैंने तुम्हारे लिए ईश्वर की महिमा का बखान करने एक मुख गढ़ा और तुमने उसका उपयोग कवियों के झूठ और विदूषकों की पहेलियों के लिए किया! मैंने तुम्हारे लिए अपने उपदेशों का प्रकाश देखने आँखें दीं और तुमने उनका उपयोग अँधेरे में झाँकने के लिए किया! मैं एक दयालु, लेकिन निष्पक्ष न्यायाधीश हूँ। मैं हर व्यक्ति को वही दूँगा जिसका कि वह योग्य है। मैंने तुम पर दया की होती, लेकिन मुझे तुम्हारे हाँडियों में जरा भी तेल नहीं मिला। मैं तुम पर तरस खाने को बाध्य होता, लेकिन तुम्हारे चिराग़ साफ़ नहीं हैं। मुझसे दूर हटो...। प्रभु ऐसा ही कहेंगे। और वे...और शायद हम...अनन्त यातना में अवरोहण करेंगे। पिता के, पुत्र के और ईश्वर के नाम पर।''

''आमीन,'' सभी ने एक स्वर में जवाब दिया।

एक क़तार में, बिना ज़रा भी आहट किए, संन्यासी अपने बिछौनों पर चले गए। माईनोराइटों और पोप के प्रतिनिधियों के मन में एक-दूसरे से बात करने की कोई इच्छा न रह गई थी और वे एकान्त और आराम की चाहना से भरे वहाँ से चले गए। मेरा दिल भारी हो गया था।

''बिस्तर पर, एड्सो,'' धर्मशाला की सीढ़ियाँ चढ़ते हुए विलियम ने मुझसे कहा। ''यह रात भटकने के क़ाबिल नहीं है। हो सकता है कि बर्नार्ड गुई के मन में यह विचार पक रहा

हो कि क्यों न संसार के अन्त का सूत्रपात हमारे अवशेषों के साथ किया जाए। कल हमें प्रातःकालीन प्रार्थना में मौजूद रहने की कोशिश करनी होगी, क्योंकि उसके तुरन्त बाद माईकेल और दूसरे माईनोराइट चले जाएँगे।''

''क्या बर्नार्ड भी चला जाएगा, अपने क़ैदियों को लेकर?'' मैंने धीमे स्वर में पूछा।

''निश्चय ही, यहाँ अब उसे करने के लिए कुछ बचा नहीं है। वह माईकेल से पहले अविग्नॉन पहुँचना चाहेगा, लेकिन कुछ इस तरह कि माइकेल ठीक उस वक़्त वहाँ पहुँचे जब और माईनॉराइट, विधर्मी और हत्यारे भण्डारी का मुक़दमा शुरू हो रहा हो। भण्डारी की चिता की रोशनी, परम आसन की बगल में जलती हुई मसाल की भाँति, पोप के साथ माईकेल की पहली मुलाक़ात को रोशन करेगी।''

''और सल्वाटोर और... उस लड़की का क्या होगा?''

''सल्वाटोर भण्डारी के साथ जाएगा, क्योंकि उसको मुक़दमें में गवाही देनी होगी। हो सकता है कि उसकी इस सेवा के बदले बर्नार्ड उसकी जान बख़्श दे। वह उसको भागने की गुंजाइश देकर बाद में उसको मरवा सकता है, या यह भी हो सकता है कि वह उसको वाक़ई भाग जाने दे, क्योंकि सल्वाटोर जैसा आदमी बर्नार्ड जैसे आदमी के लिए किसी काम का नहीं है। कौन जाने? हो सकता है कि सल्वाटोर अन्त में लैंगुएडॉक के किसी जंगल का हत्यारा डाकू बन जाए...।''

''और वह लड़की?''

''मैंने तुमको बताया था : वह वैसे भी जली हुई देह है। लेकिन उसको रास्ते में ही, तट के किसी कैथारिस्ट गाँव के उत्थान की ख़ातिर, पहले ही जलाया जा चुका होगा। मैंने किसी को कहते सुना है कि बर्नार्ड अपने साथी जेक़ फोर्नियै से मिलनेवाला है (इस नाम को याद रखना : फिलहाल तो वह अल्बीजेन्सियनों को जला रहा है, लेकिन उसकी महत्त्वाकांक्षाएँ इससे कहीं ज़्यादा बड़ी हैं) और एक ख़ूबसूरत मायाविनी को आग में झोंकने से इज़्ज़त और नाम दोनों में इज़ाफ़ा होगा...।''

''लेकिन क्या उनको बचाने के लिए कुछ भी नहीं किया जा सकता?'' मैं चिल्लाया। ''क्या मठाधीश हस्तक्षेप नहीं कर सकते?''

''किसको बचाने के लिए? उस गुनहगार भण्डारी को, जो अपने गुनाह क़बूल कर चुका है? सल्वाटोर जैसे नीच इनसान को? या तुम उस लड़की के बारे में सोच रहे हो?''

''मान लीजिए ऐसा ही है, तो?'' मैंने साहस करते हुए कहा। ''आख़िरकार, उन तीनों में एकमात्र बेक़ुसूर तो वही है : आप जानते हैं कि वह कोई मायाविनी नहीं है...।''

''और तुम्हें लगता है कि इन तमाम घटनाओं के बाद मठाधीश की जो थोड़ी-सी साख बची है, उसे वे एक मायाविनी की ख़ातिर दाँव पर लगा देंगे?''

''लेकिन उन्होंने उबर्तिनों के भाग निकलने के इन्तज़ाम की जिम्मेदारी तो ली ही है!''

''उबर्तिनों उनका एक संन्यासी था और उस पर कोई आरोप भी नहीं था। अलावा इसके, तुम किस तरह की बेवक़ूफ़ी की बात कर रहे हो? उबर्तिनो एक महत्त्वपूर्ण आदमी है; बर्नार्ड उस पर सिर्फ़ पीछे से ही वार कर सकता था।''

''तो भण्डारी का कहना सही था : साधारण इनसान हमेशा दूसरों के किए की सज़ा भुगतते हैं, यहाँ तक कि उनके किए की भी जो उनके पक्ष में बात करते हैं, उबर्तिनो और

माईकेल सरीखे उन लोगों के किए की भी जिन्होंने अपने प्रायश्चित के शब्दों से इन साधारण लोगों को विद्रोह के लिए प्रेरित किया है!" मैं इस क़दर हताशा से भरा हुआ था कि मैंने यह भी नहीं सोचा कि वह लड़की उबर्तिनो के रहस्यवादी दर्शन से सम्मोहित कोई फ्रेटिसेलो नहीं, बल्कि एक किसान थी, जो एक ऐसी चीज़ की सज़ा भुगत रही थी जिससे उसका कोई लेना-देना नहीं था।

"तो ये बात है," विलियम ने खिन्न मन से जवाब दिया। "और अगर तुम वाक़ई न्याय की एक छोटी-सी किरण की भी उम्मीद कर रहे हो, तो मैं तुमको यह कह देता हूँ कि एक दिन पोप और सम्राट जैसे बड़े-बड़े कुत्ते, शान्ति स्थापित करने की खातिर उन छोटे कुत्तों की लाशों से बच कर निकल जाएँगे जो उनकी सेवा में रहते हुए एक-दूसरे को काटते रहे थे। और माइकेल और उबर्तिनो के साथ वैसा ही सुलूक किया जाएगा जैसा सुलूक आज तुम्हारी उस लड़की के साथ किया जा रहा है।"

आज मैं जानता हूँ कि विलियम उस दिन भौतिक दर्शन पर टिकी एक भविष्यवाणी कर रहे थे, या शायद एक युक्तिसंगत तर्क दे रहे थे। लेकिन उस वक़्त मुझे उनकी भविष्यवाणी या युक्तिसंगत तर्क से ज़रा भी सान्त्वना नहीं मिली थी। सिर्फ़ इतना तय था कि लड़की को ज़िन्दा जलाया जानेवाला था। और मैं इसके लिए ख़ुद को ज़िम्मेदार महसूस कर रहा था, क्योंकि यह कुछ ऐसा था मानो वह चिता पर जलकर जिन पापों का प्रायश्चित करनेवाली थी उसमें वह पाप भी शामिल था जो मैंने उसके साथ किया था। मैं शर्मनाक तरीक़े से फूट कर रो पड़ा और अपनी कोठरी की ओर भागा, जहाँ मैं सारी रात तिनकों के अपने बिछौने को कुतरता हुआ असहाय सिसकता रहा, क्योंकि मुझे तो अपनी प्रेयसी का नाम लेकर उस तरह से विलाप करने तक की छूट नहीं थी, जैसी कि उन योद्धाओं के रोमांसों में हुआ करती थी जिनके बारे में मैंने मेल्क में अपने साथियों के साथ पढ़ा था।

यह मेरे जीवन का एकमात्र सांसारिक प्रेम था और मैं तब या बाद में भी कभी उसको नाम लेकर नहीं पुकार सका।

छठवाँ दिन

भोर की प्रार्थना

*जिसमें श्रेष्ठिजन आसनों पर बैठे हुए** थे और मेलाची ज़मीन पर आ गिरता है।*

हम प्रातःकालीन प्रार्थना के लिए गए। रात का आख़िरी पहर, जो कि दरअसल आनेवाले नए दिन का पहला पहर था, अब भी कोहरे में डूबा हुआ था। जैसे ही मैंने क्लॉइस्टॅर को पार किया मेरी उन हड्डियों में सीलन भर गई जो मेरी उखड़ी हुई नींद की वजह से पहले से ही दुख रही थीं। हालाँकि गिरजाघर में खासी ठंड थी लेकिन मैं राहत की साँस लेकर, बाहर के वातावरण से सुरक्षित उन मेहराबों के नीचे अपने घुटनों पर झुक गया, जहाँ दूसरे शरीरों की गर्मी और प्रार्थना की सान्त्वना थी।

भजनों का गान अभी शुरू ही हुआ था जब विलियम ने हमारे सामने के आसनों की तरफ़ इशारा किया : वहाँ जॉर्ज और पेसीफ़िकॅस ऑव टिवोली के बीच की जगह खाली थी। यह मेलाची की जगह थी जो हमेशा उस अन्धे की बगल में बैठा करता था। और उस ग़ैरमौजूदगी पर ध्यान देनेवाले भी हम अकेले नहीं थे। मैंने पाया कि एक तरफ़ मठाधीश ने भी चिन्तित नज़रों से उस ओर देखा था, जो निश्चय ही इस बात को लेकर पर्याप्त सचेत था कि ये खाली जगहें हमेशा किसी भयानक ख़बर की अगवानी करती थीं। और दूसरी तरफ़ मैंने लक्ष्य किया कि जॉर्ज असामान्य रूप से उद्विग्न था। उसकी उन सफ़ेद, खोखली आँखों की वजह से हमेशा अभेद्य बना रहनेवाला उसका चेहरा तो इस वक़्त क़रीब-क़रीब पूरी तरह से अँधेरे में डूबा हुआ था, लेकिन उसके हाथ अधीर और बेचैन थे। सच तो ये है कि वह इस बीच कई बार अपने बग़ल की आसन को टटोल कर देख चुका था, मानो वह जानना चाहता हो कि वह भरी थी या नहीं। वह थोड़ा-थोड़ा रुककर बार-बार उसी चेष्टा को दोहरा रहा था, मानो उसे उस ग़ैरहाज़िर आदमी के किसी भी क्षण प्रगट हो जाने की उम्मीद भी हो लेकिन उसके न मिलने का डर भी साथ में हो।

"लाइब्रेरियन कहाँ हो सकता है?" मैंने फुसफुसाते हुए विलियम से कहा।

"मेलाची इस समय तक उस पुस्तक का इकलौता मालिक है। अगर वह इन अपराधों के लिए ज़िम्मेदार नहीं है, तो हो सकता कि उसको उन ख़तरों का अन्दाज़ा न हो जिनको यह पुस्तक समेटे हुए है।" विलियम ने जवाब दिया।

इससे आगे कहने के लिए कुछ नहीं था। हम सिर्फ़ इन्तज़ार ही कर सकते थे। और हम इन्तज़ार करते रहे : विलियम और मैं, मठाधीश, जो उस खाली जगह को लगातार देख रहा था और जॉर्ज, जिसने अपने हाथों से उस अँधेरे की पड़ताल करना बन्द नहीं किया था।

जब हम प्रार्थना के अन्त पर पहुँच गए, तो मठाधीश ने संन्यासियों और नवदीक्षित चेलों को क्रिसमस के जश्न की तैयारियों की ज़रूरत की याद दिलाई; इसलिए, जैसा कि रिवाज़ था, उसने कहा कि प्रार्थना से पहले का समय इस अवसर के लिए तय कुछ गीतों की प्रस्तुति के लिए पूरे समूह के बीच तालमेल क़ायम करने में ख़र्च किया जाए। इसी बात को ध्यान में रखकर भक्तों की उस मण्डली को एक एकल समूह के रूप में प्रशिक्षित किया गया था, एक ऐसे समूह के रूप में जो पूरी तरह से एकस्वर हो; वर्षों लम्बी चली प्रक्रिया के बाद उन्होंने अपने गायन की एकात्मता हासिल की थी।

मठाधीश ने उन्हें "सेडेरॅण्ट" गाने के लिए आमन्त्रित किया :

श्रेष्ठिजन बैठे हुए थे
और बोल रहे थे
मेरे ख़िलाफ़। दुराचारियों ने
मुझ पर अत्याचार किए हैं।
मेरी सहायता कर, प्रभु,
मेरे ईश्वर; अपनी महान करुणा से
*मेरी रक्षा कर।***

मैंने ख़ुद से सवाल किया कि मठाधीश ने क्या इस ग्रेजुअल का चुनाव जानबूझकर किया

था–उत्पीड़ितों के ईश्वर के प्रति इस पुकार का चुनाव जिसमें दुराचारी राजाओं के ख़िलाफ़ मदद की गुहार लगाई गई है। और उस उपासना-स्थल पर राजाओं के दूत अब भी मौजूद थे, यह याद दिलाने के लिए कि किस तरह हमारा संघ सदियों से, प्रभु के साथ अपने ख़ास रिश्ते के चलते, ताक़तवर लोगों के उत्पीड़न को प्रतिरोध देने को तत्पर रहा था। और उस गायन की शुरुआत ने वाक़ई एक महान शक्ति का प्रभाव उत्पन्न किया।

छन्द की पहली ही पंक्ति के साथ, अपने में दर्जनों स्वरों को समेटे, एक धीमा और मद्धिम गति का समवेत गान प्रारम्भ हुआ, जिसकी मन्द्र ध्वनि ने चर्च के मध्य भाग को भर दिया– ऐसी ध्वनि जो हमारे सिरों के ऊपर तैर रही थी और फिर भी जो पृथ्वी के मर्म से आती प्रतीत होती थी। न ही उसमें कोई व्यतिक्रम पैदा हुआ, क्योंकि जैसे-जैसे दूसरे स्वरों ने उस मेघगम्भीर और अटूट लय में स्वरपेशियों और मेलिस्माओं की एक शृंखला गूँथना आरम्भ किया, वह–टेलुरिक–छायी रही और जितनी देर तक एक वक्ता एक धीमी और सुरीली आवाज़ में बारह दफा ''प्रणाम मेरी''** का उच्चारण करता रहा, उस पूरे समय वह एक भी बार नहीं टूटी। और उस विलम्बित छन्द-पंक्ति से, उस चिरन्तन अन्तराल के रूपक से, इन प्रार्थना करते लोगों को जो आत्मविश्वास हासिल हुआ था, उस आत्मविश्वास ने अन्य गायकों को भी जैसे हर तरह के भय से मुक्त कर दिया हो, इन अन्य गायकों (ख़ास तौर से नवदीक्षित शिष्यों) के स्वरों ने उस ठोस ज़मीन पर उस द्रवणशील और अनुरेखित न्यूम के कँगूरे, स्तम्भ और बुर्ज, खड़े कर दिए। और जब मेरा हृदय एक चरमोत्कर्ष या एक porrectus, एक torculus या एक salicus के स्फुरण के क्षण में माधुर्य से भरकर स्तब्ध रह गया, तो लगा जैसे वे स्वर मुझसे कह रहे हों कि उस अहसास की असह्य समृद्धि के चलते आत्मा (उनकी आत्मा जो प्रार्थना गा रहे थे और मेरी भी जो उसे सुन रहा था) उन स्वरों से विदीर्ण हो गई थी ताकि वह मधुर ध्वनियों के आवेग में अपने आह्लाद, विषाद, सराहना और प्रेम को व्यक्त कर सके। इस बीच, पृथ्वी के तल से उठते उन स्वरों के अदम्य बल में कोई कमी नहीं आई थी, मानो शत्रुओं की धमकी से भरी, उन ताक़तवर लोगों की मौजूदगी जिन्होंने प्रभु की सन्तानों को उत्पीड़ित कर रखा था, अभी भी जस की तस हो। स्वरों का यह अदम्य बल उस क्षण तक बना रहा जब तक कि एकल स्वर की उस वारुणी उत्तेजना को, उसके प्रतिपक्ष में खड़े लोंगों की उल्लासमय भगवत्स्तुति ने उसको अतिक्रान्त नहीं कर लिया, या कम से कम उसको अपना क़ायल नहीं कर लिया और अपने में लपेट नहीं लिया और जब तक कि एक भव्य और पूर्ण स्वरसंघात पर तथा एक प्रतिलोम neum पर सब कुछ का विलय नहीं हो गया।

एकबारगी एक तरह की हठीली मुश्किल के साथ ''आसन पर बैठे हुए थे'' का उच्चारण हो चुकने के बाद, वातावरण में गम्भीर और स्वर्गिक शान्ति के साथ ''श्रेष्ठिजन'' ने उठान ली। अब मैंने खुद से बिलकुल नहीं पूछा कि वे कौन शूरवीर थे जो मेरे ख़िलाफ़ (हमारे ख़िलाफ़) बोले थे; आसन पर जमे हुए उस डरानेवाले प्रेत की छाया विलीन हो चुकी थी, ग़ायब हो चुकी थी।

और मुझे विश्वास था कि उस क्षण में दूसरे प्रेत भी विलीन हो चुके थे, क्योंकि उस गायन में ध्यानमग्न होने के बाद एक बार फिर जब मैंने मेलाची के आसन की तरफ़ देखा, तो मुझे प्रार्थना करते दूसरे लोगों के बीच उस लाइब्रेरियन की आकृति भी दिखाई दी, मानों

वह वहाँ कभी अनुपस्थित था ही नहीं। मैंने विलियम की तरफ़ देखा और उनकी आँखों में राहत का एक संकेत मुझे दिखाई दिया, वैसी ही राहत जैसी मठाधीश की आँखों में थी जिसे मैं एक दूरी से देख रहा था। जहाँ तक जॉर्ज का सवाल था, उसने एक बार फिर अपना हाथ बढ़ाया और अपने पड़ोसी के शरीर को वहाँ पाकर जल्दी से वापस खींच लिया। पर मैं यह नहीं कह सकता था कि वे कौन-से अहसास थे जिन्होंने उसको विचलित कर रखा था।

गायक मण्डली अब पूरी धूमधाम से "एडियुवा मी," का गान कर रही थी, जिसका तीव्र *a* उल्लासपूर्वक समूचे चर्च में गूँज उठा था और यहाँ तक कि *u* भी वैसा कठोर नहीं लग रहा था जैसा कि वह "आसन पर बैठे हुए" में था, इसकी बजाय उसमें धार्मिक जोश था। जैसा कि गायन का क़ाइदा था, गाते हुए संन्यासियों और नवदीक्षित चेलों के शरीर तने हुए थे, कण्ठ खुले हुए थे, सिर उठे हुए थे, पुस्तक क़रीब-क़रीब उनके कन्धों की ऊँचाई पर थी ताकि वे सिर को नीचे झुकाए बग़ैर पढ़ सकें और सीने से साँस को आने में कम से कम ताक़त लगानी पड़े। लेकिन रात अभी भी बाक़ी थी और हालाँकि उत्सवी तुरहियाँ बज रही थीं, बहुत-से गायकों को नींद के झोंकों ने ग्रस्त कर रखा था, जो शायद किसी दीर्घ स्वर-रचना की प्रस्तुति के दौरान अपने आपको उस कीर्तन की लय को सौंपकर उनींदेपन के वशीभूत हो बीच-बीच में सिर हिलाते जा रहे थे। तब, उस स्थिति में भी, जगाने वाले आकर, उनकी देहों और आत्माओं को जागृति की अवस्था में वापस लाने के लिए, रोशनी की मदद से एक एक कर सोये हुए चेहरों को खोजते थे।

इस तरह वह एक जगानेवाला ही था जिसने देखा कि मेलाची एक विचित्र से अन्दाज़ में कुछ इस तरह झूम रहा था, जैसे वह नींद के उस सिमेरियाई कुहासे में सहसा गोता लगाने लगा हो, जिसका आनन्द वह रात में नहीं उठा पाया था। जगानेवाला चिराग़ लेकर उसके क़रीब गया, जिसकी रोशनी में चमकते उसके चेहरे ने मेरा ध्यान खींचा। लाइब्रेरियन ने कोई प्रतिक्रिया नहीं की। आदमी ने उसको छुआ और मेलाची धड़ाम से औंधे मुँह गिर पड़ा। जगानेवाले को उसको सम्हालने का मौक़ा ही नहीं मिल पाया।

कीर्तन धीमा पड़ गया, आवाज़ें ख़ामोश हो गईं, माहौल में थोड़ी-सी देर के लिए भ्रम की स्थिति व्याप गई। विलियम तुरन्त ही अपने आसन से कूद कर उस जगह की तरफ़ भागे जहाँ पर पेसीफ़िकॅस ऑव तिवोली और एक जगानेवाला अचेत मेलाची को ज़मीन पर लिटा रहे थे।

हम लगभग उसी वक़्त उनके क़रीब पहुँचे जब मठाधीश भी वहाँ पहुँचा और चिराग की रोशनी में हमने उस अभागे आदमी का चेहरा देखा। मेलाची की सूरत का बयान मैं पहले ही कर चुका हूँ, लेकिन उस रात, उस उजास में, वह मृत्यु की साक्षात मूर्ति लग रहा था : तीखी नाक, घुसी हुई आँखें, धँसी हुई कनपटियाँ, सफ़ेद, झुर्रीदार कान जिनकी लौरियाँ बाहर की तरफ़ मुड़ी हुई थीं, चीमड़, खिंची हुई, शुष्क पड़ चुकी चेहरे की खाल, पीलापन लिए हुए गाल जिन पर काली छाया फैली थी। आँखें अभी भी खुली हुई थीं और सूखे हुए होंठों से एक थकी हुई-सी साँस बाहर आ रही थी। उसने अपना मुँह खोला और मैंने जैसे ही विलियम, जो उस पर झुके हुए थे, के पीछे से झाँका, मुझे उसके दाँतों के घेरे के भीतर से एक काली-सी जीभ हिलती हुई दिखाई दी। विलियम ने, जिन्होंने अपने एक हाथ से मेलाची के कन्धों को

थाम रखा था, उसे सीधा किया और दूसरे हाथ से उसके माथे पर चिलचिलाते पसीने को पोंछा। मेलाची ने एक स्पर्श को और एक मौजूदगी को महसूस किया; उसने सीधे आगे की तरफ़ निगाह फेंकी, जिसमें निश्चय ही देखने का कोई भाव नहीं था, जिसमें निश्चित तौर पर इसकी कोई पहचान नहीं थी कि उसके सामने कौन था। उसने काँपता हुआ हाथ उठाया, विलियम के सीने को थामकर उनके चेहरे को अपने चेहरे के एकदम क़रीब खींचा और फिर बुझे और फटे हुए से स्वर में कुछ शब्द बुदबुदाए : ''उसने मुझसे कहा था... सचमुच...उसमें हज़ार बिच्छुओं की ताक़त थी...।''

''तुमसे किसने कहा था?'' विलियम ने उससे पूछा। ''किसने?''

मेलाची ने फिर से बोलने की कोशिश की। लेकिन उसने बुरी तरह से काँपना शुरू कर दिया और उसका सिर पीछे की तरफ़ लुढ़क गया। उसके चेहरे की समूची रंगत, जीवन की समूची आभा जाती रही। वह मर चुका था।

विलियम उठ खड़े हुए। उन्होंने अपने बाजू में खड़े मठाधीश को लक्ष्य किया, लेकिन उससे एक भी शब्द नहीं बोले। फिर, मठाधीश के पीछे, उन्होंने बर्नार्ड गुई को देखा।

''श्रीमान बर्नार्ड,'' विलियम ने पूछा, ''जब आपने इतनी होशियारी के साथ हत्यारों को खोजकर उनको क़ैद कर लिया है, तब इस आदमी की हत्या किसने की?''

''मुझसे मत पूछिए,'' बर्नार्ड ने कहा। ''मैंने कभी नहीं कहा कि मैं उन सारे अपराधियों को क़ानून के हवाले कर चुका हूँ जो इस मठ में छुट्टा घूम रहे हैं। अगर यह मेरे वश में होता, तो मैंने ख़ुशी-ख़ुशी किया होता।'' उसने विलियम की ओर देखा। ''लेकिन अब इन दूसरों को मैं श्रीमान् मठाधीश की सख़्ती...या अतिशय दयालुता के हवाले छोड़ता हूँ।'' मठाधीश का चेहरा पीला पड़ गया और वह ख़ामोश रह गया।

तभी हमें एक क़िस्म की रिरियाहट, एक घुटी-घुटी-सी सिसकी सुनाई दी। यह जॉर्ज था, प्रार्थना के अपने आसन पर झुका हुआ, जिसे एक संन्यासी ने सहारा दे रखा था, जिसने उसको निश्चय ही इस घटना के बारे में बता दिया था।

''इसका अन्त कभी नहीं होगा...'' उसने टूटे हुए स्वर में कहा। ''हे प्रभु हम सबको क्षमा करना!''

विलियम एक बार फिर पल-भर के लिए शव पर झुके। उन्होंने उसकी कलाई थामी और हथेलियों को रोशनी की तरफ़ मोड़ा। दाएँ हाथ की पहली तीन अँगुलियों के मांसल हिस्से काले पड़ चुके थे।

प्रत्यूष वन्दना

जिसमें एक नया भण्डारी चुना जाता है, लेकिन नया लाइब्रेरियन नहीं।

क्या प्रत्यूष-वन्दना का समय हो चुका था? यह पहले की घटना है या बाद की? उस पल के बाद से समय का मेरा अहसास जाता रहा था। उस बात को शायद घंटों बीत चुके थे,

या शायद कुछ कम, जब मेलाची की लाश को गिरजाघर में एक खुली हुई शवगाड़ी पर लिटाया गया था और बन्धुगण उसके गिर्द आधा घेरा बनाए खड़े हुए थे। मठाधीश ने तुरन्त अन्तिम संस्कार करने का हुक्म दिया। मैंने उसे बेनो और निकोलॅस ऑव मोरीमोण्डो को तलब करते सुना था। उसने कहा था कि एक से भी कम दिन के समय में मठ अपने लाइब्रेरियन और भण्डारी से वंचित हो चुका था। उसने निकोलॅस से कहा, "तुम रेमेजियो का काम सँभालोगे। तुम इस मठ के भीतर के बहुत-से लोगों के काम से वाक़िफ़ हो। किसी व्यक्ति का नाम बताओ जो लोहारखाने का तुम्हारा काम देख सके और तुम रसोई और भोजनालय की आज की तात्कालिक ज़रूरतों को पूरा करो। तुम्हें प्रार्थनाओं में शामिल न होने की छूट होगी। जाओ।" फिर वे बेनो से बोले, "कल ही तुम्हें मेलाची का असिस्टेण्ट बनाया गया था। स्क्रिप्टोरियम के खोलने का इन्तज़ाम करो और सुनिश्चित करो कि कोई भी व्यक्ति पुस्तकालय में अकेला न जाए।" शरमाते हुए, बेनो ने बताया कि उसको उस जगह की गोपनीयताओं के बारे में अब तक दीक्षित नहीं किया गया था। मठाधीश ने उसकी ओर सख़्त निगाहों से देखा। "तुमसे किसी ने नहीं कहा कि तुमको यह दीक्षा दी जाएगी। तुमको यह देखना है कि काम चलता रहे और हमारे मृत बन्धुओं के प्रति प्रार्थना के तौर पर चलता रहे...और उन बन्धुओं के प्रति जिन्हें अभी मरना है। हर संन्यासी सिर्फ़ उन पुस्तकों पर काम करेगा जो उसे पहले से मिली हुई हैं। जो लोग चाहें वे कैटलॉग देख सकते हैं। और कुछ नहीं। तुम्हें शाम की प्रार्थना से छुट्टी दी गई है, क्योंकि उस वक़्त तुम्हें तमाम जगहों पर ताले डालने होंगे।"

लेकिन फिर मैं बाहर कैसे निकलूँगा?" बेनो ने पूछा।

"अच्छा सवाल है। रात के भोजन के बाद निचले दरवाज़े मैं बन्द करूँगा। जाओ।"

वह उनके साथ चला गया, विलियम से बचता हुआ, जो उससे बात करना चाहते थे। क्वाइअॅ पर एक छोटा-सा समूह बचा रह गया : एलिनार्डो, पेसिफ़िकॅस ऑव तिवोली, अयमारो ऑव अलेसेण्डरिया और पीटर ऑव सेण्ट'अल्बानो। अयमारो व्यंग्य कर रहा था।

"हमें प्रभु का शुक्रिया अदा करना चाहिए," उसने कहा। "उस जर्मन के मर जाने के बाद और भी बर्बर लाइब्रेरियन के मिलने का ख़तरा था।"

"तुम्हारे अन्दाज़ से उसकी जगह पर किसको लाया जाएगा? विलियम ने पूछा।

पीटर ऑव सेण्ट'अल्बानो रहस्यमय ढंग से मुस्कराया। "इन पिछले कुछ दिनों में जो कुछ घटित हुआ है, उसको देखते हुए समस्या अब लाइब्रेरियन नहीं है, बल्कि मठाधीश है... ।"

"हुश," पेसिफ़िकॅस ने उससे कहा। और एलिनार्डो हमेशा की तरह अपनी चिन्तनशील मुद्रा के साथ बोला, "वे एक और अन्याय करेंगे...जैसा कि उन्होंने मेरे वक़्त में किया था। उन पर रोक लगनी चाहिए।"

"किन पर?" विलियम ने पूछा। पेसिफ़िकॅस ने बहुत ही विश्वास में लेने के भाव से उनकी बाँह थामी और उनको बूढ़े से थोड़ी दूर दरवाज़े की तरफ़ ले गया।

"एलिनार्डो ...जैसा कि आप जानते ही हैं...हम उसको बहुत प्यार करते हैं। हमारे लिए वह पुरानी परम्परा की और इस मठ के सबसे ख़ूबसूरत दिनों की याद दिलाता है।...लेकिन कभी-कभी वह बिना समझे बोलने लगता है। नए लाइब्रेरियन को लेकर हम सब चिन्तित

हैं। जो भी आदमी आए उसको क़ाबिल होना चाहिए और परिपक्व और अक़्लमन्द...। बस इतनी सी बात है।''

''क्या उसको ग्रीक आना ज़रूरी है?'' विलियम ने पूछा।

''और अरबी भी, जैसी कि परम्परा रही है : यह उसके ओहदे की माँग है। लेकिन यहाँ पर हममें से ऐसे कई लोग हैं जिनमें ये योग्यताएँ हैं। मैं हूँ, अगर मुझे ऐसा कहने की इजाज़त हो तो और पीटर है, अयमारो है...''

''बेनो ग्रीक जानता है।''

''बेनो बहुत छोटा है। मैं नहीं जानता कि मेलाची ने क्यों कल उसको अपने सहायक के रूप में चुना, लेकिन...''

''क्या अडेल्मो ग्रीक जानता था?''

''मेरा ख़याल है नहीं। नहीं, निश्चय ही नहीं।''

''लेकिन वेनेण्टियॅस जानता था। और बेरेंगर। बहुत अच्छे, शुक्रिया।''

हम कुछ हासिल करने की उम्मीद में रसोई की तरफ़ चल पड़े।

''आप क्यों जानना चाहते थे कि ग्रीक किसको आती थी?'' मैंने पूछा।

''क्योंकि वे सारे लोग जिनकी अँगुलियाँ मरने पर काली पड़ जाती हैं, ग्रीक जानते हैं। इसलिए यह अनुमान करना तर्कसंगत है कि अगली लाश उन्हीं में से किसी की होगी जो ग्रीक जानते हैं। मुझ समेत। तुम सुरक्षित हो।''

''और मेलाची के आख़िरी शब्दों के बारे में आपका क्या सोचना है?''

''तुमने वे शब्द सुने हैं। बिच्छू। पाँचवीं तुरही, दूसरी चीज़ों के साथ-साथ, उन टिड्डियों के आगमन की भी घोषणा करती है जो किसी बिच्छू जैसे अपने डंक से इनसानों को सताएँगी। और मेलाची ने हमें सूचना दी थी कि किसी ने उसको इसकी चेतावनी दी थी।''

''छठवीं तुरही बाघों के सिरोंवाले घोड़ों की घोषणा करती है जो अपने मुँह से धुआँ और आग और गन्धक उगलेंगे, जिन पर आग, मणि और गन्धक के रंग के कवच धारण किए हुए इनसान सवार होंगे।'' मैंने कहा।

''बहुत-सी चीज़ें। लेकिन अगला गुनाह घुड़साल के क़रीब घटित हो सकता है। हमें उस पर निगाह रखनी चाहिए। और हमें ख़ुद को सातवें विस्फोट के लिए भी तैयार रखना होगा। दो और शिकार अभी बचे हैं। इनमें सबसे ज़्यादा सम्भावित उम्मीदवार कौन हो सकते हैं? अगर लक्ष्य फ़िनिस अफ़्रीका का रहस्य है, तो यह वो व्यक्ति होगा जो इस रहस्य को जानता है। जहाँ तक मेरा ख़याल है, ऐसा व्यक्ति सिर्फ़ मठाधीश है। बशर्ते कि कोई बिल्कुल दूसरा ही षडयन्त्र न हो। तुमने अभी-अभी उनकी बातें सुनी हैं कि वे किस तरह मठाधीश को हटाने की योजना बना रहे हैं, हालाँकि एलिनार्डो बहुवचन में बात कर रहा था...।''

''मठाधीश को सचेत कर दिया जाना चाहिए,'' मैंने कहा।

''काहे के बारे में? कि वे उनकी हत्या कर देंगे? मेरे पास कोई पुख़्ता सबूत नहीं है। मैं यह मानकर आगे बढ़ता हूँ कि हत्यारा और मैं एक ही तरह से सोचते हैं। लेकिन अगर उसका मंसूबा कुछ और ही हुआ तो? और अगर, ख़ास तौर से, हत्यारा कोई *एक* न हुआ तो?''

"आप क्या कहना चाहते हैं?"

"मुझे ठीक-ठीक पता नहीं। लेकिन जैसा कि मैंने तुमसे कहा था, हमें सारे सम्भावित सिलसिलों की और बेसिलसिलेपन की भी, कल्पना करनी होगी।"

प्रातःकालीन उपासना

जिसमें ख़ज़ाने के तलघर की यात्रा के दौरान निकोलॅस बहुत-सी बातें बताता है।

निकोलॅस ऑव मोरिमोण्डो भण्डार-रक्षक की अपनी नई हैसियत में रसोइयों को आदेश दे रहा था और वे उसको रसोई के कामकाज के बारे में सूचनाएँ दे रहे थे। विलियम उससे बात करना चाहते थे, लेकिन निकोलॅस ने हमसे इन्तज़ार करने को कहा; ख़ज़ाने के तलघर में जारी शीशे के सन्दूकों के पॉलिश की देख-रेख अभी भी उसके काम में शामिल थी और उसने कहा कि इसी देखरेख के सिलसिले में उसको तलघर में जाना होगा जहाँ पर बातचीत के लिए उसके पास ज़्यादा वक़्त होगा।

थोड़ी ही देर बाद ख़ुद उसी ने हमसे उसके पीछे आने को कहा। वह चर्च में घुसा, मुख्य आल्टर के पीछे गया (जिस दौरान संन्यासी मेलाची के शव की निगरानी के लिए नेव में मंच तैयार कर रहे थे) और एक छोटी-सी सीढ़ी के रास्ते हमको नीचे ले गया। नीचे उतरते ही हमने अपने आपको एक ऐसी निचली छतवाले कमरे में पाया जो मोटे खुरदुरे पत्थरों से बने खम्भों पर खड़ी हुई थी। हम उस तलघर में थे जहाँ मठ का ख़ज़ाना रखा हुआ था, वह जगह जिसे लेकर मठाधीश बहुत ही चौकन्ना रहता था और जिसे एकदम ख़ास परिस्थितियों में तथा बहुत ही ख़ास मेहमानों के लिए खोलने की इजाज़त दिया करते था।

हर तरफ़ अलग-अलग आकार के शीशे के बक्से रखे हुए थे; उनमें रखी हुई विलक्षण रूप से ख़ूबसूरत चीज़ें मशालों (जिन्हें निकोलॅस के दो विश्वसनीय सहयोगियों ने जला रखा था) की रोशनी में चमक रही थीं। स्वर्ण परिधान, रत्न-जटित स्वर्ण-मुकुट, विभिन्न धातुओं से बनी तिजोरियाँ जिन पर आकृतियाँ उकेरी हुई थीं, नियलो और हाथीदाँत की बनी कृतियाँ। उल्लास से भरकर निकोलॅस ने हमें एक इवेंजिलेरियॅम दिखाया जिसकी ज़िल्द पर मीनाकारी से युक्त फलक प्रदर्शित थे जो सोने के बारीक़ तारों की रेखाओं से खाकाबद्ध और कीलों की शक्ल लिए मूल्यवान रत्नों से जड़े गए वर्गीकृत खण्डों की एक बहुरंगी इकाई को आकार देते थे। उसने हमें नीलम और सोने के दो स्तम्भोंवाला एक नाज़ुक इडिकुला दिखाया जिसमें सुर्ख़ गोमेद की पृष्ठभूमि में तेरह हीरकों से जड़ित सुनहरी सलीब में ईसा की समाधि को मढ़ा गया था, जबकि उसके ऊपर का छोटा-सा तिकोना तोरण सुलेमानी और माणिकों से सजा हुआ था। फिर मैंने सोने और हाथीदाँत से बना एक डिप्टिक देखा, जो पाँच हिस्सों में बँटा था, जिनमें हर एक पर ईसा के जीवन से सम्बन्धित चित्र अंकित थे और जिसके बीच में मोम की तरह सफ़ेद तल पर एक रंगबिरंगी आकृति रचता हुआ शीशे के मसाले से युक्त चमकीली चाँदी के टुकड़ों से बना एक रहस्यमय चिराग़ रखा था।

इन चीज़ों के बारे में हमें बताते हुए निकोलॅस का चेहरा और भंगिमाएँ गर्व से दमक रहे थे। विलियम ने उन चीज़ों की तारीफ़ की और फिर निकोलॅस से पूछा कि मेलाची किस क़िस्म का इनसान था।

निकोलॅस ने अपनी एक अँगुली को गीला कर ग़लत ढंग से पॉलिश की गई एक स्फटिक सतह को रगड़ा और फिर विलियम के चेहरे की तरफ़ न देखते हुए, अधूरी मुस्कराहट के साथ जवाब दिया : ''जैसा कि कई लोगों का कहना है, मेलाची देखने में तो बहुत ही सोचने-विचारने वाला इनसान मालूम पड़ता था, लेकिन था वह इसके उलट बहुत ही साधारण इनसान। एलिनार्डो के मुताबिक़ तो वह एक मूर्ख व्यक्ति था।''

''एलिनार्डो के मन में उस वक़्त के किसी व्यक्ति को लेकर एक बहुत पुरानी खुन्नस है, जब उसे लाइब्रेरियन होने के गौरव से वंचित कर दिया गया था।''

''इसकी चर्चा मैंने भी सुनी है, लेकिन यह एक बहुत पुराना क़िस्सा है, कम से कम पचास बरस पुराना। जब मैं यहाँ आया था तब लाइब्रेरियन था रॉबर्ट ऑव बोबियो और वह बूढ़ा संन्यासी एलिनार्डो के साथ हुई नाइंसाफ़ी के बारे में बड़बड़ाया करता था। रॉबर्ट का एक सहयोगी था, जो बाद में मर गया और मेलाची, जो अभी एकदम नवयुवक ही था, उसकी जगह पर बिठा दिया गया था। कई लोगों का कहना था कि मेलाची में क़ाबिलियत नहीं थी और यह भी कि हालाँकि वह ग्रीक और अरबी जानने का दावा करता था, लेकिन उसका यह दावा सही नहीं था, वह सिर्फ़ नक़ल तैयार करने में, ख़ूबसूरत लिखावट में उन भाषाओं की पाण्डुलिपियों की प्रतियाँ तैयार करने में ही दक्ष था, बिना यह समझे कि वह किस चीज़ की प्रतियाँ तैयार कर रहा है। एलिनार्डो व्यंग्य किया करता था कि मेलाची को वह हैसियत उसके, यानी एलिनार्डो के, दुश्मन की योजनाओं को मदद पहुँचाने के लिए बख़्शी गई थी। लेकिन मैं समझ नहीं पाया कि उसका इशारा किस की तरफ़ था। कुल क़िस्सा यह है। लोग हमेशा कानाफूसी करते रहे हैं कि मेलाची ने किसी रखवाले कुत्ते की तरह पुस्तकालय की रक्षा की है, लेकिन वह किस चीज़ की रक्षा कर रहा था, इसका कोई ज्ञान उसको नहीं था। ऐसी ही कानाफूसी बेरेंगर के ख़िलाफ़ भी हुई थी, जब मेलाची ने उसको अपना सहयोगी चुना था। लोगों का कहना था कि यह नौजवान भी अपने गुरु से ज़्यादा चतुर नहीं था, कि वह सिर्फ़ एक षडयन्त्रकारी था। उनका यह भी कहना था—लेकिन ये अफ़वाहें तो अब तक आप भी सुन ही चुके होंगे—कि उसके और मेलाची के बीच एक अजीब क़िस्म का रिश्ता था। ...पुराने गॉसिप। फिर, जैसा कि आप जानते हैं, बेरेंगर और एडेल्मो को लेकर भी चर्चा थी और नौजवान लिपिकारों का कहना था कि मेलाची अन्दर ही अन्दर भयानक ईर्ष्या की आग में जलता रहता था...। और फिर मेलाची और जॉर्ज के रिश्तों को लेकर भी दबी ज़ुबान चर्चा थी। नहीं, उस अर्थ में नहीं जिसमें आप सोच रहे होंगे—जॉर्ज के सदाचार को लेकर कभी किसी ने एक शब्द नहीं कहा!—लेकिन मेलाची को अपने प्रायश्चित के लिए दस्तूर के मुताबिक़ मठाधीश को चुनना चाहिए था, जबकि तमाम दूसरे संन्यासी अपने प्रायश्चित के लिए जॉर्ज के पास जाते हैं (या एलिनार्डो के पास, लेकिन वह बुड्ढा तो अब क़रीब-क़रीब अपना होश गवाँ चुका है)...। ख़ैर, लोगों का कहना है कि इसके बावजूद, लाइब्रेरियन अक्सर ही जॉर्ज से गुप्त मशविरे किया करता था, मानो मेलाची की आत्मा पर तो मठाधीश का अधिकार था लेकिन जॉर्ज उसकी देह का, उसके क्रियाकलापों का, उसके कामकाज का नियमन करते थे।

वाक़ई, जैसा कि आप ख़ुद ही जानते हैं और आपने शायद देखा भी होगा, अगर कोई व्यक्ति किसी प्राचीन, विस्मृत पुस्तक के स्थान के बारे में जानना चाहता था, तो वह मेलाची से नहीं, जॉर्ज से पूछता था। मेलाची कैटलॉग का रखरखाव करता था और पुस्तकालय में जाता था, लेकिन यह बात जॉर्ज जानते थे कि किस शीर्षक का क्या मतलब था...।''

''जॉर्ज को पुस्तकालय के बारे में इतनी सारी बातें क्यों मालूम थीं?

''एलिनार्डो के बाद वे सबसे पुराने हैं; वे अपने जवानी के दिनों से यहाँ पर हैं। जॉर्ज अस्सी से ऊपर के होंगे और लोगों का कहना है कि वे कम से कम चालीस बरस, या शायद इससे भी ज़्यादा समय से अन्धे हैं...।''

''उनमें इतनी विद्वत्ता कैसे आ गई, अन्धा होने से पहले?''

''ओह, उनके बारे में किंवदन्तियाँ हैं। लगता है कि जब वे महज़ एक बालक थे, तभी उनको ईश्वरीय कृपा प्राप्त हो चुकी थी और तब जबकि वे एक बच्चे ही थे, उन्होंने अपनी पुश्तैनी गढ़ी में रहते हुए अरब और ग्रीक आचार्यों की पुस्तकें पढ़ ली थीं। और फिर अपने अन्धे हो चुकने के बाद, यहाँ तक कि आज भी, वे घंटों पुस्तकालय में बैठते हैं, दूसरे लोग उनको कैटलॉग पढ़कर सुनाते हैं और पुस्तकें लाकर देते हैं और कोई नवदीक्षित शिष्य उनको कई-कई घंटे पुस्तक पढ़कर सुनाता है।''

''अब जबकि मेलाची और बेरेंगर मर चुके हैं, पुस्तकालय के रहस्यों को जाननेवाला कौन व्यक्ति बचा है?''

''मठाधीश और अब...अगर मठाधीश ने चाहा तो ...वे ये रहस्य बेनो को सौंपेंगे।''

''तुम यह क्यों कह रहे हो कि 'अगर उन्होंने चाहा तो' ?''

''क्योंकि बेनो अभी छोटा है और मेलाची के ज़िन्दा रहते उसको असिस्टेण्ट का दर्जा दिया गया था; असिस्टेण्ट लाइब्रेरियन होने और लाइबेरियन होने में फ़र्क़ है। जैसी कि परम्परा है, लाइब्रेरियन ही बाद में मठार्धाश बनता है...।''

''अच्छा, तो ये बात है...। यही वजह है कि लाइब्रेरियन के पद को हासिल करने के लिए लोग इतने लालायित रहते हैं। लेकिन इसका मतलब है कि एबो कभी लाइब्रेरियन भी हुआ करते थे?''

''नहीं, एबो नहीं। उनकी नियुक्ति मेरे यहाँ आने से पहले हुई थी; अब इसको तीस बरस हो चुके होंगे। उसके पहले, मठाधीश था पॉल ऑव रिमी, एक अनोखा आदमी जिसके बारे में विचित्र क़िस्से प्रचलित हैं। लगता है कि वह एक बेहद भुक्खड़ पाठक था, उसको पुस्तकालय की तमाम पुस्तकों की गहरी जानकारी थी, लेकिन उसमें एक विचित्र क़िस्म की कमज़ोरी थी : उसमें लिखने की क़ाबिलियत नहीं थी। लोग उसको 'लिख पाने में अक्षम मठाधीश'** कहा करते थे...। वह एकदम युवावस्था में ही मठाधीश बन गया था; कहा जाता है कि उसको अल्गिर्दास ऑव क्लूनी का समर्थन मिला हुआ था...। लेकिन यह संन्यासियों का एक पुराना गॉसिप है। ख़ैर, पॉल मठाधीश बन गया और रॉबर्ट ऑव बोबियो ने पुस्तकालय में उसकी जगह ले ली, लेकिन वह कमज़ोर होता गया और एक बीमारी ने उसको निगल लिया; लोगों को पता था कि वह कभी भी मठ पर हुकूमत करने के क़ाबिल नहीं हो सकेगा और फिर पॉल ऑव रिमी अचानक ग़ायब हो गया...।''

''मर गया?''

"नहीं, वह ग़ायब हो गया था, मैं नहीं जानता कैसे। एक दिन वह एक यात्रा पर निकला और फिर कभी वापस नहीं आया; हो सकता है कि यात्रा के दौरान वह चोरों के हाथों मारा गया हो...। ख़ैर, जब पॉल ग़ायब हो गया, तो रॉबर्ट उसकी जगह नहीं ले सका और फिर अन्दरूनी योजनाएँ चलती रहीं। एबो–ऐसा कहा जाता है–इस ज़िले के ज़मींदार के औरस पुत्र थे। वे फोसानोवा के मठ में पले-बढ़े थे; कहा जाता है कि उनकी युवावस्था में जब वहाँ पर सेण्ट थॉमस की मृत्यु हुई थी तो उन्होंने उनकी देखभाल की थी और उन्हें उनकी भारीभरकम काया को एक ऐसी मीनार की सीढ़ियों से ढोकर नीचे तक ले जाने का काम सौंपा गया था जहाँ से शव गुज़र नहीं सकता था...। यहाँ उनसे ईर्ष्या रखनेवाले लोग इसे उनके उत्कर्ष का क्षण मानते हैं...। तथ्य यह है कि वे मठाधीश चुने गए, भले ही वे लाइब्रेरियन नहीं रहे थे और पुस्तकालय के रहस्यों के बारे में उनको किसी व्यक्ति द्वारा, मेरा ख़याल है रॉबर्ट द्वारा, प्रशिक्षित किया गया। अब आप समझ गए होंगे कि मैं इस बारे में निश्चित क्यों नहीं हूँ कि मठाधीश बेनो को शिक्षित करना चाहेंगे या नहीं : यह उसको अपना उत्तराधिकारी चुनने जैसी बात होगी, एक लापरवाह नौजवान, सुदूर उत्तर का एक अर्ध-बर्बर वैयाकरण, उसको इस देश के बारे में, इस मठ के बारे में, इस इलाक़े के जागीरदारों के साथ इसके रिश्तों के बारे में क्या ज्ञान हो सकता है?"

"लेकिन मेलाची भी तो इतालवी नहीं था, न ही बेरेंगर था और तब भी दोनों को पुस्तकालय में नियुक्त किया गया था।"

"मैं आपको एक रहस्य की बात बताता हूँ। संन्यासियों में इस बात को लेकर शिकायत है कि यह मठ पिछली आधी सदी या उससे भी ज़्यादा समय से अपनी परम्पराओं को त्यागता चला जा रहा है...। यही वजह है कि पचास बरस पहले, या शायद उससे भी पहले, एलिनार्डो लाइब्रेरियन जैसे पद तक पहुँच गया था। लाइब्रेरियन हमेशा से इतालवी व्यक्ति होता आया था–इस भूमि पर महाबुद्धिमानों की कोई कमी नहीं है। अलावा इसके, आप देखें कि..." यहाँ निकोलॅस हिचकिचाया, जैसे वह जो कुछ कहनेवाला था, उसे कहना नहीं चाहता था। "...आप देखें कि, मेलाची और बेरेंगर मर गए, शायद इसलिए ताकि वे मठाधीश न बन पाएँ।"

वह हिला, उसने अपने चेहरे के सामने हाथ हिलाया, जैसे बुरे विचारों को परे हटाना चाहता हो, फिर उसने क्रॉस का निशान बनाया। "क्या मैं कुछ भी बके जा रहा हूँ? आप जानते हैं, इस मुल्क में पिछले कई सालों से शर्मनाक घटनाएँ होती चली आ रही हैं, यहाँ तक कि वे मठों में, पोप के दरबार में, गिरजाघरों में भी होती रही हैं...। सत्ता हासिल करने के लिए संघर्ष, किसी से पुरोहिताई हथियाने के लिए उस पर विधर्मिता का आरोप...। कितना घिनौना है! मेरा तो मनुष्य जाति पर से भरोसा ख़त्म होता जा रहा है; मुझे हर तरफ़ छल-प्रपंच और षडयन्त्र दिखाई देते हैं। कितनी खेद की बात है कि हमारे इस मठ को इस स्तर पर आकर गिरना था, जो जगह धर्मप्राण ईसाइयों की महासिद्धि के लिए जानी जाती थी, वहाँ किसी गुप्त तिलिस्म के भीतर से साँपों की बाँबी को पैदा होना था! जरा देखिए तो, इस मठ के अतीत को!"

उसने चारों तरफ़ बिखरे पड़े ख़ज़ाने की ओर इशारा किया और, सलीबों तथा दूसरे पात्रों को छोड़ता हुआ, वह हमें वे अवशेष दिखाने लगा, जो मठ की महिमा का बखान करते थे।

"देखिए," उसने कहा, "यह उस भाले की नोक है जिसने ईसा मसीह के पहलू को भेदा था!" हमने स्फटिक से ढँका एक सोने का डिब्बा देखा जिसके भीतर बैंगनी कुशन पर लोहे का एक त्रिभुजाकार टुकड़ा रखा हुआ था, जिस पर कभी ज़ंग लगी रही होगी लेकिन अब वह तेल और मोम के लगातार पॉलिश के चलते जगमगा रहा था। लेकिन यह तो अभी कुछ भी नहीं था। क्योंकि एक और भी डिब्बा था, नीलम से जड़ा हुआ चाँदी का डिब्बा, जिसका सामने का हिस्सा पारदर्शी था, उसमें मैंने पवित्र सलीब की पूजित लकड़ी का एक टुकड़ा रखा हुआ देखा, जिसे इस मठ में सम्राट कोण्टिस्टाइन की माँ क्वीन हेलेना अपनी उन तीर्थ-यात्राओं के बाद खुद लेकर आई थीं, जिनके दौरान उन्होंने गोलोथा की पहाड़ी और पवित्र समाधि की खुदाई कराई थी और उस पर एक कैथेड्रल बनवाया था।

इसके बाद निकोलॅस ने हमें दूसरी चीज़ें दिखाईं और मैं उन सब का, उनकी संख्या और दुर्लभता के साथ वर्णन नहीं कर सकता। वहाँ, एक्वामेराइन के एक बक्से में, सलीब की एक कील थी। सूखे गुलाबों के कुशन पर रखे काँच के एक कलश में काँटों के मुकुट का एक हिस्सा था; और एक-दूसरे बक्से में सूखे हुए फूलों की गद्दी पर आखिरी भोज के टेबिल-क्लॉथ की एक पीली धज्जी रखी हुई थी। और फिर वहाँ सेण्ट मैथ्यू का बटुआ था, चाँदी की लड़ियों से बना हुआ; और समय के साथ फीके पड़ गए बैंगनी रंग के फीते में लिपटे तथा सोने के ढक्कन से युक्त एक सिलेण्डर में सेण्ट एनी की बाँह की एक हड्डी रखी थी। आश्चर्यों के भी आश्चर्य के रूप में, मैंने देखा, शीशे के एक घंटी के आकार के ढक्कन के तले, मोतियों से काढ़े गए एक सुर्ख कुशन पर बेथलहेम की नाँद का एक टुकड़ा, सेण्ट जॉन दि इवेंजिलिस्ट की बैगनी पोशाक की एक बाँह, दो कड़ियाँ उन जंज़ीरों की जिनसे रोम में ईसा के पट्ट शिष्य पीटर के पैरों को बाँधा गया था, सेण्ट एडाल्बर्ट की खोपड़ी, सेण्ट स्टीफेन की तलवार, सेण्ट मार्ग्रेट की जाँघ की अस्थि, सेण्ट विटालिस की एक अँगुली, सेण्ट सोफिया की एक पसली, सेण्ट ओबानॅस की ठोड़ी, सेण्ट क्राइसोस्टोम के कन्धे की हड्डी का ऊपरी हिस्सा, सेण्ट जोज़ेफ़ की सगाई की अँगूठी, दि बेप्टिस्ट का एक दाँत, मूसा की छड़ी, वर्जिन मेरी के विवाह की पोशाक की बेहद नफ़ीस लेस का एक जर्जर टुकड़ा।

और फिर दूसरी भी चीज़ें थीं जो अवशेष तो नहीं थे लेकिन जो तब भी सुदूर प्रदेशों के आश्चर्यों और अद्भुत हस्तियों की चिरस्थायी साक्षी थीं और जो दुनिया के सुदूर छोरों की यात्रा कर लौटे संन्यासियों द्वारा मठ में लाई गई थीं : बेज़िलिस्क और हाइड्रे के भरे हुए ढाँचे, अरण्याश्व का सींग, एक अण्डा जो किसी भिक्षु को एक-दूसरे अण्डे के भीतर मिला था, मैनॅ का एक टुकड़ा जिसने रेगिस्तान में हिब्रुओं की भूख शान्त की थी, एक व्हेल का दाँत, एक नारियल, बाढ़-पूर्व के एक पशु की स्कन्धास्थि, हाथी का दाँत, डॉल्फिन की पसली। और फिर और भी ऐसे अवशेष थे जिन्हें मैं पहचान नहीं सका, जिनके अस्थिपात्र स्वयं उन अवशेषों के मुक़ाबले कहीं ज़्यादा मूल्यवान थे और जिनमें से कुछ (जैसा कि उन पात्रों पर स्याह रजत से की गई कारीगरी के आधार पर कहा जा सकता था) बहुत ही प्राचीन थे : हड्डी, वस्त्र, काष्ठ, धातु, शीशे के अवशिष्ट टुकड़ों का एक अन्तहीन सिलसिला। और स्याह पाउडर से मढ़ी हुई शीशियाँ, जिनमें से एक में, मैंने देखा, सोडोम नगर के जले हुए अवशेष रखे थे और एक दूसरी शीशी में जेरिको की दीवारों का मलबा रखा था। और भी तमाम ऐसी वस्तुएँ, यहाँ तक कि मामूली से मामूली वस्तुएँ वहाँ मौजूद थीं, जिनके लिए कोई शहंशाह

शायद एक क़िले से भी ज़्यादा कुछ देने को तैयार हो सकता था और जो उस मठ के लिए न सिर्फ़ अपरिमित प्रतिष्ठा को, बल्कि वास्तविक भौतिक मूल्य को भी दर्शाती थीं।

मैं अब भी भौचक्का-सा उन चीज़ों के आस-पास भटक रहा था, क्योंकि निकोलॅस ने अब उनकी तफ़सील देना बन्द कर दिया था, जिसकी वैसे भी कोई ज़रूरत नहीं थी क्योंकि उनमें से हरेक का विवरण उनके साथ रखी पट्टिकाओं पर लिखा हुआ था; और अब मैं उन बेशक़ीमती आश्चर्यों के बीच मनचाहे ढंग से भटकने के लिए आज़ाद था, कभी भरपूर रोशनी में उन पर मुग्ध होता हुआ और कभी, जब निकोलॅस के सहयोगी अपनी मशालों के साथ तहख़ाने के किसी दूसरे हिस्से में चले जाते तो, नीम अँधेरे में उन चीज़ों की एक झलक पाता हुआ। मैं मन्त्रमुग्ध था उन पीली पड़ गई नाजुक अस्थियों को देखकर जो एक साथ विस्मयकारी भी थीं और जुगुप्साजनक भी, पारदर्शी और रहस्यपूर्ण; किसी प्राचीन युग की पोशाक के उन टुकड़ों को देखकर जिनका रंग उड़ चुका था, जो तार-तार हो चुके थे और जिन्हें कभी-कभी किसी शीशी में किसी फीकी पड़ चुकी पाण्डुलिपि की तरह तहा कर रख दिया गया था; उन जीर्ण-शीर्ण पदार्थों को देखकर जो उन तन्तुओं में मिल गए थे जो उनका बिछौना थे, एक ऐसे जीवन का पवित्र अवशिष्ट जो कभी एक प्राणी (और विवेकशील प्राणी) का जीवन हुआ करता था, लेकिन जो अब स्फटिक या धातु के उन पात्रों के भीतर क़ैद था जो अपने सूक्ष्म आकार में उन मीनारों और कँगूरों से युक्त पत्थर के गिरजाघरों का स्वाँग भर रही थीं, जो, लगता था, खुद भी खनिज तत्त्वों में रूपान्तरित हो गए थे। तो फिर क्या सन्तों के दफ़्न शरीर इसी तरह अपने फिर से जी उठने का इन्तज़ार करते हैं? क्या इन्हीं मृत्पात्र-खण्डों से उन प्राणियों को रचा जाएगा जो स्वर्ग-दर्शन के अपने गौरवमय क्षण में, अपनी नैसर्गिक संवेदना को फिर से अर्जित कर, जैसा कि पाइपरनॅस ने लिखा है, गन्ध के बारीक से बारीक फ़र्क़** तक को महसूस कर सकेंगे?

विलियम ने मेरे कन्धे को छूकर मेरी तन्द्रा भंग कर दी। ''मैं जा रहा हूँ,'' उन्होंने कहा। ''मैं ऊपर स्क्रिप्टोरियम में जा रहा हूँ। मुझे अभी और भी चीज़ों के बारे में छानबीन करनी है...।''

''लेकिन कोई पुस्तक हासिल करना तो असम्भव होगा,'' मैंने कहा। ''बेनो को आदेश दिए गए थे...।''

''मुझे सिर्फ़ उन पुस्तकों को एक बार फिर से देखना है जिनको मैं उस दिन पढ़ रहा था; वे सब अभी स्क्रिप्टोरियम में, वेनेण्टियॅस की डेस्क पर हैं। तुम चाहो तो यहीं रुको। यह तहख़ाना निर्धनता पर एकाग्र उस बहस का अच्छा निचोड़ है जिसे तुम इन पिछले कुछ दिनों से सुन रहे हो। और अब तुम यह भी समझ चुके हो कि मठाधीश के पद के उम्मीदवार तुम्हारे बन्धु एक-दूसरे का इतना तीखा विरोध क्यों करते हैं।''

''लेकिन क्या आप मानते हैं कि निकोलॅस का इशारा सही था? क्या इन अपराधों के सूत्र ओहदे सौंपे जाने के संघर्ष से जुड़े हैं?''

''मैं तुमसे पहले ही कह चुका हूँ कि फ़िलहाल मैं अनुमान को शब्दों में नहीं ढालना चाहता। निकोलॅस ने बहुत-सी बातें कही हैं। और उनमें से कुछ में मेरी दिलचस्पी भी है। लेकिन इस वक़्त मैं एक दूसरी लकीर का पीछा करना चाहता हूँ। या शायद पिछली लकीर का ही, लेकिन इस बार दूसरे छोर से। और इन सन्दूक़ों के जादू से बहुत ज़्यादा सम्मोहित

होने की ज़रूरत नहीं है। मैंने दूसरे गिरजाघरों में सलीब के बहुत-से दूसरे हिस्से देखे हैं। अगर वे सब के सब असली होते, तो हमारे प्रभु ने कील से ठुँके लकड़ी के एक जोड़ी पट्टों पर नहीं, बल्कि समूचे जंगल पर यातना भोगी होती।''

''गुरुदेव!'' मैंने विक्षुब्ध होते हुए कहा।

''ऐसा ही है, एड्सो। और इससे भी ज़्यादा समृद्ध ख़ज़ाने दूसरी जगहों पर मौजूद हैं। कुछ समय पहले, कोलोन के एक कैथेड्रल में, बारह वर्षीय जॉन दि बैप्टिस्ट की खोपड़ी देखी थी।''

''वाक़ई?'' मैं आश्चर्य से चीखा। फिर, सन्देह से भरकर, जोड़ा, ''लेकिन बैप्टिस्ट को तो इससे ज़्यादा उम्र में फाँसी दी गई थी!''

''दूसरी खोपड़ी किसी दूसरे ख़ज़ाने में होगी,'' विलियम ने संजीदगी के साथ कहा। मैं कभी नहीं समझ पाया कि वे कब मज़ाक़ कर रहे होते थे। मेरे मुल्क में जब कोई मज़ाक़ करता था, तो पहले वह कुछ कहता था और फिर ज़ोरदार आवाज़ में हँसता था, इसलिए हर कोई उसे मज़ाक़ में ले पाता था। लेकिन विलियम तभी हँसते थे, जब वे कोई संजीदा बात कहते और जब आपको लगता कि वे मज़ाक़ कर रहे हो सकते हैं, तो वे बेहद संजीदा बने रहते।

पूर्वाह्न

*जिसमें एड्सो ''कोप का दिन''** सुनते हुए एक सपना या, चाहें तो कह लें, एक दिवास्वप्न देखता है।*

विलियम ने निकोलॅस से इजाज़त ली और ऊपर स्क्रिप्टोरियम में चले गए। मैं अब तक जितना बन सकता था उतना उस ख़ज़ाने को देख चुका था और इसलिए मैंने गिरजाघर जाकर मेलाची की आत्मा की शान्ति के लिए प्रार्थना करने का फ़ैसला किया। इस आदमी के प्रति, जो मुझे डरावना लगता था, मेरे मन में कभी प्रेम नहीं रहा था; और मैं इससे इन्कार नहीं करूँगा कि लम्बे अरसे तक मैं उसको सारे गुनाहों के लिए ज़िम्मेदार मानता रहा था। लेकिन अब मैं समझ चुका था कि वह असन्तुष्ट इच्छाओं का सताया हुआ एक दयनीय दुष्ट था, लोहे के हण्डों के बीच एक मिट्टी का हण्डा, हैरान रहने की वजह से चिड़चिड़ा और क्योंकि उसे अहसास था कि उसके पास कहने के लिए कुछ भी नहीं था इसलिए चुप्पा और टाल-मटोल करनेवाला। मेरे मन में उसके प्रति एक खास क़िस्म सन्ताप जागा और मैंने सोचा कि उसकी पारलौकिक नियति के लिए प्रार्थना से मेरा अपराध-बोध शायद दूर हो सके।

इस वक़्त चर्च मद्धिम और नीली-सी उजास से रोशन, उस अभागे इनसान के शव के प्रभाव से ग्रस्त और मृतक के लिए रवायती पाठ करते संन्यासियों की एकरस बुदबुदाहट से आबाद था।

मेल्क के मठ में मैंने कई बार किसी बन्धु के निधन का दृश्य देखा था। यह कोई

ऐसा अवसर तो नहीं होता था जिसको सुखद कहा जा सके, लेकिन तब भी मुझे उसमें एक शान्ति की, स्थिरता और सहजता के अहसास में डूबे होने की अनुभूति होती थी। संन्यासी एक-एक कर मरते हुए आदमी की कोठरी में जाते, उससे सान्त्वना के दो शब्द कहते और हर व्यक्ति सच्चे मन से इस बात पर विचार करता कि किस तरह मरता हुआ व्यक्ति ख़ुशक़िस्मत है, क्योंकि वह एक सदाचारी जीवन पूरा करने को है और जल्दी ही एक अन्तहीन स्वर्गीय सुख के बीच देवदूतों की मण्डली में शामिल होनेवाला है। और इस शान्ति, इस पवित्र ईर्ष्या के एक अंश की ख़ुशबू उस मरते हुए व्यक्ति तक पहुँचाई जाती, जो अन्त में शान्त चित्त से मर जाता था। पिछले कुछ दिनों में हुई मौतें कितनी अलग थीं! आख़िरकार मैंने *फ़िनिस अफ़्रीका* के शैतानी बिच्छू के एक शिकार को एकदम क़रीब से देख लिया था और निश्चय ही वेनेण्टियॅस और बेरेंगर भी इसी तरह, पानी में राहत खोजते हुए, मरे थे, उनके चेहरे भी तो मेलाची के चेहरे की ही तरह बिगड़ गए थे।

मैं गिरजाघर के पिछले हिस्से में गुड़ी-मुड़ी होकर बैठ गया ताकि ठिठुरन से लड़ सकूँ। जैसे ही मैंने थोड़ी-सी गर्मी महसूस की, वैसे ही प्रार्थना करते हुए बन्धुओं के स्वर में अपना स्वर मिलाने के लिए मैंने अपने होंठ हिलाना शुरू कर दिए। बिना यह जाने कि मेरे होंठ क्या कह रहे हैं, मैं उनका अनुकरण करने लगा, मेरा सिर हिल रहा था और आँखें बन्द होना चाहती थीं। ऐसे ही कई मिनिट बीत गए; मेरा ख़याल है कि मैं सो गया था और तीन या चार बार मेरी तन्द्रा टूटी थी। तभी गायक मण्डली ने "कोप का दिन" का गान शुरू कर दिया...। इस गाने ने मेरे ऊपर किसी नशीले द्रव्य का सा असर डाला। मैं पूरी तरह से सो गया था। या शायद, बजाय नींद के मैं, गर्भ के शिशु की तरह, एक पस्ती से भरी, अशान्त झपकी में डूब गया था। और आत्मा के उस धुँधलके में, अपने आपको जैसे इस दुनिया से बाहर के किसी लोक में पाकर, मैंने एक दिवास्वप्न, या, आप चाहें तो कह लें, सपना देखा।

मैं किन्हीं सँकरी सीढ़ियों से नीचे की ओर जाते रास्ते पर यूँ उतर रहा था, मानो ख़ज़ाने के तलघर में प्रवेश करनेवाला हूँ, लेकिन लगातार उतरते हुए मैं एक बड़े तलघर में पहुँच गया, जो इडीफ़ीसियम का रसोईघर था। वह निश्चित रूप से रसोईघर ही था, लेकिन वहाँ पर न सिर्फ़ तन्दूरों और बर्तनों की टकराहट का, बल्कि धौंकनी और हथौड़ों का भी कोलाहल समाया हुआ था, जैसे निकोलॅस के लोहार भी वहाँ पर इकट्ठा हो गए हों। अँगीठियों और कड़ाहों से लेकर हर चीज़ लाल होकर दहक रही थी और उबलते हुए बर्तनों की सतह पर उभरते बड़े-बड़े बबूले रह-रह कर धीमी आवाज़ के साथ फूटते और उनसे भाप निकलती थी। जैसे ही वहाँ एकत्र नवदीक्षित चेले उन सुर्ख़ दहकती छड़ों में फँसे चिकिन या दूसरे परिन्दों को हथियाने के लिए आगे की ओर उछलते वैसे ही रसोइये कड़छुलों को उलटा देते। लेकिन पास में ही लोहार इतनी ज़ोर से हथौड़े पटक रहे थे कि कुछ भी सुनाई नहीं देता था और निहाइयों से उठते चिंगारियों के बादल उन दो तन्दूरों से उठते ऐसे ही दूसरे बादलों में मिल रहे थे।

मैं समझ नहीं पा रहा था कि मैं नर्क में था या शोरबों से तर और सासेजों से धड़कते उस तरह के किसी स्वर्ग में जिसकी कल्पना शायद सल्वाटोर ने की होती, लेकिन यह सोचने का वक़्त मेरे पास नहीं था कि मैं कहाँ था, क्योंकि अन्दर छोटे-छोटे इनसानों की, हण्डी जैसे सिरवाले बौनों की भीड़ तेजी से आ जा रही थी; मुझको परे धकेलते हुए उन्होंने भोजनालय की देहलीज़ पर ला छोड़ा, जहाँ मेरे पास अन्दर जाने के अलावा कोई चारा न रहा।

हॉल दावत के लिए सजा हुआ था। दीवारों पर बड़े-बड़े ख़ूबसूरत परदे और बैनर लटके हुए थे, लेकिन उन पर उकेरे हुए चित्र वैसे नहीं थे जैसे आमतौर पर श्रद्धालुओं के उपदेश या सम्राटों की कीर्ति के प्रचार के लिए बनाए जाते हैं। इसके उलट, वे अडेल्मों की हाशिये पर दर्ज टिप्पणियों से प्रेरणा लेकर बनाए गए प्रतीत होते थे और वे उसकी कुछ कम भयावह और ज़्यादा बिगड़ी हुई छवियाँ पेश करते थे : समृद्धि के वृक्ष के इर्द-गिर्द नाचते खरगोश, उन मछलियों से भरी हुई नदियाँ जो रसोइया पादरियों की तरह पोशाक पहने बन्दरों के कड़ाहों में ख़ुद-ब-ख़ुद उछलकर गिरती थीं, भाप छोड़ती केतलियों के इर्द-गिर्द उछलते हुए दैत्य।

टेबिल के बीच, दावत की बेलबूटेदार बैगनी रंग की पोशाक पहने, काँटे को राजदंड की तरह थामें मठाधीश बैठा हुआ था। उसकी बग़ल में शराब का बड़ा-सा प्याला पीता हुआ जॉर्ज और बर्नार्ड गुई जैसी पोशाक में रेमेजियो बैठा था, हाथ में थामें बिच्छू के आकार की एक पुस्तक से श्रद्धापूर्वक सन्तों के जीवन के बारे में और धर्मग्रन्थ के अंशों का पाठ करता हुआ, लेकिन वे असल में ईसा की कहानियाँ थीं जिनमें वे अपने पट्टशिष्य से मज़ाक़ करते हुए उसे यह याद दिला रहे थे कि वह एक पत्थर था और मैदान में लुढ़कते उस निर्लज्ज पत्थर पर वे अपना गिरजाघर बनाएँगे, या फिर सेण्ट जेरोम की वह कहानी जिसमें वे *बाइबिल* पर टिप्पणी कर रहे हैं और कह रहे हैं कि ईश्वर येरुस्स्लम के पिछवाड़े को उघाड़ना चाहते थे। और भण्डार-रक्षक के पढ़े हर वाक्य पर जॉर्ज मेज़ पर अपनी मुट्ठी पटककर हँसता और चिल्लाता, "ईश्वर की तोंद की कसम, तू अगला मठाधीश बनेगा!" ईश्वर मुझे क्षमा करे, पर उसके शब्द यही थे।

मठाधीश के प्रसन्न इशारे पर संन्यासिनियों का जुलूस दाखिल हुआ। यह शानदार पोशाकें पहनी स्त्रियों की एक जगमगाती हुई क़तार थी, जिसके बीच पहले तो मुझे लगा कि मैं अपनी माँ को पहचान सका था; बाद में मुझे अपनी ग़लती का अहसास हुआ, क्योंकि निश्चय ही वह एक कुमारी थी, वैसी ही उग्र जैसी ध्वजाओं से युक्त सेना होती है, सिवा इसके कि उसने अपने सिर पर सफ़ेद मोतियों का मुकुट पहन रखा था जिसके दोनों सिरों पर लटकते धागों के सिरों पर बँधी मोतियों की लड़ियाँ उसके चेहरे के दोनों तरफ़ झूल रही थीं, वक्ष पर लटकती ऐसी ही दो और लड़ियों को छूती हुईं और हर मोती में आलूचे जितना बड़ा एक-एक हीरा लटका हुआ था। दोनों कानों में नीले मोतियों की झालरें लटक रही थीं, जो लेबनान की मीनार की तरह तनी हुई उसकी सफ़ेद गर्दन पर गुलूबन्द बनकर लिपटी हुई थीं। घोंघेदार मछली के रंग का उसका कंचुक था और उसके हाथ में एक सुनहरा चषक था जिसमें, पता नहीं कैसे मुझे मालूम था कि वह ज़हरीला लेप भरा हुआ था जिसे एक दिन सेवेरिनॅस के यहाँ से चुराया गया था। भोर की मानिन्द गोरी इस औरत के पीछे दूसरी स्त्री आकृतियाँ थीं। एक स्त्री ने जंगली फूलों के बेलबूटोंवाले सुनहरे स्टोल से सज्जित काली पोशाक पर काढ़ा हुआ चोगा धारण कर रखा था; दूसरी ने हरी पत्तियों और अँधेरी भूलभुलैया की आकृतिवाले दो विशाल काते गए चौखानों के छापेवाली हल्की गुलाबी पोशाक पर बेलबूटेदार रेशमी चोली पहनी हुई थी; और तीसरी ने लाल रंग के छोटे-छोटे जन्तुओं से गुथी हुई मरकती पोशाक पहन रखी थी और उसके हाथों में सफ़ेद कढ़ाईदार दुपट्टा था; मैंने और दूसरी स्त्रियों की वेशभूषा की तरफ़ ध्यान नहीं दिया, क्योंकि मैं यह समझने की कोशिश कर रहा था कि वे स्त्रियाँ आख़िर थीं कौन जो उस कुमारी का साथ दे रहीं थीं, जो अब वर्जिन मेरी जैसी

दिखाई दे रही थी; और अब चूँकि उनमें से हर एक के हाथ में एक फेहरिस्त थी, या जैसे हर स्त्री के मुँह से एक फेहरिस्त बाहर निकली थी, अब मैं यह जान गया था कि वे धर्मग्रन्थ में वर्णित रूथ, सारा, सुसन्ना और दूसरी स्त्रियाँ थीं।

तभी मठाधीश चिल्लाया, "आओ, वेश्या के बच्चों!" और भोजनालय में सादी और भव्य पोशाकें पहने धर्मप्राण महानुभावों की एक और क़तार दाख़िल हुई, जिन्हें मैंने साफ़-साफ़ पहचान लिया; और समूह के बीच सिंहासन पर जो बैठा हुआ था, वह हमारा प्रभु था लेकिन इसी के साथ वह, माणिकों और मोतियों से सुर्ख और सफ़ेद विशाल किरीटवाला बैंगनी लबादा धारण किए, आदम भी था, जिसने कन्धों पर चोगा धारण कर रखा था और सिर पर उस कुमारी जैसा ही मुकुट पहन रखा था, उसके हाथ में सुअर के रक्त से लबालब भरा हुआ एक बड़ा-सा चषक था। दूसरे अत्यन्त धर्मपरायण महानुभावों ने, जो सबके सब मेरे लिए परिचित थे और जिनका मैं ज़िक्र करूँगा, उसको घेर रखा था, साथ ही फ्रांस के सम्राट के धनुर्धारियों के एक दल ने भी, जिन्होंने हरी या लाल पोशाकें पहन रखी थीं, फीके मरकती कवच से युक्त, जिन पर ईसा का मोनोग्राम साफ़ दिखाई देता था। इस दल का मुखिया मठाधीश के पास गया और अपना चषक उसकी ओर बढ़ाकर उसने उनके प्रति आदर व्यक्त किया। इस पर मठाधीश ने कहा, "चौथे के पहले और सातवें को सरकाओ"** और सब ने एक स्वर से कहा, "अफ्रीका के अन्त में, आमीन।" इसके बाद सब आसनों पर बैठ गए।

जब इस प्रकार से ये दो दल तितर-बितर हो गए, तो मठाधीश सोलोमन के आदेश पर मेज़ें जमायी जाने लगीं, जेम्स और एण्ड्रयू सूखी हुई घास का एक गट्ठर ले आए, आदम बीच में जम गए, ईव एक पत्ती पर लेट गई, केन एक तकिए को घसीटता हुआ दाखिल हुआ, अबेल ब्रूनेलॅस को दुहने के लिए एक गागर लेकर आ गया, नोह ने नौका खेते हुए जीत की ख़ुशी के साथ प्रवेश किया, अब्राहम एक वृक्ष के नीचे आ बैठा, इसाक चर्च की स्वर्ण-वेदी पर लेट गया, मूसा एक पत्थर पर झुक गया, डेनियल एक शवगाड़ी पर प्रगट हुआ जिसे मेलाची ने थाम रखा था, टोबियास एक बिस्तर पर तन कर लेट गया, जोसेफ ने ख़ुद को एक बुशेल पर फेंक दिया, बेंजामिन एक बोरी के सहारे टिक गया और तमाम लोग भी थे, लेकिन यहाँ तक पहुँचते-पहुँचते दृश्य गड़बड़ा गया था। डेविड एक ढूह पर खड़ा था, जॉन फ़र्श पर, फरोह रेत पर (स्वाभाविक है, मैंनें ख़ुद से कहा, लेकिन क्यों?), लेज़ारॅस मेज़ पर, जीसस कुएँ की किनार पर, ज़ेश्यूज़ एक वृक्ष की डालों पर, मैथ्यू एक स्टूल पर, राब ठूँठ पर, रूथ पुआल पर, थेसला खिड़की की चौखट पर (बाहर से अडेल्मो का पीला चेहरा उभरा, जो उसको चेतावनी दे रहा था कि वह नीचे, चट्टान से नीचे, गिर सकती थी), सुसन्ना बग़ीचे में, जूडास क़ब्रों के बीच, पीटर सिंहासन पर, जेम्स एक जाल पर, इलियास काठी पर, रशेल एक बण्डल पर। और ईसा के शिष्य पॉल ने अपनी तलवार ज़मीन पर रख दी और ईसाऊ की शिकायत सुनने लगा, वहीं जॉब लीद के ढेर पर विलाप करने लगा और उसकी मदद के लिए रेबेका एक वस्त्र और जूडिथ एक कम्बल लेकर दौड़ पड़े, हेगर एक चादर और कुछ नवदीक्षित चेले एक भाप छोड़ता हुआ बर्तन लेकर दौड़े जिसमें से वेनेण्टियस ऑव साल्वेमेक उछल कर बाहर आ गया, जब उसने सुअर के रक्त से बने पुडिंग बाँटना शुरू कर दिया तो वह समूचा दिखाई देता था।

भोजनालय में अब भीड़ बढ़ती जा रही थी और सारे के सारे लोग तेजी से खाने में

जुटे हुए थे; योनास मेज़ पर कुछ कद्दू लेकर आ गया, इसाह कुछ सब्ज़ियाँ ले आया, इज़ेकिल कुछ ब्लैक बेरियाँ, ज़ेश्यूज़ अजीर के फूल, आदम नीबू, डेनियल ल्यूपिन, फरोह कालीमिर्चें, केन कार्डून, ईव गूलर, रशेल सेब, अनानियास हीरों जितने बड़े-बड़े कुछ आलूचे, लीह प्याज़, आरोन जैतून, जोसेफ़ एक अण्डा, नोह अंगूर, सिमोन सताले की गुठलियाँ ले आए, वहीं जीसस "कोप का दिन" गा रहे थे और खुशी-खुशी एक स्पंज के सहारे सारे व्यंजनों पर सिरका उड़ेले जा रहे थे, जो उन्होंने फ्रांस के सम्राट के एक धनुर्धारी से लिया था।

तभी जॉर्ज ने अपने पढ़ने के काँच** हटा चुकने के बाद एक जलती झाड़ी तैयार की; सारा ने उसके लिए ईंधन मुहैइया कराया थी, जेप्था उसे ढोकर लाया था, इसाक ने उसे अनलोड किया था, जोसेफ़ ने उसकी कटाई की थी और एक ओर जेकॅब ने कुआँ खोदा और डेनियल तालाब के किनारे बैठ गया, वहीं सेवकगण पानी ले आए, नोह वाइन ले आया, हेगर वाइन की मश्क ले आया, अब्राहम एक बछड़ा ले आया जिसे राब ने खूँटे से बाँध दिया वहीं ईसा ने उसकी रस्सी थाम ली और इलिजाह ने उसके पैर बाँध दिए। फिर अबेसलोम ने उसको बालों से पकड़कर उठा लिया, पीटर ने अपनी तलवार दी, केन ने उसका वध किया, हेरॉड ने उसका खून बहाया, शेम ने उसकी अँतड़ियाँ और गोबर फेंका, जैकॅब ने तेल मिलाया, मोलेसाडॉन ने नमक मिलाया; एण्टिओचॅस ने उसको आग पर रखा, रेबेका ने उसको पकाया और ईव ने उसको सबसे पहले चखा और उसको मितली आ गई, लेकिन आदम ने उस तरफ़ ध्यान न देने को कहा और जब सेवेरिनॅस ने उसमें कुछ खुशबूदार मसाले मिलाने की सलाह दी तो उसने उसकी पीठ पर एक घूसा जड़ दिया। इसके बाद ईसा ने ब्रेड के टुकड़े किए और आस-पास के लोगों को कुछ मछलियाँ बढ़ायीं। जेकॅब चिल्लाया क्योंकि इसाऊ ने सारा का सारा शोरबा साफ़ कर दिया था, इसाक एक भुने हुए मेमने को लील रहा था, जेकॅब एक उबली हुई व्हेल को और ईसा ने चालीस दिन और चालीस रातों का उपवास किया था।

इस बीच, हर व्यक्ति क़िस्म-क़िस्म के रंगों और आकारोंवाले बेहतरीन शिकार लिए हुए आवाजाही कर रहा था, जिनमें बेंजामिन अपने पास हमेशा सबसे बड़ा हिस्सा रखता था, मेरी के हाथ में सबसे बेहतरीन टुकड़ा होता था, वहीं मार्था की शिकायत थी कि उसे हर समय बर्तन साफ़ करना पड़ते थे। फिर उन्होंने बछड़े को, जो इस बीच काफी बड़ा हो गया था, आपस में बाँट लिया और जॉन को उसका सिर दे दिया गया। अबेसलोम को भेजा, आरों को जीभ, सैम्प्सन को जबड़ा, पीटर को कान, होलोफरनेस को सिर, लीह को पुट्ठा, सॉल को गर्दन, जोनाह को उदर, तोबियास को पित्त, ईव को पसलियाँ, मेरी को छातियाँ, एलिजाबेथ को योनी, मूसा को पूंछ, लॉट को पैर और इज़ेकिल को हड्डियाँ। इस पूरे वक़्त ईसा एक गधे को निगलने में लगे थे, सेण्ट फ्रांसिस एक भेड़िये को, अबेल एक मेमने को, ईव एक मोरे को, बैप्टिस्ट एक शलभी को, फरोह एक ऑक्टोपॅस को (ज़ाहिर है, मैंने खुद से कहा, लेकिन क्यों?) और डेविड, काली पर ख़ूबसूरत** पर झपट्टा मार-मारकर, स्पेनिश मक्खी को खा रहा था जबकि सैम्प्सन ने एक शेर के पिछवाड़े को काट लिया था और थेलसा चीखती हुई भाग खड़ी हुई थी, जिसका पीछा एक झबरीली काली मकड़ी कर रही थी।

ज़ाहिर था कि अब तक हर कोई नशे में चूर हो चुका था और कुछ लोग वाइन पर फिसल कर गिर चुके थे और कुछ लोग मर्तबानों में जा गिरे थे, सिर्फ़ उनके पैर, सलीब के आकार में एक-दूसरे पर पड़े दो खूटों की तरह बाहर लटक रहे थे और ईसा की सारी अँगुलियाँ

काली दिखाई दे रही थीं जब वे पुस्तकों के पन्ने सौंपते हुए कह रहे थे : इसे लो और खाओ, ये सिन्फ़ोसियॅस की पहेलियाँ हैं, जिनमें से एक उस मछली के बारे में भी है जो हमारे उद्धारकर्ता ईश्वर की सन्तान है।

पीठ के बल पसरे हुए आदम ने जल्दी से निगला और उनकी पसली से वाइन बह निकली, नोह ने सोते-सोते हेम को कोसा, होलोफर्नेस ने निश्चिन्त भाव से खर्राटे लिए, जोनाह गहरी नींद में सोया रहा, पीटर मुर्गे के बाँग देने तक पहरा देता रहा और ईसा ने जब सुना कि बर्नार्ड गुई और बर्ट्रेण्ड डेल पेगोटे उस कन्या को जलाने का षडयन्त्र रच रहे हैं तो वे चौंककर जाग पड़े; और वे चिल्लाए : फादर, अगर आपकी यही इच्छा है, तो इस चषक को मेरे हाथ से हट जाने की इजाज़त दें! और कुछ बुरी तरह ढालने लगे और कुछ ने भरपूर पी, कुछ लोग हँसी के मारे मर गए और कुछ लोग मरते हुए हँसने लगे, कुछ के हाथों में गुलदान थे और कुछ लोग दूसरों के प्यालों से पी रहे थे। सुसन्ना चिल्लाई कि वह गोमांस के घिनौने टुकड़े की ख़ातिर भण्डारी और सल्वाटोर के लिए कभी अपना गोरा ख़ूबसूरत बदन नहीं सौंपेगी, पिलेट भोजनालय में किसी आत्मा की तरह भटकती हुई अपने हाथ धोने के लिए पानी माँग रही थी और फ्रा डोल्सिनो, पंखों से सजा अपना टोप पहने हुए, पानी लाया और फिर उसने ठिलठिलाते हुए अपना चोगा खोला और खून से लाल अपना लिंग दिखाया, वहीं केन ने उस पर फब्ती कसी और ख़ूबसूरत माग्रेट ऑव ट्रेण्ट को बाँहों में भर लिया; और डोल्सिनो रोने लगा और बर्नार्ड गुई को देवदूत धर्माध्यक्ष कहकर पुकारते हुए उसके कन्धे पर अपना सिर रख दिया, उबर्तिनो ने उसको जीवन-वृक्ष देकर और माइकेल ऑव सेसेना ने सुनहरा बटुआ देकर उसको सान्त्वना दी, मेरी ने उस पर मरहम छिड़की और आदम ने एक ताज़ा सेब खाने के लिए उसे मनाया।

और फिर इडीफ़ीसियम के क़ब्रगाह खुल गए और महज़ एक आदमी के नियन्त्रणवाले एक उड़न खटोले पर बैठकर रोजर बेकॅन आकाश से उतरे। फिर डेविड ने वीणा बजायी, सेलोम अपने चेहरे पर सात परदों के साथ नाची और हर परदे के गिरने के साथ उसने एक-एक कर सातों तुरहियाँ बजायीं और, सूरज को ओढ़े के शेष रहने तक, एक-एक कर सातों मुहरें प्रदर्शित कीं। हर किसी ने कहा कि ऐसा मनोरम मठ दूसरा नहीं हुआ और बेरेंगर ने हर औरत और मर्द का चोगा ऊपर उठाकर उनकी गुदा को चूमा।

तभी यह हुआ कि मठाधीश अचानक गुस्से में आ गया, क्योंकि, उसका कहना था कि उसने इतना अच्छा भोज आयोजित किया और उसके लिए कोई भी कुछ नहीं दे रहा था : इस पर लोग एक-दूसरे को धकियाते उसके लिए उपहार और तरह-तरह की क़ीमती चीज़ें, बैल, मेमना, शेर, ऊँट, हिरण, बछड़ा, घोड़ी, सूर्य-रथ, सेण्ट इबानॅस की ठोढ़ी, सेण्ट उबर्तिना की पूँछ, सेण्ट वेनेशिया का गर्भाशय, सेण्ट बर्गोसिना की बारह बरस की उम्र की एक सुराही की मानिन्द नक़्क़ाशीदार गर्दन और *सोलोमॅन का पँचकोण* की एक प्रति लेकर दौड़ पड़े। लेकिन मठाधीश चिल्लाते हुए कहने लगा कि वे लोग अपने व्यवहार से उसका ध्यान हटाने की कोशिश कर रहे हैं और दरअसल वे उस तहख़ाने में रखे ख़ज़ाने को लूट रहे हैं, जहाँ हम सब मौजूद हैं और एक बेशक़ीमती पुस्तक की चोरी हो गई है जिसमें बिच्छुओं और सात तुरहियों के बारे में लिखा गया है और उन्होंने फ्रांस के राजा के धनुर्धारियों को बुलाकर हर सन्दिग्ध व्यक्ति की तलाशी लेने को कहा। और, जब तलाशी ली गई तो हर व्यक्ति शर्मशार

था क्योंकि हेगर के पास से एक रंगबिरंगा वस्त्र निकला, राशेल के पास से एक स्वर्ण-मुद्रा, थेसला की चोली में एक चाँदी का आईना पाया गया, बेंजामिन की आस्तीन में एक साइफन, जूडिथ के कपड़ों में एक पलंगपोश, लोंजाइनॅस के हाथ में एक नेजा और एबीमेलेक की बाँहों में एक पड़ोसी की बीवी पाई गई। लेकिन सबसे बुरी स्थिति तब पैदा हुई जब उस लड़की के पास एक मुर्गा पाया गया। वह काली और ख़ूबसूरत थी, उसी के रंग की एक बिल्ली की भाँति और वे उसको डायन तथा छद्म अनुयायी कहकर पुकार रहे थे और इसलिए उसको सज़ा देने के लिए वे सब के सब उस पर पिल पड़े। दि बैपिस्ट ने उसका सिर काटा, अबेल ने उसको बीच से चीर दिया, आदम उसको बाहर ले गए, नेबुचद्नेज़ार ने एक जलती हुई सलाख से उसके वक्ष पर राशिचक्र के निशान बनाए, एलिजाबेथ उसको एक आग्नेय रथ पर बिठाकर ले गई, नोह ने उसको पानी में डुबाया, लाट ने उसको नमक के एक खम्भे में बदल दिया, सुसन्ना ने उस पर हवस का इल्ज़ाम लगाया, जोजेफ़ ने उसको एक दूसरी औरत के सिपुर्द कर दिया, अनानियास ने उसको भट्टी में रख दिया, सैम्पसॅन ने उसको बेड़ियाँ पहना दी, पॉल ने उस पर कोड़े बरसाये, पीटर ने उसको सूली पर चढ़ाया, स्टीफन ने उस पर पत्थर बरसाये, लॉरेंस ने उसको आतिशदान में रखकर जलाया, बार्थोलोम्यू ने उसकी चमड़ी उधेड़ी, जूडास ने उसको कोसा, भण्डारी ने उसको जलाया और पीटर ने सब कुछ से इन्कार किया। इसके बाद वे सबके सब उस पर हगते हुए, उसके चेहरे पर पादते हुए, उसके सिर पर पेशाब करते हुए, उसके सीने पर उल्टियाँ करते हुए, उसके बाल नोचते हुए, जलती हुई मशालों से उसके नितम्बों पर चोट करते हुए उसके शरीर पर टूट पड़े। लड़की की काया, जो कभी बेहद ख़ूबसूरत और प्यारी हुआ करती थी, अब क्षत-विक्षत होकर उन टुकड़ों में बँट चुकी थी जो तहख़ाने में रखे शीशे के सन्दूक़ों और सोने से मढ़े तथा हीरों से जड़े अस्थिपात्रों के बीच बिखरे पड़े थे। या शायद वह लड़की की काया नहीं थी जिसने तहख़ाने को भर दिया था, बल्कि वे तहख़ाने के चकरघिन्नी खाते अवशेष थे जिन्होंने धीरे-धीरे लड़की की खनिज जैसी उस काया को गढ़ दिया था, जो एक बार फिर टुकड़ा-टुकड़ा होकर बिखर गई थी, विक्षिप्त धर्मद्रोह के हाथों एकत्र की गई खण्डित अंशों की धूल। मानो एक विशाल काया, युगों के दौरान, अपने ही अंशों में विलीन हो गई थी और ये अंश कुछ इस तरह जमा दिए गए थे कि वे उस समूचे तहख़ाने को आबाद कर रहे थे, जो मृत संन्यासियों के अस्थिगृह के मुक़ाबले कहीं ज़्यादा भव्य तो था लेकिन उससे भिन्न नहीं था और मानो सृष्टि की श्रेठतम कृति, मनुष्य की काया, तहस-नहस होकर अनेक और परस्पर अलहदा, संयोगवश बन गए रूपाकारों में बिखर गई थी और इस प्रकार खुद अपनी ही उलटी छवि में ढल गई थी, एक ऐसा रूप जो अब कहीं से भी आदर्श नहीं रह गया था, बल्कि जो पूरी तरह से पार्थिव था, धूल और बदबूदार अवयवों से गढ़ा हुआ, जो सिर्फ़ मौत और विनाश की तरफ़ इशारा करता था।

अब मुझे वे भोजन करनेवाले या उनके द्वारा लाए गए उपहार कहीं दिखाई नहीं दे रहे थे, जैसे उस परिसंवाद के सारे मेहमान अब तहख़ाने में थे, जिनमें से हर एक अपने खुद के अवशेष में ममी बन गया गया था, जिनमें से हर एक अपना ही एक पारदर्शी अलंकार था, राशेल एक हड्डी के रूप में, डेनियल एक दाँत के रूप में, सैम्पसॅन एक जबड़े के रूप में, जीसस बैगनी पोशाक के एक धागे के रूप में। मानो महाभोज के अन्त में वह दावत उस लड़की के वध में तब्दील हो गई थी, वह एक सार्वभौमिक वध बन गया था और अब

मैं उसका आख़िरी हश्र देख रहा था, देहें (नहीं, उन भुक्खड़ और प्यासों की समूची पार्थिव और ऐहिक देह) एक इकलौती मृत देह में बदल गई थी, उसी तरह जैसे कि यातना के बाद डोल्सिनो की विदीर्ण और सन्तप्त देह बदल गई थी, अपने पूरे विस्तार में फैले हुए एक वीभत्स और दीप्त ख़ज़ाने में रूपान्तरित, उस चर्मयुक्त और लटके हुए पशु के चमड़े की भाँति, जिसमें अब भी, अश्मीभूत रूप में ही सही, चमड़े की नसें, अँतड़ियाँ और सारे अंग, यहाँ तक कि चेहरे की रूप-रेखाएँ बरक़रार हों। त्वचा, उसकी हर एक शिकन, हर एक झुर्री और हर एक दाग़, उसके मखमली मैदान, उसके बालों के जंगल, वक्ष, बेलबूटेदार बेशक़ीमती रेशम में बदल चुकी जननेन्द्रि और स्तन, नाख़ून, एड़ियों के तले की सख़्त गठानें, बरौनियों के तार, आँखों का तरल पदार्थ, होंठों का मांस, पीठ की पतली रीढ़, अस्थिपंजर, सब कुछ एक रेतीले पावडर में सिमट कर रह गया था, हालाँकि इनमें से किसी भी चीज़ ने न तो अपना रूप खोया था न ही वे अपनी जगह से हिली थीं, किसी बूट की तरह गिरते और लँगड़ाते हुए पैर, जिनका मांस शिराओं की रक्तिम क़सीदाकारी से युक्त चैसूबल की तरह पसरा हुआ था, आँतों का तराशा हुआ ढेर, हृदय का गाढ़ा और लिसलिसा रक्त, गले के हार की मानिन्द फैली दाँतों की चमकीली क़तार और उसके बीच लटकती हुई गुलाबी-नीली जीभ, मोमबत्तियों की तरह क़तार में बँधी अँगुलियाँ, पेट के खुले हुए गलीचे के धागों को कसती हुई नाभि की मुहर...। काँच के सन्दूक़ों और अस्थिपात्रों में बँटी और फिर भी अपनी विशाल और तर्कहीन समग्रता में फिर से रूप लेती यह महाकाया, तहख़ाने के हर कोने से मेरे ऊपर हँस रही थी, फुसफुसा रही थी, मौत का न्यौता दे रही थी और यह वही काया थी जिसने महाभोज के दौरान अश्लील तरीक़े से खाया था और नोच-खसोट की थी लेकिन जो यहाँ अब मुझे बहरे और अन्धे विनाश की अबूझता में जड़ी हुई दिखाई दे रही थी। और उबर्तिनो ने अपने नाख़ून मेरे मांस में गड़ाते हुए मेरी बाँह पकड़ी और मुझसे फुसफुसाकर बोला : "देखा तुमने, यह वही है, जिसने पहले अपनी मूढ़ता में फतह हासिल की थी और अपनी भँड़ैती में आनन्द लिया था, अब यहाँ पड़ी हुई है, दण्डित और अपने किए का फल भुगतती हुई, वासनाओं के प्रलोभन से मुक्त, चिरन्तनता के द्वारा सख़्त बना दी गई, संरक्षण और शोधन के लिए शाश्वत हिम के सुपुर्द, व्यभिचार की विजय के माध्यम से व्यभिचार से रक्षित, क्योंकि ऐसा कुछ भी नहीं है जो उस चीज़ को धूल में बदल सके जो कि पहले से ही धूल और खनिजों का सत् है, मृत्यु यायावर का विश्राम है—उसकी सारी तकलीफ़ों का अन्त..."

लेकिन अचानक किसी शैतान की तरह दमकता हुआ सल्वाटोर नमूदार हुआ और चीख़ा, "बेवक़ूफ़! क्या तुमको दिखाई नहीं देता कि यह महान ल्योतार है? मेरे छोटे से गुरु, तुम किस बात से डर रहे हो? यह रहा पीठी के लिए पनीर!" और अचानक तहख़ाना सुर्ख़-सी कौंधों के साथ चमक उठा और एक बार फिर वह रसोई में बदल गया, लेकिन वह रसोईघर उतना नहीं था जितना कि एक विशालकाय गर्भ था, चिपचिपा और लसदार और उसके बीच में कौवे जितना काला और हज़ार बाहोंवाला एक पशु एक विशाल आतिशदान से बँधा हुआ था और उसने अपने चारों तरफ़ के लोगों पर झपटने के लिए अपने वे हाथ फैलाए और जिस तरह एक प्यासा किसान अंगूरों के गुच्छे को निचोड़ता है, वैसे ही उस विशाल पशु ने उन लोगों को यूँ निचोड़ा कि उसके हाथों ने उन सब को चूर-चूर कर दिया, किसी के पैर टूट गए, किसी के सिर और फिर उसने खुद को तृप्त कर एक ऐसी आग उगलती डकार

ली जो गन्धक से भी ज़्यादा तीख़ी महक रही थी। लेकिन, आश्चर्यजनक रहस्य की बात यह थी कि उस नज़ारे ने मेरे भीतर किसी तरह का भय नहीं जगाया और मैं यह देखकर चकित था कि मैं उस ''भले शैतान'' (जैसा कि मेरा ख़याल था) को आसानी से देख पा रहा था, जो कि आख़िरकार कोई और नहीं बल्कि स्वयं सल्वाटोर था, क्योंकि अब मैं नश्वर मनुष्य-देह के बारे में, उसकी तक्लीफ़ों और विकृतियों के बारे में, सब कुछ जान चुका था और अब मुझे किसी भी चीज़ का कोई डर नहीं रह गया था। दरअसल, उस लौ की रोशनी में, जो अब मद्धिम और खुशनुमा लग रही थी, मुझे रात्रि-भोज में शामिल वे मेहमान एक बार फिर दिखाई दिए, जो अब अपने पहलेवाले रूप में वापस लौटकर गा रहे थे और ऐलान कर रहे थे कि अब सब कुछ नए सिरे से शुरू हो रहा था और उनके बीच अपने सम्पूर्ण और बेहद ख़ूबसूरत रूप में वह लड़की भी मौजूद थी, जिसने मुझसे कहा, ''यह तो कुछ भी नहीं है, यह तो कुछ भी नहीं है, अभी तुम देखते जाओ : मैं पहले से भी ज़्यादा ख़ूबसूरत हो जाऊँगी; मुझे पल-भर के लिए जाने दो और चिता पर जलने दो, इसके बाद हम यहीं पर फिर से मिलेंगे!'' और, ईश्वर उस पर दया करे, उसने मेरे सामने अपना योनी-द्वार पेश किया, जिसमें मैंने प्रवेश किया और खुद को एक बेहद ख़ूबसूरत गुफा के अन्दर पाया, जो स्वर्ण-युग की ऐश्वर्यवान घाटी जैसी प्रतीत होती थी, सरोवरों, फलों और वृक्षों से सिक्त जो पीठी पर पनीर धारण किए हुए थे। और सारे लोग इस ख़ूबसूरत दावत के लिए मठाधीश का शुक्रिया अदा कर रहे थे और मठाधीश के प्रति अपना लगाव और सौजन्य दर्शाने के लिए वे उसको धकिया रहे थे, लतिया रहे थे, उसके कपड़े फाड़ रहे थे, उसको ज़मीन पर पटक रहे थे, उसकी छड़ी को छड़ियों से पीट रहे थे और मठाधीश हँस रहा था और उनसे विनती कर रहा था कि वे उसको गुदगुदाना बन्द करें। और, अपने नथुनों से गन्धक के बादल उगलते घोड़ों पर सवार निर्धन जीवन के प्रचारक भिक्षु दाख़िल हुए जो अपने कमरबन्दों में उस सोने से भरे हुए बटुए धारण किए हुए थे जिसकी मदद से उन्होंने भेड़ियों को मेमनों में और मेमनों को भेड़ियों में बदल दिया और उनको जनसमूह के समर्थन से सम्राट का ताज पहना दिया, जिन्होंने ईश्वर की असीम शक्ति की प्रशंसा का गान किया। ''उसको हँसी से ऐंठने दो, उसको खींसें निपोरते हुए मुँह मरोड़ने दो!''** अपना काँटों का ताज लहराते हुए जीसस चिल्लाए। पोप जॉन आया और इस हुल्लड़बाज़ी को कोसते हुए बोला, ''जिस तरह यह सब चल रहा है उसे देखते हुए इसका अन्त न जाने कहाँ होगा!'' लेकिन हर किसी ने उसका मजाक उडाया और वह सुअरों को लिए हुए कुकरमुत्तों की खोज में मठाधीश के पीछे-पीछे जंगल की ओर चला गया। मैं उसके पीछे जाने को ही था कि तभी एक कोने में मुझे विलियम दिखाई दिए, जो भूलभुलैया से बाहर आ रहे थे और अपने हाथ में चुम्बक लिए हुए थे जो उनको बड़ी तेजी से उत्तर की ओर खीच रही थी। ''गुरुदेव, मुझे छोड़कर मत जाइये!'' मैं चीखा। ''मैं भी देखना चाहता हूँ कि *अफ्रीका का अन्त* में क्या है!''

''तुम उसे पहले ही देख चुके हो!'' विलियम ने जवाब दिया, जो अब तक बहुत दूर निकल चुके थे। और चर्च में जारी अन्त्येष्टि-गान के इन आखिरी शब्दों के साथ ही मेरी नींद खुल गई :

आँसुओं से भरा हुआ होगा वह दिन
जब अस्थियों के भीतर से उठ खड़ा होगा

फ़ैसले के लिए अभिशप्त इनसान :
तब उसको बचा लेना, हे ईश्वर!
हे करुणामय प्रभु ईसू
उनको विश्रान्ति दे।**

यह इस बात का इशारा था कि तमाम ख़्वाबों की तरह तेज़ रफ़्तार जो ख़्वाब मैंने देखा था, वह अगर ''आमीन'' जितना लम्बा नहीं भी था, जैसी कि कहावत है, तो वह लगभग एक 'कोप के दिन' जितने वक़्त तक जारी रहा था।

पूर्वाह्न के बाद

जिसमें विलियम एड्सो के लिए उसके स्वप्न की कैफ़ियत बयान करता है।

घबराया हुआ मैं मुख्य द्वार से बाहर आया और वहाँ पर मैंने एक छोटी-सी भीड़ देखी। फ्रांसिस्कन रवाना हो रहे थे और विलियम उनको विदा कहने नीचे आए हुए थे।

आपस में गले मिलकर बन्धुओं को विदा करने के इस कार्यक्रम में मैं भी शामिल हो गया। इसके बाद मैंने विलियम से पूछा कि क़ैदियों को लेकर जानेवाले दूसरे लोग कब रवाना हो रहे थे। उन्होंने बताया कि वे आधा घंटा पहले ही जा चुके थे, जब हम लोग तहख़ाने में थे, या शायद, मैंने सोचा, जब मैं सपना देख रहा था।

कुछ पलों के लिए मैं स्तब्ध रहा, पर फिर मैंने अपने आप को सम्हाला। बेहतर ही हुआ। उन अभागों को देख सकना मेरे वश का न रहा होता (मेरा मतलब उस अभागे, पापात्मा भण्डार-रक्षक और सल्वाटोर को...और, निश्चय ही उस लड़की को भी) जिन्हें हमेशा-हमेशा के लिए दूर ले जाया जा रहा था। अलावा इसके मैं अपने सपने से अब भी इस क़दर परेशान था कि मेरी इन्द्रियाँ सुन्न हो गई लगती थीं।

जब माइनोराइटों का कारवाँ मठ को छोड़ने के लिए गेट की ओर बढ़ा, तो मैं और विलियम गिरजाघर के सामने खड़े रहे, दोनों ही अवसाद में डूबे हुए, हालाँकि दोनों के अवसाद की वजहें अलग थीं। तब मैंने अपने गुरुदेव को अपने सपने के बारे में बताने का फ़ैसला किया। हालाँकि यह ख़्वाब बहुरूपी और ऊलजलूल था, लेकिन वह मुझे जितना साफ़-साफ़ याद था वह ताज्जुब की बात थी, एक के बाद एक दृश्य, एक के बाद एक घटना, एक के बाद एक शब्द। और उसी तरह मैंने उसका बयान किया, कुछ भी छोड़े बग़ैर, क्योंकि मैं जानता था कि सपने अक्सर रहस्यमय संकेत होते हैं जिनमें ज्ञानी लोग साफ़-साफ़ भविष्यवाणियाँ पढ़ सकते हैं।

विलियम ने ख़ामोशी के साथ मुझे सुना और फिर मुझसे पूछा, ''क्या तुम जानते हो तुमने क्या सपना देखा है?''

''एकदम वही जो मैंने आपको बताया...'' मैंने हक्का-बक्का होकर जवाब दिया।

''हाँ, हाँ, वह तो मैं समझ गया। लेकिन क्या तुम जानते हो कि बहुत हद तक तुमने जो कुछ मुझे बताया है, वह पहले से ही लिखा हुआ है? तुमने इन कुछ दिनों के दौरान के

लोगों और घटनाओं को उस तस्वीर के साथ जोड़ दिया है जिससे तुम पहले से वाकिफ़ हो, क्योंकि तुमने अपने सपने की कहानी कहीं पढ़ी है, या वह तुमको बचपन में, स्कूल में, कॉन्वेण्ट में कहीं सुनाई गई है। यह कहानी है *सिप्रियानी का रात्रि-भोज।*"**

मैं थोड़ी देर परेशान बना रहा। तब मुझे याद आया। वे सही कह रहे थे! मैं शायद शीर्षक भूल गया था, लेकिन कौन-सा ऐसा वयस्क संन्यासी या उच्छृंखल युवा नवदीक्षित होगा जो पैस्कल उत्सव और संन्यासियों के चुटकुले** की परम्परा से ताल्लुक रखनेवाली इस कहानी के, गद्य या पद्य में रचे गए, दृश्यों पर मुस्कराया या हँसा न होगा? हालाँकि यह कृति अत्यन्त सख़्त नियमों का पालन करनेवाले नवदीक्षितों के गुरुओं द्वारा या तो प्रतिबन्धित है या निन्दित है, लेकिन अब भी ऐसा कोई कॉन्वेण्ट नहीं है जहाँ पर संन्यासियों के बीच दबी ज़ुबान इसको इसके तरह-तरह के संक्षिप्त और संशोधित रूपों में दोहराया न जाता हो, यहाँ तक कि कुछेक ने तो यह कहते हुए श्रद्धापूर्वक इसकी प्रतिलिपियाँ तक तैयार कर रखी हैं कि यह हास्य के अपने पर्दे के पीछे नैतिक पाठ का एक गूढ़ रहस्य छुपाए हुए है, वहीं कुछ लोग इसके प्रसार को प्रोत्साहित करते हैं क्योंकि उनका कहना है कि इसके हास्य के सहारे युवा लोग पवित्र इतिहास के कुछ ख़ास प्रसंगों को ज़्यादा आसानी से याद रख सकेंगे। इसका एक पद्यात्मक रूप पोप जॉन VIII के लिए तैयार किया गया था जिस पर यह अंकित था कि "मुझको हास्य पसन्द था, प्रिय पोप जॉन, मुझको मेरे हास्य में स्वीकार करो। और, अगर तुम चाहो तो, तुम भी हँस सकते हो।" और कहते थे कि खुद चार्ल्स दि बाल्ड ने अपने एक रात्रिभोज में सम्मिलित सम्मानित अतिथियों के मनोरंजन के लिए, एक विनोदपूर्ण पवित्र पहेली की शक्ल में, इसे एक पद्यात्मक रूप में नाटकीय ढंग से पेश किया था।

और मैंने अपने गुरुओं से उस वक़्त कितनी गालियाँ खायीं थीं जब अपने दोस्तों के साथ मिलकर उसके हिस्सों का पाठ किया था! मुझे मेल्क के एक बूढ़े संन्यासी की याद है जो कहा करता था कि साइप्रियन जैसे एक सदाचारी इनसान ने इस तरह की अश्लील चीज़, धर्मग्रन्थ की इस तरह की धर्मद्रोही पैरोडी लिखी ही नहीं हो सकती है, जो एक विधर्मी और मसखरे को ही शोभा देती है, बजाय एक पुण्यात्मा बलिदानी के...। वर्षों तक मैं इन बचकाने मज़ाक़ों को भूला रहा था। आज के ही दिन यह *Coena* मेरे सपने में क्यों फिर से प्रगट हुआ? मैं हमेशा सोचता था कि सपने दैवीय पैग़ाम होते हैं, या फिर अपने बदतर रूप में वे उन घटनाओं के बारे में सोई हुई स्मृति की बेहूदा हकलाहट होते हैं जो दिन में घटित हुई होती हैं। अब मुझे अहसास हो रहा था कि आप पुस्तकों के बारे में और इस तरह सपनों के बारे में भी सपने देख सकते हैं।

"मैं तुम्हारे सपने की व्याख्या करने के लिए आर्टिमिडोरॅस होना चाहूँगा," विलियम ने कहा। "लेकिन मुझे लगता है कि आर्टिमिडोरॅस के ज्ञान के बग़ैर भी यह बात आसानी से समझी जा सकती है कि हुआ क्या है। मेरे बच्चे, इन पिछले कुछ दिनों में तुमने ऐसी घटनाओं की एक समूची शृंखला को अनुभव किया है जिनमें हर सच्चा विधान नष्ट हो गया लगता है। और आज सुबह, तुम्हारे सोये हुए दिमाग में एक ऐसी कॉमेडी की स्मृति लौट आई जिसमें, भले ही उसके अभिप्राय अलग हैं, दुनिया को सिर के बल दिखाया गया है। तुमने उस क़िस्से में अपनी एकदम ताज़ा स्मृतियों को, अपनी उद्विग्नताओं को, अपनी आशंकाओं को जोड़ दिया था। अडेल्मो की हाशिये पर दर्ज टिप्पणी से तुम एक ऐसे भव्य उत्सव के अनुभव में

शरीक होने चले गए थे जहाँ हर चीज़ ग़लत दिशा में जाती लगती है और फिर भी, जैसा कि *रात्रि-भोज* में है, हर व्यक्ति वहाँ वही करता है जो उसने अपने वास्तविक जीवन में किया था। और अन्त में तुमने अपने सपने में ख़ुद से पूछा कि इनमें से कौन-सी दुनिया छद्‌म है और सिर के बल चलने का क्या मतलब होता है। क्या नीचे है और क्या ऊपर है, कहाँ पर जीवन है और कहाँ पर मौत है, तुम्हारा स्वप्न इनके बीच फ़र्क़ करने की स्थिति में नहीं रह गया था। तुम्हारे स्वप्न ने उन शिक्षाओं को सन्दिग्ध बना दिया था जो तुमने हासिल की हैं।"

"मेरे स्वप्न ने," मैंने सदाशयतापूर्वक कहा, "न कि मैंने।"लेकिन, इसका मतलब हुआ कि स्वप्न दैवीय सन्देश नहीं हैं; वे शैतानी प्रलाप हैं और उनमें कोई सच्चाई नहीं होती!"

"कह नहीं सकता, एड्सो," विलियम ने कहा। "हमारे पास इतनी सारी सचाइयाँ हैं कि अगर एक दिन कोई आकर हमसे, अपने सपनों तक के भीतर से ही सही, किसी एक सच्चाई तक पहुँचने का इसरार करे, तो एण्टीक्राइस्ट का दिन आ गया समझो। और तब भी मैं जितना ही तुम्हारे सपने के बारे में सोचता हूँ, मुझे वह उतना ही रहस्योद्‌घाटक जान पड़ता है। शायद तुम्हारे लिए नहीं, लेकिन मेरे लिए। मुझे माफ़ करना अगर मैं अपनी परिकल्पना तक पहुँचने के लिए तुम्हारे सपनों का इस्तेमाल करूँ; मैं जानता हूँ कि यह एक ख़ुदग़र्ज़ हरकत है, ऐसी हरकत नहीं की जानी चाहिए...। लेकिन मेरा विश्वास है कि तुम्हारे सोये हुए अन्तःकरण ने चीज़ों को उससे कहीं ज़्यादा समझा है, जितना मैं इन छह दिनों में और जागते हुए समझ पाया हूँ...।"

"वाक़ई?"

"वाक़ई। या शायद नहीं। मुझे तुम्हारा सपना उद्‌घाटक जान पड़ता है, तो इसलिए क्योंकि वह मेरी एक परिकल्पना के साथ अनुकूल बैठता है। लेकिन तुमने मेरी बहुत बड़ी मदद की है। शुक्रिया।"

"लेकिन ऐसा क्या है मेरे सपने में जो आपको इतना दिलचस्प लगता है? मुझे तो इसमें, दूसरे तमाम सपनों की तरह कोई तुक नज़र नहीं आता!"

"दूसरे तमाम सपनों और दिवास्वप्नों की तरह इसमें भी एक दूसरा अर्थ मौजूद है। इसे एक रूपक-कथा या सादृश्य की तरह पढ़ा जाना चाहिए...।"

"धर्मग्रन्थ की तरह?"

"स्वप्न एक पोथी ही है और बहुत-सी पोथियाँ सिवा स्वप्नों के और कुछ नहीं हैं।"

मध्याह्न उपासना

जिसमें लाइब्रेरियनों के क्रम की पुनर्रचना होती है और उस रहस्यमय पुस्तक के बारे में कुछ और सूचना मिलती है।

विलियम ने वापस स्क्रिप्टोरियम में जाने का फ़ैसला किया, जहाँ से वे अभी-अभी आए थे। उन्होंने बेनो से कैटलॉग देखने इजाज़त ली और उसे फुर्ती से पलटा। "उसको यहीं

कहीं होना चाहिए,'' उन्होंने कहा, ''मैंने उसे अभी घंटे-भर पहले ही देखा था...।'' वे एक पन्ने पर रुके। ''यहाँ,'' उन्होंने कहा, ''इस शीर्षक को पढ़ो।''

वहाँ चार शीर्षकों का एक समूह एक ही इन्दिराज़ के तौर पर दर्ज़ था, जो इस बात का संकेत था कि एक ही ज़िल्द के भीतर कई मज़मून थे। मैंने पढ़ा :

I. अरबी : कुछ मूर्खों की कहावतों के बारे में

II. सीरियाई : कीमियागरी के बारे में एक मिस्री पुस्तक

III. कार्थेज के धर्माध्यक्ष पूज्य सिप्रियान के रात्रि-भोज पर मास्टर अल्कोफ्रिबा की व्याख्या

VI. कुँवारियों की लम्पटता और वेश्याओं के प्रेम-प्रसंगों पर केन्द्रित एक पुस्तक**

''यह क्या है?'' मैंने पूछा।

''यह हमारी पुस्तक है,'' विलियम ने फुसफुसाकर कहा। ''यही वजह है कि तुम्हारे सपने ने मुझे किसी चीज़ की याद दिलाई थी। और सच कहूँ तो,''–उन्होंने फुर्ती से उसके आगे और पीछे के पृष्ठों पर निगाह डाली–''सच कहूँ तो मैं जिन पुस्तकों के बारे में सोच रहा था वे यहीं हैं, एक साथ। लेकिन जिस चीज़ की पड़ताल मैं करना चाहता था, वह यह नहीं है। यहाँ देखो। तुम्हारी तख़्ती है तुम्हारे पास? बहुत अच्छे। हमें गणित लगाना होगा और याद करने की कोशिश करनी होगी कि उस दिन एलिनार्दो ने क्या कहा था और आज सुबह हमने निकोलॅस से क्या सुना था। अब, निकोलॅस ने हमें बताया था कि वह यहाँ कोई तीस साल पहले आया था और अब्बू को तब तक मठाधीश बनाया जा चुका था। उनके पहले पॉल ऑव रिमिनी मठाधीश हुआ करता था। ठीक है? मान लेते हैं कि उत्तराधिकार की यह घटना 1290 के आस-पास घटित हुई होगी, थोड़ा-सा आगे या पीछे, इससे कोई फ़र्क़ नहीं पड़ता। निकोलॅस ने हमें यह भी बताया था कि जब वह यहाँ आया, तो रॉबर्ट ऑव बोबिया पहले से ही लाइब्रेरियन था। ठीक? इसके बाद रॉबर्ट की मृत्यु हुई और यह पद मेलाची को सौंप दिया गया, मान लेते मैं कि इस सदी की शुरुआत में। इसे लिख लो। लेकिन, निकोलॅस के आने के पहले का एक वक़्फ़ा ऐसा है जब पॉल ऑव रिमिनी लाइब्रेरियन था। वह उस पद पर कितने समय तक रहा? हमें नहीं बताया गया। हम मठ की पंजियों की जाँच कर सकते थे, लेकिन मेरा खयाल है कि वे मठाधीश के पास हैं और फ़िलहाल मैं उनसे इसके लिए आग्रह न करना ठीक समझता हूँ। हम कल्पना करें कि साठ साल पहले पॉल लाइब्रेरियन नियुक्त किया गया होगा। इसे लिख लो। एलिनार्दो ने यह शिकायत क्यों की थी कि पचास साल पहले उसको लाइब्रेरियन का पद दिया जाना चाहिए था और बजाय इसके वह किसी और को सौंप दिया गया? क्या उसका इशारा पॉल ऑव रिमिनी की ओर था?''

''या रॉबर्ट ऑव बोबियो की ओर!'' मैंने कहा।

''लगता तो ऐसा ही है! लेकिन अब इस कैटलॉग की तरफ़ देखो। जैसा कि तुम जानते हो, शीर्षकों को उस क्रम से दर्ज किया गया है जिस क्रम से वे पुस्तकालय में आई हैं। और रजिस्टर में ये शीर्षक कौन लिखता है? लाइब्रेरियन। इसलिए, इन पन्नों पर लिखावट के फ़र्क़ के आधार पर हम लाइब्रेरियनों के क्रम का पता लगा सकते हैं। अब हम इस कैटलॉग को अन्त से देखते हैं; तुम देखो कि आखिरी हस्तलिपि मेलाची की है। और उस लिखावट में कुछ ही पन्ने भरे हैं। मठ ने इन पिछले तीस सालों में बहुत ज़्यादा पुस्तकें हासिल नहीं

की हैं। तब, हम जैसे-जैसे पीछे की ओर जाते हैं, लगातार कई पन्नों की शुरुआत एक काँपते हाथ की लिखावट से होती है। मैं साफ़ तौर पर रॉबर्ट ऑव बोबियो की मौजूदगी को इसमें पढ़ सकता हूँ, जो बीमार था। रॉबर्ट इस पद पर सम्भवतः ज़्यादा वक़्त नहीं रहा था। और इसके बाद हमें क्या मिलता है? पेज-दर-पेज एक बिल्कुल दूसरी, साफ़ और आत्मविश्वास से भरी हुई लिखावट में हासिल की गई पुस्तकों की, वाक़ई ज़ोरदार, एक पूरी शृंखला (जिसमें उन पुस्तकों का समूह शामिल है जिनकी पड़ताल मैं अभी-अभी कर रहा था)। पॉल ऑव रिमिनी ने निश्चय ही बहुत मेहनत की होगी! बहुत ज़्यादा मेहनत, अगर तुम याद करो कि निकोलॅस ने हमें बताया था कि वह बहुत युवावस्था में ही मठाधीश बन गया था। लेकिन हम कल्पना करें कि इस भुक्खड़ पाठक ने कुछ ही वर्षों में मठ को बहुत-सी पुस्तकों से आबाद कर दिया होगा। क्या हमें बताया नहीं गया था कि उसकी इस विचित्र क़िस्म की खोट, या बीमारी की वजह से, जिसने उसको लिख पाने में अक्षम बना दिया था, उसको 'लिख पाने में अक्षम मठाधीश' कहकर पुकारा जाता था?'' तब फिर ये पन्ने किसके लिखे हुए हैं? उसके असिस्टेण्ट लाइब्रेरियन के, मैं कहना चाहूँगा। लेकिन अगर संयोग से इस असिस्टेण्ट लाइब्रेरियन को बाद में लाइब्रेरियन बना दिया होगा, तो फिर उसने लिखना जारी रखा होगा और तब हमें यह पता लगाना होगा कि ऐसा क्यों है कि इतने सारे पन्ने उसी एक लिखावट में हैं। इस तरह पॉल और रॉबर्ट के बीच, कोई पचास बरस पहले चुना गया, एक और लाइब्रेरियन हमारे सामने उभरता है, वह रहस्यमय व्यक्ति जिसे एलिनार्दो अपना प्रतिद्वन्द्वी मानता था, क्योंकि उसको उम्मीद थी कि एक ज़्यादा पुराना व्यक्ति होने के नाते उसको पॉल का वारिस चुना जाएगा। इसके बाद यह आदमी मर गया और जिस किसी वजह से, एलिनार्दो की उम्मीदों के विपरीत और दूसरे लोगों की उम्मीदों के विपरीत, रॉबर्ट को यह जगह दे दी गई।''

''लेकिन इस हिसाब को लेकर आप इतने निश्चित क्यों हैं? अगर यह मान भी लिया जाए कि यह लिखावट उस अज्ञात लाइब्रेरियन की है, तब भी इसके पहलेवाले पन्नों के शीर्षक पॉल ने भी क्यों नहीं लिखे हो सकते हैं?''

''क्योंकि इन हासिल की गई पुस्तकों के बीच तमाम धर्माज्ञप्तियाँ और आदेश दर्ज किए गए हैं और इनके साथ तिथियाँ दी गई हैं। मेरा मतलब है, अगर तुम यहाँ बोनीफेस दि सेवेन्थ का *पक्की सावधानी बरतते हुए*** नामक फ़तवा पाते हो, जैसा कि तुम देख ही रहे हो और उस पर 1296 की तिथि दर्ज़ है, तो इससे तुम्हें यह पता चलता है कि यह पुस्तक उस साल के पहले नहीं आई थी और तुम यह भी मानकर चल सकते हो कि वह बहुत बाद में भी नहीं आई होगी। सालों की संख्या के बराबर रखे गए ये एक तरह के मील के पत्थर हैं जो मेरी गणना का आधार हैं, इसलिए अगर मैं यह मान लेता हूँ कि पॉल ऑव रिमिनी को 1265 में लाइब्रेरियन और 1275 में मठाधीश नियुक्त किया गया था और मैं पाता हूँ कि उसकी लिखावट, या किसी अन्य व्यक्ति, जो कि रॉबर्ट ऑव बोबिया नहीं है, की लिखावट 1265 से 1285 के दरम्यान जारी रहती है, तो मैं दस वर्षों की एक असंगति पाता हूँ।''

मेरे गुरु वाक़ई बहुत तेज़ थे। ''लेकिन इस असंगति से आप क्या नतीजा निकालते हैं?'' मैंने पूछा।

''कुछ नहीं,'' उन्होंने जवाब दिया, ''सिर्फ़ तर्क के लिए कुछ आधार।''

इसके बाद वे उठे और बेनो से बात करने चले गए, जो अपने मोर्चे पर वफ़ादारी के

साथ डटा हुआ था लेकिन उसके चेहरे पर बहुत ही अनिश्चय का भाव था। वह अब भी अपनी पुरानी डेस्क के पीछे था और अभी तक कैटलॉग के क़रीब रखी मेलाची की डेस्क की ज़िम्मेदारी लेने का साहस नहीं जुटा पाया था। विलियम ने किंचित ठंडे स्वर में उसको सम्बोधित किया। हम पिछली शाम का बुरा दृश्य भूले नहीं थे।

"लाइब्रेरियन बन्धु, मुझे भरोसा है कि तुम अपनी इस नई और ताक़तवर हैसियत के बावजूद मेरे सवाल का जवाब दोगे। उस सुबह जब अडेल्मो और दूसरे लोग हास्यपरक पहेलियों की चर्चा कर रहे थे और बेरेंगर ने *अफ्रीका का अन्त* का पहली बार हवाला दिया था, तब क्या किसी ने *सिप्रियानी के रात्रि-भोज* का ज़िक्र किया था?"

"हाँ," बेनो ने कहा, "मैंने आपको बताया नहीं था? सिम्फ़ोसियस की पहेलियों की चर्चा से पहले ख़ुद वेनेण्टियॅस ने *रात्रि-भोज* का ज़िक्र किया था और मेलाची ने इस पर आगबबूला होते हुए कहा था कि वह एक शर्मनाक रचना है और उसने हमें याद दिलाई थी कि मठाधीश ने उस पुस्तक को पढ़ने को साफ़ मना किया हुआ है...।"

"मठाधीश ने?" विलियम ने कहा। "बहुत दिलचस्प बात है। शुक्रिया, बेनो।"

"रुकिए," बेनो ने कहा, "मैं आपसे बात करना चाहता हूँ।" उसने इशारे से हमें स्क्रिप्टोरियम से बाहर रसोई में नीचे की ओर जाती सीढ़ियों पर आने को कहा, ताकि दूसरे लोग उसकी बातें न सुन सकें। उसके होंठ काँप रहे थे।

"मैं बहुत डरा हुआ हूँ, विलियम," उसने कहा। "उन्होंने मेलाची को मार डाला है। अब मैं वह व्यक्ति हूँ जिसको बहुत-सी चीज़ों की जानकारी है। अलावा इसके, इताल्वियों का समूह मुझसे नफ़रत करता है...। वे एक और विदेशी लाइब्रेरियन को नहीं चाहते। ...मेरा मानना है कि दूसरे लोग इसी वजह से मारे गए हैं। मैंने आपको मेलाची के प्रति एलिनार्दो की नफ़रत के बारे में, कडुआहट के बारे में बताया नहीं है।"

"कौन था वह जिसने वर्षों पहले उससे यह ज़िम्मेदारी ली थी?"

"यह मैं नहीं जानता : वह इसके बारे में हमेशा गोलमोल से ढंग से बात करता है और वैसे भी यह बहुत पुराना इतिहास है। अब तक वे सब मर चुके होंगे। लेकिन एलिनार्दो के आस-पास के इतालवी लोग अक्सर बात करते हैं...वे अक्सर मेलाची के बारे में बात करते हुए उसे एक क्षुद्र इनसान के रूप में देखते हैं... देखते थे, जिसको किसी और ने यहाँ पर रखवाया था, मठाधीश की मिली भगत से...। मुझे इस बात का अहसास नहीं था, मैं मैं एक-दूसरे से विद्वेष रखनेवाले इन दो गुटों की आपसी रंजिश में बेवजह शामिल हो गया...। मुझे इसका अहसास आज सुबह जाकर हुआ....। इटली षडयन्त्रों का मुल्क है : लोग यहाँ पोपों तक को ज़हर दे देते हैं फिर मेरे जैसे एक नाचीज़ लड़के की क्या बिसात है...। कल तक मैं यह नहीं समझता था, मेरा मानना था कि वह पुस्तक ही हर चीज़ के लिए ज़िम्मेदार है, लेकिन अब मैं पक्के तौर पर यह नहीं कह सकता। वह एक बहाना-भर था : आपने देखा ही है कि पुस्तक मिल गई थी फिर भी मेलाची मर ही गया...। मुझे चाहिए कि...मैं चाहता हूँ कि ...मैं यहाँ से भाग जाना ही बेहतर समझूँगा। आपकी क्या सलाह है?"

"शान्त हो जाओ। तुमने सलाह माँगी है, है न? कल शाम तुम इस दुनिया के शासक लग रहे थे। बेवक़ूफ़ नौजवान, अगर कल तूने मेरी मदद की होती तो हमने इस आख़िरी वारदात को होने से रोक दिया होता। तुम ही वह व्यक्ति हो जिसने मेलाची को वह पुस्तक

दी थी जो उसको उसकी मौत तक ले गई। लेकिन मुझे कम से कम एक बात बताओ। क्या तुमने उस पुस्तक को अपने हाथ में लिया था, तुमने उसको छुआ था, उसको पढ़ा था? तब तुम क्यों नहीं मरे?"

"मैं नहीं जानता। मैं क़सम खाकर कहता हूँ कि मैंने उसको नहीं छुआ था; या यूँ कहूँ कि मैंने उसको छुआ तो था जब मैं उसको प्रयोगशाला में ले गया था लेकिन बिना पढ़े; मैंने उसको अपने चोगे में छुपाया, फिर गया और उसको अपनी कोठरी में बिछावन के नीचे रख आया था। मुझे मालूम था कि मेलाची मेरी निगरानी कर रहा था, इसलिए मैं तुरन्त ही स्क्रिप्टोरियम में वापस आ गया था। और उसके बाद जब मेलाची ने मेरे सामने उसका असिस्टेण्ट बनने का प्रस्ताव रखा, तो पुस्तक मैंने उसको दे दी। यह है कुल जमा क़िस्सा।"

"मत कहो कि तुमने उसको खोला तक नहीं था।"

"हाँ, छुपाने के पहले मैंने उसको खोला था, यह पक्का करने कि क्या वह वाक़ई वही पुस्तक थी जिसकी आपको भी तलाश थी। उसकी शुरुआत एक अरबी पाण्डुलिपि के साथ होती थी, उसके बाद मेरा खयाल है सीरियाई, फिर उसमें एक लैटिन मज़मून था और अन्त में एक मज़मून ग्रीक में... ।"

मैंने उन संक्षिप्त शब्दों को याद किया जिन्हें मैंने कैटलॉग में देखा था। शुरुआती दो शीर्षक "ar." और "syr." के रूप में दर्ज थे। यही *वह पुस्तक* थी! लेकिन विलियम अड़े रहे : "तुमने उसको छुआ और तुम मरे नहीं। मतलब उसको छूने से मौत नहीं होती। और उस ग्रीक मज़मून के बारे में तुम मुझे कुछ बता सकते हो? क्या तुमने उस पर निगाह डाली थी?"

"बिल्कुल सरसरी। इतनी-भर कि मैं यह देख पाया कि उसका कोई शीर्षक नहीं था; वह यूँ शुरू होता था जैसे उसका कोई हिस्सा नदारद हो... ।"

"कुँआरियों की लम्पटता..." विलियम बुदबुदाए।

"मैंने पहला पन्ना पढ़ने की कोशिश की थी, लेकिन सच तो यह है कि मेरी ग्रीक बहुत कमज़ोर है। और फिर मेरी उत्सुकता एक-दूसरे विवरण की वजह से जागी थी, जिसका ताल्लुक भी ग्रीक भाषा के उन्हीं पन्नों से था। मैंने उन सबको पलटकर नहीं देखा था, क्योंकि मैं ऐसा कर नहीं सकता था। वे पन्ने—मैं कैसे बताऊँ?—नम और आपस में चिपके हुए थे। एक को दूसरे से अलग करना मुश्किल था। क्योंकि उनका काग़ज़ विचित्र-सा था, दूसरे काग़ज़ों के मुक़ाबले मुलायम और पहला पन्ना जीर्ण-शीर्ण था और टुकड़ा-टुकड़ा हो रहा था। वह...कुछ अजीब-सा ही था।"

" 'विचित्र' : यही शब्द सेवेरिनॅस ने इस्तेमाल किया था," विलियम ने कहा।

"वह काग़ज़ काग़ज़ की तरह नहीं लगता था...। वह कपड़े जैसा था, लेकिन बहुत ही पतला.." बेनो कहता गया।

"चार्ता लिन्तेआ**, या लिनन-पेपर," विलियम ने कहा। "क्या तुमने वह पहले कभी नहीं देखा था?"

"मैंने उसके बारे में सुना था, लेकिन मेरा ख़याल है इसके पहले कभी देखा नहीं था। कहते हैं वह बहुत ही महँगा होता है और बहुत ही नाज़ुक। इसी कारण उसका इस्तेमाल कभी-कभार ही होता है। इसे अरब लोग बनाते हैं, है न?"

"शुरुआत उनने ही की थी। लेकिन वह यहाँ इटली में भी बनाया जाता है, फेब्रियानो में। और...हाँ, क्यों नहीं, स्वाभाविक ही!" विलियम की आँखें चमकीं। "कितना सुन्दर और दिलचस्प रहस्योद्घाटन है! भला हो तुम्हारा, बेनो! शुक्रिया! हाँ, मेरा खयाल है कि यहाँ पुस्तकालय में लिनन पेपर निश्चय ही दुर्लभ होगा, क्योंकि बहुत ताज़ा कोई पाण्डुलिपि यहाँ आई नहीं है। और इसके अलावा, बहुत-से लोगों को यह डर है कि लिनन पेपर कागज़ की तरह सदियों तक टिका नहीं रह सकता और यह शायद सही है। हम कल्पना करें कि अगर वे यहाँ पर कोई ऐसी चीज़ चाहते थे जो काँसे से ज़्यादा टिकाऊ न हो, तो क्या...लिनन पेपर? बहुत अच्छे। गुड-बाय। और चिन्ता मत करो। तुम्हें कोई ख़तरा नहीं है।"

"हम बेनो को अगर पूरी तरह बेफ़िक्र नहीं तो किसी हद तक शान्त अवस्था में छोड़कर स्क्रिप्टोरियम से बाहर निकल गए। मठाधीश भोजनालय में था। विलियम उसके पास गए और उससे बातचीत करने का आग्रह किया।

एबो टालमटोल न कर सका और उसने थोड़ी देर बाद अपने घर पर मुलाक़ात करने की सहमति दे दी।

अपराह्न उपासना

जिसमें मठाधीश विलियम की बात सुनने से इन्कार करता है, रत्नों की भाषा पर प्रवचन देता है और हाल की दुखदायी घटनाओं को लेकर आगे कोई जाँच-पड़ताल न करने की अपनी इच्छा ज़ाहिर करता है।

मठाधीश के अपार्टमेण्ट्स सभागार के ऊपर थे और जिस बड़े और शानदार कक्ष में उसने हमारा स्वागत किया था, उसकी खिड़की से आप, उस साफ़ और हवादार दिन में, मठ के गिरजाघर की छत के परे, विशालकाय इडीफ़ीसियम को देख सकते थे।

मठाधीश खिड़की पर खड़ा दरअसल उसी के बारे में सोच रहा था और उसने बहुत ही गम्भीर मुद्रा के साथ उसकी ओर इशारा करते हुए हमारा ध्यान खींचा।

"एक अद्भुत दुर्ग," उसने कहा, "जिसके समानुपात उस स्वर्णिम विधान का सार-संक्षेप पेश करते हैं जिसने आर्क की रचना का नियन्त्रण किया था। यह तीन मंज़िलों बँटा है, क्योंकि तीन त्रयी का अंक है, तीन ही वे देवदूत थे जिन्होंने अब्राहम से मुलाक़ात की थी, तीन ही वे दिन थे जो जोनाह ने महामत्स्य के उदर में बिताए थे और तीन ही वे दिन भी थे जो जीसॅस और लेज़ारॅस ने समाधि में बिताए थे; तीन बार ईसा ने फ़ादर से आग्रह किया था कि उस कड़वे प्याले को उनके पास से गुज़रने दिया जाए और तीन बार उन्होंने ख़ुद को अपने शिष्यों के साथ प्रार्थना के लिए गुप्त स्थान में छुपाया था। तीन बार पीटर ने ईसा को नकारा था और तीन बार वे पुनरुत्थान के बाद अपने शिष्यों के सामने प्रगट हुए थे। धर्मशास्त्रीय गुणों की संख्या भी तीन है और तीन ही हैं पवित्र भाषाएँ, आत्मा के हिस्से,

बौद्धिक प्राणियों के वर्ग, देवदूत, इनसान और शैतान; तीन तरह की आवाज़ें हैं–स्वर, श्वास और स्पन्दन**–और तीन युग हैं मानव-इतिहास के, ईश्वरीय विधान के पूर्व, उसके दौरान और उसके बाद।''

''गूढ़ सम्बन्धों का अद्भुत सामंजस्य,'' विलियम ने सहमति जतायी।

''लेकिन,'' मठाधीश ने बात को जारी रखते हुए कहा, ''इसका वर्गीय आकार भी आध्यात्मिक सीखों से भरा हुआ है। दिशाएँ चार हैं और मौसम, मूल तत्त्व और गर्मी, शीत, नमी और शुष्कता; जन्म, विकास, परिपक्वता और वृद्धावस्था; प्राणियों की प्रजातियाँ–स्वर्गिक, थलचर, खगोलीय और जलचर; इन्द्रधनुष को रूप देनेवाले वाले रंग; और अधिवर्ष (लीप इयर) के लिए ज़रूरी वर्षों की संख्या।''

''बिल्कुल, बिल्कुल,'' विलियम ने कहा, ''तीन धन चार बराबर सात, जो कि एक परम गूढ़ संख्या है, जबकि तीन को अगर चार से गुणा कर दिया जाए तो बारह हो जाते हैं, ईसा के पट्ट शिष्यों की तरह और बारह गुणित बारह से एक सौ चवालीस बनते हैं, जो कि ईश्वर के मनोनीतों की संख्या है।'' और संख्याओं के आदर्श जगत के इस गूढ ज्ञान के अन्तिम प्रदर्शन में योगदान करने के लिए मठाधीश के पास कुछ नहीं था। इस प्रकार विलियम मुद्दे पर आ पाए।

''हमें इन ताज़ा घटनाओं के बारे में बात करनी होगी, जिन पर मैंने काफी सोच विचार किया है,'' उनने कहा।

मठाधीश ने खिड़की से अपनी पीठ मोड़ी और एक सख़्त चेहरे के साथ सीधे विलियम की ओर देखा। ''शायद कुछ ज़्यादा ही। मुझे कहना ही होगा ब्रॅदर विलियम, कि मैंने आपसे कुछ ज़्यादा की उम्मीद की थी। आपको यहाँ आए हुए लगभग छह दिन बीत चुके हैं; एडेल्मो के अलावा चार और संन्यासी मर चुके हैं, धर्म-न्यायालय द्वारा दो को गिरफ़्तार किया जा चुका है–ठीक है कि वह इंसाफ़ था लेकिन अगर धर्म-परीक्षक को पिछले अपराधों में दिलचस्पी लेने को मजबूर न होना पड़ा होता, तो इस शर्मनाक स्थिति को हम टाल सकते थे–और अन्त में इस बैठक का, जिसकी मैंने अध्यक्षता की है–सिर्फ़ इन दुष्टतापूर्ण कृत्यों की वजह से–यह दयनीय अन्त... ।''

विलियम अपनी शर्मिन्दगी में ख़ामोश बने रहे। बिला शक, मठाधीश सही कह रहा था।

''यह सच है,'' उन्होंने स्वीकार किया। मैं आपकी उम्मीदों पर खरा नहीं उतरा, लेकिन मैं बताना चाहता हूँ, महामना, कि ऐसा क्यों हुआ। ये गुनाह किसी कलह या संन्यासियों के बीच के किसी बैर का नतीजा नहीं हैं, बल्कि वे उन कृत्यों के नतीजे हैं, जो स्वयं इस मठ के सुदूर इतिहास में घटित होते रहे हैं... ।''

मठाधीश ने हैरान निगाहों से उनकी ओर देखा, ''आप क्या कहना चाहते हैं? इस बात का अहसास मुझे ख़ुद है कि भण्डारी का वह दुर्भाग्यपूर्ण मामला इसकी कुंजी नहीं है, जो एक और क़िस्से से होकर गुज़रता है। लेकिन दूसरा मामला, वह दूसरा जिसके बारे में मुझे जानकारी हो सकती है लेकिन जिसकी चर्चा मैं नहीं कर सकता ....मैं उम्मीद करता था कि वह स्पष्ट था और यह कि आप उसके बारे में मुझसे बात करेंगे... ।''

''महामना उस कृत्य के बारे में सोच रहे हैं जिसकी जानकारी उन्हें पाप स्वीकार से मिली है... ।'' मठाधीश ने मुह फेर लिया और विलियम ने बात जारी रखी : ''अगर तत्रभवान

यह जानना चाहते हैं कि बिना तत्रभवान के बताए क्या मैं इस बात को जानता था कि बेरेंगर और अडेल्मो के बीच और बेरेंगर और मेलाची के बीच नाजायज़ रिश्ते थे, तो मैं कहना चाहूँगा कि हाँ, मठ के भीतर हर कोई इस बात को जानता है...।''

मठाधीश का चेहरा बुरी तरह से लाल हो गया। ''मैं नहीं समझता कि इस नवदीक्षित की मौजूदगी में इस तरह की चीज़ों के बारे में बात करने का कोई अर्थ है। और मैं नहीं समझता कि अब जबकि बैठक ख़त्म हो चुकी है, तुम्हें लिपिक के रूप में इस बच्चे की कोई ज़रूरत है। जाओ, बच्चे,'' उन्होंने अभिमानपूर्वक मुझसे कहा। अपमानित मैं चला गया। लेकिन अपनी उत्सुकता के चलते मैं हॉल के उस दरवाज़े के पास, जिसे मैं खुला छोड़ आया था, चुपचाप उकड़ूँ होकर बैठ गया, ताकि उस बातचीत को मैं सुन सकता।

विलियम ने बोलना ज़ारी रखा : ''इसलिए, अगर ये नाजायज़ रिश्ते रहे भी हैं, तो इनका इन दर्दनाक घटनाओं से कोई ताल्लुक नहीं है। कुंजी कहीं और है और मेरा ख़याल था कि आपको इसका अनुमान होगा। सब कुछ की जड़ में एक पुस्तक की चोरी और उस पर कब्ज़ा करने की कोशिश है, जिसको कि *फ़िनिस अफ़्रीका* में छुपा कर रखा गया था और जो अब, मेलाची के दखल की वजह से, एक बार फिर से वापस वहीं पहुँच चुकी है, हालाँकि, जैसा कि आपने देखा, गुनाहों का सिलसिला इससे थमा नहीं है।''

एक लम्बी ख़ामोशी, फिर मठाधीश ने एक उखड़े हुए से, हिचकिचाते से स्वर में उस व्यक्ति की तरह बोलना शुरू किया जिसे किसी ऐसे रहस्योद्घाटन से सहसा झटका लगा हो जिसकी उसने उम्मीद नहीं की थी। ''यह असम्भव है ...आप...आप *फ़िनिस अफ़्रीका* के बारे में कैसे जानते हैं? क्या आपने मेरे प्रतिबन्ध का उल्लंघन किया है और आपने पुस्तकालय में प्रवेश किया है?''

विलियम को सच बोलना चाहिए था, लेकिन तब मठाधीश के क्रोध की कोई सीमा न रह जाती। फिर भी, ज़ाहिर है, मेरे गुरुदेव झूठ नहीं बोलना चाहते थे। उन्होंने सवाल का जवाब एक और सवाल से देना मुनासिब समझा : ''क्या तत्रभवान ने मुझसे, पहली मुलाक़ात में, नहीं कहा था कि मेरे जैसे जिस एक आदमी ने ब्रूनेलॅस को बिना देखे ही इतने साफ़ तौर पर उसका वर्णन कर दिया, उसको उस जगह की कल्पना करना मुश्किल नहीं होगा जहाँ पर उसकी पहुँच नहीं है?''

''तो ये बात है,'' एबो ने कहा। ''लेकिन जैसा आप सोच रहे हैं उसकी वजह?''

''मैं अपने नतीजे तक कैसे पहुँचा, यह एक लम्बी कहानी है। लेकिन गुनाहों का एक पूरा सिलसिला इसलिए जारी रहा कि बहुत-से लोगों को एक ऐसी चीज़ को जानने से रोका गया जिसको जानना उनके लिए अनुचित माना गया है। अब वे तमाम लोग जो कि, उचित तरीक़े से या किसी फ़रेब के सहारे, पुस्तकालय के इस रहस्य के बारे में जानते थे, मर चुके हैं। केवल एक व्यक्ति बचा है : खुद आप।''

''क्या आप कटाक्ष कर रहे हैं...आप कटाक्ष करना चाहते हैं...'' मठाधीश ने कहा।

''मुझे ग़लत मत समझिये,'' विलियम ने कहा, जो शायद कटाक्ष ही करना चाहते थे। ''मेरा कहना यह है कि कोई व्यक्ति है जो जानता है और वह नहीं चाहता कि कोई और उसको जाने। उसको जाननेवाला आख़िरी व्यक्ति होने के नाते, आप अगला शिकार हो सकते हैं। बशर्ते कि आप मुझे उस प्रतिबन्धित पुस्तक के बारे में नहीं बताते और यह नहीं बताते

कि पुस्तकालय के बारे में जो आप और शायद और भी लोग, जानते हैं उसकी जानकारी मठ के भीतर और किसको हो सकती है।''

''यहाँ काफी ठंडक है,'' मठाधीश ने कहा। ''चलो बाहर चलते हैं।'' मैं तेजी से दरवाज़े के बाहर निकला और सबसे ऊपर की सीढ़ी पर रुककर उनका इन्तज़ार करने लगा। मठाधीश मुझे देखकर मुस्कराया।

''इस नौजवान संन्यासी ने कितनी परेशान कर देनेवाली बातें इन कुछ दिनों में सुनी होंगी! आ जाओ, बच्चे, बहुत ज़्यादा क्लेश मत पहुँचाओ ख़ुद को। मुझे लगता है कि जितने षडयन्त्र वाक़ई हैं, उनसे कुछ ज़्यादा की ही कल्पना कर ली गई है...।''

उसने अपना एक हाथ उठाया और अपनी उस भव्य अँगूठी को सूरज की रोशनी में जगमगाने का मौक़ा दिया जिसको उसने अपनी चौथी अँगुली में पहन रखा था, वह अँगूठी जो उसकी शक्ति का प्रतीक थी। अँगूठी अपने रत्नों की समूची चमक के साथ जगमगा उठी।

''तुम इसको पहचानते हो, नहीं?'' उसने मुझसे कहा। ''मेरी सत्ता का प्रतीक, लेकिन साथ ही साथ एक बोझ भी। यह कोई सजावट की चीज़ नहीं है : यह उस दैवीय वाणी का तेजस्वी तर्क है, जिसका मैं पहरेदार हूँ।'' उसने अपनी अँगुलियों से अँगूठी के रत्न को छुआ, या कहें वहुवर्णी रत्नों के उस विन्यास को छुआ जो मानवीय कौशल और प्रकृति की एक सराहनीय अनुपम कृति को रूप दे रहा था। ''यह नीलमणि है,'' उसने कहा, ''जो विनय का आदर्श है और जो हमें सेण्ट मैथ्यू की प्रज्ञा और माधुर्य का स्मरण कराती है; यह श्वेतवर्ण स्फटिक है, दीनवत्सलता की निशानी, जोसेफ़ और सेण्ट जेम्स महान की दयालुता का प्रतीक; यह कपिशमणि है, जो निष्ठा की साक्षी है और जो सेण्ट पीटर से जुड़ी है; और गोमेद, शहादत का संकेत, जिसमें बार्थोलोम्यू का पुनरस्मरण है; यह नीलम है, आशा और ध्यान, सेण्ट ऐण्ड्र्यू और सेण्ट पॉल का रत्न; और वैदूर्य, ध्वनि की विद्या, शिक्षा और सहिष्णुता, सेण्ट थॉमस के सद्गुण...। कितनी तेजस्वी है रत्नों की भाषा,'' अपनी अलौकिक कल्पना में खोया हुआ वह बोलता गया, ''जिसको परम्रागत जौहरियों ने आरानों की तर्कणा और देवदूत की पुस्तक में किए गए स्वर्ग समान जेरुस्लम के वर्णन का अनुवाद करते हुए गढ़ा है। ज़िओन की दीवारें भी तो उन्हीं रत्नों से अलंकृत थीं जिन्होंने मूसा के भाई के कवच को सजाया हुआ था, सिवा इसके कि इल्हाम में पद्मराग मणि, गोमेद और सुलेमानी पत्थर, जिनका ज़िक्र एक्सोडॅस में किया गया है, की जगह श्वेतवर्ण स्फटिक, गोमेद, पुखराज और मणि को रख दिया गया है।

उसने अँगूठी को घुमाया और उसकी चमक से मेरी नज़रों को चौधिया दिया, मानो वह मुझे मूर्छित कर देना चाहता हो। ''अद्भुत भाषा, है न? दूसरे पादरियों के लिए रत्न दूसरे मानी रखते हैं। पोप इन्नोसेण्ट दि थर्ड के लिए माणिक्य प्रशान्ति और धैर्य का सन्देश है; रक्तमणि दीनवत्सलता का। सेण्ट ब्रूनो के लिए फ़ीरोजा सदाचार की निर्मलतम किरणों पर धार्मिक शिक्षा को एकाग्र करता है। हरित मणि आनन्द को दर्शाता है। गोमेद सेराफ़ीम (दिव्यदूतों) का संकेत करता है; पीला पुखराज शेरुबीम (फ़रिश्ते) का; कपिशमणि राजसिंहासन का; लहसुनियाँ ऐश्वर्य का; नीलम सद्गुणों का; सुलेमानी पत्थर पराक्रमों का; वैदूर्य आधिपत्य का; माणिक्य प्रधान देवदूतों (archangels) का; और मरकत मणि देवदूतों (angels) का। रत्नों की भाषा बहुरूपी है; हर एक रत्न अनेक सच्चाइयों को बयान करता है–चुनिन्दा व्याख्याओं

के अर्थ के अनुरूप और उस परिप्रेक्ष्य के अनुरूप जिसमें वह प्रगट होता है। और यह कौन तय करता है कि व्याख्या का स्तर क्या है और सही परिप्रेक्ष्य क्या है? तुम इसे समझते हो, बच्चे, क्योंकि तुम्हें इसकी शिक्षा दी गई है : यह काम आप्तपुरुषों का है, उनका जो अत्यन्त विश्वसनीय व्याख्याकार हैं और जो लब्धप्रतिष्ठ हैं और इसलिए जो श्रद्धा के पात्र हैं। नहीं तो उन विविध संकेतों की व्याख्या कैसे सम्भव है जिनको यह जगत हमारी पापी नज़रों के सामने पेश करता है, उस ग़लतफ़हमी का निराकरण कैसे सम्भव है जिसके सहारे शैतान हमें बहकाता है? ध्यान रखो : शैतान जिस तरह रत्नों की भाषा से नफ़रत करता है, वह असाधारण है, जैसा कि सेण्ट हिल्डेगार्ड ने साबित किया है। यह घिनौना पशु उसमें एक ऐसा सन्देश देखता है जो विभिन्न अर्थों या ज्ञान के विभिन्न स्तरों से प्रकाशित है और वह उसको नष्ट करना चाहेगा क्योंकि वह, दुश्मन, रत्नों की आभा में उन चमत्कारों की प्रतिध्वनि महसूस करता है जो पतित होने से पहले उसके कब्ज़े में थे और वह जानता है कि उनकी यह चमक उस आग से पैदा हुई है जो कि उसकी यातना है।" उसने अँगूठी मेरी ओर बढ़ायी ताकि मैं उसको चूमूँ और मैं घुटनों के बल झुक गया। उसने मेरा सिर थपथपाया। "और इसलिए, बच्चे, इन पिछले कुछ दिनों में जो कुछ तूने सुना है, जो निस्सन्देह मिथ्या है, उन बातों को तुझे भुला देना चाहिए। तूने एक कुलीनतम, महानतम संघ में प्रवेश किया है; इस संघ का मठाधीश मैं हूँ और तू मेरे अधिकार-क्षेत्र में है। मेरा निर्देश ध्यान से सुन : भूल जा और तेरे होंठ हमेशा के लिए बन्द रहने चाहिए। शपथ ले।

जिस कदर प्रेरित और वशीभूत मैं हो चुका था, मैंने निश्चय ही शपथ ले ली होती। और मेरे नेक पाठक, तुम मेरे इस ईमानदार वृत्तान्त को कभी न पढ़ सके होते। लेकिन, ठीक तभी विलियम ने हस्तक्षेप किया, मुझे शपथ लेने से रोकने के लिए शायद नहीं, बल्कि सहज प्रतिक्रियावश, चिढ़कर, मठाधीश को रोकने के लिए, उस इन्द्रजाल को तोड़ने के लिए जिसमें उसने मुझे निश्चय ही बाँध लिया था।

"इस बच्चे का इस सब से क्या लेना-देना है? मैंने आपसे एक सवाल पूछा था, मैंने आपको एक ख़तरे के प्रति आगाह किया था, मैंने आपसे एक नाम बताने को कहा था...। क्या अब आप चाहते हैं कि मैं भी इस अँगूठी को चूमूँ और उस सब को भूल जाने की शपथ ले लूँ जो मैंने समझा है और जिसका मुझे सन्देह है?"

"ओह, आप..." मठाधीश दुखी स्वर में बोला, "मैं एक याचक फ़क़ीर से हमारी परम्पराओं की ख़ूबसूरती को समझने की, या संयम का, गोपनीयताओं का, दीनवत्सलता के रहस्यों का आदर करने की उम्मीद नहीं करता ...हाँ, दीनवत्सलता और गौरव की भावना और मौन-व्रत जिन पर हमारी महानता टिकी हुई है...। आपने मुझे एक अजीबो-ग़रीब कहानी के बारे में, एक अविश्वसनीय कहानी के बारे में बताया है। एक ऐसी प्रतिबन्धित पुस्तक के बारे में जो हत्याओं की एक शृंखला का कारण बन गई है, किसी ऐसे व्यक्ति के बारे में जो वह बात जानता है जो सिर्फ़ मुझे मालूम होनी चाहिए...। मनगढ़न्त क़िस्से, अर्थहीन आरोप। बोलते रहिए, अगर आपकी यही इच्छा है : आप पर कोई विश्वास नहीं करेगा। और अगर आपकी मनगढ़न्त कहानी का कोई अंश सच भी होता तो...खैर अब सब कुछ एक बार फिर से मेरे क़ाबू में, मेरे अख़्तियार में है। मैं इसको देखूँगा, मेरे पास उपाय हैं, सामर्थ्य है। मुझसे शुरुआत में ही ग़लती हुई, जब मैंने एक बाहरी व्यक्ति से, जो भले ही ज्ञानी है, भले ही

विश्वसनीय है, उन मामलों की तहक़ीक़ात का आग्रह किया जिनकी ज़िम्मेदारी सिर्फ़ मेरी थी। लेकिन आप समझ गए हैं, जैसा कि आपने मुझसे कहा है; मुझे शुरुआत में ही इस बात का विश्वास हो गया था कि यह चीज़ शुचिता के व्रत के उल्लंघन से ताल्लुक रखती थी और (यह मेरी नादानी थी कि) जो बातें उस इक़बालिया बयान के दौरान मैंने ख़ुद सुनी थीं, मैं किसी दूसरे से उनको सुनना चाहता था। ख़ैर, अब आप मुझे बता चुके हैं। आपने जो कुछ किया या करने की कोशिश की, उसके लिए मैं आपका बहुत-बहुत शुक्रिया अदा करता हूँ। प्रतिनिधिमण्डल की बैठक ख़त्म हो चुकी है, आपका अभियान पूरा हुआ। मेरा ख़याल है कि राजदरबार में आपका बेचैनी से इन्तज़ार किया जा रहा होगा; आपके जैसे लोगों से बहुत लम्बे समय तक कोई भी अपने को वंचित नहीं रखता। मैं आपको मठ को छोड़ने की इजाज़त देता हूँ। आज तो शायद देर हो चुकी है : मैं नहीं चाहता कि आप सूर्यास्त के बाद यात्रा करें, क्योंकि रास्ता सुरक्षित नहीं है। आप कल सुबह जाएँगें, तड़के। ओह, मेरा शुक्रिया अदा मत कीजिए, आपको यहाँ पाना, अपने बन्धुओं के बीच एक बन्धु को पाना, अपने आतिथ्य से आपको नवाज़ना मेरे लिए आनन्द का विषय था। अब आप अपने शिष्य के साथ जाइए और अपना सामान तैयार कीजिए। मैं सुबह एक बार फिर आपको विदा कहूँगा। मैं आपको हृदय से धन्यवाद देता हूँ। ज़ाहिर है, अब आपको अपनी जाँच-पड़ताल जारी रखने की कोई ज़रूरत नहीं है। संन्यासियों के कामकाज में और बाधा मत डालिए। आप जा सकते हैं।''

यह महज़ एक विदाई से कुछ ज़्यादा ही था, यह एक निष्कासन था। विलियम ने नमस्कार किया और हम सीढ़ियाँ उतर गए।

''इसका क्या मतलब हुआ?'' मैंने पूछा। मुझे कुछ भी समझ नहीं आ रहा था।

''अनुमान लगाने की कोशिश करो। तुम समझ गए होगे कि यह सब कैसे हुआ है।''

''दरअसल, जो मैं समझा हूँ, मैं दो अनुमान लगा सकता हूँ, एक-दूसरे के ख़िलाफ़ और दोनों ही अविश्वसनीय। तो ठीक है...'' मैं अपनी बात गुटक गया : अनुमान लगाते हुए मैं अधीर हो उठा था। ''पहला अनुमान : मठाधीश सब कुछ पहले से ही जानते थे और उन्होंने मान रखा था कि आप कुछ भी पता नहीं कर पाएँगे। दूसरा अनुमान : मठाधीश को कभी किसी बात का सन्देह नहीं हुआ था (किस चीज़ के बारे में मैं नहीं जानता, क्योंकि मुझे नहीं मालूम आपके दिमाग़ में क्या है)। लेकिन, किसी तरह से, वे यह सोचते रहे कि यह सब कुछ....लौंडेबाज़ संन्यासियों के बीच के झगड़े की वजह से था...। हालाँकि अब जब आपने उनकी आँखें खोल दी हैं, उनको कोई भयानक बात समझ में आ गई है, उनके दिमाग़ में किसी का नाम आ गया है, उनको साफ़ तौर पर समझ में आ गया है कि इन गुनाहों के लिए कौन ज़िम्मेदार है। लेकिन इस बिन्दु पर वे ख़ुद इस मसले का हल निकालना चाहते हैं और आपसे छुटकारा पाना चाहते हैं, ताकि मठ की इज़्ज़त बची रह सके।''

''अच्छा है। तुम सही तरह से तर्क करना शुरू कर रहे हो। लेकिन तुम देखो कि दोनों ही मामलों में मठाधीश की चिन्ता अपने मठ की नेकनामी को लेकर है। हत्या हो या अगला शिकार जो कि वह ख़ुद हो सकता है, वह नहीं चाहता कि उसके धार्मिक समुदाय की बदनामी इन पहाड़ों के पार फैले। भले ही उसके संन्यासियों को मार दो लेकिन इस मठ की इज़्ज़त को हाथ मत लगाओ। आह...'' विलियम अब गुस्से में आते जा रहे थे। ''एक सामन्त का

यह हरामज़ादा, यह अकड़कर चलता हुआ मोर जिसने एक्विनास का क़बरखोदू होने के नाते नाम पा लिया, यह शराब की तनी हुई मशक जिसका वजूद सिर्फ़ इसलिए है कि उसने गिलास के पेंदे जितनी बड़ी अँगूठी पहन रखी है। अहंकारी, अहंकारी हो, तुम सब क्लूनियाक, राजकुमारों से भी ज़्यादा गए-गुज़रे, नवाबों से ज़्यादा नवाबी झाड़नेवाले!''

''गुरुदेव...'' आहत होकर, मैंने शिकायत से भरे स्वर में उन्हें टोका।

''चुप रहो, तुम भी उसी मिट्टी के बने हो। तुम्हारी मण्डली में सरल इनसान, या सरल इनसानों के बच्चे नहीं हैं। अगर एक गँवई इनसान तुम्हारे पास आता है, तो तुम उसका स्वागत तो कर सकते हो लेकिन जैसा कि कल मैंने देखा, तुम उसको सेक्युलर हाथों को सौंप देने में संकोच नहीं करते। लेकिन अपने किसी आदमी के लिए नहीं, नहीं; उसकी रक्षा होनी चाहिए। मठाधीश उस जघन्य अपराधी को पहचान सकता है, तहख़ाने में ले जाकर उसका क़त्ल कर सकता है और उसकी किडनियों को अस्थि-पात्रों में रखवा दे सकता है, बशर्ते कि मठ की इज़्ज़त को कोई आँच न आए। एक फ्रांसिस्कन, एक अकुलीन माइनॉराइट, आकर इस पवित्र घर के भीतर चूहे का बिल खोज निकाले? ओह, नहीं, यह ऐसी चीज़ है जिसकी छूट मठाधीश कभी नहीं दे सकता। शुक्रिया ब्रॅदर विलियम, शहंशाह को तुम्हारी ज़रूरत है, देखा मेरे पास कितनी ख़ूबसूरत अँगूठी है, गुडबाई। लेकिन अब यह चुनौती मेरे और मठाधीश के बीच का मसला नहीं है, यह मेरे और इस समूचे व्यापार के बीच का मसला है : जब तक मैं पता नहीं लगा लेता तब तक मैं इन चहारदीवारियों के बाहर नहीं जानेवाला। वह चाहता है कि मैं कल सुबह चला जाऊँ, है न? ठीक है, यह उसका घर है; लेकिन कल सुबह तक मुझे जान ही लेना होगा। हर हाल में।''

''हर हाल में? आपको मजबूर कौन कर रहा है?''

''जानने के लिए हमें कभी कोई मजबूर नहीं करता, एड्सो। यह हमारी अनिवार्यता है, बस, हमारा जानना अधूरा हो तब भी।''

मेरे संघ और उसके मठाधीशों के प्रति कहे गए विलियम के शब्दों से मैं अब भी बेचैन और बेइज़्ज़त महसूस कर रहा था। और मैंने एबो को आंशिक रूप से सही ठहराने की कोशिश में एक तीसरा अनुमान गढ़ा, जो एक ऐसे कौशल को आज़माने की कोशिश थी जिसमें मुझे लगा कि मैं काफी निपुण होता जा रहा था। ''गुरुदेव, आपने एक तीसरी सम्भावना पर विचार नहीं किया है,'' मैंने कहा। इन पिछले दिनों में हमने इस बात पर गौर किया है और आज सुबह निकोलॅस द्वारा दी गई गुप्त सूचनाओं तथा गिरजाघर में सुनी गई अफ़वाहों के बाद तो यह बात हमें एकदम साफ़ समझ में आ रही थी, कि यहाँ पर इतालवी संन्यासियों का एक ऐसा समूह मौजूद है, जो विदेशी लाइब्रेरियनों के सिलसिले को बरदाश्त नहीं करना चाहता; वे मठाधीश पर परम्परा का सम्मान न करने का इल्ज़ाम लगाते हैं और, जैसा कि मुझे समझ आता है, वे बूढ़े एलिनार्दो के पीछे छुपकर उसको एक पताका की तरह आगे की ओर धकेलते हुए मठ के लिए एक अलग शासन की माँग करते हैं। इसलिए मठाधीश को शायद डर है कि हमारे रहस्योद्घाटन उनके दुश्मनों के हाथ में एक हथियार थमा दे सकते हैं और वे इस मसले को पूरी दूरदर्शिता के साथ हल करना चाहते हैं...।''

''यह हो सकता है। लेकिन तब भी वह एक तनी हुई मसक तो है ही और वह ख़ुद मारा भी जाएगा।''

"हम गिरजे के गलियारे में थे। हवा लगातर उग्र होती जा रही थी, रोशनी फीकी पड़ती जा रही थी, हालाँकि अभी दोपहर बाद का वक़्त ही बीता था। दिन डूबने को था और हमारे पास बहुत कम समय बचा था।

"देर हो चुकी है," विलियम ने कहा और जब किसी इनसान के पास समय की कमी हो, तो उसको अपने धीरज को क़ायम रखने की कोशिश करनी चाहिए। हमें इस तरह काम में लगना होगा जैसे हमारे सामने अनन्त काल पड़ा हो। मुझे एक समस्या हल करनी है : *फ़िनिस अफ्रीका* को कैसे भेदा जाए, क्योंकि आख़िरी जवाब वहीं पर होना चाहिए। इसके बाद हमें किसी की जान भी बचानी होगी, हालाँकि यह निश्चय मैं नहीं कर सका हूँ कि किसकी। और अन्त में हमें किसी घटना की उम्मीद अस्तबल की दिशा से करनी चाहिए, जिस पर तुम्हें नज़र रखनी होगी....इस हलचल पर ध्यान दो...।"

दरअसल, इडीफ़ीसियम और इस क्लॉइस्टॅर के बीच के इलाक़े में ख़ास तरह की हलचल दिखाई दे रही थी। अभी थोड़ी ही देर पहले मठाधीश के निवास से आता हुआ एक एक युवा संन्यासी इडीफ़ीसियम की तरफ़ भागा था। अब निकोलॅस वहाँ से निकलकर शयनागार की तरफ़ जा रहा था। एक कोने में आज सुबह के समूह के लोग, पेसिफ़िकॅस, अयमारो और पीटर, एलिनार्दो के साथ गम्भीर बातचीत में लगे थे, जैसे वे उसको किसी बात पर राज़ी करने की कोशिश कर रहे हों। फिर वे किसी फ़ैसले पर पहुँचते से लगे। अयमारो ने एलिनार्दो को, जो अब भी असन्तुष्ट बना हुआ था, सहारा दिया और उसको लेकर मठ के निवास-स्थल की तरफ़ चला गया। वे अभी प्रवेश ही कर रहे थे कि निकोलॅस शयनागार से निकला जो जॉर्ज को लेकर उसी दिशा में जा रहा था। दो इताल्वियों को अन्दर जाता देख वह जॉर्ज के कान में कुछ फुसफुसाया और बूढ़े ने सिर झटक दिया। हालाँकि वे सभागार की ओर बढ़ते गए।

"मठाधीश हालात को अपने हाथों में ले रहा है..." विलियम संशय भरे स्वर में बुदबुदाए। इडीफ़ीसियम से और भी संन्यासी आ रहे थे, जो स्क्रिप्टोरियम से वास्ता रखते थे और उनके तुरन्त बाद बेनो निकला, जो हमारी ओर आ रहा था, पहले से कहीं ज़्यादा चिन्ता में डूबा हुआ।

"स्क्रिप्टोरियम में अशान्ति का माहौल है," उसने हमसे कहा। "कोई भी व्यक्ति काम नहीं कर रहा है, सबके सब आपस में बतिया रहे हैं...। बात क्या है?"

"बात ये है कि जो लोग आज सुबह तक शक के घेरे में थे, वे सब मारे जा चुके हैं। कल तक हर कोई सचेत था–पहले तो मूर्ख और धोखेबाज़ और लम्पट बेरेंगर के ख़िलाफ़, फिर उस भण्डारी के खिलाफ़ जिस पर धर्मद्रोही होने का शक था और अन्त में उस मेलाची के खिलाफ़ जिसे आमतौर से सभी नापसन्द करते थे...। अब उनको समझ में नहीं आ रहा है कि वे किसके ख़िलाफ़ सचेत हों और उनको तत्काल क़िसी शत्रु की, या किसी बलि के बकरे की ज़रूरत है। और हर एक हर दूसरे पर शक कर रहा है; कुछ तुम्हारी तरह डरे हुए हैं; कुछ ने किसी और को डराने का फ़ैसला किया हुआ है। तुम सब घबराए हुए हो। एड्सो, अस्तबल पर बीच-बीच में निगाह डालते रहना। मैं कुछ देर के लिए आराम करने जाता हूँ।"

मुझे आश्चर्य होना ही चाहिए था : एक ऐसे वक़्त में आराम करने जाना जबकि उनके पास कुछ ही घंटे बचे हुए थे कोई समझदारी का फ़ैसला नहीं लगता था। लेकिन अब तक

मैं अपने गुरुदेव को समझ चुका था। उनका शरीर जितना ही शिथिल होता था उनका दिमाग़ उतना ही फुर्तीला होता था।

साान्ध्योपासना और रात्रिकालीन उपासना के बीच

जिसमें कई घंटों के सम्भ्रम का संक्षिप्त बयान किया जाता है।

सान्ध्योपासना और रात्रिकालीन उपासना के बीच जो कुछ घटित हुआ उसका बयान करना मेरे लिए मुश्किल है।

विलियम ग़ैरहाज़िर थे। मैं अस्तबल के इर्द-गिर्द भटकता रहा लेकिन वहाँ पर ग़ौर करने लायक़ कोई ख़ास बात मुझे नहीं लगी। साईस हवा के रुख से डरे हुए जानवरों को लेकर आते जा रहे थे; बाक़ी सब कुछ शान्त था।

मैंने गिरजे में प्रवेश किया। हर कोई आसन्दियों में अपनी-अपनी जगह पर पहुँच चुका था लेकिन मठाधीश ने ग़ौर किया कि जॉर्ज ग़ैरहाज़िर था। उसने प्रार्थना की शुरुआत के लिए इन्तज़ार करने का इशारा किया। उसने बेनो को पुकारा कि वह जाकर बूढ़े की तलाश करे, लेकिन पता चला कि बेनो भी वहाँ नहीं था। किसी ने ध्यान दिलाया कि वह शायद स्क्रिप्टोरियम को बन्द करने की तैयारी में लगा होगा। मठाधीश झुंझलाया और बोला कि यह फ़ैसला किया गया था कि बेनो किसी चीज़ को बन्द नहीं करेगा क्योंकि उसको नियमों की जानकारी नहीं है। अयमारो ऑव अलेक्ज़ेण्डरिया अपनी आसन्दी से उठ खड़ा हुआ : "अगर पिताश्री की इजाज़त हो, तो मैं जाकर उसको तलब करूँ...।"

"तुम्हें किसी ने कुछ करने को नहीं कहा है," मठाधीश ने रूखे ढंग से कहा और अयमारो वापस अपनी जगह पर बैठ गया, लेकिन वह पैसीफ़िकॅस ऑव तिवोली की ओर एक भेद भरी निगाह फेंकने से अपने को नहीं रोक सका। मठाधीश ने निकोलॅस को पुकारा लेकिन वह मौजूद नहीं था। किसी ने उसको याद दिलाई कि वह रात का भोजन तैयार करने में लगा होगा और मठाधीश ने खीझने की मुद्रा बनाई, जैसे वह सब पर अपनी परेशानी के ज़ाहिर हो जाने को लेकर नाखुश हो।

"मैं जॉर्ज को यहाँ देखना चाहता हूँ," वह चिल्लाया। "खोजो उनको! तुम जाओ!" उसने नवदीक्षित संन्यासियों के गुरु को हुक्म दिया।

किसी दूसरे ने उसका ध्यान खीचा कि एलिनार्दो भी नदारद था। "मुझे पता है," मठाधीश ने कहा, "उनकी तबीयत ठीक नहीं है।" मैं पीटर ऑव सेण्ट'अल्बानो के क़रीब बैठा हुआ था और मैंने सुना कि वह अपने पड़ोसी, गुंज़ो ऑव नोला से मध्य इटली की एक भद्दी ज़ुबान में, जिसे मैं कुछ-कुछ समझता था, कह रहा था, "मुझे इस पर सोचना चाहिए था। आज, जब वह वार्ता के बाद बाहर निकला था, तो बेचारा बूढ़ा काफी परेशान था। एबो अविग्नॉन की छिनाल की तरह आचरण कर रहा है!"

नवदीक्षित संन्यासी परेशान थे; वे अपनी मासूम और बालसुलभ संवेदना से क्वाइअर

में फैलते तनाव को महसूस कर रहे थे, जैसा कि मैं भी महसूस कर रहा था। देर तक ख़ामोशी और अटपटेपन का माहौल बना रहा। मठाधीश ने कुछ स्तोत्र गाने का आदेश दिया और उन्होंने यों ही तीन ऐसे स्तोत्र चुन लिए जो कि विधान के मुताबिक़ सान्ध्योपासना के लिए तय नहीं किए गए थे। सब एक-दूसरे की ओर देखने लगे और फिर धीमे स्वर में प्रार्थना करने लगे। नवदीक्षित संन्यासियों का गुरु वापस आ गया, जिसके पीछे-पीछे बेनो आया, जो सिर झुकाए अपने आसन पर बैठ गया। जॉर्ज न तो स्क्रिप्टोरियम में था, न अपनी कोठरी में। मठाधीश ने उपासना शुरू करने का हुक्म दिया।

जब उपासना ख़त्म हुई, तो इसके पहले कि सब लोग रात्रि-भोज की तरफ़ बढ़ते, मैं विलियम को बुलाने चल पड़ा। वे अपने बिछौने पर पसरे हुए थे, पोशाक पहने हुए और निश्चल। वे बोले कि उन्हें पता ही नहीं लगा कि इतनी देर हो चुकी थी। मैंने संक्षेप में सारा वाक़िआ सुना डाला। उन्होंने सिर हिलाया।

भोजनालय के दरवाज़े पर हमने निकोलॅस को देखा, जो कुछ घंटे पहले जॉर्ज के साथ था। विलियम ने पूछा कि क्या वह बुज़ुर्ग तुरन्त ही मठाधीश से मिलने चला गया था। निकोलॅस ने कहा कि जॉर्ज को लम्बे समय तक दरवाज़े के बाहर इन्तज़ार करना पड़ा, क्योंकि एलिनार्दो और अयमारो ऑव अलेक्ज़ेण्डरिया हाल के अन्दर थे। अन्दर बुला लिए जाने के बाद वह कुछ देर वहाँ पर रहा, जिस दौरान निकोलॅस ने उसका इन्तज़ार किया। फिर वह बाहर आया और उसने निकोलॅस से आग्रह किया कि वह उसको लेकर गिरजाघर चले, जो उस वक़्त सूना पड़ा था, क्योंकि सान्ध्योपासना के लिए अभी एक घंटा बाक़ी था।

मठाधीश ने हमें भण्डारी से बात करते देखा, ''ब्रॅदर विलियम,'' उन्होंने चेतावनी दी, ''क्या आप अब भी तह्क़ीक़ात जारी रखे हुए हैं?'' उसने विलियम को, हमेशा की तरह, अपनी मेज़ पर बैठने का निमन्त्रण दिया। बेनेडिक्टों के लिए मेहमाननवाज़ी एक परम मूल्य है।

रात्रि-भोज के दौरान आम दिनों के मुक़ाबले ख़ामोशी और उदासी छायी रही। मठाधीश दुश्चिन्ताओं में डूबा हुआ बेखबर खाता रहा। अन्त में उसने संन्यासियों से कहा कि वे रात्रिकालीन उपासना के लिए जल्दी करें।

एलिनार्दो और जॉर्ज अब भी मौजूद नहीं थे। संन्यासी अन्धे की खाली जगह की तरफ़ इशारा कर रहे थे और आपस में कानाफूसी कर रहे थे। जब उपासना पूरी हो गई, तो मठाधीश ने सबसे कहा कि जॉर्ज ऑव बर्गोस की सेहत के लिए विशेष प्रार्थना करें। यह बात साफ़ नहीं थी कि उसका इशारा उसकी जिस्मानी सेहत की तरफ़ था या कि शाश्वत सेहत की तरफ़। सभी को लगा कि समुदाय पर एक नई विपदा आने को है। इसके बाद मठाधीश ने रोज़ के मुक़ाबले कुछ ज़्यादा ही तत्परता से हर संन्यासी को अपने-अपने बिस्तर पर जाने का हुक्म दिया। उसने निर्देश दिया कि कोई भी और ''कोई भी'' पर उनका विशेष ज़ोर था, शयनागार के बाहर आना-जाना न करे। डरे हुए नवदीक्षित भिक्षु सबसे पहले गए—अपने-अपने चेहरों को टोपों से ढँके हुए, सिर झुकाए, बग़ैर एक-दूसरे पर फब्तियाँ कसे, बग़ैर एक-दूसरे को कोहनियाँ मारे, बग़ैर एक-दूसरे पर मुस्कराहटें फेंके, बग़ैर एक-दूसरे को गुपचुप धकियाये, जिससे वे आमतौर पर एक-दूसरे को गुस्सा दिलाया करते थे (क्योंकि नवदीक्षित चेले, नौजवान भिक्षु होने के बावजूद अन्ततः बच्चे ही होते हैं और उनके गुरुओं की झिड़कियाँ उनको उनकी नाज़ुक उमर के लिहाज़ से बच्चों की तरह आचरण करने से रोकने में कोई ख़ास कारगर नहीं होतीं)।

जब वयस्कों ने बाहर निकलना शुरू किया, तो मैं भी शर्माता हुआ सा कतार में उन लोगों के पीछे-पीछे चलने लगा जो इस वक़्त तक मेरे लिए ''इतालवी'' के नाम से परिचित हो चले थे। पेसीफ़िकॅस अयमारो से फुसफुसाकर कह रहा था, ''क्या तुमको वाक़ई लगता है कि मठाधीश को इस बात की जानकारी नहीं है कि जॉर्ज कहाँ है?'' और अयमारो ने जवाब दिया, ''हो सकता है कि उनको मालूम हो और मालूम हो कि जॉर्ज जिस जगह पर है वहाँ से वह कभी नहीं लौटेगा। यह बूढ़ा शायद कुछ ज़्यादा ही चाहता था और एबो को अब उसकी ज़रूरत नहीं रह गई थी...।''

जब मैं और विलियम अतिथिगृह में लौटने का ढोंग कर रहे थे, हमने उड़ती निगाह से मठाधीश को भोजनालय के खुले दरवाज़े से एक बार फिर इडीफ़ीसियम में प्रवेश करते देखा। विलियम ने थोड़ा इन्तज़ार करने की सलाह दी; उन्होंने कहा कि एकबारगी पूरा इलाक़ा किसी की भी मौजूदगी से ख़ाली हो तो मैं उसके पीछे आऊँ। हमने तेजी से सुनसान इलाक़ा पार किया और गिरजाघर में घुस गए।

रात्रिकालीन उपासना के बाद

जिसमें, लगभग संयोग से, विलियम फ़िनिस अफ्रीका में घुसने का रहस्य खोज लेता है।

हत्यारों के एक जोड़े की तरह हम प्रवेश-द्वार पर एक खम्भे के पीछे घात लगाए छुपे रहे, जहाँ से हम खोपड़ियों से भरे चैपल पर निगाह रख सकते थे। ''एबो इडिफ़ीसियम को बन्द करने गया हुआ है,'' विलियम ने कहा। ''एक बार अन्दर से दरवाज़ा बन्द कर लेने के बाद वह अस्थि-संग्रहालय के रास्ते ही बाहर आ सकता है।''

''और उसके बाद?''

''उसके बाद हम देखते हैं कि वह क्या करता है।''

उसने क्या किया, हम पता नहीं लगा सके। एक घंटा बीत चुका था और वह अब भी नमूदार नहीं हुआ था। वे फ़िनिस अफ्रीका में गए हैं, मैंने कहा। शायद, विलियम ने जवाब दिया। कुछ और अनुमान गढ़ने के लिए उत्सुक, मैंने जोड़ा : हो सकता है वे भोजनालय के रास्ते ही दुबारा बाहर आए हों और जॉर्ज को खोजने चले गए हों। और विलियम ने जवाब दिया : यह भी सम्भव है। हो सकता है जॉर्ज मर ही चुका हो, मैंने कल्पना की। हो सकता है वह इडीफ़ीसियम में ही हो और मठाधीश की हत्या कर रहा हो। हो सकता है वे दोनों ही किसी और जगह पर हों और कोई अन्य व्यक्ति उनका इन्तज़ार कर रहा हो। ''ये इतालवी'' चाहते क्या हैं? और बेनो इतना डरा हुआ क्यों था? क्या वह महज़ एक मुखौटा था, हमें गुमराह करने के लिए? अगर उसको यह नहीं पता कि स्क्रिप्टोरियम को कैसे बन्द किया जाता है या उससे बाहर कैसे आया जाता है, तो फिर वह सान्ध्यकालीन उपासना के दौरान स्क्रिप्टोरियम में क्यों अटका रहा? क्या वह भूलभुलैया की गलियों का पता लगाना चाहता था?

''सब कुछ सम्भव है,'' विलियम ने कहा। ''लेकिन कोई एक ही चीज़ हो रही है, या

हो चुकी है, या होने को है। और आख़िरकार प्रभु की कृपा हमको एक उज्ज्वल निश्चय की तरफ़ ले जा रही है।''

''वह क्या है?'' पूरी उम्मीद से भरकर मैंने पूछा।

''यही कि ब्रॅदर विलियम ऑव बास्करविले, जिसे लगता है कि उसको सब कुछ समझ में आ चुका है, उसको यह नहीं मालूम कि *फ़िनिस अफ़्रीका* में कैसे प्रवेश किया जाए। अस्तबल, एड्सो, अस्तबल।''

''और अगर वहाँ मठाधीश ने हमें देख लिया तो?''

''हम ढोंग करेंगे कि हम भूतों का एक जोड़ा हैं।''

मेरे लिए यह कोई व्यावहारिक समाधान नहीं लगा लेकिन मैं ख़ामोश रहा। विलियम की बेचैनी बढ़ती जा रही थी। हम उत्तरी दरवाज़े से बाहर निकल आए और कब्रिस्तान को पार कर गए। हवा ज़ोरों की सीटियाँ बजा रही थी और मैं प्रभु से दुआ माँग रहा था कि कहीं हमारी मुठभेड़ प्रेतों के जोड़े से न हो जाए क्योंकि रात के समय में मठ में यातना भोगती आत्माओं की कमी न थी। हम अस्तबल पहुँच गए थे और घोड़ों की हिनहिनाहट सुन रहे थे, जो पगलाए हुए मौसम की वजह से आज कुछ ज़्यादा ही घबराए हुए थे। इमारत के मुख्य दरवाज़े में छाती की ऊँचाई पर धातु का एक चौड़ा जँगला था, जिसके सहारे अन्दर देखा जा सकता था। अँधेरे में हमने घोड़ों की आकृतियों को पहचाना। मैंने ब्रूनेलॅस को पहचाना, जो बाईं ओर से पहला था। उसके दाईं ओर कतार के तीसरे जानवर ने, हमारी मौजूदगी को महसूस करते हुए, सिर उठाया और हिनहिनाया। मैं मुस्कराया। "Tertius equi," मैंने कहा।

''क्या?'' विलियम ने पूछा।

''कुछ नहीं। मैं उस बेचारे सल्वाटोर को याद कर रहा था। वह इस घोड़े के साथ, भगवान जाने कौन-सा, जादू करना चाहता था और अपनी लैटिन में इसको 'tertius equi' नाम से पुकारता था, जो *u* होगा।''

"*u*?" विलियम ने पूछा, जो बिना ख़ास ध्यान दिए मेरी तुतलाहट को सुनते रहते थे।

''हाँ, क्योंकि 'tertius equi' का मतलब तीसरा घोड़ा नहीं, बल्कि घोड़े का तीसरा होगा और 'equus' शब्द का तीसरा अक्षर है ***u*** । लेकिन यह सब बकवास है...।''

विलियम ने मेरी ओर देखा और उस अँधेरे में मुझे उनके चेहरे की रंगत बदलती हुई लगी। ''भगवान तुम्हारा भला करे एड्सो! उन्होंने मुझसे कहा। ''एकदम सही तो है, भौतिक अनुमान, डिस्कोर्स स्वयं शब्द के बारे में बात करता है, न कि उस चीज़ के बारे में जिसकी ओर वह संकेत करता है।** कितना बेवक़ूफ़ हूँ मैं!'' उन्होंने इतनी ज़ोर से अपना माथा पीटा कि मुझको उसकी आवाज़ सुनाई दी और मुझे लगा कि उन्होंने खुद को निश्चय ही चोट पहुँचाई होगी। ''मेरे बच्चे, यह आज दूसरी दफ़ा हुआ है कि तेरी वाणी पर साक्षात बुद्धि की देवी आ विराजी है, पहली दफ़ा सपने में और दूसरी दफ़ा जागते में! दौड़ो, दौड़ो अपनी कोठरी में और चिराग़ लेकर आओ, बल्कि वे दोनों चिराग़ जो हमने छुपा रखे हैं। ध्यान रहे कि तुम्हें कोई देखने न पाए और तुरन्त गिरजाघर में आकर मुझसे मिलो! कोई सवाल नहीं! जाओ!''

मैंने कोई सवाल नहीं पूछा और चला गया। चिराग़ मेरे बिस्तर के तले थे, तेल से भरे

हुए और मैंने उनकी बत्तियाँ पहले से ही सँवार रखी थीं। चकमक पत्थर मेरे चोगे में था। इन दो क़ीमती उपकरणों को अपने सीने से चिपकाये, मैं भागता हुआ गिरजाघर में पहुँचा।

विलियम तिपाई के नीचे थे और उस काग़ज़ को पढ़ रहे थे जिस पर वेनेण्टियॅस की टीपें अंकित थीं।

"एड्सो," वे मुझसे बोले, 'प्राइमम एट सेप्टिमम कम क्वाटुअॅर'** का मतलब चार का पहला और सातवाँ नहीं, बल्कि स्वयं चार है, 'चार' नामक शब्द!" पल-भर के लिए तो मेरी समझ में कुछ भी नहीं आया, लेकिन फिर मुझे अक़्ल आई : "अपने सिंहासनों पर आसीन चौबीस बुज़ुर्ग! लेखन! छन्द! शब्द दर्पण पर उकेरे गए हैं!"

"आओ," विलियम ने कहा, "शायद हम अब भी एक ज़िन्दगी को बचा सकते हैं!"

"किसकी?" मैंने पूछा, जबकि वे खोपड़ियों को यहाँ-वहाँ कर अस्थि-संग्रहालय में जाने का रास्ता बनाने में लगे थे।

"किसी ऐसे इनसान की ज़िन्दगी जो इसका पात्र नहीं है," वे बोले। अब तक हम अपने रोशन चिराग़ों के साथ अन्दरूनी गलियारे में पहुँच चुके थे और उस दरवाज़े की तरफ़ बढ़ रहे थे, जो रसोई में खुलता था।

मैं पहले बता चुका हूँ कि यहाँ पहुँचकर आप एक लकड़ी के दरवाज़े को धक्का देते हैं और खुद को रसोई में भट्ठी के पीछे, उस चक्करदार सीढ़ी के पैताने पाते हैं जो स्क्रिप्टोरियम में जाती है। और ठीक जिस वक़्त हम दरवाज़े को धक्का दे रहे थे, अपनी बाईं तरफ़ हमने दीवारों के भीतर से आती दबी हुई सी आवाज़ें सुनीं। वे दरवाज़े के बगल की दीवार से आ रही थीं, जहाँ खोपड़ियों और अस्थियों से भरे ताक़ों की क़तार समाप्त होती थी। आख़िरी ताक़ की बजाय वहाँ बड़े-बड़े चौकोर पत्थरों से बनी एक खाली दीवार फैली थी जिसके बीच में फलक था जिस पर कुछ मोनोग्राम उकेरे गए थे जो अब जीर्ण-शीर्ण हो गए थे। लगता था कि आवाज़ें उसी फलक के पीछे से, या फिर फलक के ऊपर से, आंशिक रूप से दीवार के परे और आंशिक रूप से हमारे सिरों के ऊपर से आ रही थीं।

अगर पहले वाली रात ऐसा कुछ हुआ होता, तो मेरे मन में तुरन्त ही मृत संन्यासियों का ख़याल आया होता। लेकिन अब तक मैं जीवित संन्यासियों की ओर से बदतर चीज़ों की उम्मीद करना शुरू कर चुका था। "कौन हो सकता है?" मैंने पूछा।

विलियम ने दरवाज़ा खोला और भट्ठी के पीछे आ पहुँचे। धक्कों की वे आवाज़ें उस दीवार के बराबर भी सुनाई दे रही थीं जो सीढ़ी के बग़ल से गुज़रती थी, जैसे कोई दीवार के भीतर क़ैद हो, या उस ख़ाली जगह (जो वाक़ई बहुत बड़ी थी) के बीच क़ैद हो जो रसोई की अन्दरूनी दीवार और दक्षिणी मीनार की बाहरी दीवार के बीच मौजूद थी।

"वहाँ अन्दर कोई बन्द है," विलियम ने कहा। "मैं लगातार यह सोचता रहा था कि अन्तहीन गलियारों से भरे इस इडीफ़ीसियम में *अफ़्रीका का अन्त* तक पहुँचने का क्या कोई और रास्ता भी है। ज़ाहिर है कि वह है। रसोई में आने से पहले, अस्थि-संग्रहालय से, दीवारों का एक फैलाव है और उन दीवारों में छुपी हुई एक सीढ़ी है जिस पर चढ़कर तुम सीधे उस अन्धे कक्ष में पहुँचोगे।"

"लेकिन वहाँ है कौन?"

"दूसरा व्यक्ति। एक व्यक्ति *अफ्रिका का अन्त* में है, दूसरे ने वहाँ पहुँचने की कोशिश

की है, लेकिन जो व्यक्ति ऊपर है उसने निश्चय ही उस कल-पुरजे को ठप्प कर दिया है जिसके सहारे उस जगह में घुसना सम्भव होता होगा। इसलिए जो भी व्यक्ति वहाँ आया है वह वहाँ पर फँस गया है। और बेतहाशा छटपटा रहा है क्योंकि, मेरा खयाल है कि उस सँकरी जगह में पर्याप्त हवा नहीं हो सकती।''

''वह कौन है? हमें उसको बचाना चाहिए!''

हमें जल्द ही पता चल जाएगा कि वह कौन है। जहाँ तक उसको बचाने का सवाल है, यह काम ऊपर जाकर उस कल-पुरजे को फिर से चालू करके ही किया जा सकता है : यहाँ का रहस्य क्या है, इसकी जानकारी हमें नहीं है। हमें जल्दी से ऊपर चलना चाहिए।''

इस तरह हम ऊपर चढ़कर स्क्रिप्टोरियम में पहुँचे और वहाँ से भूलभुलैया में और तेजी से दक्षिणी मीनार में जा पहुँचे। मुझे दो दफ़ा अपने तेज़ रफ़्तार को क़ाबू करना पड़ा, क्योंकि उस रात सूराख़ों से होकर जो हवा आ रही थी वह कुछ इतनी तेज़ थी कि वह उन गलियारों को भेद कर कमरों के भीतर से साँय-साँय करती गुज़र रही थी, डेस्कों पर खुले पड़े पन्ने फड़फड़ा रहे थे और मुझे बार-बार अपने हाथ की ओट कर चिराग़ की लौ को बुझने से रोकना पड़ता था।

जल्दी ही हम आईनेवाले कक्ष में पहुँच गए–शक्लों को बिगाड़ने का जो खेल वहाँ हमारा इन्तज़ार कर रहा था उसके लिए इस बार पूरी तरह से तैयार होकर। उस पंक्ति को पढ़ने के लिए, जो चौखट के माथे पर फैली हुई थी, हमने अपने चिराग़ को ऊपर उठाया। Super thronos viginti quatuor... इस बिन्दु पर रहस्य एकदम साफ़ था। "quatuor" शब्द में सात अक्षर थे और हमें q और r को दबाना था। अपनी उत्तेजना में मैंने यह काम ख़ुद ही करने का विचार किया : मैंने फुर्ती से कमरे के बीच रखी मेज़ पर चिराग़ को रखा। लेकिन यह काम मैंने घबराहट में किया और चिराग़ की लौ ने उस मेज़ पर रखी एक पुस्तक की ज़िल्द को चाटना शुरू कर दिया।

''ध्यान से, बेवक़ूफ़!'' विलियम चिल्लाए और उन्होंने फूँक मारकर लपट को बुझा दिया। ''तुम क्या पुस्तकालय को आग में झोंकना चाहते हो?''

मैंने माफ़ी माँगी और चिराग़ को दुबारा से जलाने लगा। ''कोई ज़रूरत नहीं,'' विलियम ने कहा, ''मेरावाला काफ़ी है। इसे उठाओ और मेरे लिए रोशनी करो, क्योंकि संकेत-वाक्य बहुत ऊँचाई पर है और तुम वहाँ तक नहीं पहुँच पाओगे। हमें जल्दी करनी होगी।''

''और अगर कोई हथियारबन्द आदमी वहाँ हुआ तो?'' मैंने पूछा, तब तक विलियम, अपनी लम्बाई का फ़ायदा उठाकर पंजों के बल, उस इल्हामी पंक्ति को छूते, लगभग टटोलते हुए से उन मारक अक्षरों तक पहुँच चुके थे।

''शैतान के नाम पर, मुझे रोशनी दिखाओ और डरो मत : ईश्वर हमारे साथ है!'' उन्होंने कुछ विचित्र से ढंग से मेरी बात का जवाब दिया। उनकी अँगुलियाँ "quatuor" के q को छू रही थीं और उनसे कुछ क़दमों की दूरी पर खड़ा मैं उनके कृत्य को उनसे बेहतर ढंग से देख रहा था। मैं यह बात पहले ही कह चुका हूँ कि उस पंक्ति के अक्षर दीवार पर उकेरे गए या खोदे गए लगते थे : ज़ाहिरा तौर पर "quatuor" शब्द के अक्षर धातुई रेखाओं से युक्त थे, जिनके पीछे एक विस्मयकारी यन्त्र को स्थापित कर उसको दीवार के भीतर चुन दिया गया था। जब q को आगे की ओर धकेला गया, तो उसने टिक् की एक तीखी खनक

की और यही तब हुआ जब विलियम ने r को दबाया। लगा जैसे आईने का समूचा फ्रेम काँप उठा हो और काँच की सतह झटके से पीछे ओर खिसक गई। आईना एक दरवाज़ा था, जो अपनी बाईं ओर क़ब्ज़े पर सधा हुआ था। विलियम ने दीवार और दाएँ सिरे के बीच की उस खुली जगह में हाथ डाला और अपनी ओर खींचा। दरवाज़ा एक चरमराहट के साथ हमारी ओर खुल गया। विलियम दरवाज़े के भीतर सरक गए और मैं, चिराग़ को सिर तक उठाये, डरता हुआ उनके पीछे हो लिया।

छठवें दिन के आख़िर में, रात्रिकालीन उपासना के दो घंटे बाद, सातवें दिन को जन्म देती रात के दरम्यान, हमने *फ़िनिस अफ़्रीका* में प्रवेश किया।

सातवाँ दिन

रात्रि

जिसमें, यह शीर्षक जिन विलक्षण रहस्योद्घाटनों के बारे में बताता है, अगर उनका संक्षेप किया जाए, तो यह शीर्षक, चलन के विपरीत, उतना ही लम्बा होगा जितना कि यह अध्याय है।

हमने खुद को फफूँदियायी पुस्तकों जैसी गन्ध से भरे एक ऐसे कक्ष की देहलीज़ पर खड़े पाया जो अपने आकार-प्रकार में अन्य तीनों सप्तभुजीय अन्ध कक्षों के जैसा ही था। जिस चिराग़ को मैं ऊँचा उठाये हुए था, उससे सबसे पहले मेहराब रोशन हुआ; फिर जब मैंने अपना हाथ नीचा कर उसको दाएँ-बाएँ घुमाया तो चिराग़ की लौ ने दूर, दीवारों से लगे, शेल्फों पर रोशनी फेंकी। अन्त में, हमने बीचों-बीच काग़ज़ों से ढँकी एक मेज़ और मेज़ के पीछे बैठी एक मानव-आकृति देखी, जिसे देखकर लगा जैसे वह, अगर मृत नहीं थी तो, अँधेरे में निश्चल बैठी हमारी प्रतीक्षा कर रही थी। इससे भी पहले कि रोशनी उसके चेहरे को उजागर करती, विलियम बोल उठे।

"रात्रि शुभ हो, श्रद्धेय जॉर्ज," उन्होंने कहा। "क्या आप हमारा ही इन्तज़ार कर रहे थे?"

इस बीच, जैसे ही हम कुछ क़दम आगे बढ़े, चिराग़ ने बूढ़े के चेहरे को रोशन कर दिया था, जो हमारी तरफ़ कुछ यूँ ताक रहा था मानों वह देख सकता हो।

"क्या तुम हो, विलियम ऑव बास्करविले?" उसने पूछा। "मैं तो तुम्हारा इन्तज़ार आज तभी से कर रहा हूँ जब सान्ध्योपासना के भी पहले, तीसरे पहर मैंने यहाँ आकर ख़ुद को बन्द कर लिया था। मुझे मालूम था कि तुम आओगे।"

"और मठाधीश?" विलियम ने पूछा। "क्या वही हैं जो गुप्त सीढ़ी के भीतर से आवाज़ कर रहे हैं?"

जॉर्ज पल-भर को झिझका। "क्या वह अब भी जीवित है?" उसने पूछा। "मैं तो सोचता था कि अब तक उसका दम घुट चुका होगा।"

''इसके पहले कि हम बातचीत शुरू करें,'' विलियम ने कहा, ''मैं उनको बचाना चाहूँगा। आप इस तरफ़ से दरवाज़ा खोल सकते हैं।''

''नहीं,'' जॉर्ज अनमने से स्वर में बोला, ''अब सम्भव नहीं है। यन्त्र का नियन्त्रण नीचे से एक फलक को दबाने से होता है और यहाँ ऊपर एक लीवर खिसकता है, जिससे उस अलमारी के पीछे एक दरवाज़ा खुलता है।'' उसने अपना सिर घुमाया। ''अलमारी के बग़ल में तुम बराबर के वजनवाला एक चक्का देख सकते हो, जो यहाँ ऊपर से यन्त्र को नियन्त्रित करता है। लेकिन जब मैंने चक्के के घूमने की आवाज़ सुनी, जो इस बात की सूचना थी कि एबो ने नीचे से प्रवेश किया था, मैंने उस रस्सी को झटके से खींच दिया जिससे वजन बँधा हुआ है और रस्सी टूट गई। अब वह जगह दोनों तरफ़ से बन्द हो चुकी है और तुम उस यन्त्र को अब कभी सुधार नहीं सकते। मठाधीश मर चुका है।''

''आपने उनकी हत्या क्यों की?''

''आज, जब उसने मुझे बुलाया, तो उसने मुझे बताया कि आपकी मेहरबानी से उसको सब कुछ पता चल चुका है। उसको अब तक इसकी जानकारी नहीं थी कि मैं किस चीज़ को बचाने की कोशिश में लगा था–उसको अब तक ख़ज़ानों और पुस्तकालय के लक्ष्यों तक की समझ नहीं थी। वह मुझसे एक ऐसी चीज़ की कैफ़ियत माँग रहा था जिसके बारे में वह नहीं जानता था। वह *फ़िनिस अफ़्रीका* को खुलवाना चाहता था। इताल्वियों ने उससे उस 'रहस्य' को समाप्त करने का आग्रह किया था जिसे उसके मुताबिक मैंने और मेरे पूर्वजों ने ज़िन्दा रखा हुआ था। वे लोग नयेपन की लालसा से प्रेरित हैं... ।''

''और निश्चय ही आपने वचन दिया था कि आप यहाँ आएँगे और अपने जीवन को उसी तरह ख़त्म कर देंगे जिस तरह आपने दूसरों के जीवन को ख़त्म किया है, ताकि मठ के आत्मसम्मान की रक्षा हो सके और किसी को कुछ पता न चल सके। फिर आपने उन्हें यहाँ आने का रास्ता बताया और कहा कि वे बाद में आकर इस बात की ताईद कर लें। लेकिन उनका इन्तज़ार करने की बजाय आपने उन्हें मार डाला। आपने यह नहीं सोचा था कि वे आईनेवाले रास्ते से भी तो आ सकते थे?''

''नहीं, मठाधीश का क़द बहुत छोटा है, वह अकेले अपने बूते उस छन्द-पंक्ति तक पहुँचने में कभी कामयाब नहीं हो सकते था। मैंने उसको इस दूसरे रास्ते के बारे में भी बताया था जिसकी जानकारी तब तक सिर्फ़ मुझ ही को थी। ये वो रास्ता है जिसका इस्तेमाल मैं वर्षों से करता रहा हूँ, क्योंकि अँधेरे में वह ज़्यादा आसान है। मुझे सिर्फ़ चैपल तक पहुँचना होता था, इसके बाद मृतकों की अस्थियों का पीछा करते हुए गलियारे के आख़िरी सिरे तक।''

''तो आपने उनको यह जानते हुए यहाँ बुलाया था कि आप उनकी हत्या करेंगे... ।''

''मैं उस पर और भरोसा नहीं कर सकता था। वह डर गया था। उसको इसलिए प्रसिद्धि मिली थी कि वह फ़ोसानोवा में किन्हीं घुमावदार सीढ़ियों से एक शव को नीचे उतार ले आने मे कामयाब हुआ था। ऐसा गौरव जिसका वह पात्र नहीं था। अब वह मर चुका है क्योंकि वह अपनी ही सीढ़ियाँ चढ़ पाने में असमर्थ था।

''आप चालीस सालों से इसका इस्तेमाल कर रहे हैं। जब आपको यह लगा कि आप अन्धे होनेवाले हैं और पुस्तकालय का नियन्त्रण आपके वश में न रह जाएगा, तो आपने चालाकी से काम लिया। आपने मठाधीश के रूप में एक ऐसे आदमी का चुनाव करवाया

जिस पर आप भरोसा कर सकें; और उनसे आपने लाइब्रेरियन के रूप में पहले रॉबर्ट ऑव बोबियो को नियुक्त करवाया, जिसको आप मनमाने ढंग से निर्देशित कर सकते थे और फिर मेलाची को जिसको आपकी मदद की ज़रूरत पड़ती थी और जो आपकी सलाह के बिना एक क़दम भी नहीं बढ़ा सकता था। चालीस सालों से आप इस मठ के सिरमौर बने हुए हैं। यही वह चीज़ है जिसका अहसास यहाँ के इताल्वियों को हो चुका था, यही वह चीज़ है जिसे एलिनार्दो दोहराता रहता था, लेकिन उसकी कोई नहीं सुनता था क्योंकि लोग अब तक उसको पागल समझने लगे थे। मैं ठीक कह रहा हूँ? लेकिन तब भी आपको मेरा इन्तज़ार था और आईनेवाले दरवाज़े को आप इसलिए अवरुद्ध नहीं कर सके क्योंकि उसका यन्त्र दीवार में स्थापित है। क्यों कर रहे थे आप मेरा इन्तज़ार? आप इतने निश्चित कैसे हो सके कि मैं आऊँगा ही?'' विलियम ने पूछा, लेकिन उनके लहजे से स्पष्ट था कि उनको जवाब का अन्दाजा था, वे सिर्फ़ उससे अपनी उस्तादी का इनाम पाना चाहते थे।

''पहले ही दिन मुझे लग गया था कि तुम समझ जाओगे। तुम्हारे स्वर से, तुम्हारे उस तरीक़े से जिससे तुम मुझे उस मसले पर बहस में घसीट ले गए थे जिसका ज़िक्र तक मैं नहीं करना चाहता था। तुम दूसरों से बेहतर थे : तुम समस्या के हल तक पहुँच सकते थे, वह हल चाहे जैसा भी होता। तुम जानते हो कि दूसरों के विचारों को अपने दिमाग़ में सोचना और उनको नए सिरे से गढ़ना काफ़ी है। और फिर मैंने सुना कि तुम अन्य संन्यासियों से एकदम सटीक सवाल पूछ रहे थे। लेकिन तुमने पुस्तकालय के बारे में कभी सवाल नहीं पूछा, मानो तुम्हें उसके सारे रहस्यों की पहले से ही जानकारी थी। एक रात मैं आया और मैंने तुम्हारी कोठरी पर दस्तक दी और तुम कोठरी के अन्दर नहीं थे। तुमको तो यहाँ होना था। मैंने एक नौकर को कहते सुना था कि रसोई से दो चिराग ग़ायब थे। और अन्ततः, जब एक दिन सेवेरिनॅस गिरजे की ड्योढ़ी में तुम्हारे पास एक पुस्तक के बारे में बात करने आया, तो मुझे निश्चय हो गया था कि तुम मेरा पीछा कर रहे हो।''

''लेकिन आप उस पुस्तक को मुझसे दूर ले जाने में कामयाब हुए। आप मेलाची के पास गए, जिसको हालात के बारे में कुछ भी पता नहीं था। अपनी ईर्ष्या में वह बेवक़ूफ़ यही सोचे चला जा रहा था कि अडेल्मो ने उसके चहेते बेरेंगर को उससे चुरा लिया है, जिसको तब तक एक ज़्यादा जवान जिस्म की लालसा हो चली थी। इस मसले से वेनेण्टियॅस का क्या ताल्लुक था, मेलाची इस बात को नहीं समझता था और आपने उसकी सोच को और भी भ्रमित कर दिया था। आपने शायद उससे यह भी कहा कि बेरेंगर सेवेरिनॅस का क़रीबी हो गया है और इनाम के तौर पर सेवेरिनॅस ने उसको *अफ़्रीका का अन्त* से लाकर एक पुस्तक दी है; आपने ठीक-ठीक क्या कहा था, मैं नहीं जानता। ईर्ष्या से पागल होकर मेलाची सेवेरिनॅस के पास गया और उसकी हत्या कर दी। फिर उसके पास उस पुस्तक को तलाशने का वक़्त ही नहीं बचा जिसका वर्णन आपने उससे किया था क्योंकि भण्डारी आ गया था। क्या ऐसा ही नहीं हुआ?''

''कमोबेश।''

''लेकिन आप मेलाची को मरने देना नहीं चाहते थे। उसने शायद *अफ़्रीका का अन्त* की पुस्तकों की ओर कभी निगाह ही नहीं डाली थी, क्योंकि वह आप पर भरोसा रखता था, आपकी लगाई पाबन्दियों की क़दर करता था। उसने घुसपैठियों को डराने के लिए शाम

के वक़्त जड़ी-बूटियों को सही जगह पर रखने तक अपने को सीमित कर लिया था। उनकी पूर्ति उसके लिए सेवेरिनॅस करता था। इसीलिए सेवेरिनॅस ने मेलाची को उस दिन चिकित्सालय में प्रवेश करने दिया था : उसे लगा कि उस दिन भी वह रोज़ की तरह उन जड़ी-बूटियों को लेने आया था जिनको वह मठाधीश के आदेश पर रोज़ तैयार करता था। क्या मैंने सही अनुमान लगाया?''

''तुम्हारा अनुमान सही है। मैं मेलाची को मरने नहीं देना चाहता था। मैंने उससे कहा था कि वह जैसे भी सम्भव हो उस पुस्तक को दोबारा हासिल करे और बिना उसको खोले यहाँ वापस लाए। मैंने उससे कहा था कि इस पुस्तक में हज़ारों बिच्छुओं की ताक़त है। लेकिन पहली बार हुआ जब उस पागल ने अपनी प्रेरणा से काम लिया। मैं उसको मरने नहीं देना चाहता था : वह एक वफ़ादार कारिन्दा था। लेकिन वे बातें मत दोहराओ जो तुम जानते हो : मैं जानता हूँ कि तुम जानते हो। मैं तुम्हारे अहंकार को पोषित नहीं करना चाहता; उसका पोषण तुम खुद ही कर रहे हो। आज सुबह मैंने तुमको *Coena Cypriani* के बारे में बेनो से पूछताछ करते सुना था। तुम सच्चाई के बहुत क़रीब थे। मैं नहीं जानता कि आईने के रहस्य का पता तुमने कैसे लगा लिया लेकिन जब मैंने मठाधीश से सुना कि तुम *फ़िनिस अफ़्रीका* का ज़िक्र कर रहे थे, तो मैं निश्चित हो गया था कि तुम जल्दी ही आओगे। इसीलिए मैं तुम्हारा इन्तज़ार कर रहा था। खैर, अब बताओ कि तुम क्या चाहते हो?''

''मैं,'' विलियम ने कहा, ''मैं उस ज़िल्दबन्द ग्रन्थ की आख़िरी पाण्डुलिपि देखना चाहता हूँ जिसमें एक अरबी मजमून, एक सीरियाई मज़मून और *साइप्रियानी का रात्रि-भोज* का एक भाष्य या लिपि-परिवर्तन शामिल है। मैं ग्रीक भाषा की वह प्रति देखना चाहता हूँ जो शायद किसी अरब, या किसी स्पहानी द्वारा तैयार की गई है और जो आपको तब हासिल हुई थी जब आप, पॉल ऑव रिमिनी के असिस्टेण्ट की हैसियत से जुगाड़ बिठाकर, लियों और कैसिले से *इल्हाम* से ताल्लुक रखनेवाली सबसे अच्छी पाण्डुलिपियाँ बटोरने के लिए, वापस अपने देश की यात्रा पर गए थे, एक ऐसी लूट जिसने इस मठ में आपको प्रसिद्धि और इज़्ज़त दिलाई और जो लाइब्रेरियन के उस पद पर आपकी फ़तह का कारण बनी, जिस पर दरअसल एलिनार्दो का हक़ था, जो आपसे दस वर्ष वरिष्ठ था। मैं उस ग्रीक प्रतिलिपि को देखना चाहता हूँ, जिसे लिनन के काग़ज़ पर लिखा गया है, जो उस ज़माने में बहुत दुर्लभ माना जाता था और जो आपके अपने नगर बर्गोस के पास सिलॉस में तैयार किया जाता था। मैं उस पुस्तक को देखना चाहता हूँ जो आपने पढ़ने के बाद वहाँ से चुराई थी और चतुराई से उसकी रक्षा करते हुए उसको यहाँ लाकर छुपा दिया था और आपने उसको नष्ट नहीं किया क्योंकि आप जैसा इनसान किसी पुस्तक को नष्ट नहीं करता, बल्कि उसकी महज़ पहरेदारी करता है और यह पक्का करता है कि कोई दूसरा इनसान उसको छूने न पाए। मैं अरस्तू की *पोएटिक्स* का दूसरा भाग देखना चाहता हूँ, वह पोथी जिसके बारे में बहुतों का विश्वास है कि वह या तो खो चुकी है या जो कभी लिखी ही नहीं गई थी और जिसकी शायद इकलौती प्रति आपके पास है।''

''वाह, तुम कितने ज़बरदस्त लाइब्रेरियन हुए होते, विलियम,'' जॉर्ज ने कहा, एक ऐसे लहजे में जिसमें सराहना और खेद एक साथ मौजूद थे। ''तो तुम सब कुछ जानते थे। आओ, मेरा ख़याल है कि तुम्हारी तरफ़ मेज़ के पास एक स्टूल होगा। बैठ जाओ। यह रहा तुम्हारा इनाम।''

विलियम बैठ गए और चिराग़ को, जो मैंने उनके हाथ में थमा दिया था, उन्होंने नीचे रख दिया, जो अब जॉर्ज के चेहरे को नीचे की ओर से रोशन करने लगा था। बूढ़े ने अपने सामने पड़ा एक ग्रन्थ उठाया और विलियम के सामने रख दिया। मैंने उस ज़िल्द को पहचान लिया : यह वही पुस्तक थी जिसको मैंने औषधालय में खोलकर देखा था, यह सोचते हुए कि वह कोई अरबी की पाण्डुलिपि है।

"तो, पढ़ो इसको, पलटो इसके पन्ने, विलियम," जॉर्ज ने कहा। "तुम्हारी जीत हुई।"

विलियम ने ग्रन्थ को देखा पर उसको छुआ नहीं। उन्होंने अपने चोगे से एक जोड़ा दास्ताने निकाले, वे नहीं जिनसे अँगुलियाँ बाहर निकली रहती थीं और जो वे आतमौर से पहन लिया करते थे, बल्कि वे जिनको सेवेरिनॅस ने पहन रखा था, जब वह मृत पाया गया था। उन्होंने धीमे से उस जीर्ण-शीर्ण और नाज़ुक ज़िल्द को खोला। मैं क़रीब खिसक आया और उनके कन्धे पर झुक गया। बारीक़ से भी बारीक़ आवाज़ को सुन लेने की अपनी सामर्थ्य के चलते जॉर्ज ने मेरी आहट को पहचान लिया। "बच्चे, तुम भी हो यहाँ?" उसने कहा। "मैं तुमको भी दिखाऊँगा... बाद में।"

विलियम ने फुर्ती से पहले पन्ने पर निगाह डाली। "कैटलॉग के मुताबिक़ तो यह किसी मूर्ख की उक्तियों की एक अरबी पाण्डुलिपि है," उन्होंने कहा। "क्या है यह?"

"ओह, विधर्मियों की बेवक़ूफ़ी से भरी किंवदन्तियाँ, जिनमें उन मूर्खों की वे निहायत ही चतुर टिप्पणियाँ भरी पड़ी हैं जो उनके पुरोहितों तक को चमत्कृत करती हैं और उनके ख़लीफ़ाओं को आनन्दित करती हैं..."

"दूसरी एक सीरियाई पाण्डुलिपि है लेकिन कैटलॉग के मुताबिक़ यह रसायन-विद्या पर केन्द्रित मिस्र की किसी छोटी-सी पोथी का अनुवाद है। इस संग्रह में यह कैसे आ गई?"

"यह हमारे युग की तीसरी सदी की एक मिस्री कृति है। अगली कृतियों के साथ इसकी संगति है, लेकिन यह कम ख़तरनाक़ है। एक अफ्रीकी रसायनशास्त्री की बकवासों पर कोई ध्यान नहीं देगा। वह सृष्टि की रचना का श्रेय ईश्वरीय अट्टहास को देता है...।" उसने चेहरा ऊपर उठाया और उसका मौखिक पाठ करने लगा, उस अद्भुत याददास्त का परिचय देते हुए जो सिर्फ़ उस जैसे पाठक के ही वश की बात थी जो पिछले चालीस सालों से उन चीज़ों को मन ही मन दोहराता रहा था जो उसने तब पढ़ी थीं जब उसके पास दृष्टि का वरदान मौजूद था : " 'जिस क्षण ईश्वर हँसा, सात देवता उत्पन्न हुए जिन्होंने सृष्टि का संचालन किया, जब उसकी हँसी फट पड़ी तो रोशनी प्रगट हुई, उसकी दूसरी हँसी से जल प्रगट हुआ, उसकी हँसी के सातवें दिन आत्मा प्रगट हुई...।' बेवक़ूफ़ी। इसके बाद की रचना भी ऐसे ही किसी बौड़म की लिखी हुई हैं, जो उन अन्तहीन बौड़मों में शामिल है जो *रात्रि-भोज* की व्याख्याएँ करने बैठ जाया करते थे...लेकिन ये वे रचनाएँ नहीं हैं जिनमें तुम्हारी दिलचस्पी है।"

विलियम भी दरअसल फुर्ती से पन्ने पलटते हुए ग्रीक पाठ पर आ पहुँचे थे। मैंने तुरन्त ही ग़ौर किया कि ये पन्ने एक अलग ढंग के, किसी अपेक्षाकृत कोमल पदार्थ के, बने हुए थे, जिनमें से पहला तो क़रीब-क़रीब जीर्ण-शीर्ण ही था, हाशिये का एक हिस्सा नष्ट हो चुका था, जगह-जगह फीके से दाग, जैसे कि समय और नमी की वजह से दूसरी पुस्तकों पर पड़ जाया करते हैं। विलियम ने शुरुआती पंक्तियाँ पढ़ीं, पहले ग्रीक में और फिर लैटिन में उनका

अनुवाद करते हुए और इसके बाद उन्होंने इसी भाषा में पढ़ना जारी रखा ताकि मैं भी समझ सकूँ कि एक जानलेवा पुस्तक की शुरुआत किस तरह से होती है :

पहली पोथी में हमने ट्रैज़िडी की चर्चा की थी और यह देखा था कि वह किस तरह करुणा और भय को जाग्रत कर विरेचन को उत्पन्न करती है, कैसे उन अनुभूतियों का शुद्धीकरण करती है। जैसा कि हमने वादा किया था, अब हम कॉमेडी की (साथ ही साथ प्रहसन और स्वाँग की) चर्चा करेंगे और देखेंगे कि वह किस तरह से किसी हास्यास्पद स्थिति के प्रति आनन्द जगाकर उस संवेग का शुद्धीकरण करती है। यह संवेग किस क़दर विचारणीय है, यह बात हम आत्मा पर केन्द्रित पोथी में कर आए हैं, क्योंकि–प्राणियों में एकमात्र–मनुष्य ही हँसने में सक्षम है। इसके बाद हम उन क्रियाओं के लक्षण स्पष्ट करेंगे जिनका अनुकार कॉमेडी है, इसके बाद हम उन साधनों की परीक्षा करेंगे जिनके सहारे कॉमेडी हास्य को उद्दीप्त करती है और ये साधन हैं क्रियाएँ तथा वाणी। हम दिखाएँगे कि किस तरह उत्कृष्ट की निकृष्ट से और निकृष्ट की उत्कृष्ट से उपमा करने से, छल-छद्‌म के सहारे विस्मय जगाने से, असम्भव से, नैसर्गिक नियमों के उल्लंघन से, अप्रासंगिक और असंगत से, खोटे आचरण से, विद्रूप और भद्‌दे मूकाभिनय से, असामंजस्य से, न्यूनतम रूप से उचित चीज़ों के वरण से कृत्यों में हास्यास्पदता पैदा होती है। इसके बाद हम दिखाएँगे कि किस तरह वाणी की हास्यास्पदता सजातीय शब्दों को भिन्न चीज़ों के अर्थ में और भिन्न शब्दों को सजातीय चीज़ों के अर्थ में भ्रमित करने से, वाचालता और पुनरुक्ति से, शब्द-क्रीड़ा से, अल्पार्थक शब्दों से, ग़लत उच्चारणों से और खिचड़ी भाषा से पैदा होती है।

अनुवाद करने में विलियम को कुछ मुश्किल हुई, सटीक शब्द तलाशने पड़े, जगह-जगह रुकना पड़ा। अनुवाद करते हुए वे मुस्कराते जाते थे, मानों वे उन चीज़ों को पहचान रहे हों जिनकी उम्मीद उन्होंने कर रखी थी। पहला पन्ना उन्होंने ज़ोर-ज़ोर से पढ़ा, फिर जैसे उनको और ज़्यादा जानने में कोई दिलचस्पी न हो, वे रुक गए और जल्दी-जल्दी आगे के पन्नें पलटते गए। लेकिन कुछ पन्नों के बाद उनको रुकावट का सामना करना पड़ा, क्योंकि बाज़ूवाले किनारे के ऊपरी कोने के पास और ऊपर के समूचे हिस्से में कुछ पन्ने आपस में चिपके हुए थे, जैसा कि तब होता है जब नमी और क्षयग्रस्त काग़ज़ी पदार्थ मिलकर एक क़िस्म का चिपचिपी लेई तैयार कर देते हैं। पन्नों की सरसराहट में आई इस रुकावट को जॉर्ज ने महसूस किया और उसने विलियम से जारी रखने का आग्रह किया।

"जारी रखो, पढ़ते जाओ, पन्ने पलटो। यह तुम्हारी है, तुमने इसको कमाया है।"

विलियम, कुछ चकित से होते हुए, हँसे। "इसका मतलब है, जॉर्ज, कि आपकी यह बात सच नहीं है कि आप मुझे चतुर समझते हैं! आप देख नहीं सकते : मैंने दस्ताने पहन रखे हैं। इससे मेरी अँगुलियाँ जिस तरह बेडौल हो गई हैं, उसके चलते मैं एक पन्ने को दूसरे पन्ने से अलग नहीं कर सकता। मुझे नंगे हाथों से, अपनी अँगुलियों को ज़ुबान से गीला करते हुए, उसी तरह पढ़ना जारी रखना चाहिए, जैसा मैं आज सुबह स्क्रिप्टोरियम में पढ़ते वक़्त कर रहा था, जिससे कि वह रहस्य भी अचानक मेरे लिए सुलझ गया था। और मुझे

उसी तरह तब तक पन्ने पलटते जाना चाहिए जब तक कि ज़हर की अच्छी खासी मात्रा मेरे मुँह में न पहुँच जाए। मैं उस ज़हर की बात कर रहा हूँ, जो आपने बहुत पहले एक दिन सेवेरिनॅस की प्रयोगशाला से चुराया था। शायद तब तक आपके मन में चिन्ता बैठ चुकी थी क्योंकि आपने स्क्रिप्टोरियम में किसी को या तो *अफ्रीका का अन्त* के बारे में या अरस्तू की गुमशुदा पोथी के बारे में, या दोनों ही चीज़ों के बारे में, उत्सुकता जताते सुन लिया था। मैं समझता हूँ कि आपने काँच की उस छोटी-सी शीशी को लम्बे समय तक सुरक्षित रखा, ताकि ख़तरा महसूस होते ही आप उसका इस्तेमाल कर सकें। और उस ख़तरे को आपने कई दिन पहले महसूस कर लिया था, जब वेनेण्टियॅस इस पुस्तक की विषय-वस्तु के बहुत क़रीब आ पहुँचा था और इसी के साथ जब उस लापरवाह, अहम्मन्य और अडेल्मो को खुश करने में लगे बेरेंगर ने यह साबित कर दिया था कि वह गोपनीयता को लेकर उतना सतर्क नहीं था जितने की आपने उससे उम्मीद की थी। इसलिए आप आए और अपना जाल बिछा दिया। एकदम सही वक़्त पर, क्योंकि कुछ ही रातों के बाद वेनेण्टियॅस अन्दर घुसा, उसने किताब चुराई और, क़रीब-क़रीब एक जिस्मानी भुख्खड़पन के साथ, लालच से भरकर उसके पन्नों को पलट गया। तुरन्त ही वह बीमार पड़ गया और मदद के लिए रसोई में भागा। जहाँ वह मर गया। क्या मैं ग़लत कह रहा हूँ?''

''नहीं। जारी रखो।''

''बाक़ी बातें तो आसानी से समझ में आनेवाली हैं। बेरेंगर को रसाई में वेनेण्टियॅस की लाश मिलती है, वह डर जाता है कि पूछताछ होगी, क्योंकि, आख़िरकार, अडेल्मो के सामने बेरेंगर के पूर्व के रहस्योद्घाटन के चलते ही तो वेनेण्टियॅस रात के वक़्त में इडीफ़ीसियम में गया था। उसको समझ में नहीं आता कि क्या किया जाए; वह लाश को कन्धे पर उठाता है और उसको ख़ून की नाद में फेंक देता है, यह सोचकर कि हर कोई यही मानेगा कि वेनेण्टियॅस डूबकर मरा है।''

''और तुम कैसे जानते हो कि ऐसा ही हुआ था?''

''आप ख़ुद भी जानते हैं। जब लोगों को बेरेंगर के ख़ून से लिथड़ा हुआ एक कपड़ा मिला था, तो मैंने देखा था कि आपने किस तरह प्रतिक्रिया की थी। उस अक्खड़ ने वेनेण्टियॅस को नाद में फेंकने के बाद उस कपड़े से अपने हाथ पोंछे थे। लेकिन क्योंकि बेरेंगर ग़ायब हो गया था, वह उस पुस्तक के साथ ही ग़ायब हुआ हो सकता था, जिसने अब तक उसकी भी उत्सुकता जगा दी थी। और आप उम्मीद कर रहे थे कि वह कहीं न कहीं ज़रूर मिलेगा, खून से लथपथ नहीं बल्कि ज़हर का शिकार होकर। बाक़ी चीज़ें ज़ाहिर-सी हैं। सेवेरिनॅस को पुस्तक मिलती है, क्योंकि बेरेंगर पुस्तक को पढ़ने सबसे पहले औषधालय में गया था, जो नासमझ निगाहों से सुरक्षित एक जगह थी। मेलाची आपके उकसावे पर सेवेरिनॅस की हत्या करता है, इसके बाद, जब वह यहाँ वापस आने पर पता लगाता है कि उस चीज़ में इस क़दर नाजायज़ आख़िर ऐसा क्या था कि उसने उसको एक हत्यारा बना दिया, तो वह भी मर जाता है। और इस तरह तमाम लाशों की कैफ़ियत मिल जाती है ...क्या बेवक़ूफ़...''

''कौन?''

''मैं। एलिनार्दो की महज़ एक टिप्पणीं की वजह से मैंने मान लिया कि अपराधों का यह सिलसिला क़यामत की सात तुरहियों के मुताबिक़ चल रहा था। एडेल्मो के लिए गाज,

जबकि उसकी मौत एक आत्महत्या थी। वेनेण्टियॅस के लिए रक्त, जबकि उसके पीछे बेरेंगर की एक बेतुकी धारणा थी; स्वयं बेरेंगर के लिए पानी, जबकि उसके पीछे एक बिना सोचा-समझा कृत्य था; सेवेरिनॅस के लिए आकाश का तीसरा हिस्सा, जबकि मेलाची ने सिर्फ़ इसलिए उस छल्लेदार गोले से उस पर चोट की थी क्योंकि वहाँ पर उसको वही एक आसान सी चीज़ दिखाई दी। और अन्त में मेलाची के लिए बिच्छू ....क्यों कहा था आपने उससे कि उस पुस्तक में हज़ार बिच्छुओं की ताक़त है?''

''तुम्हारी वजह से। एलिनार्दो ने अपने इस ख़याल के बारे में मुझे बताया था और फिर मैंने किसी से सुना कि तुमको भी इस ख़याल ने अपनी तरफ़ खींचा था...। मेरे मन में यह बात बैठ गई कि कोई दैवीय योजना इन मौतों के पीछे काम कर रही थी, जिनके लिए मैं ज़िम्मेदार नहीं था। और मैंने मेलाची से कहा था कि अगर उसके भीतर जिज्ञासा पैदा हुई तो वह भी इसी दैवीय योजना के अनुसार मिट जाएगा; और वही उसने किया।''

''तो, ख़ैर...मैंने अपराधी की चालों की व्याख्या के लिए एक झूठी तस्वीर की कल्पना कर ली और अपराधी संयोग से उस कल्पना के मुताबिक़ ढलता गया। और यही वह झूठ कल्पना थी जिसने मुझे आपके पीछे लगा दिया। वैसे तो आजकल हर कोई जॉन की पोथी को लेकर परेशान है, लेकिन आप मुझे ऐसे व्यक्ति लगे जिसने उस पर सबसे ज़्यादा ध्यान दिया था और एण्टीक्राइस्ट के बारे में उसके विचार की वजह से उतना नहीं जितना इसलिए कि आप उस देश से हैं जिसने सबसे महान इल्हाम-ग्रन्थों की रचना की है। एक दिन किसी ने मुझसे कहा कि आप ही वो व्यक्ति थे जो इस पोथी की सबसे सुन्दर प्राचीन पाण्डुलिपियाँ [codices] इस पुस्तकालय में लेकर आए थे। फिर, एक दिन, एलिनार्दो किसी रहस्यमय शत्रु को लेकर प्रलाप कर रहा था जिसको पोथियों की तलाश में सिलॉस भेजा गया था (मेरी उत्सुकता तब और भड़क उठी जब उसने कहा कि यह शत्रु अकाल अँधेरे का ग्रास बन गया था : शुरू में तो लगा कि वह किसी ऐसे इनसान की बात कर रहा था जिसकी जवानी में मौत हो गई थी, लेकिन वह दरअसल आपके अन्धेपन की तरफ़ इशारा कर रहा था)। सिलॉस बर्गोस के पास है और आज सुबह, कैटलॉग में मैंने प्राप्त की गई पुस्तकों की एक पूरी शृंखला, जो सबकी सब स्पहानी इल्हामों से सम्बन्धित हैं, पर ग़ौर किया, जो उसी दौरान लाई गई थीं जब आप पॉल ऑव रिमिनी की जगह या तो ले चुके थे या लेनेवाले थे। और प्राप्त पुस्तकों के उस समूह में यह पुस्तक भी थी। लेकिन मैं अपने द्वारा गढ़ी गई इस कहानी को लेकर तब तक निश्चित नहीं हो सका था जब तक कि मुझे यह पता नहीं चल गया कि चुराई गई पुस्तक लिनन के काग़ज़ पर थी। तब मुझे सिलॉस की याद आई और मुझको निश्चय हो गया। ज़ाहिर है, जैसे-जैसे इस पुस्तक का विचार और इसकी ज़हरीली ताक़त ने सिलसिलेवार रूप लेना शुरू किया, इल्हाम की कल्पना ने ध्वस्त होना शुरू कर दिया था, हालाँकि मैं यह नहीं समझ सका था कि किस तरह पुस्तक और तुरहियों का सिलसिला दोनों मिलकर आपकी ओर इशारा करते थे। लेकिन पुस्तक का क़िस्सा मैं बेहतर ढंग से समझ गया था, क्योंकि इल्हाम की कल्पना से संचालित होकर मैं, उत्तरोत्तर आपके बारे में और हास्य के बारे में आपकी बहस पर, सोचने को मजबूर हो गया था। इसलिए आज शाम जब इल्हाम की कल्पना में मेरा कोई विश्वास न रह गया था, तो मैंने अस्तबल पर निगाह रखने पर ज़ोर दिया और

उस अस्तबल में, शुद्ध संयोग से, एड्सो ने मुझे *फ़िनिस अफ्रीका* में घुसने की कुंजी उपलब्ध कर दी।"

"मैं तुम्हारी बात समझ नहीं पाया," जॉर्ज ने कहा। "एक तरफ़ तो तुम मेरे सामने इस बात पर गर्व कर रहे हो कि अपनी बुद्धि के रास्ते चलते हुए तुम मुझ तक पहुँचे हो और दूसरी तरफ़ तुम यह दिखा रहे हो कि तुम एक झूठ-मूठ के तर्क के सहारे यहाँ तक पहुँचे हो। तुम कहना क्या चाहते हो?"

"आपसे मैं कुछ नहीं कहना चाहता। बात सिर्फ़ इतनी-सी है कि मैं बेचैन हूँ। लेकिन कोई बात नहीं। अब मैं यहाँ हूँ।"

"ईश्वर सातवीं तुरही फूँक रहा था। और तुमने, ग़लती से ही सही, उसमें एक भ्रामक प्रतिध्वनि सुन ली थी।"

"यह बात आपने कल शाम के अपने प्रवचन में कही थी। आप एक हत्यारे हैं, यह बात खुद से छुपाने के लिए आप खुद को यह विश्वास दिलाने की कोशिश कर रहे हैं कि सारे क़िस्से के पीछे एक दैवीय योजना काम कर रही थी।"

"मैंने किसी की हत्या नहीं की। हर एक की मौत उसकी अपनी नियति के हिसाब से उसके अपने पापों की वजह से हुई है। मैं तो एक निमित्त मात्र था।"

"कल आपने कहा था कि जूडास भी एक निमित्त मात्र था। लेकिन यह चीज़ उसको अभिशाप से नहीं बचा सकती।"

"मैं अभिशाप का जोखिम स्वीकार करता हूँ। ईश्वर मुझे इससे मुक्त कर देगा क्योंकि वह जानता है कि मैंने जो कुछ किया है वह उसकी महिमा की ख़ातिर किया है। पुस्तकालय की रक्षा करना मेरा कर्तव्य था।"

"कुछ मिनिट पहले आप मेरी भी हत्या करने को तैयार थे और इस बच्चे की भी...।"

"दूसरों के मुक़ाबले तुम्हारी बुद्धि पैनी है, लेकिन तुम उनसे बेहतर नहीं हो।"

"और अब क्या होगा, अब जबकि मैं इस जाल से बच निकला हूँ?"

"हम देखेंगे," जॉर्ज ने जवाब दिया। "मैं तुम्हारी मौत अनिवार्यतः नहीं चाहता; हो सकता है मैं तुम्हें क़ायल करने में कामयाब हो जाऊँ। लेकिन पहले मुझे बताओ : यह अन्दाजा तुमने कैसे लगा लिया कि यह अरस्तू की दूसरी पोथी थी?"

"हास्य के ख़िलाफ़ आपकी फटकारें, या दूसरों के साथ किए गए आपके तर्कों से जितना थोड़ा-सा मैं समझ पाया था, वह मेरे लिए निश्चय ही काफ़ी नहीं हो सकता था। शुरू में मैं उनका मतलब नहीं समझा था। लेकिन वहाँ ज़मीन पर लुढ़कते हुए एक निर्लज्ज पत्थर का ज़िक्र था और एक झींगुर का जो ज़मीन से अंजीर के पवित्र वृक्षों को गीत सुनाएगा। मैं इस क़िस्म की चीज़ पहले कभी पढ़ चुका था : मैंने इन कुछ दिनों के दौरान उसकी ताईद की। ये वे दृष्टान्त हैं जो अरस्तू ने *काव्यशास्त्र* [*Poetics*] की पहली पोथी में और *अलंकारशास्त्र* [*Rhetoric*] में दिए हैं। तब मुझे याद आया कि इसिडोर ऑव सेविले कॉमेडी को एक ऐसी चीज़ के रूप में परिभाषित करते हैं जो हमें स्टुप्रा वर्जिनॅम एट अमॉर्स मेरेट्रिकॅम**—कैसे कहूँ?—सत्प्रेम से कमतर प्रेम के बारे में बताती है...। धीरे-धीरे इस दूसरी पोथी की सम्भावित शक्ल मेरे दिमाग़ में बनती चली गई। मैं वह क़रीब-क़रीब सब कुछ आपको बता सकता था, बिना

इन पन्नों को पढ़े जिनका उद्देश्य मेरे लिए ज़हर देना था। कॉमेडी की व्युत्पत्ति भोज या दावत के बाद उल्लासपूर्ण उत्सव के अर्थ में komai–यानी किसानों के गाँव–से हुई है। कॉमेडी प्रसिद्ध और ताक़तवर लोगों की बात नहीं करती, बल्कि उनकी बात करती है जो, हालाँकि पापात्मा नहीं हैं लेकिन निचले स्तर के और हास्यास्पद प्राणी हैं; और उसका अन्त नायक की मृत्यु से नहीं होता। वह साधारण इनसानों की कमियों और बुराइयों को दिखाकर हास्यास्पदता का प्रभाव पैदा करती है। यहाँ अरस्तू हास्य की प्रवृत्ति को शिवत्व के बल के रूप में देखता है, जिसका एक शिक्षापरक मूल्य भी हो सकता है : हालाँकि वह चीज़ों को उनके यथा-अर्थ रूप से भिन्न रूप में पेश करती है, जैसे वह झूठ का सहारा ले रही हो लेकिन इसके बावजूद परिहासजनक पहेलियों और अप्रत्याशित रूपकों के माध्यम से वह हमें चीज़ों को ज़्यादा क़रीब से परखने को मजबूर करती है और वह हमें यह कहने को मजबूर करती है : अरे, यही तो है और हमें इसका पता ही न था। वहाँ सत्य तक पहुँचने के लिए मनुष्य को और जगत को उससे कहीं बदतर रूप में पेश किया जाता है जैसे वे हैं या जैसा कि हम मानते हैं कि वे हैं, कम से कम महाकाव्यों और त्रासदियों में सन्तों के माध्यम से हमें जो जीवन दिखाया जाता है उसकी तुलना में तो वे बदतर होते ही हैं। क्या ऐसा ही नहीं है?''

''काफ़ी कुछ। तुमने दूसरी पुस्तकों को पढ़कर इसको गढ़ा है?''

''उनमें से कई को जिन पर वेनेण्टियॅस काम कर रहा था। मेरा ख़याल है, वेनेण्टियॅस को अरसे से इस पुस्तक की तलाश थी। उसने कैटलॉग में निश्चय ही उन संकेतों को पढ़ा होगा जिनको मैंने भी पढ़ा है और निश्चय ही यह कल्पना की होगी कि यही वह पुस्तक थी जिसकी उसको तलाश थी। लेकिन *फ़िनिस अफ़्रीका* में प्रवेश की तरकीब उसको नहीं आती थी। जब उसने बेरेंगर को अडेल्मो से इसके बारे में बात करते सुना, तो वह खरगोश के शिकारी कुत्ते की तरह उसके पीछे पड़ गया।''

''यही हुआ था। मैं फ़ौरन समझ गया था। मुझको लग गया था कि अब वक़्त आ चुका है जब मुझे पुस्तकालय की हिफ़ाज़त के लिए जी जान से कोशिश करनी होगी...।''

''और आपने लेप चढ़ा दिया। बहुत मुश्किल काम रहा होगा...अँधेरे में...।''

''मेरे हाथ अब तुम्हारी आँखों से ज़्यादा देख लेते हैं। मैंने सेवेरिनॅस से एक ब्रश हासिल कर लिया था और दस्तानों का भी इस्तेमाल मैंने किया था। यह एक अच्छी तरकीब थी, नहीं? तुम्हें इसको पकड़ पाने में काफी वक़्त लगा...''

''हाँ। मुझे लगा था कि यह कुछ ज़्यादा ही पेचीदा तरकीब होगी, ज़हर-बुझा पिन, या ऐसी ही कोई चीज़। मुझे मानना पड़ेगा कि आपका यह निदान अपने में एक मिसाल था : शिकार ने ख़ुद को उस वक़्त ज़हर दिया जब वह अकेला था और उतना ही जितना कि वह पढ़ना चाहता था...।''

मैंने काँपते हुए महसूस किया कि एक नैतिक मुठभेड़ के लिए तैयार ये दोनों इनसान, इस पल, कुछ इस तरह एक-दूसरे की सराहना कर रहे थे, मानों दोनों ने जो कुछ किया था वह सब कुछ महज़ दूसरे की तारीफ़ हासिल करने के लिए किया था। मेरे मन में विचार आया कि बेरेंगर अडेल्मो को ललचाने के लिए जिन तरकीबों का इस्तेमाल करता था और जिन सरल और सहज कृत्यों से उस लड़की ने मेरी आवेगों और इच्छाओं को उकसाया था, उनका कोई मुक़ाबला उस धूर्तता से और उस दीवानगी से भरी चतुराई से नहीं हो सकता

था जिसका इस्तेमाल ये दोनों एक-दूसरे पर जीत हासिल करने के लिए कर रहे थे; उसका कोई मुक़ाबला मेरी निगाहों के सामने जारी बहकावे के उन कृत्यों से नहीं हो सकता था, जो इन पिछले सात दिनों को कुछ इस तरह सामने ला रहे थे मानो बातचीत में मुब्तिला ये दोनों लोग एक-दूसरे से डरते और नफ़रत करते हुए, मन ही मन एक-दूसरे की तारीफ़ हासिल करने की इच्छा करते हुए, आपस में रहस्यमय मुलाक़ातें करते रहे हों।

"लेकिन अब मुझे बताइए," विलियम कह रहे थे, "क्यों? आखिर क्यों आप दूसरी बहुत-सी पुस्तकों को छोड़कर इसी पुस्तक को मुहरबन्द कर रखना चाहते थे? क्यों आप प्रेतविद्या के उन ग्रन्थों को तो छुपाए रहे—जिसके लिए भले ही आपने किसी अपराध का सहारा नहीं लिया—जिनके पन्नों ने ईश्वर के नाम को कलंकित किया हो सकता है लेकिन इन पन्नों की खातिर आपने अपने बन्धुओं को और ख़ुद को नर्क में झोंक दिया? और भी दूसरी पोथियाँ हैं जो कॉमेडी की बात करती हैं, जो हास्य की सराहना करती हैं। फिर इसी पोथी ने ही क्यों आपको इस क़दर आतंकित किया?"

"क्योंकि वह इस दार्शनिक की लिखी पोथी है। इस इनर न की लिखी हर पुस्तक ने उस ज्ञान के एक अंश को नष्ट किया है जिसको ईसाइयत ने सदियों की मेहनत से एकत्र किया था। *वाक्-शक्ति* के बारे में जो कुछ भी कहे जाने की ज़रूरत थी वह सब कुछ हमारे प्राचीन ग्रन्थकार कह चुके थे लेकिन इसके बाद बीथियॅस को उस दार्शनिक की व्याख्याएँ-भर करने की ज़रूरत थी और वह दिव्य वाक्-शक्ति धारणाओं और कुतर्कों की एक इनसानी पैरोडी में रूपान्तरित होकर रह गई। सृष्टि-कथा की पोथी में वह सब कुछ कह दिया गया है जो इस ब्रह्माण्ड की रचना के बारे में जानने योग्य है लेकिन इसके बाद जड़ और चिपचिपे पदार्थों की पदावली में विश्व की पुनर्कल्पना के लिए इस दार्शनिक की *भौतिकी* को नए सिरे से ईजाद भर कर लेने की ज़रूरत थी और अरब एवेरोस ने तो इस दुनिया की अमरता के बारे में हर किसी को लगभग विश्वास ही दिला दिया था। हम दैवीय नामों के बारे में लगभग सब कुछ जानते थे और इस दार्शनिक द्वारा बहकाए गए एबो के हाथों दफ़्न डोमीनिकन ने कुदरती तर्क की राह पर चलते हुए, उनका फिर से नामकरण किया। और नतीजतन ब्रह्माण्ड, जिसने एरोपेगाईट की दृष्टि में अपने आपको उन लोगों के लिए प्रगट किया था जो जानते थे कि आदर्श-रूप आदि-कारण के तेजोमय प्रपात का साक्षात्कार किस तरह किया जाना चाहिए, वह उन सांसारिक साक्ष्यों का अभयारण्य बनकर रह गया है जिनका सम्बन्ध किसी निराकार कर्ता से जोड़कर देखा जाता है। कभी हम, जड़ प्रकृति के दलदल की तरफ़ कृपापूर्वक महज़ एक गुस्से भरी निगाह डालते हुए, आसमान की ओर उम्मीद से ताका करते थे, आज हम धरती की ओर उम्मीद से ताकते हैं और दुनियावी साक्ष्य के आधार पर आसमान में विश्वास करते हैं। इस दार्शनिक के हर शब्द ने, जिसके नाम पर अब सन्त और पैगम्बर तक शपथ लेने लगे हैं, जगत की छवि को नष्ट-भ्रष्ट कर दिया है। अगर यह पुस्तक खुली व्याख्या का विषय बन जाती है...व्याख्या का विषय बन गई होती, तो हम आख़िरी हद पार कर गए होते।"

"लेकिन हास्य की इस बहस में वह क्या चीज़ थी जिसने आपको डराया हुआ था? आप इस पुस्तक को नेस्तनाबूत करके हास्य को तो नेस्तनाबूत नहीं कर सकते।"

"नहीं, निश्चय ही नहीं। लेकिन हँसी कमज़ोरी है, विकृति है, हमारी देह की मूढ़ता है। यह गँवारों की दिलजोई है, पियक्कड़ों की मनमानी है; चर्च तक ने अपनी अक़्लमन्दी में

जश्न, रंगरेली, नुमाइश के आवेग की इजाज़त दे रखी है, इस रोज़मर्रा प्रदूषण की, जो विनोद की भावनाओं को बाहर लाता है और दूसरी इच्छाओं और दूसरी महत्त्वाकांक्षाओं से विरत करता है...। हास्य तब भी घृणित है, क्षुद्र इनसानों के लिए एक बचाव का साधन, प्राकृत जनों के लिए अपवित्र कर दिया गया एक रहस्य। इतना तो अनुयायी ने भी कहा ही है : जलते रहने से बेहतर है ब्याह कर लिया जाए। ईश्वर के द्वारा खड़ी की गई व्यवस्था के ख़िलाफ़ बग़ावत करने की बजाय, भोजन करने के बाद, जब तुम जग और फ्लास्क ढँगोस चुको, तो हँसो और इस व्यवस्था की पैरोडी का मज़ा लूटो। मूर्खों के राजा को चुनो, अपने को गधे और सुअर की सार्वजनिक पूजा के लिए ढीला छोड़ दो, अपने शनि महोत्सव में सिर के बल करतब दिखाओ...। लेकिन यहाँ, यहाँ पर''—कहते हुए जॉर्ज ने मेज़ पर, विलियम के हाथ में थमी पुस्तक के क़रीब, अपनी अँगुली पटकी—''यहाँ पर हास्य की भूमिका उलट गई है, यहाँ उसको कला की ऊँचाई पर पहुँचा दिया गया है, ज्ञानियों की दुनिया के दरवाज़े उसके लिए खोल दिए गए हैं, वह दार्शनिक जिज्ञासा का, कपटी धर्मशास्त्र का विषय बन गया है...। कल तुम देख ही चुके हो कि क्षुद्र लोग किस तरह से, ईश्वर के और कुदरत के नियमों को नकारते हुए, घोर विधर्मिताओं की कल्पना को रूप दे सकते हैं और उनका पालन कर सकते हैं। लेकिन चर्च इन क्षुद्र लोगों की विधर्मिता से निबट सकती है, जो अपने ही अज्ञान का शिकार होकर ख़ुद को सज़ा दे देते हैं। डोल्सिनो और उस जैसों का अज्ञान से भरा पागलपन दैवीय विधान के लिए कभी कोई संकट खड़ा नहीं कर सकता। वह हिंसा का प्रचार करेगा और हिंसा से ही मारा जाएगा, अपनी कोई निशानी छोड़कर नहीं जाएगा, उसी तरह ख़त्म हो जाएगा जिस तरह रंगरेलियाँ ख़त्म हो जाती हैं और अगर जश्न के दौरान पृथ्वी पर थोड़ी-सी देर के लिए सिर के बल खड़ी दुनिया का चमत्कार पैदा कर दिखा भी दिया जाता है, तो इससे कोई फ़र्क़ नहीं पड़ता। बशर्ते कि इस कृत्य को योजना में न बदल दिया जाए, बशर्ते कि इस गन्दी ज़ुबान को वह लैटिन न मिल जाए जो उसका अनुवाद कर दे। हास्य एक खेतिहर मज़दूर को शैतान के ख़ौफ़ से आज़ाद कर देता है क्योंकि मूर्खों के जश्न में शैतान भी दयनीय और बेवकूफ़ प्रतीत होता है और इसलिए लगता है कि उसको क़ाबू में रखा जा सकता है। लेकिन यह पुस्तक सीख दे सकती थी कि अपने आपको शैतान के ख़ौफ़ से आज़ाद कर लेना अक़्लमन्दी है। जब एक खेतिहर मज़दूर हँसता है और उसके गले में शराब गड़गड़ाती है, तो उसको लगता है कि वह मालिक है क्योंकि उसने अपने सामन्त के सन्दर्भ में अपनी स्थिति को उलट दिया है; लेकिन यह पुस्तक ज्ञानियों को उन चालाक और जानी-मानी तरकीबों की सीख दे सकती थी जो इसकी विपरीत स्थिति को वैधीकृत कर सकती थीं। तब जो चीज़ उस खेतिहर दास में अब तक, सौभाग्य से, उदर का क्रिया-व्यापार है, वह मस्तिष्क के क्रिया-व्यापार में बदल जाएगा। हास्य का मानवोचित होना हम पापियों की सीमा का संकेत है। लेकिन तुम्हारे जैसे बहुतेरे भ्रष्ट दिमाग़ इस पुस्तक से एक ऐसी अतिवादी तर्क-विधि ढूँढ़ निकाल सकते हैं, जिसके मुताबिक़ हास्य को मनुष्य का लक्ष्य सिद्ध कर दिया जा सकता है! हास्य, कुछ पलों के लिए, खेतिहर दास को निडर बना सकता है। लेकिन क़ानून उस भय के सहारे ही कारगर होता है, जिसका असल नाम ईश्वर का डर है। यह पुस्तक लुसीफरीय चिंगारी पैदा कर सकती थी जो समूची दुनिया में एक नई आग फैला देती और हास्य के लिए भय को बुनियादी रूप से ख़त्म कर देनेवाली एक ऐसी नई कला

के रूप में परिभाषित किया जाने लगता, जिसकी जानकारी प्रॉमेथियॅस तक को नहीं थी। खेतिहर दास के लिए अपने हँसी के क्षण में मौत कोई मानी नहीं रखती : लेकिन फिर, जब वह लाइसेंस ख़त्म हो जाता है, तो प्रार्थना-ग्रन्थ, दैवीयोजना के मुताबिक़, उसमें मृत्यु का भय फिर से आरोपित कर देता है। जबकि इस पुस्तक से भय-मुक्ति के रास्ते मृत्यु को ख़त्म कर देने का एक नया विनाशकारी लक्ष्य पैदा हो सकता था। और इस भय के बिना, इस सबसे ज़्यादा दूरदर्शी, सबसे ज़्यादा प्रिय दैवी वरदान के बिना, हमारा, हम पापी प्राणियों का क्या अर्थ होता? सदियों तक आचार्यों और पुरोहितों ने जो कुछ उत्कृष्ट है उसका ध्यान करते हुए पवित्र ज्ञान का सौरभ उत्पन्न किया है, ताकि जो कुछ निकृष्ट है उसकी यातना और लालच से छुटकारा मिल सके। और यह पुस्तक, अपने विद्रूपों और स्वाँगों से भरी कॉमेडी को, एक ऐसी चमत्कारी औषधि मानते हुए जो दोषों, ग़लतियों और कमज़ोरियों के अभिनय के माध्यम से मनोविकारों का शुद्धीकरण कर सकती है, छद्म अध्येताओं को एक पैशाचिक उलटबाँसी के सहारे, यानी निकृष्ट की स्वीकृति के सहारे, उत्कृष्ट से छुटकारे की कोशिश के लिए उकसाती। यह पुस्तक इस धारणा को उभाड़ सकती थी कि इनसान धरती पर (जैसा कि तुम्हारे बेकॅन ने नैसर्गिक जादू के प्रसंग में इशारा किया था) आलसियों के स्वर्ग की समृद्धि की चाहना कर सकता है। लेकिन यह वह चीज़ है जिसे हम न तो हासिल कर सकते हैं और न करना चाहिए। देखो उन युवा संन्यासियों की तरफ़ जो *साइप्रियानी का रात्रि-भोज* की पैरोडी करती भड़ैंती को बेशर्मी से पढ़ते रहते हैं। क्या ही पैशाचिक तर्जुमा है पवित्र ग्रन्थ का! और उसको पढ़ते हुए वे जानते हैं कि यह पाप है। लेकिन जिस दिन इस दार्शनिक के शब्द इस लम्पट कल्पना के हाशिये पर दर्ज़ मज़ाक़ को सही साबित कर देंगे, या जब हाशिये की यह चीज़ उछलकर केन्द्र में आ जाएगी, तो केन्द्र का हर निशान खो जाएगा। ईश्वर के भक्त अज्ञात लोक** के गर्त से उगले गए दैत्यों के झुण्ड में बदल जाएँगे और उस पल में ज्ञात सृष्टि का छोर ईसाई साम्राज्य का हृदय-स्थल बन जाएगा, एरिमास्पी पीटर के सिंहासन पर होगा, ब्लेमी मठों में होंगे, भारी तोंदों और विशाल सिरोंवाले बौने पुस्तकालय के प्रभारी होंगे! दास क़ानून बनाएँगे, हम (लेकिन तब तुम भी), किसी क़ानून के अभाव में, उन क़ानूनों का पालन करेंगे। एक ग्रीक दार्शनिक (पाप में भागीदार और घृणित ग्रन्थकार, जिसको तुम्हारे अरस्तू ने यहाँ पर उद्धृत किया है) का कहना है कि प्रतिपक्षी की गम्भीरता को हँसी में उड़ा देना चाहिए और हँसी का मुक़ाबला गम्भीरता से करना चाहिए। हमारे पुरोहितों की दूरदर्शिता अपना विकल्प रखती है : अगर हँसी नीचों का उन्माद है, तो इन नीचों की इस छूट पर रोक लगानी चाहिए और उसको कुचल देना चाहिए और उनको पूरी बेरहमी के साथ धमकाया जाना चाहिए। और इन नीचों के पास अपनी हँसी को सँवारने के कोई हथियार नहीं होते जब तक कि वे उसको उन आध्यात्मिक रखवालों की संजीदगी के ख़िलाफ़ एक साधन में नहीं बदल लेते जिनका कर्तव्य है कि वे उनको चिरन्तन जीवन की ओर ले जाएँ और जठर, उपस्थ, आहार के प्रलोभनों से, उनकी कुत्सित वासनाओं के प्रलोभनों से, उनका उद्धार करें। लेकिन कल्पना करो कि अगर एक दिन कोई उस दार्शनिक के शब्दों को भाँजता हुआ और लिहाज़ा एक दार्शनिक जैसी ज़ुबान में बात करता हुआ आए और हास्य के शस्त्र को एक मर्मभेदी शस्त्र की अवस्था तक ऊँचा उठा दे, कि परिहास की ज़बाँदानी आस्था की ज़बाँदानी की जगह ले ले, कि हर पवित्र और श्रद्धेय आदर्श के अधीर खण्डन

और विध्वंस के विषय मुक्ति के आदर्शों को धीरज के साथ गढ़नेवाले विषयों की जगह ले लें—आह, विलियम, उस दिन तुम और तुम्हारा सारा ज्ञान तक ख़त्म हो जाएगा!"

"क्यों? मैं दूसरों की बुद्धि के साथ अपनी बुद्धि का मेल बिठाऊँगा। यह उससे तो बेहतर दुनिया होगी जहाँ बर्नार्ड गुई की आग और दहकता हुआ लोहा डोल्सिनो की आग और दहकते हुए लोहे को नीचा दिखाते हैं।"

"तुम ख़ुद भी तब तक शैतान के जाल में फँस चुके होगे। तुम उस अर्मागेडॉन के मैदान में दूसरे पक्ष की ओर से लड़ रहे होगे जहाँ निर्णायक लड़ाई का लड़ा जाना तय है। लेकिन तब तक इस संघर्ष पर चर्च की पकड़ एक बार फिर मजबूत हो चुकी होगी। ईश-निन्दा हमें डराती नहीं है क्योंकि हम तो ईश्वर को दी जा रही गालियों में भी उस जेहोवह के क्रोध की बिगड़ी हुई शक्ल को पहचान लेते हैं जो विद्रोही देवदूतों को शाप देता है। हम उन लोगों की हिंसा से नहीं डरते जो नवीनीकरण की किसी फन्तासी के नाम पर गड़रियों की हत्या करते हैं क्योंकि यह उन राजपुत्रों जैसी ही हिंसा है जिन्होंने इज़राइल के लोगों का विनाश करने की कोशिश की थी। हम डोनाटिस्टों की उग्रता से, सर्कमसेलियनों की विक्षिप्त आत्महत्या से, बोगोमिलों की वासना से, अल्बिजेन्सियनों की अहंकारी शुद्धता से, फ्लेजेलेण्टों की रक्त की आकांक्षा से, ब्रॅदर्स ऑव दि फ्री स्पिरिट के सहधर्मियों के अनिष्टकारी पागलपन से खौफ़ नहीं खाते : हम उन सब को जानते हैं और उनके पाप की जड़ों को भी जानते हैं, जो कि हमारी धार्मिकता की भी जड़ें हैं। हम खौफ़ नहीं खाते और इससे भी बढ़कर यह कि हम उनको ख़त्म करना भी जानते हैं—बल्कि यह कहना बेहतर होगा कि हम जानते हैं कि उनको खुद ही अपने आप को ख़त्म कर डालने की छूट कैसे दी जानी चाहिए, उनको जो खुद अपने पतन की इन्तिहा पर उत्पन्न मरने के संकल्प को अहंकारपूर्वक उसकी पराकाष्ठा पर लिए फिरते हैं। बल्कि मैं तो यहाँ तक कहूँगा कि उनकी मौजूदगी हमारे लिए बहुत मानी रखती है, वह परमात्मा के विधान में लिखी हुई है, क्योंकि उनके पाप हमें सदाचार की प्रेरणा देते हैं, उनकी ईश-निन्दा हमारी प्रार्थनाओं को प्रोत्साहित करती है, उनकी अनुशासनहीन तपश्चर्या बलिदान की हमारी प्रवृत्ति का नियमन करती है, उनकी अश्रद्धा हमारी श्रद्धा में चमक पैदा करती है, ठीक वैसे ही जैसे कि विद्रोह और हताशा से भरा हुआ अँधेरे का राजकुमार ईश्वर की उस महिमा को और भी चमकदार बनाने के लिए ज़रूरी था जिसमें सारी उम्मीदों की शुरुआत और अन्त निहित है। लेकिन अगर किसी दिन—और प्राकृत जनों की अपेक्षा के अनुरूप नहीं, बल्कि ज्ञानियों के समुदाय की, पवित्र ग्रन्थ के अमर साक्ष्य के प्रति समर्पित लोंगों के समुदाय की, अपेक्षा के अनुरूप—हँसी-ठिठोली की कला उचित ठहरा दी जाती है और उसको अभिजात और उदार शक्ल प्रदान कर दी जाती है और उसको यान्त्रिक नहीं बने रहने दिया जाता; अगर किसी दिन कोई यह कहने (और सुने जाने) का दुस्साहस करता है कि 'कि मैं *पुनरुत्थान* पर हँसता हूँ,' तो फिर ईश-निन्दा का मुक़ाबला करने के कोई हथियार हमारे पास नहीं रह जाएँगे, क्योंकि तब वह हाड़-मांस की काली शक्तियों का आह्वान कर रही होगी, उन ताक़तों का आह्वान जिनका पता पादने और डकारने की क्रियाओं से चलता है और जिस चीज़ पर सिर्फ़ आत्मा का हक़ है उस पर पाद और डकार दावा करेंगे, कि जहाँ वे चाहें वहाँ बहें!"

"लाइसर्गस ने हास्य के लिए एक प्रतिमा खड़ी की थी।"

"इसे तुमने उसको क्लोरीशियन की लघु-पुस्तिका** निन्दालेख में पढ़ा है, जिसने अश्रद्धा के पाप के स्वाँगों को दोषमुक्त करने का प्रयत्न किया था और जिसका कहना है कि एक डॉक्टर ने किसी बीमार आदमी को हँसाकर भला-चंगा कर दिया था। क्या ज़रूरत थी उसको भला-चंगा करने की, जबकि परमात्मा ने निश्चित कर दिया था कि उस इनसान का पार्थिव अस्तित्व अपने अन्त पर पहुँच चुका था?"

"मैं नहीं मानता कि डॉक्टर ने उसको भला-चंगा कर दिया था। उसने उसको उसकी बीमारी पर हँसना सिखाया था।"

"बीमारी को झाड़-फूँककर दूर नहीं किया जाता। उसको ख़त्म करना होता है।"

"बीमार आदमी के शरीर के साथ।"

"अगर ज़रूरी हो, तो।"

"आप वाक़ई शैतान हैं," तब विलियम ने कहा।

लगा जैसे जॉर्ज को कुछ समझ में नहीं आया। अगर वह देख सकता होता, तो मैंने कहा होता कि उसने उसके साथ संवाद करते व्यक्ति की ओर विस्मय से देखा। "मैं?" उसने पूछा।

"हाँ। उन्होंने आपसे झूठ बोला है। शैतान वह नहीं है जो इस जड़ जगत का शहंशाह है; शैतान है चेतना का दर्प, मुस्कराहट से वंचित आस्था, वह सत्य जिसे कभी भी संशय ने नहीं घेरा। शैतान क्रूर है क्योंकि वह जानता है कि वह कहाँ जा रहा है और, अपनी गति में, वह हमेशा वहीं लौटता है जहाँ से वह आया था। आप शैतान हैं और शैतान की ही भाँति आप अँधेरे में रहते हैं। अगर आपका इरादा मुझको क़ायल कर लेने का था, तो आप विफल रहे हैं। मैं आप से घृणा करता हूँ, जॉर्ज और अगर मेरा वश चलता, तो मैं आपको नीचे ले जाकर, नंगा कर, आपकी गाँड में मुर्गे के पंख खोंसकर और आपके चेहरे को एक मदारी और मसखरे की तरह रँगकर, आपको खुले मैदान में घुमाता, ताकि समूचा मठ आप पर हँसता और उसके दिल से आपका ख़ौफ़ जाता रहता। मैं आपके सारे शरीर पर शहद चुपड़ता और फिर आपको पंखों में लपेटता और आपके गले में पट्टा बाँधकर आपको मेलों में ले जाता, यह ऐलान करने कि : यह आपके लिए सत्य का प्रकाशन कर रहा था और आपसे कह रहा था कि सत्य में मृत्यु का स्वाद होता है और आप विश्वास करते थे, उसके शब्दों में नहीं, बल्कि उसकी क्रूरता में। और अब मैं आपसे कहता हूँ कि सम्भावनाओं के अन्तहीन दोहरावों के भीतर परमात्मा आपको एक ऐसी दुनिया की कल्पना करने की छूट भी देता है जहाँ सत्य का यह अहंकारी प्रवक्ता एक भद्दे कव्वे से ज़्यादा कुछ भी नहीं है, जो सदियों पहले जाने गए शब्दों को दोहराता रहता है।"

"तू शैतान से भी बदतर है, माइनॉराइट," जॉर्ज ने कहा। "तू उस सन्त की ही तरह का एक मसखरा है जिसने तुम सब को पैदा किया था। तू अपने उस फ्रांसिस जैसा ही है, जिसने अपनी समूची देह को जीभ में बदल लिया था**, जो किसी फेरी लगानेवाले नीमहकीम की तरह करतब दिखा-दिखाकर उपदेश दिया करता था, जो लालचियों की मुट्ठी में सोने की मुहर रखकर उनका मुँह बन्द कर देता था, जो प्रवचन देने की बजाय मिज़रीऑरी का पाठकर ननों को अपमानित करता था, जो फ्रांसीसी बोलकर भीख माँगता था और लकड़ी का एक टुकड़ा हाथ में लेकर वायलिन-वादक का स्वाँग भरता था, जिसने पेटू संन्यासियों

को गुमराह करने के लिए सैलानी का वेश धारण कर रखा था, जो नंगा होकर बर्फ़ में कूद गया था, जो जानवरों और पौधों से बतियाता था, जिसने नैटिविटी के चमत्कार को एक गँवई कौतुक में बदल दिया था, भेड़ की मिमियाहट की नक़ल कर बैथलहेम के मेमने को पुकारा था...। अच्छा सम्प्रदाय था। दिवोतिसाल्वी ऑव फ्लोरेंस भी क्या माइनॉराइट ही नहीं था?''

''हाँ।'' विलियम मुस्कराए। ''वही जिसने प्रचारकों के कॉन्वेण्ट में जाकर कहा था कि वह तब तक अन्न ग्रहण नहीं करेगा जब तक कि उसको एक निशानी की तरह अपने पास सुरक्षित रखने के लिए ब्रॅदर जॉन के चोगे का एक टुकड़ा नहीं दे दिया जाता और जब उसको वह दे दिया गया, तो उसने उससे अपने चूतड़ पोंछे और उसको लीद के ढेर पर फेंक दिया और एक छड़ी से उसको लीद में लिथेड़ते हुए चिल्लाया : आह, बन्धुओ मेरी मदद करो, क्योंकि मैंने सन्त की निशानी पाखाने में गिरा दी है!''

''लगता है, इस क़िस्से में तुम्हें मज़ा आ रहा है। शायद तुम मुझे उस दूसरे माइनॉराइट संन्यासी पॉल मिलेमोशे के बारे में भी बताना चाहो, जो एक दिन बर्फ़ पर पछाड़ खाकर गिरा था; जब उसके नगर के लोगों ने उसका मज़ाक उड़ाया और एक ने उससे पूछा कि क्या वह किसी बेहतर चीज़ पर लेटना पसन्द नहीं करेगा, तो उसने उस आदमी को जवाब दिया : हाँ, तुम्हारी बीवी पर...यह है सत्य को खोजने का तुम और तुम्हारे साथियों का तरीक़ा।''

''इस तरह से फ्रांसिस ने चीज़ों को एक बिल्कुल अलग कोण से देखने की शिक्षा लोगों को दी थी।''

''लेकिन हमने उनको सीधा कर दिया है। तुमने कल अपने उन साथियों को देखा ही है। वे फिर से हमारी जमात में शामिल हो गए हैं, उन लोगों ने अब देहातियों की ज़ुबान में बात करना बन्द कर दिया है। देहातियों का बोलना क़तई ज़रूरी नहीं है। यह पुस्तक इस धारणा को उचित ठहरा सकती थी कि देहातियों की ज़ुबान प्रज्ञा की वाहक होती है। इसका खण्डन अनिवार्य था, जो मैंने किया। तुम कहते हो, मैं शैतान हूँ, लेकिन यह सच नहीं है : मैंने ईश्वर के हाथ की भूमिका निभाई है।''

''ईश्वर का हाथ रचता है, वह छिपाता नहीं है।''

''कुछ मर्यादाएँ हैं जिनके परे जाने की इजाज़त नहीं है। यह ईश्वर का ही हुक्म था कि कुछ खास पन्नों को ही 'यहाँ सिंह हैं'** शब्दों को धारण करना चाहिए।''

''ईश्वर ने दैत्यों की भी रचना की है। और आपकी भी। और वह हर चीज़ को बोलने देना चाहता है।''

जॉर्ज ने अपने काँपते हाथ आगे बढ़ाये और पुस्तक को अपनी तरफ़ खींच लिया। उसने उसको खुला रखा लेकिन इस तरह मोड़ दिया कि विलियम अब भी उसको ठीक से देख सकते थे। ''तब फिर,'' उसने कहा, ''इस पाठ को उसने सदियों के अन्तराल में लुप्त क्यों हो जाने दिया और सिर्फ़ एक प्रति बची रहने दी और फिर उस प्रति की एक प्रतिलिपि को, जो न जाने कहाँ जा पहुँची थी, क्यों उस एक विधर्मी के हाथों में बने रहने दिया जिसको ग्रीक नहीं आती थी और फिर उसको एक प्राचीन पुस्तकालय के एकान्त में निर्वासित पड़ा रहने दिया, जहाँ विधाता ने इसे खोज कर कई और वर्षों तक छुपाए रखने के लिए मुझे, न कि तुम्हें, बुलाया? मैं जानता हूँ, मैं जानता हूँ, कुछ इस तरह मानो मैंने इसे पत्थर की

लकीर की तरह ख़ुदा हुआ देखा था, अपनी इन आँखों के सहारे, जो उन चीज़ों को देख सकती हैं जिनको तुम नहीं देख सकते, मैं जानता हूँ कि यह प्रभु की इच्छा थी और उस इच्छा को बाँचते हुए मैंने अपना काम किया। परम पिता के नाम पर, उसके पुत्र और पवित्र आत्मा के नाम पर।''

रात

जिसमें महाविनाश घटित होता है और पुण्य की अति की वजह से नर्क की ताक़तों की जीत होती है।

बूढ़ा ख़ामोश था। उसने अपने दोनों हाथों को पुस्तक पर कुछ इस तरह खोल रखा था जैसे वह उसके पन्नों को दुलार रहा हो, उनकी सलवटें ठीक कर रहा हो ताकि उनको बेहतर ढंग से पढ़ा जा सके, या जैसे वह किसी शिकारी पक्षी के पंजों से उसको बचाना चाहता हो।

''जो भी हो लेकिन इससे कुछ हासिल नहीं हो सका,'' विलियम उससे बोले। ''अब यह सिलसिला ख़त्म हुआ। मैंने आपको ढूँढ निकाला है, मैंने पुस्तक का पता लगा लिया है और उनका जिन्होंने फिजूल ही जानें गवाँ दी।''

''फिजूल नहीं,'' जॉर्ज ने कहा। ''शायद वे कुछ ज़्यादा ही थे। और अगर तुम इस बात का सबूत पाना चाहते थे कि यह पुस्तक शापग्रस्त है, तो वह तुमको मिल चुका है। और इस बात की ताईद के लिए कि उनने फिजूल ही जानें नहीं गवाँयी हैं एक और मौत ज़्यादा नहीं होगी।''

वह बोला और उसने अपने हड़ियल, पारदर्शी हाथों से पाण्डुलिपि के नाजुक पन्नों को चिन्दी-चिन्दी, रेशा-रेशा फाड़कर उनको अपने मुँह में ठूँसना और धीरे-धीरे यूँ निगलना शुरू कर दिया जैसे वह होस्ट खा रहा हो और उसको अपनी काया में रचा-बसा लेना चाहता हो।

विलियम भौंचक उसकी ओर ताकते रह गए और क्षण-भर को लगा जैसे उनकी समझ में कुछ न आ रहा हो। फिर उन्होंने अपने को सम्हाला और आगे की ओर झुकते हुए चीख़े, ''ये क्या कर रहे हैं आप?'' जॉर्ज मुस्कराया, उसकी दाढ़ी पर छितरे सफ़ेद बालों के ऊपर फैले मैले होंठों से जैसे ही वह मुस्कराहट रिसी, उसके रक्तविहीन मसूड़े खुल गए।

''तुम सातवीं तुरही के नाद का इन्तज़ार कर रहे थे न? अब सुनो वह आवाज़ क्या कहती है : दफ़्न कर लो उसे जो सातवीं गर्जना ने कहा है और उसको लिखो मत, उसको लो और निगल जाओ, तुम्हारे पेट में वह कड़वाहट भर देगी लेकिन तुम्हारे होंठों के लिए वह शहद जैसी मीठी होगी। देखा तुमने? अब मैं उस अकथनीय को उस क़ब्र में दफ़्न करता हूँ जो कि मैं ख़ुद बन गया हूँ।''

वह हँसा, वह, यानी जॉर्ज। पहली बार मैंने उसको हँसते हुए सुना।...वह अपने गले से हँसा था, हालाँकि उसके होंठों पर हर्ष का विक्षेप नहीं था और वह लगभग रोता हुआ लगता था। ''तुमने इसकी उम्मीद नहीं की थी, है न विलियम? यह बूढ़ा, परमात्मा की कृपा

से, एक बार फिर जीत गया, है न?'' और जैसे ही विलियम ने उसके हाथों से पुस्तक को झपटने की कोशिश की, वैसे ही जॉर्ज हवा के काँपने से विलियम की हरकत को भाँपते हुए पीछे की ओर हटा, बाएँ हाथ से उसने ग्रन्थ को अपने सीने से चिपकाया और दाएँ से पन्नों को फाड़कर उनको अपने मुँह में ठूँसना जारी रखा।

वह मेज़ की दूसरी तरफ़ था और विलियम ने, जो अपनी जगह से उस तक नहीं पहुँच सकते थे, एक झटके से मेज़ के उस तरफ़ जाने की कोशिश की। लेकिन इस कोशिश में उनका स्टूल उनके चोगे में फँसकर गिर पड़ा, जिससे जॉर्ज इस गड़बड़ी को भाँप गया। बूढ़ा एक बार फिर हँसा, इस बार कुछ और ज़ोर से और अप्रत्याशित फुर्ती दिखाते हुए उसने चिराग़ को छीनने के लिए अपना दायाँ हाथ बढ़ाया। गर्माहट का अनुमान करते हुए वह उसकी लौ तक पहुँचा और, दर्द की परवाह किए बिना, उस पर अपने हाथ का दबाव डाला और रोशनी बुझ गई। कक्ष अँधेरे में डूब गया और हमने आखिरी बार जॉर्ज का अट्टहास सुना, जो कह रहा था, ''अब मुझे खोजो! अब मैं हूँ जो सबसे अच्छी तरह से देख सकता हूँ!'' फिर वह ख़ामोश हो गया और बिना कोई भी आवाज़ किए वह उन ख़ामोश क़दमों से चलता रहा जिनकी वजह से उसकी आमद हमेशा आकस्मिक हुआ करती थी; और हमें रह-रहकर, कक्ष के अलग-अलग हिस्सों से, काग़ज़ के फाड़े जाने की आवाज़ें सुनाई देती रहीं।

''एड्सो!'' विलियम ने पुकारा। ''दरवाज़े के पास रहो। उसको बाहर मत निकलने देना!''

लेकिन इस बात के लिए वे काफी देर कर चुके थे, क्योंकि मैं, जो देर से बूढ़े पर झपटने के लिए ललक रहा था, अँधेरा होते ही आगे की तरफ़ कूदकर मेज़ के उस दूसरे छोर पर जाने की कोशिश कर रहा था जिस तरफ़ मेरे गुरुदेव बढ़े थे। बहुत देर बाद मुझे अहसास हुआ कि मैंने जॉर्ज को दरवाज़े तक पहुँच जाने का मौक़ा दे दिया था, क्योंकि वह बूढ़ा अँधेरे में ग़ज़ब के आत्मविश्वास के साथ चल सकता था। हमने अपने पीछे काग़ज़ के फाड़े जाने की आवाज़ सुनी—कुछ-कुछ दबी हुई सी आवाज़, क्योंकि वह दूसरे कक्ष से आ रही थी। और उसी क्षण हमने एक और आवाज़ सुनी, कर्कश, क्रमशः चरमराती हुई, चूलों की कराह।

''आईना!'' विलियम चीखे। ''वह हमें अन्दर बन्द कर रहा है!'' आवाज़ को सुनते हुए हम दोनों तेजी से दरवाज़े की ओर लपके; मैं एक स्टूल से टकराया और मेरा पैर छिल गया लेकिन मैंने इस पर ध्यान नहीं दिया, क्योंकि सहसा मुझे लगा कि अगर जॉर्ज ने हमें बन्द कर दिया, तो हम कभी भी बाहर नहीं निकल पाएँगे : अँधेरे में हमें दरवाज़ा खोलने का तरीका पकड़ में नहीं आएगा, क्योंकि हम नहीं जानते थे कि अन्दर की तरफ़ से किस तरकीब का कैसे इस्तेमाल करना होगा।

मेरा ख़याल है विलियम भी उसी हताशा के साथ आगे बढ़ रहे थे, जैसा कि मैंने उनको अपनी बग़ल में चलते हुए महसूस किया जब हम दोनों देहलीज़ पर पहुँचकर पूरी ताक़त के साथ आईने के पीछे से उसको धक्का दे रहे थे, जो हमारी तरफ़ बन्द हो रहा था। हम समय पर पहुँचे थे; दरवाज़ा थम गया, फिर उसने हमें राह दी और दोबारा से खुल गया। ज़ाहिर है, जॉर्ज इस संघर्ष को ग़ैरबराबरी का पाकर वहाँ से जा चुका था। हम उस शापग्रस्त कक्ष से बाहर आ गए थे, लेकिन हमें कुछ भी अन्दाज़ा नहीं था कि बूढ़ा किस तरफ़ जा रहा था और अँधेरा अब भी पूरी तरह से व्याप्त था।

सहसा मुझे याद आया : ''गुरुदेव! मेरे पास चकमक है!''

''तब किस चीज़ का इन्तज़ार कर रहे हो?'' विलियम चिल्लाए। ''चिराग़ को ढूँढो और जलाओ!'' मैं अँधेरे में भागता हुआ वापस *फ़िनिस अफ्रीका* पहुँचा और चिराग़ को टटोलने लगा। यह ईश्वर का ही चमत्कार था कि वह मुझे एक बार में ही मिल गया। मैंने अपने चोगे में हाथ डाला और चकमक को बाहर निकाला। इधर मेरे हाथ काँप रहे थे और उसको जलाने की मेरी दो-तीन कोशिशें नाकामयाब हो चुकी थीं, उधर विलियम दरवाज़े पर खड़े हाँफ़ रहे थे, ''जल्दी करो, जल्दी करो,''। पर ख़ैर, अन्ततः मैं उसको जलाने में कामयाब हुआ और मैंने रोशनी की।

''जल्दी करो,'' विलियम ने फिर से ज़ोर दिया। ''नहीं तो वह बुड्ढा समूचे अरस्तू को निगल जाएगा!''

''और मर जाएगा!'' मैं दुःख से भरकर चिल्लाया और उनकी बराबरी पर पहुँचकर खोज में शामिल हो गया।

''अगर वह मर भी जाता है, तो मुझे कोई परवाह नहीं, भाड़ में जाए साला राक्षस!'' दिशाहीन भटकते, हर कोने में निगाह डालते, विलियम चिल्लाए। ''उसका विनाश तो उस चीज़ के साथ ही तय हो चुका है जो वह निगल चुका है, मुझे तो वह पुस्तक चाहिए!''

फिर वे रुके और थोड़े शान्त स्वर में बोले, ''रुको। अगर हम इसी तरह ढूँढते रहे, तो हम उसको कभी भी न पा सकेंगे। ख़ामोश : हम कुछ देर शान्त रहेंगे।'' हम ख़ामोशी में जड़ होकर खड़े रहे। और उस ख़ामोशी में हमें किसी सन्दूक़ से शरीर के टकराने की आवाज़ और पुस्तकों के गिरने की भरभराहट सुनाई दी, जो कहीं दूर से नहीं आ रही थी। ''उस तरफ़!'' हम एक साथ चिल्लाए। हम नाक की सीध में भागे, लेकिन जल्द ही हमें अहसास हो गया कि हमें अपनी चाल धीमी करनी होगी। दरअसल, *फ़िनिस अफ्रीका* के बाहर, पुस्तकालय उस शाम तेज़ हवाओं से भरा हुआ था, जो बाहर की तूफ़ानी हवा के अनुपात में फुफकार और कराह रही थी। हमारी तेज़ रफ़्तार से भड़कती वे हवाएँ हमारे उस चिराग़ को बुझा देने का ख़तरा पैदा कर रही थीं जो हमने बहुत मुश्किल से दोबारा हासिल किया था। चूँकि हम ज़्यादा तेज़ नहीं चल सकते थे, हमारे लिए जॉर्ज की चाल को धीमा बनाए रखना ज़रूरी था। लेकिन विलियम के मन में इसके विपरीत ख़याल कौंधा और वे चिल्लाए, ''बुड्ढे, हमने तुझको पकड़ लिया है; अब हमारे पास रोशनी है।'' और यह एक अक़्लमन्दी का फ़ैसला था, क्योंकि इस रहस्योद्घाटन ने जॉर्ज को परेशान कर दिया और वह, अपनी जादुई इन्द्रिय के साथ, अँधेरे में देख सकने की अपनी कुदरती सामर्थ्य के साथ, समझौता करते हुए, तेज़-तेज़ चलने लगा। जल्द ही हमने एक और आवाज़ सुनी और, उसकी दिशा में बढ़ते हुए, हमने YSPANIA के Y कक्ष में प्रवेश किया, जहाँ हमने उसको फ़र्श पर पड़ा हुआ पाया, पुस्तक अब भी उसके हाथ में थी और जिस मेज़ से टकराकर उसने उसको उलट दिया था उससे गिरी पुस्तकों के बीच वह अपने पैरों पर खड़े होने की कोशिश कर रहा था। वह खड़ा होने की कोशिश कर रहा था लेकिन अपने शिकार को जल्द से जल्द निगल जाने के पक्के इरादे से वह पन्नों को फाड़े चला जा रहा था।

जब तक हम उसके क़रीब पहुँचते वह अपने पैरों पर खड़ा हो चुका था; हमारी मौजूदगी को महसूस करते हुए उसने पीछे की तरफ़ खिसकते हुए हमारा मुक़ाबला किया।

उसका चेहरा चिराग़ की रक्तिम चमक में अब हमें भयावह दिखाई दिया : चेहरा विकृत हो चुका था, एक विषैला-सा पसीना उसकी भौंहों और गालों पर झलक आया था, आमतौर से मौत की-सी सफ़ेदी लिए रहनेवाली उसकी आँखों में ख़ून उतर आया था, उसके मुँह से काग़ज़ के टुकड़े बाहर निकल रहे थे और वह एक ऐसे लालची जानवर की तरह दिखाई देता था जिसने ठूँस-ठूँसकर भर लिया हो लेकिन जिससे अब निगलते न बन रहा हो। आकुलता से बदशक्ल होकर, उस ज़हर से बदशक्ल होकर जो अब उसकी शिराओं में अच्छी-ख़ासी तादाद में बह रहा था, अपने हताश और शैतानी दृढ़निश्चय से बदशक्ल होकर, उस बुज़ुर्ग की श्रद्धा जगाने वाली छवि अब भद्दी और घिन उपजानेवाली लग रही थी। कोई और अवसर होता तो शायद उसको देखकर हँसी आती, लेकिन उस वक़्त हम भी पशुओं की सी अवस्था में सिमट कर रह गए थे, अपने शिकार का पीछा करते कुत्तों की तरह।

हम उसको आसानी से क़ाबू कर सकते थे, लेकिन हम उस पर हिंसक तरीक़े से टूट पड़े; वह छटपटाया, ग्रन्थ का बचाव करने उसने अपने हाथ छाती पर कस लिए; मैं बाएँ हाथ से उसको पकड़े हुए था जबकि मेरा दायाँ हाथ चिराग़ को उठाये हुए था, लेकिन मैंने उसके चेहरे को चिराग़ की लौ से छू दिया, उसने आँच को महसूस किया, उसके गले से एक हल्की-सी कराह, हल्की-सी गुर्राहट निकली, मुँह से काग़ज़ के टुकड़े बाहर आए और उसके दाएँ हाथ ने ग्रन्थ को छोड़कर चिराग की ओर झपट्टा मारा और सहसा उसको छीनकर दूर फेंक दिया...।

चिराग सीधा उन पुस्तकों के अम्बार पर गिरा जिनका मेज़ से लुढ़ककर नीचे ढेर लग गया था और जो खुली पड़ी थीं। तेल छलका और आग ने तुरन्त ही नाज़ुक काग़ज़ों पकड़ लिया, जो पूस के पुलिन्दों की मानिन्द सुलग उठे। सब कुछ थोड़े से ही पलों में घटित हो गया, मानो वे पन्ने सदियों से आग के लिए ललकते रहे हों और अब जब महाविनाश की उनकी पुरातन प्यास सहसा तृप्त हो रही थी, तो उसका आनन्द ले रहे हों। विलियम ने परिस्थिति को भाँपा और बूढ़े को छोड़ दिया, जो अपने आपको आज़ाद महसूस कर कुछ क़दम पीछे की तरफ़ हट गया। विलियम पल-भर को झिझके, जो सम्भवतः कुछ ज़्यादा ही लम्बा पल था, जिसमें वे इस दुविधा में डोलते रहे कि दोबारा जॉर्ज को पकड़ें या जल्दी से उस छोटी-सी चिता को बुझाने का प्रयत्न करें। एक पुस्तक, जो दूसरी पुस्तकों के मुक़ाबले ज़्यादा पुरानी थी, लपट छोड़ती हुई लगभग तुरन्त ही जल गई थी।

हवा के तीखे झोंको ने, जिन्होंने किसी कमज़ोर टिमटिमाहट को शायद बुझा दिया होता, इस अपेक्षाकृत उग्र और स्फूर्त लपट को और भड़काया, यहाँ तक कि वे उससे उठती हुई चिंगारियों को उड़ा ले गईं।

"आग बुझाओ! जल्दी!" विलियम चीखे। "सब कुछ जलकर खाक हो जाएगा!"

मैं उस लपट की ओर भागा, फिर रुक गया, क्योंकि मुझे समझ नहीं आ रहा था कि क्या किया जाए। विलियम एक बार फिर मेरी मदद के लिए मेरे पीछे आ गए। हमारे हाथ फैल गए और आग को शान्त कर सकनेवाली किसी चीज़ की तलाश में हमारी नज़रें चारों तरफ़ भटकने लगीं। सहसा मेरे मन में प्रेरणा जगी : मैंने सिर के ऊपर से अपना चोगा खींचा और उसे आग के बीच फेंक दिया। लेकिन लपटें तब तक बहुत ऊँची उठ चुकी थीं; उनने

मेरी पोशाक को निगल लिया और उससे उनको और भी खुराक मिली। अपने झुलसे हुए हाथों को पीछे खींच मैं विलियम की ओर मुड़ा और मैंने जॉर्ज को देखा, जो एक बार फिर उनके ठीक पीछे आकर खड़ा हो गया था। तपिश अब इतनी बढ़ चुकी थी कि बूढ़ा उसको आसानी से महसूस कर सकता था, इसलिए वह अच्छी तरह से जानता था कि आग किस जगह पर थी; उसने अरस्तू को उसमें झोंक दिया। विलियम का ग़ुस्सा फट पड़ा और उन्होंने बूढ़े को एक जोर का धक्का दिया। जॉर्ज एक सन्दूक़ से भिड़ गया, जिसके एक सिरे से उसका सिर जा टकराया। वह ज़मीन पर गिर गया...। लेकिन विलियम ने, जिन्होंने मेरे ख़याल से कोई भयानक गाली दी थी, जॉर्ज की दशा पर कोई ध्यान नहीं दिया। वे पुस्तकों की ओर मुड़े। बहुत देर हो चुकी थी। अरस्तू, या उसका जो कुछ भी थोड़ा-बहुत बूढ़े के भोजन के बाद बच रहा था, पहले ही जलना शुरू कर चुका था।

इस बीच, कुछ चिंगारियाँ दीवारों की ओर उड़ चुकी थीं और एक और अलमारी में रखे ग्रन्थ आग के प्रकोप में सिकुड़ना शुरू कर चुके थे। कक्ष में अब एक नहीं बल्कि दो जगह आग लगी हुई थी।

विलियम समझ गए कि अपने हाथों के सहारे उन पर क़ाबू पाना अब हमारे वश में नहीं था, इसलिए उन्होंने पुस्तकों को बचाने के लिए पुस्तकों का सहारा लेने का फैसला किया। उन्होंने एक ग्रन्थ उठाया जिसकी ज़िल्द उनको औरों के मुक़ाबले अधिक मजबूत और सख़्त जान पड़ी और उन्होंने उस विद्वेषी तत्त्व का शमन कर सकनेवाले एक शस्त्र की तरह उस ग्रन्थ का इस्तेमाल करने की कोशिश की। लेकिन, उन दहकती हुई पुस्तकों की चिता पर उस फैले हुए ग्रन्थ को पटककर उन्होंने कुछ और चिंगारियाँ ही यहाँ-वहाँ बिखेर दीं। हालाँकि उन्होंने उनको अपने पैरों से तितर-बितर करने की कोशिश की, लेकिन इसका उल्टा ही असर हुआ : हवा में तैरते काग़ज़ के अधजले टुकड़े ऊपर उठे और चमगादड़ों की भाँति मँडराने लगे, वहीं हवा ने अपने दोस्ताना तत्त्व के साथ मिलकर उनको दूसरे पन्नों के भौतिक द्रव्य को सुलगाने के लिए भेज दिया।

दुर्भाग्य से यह कक्ष भूलभुलैया के सबसे अस्तव्यस्त कक्षों में से एक था। लिपटी हुई पाण्डुलिपियाँ अलमारियों से लटकी हुई थीं; दूसरी जर्जर पुस्तकों ने अपने पन्नों को अपने आवरणों के बाहर यूँ निकल जाने दिया था, जैसे वर्षों के अन्तराल में सूखती गई चर्मपत्र की जीभें खुले हुए मुँह से बाहर निकल आई हों; और मेज़ पर वह ढेर-सा लेखन भी पड़ा रहा होगा जिसको (कुछ दिनों तक सहयोगी से वंचित रहा) मेलाची उनको उनकी सही जगह पर न रख पाया होगा। इसलिए वह कक्ष जॉर्ज के टकराने से हुए बिखराव के बाद उन काग़ज़ों से अँट गया था जो एक-दूसरे तत्त्व में रूपान्तरित हो जाने की प्रतीक्षा में ही थे।

ज़रा सी देर में वह जगह एक अँगीठी में, एक जलते झुरमुट में बदल गई। पुस्तक की अल्मारियाँ भी इस यज्ञ में शामिल हो गईं थी और चटखना शुरू कर रही थीं। मुझे लगा जैसे समूची भलूभुलइया यज्ञ की एक विराट वेदी से ज़्यादा कुछ नहीं थी जो पहली चिंगारी का इन्तज़ार कर रही थी।

"पानी। हमें पानी की ज़रूरत है!" विलियम कह रहे थे, लेकिन फिर वे बोले, "लेकिन इस भयावह नर्क में पानी मिलेगा कहाँ,"

"रसोई में, नीचे रसोई में!" मैं चीख़ा।

विलियम ने परेशान भाव से मेरी ओर देखा, उनका चेहरा उस भड़कती रोशनी से चमक रहा था। फिर वे चिल्लाए, "हाँ, लेकिन जब तक हम नीचे जाकर वापस ऊपर आएँगे...सब कुछ स्वाहा हो चुका होगा! ख़ैर यह कमरा तो गया और शायद अगला भी। हम तुरन्त नीचे चलते हैं। मैं पानी की तलाश करूँगा और तुम भागकर लोगों को आगाह करो। हमें बहुत-से लोगों की ज़रूरत है!"

हमने सीढ़ियों की ओर जाता रास्ता ढूँढ़ निकाला : लपटों ने अगले कक्षों को भी रोशन तो कर दिया था, लेकिन यह रोशनी क्रमशः कम होती गई थी, इसलिए आखिरी दो कक्ष हमें फिर से टटोलते हुए ही पार करने पड़े। नीचे स्क्रिप्टोरियम में चाँदनी की फीकी सी उजास फैली हुई थी और वहाँ से होते हुए हम नीचे भोजनालय में पहुँचे। विलियम रसोई की तरफ़ भागे; मैं भोजनालय के दरवाज़े की तरफ़ भागा और उसको अन्दर से खोलने की कोशिश करने लगा। आख़िरकार मैं कामयाब हुआ लेकिन ख़ासी मशक्कत के बाद क्योंकि घबराहट ने मुझे अनाड़ी और हास्यास्पद बना दिया था। मैं बाहर निकलकर घास के मैदान में आया, शयनागार की तरफ़ भागा, फिर मुझे अहसास हुआ कि संन्यासियों को एक-एक कर जगाना मेरे लिए सम्भव न होगा। मुझे एक युक्ति सूझी : मैं घंटेवाली मीनार को तलाशता हुआ गिरजाघर गया। जब मुझे वह मिल गया, तो मैंने एक साथ सारी रस्सियाँ पकड़ीं और ख़तरे का घंटा बजाने लगा। मैंने पूरी ताक़त से खींचा और घंटे की बीच की रस्सी जैसे ही ऊपर उठी, उसने मुझे भी अपने साथ खींच लिया। पुस्तकालय में मेरे हाथ के पिछले हिस्से जल गए थे। मेरी हथेलियाँ अब तक सुरक्षित थीं लेकिन अब मैंने उनको भी जला डाला क्योंकि मैंने उनको तब तक रस्सी के ऊपर से सरकते जाने दिया जब तक कि उनसे खून नहीं बहने लगा और अन्ततः मुझे रस्सी को छोड़ न देना पड़ा।

लेकिन तब तक मैं काफ़ी शोर कर चुका था। मैं समय रहते बाहर भागा ताकि पहली बार में ही शयनागार से आते संन्यासियों से मिल पाता क्योंकि मुझे दूर से आती भृत्यों की आवाज़ सुनाई दे रही थी, जो रिहायशों के दरवाज़ों पर एकत्र हो रहे थे। मैं अपनी बात ठीक ढंग से नहीं रख सका क्योंकि मैं सही तरीक़े से शब्द नहीं गढ़ पा रहा था और पहली बार में जो शब्द मेरे होंठों पर आए वे मेरी मातृभाषा के थे। ख़ून से लथपथ अपने हाथों से मैंने इडिफ़ीसियम के दक्षिणी हिस्से की तरफ़ इशारा किया, जिसके सफ़ेद पलड़े असामान्य रूप से दमक रहे थे। रोशनी की सघनता को देखकर मैं समझ गया कि जितनी देर में मैंने नीचे आकर घंटा बजाया था, उतनी देर में आग दूसरे कमरों तक फैल चुकी थी। *अफ़्रीका* की सारी खिड़कियाँ और उनके बीच के मोहरे और पूर्वी मीनार रह-रहकर कौंधती चमक से जगमगा उठते थे।

"पानी! पानी लाइये!" मैं चिल्लाया।

एकबारगी किसी को कुछ समझ नहीं आया। संन्यासी पुस्तकालय को एक पवित्र और उनकी पहुँच से परे की जगह मानने के इस क़दर आदी हो चुके थे कि वे समझ ही नहीं सके कि वह भी एक ऐसी साधारण-सी दुर्घटना का शिकार हो सकता था जो किसी किसान की झोपड़ी में ही घटित हो सकती थी। जिन लोगों का ध्यान सबसे पहले उन खिड़कियों की तरफ़ गया, उन्होंने डर से बुदबुदाते हुए अपनी छाती पर सलीब का निशान बनाया और मैंने पाया कि वे खिड़कियों पर अगली किन्हीं प्रेत-छायाओं के प्रगट होने की प्रतीक्षा कर

रहे मैं। मैंने उनके चोगे पकड़े और विनती की कि वे समझने की कोशिश करें, तब जाकर किसी ने मेरी सिसकियों का मानवीय शब्दावली में अनुवाद किया।

यह निकोलॅस ऑव मोरिमोण्डो था, जिसने कहा, "पुस्तकालय में आग लग गई है!"

"यही बात है," थकान से चूर, ज़मीन पर बैठते हुए मैं बुदबुदाया।

निकोलॅस ने कमाल की फुरती दिखाते हुए दूसरे भृत्यों को पुकार लगाई, आस-पास खड़े संन्यासियों को सलाह दी, कुछ को इडीफ़ीसियम के दूसरे दरवाज़े खोलने को भेजा, तो कुछ को पानी और पानी के हर तरह के बर्तन ले आने को कहा। उसने वहाँ मौजूद लोगों को मठ के कुँओं और पानी की टंकियों का रास्ता बताया। उसने चरवाहों को हुक्म दिया कि वे पानी ढोने के लिए खच्चरों और गधों का इस्तेमाल करें...। अगर ये आदेश किसी अधिकार-सम्पन्न व्यक्ति ने दिए होते, तो उनका तुरन्त पालन होता। लेकिन भृत्य रेमेजियो के, लिपिक मेलाची के और दूसरे सारे लोग मठाधीश के आदेश मानते आए थे। और, दुर्भाग्य से, वे तीनों ही वहाँ मौजूद नहीं थे। संन्यासियों ने निर्देश और तसल्ली की उम्मीद में अपने आस-पास मठाधीश को खोजा और उसको नहीं पाया; सिर्फ़ मुझे मालूम था कि वह मर चुका था, या मर रहा होगा, घुटन से भरे उस गलियारे में बन्द जो अब एक तन्दूर में बदलता जा रहा था, बुल ऑव फ़ेलारिस।

निकोलॅस ने कुछ चरवाहों को एक दिशा की तरफ़ ठेला, लेकिन भलमनसाहत से भरे कुछ दूसरे संन्यासियों ने उनको एक दूसरी दिशा में धकेल दिया। कुछ बन्धुओं की तो ज़ाहिर था कि अक़ल काम नहीं कर रही थी, कुछ थे जो अभी भी नींद की खुमारी में थे। मैंने उनको हालात समझाने की कोशिश की, लेकिन इस बात को याद रखना ज़रूरी है कि अपना चोगा लपटों में झोंक चुकने के बाद मैं उस वक़्त लगभग नंगा था और एक ऐसा लड़का जिसका खून बह रहा हो, जिसके चेहरे पर कालिख पुती हो, जिसका शरीर अशोभन ढंग से रोम-हीन और ठंड से अकड़ा हुआ हो, वह निश्चय ही दूसरों में कोई ख़ास विश्वास नहीं जगा सकता था।

अन्ततः निकोलॅस कुछ सहधर्मियों और दूसरे लोगों को रसोई में घसीट ले जाने में कामयाब हुआ, जिसको इस बीच किसी ने खोल दिया था। एक और संन्यासी अक़्लमन्दी दिखाते हुए कुछ मसालें लेकर आ गया। रसोई को हमने बुरी तरह से अस्तव्यस्त हालत में पाया और मैं समझ गया कि यह उलट-पुलट पानी और उसको ढोकर ले जानेवाले बर्तनों की तलाश के दौरान विलियम ने की होगी।

तभी मैंने विलियम को भोजनालय के दरवाज़े से नमूदार होते देखा, जिनका चेहरा झुलसा हुआ था, चोगे से धुँआँ निकल रहा था। वे एक बड़ा-सा बर्तन लिए हुए थे और मेरा मन उनके प्रति दुःख से भर गया, जो लाचारी का एक करुण प्रतीक बनकर रह गए थे। मैं सोचने लगा कि अगर वे तसला-भर पानी बिना छलकाये दूसरी मंज़िल तक ढोकर ले जाने में कामयाब भी हो गए होंगे और ऐसा उन्होंने एक से ज़्यादा बार भी कर लिया होगा, तब भी इसका कोई ख़ास नतीजा नहीं निकला होगा। मुझे सेण्ट ऑगस्टीन का क़िस्सा याद हो आया, जब उन्होंने एक बच्चे को समूचे समुद्र को एक चम्मच में समेट लेने की कोशिश करते देखा था : वह बच्चा एक फ़रिश्ता था और यह उसने उस सन्त का मज़ाक उड़ाने के लिए किया था जो दैवी प्रकृति के रहस्यों को समझना चाहता था। और उस फ़रिश्ते की

ही तरह विलियम, थकान से चूर दरवाज़े के पल्ले का सहारा लेते हुए, मुझसे बोले : "असम्भव है, हम यह कभी नहीं कर पाएँगे, मठ के सारे संन्यासी भी मिलकर नहीं कर पाएँगे। पुस्तकालय ख़त्म हो गया।" फ़रिश्ते के विपरीत, विलियम रो रहे थे।

जब उन्होंने एक मेज़ से कपड़ा फाड़कर मुझको ढँकने की कोशिश की, तो मैंने उनको बाँहों में भर लिया। हम रुक गए और अन्ततः हार-थककर उस सबके ख़ामोश दर्शक बनकर रह गए जो हमारे आस-पास घटित हो रहा था।

अफ़रातफ़री का माहौल था, लोग खाली हाथ गोल सीढ़ियाँ चढ़ते और खाली हाथ लौटते उन दूसरे लोगों का सामना करते जो अपने कौतूहल के मारे ऊपर गए थे और अब पानी से भरे बर्तनों की तलाश में नीचे लौट रहे थे। कुछ दूसरे, ज़्यादा चतुर, लोगों ने तत्काल तसलों और चिलमचियों को तलाशना शुरू कर दिया, लेकिन जल्द ही उनको अहसास हो गया कि रसोई में पर्याप्त पानी नहीं था। अचानक वह विशाल कक्ष बड़े-बड़े घड़ों को लादे खच्चरों से भर गया और उनको लेकर आए चरवाहे बर्तनों को उतारकर पानी लेकर ऊपर जाने लगे। लेकिन वे स्क्रिप्टोरियम की सीढ़ियाँ चढ़ना नहीं जानते थे और कुछ समय लगा जब कुछ क़ातिबों ने उनको समझाया और जब वे ऊपर गए तो नीचे की तरफ़ भागते भयभीत लोगों से टकरा गए। घड़े फूट गए और पानी ज़मीन पर फैल गया, तब भी कुछ तत्पर हाथों ने कुछ घड़ों को ऊपर पहुँचा ही दिया। मैं लोगों के पीछे हो लिया और स्क्रिप्टोरियम में जा पहुँचा। पुस्तकालय में जाने के रास्ते से गहरा धुँआ बाहर निकल रहा था; जिन आख़िरी लोगों ने ऊपर पूर्वी बुर्ज में जाने की कोशिश की थी वे लाल आँखें लिए, खाँसते हुए नीचे की ओर भाग रह थे और घोषणा कर रहे थे कि उस नर्क के भीतर घुसना अब किसी भी हालत में सम्भव नहीं रह गया था।

तभी मुझे बेनो दिखाई दिया। उसका चेहरा विरूपित था, वह एक भारी-भरकम बरतन लिए नीचे की मंज़िल से ऊपर आ रहा था। उसने नीचे भागते लोगों की बातें सुनी और उन पर बुरी तरह टूट पड़ा : "यह नर्क तुम जैसे कायरों को निगल जाएगा!" मानों मदद की तलाश में, वह मुड़ा और मुझे देखा। "एड्सो," उसने पुकारा, "पुस्तकालय... पुस्तकालय..." उसने मेरे जवाब का इन्तज़ार नहीं किया, बल्कि सीढ़ियों की तरफ़ भागा और साहसपूर्वक धुएँ में घुस गया। यह आख़िरी मौक़ा था जब मैंने उसको देखा था।

मैंने ऊपर से आती भड़भड़ाने की आवाज़ सुनी। स्क्रिप्टोरियम की छत से पत्थर के टुकड़े और गारा गिर रहे थे। फूल की आकृति में उकेरा गया मेहराब का बीच का पत्थर अपनी जगह से उखड़ा और लगभग मेरे सिर पर आकर गिरा। भूलभुलैया का फ़र्श ढह रहा था।

मैं भागकर नीचे खुली हवा में आ गया। कुछ मुस्तैद भृत्य सीढ़ियाँ ले आए थे, जिनके सहारे वे ऊपरी मंज़िल की खिड़कियों तक पहुँचने की कोशिश कर रहे थे, ताकि उस रास्ते से पानी ले जा सकते। लेकिन सबसे ऊँची सीढ़ियाँ भी बमुश्किल स्क्रिप्टोरियम की खिड़कियों तक ही पहुँच पा रही थीं और जो लोग उनपर चढ़कर ऊपर पहुँच गए थे वे खिड़कियों को बाहर की तरफ़ से खोल नहीं पा रहे थे। उन लोगों ने नीचे खड़े लोगों को आवाज़ देकर कहा कि खिड़कियों को अन्दर की तरफ़ से खुलवाएँ लेकिन इस समय तक ऊपर जाने का साहस किसी में नहीं रह गया था।

इस बीच मैं सबसे ऊपर की मंज़िल की खिड़कियों की ओर देख रहा था। आग जिस गति से हज़ारों पन्नों के बीच फैलकर एक से दूसरे कमरों तक भाग रही थी, उससे निश्चित था कि अब तक समूचा पुस्तकालय एक इकलौती धुआँ उगलती भट्टी में बदल चुका था। सारी खिड़कियाँ रोशन हो उठी थीं, छत से काला धुआँ उठने लगा : आग शहतीरों तक फैल चुकी थी। इडीफीसियॅम, जो इतना ठोस और चतुष्कोणीय दिखाई देता था, इन हालातों में अपनी कमज़ोरियों को, अपनी दरारों को, अन्दर से जर्जर अपनी दीवारों को और अपने उन जीर्ण पत्थरों को उजागर कर रहा था जो लपटों को जहाँ-तहाँ मौजूद लकड़ी तक पहुँचने की गुंजाइश दे रहे थे।

अचानक, जैसे किसी ने उनको भीतर से जोर का धक्का मारा हो, कुछ खिड़कियाँ चरमराकर गिर पड़ीं और रात के अँधेरे को चारों तरफ़ बिखरते चमकीले बिन्दुओं से भरती हुई चिंगारियाँ उड़ने लगीं। तेज़ हवा हल्की हो गई थी : एक और दुर्भाग्य, क्योंकि, तेज़ होने पर वह चिंगारियों को बुझा दे सकती थी, लेकिन हल्की होने की वजह से वह उनको और भड़काती हुई उड़ाकर ले चली और उनके साथ-साथ उसने, भीतर जलती उस विराट मशाल के नाजुक खण्डों की मानिन्द, हवा में काग़ज़ के टुकड़ों का भँवर पैदा कर दिया। उसी समय एक विस्फोट सुनाई दिया : शायद भूलभुलैया का फ़र्श किसी जगह से ध्वस्त हुआ था और उसकी दहकती शहतीरें नीचे के फ़र्श पर आकर गिरी थीं। अब मैंने लपलपाती ज्वालाओं को स्क्रिप्टोरियम से उठते देखा, जहाँ खुद भी पुस्तकों और उनकी अल्मारियों का और डेस्कों पर खुले बिखरे पड़े काग़ज़ों का बसेरा था, जो चिंगारियों को भड़काने के लिए तैयार बैठे थे। मुझे क़ातिबों की चीखें-पुकारें सुनाई दीं जो अपने बाल नोच रहे थे और अपने प्रिय काग़ज़ों को बचाने के लिए अब भी बहादुरों की भाँति ऊपर जाने की सोच रहे थे। लेकिन कोई फ़ायदा नहीं था : रसोई और भोजनालय अब उन पराजित आत्माओं के चौराहे में बदल चुके थे जो हर दिशा से, एक-दूसरे की राह रोकती, यहाँ से वहाँ भाग रही थीं। लोग एक-दूसरे से भिड़ते, गिर जाते; पानी के बर्तन उठाये लोग अपनी उस मुक्तिदायी सामग्री को लुढ़का देते; रसोई में ले आए गए खच्चरों ने आग को महसूस किया और वे, अपने खुरों को रगड़ते हुए, रास्ते के लोगों और ख़ुद अपने साईसों को गिराते हुए, बाहर के दरवाज़े की तरफ़ भागने लगे। यूँ भी यह ज़ाहिर-सी बात थी कि खेतिहरों और धर्मप्राण, ज्ञानी, किन्तु अदक्ष लोगों का यह झुण्ड, जिसको निर्देशित करनेवाला कोई भी नहीं था, उस मदद में भी बाधा बन रहा था जो अब भी पहुँचाई जा सकती थी।

समूचा विहार अराजकता की चपेट में था, लेकिन यह तो असल त्रासदी की शुरुआत-भर थी। तमाम खिड़कियों और छतों से घुमड़कर आते चिंगारियों के बादल, हवा की शह पाकर, गिरजे की छत को छूते हुए, हर ओर उतर रहे थे। हर कोई जानता था कि वे अत्यन्त भव्य कैथेड्रल आग के दंश से किस कदर वेध्य थे : ईश्वर का घर, अपने उन पत्थरों की वजह से जिनको वह गर्व के साथ प्रदर्शित करता है, स्वयं स्वर्ग के समान जेरुस्सलम की भाँति सुन्दर और सुरक्षित दिखाई देता है लेकिन उसकी दीवारें और छतें सराहनीय किन्तु निहायत ही नाजुक लकड़ी के स्थापत्य के सहारे खड़े होते हैं और अगर पत्थर का बना गिरजा, बलूत के वृक्ष की मानिन्द मोटे और छतों की मेहराबों तक ऊँचे उठे अपने स्तम्भों के साथ, अत्यन्त पवित्र वन की याद दिलाता है, तो वहीं दूसरी तरफ़ इन स्तम्भों के भीतरी भाग में बलूत

की लकड़ी मौजूद होती है—और कई सजावटें भी लकड़ी की बनी होती हैं : वेदियाँ, क्वाइअॅर, चित्र-फलक, बेंचें, चौकियाँ, दीपाधार। सो यही स्थिति इस मठ के गिरजे की थी, जिसके ख़ूबसूरत दरवाज़ों ने मुझे पहले दिन इस क़दर आकर्षित किया था। गिरजे ने तत्काल ही आग पकड़ ली। तब जाकर संन्यासियों को और वहाँ की समूची आबादी को समझ आया कि समूचे मठ का जीवन ही दाँव पर था और इस ख़तरे से निबटने के लिए तमाम लोगों ने और भी उतावलेपन के साथ और कुछ ज़्यादा ही हड़बड़ी में भागना शुरू कर दिया।

निश्चय ही गिरजाघर में पहुँचना पुस्तकालय के मुक़ाबले कहीं ज़्यादा आसान था और उसका बचाव ज़्यादा आसान था। पुस्तकालय का विनाश उसकी अपनी अभेद्यता के हाथों हुआ था, उस रहस्यमयता के हाथों जो उसकी रक्षा करती थी, उसके थोड़े से दरवाज़ों के हाथों। गिरजाघर प्रार्थना के हर घंटे में सबके लिए मातृवत खुला होता था, सहायता की हर घड़ी में सबके लिए खुला होता था। लेकिन मुश्किल यह थी कि अब पानी नहीं बचा था, या एकत्र रूप में बहुत कम मात्रा में ही मिल सकता था और कुएँ, जिस किफ़ायत के साथ और जिस धीमी रफ़्तार से उसकी पूर्ति करते थे वह उस वक़्त की नज़ाकत से मेल नहीं खाता था। सारे संन्यासी मिलकर गिरजे की आग को बुझा सकते थे, लेकिन इस घड़ी में किसी को कुछ सूझ ही नहीं रहा था। इसके अलावा आग ऊपर की तरफ़ से फैल रही थी और लोगों को ऊपर चढ़ाकर लपटों को पीटना या धूल अथवा बोरियों के सहारे उस पर क़ाबू पाना मुश्किल था। और जब तक लपटों ने नीचे की ओर से उठना शुरू किया तब तक उन पर मिट्टी या रेत उलीचना व्यर्थ हो चुका था, क्योंकि तब तक आग से जूझते लोगों पर छत भरभराकर गिरने लगी थी और वह उनमें से ज़्यादातर लोगों पर आघात कर रही थी।

और इस तरह बहुत-सी मूल्यवान चीज़ों के जल जाने को लेकर जो सन्तप्त चीख़-पुकार मची हुई थी उसमें अब जले हुए चेहरों, कुचले हुए अंगों और अचानक धराशायी हो गई उत्तुंग मेहराबों के तले दब गए शरीरों के प्रति उपजते सन्ताप की चीख़ें भी शामिल हो गई थीं।

हवा एक बार फिर विक्षिप्त हो उठी थी और अपनी विक्षिप्तता में और भी बढ़-चढ़कर आग के फैलने में मदद कर रही थी। गिरजाघर के तुरन्त बाद भुसौरों और अस्तबलों ने आग पकड़ ली। भयभीत जानवर अपनी खूँटियाँ तोड़कर, दरवाज़ों पर दुलत्तियाँ बरसाते, भयानक ढंग से हिनहिनाते, कराहते, मिमियाते, चिंचियाते, घुरघुराते हुए चारों तरफ़ फैल गए। कई घोड़ों की अयालों में चिंगारियाँ भर गईं और अब वहाँ नारकीय जीव थे, लपटें छोड़ते, लक्ष्यहीन, बिना रुके रास्ते की हर चीज़ को रौंदते घास पर भागते हुए। मैंने बूढ़े एलिनार्दो को देखा, जो शानदार ब्रूनेलॅस से ठोकर खाकर, चेहरे पर आग की चमक लिए, भटक रहा था; बेचारगी से भरी इस बदशक्ल वस्तु को, इस बूढ़े को, धूल में घसीटकर लाया गया था और फिर यहाँ पर छोड़ दिया गया था। लेकिन मेरे पास उसकी मदद करने के लिए, या उसके अन्त पर आँसू बहाने के लिए न तो कोई साधन था न ही वक़्त था, क्योंकि हर कहीं ऐसे ही दृश्य दिखाई दे रहे थे।

लपटें छोड़ते घोड़े आग को उन जगहों तक ले गए जहाँ उसको हवा अब तक न ले जा पाई थी : अब लोहारखाने जल रहे थे और नवदीक्षित संन्यासियों के घर भी। झुण्ड के

झुण्ड लोग, या तो निरुद्देश्य या किसी भ्रामक उद्देश्य के लिए, अहाते के इस सिरे से उस सिरे तक भागे जा रहे थे। मैंने निकोलॅस को देखा, घायल सिर, चिथड़ा-चिथड़ा लबादा, प्रवेश-द्वार के रास्ते घुटनों पर झुका, दैवीय अभिशाप उच्चारता हुआ। पैसीफ़िकॅस ऑव तिवोली को देखा, जो मदद की सारी उम्मीदें तज कर पास से गुज़रते एक उन्मत्त खच्चर को पकड़ने की कोशिश कर रहा था; जब वह इसमें कामयाब हो गया तो उसने आवाज़ देकर मुझे भी वैसा ही करने और अर्मागेडॉन के इस प्रतिरूप से भाग निकलने को कहा।

मुझे विलियम का खयाल आया कि वे कहाँ होंगे और आशंका से भर उठा कि कहीं वे किसी धराशायी दीवार के नीचे न जा फँसे हों। काफी खोजबीन के बाद वे मुझे क्लॉइस्टर के क़रीब मिले। उनके हाथ में उनका सफ़री झोला था : जब आग तीर्थयात्रियों की धर्मशाला तक फैल चुकी थी, तो वे अपनी क़ीमती चीज़ों को बचाने के लिए अपनी कोठरी में गए थे। वे मेरा झोला भी लेते आए थे और उसमें मुझे अपने शरीर को ढँकने लायक कुछ मिल गया। हम खड़े रहे, साँस रोके, उस सब को देखते हुए जो हमारे चारों ओर घटित हो रहा था।

मठ अब तक सम्पूर्ण विनाश के हवाले हो चुका था। आग उसकी तमाम इमारतों तक पहुँच चुकी थी, कहीं ज़्यादा कहीं कम। जो अब तक बची भी थीं वे लम्बे समय तक बची रहनेवाली नहीं थीं, क्योंकि नैसर्गिक कारकों से लेकर बचाव में लगे लोगों के गुमराह कृत्यों तक, सब कुछ अब आग के फैलने में योगदान कर रहा था। सिर्फ़ ग़ैरइमारती हिस्से ही सुरक्षित थे, हरियाली के भूखण्ड, गिरजे के गलियारे के बाहर का उद्यान...। इमारतों को बचाने के लिए अब कुछ कर पाना सम्भव नहीं रह गया था; उनकी रक्षा का विचार तज देने के बाद हम, एक खुली जगह में खड़े होकर, एक-एक चीज़ का अवलोकन कर सकते थे, बिना कोई जोखिम उठाए।

हमने गिरजाघर को देखा, जो अब धीरे-धीरे सुलग रहा था, क्योंकि इन महान निर्मितियों की यह ख़ासियत है कि वे, अपने लकड़ी के बने हिस्सों में, तुरन्त ही भड़क उठते हैं और बाद में वे घंटों और कभी-कभी तो महीनों, तड़पते रहते हैं। इडिफ़ीसियम के जलने की प्रक्रिया अलग तरह की थी। यहाँ ज्वलनशील पदार्थ विपुल मात्रा में थे और आग ने, समूचे स्क्रिप्टोरियम में फैल चुकने के बाद, रसोई पर हमला किया था। जहाँ तक ऊपरी मंज़िल का सवाल था, जहाँ पर कभी वर्षों तक भूलभुलैया हुआ करती थी, वह हिस्सा वस्तुतः पूरा नष्ट हो चुका था।

"यह ईसाई इतिहास का सबसे महान पुस्तकालय था," विलियम ने कहा। "अब," उन्होंने जोड़ा, "एण्टीक्राइस्ट सच्चे मायनों में एकदम क़रीब है क्योंकि अब कोई ज्ञान नहीं बचा जो उसको प्रतिरोध दे सके। उसका चेहरा तो हमने आज रात देख ही लिया है।"

"किसका चेहरा?" मैंने स्तब्ध होते हुए पूछा।

"मेरा मतलब है, जॉर्ज। फ़लसफ़े के प्रति नफ़रत से विकृत उसके चेहरे में मैंने पहली बार उस एण्टीक्राइस्ट की छवि देखी है, जो जूडास की कौम से नहीं आता, जैसा कि उनके हरकारे मानते हैं, न ही वह किसी दूर देश से आता है। एण्टीक्राइस्ट स्वयं धर्मनिष्ठा के भीतर से, ईश्वर या सत्य के प्रति अतिशय प्रेम के भीतर से, भी पैदा हो सकता है, जैसे कि एक नास्तिक किसी सन्त के भीतर से और शैतान से आविष्ट व्यक्ति किसी दृष्टा के भीतर से

पैदा हो सकता है। पैग़म्बरों से डरो, एड्सो और उनसे जो सत्य की ख़ातिर मर मिटने के लिए तैयार हैं क्योंकि वे आमतौर पर बहुत-से दूसरे लोगों को भी, अक्सर अपनी नज़रों के सामने और कभी-कभी अपनी जगह पर, मरने को विवश करते हैं। जॉर्ज ने एक शैतानी हरकत की क्योंकि वह अपने सत्य के प्रति इस क़दर कामुक प्रेम से भरा हुआ था कि वह असत्य को नष्ट करने के लिए कुछ भी करने का दुस्साहस कर सकता था। अरस्तू की दूसरी पोथी से जॉर्ज इसलिए भयभीत था क्योंकि वह शायद वाक़ई यह सीख देती थी कि कैसे हर सत्य का चेहरा विरूपित किया जाए ताकि हम अपने ही प्रेतों के गुलाम बनकर न रह जाएँ। जो लोग मनुष्यता को प्रेम करते हैं, उनका अभियान लोगों को सत्य पर हँसाना, स्वयं *सत्य को हँसाना* है, क्योंकि सत्य के प्रति दीवानगी से भरे प्रेम से खुद को मुक्त करना सीखने में ही एकमात्र सत्य निहित है।''

''लेकिन, गुरुदेव,'' मैंने दुखी मन से साहस करते हुए कहा, ''आप इस तरह की बात आज इसलिए कर रहे हैं क्योंकि आप अपनी आत्मा की गहराइयों में आहत हैं। सत्य तो, हालाँकि, एक ही है, जिसको आपने आज रात में पाया है, वह सत्य जिस तक आप उन सूत्रों की व्याख्या करते हुए पहुँचे हैं जिन्हें आपने इन पिछले कुछ दिनों के दौरान पढ़ा है। जॉर्ज की जीत हुई है, लेकिन आप जॉर्ज को इसलिए पराजित कर सके क्योंकि आपने उसकी साजिश की क़लई खोल दी...।''

''साजिश कुछ भी नहीं थी,'' विलियम ने कहा, ''और मैंने उसको अनजाने में ढूँढ निकाला था।''

यह अपने आप में अन्तर्विरोधी कथन था और मैं फ़ैसला नहीं कर सका कि क्या विलियम जानबूझकर ऐसा कह रहे थे। ''लेकिन यह तो सच ही था कि बर्फ़ के निशान ब्रूनेलॅस तक जाते थे,'' मैंने कहा, ''यह तो सच ही था कि अडेल्मो ने आत्महत्या की थी, यह तो सच ही था कि वेनेण्टियॅस नाँद में डूबकर नहीं मरा था, यह तो सच ही था कि भूलभुलैया की बनावट वैसी ही थी जैसी कि आपने उसकी कल्पना की थी, यह तो सच ही था कि 'quatuor' शब्द को छूकर लोग *अफ़्रीका का अन्त* में प्रवेश पाते थे, यह तो सच ही था कि उस रहस्यमय पुस्तक का लेखक अरस्तू था।...मैं ऐसी सच्चाइयों की सूची पेश कर सकता हूँ जिन तक आप अपनी विद्वत्ता के सहारे पहुँचे थे...।''

''एड्सो, मैंने संकेतों की सच्चाई पर कभी भी शक नहीं किया; इनसान के हाथ में वे एकमात्र चीज़ें हैं जिनके सहारे वह इस दुनिया में अपनी जगह का पता करता है। जो मैं नहीं समझता था वह इन संकेतों के बीच का रिश्ता था। जॉर्ज तक मैं कयामत के एक पैटर्न के सहारे पहुँचा, जो मुझे सारे गुनाहों को रूप देता प्रतीत हुआ और तब भी यह एक संयोग ही था। मैं सारे गुनाहों के लिए ज़िम्मेदार किसी एक गुनहगार की तलाश करते हुए जॉर्ज तक पहुँचा और हमें पता चला कि प्रत्येक गुनाह के लिए या तो एक अलग ही व्यक्ति ज़िम्मेदार था, या फिर कोई भी व्यक्ति ज़िम्मेदार नहीं था। मैं एक भ्रष्ट और तार्किक दिमाग़ की योजना का पीछा करते हुए जॉर्ज तक पहुँचा और पता चला कि कोई योजना थी ही नहीं, बल्कि यह कि जॉर्ज ख़ुद अपने ही शुरुआती मंसूबे के हाथों पराजित हो चुका था और निमित्तों और सहनिमित्तों और एक-दूसरे को काटते निमित्तों का एक सिलसिला शुरू हो चुका था, जो स्वतः ही आगे बढ़ते गए, उन सम्बन्ध-सूत्रों को रचते हुए जो किसी योजना का अंग

नहीं थे। तब फिर इस सब में मेरी अक़्लमन्दी कहाँ दीखती है? मैंने ज़िदपूर्वक एक सिलसिले के आभास का पीछा किया, जबकि मुझे अच्छी तरह से मालूम होना चाहिए था कि इस विश्व में कोई सिलसिला है ही नहीं।''

''लेकिन एक मिथ्या सिलसिले की कल्पना करते हुए भी आपने आख़िरकार कुछ तो हासिल किया ही है...।''

''तुम जो कह रहे हो वह बहुत सुन्दर है, एड्सो और उसके लिए मैं तुम्हारा शुक्रिया अदा करता हूँ। हमारा दिमाग़ जिस सिलसिले की कल्पना करता है वह एक जाल की भाँति, या एक सीढ़ी की भाँति होता है, जिसका मक्सद कुछ हासिल करना होता है। लेकिन यह मक्सद पूरा हो जाने के बाद आपको उस सीढ़ी को फेंक देना चाहिए, क्योंकि आप पाते हैं कि उपयोगी होने के बावजूद वह एक निरर्थक चीज़ थी। आप सीढ़ी पर चढ़ सकें इसके लिए ज़रूरी है कि आप उसको किसी टापू पर छोड़ आएँ....** यही नहीं कहते हो तुम लोग?''

''मेरी भाषा में इसे ऐसे ही कहा जाता है। आपको किसने बताया था?''

''तुम्हारे मुल्क के एक रहस्यवादी ने। उसने यह कहीं पर लिखा है, मैं भूल गया हूँ कि कहाँ पर लिखा है। और कोई ज़रूरी नहीं कि एक दिन फिर कोई व्यक्ति आकर उस पाण्डुलिपि को खोजे। महज़ वे सचाइयाँ जो उपयोगी हैं, फेंक देने लायक़ उपकरण हैं।''

''आपको ख़ुद को धिक्कारने की कोई वजह नहीं है : आपने अपनी सामर्थ्य-भर कर्म किया है।''

''मानवोचित सामर्थ्य, जो बहुत थोड़ी-सी होती है। इस धारणा को स्वीकार करना मुश्किल है कि विश्व में कोई अनुक्रम नहीं है क्योंकि ऐसा मानने में ईश्वर की स्वाधीन संकल्प-शक्ति और उसकी सर्वशक्तिमत्ता की अवहेलना होगी। इसलिए ईश्वर की स्वाधीनता हमारा अपराध ठहरती है, या कम से कम हमारे अहंकार का अपराध तो वह ठहरती ही है।''

मैंने, अपनी ज़िन्दगी में पहली और आखिरी बार, एक धर्मशास्त्रीय निष्कर्ष को व्यक्त करने का साहस किया : ''लेकिन जिसकी सिर्फ़ सम्भावना है उससे पूरी तरह दूषित होकर एक ऐसी सत्ता वुजूद में कैसे आ सकती है जिसका होना अटल है? तब फिर ईश्वर में और सृष्टि की आरम्भिक अव्यवस्था में क्या फ़र्क़ रह जाता है? क्या ईश्वर की परम सर्वशक्तिमत्ता और उसके अपने चुनावों के विषय में उसकी परम स्वाधीनता का दावा करना इस बात को दर्शाने के बराबर नहीं है कि ईश्वर का अस्तित्व नहीं है?''

विलियम ने, अपने चेहरे पर कोई भी भाव प्रगट किए बग़ैर, मेरी ओर देखा और फिर बोले, ''अगर किसी पण्डित ने तुम्हारे सवाल का जवाब हाँ में दिया होता तो वह अपने ज्ञान को दूसरों तक पहुँचाना कैसे जारी रख पाता?'' मैं उनके शब्दों का आशय नहीं समझ सका। ''क्या आपका मतलब यह है,'' मैंने पूछा, ''कि अगर सत्य की कोई कसौटी ही न होती, तो फिर कोई सम्भाव्य और सम्प्रेषणीय ज्ञान ही नहीं रह गया होता, या फिर आप यह कहना चाहते हैं कि जो कुछ भी आप जानते हैं उसको आप इसलिए सम्प्रेषित नहीं कर पाते क्योंकि दूसरे लोगों ने आपको ऐसा करने नहीं दिया होता?''

तभी एक ज़ोरदार आवाज़ के साथ, आकाश में चिंगारियों का एक बादल उगलता हुआ, शयनागार का कोई हिस्सा, धराशायी हुआ। हमारे आस-पास भटकती कुछ भेड़ें और बकरियाँ

बुरी तरह मिमियाती हुई हमारे पास से गुज़र गईं। चीख़-पुकार मचाता, हमको धकियाकर लगभग गिराता हुआ, भृत्यों का एक झुण्ड भी वहाँ से गुज़रा।

"यहाँ बहुत हंगामा है," विलियम ने कहा। "ईश्वर विक्षोभ में नहीं है, विक्षोभ में नहीं है।"**

अन्तिम पृष्ठ

मठ तीन दिन और तीन रातों तक जलता रहा और आखिरी उपाय व्यर्थ साबित हुए। हमारी यात्रा के सातवें दिन की उस सुबह एकदम तड़के ही, जब बचे रह गए लोगों को यह बात पूरी तरह से समझ में आ चुकी थी कि कोई भी इमारत बचाई नहीं जा सकती, जब उत्कृष्टतम स्थापत्य अपनी उजड़ी हुई बाहरी दीवारों में शेष रह गए थे और जब गिरजाघर ने, जैसे खुद को अपने ही भीतर खींचते हुए, अपनी मीनार को निगल लिया था—उस बिन्दु पर भी इस दैवी प्रताड़ना से लड़ने का हर किसी का संकल्प विफल रहा। पानी की अन्तिम कुछ बाल्टियों के लिए भागमभाग क्रमशः धीमी पड़ती गई, जबकि सभागृह और मठाधीश का आलीशान मकान अब भी जल रहे थे। आग विभिन्न कार्यशालाओं के दूरस्थ हिस्सों तक पहुँचती, इसके बहुत पहले ही भृत्यों ने यथासम्भव चीज़ों को बचा लिया था और जो मवेशी रात के शोरगुल से घबराकर दीवारों के दूसरी तरफ़ भाग गए थे उनमें कम से कम कुछ को पकड़कर वापस ले आने के लिए गाँव का फेरा लगाना बेहतर समझा था।

मैंने कुछ भृत्यों को गिरजाघर के बचे हुए हिस्से में घुसने का साहस करते हुए देखा : मेरा ख़याल था कि वे तहख़ाने में घुसने की जुगत लगा रहे थे ताकि भागने से पहले वे कुछ क़ीमती वस्तुएँ हथिया सकें। कह नहीं सकता कि वे इसमें सफल हो पाए या नहीं, न ही यह कि वह तहख़ाना इसके पहले ही ढह चुका था या नहीं और न ही यह कि कहीं ऐसा तो नहीं कि उस ख़ज़ाने तक पहुँचने की कोशिश में वे अनाड़ी लोग धरती की आँतों में समा गए हों।

इस बीच, हाथ बटाने या कुछ और लूट का माल हथियाने के लिए गाँव से लोग आ रहे थे। मृतक ज़्यादातर उन भग्नावशेषों के बीच ही पड़े रहे, जो अब भी दहक रहे थे। तीसरे दिन, जब घायलों की मरहम-पट्टी हो गई और बाहर पाए गए मृतकों का अन्तिम संस्कार कर दिया गया, तो संन्यासियों और तमाम दूसरे लोगों ने अपना-अपना सामान समेटा और उस धुँधुआते हुए मठ को एक अभिशप्त स्थान की तरह तजकर चले गए। वे बिखर गए, मैं नहीं जानता कि किन दिशाओं में।

विलियम ने और मैंने जंगल में भटकते दो घोड़ों पर सवार होकर उस इलाक़े से विदा ली; अब हमने उन घोड़ों को लावारिस सम्पत्ति** मान लिया था। हम पूरब की ओर चल पड़े। जब हम एक बार फिर बोबियो पहुँचे, तो हमें सम्राट के बारे में बुरी ख़बरें मिलना शुरू हो गईं। रोम पहुँचने पर लोगों के द्वारा उनकी ताजपोशी की गई थी। जॉन के साथ किसी भी तरह के समझौते को अब असम्भव मानकर, उन्होंने एक पोप-विरोधी, निकोलॅस पंचम,

को चुन लिया था। मार्सीलियॅस को रोम का आध्यात्मिक पुरोहित नामज़द कर दिया गया था, लेकिन उसकी ग़लतियों, या उसकी कमज़ोरियों की वजह से नगर में अकथनीय रूप से दुखदायी घटनाएँ हो रही थीं। पोप के वफ़ादार और पूजा-पाठ से इन्कार करनेवाले पादरियों को यातनाएँ दी जा रही थीं, एक ऑगॅस्तीनियाई महन्त को कैपिटोलाइन (रोमन मन्दिर) पर शेर के गड्ढे में फेंक दिया गया था। मार्सीलियॅस और जॉन ऑव जानडन ने जॉन को विधर्मी घोषित कर दिया था और लुई ने उसको मौत की सज़ा सुना दी थी। लेकिन सम्राट के कुशासन से स्थानीय सामन्तों में असन्तोष भड़क रहा था और राजकीय कोष का अपव्यय हो रहा था। जैसे-जैसे हमें ये खबरें मिलती गईं, हम रोम पहुँचने का अपना कार्यक्रम टालते गए और मैं समझ गया कि विलियम उन घटनाओं के गवाह होना नहीं चाहते थे जो उनकी उम्मीदों पर पानी फेर देनेवाली थीं।

जब हम पोम्पोसा पहुँचे, तो हमें पता चला कि रोम ने लुई के ख़िलाफ़ बग़ावत कर दी थी और वह वापस पीसा की ओर लौट गया था, वहीं जॉन का प्रतिनिधिमण्डल विजेता भाव से पोप की नगरी में प्रवेश कर रहा था।

इस बीच माइकेल ऑव सेसेना को यह बात समझ में आ चुकी थी कि अविग्नॉन में उसकी मौजूदगी का नतीजा नहीं निकल रहा था—असल में उसको अपनी जान के जोख़िम में पड़ने का भय था—इसलिए वह भागकर पीसा में लुइस के साथ हो लिया था।

जल्दी ही, घटनाक्रम का पूर्वानुमान कर और यह जान लेने के बाद कि बावेरियाई म्यूनिख़ की ओर बढ़ेंगे, हम अपने रास्ते पर मुड़े और उसी पर आगे बढ़ चले, इसलिए भी कि विलियम ने भाँप लिया था कि इटली उनके लिए असुरक्षित होती जा रही थी। बाद के महीनों और वर्षों में, लुई ने अपने समर्थक, ग़िबेलाइन जमींदारों, की मैत्री को टूटते देखा; और अगले ही बरस पोप-द्रोही निकोलॅस को, जॉन के समक्ष, अपने गले में एक रस्सी के साथ ख़ुद को पेश करते हुए, आत्मसमर्पण करना पड़ा था।

जब हम म्यूनिख़ आए, तो मुझे अपने सद्‌गुरु से आँसुओं से भीगी विदाई लेनी पड़ी। उनकी नियति अनिश्चित थी और मेरे परिवार ने मेरी मेल्क वापसी को श्रेयस्कर समझा। उस त्रासद रात्रि के बाद, जब विलियम ने मठ के ध्वंसावशेषों के सामने मेरे समक्ष अपनी उद्विग्नता ज़ाहिर की थी, जैसे किसी मौन समझौते के तहत, हमने उस क़िस्से के बारे में एक भी बात नहीं की। न ही मैंने अपनी दुखद विदाई के दौरान ही उसका कोई ज़िक्र किया।

मेरे गुरुदेव ने मेरी भविष्य की शिक्षा-दीक्षा के बारे में मुझे भरपूर नेक सलाहें दीं और मुझे वह ऐनक प्रदान की जो निकोलॅस ने उनके लिए तैयार की थी, क्योंकि उनको उनकी ऐनक वापिस मिल चुकी थी। उन्होंने मुझसे कहा, अभी तो तुम बच्चे ही हो, लेकिन एक दिन यह तुम्हारे काम आएगी (और, सचमुच, इस वक़्त जब मैं ये पंक्तियाँ लिख रहा हूँ वह मेरी नाक पर मौजूद है)। इसके बाद उन्होंने पितृवत स्नेह के साथ मुझको गले लगाया और रुख़्सत किया।

उसके बाद मैंने उनको फिर कभी नहीं देखा। बहुत सालों बाद मुझे मालूम हुआ कि उस भीषण प्लेग के दौरान उनकी मृत्यु हो गई थी जिसने इस सदी के मध्य में समूचे योरोप में तबाही मचायी थी। मैं हमेशा प्रार्थना करता हूँ कि ईश्वर ने उनकी आत्मा को शरण दी हो और उनके उन अनेक अहंकारपूर्ण कृत्यों के लिए उनको क्षमा किया कर दिया हो जो उन्होंने अपनी बौद्धिक अहम्मन्यता से मजबूर होकर किए थे।

वर्षों बाद, एक वयस्क इनसान के रूप में, मुझको इटली की यात्रा का अवसर मिला था, जहाँ मुझे मेरे मठाधीश द्वारा भेजा गया था। मैं अपने लोभ का संवरण नहीं कर सका और अपनी वापसी यात्रा के दौरान, अपने रास्ते से काफी दूर, उस अवशिष्ट मठ को देखने गया।

वे दोनों गाँव उजड़ चुके थे, जो पहाड़ी की ढलान पर स्थित हुआ करते थे और उनके आस-पास की ज़मीन परती पड़ी थी। जब मैं पहाड़ी की चोटी पर पहुँचा, तो मेरी नज़रों के सामने वीरानी और मौत का एक दृश्य प्रगट हो उठा, जिसने मेरी आँखों को भिगो दिया।

जो वैभवशाली निर्मितियाँ किसी समय में उस जगह को अलंकृत किया करती थीं उनके यहाँ-वहाँ बिखरे खण्डहर शेष रह गए थे, वेसे ही जैसा बहुत पहले रोम के नगर में प्राचीन पेगनों के स्मारकों के साथ हुआ था। दीवारों के टुकड़ों, स्तम्भों और सुरक्षित बची रह गई थोड़ी-सी मेहराबों को सिपेंचे की लताओं ने ढँक रखा था। ज़मीन पर हर तरफ़ से खरपतवार ने कब्ज़ा कर रखा था और यह अनुमान कर पाना असम्भव था कि वे कौन-सी जगहें थीं जहाँ कभी सब्ज़ियाँ और पुष्प उगा करते थे। सिर्फ़ क़ब्रिस्तान की जगह पहचान में आती थी, उन कुछ क़ब्रों की वजह से जो अब भी ज़मीन की सतह से ऊपर उठी हुई थीं। जीवन के एकमात्र निशानों के नाम पर थोड़े से शिकारी पक्षी थे, जो उन गिरगिटों और सर्पों के शिकार की तलाश में मँडरा रहे थे जो, बैसिलिस्कों की भाँति, पत्थरों के बीच या दीवारों पर रेंग रहे थे। गिरजाघर के द्वार के कुछ ही निशान शेष रह गए थे, जिनमें फफूँद लगी हुई थी। उसकी ऊपरी चौखट और मेहराब के बीच की जगह का आधा भाग बच गया था और मैं वहाँ पर अब भी सिंहानारूढ़ ईसामसीह का, कुदरती तत्त्वों के हाथों विस्फारित और काई से फीका पड़ गया, बाँयाँ नेत्र और सिंह के चेहरे का कोई हिस्सा देख पा रहा था।

इडीफ़ीसियम, सिवा अपनी दक्षिणी दीवार के जो खण्डहर बन चुकी थी, सब कुछ के बावजूद सिर उठाये खड़ा था और काल के प्रवाह को चुनौती देता लग रहा था। टीले के ऊपर तनी हुई दोनों बाहरी मीनारें लगभग अनछुई मालूम होती थीं, लेकिन तमाम खिड़कियाँ उन सूने कोटरों की भाँति थीं जिनके चिपचिपे आँसू लताओं को गला रहे थे। अन्दर की नष्ट-भ्रष्ट हो चुकी कला कुदरत की कला से एकमेक हो गई थी और रसोई के विस्तीर्ण हिस्सों में, स्वर्ग से निष्कासित देवदूतों की भाँति गिरी हुई ऊपरी मंज़िलों से और छत की दरारों से होकर नज़रें बार-बार खुले आकाश में दौड़ जाती थीं। वह हर चीज़ जिसको काई ने हरा नहीं बना दिया था वह दशकों पहले के उस धुएँ से अब भी काली थी।

मलबे की टोह लेते हुए कभी-कभी मुझे उन काग़ज़ों के टुकड़े दिखाई दिए जो स्क्रिप्टोरियम और पुस्तकालय से उड़कर आ गए थे और धरती के गर्भ में दफ़्न ख़ज़ाने की भाँति सुरक्षित बचे रह गए थे; मैं उनको एकत्र करने लगा, मानो मैं किसी पुस्तक के बिखरे हुए पन्नों को जोड़कर उसको फिर से रूप देना चाहता था। फिर मैंने लक्ष्य किया कि एक मीनार के भीतर स्क्रिप्टोरियम में जाती एक लड़खड़ाती-सी किन्तु फिर भी सुरक्षित चक्राकार सीढ़ी खड़ी हुई थी और वहाँ से, खण्डहर का एक रपटीला खण्ड चढ़कर, मैं पुस्तकालय के बराबर तक पहुँच गया : जो हालाँकि अब बाहरी दीवारों से लगी एक दीर्घा मात्र रह गई थी, जो हर कहीं से नीचे शून्य में झाँक रही थी।

दीवार के एक फैलाव के बीच मुझे एक पुस्तकों की अलमारी मिली, जो न जाने किस चमत्कार से आग से बचकर अब भी तनी हुई खड़ी थी; वह पानी से सड़ चुकी थी और दीमक से खाई हुई थी। उसमें अब भी कुछ पन्ने मौजूद थे। दूसरे अवशेष मुझे नीचे के खण्डहरों की तलाशी के दौरान मिले। मेरी फसल बहुत दरिद्र थी, लेकिन तब भी उसको काटने में मैंने एक पूरा दिन लगाया था, मानो पुस्तकालय के उन बिखरे हुए टुकड़ों** से मुझे कोई सन्देश मिलने को था। काग़ज़ों के कुछ टुकड़े फीके पड़ चुके थे, पर कुछ ऐसे भी थे जो किसी तस्वीर की छाया की, कुछेक अक्षरों के प्रेतों की, एक झलक पा लेने की इजाज़त देते थे। जब कभी मुझे ऐसे पन्ने भी मिले जिनमें पूरे के पूरे वाक्य पढ़े जा सकते थे; कई बार अविकल ज़िल्दें भी मिलीं, जिनको उन चीज़ों ने बचा रखा था जो किसी समय में धातुई कीलें हुआ करती थीं...। पुस्तकों के प्रेत, बाहर से अक्षुण्ण दीखते किन्तु भीतर से खोखले; फिर भी जहाँ कहीं आधा पन्ना सुरक्षित बच गया था, कहीं कोई शुरुआत** बाँची जा सकती थी, कहीं कोई शीर्षक।

मैंने उस हर निशानी को एकत्र किया जो मेरे लिए मिल सकी और उस अभागी निधि को बचाने की खातिर अपनी कुछ ज़रूरी चीज़ों को तजते हुए मैंने उन निशानियों से दो सफ़री झोले भर लिए।

अपनी वापसी यात्रा के दौरान और बाद में मेल्क में मैंने उन अवशेषों को बाँचने की कोशिश में कई-कई घंटे बिताए। अक्सर ऐसा होता कि किसी शब्द या किसी जीवित बची रह गई छवि के सहारे मैं पहचान लेता कि वे किस कृति के अंग थे। जब कभी मुझे उन पुस्तकों की दूसरी प्रतियाँ मिलीं, तो मैंने बहुत प्यार के साथ उनको पढ़ा, मानों नियति ने ही मेरे लिए यह वसीयत लिख छोड़ी थी, मानो नष्टप्राय प्रतियों की यह पहचान स्वर्ग से आया एक स्पष्ट संकेत हो जो मुझसे कहता हो : लो और पढ़ो।** मेरे इस संस्मरण के आख़िरी में मेरे समक्ष एक क़िस्म का एक छोटा-सा पुस्तकालय था, उस महान, लुप्त हो चुके पुस्तकालय का एक प्रतीक : टुकड़ों, उद्धरणों, अधूरे वाक्यों, पुस्तकों के कटे-फटे ठूँठों का बना एक पुस्तकालय।

जितना ही इस सूची को मैं बार-बार पढ़ता हूँ उतनी ही मेरे मन में यह बात बैठती जाती है कि यह महज़ एक संयोग का नतीजा है और इसमें कोई सन्देश निहित नहीं है। लेकिन ये अधूरे पन्ने मेरे उस समूचे शेष जीवन-भर साथ रहे हैं जिसे मैंने तब के बाद से अब तक जिया है; मैं अक्सर उनको एक भविष्यवाणी की तरह पढ़ता रहा हूँ और मेरी यह क़रीब-क़रीब धारणा बन चुकी है कि जो कुछ भी मैंने इन पन्नों पर लिखा है, जिसको अब तुम, अज्ञात पाठक, पढ़ोगे, वह महज़ एक संकलन है, एक क्रमबद्ध स्तोत्र, एक विशालकाय चित्राक्षरी, जो न कुछ कहती है न दोहराती है, सिवा उन बातों के जो ये खण्डित अंश मुझको सुझाते रहे हैं, न ही मुझे यह पता है कि अब तक उनके बारे में मैं बोलता रहा हूँ या मेरे मुँह से वे बोलते रहे हैं। लेकिन इन दोनों में से जो भी सम्भावना सही रही हो, इतना तय है कि उनसे उभरते क़िस्से को मैं जितना ही अपने मन में दोहराता हूँ, उतना ही कम मैं इस बात को समझ पाता हूँ कि क्या इस क़िस्से में कोई ऐसा नक़्शा मौजूद है जो इन घटनाओं के वास्तविक क्रम और उनको आपस में जोड़ने वाले समय के परे जाता हो। और मौत के दरवाज़े पर खड़े इस बूढ़े संन्यासी के लिए यह न जानना बहुत मुश्किल में डालनेवाली बात

है कि उसके द्वारा अंकित इन अक्षरों में कोई गूढ़ अर्थ भरा हुआ है, याकि अनेक अर्थ भरे हुए हैं, याकि उनमें कोई अर्थ नहीं है।

लेकिन देख सकने की मेरी यह अक्षमता सम्भवतः इस बूढ़ी दुनिया पर घिरते जा रहे घनघोर अन्धकार की छाया का प्रभाव है।

कहाँ है बेबिलॉन का गौरव?** बीते बरस की बर्फ़वारी कहाँ है? पृथ्वी ताण्डव नृत्य कर रही है; कभी-कभी मुझे लगता है कि डेन्यूब मूर्खों से लदे उन जहाज़ों से खचाखच भर गई है जो किसी अँधेरे स्थान की ओर जा रहे हैं।

मेरे पास सिर्फ़ एक ही विकल्प है कि मैं ख़ामोश हो जाऊँ। आह एकान्त में बैठना, ख़ामोश रहना और ईश्वर से बात करना कितना स्फूर्ति का अनुभव देनेवाला, कितना आनन्ददायी और कितना रुचिकर होता है!** जल्दी ही मुझे मेरे उद्‌गम से मिला दिया जाएगा और फिर मुझे इस बात पर भरोसा नहीं रह जाएगा कि यह उत्स, वह अलौकिक सौन्दर्य से युक्त ईश्वर है जिसकी बात मेरे धर्मसंघ के मठाधीश मुझसे किया करते थे, या आनन्दधाम ईश्वर है, जैसा कि माइनॉराइटों का उन दिनों विश्वास था, या वह शायद भक्ति का आगार ईश्वर भी नहीं है। ईश्वर विशुद्ध शून्य है, अभी और यहाँ से सर्वथा अछूता।** ...मैं जल्द ही इस विशाल रेगिस्तान में प्रवेश करूँगा, इस सम्पूर्ण रूप से समतल और अन्तहीन रेगिस्तान में, जहाँ सच्चे धार्मिक पुरुष परम आनन्द के सामने आत्मसमर्पण कर देते हैं। मैं दिव्य प्रतिच्छाया में निमग्न हो जाऊँगा, एक निःशब्द मौन और अवर्णनीय संहति में और निमग्नता में तमाम समानताएँ और तमाम असमानताएँ बिला जाएँगी और उस अतल में मेरी आत्मा अपने आपको मुक्त कर देगी और उसको सम और विषम का, या किसी भी दूसरी चीज़ का बोध नहीं रह जाएगा : और सारे भेद भुला दिए जाएँगे। मैं सहज मूलाधार में होऊँगा, उस ख़ामोश रेगिस्तान में जहाँ कभी भी अनेकता के दर्शन नहीं हुए, उस एकान्त में जहाँ पर कोई भी ख़ुद को अपनी सही जगह पर नहीं पाता। मैं उस मौन और निर्जन दिव्यता में उतर जाऊँगा जहाँ पर न कोई कर्म है न कोई रूपाकार है।

स्क्रिप्टोरियम में बहुत ठंड है, मेरा अँगूठा दुख रहा है। मैं यह पाण्डुलिपि छोड़ रहा हूँ, नहीं जानता किसके लिए; अब मैं यह भी नहीं जानता कि यह किस चीज़ के बारे में है : कल का गुलाब अपने नाम में शेष रह जाता है, हमारे हाथ में ख़ाली नाम रह जाते हैं।**

परिशिष्ट - 1

(उपन्यास में मूलतः प्रयुक्त और प्रस्तुत हिन्दी अनुवाद में पृष्ठानुसार '**' से चिह्नित ग़ैर-अंग्रेज़ी भाषाओं के शब्द, पद आदि और तत्सम्बन्धी टिप्पणियाँ) :

11. *पादरी वेलेत...1842* : *Le Manuscript de Dom Adson Melk, traduit en français d'après l'édition de Dom J. Mabillon* (Aux Presses de l' Abbaye de la Source, Paris 1842).

12. *सन्त बेनेडिक्ट के...अनुमति से* :
Vetera analecta, sive *collectio veterum aliquot opera* & opusculorum omnis generis, carminum, epistolarum] diplomation, epitaphiorum, &, *cum itinere germanico*, adaptationibus & aliquot diquisitionibus R.P.D. Joannis mabillon, presbiteri ac monachi Ord. Sancti Benedicti e Congrigatione S. Mauri — *Nova Editio* cui accessere *Mabilonii* vita & aliquot opuscula, scilicet Dissertatio de *Pane Eucbaristico, Azymo et Fermentatio* ad Eminentiss. Cardinalem *Bona.* Subiungitur opusculum *Eldefonsi* Hispniensis Episcopi de eodem argumentum *Et Eusebii* Romani ad *Theophiium* Gallum epistola, *De cultu sanctorum ignotorum*, Parisiis, apud Levesque, ad Pontem S. Micharlis, MDCCXXI, cum privilegio Regis.

12. *मोण्टेलाण्ट...के पास* : "Motalant, ad Ripam P.P. Augustinianorum (prope Pontem S. Michaelis)
("इन विवरणों... सपने में देखा है") : ("en me retraçant ces déttails, j'en suis à me demander s'ils sont réels, ou bien si je les ai rV~Vvés")

14. *"ओह, हाँ!" और "स्त्री, आह, स्त्री!"* : "Parbleu!" and "La femme, ah! la femme!"

15. *"मैंने हर...नही मिली* : "In omnibus requiem quaesive, et nusquam inveni nisi in angulo cum libro."
संचित विचारों.... 1485 : *Liber aggregationis seu secretorum Alberti Magni*, Londinium qui vulgariter dicitur Flete brigge, MCCCCLXXXV.
अल्बर्ट: 1729 : *Les Admirables Secrets d'Albert le Grand*, A Lyon, Chez les Héritiers Beringos, Fratres, à l'Enseigne d'Agrippa, MDCCLXXV; *Secrets merveilleux de la magic naturelle et cabalistique du Petit Albert*, A Lyon' Chez les Héritiers Beringos' Fratres' à l'Enseigne d'Agrippa' MDCCXXIX.

17. *बेनेडिक्टाइन समय* : *Les Heures bénédictines*
रात के पहरे की वन्दना : "Vigiliae"

20. *विश्व का सरताज* : Caput Mundi

20. *उपयोग के लिए* : usus facti
21. *चूँकि अनेक (ज्ञानियों) के बीच* : Cum inter nonnullos
25. *महज़ एक आदमी के नियन्त्रण में* : unico homine regente
उड़ते हुए पक्षी की भाँति : ad modum avis volantis
31. *संसार का...भाँति* : *omnis mundi creaturaèquasi liber et picturaènobis est in speculum.*
32. *हड्डियों को तना हुआ* : siccum prope pelle occibus adhaerente
प्रमाणपुरुषों : auctoritates
35. *सार्वभौम अवधारणा* : verbum mentis
काला : Niger
41. *"आप हमेशा...होंगे"* : "Eris sacrdos in aeternum." (*ओल्ड टेस्टामेण्ट* के साम 110 से उद्धरित)
42. *संन्यासियों की मौजूदगी में* : coram monachism
43. *पुस्तकों से वंचित एक मठ...कोई वृक्ष* : "Monasterium sine libris...est sicut civitas sine opibus, castrum sine numeris, coquina sine suppellectili, mensa sine cibis, hortus sine herbis, pratum sine floribus, arbor sine foliis..."
दुनिया बूढ़ी हो रही है : Mundus senescit.
52. *"पश्चाताप करो...नहीं ?"* : "Penitenziagite! Watch out for the draco who cometh in futurum to gnaw your anima! Death is super nos! Pray to Santo Peter come to liberar nos a malo and all our sin! Ha, ha, you like this negromanzia de Domini Nostri Jesu Christi! Et anco jois m'es dols e plazer m'es dolors.... Cave el diabolo! Semper lying in wait for me in some angulum to snap at my heels. But Salvatore is not stupidus! Bonum monasterium, and aquí refectorium and pray to dominum nostrum. And the resto is not worth merda. Amen. No?
53. *अन्वय के आधार* : ad placitum
बिखरे हुए टुकड़ों : disiecta membra
बशर्ते कि मैं...तुलना कर सकूँ : (si licet magnis componare parva...) (महाकवि वर्जिल की कृति ज्योर्जिक्स से उद्धरित)।
श्रीमन् महान ऐश्वर्यशाली बन्धु...नहीं? : "Domine frate magnificentissimo....Jesus venturus est and les hommes must do penitenzia. No?
"मैं नहीं समझा।" : "Non comprends."
54. *"मेरे पीछे आ"* : "vade retro" (*न्यू टेस्टामेण्ट* के अध्याय "गॉस्पेल एकॉर्डिंग टु मार्क" 8 : 31-33 से उद्धरित)।
सूली पर चढ़े हुए जीवन का वृक्ष : *Arbor vitae crucifixae*
57. *डॉम सेलिस्टाइन के ब्रॅदर्स और निर्धन वैरागी* : Fratres et pauperes heremitae domini Celestini
58. *पक्की एहतियात* : *Firma cautela*
59. *मैंने स्वर्ग को तज दिया* : *Exivi de paradiso*
जो सारी...घूमा था : per mundum discurrit vagabundus

61. *संघों के संस्थापकों के लिए : Ad conditorem canonum*
63. *स्वतन्त्रता की चेतना : Spiritus Libertatis*
एक नंगा...लेट जाता है : homo nudus cum nuda iacebat
लेकिन उन्होंने...नहीं किया : Et non commiscebantur ad invicem
67. *जीवन-वृक्ष* : tree of life
68. *"उनमें से पहला....चमक उठा..."* : "Quorum primus seraphico calculo purgatus et ardore celico inflammatus totum incendere videbatur. secundus vero verbo predicationis fecundus super mundi tenebras clarius radiavit...."
70. *मृत्यु यायावर....का अन्त* : Mors est quies viatoris–finis est omnis laboris.
72. *स्वास्थ्य की रंगभूमि : Theatrum Sanitatis*
जड़ी-बूटियों के लाभकारी गुणों के बारे में : De virtutibus herbarum
पौधों के बारे में : De Plantis
वनस्पतियों के बारे में : De vegetablibus
कारणों के बारे में : De Causes
73. *पवित्र पाठ [पवित्र ग्रन्थों का एकान्त पाठ]* : lectio divina
79. *सोलोमन का...के बारे में : De pentagono solomonis, Ars loquendi et intelligendi in lingua bebraica, De rebus metallicis*
बीजगणित : Algebra
कारथेजी युद्ध : Punica
फ्रांसीसियों के...के बारे में : Gesta francorum, De laudibul sanctae crucis
फ्लावियॅस क्लॉडियॅस...के बारे में : *Flavii Claudii Giordani de aetate mundi et bominis reservatis singulis litteris per singulos libros ab A usque ad Z*
तीसरी पुस्तक ...सातवाँ केस : "iii, VI gradus, V in prima graecorum"; "ii,V gradus, VII in tertia anglorum"
81. *अबूझ पेचीदगी से भरे* : in aenigmate
"verba" : शब्द
82. *"पावन, पावन, पावन"* : "Sanctus, Sanctus, Sanctus" (*ओल्ड टेस्टामेण्ट* के अध्याय "इसियाह" 6:3 से उद्धरित)।
ख़ामोश रहो ...मानना चाहिए :

Aller wunder si geswigen,
das erde bimel bât
überstigen,
daz sult ir ein wunder
wigen.

धरती ऊपर ...देखो :

Erd ob un himel unter
das sult ir bân besunder
vür aller wunder ein wunder.

83. *'ऐसे शब्द ....हँसने लायक़ हैं"* : "Verba vana aut risui apta non loqui."
दृष्टान्तों : exampla

84. *आईने में और धुँधले ढंग से* : per speculum at in aenigmate (*न्यू टेस्टामेण्ट* के अध्याय "I कॉरिन्थियन्स" 13: 12 में सन्त पॉल के कथन का एक अंश)।

87. *एण्टीक्राइस्ट पर केन्द्रित पुस्तिका* : *Libellus de Antichristo*

89. *"फ्रेमवाले आँख के काँच!"* : "Oculi de vitro cum capsula!"

90. *पढ़ने की आँखों* : ab oculis ad legendum
मानो वह अपात्र हाथों से : tamquam iniustis possessoribus

96. *"ईश्वर अनुग्रह करे"* : Benedicite (*ओल्ड टेस्टामेण्ट* का "साम" 22 : 26)।
ग़रीब भोजन करेंगे : "Edent pauperes" (*ओल्ड टेस्टामेण्ट* का "साम" 22 : 26)।

98. "खाओ, वह पहले ही पक चुका है" : "Manduca, iam coctum est"
(*बुक) ऑव क्राउन्स* : *Peristephanon*

99. *"लेकिन तू...दया कर"* : "Tu autem Domine nobis."
"हमारी मदद...निर्भर है" : "Adiutorium nostrum in nomine Domini;"
जिसने ...रचा है : "Qui fecit coelum et terram"

100. *"चलो ईश्वर की आराधना करें"* : "Benedicamus Domino"
"ईश्वर का साधुवाद" : "Deo gratias"
"हे प्रभु...कर सकूँ" : "Domine labia mea aperes et os meum annuntiabit." (*ओल्ड टेस्टामेण्ट* का "साम" 51 : 15)।
"चलो हम आनन्द मनाएँ" : "Venite exultemus" (*ओल्ड टेस्टामेण्ट* का "साम" 95 : 1)।

101. *"हे ईश्वर तेरी (वन्दना करते हैं हम)"* : "Te Deum" (शुरुआत में सन्त एम्ब्रॉस की मानी जानेवाली यह वन्दना सम्भवतः चौथी सदी के अन्त या पाँचवीं सदी के आरम्भ में रूमानियाई बिशॅप निकेटस ने लिखी थी)।
"ईश्वर... विभूति है" : "Deus qui est sanctorum splendor mirabilis"
"रोशनी का ...उग चुका है" : "Iam lucis orto sidere" (यह वन्दना लगभग पाँचवी सदी की है)।

105. *"संसार का ...किसी पुस्तक जैसा..."* : "Omnis mundi creatura, quasi liber et scriptura..."
'मैं एक ...करता हूँ' : 'Credo in unum Deum'

108. *शिक्षण का निम्नतम रूप* : infima doctrina

109. *सहज ईसाई* : naturaliter Christian ("सहज" ईसाई किसी भी ऐसे व्यक्ति को माना जा सकता है जिसके कृतित्व में ईसाई भावना मौजूद हो, भले ही उसका एक ईसाई के रूप में औपचारिक संस्कार न हुआ हो।)

110. *पृथ्वी पर एक...एक साथ* :

Est domus in terris, clara quae voce
resultat.
Ipsa domus resonat, tecitus sed
non sonat bospes.
Ambo tamen currunt, bospes
simul et domus una.

(सिम्फ़ोसियॅस की यह पहेली चौथी या पाँचवी सदी में रची गई थी। इस पहेली में मकान एक नदी है और मेहमान या इसका निवासी है एक मछली। दूसरे मकानों के विपरीत, यह

मकान आवाज़ करता है जबकि इसका मेहमान ख़ामोश रहता है। फिर भी दोनों, नदी और मछली, एक साथ बहते हैं। '*currunt*' शब्द में श्लेष है जो बिना एक-दूसरे की सुने लगातार बोलने का अर्थ भी देता है और एक साथ बहने का अर्थ भी)।

111. *'फ़िनिस अफ्रीका' (अफ्रीका का अन्त)* : 'finis Africae'

117. *जगत का आईना (आदर्श)* : speculum mundi

"वे ईश्वर ...करते हो।" : "Filii Dei they are," "Jesus has said that you do for him what you do for one of these pueri!"

"मैं कोई माईनॉराइट ...बोगोमिल के गूँ!" : "I am a monk Sancti Benedicti! Merdre à toy, Bogomil de merdre!"

118. *इसे बताइए...नहीं हैं"* : filii de Francesco non sunt hereticos!"

"वो झूठा, हुँह!" : "Ille menteur, puah!"

126. *'कवियों ने उन्हें...जुबान की रचनाएँ* : fabulas poetae a *fando* nominaverunt, quia non sunt *res factae* sed tantum loquendo *fictae*. . . .'

127. *एक मूर्ख ही ...करता है।'* : Stultus in risu exaltat vocem suam.'

'लेकिन मसखरापन...इजाज़त नहीं है।' : 'Scurrilitates vero vel verba otiosa et risum moventia aeterna clausura in omnibus locis damnamus, et ad talia eloquia discipulum aperire os non permittitur.'

आध्यात्मिक रूप से तीखे (हँसोड़) : spiritualiter salsa

भिक्षुओं की वेशभूषा और संवाद : *De babitu et conversatione monachorum*

'कुछ गम्भीर ...ज़रूरी है : 'Admittenda tibi ioca sunt post seria quaedam, sed tamen et dignis et ipsa gerenda modis.'

128. *'कोई ईश्वर नहीं है।'* : 'Deus non est.'

129. *'तुम चट्टान हो'* : 'Tu es petrus.' (यह वाक्य *न्यू टेस्टामेण्ट* के अध्याय 'गॉस्पेल एकॉर्डिंग टु मैथ्यू' [16:18] से है। ईसा अपने शिष्य पीटर से कहते हैं कि "...तुम पीटर हो और इस चट्टान पर मैं अपना चर्च खड़ा करूँगा..."। यहाँ 'पीटर' शब्द में श्लेष है, जिसका ग्रीक भाषा में 'चट्टान' या 'पत्थर' अर्थ होता है)।

मूर्खों का आईना : *Speculum stultorum*

तब उसकी गाँड ...आवाज़ छोड़ी : Tum podex carmen extulit horridulum.

139. *संन्यासियों के संघ* : ordo monachorum

143. *बुल्गारियाई संघ और ड्रैगोविटसाई संघ की बोगोमिल विधर्मिता* : the Bogomil heresy of the ordo Bulariae and the ordo Drygonthie

147. *"बाघ के मुँह से मेरी रक्षा करो"* : "Salva me ab ore leonis,"

149. *"भूलभुलैया इस जगत की रूपक-कथा है"* : "Hunc mundum tipice labyrinthus denotet ille,"

"प्रवेश करने...बहुत ही संकुल..." : "Intranti largus, redeunti sed nimis artus..."

150. *पानी, जीवन का स्रोत* : aqua fons vitea.

157. *'अफ्रीका के अन्त का रहस्य'...* : 'Secretum finis Africae'...

"यह ग्रीक है और पठनीय नहीं है": "Graecum est, non legitur"

159. *"ईसा मसीह का इल्हाम"* : "Apocalypsis Iesu Christi."

160. *"अपने सिंहासनों...बुज़ुर्ग"* : "Super thronos viginti quatuor" (*न्यू टेस्टामेण्ट* : "इल्हाम" 4:4। यह और इस अध्याय के सारे उद्धरण "इल्हाम" से ही हैं।)

"उसका नाम था मृत्यु" : "nomen illi mors." ("इल्हाम" 6:8)।
"सूर्य और...हो गए थे" : "Obscuratus est sol et aer" ("इल्हाम" 9:2)।
"ओले...रहे थे" : "Facta est grando et ignis" ("इल्हाम" 8:7)।
"उस ज़माने में" : "In diebus illis" ("इल्हाम" 9:6)।

161. *"मृतकों में प्रथम जन्मा"* : "Primogenitus mortuorum" ("इल्हाम" 1:5)।
"आकाश से...गिरा" : "Cecidit de coelo stella magna" ("इल्हाम" 8:10)।
"एक सफ़ेद घोड़ा" : "Equus albus." ("इल्हाम" 6:2)।
"आपको...प्राप्त हो" : "Gratia vobis et pax" ("इल्हाम" 1:4)।
"पृथ्वी का ...हो चुका था" : "Tertia pars terrae cobusta est." ("इल्हाम" 8:7)।

162. *प्रकाश विज्ञान* : *De aspectibus*
लैंसों : oculi ad legendum
तालिकाएँ : *Tabulae*

163. *आँखों के बारे में* : *De oculis*
नक्षत्रों की किरणों के बारे में : *De radiis stellatis*
पशुओं के बारे में : *De bestiis*
क़िस्म-क़िस्म...पुस्तक : *Liber monstrorum de diversis generibus*

165. *उनको...मिले* : "Requiescant a laboribus suis" ("इल्हाम" 14:13)।
सूरज को ओढ़े एक स्त्री : mulier amicta sole ("इल्हाम" 12:1-5 से : "और आकाश में एक महान आश्चर्य प्रगट हुआ; सूरज को ओढ़े एक स्त्री और चन्द्रमा उसके पैरों के नीचे और उसके सिर पर बारह नक्षत्रों का एक मुकुट। वह गर्भवती थी और प्रसव-पीड़ा से, जन्म देने की वेदना से तड़प रही थी। तभी आकाश में एक और आश्चर्य प्रगट हुआ : सात सिरों और दस सींगोंवाला और अपने सिरों पर सात मुकुट धारण किए, लाल रंग का एक विशाल ड्रैगॅन।... और ड्रैगॅन उस स्त्री के सामने उसके उस बच्चे को खाने के लिए खड़ा हो गया जिसको वह जन्म देनेवाली थी। और उस स्त्री ने एक बच्चे को जन्म दिया, जो आनेवाले वक़्त में तमाम देशों पर सख़्त हुकूमत करनेवाला था। लेकिन उसके बच्चे को उससे छीनकर ईश्वर के पास ले जाया गया।")।

170. *क्विण्टॅस सेरेनॅस...अल्माजेस्ट....* : ***Quinti Sereni de medicamentis, Pbaenomena, Liber Aesopi de natura animalium, Liber Aetbici peronymi de cosmograpbia, Libri tres quos Arculpbus episcopus adamnano escipiente de locis sanctis ultramarinis designavit conscribendos, Libellus Q. Iulii Hilarionis de origine mundi, Solini Polybistor de situ orbis terrarum et mirabilibus, Almagestbus....***

171. *हाँ और नहीं* : sic et non

173. *"बेहद दुष्ट इनसान"* : "homeni malissimi"

190. *क्योंकि...अन्यथा नहीं'* : 'Quod enim laicali ruditate turgescit non habet effectum nisi fortuito'
'लेकिन प्रज्ञा ...निर्दिष्ट होते हैं।' : 'Sed opera sapientiae certa lege vallantur et in fine debitum efficaciter dirigutur.'

192. 'unum' और 'velut' : 'एक' और 'जैसे'
"ऑफ्रिका के ...हाथ रखो" (उपन्यास में इसे "प्रतिकृति के ऊपर हाथ चार के पहले और सातवें पर काम करता है... ।" के रूप में अनूदित किया गया है) : "Secretum finis Africae manus supra idolum age primum et septimum de quator."
194. *विधर्मिता...गुटका* : *Practica officci inquisitionis heretice pravitatis*
198. *यह पत्थर ...समोये हुए है* : 'hic lapis gerit in se similitudinem coeli,'
202. *"यह मुनासिब नहीं है। यह एबो का है* : "No se puede. Abbonis est.
वहाँ देखिए, तीसरे नम्बर का घोड़ा.... : Vide illuc, tertius equi...
203. *"यूँ चुटकियों में...खाना होता है"* : "You take the cheese before it is too antiquum, without too much salis, and cut in cubes or sicut you like. And postea you put a bit of butierro or lordo to rechauffer over the embers. And in it you put two pieces of cheese, and when it becomes tenero, zucharum et cinnamon supra positurum du bis. And immediately take to table, because it must be ate caldo caldo."
"मैं नहीं जानता" : "Sais pas, moi,"
हो सकता है : Peut-être
आज रात : esta noche
204. *'पश्चाताप करो ...क़रीब है'* : 'Penitentiam agite, appropinquabit enim coeldrum' (यह वाक्य *न्यू टेस्टामेण्ट* के अध्याय 'गॉस्पेल एकॉर्डिंग टु मैथ्यू' [3:2] से है।)
208. *"इसके बारे में बहुत हो चुका"* : "De hoc satis"
214. *विधर्म शिरोमणि...का इतिहास* : *Historia fratris Dulcini Heresiarche*
217. *"ईश्वर के नाम पर ...दंडादेश....* : "In nomine Domini amen. Hec est quedam condemnatio corporalis et sententia condemnationis corporalis lata, data et in hiis scriptis sententialiter pronumptiata et promulgata..."
इस वजह से ...अलग हो सके : Idciro, dictum Johannem vocatum fratrem Micchaelem hereticum et scismaticum quod ducatur ad locum iustitie consuetum, et ibidem igne et flammis igneisaccensis concremetur et comburatur, ita quod penitus moriatur et anima a corpore separetur.
218. *"हम प्रभु की राह मरेंगे"* : "Per Dominum moriemur."
221. *"मेरा विश्वास हूँ"* : "Credo"
222. *"यह कहानी तुम्हारे बारे में है"* : "De te fabula narratur" (ये शब्द रोमन कवि होरेस [ईसापूर्व 65-8] की पुस्तक *सटायर* के पहले अध्याय से हैं। यहाँ होरेस पुरुषों की आलोचना करता है, उनकी उस लोलुपता के लिए, जो उनके तमाम दुःखों की वजह है। होरेस कहता है कि "टेण्टालॅस प्यास का सताया हुआ उस नदी के पास पहुँचता है, जो उसके होंठों के पास से वापस चली जाती है। तुम हँसते हो? सिर्फ़ नाम बदलने की ज़रूरत है और *यह कहानी तुम्हारे बारे में है।*")
224. *नैसर्गिक भूख* : vis appetitiva
225. *बहुत अच्छा* : valde bona (ये शब्द *ओल्ड टेस्टामेण्ट* के 'जेनेसिस' नामक अध्याय [1:31]

से हैं : छठवें दिन के अन्त में, मर्द और औरत की रचना के बाद ''ईश्वर ने उस सब कुछ को देखा जो उसने रचा था और वह बहुत अच्छा [valde bona] था'')।

227. *ब्रह्मचारिणी के शान्त आभिजात्य-सी भयावह* : Terribilis ut castorum ordinata.

''ख़ूबसूरत ...फूले हुए'' : "Pulchra sunt ubera quae paululum supereminent et tument modice" (ये शब्द गिल्बर्ट ऑव होइट्स की रचना *सर्मन्स ऑन दि साँग ऑव सोलोमन* से हैं। गिल्बर्ट यहाँ ''साँग ऑव साँग्स'' की अन्योक्तिपरक व्याख्या के दौरान अपने विषय से भटककर नारी-स्तनों के सर्वाधिक मनोहारी दैहिक आयामों पर आप्त कथन करते हैं।

''ओ अक्षत यौवनाओं...सौरभ के प्रकोष्ठ!'' : "O sidus clarum pellarum...o porta clausa, fons hortorum, cella custos unguentorum, cella pigmentaria!"

''ओ मैं गया... बरकाना नहीं चाहता!'' : "O langueo...Causam languoris video nec caveo!"

सब कुछ अच्छा था : cuncta erant bona

231. *सम्भोग के बाद हर जानवर उदास होता है।* : Omne animal triste post coitum

239. *दो असामान्यों से कभी भी कोई नतीजा नहीं निकलता।* : nihil sequitur geminis ex particularibus unquam.

या तो एक बार या दो बार हेतु का सामान्य होना ज़रूरी है : aut semel aut iterum medium generaliter esto

तृतीय तर्क-विधि : Darii

245. *''ओह,...कर सकती है।''* : "Oh, a female who sells herself like mercandia cannot be bona or have cortesia."

''हे भगवान : Deu

वे रात-दिन इसी बारे में सोचती रहती हैं कि किसी मर्द को कैसे फाँसा जाए....'': They think di e noche about how to trap a man

247. *'गाँव की ग़रीब औरतों के लिए'* : "Ad mulieres pauperes in villulis"

253. *'प्रभु'* : Kyrie

257. *प्रेम विवेक से ज़्यादा विवेकशील होता है* : amor est magis cognitivus quam cognitio

अन्तर और बाहर : intus et in cute

प्रेमपात्र के प्रति एक राग-भावना : motus in amatum

258. *''मेमना''* : "agnus"

''पहचानता है'' : "agnocit"

''भेड़'' : "ovis"

''बलि से'' : "ab oblatione"

''भौंकना'' : "canor"

''कुत्तों'' : "canes"

259. *''बछड़े''* : "vituli"

''ताज़गी'' : "viriditad"

''अक्षत'' : "virgo"

269. *जब श्रद्धेय पुरुष* : *Cum venerabiles*

270. *'ईश्वर के हाथ से दिया गया राजकीय मुकुट'* : 'Corona regni de manu Dei'
'पीटर के हाथ से दिया गया साम्राज्य का ताज' : 'Diadema imperii de manu Petri'

271. *प्रायश्चित (हासिल करने) के लिए धार्मिक कर* : taxae sacrae poenitentiariae

282. *"बेसीलिस्क से सावधान!...उनका कहना ग़लत है।"* : "Cave basilischium! The rex of serpenti, tant pleno of poison that it all shines dehors! Che dicam, il veleno, even the stink comes dehors and kills you! Poisons you.... And it has black spots on his back, and a head like coq, and half goes erect over the terra, and half on the terra like the other serpents. And it kills the bellula...."
" The bellula ?"
"Oc! Parbissimum animal, just a bit plus longue than the rat, and also called the musk-rat. And so the serpe and the botta. And when they bite it, the bellula runs to the fenicula or to the cicerbita and chews it, and comes back to the battaglia. And they say it generates through the oculi, but most say they are wrong."

284. *अंग्रेज़ जाति का इतिहास* : *Historia anglorum*
मन्दिर की इमारत, मण्डप (यहूदियों का प्राचीन उपासना-मन्दिर), डायोनीसियॅस के वृत्त के युग और गणना और ऐतिहासिक अभिलेख, वर्णविचार, मात्राविचार, सन्त कुथबर्ट का जीवन, छन्द की कला... : *De aedificatione temply, De tabernaculo, De temporibus et cbronica et circuli Dionysi, Ortograpbia, De ratione metrorum, Vita Sancti Cutbberti, Ars metrica*

285-285. *आलंकारिक आकर्षण, आलंकारिक तर्कों का निभाजन* : *De rhetorica cognatione, Locorum rhetoricorum distinctio*

285. *आयरिश...कहावत* : Hisperica...Famina
यह फेनिल समुद्र...रेतीला पानी :

Hoc spumans mundanas obvallat Pelagus oras
terrestres amniosis fiuctibus cudit margines.
Saxeas undosis molibus irruit avionias.
Infima bomboso vertice miscet glareas
asprifero spergit spumas sulco,
sonoreis frequenter quatitur flabris..."

'फ़र्स्ट, ऑव ऑल दि पोयम्स,...अण्डर दि पोलस्टार।' : 'Primitus pantorum procerum poematorum pio potissimum paternoque presertim privilegio panegiricum poemataque passim prosatori sub polo promulgatas.'
कृषि-काव्य : *Georgics*
सारसंग्रह : *Epitomae*

285-286. *इग्निस (अग्नि), कॉक्यूहेबिन....उसकी भभक तत्त्वों तक पहुँचती है:* ignis, coquihabin (quia incocta coquendi habet dictionem), ardo, calax ex calore, fragon ex fragore flammae, rusin de rubore, fumaton, ustrax de urendo, vitius quia pene mortua membra suo vivificat, siluleus, quod de silice siliat, unde et silex non recte dictiur, nisi ex qua scintilla silit. And aeneon, de Arenea deo, qui in eo habitat, sive a quo elementis flatus fertur. (वर्जिल के ग्रन्थ *Epitomae* से। एनियास के देवत्व की कथा रोमन कवि ओविड ने अपने ग्रन्थ मेटामॉर्फोसिस में कही है)।

286. *गीत, संग्रह, समूहन, निर्माण, सृजन, घोषपूर्ण, शुभ्र, आनन्दित, नीले-भूरे केशों से युक्त* : cantamen, collamen, gongelamen, stemiamen, plasmamen, sonerus, alboreus, gaudifluus, glaucicomus
'पिता और पुत्री के नाम पर' : 'in nomine patris et filae'

287. HIBERNI : आयरलैण्ड
सुदूर उत्तर : Ultima Thule
FONS (FONS ADAEU, FONS ADAE) : आदम का जन्मस्थान

288. YSPANIA : स्पेन
शेर : LEONES
यहाँ हैं शेर : hic sunt leones

289. *स्वर्ग का निर्झर* : fons paradisi

293. IUDAEA : जुडाइआ
थल और जल का पिण्ड : terraqueous orb
AEGYPTUS : इजिप्ट
ANGLLIA : इंग्लैण्ड
GERMANI : जर्मनी
GALLIA : फ्रांस
ROMA : रोम
ACAIA : ग्रीस

294. *''Acaiae का चौथा कक्ष''* : quarta Acaiae

295. *अज्ञात भूभाग* : terra incognita
प्रेम का दर्पण : *Speculum amoris*
''कहानी तुम्हारे बारे में है'' : "De te fabula narratur"

296. *''स्याह और कड़वा''* : "nigra et amara"
बोधगम्य पुस्तक : *Liber continens*

298. *यौन की अवस्था* (यौन का असमंजस) : "complexio venerea"

301. *बिल्ली* : cat
क़ानून : *De legibus*

302. *उसके प्रतिबिम्बों पर* : *Super illius specula* (पोप जॉन XXII द्वारा 1326 में लिखित। ''उसके प्रतिबिम्बों'' से जॉन का अभिप्राय मनुष्यों से था, जिनको ईश्वर ने ''दैवीय गुणों से सम्पन्न कर पृथ्वी पर प्रथम आगन्तुकों की हैसियत में'' अपनी प्रतिच्छवि के रूप में रचा था। जॉन आगे मनुष्य के उस रूप का वर्णन करता है, जिस रूप में ईश्वर ने उसकी कल्पना की थी और फिर उसके पतन पर दुःख व्यक्त करता है। वह कहता है, ''आज हम बड़े दुःख के साथ देखते हैं कि ऐसे बहुत-से लोग हैं, जो अपने नाम भर से ईसाई हैं, जिन्होंने सत्य की प्रथम रोशनी को तज दिया है और मौत के साथ साठगाँठ कर ली है; क्योंकि ये लोग शैतान के लिए उत्सर्ग करते हैं, उसकी पूजा करते हैं और उसकी छवियाँ गढ़ते हैं।'' इसी के

साथ जॉन शैतान-उपासना के विविध रूपों की चर्चा करता है और उनकी निन्दा करता है।)

308. *"कुछ लोगों का (अन्धापन) माँग करता है"* : "Quorundam exigit" (1317 में पोप जॉन XXII अपने इस फ़तवे में फ्रांसिस्कनों के लिबास और उसमें आए बदलावों की चर्चा करता है और फ्रांसिस्कनों की निर्धनता पर आता है। निर्धनता की अत्यन्त सख़्त व्याख्या का उल्लंघन करता हुआ वह फ्रांसिस्कनों के रसद-भण्डार को उचित ठहराता है और इन शब्दों के साथ फ़तवे का समापन करता है कि "निर्धनता निश्चय ही महान चीज़ है, लेकिन शुचिता उससे भी बढ़कर है; अनुशासन सबसे बढ़कर है, बशर्ते कि उसे अक्षत रखा जाए...। पहली का ताल्लुक चीज़ों से है, दूसरी का ताल्लुक देह से है, लेकिन तीसरी चीज़ का ताल्लुक मन और आत्मा से है।")

नियमों के संस्थापक के लिए: Ad coditorem canonum (दिसम्बर 1322 में जारी अपने इस फ़तवे में पोप जॉन XII फ्रांसिस्कनों की निर्धनता पर चर्चा करता है और उपयोग मात्र तथा स्वामित्व के बीच फ़र्क़ करता है। मई 1322 में आयोजित फ्रांसिस्कनों की सभा में फ्रांसिस्कन निर्धनता को *वस्तुतः उपयोग मात्र* के रूप में घोषित किया गया था : जिस तरह एक घोड़े के लिए उस जई का उपयोग होता है, जिसको वह उस पर अपना स्वामित्व जताये बग़ैर खाता है, उसी तरह एक भिक्षु के लिए भोजन, पेय, वस्त्र आदि का उपयोग है, उन पर बग़ैर किसी तरह के स्वामित्व के; यानी *उपयोग के अधिकार* के बग़ैर *वस्तुतः उपयोग मात्र*। अपने इस फ़तवे में जॉन ने भिक्षुओं के संकल्प के विपरीत उनके उपयोग में आनेवाली उन चीज़ों पर उनका स्वामित्व घोषित किया, जिन पर इसके पहले तक पोप का स्वामित्व माना जाता था।)

चूँकि कुछ (विद्वानों) के बीच : Cum inter nonnullos (ईसा की निर्धनता को लेकर यह पोप जॉन XII का अत्यन्त सख़्त और मतान्ध फ़तवा था, जिसमें इस मान्यता को, जो कि फ्रांसिस्कनों की भी मान्यता थी, विधर्मितापूर्ण ठहराया गया था कि ईसा मसीह और उनके शिष्यों का उन वस्तुओं पर कोई स्वामित्व नहीं था, जिनका वे उपयोग करते थे। *नियमों के संस्थापक के लिए* नामक फ़तवे में वह फ्रांसिस्कनों को चूँकि स्वामित्वधारी घोषित कर चुका था, इस फ़तवे के माध्यम से वह उनको विधर्मी घोषित कर रहा था।)

309. *शान्ति का दुश्मन : inimicus pacis*

क्योंकि कुछ लोगों के दिमाग़ : Quia quorundam (नवम्बर 1324 में जारी अपने इस फ़तवे में पोप जॉन XII दावा करता है कि *नियमों के संस्थापक के लिए* और *चूँकि कुछ (विद्वानों) के बीच* नामक उसके फ़तवे किसी भी रूप में ईसा की निर्धनता के मसले पर उसके पूर्ववर्तियों की शिक्षाओं का विरोध नहीं करते और धर्ममत के मामलों पर निर्णय लेने के पोप के अधिकार की पुष्टि करता है। इस फ़तवे का मुख्य बिन्दु एक बार फिर ईसा की निर्धनता का मसला है और वह एक बार फिर इसका खण्डन करता है। इससे भी आगे बढ़कर वह यह घोषणा करता है कि स्वामित्त्व का होना उसके न होने से बेहतर है और किसी चीज़ का कम होना उस चीज़ के ज़्यादा होने के मुक़ाबले बेहतर नहीं है। वह, दरअसल, सम्पत्ति की पुण्यशीलता की ज़ोरदार वकालत करता है।)

310. *"हमारी भलाइयों में"* : "in bonis nostris"

310. *इउस पोली (स्वर्ग का क़ानून)* : ius poli

बाज़ार का क़ानून : ius fori

311. *वह गया जो रक्षा करता है* : *Exiit qui seminat* (पोप निकोलॅस II के इस फ़तवे का सबसे महत्त्वपूर्ण हिस्सा निर्धनता के प्रश्न पर केन्द्रित है। ग्रेगॅरी IX ने स्वामित्त्व के बग़ैर चीज़ों के इस्तेमाल के लिए *usus rerum* पद का प्रयोग किया था। निकोलॅस यह कहकर इस फ़र्क़ को स्पष्ट करता है कि भिक्षुओं को स्वामित्त्व का अधिकार नहीं, बल्कि उपयोग-भर का अधिकार है। सब कुछ रोमन चर्च के, अर्थात पोप के, स्वामित्व में था। भिक्षुओं के हाथ में सिर्फ़ उनका उपयोग था।)

321. *नाम चीज़ों का नतीजा हैं* : nomina sunt consequentia rerum

सहमतिपूर्वक : ad placitum

329. *पौधों के बारे में तीन पुस्तकें।* : *De plantis libri tres*

जड़ी-बूटियों का ख़ज़ाना : *Thesaurus herbarum*

336. *पवित्र रोमन (चर्च)* : *Sancta Romana* (पोप जॉन XXII द्वारा दिसम्बर 1317 में जारी फ़तवा, जिसमें वह फ्रांसिस्कन सम्प्रदाय से निकले विभिन्न समूहों की चर्चा करता हुआ उनको विभिन्न नामों से पुकारता है और इन नए समुदायों को विधर्मी घोषित करते हुए उनका दमन करने तथा उनको नेस्तनाबूद करने का आदेश देता है।)

338. वक्तृता : de dicto

340. *बहुत प्रिय* : dilectissimo

जिस इनसान के पास घोड़ा नहीं होता, वह पैदल ही चलता है...। : Qui non habet caballum vadat cum pede....

344. *ईश्वर के कुत्तों* : Domini canes

349. *होली क्वीन* : Salva Regina

352. *आस्था की मिट्टी में अंकुरित होता ईश्वर का बिरवा* : planta Dei pullulans in radice fidei

353. *एबिगोर, मेरी ख़ातिर पाप कर ...और मैं कलंकित हो जाऊँगा...*: Abigor, pecca pro nobis ... Amon, miserere nobis ... Samael, libera nos a bono ... Belial eleison ... Focalor, in corruptionem meam intende ... Haborym, damnamus dominum ... Zaebos, anum meum aperies...leonard, asperge me spermate tuo et inquinabor...(यह एक प्रार्थना-गीत की पैरोडी है, जिसमें 'मेरे लिए प्रार्थना कर' की जगह 'मेरी ख़ातिर पाप कर' को, 'मुझको पाप से मुक्त करो' की जगह 'मुझे नेकी से आज़ाद कर' को, 'मेरे होंठ खोलो' की जगह 'मेरी गाँड खोल' को और 'मुझ पर मरुबक छिड़को और मैं पवित्र हो *जाऊँगा'* की जगह 'मुझ पर अपना वीर्य छिड़क और मैं कलंकित हो जाऊँगा' आदि को रख दिया गया है।)

354. *शैतानी बन्धन* : cingulum diaboli

370. *आसनों पर बैठे हुए* : sederunt

371. *श्रेष्ठिजन बैठे हुए थे...मेरी रक्षा कर :*

Sederunt principes
et adversus me
loquebantur, iniqui

persecuti sunt me.
Aadiuva me, Domine
Deus meus, salvum me
fac propter magnam misericordiam tuam.

372. *प्रणाम मेरी* : Ave Maria

379. *लिख पाने में अक्षम मठाधीश* : Abbas agraphicus

382. *गन्ध के बारीक से बारीक फ़र्क* : minimas differentias odorum

383. *कोप का दिन* : *Dies irae* (मृतक के अनुष्ठान के दौरान गाया जानेवाला अंश, जिसमें कयामत के आतंक का वर्णन किया गया है।)

386. *चौथे के पहले और सातवें को सरकाओ* : Age primum et septimum de quatuor

387. *पढ़ने के काँच* : vitra ad legendum
काली पर ख़ूबसूरत : nigra sed formosa

391. *"उसको हँसी से ऐंठने दो, उसको खींसें निपोरते हुए मुँह मरोड़ने दो!"* : "Ut cachinnis dissolvatur, torqueatur rictibus!"

391-392. *आँसुओं से भरा हुआ होगा वह दिन...उनको विश्रान्ति दे* :
Lacrimosa dies illa
qua resurget ex favilla
iudicando bomo reus :
buic ergo parce deus! Pie Iesu
domine dona eis requiem.

393. *सिप्रियानी का रात्रि-भोज : Coena Cypriani* (योरोप में मध्य युग की शुरुआती, सम्भवतः पाँचवीं-छठवीं, सदियों के दौरान सन्त सिप्रियानॅस द्वारा गढ़ी गई और बाद में रेबानॅस मॉरॅस, जोहानिस हिमोनाइड्स और एसेलिन रीम्स द्वारा लैटिन में लिपिबद्ध की गई कहानी, जो *बाइबिल* के कुछ अंशों पर आधारित पैरोडी, रूपक-कथा और व्यंग्य के बीच की रचना है। कहानी के अनुसार पूरब का राजा काना नामक नगर में एक विशाल प्रीतिभोज का आयोजन करता है। जब लगभग सारे अतिथि भोजन कर चुकते हैं, तो राजा को एक चोरी का पता चलता है। चोर की खोज की जाती है और एसर नामक चोर को पकड़ा जाता है, जिसको उसके जुर्म के लिए मौत की सज़ा दी जाती है। कहानी में *बाइबिल* से अनेक चरित्र लिए गए हैं।)
संन्यासियों के चुटकुले : ioca monachorum

395. *I. अरबी : कुछ मूर्खों की कहावतों के बारे में...प्रेम-प्रसंगों पर केन्द्रित एक पुस्तक* :
   I. ar. de dictis cuiusdam stulti
   II. syr. libellus alchemicus aegypt.
   III. Exposito Magistri Alcofribae de coena beati Cypriani Cartaginensis Episcopi
   VI. Liber acephalus de stupris virginum et meretricum amoribus

396. *पक्की सावधानी बरतते हुए* : *Firma cautela*

398. *चार्ता लिन्तेआ* (लिनन-पेपर) : *Charta lintea*

400. *स्वर, श्वास और स्पन्दन* : vox, flatus, pulsu

410. *भौतिक अनुमान, डिस्कोर्स...वह संकेत करता है* : suppositio materialis, the discourse is presumed de dicto and not de re...

411. *प्राइमम एट सेप्टिमम कम क़्वाटुअॅर* (चार का पहला और सातवाँ) : primum et septimum de quatuor

421. *स्टुप्रा वर्जिनॅम एट अमॉर्स मेरेट्रिकॅम* (सत्प्रेम से कमतर प्रेम) : stupra virginum et amores meretricum

425. *अज्ञात लोक* : terra incognita

427. *लघु-पुस्तिका* : libellus

अपनी समूची देह को जीभ में बदल लिया था : de toto fecerat linguam

428. *'यहाँ सिंह हैं'* : 'hic sunt leones'

441. *आप सीढ़ी पर चढ़ सकें इसके लिए ज़रूरी है कि आप उसे किसी टापू पर छोड़ आएँ...* : Er muoz gelîchesame die leiter abewerfen, sô er an ir ufgestigen....

442. *"ईश्वर विक्षोभ में नहीं है, विक्षोभ में नहीं है।"* : "Non in commotione. non in commotione Dominus."

लावारिस सम्पत्ति : res nullius

445. *बिखरे हुए टुकड़ों* : disiecta membra

शुरुआत : incipit (incipit का शाब्दिक अर्थ होता है "यहाँ से शुरुआत होती है" और यह शब्द मध्ययुगीन पाण्डुलिपियों का आरम्भिक हिस्सा हुआ करता था।)

लो और पढ़ो : Tolle et lege (यह पद सन्त ऑगॅस्तीन के *कन्फ़ेशन्स* से है, जहाँ ऑगॅस्तीन ईसाई धर्म स्वीकार करने के क्षण के अपने अनुभव का बयान करते हैं। जब वे अपनी अपात्रता पर रो रहे थे, तो उनको एक बच्चे के शब्द सुनाई दिए : "Tolle, lege; tolle lege." ऑगॅस्तीन ने इन शब्दों की व्याख्या करते हुए उनको ईश्वर के सीधे आदेश की तरह लिया : पुस्तक को लो और जो भी अध्याय सबसे पहले खुले उसको पढ़ो।)

446. *कहाँ है बेबिलोन का गौरव?* :Est ubi gloria nunc Babyloniae?

आह एकान्त में बैठना...कितना रुचिकर होता है! : O quam salubre, quam iucundum et suave est sedere in solitudine et tacere et loqui cum Deo!

ईश्वर विशुद्ध शून्य है, अभी और यहाँ से सर्वथा अछूता : Gott ist ein lauter Nichts, ihn ruhrt kein Nün noch Hier.

कल का गुलाब अपने नाम में शेष रह जाता है, हमारे हाथ में ख़ाली नाम रह जाते हैं : start rosa pristina nomine nuda tenemus

परिशिष्ट - 2

(उपन्यास में आए विभिन्न व्यक्तियों, जगहों, वस्तुओं, सम्प्रदायों आदि के नामों और अवधारणाओं आदि पर टिप्पणियाँ) :

अँधेरे का राजकुमार : जॉन मिल्टन के महाकाव्य *पैराडाईज़ लॉस्ट* में शैतान के लिए प्रयुक्त संज्ञा।
अज़ाज़ेल : *ओल्ड टेस्टामेण्ट* में वर्णित बकरे की शक्लवाला एक दैत्य।
अनानियास : न्यू टेस्टामेण्ट के अध्याय "एक्ट्स ऑव ॲपॉसॅल्स" में वर्णित ईसा का शिष्य।
ॲपॉसॅल मार्क का सुसमाचार (*गॉस्पेल ऑव मार्क*) : *न्यू टेस्टामेण्ट* के चार सुसमाचारों में से दूसरा सुसमाचार (तीन अन्य सुसमाचारों में मैथ्यू, ल्यूक और जॉन के सुसमाचार शामिल हैं), जिसमें यीशू के बपतिस्मा से लेकर उनके पुनरुत्थान तक की जीवन-कथा का वर्णन किया गया है। इसका क्षिप्र आख्यान ईसा को मानव-पुत्र, ईश्वर-पुत्र और मसीहा की संज्ञाओं से विभूषित करता है और उनको एक कर्मशील नायक, ओझा, चिकित्सक और चमत्कारी पुरुष के रूप में चित्रित करता है। इस सुसमाचार का रचयिता मार्क है जो सेण्ट पॉल का साथी और सेण्ट पीटर का शिष्य था।
ॲपॉसॅल ऑव जेण्टाइल्स : *न्यू टेस्टामेण्ट* में उल्लिखित सेण्ट पॉल के लिए दिया गया नाम, जो उनको इसलिए दिया गया था क्योंकि उन्होंने ईसाई आस्था को यहूदी धर्म से बाहर के लोगों के बीच स्थापित किया था।
अपोलियॅन : "विनाशकर्ता"। *न्यू टेस्टामेण्ट* के अनुसार वह नर्क का फ़रिश्ता है। उसको मौत का फ़रिश्ता और शैतान भी कहा गया है।
अबू-बक्र मोहम्मद इब्न ज़कारिया अर-रज़ी : नौवीं-दसवीं सदी का फ़ारसी रसायनविद, औषधिवेत्ता, चिकित्सक, दार्शनिक और शोधकर्ता। फ़ारसी, ग्रीक और भारतीय चिकित्सा-पद्धतियों का ज्ञाता। 200 से ज़्यादा पुस्तकों का रचयिता।
अब्राहम : *ओल्ड टेस्टामेण्ट* की पोथी *बुक ऑव जेनेसिस* में वर्णित। यहूदियों, ईसाइयों और मुसलमानों के पूर्वज के रूप में समादृत।
अब्सलोम : *ओल्ड टेस्टामेण्ट* में वर्णित; इज़राइल के राजा डेविड का पुत्र।
अर्मागेडॉन : अब्राहमीय धर्मों (यहूदी, ईसाई और इस्लाम धर्मों) से जुड़ा हुआ महाकाव्यात्मक युद्ध का मैदान। पारम्परिक ईसाई व्याख्या के अनुसार मसीहा एक दिन पृथ्वी पर लौटेगा और अर्मागेडॉन की लड़ाई में एण्टीक्राइस्ट (शैतान) को पराजित करेगा।
अलीगिएरी (दूरान्ते देग्ली अलीगिएरी) : इटली के महाकवि दान्ते का वास्तविक नाम।
अल्धेम ऑव मेम्सबरी : इंग्लैण्ड में जन्मा सातवीं सदी का लैटिन कवि और एंग्लो-सेक्सॅन साहित्य का विद्वान। मामेस्बरी (इंग्लैण्ड) के ईसाई मठ का मठाधीश।

अल्बर्टस मैग्नस (सेण्ट अल्बर्ट दि ग्रेट/अल्बर्ट ऑव कोलोन) : तेरहवीं सदी का जर्मन डोमिनीशियाई भिक्षु और धर्माचार्य, जिसने विज्ञान और धर्म के बीच शान्तिपूर्ण सहअस्तित्व की वकालत के लिए प्रसिद्धि हासिल की थी और ईसाई चिन्तन में अरस्तू के दर्शन के अनुप्रयोग की पहल की थी।

अल्हाज़ेन (अबू अली अल-हसन इब्न अल-हसन इब्न अल-हेथम/अल बसरी) : दसवीं-ग्यारहवीं सदी का ईराक़ में जन्मा फ़ारसी या अरबी वैज्ञानिक और बहुशास्त्रविद। उसे आधुनिक नेत्रविज्ञान/प्रकाशविज्ञान का जनक माना जाता है।

अवतार : ईसाई धर्म-सिद्धान्त की केन्द्रीय धारणा, जिसके मुताबिक ईसा मसीह पवित्र त्रिमूर्ति के एक अंश शब्द-पुत्र (सन ऑव दि लोगॉस) का मानवीय अवतार हैं, जिन्होंने चमत्कारपूर्ण ढंग से वर्जिन मेरी के गर्भ में देह धारण की। विश्वास है कि इस दिव्य अवतारी पुरुष में ईश्वर-पुत्र और मनुष्य की प्रकृतियाँ अपनी सम्पूर्णता में एकीकृत थीं।

ऑक्टोपी : ऑक्टोपॅस।

आखिरी फ़ैसला (लास्ट जज्मेण्ट/फ़ायनल जज्मेण्ट/जज्मेण्ट डे/डे ऑव दि लॉर्ड) : अब्राहमीय धर्मों (यहूदी, ईसाई और इस्लाम धर्मों) में मान्य अवधारणा, जिसके अनुसार एक दिन सारे मृत पुनः जीवित हो उठेंगे और ईश्वर आसमान से धरती पर प्रगट होकर इन मृत तथा जीवित प्राणियों के किए धरे का फ़ैसला करेगा।

आदम, ईव : अब्रह्मीय धर्मों में वर्णित प्रमुख चरित्र। इन धर्मों के अनुसार ईश्वर द्वारा रचित प्रथम मनुष्य।

आरों : *ओल्ड टेस्टामेण्ट* में वर्णित; मूसा का भाई और इज़राइलियों का प्रथम प्रधान पुरोहित।

आर्टिमिडोरॅस (आर्टिमिडोरॅस डेल्डियानॅस/इफ़ेसियॅस) : लीसिया नामक देश का दूसरी सदी का ग्रीक भाषा का लेखक और भविष्यवक्ता। *ओनेइरोक्राइटिका* (*सपनों की व्याख्या*) नामक विशाल ग्रन्थ का रचयिता।

आर्नोल्ड ऑव ब्रेसिया (अर्नाल्डॅस) : बारहवीं सदी का एक इताल्वी संन्यासी, जिसने चर्च से भौतिक सम्पदा को त्याग देने का आग्रह किया, जिसकी वजह से उसको विधर्मी घोषित कर ज़िन्दा जला दिया गया था। उसकी मृत्यु के बाद उसकी शिक्षाएँ उसके अनुयायियों (अर्नाल्डवादियों) तथा वाल्डेन्सियायियों और स्पिरिचुअलों द्वारा जारी रखी गईं। प्रोटेस्टेण्ट ईसाई उसको धार्मिक सुधारों के प्रवर्तक के रूप में देखते हैं।

आर्नोल्ड ऑव विला नोवा (अर्नाल्डस डि विला नोवा/अर्नाल्डस डि विलानुएवा/अर्नाल्डस विलानोवानस/अर्नाड डि विले-नियोवे....) : तेरहवीं सदी का रसायनशास्त्री, ज्योतिषी और चिकित्सक। कॉर्बन मोनोऑक्साइड और शुद्ध अल्कोहल की खोज के लिए प्रसिद्ध। चिकित्सा सम्बन्धी अनेक अरबी कृतियों का अनुवादक।

आर्मिलरी स्फ़ियर (स्फ़ीरिकल एस्ट्रोलेब/अर्मीला/अर्मिल) : धातु से निर्मित एक खगोलीय गोलक जो ग्रीक खगोलविद इरेटोस्थीनीज़ (276-194 ई. पू.) का आविष्कार माना जाता है और जो भूमध्यरेखा, सूर्यपथ, ध्रुववृत्त और अक्षांश को दर्शाता है।

आल्टर : गिरजाघर में धार्मिक अनुष्ठानों के निमित्त स्थापित पवित्रीकृत मेज़ या शिलापट्ट।

आसंग (chasuble) : ईसाई पादरियों द्वारा सान्ध्यकालीन पूजा के समय पहना जानेवाला बाह्य परिधान।

ऑसोनिऑस (डेसीमिऑस मेग्नस ऑसोनिऑस) : चौथी सदी का लैटिन कवि और अलंकारशास्त्री।

ऑस्ट्रॉगॉथ : पूर्वी जर्मनी की जनजाति गोथ्स की एक शाखा का कोई सदस्य। इस जनजाति ने परवर्ती रोमन साम्राज्य की राजनीतिक घटनाओं में महत्त्वपूर्ण भूमिका निभाई थी।

इक्युली : उड़नेवाला साँप।

इक्लेसियास्ट : *बाइबिल (ओल्ड टेस्टामेण्ट)* का एक स्कन्ध जो कोहेलेट की वाणी में प्रगट होता है।

इज़ेकिल : ओल्ड टेस्टामेण्ट के ''इज़ेकिल'' नामक अध्याय का केन्द्रीय चरित्र और भविष्य-वक्ता। ईसाइयत के मुताबिक एक पैगम्बर।

इडिकुला : छोटी-सी वेदी।

इनाक : *ओल्ड टेस्टामेण्ट* में आदम के पौत्र/प्रपौत्र के रूप में वर्णित।

इन्क्यूबी (इन्क्यूबॅस) : पाश्चात्य मिथकों में प्रसिद्ध एक दैत्य जो सोये हुए इनसानों, विशेषकर स्त्रियों पर उनके साथ मैथुन करने को काबिज़ हो जाता है।

इब्न हज़्म (अबू मोहम्मद 'अली इब्न अहमद इब्न सईद इब्न हज़्म/अल-अन्दालुसी अज़-ज़हीरी) : कोर्डोबा (वर्तमान स्पेन) में जन्मा दसवीं-ग्यारहवीं सदी का अन्दालूसियाई-अरब दार्शनिक, साहित्यकार, मनोवैज्ञानिक, इतिहासकार, विधिवेत्ता और धर्मशास्त्री। प्रेम की कला पर लिखित *दि रिंग ऑव दि डव* समेत लगभग 400 कृतियों का रचयिता। इस्लामी चिन्तन के ज़ाहिरी सम्प्रदाय का जनक।

इलियाह (इलियास) : हिब्रू तथा ईसाई *बाइबिल* और *कुरान* में वर्णित मृतकों को जीवित करनेवाला तथा स्वर्ग से अग्नि लानेवाला एक अत्यन्त पूज्य पैग़म्बर जो ई. पू. नवीं सदी में अब्राहम के राज्य में अवतरित हुआ था।

इल्हाम (revelationèApocalypse) : ईसाई आस्था के अनुसार कुछ विशिष्ट व्यक्तियों के समक्ष ईश्वर की इच्छा से होनेवाले ऐसे रहस्योद्घाटन जिनसे सामान्य मनुष्य-जाति वंचित होती है। यह *न्यू टेस्टामेण्ट* के अन्तिम अध्याय का शीर्षक भी है।

इवेंजिलेरियॅम : ईसाई पूजन-विधि सम्बन्धी पुस्तक जिसमें *न्यू टेस्टामेण्ट* के चारों धर्म-मतों (सुसमाचारों/गॉस्पेल्स) के वे अंश शामिल होते हैं जो चर्च में पूजा समारोह आदि के दौरान पढ़े जाते हैं।

इसाउ : *ओल्ड टेस्टामेण्ट* के ''जेनेसिस'' नामक अध्याय में वर्णित; इसाक का पुत्र और जेकॅब का जुड़वा भाई।

इसाक : *ओल्ड टेस्टामेण्ट* में वर्णित अब्राहम और उसकी पत्नी सारा का इकलौता पुत्र।

इसाडोर ऑव सेविले : छठवीं-सातवीं सदी का स्पहानी आर्चबिशॅप, लेखक और ''प्राचीन युग के अन्तिम महान पण्डित'' के रूप में विख्यात इतिहासकार, जिसकी अनेक कृतियों में *हिस्टॅरी ऑव दि किंग्स ऑव दि गोथ्स* और *इटिमॉलॉजी* शामिल हैं।

इसियाह : *ओल्ड टेस्टामेण्ट* के ''इसियाह'' नामक अध्याय का प्रमुख चरित्र। ईसाई मत के अनुसार एक सन्त। कुछ ईसाइयों का यह भी विश्वास है कि उसने ईसा मसीह के आगमन की भविष्यवाणी की थी।

ईसाई धर्म-मत (सुसमाचार/गॉस्पेल) : ईसा के जीवन की कथा कहनेवाला, उनकी वाणी और कृत्यों को दर्ज करनेवाला लेखन जो *बाईबल* के *न्यू टेस्टामेण्ट* में ''गॉस्पेल ऑव मैथ्यू'',

"गॉस्पेल ऑव मार्क", "गॉस्पेल ऑव ल्यूक" और "गॉस्पेल ऑव जॉन" के अन्तर्गत संग्रहीत है।

ईसा के शिष्य (अॅपॉसल्स) : ईसा मसीह के बारह निकटतम शिष्य (एण्ड्रयू, जेम्स दि ग्रेटर, जेम्स दि लेसर, जॉन, फ़िलिप, बार्थोलोम्यू, मैथ्यू, थॉमस, थेड्यूस, सिमोन और जुडास इस्कारियोट), जिनको ईसा मसीह ने ईसाई चर्च के संस्थापन और सुसमाचार के प्रचार-प्रसार का मिशन सौंपा था। बाद में इस संज्ञा का प्रयोग परवर्ती ईसाई सन्तों के लिए भी किया जाता रहा है।

उमीलियाती (ह्युमीलियाती/ह्युमीलिएटेड) : बारहवीं सदी में स्थापित एक ईसाई धर्मसंघ, जिसके संस्थापकों में वे लोग शामिल थे, जिन्होंने अपना मानमर्दन कर (ह्युमीलिएट कर) जर्मनी के सम्राट की क़ैद से ख़ुद को आज़ाद किया था। उमीलियाती कठोर आत्मसंयम और मितव्ययी जीवन के पक्षधर थे। यह धर्मसंघ पोप द्वारा 1571 ई. में कुचल दिया गया था।

एकहार्ट (मास्टर एकहार्ट/एकहार्ट वॉन होशेम) : तेरहवीं-चौदहवीं सदी का सुप्रसिद्ध जर्मन धर्मशास्त्री, दार्शनिक और रहस्यवादी। पोप जॉन XXII ने उसको विधर्मी करार देते हुए उस पर मुकदमा चलाया था।

एक्ट्स ऑव दि अॅपॉसल्स : *न्यू टेस्टामेण्ट* की पाँचवीं पोथी।

एक़्विनास (सन्त थॉमस एक़्विनास/एक़्विनो) : तेरहवीं सदी का अत्यन्त प्रभावशाली दार्शनिक, धर्मशास्त्री और डॉमिनीशियाई संघ से सम्बन्धित रोमन कैथोलिक चर्च का लब्धप्रतिष्ठ पुरोहित। चर्च के इतिहास के 33 प्रसिद्ध आचार्यों में गणना।"नैसर्गिक धर्मशास्त्र" का प्रवर्तक, जिसके सिद्धान्त आधुनिक दर्शन, नीतिशास्त्र, नैसर्गिक विधि और राजनीतिशास्त्र के प्रमुख सन्दर्भ बने। *सुमा थियोलॉजिका* और *सुमा कॉण्ट्रा जेण्टिलेस* प्रसिद्ध पुस्तकें।

एक्सोडॅस : *ओल्ड टेस्टामेण्ट* का दूसरा अध्याय, जिसमें मूसा हिब्रू समुदाय को लम्बी, दुर्गम यात्रा करते हुए इज़िप्ट से बाहर ले जाकर माउण्ट सिनाई (ईश्वर का पर्वत) पर बसाता है। वहाँ पर येहोवह (ईश्वर), मूसा के माध्यम से, हिब्रुओं के साथ करार कर उनको उनकी वफ़ादारी के बदले में कानान की भूमि देने का वचन देता है।

एड्रामेलेच (एड्रामेलेक/अदर-मलिक) : ग्रीक मिथक का एक देवता, जिसको सूर्य के रूप में पूजा जाता था। मिल्टन के *पैराडाईज़ लॉस्ट* में एक स्वर्ग-च्युत देवदूत के रूप में चित्रित। ईसाई दैत्यविद्या में एक दैत्य के रूप में वर्णित। *ओल्ड टेस्टामेण्ट* में उसे नर्क के दैत्यों के सरदार के रूप में चित्रित किया गया है।

एड्सो ऑव मोण्टियर-एन-डेर : दसवीं सदी का शीर्षस्थ योरोपीय लेखक और फ्रांस के क्लूनियाक मठ मॉण्टियेर-एन-डर का मठाधीश।

एण्टिओचॅस : ई.पू. दूसरी सदी का एक ग्रीक अत्याचारी और यहूदियों का दुश्मन।

एण्टीक्राइस्ट : *बाइबिल* की भविष्यवाणी के मुताबिक ईसा मसीह के छद्मवेष में प्रगट होनेवाला ईसा मसीह का शत्रु।

एण्ड्रयू : ईसा के बारह प्रचारक शिष्यों (अॅपॉसल्स) में से एक।

एन्जेला ऑव फोलिग्नो : सन्त की उपाधि से विभूषित तेरहवीं सदी की ईसाई लेखक, नन और रहस्यवादी, जिसने जीवन के तीस वर्ष सांसारिक सुख-भोग में बिताने के बाद सन्त फ्रांसिस के आदर्शों से प्रेरित होकर धार्मिक जीवन में प्रवेश किया।

एपुलियॅस की कथा : एपुलियॅस (लूसियॅस एपुलियॅस प्लेटॉनिकॅस) दूसरी सदी का लैटिन गद्य-लेखक था, जो अपने *मेटामॉर्फ़ोसिस* (*गोल्डन ऐस*) नामक उपन्यास के लिए जाना जाता है। उपन्यास

की कथा उसके नायक की जिज्ञासा और जादूगरी करने की उसकी भूख के इर्द-गिर्द घूमती है। वह ख़ुद को एक पक्षी में रूपान्तरित करने की कोशिश करता है लेकिन संयोगवश एक गधे में रूपान्तरित हो जाता है। अन्ततः उसको इसिस नामक देवी के हस्तक्षेप से मुक्ति मिलती है और वह उसका भक्त हो जाता है। अध्येताओं का मानना है कि उपन्यास का यह चरितनायक कोई और नहीं बल्कि स्वयं एपुलियॅस है।

एबीमेलेक : *ओल्ड टेस्टामेण्ट* के "जेनेसिस" नामक अध्याय में वर्णित जेरार का राजा।

एम्फिसबेनी : ग्रीक मिथकों में वर्णित एक दोमुहाँ सर्प।

एम्ब्रोस : चौथी सदी का मिलान का ईसाई धर्माध्यक्ष, जिसको चर्च के मूल धर्माचार्यों में गिना जाता है।

एरिमास्पी : अनुश्रुतियों में वर्णित उत्तरी स्कीथिया का एक मानव-समुदाय।

एरियोपेगाइट (सूडो-डायोनीसियस दि एरियोपोगाइट/सूडो डेनीस) : पाँचवीं-छठवीं सदी का एक अज्ञात धर्मशास्त्री और दार्शनिक, जिसका नोमोल्लेख *न्यू टेस्टामेण्ट* में किया गया है। उसकी उपलब्ध कृतियों में *डिवाइन नेम्स, मिस्टिकल थियोलॉजी* और *सेलेस्टियल हाइरार्की, इकलेसिएस्टिकल हाइरार्की* शामिल हैं।

एलॉस्टरन (एलॉस्टर) : ग्रीक मिथक-विद्या का एक देवता। ईसाई दैत्य-विद्या में एक पापात्मा के रूप में चित्रित।

एलिजाबेथ : *न्यू टेस्टामेण्ट* के "गॉस्पेल ऑव ल्यूक" नामक अध्याय में वर्णित सन्त जॉन दि बैप्टिस्ट की पत्नी।

एलेनॅस डि इन्सुलिस : बारहवीं-तेरहवीं सदी का फ्रांसीसी ईसाई धर्मशास्त्री और कवि।

एविसेना (अबू अली अल-हुसैन इब्न 'अब्द अल्लाह इब्न सीना'/अबू अली सीना/इब्न सीना) : दसवीं-ग्यारहवीं सदी का फ़ारसी विद्वान, शीर्षस्थ चिकित्साशास्त्री, दार्शनिक, ज्योतिषी, भैषजविद, भूगर्भशास्त्री, तर्कशास्त्री, जीवास्मविज्ञानी, गणितज्ञ, कवि, मनोवैज्ञानिक, वैज्ञानिक और अध्यापक। *दि बुक ऑव हीलिंग, दि कैनॅन ऑव मेडीसिन* उसकी प्रमुख पुस्तकों में शामिल हैं।

एस्ट्रोलेब : एक प्राचीन खगोलीय उपकरण, जिसका इस्तेमाल खगोलविदों, ज्योतिषियों और नाविकों द्वारा किया जाता था।

ओडो ऑव क्लॅनी : नवीं-दसवीं सदी के रोमन-कैथोलिक चर्च का सन्त और क्लूनियाक धर्मसंघ का द्वितीय मठाधीश जिसने फ्रांस और इटली के क्लूनियाक मठों में अनेक सुधार किए।

ओनान : *ओल्ड टेस्टामेण्ट* की पोथी "जेनेसिस" में जूडाह के पुत्र के रूप में वर्णित। आख्यान यह है कि जब ईश्वर ने ओनान के बड़े भाई इर को मार डाला तो जूडाह ने ओनान से आग्रह किया कि वह इर की विधवा के साथ संसर्ग करे ताकि उसकी सन्तान को इर का वंशज घोषित किया जा सके। ओनान ने इर की विधवा के साथ संसर्ग तो किया लेकिन क्योंकि वह नहीं चाहता था कि उसकी सन्तान इर के वंशज के रूप में जानी जाए, इसलिए उसने अपना वीर्य ज़मीन पर गिरा दिया। ईश्वर इससे नाखुश हुआ और उसने ओनान को मार दिया।

ओल्ड मेन ऑव दि माउण्टेन : हश्शाशिन सम्प्रदाय की सीरियाई शाखा के नेता राशिद अद-दीन सिनान को दिया गया नाम, जो धर्मयुद्ध के इतिहास का एक अत्यन्त महत्त्वपूर्ण व्यक्ति था। राशिद अद-दीन सिनान का मुख्य शत्रु इज़िप्ट और सीरिया का शासक सुल्तान सलादीन था। एक बार सलादीन के सैनिकों ने राशिद को पहाड़ियों में भटकते देखा, लेकिन वे उस पर हमला

नहीं कर सके क्योंकि उनका ख़याल था कि किसी रहस्यमय शक्ति ने उनको आगे बढ़ने से रोक दिया था।

***1* कॉरिन्थियन्स** : कॉरिन्थ, ग्रीस के लिए लिखा गया सेण्ट पॉल का एक ख़त। यह *न्यू टेस्टामेण्ट* की सातवीं पोथी है।

काइमिअरा : एक क़िस्म के चूहे।

कार्पेण्ट्रास का जनसंहार : सन 1314-16 में दक्षिणी फ्रांस के कार्पेण्ट्रास नगर में पोप के चुनाव के लिए आयोजित पादरियों की सभा के दौरान फ्रांसीसी, इतालवी और गैस्कॅन कार्दिनलों के बीच हुए टकराव के अन्त में गैस्कॅन समर्थकों द्वारा कार्दिनलों पर किया गया हमला।

कासॅल उर्सिनो : दक्षिण इटली के केटानिया, सिसली में स्थित, तेरहवीं सदी का एक अभेद्य माना जानेवाला दुर्ग जिस पर सिसली के तत्कालीन सम्राट फ्रेड्रिक II का स्वामित्व था।

कासॅल डेल मॉन्ते : दक्षिण-पूर्व इटली अपूलिया क्षेत्र में स्थित और रोमन सम्राट फ्रेड्रिक II द्वारा निर्मित तेरहवीं सदी का दुर्ग।

केटो (मार्कस पोर्सियॅस केटो उटीसेंसिस/केटो दि यंगरः ई. पू. 95-46) : उत्तर रोमन रिपब्लिक का राजनेता और राजपुरुष और स्टोइक सम्प्रदाय (308 ई. पू. में जीनो द्वारा संस्थापित दार्शनिक सम्प्रदाय) का दार्शनिक। अपनी दृढ़ता, अक्खड़पन और नैतिक निष्ठा के लिए प्रसिद्ध।

केन, अबेल : आदम और ईव की क्रमशः दो सन्तानें।

केहर्स ऑव जाक़ (पोप जॉन XXII) : चर्मकार का पुत्र। अविग्नॉन के पोप-तन्त्र का दूसरा पोप।

कैण्टिकल : *बाइबिल* से ली गई स्तोत्र से इतर स्तुतियाँ।

कैथारिसवादी (अल्बिजेन्सियन) : आस्था की शुद्धता में विश्वास करनेवाले ईसाइयों का पन्थ। वे पदार्थ को पाप का स्रोत मानते थे और उनका विश्वास था कि ईसा मसीह की कोई वास्तविक मानवीय काया नहीं थी। वे मानते थे कि मानवीय देह अपना नवीनीकरण नहीं कर सकती और इसीलिए वे ईसाई धार्मिक संस्कार (सेक्रामेण्ट) में ईश्वरीय अनुग्रह की सम्भावना से इनकार करते थे।

कैपाडोसियाई (कैपाडोसियाई फ़ादर्स) : कैपाडोसिया (वर्तमान तुर्की) के दो ईसाई धर्माचार्य बासिल दि ग्रेट और उसका भाई ग्रेगॅरी ऑव न्यासा तथा उनका अभिन्न मित्र ग्रेगॅरी नाज़ियंज़्स।

कोण्टेस्टाइन का दान : आठवीं सदी में रोमन सम्राट कोन्स्टेण्टाइन I का छलयोजित फ़रमान, जिसके माध्यम से उसने रोम और रोमन साम्राज्य के पश्चिमी भाग का प्रभुत्व पोप के पक्ष में हस्तान्तरित किया था।

क्राइसोप्रेसस : हल्के हरे रंग का कैलसिडानी रत्न का एक प्रकार।

क्लॉइस्टॅ : गिरजाघर से लगा हुआ और चौकोर बग़ीचे को घेरता हुआ मेहराबों से युक्त गलियारा।

क्लुनियाक धर्मसंघ : क्लुनी (फ्रांस) के मठ में विकसित बेनेडिक्टों का मध्ययुगीन संगठन, जिसकी स्थापना 910 ई. में भिक्षु बर्नो और काउण्ट विलियम ऑव एक्विटेन ने की थी। अपनी स्वायत्त हैसियत की वजह से यह संगठन मध्ययुग के दौरान व्यापक धार्मिक सुधार आन्दोलनों का स्रोत बना।

क्लेमेण्ट ऑव अलेक्ज़ेण्डरिया (टाइटॅस फ्लेबिअॅस क्लेमेन्स) : दूसरी-तीसरी सदी ई. का ईसाई धर्मशास्त्री और केटेचेटिकल स्कूल ऑव अलेक्ज़ेण्डरिया का प्रमुख। पेगन साहित्य का अध्येता।

उसने ग्रीक दार्शनिक परम्परा को ईसाई मत के साथ जोड़ा और ईसाई प्लोटोवाद की धारणा विकसित की।

क्लेमेण्ट पंचम (पोप क्लेमेण्ट V) : वास्तविक नाम : रेमण्ड बर्ट्रेण्ड डि गॉट। 1305 से 1314 तक पोप के पद पर। *ऑर्डर ऑव टैम्पल* के विध्वंस के लिए और पोप की गद्दी को रोम से हटाकर अविग्नॉन (फ्रांस) में ले जाने के लिए इतिहास में प्रसिद्ध।

क्लेयर ऑव मोण्टेफाल्को (सन्त क्लेयर ऑव दि क्रॉस) : तेरहवीं सदी की एक इतालवी ऑगस्टीनियाई नन और मठाधिनेत्री।

क्वाइअ : चर्च का वह हिस्सा जहाँ गायक मण्डली बैठती है।

क्विण्टीलियन (मार्कस फेबियॅस क्विण्टीलिनॅस) : हिस्पानिया का रहनेवाला पहली सदी का रोमन अलंकारशास्त्री।

गड़रिया (shephard) : धर्म की राह दिखानेवाला, पादरी, पुरोहित, बिशॅप।

गॉर्गान : ग्रीक मिथकों में वर्णित तीन भयावह स्त्रियाँ, जिनके बाल जीवित ज़हरीले सर्पों के होते हैं और जिनकी नज़रें मिलने पर इनसान पत्थर का हो जाता है।

गिल्यूम ड्यूराँ : तेरहवीं सदी का फ्रांसीसी चर्चविधानवादी, ईसाई कर्मकाण्ड का लेखक और धर्माध्यक्ष।

गे़रार्डो सेगारेली : तेरहवीं सदी का पारमा (इटली) का निवासी एक ईसाई भिक्षु, जिसने *ॲपॉस्टलिक ब्रेदर्न* नामक संगठन की स्थापना की थी, जिसका उद्देश्य अपने को ईसा का शिष्य माननेवालों के बीच निर्धनता के सिद्धान्त को फिर से स्थापित करना था। सन 1300 में पारमा की धार्मिक अदालत के निर्देश पर उसको विधर्मिता के आरोप में जलाकर मार डाला गया था।

गेलेन (ईलियॅस हेलेनियॅस/क्लॉडियॅस गेलेनियॅस) : पर्गामम (बर्गामा : तुर्की) का दूसरी-तीसरी सदी का एक महत्त्वपूर्ण ग्रीक चिकित्सक और दार्शनिक।

ग्रिफिन : किंवदन्तियों में वर्णित एक प्राणी जिसका शरीर शेर का और सिर उकाब का होता है।

ग्रेजुअल : संगीतबद्ध भजन।

चार्ल्स दि बाल्ड : "होली रोमन एम्पायर" का नवीं सदी का एक सम्राट।

चेपल : पूजा सम्बन्धी अनुष्ठानों के उपयोग में आनेवाला गिरजे का एक हिस्सा। (चेपल अपने में स्वतन्त्र पूजा-स्थल भी हो सकते हैं और वे गिरजे के अलावा कॉलेज, अस्पताल, महल, जेल या क़ब्रिस्तान में भी स्थित हो सकते हैं। विशाल गिरजे में एक से ज़्यादा चेपल हो सकते हैं, जैसा कि प्रस्तुत गिरजे में है)।

चैसूबल : ईसाई गिरजाघरों में सायंकालीन भोग के दौरान पुरोहितों द्वारा पहना जानेवाला बाह्य परिधान।

चौबीस बुर्जुग : *न्यू टेस्टामेण्ट* की *इल्हाम* नामक पोथी (4:4) में उल्लिखित "ट्वेण्टीफ़ोर एल्डर्स" : "सिंहासन के चारों ओर चौबीस दूसरे सिंहासन थे, जिन पर चौबीस बुज़ुर्ग बैठे थे। उन्होंने सफ़ेद वस्त्र धारण किए हुए थे और उनके सिरों पर सोने के मुकुट थे।"

जलती झाड़ी : *बाइबिल* की *प्रस्थान* (*एक्सोडॅस*) नामक पोथी में वर्णित। आख्यान के मुताबिक झाड़ी में आग लगी हुई थी लेकिन आग के बावजूद झाड़ी जली नहीं थी। आख्यान के अनुसार आग की इस लपट में मूसा के समक्ष ईश्वर का देवदूत प्रगट हुआ था। *जलती झाड़ी* वह जगह

है, जहाँ ईश्वर ने मूसा को इज़रायलियों का नेतृत्व कर उनको इज़िप्ट से बाहर केनॉन ले जाने के लिए नियुक्त किया था।

जॉन ऑव जेण्डुन : चौदहवीं सदी का योरोपीय दार्शनिक, धर्मशास्त्री और राजनीतिशास्त्री। अरस्तू के दर्शन का अग्रणी भाष्यकार।

जॉन ऑव सेलिसबरी : बारहवीं सदी का अंग्रेज़ लेखक, शिक्षाशास्त्री, कूटनीतिज्ञ और चार्ट्रेस का ईसाई धर्माचार्य।

जॉन क्राइस्टोम : चर्च के शुरुआती दौर (चौथी सदी) का एक महत्त्वपूर्ण पुरोहित और कॉण्टि-स्टिनपोल का प्रधान ईसाई धर्माध्यक्ष, जो अपने विदग्धतापूर्ण सार्वजनिक व्याख्यानों और उपदेशों के लिए जाना जाता था।

जॉब : *ओल्ड टेस्टामेण्ट* के "जॉब" नामक अध्याय में वर्णित; शैतान के चुनौती देने पर ईश्वर उसकी आस्था की परीक्षा लेता है और उसको धन, सन्तान और स्वास्थ्य से वंचित कर देता है, लेकिन इस वंचना के बावजूद जॉब ईश्वर में अपनी आस्था बनाए रखता है और इस तरह परीक्षा में सफल होता है।

ज़िओन की दीवारें : जेरुस्लम के निकट स्थित पर्वत "माउण्ट ज़िओन" पर निर्मित जेबुसाईट गढ़ी के लिए प्रयुक्त पद। डेविड ने इस गढ़ी को जीता था और इसलिए इसका नाम "सिटी ऑव डेविड" पड़ा था। सोलोमन के "टैम्पल ऑव जेरुस्लम" तथा जेरुस्लम नगर के लिए भी इस पद का प्रयोग होता है।

जीसॅस और लेज़ारॅस की समाधि : *न्यू टेस्टामेण्ट* में वर्णित कथा के अनुसार जब रोमनों ने ईसा का वध किया, तो ईसा तीन दिन तक कब्र में दफ़्न रहने के बाद पुनः जीवित होकर कब्र से बाहर आ गए थे। *न्यू टेस्टामेण्ट* में ही वर्णित एक और कथा के अनुसार ईसा का अनुयायी और मेरी तथा मार्था का भाई लेज़ारॅस जब बीमार पड़ा तो उसकी बहनों ने ईसा को बुलाया। ईसा जानबूझकर लेज़ारॅस की मृत्यु के बाद और चार दिन तक (न कि तीन दिन तक, जैसाकि उपन्यास में मठाधीश कहता है) उसके कब्र में दफ़्न रहने के बाद वहाँ पहुँचे। लेकिन वहाँ पहुँचकर उन्होंने लेज़ारॅस को फिर से जीवित कर दिया।

जूडॅस का विश्वासघात : *न्यू टेस्टामेण्ट* के अनुसार जूडॅस ईसा द्वारा चुने गए उनके बारह शिष्यों में से एक था, जिसने चाँदी के बारह सिक्कों की रिश्वत की ख़ातिर ईसा को रोमन अधिकारियों के हाथों गिरफ़्तार करवा दिया था।

जूडिथ : *ओल्ड टेस्टामेण्ट* की एक क्षेपक-कथा "बुक ऑव जूडिथ" की प्रमुख चरित्र।

जेकॅब : *ओल्ड टेस्टामेण्ट* में वर्णित; इसाक और रेबेका का पुत्र और अब्राहम और सारा का प्रपौत्र। यहूदियों का तीसरा आदिपुरुष जिसके साथ ईश्वर ने इकरार किया था।

जेनेसिस (*बुक ऑव जेनेसिस*) : *बाइबिल* (*ओल्ड टेस्टामेण्ट*) की पहली पोथी, जिसमें सृष्टि की रचना की कथा कही गई है।

जेफ्था : *ओल्ड टेस्टामेण्ट* के "जजेस" नामक अध्याय में वर्णित इज़राइल का एक जज।

जेम्स : *न्यू टेस्टामेण्ट* की पोथी *इपिसॅल ऑव जेम्स* का रचयिता।

जेरिको : *ओल्ड टेस्टामेण्ट* में "खजूर के वृक्षों का नगर" के रूप में वर्णित नगर, जो वर्तमान फ़िलिस्तीन के वेस्ट बैंक में जोर्डन नदी के क़रीब स्थित है। यहूदी-ईसाई परम्परा में इसे इज़राइल निवासियों की इज़िप्ट से वापसी के स्थल के रूप में जाना जाता है।

जेरेमिआह : *ओल्ड टेस्टामेण्ट* में वर्णित एक प्रमुख पैगम्बर, जिसका लेखन *ओल्ड टेस्टामेण्ट* के "दि बुक ऑव जेरेमिआह" और "दि बुक ऑव लेमेण्टेशन्स" में संग्रहीत है।

ज़ेश्यूज़ : *न्यू टेस्टामेण्ट* के अध्याय "गॉस्पेल ऑव ल्यूक" में एक भ्रष्ट कस्टम अधिकारी के रूप में वर्णित, जिसके घर ईसा मेहमान बनकर जाते हैं, जिस वजह से उसका हृदय-परिवर्तन होता है।

जोएशिम ऑव फ्लोरिस : बारहवीं सदी का इतालवी ईसाई सन्त, जो अपने धार्मिक सिद्धान्तों, विशेषकर दुनिया के अन्त की ईसाई अवधारणा के बारे में अपने दृष्टिकोण के लिए तत्कालीन धर्मशास्त्रियों और रोम के शीर्षस्थ धार्मिक नेताओं के बीच अत्यन्त लोकप्रिय रहा। हालाँकि उसकी मृत्यु के बाद चर्च ने उसको विधर्मी घोषित कर उसकी निन्दा की।

जोएशिम ऑव सेलाब्रिया (जोएशिम ऑव फिओरे / जोएशिम ऑव फ्लोरा) : 12 वीं सदी का रहस्यवादी और धर्मशास्त्री। सेन जियोवान्नी के मठीय संघ का संस्थापक। उसके अनुयायियों को जोएशिमाईट कहा जाता है।

जोएशिमाईट (जोएशाईट) : बारहवीं सदी के इटली के एक ईसाई रहस्यवादी और धर्मशास्त्री जोएशिम ऑव फ्लोरे के अनुयायियों का सम्प्रदाय, जिन्होंने अपने समय की चर्च का बहिष्कार किया था और जिनका विश्वास था कि ईसा मसीह पुनः कयामत के पूर्व एक हज़ार वर्ष तक राज्य करेंगे।

जोसेफ़ : *ओल्ड टेस्टामेण्ट* में वर्णित जेकब के बारह पुत्रों में से एक, जिसको उसके लालची भाइयों ने गुलाम के रूप में बेच दिया था।

टायकोनियॅस : चौथी सदी का आफ्रीकी डोनाटिस्ट लेखक, जिसने ईसा के हज़ार वर्ष बाद आनेवाले प्रलय का वह दृष्टिकोण प्रस्तुत किया था, जिसे बाद में सेण्ट ऑगॅस्टीन ऑव हिप्पो ने अपनाया। टायकोनियॅस की लिखी पुस्तकों में *डि बेलो इण्टेस्टिनो* (*ऑन सिविल वार*), *एक्सपोज़ीशंस डाइवर्सॅरम कॉसॅरम* (*एक्सप्लेनेशंस ऑव डाइवर्स कॉज़ेस*), *दि लाइबर रेग्युलॅरम* (*दि बुक ऑव रूल्स*) और *इन ॲपॉकलिप्सिन* शामिल हैं।

टॉवर ऑव बाबेल : "बुक ऑव जेनेसिस" (*बाइबल*) के अनुसार बेबिलॉन नगर में एक अतिविशाल मीनार की शक्ल में अर्धनिर्मित महानगर, जिसकी मीनार को स्वर्ग को छू लेने की महत्त्वाकांक्षा के साथ बनाने की कोशिश की गई थी। तब समूची पृथ्वी पर एक ही भाषा बोली जाती थी, जिसमें इस मीनार को बनानेवाले लोग भी साझा करते थे। जब ईश्वर ने इनसानों के इस दुस्साहस को देखा तो वह नीचे आया और उसने मीनार बनानेवालों की भाषा को भ्रमित कर दिया, जिसकी वजह से लोगों के बीच सम्प्रेषण असम्भव हो गया और वे मीनार को बनाने का काम पूरा नहीं कर सके। "बाबेल" शब्द में इस भाषिक सम्भ्रम का अर्थ भी निहित है।

टिथ (टेन्थ) : धार्मिक संगठनों के लिए कर के रूप में दिया जानेवाला किसी वस्तु का दसवाँ हिस्सा।

टिम्पेनॅम : मेहराबदार प्रवेश-द्वार के ऊपर की दीवार की अर्द्धचन्द्राकार या त्रिकोणाकार सज्जित सतह। टिम्पेनॅम का आविष्कार तीसरी सदी में प्राचीन इज़िप्ट में हुआ था और बाद में यह ग्रीक, ईसाई और इस्लामी स्थापत्य में शुमार होता गया।

टेन कॅमाण्डमेण्ट्स : *ओल्ड टेस्टामेण्ट* के "एक्सोडॅस" नामक अध्याय में वर्णित, इज़राइल के लोगों के प्रति ईश्वर के मुख से उच्चरित, धार्मिक और नैतिक कर्तव्यादेश, जिनको यहूदी और ईसाई धर्मों की नैतिक बुनियाद के रूप में देखा जाता है।

टोबियास : *ओल्ड टेस्टामेण्ट* और *न्यू टेस्टामेण्ट* में वर्णित एक चरित्र।

ट्रांसेप्ट : गिरजे का नेव से जुड़ा हुआ आड़ा हिस्सा, जो गिरजे को सलीब का आकार प्रदान करता है।

डॉग-हैड : ग्रीक किंवदन्तियों में वर्णित एक प्राणी, जिसके मानवीय शरीर पर कुत्ते का सिर होता है।

डॉमिनिकन (डॉमिनीशियाई संघ) : सन्त डॉमिनिक द्वारा 13वीं सदी के आरम्भिक वर्षों में फ्रांस में स्थापित कैथोलिक धार्मिक संघ। धर्मग्रन्थ के प्रचार और विधर्मिता से लड़ने के उद्‍देश्य से स्थापित यह संघ अपनी बौद्धिक परम्परा के लिए जाना जाता है, जिसने अग्रणी धर्मवेत्ताओं और दार्शनिकों को जन्म दिया।

डॉल्सियन (ॲपॉस्टोलिसी) : फ्रा डोल्सिनो द्वारा स्थापित ईसाइयों का समूह, जिसका दावा था कि उसको पवित्र आत्मा का सन्देश प्राप्त हुआ है कि ॲपॉस्टोलिसी ही उसकी अभीष्ट चर्च है, न कि वह चर्च, जिसका नेतृत्व पोप करता है। वे निर्धनता और अपरिग्रह के कट्टर समर्थक थे और इसलिए समृद्धि और समृद्ध लोगों से नफ़रत करते थे। उन पर सम्पत्ति के विनाश और हत्याओं के भी आरोप थे।

डिप्सास : ग्रीक साहित्य में वर्णित एक सर्प, जिसके काटने से भीषण प्यास लगती है।

डेनियल : *ओल्ड टेस्टामेण्ट* की पोथी *दि बुक ऑव डेनियल* का प्रमुख चरित्र। ईसाई धर्म के अनुसार एक सन्त और पैगम्बर।

डेविड : ई.पू. 1040-970। *ओल्ड टेस्टामेण्ट* में इज़राइल के राजा के रूप में वर्णित। योद्धा, संगीतकार और कवि। तीनों अब्रह्मीय धर्मों में मुख्यतः एक योद्धा के रूप में समादृत।

डोनाटॅस (ईलियस डोनाटॅस) : चौथी सदी का रोमन वैयाकरण और अलंकारशास्त्र (रेह्टॉरिक) का अध्यापक। वर्जिल की कृतियों का भाष्यकार।

डोनाटिस्ट : आफ्रीका के रोमन प्रान्त में चौथी-पाँचवीं सदी के दौरान सक्रिय रहा एक अतिशुद्धतावादी ईसाई धार्मिक सम्प्रदाय, जो कैथोलिक चर्च के बरक्स स्वयं को सच्चा चर्च मानते थे।

ड्रैगोपॉड्स : ड्रैगॅन के पैरोंवाला एक प्राणी।

त्रित्ववादी धर्मसिद्धान्त (डॉग्मा ऑव ट्रिनिटी/त्रयी) : ईसाई धर्म का केन्द्रीय सिद्धान्त, जिसके अनुसार *पिता, पुत्र* और *पवित्र आत्मा* नामक तीन परस्पर भिन्न पुरुष या प्रकृति के तीन भिन्न तत्त्व अपने एकत्व से ईश्वर-भाव की सृष्टि करते हैं। ये तीनों पुरुष एक साथ शाश्वत और समान हैं : तीनों ही एक साथ स्वयम्भू और सर्वशक्तिमान हैं। इस त्रयी में से कोई भी न तो रचित है, न कोई भी एक किसी भी दूसरे के अधीन है और न ही इसमें ऐसा कुछ भी है, जो पहले से नहीं था और बाद में जोड़ दिया गया हो।

थॉमस एक्विनास (सन्त थॉमस एक्विनास) : तेरहवीं सदी का कैथोलिक चर्च के डॉमिनीशियाई संघ का एक इताल्वी पुरोहित, अत्यन्त प्रभावशाली दार्शनिक और धर्मशास्त्री।

थेसला : पहली सदी की एक ईसाई सन्त।

दि बेप्टिस्ट (जॉन दि बेप्टिस्ट) : ईसाई धर्म का एक अत्यन्त महत्त्वपूर्ण व्यक्तित्व, जिसने ईसा का बपतिस्मा किया था।

देवदूत की पुस्तक : न्यू टेस्टामेण्ट का पाँचवा अध्याय ''दि एक्ट्स ऑव अपॉसॅल्स''।

धर्मयुद्ध (क्रूसेड्स) : ईसाई योरोप में धार्मिक रूप से मान्य सैन्य अभियान जो मुख्यतः ग्यारहवीं से पन्द्रहहवीं सदी के बीच जारी रहे। इनकी शुरुआत मुख्यतः तो ईसाइयों के लिए पवित्र मानी जानेवाली भूमि (जिसमें वर्तमान इज़राइल और फ़िलिस्तीनी क्षेत्र शामिल हैं) को मुसलमानों के कब्ज़े से मुक्त कर ईसाई कब्ज़े में लेने के लिए हुई थी लेकिन बाद में ये ''धर्मयुद्ध'' पेगन गुलामों, यहूदियों, रूस और ग्रीक के ऑर्थोडॉक्स ईसाइयों, मंगोलों, कैथरों, वाल्डेन्सियाइयों तथा पोप के राजनीतिक शत्रुओं के ख़िलाफ़ भी लड़े गए।

नाइट टैम्पलर (नाइट्स टैम्पलर्स/ऑर्डर ऑव दि टैम्पल/पुअर फैलो सोल्जर्स ऑव क्राइस्ट एण्ड ऑव दि टैम्पल ऑव सोलोमन) : 1129 ई. में रोमन कैथोलिक चर्च द्वारा मान्यता प्राप्त और मध्ययुग के दौरान लगभग दो सदियों तक सक्रिय रहा पश्चिम का अत्यन्त प्रसिद्ध और युद्ध-कला में दक्ष माना जानेवाला ईसाई सैन्य संघ, जो धर्मयुद्ध (क्रूसेड्स) में सर्वाधिक सक्रिय रहा। संघ के ग़ैरलड़ाकू सदस्यों ने आर्थिक तकनीकों में नवाचार करते हुए समूचे ईसाई साम्राज्य के लिए एक विशाल आर्थिक आधार-रचना तैयार की, जो कि पश्चिमी समाज में बैकिंग प्रणाली का आरम्भिक रूप कहा जा सकता है। जब ईसाइयों के हाथ से *पवित्र भूमि* छिन गई तो संघ का प्रभाव कमतर होता गया। संघ द्वारा गुप्त दीक्षा-अनुष्ठान निष्पादित किए जाने की अफ़वाहों ने इसके प्रति अविश्वास का वातावरण तैयार किया और फ्रांस के सम्राट फ़िलिप IV ने इस परिस्थिति का लाभ उठाते हुए 1307 में संघ के अनेक सदस्यों को गिरफ़्तार कर उनको यातनाएँ दीं और कइयों को स्टेक पर जला दिया। सम्राट के ही दबाव में आकर पोप क्लेमेण्ट V ने 1312 ई. में संघ को बरख़ास्त कर दिया। संघ के इस आकस्मिक लोप ने तरह-तरह के अनुमानों और किंवदन्तियों को जन्म दिया और इसीलिए ''टैम्पलर'' नाम आधुनिक युग में भी जीवित बना रहा है।

नार्थेक्स : गिरज़े की पश्चिमी ड्योढ़ी।

निर्धन लोम्बार्ड : वाल्डेन्सियाइयों के लिए पोप इन्नोसेण्ट III द्वारा दिया गया नाम। द्रष्टव्य 'वाल्डेन्सियाई'।

नेबुचद्नेज़ार : *ओल्ड टेस्टामेण्ट* में वर्णित; ई.पू. 605-562 के दौरान बेबिलॉन का शासक, जिसने जूडाह और येरुस्लम को जीतकर यहूदियों को देश निकाला दिया था।

नेव : गिरजे का मध्य भाग।

नोह : *ओल्ड टेस्टामेण्ट* में वर्णित एक पूर्वज, जिसने अपनी नौका की मदद से पृथ्वी की सृष्टि के बाद आई पहली विश्वव्यापी बाढ़ से ख़ुद को, अपने परिवार और सृष्टि के अन्य प्राणियों की रक्षा की थी। (*क़ुर्आन* के अनुसार एक पैगम्बर)।

न्यूम : तीन स्वरों (पोरेक्ट्यूस, टॉर्क्यूल्यूस, सेलिक्यूस) का एक समूह।

पवित्र आत्मा (होली घोस्ट) : कैथोलिक ईसाइयों के त्रित्ववादी धर्मसिद्धान्त के अन्तर्गत मान्य त्रयी का तीसरा पुरुष।

पायलेट (पोण्टियॅस पायलेट) : *न्यू टेस्टामेण्ट* में वर्णित; 26-36 ई. के दौरान जूडिआ (Judaea) के रोमन प्रान्त का गवर्नर, जो ईसा के मुकदमे का जज था और जिसने उनको सलीब पर लटकाये जाने का हुक्म दिया था।

पॉर्ड्स : चीते।

पॉल (सन्त पॉल/पॉल दि अॅपॉसॅल) : पहली सदी का ईसाई सन्त और अग्रणी ईसाई नेता, जो

मूलतः एक यहूदी था, लेकिन जिसने ईसा मसीह के प्रति अपनी आस्था के चलते धर्मान्तरण किया। सन्त पॉल को ईसा के शिष्यों में गिना जाता है और उनके कृत्यों का वर्णन *न्यू टेस्टामेण्ट* के "एक्ट्स ऑव ॲपॉसॅल" नामक अध्याय में किया गया है।

पॉलिनॅस ऑव नोला (सेण्ट पॉलिनॅस ऑव नोला/पोण्टिॲस मेरोपिॲस एनीसिॲस पॉलिनॅस) : चौथी-पाँचवीं सदी का ईसाई सन्त। आरम्भ में वह एक रोमन सीनेटर था, बाद में उसने मठवासी जीवन अपनाया और नोला का धर्माचार्य बना।

पॉलीकॉंडेट : अनेक पूछोंवाला कोई प्राणी।

पॉलीसियन : छठवीं सदी के मध्य में आविर्भूत ईसाइयत के भीतर विधर्मी माना जानेवाला मूर्ति-भंजक पन्थ।

पियरे ऑव मेरीकोर्ट (पियरे पेलेरिन मेरीकोर्ट/पीट्रॅस पेरेग्रिनॅस डि मेरीकोर्ट/पीटर पेरेग्रिनॅस ऑव मेरीकोर्ट) : तेरहवीं सदी का फ्रांसीसी विद्वान जिसने चुम्बकत्व पर प्रयोग कर चुम्बक के गुणधर्म पर सबसे पहला प्रबन्ध लिखा था।

पीटर (सिमॉन पीटर) : ईसाई चर्च का पहली सदी का पथ-प्रदर्शक, जिसका *न्यू टेस्टामेण्ट* में प्रमुखता के साथ उल्लेख किया गया है।

पीटर ऑव मोरोनो : इटली में जन्मा तेरहवीं सदी का एक पोप, जो मात्र पाँच महीने इस पद पर रहा।

पीटर ऑव स्पेन (पीट्रॅस हिस्पानॅस) : तेरहवीं सदी का इस्पहानी तर्कशास्त्री और चिकित्साशास्त्री।

पीटर का विश्वासघात : *बाइबिल* के अनुसार (सिमोन) पीटर ईसा द्वारा चुने गए उनके बारह शिष्यों में से एक था। ईसा के पकड़े जाने पर पहले तो वह दूसरे शिष्यों के साथ भाग खड़ा हुआ, लेकिन फिर वह मुड़ा और अपने गुरु के पीछे-पीछे प्रधान पुरोहित के प्रांगण में पहुँचा और वहाँ पहुँचकर उसने ईसा के प्रति साफ़-साफ़ अनभिज्ञता ज़ाहिर की। माना जाता है कि उसका यह इन्कार ईसा में उसकी श्रद्धा के अभाव के कारण नहीं बल्कि भय और कायरता के कारण था।

पेगन : ईसाई, यहूदी और इस्लाम धर्मों द्वारा अपने से इतर तमाम बहुदेववादी धर्मों के लिए प्रयुक्त निन्दापरक संज्ञा, जो अपनी व्यंजना में काफ़िर, नास्तिक और म्लेच्छ जैसे अर्थ समेटे हुए है।

पेटाराइन : 1058 ई. के आस-पास संगठित मध्ययुग के ईसाइयों का सुधारवादी समूह, जिसमें दस्तकार, वणिक और किसान शामिल थे। यह समूह पोप के नैतिक व्यभिचारों और उसके लिए मिली हुई सांसारिक शक्तियों का विरोधी था। चर्च ने इनको विधर्मी घोषित किया था। अपनी अल्पजीविता के बावजूद यह आन्दोलन परवर्ती धार्मिक सुधारों के लिए एक प्रेरणा और आधार बना।

पेट्रॅस केण्टोर : बारहवीं सदी का एक फ्रांसीसी ईसाई धर्मशास्त्री जिसने *ओल्ड* और *न्यू टेस्टामेण्ट* दोनों की टीकाएँ की हैं।

पैराण्डर : सम्भवतः लोमड़ी का प्राचीन नाम।

पैस्चल उत्सव (पैस्चल सीज़न) : ईस्टर के साथ शुरू होकर ऑल सेण्ट्स सण्डे के बाद के इतवार तक लगभग पचास दिनों तक चलनेवाला ईसाई उत्सव।

पोइमा, रेटहॉरिया, ग्रामा, लेपोरिया, डाइलेक्टा, ज्योमेट्रिया : ये पद वर्जिल के ग्रन्थ *सारसंग्रह* (*Epitomae*) के *डि मेट्रिस* नामक अध्याय से हैं। वर्जिल इनकी गणना अनेक कला-विद्याओं के बीच अध्ययन के छह प्रमुख विषयों के तौर पर करता है। इनकी व्याख्या करते हुए वह कहता है : "*पोइमा* और *रेटहॉरिया* के बीच फ़र्क़ यह है कि *पोइमा* अपनी विषय-वस्तु की विविधता के मामले में संकुल होती है, जबकि *रेटहॉरिया* अपनी चारुता से मुग्ध करता हुआ अनेक छन्दों,

चरणों, उच्चारणों, स्वराघातों और ध्वनियों के साथ अपना विस्तार और सौन्दर्य प्रगट करता है...। *लेपोरिया* एक साथ सौन्दर्य और अपनी सतह के दंश के साथ एक समृद्ध कला है।'' हालाँकि वह सच्चाई के प्रति बहुत अधिक वफ़ादार नहीं होती। *ग्रामा* में पठन के तत्त्व शामिल होते हैं और *डाइलेक्टा* तमाम शब्दों का, पूर्ववर्ती लेखकों द्वारा किए गए उनके प्रयोगों का, तथा वाक्यों में उनके उपयोग का अध्ययन है।

इस तरह *पोइमा, रेटहॉरिया* और *लेपोरिया* साहित्यिक विधाओं (छोटी कविता, लम्बी कविता और ललित प्रहसन) का, ग्रामा और डाइलेक्टा कलाओं के बुनियादी शिक्षण (पठन, व्याकरण, लेखन) का और *ज्योमेट्रिया,* सम्भवतः, ज्यामिती का प्रतिनिधित्व करते हैं।

पोप इन्नेसेण्ट दि थर्ड : 1161 ई. में पेरूज़िया में जन्म। 1198 से 1216 ई. के दरम्यान पोप के पद पर।

प्रॉमेथियॅस (शाब्दिक अर्थः दूरदृष्टि) : ग्रीक मिथक-विद्या के अनुसार अपनी धूर्तबुद्धि के लिए विख्यात मनुष्यजाति का एक चैम्पियन, जिसने ज़ीयूस के पास से अग्नि चुराकर मनुष्यों को प्रदान की थी।

प्रिस्कियन (प्रिस्कियनॅस सेसारिएन्सिस) : पाँचवीं-छठवीं सदी का लैटिन वैयाकरण।

प्रेस्टर : सर्प की एक प्रजाति।

प्रोवेंसल : इटली की सीमा से लगे दक्षिण-पूर्वी फ्रांस की लोकभाषा।

प्लिनी दि यंगर : पहली-दूसरी सदी का क़ानून का पण्डित, लेखक और प्राचीन रोम का मजिस्ट्रेट।

फ़रोह : *ओल्ड टेस्टामेण्ट* की पोथी 'एक्सोडॅस' में वर्णित।

फ़िज़ियोलॉगॅस : दूसरी, तीसरी या चौथी सदी के दौरान किसी अज्ञात लेखक द्वारा लिखित अथवा संकलित नीति-कथाओं की पुस्तक, जिसमें पशुओं, पक्षियों, विलक्षण जन्तुओं और जब-तब पत्थरों तथा पौधों के माध्यम से नीतिपरक आख्यायिकाएँ कही गई हैं।

फ़िलाडेल्फ़िया के देवदूत : *न्यू टेस्टामेण्ट* की पोथी ''अपॉकॅलिप्स'' के सात देवदूतों और सात चर्चों के बारे में डोल्सिनो की व्याख्या।

फ़िलिप दि फ़ेयर (फ़िलिप IV) : सन 1285 से 1314 तक फ्रांस का राजा।

फुलजेण्टियॅस (सेण्ट फुलजेण्टियॅस ऑव रस्पी) : उत्तरी अफ्रीका का पाँचवीं-छठवीं सदी का एक ईसाई सन्त और धर्मशास्त्री।

फ़ेरीसी : ईसा पूर्व 536 से पहली सदी ई. के दौरान यहूदियों के बीच कभी राजनीतिक दल के रूप में, कभी सामाजिक आन्दोलन के रूप में और कभी विचारवान लोगों के रूप में सक्रिय रहा समुदाय। सेकेण्ड टैम्पल के विनाश के बाद यह पन्थ रब्बी यहूदियों के रूप में पुनः स्थापित हुआ, जो अन्ततः यहूदी धर्म के तमाम समकालीन रूपों का आधार बना।

फ्रा डोल्सिनो : तेरहवीं सदी का एक इताल्वी ईसाई उपदेशक, जो फ्रांसिस्कन सिद्धान्तों से उत्प्रेरित था, लेकिन जिसको विधर्मी करार देकर स्टेक पर जला दिया गया था।

फ्रांसिस्कन : तपश्चर्या और पूर्ण अपरिग्रह की भावना से उत्प्रेरित सन्त फ्रांसिस ऑव असीसी द्वारा आरम्भिक तेरहवीं सदी में स्थापित ईसाई धार्मिक संघ के सदस्य। रोमन कैथोलिक चर्च के इस सबसे विशाल संघ की विभिन्न शाखाओं-उपशाखाओं में सन्त फ्रांसिस द्वारा रचे गए विधान का अनुसरण करते हुए वन्दना, उपदेश और तपश्चर्या का जीवन जीनेवाले पुरोहितों और भिक्षुओं से लेकर सामान्य जन तक शामिल रहे हैं। इस संघ ने चर्च के लिए 98 सन्तों और 6 शीर्ष धर्माध्यक्षों का योगदान

किया है। सम्पूर्ण निर्धनता संघ के भिक्षुओं का आदर्श माना जाता है और वे अपने निजी या सामूहिक स्वामित्व में किसी भी तरह की सम्पत्ति नहीं रख सकते। लोगों के बीच घूमते हुए ग़रीबों और बीमारों की मदद करना और भिक्षा से प्राप्त अन्न से अपना भरण-पोषण करना इन भिक्षुओं की जीवनचर्या रही है।

फ्री स्पिरिट के अनुयायी /स्वाधीन चेतना के सहचर (ब्रेदर्न ऑव फ्री स्पिरिट) : तेरहवीं-चौदहवीं सदी के दौरान उत्तरी यूरोप में विकसित हुआ गैरपुरोहितीय ईसाइयों का आन्दोलन। अपने दृष्टिकोण में स्वेच्छाचारी और व्यक्तिवादी तथा आध्यात्मिक समाधानों के मामले में रोम से निराश हो चुके लोगों के समक्ष ईसाइयत का वैकल्पिक दृष्टिकोण पेश करनेवाला यह आन्दोलन चर्च के साथ टकराव की स्थिति में आया और अन्ततः चर्च के द्वारा कुचल दिया गया।

फ्रोण्टो (मार्कस कॉर्नेलियॅस फ्रोण्टो) : दूसरी सदी का रोमन वैयाकरण, अलंकारशास्त्री और अधिवक्ता।

फ्लैगलेण्ट : तेरहवीं-चौदहवीं सदी के उग्रवादी ईसाई आन्दोलनकारी जो ख़ुद को कोड़ों से पीटकर सार्वजनिक प्रायश्चित करते थे और अपने इस अभियान में आम लोगों को शामिल करते थे। कैथोलिक चर्च ने इन लोगों को विधर्मी करार दिया था।

फ्लोरो (फ्लोरॅस) : रोमन इतिहासकार।

बर्नार्ड डेलिसिऑक्स : तेरहवीं सदी का फ्रांसिस्कन, जिसने विधर्मिता के धर्मपरीक्षकों के ख़िलाफ़ लम्बी लड़ाई लड़ी थी।

बार्थोलोम्यू : *न्यू टेस्टामेण्ट* में वर्णित; ईसा के बारह शिष्यों में से एक।

बासीलिस्क (सर्पराज) : योरोपीय किंवदन्तियों में वर्णित एक सरिसृप, जिसको सर्पों का राजा माना जाता है और जिसके बारे में कहा जाता है कि उसकी एक निगाह मात्र मृत्यु का कारण बन सकती है।

बासेल ऑव ऐंक्रिया : ऐंक्रिया (अंकारा) का चौथी सदी का एक पुरोहित, जिसने पेगनों और आर्यों के ख़िलाफ़ लड़ाई लड़ी थी।

बिशॅप अर्नाल्ड अमारिकॅस : तेरहवीं सदी का एक सिस्टर्सियाई संन्यासी।

बीटॅस ऑव लिबाना : आठवीं सदी का उत्तरी स्पेन के ऑस्ट्रियास राज्य का निवासी एक ईसाई संन्यासी, धर्मशास्त्री और भूगोलविद।

बीथियॅस (एनीसियॅस मेन्लियॅस सेवेरिनॅस बीथियॅस) : छठवीं सदी का एक ईसाई दार्शनिक।

बीस्टिया सेनोक्रोका : एक कल्पित पशु।

बुल्गार (बोल्गार/बुल्ग़ार/ह्यूनो-बुल्गार/प्रोटो-बुल्गारियन): मध्ययुग के आरम्भ में पूर्वी योरोप में रहनेवाली एक जाति जिनके पूर्वज सम्भवतः तुर्की से आए हुए ख़ानाबदोश थे। आधुनिक बुल्गारिया के एक संस्थापक।

बेग़ाई्स : तेरहवीं सदी के योरोपीय धार्मिक संगठन, जो फ्रांसिस्कनों से मिलते-जुलते होने के बावजूद उनसे भिन्न थे। उन पर इस 'कुशिक्षा' के प्रचार का आरोप था कि जो लोग इस जीवन में पूर्णता को प्राप्त कर लेते हैं, वे कोई पाप नहीं कर सकते और इसलिए उन पर किसी भी कृत्य का आरोप नहीं लगाया जा सकता।

बेंजामिन : *ओल्ड टेस्टामेण्ट* में वर्णित जेकब के बारह पुत्रों में से अन्तिम पुत्र और "बेंजामिन का कबीला" नाम से प्रसिद्ध इज़राइली कबीले का संस्थापक।

बेडे : इंग्लैण्ड में जन्मा सातवीं-आठवीं सदी का एक प्रसिद्ध इतिहासकार, चर्च का आचार्य और कवि। लैटिन, ग्रीक और हिब्रू भाषाओं का ज्ञाता।

बेथलहेम की नाँद : ईसा के जन्म-स्थल बेथलहेम की वह नाँद, जिसमें ईसा के जन्म के तुरन्त बाद उनको उनकी माँ ने लिटा दिया था।

बेनेडिक्ट सम्प्रदाय : सन्त बेनेडिक्ट ऑव नर्सिया (480-547 ई.) की आचार-पद्धति के अनुयायियों का सम्प्रदाय। बेनेडिक्ट ने 529 ई. के आस-पास इटली में मोण्टे कैसिनो नामक मठ की स्थापना की थी और वहीं पर अपने आचार नियमों का लेखन किया था। बाद की सदियों में यह सम्प्रदाय समूचे योरोप और दुनिया के दूसरे हिस्सों में फैल गया और आधुनिक युग तक आते-आते इसने सन्त बेनेडिक्ट के संघ का रूप ले लिया।

बेनेडिक्शन : ईश्वरीय अनुग्रह की कामना और आशीर्वाद।

बेबिलॉन की वेश्या : *बाइबिल* में उल्लिखित ईसाई रूपक-कथा का एक पापपूर्ण चरित्र।

बेलेक अल-क़बायकी : तेरहवीं सदी का इज़िप्शियन खनिज-विज्ञानी, जिसने अपनी कृति मर्चेण्ट्स टैज़र में कम्पास और समुद्री यात्रियों द्वारा उसके उपयोग पर विस्तृत विवेचन किया है।

बोगोमिल : ईसाई पुरोहित बोगोमिल द्वारा संस्थापित और 10वीं सदी में विकसित हुए ज्ञानात्मक द्वैतवादी ईसाई पन्थ के सदस्य। इस पन्थ का मानना था कि यह दृश्यमान भौतिक जगत शैतान की रचना है और इस तरह वे ईसाइयत के अवतारवादी मत और पार्थिवता को ईश्वरीय अनुग्रह का वाहक माननेवाली धारणा से इनकार करते थे। वे भौतिक संसर्ग, विशेष रूप से विवाह के सख़्त ख़िलाफ़ थे और मांस-भक्षण तथा मदिरापान का निषेध करते थे। स्वाभाविक ही चर्च द्वारा इनको विधर्मी करार दिया गया और योरोप तथा एशिया में बढ़ते इनके प्रभाव को ख़त्म करने के लिए इनके ख़िलाफ़ तमाम तरह की दंडात्मक कार्रवाइयाँ की गईं। दक्षिणी स्लाव के लोकगीतों में इस पन्थ के विश्वासों के अवशेष आज भी पाए जाते हैं।

बोनावेन्चुरे ऑव बेग्नोरेजियो : तेरहवीं सदी का धर्मशास्त्री, दार्शनिक, माइनोर भिक्षुओं के संघ का महामन्त्री और अल्बानो का कार्डिनल बिशॅप।

बोनीफ़ेस (पोप बोनीफ़ेस VIII) / **(सेलेस्टाइन का पद त्याग)** : बोनीफ़ेस 1235 ई. से 1303 ई. के दौरान रोमन कैथोलिक चर्च का पोप रहा। वह महाकवि दान्ते के साथ अपने वैर के लिए प्रसिद्ध है। दान्ते ने अपने काव्य *कॉमेडिया* में उसको नर्कवासी के रूप में चित्रित किया है। सेलेस्टाइन उसका पूर्ववर्ती पोप था और किंवदन्ति है कि बोनीफेस द्वारा यह समझाने पर कि बिना पाप किए पृथ्वी पर जीवन सम्भव नहीं है, सेलेस्टाइन ने पोप का पद त्याग दिया था। बोनीफेस ने पोप का पद सँभालने के बाद अपने पूर्ववर्ती को उसकी मृत्यु पर्यन्त जेल में डालकर रखा था।

ब्लेमी : रोमन इतिहास में वर्णित एक ख़ानाबदोश समुदाय, जो अफ्रीका, इथियोपिया, न्यूबिया और कुश में रहा करता था और जिसने रोमनों से वर्षों तक युद्ध किया था। बाद की अनुश्रुतियों में इनको बिना सिर के दैत्यों के रूप में भी चित्रित किया गया है।

भेड़ (sheep) : ईसाई पुरोहितों, पादरियों आदि के मार्गदर्शन पर चलनेवाला ईसाइयों का सामान्य जन-समुदाय।

महामत्स्य के उदर में तीन दिन : *ओल्ड टेस्टामेण्ट* में वर्णित कथा, जिसके अनुसार ईश्वर ने जोनाह को धर्मप्रचार के लिए जाने का निर्देश दिया, लेकिन जोनाह ईश्वर के आदेश की अवहेलना कर विपरीत समुद्री रास्ते पर चल पड़ा। इस पर ईश्वर ने नाराज़ होकर समुद्र में तूफ़ान ला दिया। जोनाह के सहयात्रियों ने इस आपदा के लिए जोनाह को दोषी ठहराया और जोनाह ने ईश्वर की अवज्ञा के अपने गुनाह को कबूल करते हुए उनसे कहा कि अगर वे उसको समुद्र में फेक

दें तो इस आपदा से बच सकते हैं। सहयात्रियों ने जोनाह को समुद्र में धकेल दिया और तूफ़ान थम गया। तब ईश्वर ने समुद्र में एक विशालकाय मछली प्रगट की, जिसने जोनाह को निगलकर तीन दिन तक जोनाह के प्राणों की रक्षा की। जोनाह ने मछली के उदर में रहते हुए ईश्वर से प्रार्थना की, जिस पर ईश्वर ने उसको क्षमा करते हुए मछली के उदर से आज़ाद कर दिया।

महाविनाश (ecpyrosis) : प्रत्येक युगांशक (लगभग 26000 वर्षों) के बीतने पर भीषण अग्निकाण्ड के माध्यम से सृष्टि के आवर्ती विनाश की स्टॉइक धारणा।

माइनॉराईट : फ्रांसिस्कन सम्प्रदाय से सम्बद्ध माइनॅर भिक्षुओं के संघ का भिक्षु।

मॉन, मेन, तोन्ते, पाइरॉन, डामेथ, पर्फेलिया, बेल्जालिक, मार्गालेथ, ल्यूटामिरॉन, टेमिनॉन और रेफ़ाल्यूट (mon, man, tonte piron, dameth, perfellea, belgalic, margaleth, lutamiron, taminon, raphalut) : ये पद वर्जिल के ग्रन्थ *सारसंग्रह* (*Epitomae*) के *डि मेट्रिस* नामक अध्याय से शब्दशः उद्धरित हैं और इनका अनुवाद लगभग असम्भव है।

मार्ग्रेट ऑव सीटा दि केस्टेलो : तेरहवीं सदी की एक परित्यक्त, जन्मान्ध, लँगड़ी, कुबड़ी और कुरूप स्त्री, जिसने इतालवी रोमन कैथोलिक चर्च में ग़रीबों, अपंगों और बेसहारा लोगों के संरक्षक की भूमिका निभाई।

मार्जिनेलिया (marginalia) : मध्ययुग में पाण्डुलिपियों के हाशियों पर की जानेवाली चित्रकारी।

मार्तियानॅस कैपेला (मार्तियानॅस मिनेयॅस फ़ेलिक्स कैपेला) : प्राचीन युग का एक पेगन लेखक। *शिक्षा का इतिहास, अलंकारशास्त्र का इतिहास* और *विज्ञान का इतिहास* उसकी प्रसिद्ध पुस्तकों में शामिल हैं।

मार्था : *न्यू टेस्टामेण्ट* में वर्णित। लेज़ारॅस और मेरी मेग्डालेन की बहन। ईसा मसीह ने बिथेनी में मार्था के घर पर उसका आतिथ्य स्वीकार किया था।

मार्सिलस ऑव पादुआ : तेरहवीं-चौदहवीं सदी का एक इतालवी विद्वान, चिकित्साशास्त्र का ज्ञाता और राजनेता।

मिज़रीऑरी : "हे ईश्वर मुझ पर दया कर" (*ओल्ड टेस्टामेण्ट* का साम 51)।

मिनोटॉर्स : ग्रीक मिथक में वर्णित एक प्राणी जिसके मानवीय धड़ पर बैल का सिर होता है।

मीडास : ग्रीक मिथक में वर्णित एक राजा, जो जिस चीज़ को छूता था, उसको सोने में बदल देता था।

मूर : मध्ययुग और शुरुआती आधुनिक युग के योरोपियों द्वारा बर्बरों, अरबों और मुसलमानों के लिए प्रयुक्त की गई संज्ञा।

मूसा : *ओल्ड टेस्टामेण्ट* में वर्णित और यहूदी, ईसाई और इस्लाम में समान रूप से पूज्य माना जानेवाला धार्मिक नेता, विधि-निर्माता और पैगम्बर।

मेजि (Magi) : पूर्वी देशों के वे तीन विद्वान जो *न्यू टेस्टामेण्ट* के मुताबिक शिशु ईसा के लिए उपहार लेकर आए थे।

मेट्रोरियॅस (विक्टोरिनॅस कायॅस मॉरिअॅस/विक्टोरिनॅस मॉरिअॅस/मॉरिअॅस फेबिअॅस विक्टोरिनॅस) : ऑफ्रिका में जन्मा चौथी सदी का वैयाकरण, अलंकारशास्त्री, दार्शनिक और धर्मशास्त्री।

मेण्टीकोर : मध्य फ़ारस की प्राचीन किंवदन्तियों में वर्णित फ़ीनिक्स से मिलता-जुलता एक प्राणी जिसका शरीर शेर का और सिर मनुष्य का होता है।

"मेन, टेकेल, पेरेस" ("Mane, Takel, Peres") : *ओल्ड टेस्टामेण्ट* के अध्याय "दि बुक ऑव डेनियल" 5:25-28 के तीन प्रसिद्ध शब्द। राजा बेल्शाज़ार ने अपने एक हज़ार सामन्तों के

लिए विशाल जश्न का आयोजन किया...। तभी एक मनुष्य के हाथ की अँगुलियाँ प्रगट हुईं और उसने शाही महल की दीवार के पलस्तर पर, कण्डील के स्टेण्ड के आगे लिखना शुरू कर दिया राजा ने दीवार पर अंकित उन शब्दों की व्याख्या करने के लिए ज्योतिषियों को भेजा, लेकिन वे विफल रहे। अन्त में व्याख्या के लिए डेनियल को बुलाया गया, जिसने उन शब्दों की व्याख्या की : *मेने*; ईश्वर ने तेरे साम्राज्य के दिन पूरे कर दिए हैं और उसको अन्त पर पहुँचा दिया है; *टेकेल*; तुमको पैमाने पर माप लिया गया है और अयोग्य पाया गया है; *पेरेस*; तुम्हारे साम्राज्य को बाँट दिया गया है और मेडेस तथा फारसियों को दे दिया गया है।

मेरी (मेरी मेग्डालेन/मेरी ऑव मेग्डाला/मिरियम) : *न्यू टेस्टामेण्ट* में वर्णित। ईसा मसीह की अनुयायी और उनके जीवन की सबसे महत्त्वपूर्ण स्त्री, जिसने ईसा मसीह की यात्राओं में उनके जीवनपर्यन्त उनका अनुसरण किया और जो, *न्यू टेस्टामेण्ट* के मुताबिक, उनके पुनरुत्थान की पहली साक्षी थी।

मेलिस्मा : क्रमशः अलग-अलग स्वरों में एक ही अक्षर का गान।

मेल्शिज़ेडेक : *ओल्ड टेस्टामेण्ट* में उल्लिखित रहस्यमय चरित्र, जिसको सामी परम्परा के आदिपुरुष अब्राहम के युग का सर्वोच्च ईश्वर का पुरोहित कहा गया है।

मैथ्यू (मैथ्यू दि इवेंजिलिस्ट) : ईसा के बारह प्रचारक शिष्यों में से एक जिसने "गॉस्पेल ऑव क्राईस्ट" की रचना की थी।

मैन : *बाइबिल* में वर्णित एक भोज्य पदार्थ।

मैस : रोमन कैथोलिक चर्च में ईसा मसीह के अन्तिम भोज (*दि लास्ट सॅपर*) की स्मृति में किए जानेवाले अनुष्ठान (यूखेरिस्ट) का जश्न।

मोज़ारेबिक भाषा : इबेरियाई प्रायद्वीप (दक्षिण-पश्चिमी योरोप) में रॅमैन्स भाषाओं के विकास के आरम्भिक दौर में (पाँचवीं-आठवीं सदी के दौरान) इबेरिया के मुस्लिम बहुल इलाक़े में बोली जानेवाली रॅमैन्स बोली का एक रूप।

यूख़ारिस्ट (होली कम्यूनियन/सेक्रामेण्ट ऑव दि टेबल/ब्लेस्ड सेक्रामेण्ट) : ईसाई धार्मिक संस्कार, जिसे ईसा मसीह के उस अन्तिम भोज की पुण्य स्मृति के रूप में देखा जाता है जो उन्होंने अपनी गिरफ़्तारी और सलीब पर चढ़ाये जाने के पूर्व अपने शिष्यों के साथ ग्रहण किया था। अनुष्ठान के अन्तर्गत ब्रेड और कप का अर्पण उपर्युक्त अन्तिम भोज के उन ब्रेड और वाइन का स्मरण कराते हैं, जिनको ईसा मसीह ने क्रमशः अपनी काया और रक्त की संज्ञा दी थी।

यूनिकॉर्न : एक मिथकीय प्राणी, जिसकी बकरे की जैसी दाढ़ी, शेर की जैसी पूँछ, कटे हुए खुर और माथे पर एक सींग होता है।

येहोवह : ईश्वर का वह व्यक्तिवाचक नाम, जिसको *ओल्ड टेस्टामेण्ट* के अनुसार ईश्वर ने अपने मनुष्यों के लिए उजागर किया।

योनास (जोनाह) : यहूदी विश्वास के अनुसार एक पैगम्बर। *ओल्ड टेस्टामेण्ट* के "जोनाह" नामक अध्याय का केन्द्रीय चरित्र।

रॉजर बेकॅन (डॉ. मिराबिलिस) : तेरहवीं सदी का अंग्रेज़ दार्शनिक और फ्रांसिस्कन भिक्षु, जिसने अनुभववाद पर ख़ासा ज़ोर दिया था। वह प्लेटो और अरस्तू के चिन्तन से प्रभावित था और यूरोप के उन शुरुआती बौद्धिकों में शामिल था जो आधुनिक वैज्ञानिक पद्धति की हिमायत करते थे। रोजर बेकॅन की रचनाओं में पोप क्लेमेण्ट IV के अनुरोध पर लिखा गया उसका

ओपॅस माजुस नामक विमर्शात्मक प्रबन्ध भी शामिल है, जिसके व्यापक फलक में प्राकृतिक विज्ञान, व्याकरण और तर्क से लेकर गणित, भौतिकी और दर्शन तक शामिल हैं। इस ग्रन्थ में उसने अरस्तू के दर्शन और नूतन वैज्ञानिक सिद्धान्तों को धर्मशास्त्र में समाहित करने को लेकर अपना दृष्टिकोण प्रस्तुत किया है।

राजा मार्क : छठवीं सदी के आरम्भिक वर्षों का कर्नोव/कोर्नवाल (ब्रिटेन) का राजा।

रॉब : *ओल्ड टेस्टामेण्ट* के अनुसार जेरिको नगर की एक वेश्या, जिसने राजा के विरुद्ध यहूदी जासूसों को अपने घर में शरण दी थी। *न्यू टेस्टामेण्ट* में उसका उल्लेख ईसा की एक पूर्वज के रूप में किया गया है।

राशेल (राहेल) : *बाइबिल* में वर्णित। जेकॅब की पत्नी और जोसेफ़ तथा बेन्जामिन की माँ। यहूदियों की चार प्रधान स्त्रियों में से एक।

रूथ : *ओल्ड टेस्टामेण्ट* में वर्णित एक स्त्री।

रेबेका : *ओल्ड टेस्टामेण्ट* में वर्णित; इसाक की पत्नी और जेकॅब और इसाउ की माँ।

रेस्पॉन्सरी : ईसाई उपासना के दौरान पहले किसी गायक या गायक-मण्डली द्वारा गाये जाने और फिर अन्य श्रद्धालुओं द्वारा टेक देकर दोहराए जानेवाले स्तोत्र या भजन।

लाइसर्गस : हेरोडोटॅस, ज़ेनोफ़ोन, प्लेटबे और प्लूटार्क जैसे प्राचीन इतिहासकारों और दार्शनिकों द्वारा वर्णित एक अनुश्रुत ग्रीक चरित्र, जिसने स्पार्टा के लिए विधि का निर्माण किया था और स्पार्टियन समाज का सैन्यमूलक पुनर्गठन किया था।

लॉट : *ओल्ड टेस्टामेण्ट* के "जेनेसिस" नामक अध्याय में वर्णित अब्राहम के भाई हारान का पुत्र जिसकी दोनों बेटियों ने उसके साथ संसर्ग कर सन्तानें उत्पन्न की थीं।

लास्ट सपॅर : ईसा द्वारा अपनी मृत्यु के पूर्व अपने बारह धर्मोपदेशकों (ॲपॉसल्स) और शिष्यों के साथ ग्रहण किया गया आख़िरी भोज। "लास्ट सपॅर" लियोनॉर्दो द विंची समेत दुनिया-भर के चित्रकारों का प्रिय विषय रहा है।

लियॉन्स के निर्धन : बारहवीं सदी के लियाँ (फ्रांस) के निवासी एक अमीर व्यापारी पीटर वाल्डो के अनुयायियों का समूह, जिसने अपनी सारी ज़ायदाद बेचकर अपना जीवन ईसाई धर्मग्रन्थ की शिक्षा के प्रचार-प्रसार के लिए समर्पित कर दिया था।

लीह : *बाइबिल* में वर्णित। लेबान की बड़ी बेटी और जेकॅब की पहली पत्नी।

लूसिफ़र : इस लैटिन शब्द का मूल अर्थ "प्रकाश का वाहक" है और इसका प्रयोग शुक्र ग्रह या भोर के तारे के लिए भी होता है लेकिन ईसाई परम्परा में यह शैतान का एक नाम है, जो कि स्वर्ग-च्युत देवदूत है।

लूसिफ़राइन (लूसीफ़राइनिज़्म) : लूसीफ़र में आस्था रखनेवालों का तेरहवीं सदी का सम्प्रदाय, जिसका मानना था कि लूसीफ़र को अन्यायपूर्वक स्वर्ग-च्युत किया गया था। चर्च ने इनको विधर्मी घोषित किया हुआ था। (द्रष्टव्य : **लूसीफ़र**)

लूसियन (लूसियन ऑव समोस्टा) : दूसरी सदी का असीरियाई अलंकारशास्त्री और व्यंग्यकार जो ग्रीक भाषा में लिखता था।

लेज़ॉरस : *न्यू टेस्टामेण्ट* में दो अलग-अलग सन्दर्भों में क्रमशः "गॉस्पेल ऑव जॉन" और "गॉस्पेल ऑव ल्यूक" में वर्णित चरित्र। पहले उल्लेख में ईसा उसको उसकी मृत्यु के चार दिन बाद पुनर्जीवित करते हैं। उसका दूसरा उल्लेख ईसा की एक नीति-कथा में आता है।

लेटेरन कौंसिल : पोप अलेक्ज़ेण्डर III की अध्यक्षता में 1179 ई. में रोम में आयोजित धर्मसभा, जिसमें 302 धर्माचार्यों ने भाग लिया था और जिसमें कैथारिज़्म, वाल्डेन्सियानिज़्म और चर्च का अनुशासन चर्चा के मुख्य विषय थे।

लेबनान की मीनार : *ओल्ड टेस्टामेण्ट* के साँग ऑव सोलोमन (7:4) में वर्णित ("तुम्हारी नासिका दमस्कस की ओर ताकती लेबनान की मीनार की तरह है।")।

लोंजाइनॅस : मध्ययुगीन ईसाई परम्पराओं में उस व्यक्ति को दिया गया नाम, जिसने सलीब पर टँगे ईसा को बर्छी से छेदा था। परवर्ती किंवदन्तियों में इस व्यक्ति की पहचान ईसा को सलीब पर चढ़ाये जाने के दौरान मौजूद एक रोमन सेनापति के रूप में की गई है, जिसने ईसा के ईश्वर-पुत्र होने का साक्ष्य दिया था। किंवदन्तियों के ही अनुसार यह व्यक्ति ईसा को सलीब पर चढ़ाये जाने की घटना के बाद ईसाई बन गया और बाद में उसको सन्त का दर्जा दे दिया गया।

लोम्बार्ड (पीटर लोम्बार्ड/पीट्रॅस लोम्बार्डस) : ईसाई धर्मशास्त्री, धर्माचार्य और धर्मशास्त्र के मानक ग्रन्थ *फ़ोर बुक्स ऑव सेण्टेंसेज़* का रचयिता। लोम्बार्ड का सबसे प्रसिद्ध और विवादास्पद प्रतिपादन अन्य के प्रति प्रेम (चैरिटी) और ईश्वर (होली स्पिरिट) के बीच तादात्म्य देखना था। उसका मानना था कि जब एक ईसाई अपने पड़ोसी को या ईश्वर को प्रेम करता है, तो यह प्रेम ही ईश्वर है। इस धारणा को अपारम्परिक तो नहीं माना गया, लेकिन इस पर कम ही धर्मशास्त्रियों को विश्वास रहा।

ल्युकाँ (मार्कस एनीअॅस ल्युकानॅस) : कोर्डोबा में जन्मा पहली सदी ई. का एक रोमन कवि, जिसने मात्र पच्चीस वर्ष की अल्पायु में ही लैटिन साहित्य के रजत युग में अपनी विशिष्ट जगह बनाई।

ल्युक्रेटियस (टाइटॅस ल्युक्रेटियस कारॅसः ई. पू. 99-55) : रोमन कवि और दार्शनिक।

ल्यूक्रोटा : कुत्ते और भेड़िये के मिले-जुले रूपवाला एक मिथकीय प्राणी।

वर्जिन एग्नीस : ईसाई जगत की अत्यन्त प्रसिद्ध सन्त। किंवदन्ति के मुताबिक एग्नीस अपने कौमार्य को ईसा की अमानत मानती थी और इसलिए उसने एक अधिपति के पुत्र से विवाह करने से इनकार कर दिया था, जिस वजह से उसके साथ बलात्कार कर उसको मौत के घाट उतार दिया गया था। किंवदन्ति यह भी है कि उसका कौमार्य तब भी अक्षुण्ण रहा और उसको जलाने के लिए एकत्र की गई लकड़ियों ने जलने से इन्कार कर दिया, जिस कारण उसके हत्यारों को अन्ततः उसका सिर काटना पड़ा।

वर्जिन मेरी : ईसा की माँ।

वर्सिकल : स्तोत्र की वह पहली पंक्ति या छोटा पद, जिसके प्रत्युत्तर में अगली पंक्ति का समवेत गायन किया जाता है।

वाइकिंग : स्केण्डिनेवियाई खोजी, योद्धा, व्यापारी और जलदस्यु, जिन्होंने आठवीं से ग्यारहवीं सदी के बीच योरोप के व्यापक हिस्से को उपनिवेशीकृत किया था।

वाल्डेन्सियाई : पीटर वाल्डो द्वारा बारहवीं सदी के अन्तिम दशकों में ल्यॉन में शुरू किया गया निर्धनता के समर्थक ईसाइयों का सुधारवादी आन्दोलन। उपेक्षितों की सेवा, सामाजिक न्याय की पक्षधरता, धार्मिक विविधता और अन्तरात्मा की स्वतन्त्रता का सम्मान तथा अन्तरधार्मिक गतिविधियों का प्रोत्साहन इनके लक्ष्यों में शामिल था। कैथोलिक चर्च ने इनको विधर्मी घोषित किया और ल्यॉन से निष्कासित कर दिया।

विन्सेण्ट बेलोवासेन्सिस : बारहवीं सदी का डोमिनीशियाई भिक्षु, जिसने *Speculum Maius* ('The Great Mirror') नामक एन्साइक्लोपीडिया की रचना की थी।

विलियमवादी : तेरहवीं सदी का एक ईसाई मठीय धर्मसंध, जिसकी स्थापना सेण्ट विलियम ऑव मालेविल के नाम पर उनके दो शिष्यों द्वारा की गई थी।

शेम : *ओल्ड टेस्टामेण्ट* के "जेनेसिस" नामक अध्याय में वर्णित यहूदियों का अत्यन्त प्राचीन पूर्वज। "सेमाइट", "सेमेटिक", "सेमेटिज़्म" आदि शब्दों का मूल।

शेरुबीम : देवदूत या उनके प्रतिनिधि जिनका *बाइबिल* में अनेक बार उल्लेख किया गया है।

सदाचारी सिल्वेस्टर II (पोप सिल्वेस्टर II) : दसवीं सदी का अत्यन्त मेधावी अध्येता, शिक्षक और पोप। उसने अंकविज्ञान, गणित और खगोलविद्या के अरबी ज्ञान से यूरोप को परिचित कराया था। चर्च में प्रचलित विभिन्न प्रकार के भ्रष्टाचारों का उन्मूलन करने की उसकी कोशिशों की वजह से और अरब जगत के विज्ञान और बुद्धिजीवन के साथ उसके रिश्तों की वजह से उसके बारे में अफ़वाहें और किंवदन्तियाँ गढ़ी गईं कि वह शैतान के साथ साँठ-गाँठ रखनेवाला एक ओझा था।

सन्त ऑगस्तीन (ऑगस्तीन ऑव हिप्पो/ सेण्ट ऑस्टीन) : चौथी-पाँचवीं सदी का अल्ज़ीरियाई दार्शनिक और धर्मशास्त्री। न्यू प्लेटॉनिज़्म से गहरे प्रभावित। पाश्चात्य ईसाइयत के विकास में अग्रणी भूमिका। उसने "मूल पाप" और "न्याय युद्ध" की धारणाएँ सुनिश्चित की थीं और चर्च को मानवीय भौतिक नगर के बरक्स "ईश्वर के नगर" के रूप में देखने पर बल दिया था।

सन्त इफ़्रेम (इफ़्रेम दि सीरियन) : चौथी सदी का ईसाई धर्मशास्त्री, सीरियाई भाषा का स्तोत्र-रचयिता और पादरी। सीरियाई ईसाइयों के बीच सन्त के रूप में समादृत।

सन्त एडालबर्ट : दसवीं सदी का प्राग का एक ईसाई धर्माचार्य और धर्मप्रचारक।

सन्त एनी (अन्ना/हन्नाह) : वर्जिन मेरी की माँ और ईसा मसीह की नानी।

सन्त कोलाम्बा : छठवीं-सातवीं सदी का एक आयरिश ईसाई लेखक, मठाधीश और अग्रणी धर्मप्रचारक जिसने बोबियो (इटली) के मठ की स्थापना की थी।

सन्त क्राइसोस्टोम : चौथी सदी का कांस्टेण्टिनोपोल का प्रधान धर्माचार्य।

सन्त जॉन दि इवेंजिलिस्ट (जॉन) : ईसा के बारह धर्मोपदेशकों में से एक और *न्यू टेस्टामेण्ट* के चार धर्म-मतों (सुसमाचारों/गॉस्पेल्स) में से चौथे का रचयिता।

सन्त जोसेफ़ : ईसा की माँ मरियम का पति और ईसा का धर्मपिता।

सन्त डोमिनिक (डोमिनिक ऑव ओस्मा/डोमिनिक डी गुज़्मान/डोमिंगो डी गुज़्मान गार्सेज़) : कैथोलिक धर्म संघ *ऑर्डर ऑव प्रीचर्स* का संस्थापक बारहवीं-तेरहवीं सदी का एक ईसाई भिक्षु।

सन्त फ्रांसिस : (*"वह जो परिन्दों से बतियाता था"*) : फ्रांसिस्कन धर्मसंघ के प्रेरणा-पुरुष। प्रकृति और जीव-जगत के प्रति उनके प्रेम के बारे में अनेक किंवदन्तियाँ प्रसिद्ध हैं, जिनमें एक यह भी शामिल है कि एक बार अपनी यात्रा के दौरान उन्होंने परिन्दों के एक समूह को धर्मोपदेश दिया था।

सन्त बर्नार्ड : बारहवीं सदी का एक फ्रांसीसी ईसाई सन्त।

सन्त ब्रूनो : बारहवीं सदी का ईसाई सन्त। कार्थूसियाई संघ का संस्थापक।

सन्त ब्रेण्डन : पाँचवीं-छठवीं सदी का एक आयरिश मठवासी सन्त।

सन्त माइकेल आर्केंजिल : *बाइबिल* में वर्णित और यहूदी, ईसाई तथा इस्लामी परम्पराओं में मान्य सर्वप्रधान देवदूत।

सन्त मार्ग्रेट (मार्ग्रेट दि वर्जिन) : एण्टिऑक नामक प्राचीन नगर में तीसरी सदी में जन्मी एक पेगन पिता की सन्तान और रोमन-कैथोलिक सम्प्रदाय में अत्यन्त पूज्य एक ईसाई सन्त।

सन्त मार्टिन (सन्त मार्टिन ऑव टूर्स) : मध्य फ्रांस में जन्मा चौथी सदी का महान ईसाई सन्त और ॲर्स का तत्कालीन धर्माचार्य। उसके जीवनकाल में ही उसके नाम के साथ जुड़ती चली गई अनेक किंवदन्तियों ने उसको एक अत्यन्त लोकप्रिय और श्रद्धेय सन्त के रूप में प्रतिष्ठित किया। उसको यूरोप के आध्यात्मिक सेतु के रूप में देखा जाता है।

सन्त मैथ्यू (मैथ्यू दि इवेंजिलिस्ट) : ईसा के बारह धर्मोपदेशकों में से एक और *न्यू टेस्टामेण्ट* के चार धर्म-मतों (सुसमाचारों/गॉस्पेल्स) में से प्रथम का रचयिता।

सन्त लॉरेंस : रोमन कैथोलिक चर्च का सर्वाधिक पूज्य माना जानेवाला सन्त, जिसके नाम पर रोम नगर में अनेक गिरजे स्थित हैं।

सन्त विटालिस : पहली अथवा दूसरी सदी का एक इताल्वी ईसाई सन्त।

सन्त सिप्रियान (सन्त सिप्रियानोस) : तीसरी सदी का एक उत्तरी अफ्रीकी ईसाई धर्माचार्य और लेखक।

सन्त सिल्वेस्टर : सन 314 से 335 तक पोप।

सन्त सोफ़िया : पहली-दूसरी सदी की एक रोमन ईसाई सन्त।

सन्त स्टीफ़ेन : *न्यू टेस्टामेण्ट* में उल्लिखित पहली सदी का एक ईसाई सन्त।

सन्त हिल्डेगार्ड : बारहवीं सदी की ईसाई रहस्यवादी, जर्मन मठाध्यक्षा, लेखक, भाषाशास्त्री, वैज्ञानिक, दार्शनिक, चिकित्सक और कवि।

सम्राट लुई : चौदहवीं सदी के आरम्भिक दशकों का पवित्र रोमन सम्राट लुई IV जो इस पद पर आने से पहले जर्मनी और इटली का राजा था।

सम्राट हेड्रियन (प्युबीलियस ईलियॅस हेड्रियानॅस) : रोम का सम्राट (117-138 ई.) जो एक साथ विषय-वैराग्य और विषयासक्ति को साधने में समर्थ दार्शनिक भी माना जाता था।

सर्कमसेलियन : उत्तरी अफ्रीका में चौथी सदी के दौरान सक्रिय रहा धर्मान्ध ईसाइयों का एक दल, जो स्वयं को "ईसा मसीह के लड़ाकू" कहा करता था। वे सम्पत्ति और गुलामी के प्रथा के घोर विरोधी थे।

सल्पीसिअॅस सेवेरॅस : चौथी-पाँचवीं सदी का ईसाई लेखक जो अपने धार्मिक इतिहास के वृत्तान्त और सन्त मार्टिन ऑव टूर्स की जीवनी के लिए जाना जाता है।

साइनेसियॅस ऑव साइरीन : चौथी सदी का लीबियाई पंचनगर (पेण्टापोलिस) का एक ग्रीक धर्माध्यक्ष जो अपने को स्पार्टन राजवंश का वंशज घोषित करता था।

साँग ऑव साँग्स (साँग ऑव सोलोमन/सोलोमन्स साँग ऑव साँग्स/कैण्टिकल्स) : *बाइबिल* की एक काव्यात्मक पोथी, जिसके मुख्य चरित्रों में एक पुरुष और एक स्त्री शामिल हैं। कविता में प्रेम-निवेदन से लेकर उसकी सिद्धि तक की गति का संकेत है। कविता को ईश्वर और इज़रायल के बीच, ईश्वर और चर्च के बीच तथा ईसा मसीह और मानव-आत्मा के बीच पति-पत्नी सम्बन्ध की रूपक-कथा की तरह भी पढ़ा गया है।

सारा : *ओल्ड टेस्टामेण्ट* में वर्णित एक स्त्री।

सॉल : *ओल्ड टेस्टामेण्ट* के "सैम्युअल" नामक अध्याय में वर्णित ई.पू. ग्यारहवीं सदी का यूनाइटेड किंगडम ऑव इज़राइल का राजा।

सिमोन : *ओल्ड टेस्टामेण्ट* के "जेनेसिस" नामक अध्याय में वर्णित; जेकॅब का पुत्र।

सिम्फ़ोसियॅस : चौथी अथवा पाँचवीं सदी के दौरान रची गई *एनिग्माटा* नामक लगभग 100 लैटिन पहेलियों के संग्रह का रचयिता।

सिस्टर पॉवर्टी : सेण्ट फ्रांसिस द्वारा निर्धनता के लिए प्रयुक्त पद। वे सिस्टर पॉवर्टी को दुनिया की सबसे सुन्दर वधू और अपनी पत्नी कहते थे।
सिस्टर्सियाई : बाहरी दुनिया से पूरी तरह से उदासीन और उससे अलग-थलग होकर अपने मठों में रहनेवाले संन्यासियों के रोमन-कैथोलिक धार्मिक संगठन का संन्यासी। इनकी सफ़ेद पोशाक की वजह से इनको "श्वेत संन्यासी" भी कहा जाता है। सिस्टर्सियाई जीवन-शैली में शारीरिक श्रम और आत्मनिर्भरता पर विशेष बल दिया जाता है। प्रथम सिस्टर्सियाइ मठ की स्थापना 1098 ई. में रॉबर्ट ऑव मोलेस्मे ने की थी।
सीज़र्स : ई.पू. पहली सदी का प्रख्यात रोमन जनरल और राजपुरुष जूलियस सीज़र और उसका वंश।
सुसन्ना : *ओल्ड टेस्टामेण्ट* में वर्णित एक ख़ूबसूरत स्त्री। आख्यान के अनुसार सुसन्ना को उसके बग़ीचे में स्नान करते देख दो लम्पट बूढ़ों ने उसको यह कहकर ब्लैकमेल करने की कोशिश की कि यदि वह उनके साथ संसर्ग नहीं करती तो वे उस पर बग़ीचे में किसी नौजवान के साथ मुलाक़ात करने का आरोप लगा देंगे। सुसन्ना के मना करने पर वे लम्पट उस पर वही इल्ज़ाम लगाते हैं, लेकिन डेनियल नामक एक युवक के हस्तक्षेप से इन लम्पटों का झूठ उजागर हो जाता है। रेम्ब्राँ समेत दुनिया के अनेक महत्त्वपूर्ण चित्रकारों ने सुसन्ना और उसके इस आख्यान को अपने चित्रों का विषय बनाया है।
सूर्य-रथ : *ओल्ड टेस्टामेण्ट* के "टू किंग्स" नामक अध्याय में वर्णित।
सृष्टि-कथा की पोथी (दि बुक ऑव जेनेसिस) : *ओल्ड टेस्टामेण्ट* का पहला अध्याय, जिसमें सृष्टि की रचना की कथा कही गई है।
सेइफ़ास (योसेफ़ बार कयाफ़ा) : *न्यू टेस्टामेण्ट* में उल्लिखित। 18-37 ई. का प्रधान यहूदी पुरोहित जो *न्यू टेस्टामेण्ट* के मुताबिक उस अदालत का प्रधान था, जिसमें यीशू पर धर्मद्रोह का मुकदमा चलाया गया था।
सेक्युलर हाथ (सेक्युलर आर्म) : ईसाई धर्म-विधि में राज्यसत्ता के लिए प्रयुक्त पद। मध्य युग में जब चर्च विधर्मिता अथवा किसी अन्य गम्भीर अपराध के मामले में खुद अपेक्षित सज़ा मुकर्रर करने में अपने को असमर्थ पाती थी तो वह राज्यसत्ता की मदद लेती थी।
सेक्स्टरी : द्रव्य और शुष्क पदार्थों का एक प्राचीन रोमन माप।
सेंक्टा रोमाना : सन 1213 में पोप द्वारा जारी किया गया फ़तवा, जिसमें स्पिरिचुअलों और फ्रेटिसेलियों की गर्हणा की गई थी।
सेराफ़ीम : देवदूत जिनका *बाइबिल* में उल्लेख किया गया है। परवर्ती यहूदी कल्पना में उनको मानवीय रूप में भी देखा गया है। ईसाइयत ने उनको सर्वोच्च देवदूतों के रूप में प्रतिष्ठित किया है।
सैम्पसन : *ओल्ड टेस्टामेण्ट* के "जजेस" नामक अध्याय में वर्णित इज़राइल का अन्तिम जज।
सैलामेण्डर : किंवदन्तियों में वर्णित एक प्राणी जो लकड़ियों के लट्ठों में रहता था और जिसके बारे में विश्वास था कि उसकी रचना लपटों से हुई थी।
सोडोम और गोमोराह : *बाइबिल* के उल्लेख के अनुसार वे दो नगर, जिनको वहाँ के बाशिन्दों के पापपूर्ण आचरणों की वजह से ईश्वर ने नष्ट कर दिया था। ये नाम यौनपरक विचलन के अनेक रूपकों में प्रयुक्त हुए हैं और इन्होंने "सोडोमी" ("अप्राकृतिक यौनाचार") समेत अनेक शब्दों को जन्म दिया है। ईसाइयत और इस्लाम में ये नाम पश्चाताप से परे पापों के पर्याय माने जाते हैं।
सो-थिसल : छोटे-पीले फूलों और दूधिया रसवाला एक पौधा।

सोलोमन : *बाइबिल* में वर्णित डेविड का पुत्र, इज़राइल का अत्यन्त बुद्धिमान, सम्पन्न और शक्तिशाली राजा और जेरुस्लम में फ़र्स्ट टेम्पल का संस्थापक, जो अन्ततः अपने पापों की वजह से ईश्वर से विमुख हुआ और जिसके चलते उसकी सल्तनत बर्बाद हो गई। *कुरान* में उसका ज़िक्र एक पैगम्बर के रूप किया गया है।

स्क्रिप्टोरियम : शाब्दिक अर्थ "लेखन-स्थल"। मध्ययुगीन योरोपीय मठों में स्थित पुस्तकालयों के साथ जुड़ी हुई वह जगह, जहाँ पर बैठकर क़ातिब पाण्डुलिपियों की प्रतियाँ तैयार करते थे और संन्यासी अध्ययन करते थे।

स्टीफ़ेन ऑव बॅर्बान : तेरहवीं सदी का फ्रांसीसी लेखक, प्रचारक। मध्ययुगीन विधर्मिता के इतिहास के लेखन के लिए विशेष रूप से प्रसिद्ध।

स्टेजिराइट : स्टेजिरा में जन्मा (प्रसिद्ध ग्रीक दार्शनिक अरस्तू)।

स्टेटिॲस (पब्लिॲस पेपीनिॲस स्टेटिॲस) : पहली सदी ई. का नेपल्स, इटली में जन्मा लैटिन साहित्य के रजत युग का रोमन कवि। दान्ते के महाकाव्य *दि डिवाइन कॉमेडी* का एक चरित्र।

स्तोत्रकार (Psalmsist) : *बाइबल* की भक्ति-कविताओं (Psalms) का रचयिता (डेविड)।

स्तोत्रसंहिता (psalter) : *बाइबल* की भक्ति-कविताओं (Psalms) का संचयन।

स्पिरिचुअल्स (फ्रेटिसेली) : फ्रांसिस्कन संघ की एक अतिवादी शाखा जो कठोर तपश्चर्या और सम्पूर्ण निर्धनता के सन्त फ्रांसिस के आदर्श में दृढ़ विश्वास रखते थे। पीटर जॉन ओलीवी (1248-98) इस शाखा के नेता थे। अपने आदर्शों की वजह से इस समुदाय ने सोलहवीं सदी के सुधारवादी आन्दोलन से जुड़े प्रोटेस्टेण्ट रहस्यवादियों को गहरे उत्प्रेरित किया था।

स्पेकुलम स्टल्टोरॅम : नाइजेल विरेकर (बारहवीं सदी) की कृति। मध्ययुग के दौरान अत्यन्त लोकप्रिय हुई इस व्यंग्य-रचना में असन्तुष्ट और महत्त्वाकांक्षी भिक्षुओं को प्रतिबिम्बित करते ब्रूनेलॅस नामक एक गधे के साहसिक कृत्यों का बयान किया गया है, जो अपनी दुम को लम्बा करने की आकांक्षा में तरह-तरह की औषधियाँ खाने और पेरिस में जाकर अध्ययन करने से लेकर किसी धर्मसंघ में शामिल हो जाने तक की कोशिशें करता है और अन्ततः विभिन्न धर्म-विधानों के आसान हिस्सों के आधार पर अपने ख़ुद के एक नए धर्मसंघ की स्थापना करता है।

स्पेक्टाफिसी : सर्प की एक प्रजाति।

हर्क्यूलिस के स्तम्भ : प्राचीन काल में उन अन्तरीपों को दी गई संज्ञा, जो स्ट्रेट ऑव जिब्राल्टर (अटलांटिक महासागर और भूमध्य सागर को जोड़नेवाला संकुल जलमार्ग) के प्रवेश के दोनों ओर स्थित हैं। ग्रीक मिथक के अनुसार हर्क्यूलिस ने एटलस पर्वत को दो भागों में बाँटकर स्ट्रेट ऑव जिब्राल्टर की रचना की थी। पर्वत के यही दो हिस्से हर्क्यूलिस के स्तम्भ के नाम से जाने जाते हैं।

हाँ और नही (*Sic et Non*) : ग्यारहवीं-बारहवीं सदी के भाष्यकार दार्शनिक और धर्मशास्त्री पीटर अबेलार्ड की लैटिन रचना, जिसमें विभिन्न पारम्परिक मसलों पर चर्च के आचार्यों के परस्पर विरोधी कथनों को एक-दूसरे के बरक्स रखते हुए इन अन्तर्विरोधों के बीच सामंजस्य बिठाने के नियमों की रूपरेखा प्रस्तुत की गई है।

हाइड्रे : ग्रीक मिथकों में वर्णित एक अत्यन्त विषैला सर्प जिसको पृथ्वी माता गाइया की सन्तति टाइफ़ोन और इचिडना की सन्तान माना जाता है।

हाइप्नालेस : सर्प की एक प्रजाति।

हॉनॉरियस ऑगस्टोड्यूनिएसिस (हॉनॉरियस ऑव ऑटन) : बारहवीं सदी का अत्यन्त लोकप्रिय ईसाई धर्मशास्त्री, जिसने अनेक विषयों पर सरल और जीवन्त शैली में किए गए अपने लेखन से धार्मिक शिक्षा को सामान्य जनता के बीच लोकप्रिय बनाया।

हार्पीज़ : ग्रीक मिथकों में वर्णित परी-रूप स्त्रियाँ।

हिप्पोसेन्चुरा : ग्रीक मिथकों में वर्णित एक प्राणी जिसके शरीर का ऊपरी हिस्सा इनसान का और शेष भाग घोड़े का है।

हिम् (Hymns) : स्तोत्रों (Psalms) की तर्ज पर रची गई ईसाई यीशु-स्तुतियाँ।

हिल्डेबर्टस (हिल्डेबर्ट ऑव लेवार्डिन/हिल्डेबर्ट ऑव टूर्स) : ग्यारहवीं-बारहवीं सदी का एक फ्रांसीसी लेखक और ईसाई पुरोहित।

हेगर : *ओल्ड टेस्टामेण्ट* के ''जेनेसिस'' नामक अध्याय में वर्णित; अब्राहम की पत्नी सारा की नौकरानी, जो बाद में सारा की सहमति से अब्राहम की दूसरी पत्नी बनी।

हेम : *ओल्ड टेस्टामेण्ट* के ''जेनेसिस'' नामक अध्याय में वर्णित; नोह का पुत्र।

हेरॉड : *न्यू टेस्टामेण्ट* के अध्याय ''गॉस्पेल एकॉर्डिंग टु मैथ्यू'' में वर्णित यहूदियों का राजा, जो एक भविष्यवाणी के आधार पर शिशु ईसा को अपना भावी प्रतिद्वन्द्वी मानकर उनकी हत्या करना चाहता था लेकिन जब शिशु ईसा को खोजने के लिए भेजे गए मैजियों ने शिशु के न मिलने की झूठी खबर हेरॉड को दी, तो उसने बेथलहेम और उसके आस-पास के दो वर्ष के तमाम शिशुओं की हत्या करवा दी थी।

हेलोइस और अबेलार्ड : हेलोइस (हेलोइस डि अर्जेण्टुइल) बारहवीं सदी की एक फ्रांसीसी नन, लेखक, विदुषी और मठस्वामिनी थी और अबेलार्ड (पियरे अबेलार्ड) पेरिस का एक अत्यन्त लोकप्रिय अध्यापक और दार्शनिक था। हेलोइस ने एक विद्यार्थी के रूप में अबेलार्ड के जीवन में प्रवेश कर उसको विमोहित किया था और उसके साथ ''अवैध'' सम्बन्ध बनाया था। बाद में दोनों ने गुपचुप विवाह किया था और एक बच्चे को जन्म दिया था।

हेश्बॉन (इसेबॉन/एस्बॅस/इसेबॅस) : जोर्डन नदी के पूर्व में स्थित एक प्राचीन नगर।

...हज़ार फरीयाँ झूल रही हैं : द्रष्टव्य : *ओल्ड टेस्टामेण्ट* : ''सॉंग ऑव सोलोमन'' (4:1-5)।

हैब्डोमेडरी : ईसाई संन्यासियों के समुदाय का एक सदस्य, जो निर्धारित सप्ताह में पुरोहित के दायित्व निभाता है।

होनोरेटॅस (सेर्विॲस मॉरॅस होनोरेटॅस) : चौथी सदी का इताल्वी वैयाकरण। वर्जिल की कृतियों का भाष्यकार।

होलोफरनेस : *ओल्ड टेस्टामेण्ट* के ''जूडिथ'' नामक अध्याय में वर्णित ई.पू. छठवीं-सातवीं सदी के नव्य-बेबिलॉनीय साम्राज्य के राजा का एक सैन्य जनरल, जिसने जब हिब्रुओं के नगर बेथूलिया को घेर लिया तो उसको जूडिथ नामक एक हिब्रू विधवा ने अपने यौवन से सम्मोहित कर उसका सिर काट लिया था और हिब्रुओं को युद्ध में सफलता दिलाई थी।

होस्ट : ईसा के अन्तिम रात्रि-भोज (दि लास्ट सपॅर) की स्मृति में आयोजित किए जानेवाले अनुष्ठान में इस्तेमाल की जानेवाली ब्रेड।

ह्यू ऑव सेण्ट विक्टॅर : विक्टोराइन धर्म-विधि से सम्बद्ध बारहवीं सदी का एक ज्ञानी और लोकप्रिय पुरोहित। पेरिस स्थित सेण्ट विक्टॅर मठ से सम्बद्ध रहे होने के नाते उक्त नाम।

□□□